Bibliographie annotée d'ouvrages généalogiques au Canada

Annotated Bibliography of Genealogical Works in Canada

D1445438

Bibliographie annotée d'ouvrages généalogiques au Canada
Volume 1

Annotated Bibliography of Genealogical Works in Canada
Volume 1

Kathleen Mennie-de Varennes

Published by Fitzhenry & Whiteside in association with the National Library of Canada and the Canadian Government Publishing Centre, Supply and Services Canada

Publié par Fitzhenry & Whiteside conjointement avec la Bibliothèque nationale du Canada et le Centre d'édition du gouvernement du Canada, Approvisionnements et Services Canada

Fitzhenry & Whiteside
195 Allstate Parkway
Markham, Ontario L3R 4T8

Numéros de catalogue/Catalogue numbers:
Volume 1 SN3-108/1-1986
       2 SN3-108/2-1986
       3 SN3-108/3-1986
       4 SN3-108/4-1986
       5 SN3-108/5-1986
       6 SN3-108/6-1986

Printed in Canada/Imprimé au Canada
Typesetting by Jay Tee Graphics Ltd.

Cet ouvrage a été subventionné par
Le Conseil de Recherches en Sciences humaines du Canada.
This work was subsidized by the
Social Sciences and Humanities Research Council of Canada.

Canadian Cataloguing in Publication Data

Mennie-de Varennes, Kathleen, 1931-
  Annotated bibliography of genealogical works in
Canada = Bibliographie annotée d'ouvrages
généalogiques au Canada

Co-published by the National Library of Canada.
Includes index.
ISBN 0-88902-911-3 (v. 1)

1. Canada - Genealogy - Bibliography.
2. Genealogy - Bibliography. I. National Library
of Canada. II. Title. III. Title: Bibliographie
annotée d'ouvrages généalogiques au Canada.

Z5313.C3M46 1986   016.929'0971   C86-093398-9E

Données de catalogage avant publication (Canada)

Mennie-de Varennes, Kathleen, 1931-
  Annotated bibliography of genealogical works
in Canada = Bibliographie annotée d'ouvrages
généalogiques au Canada

Pub. en collab. avec la Bibliothèque nationale du Canada.
Comprend des index.
ISBN 0-88902-911-3 (t. 1)

1. Canada - Généalogie - Bibliographie.
2. Généalogie - Bibliographie. I. Bibliothèque
nationale du Canada. II. Titre. III. Titre:
Bibliographie annotée d'ouvrages généalogiques
au Canada.

Z5313.C3M46 1986   016.929'0971   C86-093398-9F

Table des matières/Table of Contents

Introduction

Lors du Congrès international des sciences généalogiques et héraldiques qui s'est tenu à Vienne en 1970, le Dr Rémy Leenaerts posait la question suivante à son auditoire:

"Dans sa forme actuelle, la bibliographie généalogique est-elle en mesure d'aider le chercheur ou le curieux dans ses recherches?"[1]

La réponse malheureusement était non seulement négative mais quant au Canada, devait-on admettre qu'elle était nulle. À cette époque il n'existait que deux ouvrages bibliographiques très incomplets en généalogie au pays: celui d'Antoine Roy qui date de 1941 et une mince liste dressée par la soussignée en 1963 et qui déjà était périmée — la Bibliothèque du Parlement canadien ayant depuis lors versé sa collection d'histoire et de généalogie à la Bibliothèque nationale du Canada.

Or, dans tous les domaines de l'érudition, le rôle de la bibliographie est primordial. La recherche ne progresse que par l'addition de nouvelles contributions à ce qui a déjà été fait ou encore par la correction des erreurs commises dans le passé. Les travaux des chercheurs qui nous ont précédés — mentionnons ici à titre d'exemple le *Dictionnaire généalogique des familles canadiennes* de Mgr Cyprien Tanguay qui jusqu'à il y a à peine six mois avec la parution de celui de René Jetté[2] était demeuré l'ouvrage de base par excellence — représentent très souvent une somme de connaissances importante qu'il serait aberrant d'ignorer. Une bibliographie le moindrement complète permettrait d'en retirer tous les fruits.

Les sources généalogiques imprimées ou manuscrites que l'on retrouve aujourd'hui dans nos bibliothèques canadiennes sont innombrables. Une fois dépouillées, analysées et indexées ces sources deviennent une mine d'or pour le généalogiste. Elle rendent moins ardues ses démarches, lui fournissent la possibilité de compléter une généalogie partielle, lui évitent souvent de refaire un travail déjà acceptable ou

At the International Congress of Genealogical and Heraldic Sciences held in Vienna in 1970, Dr. Rémy Leenaerts posed the following question to his audience:

(Translation): *"In their present form, do genealogical bibliographies help meet the needs of the professional or amateur researcher?"*[1]

Unfortunately, the answer was in the negative, and here in Canada, we had to admit that the available bibliographies were of no help whatsoever. At the time, only two very incomplete genealogical bibliographies were in existence in Canada: the first by Antoine Roy, published in 1941; the second, a selected list, now out-of-date, compiled by myself and published in 1963.

In all fields of knowledge, the role of a bibliography is of paramount importance. Advances in genealogical research are achieved either by incorporating new contributions into existing works, or by amending previous errors. The *Dictionnaire généalogique des familles canadiennes*, by Msgr. Cyprien Tanguay, had been the most definitive source material available until the publication of a similar work by René Jetté[2] in 1983. This offers a wealth of materials that should not be overlooked. A comprehensive bibliography constitutes the best key to such a treasure-trove of material.

Today, there are a large number of printed or manuscript genealogical resources available in Canadian libraries. Once abstracted, indexed and compiled, these references become a gold mine for genealogists. In general, they facilitate investigations and permit the completion of partial genealogies, thereby avoiding the possibility of duplicating research considered to be of acceptable quality. Better still, they serve as basic tools for further research in the science of genealogy.

I was in a position to confirm that there is a wealth of genealogical and historical materials in Canadian libraries, having pursued a career as a librarian for over thirty years. In spite of this

mieux encore lui permettent d'effectuer de nouvelles recherches en généalogie — science dont on ne peut plus nier l'existence.

J'ai été à même de constater la richesse de nos bibliothèques canadiennes dans le domaine de la généalogie et de l'histoire pour y avoir oeuvré moi-même pendant plus de trente ans et j'ai toujours regretté de voir le bibliothécaire incapable de répondre adéquatement au chercheur faute de sources bibliographiques appropriées.

Il était malheureux de laisser dormir sur les rayons de nos bibliothèques et de nos archives des histoires de familles que des historiens et des généalogistes ont rédigées avec beaucoup d'effort et de sérieux. Quoiqu'il faille toujours utiliser ces ouvrages avec précaution — car nous ignorons parfois les qualités de l'auteur — l'une ou l'autre de ces sources peut servir de base à une recherche, ou du moins permettre de la compléter. De toute façon, on doit toujours inscrire la source bibliographique exacte tant pour donner le crédit à l'auteur lui-même que pour se conformer aux règles du droit d'auteur.

On retrouve de même dans les histoires de paroisses et de localités des généalogies parfois substantielles sur les familles pionnières. Bien entendu, ici encore, certains documents peuvent être faux ou biaisés, car très souvent les histoires de paroisses ont été rédigées à la hâte à l'occasion de fêtes centenaires, avec les témoignages oraux des contemporains de l'endroit. Un généalogiste consciencieux se doit toujours de vérifier au préalable, avec documents à l'appui, ses assertions.

J'ai voulu en compilant cette *Bibliographie annotée d'ouvrages généalogiques au Canada* lancer en quelque sorte un défi à certains groupes à qui j'avais suggéré un projet collectif de bibliographie il y a quelques années et qui m'avaient répondu qu'un travail de ce genre était trop considérable, à peu près impossible à réaliser et encore moins par une seule personne. Le défi fut d'autant plus grand que, mon handicap physique ne me permettant pas de me déplacer facilement, cette bibliographie a été dressée pourrait-on dire à partir de ma cuisine. J'ai voulu en même temps compléter et mettre à jour une première bibliographie publiée en 1963 — depuis lors épuisée et périmée et dont pourtant on me demande souvent une copie — pour faciliter les recherches des généalogistes et des historiens canadiens. La généalogie au Canada aujourd'hui est devenue une science en vogue. On compte plus de 50 000

fact, librarians were often unable to provide adequate responses to researchers in the field because there were not enough suitable bibliographical tools available.

Unfortunately, family histories which had been produced and published as the result of much effort and care on the part of historians and genealogists lay unused on the shelves of our Canadian libraries and archives. Even though we should be cautious about using such material — for we do not always know how well-documented they may be — one or more of these sources may serve as a starting point for a research project, or at least help to complete it. Precise bibliographical references are always required in order to give due credit to the author and to comply with copyright law.

Frequently, fairly substantial genealogies of pioneer families are found in histories of parish churches or communities. Once again, some documents may be inaccurate or biased, for they were frequently written in a very short period of time, such as on the occasion of centennial celebrations, and they included oral testimony of people of the time. Thus, conscientious genealogists should always base their assertions on documentary evidence.

The compilation of this *Annotated Bibliography of Genealogical Works in Canada* was, to a certain extent, the response to a challenge made by a number of groups to whom I had previously suggested that we undertake the work as a group project. They felt that this was a massive undertaking for a group, let alone an individual. The challenge was even greater due to my physical handicap which does not allow me to move about easily. (This bibliography has been compiled, so to speak, at my kitchen table!) To further facilitate the research of Canadian genealogists and historians, I also wished to complete and update my bibliography published in 1963, which is now out of print. Genealogy has now become a very popular hobby in Canada. Estimates indicate that there are more than 50 000 professional and amateur genealogists in Canada, of which there are more than 15 000 in Quebec and approximately 25 000 in Ontario.

When I started to compile the present list in 1976, it seemed like a game. When I had finished, the manuscript was almost 7 000 pages long. There are more than 100 000 entries, which include close to 6 000 author/title entries (most of which are annotated), and 22 294 family names,

généalogistes chevronnés ou chercheurs amateurs au Canada dont plus de 15 000 au Québec et près de 25 000 en Ontario.

J'ai commencé le présent recueil en 1976 un peu comme un jeu. Pourtant aujourd'hui son manuscrit compte près de 7 000 pages et mesure plus de quatre pieds et demi de hauteur. On lui a calculé plus de 100 000 entrées au total dont près de 6 000 notices auteurs/titres annotées pour la plupart et 22 294 patronymes dont 16 690 comportent de une à soixante-quinze notices bibliographiques par nom de famille. Ces notices se rapportent à des monographies, des brochures, des pamphlets, des manuscrits, des microfilms, des extraits d'articles de revues de généalogie et d'histoire, des répertoires d'état civil, des titres de fichiers particuliers, etc. Toutes ces notices ont été recueillies dans des bibliothèques et archives canadiennes, des répertoires bibliographiques, des manuels et des listes de toutes sortes publiés tant en français qu'en anglais.

La généalogie, nous l'avons vite compris, n'a pas de borne susceptible de la limiter avec précision. De plus, le nombre d'ouvrages généalogiques au Canada est énorme et il est impossible de prétendre à un recensement exhaustif surtout si on tient compte des moyens financiers limités à ma disposition pour mes déplacements, mais le travail a été conçu dans la perspective que l'ouvrage une fois publié servira au moins de base au chercheur en attendant la publication d'autres suppléments et mises à jour.

J'ai quand même essayé de me guider sur quelques principes généraux et de m'astreindre à certaines règles.

Il s'est agi d'abord de colliger des notices bibliographiques en généalogie englobant non seulement les histoires de familles détaillées ou les filiations complètes mais aussi les fragments généalogiques comportant un minimum de trois générations et plus. Quoique cette règle ait subi quelques exceptions, en particulier dans le cas du dépouillement des revues, parfois seul indice sur une famille particulière, je m'en suis tenue à un strict minimum; descendre en-dessous de trois degrés reviendrait à multiplier le travail exagérément pour en arriver à un piètre résultat.

Je m'en suis tenue aux ouvrages canadiens quelque soit leur langue et sans exclure aucune catégorie de familles. Toutefois, des ouvrages provenant de pays étrangers où il est fait mention expresse de descendance ou ascendance canadienne sont également dépouillés. Il faut préciser

of which 16 690 contain from one to seventy-five bibliographical references per family name. These entries refer to monographs, brochures, pamphlets, manuscripts, microfilms, excerpts from genealogical and historical periodicals, records of births, marriages and deaths, titles of special files, etc. All these entries have been compiled from records in Canadian libraries and archives, bibliographical indexes, handbooks and all kinds of lists published in English and French.

I soon realized that genealogy is not easily confined within strict boundaries. Moreover, since there is so much genealogical material to be found in Canada, I will not claim to have explored all that is available, considering the limited financial means at my disposal for travel. The project was undertaken because I wished to provide a work that would serve as a basic tool for the researcher, pending publication of subsequent supplements and revisions.

I have, however, tried to follow a few general principles and abide by certain rules.

First, I decided to compile bibliographical references on genealogy which dealt not only with detailed family histories or complete direct lines, but also with genealogical fragments which contain information on three generations or more. Even though I often had to deviate from that rule, particularly in the case of excerpts from several periodicals (at times the only information available on a particular family), I tried to keep these to a minimum. Indeed, collecting information on less than three generations would have involved many long hours of work and yielded virtually no results.

I confined myself to Canadian works irrespective of language and did not exclude any category of families. However, works from other countries containing explicit references to Canadian lineage or ancestry were also compiled. It should be pointed out that I had no intention of pursuing thorough investigations outside Canada, but meant to analyze such foreign sources from works found in Canadian libraries.

SOURCES

The *Dictionnaire généalogique des familles canadiennes* by Msgr. Cyprien Tanguay served as a basic tool. Each family name with its variations and surnames was indexed, with appropriate references.

However, the *Complément au Dictionnaire*

ici qu'il n'était pas question de fournir une recherche exhaustive hors du territoire canadien mais bien plutôt une analyse à partir des seuls volumes retrouvés dans les bibliothèques au cours de mes recherches.

SOURCES

Le *Dictionnaire généalogique des familles canadiennes* de Mgr Cyprien Tanguay a d'abord servi de base. Chaque patronyme et ses variantes et surnoms ont été indexés, avec renvois appropriés.

Toutefois, le *Complément au Dictionnaire généalogique Tanguay* par J.-Arthur Leboeuf n'a pas été indexé dans cette bibliographie vu la difficulté de détecter trois générations et plus, non plus que le *Dictionnaire national des Canadiens-français (1608-1760)* de l'Institut généalogique Drouin faute d'avoir pu mettre la main sur un exemplaire.

L'indexation des recueils de généalogies de feu frère Éloi-Gérard Talbot a généré à elle seule près de 10 000 fiches.

J'ai repris une à une les 1 140 notices mentionnées dans ma première bibliographie et j'ai fait l'indexation cette fois à partir des volumes consultés sur place dans diverses bibliothèques ou obtenus par prêts-entre-bibliothèques.

J'ai ensuite retiré et indexé chacune des notices traitant de généalogie du *Catalogue collectif des manuscrits des archives canadiennes* publié par les Archives publiques du Canada en 1975. Ici, j'ai quelque peu dérogé à la règle de trois générations et plus surtout dans le cas de manuscrits qui révélaient l'acte de mariage de descendants encore inconnus.

J'ai ressorti partiellement les notices canadiennes du *Genealogical Index* de la *Newberry Library* de Chicago et du *Dictionary Catalog of Local History and Genealogy Division* de la *New York Public Library*. J'ai dépouillé les ouvrages d'aspect généalogique de la Collection Gagnon de la Bibliothèque municipale de Montréal à partir de l'*Essai de bibliographie canadienne* de Philéas Gagnon et du *Canadian Periodical Index*. J'ai relevé et indexé le *Canadiana,* la *Bibliographie du Québec* et d'autres répertoires tels le *Catalogue des livres canadiens en librairie,* le *Cumulative Book Index,* le *Livre québécois,* le *World Bibliography of Bibliographies* de Theodore Besterman, des listes de *"Nouveautés",* de *"dons reçus"* de différentes sociétés de généalogie, des bibliographies sur

généalogique Tanguay by J.-Arthur Leboeuf has not been indexed in this bibliography, due to the difficulty in tracing back three generations or more, nor has the *Dictionnaire national des Canadiens-français (1608-1760)* by the Institut généalogique Drouin, as I was unable to obtain a copy.

The late Brother Éloi-Gérard Talbot indexed a large number of genealogical collections. These account for close to 10 000 entries in this bibliography.

I have revised each one of the 1 140 references already mentioned in my first bibliography. This time, I indexed the references by consulting works readily available in various libraries or obtained through interlibrary loans.

Thereafter, I collected and indexed each entry dealing with genealogy from the *Union List of Manuscripts in Canadian Repositories,* published by the Public Archives of Canada in 1975. Again, I did not always conform to the rule of three generations or more, especially where documents mentioned the marriage certificates of unknown descendants.

I extracted some Canadian references from the *Genealogical Index of the Newberry Library* in Chicago and the *Dictionary Catalog of Local History and Genealogy Division of the New York Public Library*. I analyzed all the genealogical works in the Gagnon collection at the Montreal Public Library starting with the *Essai de bibliographie canadienne* by Philéas Gagnon and the *Canadian Periodical Index*. I examined and indexed the following indexes: *Canadiana, Bibliographie du Québec, Canadian Books in Print, Cumulative Book Index, Livre québécois, World Bibliography of Bibliographies* (by Theodore Besterman), as well as lists of new publications, gifts, accession lists from various genealogical societies, bibliographies on the history of a province or particular region, other collective works, handbooks and the like, from the time of the French regime to 1980. For further information, please refer to entries under BIBLIOGRAPHIES AND OTHER BIBLIOGRAPHIC SOURCES in the Subject Index.

I wish to mention here how much I appreciated the assistance and cooperation of the staff at the major libraries I visited. I obtained a copy of their topographical card catalogue relating to genealogy and Canadian history. Some libraries were kind enough to provide me with several

l'histoire d'une province ou d'une région particulière, d'autres ouvrages collectifs, des manuels, etc., des débuts jusqu'à 1980. Pour plus de détails se référer aux notices sous *BIBLIOGRAPHIES ET AUTRES SOURCES BIBLIOGRAPHIQUES* dans l'Index des sujets.

Il convient ici de mentionner la collaboration des grandes bibliothèques qu'il m'a été donné de visiter. J'ai obtenu une copie des fiches de leur catalogue topographique touchant la généalogie et l'histoire du Canada. Certaines bibliothèques m'ont offert à titre gratuit plusieurs centaines de photocopies comme preuve de leur intérêt.

La Section de Généalogie des Archives nationales du Québec m'a pour sa part fourni une photocopie de la page-de-titre, de la table des matières et d'un extrait de l'introduction ou de la préface de tous ses ouvrages généalogiques. Sa collection a été depuis intégrée à celle de sa bibliothèque générale. Tous les ouvrages de cette collection ont été consultés un à un. Quelquefois même, dans le cas de livres rares ou d'ouvrages de référence, ils m'ont été prêtés pendant la nuit; je devais les retourner avant neuf heures tous les matins.

J'ai aussi reçu copie de quelques bibliographies d'histoire locale publiées par des particuliers dont j'ai pu retirer des notices.

J'ai analysé en détail les ouvrages de la Bibliothèque de l'Université Laval, de la Bibliothèque nationale du Québec, de la Metropolitan Toronto Public Library, de la Bishop's University Library de Lennoxville, de la Bibliothèque du Cégep de Trois-Rivières — j'ai obtenu de chacune une photocopie de leur fichier — et j'ai inventorié plus ou moins partiellement, lors de visites rapides, les collections de quelques autres bibliothèques ou archives, par exemple The Public Archives of Alberta, la Bibliothèque de l'Université de Moncton, etc.

La Bibliothèque nationale du Canada m'a fourni une sortie d'ordinateur de sa banque de données CANADIANA.

L'indexation des principales revues de généalogie faciles d'accès a été effectuée à partir de prêts-entre-bibliothèques ou d'emprunts de la collection de la Bibliothèque de l'Université Laval. J'ai extrait des revues d'histoire mises à ma disposition tous les articles d'aspect généalogique.

En dépouillant les répertoires d'état civil publiés ou manuscrits déposés dans les bibliothèques ou archives canadiennes, j'ai indexé

hundred photocopies free of charge as a token of their interest.

The Genealogical Section of the Archives nationales du Québec provided me with a photocopy of the title page, the table of contents and an extract of the introduction or preface of each of the genealogical works in their collection, which has since been incorporated with the one in their general library. All the works in this collection have been individually consulted. At times, in the case of rare books or reference works, I have been allowed to borrow them on overnight loan and return them the following morning.

I also received a number of privately published bibliographies on local history from which references were extracted.

I carried out a detailed analysis of the works in the collections at the Laval University Library, the Bibliothèque nationale du Québec, the Metropolitan Toronto Public Library, the Bishop's University Library in Lennoxville and the Bibliothèque du Cégep de Trois-Rivières. They provided photocopies of the card catalogues and during my short visits, I was able to compile a fairly complete inventory of the collections of some other libraries and archives, namely the Public Archives of Alberta, the University of Moncton Library and others.

The National Library of Canada sent me a printout of genealogical data from its CANADIANA data bank.

The indexing of the most accessible major periodicals on genealogy was carried out via interlibrary loans and loans from the Laval University collection. I also abstracted all articles of genealogical interest from historical periodicals that were available.

When I compiled the published or manuscript records of births, marriages and deaths in Canadian libraries or archives, I indexed each family name having three generations or more in those published by COUNTIES only.

I drew up an index of the *History of the Counties of Argenteuil and Prescott* by C. Thomas, which lacked an index, and which I consider to be a basic reference work on family histories in those two counties.

I was unable to review the collection of the Société généalogique canadienne-française in Montreal because it has recently moved to new premises. However, it should be pointed out that its *Mémoires* were analyzed and indexed from

chaque nom de famille de trois générations et plus dans ceux publiés par comté seulement.

J'ai dressé un index de l'ouvrage de C. Thomas, *History of the counties of Argenteuil and Prescott*, qui n'avait aucun index et que je considère comme ouvrage de base pour l'histoire des familles de ces deux comtés.

La collection de la Bibliothèque de la Société généalogique canadienne-française de Montréal n'a pas pu être dépouillée à cause d'un déménagement de locaux mais ses *Mémoires* ont été analysés et indexés depuis les débuts à 1980. J'ai indexé par ailleurs, à la Bibliothèque de la Société de généalogie de Québec, sa section *"Documentation"* seulement, ses monographies ressemblant étrangement aux collections des autres bibliothèques de la ville de Québec. Quant aux collections de l'Ontario Genealogical Society et des autres sociétés généalogiques du Canada, je ne les ai analysées qu'à partir de *Listes d'acquisitions* dont je disposais et de notices parues dans *Canadiana* ou encore dans d'autres ouvrages bibliographiques.

Il faut noter que le peu d'heures d'ouverture et le manque de fichier dans la plupart des sociétés de généalogie posent un problème majeur tant pour la consultation que l'indexation de leur documentation. À quelques exceptions près, règle générale, leur centre de documentation n'est ouvert qu'à des jours et des heures très variables et la consultation ne peut se faire que sur rendez-vous pris à l'avance.

Disons enfin que la vérification finale des fiches et des renvois avant la dactylographie du texte a pris à elle seule plus de trois mois à trois personnes.

ARRANGEMENT

Le présent recueil comporte quatre index et deux listes:

a) L'*Index des auteurs/titres* (5 853 notices) qui constitue le fichier-clef, ses notices ayant été rédigées le plus complètement possible. Des annotations plus ou moins élaborées ont été ajoutées ainsi que des notes diverses de même que la localisation et/ou la source dans le cas d'ouvrages uniques ou particuliers.

b) L'*Index des noms de paroisses* (1 605) qui constitue une liste de répertoires d'état civil publiés ou manuscrits qui peuvent être consultés facilement sur les rayons de bibliothèques ou d'archives publiques. Toutefois, aucun répertoire d'archives privées n'a été répertorié dans cette bibliographie.

the beginning (1944) up to 1980. Only the "Documentation" section of the library of the Société de Généalogie de Québec was indexed; its monographs resemble those of other libraries in the city of Quebec. I analyzed the collection of the Ontario Genealogical Society and other genealogical societies in Canada from "accession lists" already available and from references published in *Canadiana* or in other bibliographical tools.

It is important to note that most genealogical societies do not have regular office hours nor do they provide catalogues. This constitutes a major stumbling block for the researcher who wishes to consult and index. With few exceptions, their information centres are open on an occasional basis and consultations may be made by appointment only.

It took three people more than three months to edit the manuscript, particularly to check cross-references, before final typing began.

ORDER OF LISTINGS

The present compilation consists of four indexes and two lists:

a) The *Author/Title Index* (5 853 entries), which constitutes the key-file, with fairly detailed bibliographical descriptions. Annotations varying in length and detail have been added. Additional notes and the location and/or source (in the case of unique or particular works) are also included.

b) The *Index of Parishes* (1 605 entries), which consists of a list of published or manuscript records of births, marriages and deaths that can be easily consulted in libraries and public archives. However, records in private archives have not been compiled in this bibliography.

This index was compiled for the two following reasons: first, to facilitate the work of researchers; second, to indicate which records have been duplicated. It can be assumed that if an adequate bibliographical tool had been previously available, most genealogists, many of whom act on a voluntary basis, certainly would have preferred to compile other registers rather than repeat the work of a colleague.

c) The *Subject Index* (729 entries), classified in alphabetical order by subject. Although this index is far from complete, its intended use is as a guide for the researcher. It groups together general or specific works on genealogy and related sciences.

Cet index a été conçu pour deux raisons bien précises: 1° — faciliter le travail des chercheurs; 2° — signaler les répertoires qui se recoupent. On peut supposer que si un outil bibliographique adéquat eût été à leur disposition, les généalogistes qui oeuvrent pour la plupart à titre bénévole auraient certes préféré compiler d'autres registres non encore disponibles plutôt que de doubler le travail d'un confrère.

c) L'*Index des sujets* (729 notices) classé par ordre alphabétique des rubriques. Cet index bien incomplet, qui ne vise qu'à guider le chercheur, regroupe des ouvrages généraux ou spécifiques propres à la généalogie et à des sciences connexes.

Les notices bibliographiques incluses dans ces deux derniers index et *L'Index des noms de familles* sont abrégées; IL FAUT DONC SE RÉFÉRER À L'INDEX DES AUTEURS/TITRES pour des descriptions complètes.

d) La *Liste des périodiques*, assez exhaustive, je crois. Par exception elle comprend quelques revues de sociétés d'histoire ayant publié des articles en généalogie.

e) La *Liste des sociétés de généalogie au Canada*, par provinces, avec leur adresse courante.

f) L'*Index des noms de famille* (22 294 notices dont 5 604 renvois aux variations de **noms et surnoms**) classé par ordre alphabétique de nom de famille. Sous chaque patronyme retenu, on peut retrouver de une à soixante-quinze références bibliographiques — au total plus de 100 000 notices bibliographiques dans cet index.

DIFFICULTÉS

Dans un ouvrage de cette envergure, il est impossible d'éviter toute incohérence. La difficulté majeure fut sans aucun doute la fréquence des variations d'orthographe des noms de famille que l'on rencontre constamment dans les registres et les publications.

Les variations de noms et les surnoms mentionnés dans l'*Index des noms de famille* ne constituent en aucune manière une liste exhaustive ou un dictionnaire de patronymes mais correspondent seulement à ceux rencontrés au cours de la compilation. Ils permettent déjà d'élucider plus d'une filiation longtemps recherchée comme la preuve en a été faite à plusieurs reprises.

Le nom des familles CRÊTE et CRITES, toutes deux d'origine absolument différente, en est un exemple probant. Ce nom a varié au cours des

The bibliographic entries in the last two indexes and the *Index of Family Names* are abridged. PLEASE REFER TO THE *AUTHOR/TITLE INDEX* for more complete descriptions.

d) The *List of Periodicals* is fairly complete and includes a number of periodicals published by historical societies as they include articles on genealogy.

e) The *List of Genealogical Societies in Canada*, province by province, with current addresses.

f) The *Index of Family Names* (22 294 entries, of which 5 604 are references to variations of surnames), classified in alphabetical order of family name. Under each family name, or patronymic, included, there are from one to seventy-five bibliographical references, for a total of more than 100 000 references in this index.

DIFFICULTIES

In a work of this magnitude, it is almost impossible to maintain coherence in every instance. Without a doubt, the main difficulty was the frequency of spelling variations of family names. This was a problem I encountered regularly in registers and publications.

The variations in surnames mentioned in the *Index of Family Names* do not in any way constitute a complete list nor a dictionary of patronymic names, but represent only those found while I was doing the research for this bibliography. They clarify complicated family relationships which had posed serious problems to other genealogists.

Family names such as CRÊTE and CRITES, both of different origin, offer a striking example. Through the years, more than thirty versions of these names have appeared, such as CRAFT, CRAIG, CRAIL, CRAIT, CRAYTY, CRÊTE, CRÊTES, CRIGHT, CRIKS, CRITE, CRITES, CRYTES, DE KREITZ, KREITZ, KRIGHT, KRYTES, ETC.

As a general rule, unless the variations of a given family name are in close alphabetical order, in which case several variations are listed under a single heading, each variation of a family name appears separately (in alphabetical order) according to the spelling found in the publications. However, in a case such as the one mentioned above, it was obvious that I had to reduce the number of entries to a minimum. If the same bibliographical references were repeated, I gathered the references under one or two variations of the family name and indicated clearly

années au Canada plus d'une trentaine de fois. L'orthographe varie de CRAFT, CRAIG, CRAIL, CRAIT, CRAYTY, CRÊTE, CRÊTES, CRIGHT, CRIKS, CRITE, CRITES, CRYTES à DE KREITZ, KREITZ, KRIGHT, KRYTER, ETC.

Règle générale, à moins que l'ordre alphabétique des variations d'un patronyme donné se suive de très près — alors, plusieurs variations ont été cumulées sous une seule rubrique — chaque variante et surnom d'un patronyme apparaît à son ordre alphabétique selon l'orthographe présentée dans les publications. Toutefois, dans des cas comme celui cité plus haut, où il fallait absolument se limiter à un juste minimum pour ne pas alourdir la recherche, surtout si les mêmes sources bibliographiques se répétaient, j'ai regroupé les sources bibliographiques sous une ou deux variantes du nom de famille en indiquant clairement sous chaque source quelle variante du nom est mentionnée dans le publication.

IL EST DONC D'UNE EXTRÊME IMPORTANCE DE VÉRIFIER SOUS TOUTES LES VARIATIONS DE NOMS ET SOUS TOUS LES SURNOMS CITÉS afin de s'assurer d'une liste complète des sources bibliographiques pour une famille particulière.

J'ai tenté autant que possible de suivre l'ordre alphabétique strict sans m'arrêter trop sévèrement aux normes et règles de classement préconisées dans les bibliothèques — le chercheur-amateur étant le plus susceptible de se servir de cette bibliographie. J'ai dû toutefois déroger dans trois ou quatre cas à la règle pour plus de logique. Par exemple, les *Répertoires de mariages de l'Outaouais* de Gérard-E. Provencher et ses collaborateurs ont été classés par ordre numérique des volumes de 1 à 6.

Au moment de la vérification finale du texte déjà dactylographié, j'ai décélé une dizaine de notices entrées de deux manières différentes et une ou deux notices dactylographiées en double.

La localisation précise d'un ouvrage n'a été donnée que dans le cas de livres rares ou de manuscrits pour en faciliter la consultation. Lorsqu'aucune mention particulière n'est faite, l'ouvrage devrait se retrouver dans la plupart des bibliothèques. Il est à conseiller de se servir du service national de la *Division de localisation* de la Bibliothèque nationale du Canada pour connaître la localisation la plus près du chercheur.

Le mot "*source*" signifie l'endroit où la notice under each reference which variation was dealt with in the publication.

ALL VARIATIONS OF FAMILY NAMES CITED MUST BE CHECKED in order to ensure that as complete a list as possible of bibliographical references concerning a particular family is obtained.

As the amateur researcher will be the most likely person to consult this bibliography, I have done my best to establish strict alphabetical order, but have not always followed the pre-ordained rules of librarians which pertain to the classification of material in libraries. For the sake of logic, some rules had to be broken. An example of this is the *Répertoires de mariages de l'Outaouais* by Gérard-E. Provencher and his colleagues, which have been classified in numerical order for volumes one through six. (After the typed text was proofread, I discovered approximately ten entries that had been entered in two different ways and one or two entries that had been typed twice.)

In order to facilitate consultation, the precise location of a work has been given only in the case of rare books or manuscripts. Whenever there is no particular mention made, the work will likely be found in most libraries. The researcher should contact the national service of the Location Division of the National Library of Canada to find the nearest library with the work in its holdings.

The word "source" points to where the bibliographical reference has been traced. In such a case, the document has not necessarily been consulted or indexed by family name.

CONCLUSION

In spite of my efforts, I am well aware of the shortcomings of the present bibliography. It is likely that between twenty and twenty-five percent of the extant Canadian genealogical information is not documented here. Scholars in the field will be in a position to detect major omissions and will be perfectly justified when they point out that I have left out a particular reference. Unfortunately, every published bibliography is out-of-date the minute it comes off the press and even current bibliographies published in specialized periodicals are never complete. Today, genealogical works published in Canada since 1980 could form a supplement nearly as voluminous as this bibliography.

In the best interests of genealogical research, which overlaps many other fields such as history,

a été retracée. Le document dans ce cas n'a pas été nécessairement consulté ou indexé par nom de famille.

CONCLUSION

Malgré tous les efforts que j'y ai consacrés, je n'ai pas la moindre illusion sur les lacunes de la présente bibliographie. J'irais même jusqu'à admettre que peut-être bien de vingt à vingt-cinq pour cent de la documentation généalogique canadienne existante n'y est pas répertoriée. Je suis très consciente du fait qu'un lecteur tant soit peu érudit en la matière sera en mesure d'y déceler des oublis même majeurs et justifié de me reprocher telle ou telle omission jugée fondamentale à ses yeux. Mais c'est le propre de toute bibliographie imprimée d'être déjà périmée à sa sortie des presses et même les bibliographies courantes paraissant dans les périodiques ou les revues spécialisés s'avèrent incomplètes à leur parution. Déjà les ouvrages généalogiques parus au Canada depuis 1980 peuvent à eux seuls faire l'objet d'un supplément presque aussi volumineux que la présente bibliographie.

Aussi, en guise de conclusion et dans l'intérêt des recherches généalogiques qui débordent sur plusieurs autres domaines comme l'histoire, la démographie, la génétique, etc., j'exprime le souhait de voir se réaliser à courte échéance:

1) la publication d'un premier supplément qui corrigerait en même temps les lacunes et les erreurs du présent ouvrage;

2) l'implantation d'un comité bibliographique national.

REMERCIEMENTS

Avant de mettre un terme à ce long préambule, il reste à l'auteur un agréable devoir à remplir: celui de remercier tous ceux qui de près ou de loin ont apporté un concours tangible sous forme d'indication de sources, de prêts, de dons de documents et même d'encouragement tant moral que financier.

Dans ce dernier domaine, un nom me vient tout d'abord à l'esprit: c'est celui du Conseil de Recherches en Sciences humaines du Canada, sans la généreuse subvention duquel cette bibliographie n'aurait jamais pu être mise en page. Messieurs Jean Hamelin, responsable du Dictionnaire biographique du Canada, Bernard Vinet, responsable des projets spéciaux et conseiller en documentation à la Bibliothèque de l'Université Laval, et les présidents de différentes

demography, genetics, etc., the following projects should be undertaken:

1) the publication of a first supplement which would fill in the gaps and correct the errors of this work;

2) the establishment of a national bibliographical committee.

ACKNOWLEDGEMENTS

Before concluding this long preamble, I am left with a pleasant duty to fulfill. I wish to thank all those who have helped me in tangible ways, such as suggesting sources, providing loans, making gifts of documents and providing moral as well as financial support.

In the last instance, I must single out the Social Sciences and Humanities Research Council of Canada, without whose generous grant this bibliography would never have been completed. Special thanks to Jean Hamelin, in charge of the French version of the *Dictionary of Canadian Biography*; Bernard Vinet, in charge of special projects and information services consultant at the Laval University Library; the chairpersons of the various federations and institutes of history and genealogy and of genealogical societies. With their recommendation, I obtained the SSHRC grant (no. 491-82-1064).

I owe particular thanks to Raymond Gingras, the highly respected genealogist at the Archives nationales du Québec who, well aware of the importance of bibliographies in genealogical research, offered me invaluable assistance and support.

Thanks also to Colette Baril, Michel Langlois, the late Roland-J. Auger and all the staff of the Archives nationales for their help and for relaxing the rules relating to loans of archival documents so that I could take them home.

I owe special thanks to the staff of the Laval University Library for their cooperation throughout the years. They sought out various references and arranged multiple local loans, interlibrary loans and special loans. They also provided many other services and responded to all requests with unfailing good humour.

I also wish to thank all other librarians and genealogists throughout Canada who provided me with all kinds of services and information.

A particular thank you to René Bureau, Robert-G. Tessier and Jacques Fortin, genealogists; and to Michèle Bachand, Germain

fédérations ou instituts d'histoire et de généalogie et des sociétés généalogiques m'ont facilité par leur recommandation l'obtention de la subvention du CRSHC (no 491-82-1064) et je tiens à leur en exprimer ici toute ma reconnaissance.

Je dois des remerciements tout particuliers à monsieur Raymond Gingras, généalogiste des Archives nationales du Québec, qui, très conscient de l'importance de la bibliographie dans la recherche généalogique, ne s'est jamais lassé de me prodiguer sa précieuse collaboration et ses encouragements sincères avec l'efficacité d'un maître en généalogie.

Je remercie également mademoiselle Colette Baril, messieurs Michel Langlois et feu Roland-J. Auger et le personnel de ces mêmes archives pour leur disponibilité et les dérogations aux règlements quant aux prêts de documents d'archives à domicile.

Je dois un remerciement spécial au personnel de la Bibliothèque de l'Université Laval pour sa constante collaboration au cours de tant d'années, qu'il se soit agi de demandes variées de référence, de multiples prêts locaux ou entre-bibliothèques, de prêts spéciaux et de bien d'autres services, sans compter la cordialité des rencontres avec l'un ou l'autre.

Au risque d'oublier des noms, je remercie aussi tous les autres bibliothécaires et généalogistes à travers le Canada qui m'ont fourni quelque documentation ou autre service que ce soit.

Un merci particulier à messieurs René Bureau, Robert-G. Tessier et Jacques Fortin, généalogistes, à messieurs Germain Bélisle et Paul-Émile Filion et à madame Michèle Bachand, bibliothécaires, qui se sont déplacés pour venir juger de la valeur du contenu de ma bibliographie.

Plus près de moi, je veux remercier chaleureusement madame Julienne de Varennes et feu son époux, Henri, pour les longues soirées passées à classer des fiches. Enfin, je veux exprimer des remerciements tout à fait spéciaux à mes enfants, Monique et Michel, et à mon époux, Rosario, pour leur collaboration diverse et leur compréhension à mon égard tout au long de ces années laborieuses.

Kathleen Mennie-de Varennes

Bélisle and Paul-E. Filion, librarians. They came to my home to examine and evaluate the contents of my bibliography.

To my relatives and family, especially Julienne de Varennes and her late husband, Henri, heartfelt thanks for long evenings devoted to the filing of index cards.

Finally, I wish to express my very special thanks to my children, Monique and Michel, and to my beloved husband, Rosario, for their understanding and cooperation during those many long years of hard work.

Kathleen Mennie-de Varennes

[1]Leenaerts, R.J. Une bibliographie généalogique et héraldique permanente. Moyens et possibilités de réalisation. *Dans/In:* Recueil du 11ᵉ Congrès international des sciences généalogiques et héraldiques, Liège 29 mai - 2 juin '72, p. 361-364.

[2]Jetté, René et Programme de recherche en démographie historique de l'Université de Montréal. Dictionnaire généalogique des familles du Québec. Montréal, Presses de l'Univ. de Montréal, 1983. xxviii, 1176 p.

Abréviations et Sigles

Abbreviations and Symbols

Arch.	Archives ou Archiviste/Archives or Archivist
Assoc.	Association
Bull.	Bulletin
C.C.Ms.	Catalogue collectif des manuscrits.
C.E.	Canada East
C.W.	Canada West
Can.	Canadien/Canadian
dans	(*en anglais sous:* in)
F.C.A.G.R.	French Canadian & Acadian Genealogical Review
généal./geneal.	généalogie ou généalogique/ genealogy or genealogical
hist.	histoire ou historique/history or historical
in	(*in French under:* dans)
L.C.	Lower Canada
Ms. — Mss.	Manuscrit(s)/Manuscript(s)
NBL	Newberry Library, Chicago. Genealogical Index.
rev.	revue/review (revised)
S.G.C.F. Mém.	Société généalogique canadienne-française, Montréal. Mémoires.
see	(*in French under:* voir)
see also	(*in French under:* voir aussi)
soc.	société/society
surn.	surnom(s)/surname(s)
U.C.	Upper Canada
U.E.L.	Union Empire Loyalists
U.L.Ms.	Union List of Manuscripts.
var.	variation(s) du nom/variation(s) of the name

var. & surn.	variation(s) et surnom(s)/ variation(s) and surname(s)
voir	(*in English under:* see)
voir aussi	(*in English under:* see also)

Données de publication/Publication Data

n.d.	no date (*in French under:* s.d.)
*n.p.	no place and/or no publisher; no paging (*in French under:* s.l., s.éd.; s.p.)
n.p.n.d.	no place, no date (*in French under:* s.l.n.d.)
p.v.	pagination variée (*en anglais sous:* v.p.)
s.d.	sans date (*en anglais sous:* n.d.)
s.éd.	sans éditeur (*en anglais sous:* n.p.)
s.l.	sans lieu (*en anglais sous:* n.p.)
s.l.n.d.	sans lieu ni date (*en anglais sous:* n.p.n.d.)
s.p.	sans pagination (*en anglais sous:* n.p.)
v.p.	varied pagination (*in French under:* p.v.)

*Note: What "n.p." signifies is determined by its position in the publication data section of the entry as the order of presentation of the data is consistent, i.e.

(place), (publisher), (date). (paging).

[n.p.] [n.p.]

Index des
Auteurs/Titres

Author/Title
Index

À la mémoire de Jean Trudel.

> *Dans:* S.G.C.F. Mém. 17: (3) 173-176
> juil./sept. '66.
> Extrait du journal *Le Réveil normand*.

ABANDONED Barber Cemetery: lot 4, Conc.
XI, Township Rear of Yonge & Escott,
Leeds County, Ontario . . . (Prescott, Ont.).
Leeds and Grenville Genealogical Society,
1976. 6 p.

> Recorded by Ed. Livingston and others.
> Publication of Leeds and Grenville Geneal.
> Soc. 76-11.

ABBOTT family.

> *In:* Yarmouth, N.S. Geneal., 1896-1902, p. 224.
> *Source:* N.B.L.

_____. Memorandum dated Halifax, regarding
the children of Thomas and Eliza Abbott.

> *Source:* U.L.Ms. p. 1.
> Ms. Original. 1 p. 1854.
> Nova Scotia Public Archives, Halifax, N.S.

ABERDEEN and Bright, N.B.
Parish Church (Anglican). Baptisms.

> *Source:* U.L.Ms. p. 2.
> Ms. Microfilm. 15 feet. 1929-1934.
> New Brunswick Provincial Archives,
> Fredericton, N.B.

ABNER Wolcott's line: history and genealogy
of the Wolcott family of Keeseville, N.Y.

> *Printed in:* "The Society of Descendants of
> Henry Wolcott, Inc." (Paper).

ACADIE. Registre de l'état civil d'Acadie et de
la Gaspésie, 1679-1686, 1751-1757.

> *Source:* C.C.Ms. p. 3.
> Ms. Microfilm. Copie. 142 p.
> Archives publiques du Canada, Ottawa, Ont.

ACADIE. RECENSEMENTS. Recensement de
l'Acadie, 1708; Recensement de Bonaventure
pour l'année 1774; Recensement de Bonaventure, 1777; Recensements de Paspébiac,
Percé, Carleton, Mal-Bay, Île de Bonaventure, Gaspé et du Cap, 1777.

> *Source:* C.C.Ms. p. 3.
> Ms. Copie. 44 p. 1708.
> Archives nationales du Québec, Québec, Qué.

ACADIEVILLE, N.-B. Registres paroissiaux.
Registres de la paroisse (catholique) de
l'Immaculée-Conception, Acadieville,
Nouveau-Brunswick.

> *Source:* C.C.Ms. p. 3.
> Ms. Reproductions photographiques. 344 p.
> 1877-1910.
> Archives acadiennes, Moncton, N.-B.

ADAM, Graeme M. Prominent men of
Canada: a collection of persons distinguished
in professional, political life . . . Toronto,
1892.

ADAM, Joseph. Les Bernard-Brouillet;
ou Esquisse historique du pays canadien-
français. Montréal, Éd. Beauchemin, 1930.
127 p.

> Partie 1, fasc. 1 (seul le premier fasc. a paru).

ADAMS, James (d. 1879). King Township,
Ont. Presbyterian clergyman. Register of
marriages of King Township, Ont.,
1859-1879.

> *Source:* U.L.Ms. p. 5.
> Ms. Original. 20 p.
> Archives of Ontario, Toronto, Ont.

ADAMS, James Taylor, comp. and ed. Adam
family records; a genealogical and biographical history of all branches of the
Adam family, including Addams, Adams,
Adamson, McAdams and corresponding
names in all other languages . . . Wise,
Virginia, (the author), 1929. 2 vols.

> *Extracts of Table of Contents:* "Adams family
> in America" by James Taylor Adams;
> "Adams of Snow Hill" by Kathrine Kellog
> Adams;
> "John Adams of Mountain City" by James
> Taylor Adams.

ADAMS family.

> *In:* Yarmouth, N.S. Geneal. 1896-1902,
> pp. 212, 249.
> *Source:* N.B.L. E 69987.9.

ADAMS family. Genealogical chart.

> *Source:* U.L.Ms. p. 5.
> Ms. Original. 1 inch. [n.d.]
> Public Archives of Nova Scotia, Halifax, N.S.

ADELAIDE Township, Ont. Presbyterian
Church. Registry of baptisms of West
Adelaide Township, Ontario, 1854-1908.

> *Source:* U.L.Ms. p. 5.
> Ms. Transcripts. 342 p.
> Metropolitan Toronto Central Library,
> Toronto, Ont.

ADÉLARD, o.s.b. Dictionnaire des Bouvier. Belmont, Caroline du Nord, (1947). 486 p.

Texte en français et anglais.
"Clef de ce dictionnaire et quelques exemples": p. 9.

ADJUTOR (frère) f.c. Extrait des mariages célébrés dans la paroisse de St-Georges d'Aubert-Gallion, comté de Beauce depuis 1841 à 1920 avec table 1841 à 1882. St-Georges, 1938. [s.p.]

Copie dactylographiée avec une section manuscrite.
Archives nationales du Québec, Québec, Qué.

AIKEN, Gordon Harvey. Kin of Adam; a story of the Aiken family with a modern genealogy. Bracebridge, Ont., Herald-Gazette Pr., 1961. 83 p.

AIKEN family, Falmouth, Hants County, N.S. . . . Book containing information on the Akin or Akins genealogy; 22 documents concerning the family, 1796-1915 (MG 1, no. 3-5). A listing of the descendants of Thomas Akin (1702-1775), who settled in the Township of Falmouth, N.S. in 1760, including a list of the descendants of his ancestor Captain John Akin (1663-1746) of Portsmouth, Rhode Island and Dartmouth, Mass.; compiled by J.V. Duncanson, June 19 (Ms. file). Descendants of Thomas Aiken (1702-1775), who came to Falmouth in 1760 and was one of the grantees of Falmouth Township; taken from the Akin family Bible. (Microfilm: Biography: Akin family). Some genealogical information on the Akin family, containing some births and baptisms, 1885-1900. (Ms. file: Aylward family).
Source: U.L.Ms. p. 9.
Ms. Original. 6 inches. Transcripts. 24 p.
Photocopies. 2 p. Microfilm. 1 reel. 1762-1924.
Public Archives of Nova Scotia, Halifax, N.S.

AIKINS, James Cox. . . . Correspondence and memoranda dealing with the life, career and family of James Cox Aikins; genealogical information and wills, 1834-1856.
Source: U.L.Ms. p. 7.
Ms. Original. 18 inches.
Public Archives of Canada, Ottawa, Ont.

AINSLIE-YOUNG family. Memorandum on the old Scottish family of Ainslie and Ainslie-Young.
Source: U.L.Ms. p. 8.
Ms. Original. 1 p. 1922.
Public Archives of Canada, Ottawa, Ont.

AITCHISON family. Genealogical chart.
Source: U.L.Ms. p. 8.
Ms. Original. 1 p. [n.d.]
Public Archives of Nova Scotia, Halifax, N.S.

AITKENS family, Nova Scotia and United States. Letters and newspaper clippings chiefly concerned with items of family news and genealogy.
Source: U.L.Ms. p. 9.
Ms. Original. 22 inches. ca. 1877-1972.
Public Archives of Nova Scotia, Halifax, N.S.

AKIN family, Falmouth, Hants County, N.S. . . . Book containing information on the Akin or Akins genealogy . . .
Source: U.L.Ms. p. 9.
Ms. Original. 6 inches.
Public Archives of Nova Scotia, Halifax, N.S.

ALAIN, Marc-Louis. Monts, famille. Tableau généalogique de la famille de Monts, 1145-1922, dressé en 1922 par Marc-Louis Alain, comté de Monts de Savasse.
Source: C.C.Ms. p. 861.
Ms. Originaux. 1 p. 1922.
Archives publiques du Canada, Ottawa, Ont.

ALARIE, Roland et Alexandre BLOUIN. Tricentenaire de la famille Alarie en France, 1674-1974. [s.l.n.d.]. 117 p.

Polycopié.
"Publié à l'occasion du tricentenaire de l'établissement de la famille en terre de Nouvelle-France".
Constitue une première tranche de généalogie traitant des origines éloignées des sept lignées directes de la famille qui peut être considérée comme définitive.

ALBERTON, P.E.I. Alberton Anglican Church. Parish registers, 1859-1943.
Source: U.L.Ms. p. 12.
Ms. Microfilm. 60 feet.
Public Archives of Prince Edward Island, Charlottetown, P.E.I.

ALBUM de la famille Girouard. [s.l.n.d.]. 56 p.

p. 53-56: feuilles supplémentaires insérées au début du volume par erreur.

ALBUM-souvenir: Fêtes du tricentenaire des Gauvin d'Amérique.

Recension dans: S.G.C.F. Mém. 19: (4) 251 oct./déc. '68.

ALBUM-souvenir: Sainte-Claire, Dorchester, 1824-1974. Ste-Claire, 1974. 154 p.

Généalogies de plusieurs familles de l'endroit.

ALBUM-souvenir: Tricentenaire des familles
LeMay, 1659-1959, célébré au Sanctuaire de
Notre-Dame du Cap-de-la-Madeleine et
bénédiction du monument souvenir à Lotbinière, berceau des familles Lemay. Québec,
14 juin 1959. 143 p.

ALCAS, Marie (frère). Zéphirin Paquet, sa
famille, sa vie, son oeuvre. Québec, 1927.
374 p.

>En tête du titre: "Essai de monographie
>familiale".
>"La Famille Hamel": p. 285-374.
>Variation du nom: Pasquier devenu Pasquet et
>Paquet.

ALDEN family.

>*In:* Yarmouth, N.S. Geneal., 1896-1902,
>pp. 238-245.
>*Source:* N.B.L.

ALEXANDER family.

>*In:* Yarmouth, N.S. Geneal., 1896-1902, p. 228.
>*Source:* N.B.L.

ALEXANDRE Bellefontaine and Henriette
Petitpas.

>*In:* F.C.A.G.R. 3: (4) 244 Winter '71.

ALFRED-MARIE (frère), f.i.c. Familles
Lambert . . . Grand'-Mère, 1954. [p.v.].

>Notes historiques et généalogie des descendants
>de Michel Lambert, fils de Pierre Lambert né
>en France en 1650, venu au Canada et marié à
>Québec en 1680 à Marie LeNormand.
>Recherches généalogiques commencées en 1928
>(à Grand'-Mère) par le Frère Irenée-Marie
>(Caron), f.i.c., M. Nérée Lambert (et) le Frère
>Alfred-Marie (D. Lambert), f.i.c.
>Travail complété par le Frère Alfred-Marie,
>f.i.c.
>Polycopié. Cahier à anneaux.
>Archives nationales du Québec, Québec, Qué.

ALFRED-MARIE (frère), f.i.c.
voir aussi sous:

>LAMBERT, Alfred-Marie, f.i.c.

ALIX, Elisée, ptre. "La Famille Alix du
Mesnil". Généalogie d'une famille
canadienne-française . . . [s.l.], 1935-36.
224 p.

>"Avec la bienveillante collaboration des
>RR.PP. Oblats de la Vallée du Richelieu."

ALLAIN, Cecil and Rosalie ALLAIN. The
Allain family tree. 1st ed. Rantoul, Ill., May
1970. 11 p.

ALLAIN, Rosalie, co-aut.
see:

>ALLAIN, Cecil and Rosalie ALLAIN. The
>Allain family tree . . .

ALLAIRE, Jean-Baptiste Arthur. Histoire de
la paroisse de St-Denis-sur-Richelieu
(Canada). St-Hyacinthe, Impr.
Courrier de St-Hyacinthe, 1905. 543 p.

>"Histoire de cent familles fondatrices de cette
>paroisse et celles du voisinage . . ." (Intr.
>p. vii).

ALLAIRE, Violette. "Allaire."

>*Dans:* Troisième âge, déc. 1977, p. 5-6.

_____. L'Association "Perche-Canada" rend
hommage à l'ancêtre Toussaint Giroux, à
Réveillon (Orne).

>*Dans:* S.G.C.F. Mém. 15: (3) 182 juil./sept.
>'64.

_____. Déportés de 1839.

>*Dans:* S.G.C.F. Mém. 15: (4) 250-252 oct./déc.
>'64. Liste des noms.

_____. Famille Allaire.

>*Dans:* S.G.C.F. Mém. 11: 97-162 '60.
>Étude généalogique sur la famille Allaire.

_____. La Famille Allaire-Dallaire. Québec,
24 juin 1962. 330 p.

_____. Les Familles Allaire-Dallaire. Québec,
Impr. Le Soleil, 24 juin 1962. 2 vols.

>"Étude généalogique sur les familles Allaire-
>Dallaire comprenant la biographie des ancêtres,
>des notes sur les lieux d'origine, l'histoire
>abrégée des trois générations suivantes en
>Nouvelle-France: la famille sacerdotale et
>religieuse, l'arbre généalogique et l'index des
>noms des conjoints cités."
>"L'auteur inclut de plus une brève étude sur
>une autre source des familles Allaire-Dallaire
>d'Amérique du Nord et une monographie des
>lieux d'origine des ancêtres . . ." (av.-pr.).

_____. Langlois-Lachapelle.

>*Dans:* S.G.C.F. Mém. 15: (1) 19-22 janv./mars
>'64.

_____. Notre système seigneurial.

>*Dans:* S.G.C.F. Mém. 14: (11) 200-201 nov.
>'63.

_____. Tricentenaire des familles Allaire-
Dallaire.

>*Dans:* S.G.C.F. Mém. 14: (10) 183-186 oct. '63.

ALLAN family. . . . Papers and correspondence of William Allan (1770-1853) . . . Miscellaneous papers of Senator G.W. Allan (1822-1901) . . .

Source: U.L.Ms. p. 15.
Ms. Original. 3 feet 8 inches. 1793-ca. 1892.
Metropolitan Toronto Central Library, Toronto, Ont.

ALLARD, Alphonse, chan. Histoire de la famille terrienne 1965: M. et Mme Walter Benoit (Léa Allard). Sainte-Brigitte-des-Saults, comté de Nicolet (1966).

Polycopié.
Les pages suivantes manquent: 26, 30, 45, 47, 62, 112, 128, 138, 148, 154, 156, 164, 166, 179, 180-182, 184.
Archives nationales du Québec, Québec, Qué.

____. Histoire et généalogie de la famille Allard, 1670-1960.

Source: C.C.Ms. p. 15.
Ms. Originaux. 4 pouces.
Archives publiques du Canada, Ottawa, Ont.

____. Houde-Houle-Leclerc.

Dans: S.G.C.F. Mém. 15: (1) 24-44 janv./mars '64.
Variations du patronyme: Houde, Houle, Houl, Oule, Houd, Clair, Claire, Leclerc, Leclair, Hould, Desruisseaux, Desrochers.

____. Mariages de St-Jean-Baptiste de Nicolet, 1719-1960 . . . Cap-de-la-Madeleine, Qué., D. Campagna, 1964.

Polycopié.
Travail terminé en 1960.

ALLARD, Alphonse, chan. et Albert LABONTÉ. Répertoire des mariages de la paroisse Sainte-Grégoire, comté Nicolet, 1803-1946. 2e éd. Cap-Rouge, Qué., D. Campagna, 1973. 171 p.

Texte polycopié sur deux colonnes.

ALLARD, Alphonse, chan., co-aut.
voir aussi sous:

CAMPAGNA, Dominique, s.c. Répertoire des mariages de la paroisse de St-Grégoire le Grand . . . (Éd. 1964).
CAMPAGNA, Dominique, s.c. Répertoire des mariages de Ste-Monique de Nicolet, 1844-1965 . . .

ALLARD, F. Roméo. Pierre Allard (1653-1703) et sa famille — histoire et généalogie. Montréal, 1973. 29 p.

____. Pierre Allard et sa famille.

Dans: S.G.C.F. Mém. 24: (1) 4-19 janv./mars '73; 24: (2) 66-77 avr./juin '73.

____. René de La Voye, où et quand est-il mort?

Dans: S.G.C.F. Mém. 30: (4) 274-275 oct./déc. '79.

ALLARD, Jeanne (Grisé). 1500 prénoms et leur signification. Montréal, Éd. du Jour, 1973. 236 p.

ALLARD, Léopold. Généalogie de Léopold Allard; du côté paternel (Napoléon Allard), première partie; et du côté maternel (Clérinda Allard), deuxième partie. St-Hyacinthe, 1944. (99) feuillets.

ALLARD, Lionel. L'Ancienne-Lorette. Ottawa, (Éd. Leméac, 1979). 386 p.

ALLARD-BROUSSEAU, Anaïs. Francis Allard (1637-1726).

Dans: S.G.C.F. Mém. 25: (1) 27-49 janv./mars '74.
Texte présenté en conférence à l'assemblée mensuelle du 9 déc. 1953 à Montréal.

ALLEN, Ralph W. Descendants of John Allen of Nine Mile River and Mount Uniacke (Allen Family of Dartmouth, N.S.).

Source: U.L.Ms. p. 17.
Ms. Transcripts. 12 p. 1958.
Public Archives of Nova Scotia, Halifax, N.S.

ALLEN family.

In: Yarmouth, N.S. Geneal. 1896-1902, pp. 3-4, 107, 115, 137, 146, 155, 174, 178, 192, 212, 228, 231, 250.
Source: N.B.L.

ALLSOPP, George. Letterbook relating to his family, business and political affairs.

Source: U.L.Ms. p. 18.
Ms. Photocopies. 177 p. 1788-1796.
Public Archives of Canada, Ottawa, Ont.

ALLSTROM, C.M. Dictionary of Royal lineage of Europe and other countries from the earliest period to the present date . . . Chicago, 1902-1904. 2 vols.

Compiled from official records and other recognized authorities with alphabetical index. Complete genealogical record for ready reference for general use.
Most helpful for Canadian genealogical research.

ALLUMETTES (ISLAND), Que. Wesleyan Church (Methodist). Register of baptisms, marriages and burials in the Wesleyan Methodist Circuit on Allumettes Island and adjacent parts of the counties of Pontiac and Ottawa, 1858-1887.

Source: U.L.Ms. p. 18.
Ms. Microfilm. 1 reel. 1858-1887.
Public Archives of Canada, Ottawa, Ont.

ALMANAC DE GOTHA; annuaire généalogique, diplomatique et statistique. Gotha, Perthes.

Indispensable au généalogiste.

ALMANAC DE GOTHA contenant diverses connaissances curieuses et utiles . . . Gotha, C.W. Ettinger, (1785). 157 p.

Livre rare.
Indispensable au généalogiste.

ALMON family, Halifax, N.S. Some genealogical information.

Source: U.L.Ms. p. 19.
Ms. Original. 19 p. [n.d.]
Nova Scotia Public Archives, Halifax, N.S.

ALMONTE, Ont. United Church. Marriage registers of St. Andrew's (Presbyterian) Church of Ramsay Township, 1898-1926, and Ashton Presbyterian Church, 1896-1911 . . .

Source: U.L.Ms. p. 19.
Ms. Microfilm. 1 reel. 1889-1962.
Public Archives of Canada, Ottawa, Ont.

____. Parish register of Almonte United Church and its Presbyterian and Methodist predecessors in Ramsay Township, Appleton and Carleton Place, 1833-1962.

Source: U.L.Ms. p. 19.
Ms. Microfilm. 1 reel. 1833-1962.
Public Archives of Canada, Ottawa, Ont.

ALNICK Township, Ont. Registers of marriages in Alnick township, Northumberland County.

Source: U.L.Ms. p. 19.
Ms. Original. 11 p. 1858-1882.
Public Archives of Canada, Ottawa, Ont.

ALTHOUSE, Clarissa. Althouse family, Handel, Sask. Clippings concerning Mr. & Mrs. A.E. Althouse's 50th wedding anniversary . . .

Source: U.L.Ms. p. 19.
Ms. Photocopies. 11 p. 1907, 1937.
Saskatchewan Board of Archives, Regina, Sask.

AMABLE Robichaud and Anastasie Dugas. (A four generation chart).

In: F.C.A.G.R. 3: (1) 59 Spring '71.

AMBROSE-BARSS family. Genealogical chart.

Source: U.L.Ms. p. 20.
Ms. Original. 1 p. [n.d.]
Public Archives of Canada, Ottawa, Ont.

AMERICAN Society of Genealogists. Genealogical research methods and sources. Milton Rubincam, ed.; Jean Stephenson, assoc. ed. Committee on Publication: Arthur Adams et al. Washington, D.C., 1960, 456 p.

Canadian section: Chapter XI, pp. 261-288.

AMOS, Malcolm Frederick, Gerald KEITH and Myrtle K. PERRY, comp. The Descendants of Edmund and Jane (Webb) Price; one of the very early English-speaking couples to settle on the St. John River. [n.p.], Nov. 1976. vii, 268 p.

AMYOT, Denis E. Généalogies, notes biographiques, inventaires d'actes notariés relatifs à la famille Amyot, contrats de mariages, engagements, concessions et ventes de terres, procuration, actes de tutelles, donations, testaments, extraits de registres paroissiaux et autres pièces. Index alphabétique et liste de son ascendance.

Source: C.C.Ms. p. 21.
Ms. Copie. 4 pouces. Reproductions. 1 pouce. 1635-1918, 1970.
Archives publiques du Canada, Ottawa, Ont.

____. Index de recherches généalogiques — ascendance Denis Amyot. [s.l.n.d.] [s.p.]

Polycopié.
Archives nationales du Québec, Québec, Qué.

____. Texte: Philippe Amiot.

Dans: S.G.C.F. Mém. 15: (1) 49-50 janv./mars '64.
Copie de l'inventaire des biens datée du 7 sept. 1639 et un autre du 30 avril 1658 (Greffe Audouart).

ANCASTER, Ont. St. John's Church. Ancaster parish records, 1830-1838.

In: Ontario Hist. Soc. Papers and records 5: 102-177 '04.

ANCÊTRE des Côté.

Dans: Saguenayensia 18: (1) 10 janv./fév. '76.

ANCÊTRE Pierre Blanchet.

Dans: Annales de Ste-Anne-de-Beaupré. juil./août '75, p. 329.

ANCÊTRES des familles Côté.

> *Dans:* Soc. hist. du Nouvel-Ontario. Doc. hist. no 5, p. 64-65.

ANCIENNE-LORETTE, Qué. Notre-Dame, paroisse (catholique). Registres de baptêmes, mariages et sépultures, 1765-1776.

> *Source:* C.C.Ms. p. 22.
> Ms. Microfilm, 1 bobine.
> Archives acadiennes, Moncton, N.-B.

ANDERSON, John. Historical account of the family of Frisel, or Fraser, particularly Fraser of Lovat, embracing various notices, illustrative of national customs and manners, with original correspondence of Simon, Lord Loval. London, [U.K.], William Blackwood, 1825. viii, 189 p.

ANDIGNÉ, Marie-Antoinette d'. Généalogie de la maison d'Andigné. Illustrée de 383 blasons et contenant l'index complet des alliances depuis 1200 et l'inventaire des titres de la maison d'Andigné. Mayence, Jos. Floch, 1971. 206 p.

> Maison originaire d'Anjou.
> Comprend à la fin l'"Inventaire des titres de la maison".

ANDOVER, N.B. Trinity Anglican Church. Baptisms, marriages and burials, 1845-1970 . . .

> *Source:* U.L.Ms. p. 25.
> Ms. Microfilm. 60 feet.
> Provincial Archives of New Brunswick, Fredericton, N.B.

ANDRÉ (frère), s.c. Généalogie et la petite histoire au service de la cause nationale.

> *Dans:* S.G.C.F. Mém. 7: 138-141 '56.
> Conférence donnée le 14 nov. 1949 à la Section de Québec sous les auspices de la St-Jean-Baptiste, Section St-François-d'Assise de Québec.

ANDRÉ (frère), s.c., co-aut.

> *voir aussi sous:*
> TALBOT, Éloi-Gérard, s.m., Roland-J. Auger et frère André, s.c. Docteur Jacques Labrie . . .

ANDREWS, Wayne. Vanderbilt legend: the history of the Vanderbilt family, 1794-1940. N.Y., Hartcourt, Brace & Co., (1941). 454 p.

ANDREWS family.

> *In:* Yarmouth, N.S. Geneal. 1896-1902, p. 247.
> *Source:* N.B.L.

ANGERS, Lorenzo, ptre. Famille Angers, 1665-1965.

> *Dans:* S.G.C.F. Mém. 16: (4) 203-216 oct./déc. '65.
> Vie du Sieur Simon LeFebvre d'Angers, souche de la famille Angers.

____. Simon Lefebvre d'Angers et sa famille. Chicoutimi, 1950. 34 p.

> Polycopié.
> Bibliographie à la fin du volume.

ANGERS, Philippe. Les Seigneurs et premiers censitaires de St-Georges-Beauce et la famille Pozer. Beauceville, L'Éclaireur, 1927. 96 p.

ANGERS, Philippe Malvine (Taschereau). Le Docteur William Ernest Munkel et sa famille.

> *Dans:* Bull. rech. hist. 33: 350-351 '27.

ANGERS, famille. Registres de la seigneurie Sainte-Marie de Beauce, papiers terriers, livres de comptes, censiers de diverses seigneuries de la Beauce; actes notariés (P. Angers); testaments, donations, mariages, etc. déposés au Palais de Justice de Québec; livre de comptes de la succession de Pierre-Elzéar Taschereau.

> *Source:* C.C.Ms. p. 26.
> Ms. Originaux. 4 pieds. 1784-1926.
> Archives nationales du Québec, Québec, Qué.

ANGLICAN Church of Canada. Diocese of Edmonton, Edmonton, Alta. . . . Registers of baptisms, confirmations, marriages and burials . . .

> *Source:* U.L.Ms. p. 27.
> Ms. Original. 18 feet. 1894-.
> Public Archives of Alberta, Edmonton, Alta.

____. Diocese of Rupert's Land. Registers of baptisms and marriages.

> *Source:* U.L.Ms. p. 28.
> Ms. Microfilm. 1 reel. 1812-1890.
> Saskatchewan Archives Board, Regina, Sask.

____. Diocese of Saskatoon . . . Parochial registers of baptisms, confirmations, marriages, burials . . .

> *Source:* U.L.Ms. p. 28.
> Ms. Original. 1822-1970.
> Saskatchewan Archives Offices, Saskatoon, Sask.

ANGLICAN CHURCH of Canada. Keewatin Diocese. Vital statistics records of various missions including: Churchill, Fort Alexander, Fort Severn, Islington, Lac Seul, Osnaburgh and York Factory.

Source: U.L.Ms. p. 29.
Ms. Microfilm. 2 reels. 1846-1956.
Archives of Ontario, Toronto, Ont.

ANGLICAN CHURCH, Williamsburg,
Matilda and Edwardsburg Townships, Ont.
Registers and other records of the United
Missions of Williamsburg, Matilda and
Edwardsburg townships.

Source: U.L.Ms. p. 26.
Ms. Microfilm. 75 feet. 1790-1886.
Public Archives of Canada, Ottawa, Ont.

ANGUS, (Mrs.) William. The Macaulay family
of Kingston.

In: Kingston Hist. Soc. Historic Kingston. 5:
3-12 Oct. '56.
Address delivered on Oct. 20, 1955.

ANNALS of such patriots of the distinguished
family of Fraser, Frysell, Sim-son or Fitz-
Simon, as have signalized themselves in the
public service of Scotland: from the time of
their first arrival in Britain and appointment
to the Office of Thames of the Isle of Man
until their settlement as Lords of Oliver
Castle and Tweesdale in the south and Lords
of Loveth in the north. Edinburgh, pr. by
John Moir, Paterson Court, 1795. 57 p.

ANNAPOLIS, N.S. . . . Registers of baptisms
and marriages, 1813, 1824-1865.

Source: U.L.Ms. p. 30.
Ms. Photocopies.
Public Archives of Canada, Ottawa, Ont.

____. St. Luke's Church (Anglican) . . .
Register, 1782-1888, including marriages at
Clements, Granville and Dalhousie, 1806,
1813, 1817, 1834.

Source: U.L.Ms. p. 30.
Ms. Transcripts. 2 inches.
Public Archives of Canada, Ottawa, Ont.

____. Town register of births, marriages and
deaths, 1747, 1774-1874, 1884.

Source: U.L.Ms. p. 30.
Ms. Photocopies. 3 inches.
Public Archives of Canada, Ottawa, Ont.

ANNAPOLIS ROYAL, N.S. . . . Register of
baptisms, marriages and burials, 1702-1728.

Source: U.L.Ms. p. 30.
Ms. Original.
Public Archives of Nova Scotia, Halifax, N.S.

ANNETT, Kenneth H. The Annett family of
Gaspé. [n.p.], (Aug., 1976). [n.p.]

Mimeographed.
". . . members of the Annetti family moved
down from the mountainous Cis-Alpine region
of northern Italy to settle in Lombardy Plains.
There they intermarried with the Sforza family,
associated historically with Milan and Florence.
Descendants of the Annetti migrated to France,
possibly in the entourage of Catherine of
Medicis, who married King Henry II of France.
At the time of the Huguenot persecutions in
France some members of the Annett family lost
their lives while others escaped to find refuge in
Holland and England. In 1771, William
Edward Annett, of a Hampshire family,
married Elizabeth Siddon of St. James,
Westminster parish, London, and immigrated
to Prince Edward Island." (Chapt. 1).

____. The Annett family of Gaspé, by Ken
Annett (great-great-great-grandson). [n.p.],
(1978). [n.p.]

Mimeographed.
". . . As the bicentennial of the Annett family
of Gaspé draws near, it seems fitting to record
the origins and descent of a family that has
been part of the Gaspé community since the
arrival of William Edward Annett and
Elizabeth Siddon at the Peninsula on Gaspé
Bay . . ." (Introd.)

ANNIS, Levi Edwards. Annis annals, 1638-
1931. (Pickering, Ont., Printer's Guild,
1931). 56 p.

Cover title.

ANSELME de Sainte-Marie (père). Histoire
généalogique et chronologique de la maison
royale de France, des pairs, grands officiers
de la Couronne et de la Maison du Roy et
des anciens barons du royaume . . . Paris,
Cie des Librairies, 1726-1733. 9 vols.

Sommaire: v.1: Contenant la maison royale de
France; -2: . . . Les douze anciennes pairies
tant ecclésiastiques que laïques; -3-5: Suite des
pairs de France; -6: Sénéchaux, connétables,
chanceliers et maréchaux de France; -7:
Maréchaux de France (suite) amiraux et
généraux des galères de France; -8: Grands-
maistres de l'artillerie, porte-oriflammes,
colonels généraux de l'infanterie, grands-
aumôniers, grands-maîtres chambriers, grands-
chambellans, etc.; -9: Statuts et catalogue des
Chevaliers de l'Ordre du Saint-Esprit depuis
leur institution jusqu'à présent, avec leurs noms
et surnoms, qualités et postérités.

Réimpression. N.Y., John Reprint Corporation, 1967.
Source: Bibliothèque nationale du Québec, Montréal, Qué.

ANTAYA, famille, Île-à-Pierre, Qué. Brèves notes relatives à la famille Antaya et à la propriété de l'Île-à-Pierre.

Source: C.C.Ms. p. 604.
Ms. Originaux. 2 p. 1821-1866.
Archives publiques du Canada, Ottawa, Ont.

ANTHONY family. Deeds concerning the Anthony family (of Kempt, N.S.), 1847, 1856, 1873.

Source: U.L.Ms. p. 31.
Ms. Transcript. 3 p.
Public Archives of Nova Scotia, Halifax, N.S.

APCHER, Louis. Les Dupuy de la Grandrive, leurs papeteries de la Grandrive et Barot, leur parent, l'Intendant du Canada, Claude-Thomas Dupuy. Une vie de notables auvergnats au cours de trois siècles d'histoire (1570 à nos jours). Paris, Libr. histoire et nobiliaire, 1937. 151 p.

APPLETON'S cyclopedia of American biography. Ed. by J.G. Wilson and J. Fiske. N.Y., 1887-1900. 7 vols.

"Lists of deaths in v.1-6; includes names of native and adopted citizens of the United States, from the earliest settlement; eminent citizens of Canada . . ."

APPLEYARD, Benjamin. Genealogy and biography of Appleyard (Applyerd) family. Benjamin was a son of Thomas Appleyard and a brother of Canon Edward Appleyard (1865-1944), a clergyman whose career was spent in Southwestern Ontario. Book entitled: "The Appleyard family of Allerton, Gildermore, Rothwell and Canada, with associations, pedigrees and history . . ."

Source: U.L.Ms. p. 31.
Ms. Original. 679 p. 3 inches. ca. 1400-1939.
University of Western Ontario Library, London, Ont.

ARBRE généalogique de l'abbé Rosario Lefebvre, fils de Samuel Lefebvre (Boulanger) et de Émélie Vézina, mariés à l'Ange-Gardien, le 6 oct. 1885. [s.l.n.d.]

Polycopié.
Archives nationales du Québec, Québec, Qué.

ARBRE généalogique Vaillancourt.

Tableau plié avec attestation officielle de l'Institut Généalogique Drouin.
Archives nationales du Québec, Québec, Qué.

ARCHAMBAULT, Jean, s.j. Astorville.

Dans: Soc. hist. du Nouvel-Ontario. Doc. hist. no 23, p. 22-27.
Histoire d'Astorville, Ont. et historique de la famille du pionnier, Robert Guillemette.

ARCHAMBAULT, Louis Misaël. Généalogie de la famille Archambault, 1620-1890. Tableau et notes historiques. Montréal, E. Senécal, 1891. xv, 79 p.

Un tableau généalogique (plié) inclus.
Éd. par J.L. Archambault.
Errata à la fin du volume.
L'auteur signe: L. Mizaël Archambault, ptre.
"Jacques Archambault, l'unique ancêtre de tous les Archambault, est venu de France en Canada en 1645 avec son épouse Françoise Taureau . . ." (Préf.)

ARCHIBALD, Burke. Genealogy of the family of B. Archibald (of N.S. and N.B.).

Source: U.L.Ms. p. 32.
Ms. Photocopies. 2 p. [n.d.].
Public Archives of Nova Scotia, Halifax, N.S.

ARCHIBALD, Raymond Clare. Family papers, 1868-1900 . . . (in Providence, R.I. and Sackville, N.B.).

Source: U.L.Ms. p. 33.
Ms. Original.
Mount Allison University, Sackville, N.S.

ARCHIVES du Séminaire de Sherbrooke. Guide des fonds officiels des archives . . . Sherbrooke, Séminaire de Sherbrooke, avr. 1976. 164 p.

Collab.: Jean Maurice Demers, Carolle Bouchard, Serge Aubry, Danielle Charron, André Lavoie, Guy Tessier, Edith Luc.
Publication du Service des Archives, no 2.

ARCHIVES NATIONALES DU QUÉBEC. État général des Archives publiques et privées. Québec, Min. des Aff. cult., 1968. 312 p.

_____. Inventaire des greffes des notaires du régime français. Québec, 1942-   .

_____. Inventaire des greffes des notaires du régime français. Index des volumes 1 à 8. Québec, Min. des Aff. cult., 1975. 280 p.

ARCHIVES NATIONALES DU QUÉBEC.
Section de Généalogie. (Généalogie) Roy, de
St-Rémi de Dieppe, Normandie.

Archives nationales du Québec, Québec, Qué.

ARDAGH family. Daily diaries, journals, cash
account books, lecture notes, miscellaneous
receipts, land papers and photographs of
Henry Ardah (of Ontario).

Source: U.L.Ms. p. 34.
Ms. Original. 8 inches. 1831-1835.
Public Archives of Canada, Ottawa, Ont.

ARENTS family. Brief notes on the family
(name also spelt Arentz, Arentse, Arenzen,
Arentsez) of Nova Scotia.

Source: U.L.Ms. p. 34.
Ms. Transcript. 2 p. [n.d.]
Public Archives of Nova Scotia, Halifax, N.S.

ARGENTEUIL, Jean d'Ailleboust d'. Papier
de famille; généalogie, etc., documents officiels, nomination, commissions de lieutenant,
constitution de rente, lettre de grâce, etc.

Source: C.C.Ms. p. 35.
Ms. Originaux. 3 pouces. 1648-1798.
Archives du Séminaire de Québec, Québec,
Qué.

ARICHAT, Cape Breton. Notre-Dame Catholic
Church. Partial register: baptisms, weddings
and deaths of Notre Dame parish, Arichat,
Isle Madame, Government of Cape Breton,
Province of Quebec, 1811.

Source: U.L.Ms. p. 35.
Ms. Photocopies. 1811.
Cape Bretoniana Archives. St. Francis Xavier
University, Sydney Campus, Sydney, N.S.

ARICHAT, N.É. L'Assomption, paroisse
(catholique). Registre de la paroisse,
1839-1891.

Source: C.C.Ms. p. 35.
Ms. Reproductions photographiques.
Archives acadiennes, Moncton, N.-B.

ARICHAT, N.S. St. John's Church
(Anglican). Register of marriages, 1828-1884.

Source: U.L.Ms. p. 35.
Ms. Photocopies. 1 inch.
Cape Bretoniana Archives. St. Francis Xavier
University, Sydney Campus, Sydney, N.S.

ARMOIRIES de Saint-Maxime-de-Scott, comté
de Dorchester.

Dans: S.G.C.F. Mém. 14: (10) 176 oct. '63.

ARMON, Robert D. Hayman family, N.S.
Basic outline of the historical and genea-
logical record of one branch of the Hyndan-
Hayman-Amon family tree . . .

Source: U.L.Ms. p. 560.
Ms. Transcripts. 26 p.
Public Archives of Nova Scotia, Halifax, N.S.

ARMORY bearings and lineages of Canada:
comprising pedigrees with historical notes,
brief biographies and family registers of prominent men of Canada, including blazons
and illustrations of many armorials and
insignias of knighthood. N.Y., Herbert
George Todd.

Metropolitan Toronto Public Library, Toronto,
Ont.

ARMSTRONG, Edna and others. St. Paul's
United Church Cemetery (the old Methodist
cemetery), Richmond, Ontario; part lots 1
and 2 (King Park), Richmond Village; part
lot 26 N. 1/2, Conc. III, Goulburn Township. Ottawa, Ontario Genealogical Society,
Ottawa Branch, 1974. 9, (29) p.

Publication 74-12.

ARMSTRONG, George H. Origin and meaning
of place-names in Canada. Toronto, 1930.

ARMSTRONG, William Clinton. The Lundy
family and their descendants of whatsoever
surname, with a biographical sketch of Benjamin Lundy. New Brunswick, N.J., J.
Heidingsfeld, 1902. 485 p.

Metropolitan Toronto Public Library, Toronto,
Ont.

ARMSTRONG family. Personal and business
correspondence, legal papers concerning
Jessie, William, Edward, Loggie and Mabel
Armstrong (Mrs. William Bentham),
1732-1965; also personal and business corres-
pondence, notarial papers concerning the
Deligny family of Lanaudière, District of
Three Rivers, 1732-1875.

Source: U.L.Ms. p. 37.
Ms. Original. 1 foot 8 inches.
McCord Museum, Montreal, Que.

ARNAUD, Étienne. Répertoire de généalogies
françaises imprimées. Préf. de M. le duc de
La Force. Paris, Berger-Levrault, 1977-78.
3 vols.

Plus de 150 000 références généalogiques répertoriées concernant environ 50 000 familles.
Des centaines d'ouvrages canadiens
mentionnés.

ARSENAULT, Adrien. Acadiens aux Trois-Rivières; les origines acadiennes de Moncton.

Dans: Soc. hist. acad. Cahier no 1, p. 18-27 '61.

ARSENAULT, Aubin Edmond. Memoirs of Hon. A.E. Arsenault. (Charlottetown, P.E.I., Island Guardian Co., 1951). 188 p.

Notes on his ancestors in the first chapter.

ARSENAULT, Bona. L'Acadie des ancêtres; avec la généalogie des premières familles acadiennes. Québec, Conseil de la vie française en Amérique, Université Laval, 1955. 396 p.

Biographie de l'auteur sur le feuillet inséré.
Bibliographie: p. 359-360.

_____. Filiations acadiennes de l'honorable Jean-Jacques Bertrand, premier ministre du Québec.

Dans: Soc. hist. acad. Cahiers. 3: (6) 216-223 janv./mars '70.

_____. Histoire et généalogie des Acadiens. Québec, Conseil de la vie française en Amérique, (c 1965). 2 vols.

Ouvrage de référence sur la généalogie des Acadiens.
Constitue en quelque sorte une édition élargie de son ouvrage ''L'Acadie des Ancêtres'', publié en 1955.
Comprend un index à la fin du vol. 2.
Bibliographie: p.(1067)-1074.

_____. Histoire et généalogie des Acadiens. (Montréal), Léméac, 1978. 6 vols.

Sommaire: v. 1: Histoire des Acadiens.
Comprend des index. Bibliographie: p. 361-364; -2. Port-Royal, Annapolis Royal, Nouvelle-Écosse; -3. Beaubassin, Amherst, N.-É., Grand-Pré, N.-É.; -4. Pisiguit . . . Cobequid . . . Chipoudy et Petit-Coudiac . . . Cap-de-Sable et Pobomcoup . . . Rivière St-Jean . . . Ristigouche; -5. Plaisance, Terre-Neuve; Île Royale, Louisbourg, Île St-Jean, Î.P.É.; 6. Îles St-Pierre et Miquelon; Îles-de-la-Madeleine; Bordeaux, France; Belle-Île-en-Mer, Bretagne, France; Louisiane, É.-U.

ARSENAULT, Ernest, ptre. Album souvenir de la famille Vilmer Boulet et Delvina Blais, dédié à Monseigneur Auguste Boulet et édité à l'occasion de ses noces d'or sacerdotales célébrées à St-François-de-Montmagny, le 12 août 1945. Québec, J.M. Rodrigue, 1945. 146 p.

Titre de couverture: La Famille Boulet; ses armes: l'autel, la croix, la charrue.
Bibliothèque. Cégep de Trois-Rivières, Trois-Rivières, Qué.

ARSENAULT, Urbain, f.s.c. Les Arsenault de Bonaventure. Gaspé, Société historique de la Gaspésie, (1974). 62 p.

En tête du titre: ''Généalogie''.
Préf. de Bona Arsenault.
Bibliographie à la fin du volume.
''Au bas des premières pages, quelques notes apportant un peu de lumière sur l'origine ou la destination des personnes de la génération en regard de laquelle elles sont écrites.'' (Préf.)
Notes historiques sur la vie de nos premiers ancêtres en Acadie: p. 59.

ASCENDANCE paternelle de Mgr Arthur Béliveau.

Dans: S.G.C.F. Mém. 11: 47 '60.

ASHBRIDGE, Wellington Thomas. The Ashbridge book, relating to past and present Ashbridge families in America. Toronto, Copp, Clark Co., Ltd., (1912). xiv, 182 p.

ASHCROFT, Albert Edward. Genealogical notes about Ashcroft. 1958.

Source: U.L.Ms. p. 39.
Ms. Transcript. 1/4 inch.
Vernon Museum and Archives, Vernon, B.C.

ASHER, Julia Anna (Mrs.). Reminiscences, 1873-1941; Asher and Short family genealogies, 1798-1950 (of Alberta and British Columbia).

Source: U.L.Ms. p. 39.
Ms. Transcript. 148 p.
Provincial Archives of Manitoba, Winnipeg, Man.

ASKIN family. Correspondence and papers . . . 1739-1864 . . .

Source: U.L.Ms. p. 40.
Ms. Original. 10 feet.
Public Archives of Canada, Ottawa, Ont.

ASPRAY family, England. Papers of the Aspray family, including the will of Elizabeth Aspray, 1789; a letter of Ebenezer Aspray to Elizabeth, 1833, mentioning the arrival of the *Royal William* at Margate; and the will of Catherine Aspray, 1850, and its probate in the Prerogative Court of the Archbishop of Canterbury, 1854.

Source: U.L.Ms. p. 40.
Ms. Original. 7 p.
Public Archives of Canada, Ottawa, Ont.

ASSELIN, famille. Île d'Orléans, Qué. Acte de mariage de David Asseline (Asselin) à Catherine Beaudard en l'église de Notre-Dame-de-Pollel, Dieppe.

Source: C.C.Ms. p. 40.
Ms. reproductions photographiques. 1 p. [s.d.]
Archives publiques du Canada, Ottawa, Ont.

____. ____. Actes notariés et reçus relatifs à la famille.

Source: C.C.Ms. p. 40.
Ms. Originaux. 3 pouces. Copie. 1 pouce.
1765-1894.
Archives nationales du Québec, Québec, Qué.

ASSELSTINE, Kathryn Rachel. A Pioneer family. (Windsor, Ont., 1954). viii, 75 p.

Contents: part 1: The Name Van Ysselsteyn, Esselstein and Isselstein, Asselstine, 1649-1949: three hundred years on the continent of North America and some allied families viz Keldar (Kellar), Fraleigh (Fralick), Lochhead; -2. Dutch settlers in Canada: U.E.L., Canadian records and history of Loyalists pertaining to Asselstine settlers (Eselstine and Isselstine) . . . historical record, U.E.L. John and Peter: claim of Peter for losses in war, settlers of family of John and Peter, senior.
Bibliography: pp. 17-19.

ASSOCIATION des Bernier d'Amérique. Liste des membres actifs par régions. Arrangement de Cyrille Bernier. Montréal, 1968. 187 p.

Première édition: 1964.
"Publication dans le cadre du 10e anniversaire de fondation de l'Association des Bernier d'Amérique Inc."

ASSOCIATION des comtés de l'Islet et de Kamouraska pour coloniser le Saguenay . . . Index onomastique des colons avec la date d'établissement et, quelquefois, le lieu de leur établissement, 1849-1853.

Source: C.C.Ms. p. 41.
Ms. Copie. 1 pouce. Transcription. 1 pouce.
Archives publiques du Canada, Ottawa, Ont.

ASSOCIATION des familles Chouinard d'Amérique du Nord. Bulletin, vol. 1, 1978- . Québec.

ASSOCIATION des familles Gagné et Bellavance en Amérique. Bulletin, no 1, 1er juin 1951- . Québec.

ASSOCIATION des Gauvin d'Amérique, Inc. Biographie du premier Gauvin devenu Grover.

Dans: L'Ancêtre 6: (5) 153-154 janv. '80.

ATHANASE (frère), s.c. Généalogie de la famille Poisson, 1647-1949. (Québec, 1950?). 62 p.

Polycopié.
Archives nationales du Québec, Québec, Qué.

ATHOLVILLE, N.-B. Notre-Dame-de-Lourdes, paroisse (catholique). Registre de la paroisse, 1890-1920.

Source: C.C.Ms. p. 42.
Ms. Microfilm. 1 bobine.
Archives acadiennes, Moncton, N.-B.

ATKINSON, Alfred A., Caledonia, Ont. Correspondence, mostly from Fred Leach family of Neepawa, Man.

Source: U.L.Ms. p. 42.
Ms. Original. 1/2 inch. 1888-1928.
Provincial Archives of Manitoba, Winnipeg, Man.

ATKINSON et Robertson, familles. Arbres généalogiques.

Source: C.C.Ms. p. 42.
Ms. Originaux. 3 p. [s.d.]
Archives nationales du Québec, Québec, Qué.

ATLANTIC provinces checklist. Vol. 1, Jan./ Dec. 1957- . Halifax, Atlantic Provinces Library Association.

Formerly the Maritimes Library Association.
In cooperation with Atlantic Provinces Economic Council.
". . . guide to current information in books, pamphlets, government publications, magazine articles and documentary films relating to the four Atlantic provinces: New Brunswick, Newfoundland, Nova Scotia, Prince Edward Island . . ."

ATWOOD family.

In: Yarmouth, N.S. Geneal. 1896-1902, p. 60.
Source: N.B.L.

AU sujet de l'ancêtre.

Dans: Saguenayensia 18: (3) 87-89 mai/août '76.

AUBERT DE GASPÉ, Philippe. Anciens Canadiens. Québec, Augustin Côté, 1877. 2 vols.

____. Mémoires. Ottawa, G.E. Desbarats, 1866. 563 p.

AUBERT DE LA CHESNAYE, famille. Procurations, actes passés devant le notaire Barbel au sujet de la succession Aubert de

La Chesnaye, contrats de mariage, billet de promission.

Source: C.C.Ms. p. 43.
Ms. Originaux. 15 p. 1668-1751.
Archives nationales du Québec, Québec, Qué.

AUBIN, Réal. Aubin Lambert, un prétendu soldat du Régiment de Carignan.

Dans: S.G.C.F. Mém. 28: (1) 25-31 janv./mars '77.

____. Les Enfants d'Aubin Lambert I.

Dans: S.G.C.F. Mém. 30: (2) 109-121 avr./juin '79.

AUBIN-TELLIER, Marguerite. L'Ancêtre André Bouteiller de Saint-André-Treize-Voies, Poitou.

Dans: S.G.C.F. Mém. 27: (1) 44 janv./mars '76.

____. Du document administratif à l'histoire familiale.

Dans: S.G.C.F. Mém. 22: (1) 56-57 janv./mars '71.

____. Famille Raizenne (Rising).

Dans: S.G.C.F. Mém. 20: (4) 220-226 oct./déc. '69.

____. Index du recensement de 1667.

Dans: S.G.C.F. Mém. 18: janv./avr. '67.

____. Jeanne Bétouzet (inhumée le 11 fév. 1707), veuve de Louis Guimond mariée à Jean Barrette.

Dans: S.G.C.F. Mém. 21: (1) 47 janv./mars '70.
Note supplémentaire à la note biographique sur Jeanne Bétouzet dans: "Nos ancêtres au XVIIe siècle", par le Père Archange Godbout.

____. Saint-André-des-Trois-Voies.

Dans: S.G.C.F. Mém. 23: (4) 248 oct/déc. '72.
À propos du lieu d'origine d'André Bouteiller dit le Breton.

____. Usage ancien des titres et particules.

Dans: S.G.C.F. Mém. 21: (4) 209-211 janv./mars '70.

AUBRY, Serge. Guide sommaire des archives du Séminaire de Sherbrooke . . . Sherbrooke, Service de Polycopie, Séminaire de Sherbrooke, 1975. 115 feuillets.

Publications du Service des Archives, no 1.
Sur la couverture: Projet Perspectives-Jeunesse, Cent ans d'archives.
Comprend index.

AUBRY, Serge, co-comp.
voir aussi sous:

ARCHIVES du Séminaire de Sherbrooke.
Guide des fonds officiels des Archives. . .

AUCLAIR, Élie-Joseph, ptre. Les de Jordy de Cabanac; histoire d'une famille noble du Canada. Préf. de Aegidius Fauteux. Montréal, Beauchemin, 1930. 280 p.

"M. l'abbé Georges-Alfred Dejordy . . . s'est donné la tâche pieuse d'élever ce monument à la gloire de ses nobles aïeux . . ." (Préf.)
Notes (partiellement bibliographiques) au bas des pages.

____. Saint-Jérôme de Terrebonne. Saint-Jérôme, J.H.A. Labelle, 1934. 362 p.

Les pages 215 à 366 sont consacrées aux principales familles qui ont contribué à fonder St-Jérôme.
Plus d'une centaine de familles étudiées.
Les recherches généalogiques, quoiqu'incomplètes, peuvent être utiles aux généalogistes.

AUCLAIR, Élie-Joseph, ptre. co-aut.
voir aussi sous:

FORGET, Jean Urgel, ptre. et Elie J. Auclair, ptre. Histoire de St-Jacques d'Embrun, Russell, Ont. . . .

AUDAIN, James. From Coalmine to Castle: the story of the Dunsmuirs of Vancouver Island. (1st ed.) New York, Pageant Pr., (1955). 213 p.

AUDET, Francis Joseph. L'Ancêtre du docteur Meilleur.

Dans: Bull. rech. hist. 31: 399-400 '25.

____. Contrecoeur: famille, seigneurie, paroisse, village. Montréal, Ducharme, 1940. 276 p.

____. Étienne Le Moyne d'Abancourt.

Dans: Bull. rech. hist. 37: 211-215 '31.

____. Genealogy of the Audet family and related families.

Source: U.L.Ms. p. 43.
Ms. Original.
Public Archives of Canada, Ottawa, Ont.

____. Index biographique.

Fichier/Files. Doc. MG 30-D1.
3 tiroirs/drawers.
Notes biographiques et généalogiques sur les familles Audet et ses familles alliées/Biographical and genealogical notes on the Audet families and related families.

Bibliothèque nationale du Canada; Section de Généalogie/National Library of Canada; Genealogical Division, Ottawa, Ont.

____. James Cuthbert de Berthier et sa famille; notes généalogiques et biographiques.

Dans: Royal Society of Canada. Proceedings and transactions. Ser. 3, Vol. 29, Sect. 1, 127-151 '35.

____. Les Donegani de Montréal.

Dans: Bull. rech. hist. 47: 65-75 '41.

____. Les Mondelet.

Dans: Cahiers des Dix. 3: 191-216 '38.

____. Louis Jacques Renaud Du Buisson.

Dans: Bull. rech. hist. 38: 110-111 '32.

____. Odet d'Orsennens.

Dans: Bull. rech. hist. 36: 394-395 '30.

____. Picards au Canada.

Dans: Soc. géogr. de Québec. Bulletin. 1925. p. 29-37.

____. Pierre J.-B. Testard de Montigny.

Dans: Bull. rech. hist. 33: 295-300 '27.

____. Toussaint Trudeau, 1826-1893.

Dans: Bull. rech. hist. 47: 182-186 '41.

____. Venant Saint-Germain.

Dans: Bull. rech. hist. 38: 46-47, 80-83 '32.

AUDET, Francis Joseph et Joseph Alfred LAPOINTE. La Famille Audet-Lapointe; étude généalogique et historique. Ottawa, Impr. par la Cie d'Impr. d'Ottawa, 1924. 29 p.

Paru dans les Annales de l'Institut canadien-français d'Ottawa en août, oct., nov. et déc. 1923.
Exemplaire autographié à la Bibliothèque nationale du Québec, Montréal, Qué.

____. Généalogie de la famille Audet-Lapointe, 1664-1964. Thetford Mines?, 1964-65. 10 vols.

Polycopié.
Le volume 1 est une "deuxième éd. rev. et corr." de leur ouvrage publié en 1924.
"Le mode de numérotation a été emprunté par M. J.-Francis Audet de son ami Aegidius Fauteux dans son oeuvre intitulé: "La famille d'Ailleboust" en ajoutant cependant les noms des enfants de chaque chef de famille à la suite des notes biographiques . . ." (Mode de numérotation).

AUDET, J.F. Notes historiques sur l'origine de la famille Audet. Winooski, Vt., F. Matte, 1915? 158 p.

AUDET, Louise, co-comp.
voir sous:
    Centre des Archives de l'Abitibi-Témiscamingue. Guide . . .

AUDET, Zéphirin. Origine de François Rouillard.

Dans: S.G.C.F. Mém. 14: (5) 114 mai '63.

____. Origine de la famille Crépeau.

Dans: S.G.C.F. Mém. 18: (3) 158 juill./sept. '67.

AUDET, Zéphirin et Edgard Le Noblet du Plessis. Nicolas Audet dit Lapointe et Madeleine Després de St-Pierre de Maillé (Vienne), évêché de Poitiers; Innocent Audet et Vincente Reine (Roy), m. à Ste-Famille, Île d'Orléans, 15 sept. 1670.

Dans: S.G.C.F. Mém. 12: 100 '61.
Tableau généalogique.

AUDET DIT LAPOINTE, Lionel. Adhémar dit St-Martin.

Dans: S.G.C.F. Mém. 10: 77-85 '59.

____. Famille Amiot-Villeneuve.

Dans: Bull. rech. hist. 60: 121-135 '54.

____. Fiches généalogiques.

Source: C.C.Ms. p. 43.
Ms. Originaux.
Archives nationales du Québec, Montréal, Qué.

____. Gauthier.

Dans: S.G.C.F. Mém. 8: 166-169 '57.

____. Généalogie de la famille Adhémar dit St. Martin.

Source: C.C.Ms. p. 5.
Ms. Originaux. 12 p. Reproductions photographiques. 1802.
Archives nationales du Québec, Québec, Qué.

____. Les Piercot de Bailleul au Canada.

Dans: Bull. rech. hist. 37: 732-753 '31.

AUGER, Roland-J. L'Ancêtre Conrad Christophe Payeur.

Dans: S.G.C.F. Mém. 5: 30-32 '52.

____. L'Ancêtre Nicolas Matte.

Dans: S.G.C.F. Mém. 4: 19-22 '50.

AUGER, Ronald-J. Annales du Petit Séminaire de Québec.

Dans: S.G.C.F. Mém. 14: (11) 203-215 nov. '63; 14: (12) 227-235 déc. '63; 15: (3) 174-181 juil./sept. '65.

____. Comment retracer ses ancêtres au Québec et en Acadie jusqu'au lieu d'origine en France.

Dans: S.G.C.F. Mém. 21: (2) 67-84 avr./juin '70.
Communication présentée lors du "World Conference on Records" à Salt Lake City, Utah en août 1969.

____. Comment retracer ses ancêtres au Québec jusqu'au lieu d'origine en France.

Dans: S.G.C.F. Mém. 21: (2) 67-84 avr./juin '70.
Communication présentée lors du "World Conference on Records" à Salt Lake City, Utah en août 1969 et lors du Xe Congrès international des Sciences généalogiques et héraldiques à Vienne, Autriche en sept. 1970.

____. Critique du mémoire d'André La Rose sur les registres paroissiaux du Québec au XVIIe et XVIIIe siècles.

Dans: L'Ancêtre 4: (1) 5-6 sept. '77.

____. Dictionnaire généalogique des familles canadiennes par Mgr Cyprien Tanguay (1er volume publié de 1608 à 1700) en 1874.

Dans: F.C.A.G.R. 1: (2) 152-153 Summer '68.
Recension.

____. Dorion family in Canada.

In: F.C.A.G.R. 3: (3) 151-178 Fall '71.
Genealogy and history of the Dorion family in Canada accompanied by photographs.

____. Le Fameux Lesieur.

Dans: S.G.C.F. Mém. 16: (3) 181 juil./sept. '65.

____. Les Familles Groleau au Canada.

Dans: L'Ancêtre 5: (3) 69-70 nov. '78.

____. François Coulon de Villiers does not descend from the LeMoyne de Longueuil family.

In: S.G.C.F. Mém. 15: (1) 61 janv./mars '64.
Genealogical chart.

____. Généalogie au Québec.

Dans: Culture vivante 18 août 1970, p. 25-31.

____. Généalogie (des familles Léger).

Dans: S.G.C.F. Mém. 5: 142-147 '53.

____. Généalogie: Malepart de Grandmaison dit Beaucourt.

Dans: S.G.C.F. Mém. 16: (4) 199 oct./déc. '65.

____. Genealogy in French Canada.

In: F.C.A.G.R. 1: (1) 1-2 Spring '68.
Editorial note by the author in the first issue of this periodical.

____. Genealogy through marriage records.

In: F.C.A.G.R. 2: (1) 5-6 Spring '69.
On the Quebec civil registers, followed by a list of the Quebec judicial districts.

____. Glory-Labrière.

Dans: S.G.C.F. Mém. 15: (1) 22-24 janv./mars '64.
Variations du nom: Glorit; Gloriet; Glorix dit Labrière.

____. La Grande recrue de 1653. Préf. par le R.P. Joseph-Papin Archambault. Montréal, Société généalogique canadienne-française, 1955. vii, 205 p.

Publication no 1.
Bibliographie: p. vi-vii.
Écrit à la suite des "démonstrations du dimanche, 15 nov. 1953, organisées par la Société généalogique canadienne-française pour commémorer le 3e centenaire de l'arrivée de la Grande Recrue à Villemarie."

____. Histoire et généalogie des Acadiens, par Bona Arsenault.

Dans: F.C.A.G.R. 1: (2) 153-154 Summer '68.
Recension.

____. Inventory of a collection.

In: F.C.A.G.R. 2: (2) 65-67 Summer '69.
Explanation of the inventory series in the National Archives of Quebec.

____. Jean Monty.

Dans: S.G.C.F. Mém. 1: 258-261 '45.

____. Jean Roudier dit Saintonge; l'un des ancêtre de nos familles Routhier.

Dans: S.G.C.F. Mém. 8: 31-45 '57.
Conférence donnée lors de la 134e réunion mensuelle des membres de la Société le 12 déc. 1956.

____. Keynote address to Quebec genealogists.

In: F.C.A.G.R. 3: (4) 193-197 Winter '71.
"Discours traduit par G.P. Hébert à l'occasion du 10e anniversaire de la fondation de la Société canadienne de généalogie de Québec

coïncidant avec le 100e anniversaire de parution du 1er volume de l'abbé Cyprien Tanguay, *Dictionnaire généalogique des familles canadiennes,* en 1871.''

_____. Letters of nobility.

In: F.C.A.G.R. 2: (4) 209-211 Winter '69. Explanation of the 3rd series of the ''Inventaires'' of Pierre-Georges Roy, ''Lettres de noblesse, généalogies . . .''

_____. Melansons genealogy.

In: F.C.A.G.R. 2: (4) 240-257 Winter '69.

_____. Mes recherches aux archives départementales de la Vienne à Poitiers en France en octobre 1977.

Dans: L'Ancêtre 5: (2) 39-41 oct. '78. Rapport de la mission de l'auteur aux Archives départementales de la Vienne à Poitiers qui avait pour but d'essayer de retrouver les origines des familles acadiennes dans l'ancien Loudunais et chercher des documents relatifs aux familles canadiennes.

_____. Michel-Mathieu Brunet dit Lestang.

Dans: S.G.C.F. Mém. 15: (4) 195-214 oct./déc. '64.

_____. Noms canadiens peu répandus; la famille Riberdy.

Dans: Bull. rech. hist. 56: 186-208 '50.

_____. Noms canadiens peu répandus; les familles Seize, Le Seize, Louis Seize.

Dans: Bull. rech. hist. 56: 241-248 '50.

_____. Notules nécrologiques de l'Hôtel-Dieu de Québec.

Dans: S.G.C.F. Mém. 4: 226-231 '51. Liste des décès trouvés dans les ''Registres des malades de l'Hôtel-Dieu de Québec''.

_____. Olivier Morel de la Durantaye (1640-1717). Essai chronologique.

Dans: S.G.C.F. Mém. 16: (4) 226-240 oct./déc. '65.

_____. Ordinances and Commissions of the Governors and Intendants of New France (1639-1706).

In: F.C.A.G.R. 3: (3) 129-136 Fall '71.

_____. Ordinances of the Intendants.

In: F.C.A.G.R. 2: (2) 145-148 Summer '69. Explanation of the second ''Inventaire'' published by P.-G. Roy.

_____. Passagers du Taureau (1663).

Dans: S.G.C.F. Mém. 24: (3) 157-160 juil./oct. '73.

_____. Père Archange Godbout, généalogiste intime.

Dans: S.G.C.F. Mém. 12: 165-169 '61. Biographie du fondateur de la Société généalogique canadienne-française de Montréal. Communication faite lors de la 147e assemblée mensuelle des membres de cette société à Montréal.

_____. Pierre Lorrin dit Lachapelle.

Dans: S.G.C.F. Mém. 14: (6) 141 juin '63.

_____. Recensements et la généalogie.

Dans: S.G.C.F. Mém. 8: 180-182 '57.

_____. Registre mortuaire de l'Hôtel-Dieu de Québec.

Dans: S.G.C.F. Mém. 6: 215-238 '55.

_____. Registres des abjurations (1662-1757).

Dans: S.G.C.F. Mém. 5: 243-246 '53.

_____. Registres des malades de l'Hôtel-Dieu de Québec.

Dans: S.G.C.F. Mém. 5: 105-109 '52.

_____. Le riche dépôt généalogique aux Archives judiciaires de Montréal.

Dans: S.G.C.F. Mém. 7: 13-18 '56. Cette étude est le quatrième sujet du thème: ''Les archives en regard de la généalogie'' du troisième Congrès de la Société généalogique canadienne-française tenu à Montréal les 29 et 30 octobre 1955.

_____. Les Sources manuscrites en généalogie.

Dans: S.G.C.F. Mém. 8: 121-123 '57. Cours donné par l'auteur en fév. 1956 lors de la 126e assemblée plénière de la Société.

_____. Stradonitz method.

In: F.C.A.G.R. 1: (2) 97-100 Summer '68.

_____. Tanguay's Genealogical Dictionary.

In: F.C.A.G.R. 3: (4) 220-222 Winter '71.

_____. Tourouvre et les Juchereau, par madame Pierre Montagne.

Dans: F.C.A.G.R. 1: (2) 154-155 Summer '68. Recension.

_____. Tracing ancestors through the province of Quebec and Acadia to their place of origin in France.

In: F.C.A.G.R. 2: (4) 259-278 Winter '69.

_____. Un record: marié pour la sixième fois.

Dans: S.G.C.F. Mém. 24: (2) 105 avr./juin '73. Les mariages de Jean-Baptiste Lefebvre dit Laciseraye.

AUGER, Roland-J. World Conference on records.
In: F.C.A.G.R. 1: (4) 233-236 Winter '68.
Letter from the editor.

AUGER, Roland-J., co-aut.
voir aussi sous:
GODBOUT, Archange, o.f.m. Familles venues de La Rochelle au Canada . . .
PONTBRIAND, Benoit, comp. Mariages du comté de Portneuf (1881-1950) . . .
TALBOT, Éloi-Gérard, s.m. Roland-J. Auger et Frère André, s.c. Docteur Jacques Labrie . . .

AUGUR, Helen. Tall ships to Cathay. Garden City, N.Y., Doubleday, (c1951). 255 p.
On the Low Family.

AUSTIN, John Osborne. The Genealogical Dictionary of Rhode Island: comprising three generations of settlers who came before 1690 (with many families carried to the fourth generation). Albany, N.Y., Joel Munsell's Sons, 1887. vii, 443 p.
Many of those settlers came from Canada.

AVONDALE Cemetery, Stratford, Ont.
Records of burials, 1871-1924.
Source: U.L.Ms. p. 46.
Ms. Microfilm. 50 feet.
Archives of Ontario, Toronto, Ont.

AWID, Richard and Jim HAYMOUR. A Salute to the Arab pioneers of Northern Alberta. (Edmonton, Canadian Arab Friendship Association, 1973). 30 p.
Includes some text in Arabic.
Cover title.
Source: Canadiana.

AXFORD family. A collection of birth, marriage and death records of genealogical nature, 1732-1843.
Source: U.L.Ms. p. 46.
Ms. Original. 1/2 inch.
University of Western Ontario Library, London, Ont.

AYERS family. 1874.
In: Yarmouth, N.S. Geneal. 1896-1902.
Source: N.B.L.

AYLESFORD, N.S. St. Mary's (Anglican) Church . . . Register of baptisms including the dates of births, 1792-1861.
Source: U.L.Ms. p. 46.
Ms. Transcripts. 53 p.
Public Archives of Canada, Ottawa Ont.

AYLMER et Gatineau, Qué., paroisses (catholique). Registres de baptêmes, mariages et sépultures des missions du comté de Wright, 1841-1852: St-Paul d'Aylmer, St-François-de-Sales et La Visitation de la Visitation (sic) de la Gatineau, St-Étienne de Chelsea, St-Alphonse de Liguouri-des-Allumettes, Ste-Anne-du-Grand-Calumet, St-François-de-Templeton, Lac Ste-Marie, St-Joseph de Wakefield, St-Jacques de Bytown, Ste-Cécile de la Rivière-à-la-Pêche, Hull, Eardley. Index des baptêmes d'Aylmer (St-Paul), 1841-1867, et index des mariages des missions d'Aylmer et de Gatineau, 1841-1852.
Source: C.C.Ms. p. 46.
Ms. Copie. 4 pouces.
Archives publiques du Canada, Ottawa, Ont.

AYLSWORTH family reunion, Bath, Ontario, August 10, 1929. Toronto, Hunter-Rose Co., Ltd., 1930, 66 p.
Metropolitan Toronto Public Library, Toronto, Ont.

AYLWARD family, Falmouth, N.S. Baptisms of two children of Walter and Mary Aylward, 1886.
Source: U.L.Ms. p. 46.
Ms. Photocopies. 2 p.
Public Archives of Nova Scotia, Halifax, N.S.

AYLWIN, Jean-Louis. La Généalogie Darveau (Valcartier). 1978. 2 vols.
Variations du nom: Hervault, Dervaux, Derveaux, Derveau, Darveaux, Darvaux, Darveau.
Archives nationales du Québec, Québec, Qué.

_____. Pour l'histoire et la généalogie des familles Aylwin, Allwin, Lewin, Langlais. [s.l.], (1978). [p.v.]
Tableau des 5 premières générations.
Index des mariages masculins par ordre de génération. Index des mariages féminins.
Polycopié.
Archives nationales du Québec, Québec, Qué.

_____. Les sept premières générations de la famille Gariépy, présentées en tableaux numérotés de 1 à 30, Québec, 1975.
Polycopié.
Archives nationales du Québec, Québec, Qué.

BABBAGE, Richard Henry. Documents relating to the Babbage family consisting of property deeds of sale dating from 1858;

holograph will of the late Lorna Monica Babbage, dated 29 March, 1958; printed material relating to Charles Babbage and a photograph of Richard Henry Babbage.

Source: U.L.Ms. p. 47.
Ms. Original. 2 inches. 1858-1958.
Public Archives of Canada, Ottawa, Ont.

BABIN, B.J. La Famille d'Amours en Amérique.

Dans: S.G.C.F. Mém. 30: (3) 164-185 juil./sept. '79.

BABINEAU, Allen M., co-aut.
voir sous:
BELLIVEAU, Hector L., ptre, et Jean-Bernard GOGUEN. Babineau.

BABOYANT, Marie. Matériaux généalogiques: Bibliothèque municipale de Montréal — Salle Gagnon.

Dans: S.G.C.F. Mém. 24: (4) 224-227 oct./déc. '73.
Bref inventaire du fonds généalogique et historique dans cette bibliothèque.

BACHELET dit Casista. Notes diverses.
Polycopié.
Archives nationales du Québec, Québec, Qué.

BACON, René, o.f.m. Les Ancêtres de la famille Bacon en Nouvelle-France, 1643-1758.

Dans: S.G.C.F. Mém. 29: (2) 130-144 avr./juin '78; 29: (3) 170-198 juil./sept. '78; 29: (4) 253-279 oct./déc. '78.

____. Les Ancêtres de la famille Bacon en Nouvelle-France, 1643-1758. Rosemont, Montréal, Couvent des Franciscains, (1978). 93 p.
Polycopié.
"Pro manuscripto".

____. Les Ancêtres de la famille Bacon-St-Arnaud (voir le mariage inscrit à Batiscan le 14 juillet 1926 entre Raymond Bacon et Bertha St-Arnaud). Québec, 1957; Montréal, 1977. 80 p.
Généalogie ascendante complète suivie de remarques historiques sur les 148 familles souches de cette lignée.
Bibliographie générale: p. 3-4.
Polycopié.
"Pro manuscripto".

____. Famille Bertrand dit St-Arnaud à la Rivière Batiscan, 1695-1765.

Dans: S.G.C.F. Mém. 30: (3) 199-214 juil./sept. '79; 31: (1) 27-41 janv./mars '80; 31 (2) 83-98 avr./juin '80; 31: (3) 163-178 juil./sept. '80.

____. La Famille St-Arnaud à la Rivière Batiscan, 1695-1770. Trois-Rivières, Éd. du Bien public, 1980. [p.v.].

____. Paul Bertrand dit St-Arnaud et sa descendance au XVIIIe siècle.

Dans: S.G.C.F. Mém. 30: (3) 193-198 juil./sept. '79.

BADDECK, N.S. St. John's Church (Anglican).
Register of births, marriages and deaths of the mission extending from Baddeck to Bay St. Lawrence.

Source: U.L.Ms. p. 48.
Ms. Photocopies. 11 p. 1877-1880.
Cape Bretoniana Archives. St. Francis Xavier University, Sydney Campus, Sydney, N.S.

BAGNALL family. Copy of names, ages and births entered in William Bagnall's "Book of Common Prayer".

Source: U.L.Ms. p. 49.
Ms. Transcripts. 2 p. 1731-1899.
Public Archives of Nova Scotia, Halifax, N.S.

BAGNALL family, Prince Edward Island and New Zealand. Reminiscences of Margaret Bagnall concerning the descendants of Samuel Bagnall of Derbyshire, Stafford, England, who emigrated to Virginia and later, as a Loyalist, to P.E.I., and whose son emigrated to New Zealand in 1863-1864.

Source: U.L.Ms. p. 49.
Ms. Transcripts. 12 p. [n.d.]
Public Archives of Nova Scotia, Halifax, N.S.

BAIE-DES-VENTS, N.-B. Saint-Laurent-de-la-Baie-des-Vents, paroisse (catholique).
Registres de baptêmes, mariages et sépultures, 1801-1870.

Source: C.C.Ms. p. 49.
Ms. Copie. 60 p.
Archives publiques du Canada, Ottawa, Ont.

____. Sainte-Anne, paroisse (catholique).
Registres de la paroisse Sainte-Anne-à-la-Baie-des-Vents, aujourd'hui Baie Sainte-Anne.

Source: C.C.Ms. p. 49.
Ms. Reproductions photographiques. 1 pouce. 1801-1900.
Archives acadiennes, Moncton, N.-B.

BAILEY family, St. John, N.B. . . . Genealogical material on the Bailey family and related families . . . Letters to the Gale, Goldsworthy and Withhall families of Quebec.

Source: U.L.Ms. p. 50.
Ms. Original. 12 feet. ca. 1832-ca. 1900.
University of New Brunswick Archives, Fredericton, N.B.

BAILLAIRGÉ, Frédéric Alexandre. Marie-Madeleine de Verchères et les siens. Verchères, (l'auteur), 1913. 31 p.

BAILLAIRGÉ, Georges Frederick. François et Pierre-Florent Baillairgé (enfants de Jean), architectes. Supplément: Marie-Anne Baillairgé (fille de Jean) et son époux, Joseph Girouard, père du patriote, Jean-Joseph Girouard. Joliette, Bureaux de l'Étudiant, du Couvent et de la Famille, 1891. 37, 70 p.

Notices biographiques, fasc. 2.

_____. Jean Baillairgé, 2me du nom (souche des Baillairgé du Canada), 1726 à 1805; ses ancêtres et ses descendants (vue d'ensemble), 1645 à 1892. Supplément: Antoinette Baillairgé (épouse de Jean-Paschal Létourneau) et Geneviève Baillairgé (épouse de Guillaume Bériau); (enfants de Jean II). Joliette, Bureaux de l'Étudiant, du Couvent et de la Famille, 1891. 35, 6p.

Notices biographiques, fasc. 1.

_____. Notices biographiques . . . Famille Baillairgé, ses ancêtres, ses descendants et ses alliés au Canada et à l'étranger, 1605-1895. Joliette, Impr. du Bon Combat, du Couvent et de la Famille, 1891-1895. 1 fasc. en 1 vol.

Sommaire: no 1. Jean Baillargé, 2e du nom;
-2. François et Pierre Florent Baillairgé;
-3. Thomas Baillairgé . . . et François-X. Baillairgé; -4. Théophile Baillairgé . . .;
-5. Louis-de-Gonzague Baillairgé; -6. Jean-Joseph Girouard . . . et Généalogie de ses ancêtres naturels et de ses alliés et de leurs descendants: Familles Baillairgé, Félix, Berthelot, Hervieux, Lemaire, Dumouchel, Bauset, Woods, Rouleau, Badeau, Dacier, Laviolette, Plessis-Bélair, Bruchési, Olier, Moreau, etc. (1645-1892); -7-10. (introuvables);
-11. Famille Baillairgé, ses ancêtres, ses descendants, ses alliés au Canada et à l'étranger, 1605-1895; addenda, etc. (1605-1895).

_____. Notices biographiques (sur les familles Baillairgé et Girouard). Joliette, Bureaux de l'Étudiant, du Couvent et de la Famille, 1891-1893. 6 fasc. en 3 vols.

Titre du fasc. 6: Esquisse biographique.

_____. Théophile Baillairgé (4ème enfant de Pierre Florent), ingénieur-adjoint de la cité de Québec, et Charlotte Janvrin Horsley, son épouse. Supplément: familles Welling, Innes, Janvrin, ancêtres de Charlotte Janvrin Horsley, Agathe Baillairgé (5ème enfant de Pierre Florent). Joliette, Bureaux de l'Étudiant, du Couvent et de la Famille, 1891. 109, 201 p.

_____. Thomas Baillairgé (fils de François, f. no 2), architecte, et François-X. Baillairgé (fils de Pierre Florent, f. no 2), prêtre. Supplément: Marie-Félicité et Flavien (soeur et frère de François-Xavier). Joliette, Bureaux de l'Étudiant, du Couvent et de la Famille, 1891. 71, 108 p.

BAILLY, Edward C. French Canadian background of a Minnesota pioneer — Alexis Bailly.

In: Bull. rech. hist. 55: 137-155 '49.
"Aditional notes" on the 'French Canadian . . . Alexis Bailly' " *in:* Bull. rech. hist. 60: 161-174 '54.

_____. Genealogy of the Bailly de Messien family in the United States.

In: Bull. rech. hist. 56: 180-195 '50; 57: 27-38, 77-100 '51.

BAILLY, famille. Notes biographiques et généalogiques concernant la famille.

Source: C.C.Ms. p. 50.
Ms. Reproductions photographiques. 8 p. 1572-1750.
Archives nationales du Québec, Québec, Qué.

BAILLY family, Luxemburg, N.S. Deeds and other land papers concerning George Frederick Bailly and his son, Joseph.

Source: U.L.Ms. p. 51.
Ms. Original. 1/2 inch. 1754-1824.
Public Archives of Nova Scotia, Halifax, N.S.

BAIN, Bane, Bayne, Beann, McBane, MacBean or MacBhean family.

In: Yarmouth, N.S. Geneal. 1896-1902. p. 57, 70, 109, 110, 115-119, 124, 157, 162, 185, 218, 226.
Source: N.B.L.

BAIRD family, Colchester County, N.S.
Descendants of Thomas Baird (1762-1809).

> *Source:* U.L.Ms. p. 52.
> Ms. Original. 14 p. [n.d.]
> Public Archives of Nova Scotia, Halifax, N.S.

BAKER, Alexander Earle, comp. Frederick
Baker, U.E., and some of his descendants.
Toronto, Published for private circulation,
1961. 85 leaves.

> Limited edition.
> Metropolitan Toronto Public Library, Toronto,
> Ont.

BAKER, Eunice Ruiter. Searching for your
ancestors in Canada. Art work by Mary
Lynn Baker. Ottawa, Heritage House, c1974.
80 p.

> Bibliography: pp. 78-80.

BAKER family.

> *In:* Yarmouth, N.S. Geneal., 1896-1902, pp. 6,
> 39, 100, 149, 159, 162, 194, 212, 215-220.
> *Source:* N.B.L.

BAKER family, Cumberland County, N.S.
Correspondence, some commissions and legal
papers of Charles Baker (1743-1835) who
married Anna, only daughter of Captain
Edward Baron of "Barronsfield", and their
son, Edward Baker (1771-1832), M.L.A. for
Amherst Township (1806-1818); and of other
members of the Baker family and their
friends and connections.

> *Source:* U.L.Ms. p. 53.
> Ms. Original. 3 inches. 1783-1920.
> Public Archives of Nova Scotia, Halifax, N.S.

____. Papers of the Baker family, principally
of Adam Baker and Ira Baker, consisting
primarily of deeds, 1807-1848; timber con-
tracts, 1807-1835; . . . other materials.

> *Source:* U.L.Ms. p. 53.
> Ms. Original. 4 inches. 1796-1874.
> Upper Canada Village, Morrisburg, Ont.

____. Papers relating to the family of Mrs.
Sarah Baker.

> *Source:* U.L.Ms. p. 53.
> Ms. Original. 2 inches. 1830-1834.
> Public Archives of Nova Scotia, Halifax, N.S.

BALLANTYNE, Mabel (Erb), ed. The History
of the Ballantyne family. [n.p.], (1952). 87 p.

BALMORAL, N.-B. Saint-Benoit, paroisse
(catholique). Registres de la paroisse,
1896-1920.

> *Source:* C.C.Ms. p. 55.
> Ms. Microfilm. 1 bobine.
> Archives acadiennes, Moncton, N.-B.

BANCROFT, Hubert. History of British
Columbia. San Raphael, Cal., 1888.

> Reprinted in 1967.

BANKS, Thomas Christopher. An Analytical
Statement of the Case of Alexander, Earl of
Stirling and Dovan &c &c &c, containing an
explanation of his official dignities and
peculiar territorial rights and privileges in the
British colonies of Nova Scotia and Canada
&c &c, and also showing the descent of the
Stirling peerage honours, supported by legal
evidence, and the law and usage of Scotland,
appertaining thereto . . . London, Cockrane
& Co., 1832. xlix, 123 p.

> Four genealogical tables (partly folded).

BANWELL family, Sandwich East Township,
Ont. Miscellaneous . . . diaries . . .

> *Source:* U.L.Ms. p. 58.
> Ms. Original.
> Hiram Walker Historical Museum, Windsor,
> Ont.

BAPTÊMES acadiens de Bécancour et de St-
Grégoire, années 1759 à 1809.

> *Dans:* S.G.F.C. Mém. 19: (4) 234-250 oct./déc.
> '68; 20: (1) 8-18 janv./mars '69.
> Contient 930 actes de baptêmes acado-
> nicolétains.

BARACHOIS, N.-B. Saint-Henri, paroisse
(catholique). Registres de la paroisse,
1812-1916.

> *Source:* C.C.Ms. p. 59.
> Ms. Microfilm. 1 bobine.
> Archives acadiennes, Moncton, N.-B.

____. Registres des baptêmes, mariages et
sépultures pour Barachois, Didiche,
Naboiyagan et Sacré-Coeur de Haute-
Aboujagane, 1812-1870. Un index du registre
de Barachois, 1812-1838, préparé par Ronald
Leblanc, a été placé à la suite des
documents.

> *Source:* C.C.Ms. p. 58.
> Ms. Copie. 280 p.
> Archives publiques du Canada, Ottawa, Ont.

BARBEAU. Jean Barbeau dit Boisdoré (1666-
1714).

> *Dans:* S.G.C.F. Mém. 26: (1) 25-35 janv./mars
> '75.

BARCLAY, Berchelai or de Barclay family.
> *In:* Yarmouth, N.S. Geneal. 1896-1902, p. 26, 28, 229.
> *Source:* N.B.L.

BARCLAY, W.S. Genealogy of the Barclay family.
> *Source:* U.L.Ms. p. 60.
> Ms. Photocopies. 16 p. 1971.
> Public Archives of Nova Scotia, Halifax, N.S.

BARCLAY family, Scotland and Canada. Barclay genealogy, ca. 1688-1970 . . .
> *Source:* U.L.Ms. p. 60.
> Ms. Photocopies.
> Provincial Archives of Manitoba, Winnipeg, Man.

BARIL, famille. Actes notariés.
> *Source:* C.C.Ms. p. 60.
> Ms. Copies. 4 pouces. 1767-1920.
> Archives nationales du Québec, Québec, Qué.

BARKER, Burt Brown. The McLoughlin empire and its rulers: Doctor John McLoughlin, Doctor David McLoughlin, Marie Louise (Sister St. Henry); an account of their personal lives, and of their parents, relatives and children; in Canada's Quebec Province, in Paris, France, and in the West of the Hudson's Bay Company. Glendale, Cal., Clark, 1959. 370 p.
> Northwest Historical Series, No. 5.

BARKER family.
> *In:* Yarmouth, N.S. Geneal. 1896-1902, p. 205.
> *Source:* N.B.L.

BARNARD, Julienne. Mémoires Chapais. Montréal, Fides, 1961-1964. 3 vols.
> "Jean Chapais et sa lignée"; p. 27-78.

BARNARD family.
> *In:* Yarmouth, N.S. Geneal. 1896-1902, pp. 150, 246.
> *Source:* N.B.L.

BARNE family.
> *In:* Yarmouth, N.S. Geneal., 1896-1902, pp. 9, 135.
> *Source:* N.B.L.

BARNHART family. The papers of Walter Simpson Barnhart, 1933-1961, and of William Newton Barnhart, 1884-1957, including genealogies, notes, clippings, memoranda, petitions and reports, relating to land, family and medicine.

> *Source:* U.L.Ms. p. 62.
> Ms. Original. 2 feet. 1884-1961.
> Public Archives of Canada, Ottawa, Ont.

BARNWELL Relief Society, comp. Barnwell history. Ann Arbor, Mich., Edwards Bros., 1952. 401 p.
> Genealogy section written by Luella Le Baron.
> Family histories: pp. 195-353.
> Genealogies: Section 2, p. 354 to the end.

BARR family, St. John, N.B. Papers . . . including family deeds . . .
> *Source:* U.L.Ms. p. 63.
> Ms. Original.
> New Brunswick Museum, St. John, N.B.

BARRATT and Millne families. Pages from a family Bible. (James and Robert Barratt came from Oxford, England to Nova Scotia and were among the first settlers of Beaverbrook, Halifax County).
> *Source:* U.L.Ms. p. 63.
> Ms. Original. 4 p. [n.d.]
> Public Archives of Nova Scotia, Halifax, N.S.

BARRETT family.
> *In:* Yarmouth, N.S. Geneal., 1896-1902. p. 234.
> *Source:* N.B.L.

BARRIÈRE, Rolland. René Barrière et ses descendants québecois. St-Lambert, Qué., Éd. de l'auteur, 1978. 179 p.

BARRINGTON family. Copy of the lineage of the Barringtons of Cullenagh, Ireland; marriage certificate of Yorke A. Barrington of Sydney, Cape Breton and Mathilda Mahon of Guysborough, N.S., 27 Jan., 1864.
> *Source:* U.L.Ms. p. 64.
> Ms. Transcripts. 2 p. [n.d.]
> Public Archives of Nova Scotia, Halifax, N.S.

_____. Two copies of the Barrington pedigree from the time of Queen Emma, wife of Ethelred, to James I . . .
> *Source:* U.L.Ms. p. 64.
> Ms. Original. 5 p. 17th century.
> University of Toronto Library, Toronto, Ont.

BARRIO family, Acadia, Cape Breton and Tracadie, N.S. Notes on the Barrio family.
> *Source:* U.L.Ms. p. 64.
> Ms. Photocopies. 11 p. [n.d.]
> Public Archives of Nova Scotia, Halifax, N.S.

BARRY family . . .
> *In:* Yarmouth, N.S. Geneal. 1896-1902. p. 26.
> *Source:* N.B.L.

BARRY family, Fredericton, N.B. . . . Family papers.

Source: U.L.Ms. p. 65.
Ms. Original.
Provincial Archives of New Brunswick, Fredericton, N.B.

____. Letters, papers, diaries, photographs, etc. pertaining to the Barry family of Ireland and Canada and to such related families as Burges, Garrett, Joly and Sands.

Source: U.L.Ms. p. 64.
Ms. Original. 7 feet 6 inches. 1718-1964.
University of Western Ontario Library, London, Ont.

BARTHE, J.-B. Meilleur. Inventaire sommaire des archives conservées au Palais de Justice des Trois-Rivières.

Dans: Rapport de l'archiviste de la Prov. de Qué. 1920/21, p. 328-349.

BARTHÉLEMY, Édouard de. Armorial général des registres de la noblesse de France; résumé et précédé d'une notice sur la famille d'Hozier d'après des documents inédits. Paris, Dentu, 1867. 1xxx, 323 p.

BARTLETT family.

In: Yarmouth, N.S. Geneal. 1896-1902, pp. 134, 213.
Source: N.B.L.

BARTO, Martha Ford. Passamaquoddy: genealogies of West Isles families. [n.p.], 1975. vi, 228 p.

BAS-CANADA. Recensement du Bas-Canada en 1825.

Source: C.C.Ms. p. 66.
Ms. Microfilm. 2 bobines.
Archives du Séminaire de Québec, Québec, Qué.

BAS-CARAQUET, N.-B. Saint-Paul, paroisse (catholique). Registres de la paroisse, 1898-1920.

Source: C.C.Ms. p. 66.
Ms. Microfilm.
Archives acadiennes, Moncton, N.-B.

BASILE Chiasson.

In: F.C.A.G.R. 3: (4) 251 Winter '71.

BASTEDO-GALBRAITH families. Correspondence and papers together with extracts from a diary of John Galbraith Bastedo, relating to John Galbraith, Christiana Galbraith and other members of the family, 1794-1845.

Source: U.L.Ms. p. 67.
Ms. Transcripts. 21 p.
Public Archives of Canada, Ottawa, Ont.

BASTIEN, Rosaire, s.j. La Famille Bastien-Rocan et son ancêtre.

Dans: S.G.C.F. Mém. 28: (1) 44-52 janv./mars '77.

____. La Famille Forest dit Marin.

Dans: S.G.C.F. Mém. 29: (4) 251-252 oct./déc. '78.

BATHURST, N.-B. Sacré-Coeur, cathédrale (catholique). Registres de la paroisse, 1894-1920.

Source: C.C.Ms. p. 68.
Ms. Microfilm. 2 bobines.
Archives acadiennes, Moncton, N.-B.

BATHURST, N.-B. St-George's Church (Anglican). Baptisms, marriages and burials, 1864-1970.

Source: U.L.Ms. p. 68.
Ms. Microfilm. 50 feet.
Provincial Archives of New Brunswick, Fredericton, N.B.

BATHURST, N.-B. Sainte-Famille, paroisse (catholique). Registres de la paroisse, 1798-1920.

Source: C.C.Ms. p. 68.
Ms. Microfilm. 3 bobines. Reproduction. 1 pouce.
Archives acadiennes, Moncton, N.-B.

BATISCAN, Qué. Saint-François-Xavier, paroisse (catholique). Registres de baptêmes, mariages et sépultures, 1756-1785.

Source: C.C.Ms. p. 68.
Ms. Microfilm. 1 bobine.
Archives acadiennes, Moncton, N.-B.

BAUDRY, famille. Actes notariés se rapportant à la succession de certains membres de la famille, 1696, 1746.

Source: C.C.Ms. p. 68.
Ms. Originaux. 30 p.
Archives nationales du Québec, Québec, Qué.

BAXTER, Alexander Broune, Chatham, Ont. Family history.

Source: U.L.Ms. p. 69.
Ms. Original. 11 p. 1859-1866.
Hiram Walker Museum, Windsor, Ont.

BAXTER, Angus. Canadian roots. Lakefield, Ont., 1978.

Not indexed.

____. In Search of Your Roots; a guide for Canadians seeking their ancestors. Toronto, Macmillan of Canada, 1978. 293 p.

BAXTER, John Babington Macaulay. Simon Baxter (the first United Empire Loyalist to settle in New Brunswick), his ancestry and descendants . . . (St. John), New Brunswick Museum (Historical Section), 1943. 46 p.

". . . story of Simon Baxter who is believed to have been the first Loyalist to settle in New Brunswick . . ." (Foreword).

BAXTER family, Kingston, Ont. Correspondence, legal documents, business papers and miscellaneous material belonging to George Baxter and his family through several generations. A considerable amount of the material refers to the family in Pittsburg township and the home, "Cataraqui Grange".

Source: U.L.Ms. p. 69.
Ms. Original. 15 inches. 1798-1950.
Queen's University Archives, Kingston, Ont.

BAYER family, Halifax, N.S. Notes on members of the family and their homestead, 1801 and 1802; plan and notes of the Bayer homestead in Halifax built ca. 1763; genealogical chart of the family.

Source: U.L.Ms. p. 69.
Ms. Original. 1/2 inch. 1801, 1802.
Public Archives of Nova Scotia, Halifax, N.S.

BAYLIS, Samuel Mathewson, Montreal, Que. Notes and correspondence by Baylis on Simon McTavish concerning his family, house, business and monument.

Source: U.L.Ms. p. 70.
Ms. Original. 1 inch. 1922-1926.
McGill University Library, Montreal, Que.

BEACH family, New Jersey and Ontario. Family documents, consisting largely of copies of wills and deeds of the Beach family and associated families . . .

Source: U.L.Ms. p. 70.
Ms. Original. 1776-1889.
City of Vancouver Archives, Vancouver, B.C.

BEAIRSTO, Harold King, comp.
see under:
BEAIRSTO family . . .

BEAIRSTO family. "The Beairsto family in America", descendants of William Beairsto who came from Yorkshire, England on the ship "True Love", and some of whose descendants moved to Dedham, Mass., to Cumberland County, N.S. and Malapeque, P.E.I., and also the family of Benjamin Beairsto and Anne McNutt of Malapeque, P.E.I. Compiled by Harold King Beairsto, Vernon, B.C.

Source: U.L.Ms. p. 71.
Ms. Transcript. 1/2 inch. [n.d.]
Public Archives of Nova Scotia, Halifax, N.S.

BEAM, S.U. Historical sketch of the Biehm family.

In: Waterloo Historical Society. Report. 35: 15-18 '48.

BEAMER, Nancy J. Beamer lore. (Thorold, Ont.), 1928. 40 p.

Cover title.
Also spelled: Bomer, Boemer, Bohmer, Baemar, Behmer, Beemer.

BEARMAN, Elizabeth . . . Letters containing family news from James and Frederick Bearman, Bells Corners, Canada West.

Source: U.L.Ms. p. 71.
Ms. Photocopies. 14 p. 1847-1852.
Public Archives of Canada, Ottawa, Ont.

BEARSE, Francis. Bearse family . . . Genealogical notes . . .

Source: U.L.Ms. p. 71.
Ms. Photocopies. 2 p. [n.d.]
Public Archives of Nova Scotia, Halifax, N.S.

BEATON, Clarence, N.S. Papers on Leitches Creek including a genealogy of the MacDonalds, Johnsons and Beatons of Leitches Creek, by Roderick MacDonald.

Source: U.L.Ms. p. 71.
Ms. Photocopies. 1/2 inch. [n.d.]
Cape Bretoniana Archives. St. Francis Xavier University, Sydney Campus, Sydney, N.S.

BEATON, Mable (Mrs.). Scrapbooks of clippings on Cape Breton history; papers on Baddeck Bridge; genealogy of Beaton families of Leitches Creek, N.S.

Source: U.L.Ms. p. 72.
Ms. Original. 5 inches. Photocopies. 22 p. 1952-1969.
Cape Bretoniana Archives. St. Francis Xavier University, Sydney Campus, Sydney, N.S.

BEATTIE family, Que. . . . Birth records of the children of David Beattie . . . letters of David Provin Beattie to his wife Fanny, 1882, and to other members of his family, 1858, 1862, 1883.

> *Source:* U.L.Ms. p. 72.
> Ms. Original. 49 p. 1826-1883.
> Public Archives of Canada, Ottawa, Ont.

BEAUBASSIN, N.-É. Registres paroissiaux, 1712-1748, 1679-1686.

> *Source:* C.C.Ms. p. 72.
> Ms. Microfilm. 1 bobine.
> Archives acadiennes, Moncton, N.-B.

BEAUBIEN, Charles Philippe Trottier de. Écrin d'amour familial; détails historiques au sujet d'une famille comme il y en a tant d'autres au Canada qui devraient avoir leur histoire. Montréal, Arbour & Dupont, 1914. 247 p.

BEAUBIEN, famille, Qué. Documents de la famille Beaubien, titulaire du fief de l'Île Moras à Nicolet, 1715-1867. Charles Beaubien fut propriétaire de la Seigneurie Lozeau de la Baie-du-Febvre.

> *Source:* C.C.Ms. p. 72.
> Ms. Originaux. 7 pieds. 1672-1948.
> Archives de l'Université du Québec à Trois-Rivières, Trois-Rivières, Qué.

BEAUCHEMIN, Jeanne. La Généalogie et l'année internationale de l'enfant.

> *Dans:* L'Entraide généalogique 2: (1) 15-17 1979/80.

BEAUCHET-FILLEAU, A. La Famille Mariauchau.

> *Dans:* Bull. rech. hist. 35: 714-715 '29.

BEAUCHET-FILLEAU, Paul. Les Bas-poitevins au Canada. [s.l.n.d.] 16 p.

> Polycopié.
> Archives nationales du Québec, Québec, Qué.

BEAUDET, Zéphirin. Généalogies diverses (1964-1971). Québec, 1971.

> Polycopié.
> Compilation de notes éparses malheureusement sans référence exacte dans certains cas ou tout simplement une photocopie tirée d'articles de revues, journaux ou ouvrages déjà connus.
> Suivi d'ouvrages sur les familles de St-Nicolas, comté de Bernières.
> Chaque famille analysée.
> Archives nationales du Québec, Québec, Qué.

BEAUDIN, Lawrence J. René Beaudin.

> *Dans:* S.G.C.F. Mém. 9: 102-105 '58.
> Extraits de 15 documents provenant de la Préfecture des Deux-Sèvres, France.

BEAUDIN, Pierre. Famille Lippe (Lippé); mille ans d'histoire, deux siècles en Canada.

> *Dans:* S.G.C.F. Mém. 25: (4) 228-244 oc./déc. '74.

BEAUDOIN, Gérard. St-Nazaire: 80 filiations. St-Nazaire, 1978.

> Polycopié. Dans un cahier à anneaux.
> Fait suite aux "Ephémérides nazaïriennes" publiées l'année précédente.
> Archives nationales du Québec, Québec, Qué.

BEAUDOIN, Marie-Louise et Thérèse GIRARD. Généalogie des Lacroix, 1670-1975.

> Bibliothèque. Société généalogique canadienne-française, Montréal, Qué.

BEAUDOIN. Diverses notes, tableaux généalogiques, etc.

> Archives nationales du Québec, Québec, Qué.

BEAUDRY, Ubald. Sellar et al et les Ellice.

> *Dans:* Bull. rech. hist. 169-179 '50.

BEAUDRY, famille. Tableau généalogique de la famille Beaudry (1641-1924), originaire du Poitou, France.

> *Source:* C.C.Ms. p. 73.
> Ms. Originaux. 1 p.
> Archives publiques du Canada, Ottawa, Ont.

BEAUGRAND DIT CHAMPAGNE. Diverses notes.

> Broché.
> Archives nationales du Québec, Québec, Qué.

BEAUHARNOIS, Qué. St-Clément, paroisse (catholique). Registres des baptêmes, mariages et sépultures de la paroisse Saint-Clément, 1819-1850. Index alphabétique du registre du fort Beauharnois, 1730-1766, et index des mariages, 1819-1850.

> *Source:* C.C.Ms. p. 74.
> Ms. Copie. 1 pied. Microfilm. 2 bobines.
> Archives publiques du Canada, Ottawa, Ont.

BEAUJEU, famille. Tableau partiel de la généalogie des Beaujeu et des Aubert; lettres à des descendants de la famille de Beaujeu, 1863-1866 . . .

> *Source:* C.C.Ms. p. 74.
> Ms. Originaux. 1/4 pouce.
> Archives nationales du Québec, Québec, Qué.

BEAULIEU, André et William MORLEY. La Province de Québec; histoires locales et régionales canadiennes des origines à 1950. Toronto, University of Toronto Press, 1971. 408 p.

"Ce volume peut s'avérer un instrument de recherches généalogiques ou d'histoires familiales utile."

BEAULIEU, J. Alphonse, ptre. Centenaire de St-Alexis-de-Matapédia; son histoire, 1860-1960 . . . [s.l.], 1960. 356 p.

"Les familles": p. 291 ss.

____. Histoire de la paroisse de St-Alexis-de-Matapédia, 1860-1960. [s.l.], (1960). 356 p.

"Généalogies et tables généalogiques des familles pionières": chap. XI.

BEAULIEU, Léonide. Jean Morand dit Morin et ses descendants. Chicoutimi, Éd. Sciences modernes.

BEAULIEU. Diverses notes, tableaux généalogiques.

Broché.
Archives nationales du Québec, Québec, Qué.

BEAUMONT, Charles. Généalogie des familles de la Beauce, P.Q. (Ottawa, Ont., 1905). 262 p.

Publié dans: 5-6 Edouard VII. Documents de la session no 18, 1906, partie 9.
Compilé à partir du registre original conservé à St-Joseph de la Beauce, par Peter Michael O'Leary, ptre.

____. Généalogie des familles de la Côte de Beaupré. Ottawa, Parmelee, Impr. du Roi, 1912. 128 p.

Éd. par Peter Michael O'Leary, ptre.
En tête du titre: Archives du Canada.
". . . Travail d'un mérite réel destiné à rendre de grands services . . ." (Av.-pr.)

BEAUMONT, Joseph Alphonse, ptre. Vincent Beaumont et ses descendants; histoire et généalogie, 1668-1968. (Québec, Impr. Laflamme, 1968). 422 p.

Recension dans: S.G.C.F. Mém. 19: (4) 250 oct./déc. '68.

BEAUMONT family, Que. Deeds, probates and other evidence concerning Beaumont's Canadian estate.

Source: U.L.Ms. p. 74.
Ms. Original. 2 inches. 1783-1907.
Public Archives of Canada, Ottawa, Ont.

BEAUPORT, Qué. Notre-Dame, paroisse (catholique). Registres de baptêmes, mariages et sépultures, 1755-1780.

Source: C.C.Ms. p. 75.
Ms. Microfilm. 1 bobine.
Archives acadiennes, Moncton, N.-B.

BEAUREGARD, André, ptre. Généalogie de la famille Beauregard; notes historiques sur Varennes, Verchères, etc., Québec et surtout sous le régime français . . .

Source; C.C.Ms. p. 75.
Ms. Originaux. 15 pieds. [n.d.]
Bibliothèque nationale du Québec, Département des manuscrits, Montréal, Qué.

BEAUREGARD, Julien, co-aut.
voir sous:

MARIER, Claude. Généalogie de Judes Chèvrefils dit Bélisle . . .

BEAUREGARD, Lise, co-aut.
voir sous:

MARIER, Claude. Généalogie de Judes Chèvrefils dit Bélisle . . .

BEAUREGARD, Marthe (Faribault). Antoine Giard; petit problème de généalogie.

Dans: S.G.C.F. Mém. 9: 49-54 '58.

____. Antoine Giard; réponse à un petit problème généalogique (Mém. S.G.C.F. janv. 1958).

Dans: S.G.C.F. Mém. 26: (4) 247-248 oct./déc. '75.

____. Baptêmes, mariages et sépultures de la mission d'Aylmer, 1841-1851. Relevé et compilé par Marthe F. Beauregard. Montréal, Éd. Bergeron et Fils, 1977. 122 p.

Publication no 44.

____. Baptêmes, mariages, sépultures de Ste-Marie de Dawson City, Yukon, 1898-1956. Montréal, Éd. Bergeron, 1976. 132 p.

____. L'Honorable François Levesque, son neveu, Pierre Guérout, et leurs descendants.

Dans: S.G.C.F. Mém. 8: 13-30, 97-105 '57.

____. Mariage Baril-Cottenoire, le 25 février 1743 à l'Île Dupas.

Corrections et additions sur la famille Baril fournies par Madame Thérèse Rocheleau-Baril.

____. Mariages de J.-B. Huneault et de Marie-Anne Gaudry dit Bourbonnière; une erreur de répétition.

Dans: S.G.C.F. Mém. 27: (1) 42-43 janv./mars '76.

BEAUREGARD, Marthe (Faribault). Méthode pour classifier les histoires de familles.

> *Dans:* S.G.C.F. Mém. 24: (4) 207-208 oct./déc. '73.

BEAUREGARD, Marthe (Faribault) co-aut.
> *voir aussi sous:*
> JETTÉ, René et Marthe Beauregard, comp. Mariages du comté de Brome . . .

BEAUREGARD, Yves, co-aut.
> *voir sous:*
> MARIER, Claude. Généalogie de Judes Chèvrefils dit Bélisle . . .

BEAUSÉJOUR, Roméo, o.m.i. Les Familles Beauséjour au Canada.

> *Dans:* S.G.C.F. Mém. 1: 123-127 '44.

BEAUVILLIER, Lucie et Carmen GRONDIN. Église protestante de Trois-Rivières: 1767-1875 (baptêmes); 1768-1875 (mariages); 1768-1875 (sépultures). Trois-Rivières, 1979. 63, 67, 58 p.

> Sous la dir. de Yvon Martin.

BÉCANCOUR, Qué. La Nativité, paroisse (catholique). Registres de baptêmes, mariages et sépultures, 1757-1800.

> *Source:* C.C.Ms. p. 76.
> Ms. Microfilm. 1 bobine.
> Archives acadiennes, Moncton, N.-B.

BÉCHARD, Auguste. Histoire de la paroisse de St-Augustin (Portneuf). Québec, Impr. Brousseau, 1885. 385 p.

> "Généalogies des familles Gaboury": p. 312.
> "Généalogie de Jacques Jobin": p. 318.
> "Généalogie du seigneur Juchereau de Maure": p. 365.
> "Ancêtres de F.-Z. Garneau": p. 321.

BÉDARD, Omer. Généalogie des familles Bédard du district de Québec. Québec, Impr. Jacques-Cartier Enr., 1946. 657 p.

> Généalogie établie à partir de notes recueillies par le frère Sigismond, f.é.c.
> "En 1946, il n'était exagéré de dire qu'il y avait au-delà de 30 000 Bédard disséminés dans toutes les provinces du Canada et bon nombre d'états américains . . ." (Préf.)
> Clef de la généalogie: p. 17-18.

BEEBE, Clarence. Beebe (Beby) family, N.S. Genealogical information . . .

> *Source:* U.L.Ms. p. 77.
> Ms. Transcripts. 4 p. 1893.
> Public Archives of Nova Scotia, Halifax, N.S.

BEERS, J.E. Commemorative biographical record of the County of Essex, Ont. containing biographical sketches of prominent and representative citizens and many of the early settler families. Toronto.

> Editions: 1904. 874 p.; 1905. 676 p.; 1906. 840 p.; 1907. 673 p.

BEGG, A. History of British Columbia. 1894.

> Reprinted in 1972.

BÉGIN.

> Extraits de "Profils lévisiens", par P.-G. Roy, p. 119-125.

BÉGIN, Émilien. 50e anniversaire Palmarolles, 1926-1976. (La Sarre, Qué., Impr. Abitibi Inc., 1976). 379 p.

> "Les Familles": p. 224-267.

BÉIQUE, Caroline (Dessaulles). Quatre-vingts ans de souvenirs. Montréal, Valiquette, (1939). 287 p.

> Histoire de la famille Béique.

BÉLAND, Nicole V., Daniel VEILLETTE (et al). Répertoire des mariages de Sainte-Thècle, 1880 à 1973. (Québec, 1974). 148 p.

BÉLANGER, Fortunat. Mémoires d'un cultivateur. Québec, Impr. Le Soleil, 1936. xvi, 262 p.

> Chap. 1: "Mon ascendance paternelle". Remarques préliminaires (sur les familles Bélanger), le nom, les souches, lieux d'origine, lieux d'établissement au Canada, la lignée directe depuis le premier (jusqu'à l'auteur).
> Chap. 2: "Le Cercle plus restreint de la famille . . ."

BÉLANGER, Léonidas. (Biographie de Jean Allard, premier maire de la paroisse de Jonquière). (Chicoutimi, 1971?) [p.v.]

> Titre tiré à partir d'une lettre adressée à monsieur Roland-J. Auger (20 janv. 1971).
> "Biographie plus complète et plus officielle que celle parue dans 'Saguenayensia' . . ."
> Comprend la généalogie de la famille avec quatre générations de la famille de Pierre Allard et Anne de La Voye.
> Incluant la "Généalogie des familles d'Aimé Allard, Ernest Allard, Lucien Allard . . . etc."
> Copie dactylographiée.
> Archives nationales du Québec, Québec, Qué.

_____. La Famille Boudreault.

> *Dans:* Saguenayensia 18: (2) 46-48 mars/avr. '76.

BÉLANGER, Léonidas. François Bélanger (1612-1687).

Dans: S.G.C.F. Mém. 21: (2) 85-103 avr./juin '70; 21: (3) 131-143 juil./sept. '70.

————. La Généalogie.

Dans: Saguenayensia 5: (1) 19 '63.

————. (Généalogie Allard). Chicoutimi, 1971. [p.v.]

Polycopié.
Archives nationales du Québec, Québec, Qué.

————. Hommages à nos collaborateurs (en généalogie).

Dans: Saguenayensia 5: (2) 36 '63.

————. Lieutenant Colonel B.A. Scott.

Dans: Saguenayensia 15: (3) 88-92 mai/juin '73.

————. Les mariages de la région: Mariages de Saint-Prime 1872-.

Dans: Saguenayensia 14: (2) 41-44 mars/avr. '72; (3) 69-72 mai/juin '72; (4) 97-100 juil./août '72; (6) 173-176 nov./déc. '72; 15: (1) 17-18 janv./fév. '73. (Corrections à la page 18).

————. Mariages de la région: paroisse Notre-Dame de Laterrière, 1855-1870.

Dans: Saguenayensia 4: (5) 108-110 '62; (6) 131-134 '62; 5: (2) 35-36 '63. (Corrections: 8: (3) 59-61 mai/juin '66).

————. Mariages de la région: Notre-Dame de Roberval.

Dans: Saguenayensia 8: (3) mai/juin '66 et suivantes.

————. Les mariages de la région: Notre-Dame d'Hébertville, 1852-1911.

Dans: Saguenayensia 5: (4) 83-84 '63; (5-6) 119-122 '63; 6:(1) 11-14 '64; (2) 35-38 '64; (3) 59-62 '64; (4) 83-86 '64; (5) 107-110 '64; 7: (1) 11-14 '65; (3) 59-62 '65; (4) 83-86 '65; (5) 107-110 '65; (6) 131-134 '65; 8: (1) 11-14 '66. Corrections aux mariages parus 8: (3) 59-61 '66.

————. Mariages de la région: Notre-Dame du Lac St-Jean (Roberval), 1860-1911.

Dans: Saguenayensia 8: (3) 62 '66; (4) 83-86 '66; (5) 107-110 '66; (6) 131-134 '66; 9: (2) 43-46 '67; (3) 59-62 '67; (4) 83-86 '67; (5) 107-110 '67; (6) 131-134 '67. Corrections aux mariages parus 8: (3) 59-61 '66.

————. Mariages de la région: paroisse de St-Alexis de Grande-Baie, 1842-1870.

Dans: Saguenayensia. 2: (5) 125-128 '60; (6) 151-154 '60; 3: (1) 11-14 '61; (2) 35-38 '61; (5) 107-110 '61; (6) 131-134 '61; 4: (1) 11-14 '62; (2) 35-38 '62. Corrections: 4: (3) 59 mai/juin '62.

————. Mariages de la région: Saint-Alphonse de Bagotville, 1858-1870.

Dans: Saguenayensia. 4: (3) 59-62 mai/juin '62; (4) 83-86 juil./août '62; (5) 107-108 sept./oct. '62. Corrections à la fin du texte à la page 108.

————. Mariages de la région: Saint-Charles-Borromée de Pointe-Bleue.

Dans: Saguenayensia 12: (6) 145-148 nov./déc. '70ss.

————. Mariages de la région: Saint-François-Xavier de Chicoutimi (La Cathédrale), 1845-1870; 1871-.

Dans: Saguenayensia. 1: (2) 11-14 mars/avr. '59; (3) 59-62 mai/juin '59; (4) 83-86 juil./août '59; (5) 109-112 sept./oct. '59; (6) 135-138 nov./déc. '59; 2: (1) 13-16 janv./fév. '60; (2) 41-44 mars/avr. '60; (3) 69-72 mai/juin '60; (4) 97-100 juil./août '60; no spécial: Index des mariages de 1845 à 1870: 16: (5) 111-114 sept./oct. '74; 15: (5) 143-146 sept./oct. '73; (6) 167-170 nov./déc. '73; 16: (1) 11-14 janv./fév. '74; (2) 35-38 mars/avr. '74; (4) 111-114 sept./oct. '74; (6) 135-138 nov./déc. '74; 17: (2) 35-38 mars/avr. '74; (3/4) 69-72 mai/août '75; (5) 103-106 sept./oct. '75; (6) 127-130 nov./déc. '75; 18: (1) 11-14 janv./fév. '76; (2) 35-38 mars./avr. '76; (3) 69-72 mai/août '76.

————. Mariages de la région: Saint-Jérôme, 1869-.

Dans: Saguenayensia. 10: (5) 125-128 sept./oct. '68ss.
"Les registres de Saint-Jérôme du Lac St-Jean furent ouverts le 3 janv. 1869 par le baptême de Marie-Julie Plourde, née la veille, du mariage d'André Plourde et de Philomène Tremblay."

————. Mariages de la région: Saint-Prime (1893-1911).

Dans: Saguenayensia. 14: (2) 31-34 mars/avr. '72; 14: (4) 97-100 juil./août '72; 14: (6) 173-176 nov./déc. '72; 15: (1) 17-18 janv./fév. '73; 15: (5) 143-146 sept./oct. '73; 15: (6) 167-170 nov./déc, '73; 16: (1) 11-14 janv./fév. '74.

————. Mariages de la région. Saint-Anne de Chicoutimi, 1860-1870.

Dans: Saguenayensia. 5: (2) 37-38 '63; (3) 59-62 '63; Corrections: 8: (3) 59-61 mai/juin '66.
Index par Gérard E. Provencher.

___. Le Notaire Ovide Bossé (1828-1909).

Dans: Saguenayensia 10: (2) 17-21 janv./fév. '68.

"Liste des contrats de mariages passés par le notaire Bossé." (p. 20-21).

BÉLANGER. Diverses notes, coupures de journaux, etc., sur les familles Bélanger.

Archives nationales du Québec, Section de Généalogie, Québec, Qué.

BELCHER, Edward (Sir). Correspondence, journals, financial records, court papers and other documents of Sir Edward Belcher and other members of the Belcher family . . .

Source: U.L.Ms. p. 79.
Ms. Original. 8 inches. 1736-1874.
University of British Columbia Library, Vancouver, B.C.

BELCOURT, Guillaume, s.j. Famille Belcourt: tricentenaire 1646-1946. (Sudbury, Ont. Collège du Sacré-Coeur, 1947). 54 p.

"Ce texte a été reproduit au lendemain des fêtes du 'Tricentenaire', par Le Droit d'Ottawa, l'Ami du Peuple de Sudbury, Le Devoir et La Presse de Montréal, l'Action catholique de Québec et le Bien public de Trois-Rivières". Ce tricentenaire fêtait l'arrivée au Canada de Jules Trottier, ancêtre de tous les Trottier et Belcourt.
Le premier ancêtre, Jules, portait le nom de Trottier; le second est surnommé Des Ruisseaux, ses frères conservèrent celui de Trottier. À la troisième génération les huit fils d'Antoine porteront des surnoms différents.

BELFAST, P.E.I. St. John's Presbyterian Church. Baptismal records. Includes Cape Breton Island, western side, 1823-1849.

Source: U.L.Ms. p. 79.
Ms. Photocopies. 191 p.
Cape Bretoniana Archives. St. Francis Xavier University, Sydney Campus, Sydney, N.S.

BÉLISLE, Pierre, co-aut.
voir sous:

MARIER, Claude. Généalogie de Judes Chèvrefils dit Bélisle . . .

BÉLISLE, Ruth. St. Stephen's Anglican cemetery, Papineau County, Buckingham, Quebec. (Ottawa, Ontario Genealogical Society, Ottawa Branch, 1971). 22 p.

Publication 74-8.

BELKNAP, Waldron Phoenix. The De Peyster genealogy. Boston, 1956. xviii, 108 p.

BELL, Andrew, comp. Dundas, Ont. Certificates of marriages performed by licences by Andrew Bell at Dundas, Ancaster and West Flamboro, 1848-1852, and at L'Orignal, 1854-1856. Ten additional certificates of marriages solemnized by Mr. Bell at L'Orignal and Hawkesbury and in the Township of West Hawkesbury, Lochiel and Caledonia.

Source: U.L.Ms. p. 356.
Ms. Original. 107 p.
Public Archives of Canada, Ottawa, Ont.

BELL, Edwin Wallace. Israel Kenny, his children and their families. Endorsed by the York-Sudbury Historical Society, Inc.; maps and memorials, ed. by Lilian M.B. Maxwell. [n.p.], (1944). 3, 1, 111 p.

Toronto Metropolitan Public Library, Toronto, Ont.

BELL, Winthrop Pickard. Bell family, N.S. Genealogical chart of all descendants of Honourable Hugh Bell and Ann Allison, to Dec. 1956 . . .

Source: U.L.Ms. p. 83.
Ms. Original.
Public Archives of Nova Scotia, Halifax, N.S.

___. Foreign Protestants and the settlement of Nova Scotia. Toronto, 1961. 361 p.

___. A Genealogical study. Sackville, N.B., printed for the author by the Tribune Press, 1962. 2 vols.

Folded genealogical tables in box: vol. 1. History of the Bell, Pickard and related families.
Includes a bibliography.

BELL family.

In: Yarmouth, N.S. Geneal. 1896-1902, p. 7.
Source: N.B.L.

BELLEAU, Jacques, co-aut.
voir sous:

HARDY, René, Guy Trépanier, Jacques Belleau et Jean-Yves Vandal. La Mauricie et les Bois-Francs . . .

BELLEDUNE, N.-B. Saint-Jean-L'Évangéliste, paroisse (catholique). Registres de la paroisse, 1836-1920.

Source: C.C.Ms. p. 82.
Ms. Copie. 2 pouces.
Archives acadiennes, Moncton, N.-B.

BELLEMARE, Joseph Elzéar. Histoire de la Baie Saint-Antoine dite Baie-du-Febvre, 1683-1911. Avec annotations de Benjamin Sulte. Montréal, La Patrie, 1911. 664 p.

Plusieurs pages consacrées aux Lefebvre.
"Vieilles familles de la Baie . . .": p. 403ss.

BELLEMARE, Joseph Elzéar. Histoire
de Nicolet, 1669-1924 . . . Arthabaska, Impr.
d'Arthabaska, 1924.

> Vol. 1 seulement a paru.
> Bibliographie: p. 383-384.

_____. Le Premier ancêtre canadien des Petit
dit Bruneau.

> *Dans:* Bull. rech. hist. 33: 588-589 '27.

BELLEMARE, Raphaël. Les Bases de l'histoire d'Yamachiche, 1703-1903; commémora-
tion des premiers établissements dans cette
paroisse, ses fiefs, ses seigneurs, ses premiers
habitants, ses développements, son démem-
brement en plusieurs paroisses et autres
renseignements tirés de manuscrits inédits
conservés dans les vieilles archives du Bas-
Canada. Montréal, C.O. Beauchemin & fils,
Libr.-impr., (1901). 448 p. (1) feuille.

> Sur la page de titre: Publié sous les auspices de
> la Société historique de Montréal.
> Date de la couverture.
> Descendance des familles Gélinas et Le Sieur.
> Supplément: Famille Le Sieur et les premiers
> colons. 58 p.

_____. Famille Le Sieur et les premiers colons au
fief Grosbois. Montréal, Impr. Bergeron,
1904. 58 p.

BELLERIVES, Léonce de. Une Famille de
héros; ou Histoire des personnages qui ont
illustré le nom de Montmorency. Limoges,
Barbou, 1855. 192 p.

BELLIVEAU, Hector L., ptre, et Jean
Bernard GOGUEN. Babineau. [s.l.n.d.]
22 p.

> La compilation a été faite par Jean-Bernard
> Goguen, de Cocagne.
> "L'étude vise à répérer les descendants de
> Nicolas Babineau et de Marie-Marguerite
> Granger, particulièrement de Pierre et Isabelle
> Breau . . . établis au sud-est du Nouveau-
> Brunswick surtout dans les paroisses de Saint-
> Louis, Grande-Digue, Village de Richibouctou,
> Cap-Pelé, Barachois . . ." (Intr.)
> "A l'aide d'un document préparé par Allen M.
> Babineaux de Lafayette, Louisiane, l'auteur a
> pu établir . . . la branche de la famille
> implantée en Louisiane au milieu du 18e siècle
> à la suite du Grande Dérangement." (Préf.)
> Une copie se trouve aux Archives nationales du
> Québec, Québec, Qué.

BELLIVEAU, John Edward. The Splendid
Life of Albert Smith and the Women He
Left Behind. Windsor, N.S., Lancelot Pr.,
1976. 123 p. (4 plates).

> Title on spine: Splendid Life of Albert Smith.
> *Source:* Canadiana.

BELLIVEAU family, N.S. Genealogy.

> *Source:* U.L.Ms. p. 83.
> Ms. Microfilm. 1 reel. 1631-1966.
> Public Archives of Nova Scotia, Halifax, N.S.

BELLMARD, Jean. Lessert-Lacerte.

> *Dans:* S.G.C.F. Mém. 16: (4) 224-225 oct./déc.
> '65.
> Notice par Roland-J. Auger.

BELLOT. Tableau généalogique de la famille
Bellot et sa descendance de La Tour du
Pavillon.

> *Extraits dans:* Entre-nous, no 1, déc. '52 et no
> 2, mars '53.

BELOEIL, Qué. Saint-Mathieu, paroisse
(catholique). Registres de baptêmes, mariages
et sépultures, 1772-1847.

> *Source:* C.C.Ms. p. 84.
> Ms. Originaux. 2 pieds.
> Archives nationales du Québec, Montréal, Qué.

BELZILE-BOULANGER, Elise et Grégoire
RIOU, ptre. Les Gagnon dit Belzile.

> *Dans:* L'Ancêtre 4: (10) 333-339 juin '78.

BENDERDE, J. Journal; chronique des
naissances, des mariages, des décès de ses
connaissances; relate des évènements
religieux et de nombreux faits divers.

> *Source:* C.C.Ms. p. 30.
> Ms. Originaux. 2 pouces. 1834-1847.
> Archives publiques du Canada, Ottawa, Ont.

BENEDICT, Clare, ed. Five generations (1785-
1923), being scattered chapters from the
history of the Cooper, Pomeroy, Woolson
and Benedict families, with extracts from
their letters and journals, as well as articles
and poems by Constance Fenimore Woolson.
London, Ellis, 1929-30. 3 parts.

> Folded genealogical tables.
> Contents: pt. 1: Voices out of the past; -2.
> Constance Fenimore Woolson; -3. The
> Benedicts abroad.
> 500 copies printed in Britain.

BENOIT, Alphonse. Documents temporaires
sur (la famille) Smith. 7 p.

> Polycopié.
> Communication du 15 octobre 1962.
> Archives nationales du Québec, Québec, Qué.

BENOIT, Pierre. Les Généalogistes et
l'autodidaxie.
> *Dans:* S.G.C.F. Mém. 31: (4) 266-274 oct./
> déc. '80.

BENOIT-CLICHE, Denise, co-aut.
voir sous:
> LAVOIE, André . . . Société d'histoire des
> Cantons de l'Est . . .

BENOIT family, N.S. Notes on the Benoit
family; mainly census returns.
> *Source:* U.L.Ms. p. 86.
> Ms. Photocopies. 33 p. [n.d.]
> Public Archives of Nova Scotia, Halifax, N.S.

BENSON family. Descendants of Christopher
Benson.
> *Source:* U.L.Ms. p. 87.
> Ms. Microfilm. 1 reel. [n.d.]
> Public Archives of Nova Scotia, Halifax, N.S.

BENSON family, Ont. Birth, marriage and
death records of the Benson family,
1805-1819.
> *Source:* U.L.Ms. p. 87.
> Ms. Photocopies. 2 p. [n.d.]
> Public Archives of Canada, Ottawa, Ont.

BENSON family, Ont., Canada, England,
India . . . Copy of the Benson genealogy,
photographs, etc.
> *Source:* U.L.Ms. p. 87.
> Ms. Original. 1864-1876.
> University of Toronto Library, Toronto, Ont.

BENSON family, Ont. Personal correspondence from different members of the Benson
family, 1843-1890, and death notices, dates
of births, tombstone inscriptions; Ezekiel
Benson and family, 1768-1882.
> *Source:* U.L.Ms. p. 87.
> Ms. Original. 26 p. 1768-1890.
> Lennox and Addington Historical Society,
> Napanee, Ont.

BENT family.
> *In:* Yarmouth, N.S. Geneal., 1896-1902,
> pp. 74-75, 172, 220, 225.
> *Source:* N.B.L.

BERCZY, William von Moll; Man. . . .
Genealogical data, 1847-1848, short history
account of family history, [n.d.] . . .
> *Source:* U.L.Ms. p. 88.
> Ms. Original.
> Archives of Ontario, Toronto, Ont.

BERGER-Nurnberger.
> *Dans:* S.G.C.F. Mém. 15: (3) 169 juil./sept.
> '64.

BERGERON, Adrien, s.s.s. Acadiens du
Québec: les Béliveau.
> *Dans:* S.G.C.F. Mém. 22: (3) 165-172
> juil./sept. '71.

_____. Acadiens du Québec: les Poirier.
> *Dans:* S.G.C.F. Mém. 22: (3) 157-164
> juil./sept. '71.

_____. Acadiens du Québec: Les Vignot ou
Vigneau.
> *Dans:* S.G.C.F. Mém. 23: (1) 34-49 janv./mars
> '72.

_____. Barthelemy Bergeron, héros méconnu.
> *Dans:* S.G.C.F. Mém. 20: (3) 158-173
> juil./sept. '69; 20: (4) 201-219 oct./déc. '69.

_____. Le Cadastre acadien d'une paroisse du
Québec en 1847.
> *Dans:* S.G.C.F. Mém. 8: 46-50, 172-178 '57; 9:
> 192-205 '58.
> Il s'agit de la paroisse de St-Grégoire de
> Nicolet.

_____. Deux grandes familles acadiennes du
Québec: les Bergeron et les Hébert.
> *Dans:* S.G.C.F. Mém. 6: 389-397 '55; 7:
> 101-113, 229-236 '56.
> Le dernier article donne les "Branches
> généalogiques complémentaires et familles
> acadiennes alliées".

_____. Famille Abram dit Pederman.
> *Dans:* S.G.C.F. Mém. 22: (2) 105-107 avr./juin
> '71.

_____. Famille Vigneau, séquences généa-
logiques.
> *Dans:* S.G.C.F. Mém. 23: (3) 169-175
> juil./sept. '72.

_____. Les Melançon, ces Acadiens d'adoption.
> *Dans:* S.G.C.F. Mém. 22: (2) 108-111 avr./juin
> '71.

_____. Patronymes acadiens du Québec.
> *Dans:* S.G.C.F. Mém. 22: (2) 104-105 avr./juin
> '71; 22: (3) 155-156 juil./sept. '71.

_____. Table ronde (sur Pierre Rondelet dit
Plaisance).
> *Dans:* S.G.C.F. Mém. 23: (2) 88-90 avr./juin
> '72.

BERGERON, Antonio, c.r.i.c. Catherine Annenontak.

> *Dans:* S.G.C.F. Mém. 7: 114-119 '56.
> ''. . . ancêtre de nombreux Canadiens descendants de Jean Durand et de Jacques Couturier.''

BERGERON, Daniel, Lise BROSSEAU et Rosario GAUTHIER. Mariages de la paroisse Notre-Dame de Montréal, 1642-1850. Montréal, 1974-75. 2 vols.

> Polycopié.
> Vol. 1: A-K par R. & J. Bergeron, 1974. 501 p. (Publication no 15); -2. L-Z, Éd. Bergeron & fils, 1975. 462 p. (Publication no 16).
> *Source:* Bibliographie du Québec. 8: (4) 4 avr. '75.

BERGERON, Daniel, co-comp.

> *voir aussi sous:*
>
> BERGERON, Roger et Jean Bergeron, comp. Répertoire des mariages de la paroisse St-Joseph-de-la-Rivière-des-Prairies . . .
> GAUTHIER, Rosario, Jean Bergeron, Daniel Bergeron et Denise S. Bergeron. Mariages de la paroisse de St-Joachim de Pointe-Claire . . .

BERGERON, Denise S., co-comp.

> *voir sous:*
>
> GAUTHIER, Rosario, Jean Bergeron, Daniel Bergeron et Denise S. Bergeron. Mariages de la paroisse de St-Joachim de Pointe-Claire . . .

BERGERON, Ida (Soeur). Famille Arsène Bergeron et ses ancêtres. Québec, 6 avril 1978. 360 p.

> Document généalogique et historique en rapport avec la famille d'Arsène Bergeron et de son ancêtre au Canada, André Bergeron, 1666-1978.
> Contient plusieurs portraits en couleur.

BERGERON, Jean, co-comp.

> *voir sous:*
>
> BERGERON, Daniel; Lise Brosseau et Rosario Gauthier. Mariages de la paroisse Notre-Dame de Montréal . . .
> BERGERON, Roger et Jean Bergeron, comp. Répertoire des mariages de la paroisse de la Présentation de Repentigny . . .
> BERGERON, Roger et Jean Bergeron, comp. Répertoire des mariages de la paroisse de La Visitation du Sault au Récollet . . .
> BERGERON, Roger et Jean Bergeron, comp. Répertoire des mariages de la paroisse de St-François-de-Sales sur l'Île-Jésus . . .
> BERGERON, Roger et Jean Bergeron, comp. Répertoire des mariages de St-François-Xavier-de-Sales . . .

BERGERON, Roger et Jean Bergeron, comp. Répertoire des mariages de la paroisse St-Joseph-de-la-Rivière-des-Prairies . . .
BERGERON, Roger et Jean Bergeron, comp. Répertoire des mariages de la paroisse de St-Louis-de-Terrebonne . . .
BERGERON, Roger et Jean Bergeron, comp. Répertoire des mariages de la paroisse de St-Martin . . .
BERGERON, Roger et Jean Bergeron, comp. Répertoire des mariages de la paroisse de St-Vincent-de-Paul . . .
BERGERON, Roger et Jean Bergeron, comp. Répertoire des mariages des paroisses de Ste-Dorothée . . . et St-Elzéar de Laval . . .
BERGERON, Roger et Jean Bergeron, comp. Répertoire des mariages de la paroisse de Ste-Rose . . .
GAREAU, Georges Robert et Jean Bergeron, comp. Mariages de Lachine: Saints-Anges de Lachine . . .
GAUTHIER, Rosario, comp. Répertoire des mariages de la paroisse de St-Louis-de-Terrebonne . . . .
GAUTHIER, Rosario, Jean Bergeron, Daniel Bergeron et Denise S. Bergeron, comp. Mariages de la paroisse de St-Joachim-de-Pointe-Claire . . .

BERGERON, Roger et Jean Bergeron, comp. Répertoire des mariages de la paroisse de La Présentation de Repentigny (1669-1970) . . . Montréal, 1972. 137 p.

> Relevé par Lucien Rivest et Rosario Gauthier.
> Compilé et publié par Roger et Jean Bergeron.
> ''Répertoires des mariages. Publication no. 5.''
> Polycopié.
> Bibliographie: p. (2).

_____. Répertoire des mariages de la paroisse de La Visitation du Sault-au-Récollet, 1736-1970 . . . Montréal, 1973. 223 p.

> Relevé par: Jean Bergeron, Lise Brosseau et Rosario Gauthier.
> Compilé et publié par Roger et Jean Bergeron.
> ''Répertoires des mariages. Publication no 10.''

_____. Répertoire des mariages de la paroisse de Saint-François-de-Sales sur l'Île-Jésus (1702-1968) . . . Montréal, 1971. (11) 135 p.

> Relevé, compilé et publié par Roger et Jean Bergeron.
> ''Répertoires des mariages. Publication no 1.''
> Bibliographie: p. (11).

____. Répertoire des mariages de la paroisse St-Joseph de-la-Rivière-des-Prairies (1687-1970) . . . Montréal, 1972. 118 p.

Compilé et publié par Roger et Jean Bergeron.
Relevé par Jean Bergeron et Daniel Bergeron.
"Répertoire des mariages. Publication no 7."

____. Répertoire des mariages de la paroisse de St-Louis-de-Terrebonne . . . Montréal, 1972. 225 p.

Relevé par Rosario Gauthier.
Compilé et publié par Roger et Jean Bergeron.
"Répertoire des mariages. Publication no 4."

____. Répertoire des mariages de la paroisse de St-Martin de l'Île-Jésus (1774-1970) . . . Montréal, 1972. 252 p.

Relevé par Rosario Gauthier et Jean Bergeron.
Compilé et publié par Roger et Jean Bergeron.
"Répertoire des mariages. Publication no 3."

____. Répertoire des mariages de la paroisse St-Vincent-de-Paul sur l'Île-Jésus (1743-1970) . . . Montréal, 1972. 243 p.

Relevé par Rosario Gauthier et Jean Bergeron.
Compilé et publié par Roger et Jean Bergeron.
"Répertoires des mariages. Publication no 6."

____. Répertoire des mariages de la paroisse de Ste-Rose sur l'Île-Jésus . . . Montréal, 1972. 231 p.

Relevé par Rosario Gauthier et Jean Bergeron.
Compilé et publié par Roger et Jean Bergeron.
"Répertoires des mariages. Publication no 2."

____. Répertoire des mariages des paroisses Sainte-Dorothée 1869-1970, et Saint-Elzéar-de-Laval, 1900-1970, . . . Montréal, Éd. R. & J. Bergeron, 1973. 112 p.

Relevé par Jean Bergeron et Rosario Gauthier.
"Répertoires des mariages. Publication no 9."
Édition limitée à 100 exemplaires.

BERGERON, Roger, co-comp.
voir aussi sous:

GAUTHIER, Rosario, comp. Répertoire des mariages de la paroisse de St-Louis-de-Terrebonne . . .

BERGERON, Rosaire, co-aut.
voir sous:

LAPOINTE, Joseph Alfred, comp. Les Familles de Mégantic et Arthabaska . . .

BERGERON, Wilfrid, chan., comp. Mariages de la paroisse Saint-Célestin, comté de Nicolet, 1851 à 1964. Cap-de-la-Madeleine, D. Campagna, 1965. 104 feuilles.

Titre de couverture: "Répertoire des mariages de Saint-Célestin de Nicolet, 1851-1964."
Polycopié sur un seul côté des feuillets.

____. Mariages de Princeville, comté d'Arthabaska (1848-1973). Sillery, Qué., B. Pontbriand, 1973. 217 p.

Publications généalogiques, no 99.
Au dos du volume: Princeville (Stanford), 1848-1973, no 99.
Polycopié.

BERGERON Damboise de Saint-Paul-de-Kent.

Dans: Soc. hist. acad. Cahier. 4: (1) 42-44 avr./juin '71.

BERGERON-Lussier.

Dans: F.C.A.G.R. 3: (2) 119-120 Summer '71.
Tableau généalogique en ligne directe de Jean-Baptiste Bergeron marié à Angélique Brunelle.

BERGEVIN, Jean-Louis, o.m.i. Généalogie Bergevin dit Langevin . . . [s.l.n.d.] 5 vols.

Copie dactylographiée (copie carbone difficile à lire).
Nombreuses notes généalogiques sur les familles Hébert.
Index au vol. 5.
Archives nationales du Québec, Québec, Qué.

BERMONDET, famille, Qué. Lettres de noblesse des familles Bermondet du Poitou et du Limousin.

Source: C.C.Ms. p. 89.
Ms. Originaux. 41 p. 1737, 1746.
Archives nationales du Québec, Québec, Qué.

BERNARD, Antoine. Histoire de la survivance acadienne. Montréal, 1935.

BERNARD, Florian. De Vendée en Acadie; histoire et généalogie des familles Bernard d'Acadie. Repentigny, Éditions nordiques, 1972, i.e. 1971. 1 vol. (non paginé).

BERNARD, Joseph Elzéar. Les Brouillet dit Bernard de Beloeil, Qué. (Saint-Sauveur-des-Monts, 1954). 249 p.

Titre de couverture: "Les Brouillet-Bernard de Beloeil".
Polycopié.

BERNARD-Brouillet; ou Esquisses historiques du pays canadien-français. Montréal, Librairie Beauchemin Ltée, 1930. 127 p. (2 feuilles de planches).

Sur la couverture: Premier fascicule.
Seul fascicule paru?
Papillon et feuillet d'errata.
Bibliographies.

BERNIER, Cyrille, o.m.i. Association des familles Bernier d'Amérique.

> *Dans:* S.G.C.F. Mém. 14: (10) 189-190 oct. '63.

____. Les Bernier d'Amérique; histoire de l'Association, ses activités, ses armoiries, ses règlements, ses membres et leur généalogie. Montréal, Association des Bernier d'Amérique, 1962. 148 p.

____. Bernier de Paris. (Montréal), Association des Bernier, Inc., mars 1967. 103 p.

> Sommaire: Chap. 1: Étymologie du nom; -2. L'Ancêtre; -3. Le seigneur; -4. L'homme; -5. L'épouse; -6. Les enfants . . .; Épilogue; Sources et références; Table des matières.

____. Émile Bernier, meunier du Port-Joly . . . Duvernay, Laval, C. Bernier, 1976. 267 p.

> Polycopié.

____. Jacques Bernier dit Jean de Paris.

> *Dans:* S.G.C.F. Mém. 18: (4) 206-219 oct./déc. '67; 19: (1) 15-25 janv./mars '68.

____. Jacques Bernier dit Jean de Paris, premier colon à Cap St-Ignace. Montréal, Société historique des Bernier, 1972. 108 p.

> Notes bibliographiques au bas des pages.

____. Moisson de Bernier. Laval, Qué., juillet 1977.

> Polycopié.
> "L'auteur collectionne 'des gloires Bernier' qui ont vécu dans le passé ou qui vivent présentement . . ." (Présentation p. 8).
> L'ouvrage complet comprendra 10 vols.

____. Origine des familles Bernier au Canada . . . (Montréal), Association des Familles Bernier, 1959. xiii, 150 p.

> "En hommages respectueux à Son Exc. Mgr Paul Bernier, archevêque-évêque de Gaspé et Président d'honneur de l'Association des familles Bernier."
> Généalogie de Son Exc. Mgr Paul Bernier: p. xii-xiii.
> "Jacques Bernier dit Jean de Paris; essai sur ses origines, son histoire." Conférence du Père Archange Godbout . . . : p. 1-25.
> Bibliographie: p. 121-125.

____. Tricentenaire des Bernier au Canada. Montréal, Association des familles Bernier d'Amérique, 1968. 182 p.

> Portrait de groupe à l'occasion du tricentenaire à Cap St-Ignace, le 3 juillet 1960.

BERNIER, Germaine. Les femmes dans le Montréal de 1700; une grande ouvrière, Marie-Marguerite Dufrost de La Jemmerais.

> *Dans:* S.G.C.F. Mém. 15: (3) 131-132 juil./sept. '64.

BERNIER, famille, Qué. Actes notariés relatifs à la famille Bernier de Cap St-Ignace.

> *Source:* C.C.Ms. p. 89.
> Ms. Originaux. 50 p. 1798-1855.
> Archives nationales du Québec, Québec, Qué.

BERRINGER family. Materials on Ruggles, Chisley families . . .

> *Source:* U.L.Ms. p. 89.
> Ms. Original.
> Public Archives of Nova Scotia, Halifax, N.S.

BERRY, William. Hallowell family, Ont. Genealogical chart of the Hallowell-Carew family.

> *Source:* U.L.Ms. p. 539.
> Ms. Transcripts. 3 p. 1837.
> Public Archives of Canada, Ottawa, Ont.

BERSYL (pseud.). Complément à la famille Dutaut.

> *Dans:* S.G.C.F. Mém. 15: (3) 138 juil./sept. '64.

____. Famille Bérubé.

> *Dans:* S.G.C.F. Mém. 18: (3) 159-168 juil./sept. '67.

____. Famille Dutaut (Dutaud, Dutost).

> *Dans:* S.G.C.F. Mém. 14: (3) 63-67 mars '63.

BERTHIAUME, Émile J., s.s.s. First Tétreau in Canada.

> *In:* F.C.A.G.R. 2: (3) 183 Fall '69.
> Followed by the genealogy of Louis Tétreau and Nathalie Landreau, who were married at Trois-Rivières, June 9, 1663, and their descendants.

BERTHIAUME, Paul. Généalogie des descendants de Blaise Juillet dit Avignon, compagnon de Dollard des Ormeaux. (Montréal, 1920?). 10 p.

BERTHIAUME. Généalogies, notes diverses manuscrites et imprimées, fiches, etc.

> Archives nationales du Québec, Québec, Qué.

BERTHIERVILLE, Qué. Saint-Geneviève, paroisse (catholique). Registres de baptêmes, mariages et sépultures, 1760-1780.

> *Source:* C.C.Ms. p. 90.
> Ms. Microfilm. 1 bobine.
> Archives acadiennes, Moncton, N.-B.

BERTRAND, Paul (Madame). Berger-Nurnberger.

Dans: S.G.C.F. Mém. 15: (3) 169 juil./sept. '64.

____. Jean Raynaud dit Planchard.

Dans: S.G.C.f. Mém. 14 (12) 226 déc. '63.

BÉRUBÉ, Georges. Tableaux généalogiques qui renvoient à l'Index général . . . Ste-Foy, Qué., 1974. [s.p.]

Polycopié.
Tableau généalogique.
Archives nationales du Québec, Québec, Qué.

BÉRUBÉ, Léo, ptre. Saint-Vianney-de-Matapédia: un demi-siècle de vie paroissiale, 1922-1972. (Rimouski, 1972). 248 p.

"Nos 1653 baptêmes", 1922-1972: p. 166-212.
"Nos 300 mariages", 1922-1972: p. 216-228.
"Nos défunts", 1922-1972: p. 233-248.
Titre de couverture: "Saint-Vianney, 1922-1972".

BEST family, N.S. . . . Some material about the Lawson family of Halifax, 1871-1880.

Source: U.L.Ms. p. 91.
Ms. Original. 1 inch. 1764-1894.
Public Archives of Nova Scotia, Halifax, N.S.

BESTERMAN, Theodore. Family history; a bibliography of bibliographies. New Jersey, Rowman & Littlefield, 1971. 149 p.

Canadian references mentioned.

____. A World of Bibliographies and of Bibliographical Catalogues, Calendars, Abstracts, Digests, Indexes and the Like . . . 3rd and final ed., rev. and greatly enlarged throughout. Geneva, Societas Bibliographica, 1955 (c1939). 4 vols.

Many Canadian references included.
Vol. 4: Index.

BETHUNE, John (Mrs.). Lagimodière-Gaboury.

In: S.G.C.F. Mém. 15: (1) 7 janv./mars '64.

BETTEX dit Perroud. Origine du nom Bettez.

Polycopié.
Archives nationales du Québec, Québec, Qué.

BETTEZ, Jules, ptre. Les Bettex-Bettez, Suisse-Canada, 1520-1977. Trois-Rivières, Qué., Séminaire St-Joseph, 1977. 411 p. (Armoiries en couleurs).

"L'ancêtre de la famille Bettez au Canada est Jacob Anthoine Bettex dit Perroud marié a Marie Tapis de Combremont-le-Petit dans le

Canton de Vaud, Suisse." (Intr.)
Texte polycopié.
Feuillet d'errata inséré.
Bibliographie: p.401-404.

BETTEZ, Norbert-Marie, o.f.m. Les Familles Betez (sic) au Canada, 1762-1962. Montréal, Pères Franciscains, 1969. 148 p.

"Originaire de Suisse, Jacob Bettex est venu s'établir à la Baie-St-Paul en 1762." (Intr.)

BÉZARD, Yvonne. Fonctionnaires maritimes et coloniaux sous Louis XIV: Les Bégon. Paris, Michel, 1932. 330 p.

Notes (part. bibliographiques) au bas des pages.
Notes biographiques sur l'Intendant Bigot en Nouvelle-France.

BIBAUD, François Marie Uncas Maximilien. Les Machabées canadiens; lu au Cabinet de lecture de Montréal, le 25 janvier 1859, par Bibaud, Jeune. Montréal, Impr. par Cérat et Bourguignon, 1859. 28 p.

Titre de départ: "Les frères Le Moine ou Les Machabées canadiens".

BIBLIOGRAPHIE de la famille Michaud.

Source: Mémoires de la Société.
Bibliothèque. Société généalogique canadienne-française, Montréal, Qué.

BIBLIOTHÈQUE nationale du Québec. Bibliographie de bibliographies québecoise sous la dir. d'Henri Bernard Boivin. Montréal, 1979. 2 vols. (573 p.)

____. Bibliographie du Québec, 1821-1967. Québec, 1968.

Particulièrement sous la section "Généalogie et histoire".

____. Laurentiana paru avant 1821 publié en 1976 par Milada Vlach en collab. avec Yolande Buono. Montréal, 1976. 416, 120 p.

____. Le Livre québecois, 1764-1975. Montréal, 1975. 182 p.

BIGGAR family, Ont. Family correspondence, 1820-1870.

Source: U.L.Ms. p. 95.
Ms. Original.
Brant Historical Society Museum, Brantford, Ont.

BILODEAU. Tableaux généalogiques et notes diverses sur les familles Bilodeau.

Archives nationales du Québec, Québec, Qué.

BINEAU, Gratien. Nicolas Babineau, ancêtre de tous les Babineau et Bineau de l'Amérique.

> *Dans:* S.G.C.F. Mém. 18: (4) 234-243 oct./déc. '67.

BINETTE, Gérard et Yvette BINETTE, comp. Mariages de St-Ours (Immaculée-Conception), 1750-1975. Montréal, Éd. Bergeron et Fils, Enr., 1976. 214 p.

> Publication no 34.
> Classé par ordre alphabétique des noms masculins.
> "Classification par les femmes": p. 189-214.
> Polycopié.

BINETTE, Yvette, co-aut.

> *voir sous:*
> BINETTE, Gérard et Yvette Binette, comp.
> Mariages de St-Ours . . .

BINNEY family, N.S. and Mass. "Passage copied from Bridgeman's Boston Pilgrims" dealing with the Binney family.

> *Source:* U.L.Ms. p. 96.
> Ms. Transcripts. 3 p. [n.d.]
> Public Archives of Nova Scotia, Halifax, N.S.

BINSFIELD, Edmund L. Church Archives in the United States and Canada; a bibliography, 1958, and supplement. Wash., D.C., Society of American Archivists, 1958.

> *In:* American Archivist 21: 311-332 '58.

BIRDSALL, George A. The Birdsall Family: genealogy and history of interest to every living descendant and posterity. Rev. 1964. Annandale, Virginia, 1964 (c1958). (vi) 105, 45 p.

> Genealogical chart (folded).
> The Birdsell families are included.
> "Lt. Col. Benjamin Birdsall became a land-owner in New York while his third cousin Benjamin of Long Island moved to New Brunswick." (Family Traits, p. vi).

BIRON, Joseph Hector. L'Album-souvenir de Ste-Monique-des-Deux-Montagnes: la paroisse qui meurt. Centenaire (1870-12 déc. 1970.). [s.l.], mai 1970. 182 p.

> Nombreuses généalogies.
> "Les registres de Ste-Monique, 1872-1969": p. 51-182.
> "50 pages de notes historiques, 132 pages d'histoire familiale; tous les baptêmes, tous les mariages et toutes les inhumations."

BIRON-LANGE, Brigitte, comp. Index des contrats de mariages — Notaire T. Desjardins — Hull, 1870-1890.

> *Dans:* L'Outaouais généalogique 3: (3) 30-31 mars '81.
> Ces contrats sont tirés du greffe du notaire Thomas Desjardins, et sont conservés chez Pierre Desrosiers de Hull.
> Les photocopies de ces contrats peuvent être consultées à la Bibliothèque de la Société de Généalogie de l'Outaouais.

BISHOP, Burpee R. Bishop family. Notes on the Bishop family and the history of Kentville, collected by Burpee R. Bishop, Kentville; deeds, wills and other material relating to the Bishop family; genealogical information regarding the Davidson, Gerrish, Gillet, Gould, Griffin, Huntley, Payzant, Shaw, Stevens and Ward families . . .

> *Source:* U.L.Ms. p. 98.
> Ms. Original. 20 inches. 1855-1959.
> Public Archives of Nova Scotia, Halifax, N.S.

BISHOP family.

> *In:* Yarmouth, N.S. Geneal., 1896-1902, p. 77.
> *Source:* N.B.L.

BISHOP family . . . Genealogical record of the descendants of John Bishop of Connecticut, who came to Horton in 1761.

> *Source:* U.L.Ms. p. 98.
> Ms. Microfilm. 1 reel. [n.d.]
> Public Archives of Nova Scotia, Halifax, N.S.

BISHOP family. Notes on the Bishop family, mainly genealogical, 1859-1959.

> *Source:* U.L.Ms. p. 98.
> Ms. Original. 20 inches.
> Public Archives of Nova Scotia, Halifax, N.S.

BISSON, Antonio. La Famille Gaboury. [s.p.]

> Copie manuscrite photocopiée.
> Sommaire: vol. 1: De l'ancêtre, Antoine Gaboury à grand-père Joseph Gaboury; sect. 1: La lignée de la famille Gaboury; les fiches de familles; sect. 2: Notes sur la famille Gaboury selon la génération; sect. 3: Relevé des actes d'état civil (baptêmes, mariages et décès).
> Archives nationales du Québec, Québec, Qué.

BLACK, Cyrus. Historical record of the posterity of William Black who settled in this country in 1775 and was brought up, to the year 1885, by Cyrus Black of Amherst, N.S. Sackville, N.B., printed by the Tribune Press, (1959). 167 (11) p.

> Records from 1885 to 1959 were compiled by L.W. Black, of Middle Sackville, N.B.

BLACK, L.W., co-comp.
see under:

BLACK, Cyrus. Historical record . . .

BLACK, N.F. History of Saskatchewan. Regina, 1913.

BLACK family.

In: Yarmouth, N.S. Geneal., 1896-1902, pp. 155, 171, 189.
Source: N.B.L.

BLACKADAR family, N.S. Notes on the Blackadar family.

Source: U.L.Ms. p. 100.
Ms. Transcripts. 2 p. [n.d.]
Public Archives of Nova Scotia, Halifax, N.S.

BLACKBURN, John H. The Blackburn story; recollections of the Pennsylvania Blackburns and their descendants. [n.p.], 1967. 90 p.

BLACKBURN family, Ont. Correspondence will of Elizabeth Blackburn, 1833.

Source: U.L.Ms. p. 100.
Ms. Original. 3 p. 1820-1833.
Hiram Walker Historical Museum, Windsor, Ont.

BLACKSTOCK, William S. Journal and marriage register . . .

Source: U.L.Ms. p. 101.
Ms. Original. 1852-1905.
United Church of Canada, Central Archives, Toronto, Ont.

BLACKWOOD, Robert, N.S. Marriages performed by Rev. Blackwood, 1833-1834, at Coldstream and Shubenacadie, N.S.

Source: U.L.Ms. p. 101.
Ms. Original. 1/2 inch.
Public Archives of Nova Scotia, Halifax, N.S.

BLAICKIE family. Copy of page from the family Bible.

Source: U.L.Ms. p. 101.
Photocopies. 1 p. [n.d.]
Public Archives of Nova Scotia, Halifax, N.S.

BLAIKLOCK, famille, Qué. Généalogie de la famille.

Source: C.C.Ms. p. 101.
Ms. Copie. 57 p. 1951.
Archives nationales du Québec, Québec, Qué.

BLAIR family, N.S. and Ont. Land deeds and related documents, 1620-1691, of the Blair family, together with a deed of sale from John Elder to David Viscount Stormouth and a marriage contract between William Hunter and Janet Leslie, 1629.

Source: U.L.Ms. p. 102.
Ms. Original. 10 p. 1620-1691.
Public Archives of Canada, Ottawa, Ont.

BLAIR family, Ont. Land grants, deeds and other legal documents concerning the Blair Century Farm, Lanark, Ont.

Source: U.L.Ms. p. 102.
Ms. Original. 31 p. 1820-1874.
Public Archives of Canada, Ottawa, Ont.

BLAIS, Imelda. Ascendance paternelle de Calixa Lavallée.

Dans: S.G.C.F. Mém. 4: (1) 18 '50.

BLAIS, Serge. Généalogie de Serge, Jean-Guy et Gaétan Blais. Table numérique et index alphabétique. Sherbrooke, juin 1977. iv, 47, 28 p.

"Instructions . . .": p. ii-iii.
Bibliographie sommaire: p. iv.

_____. Généalogie, ou Tableau d'ascendance de Serge, Jean-Guy et Gaétan Blais. Sherbrooke, juin 1977. [s.p.]

Tableau généalogique: 30 × 22 cm.

BLAKE family, Ont. Correspondence and papers (of the Blake family).

Source: U.L.Ms. p. 103.
Ms. Original. 40 feet. 1832-1917.
Archives of Ontario, Toronto, Ont.

BLANCHARD, Harry D., Ont. Genealogical data, miscellaneous correspondence and accounts of pioneer families; military and church records.

Source: U.L.Ms. p. 103.
Ms. Original. 50 p.
Archives of Ontario, Toronto, Ont.

BLANCHARD, Henry Percy. Genealogical record and biographical sketches of the McCurdys of Nova Scotia. Comp. and ed. by H. Percy Blanchard; pub. for the Hon. F.B. McCurdy. London, The Covenant Pub. Co., 1930. xxi, 228 p.

BLANCHARD, Joseph Henri, o.m.i. The Acadians of Prince Edward Island, 1720-1864. Ottawa, Le Droit and Leclerc, 1964. 151 p.

_____. Les Acadiens de l'Île-du-Prince-Édouard. Charlottetown, 1956. 143 p.

_____. . . . . Files relating to Acadian genealogy.

Source: U.L.Ms. p. 103.
Ms. Original. 1728-1967.
Public Archives of Prince Edward Island,
Charlottetown, P.E.I.

BLANCHARD, Joseph Henri, o.m.i. Histoire
des Acadiens de l'Île-du-Prince-Édouard.
Moncton, 1927.

____. Rustico, une paroisse acadienne du l'Île-
du-Prince-Édouard. [s.l.n.d.] 126 p.

"Volume souvenir imprimé à l'occasion du
175e anniversaire de la venue des premiers
colons, du centenaire de l'église et du jubilé de
diamant de Mgr Jean Chiasson, curé de Rustico
pendant 35 ans, 1902-1937."
Tableau généalogique des familles de Rustico:
p. 53-116.

BLANCHE, Claude-Pierre. Dictionnaire et
armorial des noms de famille de France.
Paris, Fayard, c1974. xlvi, 249 p.

BLANCHETTE, Jean-François et Pierre
Gendron. Val-Jalbert et son histoire.
(Chicoutimi), (les auteurs), (1965). 34 p.

BLAND family, N.S. . . . Documents concerning the Bland family, 1864-1925 . . .

Source: U.L.Ms. p. 103.
Ms. Original.
Public Archives of Nova Scotia, Halifax, N.S.

BLEAU, Albert. Les Premiers concessionnaires: François Blot.

Dans: Soc. d'hist. de Longueuil. Cahiers. no 4,
1976.
Portrait.

BLENKHORN, Charles Walter. Blenkhorn
family. Genealogical information on the
Blenkhorn family . . .

Source: U.L.Ms. p. 104.
Ms. Transcripts. 12 p. [n.d.]
Public Archives of Nova Scotia, Halifax, N.S.

BLINN, Jane . . . Some genealogical information on the Blinn family . . .

Source: U.L.Ms. p. 105.
Ms. Transcripts. 14 p. [n.d.]
Public Archives of Nova Scotia, Halifax, N.S.

BLISS, J. Homer. Bliss family, N.S.
Genealogy of the Bliss family in America
from 1550 to 1880 . . .

Source: U.L.Ms. p. 105.
Ms. Photocopies. 6 p. [n.d.]
Public Archives of Nova Scotia, Halifax, N.S.

BLISS family, N.S. Genealogical information
on the Bliss family, 1550-1854.

Source: U.L.Ms. p. 105.
Ms. Transcripts. 4 p.
Public Archives of Nova Scotia, Halifax, N.S.

BLONDEAU, Marcel. Les Familles Blondeau
de Saint-Ferdinand d'Halifax et d'ailleurs;
étude sur la généalogie des ancêtres des
familles Blondeau de Saint-Ferdinand
d'Halifax (Québec) et compilation de
données relatives aux Blondeau du Canada et
d'ailleurs. Saint-Ferdinand, Qué., M.
Blondeau, c1978. 144 p.

Bibliographie: p. 143-144.

BLOOMFIELD, Î.-P.-É. Saint-Antoine,
paroisse (catholique). Registre de la paroisse
Saint-Antoine à Bloomfield, Î.-P.-É., anciennement Cascumpèque.

Source: C.C.Ms. p. 105.
Ms. Reproduction photographique. 1 pouce.
1839-1868.
Archives acadiennes, Moncton, N.-B.

BLOUIN, Alexandre, co-aut.
voir sous:

ALARIE, Roland et Alexandre Blouin. Tricentenaire . . .

BLUE, John. Alberta: past and present, historical and biographical. Chicago, Pioneer
Historical Pub. Co., 1924. 3 vols.

Biographical sketches: Vols. 2 and 3 including
also genealogical information pertinent to
Canadian families.

BOCCAGE et Soucy, familles, Qué. Correspondance des familles Soucy et Boccage;
volumes; photographies.

Source: C.C.Ms. p. 106.
Ms. Originaux. 8 pieds. 1850-1935.
Archives nationales du Québec, Québec, Qué.

BOEHM, M.S. History of the Boehm (Beam)
family.

In: Waterloo Hist. Soc. Report. 24: 213-228
'36.

BOEHNER family, N.S. Genealogical information on the Boehner family, most of
whom seem to have lived near St. Martin's
River, Lunenburg County, N.S.

Source: U.L.Ms. p. 107.
Ms. Transcripts. 4 p. [n.d.]
Public Archives of Nova Scotia, Halifax, N.S.

BOGARD, Emma (Hoffman), comp. Some notes on the history of the Hoffman and Schermerhorn family in Canada, with genealogical record of my parents, Isaiah Hoffman and Susannah Schermerhorn-Hoffman. (Kingston, Jackson Pr., 1923). 64 p.

BOGART, John A. The Seven Bogert-Bogart families in Canada whose ancestors were among the early Dutch settlers of New Netherlands. Printed in the U.S.A., 1962. 154 p.

> Mimeographed.
> "Thousands of families from metropolitan New York, New Jersey, Long Island, eastern Pennsylvania, the Hudson River Valley and New England settled in Canada . . ." (Intr.)
> The Bogart families descend from Gijsbertszn in the Boogaertman of Schoonrewoerd, Province of South Holland.

BOGART, Marshall Campbell, comp. Some notes on the history of the Bogart family in Canada, with genealogical record of my parents, Lewis Lazier Bogart and Elizabeth Cronk-Bogart. Toronto, William Briggs, 1918. 71 p.

BOGGS family, N.S. Pages from the Boggs family Bible; descendants of James George Boggs (1801-1864) and his wife Isabella Pryor (1805-1838) . . .

> *Source:* U.L.Ms. p. 107.
> Ms. Original.
> Public Archives of Nova Scotia, Halifax, N.S.

BOILY, Raymond. La Famille Boily au XVIIIe; de Saint-Jouin-de-Marnes à la Baie Saint-Paul. [s.l.], (R. Boily), 1976. 255 p.

> Bibliographie: p. 8 à 11.

BOISMENU, Léo. Jean Zéphérin Resther, architecte (1857-1910).

> *Dans:* S.G.C.F. Mém. 29: (3) 168-169 juil./sept. '78.
> Une famille originaire d'Allemagne.

BOISSEAU, Nicolas-Gaspard. Mémoires de Nicolas-Gaspard Boisseau. (Comp. par Pierre-Georges Roy). Lévis, 1907. 86 p.

> Titre du relieur: Diverses familles, 3.

BOITEAU: filiation partielle Boiteau. 6 p.

> Copie dactylographiée (original).
> Archives nationales du Québec, Québec, Qué.

BOIVIN, Bernard, comp.
voir sous:

> *Bibliothèque* nationale du Québec.
> Bibliographie de bibliographies québecoise . . .

BOLDUC, Charles. Souvenirs beaucerons et les familles Bolduc. Joliette, Séminaire de Joliette, 1972. 66 p.

> Titre de couverture: "Généalogie des familles Bolduc".

BOLIVAR, Hazel Kaulbach. History of Conquerall Mills, Lunenburg County, N.S., 1806-1974. [n.p.], (1974). 39, 48 p.

> Cover title: "Conquerall Mills, 1806-1974; a genealogical history of the early residents, their descendants and present inhabitants of Conquerall Mills, Lunenberg County, Nova Scotia approximately 1906-1974. 20 groups".
> *Source:* Canadiana.
> Not indexed.

BOMBARDIER — Lapintade.

> *In:* F.C.A.G.R. 3: (2) 120-121 Summer '71.
> Genealogical chart of one Bombardier family.

BONAR, James Charles, Qué . . . Documents and correspondence relating to the Dandurand and Marchand families, 1768-1967 . . .

> *Source:* U.L.Ms. p. 109.
> Ms. Original.
> Public Archives of Canada, Ottawa, Ont.

BONAVENTURE, Qué. Comité des centenaires. Bicentenaire de Bonaventure, 1760-1960. [s.l.n.d.] 399 p.

> Sommaire: 1ère ptie: Ils venaient de l'Acadie; -2. Un premier siècle d'histoire; -3. L'érection canonique de la paroisse; -4. Généalogies des familles de la paroisse de Bonaventure; -5. Démographie, panoramique et pittoresque; -6. Nos organismes paroissiaux; -7. Biographies; -8. Vocations de la paroisse. Nos familles nombreuses. Hommages à nos combattants. Table des matières.

BOND Head, Ont. Presbyterian Church . . . Register of baptisms, 1822-1940 . . .

> *Source:* U.L.Ms. p. 109.
> Ms. Microfilm.
> Archives of Ontario, Toronto, Ont.

BONENFANT, Roland, éd.
voir sous:

> NOTRE terre amande . . .

BONNAULT, Claude de. Branche canadienne des Joybert.

Dans: Bull. rech. hist. 42: 110-116 '36.

____. Généalogie de la famille de Saint-Ours, Dauphiné et Canada.

Dans: Bull. rech. hist. 55: 27-43, 97-110, 169-190, 228-224 '49; 56: 17-32, 100-111 '50; 58: 189-192 '52; 59: 114-122 '53; 62: 125-129 '56.

____. Les Coigne du Berry en Canada.

Dans: Bull. rech. hist. 46: 276-284 '40.

____. Les Saint Germanois au Canada.

Dans: S.G.C.F. Mém. 6: 155-163 '54. Détails biographiques sur sept familles que l'auteur rattache à Saint-Germain-en-Laye: Frontenac, Boutteville, de La Barre, Tailleur, Marennes, Grajon et Frémont.

____. Pièces sur Louis-Antoine Lusignan.

Dans: Bull. rech. hist. 38: 580-609 '32.

____. Les Protestants au Canada avant 1760.

Dans: Bull. rech. hist. 63: 5-33 '57. Précieux pour ses nombreuses notes et sources bibliographiques au bas des pages.

____. Saintonge et Canada: Les Tilly.

Dans: Bull. rech. hist. 41: 238-256, 296-313 '35.

____. Les Suisses au Canada.

Dans: Bull. rech. hist. 61: 51-70 '55.

BONNEAU, Louis Philippe. Gédéon Bonneau: ses ancêtres, ses descendants. [s.l.], avril 1976.

Polycopié. ". . . portant sur la descendance de Gédéon Bonneau et Marie Lemieux." Archives nationales du Québec, Québec, Qué.

BONNEVILLE, M.C. Fiches de la famille Bonneville.

Bibliothèque. Société généalogique canadienne-française, Montréal, Qué. *Source:* Mémoires de la Société.

BONNIER, famille, Qué. Actes notariés de la famille Bonnier, 1795-1892.

Source: C.C.Ms. p. 110. Ms. Originaux. 1/2 pouce. Bibliothèque nationale du Québec, Département des manuscrits, Montréal, Qué.

BONNYCASTLE, Richard Henry, Ont. and Newfoundland . . . Biographical and genealogical information on the Bonnycastle family.

Source: U.L.Ms. p. 110. Ms. Original. [n.d.] Archives of Ontario, Toronto, Ont.

BOOTH, Henry Scripps, comp. The Cranbrook Booth family of America, or The descendants of Henry Gough Booth and Harriet Wood (Booth), his wife, of the English Cranbrook family of Kent. Bloomfield Hills, Mich., (Cranbrook Foundation), 1955. 56 p.

Folded genealogical tables.

BORDUAS, Jean Rodolphe. Ascendance française de Jean-François Bourdua.

Dans: Bull. rech. hist. 53: 22-28 '47.

____. Comment dresser la liste de ses ancêtres.

Dans: S.G.C.F. Mém. 9: 7-12 '58.

____. Comparaison entre les méthodes de faire un tableau généalogique ascendant.

Dans: S.G.C.F. Mém. 9: 72-75 '58. Quatre modèles de tableaux généalogiques: p. 73-74.

____. Familles de Rougemont (comté de Rouville) de 1887 à 1953 (inclusivement) . . . St-Hyacinthe, (l'auteur), 1954. 142 p.

Copie dactylographiée (copie carbone). Compilation faite d'après les actes enregistrés aux registres de catholicité de cette paroisse et déposés au Palais de Justice de St-Hyacinthe. Archives nationales du Québec, Québec, Qué.

____. Famille de St-Paul d'Abbotsford (comté de Rouville) de 1857 à 1955 (inclusivement) . . . St-Hyacinthe, (l'auteur), 1957. 346 p.

Copie dactylographiée (copie carbone). Compilation faite d'après les actes enregistrés aux registres de catholicité de cette paroisse et déposés au Palais de Justice de St-Hyacinthe. Index des noms de familles: p. xvii-xxi. Archives nationales du Québec, Québec, Qué.

____. Familles de Saint-Thomas d'Aquin (comté de St-Hyacinthe) de 1891 à 1954 (inclusivement) . . . St-Hyacinthe, (l'auteur), 1956. xxi, 213 p.

Copie dactylographiée (copie carbone). Compilation faite d'après les actes enregistrés aux registres de catholicité de cette paroisse. Index des noms de familles: p. xvii-xxi. Archives nationales du Québec, Québec, Qué.

____. Familles de Sainte-Madeleine (comté de St-Hyacinthe) de 1876 à 1952 (inclusivement) . . . St-Hyacinthe, (l'auteur), 1953. 203 p.

Copie dactylographiée (copie carbone).
Compilation faite d'aprés les actes enregistrés aux registres de catholicité de cette paroisse.
Archives nationales du Québec, Québec, Qué.

____. François Bordua La Sonde.

Dans: S.G.C.F. Mém. 2: 114-117 '46.

____. La Généalogie, science inutile?

Dans: S.G.C.F. Mém. 9: 65-72 '58.

____. Histoire chronologique de la famille Bourdua — Borduas. St-Hyacinthe, Société généalogique canadienne-française, 1945. 2 vols.

Au dos du volume: Famille Borduas.

____. Livre généalogique de toutes les familles qui ont habité la paroisse de La Présentation depuis sa fondation en 1806 jusqu'à et non compris l'année 1950. St-Hyacinthe, mai 1951. 517 p.

Copie dactylographiée (copie carbone).
Archives nationales du Québec, Québec, Qué.

____. Le Patronyme Borduas, son ortho-graphe véritable.

Dans: S.G.C.F. Mém. 6: 9-11 '54.

____. Les Quatre notaires Borduas, français et canadiens.

Dans: S.G.C.F. Mém. 3: 194-197 '49.

____. La Recherche de nos origines françaises.

Dans: S.G.C.F. Mém. 4: 193-195 '51.

____. Rectification au sujet de Charles Vidal.

Dans: Bull. rech. hist. 62: 215-216 '56.

____. Registre d'état civil; en marge de la compulsation des registres de nos paroisses.

Dans: S.G.C.F. Mém. 7: 181-184 '56.
Un procédé pour la compilation des registres de paroisses.

BORDUAS, Jean Rodolphe, co-aut.
voir aussi sous:
GODIN, Pierre Albert, comp. Familles de St-Charles sur Richelieu . . .

BOSS family, N.S. Genealogical information on the Boss family.

Source: U.L.Ms. p. 112.
Ms. Transcripts. 1 p. [n.d.]
Public Archives of Nova Scotia, Halifax, N.S.

BOUCHARD, André. Saint-Anicet et les Masson: Louis-Napoléon Masson.

Dans: S.G.C.F. Mém. 30: (4) 263-271 oct./déc. '79.

BOUCHARD, Carolle, co-comp.
voir sous:
ARCHIVES du Séminaire de Sherbrooke. Guide des fonds officiels des archives . . .

BOUCHARD, Gérard et André Larose. La règlementation du contenu des actes de baptêmes, mariages, sépultures au Québec des origines à nos jours.

Dans: Rev. d'hist. de l'Amér. fr. 30: (1) 67-84 '76.

BOUCHART D'ORVAL, Paul. Claude Bouchart d'Orval, ancêtre des familles Dorval et Desgroseilliers et quelques familles Duval.

Dans: S.G.C.F. Mém. 7: 203-216 '53.

BOUCHER, Gérard A. Ancestral family chart of Arthur Boucher and Clarina Còté, comp. by Gérard A. Boucher in Hudson, N.H.

Genealogical chart.
Archives nationales du Québec, Québec, Qué.

BOUCHER, Robert. Généalogie de Mademoiselle Marielle Aubé et notes sur les familles Parenteau, Forcier et Proulx. Québec, août 1971. [p.v.]

Notes dactylographiées.
Archives nationales du Québec, Québec, Qué.

BOUCHER, famille, Qué. Concessions des terres, testaments, contrats de mariage et autres documents relatifs à Pierre Boucher, gouverneur des Trois-Rivières, et à ses descendants, les Boucher de Montbrun, de Grosbois, de La Perrière, de Boucherville, de Niverville et de La Broquerie, 1685-1769 . . . Actes notariés concernant . . . la famille Robinau de Bécancour . . .

Source: C.C.Ms. p. 114.
Ms. Copie. 1660-1769.
Archives nationales du Québec, Québec, Qué.

BOUCHER DE BOUCHERVILLE, famille, Qué. Documents de famille . . .

Source: C.C.Ms. p. 114.
Ms. Originaux. 3 pouces. 1662-1817.
Archives du Séminaire de Québec, Québec, Qué.

BOUCHER DE BOUCHERVILLE, famille, Qué. Papiers de la famille, concernant les seigneuries de Boucherville, de Rouville, de Verchères, de Gentilly. Documents concernant plusieurs membres de la famille . . .

Source: C.C.Ms. p. 114.
Ms. Originaux. 1640-1912.
Archives du Séminaire de Trois-Rivières, Trois-Rivières, Qué.

BOUCHER DE NIVERVILLE, family, Que. Miscellaneous family papers.

Source: U.L.Ms. p. 114.
Ms. Original. 1/2 inch. 1727-1853.
McGill University Library, Montreal, Que.

BOUCHERVILLE, Qué. Sainte-Famille, paroisse (catholique). Registres de baptêmes, mariages et sépultures, 1668-1849.

Source: C.C.Ms. p. 115.
Ms. Originaux. 5 pieds 9 pouces.
Archives nationales du Québec, Montréal, Qué.

____. ____. Registres des baptêmes, mariages et sépultures de la paroisse Sainte-Famille-de-Boucherville, 1669-1790 . . . extraits de mariages, 1677-1739.

Source: C.C.Ms. p. 114.
Ms. Copie. 8 p.
Archives nationales du Québec, Québec, Qué.

____. ____. Registres de baptêmes, mariages et sépultures, 1760-1780.

Source: C.C.Ms. p. 114.
Ms. Microfilm. 1 bobine.
Archives acadiennes, Moncton, N.-B.

BOUCHERVILLE, seigneurie . . . Contrat de mariage entre Pierre Péloquin et Geneviève Tournois, 1722 . . .

Source: C.C.Ms. p. 115.
Ms. Original.
Archives nationales du Québec, Québec, Qué.

BOUCHETTE, Joseph. Description topographique de la province du Bas-Canada . . . Londres, 1815.

____. Topographical dictionary of the Province of the Lower Canada . . . Quebec, 1832.

BOUCTOUCHE, N.-B. Saint-Jean-Baptiste, paroisse (catholique). Registre de la paroisse, 1800-1863.

Source: C.C.Ms. p. 115.
Ms. Reproductions photographiques. 5 pouces.
Archives acadiennes, Moncton, N.-B.

BOUDREAULT, René. Les Boudreault au Saguenay-Lac St-Jean.

Dans: Saguenayensia 18: (3) 58-62 mai/août '76.
Tableau généalogique.

BOUDREAULT-BLOUIN, Rita. Des Boudreault acadiens au Québec.

Dans: Soc. hist. acad. Cahier. 5: (1) 31-32 oct./déc. '74.

BOUFFARD, Georgy. Bouffard-Durette; une grande alliance de familles.

Dans: Histoire au pays de Matane 10: (11) 38-42 '75.

BOULANGER, Gérard. Origine du nom Boulanger.

Dans: L'Ancêtre 1: (4) 92-94 déc. '74.

BOULAY, Hilarion, o.f.m. Abel Michon, notaire-fermier.

Dans: S.G.C.F. Mém. 19 (2) 85-88 avr./juin '68.

____. Étude généalogique retraçant l'histoire d'Abel Michon, notaire fermier de St-Thomas de Montmagny au début du 18e siècle.

Dans: Québec histoire 1: (3/4) 77-78 juil./déc. '71.

BOULET, Denis, o.m.i. Généalogie de la famille Boulet; descendants d'Alexandre Boulet et d'Élise Poulin. Saskatoon, 1968. 64 p.

Texte bilingue/Bilingual text.

____. Nos familles Boulet. Grayson, Sask., 1978.

BOULET, Louis-Philippe. Origine de la famille Boulet.

Dans: L'Ancêtre 7: (7) 213-221 mars '81.

BOULIANNE, Henriette (Laberge). Répertoire des mariages de la paroisse de Sainte-Martine, comté de Chateauguay, 1823-1972. Relevé et compilé par Henriette Laberge-Boulianne. Montréal, R. et J. Bergeron, 1973. 141 p.

Répertoires des mariages. Publication no 11.
Tirage à 100 exemplaires.

BOULTON, Henry John, Ont. . . . Crest and genealogy, 1863-1967 . . .

Source: U.L.Ms. p. 116.
Ms. Original.
Archives of Ontario, Toronto, Ont.

BOULTON family, Man. . . . Clippings and genealogy.

> Source: U.L.Ms. p. 116.
> Ms. Original.
> Provincial Archives of Manitoba, Winnipeg, Man.

BOULTON family, Ont. . . . an account of the Boulton family of Toronto, dedicated by Mr. Card.

> Source: U.L.Ms. p. 116.
> Ms. Original. 4 p. 1870.
> Metropolitan Toronto Central Library, Toronto, Ont.

BOURASSA, Dominique (Mme). Les Ascendants et les descendants de Aram-Omer Bourassa. [s.l.], (1964). 99 p.

> Polycopié.
> Tiré à 50 exemplaires.
> La première partie du volume est consacrée aux ascendants et descendants de la famille Bourassa, et la deuxième, aux lignées collatérales et leurs ancêtres.

BOURASSA, Henri, Qué. . . . Papiers de Rosario Gauthier comprenant des notes généalogiques . . .

> Source: C.C.Ms. p. 116.
> Ms. Originaux. 1845-1964.
> Archives nationales du Québec, Montréal, Qué.

BOURASSA, Napoléon, Qué. . . . Deux cahiers contenant la généalogie de sa famille . . .

> Source: C.C.Ms. p. 117.
> Ms. Originaux. 1889-1892.
> Archives de l'Université Laval, Ste-Foy, Qué.

BOURASSA, famille, Qué. Correspondance de Napoléon Bourassa, 1852-1915 . . . et autres personnes de la famille, 1869-1929 . . .

> Source: C.C.Ms. p. 116.
> Ms. Originaux.
> Archives nationales du Québec, Québec, Qué.

BOURGEOIS, Ulysse J. Généalogie des Losier, descendants de Prosper Desjardins dit Losier, de Tracadie, N.-B. Tracadie, N.-B., 1953. 52 p.

____. Jacques Cochu, "habitant de Beaubassin", et la seigneurie de la Grande-Rivière.

> Dans: Soc. hist. acad. Cahier. 3: (5) 180-182 oct./déc. '69.

BOURGEON, Jean-Louis. Les Colbert avant Colbert: destin d'une famille marchande. Paris, Presses universitaires de France, 1973. 270 p.

> Publications de la Sorbonne. Nouvelles séries. Recherches no 6.
> Travaux du Centre de recherches sur la civilisation de l'Europe moderne no 14.
> Bibliographie: p. 30-42.

BOURGET, Ignace, mgr., Qué. Tableau généalogique de la famille de Mgr Bourget . . .

> Source: C.C.Ms. p. 117.
> Ms. Originaux.
> Archives de l'Archévêché de Montréal, Montréal, Qué.

BOURQUE, Célina. Histoire de ses ancêtres.

> Dans: Soc. hist. acad. Cahier. 4: (7) 290-302 oct./déc. '72.

BOURQUE, Jacques. Famille Bédard; arbre généalogique.

> Bibliothèque. Société généalogique canadienne-française, Montréal, Qué.
> Source: Les Mémoires de la Société.

BOURQUE, Rodolphe. Gros Jean du Ruisseau des Renards.

> Dans: Soc. hist. acad. Cahier no 2, p. 35-47 '62.
> Histoire de Gros-Jean du Ruisseau des Renards, 5e génération "du premier Doiron".

BOURQUE family, N.S. Genealogical chart.

> Source: U.L.Ms. p. 118.
> Ms. Original. 1 p. [n.d.]
> Public Archives of Nova Scotia, Halifax, N.S.

BOUSQUET, J. Gérard. Famille Bousquet.

> Dans: Bull. rech. hist. 46: 22-30, 52-61, 118 '40.

____. Bousquet, famille, Qué. Généalogie de la famille Bousquet . . .

> Source: C.C.Ms. p. 118.
> Ms. Microfilm. 1 bobine.
> Archives nationales du Québec, Québec, Qué.

____. Gérard. Jean-Baptiste Bousquet, le patriote.

> Dans: Bull. rech. hist. 57: 217-221 '51.

BOUTEILLER-TELLIER, Marguerite. Saint-André des Trois-Rivières.

> Dans: S.G.C.F. Mém. 23: (4) 248 oct./déc. '72.
> Sur le lieu d'origine d'André Bouteiller dit Le Breton.

BOUVIER family.

> *In:* F.C.A.G.R. 2: (4) 286 Winter '69.
> Genealogical chart of Rosalie Bouvier and
> Augustin Hus dit Paul, who were married at
> St-Pierre de Sorel.

BOWERMAN of Bloomfield . . . Genealogical
list of the Bull family of the county of
Prince Edward, Ontario.

> *In:* Ontario Historical Society. Papers and
> records 5: 77-90 '04.

BOWMAN, H.M. The Mennonite settlement in
Pennsylvania and Waterloo, with special
references to the Bowman family.

> *In:* Waterloo Hist. Soc. Report. 10: 225-257
> '22.

BOYD, John E., co-aut.
see under:

> CAPON, Alan R. Historical Lindsay . . .

BOYD, Mosson & Co., Ont. . . . Correspondence and personal papers of the Boyd
family . . .

> *Source:* U.L.Ms. p. 122.
> Ms. Original.
> Public Archives of Canada, Ottawa, Ont.

BOYD family.

> *In:* Yarmouth, N.S. Geneal. 1896-1902,
> pp. 184, 221.
> *Source:* N.B.L.

BRADSHAW family, Ont. Baptismal certificates of David, Lydia, William and John
Bradshaw, signed by John Langhorn, missionary.

> *Source:* U.L.Ms. p. 124.
> Ms. Original. 2 p. 1787-1797.
> Lennox and Addington Historical Society,
> Napanee, Ont.

BRAINARD, Homer W., co-aut.
see under:

> GILBERTS of New England . . .

BRANCHAUD-CARDINAL, Georgette. Tricentenaire des familles Branchereau (Bran-
chaud).

> *Dans:* S.G.C.F. Mém. 19: (1) 61-62 janv./mars
> '68.

BRAND, Robert Franklin. Genealogy of the
Canadian and American descendants of John
Brand (1757-1841) and his wife, Margaret
Head, both of Acton, Suffolk County,
England. Charleston, South Carolina, 1943.
1 p., 1, 84 numb. 1.

BRANDT, Yvette Hutlet. Heritage Malo 1639,
Labossière 1695-1975. [s.l.], (1975).

> Cover title.
> Includes some text in French.
> Bibliography: leaf (188).

____. Hutlet heritage, 1680-1972. Swan Lake,
Man., 1974. 127 p.

> History of the Hutlet family of Halanzy,
> Belgium, naming 1240 descendants of the
> author's grandparents. The ancestor came to
> Canada in 1892.

BRANT family, Ont. Genealogy . . .

> *Source:* U.L.Ms. p. 125.
> Ms. Original.
> Brant Historical Society Museum, Brantford,
> Ont.

BRANTFORD, Ont. Park Street Baptist
Church . . . Scrapbook of clippings on
Brantford and the Shenstone family.

> *Source:* U.L.Ms. p. 126.
> Ms. Original.
> Canadian Baptist Archives, Hamilton, Ont.

BRANT-SERO, J. Ojijatekha. Some descendants of Joseph Brant.

> *In:* Ontario Hist. Soc. Papers and Records 1:
> 113-117 1899.

BRAULT, Lucien. Hull, 1800-1950. (Ottawa),
Université d'Ottawa, 1950. 262 p.

> Notes sur les premiers pionniers, en particulier
> sur Philémon Wright et sa progéniture.

BREADABINE family, Ont. Manuscript of
"Genealogy of the family of Breadabine
descended from the ancient and illustrious
House of Argyle, in fourteenth century".

> *Source:* U.L.Ms. p. 127.
> Ms. Original. 47 p. [n.d.]
> University of Toronto Library, Toronto, Ont.

BREAKENRIDGE, Mary (Warren), Ont.
"History of the arrival of the Baldwin family
in Canada". Recollections of Mary Breakenridge, written by her daughter, Myrna
Murney, during her mother's lifetime, in
1859.

> *Source:* U.L.Ms. p. 127.
> Ms. Transcripts. 14 leaves.
> University of Toronto Library, Toronto, Ont.

BREHM family, N.S. Genealogical notes.

> *Source:* U.L.Ms. p. 127.
> Ms. Original. 2 p. [n.d.]
> Public Archives of Nova Scotia, Halifax, N.S.

BRETON, André, comp. Recensement de 1851, 21: St-Michel de Bellechasse d'après Microfilm C-1114 des Archives publiques du Canada. (Québec), sept. 1973. 394 p.

> Polycopié.
> Bibliographie sommaire: p. 2.

____. Les Recensements du XIXe siècle.

> *Dans:* L'Ancêtre 2: (4) 175-182 déc. '75.

BRETON, Guy. Étienne Gobeil. Sherbrooke, [s.d.]. 12 p.

> Causerie présentée au sous-sol du Presbytère St-Jean-de-Brébeuf à Sherbrooke sous les auspices de la Société généalogique des Cantons de l'Est.

____. Paléographie.

> *Dans:* L'Entraide généalogique 3: (2) 70-71 mars '81.

BREWER, William John, B.C. Marriage licence of W.J. Brewer and Elizabeth Ann Burall.

> *Source:* U.L.Ms. p. 128.
> Ms. Original. 2 p. 1890.
> Provincial Archives of British Columbia, Victoria, B.C.

BREWSTER, Winfield. Pine Bush genealogy; something about the German people who came to Canada from 1850 on and settled in "Pine Bush", a mile south of Hespeler, east of the back road, and of their descendants. [n.p.], 1961. 85 p.

BRICKER, I.C. History of the Gowdy, Goldie, Gouldie family.

> *In:* Waterloo Historical Society. Report. 26: 20-38 '38.
> On the Canadian Gouldies, including the Ontario family, pp. 31-38.

BRIEF Dunham Chapter.

> *In:* Missisquoi County Historical Soc. Annual Reports 2: 48-54 '07.
> The Chamberlans: p. 48.
> The Rice family: pp. 49-50.
> The Arthur family in Stanbridge: p. 50.
> Bingham family record: pp. 50-51.

BRIEF memorials of English families of the name of Archer. Edinburgh, 1856. 45 p.

BRILL, James W., Que. Record of births and deaths in the Brill and Sager families.

> *Source:* U.L.Ms. p. 129.
> Ms. Original. 8 p. 1768-1824.
> Brome County Historical Society, Knowlton, Que.

BRINE family, N.S. Some articles, letters (mostly in the 1920s), photos and clippings, dealings with the Brine, Brown and Jean families of Arichat, French Village, and Halifax . . .

> *Source:* U.L.Ms. p. 129.
> Ms. Microfilm. 1 reel. 1920.
> Public Archives of Nova Scotia, Halifax, N.S.

BRISEBOIS, collection, Qué. Papiers de la famille Laval-Montmorency . . .; famille Cousin de La Tour-Fondue; . . . Chateaufer, 1774-1775; famille Le Groing, généalogie, 1875 (volume historique du 19e Régiment des Chasseurs, 1792-1892).

> *Source:* C.C.Ms. p. 130.
> Ms. Originaux. 1 pouce. 1724-1903.
> Archives nationales du Québec, Montréal, Qué.

BRISSETTE, Emmanuel. Pointe-du-Lac, au pays des Tonnancour. (Pointe-du-Lac, Maison St-Joseph, 1977). 152 p.

> Glossaire: p. 126-127.
> Bibliographies.

BRITISH National Bibliography . . . British museum. London, Council for the British National Bibliography, 1950- .

BRITISH Union Catalogue of Periodicals; a record of the periodicals of the world from the 17th century to the present day in British libraries. Ed. for the Council of the British Union Catalogue of Periodicals by James D. Stewart with Muriel E. Hammond & Erwin Saenger. London, Butterworth's Scientific Publications, 1955-58. 4 vols.

> Includes hundreds of Canadian references.

BROCK, Anna Maude (Cawthra), (Mrs. Henry Brock). Brock family records . . . Toronto, Ont., 1927. 153 p.

> "The Brock family to which the Canadian branch belongs has spelled the name as above (Brock) since the time of William Brock of Bosford ("Gent"), (1683-1730), through seven generations . . .; previously, for four generations, the name was spelled "Brocke" . . ." (p. 1).
> From documents collected by Colonel Henry Brock of Toronto, Mr. A. Stapleton of Nottingham, England, and the above-mentioned author.
> Portraits at the end of the book.

____. The Mills, Holton and Smith families. Toronto, James & Williams, 1927. 8 p.

BROCK, Anna Maude (Cawthra), (Mrs. Henry Brock). Past and present; notes by Henry Cawthra and others . . . Ed. by A.H. Young. Toronto, James & Williams, 1924, 47 p.

Manuscript notes inserted in the copy at the Metropolitan Toronto Central Library.

BROCK, Henry, co-aut.
see under:
BROCK, A. Maude (Cawthra) . . . Brock family records . . .

BROCK, Isaac . . . Ont. Baptismal certificate; Brock genealogy, 1770 . . .

Source: U.L.Ms. p. 137.
Ms. Original.
Public Archives of Canada, Ottawa, Ont.

BROCK, R.A. Pocahontas alias Matoaka and her descendants through her marriage at Jamestown, Virginia, in April 1614 with John Rolfe, gentleman . . . with biographical sketches by Windham Robertson and illustrative notes. Richmond, Va., Randolph and English, 1887. viii, 84 p.

BROCK family.

In: Yarmouth, N.S. Geneal., 1896-1902, pp. 156, 223.
Source: N.B.L.

BROCK family, Ont. Genealogy of the Brock family (including Sir Isaac Brock), showing the Shreiber-Delisle-Carey connections.

Source: U.L.Ms. p. 138.
Ms. Photocopies. 1/2 inch. 1405-1960.
Public Archives of Canada, Ottawa, Ont.

BROCK family, United Kingdom. Annotated photostat of a genealogical chart of the Brock family; extract from a Brock genealogy made by John Graves, Guernsey, C.I. with notes and revisions.

Source: U.L.Ms. p. 138.
Ms. Original. 1 p.
Public Archives of Canada, Ottawa, Ont.

BROCKVILLE, Ont. First Presbyterian Church. Register of baptisms, 1812-1814, and marriages, 1812-1827, performed by Rev. William Smart . . .

Source: U.L.Ms. p. 138.
Ms. Original. 2 inches. 1812-1927.
Queen's University Archives, Kingston, Ont.

____. First Presbyterian Church. Transcripts of register of marriages performed by Rev. William Smart.

Source: U.L.Ms. p. 138.
Ms. Transcripts. 148 p. 1812-1830.
Queen's University Archives, Kingston, Ont.

BRODEUR, Maurice, Qué. . . . articles de journaux sur les familles Marmette et Brodeur.

Source: U.L.Ms. p. 139.
Ms. Originaux.
Archives de l'Université Laval, Ste-Foy, Qué.

BROME-Missisquoi, Que. . . . Papers of . . . Cornell family, 1808-1871 . . . and Knowlton family, 1783-1905.

Source: U.L.Ms. p. 139.
Ms. Microfilm.
Public Archives of Canada, Ottawa, Ont.

BROMLEY, Ada. Jackson kith and kin, 1776-1974; descendants of John Jackson, 1776-1850, and Ann Dickson, 1779-1826, of Blairgowrie, Scotland who came to Canada, 1833. 3rd ed. [n.p.], 1974. (Printed in Grimsby, Ont.) 124 p. (2) leaves of plates; some genealogical tables.

Source: Canadiana.

BROOKFIELD family, N.S. A Few vital statistics on the Brookfield family.

Source: U.L.Ms. p. 140.
Ms. Original. 2 p. [n.d.]
Public Archives of Nova Scotia, Halifax, N.S.

BROOKS family. Genealogical chart tracing its ancestry to Charlemagne and Egbert I.

Source: U.L.Ms. p. 140.
Ms. Original. 1 p. 1950.
Public Archives of Canada, Ottawa, Ont.

BROSSARD, Edgar Bernard. Alphonse and Mary Hobson Brossard: their life in pioneer America, with photographs, stories and genealogies of their families, ancestors and descendants. Salt Lake City, Wheelwright Lithographing Co., 1972. xiv, 213 p.

One genealogical table (24 cm) and two other folded charts (57 × 28 cm and 19 × 14 cm).

BROSSEAU, Gaston. Évolution de mes travaux et recherches en généalogie.

Dans: L'Ancêtre 2: (6) 311-313 fév. '76.

____. Généalogie de la famille Brosseau-Arcand. Québec, sept. 1972. [p.v.]

Sans page titre.
Polycopié.
"Ce travail se compose uniquement de tableaux formant l'arbre généalogique des ascendants paternels et maternels et n'est pas l'histoire de la famille." (Intr.)

____. Labadie (Stradonitz). (Québec), 1974.
37 p.

BROSSEAU, Jean Dominique, o.p. St-Georges
d'Henryville et la seigneurie de Noyan (St-
Hyacinthe). Cie d'Impr. et de Comptabilité
de St-Hyacinthe, 1913. 238 p.

En tête du titre: "Essai de monographie
paroissiale".
"Familles de St-Georges d'Henryville . . ."
(anglaises, écossaises et canadiennes):
p. 191-214.
"Généalogie de la famille Demers": p. 214-237.

BROSSEAU, Lise, co-aut.
voir sous:

BERGERON, Daniel, Lise Brosseau et Rosario
Gauthier. Mariages de la paroisse Notre-Dame
de Montréal . . .
BERGERON, Roger et Jean Bergeron. Répertoire des mariages de la paroisse de La Visitation du Sault-au-Récollet . . .

BROWN, Alan O. James Brown; a biography
and family history. (Toronto), 1967.

One volume published (loose-leaf).
Limited edition.
Includes bibliography.

BROWN, John, Scotland and N.S. "Memoir
by John Brown, for his sons, Stayley and
Robert", containing some information about
the family . . .
Source: U.L.Ms. p. 144.
Ms. Original. 1778-1848.
Public Archives of Nova Scotia, Halifax, N.S.

BROWN, Mary J. Hardy index to the holdings
of the Genealogical Society of Utah. Logan,
Utah, Everton Pub., 1971.

Lists records which are available on microfilm
or in printed form in the library of the
Genealogical Society. Many Canadian records
can be found here.

BROWN family, N.S. Genealogy of the Brown
family.
Source: U.L.Ms. p. 144.
Ms. Microfilm. 1 reel. [n.d.]
Public Archives of Nova Scotia, Halifax, N.S.

BROWN family or Browne family.
In: Yarmouth, N.S. Geneal. 1896-1902, pp. 6,
58, 110, 114, 121-128, 144, 160, 170, 195, 201,
219, 232.
Source: N.B.L.

BROWNELL family, N.B. and N.S. Genea-
logical line descended from Robert Brownell
of Rawmarch, Yorkshire, England, many of
whose descendants lived in Cumberland
County . . .
Source: U.L.Ms. p. 144.
Ms. Transcripts. 1 inch. 1964.
Public Archives of Nova Scotia, Halifax, N.S.

BROWNRIGG, John, N.S. Marriage licence of
J. Brownrigg and Isabella Blair.
Source: U.L.Ms. p. 145.
Ms. Original. 1 p. 1819.
Public Archives of Nova Scotia, Halifax, N.S.

BRUBACHER, Benjamin. Brubacher family
history.
In: Waterloo Historical Society. Report. 11:
38-45 '23.
Relates to four generations of the family in
America.

BRUBAKER, Calvin B. The history and
genealogy of the Brubacher and Brubaker
families in Waterloo County and Ontario.
Kitchener, Ont., C.B. Brubaker, 1975. 32 p.

BRUCE, Wilfred. The Bowman and Metcalfe
families of Augusta Township, Grenville
County, Ontario, 1834-1974. Ottawa, Heirs
of History, 1975.

____. The Bruce family of Kitley Township,
Leeds County, Ontario, 1823-1974. [n.p.],
(1974). 83 p. 6 plates.

Genealogical tables.
Cover title.
"A genealogical record of the descendants of
Robert Bruce and his wife, Mary Kennedy,
over a period of one hundred and fifty years."
Errata slip inserted.

BRUCHÉSI, Jean. Notes sur la famille d'Oscar
Dunn.
Dans: Bull. rech. hist. 34: 571-574. '28.

BRULÉ-Drinville.
In: F.C.A.G.R. 4: (3) 183-184 Fall '72.
Eight generations of this family.

BRUN, L. Daniel, co-aut.
voir sous:

GAGNÉ, Claude, Paul-J. Lupien et Daniel
Brun. La Transmission familiale des hyperlipoprotéinémies . . .

BRUN, Régis Sygefroy. Brin d'histoire de
Menoudie, Nappan et Maccan.
Dans: Soc. hist. acad. Cahier. 2: (3) 90-136 oct.
'66.
Commentaires sur le registre de l'état civil des

habitants de Franklin Manor, des Champs-Élysées, de Maccan et de Nappan.
"Grâce à ses connaissances historiques approfondies de ce groupe d'Acadiens de la région, l'auteur fournit des données à peu près définitives sur ces gens dont plusieurs furent par la suite les fondateurs de Shemogue, Cap-Pelé, Barachois, Scoudouc et autres paroisses avoisinantes . . ."

BRUN, Régis Sygefroy. L'Histoire de vingt-trois (23) familles acadiennes prisonnières au Fort Beauséjour.

Dans: Soc. hist. acad. Cahier. no 9, p. 15-21 oct. '65.

____. Histoire socio-démographique du sud-est du Nouveau-Brunswick; migrations acadiennes et seigneuries anglaises (1760-1810).

Dans: Soc. hist. acad. Cahiers. 3: (2) 58-88 janv./mars '69.

____. Papiers Amherst (1760-1763) concernant les Acadiens.

Dans: Soc. hist. acad. Cahier. 3: (7) 257-320 avr./juin '70.
Une foule de renseignements sur les familles acadiennes.

____. Séjour des Acadiens en Angleterre et leur trace dans les Archives britanniques, 1756-1763.

Dans: Soc. hist. acad. Cahier. 4: (2) 62-67 juil./sept. '71.

BRUNELLE, Alfred. Famille Brunelle.

Dans: S.G.C.F. Mém. 13: 72-76, 98-103, 147-149, 221-223 '62; 14: 223-226 déc. '63.

____. Généalogie Brunelle dit Limousin-Beaufort depuis l'arrivée en Nouvelle-France, par un descendant de la 8e génération. Sherbrooke, (l'auteur), Foyer St-Joseph, (1965). 300 p.

Page titre bilingue.

____. Généalogie de la famille Brunelle, Limousin, Beaufort depuis ses origines jusqu'à nos jours par un de ses membres. (Winnipeg, Brunelle, 1917). 32 p.

BRUNET, François, contrat de mariage avec Anne Ménard.

Source: C.C.Ms. p. 146.
Ms. Originaux. 5 p. 1688.
Bibliothèque municipale de Montréal, Montréal, Qué.

BRUNS, J. Edgar. Some notes on the origins of the d'Entremont family.

In: Soc. hist. acad. Cahiers. 7: (2) 73-79 juin '76.

BRYCE, George. A History of Manitoba. Toronto, 1906.

____. The Scotsmen in Western Canada. Toronto, 1911.

BUCHANAN, Arthur William Patrick. The Buchanan Book: the life of Alexander Buchanan, Q.C. of Montreal, followed by an account of the family of Buchanan . . . Montreal, 1911, 501 p. [v.p.] 13 plates.

Edition limited to 300 signed copies.
Errata sheet inserted.

____. Dr. Simon Fraser of Terrebonne.

In: Bull. rech. hist. 39: 720-722 '33.

BUCHANAN, Margaret Gwin. DuVals of Kentucky from Virginia (1794-1935), descendants and allied families. Lynchburg, Va., J.P. Bell Co., Inc., (1935). xvi, 265 p.

Interesting genealogical notes for the Duval families in Canada.

BUCHANAN family, Ont. . . . family records . . .

Source: U.L.Ms. p. 148.
Ms. Original. 1817-1969.
Queen's University Archives, Kingston, Ont.

BUCHY, Sask. Victory Rural Municipality no. 266. Assessment and tax rolls; registers of births, deaths and marriages, 1917-1950.

Source: U.L.Ms. p. 77.
Ms. Original. 20 feet.
Saskatchewan Archives Office, Saskatoon, Sask.

BUCK, Ruth, Sask. . . . Clippings and articles on Matheson family . . .

Source: U.L.Ms. p. 148.
Ms. Original. 1951.
Saskatchewan Archives Board, Regina, Sask.

BULL, William Perkins, Ont. . . . Families of Peel County; Brampton file . . . family trees . . .

Source: U.L.Ms. p. 150.
Ms. Original. 1820-1945.
Archives of Ontario, Toronto, Ont.

____. Genealogical and general history of Peel County to 1938 . . .

Source: U.L.Ms. p. 150.
Ms. Transcripts. 36 feet. [n.d.]
United Church of Canada, Central Archives,
Toronto, Ont.

BULLETIN de la famille Paquin, publié par le
Frère Pasteur Paquin, Vol. 1- . Québec.

BULLETIN des recherches historiques.
Vols. 1-70, janv. 1895-avr. 1965. Lévis.

Connu aussi sous le titre: "Recherches his-
toriques".
Publié par Pierre-Georges Roy, janv. 1895-déc.
1948; et Antoine Roy, son fils, 1949-1965.
Tables des matières des dix premiers volumes,
1895-1905: vol 10, p. 353-423.
Index publié par P.-G. Roy chez l'Eclaireur de
Beauceville en 1925/26. 4 vols.
Les articles d'aspect généalogique ont été
dépouillés dans cette édition.

BULLINGER'S Postal and Shippers' Guide for
the United States and Canada. Westwood,
N.J., Bullinger's Guides, 1897-.

One produced every ten years.
Bullinger's provides the same information as
the post office directory, except that all towns
are listed alphabetically rather than by state or
province, and also includes towns without a
post office. Especially good for finding small
places.

BULLOCH, John Malcolm. Gordons in Perthshire as pioneers to Canada. Perth, Munro
Press, Ltd., 1930. 8 p.

BULMER family and Merrill family, N.S.
Some vital statistics from Sarah Merrill's
book.

Source: U.L.Ms. p. 150.
Ms. Photocopies. 3 p. 1792-1923.
Public Archives of Nova Scotia, Halifax, N.S.

BUONO, Yolande, co-aut.
voir sous:

BIBLIOTHÈQUE nationale du Québec.
Laurentiana . . .

BURBRIDGE family, N.S. Genealogical information on the Burbridge family.

Source: U.L.Ms. p. 151.
Microfilm. 1 reel. [n.d.]
Public Archives of Nova Scotia, Halifax, N.S.

BURBRIDGE family, N.S. . . . Information
on the Burbridge family . . . information on
the genealogy of the Primrose family, near
Glasgow, Scotland . . . deeds and mortgages
of the Primrose family of Wilmot Township;

deeds concerning the Rand family of Horton
Township.

Source: U.L.Ms. p. 151.
Ms. Original. 1768-1944.
Public Archives of Nova Scotia, Halifax, N.S.

BURDICK family.

In: Yarmouth, N.S. Geneal., 1896-1902,
pp. 39-40.
Source: N.B.L.

BUREAU, René. Étude sur Louis Bureau dit
Sansoucy (1630-1711), ancêtre canadien des
familles Bureau d'Amérique. (Québec,
Société canadienne de Généalogie (Québec),
1972). 70 p.

Cahier spécial D de la Société.
Bibliographie: p. 64-67.

____. Hommage à Gérard Gallienne, dessi-
nateur, cartographe, généalogiste et
historien.

Dans: L'Ancêtre 4: (1) 15-16 sept. '77.

____. Joseph Bureau, explorateur, 1837-1914.

Dans: L'Ancêtre 1: (2) 19-21 oct. '74.

____. Notes sur Jean Bureau (2), (1689-1729),
fils de l'ancêtre Louis Bureau dit Sansoucy et
Marie-Anne Gauvin.

Dans: L'Ancêtre 4: (9) 293-312 mai '78.

____. Le Rassemblement des familles Bureau.

Dans: L'Ancêtre 5: (9) 263-265 mai '79.

____. Théophile Bureau, hôtelier (1838-1929).

Dans: L'Ancêtre 6: (9) 259-268 mai '80.

BUREAU, René et G.-Robert TESSIER,
comp. Répertoire des mariages de Notre-
Dame-de-Foy (Sainte-Foy), (1699-1900).
Québec, (Société canadienne de Généalogie,
Section de Québec), 1963. 86 p.

Contribution no 5 de la Société.

BUREAU, René, Benoit PONTBRIAND et
G.-Robert TESSIER, comp. Répertoire des
mariages de Notre-Dame-de-Foy,
(1699-1950); St-Colomb-de-Sillery,
(1855-1950); St. Michael's Chapel,
(1860-1950); St-Félix de Cap-Rouge,
(1862-1950); St-Charles-Garnier, (1944-1950).
Québec, B. Pontbriand, 1975. 202 p.

Publications généalogiques no 98.

BUREAU, René, Jean DUMAS et G.-Robert
TESSIER, comp. Répertoires des mariages
de l'Île d'Orléans, comté de Montmorency,

1666-1966. Québec, Société canadienne de Généalogie, 1966. 464 p.

Contribution no 20 de la Société.
Un index a été dressé par Napoléon Goulet, pour les paroisses de Ste-Famille, (1666-1963); St-Pierre, (1679-1963); St-Jean (1679-1963). Cet index est déposé aux Archives nationales du Québec à Québec.

BUREAU, René et Raymond CAYOUETTE. Notes sur la famille Cayouette.

Dans: L'Ancêtre 2: (1) 5-20 sept. '75.

BURGESS, Barry Hovey. Burgess genealogy, Kings County, Nova Scotia, branch of the descendants of Thomas and Dorothy Burgess, who came from England in 1630 and settled in Sandwich, Massachussetts. New York, Chas. E. Fitchett, 1941. xiii, 77, (16) p.

Genealogical tables (partly folded) included.

BURGESS, Kenneth Farwell. Colonists of New England and Nova Scotia; Burgess and Heckman families. (Chicago, Ill.), Privately printed, 1956. xiii, 134 p.

Folded genealogical tables included.
550 copies of this book have been printed.

BURGESS, May, N.S. Deeds, letters, etc. concerning families and lands in Hants County, N.S. (chiefly Maitland, N.S. and Shubenacadie, N.S.) of the Frieze, Crowe, Rines, Ritchie, Roy and Smith families.

Source: U.L.Ms. p. 152.
Ms. Original. 3 inches. 1819-1874.
Public Archives of Nova Scotia, Halifax, N.S.

BURGESSE, J. Allan. Le Cas curieux de Simon Ross.

In: S.G.C.F. Mém. 2: 245-248 '47.

_____. Les Deux Paul Sabourin.

Dans: S.G.C.F. Mém. 1: 261-266 '45.

_____. La Plus ancienne famille du Saguenay. Chicoutimi, Société historique du Saguenay, 1948. 40 p.

Publication no 12 de la Société.
Bibliographie: p. 38-39.
Sur la famille Verreault.

_____. Les Registres des postes du Roi.

Dans: S.G.C.F. Mém. 3: 211-216 '49.
Suivi de notes généalogiques.

BURGOYNE Cemetery Company, Burgoyne, Ont. Cemetery records, 1877-1945.

Source: C.C.Ms. p. 153.
Ms. Microfilm. 1 reel. 1877-1945.
University of Western Ontario Library, London, Ont.

BURKE, Evelyn. L'Histoire du comté d'Ottawa.

Dans: L'Outaouaais généalogique 2: (6) 62-64 juin '80; 2: (7) 80 sept. '80.
Sommaire: 1ère ptie: Les noms; -2: Sur la consanguinité.

BURKHOLDER, Mabel Grace (Clare). The Story of Hamilton. (Hamilton, Ont., Davis Lisson Ltd.), 1938. 183 p.

Chapter 7: The Brant family at Burlington, pp. 48-52.

BURLEIGH, H.C. Loyalist graves in the Bay of Quinte region. Bath, Ont., Bay of Quinte Branch, United Empire Loyalists' Association, 1972. 36, 2 leaves.

BURNHAM family, N.S. Ancestors and descendants of John Burnham, Loyalist, wh settled at Digby (in "Preliminary compilatic data of Burnham genealogy, 1784-1940"), b D.E. Burnham, Halifax.

Source: U.L.Ms. p. 154.
Ms. Transcripts. 107 p. [n.d.]
Public Archives of Nova Scotia, Halifax, N.S.

BURNHAM family, N.S. Genealogy.

Source: U.L.Ms. p. 154.
Ms. Original. 38 inches. 1784-1940.
Public Archives of Nova Scotia, Halifax, N.S.

BURNS, Nancie. Family tree; an adventure in genealogy. London, Faber and Faber, (c1962).

BURNS family.

In: Yarmouth, N.S. Geneal., 1896-1902, pp. 123, 155.
Source: N.B.L.

BURNT Church, N.-B. Sainte-Anne, paroisse (catholique). Registre de paroisse, 1891-1920

Source: C.C.Ms. p. 155.
Ms. Microfilm. 1 bobine.
Archives acadiennes, Moncton, N.B.

BURPEE, David, N.B. Sheffield town record book: marriages, births, deaths . . . 1766-1835.

Source: U.L.Ms. p. 155.
Ms. Original.
New Brunswick Museum, St. John, N.B.

BURPEE, Lawrence, Johnston, Ont. Material . . . about the De Mille family, including De Mille family letters, 1855-1865 and 1880-1903; letters concerning the Johnstone family, 1901-1908; Lawrence Burpee's letter concerning the De Mille family, 1924-1948; data about the De Mille family tree . . .

Source: U.L.Ms. p. 155.
Ms. Photocopies.
Queen's University Archives, Kingston, Ont.

BURRIS, Matthew George. The Burris family of Musquodoboit. New York, 1934. 293 p.

Helpful for those doing genealogical research on the Burris family in Canada.

BURROUGHS and Ferguson, Ont. . . . Genealogical data.

Source: U.L.Ms. p. 156.
Ms. Original. 1777, 1814-1903, 1926.
Archives of Ontario, Toronto, Ont.

BURSON, George, St. Catharines, Ont. Record of marriages, 1872-1884.

Source: U.L.Ms. p. 156.
Ms. Original. 100 p.
Archives of Ontario, Toronto, Ont.

BURTON, Willard, N.S. . . . Genealogical sketch by the Hart and Ross families . . .

Source: U.L.Ms. p. 157.
Ms. Original.
Cape Bretoniana Archives, St. Francis Xavier University, Sydney Campus, Sydney, N.S.

BURTON family.

In: Yarmouth, N.S. Geneal. 1896-1902, pp. 204, 233.
Source: N.B.L.

BUSHBY family. Death certificates of Anne Sarah Bushby, 1872; Joseph William Bushby, 1900; Anne Bushby.

Source: U.L.Ms. p. 158.
Ms. Original. 3 p.
Provincial Archives of British Columbia, Victoria, B.C.

BUSSIÈRES, Guy, co-comp.
voir sous:

LEBOEUF, Léopold et Guy Bussières, comp. Répertoire des mariages de La Sarre . . .

BUXTON, Ont. St. Andrew's United Church . . . Baptisms, 1859-1926; marriages, 1857-1895.

Source: U.L.Ms. 1857-1895.
Ms. Microfilm. 1 reel.
University of Western Ontario Library, London, Ont.

BYER family, N.S. Genealogical chart.

Source: U.L.Ms. p. 160.
Ms. Transcripts. 1 p. [n.d.]
Public Archives of Nova Scotia, Halifax, N.S.

BYERLY, Alpheus Edward. Fergus, or the Fergusson-Webster settlements, with an extensive history of north-east Nichol. Elora, Ont., Elora Express Pub., 1932-34. x, 372 p.

Collection of rare and valuable material relating to local history which includes biographical sketches of the pioneers of Wellington County, especially of Fergus and Nichol, Ontario.

____. The McCraes of Guelph. Elora, Elora Express Pub., 1932. 13 p.

Title from original cover.
Portrait on original cover.
200 signed copies printed.

BYLES family, N.S., N.B. Boston, Mass. . . . Genealogical material.

Source: U.L.Ms. p. 160.
Ms. Transcripts. 1777-1829.
Public Archives of Nova Scotia, Halifax, N.S.

CADENHEAD family, Ont. Correspondence from J. MacDonald to John Cadenhead, 9 and 25 Nov. 1857, about land and from E. Cadenhead, 18 March 1871, about genealogy; genealogical papers.

Source: U.L.Ms. p. 162.
Ms. Original. 1857-1871.
Public Archives of Canada, Ottawa, Ont.

CADIEUX, Joseph. Livre généalogique de la famille. Montréal, Cadieux, 1897. 226 p.

CAHIER généalogique Pouliot, no 1, 1978-. Québec, Lorenzo Pouliot.

CAHILL family. Genealogical chart and notes regarding the Cahill (O'Cahill) family, 1785-1964.

Source: U.L.Ms. p. 163.
Ms. Original. 2 p. 1964.
Public Archives of Canada, Ottawa, Ont.

CAIN family.

In: Yarmouth, N.S. Geneal., 1896-1902, pp. 135, 171-172, 182, 188.
Source: N.B.L.

CAISSE-Belval (Four generations of the Caissie family).

In: F.C.A.G.R. 4: (3) 185 Fall '72.

CALDERON, Joseph. Keeping track of 2300 relations not an easy task.

Journal's article without reference on the Lizotte family.
Archives nationales du Québec, Québec, Qué.

CALDWELL family, N.S. Some pages from Caldwell family Bible . . .

Source: U.L.Ms. p. 164.
Ms. Original.
Public Archives of Nova Scotia, Halifax, N.S.

CALLBECK, Lorne. The Cradle of Confederation. Fredericton, 1964. 312 p.

CALNEK, William Arthur. . . . History of the County of Annapolis including old Port Royal and Acadia, with Memoirs of its representatives in the provincial parliament, biographical and genealogical sketches of its early English settlers and their families; with portraits and illustrations, by the Late W.A. Calnek . . .; ed. and completed by A.W. Savary . . . Toronto, William Briggs; Montreal, C.W. Coates, 1897. xxii, 660 p. 18 leaves of plates.

Spine title: "County of Annapolis".
Supplement to the History of the County of Annapolis correcting and supplying omissions in the original volume, with portraits and illustrations, by W.A. Savary . . . Toronto, W. Briggs, 1913. xv, 142 p. 10 leaves of plates.
Errata sheet inserted.

CALVERT family, Nfld. Selections from the Calvert family papers relating to the Avalon Plantation in Newfoundland.

Source: U.L.Ms. p. 166.
Ms. Microfilm. 1 reel. 1621-1756.
Provincial Archives of Newfoundland, St. John's, Nfld.

CAMBRAY, Alfred. Famille Jacob, généalogie. Trois-Rivières, (Impr. St-Joseph), 1938. 140 p.

_____. Robert Giffard, premier seigneur de Beauport et les origines de la Nouvelle-France. Cap-de-la-Madeleine, 1932-.

Notes (part. bibliographiques) au bas des pages.
Vol. 1: Bibliothèque du Cegep de Trois-Rivières, Trois-Rivières, Qué.

CAMBRIDGE, N.B. Parish Church (Anglican). Baptisms, 1833-1950; marriages, 1885-1957; burials, 1883-1957.

Source: U.L.Ms. p. 167.
Ms. Microfilm. 15 feet.
Provincial Archives of New Brunswick, Fredericton, N.B.

CAMBRIDGE and Waterloo, N.B. Parish Church (Anglican). Baptisms, marriages and burials, 1823-1916.

Source: U.L.Ms. p. 167.
Ms. Microfilm. 10 feet.
Provincial Archives of New Brunswick, Fredericton, N.B.

CAMERON, Benoit. Généalogie historique de mes ancêtres "Cameron".

Dans: L'Entraide généalogique 3: (2) 49-60 mars '81; 4: (1) 4-14 août/oct. '81.

CAMERON family. Genealogical notes and chart of the Cameron and allied families, 1785-1970 . . .

Source: U.L.Ms. p. 169.
Ms. Photocopies.
Public Archives of Canada, Ottawa, Ont.

CAMPAGNA, Dominique, s.c. Analyse d'un acte de notaire il y a 250 ans: mariage de Noël Paquet et Geneviève Campagna. (Contrat de mariage devant le notaire Dubreuil e 1728).

Dans: L'Ancêtre 5: (6) 185-186 fév. '79.

_____. Les Descendants de Mathias Campagna, dans les régions de Québec, Montmagny, Lévis et des Cantons de l'Est. Jonquière, 1947. 494 p.

En tête du titre: "Généalogie des Campagna et Dancause".
Sommaire: 1ère ptie: Notes explicatives sur les familles Campagna; -2: Sur les familles Dancause.

_____. Étienne Campagna, 1828-1911.

Dans: L'Ancêtre 1: (4) 96 déc. '74.

_____. Les Familles Campagna au Canada.

Dans: L'Ancêtre 4: (6) 197-199 fév. '78.
Conférence prononcée devant les membres de la Société de Généalogie de Québec le 18 janv. 1978.

_____. Généalogie des Campagna; les descendants de Mathias Campagna dans les région de Québec, Montmagny, Lévis, et des Cantons de l'Est. (Chicoutimi, avril 1947). 194 j

Polycopié.
Page couverture: "Généalogie des Campagna et des Dancause".

_____. Généalogie des familles Campagna; les descendants de Mathias et Pierre Campagna dans les régions de Québec, Montmagny, Cantons de l'Est et États-Unis. (s.l. 1968. 234 p.

Polycopie.

_____. Les Dancause dans les Cantons de l'Est.
Dans: L'Ancêtre 6: (8) 245-247, avr. '80.

_____. Les Mariages de la paroisse St-Valère
d'Arthabaska, 1860-1960. (St-Valère), 1960
(i.e. 1961). 106 p.

Titre de couverture: "Le 846 mariages de la
paroisse de St-Valère d'Arthabaska,
1861-1961".

_____. Répertoire des mariages, Batiscan (comté
de Champlain), 1682-1900. Cap-de-la-
Madeleine, Qué., (1962). 92 feuillets.

_____. Répertoire des mariages de Batiscan
(comté de Champlain), 1682-1900. Cap-de-la-
Madeleine, Qué., (1964). 92 p.

Texte polycopié sur un seul côté des feuillets.

_____. Répertoire des mariages de Bécancour,
comté de Nicolet, 1716-1914. Cap-de-la-
Madeleine, Qué., (1964). 215 feuillets.

Texte polycopié sur un seul côté des feuillets.

_____. Répertoire des mariages de la paroisse de
Champlain, comté de Champlain, 1680-1915.
Cap-de-la-Madeleine, Qué., 1965. 124
feuillets.

Texte polycopié sur un seul côté des feuillets.

_____. Répertoire des mariages de la paroisse de
Gentilly, 1784-1914. 2e éd. Cap-Rouge,
Qué., D. Campagna, (1973) 173 p.

Édition originale, 1964, publiée sous le titre:
"Répertoire des mariages de la paroisse Saint-
Édouard de Gentilly, comté et diocèse de
Nicolet, 1784 à 1915".
Tirage limité à 80 exemplaires.
Polycopié.
Distribution restreinte aux généalogistes et aux
bibliothèques.

_____. Répertoire des mariages de la paroisse
Saint-Antoine de la Rivière-du-Loup ou
Louiseville, 1714-1941. (Cap-de-la-Madeleine,
Qué., 1965). 360 p.

Titre de couverture: "Répertoire des mariages
de Louiseville, 1714-1941".
Polycopié.

_____. Répertoire des mariages de la paroisse de
Saint-Édouard de Gentilly, comté et diocèse
de Nicolet, 1784 à 1915. Cap-de-la-
Madeleine, Qué., 1964. 173 feuillets.

Titre de couverture: "Répertoire des mariages
de la paroisse de Gentilly, 1784-1914".
Texte polycopié sur un seul côté des feuillets.

_____. Répertoire des mariages de Saint-Léon-le-
Grand (comté Maskingongé), 1802-1963.
Cap-de-la-Madeleine, Qué., 1967. 170 p.

Polycopié.

_____. Répertoire des mariages de la paroisse
Saint-Luc de Vincennes, 1863-1964. Cap-de-
la-Madeleine, (Qué., 1964). 66 feuillets.

Titre de couverture: "Répertoire des mariages
de Saint-Luc de Vincennes, 1864-1964".
Texte polycopié sur un seul côté des feuillets.

_____. Répertoire des mariages de Saint-Michel
de Vaudreuil, 1773-1972. Comp. par Jean-
Benoit Charette. Québec, [s.d.]. 181 p.

Polycopié.

_____. Répertoire des mariages de Saint-Narcisse
de Champlain, 1854-1967. Cap-de-la-
Madeleine, Qué., (1967). 147 p.

Polycopié.

_____. Répertoire des mariages de la paroisse de
Saint-Pierre-les-Becquets, comté et diocèse de
Nicolet, 1734-1915. Cap-de-la-Madeleine,
Qué., 1965. 171 p.

Titre de couverture: "Répertoire des mariages
de la paroisse Saint-Pierre les Becquets, co.
Nicolet, 1734-1914".
Texte polycopié sur un seul côté des feuillets.

_____. Répertoire des mariages de Saint-
Prosper, comté de Champlain, 1850-1950.
Cap-de-la-Madeleine, Qué. (1963). 78 p.

Texte polycopié sur un seul côté des feuillets.

_____. Répertoire des mariages de la paroisse
Saint-Tite de Champlain, 1859-1959. Cap-de-
la-Madeleine, Qué., (1968). 186 p.

Polycopié.

_____. Répertoire des mariages de Sainte-
Angèle-de-Laval, comté de Nicolet,
1870-1960. Cap-de-la-Madeleine, Qué.,
(1967). 76 feuillets.

Texte polycopié sur un seul côté des feuillets.

_____. Répertoire des mariages de la paroisse
Sainte-Anne-de-la-Pérade, comté de
Champlain, 1684 à 1900. Cap-de-la-
Madeleine, Qué. D. Campagna, 1962.
177 feuillets.

Titre de couverture: "Mariages de la paroisse
Sainte-Anne-de-la-Pérade, 1684-1900".
Texte polycopié.

CAMPAGNA, Dominique, s.c., comp. Répertoire des mariages, Sainte-Anne-de-la-Pérade, 1684-1900. Réédité par D. Campagna. Cap-Rouge, Qué., D. Campagna, (1973). 162 p.

Édition originale, 1962, publiée sous le titre: "Répertoire des mariages de la paroisse Sainte-Anne-de-la-Pérade, comté de Champlain, 1684 à 1900".
Tirage limité à 80 exemplaires.
"Les années 1761, 1762, 1769 et 1773 ne sont pas dans ce volume; les registres sont absents." (p. 2)
Polycopié.
Distribution restreinte aux généalogistes et aux bibliothèques.

____. Répertoire des mariages de Sainte-Geneviève de Batiscan, comté de Champlain, 1727-1900. Cap-de-la-Madeleine, (Qué.), 1963. 128 p.

Polycopié.

____. Répertoire des mariages de Sainte-Gertrude, comté Nicolet, 1849-1920. Cap-de-la-Madeleine, Qué., (1966). 69 feuillets.

Polycopié sur un seul côté des feuillets.

____. Répertoire des mariages de la paroisse de Sainte-Marie-Madeleine (Cap-de-la-Madeleine), comté de Champlain, 1673-1920. 104 feuillets.

Titre de couverture: "Les Mariages de la paroisse de Sainte-Madeleine, Cap-de-la-Madeleine, 1673-1920".
Texte polycopié sur un seul côté des feuillets.

____. Répertoire des mariages de Lavaltrie (Saint-Antoine de Lavaltrie, comté de Berthier), 1716-1960. Cap-de-la-Madeleine, Qué. (1966). 155 feuillets.

Texte polycopié sur un seul côté des feuillets.

____. Répertoire des mariages de Maskinongé, comté de Maskinongé, 1728-1966. Cap-de-la-Madeleine, Qué., 1966. 306 p.

Polycopié.

____. Répertoire des mariages de Pointe-du-Lac, diocèse de Trois-Rivières, La Visitation-de-la-Pointe-du-Lac, 1744-1966. Cap-de-la-Madeleine, Qué., (1966). 161 p.

____. Répertoire des mariages de Trois-Rivières, 1654-1900. Cap-de-la-Madeleine, Qué., 1963. 451 p.

Polycopié.

____. Répertoire des mariages de Yamachiche (Sainte-Anne), 1725-1960. Cap-de-la-Madeleine, Qué. (1966). 319 p.

Polycopié.

____. Répertoire des mariages du Cap-de-la-Madeleine (paroisse Ste-Madeleine), 1673-1920. 3e éd. Cap-Rouge, Qué., D. Campagna, 1971. 88 p.

Texte polycopié sur trois colonnes.

____. Répertoire des mariages: Saint-Paul de Chester, (comté d'Arthabaska), 1860-1970. Cap-Rouge, Qué., (1972).

Polycopié.

____. Répertoire des mariages: Saint-Stanislas de Champlain, ou Saint-Stanislas-de-la-Rivière-des-Envies, 1787-1966. Cap-de-la-Madeleine, Qué., (1967). 194 p.

Polycopié.

CAMPAGNA, Dominique, Antonio MORIN et chan. Alphonse ALLARD, comp. Répertoire des mariages de Sainte-Monique de Nicolet, 1844 à 1965. Cap-de-la-Madeleine, Qué., 1965. 149 p.

Polycopié.

CAMPAGNA, Dominique, s.c., co-aut.
voir aussi sous:

LAPOINTE, Joseph Alfred, comp. Les Familles de Mégantic et Arthabaska . . .
SOCIÉTÉ généalogique des Cantons de l'Est. Répertoire des mariages du comté d'Arthabaska . . .
SOCIÉTÉ généalogique des Cantons de l'Est. Répertoire des mariages catholiques, comté de Stanstead . . .

CAMPBELL, Alice A., comp. Milk River Country. (Lethbridge, Alta., Lethbridge Herald Job Press Dept., 1959). 439 p.

Short notes, annals and records on the pioneers.

CAMPBELL, D. and R.A. MacLean. Beyond the Atlantic roar; a study of the Nova Scotia Scots. Toronto, McClelland and Stewart, c1974. viii, 328 p. (The Carleton Library, no. 78).

Bibliography: pp. 297-314.
Source: Canadiana.

CAMPBELL, Donald, N.S. . . . Family tree . . .

Source: U.L.Ms. p. 171.
Ms. Original.
Cape Bretoniana Archives, St. Francis Xavier
University, Sydney Campus, Sydney, N.S.

CAMPBELL, Duncan. History of Prince
Edward Island. Charlottetown, 1875.

CAMPBELL, Mary Jane, co-aut.
see under:

GOODFELLOW, Clara, John Clifton Kell,
Mary Jane Campbell and J.A.C. Kell. A
Tribute to Our Parents . . .

CAMPBELL, W. The Scotsmen in Eastern
Canada. Toronto, 1911.

CAMPEAU, Lucien, s.j. Étienne Campeau,
l'Argoulet.

Dans: S.G.C.F. Mém. 27: (3) 131-142
juil./sept. '76.

____. Famille Léger.

Dans: S.G.C.F. Mém. 5: 133-141 '53.

CAMPEAU, Marielle, comp.
voir sous:

CANADA. Archives publiques. Répertoire des
registres paroissiaux . . .
CANADA. Public Archives. Checklist of
parish registers . . .

CANADA. Archives publiques. À la piste de
nos ancêtres au Canada. Ottawa, Impr. de la
Reine, 1968. 20 p.

Édition anglaise: "Tracing your ancestors in
Canada".

____. ____. Guide de sources généalogiques au
Canada. Ottawa, 1973. 25 p.

____. ____. Rapport. 1872-. Ottawa.

Source de documents pour servir à l'histoire du
Canada et sa population.
"Généalogie des familles de la Beauce." 1905,
p. 1-262.
"Généalogie des familles de la Côte de
Beaupré." 1912, p. 4-128.

____. ____. Répertoire des registres paroissiaux.
Comp. par Marielle Campeau. Ottawa,
Impr. de la Reine, 1969. 21 p.

Édition anglaise: "Checklist of parish
registers".

____. ____. Division des Manuscrits. Inventaire
général manuscrit. MG 1-. Ottawa, Ont.
1971- .

7 volumes parus.

CANADA (1841-1867). Commissaire sous
l'acte seigneurial de 1854. Cadastres abrégés

des seigneuries appartenant à la Couronne,
déposés aux greffes de Québec, chez le
Receveur général et au Bureau des Terres de
la Couronne . . . Québec, Desbarats, 1863.
[p.v.]

CANADA. Department of Citizenship and
Immigration. Canadian Citizenship Branch.
Notes on the Canadian family tree. Ottawa,
1960. iii, 137 p.

". . . is an attempt to provide factual information on many of the ethnic groups that com-
prise the Canadian population . . ." (Foreword, p. i).

CANADA. Public Archives. Checklist of
parish registers, comp. by Marielle Campeau.
Ottawa, Queen's Pr., 1969. 21 p.

French edition: "Répertoire des registres
paroissiaux".

____. ____. Report. 1872- . Ottawa, Ont.

____. ____. Tracing your ancestors in Canada.
Ottawa, Queen's Pr., 1968. 20 p.

French edition: "À la piste de nos ancêtres au
Canada".

CANADIAN Catalogue of books published in
Canada, about Canada, as well as those written by Canadians, with imprint, 1921-1949,
(consolidated English language reprint ed.),
with cumulative author index. Toronto,
Toronto Public Libraries, 1959. 2 vols.

CANADIAN historical review. vol. 1, no. 1,
1920- . Toronto, University of Toronto
Press.

New series of the Review of historical publications relating to Canada, 1897-1919.

CANADIAN Library Association. Genealogical
materials compiled from Canadiana. Comp.
by Kathleen Mennie-de Varennes. Ottawa,
1962. 21 p. (Occasional paper, no. 38).

French/English.

CANADIAN Publicity Company. Pioneers
and prominent people of Manitoba.
Winnipeg, Bulman Bros., (c1925). 352 p.

". . . provides a record of the men and women
who . . . are contributing to and making
possible the growth of Manitoba . . ."
". . . will also find descendants of the early
Hudson's Bay Co.'s officers, the Kildonian
settlers, men who came with Wolesley Expedition, pioneer farmers of the early seventies
and eighties, pioneers, and early settlers of its
different localities . . ." (Foreword)

CANADIANA. Jan. 15, 1951-. Ottawa, Ont.

Bilingue/Bilingual.
Remplace/Supersedes: Canadian Catalogue of Books published in Canada, about Canada, as well as those written by Canadians.
Publié/Published: 1951-52 par/by Centre Bibliographique canadien/Canadian Bibliographic Centre; 1953-   par/by: Bibliothèque nationale du Canada/National Library of Canada.
Section sur la généalogie et l'histoire/Section on genealogy and history.

CANIFF, William. History of the Province of Ontario . . . including biographies of prominent first settlers and census of 1871.

CANNING and Chipman, N.B. Parish Church (Anglican). Baptisms: 1846-1883, 1846-1913; marriages: 1858-1864, 1885-1913; burials: 1846-1853, 1846-1914.

Source: U.L.Ms. p. 214.
Ms. Microfilm. 20 feet.
Provincial Archives of New Brunswick, Fredericton, N.B.

CANNING family, N.S. Genealogical information on the Canning, Coates and Wood families.

Source: U.L.Ms. p. 214.
Ms. Transcripts. 6 p. [n.d]
Public Archives of Nova Scotia, Halifax, N.S.

CANNON, Robert. Les Trois-Rivières et les familles Dumoulin et Cannon.

Dans: Bull. rech. hist. 40: 109-116 '34.

CANTELON, Harold Ray and Leon C. Cantelon. Romantic Cantelon history (Toronto?, 196-?). 6 vols.

Title varies: vol. 6: "Cantelon genealogy"; or, "House of Cantelon".

CANTELON, Leon Clifford, co-aut.
see under:

Cantelon, Harold Ray and Leon C. Cantelon. Romantic Cantelon history . . .

CANTIN, Eugène. Archives nationales du Québec.

Dans: Culture vivante. no 29/30 sept. '73, p. 53-56.

CAPACCI family, Que. Copies of legal documents concerning the family, 1541-1583.

Source: U.L.Ms. p. 214.
Ms. Original. 60 p.
McGill University Library, Montreal, Que.

CAP PELÉ, N.-B. Sainte-Thérèse, paroisse (catholique). Registre de la paroisse, 1813-1938.

Source: C.C.Ms. p. 216.
Ms. Microfilm. 2 bobines.
Archives acadiennes, Moncton, N.-B.

CAP-SANTÉ, Qué. Sainte-Famille, paroisse (catholique). Registres de baptêmes, mariage et sépultures, 1775-1780.

Source: C.C.Ms. p. 216.
Ms. Microfilm. 1 bobine.
Archives acadiennes, Moncton, N.-B.

CAP-TOURMENTIN, N.-B. Saint-Barthelemy, paroisse (catholique). Registres de baptêmes, mariages et sépultures, 1839-1853.

Source: C.C.Ms. p. 216.
Ms. Copie. 16 p.
Archives publiques du Canada, Ottawa, Ont.

____. Registre de paroisse, 1840-1853.

Source: C.C.Ms. p. 216.
Ms. Originaux. 14 p.
Archives acadiennes, Moncton, N.-B.

CAPON, Alan R. Historic Lindsay. Includes a portfolio of Lindsay portraits, by John E. Boyd. Belleville, Ont., Mika Pub., 1974. 81 p.

Source: Canadiana.

CARAQUET, N.-B., paroisse (catholique). Registres de baptêmes, mariages et sépulture de l'Acadie communément appelés "Registres de Caraquet" et se rapportant à divers endroits du Nouveau-Brunswick, de la Nouvelle-Écosse et du Québec, 1768-1799.

Source: C.C.Ms. p. 217.
Ms. Copie. 1 pouce.
Archives publiques du Canada, Ottawa, Ont.

____. Saint-Pierre (Catholic) Church. Baptisms marriages and burials, 1768-1920.

Source: U.L.Ms. p. 217.
Ms. Microfilm. 130 feet.
Provincial Archives of New Brunswick, Fredericton, N.B.

____. Saint-Pierre, paroisse (catholique). Registre de la paroisse, 1768-1920.

Source: C.C.Ms. p. 217.
Ms. Copie. 3 pouces.
Archives acadiennes, Moncton, N.-B.

CARBONNEAU, Charles-Alphonse, mgr. Tableau généalogique des mariages célébrés dans les paroisses du diocèse de Rimouski, situées dans les comtés de Rimouski, Matane, Matapédia et Témiscouata; et dans celles de Sainte-Anne-des-Monts et du Cap-Chat dans le comté de Gaspé. Rimouski, Le Séminaire de Rimouski, 1936. 5 vols.

Sommaire: 1ère sér.: 1701-1902: 1er vol.: Abou-Dunnigan; 2e vol.: Duperré-Mullock; 2e sér.: 1902-1925: 1er vol.: Abel-Landry; 2e vol.: Lang-Zilda.

CARDAILLAC, Marquise de. Une famille célèbre: les Moll.

Dans: Québec-histoire 2: (1) 37-40 automne '72.

CAREY family, N.S. Some descendants of John Lewis Carey of Dublin, Ireland, who married Margaret Anderson of Halifax, 1775.

Source: U.L.Ms. p. 218.
Ms. Transcripts. 2 p. [n.d.]
Public Archives of Nova Scotia, Halifax, N.S.

CARLETON PLACE, Ont. St. Andrew's United Church . . . Register of marriages, 1834-1855.

Source: U.L.Ms. p. 217.
Ms. Microfilm.
Archives of Ontario, Toronto, Ont.

CARLETON PLACE, Ont. Zion Memorial United Church. Parish registers of the Zion Memorial United Church and its Presbyterian and Methodist predecessors.

Source: U.L.Ms. p. 217.
Ms. Microfilm. 1 reel. 1878-1933.
Public Archives of Canada, Ottawa, Ont.

CARMICHAEL, Hugh, Ont. . . . List of baptisms in Lobo Township, 1829 . . . Records of family births, marriages and deaths, 1824-1870.

Source: U.L.Ms. p. 220.
Ms. Original.
University of Western Ontario Library, London, Ont.

CARMOLY, Eliakin. The Rapoport family tree; a record of its origin in fifteenth century Italy. English version by Joseph Rapoport. Montreal, J. Rapoport, 1975 (i.e. 1976). (Printed in Italy). 43 p.

Additional title page: The Ravens and the Children of the Dove; the lineage of the Rapoport family and of the Yungetobin family.

Original title: "Ha-Orevim U-Venei Jonah, Rödelheim". Y. Lehberger, 1861.
The original work contained 14 chapters; this version has been reduced to the first 8 chapters (p. 5).

CARNEY family, N.S. Typed manuscript of the Carney genealogy.

Source: U.L.Ms. p. 221.
Ms. Microfilm. 1 reel. [n.d.]
Public Archives of Nova Scotia, Halifax, N.S.

CARNOCHAN, Janet, ed. Early churches in the Niagara Peninsula, Stamford and Chippawa, with marriage records of Thomas Cummings and extracts from the Cummings' papers.

In: Ontario Hist. Soc. Papers and records 8: 149-225 '07.

____. Early records of St. Mark's and St. Andrew's churches, Niagara.

In: Ontario Hist. Soc. Papers and records 3: 7-85 '01.
Contents: Baptisms in Niagara, by Rev. Robert Addison; weddings at Niagara, 1792; burials, Niagara, 1792; register of baptisms, commencing June 29, 1817, Township of Grimsby; register of marriages, Township of Grimsby, U.C., commencing Aug. 1817; register of burials in the Township of Grimsby; register of christenings in the Presbyterian Congregation, Township of Neward, U.C.; register of births and baptisms, St. Andrew's Church, Niagara; marriages celebrated by Rev. Robert McGill.

CARON, Irenée-Marie, f.i.c.
voir sous:
ALFRED-MARIE, f.i.c.

CARON, Ivanhoë, ptre. The Catholic missions in Canada, 1721; a profile for genealogy and microhistory. Based on a procès-verbal by Procureur Général Collet. Ed. and with annotations by Abbé Ivanhoë Caron. Index to personal names, by Ruth Orgego Berthelet. Cottonport, La., Polyauthor, 1972. 118 p.

____. La Famille Gaultier de Varennes.

Dans: Bull. rech. hist. 26: 14-21, 78-89 '20.

____. Monseigneur Joseph Octave Plessis, sa famille.

Dans: Soc. roy. du Canada. Mém. 3e sér. 31: 97-117 '37.

____. Pierre Gaultier de Varennes de la Vérendrye et ses fils.

Dans: Bull. rech. hist. 23: 169-181 '17.

CARON, Ivanhoë, ptre. René Gaultier de Varennes, gouverneur de Trois-Rivières.
Dans: Bull. rech. hist. 23: 117-124 '17.

____. Robert Caron et sa famille . . . Lévis, 1937. 24 p.
Paru aussi dans: Bull. rech. hist. 43: 161-172, 200-212 '37.

CARON, Napoléon, ptre. Histoire de la paroisse d'Yamachiche (précis historique). . . . Trois-Rivières, Ayotte, 1892. 300 p.
Supplément par François Lesieur Desaulniers.
Chapitre spécial par Benjamin Sulte.
Généalogie des familles Le Sieur, Desaulniers, Gélinas, Bellemare, Milot, St-Louis et Panneton.

CARON, W.L. Réminiscences d'une grand'-maman: Charlotte Catherine Bertrand.
Dans: Le Progrès de Hull, 23 déc. '60.

____. Réminiscences d'une grand'maman: Jeanne Badeau.
Dans: La Tribune de Hull, 26 nov. '60.

____. Réminiscences d'une grand'maman: Marie Françoise Boivin.
Dans: La Tribune de Hull, 28 avr. '61.

____. Réminiscences de grand'maman: Marie Gendre.
Dans: Le Progrès de Hull, 16 déc. '60.

____. Réminiscences de grand'maman: Marie Madeleine Roy.
Dans: La Tribune de Hull, 24 fév. '61.

____. Réminiscences de grand'maman: Nicole Rolant.
Dans: La Tribune de Hull, 25 nov. '60.

CARON-PELLETIER, Hélène. Mes racines: Hélène Caron-Pelletier (4). n. 27-8-1925, Hull; m. 3-11-56, Hull, à Alphonse Pelletier.
Tableau généalogique (5 générations).
Dans: L'Outaouais généalogique 3: (3) 39 mars '81.

CARP, Ont. United Church of Canada. . . . Registers of marriages, baptisms and burials . . . 1858?-1929?
Source: U.L.Ms. p. 222.
Ms. Microfilm.
Public Archives of Canada, Ottawa, Ont.

CARR, David Henderson. A History of the descendants of George Henderson of Aberchirder, Banffshire, Scotland, 1790-1975. London, Ont., D.H. Carr, c1976. ii, 237 p.
Bibliography: p. 229.

CARR, Harold M., N.S. Genealogical account of the Gouthro family of Frenchvale, Cape Breton.
Source: U.L.Ms. p. 222.
Ms. Original. 1 inch. ca.1758.
Cape Bretoniana Archives. St. Francis Xavier University, Sydney Campus, Sydney, N.S.

CARR-HARRIS, Grant. Carr-Harris family — Carr ancestry. Toronto, 1971. 1 vol. [n.p.]
Supplement (Toronto). [n.p.]

____. Carr-Harris; history and genealogy. Toronto, 1966. 146 p.
Supplement (Toronto) [n.p.]

CARRIER, Carl W. (Mrs.). Healy history. [n.p., n.d.] 101 p.

CARRIER-FORTIN, Jeanne d'Arc. Joseph Carrier, 1862-1932, époux de Malvina Pelchat, 1863-1921. Québec, 1975. 7 p.
Copie dactylographiée.
Archives nationales du Québec, Québec, Qué.

____. Joseph Carrier (1862-1932), époux de Malvina Pelchat (1863-1921).
Dans: L'Ancêtre 2: (6) 286-288 fév. '76.
Tableau de la 8e génération à la fin du texte.

CARSS family, Ont. Genealogical notes relating to the family of Robert Carss (1812-1889) of Arnprior, Ont.
Source: U.L.Ms. p. 223.
Ms. Photocopies. 13 p. 1889-1950.
Public Archives of Canada, Ottawa, Ont.

CARTIER, A.-O. Famille Cartier, de Sorel.
Dans: Bull. rech. hist. 54: 99-105, 143-158 '48.

CARTIER, Jacques. Recherches sur sa personne et sa famille, par Hte Harvut, secrétaire de la mairie de St-Malo. Nantes, 1884. 14 p. in-8°.
Archives nationales du Québec, Québec, Qué.

CARTIER, Michel. Jean-François de Billy (1647-1716).
Dans: L'Ancêtre 4: (5) 145-152 janv. '78.

CARTY family, N.S. Genealogical chart.
Source: U.L.Ms. p. 225.
Ms. Transcripts. 1 item. [n.d.]
Public Archives of Nova Scotia, Halifax, N.S.

CARUFEL, famille, Qué. Extraits et certificats de mariages, baptêmes et sépultures relatifs à la famille Carufel de St-Antoine-de-la-Rivière-du-Loup et de St-Joseph-de-Maskinongé.

Source: C.C.Ms. p. 225.
Ms. Originaux. 23 p. 1727-1819.
Archives publiques du Canada, Ottawa, Ont.

CASAULT, Flavien Édouard. Généalogie des familles Casault, 1645-1967. Rév. et complétée par Ulric Casault. Cap-de-la-Madeleine, 1966. 99 feuillets.

Texte polycopié sur un seul côté des feuillets.

____. Notes historiques de Saint-Thomas de Montmagny. Québec, Typ. Dussault et Proulx, 1906. 447 p.

Nombreuses notes historiques sur la famille Casault.

CASAULT, Ulric. Tricentenaire des familles Thivierge.

Dans: S.G.C.F. Mém. 14: (1) 12-13 janv. '63.

CASAULT, Ulric, co-aut.
voir aussi sous:
CASAULT, Flavien Édouard. Généalogie des familles Casault . . .

CASCUMPÈQUE, Î.-P.-É., Sainte-Antoine-de Cascumpèque, paroisse (catholique). Registre de baptêmes, mariages et sépultures, 1839-1868.

Source: C.C.Ms. p. 226.
Ms. Microfilm. 1 bobine.
Archives publiques du Canada, Ottawa, Ont.

CASEY, Thomas Willet, Ont. . . . Genealogical and historical notes, 1582-1901 . . .

Source: U.L.Ms. p. 227.
Ms. Original.
Lennox and Addington Historical Society, Napanee, Ont.

CASGRAIN, C.E. (Mme). Mémoires de famille: C.E. Casgrain, par Madame C.E. Casgrain, née Baby. Rivière-Ouelle, Manoir d'Airvault, 1869. 254 p. in-16.

Tableau généalogique.
Ce volume fut imprimé à Ste-Anne-de-la-Pocatière, par M. Proulx, l'éditeur de la "Gazette des campagnes".
Édition intime pour la famille.
Source: Collection Gagnon. Bibliothèque municipale de Montréal, Montréal, Qué.

____. Mémoires de famille: L'Honorable C.E. Casgrain, par Madame C.E. Casgrain, née Baby. Rivière-Ouelle, Manoir d'Airvault, Qué., 1891. 275 p. in-8°.

Deux portraits.
Deuxième édition, essentiellement privée, imprimée à 100 exemplaires contenant en second lieu la vie de Madame Casgrain, écrite par son fils, l'Abbé Raymond.
Source: Collection Gagnon. Bibliothèque municipale de Montréal, Montréal, Qué.

CASGRAIN, Henri Raymond, ptre. Biographies de G.B. Faribault et Laterrière. Montréal, Beauchemin, 1917. 128 p.

____. La Famille de Sales Laterrière. Québec, Atelier typographique de Léger Brousseau, 1870. 63 p.

Sous format in-16 et in-32.
Livre rare.
Source: Collection Gagnon, Bibliothèque municipale de Montréal, Montréal, Qué. et Bibliothèque générale de l'Université Laval, Québec, Qué.

____. Faribault et la famille de Sales Laterrière. Montréal, Beauchemin, 1925. 123 p. (Bibliothèque canadienne, Collection Montcalm).

Faux-titre: "Faribault et de Laterrière".

____. G.B. Faribault et la famille de Sales Laterrière. Montréal, Beauchemin & Valoix, 1886. 128 p.

"Enregistré conformément à l'Acte du Parlement du Canada, en l'année 1885 . . ."

____. Un Contemporain, A.E. Aubry. Québec, Desbarats, 1865. 101 p. in-16.

Portrait et autographe.

CASGRAIN, Louis Alphonse, ptre. Notes se rapportant à la famille de Thomas-Pierre Casgrain.

Source: C.C.Ms. p. 227.
Ms. 1 1/2 pouces. 1913.
Archives nationales du Québec, Québec, Qué.

CASGRAIN, Philippe Baby, Ont., Qué. Letter to one of the Baby family enclosing "Genealogy of the Baby (Babie) family in Canada".

Source: U.L.Ms. p. 227.
Ms. Original. 4 p. 1887.
Metropolitan Toronto Central Library, Toronto, Ont.

CASGRAIN, Philippe Baby, Ont., Qué.
Memorial des familles Casgrain, Baby et
Perrault du Canada . . . Éd. intime. Québec,
C. Darveau, Impr., 1898-99. 198 (23) p.

Tableaux généalogiques (pliés).
Principaux ouvrages consultés: p. (19 à la fin).

CASGRAIN family, Ont. List of children of
Eliza Casgrain, 1841 . . .

Source: U.L.Ms. p. 227.
Ms. Original.
Hiram Walker Historical Museum, Windsor,
Ont.

CASTONGUAY, Jacques. La Seigneurie de
Philippe Aubert de Gaspé, Saint-Jean-Port-
Joli. Montréal, Fides, 1977. 159 p. (8) p. de
planches. (Collection Loisirs et culture).

Bibliographies.

CATALOGUE collectif des manuscrits des
archives canadiennes.

voir sous:

Union List of manuscripts in Canadian
repositories . . ./Catalogue collectif des manuscrits des archives canadiennes . . .

CAUGHNAWAGA, Qué., Saint-François-
Xavier, paroisse (catholique). Registres de
baptêmes, mariages et sépultures 1716-1730,
1753-1849.

Source: C.C.Ms. p. 229.
Ms. Originaux. 1 pied 6 pouces.
Archives nationales du Québec, Montréal, Qué.

CAUX, Arthur. Colons allemands de Saint-
Gilles et leurs descendants dans Lotbinière.

Dans: Bull. rech. hist. 57: 50-61 '51.

____. Famille Caux.

Dans: S.G.C.F. Mém. 7: 244-251 '56.
Conférence présentée à la Section de Québec, le
9 déc. 1952.

____. Notes d'histoire sur la famille Caux
(Koch), 1780-1972, établie dans le comté de
Lotbinière vers 1790. 81 p.

Texte polycopié.
Travail basé sur les traditions familiales et les
archives.
Source bibliographiques au bas des pages.
Archives nationales du Québec, Québec, Qué.

____. Notes généalogiques des Caux du Québec
et des Coe ou Lacoe du Minnesota, É.-U.,
1969.

Texte polycopié.
"L'ancêtre qui se dénommait Balthasar Koch
est issu d'Allemagne, soldat des Chasseurs de
Hanau, venu au Canada comme recrue au
printemps 1779." (p. 2)

____. Notes sur les seigneurs de
Beaurivage.

Dans: Bull. rech. hist. 55: 155-161 '49.
Notes sur Gilles et Étienne Rageot, Alexander
Fraser, Walter Davidson, David et Arthur
Ross, et Madame Mary Simpson-Ross.

____. Les Origines de la famille Caux.

Dans: Bull. rech. hist. 48: 187-192 '42.

CAWSTON family, B.C. Notes on the history
of members of the Cawston family; pioneers
of southern British Columbia for the period
1849-1933.

Source: U.L.Ms. p. 230.
Ms. Transcripts. 2 p. [n.d.]
Provincial Archives of British Columbia, Vic-
toria, B.C.

CAYOUETTE, Joseph. Généalogie de la
famille Frs. Cayouette. Ste-Claire, Qué.,
1900. 25 p.

Polycopié.
"Copie faite à Ste-Claire le 22 août 1900 par
Jean l'Évangéliste Cayouette et donné à Joseph
Onésime Cayouette, son neveu (en religion
Frère Natalic)."
Archives nationales du Québec, Québec, Qué.

CAYOUETTE, Raymond, co-aut.

voir sous:

BUREAU, René et Raymond Cayouette. Notes
sur la famille Cayouette . . .

CELLARD, Maurice. Un Français parmi nous
Jean-Baptiste Cellard.

Dans: Rev. d'hist. de la Gaspésie. no 47, p.
242-254 juil./sept. '74.
"Le nom de la famille Cellard n'est pas
fréquemment rencontré au Canada. En effet,
dès qu'on s'éloigne de la Baie-des-Chaleurs, ce
patronyme se fait plus rare et quelques Cellard
qui habitent ailleurs au pays sont tous
originaires de la Gaspésie, issus d'une souche
commune, J.-Bte Cellard . . ." (Intr.)

CÉLORON de Blainville, famille, France, Qué.
Divers papiers de famille; notes
généalogiques . . . 1560-1860.

Source: C.C.Ms. p. 230.
Ms. Copie.
Archives nationales du Québec, Québec, Qué.

CENTRALIA, Ont. United Church of Canada
. . . Registers, 1876-1940 (Methodist Church
until 1925).

Source: U.L.Ms. p. 231.
Ms. Microfilm.
University of Western Ontario Library, Lon-
don, Ont.

CENTRE des archives de l'Abitibi-Témiscamingue. Guide des collections et des fonds du Centre des archives de l'Abitibi-Témiscamingue, par Louise Hélène Audet avec la collab. de Yves Dionne. Rouyn, Qué., Université du Québec, Centre d'études universitaires dans l'Ouest québecois, 1976. 48 p.

Publication du Centre des archives de l'Abitibi-Témiscamingue, no 1.
Comprend un index.
Polycopié. Distribution gratuite restreinte.

CHABOT, Adrien, ptre. Jean-Louis Légaré; un héros peu connu: le fondateur de Willow Bunch, Saskatchewan, 1870.

Dans: S.G.C.F. Mém. 21: (4) 195-208, janv./mars '70.

CHABOT, Marcel. Famille Chabot. [s.l.n.d.], [p.v.].

Copie dactylographiée.
Généalogies et notes diverses.
Archives nationales du Québec, Québec, Qué.

____. Les Chabot au Canada: nos ancêtres. [s.l.n.d.] 30 p.

Polycopié.
Notes et généalogie ascendante de Mathurin Chabot et formulaire généalogique prêt à compléter.
À l'origine le nom s'écrivait "Chabo".
Archives nationales du Québec, Québec, Qué.

CHADWICK, Edward Marion. The Chadwicks of Guelph and Toronto and their cousins . . . Toronto, Davis & Henderson, Ltd., 1914. 88 p.

Privately printed for family use only.
Also contains the genealogy of the Bell family.
Supplementary notes and addenda . . .
Toronto, Sept. 1916. 10 p.

____. A Genealogy of the Brant family from Ontario families . . . Toronto, Ralph, Smith & Co., 1894. 8 leaves.

Printed for private circulation.

____. Ontarian families; genealogies of United Empire Loyalists and of the pioneer families of Upper Canada. Toronto, Ralph, Smith & Co., 1894-1898. 2 vols. 28 × 21 cm.

110 genealogies with emphasis on the period from 1775 to about 1885.
"Key to English-Canadian genealogy."

Rare book; evaluated in 1890 at $250.
Repr. by Hunterdon House, Lambertville, N.J., 1970. 2 vols. in 1.
Review in: F.C.A.G.R. 3: (1) 53 Spring '71.

CHALUS-RIEL family, Que. (?) . . . Genea-logical notes and other papers relating to the Chalus-Riel family, 1785-1971.

Source: U.L.Ms. p. 232.
Ms. Photocopies. 1 inch.
Public Archives of Canada, Ottawa, Ont.

CHAMBERLAIN, William Heckman, N.S. "Account of the Chamberlain family of Nova Scotia."

Source: U.L.Ms. p. 233.
Ms. Transcripts. 10 p. 1868.
Public Archives of Nova Scotia, Halifax, N.S.

____. Chamberlain family, N.S. Account of the Chamberlain family of Nova Scotia, copied from manuscripts . . . 1868.

Source: U.L.Ms. p. 233.
Ms. Transcripts. 10 p. [n.d.]
Public Archives of Nova Scotia, Halifax, N.S.

CHAMBERLAND. (Tableau généalogique de huit générations en lignée directe de Marie Chamberland, mariée à Louis Vézina, le 7 nov. 1898 à Armagh).

"Généalogie de la famille Chamberland, Chanonnay, Vendée, Poitiers."
Polycopié.
Archives nationales du Québec, Québec, Qué.

CHAMBERLAND, Michel. Histoire de Monte-bello, 1815-1928. Montréal, Impr. des Sourds-Muets, 1929. 410 p.

CHAMBERLAND, William Heckman. N.S. ". . . Account of the Chamberlain family of Nova Scotia."
see under:

CHAMBERLAIN, William Heckman . . .

CHAMBERS, William Davis. Chambers history; trails of the centuries. Muncie, Ind., Scott Pr. Co., 1925. 198 p.

CHAMBLY, Qué. Saint-Joseph-de-Chambly, paroisse (catholique). Registres de baptêmes, mariages et sépultures, 1706-1848.

Source: C.C.Ms. p. 233.
Ms. Originaux. 6 pieds.
Archives nationales du Québec, Montréal, Qué.

CHAMPAGNE, Antoine (Beaugrand). L'Ancêtre Jean Beaugrand dit Champagne.

Dans: S.G.C.F. Mém. 4: 75-85 '50.

CHAMPAGNE, Antoine (Beaugrand). Le Surnom de Champagne.

Dans: S.G.C.F. Mém. 4: 3-9 janv. '50.
Bibliographie.

CHAMPAGNE, Antonio, c.r.i.c. Bureau.

Dans: S.G.C.F. Mém. 15: (4) 233 oct./déc. '64.
Notule généalogique.

_____. Documents et renseignements inédits sur La Vérendrye et sa famille.

Dans: Bull. rech. hist. 62: 59-75, 171-193, '56.
Documents inédits sur les familles Gaultier de Varennes et de La Vérendrye.
Tableau généalogique sur les principaux jalons des familles Gaultier, p. 74-75.

_____. Famille de Louis Riel; notes généalogiques et historiques.

Dans: S.G.C.F. Mém. 20: (3) 142-157 juil./sept. '69.

_____. Les Gaultier de La Vérandrie et de Varennes et leur lignée masculine pendant quatre siècles: 1550-1950.

Dans: S.G.C.F. Mém. 9: 85-93 avril '58.
Tableau généalogique de douze générations de Gaultier de Varennes, p. 87-89 (avec extraits des registres).

_____. Méthot.

Dans: S.G.C.F. Mém. 15: (4) 233 oct./déc. '64.
Notule généalogique . . .

_____. Pauzé.

Dans: S.G.C.F. Mém. 15: (4) 233 oct./déc. '64.

_____. Pierre Boumois.

Dans: S.G.C.F. Mém. 15: (4) 233-234 oct./déc. '64.

_____. Pratte.

Dans: S.G.C.F. Mém. 15: (4) 233 oct./déc. '64.
Notule généalogique.

CHAMPAGNE, Jean-Paul. Historique de la paroisse de St-Félix-de-Valois, (1840-1950). (Joliette, L'Étoile du Nord), 1950. 87 p.

Mariages: p. 23-42; Nécrologies, p. 43-74.

CHAMPINE (Champagne) family.

In: F.C.A.G.R. 3: (4) 252-253 Winter '71.
Answering a question appearing in Vol. 2, p. 2 of the same periodical.

CHAMPLAIN, Samuel de. Oeuvres de Champlain. Québec, Éd. Desbarats, 1870. 6 tomes en 2 vols. (Publication Laverdière).

CHAMPLAIN, Qué. La Visitation, paroisse (catholique). Registres de baptêmes, mariages et sépultures, 1760-1780.

Source: C.C.Ms. p. 234.
Ms. Microfilm. 1 bobine.
Archives acadiennes, Moncton, N.-B.

CHANDLER, Dorothy, comp. Family lines of the Papineaus, Dontignys, Gaudins, Gagnés. Minneapolis, (the author), 1978.

Illustrated. Includes a 10-generation chart, family stories and history.

CHANDLER, Edward B., N.B. . . . Marriage certificates of Westmoreland County, 1833-1856.

Source: U.L.Ms. p. 234.
Ms. Original.
New Brunswick Museum, St. John, N.B.

CHANDLER family, N.S. Biographical and genealogical information on the family of Edward Barron Chandler (1800-1880), one of the fathers of Confederation.

Source: U.L.Ms. p. 235.
Ms. Original. 1/2 inch.
Public Archives of Nova Scotia, Halifax, N.S.

CHANDRYON, Jean-Baptiste, Boucherville, Qué. Mariage avec Josette Renaud, 1768.

Source: C.C.Ms. p. 235.
Ms. Originaux. 2 p.
Bibliothèque municipale de Montréal, Montréal, Qué.

CHANNEL, L.S. History of Compton County and sketches of the Eastern Townships, district of St. Francis and Sherbrooke County. Supplemented with the records of four hundred families; two hundred illustrations of buildings and leading citizens in the county. Including a biography of the late Hon. John Henry Pope, by Hon. C.H. Mackintosh. Cookshire, Que., L.S. Channel, 1896. 289 p.

Biographical with few genealogical but mostly historical references.
Bishop's University Library, Lennoxville, Que.

CHAPDELAINE, Henri. Benoit-Adam Chapdelaine. (Manchester, N.H., 1973). 8, 93 p.

_____. Benoit dit Vaillancourt; Roch J. Chapdelaine; his youth 1897-1926. [n.p.], 1975.

Pro-manuscript.
Bibliothèque de la Société généalogique canadienne-française, Montréal, Qué.

____. Les Fleurs des Chapdelaine — The Flowers of the Chapdelaines. Manchester, N.H., 1975. 87 p.

Polycopié.
52 copies de ce livret terminé le 27 fév. 1975 en la fête du bienheureux Auguste Chapdelaine. "Monographies de 36 religieux Chapdelaine", par leur cousin.

____. The Life of André Chapdelaine dit Larivière and a look at his ancestors in Old Normandy, France. [n.p.], 1975.

Bibliothèque. Société généalogique canadienne-française, Montréal, Qué.

____. Notules sur la famille Chapdelaine/notes on the Chapdelaine family. Manchester, N.H., c1971. 93 p.

CHAPLEAU, (Sir) J.A. Notes généalogiques sur sa famille.

Dans: "Imitation de Jésus-Christ" (exemplaire ayant appartenu à Sir J.A. Chapleau et contenant au commencement des notes généalogiques sur sa famille).
Bibliothèque nationale du Québec, Montréal, Qué.

CHAPMAN, Emily Kendall, N.S. Ms. of Mrs. Chapman's writings on history of the Delegal, Johnston, Lennard, Crawley and Ruggles families and articles on Georgia, U.S.A.; correspondence on family genealogies.

Source: U.L.Ms. p. 237.
Ms. Original. 2 inches. 1938-1968.
Cape Bretoniana Archives, St. Francis Xavier University, Sydney Campus, Sydney, N.S.

CHARBONNEAU, Dominique M. Dictionnaire des mariages des Charbonneau. Montréal, Roger et Jean Bergeron, 1973. iv, 465 p.

"Ce dictionnaire contient 5,700 mariages des provinces de Québec, Ontario et Manitoba, dont 500 célébrés aux É.-U. Ces mariages s'étendent sur une période de 1671 à 1925." (Av.-pr.)
Polycopié.
Tiré à 125 exemplaires.

____. Mariages avec filiations.

Dans: S.G.C.F. Mém. 15: (1) 56-58 janv./mars '64.
Liste de paroisses dont le relevé des mariages sur les familles Charbonneau a été compilé (avec filiation).

CHARBONNEAU, Hubert et Jacques LÉGARÉ. Population of Canada in the censuses of 1666 and 1667.

In: F.C.A.G.R. 1: (2) 114-126 Summer '68.
Fairly comprehensive study on the population of this period.

____. Répertoire des actes de baptême, mariage, sépulture et des recensements du Québec ancien. Ouvrage publié sous la direction de Hubert Charbonneau et Jacques Légaré. Montréal, Presses de l'Université de Montréal, 1980- .

En tête du titre: Programme de recherche en démographie historique.
La collection devrait comprendre 70 volumes.

CHARBONNEAU, Hubert, Jacques LÉGARÉ, René DUROCHER, Gilles PAQUET et Jean-Pierre WALLOT. Historical demography in Canada; a research project.

In: F.C.A.G.R. 2: (3) 193-196 Fall '69.

CHARBONNEAU, Hubert et Raymond ROY. Généalogie, démographie et registres paroissiaux.

Dans: S.G.C.F. Mém. 27: (1) 23-36 janv./mars '76.

CHARBONNEAU, Hubert, Yolande LAVOIE et Jacques LÉGARÉ. Recensements et registres paroissiaux du Canada durant la période 1665-1668.

Dans: Population 25: 97-124 '70.

CHARETTE, Jean-Benoit, s.c. Bottin-album de la famille Charette. 3e éd. St-Anicet, 1963. [p.v].

____. D'où venait l'ancêtre Mathieu Chauré?

Dans: S.G.C.F. Mém. 15: 186 '64; 18: 144-156 '66.
Sur la famille Chauré (Charette).

____. Généalogie de la famille Charette: Choret, Chauret, Chaurette, Charest, Chauré; Chaurest. Ière-XIIIe génération. St-Anicet, (l'auteur), 1968-73. 3 vols. (xv, 1914, 96 p.)

Titre de dos: Chauré. Généalogie.
Le vol. 3 comprend un supplément des tomes 1-2. 96 p.

____. Généalogie de la famille Charette.

Recension dans: S.G.C.F. Mém. 19: (4) 251 oct./déc. '68.

CHARETTE, Jean-Benoit, s.c. Mathieu Chauré (Choret, Charette) marié à La Rochelle en 1647, établi à Beauport.

Dans: S.G.C.F. Mém. 17: (3) 144-156 juil./sept. '66

____. Répertoire des mariages de Côteau-du-Lac, Saint-Ignace, 1833-1972; Côteau Station, Saint-Médard, 1895-1972; Côteau Landing, Sainte-Marie-du-Rosaire, 1958-1972; Dorion, Sainte-Trinité, 1924-1972; Saint-Jean-Baptiste, 1949-1972; Pointe-des-Cascades, Sainte-Pierre, 1946-1972; Hudson, Saint-Thomas-d'Aquin, 1899-1972; paroisses des comtés de Vaudreuil et Soulanges, diocèse de Valleyfield. Cap-Rouge, D. Campagna, (1972?). 199 p.

3 508 mariages. Polycopié.
Classé par ordre alphabétique du nom des époux.
"Liste du nom des femmes": p. 169-199.
Reproduit en partie dans: "Mariages du comté de Soulanges", par Hubert A. Houle, s.c.

____. Répertoire des mariages de St-Clément de Beauharnois, 1818-1968. Cap-Rouge, Qué., D. Campagna, (1969). 258 p.

Polycopié.

____. Répertoire des mariages de St-Joseph de Soulanges, "Les Cèdres". Cap-Rouge, Qué., D. Campagna, (1972?). 187 p.

Polycopié.
Classé par ordre alphabétique des noms des époux.
Surnoms au nom des familles de la paroisse St-Joseph de Soulanges, p. 158-159.
Liste de noms des femmes: p. 161-187.
Réimprimé dans l'ouvrage de Hubert A. Houle, s.c. "Mariages du comté de Soulanges".

____. Répertoire des mariages de Saint-Michel de Vaudreuil, 1773-1972. Cap-Rouge, Qué., D. Campagna (1972?). 181 p.

Polycopié.

____. Répertoire des mariages des paroisses de Saint-Thimothée, 1823-1971 et Saint-Louis-de-Gonzague, 1847-1971. Cap-Rouge, Qué., D. Campagna (1972?). 234 p.

Polycopié.

____. Répertoire des mariages de Ste-Agnès-de-Dundee, St-Stanislas-Kostka, St-Anicet, diocèse de Valleyfield, 1861-1967. Cap-Rouge, Qué., D. Campagna, 1968. 179 p.

Polycopié.

____. Répertoire des mariages de Valleyfield (Salaberry), 1855-1970, les dix paroisses de Salaberry de Valleyfield . . . Cap-Rouge, Qué., D. Campagna, (1971). 2 vols. (691) p.

Polycopié. 12 800 mariages.

____. Répertoire des mariages Old Chelsea — St. Stephen, 1845-1964, comté de Gatineau, diocèse de Hull. St-Anicet, Qué. [s.d.] [s.p.]

Polycopié. Cahier à anneaux. (Pages manquant).
Archives nationales du Québec, Québec, Qué.

____. Sainte-Madeleine de Rigaud, 1802-1972. Impr. et vendu par F. Dominique Campagna. Cap-Rouge, Qué., 1972. 175 p.

Polycopié.
"Liste des noms de femmes": p. 147-175.

CHARETTE, Samuel, s.c. Doulce souvenance; histoire de l'Annonciation. Granby, 1953. 253 p.

CHARLAND, Maurice, éd. Gabriel Charland et sa descendance; dictionnaire généalogique . . . Québec, Libr. Pruneau, 1933. 231 p.

Sommaire: Ptie 1: Descendance masculine; -2. . . . féminine.
". . . il existe une généalogie manuscrite de la famille Charland (ancêtre de Claude surnommé Francoeur) venu de France vers 1650."
(p. viii).
Préface à Maurice Charland . . . juil. 1933.

CHARLAND, Paul-Victor, o.p. La Famille Canac-Marquis et familles alliées; dictionnaire généalogique. Québec, L'Action sociale, 1919. 414 p. 26 feuillets de planches.

Notes (part. bibliographiques) au bas des pages.

CHARLAND, Thomas M., o.p. Hertel de Beaubassin (1715-1780).

Dans: S.G.C.F. Mém. 26: (2) 67-80 avr./juin '75.

____. Histoire de Saint-François-du-Lac. Ottawa, Collège dominicain, 1942. 364 p.

Famille Crevier: p. 12-96.

CHARLES Bégin et Luce Paradis de Lauzon; parents du Cardinal Bégin.

Extraits dans: Profils lévisiens, par P.-G. Roy, 1948. p. 119-124.

CHARLES Blais et Eveline Blanchet.

Dans: F.C.A.G.R. 4: (3) 187-188 Fall '72.
Tableau généalogique en ligne directe de ces deux familles.

CHARLES Renaud and Marguerite Bourassa.
In: F.C.A.G.R. 3: (4) 246-247 Winter '71.

CHARLESBOURG, Qué. Contrat de mariage entre Godefroy Bergevin et Marguerite Genest.
Source: C.C.Ms. p. 237.
Ms. Originaux. 4 p. 1783.
Archives publiques du Canada, Ottawa, Ont.

CHARLESBOURG, Qué. Saint-Charles-Borromée, paroisse (catholique). Registres de baptêmes, mariages et sépultures, 1679-1970.
Source: C.C.Ms. p. 237.
Ms. Microfilm. 1 bobine.
Archives acadiennes, Moncton, N.-B.

____. Registres de baptêmes, mariages et sépultures, 1757-1780.
Source: C.C.Ms. p. 237.
Ms. Microfilm. 1 bobine.
Archives acadiennes, Moncton, N.-B.

CHARLO, N.-B. Saint-François-Xavier, paroisse (catholique). Registre de paroisse, 1853-1920.
Source: C.C.Ms. p. 238.
Ms. Microfilm. 1 bobine.
Archives acadiennes, Moncton, N.-B.

CHARLY dit Saint-Ange, André. La Famille Charly Saint-Ange.
Dans: Bull. rech. hist. 51: 91-113 '45.

CHARONIER d'Hauterive, famille, France, Qué. Généalogie de la famille, 1719 . . .
Source: C.C.Ms. p. 238.
Ms. Originaux. 7 p.
Archives nationales du Québec, Québec, Qué.

CHARRON, Daniel, co-comp.
voir sous:
ARCHIVES du Séminaire de Sherbrooke. Guide des fonds officiels des archives . . .

CHARTERIS-THOMSON, Margaret. The colonial ancestry of the Honourable Sir Thomas Wardlaw Taylor, Chief Justice of the Province of Manitoba, 1887-1899. Dumfries, Courier Press, 1937. 35 p.

CHARTIER, famille, Qué. Généalogie et armoiries de la famille Chartier, par Jacques Chevillard, 16e-18e siècle.
Source: C.C.Ms. p. 239.
Ms. Copie. 15 p.
Archives nationales du Québec, Québec, Qué.

CHARTIER DE LOTBINIÈRE, famille . . . généalogie de la famille, par P.-G. Roy, 1752-1810.
Source: C.C.Ms. p. 239.
Ms. Copie. 1 pouce.
Archives nationales du Québec, Québec, Qué.

CHARTIER DIT ROBERT, Joseph Médéric, c.s.v. Fin tragique de Laurent Chartier, fils de Guillaume et de Marie Faucon (transmise pendant 250 ans, par la tradition orale).
Dans: S.G.C.F. Mém. 19: (4) 211-216 oct./déc. '68.

CHARTIER-SIMONEAU. Lignée de Marie-Angèle Chartier au Canada.
Dans: F.C.A.G.R. 2: (2) 139-142 Summer '69.

CHARTRAND, Robert. Généalogie dans l'Outaouais.
Dans: L'Outaouais généalogique 1: (2) 17 fév. '79.

____. Histoire de l'Île Bizard. Île Bizard, Qué., Corporation de la Municipalité de l'Île Bizard, 1980. 312 p.
La troisième partie présente l'histoire et la généalogie de 17 familles: Boileau, Brunet, Cardinal, Claude, Dutour, Joly, Ladouceur, Poudrette dit Lavigne, Martin, Paquin, Proulx, Labrosse dit Raymond, Brayer dit St-Pierre, Sauvé, Senécal, Théoret et Wilson.

____. Mes racines: Robert Chartrand (3), né 04-02-1940, Montréal.
Dans: L'Outaouais généalogique 3: (6) (feuille détachée), juin '81.
Correction de l'article paru dans la même revue no 1, janv. '81.

____. Un mot du Président (sur une famille Brisson et Cousineau et Lanoie).
Dans: L'Outaouais généalogique 2: (8) 84-86 oct. '80.

CHASE family.
In: Yarmouth, N.S., Geneal., 1896-1902, p. 245.
Source: N.B.L.

CHASSÉ, J., ptre., Qué. Volume contenant: catalogue et noms des âmes des paroisses Saint-Étienne-de-Beaumont et St-Michel-de-la-Durantaye depuis 1719 à 1735 . . .
Source: C.C.Ms. p. 239.
Ms. Originaux. 2 p.
Bibliothèque municipale de Montréal, Montréal, Qué.

CHATEAUGUAY, Qué., paroisse (catholique). Registres des baptêmes, mariages et sépultures de la paroisse de St-Joachim (mission du Sault Saint-Louis), 1727-1849. Index des baptêmes, des mariages et sépultures de Chateauguay, 1751-1762.

>   Source: C.C.Ms. p. 240.
>   Ms. Copie. 1 pied 9 pouces.
>   Archives publiques du Canada, Ottawa, Ont.

CHATEAU-RICHER, Qué. La Visitation-de-Notre-Dame, paroisse (catholique). Registres de baptêmes: 1661-1702; mariages: 1661-1701; sépultures: 1661-1702. Ces registres contiennent des actes de sépultures pour la paroisse de l'Ange-Gardien, 1670-1677 . . .

>   Source: C.C.Ms. p. 240.
>   Ms. Originaux. 18 p.
>   Archives publiques du Canada, Ottawa, Ont.

_____. Registres de baptêmes, mariages et sépultures, 1755-1780.

>   Source: C.C.Ms. p. 240.
>   Ms. Microfilm. 1 bobine.
>   Archives acadiennes, Moncton, N.-B.

CHATHAM, N.B. Parish Church (Anglican). Baptisms: 1822-1838; marriages: 1838-1884; burials: 1833-1932.

>   Source: U.L.Ms. p. 240.
>   Ms. Microfilm. 15 feet.
>   Provincial Archives of New Brunswick, Fredericton, N.B.

CHATHAM, Ont. St. Paul's (Anglican) Church.
Register, 1829-1841.

>   Source: U.L.Ms. p. 240.
>   Ms. Microfilm. 7 feet.
>   Hiram Walker Historical Museum, Windsor, Ont.

CHAUSSEGROS DE LÉRY, famille, Qué. Correspondence, accounts, land records and other papers mainly relating to the family estate and affairs.

>   Source: C.C.Ms. p. 241.
>   Ms. Original. 31 p.
>   Public Archives of Canada, Ottawa, Ont.

_____. Miscellaneous family papers, 1726-1821.

>   Source: U.L.Ms. p. 241.
>   Ms. Original. 9 p.
>   McGill University Library, Montreal, Que.

CHECKLAND, S.G. The Gladstones; a family biography, 1764-1851. Cambridge (Eng.), Cambridge University Press, 1971. 448 p.

>   Bibliography: pp. 418-425.

CHÉNARD, Hélène. Généalogie des descendants de Gabriel Parent et de Marguerite Boucher. [s.l.], 1975. 292 p. (Impr. à Rimouski).

_____. Livre des mariages de la paroisse du Bic (Rimouski), (1850-1976). Bic, Qué., (l'auteur), 1978. 400 p.

>   "Contenant 1 997 mariages et 2 487 annotations marginales, 60 lignées remontées jusqu'en France."

CHENEY, Leonard Earl. The Descendants and ancestors of Claudius Franklin Cheney. Roswell, N.M., Roswell Pr. Company, 1978. 221 p.

>   Claudius Franklin Cheney lived in St. Albans, Vermont from 1814-1816. By 1820 he was living in Hemmingford, Quebec. No connection with the Chaine family of St. Brieuc, Britain.

CHESTER, N.S. Records kept by the town consisting of the "publishments" of births, deaths, marriages, 1762-1818, 1842.

>   Source: U.L.Ms. p. 243.
>   Ms. Transcripts. 94 p.
>   Public Archives of Canada, Ottawa, Ont.

_____. St. Stephen's Anglican Church. Records of baptisms, 1762-1841.

>   Source: U.L.Ms. p. 243.
>   Ms. Transcripts. 106 p.
>   Public Archives of Canada, Ottawa, Ont.

CHETICAMP, N.-É., Saint-Pierre, paroisse (catholique). Registres de la paroisse, 1811-1875.

>   Source: C.C.Ms. p. 243.
>   Ms. Reproductions photographiques. 3 pouces.
>   Archives acadiennes, Moncton, N.-B.

CHEVALIER, François. Mes racines: François Chevalier époux de Juliette Molleur (13) . . .

>   Dans: L'Outaouais généalogique 3: (5) 64 mai '81.

CHEVASSU, Patrick. Les Tremblay, histoire d'un peuple. Ville St-Laurent, Qué., 1981. 208 p. 16 planches en couleur.

CHEVILLARD, Jacques
voir sous:
>   CHARTIER, famille, Qué. Généalogie . . .

CHEYRON; généalogie du Cheyron du Pavillon.

>   Tiré de: "Maison de Souillac et sa descendance depuis le IXe siècle. Bergerac, 1933, comprenant des notes sur "Joseph Pascal du Cheyron,

appelé Monsieur de Saint-Vincent, écuyer, . . . qui fit partie des troupes de renfort envoyées au Canada en 1755." (p. 217-224).

CHEZZETCOOKE, N.-É. Saint-Anselme, paroisse (catholique). Registres de la paroisse, 1785-1845.

Source: C.C.Ms. p. 244.
Ms. Reproductions photographiques. 1 pouce.
Archives acadiennes, Moncton, N.-B.

CHIASSON, Anselme, o.f.m. Famille des Malenfant aux Maritimes.

Dans: Soc. hist. acad. Cahiers. 8: 19-20 mai '65.

CHIASSON (Chession) family, (N.S., N.B.) Deeds and normal school certificates of Chiasson family, Margaree, 1881-1919.

Source: U.L.Ms. p. 244.
Ms. Original. 13 p.
Cape Bretoniana Archives, St. Francis Xavier University, Sydney Campus, Sydney, N.S.

CHIPMAN, Emily K. Genealogy of the Delegal family . . . 1969.

Source: U.L.Ms. p. 320.
Ms. Transcripts. 5 p.
Public Archives of Nova Scotia, Halifax, N.S.

CHIPMAN, Handley. A Chipman family history, by Handley Chipman (1717-1799) of Newport, R.I. and Cornwallis, Nova Scotia, contributed by Mrs. Arthur James Trethewey. (Boston, 1937).

Extracted from the New England Historical and Genealogical Register, Apr. 1937, pp. 159-176.

CHIPMAN, Stephen. Chipman family, N.S. Sketch of the history and genealogy of the Chipman family (particularly the branch which settled in Nova Scotia) descended from John Chipman . . .

Source: U.L.Ms. p. 246.
Ms. Original. 23 p.
Public Archives of Nova Scotia, Halifax, N.S.

CHIPMAN, or de Chippenham family.

In: Yarmouth, N.S., Geneal., 1896-1902, pp. 15-16, 117, 124, 134, 155, 232.
Source: N.B.L.

CHISHOLM, Joseph, comp.
see under:

MacINTOSH, Donald, N.S. Some genealogical . . .

CHISHOLM family, N.S. Notebooks on Scottish history and genealogies; correspondence, genealogies, obituaries and tributes concerning the Chisholm family.

Source: U.L.Ms. p. 247.
Ms. Original. 1 inch.
Cape Bretoniana Archives. St. Francis Xavier University, Sydney Campus, Sydney, N.S.

CHOQUET. (Notes diverses).

Polycopié.
Archives nationales du Québec, Québec, Qué.

CHOQUET, Elizée, ptre. Les Aubry de Laprairie et de Chambly.

Dans: Bull. rech. hist. 41: 437-441, '35.

CHOUINARD, Achille. Famille Chouinard, histoire et généalogie, par Jacques de Gaspé (pseud.) Avant-propos et préface par H.J.J.B. Chouinard. Québec, Impr. franciscaine missionnaire, 1921. xcvi, 336 p.

CHOUINARD, Laurent. Histoire de Saint-Épiphane. Éd. du centenaire, par une équipe de paroissiens. [s.l.], 1970? Impr. à Rivière-du-Loup, Qué. 177 p.

Comprend du texte en anglais.
Édition originale publiée à Montmagny, Qué., Éd. Marquis, 1948.

CHRISTIE family, N.S. Family tree of the Sinclair-Ferguson-Christie family.

Source: U.L.Ms. p. 249.
Ms. Microfilm. 1 reel. [n.d.]
Public Archives of Nova Scotia, Halifax, N.S.

____. Two wills dated 1642 and 1699, concerning the Christie and Sinclair families in Scotland.

Source: U.L.Ms. p. 249.
Ms. Photocopies. 6 p. 1642, 1699.
Public Archives of Nova Scotia, Halifax, N.S.

CHRONICLE of the Dignam family; being a record of the descendants (and their spouses) of Hugh Dignam who came in 1839 from Ireland to Upper Canada. Toronto, pr. for private circulation, 1962. 81 p.

CHRONIQUE généalogique.

Dans: S.G.C.F. Mém. 1: 49-60 janv. '44.
Article écrit en collaboration.
Bibliographie par Gabriel Nadeau: p. 58-60.

CHURCH, Charles, N.S. Copy of a letter from Hannah Church of Chester, 1938, concerning her ancestor Captain Charles who "came to America in 1623 in his own ship, the 'Dayspring' ".

Source: U.L.Ms. p. 249.
Ms. Transcript. 1 p. [n.d.]
Public Archives of Nova Scotia, Halifax, N.S.

CHURCH family, N.S. Genealogy of Richard Church and family; Genealogy of Stephen Hopkins (which includes Edward Benjamin Church) . . . 1801-1807.

> *Source:* U.L.Ms. p. 250.
> Ms. Original. 1/2 inch.
> Public Archives of Nova Scotia, Halifax, N.S.

CHURCH POINT, N.-É. Sainte-Marie, paroisse (catholique). Registre des baptêmes, mariages et sépultures, 1799-1801 . . .

> *Source:* C.C.Ms. p. 251.
> Ms. Copie.
> Archives publiques du Canada, Ottawa, Ont.

CHURCHER, William, Ont. . . . Family records of a Boyce family (probably relatives), 1707-1856.

> *Source:* U.L.Ms. p. 250.
> Ms. Original. 1 inch.
> University of Western Ontario Library, London, Ont.

CHURCHILL family, N.S. Genealogical chart.

> *Source:* U.L.Ms. p. 250.
> Ms. Photocopies. 1 page. [n.d.]
> Public Archives of Nova Scotia, Halifax, N.S.

CHUTE, George M., Jr., Man. A Genealogy of the Chute family in America in the 20th century, 1894-1967.

> *Source:* U.L.Ms. p. 251.
> Ms. Photocopies. 140 p.
> Provincial Archives of Manitoba, Winnipeg, Man.

CHUTE family.

> *In:* Yarmouth, N.S., Geneal., 1896-1902, pp. 164, 170, 227, 248.
> *Source:* N.B.L.

CINQ-MARS, Roland, o.m.i. Les Viau dit Saint-Mars ou Cinq-Mars; Généalogie des familles Cinq-Mars et Guillet.

> Documentation. S.G.C.F., Montréal, Qué.

CLARENDON, Qué. Anglican Church. Extracts of births, baptisms and marriages (1823-1839) of individuals in Clarendon taken from the registers of St. James' Anglican Church, Hull; Registry of baptisms, 1841-1842 and marriages, (1842 for Clarendon, Bristol and Litchfield); Baptisms, marriages and burials, 1842-1857, (1858-1898 for Clarendon and Litchfield and surrounding places); Registers of Onslow, July 1857-April 1858.

> *Source:* U.L.Ms. p. 253.
> Ms. Microfilm. 2 reels.
> Public Archives of Canada, Ottawa, Ont.

CLARENDON, Que. Anglican Mission. Parish register, 1846-1873.

> *Source:* U.L.Ms. p. 253.
> Ms. Microfilm. 1 reel.
> Public Archives of Canada, Ottawa, Ont.

CLARK, A. Rev. William Jenkins of Richmond Hill and his records.

> *In:* Ontario Hist. Soc. Papers and records 27: 15-76 '31.
> "Richmond Hill Presbyterian Church records of marriages, 1819-1843."

CLARK, Andrew. Three centuries and the Island. Toronto, 1959.

> Historical and biographical notes on Prince Edward Island.

CLARK, Charles, B.C. Marriage certificate of Charles Clark and Mathilda Boltwood, 1856.

> *Source:* U.L.Ms. p. 253.
> Ms. Original. 2 p.
> Provincial Archives of British Columbia, Victoria, B.C.

CLARK, Duncan, Ont. . . . Genealogical and personal papers of the Clark family; a history of Duncan Clark.

> *Source:* U.L.Ms. p. 253.
> Ms. Original. 1 inch.
> Archives of Ontario, Toronto, Ont.

CLARK family, Ont. Personal correspondence of the Clark family of Dumfries, Scotland with Thomas Clark, merchant, Niagara, Upper Canada, 1791-1835.

> *Source:* U.L.Ms. p. 256.
> Ms. Photocopies. 2 inches.
> Public Archives of Nova Scotia, Halifax, N.S.

CLARKE, Adèle. Old Montreal: John Clarke, his adventures and family, by his daughter Adele Clarke of Westmount. Montreal, Herald Pub. Co., 1906. 47 p.

CLARKE family.

> *In:* Yarmouth, N.S., Geneal., 1896-1902, p. 107.
> *Source:* N.B.L.

CLARKE family, N.S. Short genealogical chart and some letters, 1925.

Source: U.L.Ms. p. 255.
Ms. Original. 1/2 inch.
Public Archives of Nova Scotia, Halifax, N.S.

CLAUDE-LABOISSIÈRE, Alphonse, o.f.m. La Famille Martel de Berhouague et de Brouage et ses descendants, 1660-1960. Winnipeg, 1960. 138 p.

Texte dactylographié sur un seul côté des feuillets.
Comprend un index.
Bibliographie, p. 5.

____. Généalogie des familles Labossière et Claude ou Glaude-Labossière; Genealogy of the family Laboissière, or Labossière, Claude, or Glaude-Labossière family. Winnipeg, Man., 1957. 127, 6 feuilles/leaves.

Polycopié sur un seul côté des feuillets/photocopied on one side of leaves.

CLAXTON, Brooke. Petite Nation and the Papineaus; background to the Seigniory Club, 1674-1957. Ottawa, 1957. 51 leaves.

Private distribution.

CLEARY, Francis, comp. Baptisms, (1761 to 1786); marriages (1782 to 1786) and deaths, (1768 to 1786) recorded in the parish registers of Assumption, Sandwich.

In: Ontario Hist. Soc. Papers and records. 7: 31-97 '06.

CLEARY family, Ont. . . . Extracts on the . . . Labadie families, , Mailloux family, James Rankin, Richardson and Askin families . . .

Source: U.L.Ms. p. 257.
Ms. Original. 1858-1923.
Hiram Walker Historical Museum, Windsor, Ont.

CLEAVE, William, Ont. Marriage certificates of William Cleave, 1858 and William Harrell, 1891 . . .

Source: U.L.Ms. p. 257.
Ms. Original.
Public Archives of Canada, Ottawa, Ont.

CLELAND family.

In: Yarmouth, N.S., Geneal., 1896-1902, pp. 50, 159
Source: N.B.L.

CLÉMENT, Marie-Blanche. Albani.

Dans: Bull. rech. hist. 55: 199-210 '49.
Il s'agit de la célèbre cantatrice Emma Charles dit Lajeunesse.

____. Les Familles Charles dites Lajeunesse dites Clément.

Dans: S.G.C.F. Mém. 3: (2) 94-114 juin '48.

CLÉMENT DU VUAULT, famille. Généalogie de la famille. (Celle-ci est affiliée à la famille Ruette d'Auteuil.)

Source: C.C.Ms. p. 257.
Ms. Copie. 8 p. [n.d.]
Archives nationales du Québec, Québec, Qué.

____. Généalogie de la maison et armes de Clément du Vuault originaire de Beauvoisis depuis 1328 . . . établie d'après les titres originaux par M. de La Croix, généalogiste de l'Ordre de Malte. 38 p. Généalogie et armoiries de la famille Clément du Vaulx, 1551-1799.

Source: C.C.Ms. p. 257.
Ms. Originaux. 70 p. 1782-1799.
Archives publiques du Canada, Ottawa, Ont.

CLEMENTS, N.S. . . . Parish register, 1841-1911 . . .

Source: U.L.Ms. p. 257.
Ms. Transcripts.
Public Archives of Canada, Ottawa, Ont.

CLEMENTS family.

In: Yarmouth, N.S., Geneal., 1896-1902, pp. 35, 84-85, 92, 99, 104, 147, 181, 186, 203, 211.
Source: N.B.L.

CLERK Creation (N.S.) 1679 of Penicuik, Edinburgh.

From: Derrett's Illustrated Baronetage, pp. 171-172.
The name is pronounced "Clark".

CLEVELAND family.

In: Yarmouth, N.S., Geneal., 1896-1902, p. 81.
Source: N.B.L.

CLEVERDON, Elsie M. An East Whitby mosaic. Columbus, Ont., East Whitby Centennial Committee, 1967. 32 p.

Cover title.
"East Whitby Centennial map with subsequent annexations, circa 1867": 1 folded leaf inserted.
Bibliography: p. 1.

CLICHE, Léonce. Notes généalogiques concernant la famille Cliche, 1675-1971.

> Source: C.C.Ms. p. 258.
> Ms. Copie. 156 p.
> Archives nationales du Québec, Québec, Qué.

____. Notes sur ma famille: la famille Cliche. Rédigé par Léonce Cliche en collaboration avec Émile Cliche. Avant-propos de Robert Cliche. St-Joseph-de-Beauce, 1971. 156 feuillets.

> Polycopié.
> Tirage limité à 50 exemplaires.

CLICHE, Robert. Noms et surnoms de la Beauce.

> Dans: S.G.C.F. Mém. 24: (4) 198-207, oct./déc. '73.
> Texte de la conférence présentée le 6 oct. 1973 au banquet du congrès des généalogistes à l'Hôtel Holiday Inn, Montréal.

CLIMO, F.H.B. and Percy Lloyd. Mabinogi and Clem (The story of the children of Clem). St. Catharines, 1976.

> A chronicle of the Cornish family Clem through centuries in Cornwall and the lives of Thomas Climo who emigrated to Cobourg in 1857 and of his descendants.

CLIMO, Percy L., comp. The Genealogy of John Haw, 1821-1916. St. Catharines, Ont., 1962. 50 p.

CLOUTHIER, Raoul. Les Cloutier de Mortagne-au-Perche en France et leurs descendants au Canada; essai de généalogie portant sur la lignée de Raoul Clouthier et de sa famille, issue de Zacharie Cloutier, premier colon du nom venu de France au Canada en juin 1634. Recherches, compilation et rédaction effectuées par Raoul Clouthier. Montréal, 1973. 139, 139A-J, 140-276f.

> Comprend aussi des "Généalogies abrégées des familles Lafon, Darche et Fortin . . ."
> Tirage limité à 60 exemplaires.
> Bibliographie: f. 274.

____. Pierre Lafond et son étrange union avec Louise Chartier (1792).

> Dans: S.G.C.F. Mém. 27: (2) 67-80 avr./juin '76.

CLOUTIER, Prosper. Histoire de la paroisse de Champlain. Trois-Rivières, Impr. Bien public, 1915-17. 2 vols.

> Notes sur les familles Adam, Ayotte, Catalogne, Courier, Côté, Marchand, Poulin, Trottier.

CLYDE, Albert, B.C. Marriage licence of Albert Clyde and Florence McNaughton, 1878.

> Source: U.L.Ms. p. 260.
> Ms. Original. 2 p.
> Provincial Archives of British Columbia, Victoria, B.C.

COATES, Ernest E., comp. Coates family, N.S. Genealogy of Thomas Coates (1741-1813) and his wife Ann who came to Nova Scotia in 1772 from the Parish of Sutton, Underwhitson-Cliff, Yorkshire, England . . .

> Source: U.L.Ms. p. 261.
> Ms. Transcript. 1 p. [n.d]
> Public Archives of Nova Scotia, Halifax, N.S.

COATES, John Nelson, B.C. Marriage licence of John Nelson Coates and Melina Hardison, 1890.

> Source: U.L.Ms. p. 261.
> Ms. Original. 2 p.
> Provincial Archives of British Columbia, Victoria, B.C.

COATES family, N.S. Genealogy of the Coates family of Nappan, Cumberland County, N.S.

> Source: U.L.Ms. p. 261.
> Ms. Transcripts. 15 p. [n.d.]
> Public Archives of Nova Scotia, Halifax, N.S.

____. Genealogy of Thomas Coates (1741-1813) and his wife Ann . . .
see under:

> COATES, Ernest E., comp. Coates family . . .

COCAGNE, N.-B. Saint-Pierre, paroisse (catholique). Registre de la paroisse, 1800-1863.

> Source: C.C.Ms. p. 262.
> Ms. Reproductions photographiques. 1 pouce.
> Microfilm. 1 bobine.
> Archives acadiennes, Moncton, N.-B.

____. Registres des baptêmes: 1801-1870; mariages: 1801-1824, 1866-1870; et sépultures: 1801-1870.

> Source: C.C.Ms. p. 262.
> Ms. Copie. 325 p.
> Archives publiques du Canada, Ottawa, Ont.

COCHRAN, Estelle Nina Fortier. The Fortier family and allied families. San Antonio, Texas, c1963. 266 p.

COCHRAN, James, N.S. Family tree and genealogy of the Honourable James Cochran, compiled by Terence Punch, Halifax.

> Source: U.L.Ms. p. 262.
> Ms. Transcripts. 2 p. 1969.
> Public Archives of Nova Scotia, Halifax, N.S.

CODERRE, David G., Eleanor Wickware Morgan. Index of personal names appearing in "Up the front" (a history of Morrisburg). Ottawa, Ontario Genealogical Society, Ottawa Branch, 1973. 29 p.

> Publication of the Society, no. 73-16.

CODERRE, John Edward. Searching in the Public Archives. Ottawa, Ontario Genealogical Society, Ottawa Branch, 1972. 24 p.

> Publication of the Society, no. 72-1.

CODERRE, John Edward, co-aut.
see under:

> PUBLIC Archives of Canada. Parish registers . . .

COFFIN family, N.S. Genealogy of the descendants of John Coffin, born in Nantucket, 14 Aug. 1727.

> Source: U.L.Ms. p. 264.
> Ms. Transcripts. 3 p.
> Public Archives of Nova Scotia, Halifax, N.S.

COGSWELL family, N.S. Genealogy of the descendants of William Cogswell, born 18 May 1772.

> Source: U.L.Ms. p. 265.
> Ms. Original. 4 p.
> Public Archives of Nova Scotia, Halifax, N.S.

COLDWELL, William, Man. . . . Coldwell genealogy.

> Source: U.L.Ms. p. 266.
> Ms. Original. 1856-1904.
> Provincial Archives of Manitoba, Winnipeg, Man.

COLE-BABCOCK family. Records of births, marriages and deaths, 1777-1911.

> Source: U.L.Ms. p. 267.
> Ms. Photocopies. 8 p.
> Public Archives of Canada, Ottawa, Ont.

COLE family, Ont., Que. A Copy of the Cole family genealogy, with charts, random notes and reproduction of two letters of Louis-Joseph Papineau. A nominal index is included.

> Source: U.L.Ms. p. 267.
> Ms. Photocopies. 1/2 inch. 1971.
> Public Archives of Canada, Ottawa, Ont.

COLEMAN family, Ont. . . . Genealogical records . . . 1834-1913.

> Source: U.L.Ms. p. 268.
> Ms. Original.
> Public Archives of Canada, Ottawa, Ont.

COLES, Mercy Ann, P.E.I. . . . Genealogical notes on the Coles family.

> Source: U.L.Ms. p. 268.
> Ms. Photocopies. 1864.
> Public Archives of Canada, Ottawa, Ont.

COLLÈGE d'Armes de la noblesse . . . certificats et armoiries de diverses familles.

> Source: C.C.Ms. p. 269.
> Ms. Originaux. 1914-1937.
> Archives publiques du Canada, Ottawa, Ont.

COLLIER, Peter et David HOROWITH. Une dynastie américaine: les Rockefeller. Trad. de l'américain par Robert Merle et Magali Merle. Paris, Éd. du Seuil, 1976. 567 (32) p.

> Titre original: The Rockefellers, an American dynasty.

COLLIN, Michel. Jules Collin.

> Dans: Soc. hist. du Nouvel-Ontario. Doc. hist. no 5, p. 55-60.

COLLINS, Kenneth F. Cemeteries and cemetery recording. Ottawa, Ontario Genealogical Society, Ottawa Branch, 1974. (Publication 74-9).

COLLINS, Kenneth F., co-aut.
see also under:

> SMALL, Fern and Ken. Collins. Horne cemetery . . .
> SMALL, Fern and Ken. Collins. Trinity Church . . .

COLLINS, Patrick, B.C. Marriage licence of Patrick Collins and Hattie Reid, 1881.

> Source: U.L.Ms. p. 270.
> Ms. Original.
> Provincial Archives of British Columbia, Victoria, B.C.

COLLINS family.

> In: Yarmouth, N.S., Geneal., 1896-1902, p. 60.
> Source: N.B.L.

COLOMBAN (frère). Notes historiques et les descendants d'Antoine Rouillard au Canada, 1649-1959. [s.l.], 1959. 289 p.

CÔME (frère), f.c. Gaussin (Gaucin) dit St-Germain.

Dans: S.G.C.F. Mém. 3: (2) 115-122 juin '48.

COMEAU, Éloi. Généalogie des familles Comeau, 1597-1973. (Victoriaville, Éd. des Bois-Francs, 1973). 110 p.

COMEAU, Roger. Placide Gaudet, généalogiste acadien.

Dans: S.G.C.F. Mém. 6: 337-344 '55.

____. Relevé des registres paroissiaux et de l'état civil relatifs aux Acadiens, disponibles aux Archives publiques du Canada.

Dans: S.G.C. Mém. 7: 185-188 '56.

COMEAU family, Que., Ont., N.B. Genealogical chart of the Comeau family, 1450-1960, tracing the Canadian branch.

In: U.L.Ms. p. 272.
Ms. Photocopies. 3 p.
Public Archives of Canada, Ottawa, Ont.

COMEAU (Tableau généalogique et notes diverses).

Polycopié.
Archives nationales du Québec, Québec, Qué.

COMITÉ des anciennes familles. Le Livre d'or de la noblesse rurale canadienne-française. Québec, 1909. 133 p.

COMITÉ des recherches historiques de St-Octave-de-Métis; Un siècle de labeur, de foi, d'honneur; Histoire de la paroisse de St-Octave-de-Métis, 1855-1955. Québec, Comité de publication de St-Octave-de-Métis, (1955). 518 p.

Notes sur quelques familles pionnières: p. 78-101.

COMITÉ du centenaire Notre-Dame-du-Lac. Un portage: le détour Notre-Dame-du-Lac. Notre-Dame-du-Lac, 1969. xv, 222 p.

Tables de généalogies: p. 171-204.

COMITÉ du livre souvenir, 1875-1975, Caplan. Comité Bonaventure, 1975. Centenaire de Caplan, 1875-1975. Caplan, 1975. 269 p.

"Généalogie des familles centenaires selon les registres paroissiaux." (aucune date mentionée). Bibliographie: p. 266-267.

COMITÉ du 75e anniversaire, 1898-1973: paroisse de St-Thuribe, 1898-1973. St-Thuribe, comté de Portneuf, Qué., 1973. 200 p.

". . . de quelques familles en vue à St-Thuribe, hier et aujourd'hui": p. 139 ss.

COMITÉ spécial de rédaction des Fêtes du Centenaire. Warwick, 1874-1974. 48 p.

COMITÉ Trudel. Les Religieuses Trudel de la Congrégation de Notre-Dame. Montréal, 1945. 399 p.

COMMISSION scolaire régionale Honoré-Mercier. Service des moyens d'enseignement. Bibliographie du Haut-Richelieu. Montréal, 1978. [s.p.]

COMPAGNIE de Jésus, Collège Sainte-Marie, Montréal, Qué. Généalogie du P. Jacques Marquette. Montréal. [s.d.]

Source: C.C.Ms. p. 274.
Ms. Originaux.
Archives publiques du Canada, Ottawa, Ont.

CONGDON family.

In: Yarmouth, N.S., Geneal., 1896-1902, p. 111.
Source: N.B.L.

CONGEN, Stephen, Ont. Marriage records, papers and memoranda, including some relating to the "White Chapel", Picton, Ont., 1802-1823.

Source: U.L.Ms. p. 275.
Ms. Transcripts.
United Church of Canada. Central Archives, Toronto, Ont.

CONGER, Stephen. Marriage register of Stephen Conger, Justice of the Peace, Hallowell, of Prince Edward County.

In: Ontario Hist. Soc. Papers and Records 1: 109-112 1899.
(From 1803-1823).

CONGRÈS des familles Ouellet (Ouellette).

Dans: S.G.C.F. Mém. 17: (3) 179-180, juil./sept. '66.

CONNERS, Ibra L. and George A. NEVILLE, comp. The Denny cemetery near Philipville, Ontario, Lot 18, Conc. 6, Bastard Township Leeds County, map reference 088 441 (Ottawa) Ontario Genealogical Society, Ottawa Branch, (1976). 9 (3) p. (Publication 76-6).

"Featuring comparative notes based on a 1953 recording prepared by Mr. & Mrs. H. Clifford Freeman of Chantry."
Includes index.

CONNERS, Ibra L., co-aut.
see also under:
STUART, Elizabeth S. and Ibra L. Conners, comp. Sheldon cemetery . . .

CONNON, John Robert. "Elora" Printed by the Elora Express and the Fergus News-Record, 1930. 3, 1, 5-207 p.

CONSTABLE, W.G. Scotland and N.S. "The Baronetage of Nova Scotia and of Scotland", with genealogical information on a number of families, compiled by Riddell.
Source: U.L.Ms. p. 278.
Ms. Original. 7 1/2 inches.
Public Archives of Nova Scotia, Halifax, N.S.

CONSTANT, Philippe. La Descendance de François Bruneau et de Marie Prévost, mariés à Québec en 1669. Montréal, 1960.
Généalogie sommaire publiée dans: S.G.C.F. Mém. 10: 129-145, '59.

____. Famille Bourassa de Laprairie, 1684-1970.
Dans: S.G.C.F. Mém. 22: (3) 131-152 juil./sept. '71; 22: (4) 196-223 oct./déc. '71.

____. Famille Gagnon de Laprairie.
Dans: S.G.C.F. Mém. 15: (2) 77-92 avr./juin '64.

____. La Famille Guertin de Laprairie.
Dans: S.G.C.F. Mém. 12: 107-116 '61.

____. La Famille Lamarre de Longueuil.
Dans: S.G.C.F. Mém. 21: (3) 166-180, 186 juil./sept. '70.

____. Famille Lanctot.
Dans: S.G.C.F. Mém. 10: 27-48 '59.
Généalogie sommaire.

____. Famille Lanctot. Montréal, 1959.
Tiré à part à 100 exemplaires.

____. La Famille Lefebvre; lignée canadienne de Germain Lefebvre, conservateur associé au Musée des Beaux-Arts de Montréal.
Dans: S.G.C.F. Mém. 28: (3) 192-194 juil./sept. '77.
Généalogie partielle.

____. La Famille Legrand de Saint-Philippe de Laprairie.
Dans: S.G.C.F. Mém. 27: (4) 229-236 oct./déc. '76.
Généalogie partielle.

____. La Famille Tétreau; lignée canadienne de Délia Tétreault (1865-1941), en religion Mère Marie-du-Saint-Esprit, fondatrice (Montréal, 1902) des Soeurs Missionnaires de l'Immaculée-Conception.
Dans: S.G.C.F. Mém. 27: (1) 37-42 janv./mars '76.
Généalogie partielle.

____. John Wilson (1794-1860) de l'Île Bizard près de Montréal, marié en 1824 à Marguerite Paquin (1807-1852) et leur descendance.
Dans: S.G.C.F. Mém. 26: (3) 145-156 juil./sept. '75.

____. Laprairie, son député Charlebois et ses premières familles du XVIIe siècle.
Dans: S.G.C.F. Mém. 30: (1) 46-53 janv./mars '79.

____. Lignée canadienne de Sir Joseph Dubuc (1840-1914), juge en chef du Manitoba (1906).
Dans: S.G.C.F. Mém. 24: (2) 91-98 avr./juin '73.

____. Louis Victor Sicotte (1812-1889), chef conjoint du gouvernement Macdonald Sicotte, 1862, juge à la Cour supérieure, 1863; son ascendance canadienne, ses alliés. Marguerite Maclin Cicot-Boyer (1648-1773) de Montréal; quelques-uns de ses descendants.
Dans: S.G.C.F. Mém. 29: (1) 48-58 janv./mars '78; 29: (2) 83-92 avr./juin '78.

____. Mathieu Amyot-Villeneuve (1628-1688), mort à Québec, et certains de ses descendants.
Dans: S.G.C.F. Mém. 21: (2) 104-106 avr./juin '70.
En tête du titre: Nos ancêtres communs (autre exemple entre mille).

____. Nos ancêtres communs: Le breton Denis Brosseau (mort en 1711) à Trois-Rivières; tige d'une famille d'officiers canadiens.
Dans: S.G.C.F. Mém. 24: (1) 20 janv./mars '73.

____. Pierre Sorel-Marly (1698-1778).
Dans: S.G.C.F. Mém. 15: (4) 226 oct./déc. '64. Corrections à l'article dans S.G.C.F. Mém. 15: (3) 139-164 juil./sept. '64 intitulé: "Pierre Sorel-Marly (1698-1778) marié à Montréal a) en 1727 à Hélène Delaye; b) en 1734 à Louise Campeau, et sa descendance.

CONSTANT, Pierre. Famille Lanctot. Montréal, 1959.

CONTRECOEUR, Qué., Sainte-Trinité, paroisse (catholique). Registres de baptêmes, mariages et sépultures, 1668-1849.

> Source: C.C.Ms. p. 279.
> Ms. Originaux. 4 pieds.
> Archives nationales du Québec, Montréal, Qué.

____. Registres de baptêmes, mariages et sépultures, 1760-1780.

> Source: C.C.Ms. p. 279.
> Ms. Microfilm. 1 bobine.
> Archives acadiennes, Moncton, N.-B.

COOK family.

> In: Yarmouth, N.S., Geneal. 1896-1902, pp. 136, 140, 172, 176-180, 211, 224, 246.
> Source: N.B.L.

COPE, Leila M. A History of the village of Port Carling. Bracebridge, Ont., Herald-Gazette Press, 1956. 87 p.

> Biographical sketches of the pioneers: pp. 5-31.
> Rare pictures and portraits.

COPELAND, James, Ont. Marriage certificate of Mary Ann Dawson, 1850.

> Source: U.L.Ms. p. 282.
> Ms. Original. 1 p.
> Lennox and Addington Historical Society, Napanee, Ont.

CORBEIL, Arthur Joseph. Joseph Corbeil, pionnier de Corbeil.

> Dans: Soc. hist. du Nouvel-Ontario. Doc. hist. no 5, pp. 18-23.

CORBEIL-BEAULIEU, Yvonne (Mme). André Gourbeil (Corbeil), (1664-1740).

> Dans: S.G.C.F. Mém. 24: (3) 145-156 juil./sept. '73.

____. Claude Thomas dit Beaulieu et sa descendance.

> Dans: S.G.C.F. Mém. 19: (1) 33-46 janv./mars '68.

____. Famille Thomas dit Beaulieu.

> Dans: S.G.C.F. Mém. 20: (4) 195-200 oct./déc. '69.

CORBIN, Régis. Corbin dit Lacroix.

> Dans: L'Ancêtre 5: (6) 187-189 fév. '79.
> Corrections et additions à différents répertoires généalogiques.

CORMIER, Clément G., c.s.c. Études généalogiques.

> Dans: Soc. hist. acad. Cahier no 1, 139-145 '61.
> Exposé sur la généalogie.

____. Petite chronologie de Shédiac.

> Dans: Soc. hist. acad. Cahier. 3: (6) 237-250 janv./mars '70.

____. Sainte-Marie de Kent.

> Dans: Soc. hist. acad. Cahiers. no 10, p. 30-33 janv. '66; no 11, p. 28-38 mars '66; no 12, p. 69-77 juil. '66.
> Notes historiques sur la paroisse et quelques familles de fondateurs.

CORNU, famille, Qué., Ont. Documents se rapportant aux familles Cornu, Curchod et Taylor, 1791, 1862.

> Source: C.C.Ms. p. 284.
> Ms. Originaux. 3 p.
> Archives publiques du Canada, Ottawa, Ont.

CORNWALL, Ont. St. John's Presbyterian Church. Register of marriages, births and funerals, 1833-1891 . . .

> Source: U.L.Ms. p. 284.
> Ms. Original.
> Archives of Ontario, Toronto, Ont.

CORNWALL family, Ont. . . . Memorandum concerning the Cornwall family, 1848.

> Source: U.L.Ms. p. 284.
> Ms. Original.
> Hiram Walker Historical Museum, Windsor, Ont.

CORNWALLIS, N.S. Baptist Church. Register of marriages, 1801-1822.

> Source: U.L.Ms. p. 284.
> Ms. Transcripts. 8 p.
> Public Archives of Canada, Ottawa, Ont.

____. Methodist Church. Register of baptisms, 1814-1827.

> Source: U.L.Ms. p. 284.
> Ms. Transcripts. 13 p.
> Public Archives of Canada, Ottawa, Ont.

____. St. John's Church (Anglican). Parish register, 1783-1920.

> Source: U.L.Ms. p. 285.
> Ms. Transcripts. 1 1/2 inches.
> Public Archives of Canada, Ottawa, Ont.

CORNWALLIS Township, N.S. . . . Records births, marriages and deaths, 1720-1885 . . .

> Source: U.L.Ms. p. 285.
> Ms. Transcripts.
> Public Archives of Canada, Ottawa, Ont.

CORON, Jérôme-Charlemagne, c.s.v. Jean Coron (1644-1687).

> *Dans:* S.G.C.F. Mém. 25: (2) 95-107, avr./juin '74.
> Descendance des familles Caron.

CORRIGAL family, Ont. Legal papers, 1844-1901, as well as genealogical material, 1961-1969, concerning the Corrigal family.

> *Source:* U.L.Ms. p. 285.
> Ms. Original. 1 inch.
> Public Archives of Canada, Ottawa, Ont.

CORRIGAN, Gertrude. The Genealogy of the Corrigan family from County Tyrone, Ireland, beginning about 1782. Newton Centre, Mass., Sept. 1965. [v.p.]

> "John Corrigan (1814-1922), settled in Quebec around 1831 and died in St. Patrick de Beaurivage, County of Lotbinière, Que. in 1922." (pp. 61-62).

CORTELYON, John van Zandt. Cortelyon genealogy; a record of Jacques Cortelyon and of many descendants. Lincoln, Nebraska, Brown Pr., 1942. 608 p.

> Also Review in: S.G.C.F. Mém. 14: (7/9) 168-169 '63.

CORTÉ-RÉAL, (Terre-Neuve). Brazao, Eduardo. Les Corté-Réal et le Nouveau Monde.

> *Dans:* Rev. d'hist. de l'Amér. fr. 19: (1) 3-52 juin '65; 19: (2) 163-202 sept. '65; 19: (3) 335-350 déc. '65.
> Histoire de la famille Corté-Réal à Terre-Neuve.

COSSITT, Ranna, N.S. Genealogical information on the descendants of Reverend Cossitt.

> *Source:* U.L.Ms. p. 285.
> Ms. Transcripts. 2 p.
> Public Archives of Nova Scotia, Halifax, N.S.

_____. . . . Record of births and marriages of the Cossitt family 1775-1901 . . .

> *Source:* U.L.Ms. p. 286.
> Ms. Photocopies. 26 p.
> Cape Bretoniana Archives. St. Francis Xavier University, Sydney Campus, Sydney, N.S.

CÔTÉ, André. Sources de l'histoire du Saguenay-Lac St-Jean. Québec, Centre de Documentation, Direction de l'Inventaire des Biens culturels, 1977. 5 vols.

_____. Sources manuscrites conservées au Saguenay-Lac St-Jean.

> *Dans:* Archives. no 2, p. 22-34 '74.
> *Source:* RADAR 1974, p. M-50.

CÔTÉ, Germaine. Topographie de Verner.

> *Dans:* Soc. hist. du Nouvel-Ontario. Doc. hist. no 8, p. 8-13.

CÔTÉ, Jean, co-aut.
voir sous:

> HISTOIRE et généalogie d'une paroisse du nord albertain/History and family trees of a French community . . .

CÔTÉ, L.G.-A. Église presbytérienne française de Chicoutimi, (1874-1876).

> *Dans:* Saguenayensia 15: (1) 19-20 janv./fév. '73.
> Liste de baptêmes, mariages et sépultures.

CÔTÉ, Michel. Famille Voisard.

> *Dans:* S.G.C.F. Mém. 8: 211-212 '57.

CÔTEAU-DU-LAC, Qué. St. Ignace Anglican Church. Parish register, 1829-1850.

> *Source:* U.L.Ms. p. 286.
> Ms. Original. 3 inches.
> Archives nationales du Québec, Montréal, Qué.

_____. Saint-Ignace, paroisse (catholique). Registres de baptêmes, mariages et sépultures, 1833-1845.

> *Source:* C.C.Ms. p. 286.
> Ms. Originaux. 7 pouces.
> Archives nationales du Québec, Montréal, Qué.

COTTNAM family, N.S. Short genealogical chart.

> *Source:* U.L.Ms. p. 286.
> Ms. Original. 1 p.
> Public Archives of Nova Scotia, Halifax, N.S.

COUAGNE, famille, Qué. Notes généalogiques et correspondance de quelques membres de cette famille vers 1761-1769.

> *Source:* C.C.Ms. p. 287.
> Ms. Originaux. 75 p.
> Archives publiques du Canada, Ottawa, Ont.

COUILLARD. Notes diverses sur la famille Couillard, dont un article tiré de "Québec histoire" 2: (2) 16-32 hiver '74 et "Généalogie en ligne directe de Jean-Baptiste Couillard et Fernande Laplante."

> Polycopié.
> Archives nationales du Québec, Québec, Qué.

COUILLARD-DESPRÉS, Azarie, ptre.
Dictionnaire généalogique et historique de la famille Couillard et de ses diverses branches, 1613-1918.

Dans: Bull. rech. hist. 24: 88-96 '18.

____. Famille des patriotes Nelson.

Dans: Bull. rech. hist. 32: 674-675 '26.

____. Histoire de la seigneurie de St-Ours.
Montréal, Impr. de l'Institution des Sourds-Muets, 1915-17. 2 vols.

Titre du vol. 2: Histoire de la famille et de la seigneurie de Saint-Ours.
"Familles et paroisse de St-Ours": vol. 2.
"Généalogie de l'Hon. Louis Coderre": p. 330-334.
"Généalogie de Mgr A.X. Bernard, évêque de St-Hyacinthe": p. 335-336.
"Notes sur les Chagnon-Larose": p. 336-340.

____. Histoire des seigneurs de la Rivière-du-Sud et de leurs alliés canadiens et acadiens. St-Hyacinthe, La Tribune, 1912. xvi, 402 p. 19 feuillets de planches.

Notes (part. bibliographiques) au bas des pages.
"Généalogie de l'abbé Charles Cormier, curé d'Iberville": p. 391.

____. Les Laflamme au Canada.

Dans: Bull. rech. hist. 20: 363, 384 '14.

____. Louis Hébert et ses descendants.

Dans: Bull. rech. hist. 20: 281-285 '14.

____. Louis Hébert; premier colon canadien et sa famille. Lille, Desclée de Brouwer, c.1913. 152 p. 10 feuillets de planches.

Édition de Belgique.

____. Louis Hébert; premier colon canadien et sa famille. Montréal, Impr. de l'Institution des Sourds-Muets, 1918. xxi, 151 p. 6 feuillets de planches.

Édition canadienne.

____. La Noblesse de France et du Canada. Préf. de Victor Morin. Montréal, Le Pays laurentien Malchelosse, 1916. 73 p. (Collection laurentienne).

____. La Première famille française au Canada; ses alliés et ses descendants. Montréal, Impr. de l'Ecole catholique des Sourds-Muets, 1906. 363 p. 18 feuillets de planches.

Nouv. éd.
Notes (part. bibliographiques) au bas des pages.
Bibliographie: p. 10.

COULOMBE, Denis. Généalogie de la famille de Monsieur Maurice Blais. [s.l.], 1978. [s.p.]

Tableaux généalogiques.
Livret de famille.
Généalogie et notes diverses sur la famille et son ancêtre.
Polycopié.
Archives nationales du Québec, Québec, Qué.

____. La Généalogie de Pierre Coulombe et ses descendants de Saint-Antoine-de-Tilly, 1750-1977.

Généalogie et photographies des cinq générations de sa famille.
Polycopié.
Archives nationales du Québec, Québec, Qué.

COULOMBE, Joseph, m.s.c. Louis Coulombe, le Normand, Jeanne Marguerite Boucault, la Parisienne; quelques pages de notre histoire cousues en brochure. Watertown, N.Y., [s.d.] 46 p.

"Premier regroupement des familles Coulombe . . ."
Archives nationales du Québec, Québec, Qué.

COUNTY marriage registers of Ontario, 1858-1969. Vol. 1: (Peel County). Agincourt, Ont., 1978.

COURCHAINE, Thérèse (Goulay), Man. Genealogy of the Gauthier family, 1832-1967.

Source: U.L.Ms. p. 288.
Ms. Transcripts. 7 p.
Provincial Archives of Manitoba, Winnipeg, Man.

COURCHESNE (frère) c.s.v. Lotbinière-Harwood, famille. Notes sur la famille Lobtinière-Harwood.

Source: C.C.Ms. p. 719.
Ms. Originaux. 4 pouces. [s.d.]
Archives du Collège de Bourget, Rigaud, Qué.

COURNOYER, Georges Henri, ptre. Paul Hus et ses descencants.

Dans: L'Ancêtre 1: (7) 212 mars '75.

____. Relevé des actes de catholicité (baptêmes, mariages et sépultures). Paroisse de Christ's Church, Sorel, comté de Richelieu, 1784-1973. [s.l.], fév-juin 1973. 277 p.

Copie dactylographiée.
Classé par ordre chronologique.
Ce relevé a été fait dans le cadre de la réalisa-

tion d'un Projet d'Initiative Locale présenté par Georges Henri Cournoyer et accepté par le Ministère de la Main d'Oeuvre du Canada.
Archives nationales du Québec, Québec, Qué.

____. Relevé des actes de catholicité (baptêmes, mariages et sépultures). Paroisse de l'Enfant-Jésus de Tracy, comté de Richelieu, 1950-1973. [s.l.], fév-juin 1973. 80 p.

Copie dactylographiée.
Classé par ordre chronologique.
Ce relevé a été fait dans le cadre de la réalisation d'un Project d'Initiative Locale présenté par Georges Henri Cournoyer et accepté par le Ministère de la Main d'Oeuvre du Canada.
Archives nationales du Québec, Québec, Qué.

____. Relevé des actes de catholicité (baptêmes, mariages et sépultures). Paroisse de Marie-Auxiliatrice, Tracy, comté de Richelieu, 1946-72. [s.l.], fév.-juin 1973. 149 p.

Copie dactylographiée.
Archives nationales du Québec, Québec, Qué.

____. Relevé des actes de catholicité (baptêmes, mariages et sépultures). Paroisse de Notre-Dame de Sorel, comté de Richelieu, 1911-1939. [s.l.], fév.-juin 1973. 260 p.

Copie dactylographiée.
Classé par ordre chronologique.
Ce relevé a été fait dans le cadre de la réalisation d'un Projet d'Initiative Locale . . . accepté par le Min. de la Main d'Oeuvre du Canada.

____. Relevé des actes de catholicité (baptêmes, mariages et sépultures). Paroisse de Notre-Dame de Sorel, comté de Richelieu, 1940-1973. [s.l.] fév.-juin 1973. 538 p.

Copie dactylographiée.
Classé par ordre chronologique.
Ce relevé a été fait dans le cadre de la réalisation d'un Projet d'Initiative Locale . . . accepté par le Min. de la Main d'Oeuvre du Canada.

____. Relevé des actes de catholicité (baptêmes, mariages et sépultures). Paroisse de Saint-Gabriel-Lallemant, comté de Richelieu, 1950-1973. [s.l.] fév.-juin 1973. 152 p.

Copie dactylographiée.
Classé par ordre chronologique.
Ce relevé a été fait dans le cadre de la réalisation d'un Projet d'Initiative Locale . . . accepté par le Min. de la Main d'Oeuvre du Canada.
Archives nationales du Québec, Québec, Qué.

____. Relevé des actes de catholicité (baptêmes, mariages et sépultures). Paroisse de Saint-Jean-Bosco, Tracy, comté de Richelieu, 1954-1973. [s.l.], fév.-juin 1973. 110 p.

Copie dactylographiée.
Classé par ordre chronologique.
Ce relevé a été fait dans le cadre de la réalisation d'un Projet d'Initiative Locale . . . accepté par le Min. de la Main d'Oeuvre du Canada.
Archives nationales du Québec, Québec, Qué.

____. Relevé des actes de catholicité (baptêmes, mariages et sépultures). Paroisse de Saint-Joseph de Sorel, comté de Richelieu, 1881-1941. [s.l.], fév.-juin 1973. 359 p.

Copie dactylographiée.
Classé par ordre chronologique.
Ce relevé a été fait dans le cadre de la réalisation d'un Projet d'Initiative Locale . . . accepté par le Min. de la Main d'Oeuvre du Canada.
Archives nationales du Québec, Québec, Qué.

____. Relevé des actes de catholicité (baptêmes, mariages et sépultures). Paroisse de Saint-Joseph de Sorel, comté de Richelieu, 1942-1973. [s.l.], fév.-juin 1973. 654 p.

Copie dactylographiée.
Classé par ordre chronologique.
Ce relevé a été fait dans le cadre de la réalisation d'un Projet d'Initiative Locale . . . accepté par le Min. de la Main d'Oeuvre du Canada.
Archives nationales du Québec, Québec, Qué.

____. Relevé des actes de catholicité (baptêmes, mariages et sépultures). Paroisse de Saint-Maxime, Sorel, comté de Richelieu, 1946-1973. [s.l.], fév.-juin 1973. 289 p.

Copie dactylographiée.
Classé par ordre chronologique.
Ce relevé a été fait dans le cadre de la réalisation d'un Projet d'Initiative Locale . . . accepté par le Min. de la Main d'Oeuvre du Canada.
Archives nationales du Québec, Québec, Qué.

____. Relevé des actes de catholicité (baptêmes, mariages et sépultures). Paroisse de Saint-Robert, comté de Richelieu, 1855-1897. [s.l.], fév.-juin 1973. 332 p.

Copie dactylographiée.
S'arrête en réalité à 1889.
Classé par ordre chronologique.
Ce relevé a été fait dans le cadre de la réalisation d'un Projet d'Initiative Locale . . . accepté par le Min. de la Main d'Oeuvre du Canada.
Archives nationales du Québec, Québec, Qué.

____. Relevé des actes de catholicité (baptêmes, mariages et sépultures). Paroisse de St-Robert, comté de Richelieu, 1898-1972. [s.l.], fév.-juin, 1973. 807 p.

Copie dactylographiée.
Classé par ordre chronologique.
Ce relevé a été fait dans le cadre de la réalisation d'un Projet d'Initiative Locale . . . accepté par le Min. de la Main d'Oeuvre du Canada.
Archives nationales du Québec, Québec, Qué.

COURNOYER, Georges Henri, ptre. Relevé des actes de catholicité (baptêmes, mariages et sépultures). Paroisse de Saint-Roch-sur-Richelieu, comté de Richelieu, 1859-1973. [s.l.], fév.-juin 1973. 243 p.

Copie dactylographiée.
Class par ordre chronologique.
Ce relevé a été fait dans le cadre de la réalisation d'un projet d'Initiative Locale . . . accepté par le Min. de la Main d'Oeuvre du Canada.
Archives nationales du Québec, Québec, Qué.

_____. Relevé des actes de catholicité (baptêmes, mariages et sépultures). Paroisse de Sainte-Victoire, comté de Richelieu, 1843-1897. [s.l.], fév.-juin 1973. 268 p.

Copie dactylographiée.
Classé par ordre chronologique.
Ce relevé a été fait dans le cadre de la réalisation d'un Projet d'Initiative Locale . . . et accepté par le Min. de la Main d'Oeuvre du Canada.
Archives nationales du Québec, Québec, Qué.

_____. Relevé des actes de catholicité (baptêmes, mariages et sépultures). Paroisse de Sainte-Victoire, comté de Richelieu, 1897-1973. [s.l.], fév.-juin 1973. 268 p.

Copie dactylographiée.
Classé par ordre chronologique.
Ce relevé a été fait dans le cadre de la réalisation d'un Projet d'Initiative Locale . . . accepté par le Min. de la Main d'Oeuvre du Canada.
Archives nationales du Québec, Québec, Qué.

COURS de généalogie; résumé des cours de la 1ère session. [s.l.], Loisirs St-Édouard, 1975. 52 p.

Titre de couverture.
Comprend des références bibliographiques.

COURS de généalogie; résumé des cours de la 2e session. [s.l.], Loisirs St-Édouard, 1976. 78 p.

COURS de généalogie; résumé des cours de la 2e session, fév. à mai 1977. Montréal, Loisirs St-Édouard, 1977. 140 p.

Titre de la couverture.
Comprend des bibliographies.
Polycopié.

COURS de généalogie (Nouv. éd.). Montréal, Loisirs St-Édouard, 1977 -   .

(Première éd. en 1976-77).

COURTAUX, Théodore, Qué. Généalogie de la famille Sabrevois de la Beauce, d'après les documents conservés dans les dépôts publics, accompagnés d'un index des noms de familles et de localité.

Source: C.C.Ms. p. 288.
Ms. Originaux. 250 p. 1911.
Bibliothèque municipale de Montréal, Montréal, Qué.

COURTEMANCHE, Joseph Israël. Histoire de la famille Courtemanche, 1663-1895. Montréal, Cie d'Imprimerie commerciale, 1895. 66 p.

COUSINEAU, Joseph Émile. Vieilles choses et vieilles gens.

Dans: Soc. hist. du Nouvel-Ontario. Doc. hist. no 12, p. 24-33.

COUTU, Joseph Alexis, c.s.v. Généalogie de la famille Coutu 1680-1890. (Montréal), Mile-End, Institution des Sourds-Muets, 1890. 87 p.

COUTURE, Adélard. Notre livre de famille; généalogie des Couture, 1649-1972. [s.l., s.éd.], 1972. 133 p.

COWAN, Gordon, Mrs., N.S. Notes on Samuel Rettie and the Rettie family, 1960-1972.

Source: U.L.Ms. p. 289.
Ms. Photocopies.
Dalhousie University Library, Halifax, N.S.

COWAN, Hugh, Ont. Marriage register, 1911-1925 . . .

Source: U.L.Ms. p. 289.
Ms. Original. 1 inch.
Hiram Walker Historical Museum, Windsor, Ont.

COWELL family, Ont. Genealogy of the Cowell family, 1618-1935, with remarks from the Cowell scrapbook.

Source: U.L.Ms. p. 289.
Ms. Transcripts. 18 p. 1935.
Public Archives of Canada, Ottawa, Ont.

COWICHAN District, B.C. St. Peter's Anglican Church. Register of baptisms, marriages and burials, 1866-1885.

Source: U.L.Ms. p. 290.
Ms. Photocopies. 1/4 inch.
Provincial Archives of British Columbia, Victoria, B.C.

COX, John Charles. The Parish register of England. London, Methuen, 1910. xvi, 290 p.

Definitive work providing information for those consulting parish registers.

CRAIG, James Beverley. The Craigs of Goulbourn and North Gower. Kingston, Ont. Hanson & Edgar Ltd. Pr., 1929. 220 p.

CRAIG family, B.C. Family birth dates inscribed in Bible, 1817-1831.

Source: U.L.Ms. p. 291.
Ms. Original. 10 p.
Kamloops Museum, Kamloops, B.C.

CRAINE family, Ont. Correspondence and other papers of three generations of the Craine family . . .

Source: U.L.Ms. p. 291.
Ms. Original. 4 inches. 1857-1936.
Queen's University Archives, Kingston, Ont.

CRANE family, N.S. . . . Descendants of Colonel Crane (1750-1820) merchant and trademan, M.L.A. for Horton Township and King's County and his son Jonathan Crane (b. 1779), James N. Crane (1782-1868) and other members of the family . . .

Source: U.L.Ms. p. 292.
Ms. Original. 1761-1820.
Public Archives of Nova Scotia, Halifax, N.S.

____. Descendants of Isaac and Susan (McCurdy) Crane.

Source: U.L.Ms. p. 292.
Ms. Original. 3 p.
Public Archives of Nova Scotia, Halifax, N.S.

CRAWFORD, Laura (MacPherson), comp. The Macphersons and Magees, my kith and kin; forebears, descendants and related families of John and Ann (Magee) Macpherson. Claremont, Cal. (Pasadena), pr. by Grant Dahlstrom, 1949. vi p. 1 leaf, 139 p.

CRAWFORD family, N.B., Ont. Genealogical data . . . 1801-1953.

Source: U.L.Ms. p. 293.
Ms. Original.
Archives of Ontario, Toronto, Ont.

CRAWLEY, E.A. Crawley family, N.S. History of an early Halifax naval family . . .

Source: U.L.Ms. p. 293.
Ms. Transcripts. 15 p. [n.d.]
Public Archives of Nova Scotia, Halifax, N.S.

CREASER (Krieser) family, N.S. Genealogical chart.

Source: U.L.Ms. p. 293.
Ms. Original. 1 p. [n.d.]
Public Archives of Nova Scotia, Halifax, N.S.

CREED, Edwin W., comp. Creed family, N.S. Descendants of Richard Creed (1777-1864) . . .

Source: U.L.Ms. p. 294.
Ms. Microfilm. 1 reel. [n.d.]
Public Archives of Nova Scotia, Halifax, N.S.

CREIGHTON family, N.S. Descendants of James Creighton, Sr. who married Elizabeth Woodin, June 1758.

Source: U.L.Ms. p. 294.
Ms. Microfilm. 1 reel.
Public Archives of Nova Scotia, Halifax, N.S.

CRÉPEAU, Pascal, Lili LÉVESQUE, Émile PERREAULT, Gaetane RIVEST, Lise ROBICHAUD, François TREMBLAY et Marcel FOURNIER. Répertoire des mariages de la paroisse de St-Théodore de Chertsey, comté de Montcalm, Qué., 1858-1972. 108 p.

Projet d'Initiative Locale à Chertsey sous la coordination de Marcel Fournier.
Index à partir des "Mariages des paroisses du comté de Montcalm", par Lucien Rivest, c.s.v.

CRESCENT LAKE, Sask. . . . Biographies of early settlers with names of their descendants, etc. . . .

Source: U.L.Ms. p. 294.
Ms. Original. 1883-1933.
Metropolitan Toronto Central Library, Toronto, Ont.

CRIDDLE, Alma. Cridale-de-diddie-ensis; a biographical history of the Criddles of Aweme, Manitoba, pioneers of the 1880's. Winnipeg, A. Criddle, c1973. 288 p.

Bibliography: p. 287.

CRONK, Philip, Ont. Marriage licence of Evelina Analle Randall and P. Cronk.

Source: U.L.Ms. p. 295.
Ms. Original. 2 p. 1848.
Lennox and Addington Historical Society, Napanee, Ont.

CRONKITE family, Ont. . . . Genealogical data, 1809-1904.

Source: U.L.Ms. p. 297.
Ms. Original.
Archives of Ontario, Toronto, Ont.

CRONYN, Terence. Reckoned by the dozen; an outline of the lives of the descendants of Verschoyle Cronyn of London, Ontario. St. Catharines, Ont., St. Catharines Standard, 1972. 52 p. 1 folded leaf.

Genealogical tables.

CROSBY family.

In: Yarmouth, N.S., Geneal., 1896-1902; pp. 13-15, 50, 57-58, 61, 90, 99, 109, 111, 122, 123, 130, 135, 150, 152-154, 157-158, 160-161, 164, 168, 188, 190, 193, 201, 203-204, 217, 227, 230-231, 251.
Source: N.B.L.

CROSSKILL family, N.S. Chart of the descendants of Captain John Crosskill and notes on members of the family.

Source: U.L.Ms. p. 298.
Ms. Original. 5 p. [n.d.]
Public Archives of Nova Scotia, Halifax, N.S.

CROTEAU, J.M. Jacques. Répertoire des mariages des sept premières générations au Canada-français, 1668-1940 (des familles Croteau et autres nombreuses notes).

Deux cahiers à anneaux.
Polycopie tirée d'une copie manuscrite.
Archives nationales du Québec, Québec, Qué.

CROUCHER family, N.S. Genealogical items about the Croucher family and other families in St. Margaret's Bay area, Halifax County, N.S., 1572-1953.

Source: U.L.Ms. p. 298.
Ms. Original. 4 inches.
Public Archives of Nova Scotia, Halifax, N.S.

CROUSE, Charles G., co-aut.
see under:

OSTRANDER, Manly and Charles G. Crouse. Memorial to Captain Bradshaw . . .

CROWE family, N.S. . . . Genealogical notes concerning the family of Thomas M. Crowe (1790-1880) . . .

Source: U.L.Ms. p. 298.
Ms. Original.
Public Archives of Nova Scotia, Halifax, N.S.

CROWELL, Edwin. A History of Barrington Township and vicinity, Shelburne County, Nova Scotia, 1604-1870, with a biographical and genealogical appendix. Yarmouth, 1923. 611 p.

The book here offered was first conceived and made possible by Professor Arnold Doane.

Later the subscriber acquired the memoranda left by Prof. Doane and made many changes and extensive additions to create the present text.

CROWELL, F.E., N.S. Copy of Crowell's scrap book of genealogies of "New Englanders in Nova Scotia" . . .

Source: U.L.Ms. p. 299.
Ms. Microfilm. 1 reel. [n.d.]
Public Archives of Nova Scotia, Halifax, N.S.

CROWLEY family, N.S. Small household account book, 1747-1755, of Mrs. Ann Goodrich Crowley (1730-1805), containing notice of her marriage to Thomas Crowley in April 1755, and listing births and other vital statistics of her family . . .

Source: U.L.Ms. p. 293.
Ms. Original.
Public Archives of Nova Scotia, Halifax, N.S.

CRUIKSHANK, Ethel Reid. Leeds and St. Sylvester; historical sketches. Cookshire, Que., Heritage Communication Reg'd., 1975. 291 p.

Notes on family genealogies: Appendix A, pp. 235-272.
Not indexed in this edition.

CRUMRINE, Thomas, B.C. Wedding licence of Thomas Crumrine and Minnie Kalsow.

Source: U.L.Ms. p. 300.
Ms. Original. 2 p. 1878.
Provincial Archives of British Columbia, Victoria, B.C.

CRYSLER, John Morden. History of that branch of the Crysler family who settled in the township of Niagara. (Niagara-on-the-Lake, Ont., printed for John M. Crysler), 1936. 224 p.

CUMBERLAND County, N.S. Register of marriages, births and deaths in the Districts of Franklin Manor, Elysian Fields, Maccan and Nappan, 1746-1847.

Source: U.L.Ms. p. 301.
Ms. Photocopies. 31 p.
Public Archives of Canada, Ottawa, Ont.

_____. Registers of births, marriages and deaths for Franklin Manor, Elysian Fields, Maccan, and Nappan, 1757-1817 and 1832-1837.

Source: U.L.Ms. p. 301.
Ms. Photocopies. 1757-1837.
Archives acadiennes, Moncton, N.-B.

CUMULATIVE magazine subject index, 1907-49. Boston, G.K. Hall, 1964. 2 vols.

Cumulation of 43 annual volumes of "Faxon's Annual Magazine Subject Index"; a guide to material published in 356 American, Canadian and English magazines. Provides detailed coverage of U.S. local and state history. 253 000 entries.

CURCIO, Michèle. La Nouvelle clef des prénoms. Montréal, Presses Select, 1973. 159 p. (Guides Select, 41).

CURRAN family, Ont. Genealogical notes on the Curran family and related families.

Source: U.L.Ms. p. 303.
Ms. Original. 11 p. 1970.
Public Archives of Canada, Ottawa, Ont.

CURRIER family.

In: Yarmouth, N.S., Geneal., 1896-1902. pp. 126, 160-161, 208.
Source: N.B.L.

CURRY family, N.S. . . . Curry family tree . . . 1862-1964.

Source: U.L.Ms. p. 304.
Ms. Original.
Cape Bretoniana Archives. St. Francis Xavier University, Sydney Campus, Sydney, N.S.

____. Genealogical tree, 1794-1949.

Source: U.L.Ms. p. 304.
Ms. Photocopies. 1 p. 1960.
Public Archives of Nova Scotia, Halifax, N.S.

CURRY (Currie) family, N.S. Some genealogical information.

Source: U.L.Ms. p. 304.
Ms. Transcripts. 7 p. [n.d.]
Public Archives of Nova Scotia, Halifax, N.S.

CURTIS, R.B. Elmview cemetery, Kars, Ontario, North Gower Township, Lot 24, Conc. 1. Ottawa, Ontario Genealogical Society, Ottawa Branch, 1974. 46 p. (Publication no. 74-11).

CUSHING family.

In: Yarmouth, N.S., Geneal., 1896-1902, p. 56.
Source: N.B.L.

CUYLER, Averil Holness. Cuylers of Canada and other places. [n.p.], 1961. 274 p.

Includes bibliography.
Additions and corrections, [n.p.], 1970.

DAFOE family. Genealogical chart of the Canadian branch of the Dafoe family.

Source: U.L.Ms. p. 306.
Ms. Photocopies. 24 p. 1930.
Public Archives of Canada, Ottawa, Ont.

DAGNEAU, Léa. Jean Daniau, ancêtre des Dagneau dit Laprise.

Dans: S.G.C.F. Mém. 9: 94-101 '58.

DAIGLE, Auguste-É., N.-B. Notes généalogiques des familles acadiennes; essai d'index des notes de Placide Gaudet et cahiers de transcription de registres paroissiaux.

Source: C.C.Ms. p. 306.
Ms. Originaux. 12 p. [s.d.]
Archives acadiennes, Moncton, N.-B.

DAIGLE, I. Cyriaque. Histoire de Saint-Louis-de-Kent; cent cinquante ans de vie paroissiale française de l'Acadie nouvelle. Moncton, Impr. acadienne, 1948. 245 p.

Notes de généalogie: p. 221-224.

DAIGLE, Irenée. Index général des archives de la Société généalogique canadienne-française . . . Montréal, 1958. 25 p.

Polycopié.
Titre de couverture.

DAIGNEAU, Marie-Jeanne, comp. Adresses des sociétés, cercles et centres généalogiques en France, 1980.

Dans: L'Ancêtre 7: (4) 118-120 déc. '80.

____. Comment le nom Pouchat-dit-Laforce devint Peau-de-Chatte-dit-Laforce.

Dans: S.G.C.F. Mém. 24: (1) 25-26 janv./mars '73.

DAKIN family.

In: Yarmouth, N.S., Geneal., 1896-1902, p. 124.
Source: N.B.L.

DALHOUSIE, N.-B. Saint-Jean-Baptiste, paroisse (catholique). Registre de la paroisse, 1843-1920.

Source: C.C.Ms. p. 307.
Ms. Microfilm. 1 bobine.
Archives acadiennes, Moncton, N.-B.

DALIGAUT, Marguerite. Acadiens de Belle-Île-en-Mer.

Dans: Soc. hist. acad. Cahier. no 11, p. 5-11 mars '66.

____. Complément de Belle-Île-en-Mer sur la famille des Haché.

Dans: Soc. hist. acad. Cahier. no 8, 16 mai '65.

DALTON family.

> *In:* Yarmouth, N.S., Geneal., 1896-1902,
> p. 117.
> *Source:* N.B.L.

DALY, Eliza Ann (Ridout) . . . . Family
records.

> *Source:* U.L.Ms. p. 208.
> Ms. Transcripts.
> University of Toronto Library, Toronto, Ont.

DALY, Whitman Cecil. Daly: The Saga of a
Family, 1820-1926, and my boyhood on
Prince Edward Island. [n.p.], 1967. 94 p.

D'AMOURS, Albert. Mathieu d'Amours, sieur
de Chaufour et ses descendants. Charlesbourg, Pères Eudistes, 1974- . vi, 254 p.

> Polycopié.
> Vol. 1: 1651-1800.
> *Source:* Bibliographie du Québec. 8: (4) 4 avr.
> '75.

____. Mathieu d'Amour, sieur de Chaufour
and his descendants. Charlesbourg, Pères
Eudistes, 1977- .

> English version of the original French.
> Original title: Mathieu d'Amours, sieur de
> Chaufour et ses descendants.

DAMOURS, famille, Qué. Extraits de documents relatifs à cette famille, 1561-1652.

> *Source:* C.C.Ms. p. 309.
> Ms. Reproductions photographiques.
> Archives nationales du Québec, Québec, Qué.

DAMOURS DE CHAUFFOURS, famille,
Qué. Notes généalogiques . . .

> *Source:* C.C.Ms. p. 309.
> Ms. Originaux. 47 p.
> Archives nationales du Québec, Québec, Qué.

DANDENAULT, Roch. Histoire de Coati-
cook (1818-1976). Sherbrooke, Éd. Sherbrooke, c1976, 675 p.

> "Biographies de nos gens": Sect. 3, p. 574 ss.

DANEAU, Gaston, comp. Répertoire des
mariages, paroisse St-Maurice, comté
Champlain, 1844 à 1973. [s.l., s.éd., s.d.]
261 p.

> Polycopié.
> Archives nationales du Québec, Québec, Qué.

DANFORTH family.

> *In:* Yarmouth, N.S., Geneal., 1896-1902, p. 58.
> *Source:* N.B.L.

DANIEL, F. Familles françaises du Canada,
1867.

> *In:* Yarmouth, N.S., Geneal., 1896-1902,
> p. 115.
> *Source:* N.B.L.

DANIEL, François. Histoire des grandes
familles françaises du Canada, ou Aperçu
sur le chevalier Benoist et quelques familles
contemporaines. Montréal, E. Senécal,
impr.-éd., 1867. xii, 521 p. 39 feuillets.

> Tableaux généalogiques dépliés.
> Une autre édition parue la même année sous le
> titre: Nos gloires nationales. 2 vols.
> "Les Français dans l'Amérique du Nord, ou
> Histoire des principales familles du Canada."
> (Supplément). Montréal, E. Senécal, 1868. iv,
> 48 p.
> Une autre édition publiée la même année avec
> pagination différente: 2 p., 1, (iii)-xii, 1, 1,
> 610 p.

____. Nos gloires nationales, ou Histoire des
principales familles du Canada. Ouvrage
enrichi de gravures. Montréal, E. Senécal,
impr.-éd., 1867. 2 vols.

> Autre édition parue sous le titre: Histoire des
> grandes familles françaises du Canada.

____. Notice sur la famille Guy et sur quelques
autres familles. Avec gravures. (Nouv. éd.)
Montréal, E. Senécal, impr.-éd., 1867. iv,
44, 97 p. 8 feuillets.

> Titre de couverture: La Famille Guy et quel-
> ques autres familles.

____. Le Vicomte de Chaussegros de Léry,
Lieutenant-général de l'Empire français,
ingénieur-en-chef de la grande armée et sa
famille. Montréal, E. Senécal, 1867. 44,
239 p.

DARBY family.

> *In:* Yarmouth, N.S., Geneal., 1896-1902, pp.
> 94, 107, 115.
> *Source:* N.B.L.

DARISSE, Paul. Les Familles Darris en
Amérique du Nord.

> En préparation.

DARRASPE, Pierre, Qué. Contrat de mariage
de Pierre Derraspe et d'Anne Mancel passé à
Miquelon le 22 oct. 1774.

> *Source:* C.C.Ms. p. 310.
> Ms. Originaux. 5 pages.
> Archives publiques du Canada. Ottawa, Ont.

DAVELUY, Marie-Claire. Jeanne Mance, suivi d'un essai généalogique sur les Mance et les de Mance, par Jacques Laurent. Montréal, A. Lévesque, 1934. 428 p.

> "Achevé d'imprimer le 20e jour d'avril 1934 pour la Librairie d'Action canadienne-française, ltée."
> Bibliographie: p. 347-357.
> *Source:* p. 422-424.

____. . . . 2e éd., rév. et mise à jour. Montréal, Éd. Fides, 1962. 418, 8 p. (Collection Fleur de lys; études historiques canadiennes).

DAVID, Edgar, Qué. Arbre généalogique du Dr Edgar David, époux d'Yvonne Guillemette, dressé par Dr E. David.

> *Source:* C.C.Ms. p. 411.
> Ms. Originaux. 7 feuilles. [s.d.]
> McGill University Library, Montréal, Qué.

DAVIDSON, Arthur Henry. Davidson (Davison) family, N.S. History and genealogy of Davison, Davidson, Davisson families by Arthur Henry Davison of Des Moines, Iowa.

> *Source:* U.L.Ms. p. 312.
> Ms. Photocopies. 1/4 inch. [n.d.]
> Public Archives of Nova Scotia, Halifax, N.S.

DAVIDSON, Harold Ansley, comp. "Our Ansley family" . . . a record of the lives and times of the early members of the Ansley house in America with ancestral tables covering a number of the family groups of their descendants. [n.p.], c1933. 2 p., 1, 76 leaves. 23 p.

> Typewritten copy.
> Metropolitan Toronto Public Library, Toronto, Ont.

DAVIDSON, William Harold. An Account of the life of William Davidson, otherwise John Godsman of Banfshire and Aberdeenshire in Scotland and Miramichi in British North America. St. John, N.B., 1947. 60 p.

> Genealogical tables.
> Publication of the New Brunswick Museum. Historical Studies, no. 6.
> "Mr. Davidson's account of his ancestor William Davidson is a valuable addition to historical monographs relating to New Brunswick . . ." (Foreword).

DAVIDSON family, N.S. Chart of the descendants of Nicholas Davidson (born in England in 1611).

Source: U.L.Ms. p. 312.
Ms. Original. 1 p. [n.d]
Public Archives of Nova Scotia, Halifax, N.S.

____. Some genealogical information; letters, deeds and miscellaneous material on the Davison, Doran and other families . . . 1771-1898.

> *Source:* U.L.Ms. p. 312.
> Ms. Original.
> Public Archives of Nova Scotia, Halifax, N.S.

DAVIS, John Hagy. The Bouviers; portrait of an American family. New York, Farrar, Straus, c1969. 492 p.

> Genealogical charts with connections to Canadian families.
> "Notes on sources". pp. 463-483.

DAVIS, Walter Goodwin. The Ancestry of Nicholas Davis, 1753-1832 of Limington, Maine. Portland, Me., Anthoensen Pr., 1956. 239 p.

> Includes notes in connection with Canadian families.

DAVISON family.

> *In:* Yarmouth, N.S., Geneal., 1896-1902, p. 205.
> *Source:* N.B.L.

DAVISON family, N.S. Genealogical information on the Davisons who came to Nova Scotia from Connecticut, 1760-1765: Cyprian, Josiah, John, Charles, E. Edwin MacG. and their descendants . . .

> *Source:* U.L.Ms. p. 314.
> Ms. Original. 1811-1891.
> Public Archives of Nova Scotia, Halifax, N.S.

DAWKINS, Ann (Douglas), Mrs., N.B. "Memories of the Past": reminiscences including anecdotes of life with her father, Sir Howard Douglas, in New Brunswick; newspaper clippings, photographs and genealogical notes relating to the family.

> *Source:* U.L.Ms. p. 314.
> Ms. Microfilm. 1 reel. ca. 1805-1926.
> Public Archives of Canada, Ottawa, Ont.

DAWSON, E.E., Que. Historical material and notes made by Canon Dawson concerning places in the rural deanery of St. Lambert, with some genealogical material.

Source: U.L.Ms. p. 314.
Ms. Original. 3 feet. [n.d.]
Anglican Church of Canada. Diocese of
Montreal Archives, Montreal, Que.

DAWSON, Yukon. St. Mary's (Roman
Catholic Church). Parish register of births,
marriages and deaths, 1898-1956.

Source: U.L.Ms. p. 315.
Ms. Microfilm. 70 feet.
Archives nationales du Québec, Québec, Qué.

DAY, Angus Cyprian, N.S. . . . Family trees
of members of the Day, Barrington,
Gibbons, Dodd, Rudderham families, as well
as Loyalist families . . . , 1753-1971.

Source: U.L.Ms. p. 316.
Ms. Original.
Cape Bretoniana Archives. St. Francis Xavier
University, Sydney Campus, Sydney, N.S.

DAY, Reginald. Les O'Hara à Gaspé.

Dans: Rev. d'hist. de la Gaspésie 10: (1) 31-35
'72.
Source: RADAR 1: (2) M-23 '72.

DAYTON, Rebecca, B.C. Genealogical
material and photographs 1929-1945.

Source: U.L.Ms. p. 316.
Ms. Original. 2 1/2 inches.
City of Vancouver Archives, Vancouver, B.C.

DEAN, William Reed. Genealogy of the
Leonard family, compiled by William Reed
Deane as well as published material on the
Leonards.

Source: U.L.Ms. p. 696.
Ms. Original. 123 p. 1883, 1884.
Public Archives of Canada, Ottawa, Ont.

DEAN family.

In: Yarmouth, N.S., Geneal., 1896-1902, p. 64.
Source: N.B.L.

DEASE, Albert E. Genealogical clues of the
midwest.

In: F.C.A.G.R. 1: (1) 82-92 Spring '68.
Corrections and supplementary notes. *In:*
F.C.A.G.R. 1: (2) Summer '68.

____. Genthon family.

In: S.G.C.F. Mém. 14: (2) 45-51 fév. '63.

____. Three letters to the British Columbia
Provincial librarian regarding the Dease
family, 1780-1913.

Source: U.L.Ms. p. 317.
Ms. Original. 14 p. 1924, 1934.
Provincial Archives of British Columbia, Vic-
toria, B.C.

DE BLOIS, Gustave. Le Saint patron des
Dugal.

Dans: S.G.C.F. Mém. 3: 209-210 '49.

DE BLOIS, Joseph François, Qué. . . . Titres,
contrats de mariages, actes notariés, inventaires, extraits des registres de baptêmes,
mariages, etc., 1766-1859 . . .

Source: C.C.Ms. p. 318.
Ms. Originaux.
Archives de l'Archidiocèse de Québec, Québec,
Qué.

DE BOISHÉBERT et de Raffetot, Charles
Deschamps, Qué. "La Famille des Champs
de Boishébert", par Pierre-Georges Roy,
1906; aussi "Mémoir of Sir Boishébert".

Source: C.C.Ms. p. 318.
Ms. Transcriptions. 15 p. [s.d.]
Public Archives of Nova Scotia, Halifax, N.S.

DEBURY family, N.B. The Papers include:
genealogical material of the De Bury family
dating from 1671 . . .

Source: U.L.Ms. p. 318.
Ms. Original.
New Brunswick Museum, St. John, N.B.

DE CHAMPLAIN, André-Albert, ptre.
Corrections au Dictionnaire généalogique de
Mgr Carbonneau.

Dans: S.G.C.F. Mém. 5: 171-175 '53.

____. Famille Volant; Volant de Chamblain
ou Champlain.

Dans: S.G.C.F. Mém. 8: 51-54 '57.
Suivi d'une notice intitulée: "Les Volant en
France", par Claude de Bonnault.

____. Geneviève Després.

Dans: S.G.C.F. Mém. 2: 243-244 '47.
Mise au point au Dictionnaire généalogique de
Mgr Tanguay.

____. (Le) Marchand dit George.

Dans: S.G.C.F. Mém. 12: 20 '61.
Tableau généalogique (4 générations).

____. Martin dit Beaulieu.

Dans: S.G.C.F. Mém. 12: 64 '61.
Les descendants de cette famille porte le nom
de Beaulieu.
La quatrième génération de cette famille fait
suite au Dictionnaire Tanguay.

____. Moreau.

Dans: S.G.C.F. Mém. 12: 37 '61.
Notice généalogique.

____. Saindon.

> *Dans:* S.G.C.F. Mém. 10:107 '59.
> Additions au Dictionnaire généalogique de Mgr
> Carbonneau, v. 3, p. 382.

____. Soulard.

> *Dans:* S.G.C.F. Mém. 11: 67 '60.
> Corrections au Dictionnaire Tanguay.

DE CHAMPLAIN, André Albert, ptre, co-aut.
voir aussi sous:

> LAPOINTE, Joseph Alfred, comp. Les
> Familles de Mégantic et Arthabaska . . .

DECHÊNE, Louise. Concise inventory of the
"Cabinet des titres" (Collection of title
deeds) of the "Bibliothèque nationale"
(National Library), Paris, pertaining to
Canadian families.

> *In:* F.C.A.G.R. 2: (2) 121-132, Summer '69.

DÉCOUVRONS nos ancêtres: Larue.

> *Dans:* Le Hebdo de Portneuf, Qué., le lundi 11
> avr. '77. p. 5.

DEEDS concerning the Anthony family
(Kempt, N.S.), 1847, 1856, 1873.

> *Source:* U.L.Ms. p. 31.
> Ms. Transcript. 3 p.
> Public Archives of Nova Scotia, Halifax, N.S.

DÉFINITION de la généalogie et intérêt pour
cette science; développement des études
généalogiques au Québec et conseil sur la
façon de dresser sa propre généalogie et
services mis à la disposition du public dans
ce domaine par les Archives nationales du
Québec.

> *Dans:* Culture vivante 18: 25ss '70.
> *Source:* Index analytique 952-0018 '70 -0025.

DÉFINITION des prénoms. Montréal, Publications Éclair, 1970. 144 p. (Collection
Éclair).

> La couverture porte en plus: Pour vous, vos
> parents, vos amis.
> *Source:* Bibliographie du Québec 8: (5) 3 mai
> '75.

DE GRÂCE, Éloi. Registres paroissiaux.

> *Dans:* Soc. hist. acad. Cahier. 3: (3) 119-122,
> avr./juin '69.
> "Dans quelques volumes des registres
> paroissiaux, il se trouve des rééditions de
> comptes, des recueils de sermons et des faits
> divers à partir desquels il est possible de
> reconstituer des faits historiques et
> généalogiques."

DE GRASSI family, Ont. Collection of papers
of the family and descendants of Philip de
Grassi (1793-1877).

> *Source:* U.L.Ms. p. 319.
> Ms. Original.
> University of Toronto Library, Toronto, Ont.

DEJORDY, Georges Alfred, ptre. Généalogie
de la famille Adam. Waterloo, Qué., Impr.
du Journal de Waterloo, 1910. 16 p.

> "La période antérieure à 1760 est tirée du Dic-
> tionnaire généalogique des familles canadiennes
> de C. Tanguay."
> "Cette généalogie ne mentione que les mariages
> de ceux-là seuls qui ont fondé une famille . . ."
> (clef).

____. Généalogie de la famille Beaudry. St-
Hyacinthe, Impr. du "Courrier", 1910. 31 p.

> Titre de couverture.
> "La période antérieure à 1760 est tirée du Dic-
> tionnaire . . . Tanguay."
> "Cette généalogie ne mentionne que les
> mariages; ceux-là seuls qui ont fondé une
> famille . . ." (clef).

____. Généalogie de la famille Blanchet. St-
Hyacinthe, Impr. du "Courrier", 1909. 37 p.

> "La période antérieure à 1760 est tirée du Dic-
> tionnaire . . . Tanguay."
> "Cette généalogie ne mentionne que les
> mariages; ceux-là seuls qui ont fondé une
> famille . . ." (clef).

____. Généalogie de la famille Brouillet-
Bernard. St-Hyacinthe, Impr. du
"Courrier", 1910. 31 p.

> "La période antérieure à 1760 est tirée du Dic-
> tionnaire généalogique . . . Tanguay."
> "Cette généalogie ne mentionne que les
> mariages; ceux-là seuls qui ont fondé une
> famille . . ." (clef).

____. Généalogie de la famille Choquette. St-
Hyacinthe, Impr. "La Tribune", 1909. 31 p.

> "La période antérieure à 1760 est tirée du Dic-
> tionnaire généalogique . . . Tanguay."
> "Cette généalogie ne mentionne que les
> mariages; ceux-là seuls qui ont fondé une
> famille . . ." (clef).

____. Généalogie de la famille Hébert-Lambert.
St-Hyacinthe, Impr. du "Courrier", 1909.
23 p.

> "La période antérieure à 1760 est tirée du Dic-
> tionnaire . . . Tanguay."
> "Cette généalogie ne mentionne que les
> mariages; ceux-là seuls qui ont fondé une
> famille . . ." (clef).

DEJORDY, Georges Alfred, ptre. Généalogie de la famille Jeannotte. St-Hyacinthe, Impr. du "Courrier", 1910. 33 p.

"La période antérieure à 1760 est tirée du Dictionnaire . . . Tanguay."
"Cette généalogie ne mentionne que les mariages; ceux-là seuls qui ont fondé une famille . . ." (clef).

_____. Généalogie de la famille Morin. St-Hyacinthe, Impr. du "Courrier", 1910. 36 p.

"La période antérieure à 1760 est tirée du Dictionnaire . . . Tanguay."
"Cette généalogie ne mentionne que les mariages; ceux-là seuls qui ont fondé une famille . . ." (clef).

_____. Généalogie de la famille Préfontaine. St-Hyacinthe, Impr. "La Tribune", 1909. 20 p.

"La période antérieure à 1760 est tirée du Dictionnaire . . . Tanguay."
"Cette généalogie ne mentionne que les mariages; ceux-là seuls qui ont fondé une famille . . ." (clef).

_____. Généalogie de la famille Senécal. St-Hyacinthe, Impr. du "Courrier", 1909. 22 p.

"La période antérieure à 1760 est tirée du Dictionnaire . . . Tanguay."
"Cette généalogie ne mentionne que les mariages; ceux-là seuls qui ont fondé une famille . . ." (clef).

_____. Généalogies des familles Casavant et Ravanelle-Lalime. Manchester, N.H., L'Avenir national, 1910. 27 p.

"La période antérieure à 1760 est tirée du Dictionnaire . . . Tanguay."
"Cette généalogie ne mentionne que les mariages; ceux-là seuls qui ont fondé une famille . . ." (clef).

_____. Généalogies des principales familles du Richelieu. Arthabaska, Impr. d'Arthabaska, 1927. 2 vols.

_____. Dejordy, famille, Qué. Documents concernant la famille Desjordy et leurs seigneuries; copie de papiers seigneuriaux de Desjordy, Cabanac . . . manuscrit de cette famille par le Père Desjordy et le Père Brosseau . . .

Source: C.C.Ms. p. 329.
Ms. Originaux. 7 pouces. 17e et 18e siècles, 1914-1930.
Archives nationales du Québec, Montréal, Qué.

DEJORDY DE CABANAC, famille, Qué. Notes concernant la famille, 1549-1699 . . .

Source: C.C.Ms. p. 319.
Ms. Originaux.
Archives nationales du Québec, Québec, Qué.

DE KAY, George P. Carling, Beverly, Gray, Hildred, West, Mason and their descendants; pioneer families of London Township, Middlesex County, Ont.; a pictorial, historical and genealogical record. [n.p.] 1976. 253 p.

DELAFIELD, Maturin L. William Smith, judge of the Supreme Court of the State of New York (genealogy). New York, 1881. 18 p.

Extract from the Magazine of American History 6: 264-282 1881.

DE LANCEY family, N.S. Genealogical chart.

Source: U.L.Ms. p. 320.
Ms. Original. 1 p. [n.d.]
Public Archives of Nova Scotia, Halifax, N.S.

DE LAP family, N.S. Descendants of James De Lap (1759-1841).

Source: U.L.Ms. p. 320.
Ms. Transcripts. 2 p. [n.d.]
Public Archives of Nova Scotia, Halifax, N.S.

DE LA TENUE des registres de l'état civil dans la province de Québec suivi des règles et techniques relatives aux registres de l'état civil.

Dans: Rapp. de l'archiviste de la Prov. de Qué. 1957/58 et 1958/59 p. 187-333.

DE LA VAISSIÈRE. Histoire de la famille de La Vaissière. Aurillac, Impr. moderne, 1928. 415 p.

Notes sur les ancêtres de cette famille peu nombreuse au Canada.

DELAWARE, Ont. Anglican Church. Register of baptisms, communicants, and marriages kept by minister Rev. Richard Flood . . . 1834-1847.

Source: U.L.Ms. p. 320.
Photocopies.
Archives of Ontario, Toronto, Ont.

DELEGAL family, N.S. Genealogy of the Delegal family . . .

Source: U.L.Ms. p. 320.
Ms. Transcripts. 5 p. [n.d.]
Public Archives of Nova Scotia, Halifax, N.S.

DELESDERNIERS family, N.S., Qué. Genealogical, biographical and historical notes on
the Delesderniers family 1752-1838, compiled
by E.C. Royle.

Source: U.L.Ms. p. 321.
Ms. Transcripts. 49 p. 1972.
Public Archives of Canada, Ottawa, Ont.

DELISLE, D.C. (Rev.) Copy of the Register of
the Parish of Montreal, commencing the 5th
October 1766, ending the 5th September,
1787.

In: Canada. Public Archives Report, 1885/86,
pp. 1xxx-xciv.

DELISLE, Roch. Marguerite Miller était veuve
et mère.

Dans: L'Ancêtre 5: (9) 266-269 mai '79.

____. Une minute d'acte très riche d'infor-
mation sur les Tellier, Delisle et Paris.

Dans: L'Ancêtre 7: (3) 91-95 nov. '80.

DE LORES, Mikel, W. WARNER and (Mrs.)
Harriet D. MUNNICK. Catholic Church
records of the Pacific North West:
Vancouver records, Vols. 1 and 2: baptisms,
marriages and burials, made by the first
Catholic priests in the West from Red River
to Fort Vancouver and surrounding areas,
1838-1856; Stella Maris Mission at Point
Chinook, 1848-1856. St. Paul, Oregon,
French Prairie Press, 1971. [v.p.]

Baptism registers kept 1838-60 by F.N.
Blanchet, M. Demers and others.
Bibliography: pp. B1-B4.
Metropolitan Toronto Public Library, Toronto,
Ont.

DELORME, Napoléon, chan. André
Chapdelaine dit Larivière (1664-1740).

Dans: S.G.C.F. Mém. 3: 68-70 '48.

____. Dubé dit Delorme.

Dans: S.G.C.F. Mém. 1: 121-123 '44.

____. Mariages de Saint-Ours. St-Hyacinthe,
[s. éd.], 1956. 202 p.

Comprenant les mariages célébrés dans la
mission du Grand Saint-Ours depuis sa
fondation jusqu'à 1749 (Contrecoeur) et les
mariages inscrits dans les registres de la paroisse
de l'Immaculée-Conception de Saint-Ours de
1750 à 1951.

____. Résumé des registres des baptêmes,
mariages et sépultures de la paroisse de
Saint-Jude, au diocèse de St-Hyacinthe, pour
les années 1822 à 1900. [s.l., s.éd., s.d.] 230
p.

____. Résumé des registres des baptêmes,
mariages et sépultures de la paroisse de
Saint-Pie au diocèse de St-Hyacinthe pour les
années 1830-1900. St-Hyacinthe, [s.éd.],
1957. 388 p.

DEMAIZIÈRE, Émile. Colons et émigrants
bourguignons au Canada aux 17e et 18e
siècles.

Dans: Arch. de la Prov. de Qué. Rapport.
1923/24, p. 394-399.

DE MARCE, Virginia Easley, comp. De
Marce, LePean and related families of the
French Canadian settlement in Waterville
Township, Pépin County, Wisc. Maryville,
Mo., Sept. 1971. 42 p.

Canadian families mentioned.
A number of variations of names of Canadian
families living in the U.S.: De Marce, Demars,
Demarse; Le Pean, Lepine, Lapine, L'Epine,
Lepene; Bolia, Bolier, Bolieux, Beau Leax,
Bolya, Bowlya, BeLila, Belill and Beaulieu;
Poquette, Poquet.

DEMARCE-LA PEAU and related families of
the French Canadian settlement in Waterville
Township . . .

Dans: Bibliothèque de la Société généalogique
canadienne-française, Montréal, Qué.

DEMERS, Benjamin, ptre. La Famille Demers
d'Etchemin, P.Q. Lévis, Impr. à La
Nouvelle Imprimerie, 1905. iii, 124, xvii-xviii
p., 10 feuillets de planches.

Tableau généalogique.
Édition limitée réservée aux membres de la
famille.
"Mon premier professeur d'histoire:
J.E.-Edmond Roy", p. 64-99.

____. La Paroisse de St-Romuald d'Etchemin
avant et depuis son érection . . . Québec,
Laflamme, 1906. 306 p.

En tête du titre: Monographie.
"Ouvrage orné de plusieurs photogravures."
"Premières familles d'Etchemin": p. 27-59.

____. Un des premiers colons d'Etchemin,
P.Q.: Jean DuMet ou Demers. Québec,
Impr. Vincent, 1914. 20 p.

Édition revue, corrigée et augmentée du
premier chapitre de La Famille Demers
d'Etchemin, P.Q.
Bibliographies.

____. Une branche de la famille Amyot-
Larpinière: M. Georges-Élie Amyot,
manufacturier et brasseur de Québec, ses
ancêtres directs et ses enfants. Québec, Impr.

d'Elzéar Vincent, 1906. 29 p. 10 feuillets de planches.

Tableau généalogique.
"Généalogie de M. Georges-Elie Amyot, depuis le premier Amyot, natif de Chartres en France, jusqu'à ses enfants." (Extrait d'une lettre de l'auteur).
Portraits et gravures.

DEMERS, Louis-Philippe. Jean du Met, 1662 . . . à Jacques Demers, 1965. (Sherbrooke, (l'auteur), 1965). 121 p.

Titre de la couverture.
En tête du titre: De la Seigneurie de Lauzon . . . vers les Cantons de l'Est.
Bibliographie: p. 120-121.
Recension dans les Mém. S.G.C.F. 16: (3) 192 '65.

DEMERS, Maurice, comp.
voir sous:

ARCHIVES du Séminaire de Sherbrooke. Guide des . . .

DEMERS-DUMAIS families in Quebec, 1648-1835.

Bibliothèque de la Société généalogique canadienne-française, Montréal, Qué.
Source: Une note dans "Ses Mémoires".

DEMEULES, Pierre R., comp. Genealogy of the Demeules family from 1683. [n.p., n.d.] 2 vols.

DEMONE family, N.S. A page from the Demone family Bible giving a little information on them and the Corkum family.

Source: U.L.Ms. p. 332.
Ms. Photocopies. 1 p. [n.d.]
Public Archives of Nova Scotia, Halifax, N.S.

DENAULT, J.R. Descendance de Guillaume Couillard, pionnier de la première famille française du Canada — Les seigneurs de la Rivière-du-Sud — Le Manoir seigneurial Couillard-Dupuis à Montmagny.

Dans: Québec Histoire 2: (2) 17-31 hiver '73.

DÉNÉCHAUD, E. Biographie de la famille Dénéchaud. Québec, Cie. d'Imprimerie commerciale, 1895. 29 p.

DENIGER-BISAILLON. (Tableau de cinq générations).

Dans: F.C.A.G.R. 4: (3) 188-189 Fall '72.

DENIS, Amant-Joseph, Qué. Mariage avec Marie Anne Bardet, 1782.

Source: C.C.Ms. p. 323.
Ms. Originaux. 4 p.
Bibliothèque municipale de Montréal, Montréal, Qué.

DENIS DE LA RONDE. Colons angoumois venus au Canada au 17e siècle.

Dans: Bulletin et mémoires de la Société historique de La Charente, 1937, p. lxxxvii-xciii et li-lv.

DENISON, Merrill. Au pied du courant: l'histoire Molson. Trad. par Alain Grandbois. Collaborateur historique: Léon Trépanier. Montréal, Libr. Beauchemin, 1955. xiv, 423 p.

DENISON, Richard Lonton. The Canadian pioneer Denison family of County of York, England and County of York, Ontario; a history, genealogy and biography. Toronto, (c1951-52). 3 vols.

Cover title.
Vol. 1: rev. ed.

DENISON family, Ont. Correspondence and papers of the Denison family . . . 1779-1900.

Source: U.L.Ms. p. 323.
Ms. Original.
Metropolitan Toronto Central Library, Toronto, Ont.

DENNIS, William Alexander. The Dennis genealogy; an account of the Dennis ancestry with supplements on the Millers and Archibalds; biographical and genealogical with portraits. (Kentville, N.S.), private printing for the author, 1959. 38 p.

_____. The Miller descendants; a biographical and genealogical account of the Miller ancestry in Antigonish and Cape Breton. (Kentville, N.S.), private printing for the author, c1961. 23 p.

Title on original cover: The Miller descendants of Antigonish and Cape Breton.

DENNIS family.

In: Yarmouth, N.S., Geneal., 1896-1902, pp. 99, 137.
Source: N.B.L.

DENNISTOUN, Robert Maxwell, Man. . . . Genealogy.

Source: U.L.Ms. p. 324.
Ms. Original.
Provincial Archives of Manitoba, Winnipeg, Man.

DÉNOMBREMENTS de Québec faits en 1792, 1795, 1798 et 1805 par le Curé Joseph Octave Plessis.

Dans: Rapp. de l'archiviste de la Prov. de Qué., 1948/49, p. 3-250.

DÉNOMMÉ, T.W. De Launay-Dénommé, canadiens en Ontario.

Dans: S.G.C.F. Mém. 24: (1) 51-52 janv./mars '73.

DENSMORE, Lyman Willard. The Hartwells of America; a genealogy of all the Hartwell families of the United States and Canada, based largely on the Handbook of Hartwell genealogy (1887). The material assembled and arranged in two volumes by John F. Hartwell. Saginaw, Mich., Hartwell-Lorenzen, 1958. 2 vols.

In 1962, a supplement to the 1956 Hartwell genealogy was compiled by John F. Hartwell. Waterville, Maine, (pub. by the compiler), 1962. 1 vol.

DENT family. Seventh edition of the genealogy of the family, with special reference to Canadian branches; also included are discussions of the origins of the name ''Dent'' and the heraldry of the Dent family.

Source: U.L.Ms. p. 325.
Ms. Transcripts. 74 p. 1954.
Public Archives of Canada, Ottawa, Ont.

DENYS famille, Qué. Papiers de la famille Denys concernant surtout les Denys de La Ronde de Bonaventure.

Source: C.C.Ms. p. 325.
Ms. Originaux. 3 p. Copie. 116 p.
Archives publiques du Canada, Ottawa, Ont.

DE PENCIER family; genealogical charts, family history and pictures, 1660-1967.

Source: U.L.Ms. p. 325.
Ms. Transcripts. 30 p.
Public Archives of Canada, Ottawa, Ont.

DEPUYDT, R.H. La Famille Phaneuf-Farnsworth; histoire, généalogie, documents, portraits, par F. Élie. Montréal, La Croix, 1915. 264 p.

Feuillet d'errata inséré.
Comprend des index.

DERBY family. Genealogical checklist of the Derby (Darby) families of the United States, England, Scotland, Ireland, Wales and Canada, ca. 1660-1967.

Source: U.L.Ms. p. 325.
Ms. Transcripts. 2 inches.
Public Archives of Canada, Ottawa, Ont.

DE REPENTIGNY, Léo-Guy. Jean-Baptiste Saint-Onge fils de Pierre Le Gardeur de Repentigny.

Dans: L'Ancêtre 7: (6) 175-180 fév. '81.

DÉROME, Gaston. Le Capitaine Dominique Monette (1787-1859), patriote de 1837-1838.

Dans: S.G.C.F. Mém. 3: 198-199 '49.
Notice biographique.

____. La Famille Legardeur de Tilly.

Dans: Bull. rech. hist. 53: 99-123, 133-148 '47.

____. La Famille Vanchestein, des comtés de Laprairie-Napierville.

Dans: Bull. rech. hist. 49: 14-17 '43.

____. Le Lt-Colonel Louis Antoine Dérome (1816-1907).

Dans: Bull. rech. hist. 63: 71-72, '57.
Extrait d'un manuscrit de l'auteur intitulé: ''La Famille Dérome-Descarreaux.''

____. Patriote Joseph Marceau.

Dans: Bull. rech. hist. 52: 344-347 '46.

____. Le Patriote Pascal Pinsonneau (1813-1865).

Dans: Bull. rech. hist. 53: 57-58 '57.

____. Trois siècles d'histoire: Denis Dérome-Descarreaux, 1624-1697, marié à Québec en 1657 à Jacqueline Roullois, 1644-1718. Hull. Éd. L'Éclair, 1948. 29 p.

DÉROME, famille, Qué. Représentations en couleur des armoiries des familles De Rome, de Brethel, Le Doyen, de Salaberry, Morel, d'Arbon (Darbon), de Frotté.

Source: C.C.Ms. p. 326.
Ms. Reproductions photographiques. 1754.
Bibliothèque municipale de Montréal, Montréal, Qué.

DE SALABERRY family, Que. . . . Correspondence, 1785-1912 . . . Baptism register, 1874, marriage banns register, 1899.

Source: U.L.Ms. p. 326.
Ms. Original.
McGill University Library, Montreal, Que.

DE SALABERRY family, Que. . . . Registers of baptisms and marriages . . . 1785-1912.

> *Source:* U.L.Ms. p. 326.
> Ms. Original.
> McGill University Library, Montreal, Que.

DESAULNIERS, François Pierre Sévère Lesieur. Charles Lesieur et la fondation d'Yamachiche. Montréal, 1902. 24 p. in-12°.

____. La Généalogie des familles Gouin et Allard avec arbre des familles Richer-Laflêche, Fugère, Guillet, Méthot, Chapdelaine, Pinard-Lauzière, Bibaut . . . Montréal, Impr. par A.P. Pigeon, 1909. xiii, 101 p. 1 feuillet de planches.

> "Sir Lomer Gouin, premier ministre de la province de Québec; esquisse biographique", par Pierre Voyer.
> "Famille Gouin", par Benjamin Sulte.
> "L'Honorable Jules Allard, ministère des Terres, Bois et Forêts de la province; esquisse biographique", par Alfred Pelland.

____. La Généalogie des familles Richer de La Flèche et Hamelin, avec notes historiques sur Sainte-Anne-de-la-Pérade, les Grondines, etc. Montréal, A.P. Pigeon, 1909. 241 p. 12 feuillets de planches.

____. Notes historiques sur la paroisse de St-Guillaume d'Upton avec la généalogie des familles de Serres, Lacasse, Melançon, Dupuis, Desaulniers, Lessard, Houde, Adam, Blais, Gélinas, Lamoureux, Touzin. Montréal, A.P. Pigeon, 1905. 141 p.

____. Recherches généalogiques sur les familles Gravel, Cloutier, Bruneau, Dufresne, Proulx, Douville, Charest, Buisson, Tessier, de Lessard, Caron, Morin, Lamothe, Lemaître, Comeau, Godin, Panneton, Arpin, Cormier, Maher, Fontaine et Duval. Montréal, A.P. Pigeon, 1902. 196 p.

____. Vieilles familles d'Yamachiche. Montréal, Éd. Beauchemin, 1898-1908. 4 vols.

DESAULNIERS, François Pierre Sévère Lesieur, co-aut.
voir aussi sous:

> CARON, Napoléon, ptre. Histoire de la paroisse d'Yamachiche . . .

DESAUTELS, Joseph, Que. Certificate of baptism, 1668.

> *Source:* U.L.Ms. p. 326.
> Ms. Original. 1 p.
> McGill University Library, Montreal, Que.

DESAUTELS, famille, Man., Qué. Textes relatifs à l'établissement de la famille Desautels à Saint-Boniface.

> *Source:* C.C.Ms. p. 326.
> Ms. Reproductions photographiques. 36 p.
> Archives publiques du Canada, Ottawa, Ont.

DES BARRES, Joseph Frederick Wallet, N.S., P.E.I. . . . Biographical and genealogical information on Des Barres . . . 1762-1894.

> *Source:* U.L.Ms. p. 327.
> Ms. Original.
> Public Archives of Canada, Ottawa, Ont.

____. Correspondence and other papers of Des Barres and his family.

> *Source:* U.L.Ms. p. 327.
> Ms. Microfilm. 7 reels. [n.d.]
> Public Archives of Nova Scotia, Halifax, N.S.

DES CENTAINES de Vigneault se réunissent (branche des Bois-Francs).

> *Dans:* L'Union: 23 sept. 1975, p. 2.

DESCENDANCE sacerdotale de Nicolas Audet dit Lapointe.

> *Dans:* S.G.C.F. Mém. 14: (2) 79-83, 129-132 '63; 16: (3) 179-181, 308-312 juil./sept. '65.

DESCENDANTS de Joseph Couture — Delphine Gosselin. [s.p.]

> Notes diverses et portraits.
> Polycopié.
> Archives nationales du Québec, Québec, Qué.

DESCENDANTS of Benjamin Franklin Johnson, compiled by B.F. John family (Canadian branch). Ann Arbor, Mich., Edward Brothers, 1956. 296 p.

DESCENDANTS of Cyprien Asselin (1837-1905) and Celina Henry (1836-1905); ancestors of Cyprien Asselin and Celina Henry; ancestors of Louis Joseph Doucet and Georgiana Cormier.

> Bibliothèque de la Société généalogique canadienne-française, Montréal, Qué.

DESCENDANTS of the late John Hartman. [n.p.], 1909. 7 p.

> Film reproduction of the original owned by J.M. Walton, Aurora, Ont. Position 3.
> Metropolitan Toronto Central Library, Toronto, Ont.

DESCHAMBAULT, Qué. Saint-Joseph, paroisse (catholique). Registres des baptêmes, mariages et sépultures, 1760-1780.

Source: C.C.Ms. p. 328.
Ms. Microfilm. 1 bobine.
Archives acadiennes, Moncton, N.-B.

DESCHAMPS, Clément E. Liste des municipalités dans la Province de Québec. Lévis, Mercier, 1886. 46, (xxxv). 816 p.

Titre anglais: List of Municipalities of the Province of Quebec.

DESCOUSSE, N.-É. Saint-Hyacinthe, paroisse (catholique). Registre de paroisse, 1830-1859.

Source: C.C.Ms. p. 328.
Ms. Reproductions photographiques. 1 pouce.
Archives acadiennes, Moncton. N.-B.

DESGAGNÉ, Raymond Pierre. Eliosa Fafard Lacasse (1863-1946).

Dans: Saguenayensia 6: (3) 53-55 mai/juin '64.

DESHAIES, Marcel. Bécancour: ma paroisse; terre bénie de mon enfance et amour sacré de ma patrie, la paroisse de la Nativité-de-la-Sainte-Vierge, Bécancour, Québec. [s.l.], 1977. 72 feuillets.

DESHAIES DIT SAINT-CYR, Georges Henri. Les Familles Deshaies dit Saint-Cyr et Roy à Nicolet. Trois-Rivières, Éd. du Bien Public, 1978. 156 p.

____. Vieilles familles de Nicolet: Les Deshaies dit Saint-Cyr, les Roy.

Bibliothèque de la Société généalogique canadienne-française, Montréal, Qué.
Source: Notes tirées de ''Ses Mémoires''.

DESILETS, Auguste, Qué. Notes généalogiques sur la famille Desilets (1882-1933).

Source: C.C.Ms. p. 328.
Ms. Originaux.
Archives du Séminaire de Trois-Rivières, Trois-Rivières, Qué.

DESJARDINS, Georges A., s.j. L'Ancêtre d'Antoine Roy.

Dans: Bull. rech. hist. 44: 367 '38.

____. Antoine Roy-Desjardins et ses descendants. [s.l.n.d.] 4 fasc. en 1 vol.

Fasc. 2-4: tiré des Mémoires de la Société généalogique canadienne-française, Montréal, 1954-56.
Sommaire: fasc. 1) Antoine Roy dit Desjardins (1636-1684): sa lamentable histoire, son fils unique Pierre. Exemplaire rev., corr. et augm.

par l'auteur; -2) Notes supplémentaires sur Antoine Roy-Desjardins; -3) Enfants et descendants de Pierre Roy-Desjardins (par sa première femme, Marie Anne Martin); b) sa deuxième femme, Angélique Hautin; et c) par sa troisième femme, Marie de Lugré.

____. Antoine Roy dit Desjardins (1635-1684) et ses descendants. Trois-Rivières, Éd. du Bien public, 1971. xvii, 260 p.

Éd. rev., augm., et référence d'articles publiés de 1954 à 1957 dans les Mém. de la S.G.C.F. 6: 53-92; 8: 21-30, 31-54, 143-170, 179.
Bibliographie: p. vii-xiv.
Recension dans: F.C.A.G.R. 3: (4) 228-229 Winter '71.

____. Antoine Roy dit Desjardins (1636-1684): sa lamentable histoire; son fils unique Pierre.

Dans: S.G.C.F. Mém. 6: 53-92 '54.
Notes supplémentaires dans: S.G.C.F. Mém. 7: 21-54, 143-170 '56.
Corrections et additions dans: S.G.C.F. Mém. 8: 179 '57.

____. Chantier naval à la Pointe-Sèche de Kamouraska, au 19e siècle — quatre générations de Roy dit Desjardins.

Dans: S.G.C.F. Mém. 21: (3) 182-186 juil./sept. '70; 21: (4) 212-217 oct./déc. '70.

____. La Famille Nurnberger ou Berger.

Dans: Bull. rech. hist. 45: 278-283 '39.

____. Famille Renouf (Esnouf).

Dans: Bull. rech. hist. 45: 17-22 '39.

DESJORDY, famille, Qué. Documents concernant la famille Desjordy et leurs seigneuries; copie de papiers seigneuriaux de Desjordy, Cabanac et des Îles Bouchard; copie de contrats de mariages, etc.; manuscrit de cette famille, par le Père Desjordy et le Père Brosseau . . .

Source: C.C.Ms. p. 329.
Ms. Originaux. 7 pouces. 17e et 18e siècles, 1914-1930.
Archives nationales du Québec, Montréal, Qué.

DESMAZIÈRES DE SÉCHELLES, M.C. Appendice à la généalogie de Jacques Cartier.

In: Literary and Historical Society of Quebec. Transactions 5: 133-146, 1862.
Tableau généalogique plié de la famille de Jacques Cartier, 1428-1830.

DESNOYERS, Anthime. La Famille Desnoyers dit Lajeunesse; notes généalogiques sur les

huit premières générations, 1657-1923. Montréal, Éd. Beauchemin, 1943. 212 p.

Attribué à Anthime Desnoyers par la Bibliothèque St-Sulpice de Montréal.

DESRIVIÈRES family. Genealogy of the Desrivières family (the descendants of James McGill's wife by her first marriage), 1732-1966.

Source: U.L.Ms. p. 330.
Ms. Photocopies. 9 p. 1966.
Public Archives of Canada, Ottawa, Ont.

DESRIVIÈRES family, Que. Genealogy of the Desrivières family, prepared by the McGill University Archivist, A.D. Ridge, July, 1966.

Source: U.L.Ms. p. 330.
Ms. Photocopies. 8 leaves. 1732-1948.
McGill University Library, Montreal, Que.

DESROCHES, Marie Geneviève, Que. Certificate of baptisms, 1730.

Source: U.L.Ms. p. 330.
Ms. Original. 1 p.
McGill University Library, Montreal, Que.

DESROSIERS, Guy, co-aut.
voir sous:
HORNSTEIN, Walter et Guy Desrosiers.
Mathieu d'Amours de Chauffours . . .

DESROSIERS, René, f.c. Le Seigneur Joseph Deguire dit Desrosiers (1704-1789) et ses descendants. Drummondville, Soc. hist. de Drummondville, 1978. 78 p.

"Descendants Deguire dit Desrosiers", par René Deguire: p. 42-61.
"Généalogie de Claude Desrosiers": p. 63.

DESSAINT DE SAINT-PIERRE, Georges (Mme). Généalogie de la lignée directe de la famille de Maurice Rondeau. Québec?, [s.d.] 5 p.

Copie dactylographiée.
Archives nationales du Québec, Québec, Qué.

_____. Répertoire des mariages de Château-Richer, 1661-1977. Beauport, 1978. 500 p.

DÉTAIL des alliances de la famille Jacques d'Entremont et Anne de La Tour.

Dans: Soc. hist. acad. Cahier. 3: (1) 51, oct./déc. '68.

DÉTROIT, Michigan, paroisses (catholiques). Registres des baptêmes, mariages et sépultures du fort de Pontchartrain, 1703-1800; index des mariages, 1783-1800; registres de l'Assomption-de-la-Pointe-de-

Montréal, 1761-1783; index des mariages, 1761-1783; registres de l'Assomption-de-Détroit (Sandwich), 1781-1799; index des mariages, 1781-1799; index des mariages faits dans les anciennes paroisses de Détroit 1710 à 1783, relevé du Dictionnaire de l'Abbé Tanguay.

Source: C.C.Ms. p. 331.
Ms. Originaux. 1 p. Copie. 11 pouces. 1703-1800, 1730.
Archives publiques du Canada, Ottawa, Ont.

de VARENNES, Kathleen (MENNIE-). À la recherche des sources généalogiques. 33 p.

Cours organisé par la Société de Généalogie de Québec et présenté à des amateurs généalogistes le 4 nov. 1975 et à l'automne 1976.

_____. Augustin Ethier, premier pionnier de Gracefield.

Dans: L'Outaouais généalogique 3: (1) 2-6 janv. '81; 3: (2) 16-22 fév. '81.

_____. Bibliographie annotée d'ouvrages généalogiques à la bibliothèque du Parlement/Annotated bibliography of genealogical works in the Library of Parliament. Ottawa, Bibliothèque du Parlement/Library of Parliament, 1963. 80 p.

_____. Bibliographie annotée d'ouvrages généalogiques à travers le Canada des débuts à nos jours. (Rapport d'étape).

Dans: L'Ancêtre 2: (9) 253-256 avr. '79.

_____. Du grimoire notarié au registre électronique en généalogie.

Dans: L'Ancêtre 1: (2) 23-26 oct. '74.
Causerie donnée devant les membres de la Société de Généalogie de Québec le 18 sept. 1974.

_____. Famille Marinier.

Dans: S.G.C.F. 15: (1) 17-19 janv./mars '64.
Notes qui complètent l'article de Mademoiselle Stella Lemieux dans les Mémoires de juin '61.

_____. Familles Sicard.

Dans: La Tribune de Hull, 16 fév. '61.

_____. Généalogie de J.P. Marcel Lebel. Eastview, Ont., 10 juillet 1962.

Ms. 9 générations.
(L'auteur).

_____. Généalogie de Jacques Plante.

Ms. 9 générations. 1976.
(L'auteur).

____. Généalogie de la famille Gaultier de Varennes en Amérique de 1665 à nos jours. Québec, Société canadienne de généalogie (Québec), 1970. 399 p.

Contribution no 27 de la Société.
Notes en majeure partie bibliographiques. p. 335-343.
Texte polycopié.

____. Généalogie de Lucien de Varennes, 30 rue Lavergne, Eastview, Ont.

Dans: La Tribune de Hull, 26 juil. '61.

____. Généalogie de Madame Gabrielle Pelletier-Lebel. Eastview, Ont., 1962. [s.p.]

Ms. 10 générations.
(L'auteur).

____. Généalogie de Mademoiselle Marguerite (dite Noëlla) Simard. Québec, janv. 1966.

Ms. 8 générations.
(L'auteur).

____. Généalogie de Monsieur Edgard Lafortune. Québec, fév. 1964.

Ms. 8 générations.
(L'auteur).

____. Généalogie de Monsieur Georges Bertrand. Québec, janv. 1964.

Ms. 7 générations.
(L'auteur).

____. Généalogie de Monsieur Hermas Rhéaume. Québec, mars 1964.

Ms. 9 générations. [s.p.]
(L'auteur).

____. Généalogie de Monsieur Louis Tarte. Ottawa, 1961.

Ms. 10 générations.
(L'auteur).

____. Généalogie de Monsieur Oscar Turpin, rue St-Jacques, Eastview, Ont. Québec, déc. 1963.

Ms. 10 générations.
(L'auteur).

____. Généalogie de Monsieur Raymond Frenette. Québec, janv. 1964.

Ms. 9 générations.
(L'auteur).

____. Généalogie de Monsieur Roland Labonté. Eastview, Ont., 1962 [s.p.]

Ms. 9 générations.
(L'auteur).

____. Généalogie de Monsieur Ronald Desjardins. Québec, août 1968.

Ms. 10 générations.
(L'auteur).

____. Généalogie de René Gesseron dit Brulotte. Québec, janv. 1966.

Ms. 8 générations.
(L'auteur).

____. Généalogie d'Yvette Dignard dite Chevrier. Eastview, Ont., 1962.

Ms. 8 générations.
(L'auteur).

____. Les Sicard de Carufel.

Dans: L'Outaouais généalogique 3: (4) 44-46 avr. '81; 3: (5) 59-62 mai '81.

____. Louis Fournier et Zoé Maurin (notice généalogique).

Dans: L'Outaouais généalogique 2: (6) 70-71 juin '80.

____. Paschal Barbe dit Guitry et Marie Miller (notice généalogique).

Dans: L'Outaouais généalogique 2: (4) 38-39 avr '80.

____. Quelle est l'origine des familles de Varennes?

Dans: La Tribune de Hull, 22 déc. '60.

____. Quelles sont les origines des familles Marinier, Marangère et Maringer?

Dans: Par-delà le Rideau 2: (1) 14-15 janv./fév. '81.

____. Recueil de généalogie des familles de Gracefield. Rapport d'étape.

Dans: L'Outaouais généalogique 3: (3) 31-32 mars '81.

____. René Gaultier de Varennes.

Dans: S.G.C.F. Mém. 12: 50-54 '61.
Lignée directe descendante du fils de l'auteur, p. 54.
Conférence donnée devant les membres de la Société de Généalogie d'Ottawa-Hull, le 22 nov. '60 au Collège Marie-Médiatrice de Hull.

____. Répertoire des mariages de Gracefield, comté de Gatineau, 1868-1960. Québec, Société canadienne de Généalogie, 1965. 122 p.

Contribution no 16 de la Société.

de VARENNES, Kathleen (MENNIE-). Sources généalogiques/Genealogical materials, 1960-61: Canadiana. Eastview, Ont., Canadian Library Association, 1961. 21 p.

____. Sources généalogiques québecoises. Québec, 1981. 37 p.

Copie dactylographiée.
Causerie présentée le samedi, 12 octobre 1981 à l'occasion du Congrès de Généalogie de Québec, les 9 au 12 octobre 1981 au Pavillon de Koninck de l'Université Laval, Ste-Foy, Québec.

____. Une famille Dubord dit Latourelle sur la Gatineau.

Dans: L'Outaouais généalogique 2: (8) 90-93 oct. '80.

de VARENNES, Kathleen (MENNIE-).
voir aussi sous:

CANADIAN Library Association. Genealogical materials . . .

DEVELIN, Joseph Chubb. The O'Develins of Tyrone; the story of an Irish sept now represented by the families Devlin, Develin, Develyn, Develon and Devellen. Rutland, Vt., Tuttle Publishing, c1938. 137 p.

Bibliography: pp. 121-125.

DEVINE, P.K. Notable events in the history of Newfoundland. St. John's, 1900.

DEWAR, Lloyd George. A History of my family and the family farm at New Perth, Prince Edward Island and a short history of New Perth. [n.p.], c1975. 160 p.

Genealogical tables.
Cover title: The Brothers Dewar and the family farm, New Perth, a history.
Bibliography: p. 161.

DEWEY, Emily Foss (McKay), comp. Dickson, Scotch-Irish, Connecticut, 1719, Nova Scotia, 1761, California, 1865; descendants of Charles and Amelia Bishop Dickson of Onslow, Nova Scotia; Dickson, Archibald, Campbell, Davison, Foss, Henderson, McKay, Mackenzie, Purves, Patterson, Roach. Boston, Mass., Spaulding-Moss Co., 1953. 177 p.

200 copies of this book have been printed privately.

DEWIS family, N.S. Some genealogical information.

Source: U.L.Ms. p. 332.
Ms. Photocopies. 8 p. [n.d.]
Public Archives of Nova Scotia, Halifax, N.S.

DE WOLF, John, N.S. . . . Descendants of John De Wolf.

Source: U.L.Ms. p. 332.
Ms. Original. 1 p. [n.d.]
Public Archives of Nova Scotia, Halifax, N.S.

DÉZIEL, Julien, o.f.m. La Famille Déziel-Labrèche; histoire et généalogie. Montréal, Éd. Le Contact, 1978. 312 p.

Bibliographie: p. 306.

____. Généalogie et les Japonais.

Dans: S.G.C.F. Mém. 23: (3) 175-178 juil./sept. '72.

____. Jean-Baptiste Déziel-Labrèche (1673-1732), Père de famille, donné au Séminaire de Québec, administrateur de la Seigneurie de l'Île-Jésus.

Dans: S.G.C.F. Mém. 16: (1) 271-281 janv./mars '65.

____. Olivier Le Tardif.

Dans: Médallions d'ancêtres, par Julien Déziel, p. 156-161.

____. Pierre Beaugendre dit Desrochers et Pierre de Gencenay, deux soldats oubliés du Régiment de Carignan.

Dans: S.G.C.F. Mém. 14: (4) 84-86 avr. '63.

____. Pierre Maufray et Marie Duval, mariés en 1654 à Québec (la branche Monfette).

Dans: S.G.C.F. Mém. 19: (1) 47-49 janv./mars '68.
Supplément à l'étude d'Yves Quesnel sur la descendance de Pierre Maufay, ancêtre sur les Maufette. Dans: S.G.C.F. Mém. 18: (3) 169-171 juil./sept. '67.

____. René Rhéaume (1643-1722) et sa descendance.

Dans: S.G.C.F. Mém. 22: (1) 3-18 janv./mars '71.

____. Rétrospective de vingt-cinq ans.

Dans: S.G.C.F. Mém. 19: (2) 68-71 avr./juin '68.
Historique de la Société généalogique canadienne-française de Montréal.

DÉZIEL, Julien, o.f.m., et collaborateurs. Médaillons d'ancêtres. 1ère série. Montréal, Éd. St-Laurent, 1970. 187 p.

". . . présentant en croquis simplifiés des figures d'ancêtres, fondateurs et nos familles canadiennes au dix-septième siècle . . ."

____. Médaillons d'ancêtres. 2e série. Montréal, Éd. Paulines, 1973. 189 p.

DIBBLEE, George Jarvis, N.B. The material
consists of . . . family correspondence . . .

Source: U.L.Ms. p. 333.
Ms. Original. 1 inch. 1815-1859.
New Brunswick Museum, St. John, N.B.

DICK family, N.S. "Sir William Dick of
Braid, Knight", from the Herald
Genealogist, vol. 3. London, 1874.

Source: U.L.Ms. p. 334.
Ms. Microfilm. 1 reel. [n.d.]
Public Archives of Nova Scotia, Halifax, N.S.

DICKERSON family.

In: Lawrence, J. Stanstead County, Que., 1874.
Source: N.B.L.

DICKIE families. Essay on several Dickie
families of British North America,
1750-1850.

Source: U.L.Ms. p. 334.
Ms. Transcripts. 12 p. 1970.
Public Archives of Canada, Ottawa, Ont.

DICKSON family.

In: Miller, T. Colchester County, N.S. 1873,
pp. 246-51, 384.
Source: N.B.L.

DICTIONARY Catalog of the Local History
and Genealogy Division of the New York
Public Library. Boston. G.K. Hall, 1960. 15
vols.

Includes many Canadian references.

DICTIONARY of Canadian Biography
(Laurentian ed.). Toronto, University of
Toronto Pr., c1966-   .

Added title page in English and French.
Issued also in French under the title: "Diction-
naire biographique du Canada".
To be completed in 24 vols.
Limited edition of 500 copies.

DICTIONNAIRE biographique du Canada
(Québec). Presses de l'Université Laval,
c1966-   .

Publié séparément en anglais sous le titre:
"Dictionary of Canadian Biography".
Toronto, University of Toronto Press.
L'ouvrage entier doit comprendre 24 vols.

DICTIONNAIRE national des Canadiens-
français (1608-1760). Av.-pr. par Mgr Irénée
Lussier. Montréal, Institut généalogique
Drouin. 3 vols.

Non indexé dans cette édition.
Connu sous le "Dictionnaire généalogique
Drouin".

La couverture porte en outre: "Complément de
l'arbre généalogique de tout
Canadien-français".
Sommaire: vol. 1: Partie généalogique A-K; -2.
. . . L-Z; -3. . . . A-Z.
Les volumes 1 et 2 contiennent les généalogies.
Les noms de familles sont classés par ordre
alphabétique. Le volume 3 contient de courtes
notices de l'ancêtre canadien avec de nombreux
portraits, illustrations, armoiries et facsimilés
des signatures.
Ouvrage représentant plus de 50 années de
recherche.

DIGBY, N.S. Trinity (Anglican) Church.
Parish register, 1786-1845.

Source: U.L.Ms. p. 335.
Ms. Transcripts. 1 1/2 inches.
Public Archives of Canada, Ottawa, Ont.

DIGGING for Roots of Your Family Tree.

In: Business Week. Feb. 21, 1977, pp. 87-88.
Source: B.P.I. July 1977.

DILL, David, N.S. Pages from the Dill family
Bible.

Source: U.L.Ms. p. 335.
Ms. Photocopies. 4 p. [n.d.]
Public Archives of Nova Scotia, Halifax, N.S.

DIMOCK family, N.S. Pages from the family
Bible of the Dimocks, descendants of
Shubael Dimock (1839-1907) and Elizabeth
S. Hughes (1839-1909).

Source: U.L.Ms. p. 335.
Ms. Transcripts. Photocopies. 4 p. [n.d.]
Public Archives of Nova Scotia, Halifax, N.S.

DIONNE, Narcisse-Eutrope. Les Canadiens-
français; origine des familles émigrées de
France, d'Espagne, de Suisse, etc. pour venir
se fixer au Canada, depuis la fondation de
Québec jusqu'à ces derniers temps et
signification de leurs noms. Québec, Éd.
Laflamme et Proulx, 1914. 611 p.

Réimprimé à Baltimore, Genealogical Pub.
Co., 1969.

____. La Famille Houel.

Dans: Bull. rech. hist. 19: 240-245 '13.

____. L'Origine des familles émigrées de
France, d'Espagne . . .
voir sous:

DIONNE, Narcisse Eutrope. Les Canadiens-
français . . .

____. Rochefortais en Canada.

Dans: Courrier du Canada. 4 nov. 1892.

DIONNE, Yves, co-comp.
voir sous:

CENTRE des archives de l'Abitibi-Témisca-mingue. Guide des collections . . .

DIXON, Benjamin Homer. The Border or Riding Clans followed by a History of the Clan Dickson and a brief account of the family of the author. Printed originally for presentation only and now enlarged. Albany, N.Y., Joel Munsell's Son, 1889. 223 p.

32 variations of the Dickson family name: p. 113.

____. The Scotch Border Clan Dickson, the family of B. Homer Dixon and the family De Homere or Homer. Toronto, 1884. 61 p.

____. History of Charles Dixon, one of the early English settlers of Sackville, N.B. Compiled by James D. Dixon, a grandson. Sackville, N.B., 1891. 200 p.

DOANE, Frank A., N.S. "A chat about some Nova Scotia Doanes" written by request for the Doane Family Association of America, Inc. Truro, 1950.

Source: U.L.Ms. p. 337.
Ms. Transcripts. 13 p. [n.d.]
Public Archives of Nova Scotia, Halifax, N.S.

DOANE, Gilbert Jones. The Ebenezer Doane family. Supplement to A.A. Doane's genealogy of Deacon John Doane and his descendants, published in 1902. (Ottawa, 1961). 65 p.

DOANE family.

In: Yarmouth, N.S. Geneal., 1896-1902. pp. 18, 29-34, 90, 158-159, 172.
Source: N.B.L.

DOANE family, N.S. Some genealogical information.

Source: U.L.Ms. p. 337.
Ms. Transcripts. 11 p. [n.d.]
Public Archives of Nova Scotia, Halifax, N.S.

DODDRIDGE, Françoise. Inventaire de notre bibliothèque.

Dans: L'Ancêtre 4: (5) 157-163 janv. '78.
Relevé des ouvrages de la Bibliothèque de la Société de Généalogie de Québec.

DOERKSEN, Bernhard. Family tree of Abraham Doerksen, Regina Hoeppner and descendants, 1804-1960. (Regina), c1960. 101 p.

Cover title.
English and German.

DONALDSON, Nell (Mrs.), Ont. Genealogical notes, land and legal papers, wills, business papers, etc. relating to the Latshaw family (South Dumfries Township, Ont.) . . .

Source: U.L.Ms. p. 341.
Ms. Original. 1802-1932.
Archives of Ontario, Toronto, Ont.

DONALDSON, William Baker, B.C. Marriage licence of W.B. Donaldson and Mary Ann Florence Glover, 1898.

Source: U.L.Ms. p. 341.
Ms. Original. 2 p.
Provincial Archives of British Columbia, Victoria, B.C.

DONCASTER, Lloyd (Mrs.), N.S. . . .
Gibbons family tree . . .

Source: U.L.Ms. p. 341.
Ms. Photocopies.
Cape Bretoniana Archives. St. Francis Xavier University, Sydney Campus, Sydney, N.S.

DONIGAN, M.L. The Drummond Point Story [n.p.] (1956?). (12) p.

Cover title.
Source: Canadiana. June 1975.

DORÉ, Raymond. La Descendance de Louis Doré à Neuville, Laprairie, Saint-Eustache et Sainte-Scholastique.

Dans: L'Ancêtre 7: (3) 67-76 nov. '80.

____. Les Doré en Nouvelle-France.

Dans: L'Ancêtre 6: (5) 151-152 janv. '80.

____. Recherches dans une lignée de Doré. Montréal, 1975. 177 p. (4) feuillets de planches.

Édition limitée.
Bibliographie: p. (171)-177.

DOREY, Alice Ann (Mrs.), Ont. Manuscript genealogy and reminiscences of the Saxe family and the Eastern Townships, 1783-1909.

Source: U.L.Ms. p. 342.
Ms. Transcripts. 1 inch. 1930-1958.
Public Archives of Canada, Ottawa, Ont.

DOSSIER Bertran de Palmerole.

Dans: Bull. rech. hist. 62: 39-44 '56.
Portrait des armoiries: p. 39.

DOSSIER inédit du Père Archange (Godbout).

Dans: S.G.C.F. Mém. 14: (6) 142-143 juin '63.
Famille Forestier et Coiffé.
Tableau généalogique de la famille Dupuis.

DOUCET, Louis-Joseph. Généalogie des familles Doucet.

Dans: S.G.C.F. Mém. 6: 371-388 '55.

DOUCET, Louis-Joseph (Mme). Famille Harnois.

Dans: S.G.C.F. Mém. 16: (3) 149-156 juil./sept. '56.

____. Famille Joyal (Jouiel, Joyelle).

Dans: S.G.C.F. Mém. 5: 155-165 '53.

____. Généalogie de Gerlaise-Desjarlais.

Dans: S.G.C.F. Mém. 7: 78-91 '56.

____. Lasnier dit Bellehumeur.

Dans: S.G.C.F. Mém. 3: 237-245 '49.

DOUCET, René et Jacques MILOT, comp. Mariages de St-Alexis des Monts, comté de Maskinongé, 1872-1976. Montréal, Éd. Bergeron et Fils, 1978. 104 p.

DOUGHTY, Arthur (Sir). The Acadian Exiles. Toronto, 1920.

DOUGLAS, Helen Frances, comp. Golden kernels of Granum: the story of the early settlers of Granum. Granum, Alta., (195-?). 79 p.

Cover title.

DOUGLAS and Bright, N.B. Parish Church (Anglican). Baptisms 1845-1928; marriages, 1843-1891; burials, 1856-1893.

Source: U.L.Ms. p. 345.
Ms. Microfilm. 20 feet.
Provincial Archives of New Brunswick, Fredericton, N.B.

DOUVILLE, Raymond. Aaron Hart; récit historique. Trois-Rivières, Éd. du Bien public, 1938. 3 p. 1, (9)-194 p.

____. L'Apport de l'Auvergne et du massif central dans le peuplement de la Nouvelle-France.

Dans: Cahiers des Dix. 33: 243-289.

____. Une branche canadienne des familles Arsenault.

Dans: S.G.C.F. Mém. 3: 222-224 '49.

____. Hélie Grimard.

Dans: S.G.C.F. Mém. 6: 15-25 '54.

____. Madeleine Couteau.

Dans: S.G.C.F. Mém. 1: 266-270 '45.

____. Nos premières mères de famille. Trois-Rivières, Éd. du Bien public, 1976. 46 p. 8 p. de planches. (Collection: Notre passé, Cahier no 14).

En tête du titre: Les "Filles du Roy" aux origines de Sainte-Anne.
Collection publiée par les Amis de l'histoire de la Pérade.

____. Notes sur Antoine Leduc adressées à Mme Adrienne Leduc . . . de North Vancouver, B.C., janv. 1977. 4 p.

Copie dactylographiée.
Archives nationales du Québec, Québec, Qué.

____. Les Tribulations d'un guérisseur à Sainte-Anne-de-la-Pérade au 18e siècle: Yves Phlem, ancêtre des familles Hivon. Trois-Rivières, Éd. du Bien public, 1975. 27 p. (Collection: Nos vieilles familles).

Titre de la couv.: "Yves Phlem dit Yvon le Breton, ancêtre des familles Hivon".

____. Un Associé de Lamothe-Cadillac, Joseph Moreau, de Batiscan.

Dans: S.G.C.F. Mém. 9: 43-48 '58.

____. Vie de François Frigon, pionnier de Batiscan.

Dans: S.G.C.F. Mém. 9: 209-222 '58.

DOWNING family.

In: Miller, T. Colchester County, N.S., 1873, pp. 338-340.
Source: N.B.L.

DOYLE family, N.S. Genealogies of the Moses "Mogue" Doyle family and Kennedy family of Louisbourg.

Source: U.L.Ms. p. 347.
Ms. Photocopies. 15 p. 1926.
Cape Bretoniana Archives. St. Francis Xavier University, Sydney Campus, Sydney, N.S.

____. "The name and family of Doyle", compiled by the Media Research Bureau, Wash., D.C.

Source: U.L.Ms. p. 347.
Ms. Photocopies. 12 p.
Public Archives of Nova Scotia, Halifax, N.S.

DOYON, R.L. Hommage d'un français (M.R.L. Doyon) à ses cousins.

Dans: S.G.C.F. Mém. 15: (3) 133-134
juil./sept. '64.
En supplément ou commentaire du Père
Archange Godbout "Jean Doyon et sa famille"
dans: S.G.C.F. Mém. juin '53, p. 203-222.

DOYON family.

In: F.C.A.G.R. 4: (3) 185-186 Fall '72.

DREW family.

In: Lawrence, J. Stanstead County, Que., 1874
(see index).
Source: N.B.L.

DRINKWATER family, Ont. Family papers,
1857-1949.

Source: U.L.Ms. p. 348.
Ms. Original.
Haldimand County Historical Society, Cayuga,
Ont.

DROLET, Adrien. Famille d'Odet d'Orsennens.

Dans: S.G.C.F. Mém. 8: 170-171 '57.
"On pourra compléter ces données par ce qu'a
publié Fred-G. Audet sur cette famille dans le
Bull. rech. hist. 26: 394-395 '30."

____. Famille Drolet.

Dans: S.G.C.F. Mém. 5: 222-229 '53.

DROUIN, Joseph. Arbre généalogique de
Monseigneur G.M. Le Pailleur. Dressé par
Joseph Drouin. Montréal, (1900?). [p.v.]

Livre rare.

____. Généalogie de Dame Alida Larue-Ruest.
Dressée par Joseph Drouin, avocat.
Montréal, [s.d.]. [s.p.]

Polycopié.
Origine du nom de Larue.

____. Généalogie de Joseph-Eugène Richard.
Montréal, [s.d.]. [s.p.]

Copie dactylographiée (carbone).

____. Généalogie de Onésiphore E. Talbot.
Montréal, [s.d.]. [p.v.]

Copie manuscrite et dactylographiée.
Archives nationales du Québec, Québec, Qué.

____. Généalogie de Sieur Alphonse Plessis-
Bélair et Dame Carmelia Bruchési. Montréal,
1900? [p.v.]

____. Généalogie du Dr Charles Émile Laurin,
dressée par Joseph Drouin.

Source: C.C.Ms. p. 682.
Ms. Copie. 1 1/2 pouces.
Archives nationales du Québec, Québec, Qué.

____. Généalogie de Sieur Jules-André Brillant.
Montréal, [s.d.]. 352 p.

Copie dactylographiée.
"Arbre généalogique, série complète des
ancêtres de Sieur Jules-André Brillant, tant
paternels que maternels au Canada, remontant
pour certaines branches jusqu'au delà de trois
siècles . . ."
Sommaire: 1ère ptie: Famille Brillant; -2e: La
famille Raiche; -3e: La Famille Lavoie; -4e: La
famille Garon; -5e: Ancêtres remarquables; -6e:
Actes établissant la lignée Brillant; -7e: Branche
paternelle; -8e: Branche maternelle.
Archives nationales du Québec, Québec, Qué.

____. Maheux, famille. "Généalogie de messire
Joseph Thomas Arthur Maheux, ptre,
dressée par Joseph Drouin, avocat,
Montréal, 1935 . . ."

Source: C.C.Ms. p. 760.
Ms. Originaux.
Archives publiques du Canada, Ottawa, Ont.

DROUIN, Roger-A. Généalogie et génétique.

Dans: Par delà le Rideau. 1: (1) 5-6 printemps
'81.

DROUINERIE; organe officiel des familles
Drouin, no 1, 1980-   . Montréal.

DRUMMOND, Andrew, Ont. . . . Family
genealogy of the House of Drummond . . .

Source: U.L.Ms. p. 349.
Ms. Original.
Public Archives of Canada, Ottawa, Ont.

DRUMMOND, William Henry, Que., Ont.
Ms. of "Le Notaire public", "The Family
Laramie" and "By-Doon-Side" together
with "Notes on the Drummond Manuscripts
in the Osler Library".

Source: U.L.Ms. p. 349.
Ms. Original. 6 p. 1902.
McGill University Library, Montreal, Que.

DRUMMOND HILL Cemetery, Niagara, Ont.
Records of burials, 1845-1898 . . .

Source: U.L.Ms. p. 349.
Ms. Microfilm. 1 reel.
Archives of Ontario, Toronto, Ont.

DRUMMONDVILLE, Qué. . . . Extraits des
registres de la paroisse Saint-Frédéric;
mariage de Joseph Boisvert et Mathilde
Côté, 1847; baptême de Joseph-Pierre-Denis,
fils Pierre Barnabé et d'Émile Lémérise,
1864; inhumation de celle-ci, 1875.

Source: C.C.Ms. p. 350.
Ms. Originaux. 1818-1873.
Archives publiques du Canada, Ottawa, Ont.

DRUMMONDVILLE WEST, Ont. St.
George's Anglican Church. Register of bap-
tisms during tenure of Rev. Frederick
William Miller.

Source: U.L.Ms. p. 350.
Ms. Transcripts. 9 p. 1822-1844.
Archives of Ontario, Toronto, Ont.

DRURY, Helen S. Sax genealogy.

Source: U.L.Ms. p. 1121.
Ms. Transcripts. 5 p.
Public Archives of Canada, Ottawa, Ont.

DRYSDALE FAMILY, N.S. Page copied from
the Drysdale family Bible.

Source: U.L.Ms. p. 350.
Ms. Photocopies. 1 p.
Public Archives of Nova Scotia, Halifax, N.S.

DUBÉ, Raymond, Qué. Correspondence et
généalogie de la famille avec les pièces
justificatives xérographiées.

Source: C.C.Ms. p. 350.
Ms.
Centre de recherches en civilisation canadienne-
française, Université d'Ottawa, Ont.

DUBOIS, Louis-Marie, comp. Répertoire des
mariages de Saint-Sylvère, comté de Nicolet,
1888-1975. Longueuil, Qué., 1976. [s.p.]

DUBOIS, Lucien. Histoire de la paroisse de
Gentilly [s.l.], 1935. 286 p.

"Généalogies de quelques familles . . ." 3e
ptie.
"Famille Poisson": p. 24-49.

DUBOIS family.

In: Yarmouth, N.S. Geneal., 1896-1902, p. 249.
Source: N.B.L.

DUBOURDIEU, William J. Baby on her back;
a history of the Huguenot family DuBour-
dieu. With a foreword by Richard J.
DuBourdieu and an introd. by Douglas L.
Savory. (Lake Forest, Ill., pub. by N.G. and
R.J. DuBourdieu, c1967). 358 p.

DUBREUIL, Anthime. Généalogie de mes
enfants. Montréal, Paradis-Vincent,
1932-   .

DUBUC, Denis, o.m.i. Généalogie des familles
de la paroisse St-Isidore de Bellevue, Sask.
depuis sa fondation (1902-1962), avec renseignements historiques/Family trees of
pioneer families of St. Isidore de Bellevue,
Sask., with added historical information.
(Batoche, Sask., 1963?). 41 p.

Recension dans/Review in: S.G.C.F. Mém. 14:
(7/9) 168 '63.

____. Généalogie des familles de la paroisse St-
Isidore de Bellevue, Sask. depuis sa fondation (1902-1970). Avec renseignements
historiques. Rév. et mise à jour par R.
Gaudet. Duck Lake, Sask., [s.éd.], 1970.
83 p.

DUBUC, Denis, o.m.i. et Jean CÔTÉ.
Histoire et généalogie d'une paroisse du nord
albertain/History and Family Trees of a
French Community. Falher, Alta., D.
Dubuc, (1973). xiii, 69 feuillets.

Texte en français seulement/Text in French
only.

DUCHARME, A. Émile. Olivier Letardif.

Dans: S.G.C.F. Mém. 4: 20 '51.

DUCHARME, Gilles. Le Charmoie. (Sherbrooke, 1971). 398 p.

DUCHESNEAU: Généalogie (et notes
diverses).

Copie dactylographiée.
Archives nationales du Québec, Québec, Qué.

DUFFUS family, N.S. Genealogical tree of the
Duffus family, 1762-1934.

Source: U.L.Ms. p. 354.
Ms. Transcript. 1 p.
Public Archives of Nova Scotia, Halifax, N.S.

DUFOUR, Gérard. Claude Dufour et sa
descendance.

Dans: S.G.C.F. Mém. 27: (2) 107-115 avr./juin
'76.

DUFOUR-DUMOUCHEL, Madeleine. Jean-
Baptiste Dumouchel, le patriote, ses
antécédants et sa descendance.

Dans: S.G.C.F. Mém. 29: (2) 94-107 avr./juin
'78.

DUFRESNE, Anne-Marie de Launière. La
Famille De Lamarre.

Dans: Saguenayensia 12: (6) 136-139 nov./déc.
'70.
Extrait d'une histoire de Lac Bouchette au
Saguenay.
"Références" signées Soeur Marguerite
Duchesne, s.c.i.m.

____. Que vinrent-ils faire à Lac Bouchette en
1890? Monsieur et Madame Joseph Potvin.

Dans: Saguenayensia 16: (3) 63-66 mai/juin
'74.

DUFRESNE, Françoise-Marie. Les Taché et un
drame à Kamouraska.

Dans: S.G.C.F. Mém. 23: (3) 179-182
juil./sept. '72.

DUFRESNE, Françoise Marie. Pierre Michaud et les engagements pour la Nouvelle-France en 1656.

Dans: S.G.C.F. Mém. 24: (1) 42-49 janv./mars '73.

DUGAS, Georges. Histoire de la paroisse de Ste-Anne-des-Plaines, érigée sous Mgr Hubert, évêque de Québec en l'année 1787. Montréal, Éd. Granger, 1900. 207 p.

"Arbres généalogiques de quelques familles de l'endroit": p. 147-200.

DUGAS, Léon, Qué. Legal papers of Léon Dugas, chiefly concerning his estate and that of his wife, Eulalie Holmes-Dugas; the genealogy of the Persillier family is included.

Source: U.L.Ms. p. 354.
Ms. Photocopies. 1 inch. 1817-1858.
Public Archives of Canada, Ottawa, Ont.

DUGRÉ, A., s.j. Corbeil.

Dans: Soc. hist. du Nouvel-Ontario. Doc. hist. no 23, p. 57-61.

DUGUAY, Louis-Eugène, ptre. Généalogie de la famille Duguay, accompagnée de diverses notes historiques. Trois-Rivières, Éd. du Bien public, 1916-23. 2 vols.

"Cinq généalogies avec préf. de Benjamin Sulte comprenant deux familles Duguay bien distinctes, puis des familles Marcouillier, Diamond et Bald".

DUGUAY, Luc et Claude LABBÉ. Honoré Routhier, né 1829 à Ste-Foy; essai généalogique. [s.l.], 1976. 12 p.

Polycopié.

DULAC-PEARSON, Cécile. Nicolas Bonhomme-Dulac (1603-1683) et sa descendance.

Dans: S.G.C.F. Mém. 31: (1) 3-26 janv./mars '80.

DUMAIS, A. Index alphabétique des noms de 3 400 familles de douze enfants vivants. Compilé et préparé par A. Dumais. Québec, Départment des terres, mines et pêcheries, 1904. 2 tomes en 1 vol.

Livre rare.
Index alphabétique des noms de 3 400 familles de douze enfants vivants et plus, reconnues officiellement depuis l'origine de la Loi Mercer en 1890, jusqu'à mars 1904 inclusivement.

DUMAS, Évariste. La Généalogie: science et profession.

Dans: S.G.C.F. Mém. 6: (3) 106-113 juil. '54.

Conférence prononcée d'abord à la Société d'Ottawa lors de l'assemblée mensuelle de fév. 1953, puis à Montréal lors de l'assemblée mensuelle de mars suivant.

DUMAS, Jean, co-aut.
voir sous:
BUREAU, René, Jean Dumas et G. Robert Tessier. Répertoires des mariages de l'Île d'Orléans . . .

DUMAS, Silvio. Filles du Roi en Nouvelle-France.

Dans: Cahiers d'histoire no 24, 1972, p. 382.

_____. Répertoire biographique des filles du Roi.

Dans: Cahiers d'histoire no 24, 1972, p. 149-382.

DUMONT, Jacques. Nicolas Bachand — Anne Lamoureux et leur famille.

Dans: S.G.C.F. Mém. 24: (2) 79-90 avr./juin '73.

DUMONT, Joseph Napoléon. Filiation généalogique de la famille Guéret-Dumont. Montmagny, Éd. Marquis, 1973. 131 p.

Titre de la couverture: "Filiation généalogique des Guéret-Dumont".

_____. Une industrie centenaire: Ouellet & Frère Kamouraska, Inc. de Saint-Joseph-de-Kamouraska. La Pocatière, Société historique de la Côte-du-Sud, 1972. 56 p.

Cahiers d'histoire no 6 de la Société.

DUMOUCHEL, Madeleine. Arbre généalogique d'Adélard Bisson et d'Ernestine Morache. Arbre généalogique d'Omer Legault-Deslauriers et Norah Paquette.

Bibliothèque. Société généalogique canadienne-française, Montréal, Qué.
Source: Dans "Ses Mémoires".

_____. Hull . . . 1861 (Recensement).

Dans: L'Outaouais généalogique. 2: (1) 9ss janv. '80ss.

DUMOUCHEL-BUTLER, M. Marguerite. William (Guillaume) Ross.

Dans: S.G.C.F. Mém. 25: (3) 170-182 juil./sept. '71.

DUNCAN, John, Ont. . . . Family historical notes of John Duncan and his descendants.

Source: U.L.Ms. p. 356.
Ms. Original. 1837-1910.
University of Western Ontario Library, London, Ont.

DUNCANSON, John Victor, comp. The Duncanson family of Horton, Nova Scotia; a genealogical account of the descendants of James Duncanson who lived at Horton, Nova Scotia between 1782 and 1802. [n.p.], (1962). 106 p.

____. Falmouth, a New England township in Nova Scotia, 1760-1965. Illustrated by Charles Payzant. Windsor, Ont., 1965. vi, 474 p.

____. Information concerning descendants of William Duncanson . . .

Source: U.L.Ms. p. 356.
Ms. Transcripts. 46 p. [n.d.]
Public Archives of Nova Scotia, Halifax, N.S.

____. Notebook containing information on families and other information.

Source: U.L.Ms. p. 356.
Ms. Microfilm. 1 reel. [n.d.]
Public Archives of Nova Scotia, Halifax, N.S.

DUNDAS, Ont. Certificates of marriages performed by licences by Andrew Bell at Dundas, Ancaster and West Flamboro, 1848-1852, and at L'Orignal, 1854-1856. Ten additional certificates of marriages solemnized by Mr. Bell at L'Original and Hawkesbury and in the townships of West Hawkesbury, Lochiel and Caledonia.

Source: U.L.Ms. p. 356.
Ms. Original. 107 p.
Public Archives of Canada, Ottawa, Ont.

DUNDEE, N.-B. Saint-Jean-Marie-Vianney, paroisse (catholique). Registres de la paroisse, 1907-1920.

Source: C.C.Ms. p. 357.
Ms. Microfilm. 1 bobine.
Archives acadiennes, Moncton, N.-B.

DUNGY, Hilda and Hattie HANSON. Planted by the waters; a genealogy of the Jones-Carter family. Wallaceburg (Ont.), Standard Press, 1975, c1976. 49 p.

Genealogical tables.
Includes bibliographical references.

DUNHAM, B.M. (Miss). Ellis family.

In: Waterloo Hist. Soc. Report 35: 29-32 '48.

DUNHAM Township, Que. . . . Marriage contract between William Gates and Elizabeth Clement, 1850.

Source: U.L.Ms. p. 357.
Ms. Original.
Public Archives of Canada, Ottawa, Ont.

DUNLAP family, N.S. Papers, appointments, notices concerning Dunlap family of Leitches Creek Station, Cape Breton, 1884-1915.

Source: U.L.Ms. p. 357.
Ms. Original. 8 p.
Cape Bretoniana Archives, St. Francis Xavier University, Sydney Campus, Sydney, N.S.

DUNLOP, Thomas Alexander, B.C. . . . Certificate of marriage of Dunlop and Nellie Carlisle Hurssell, 1879.

Source: U.L.Ms. p. 357.
Ms. Original.
Provincial Archives of British Columbia, Victoria, B.C.

DUNN, Charles. Highland settler. Toronto, 1953.

Source: Baxter, Angus. In Search of Your Roots . . .

DUNN-LEBOUTILLIER, Mabel. Les Leboutillier en Gaspésie.

Dans: Rev. d'hist. de la Gaspésie. 10: (1) 36-44 '72.

DUPLESSIS, Edgard LeNoblet. Nicolas Gatineau, sieur du Plessis.

Dans: S.G.C.F. Mém. 4: 23-39 '50.

DUPLESSIS, Edgard Le Noblet.
voir aussi sous:
LENOBLET DU PLESSIS, Edgard.

DUPLESSIS, Yvon, co-aut.
voir sous:
HÊTU, Jean C. et Yvon Duplessis, comp.
Sépultures de St-Antoine de Lavaltrie . . .

DUPONT, famille, Qué. . . . Notes généalogiques, 1650-1850.

Source: C.C.Ms. p. 360.
Ms. Originaux.
Archives nationales du Québec, Québec, Qué.

DUPRÉ, Denis. Baptême d'un ancêtre canadien: Pierre Picher.

Dans: L'Entraide généalogique. 4: (1) 19 août/oct. '81.
Nouvel élément sur la naissance de Pierre Picher.

DUPUIS, William O. Louis Dupuis: coureur de bois.

Dans: F.C.A.G.R. 3: (2) 99-117 Summer '71.
Bibliographie: p. 116-117.

DUPUIS: Arbre généalogique. 10 p.

Polycopié.
Archives nationales du Québec, Québec, Qué.

DUPUIS-COMMEAUX. (Généalogie de Charles Olivier Dupuis et Marie Josephte Commeaux mariés en Acadie en 1731.)

Dans: F.C.A.G.R. 4: (3) 178-179 Fall '72.
Notes tirées des manuscrits du R.P. Archange Godbout, o.f.m., aux Archives nationales du Québec.

DUQUET, Maria T., comp. La généalogie et la petite histoire de Pierre Tremblay et descendants en ligne directe à Joseph Ernest Tremblay à sa fille, Janine, 1657-1952.

Recueillies par Marie T. Dufour à Bagotville en mai 1936.
Classifié en 1952 par Mme Jeanne H. Duquet à Québec.
Copie aux Archives Nationales du Québec, Québec, Qué.

DURAND, Bernard. Arthur Durant — Dorothée Grégoire; noces de diamants, 1912-25 juin 1972. [s.l.], (1972). [s.p.]

Polycopié.
Archives nationales du Québec, Québec, Qué.

DURAND, Joseph, c.s.v., et Viateur DURAND. Jean Durand et sa postérité. Outremont, Les Clercs de Saint-Viateur, 1954. xii, 460 p.

DURAND, Viateur, co-aut.
voir sous:

DURAND, Joseph . . .

DURAND-DUBOIS. (Tableau généalogique en ligne directe de Joseph Durand marié à Angélina Dubois à St-Cuthbert le 20 juillet 1875.)

Dans: F.C.A.G.R. 3: (2) 122-123 Summer '71.

DURNFORD, Mary. Family recollections of Lieut. General Elias Walker Durnford, a Colonel Commandant of the Corps of Royal Engineers. Comp. and ed. by his daughter, Mary Durnford. Montreal, Pr. by John Lovell, 1853.
254 p.

Printed for the family only.

DUROCHER, René, co-aut.
see under:

CHARBONNEAU, Hubert, Jacques Légaré, René Durocher, Gilles Paquet et Jean-Pierre Wallot. Historical demography in Canada . . .

DURYE, Pierre. La Généalogie. Paris, Presses universitaires de France, 1961. 128 p. (Collection: "Que-sais-je?").

Chap. IV: Sources étrangères: Canada: p. 122.

DUSSAULT, Eugène F. Les Toupin Du Sault, sieurs de Bélair, seigneurs des Écureuils (1636-1790). Québec, Éd. Pavi, (1959). 205 p.

Le faux-titre porte en outre: "Seigneurs des Écureuils".
Texte polycopié.
Notes bibliographiques au bas des pages.

DUTCH VALLEY and Hammond, N.B. Parish Church (Anglican). Baptisms, 1873-1883; marriages, 1875-1884; burials, 1873-1884.

Source: U.L.Ms. p. 361.
Ms. Microfilm. 15 feet.
University of Toronto Library, Toronto, Ont.

DUVAL, Monique. Un "dictionnaire Tanguay" pour les Acadiens.

Dans: Le Soleil, mercredi, 26 janv. '77.
Annonce de la publication d'un Dictionnaire des familles acadiennes, par le R.P. Clément Cormier, prévu pour 1978.

_____. La Famille Déziel-Labrèche.

Dans: Le Soleil, vendredi, 27 oct. 1978.
Article intitulé "Cinq livres célèbrent nos anciens et nos sources".
Recension.

_____. Le Généalogiste ne doit plus se limiter à la généalogie pure mais se tourner plutôt vers les applications pratiques de cette science.

Dans: Le Soleil, mardi, 12 oct. '71.
Entrevue avec le Président de la Société des généalogistes de Québec, M. Roland J. Auger, où il présentait ses vues lors du congrès des généalogistes sur l'avenir de cette science.

_____. Important ouvrage sur les terres de l'Île d'Orléans.

Dans: Le Soleil, mercredi, 28 nov. '78.
Recension d'un ouvrage généalogique de Léon Roy, "Les terres de l'Île d'Orléans", 1650-1725.

_____. Les Cloutier d'Amérique se réuniront en association.

Dans: Le Soleil, mercredi, 17 janv. '79.

_____. Le Répertoire des mariages de Château-Richer a demandé cinquante années de travail.

Dans: Le Soleil, jeudi 16 nov. '78.
Recension du volume de madame Marie-Ange Verreault-St-Pierre et interview avec l'auteur.
Portrait de Mme St-Pierre.

_____. Toute l'histoire et la généalogie des Racine.

Dans: Le Soleil, mercredi 17 janv. '79.
Article sur les familles Racine au Canada à l'occasion de son lancement à la Société de Généalogie de Québec par les auteurs Me Denis Racine et Lucien Racine.

____. "Tremblaye millénaire".

Dans: Le Soleil, 3 mars '76.

____. Un Capucin rédige l'histoire des Labbé: la généalogie, véritable travail de moine.

Dans: Le Soleil, mercredi, 11 avril '79, Sect. G, p. 1. Portrait de l'auteur.

____. Une association à l'échelle de l'Amérique: les Tremblay ont maintenant le deuxième tome de leur "Bible".

Dans: Le Soleil, mercredi, 29 nov. '78.
Recension du 2e tome de l'ouvrage de l'Abbé Jean-Paul Tremblay (Paul Médéric, de son nom de plume). "La Tremblaye millénaire" et une notice sur l'association des Tremblay d'Amérique.

DUVAL, Roger et Raymond LAMBERT, comp. Complément au Répertoire des mariages du comté d'Yamaska, St-Gérard-Majella, dioc. de Nicolet, 1906-1976. [s.l.], 1976.

Polycopié.

E.T. Sainte-Colombe, en Caux, pays d'origine de Charles Diel.

Dans: Bull. rech. hist. 48: 345-351 '42.

EARLE, Evelyn (Purvis), co-aut.
see under:

NEVILLE, George A. and Evelyn (Purvis) Earle. Index to names . . .

EASTERN District, C.W. . . . Register of marriages, 1831-1865.

Source: U.L.Ms. p. 363.
Ms. Transcripts.
Public Archives of Canada, Ottawa, Ont.

EASTON, George, Ont. . . . Genealogical notes.

Source: U.L.Ms. p. 365.
Ms. Photocopies.
Public Archives of Canada, Ottawa, Ont.

EATON, Arthur Wentworth-Hamilton. Byles family, N.S., N.B. Genealogy of the Byles family of Halifax, by A.W.H. Eaton.

Source: U.L.Ms. p. 160.
Ms. Transcripts. 19 p. [n.d.]
Public Archives of Nova Scotia, Halifax, N.S.

____. The Cochran-Inglish family of Halifax. Halifax, C.H. Ruggles & Co., 1899. 18 p.

Bound with his Lt.-Col. Otho Hamilton of Olivestob also with his Families of Eaton-Sutherland, Layton-Hill.

____. Correspondence, genealogical and historical, about Colchester, Halifax, Hants and King counties and the Archibald family.

Source: U.L.Ms. p. 365.
Ms. Original.
Public Archives of Nova Scotia, Halifax, N.S.

____. The Eaton Family of Nova Scotia, 1760-1929. (Cambridge, Mass., Murray Printing Co.). Private printing, 1929. 4, 1, 3-247 p.

____. The Elmwood Eatons. (Kentville, N.S.). Privately printed, 1895. 29 p.

Typewritten copies of encyclopedia articles inserted.

____. . . . Genealogical pamphlets.

Source: U.L.Ms. p. 365.
Ms. Original.
Public Archives of Nova Scotia, Halifax, N.S.

____. Genealogical sketch of the Nova Scotia Eatons. Halifax, Morning Herald Office, 1885. 128 p.

____. Lt.-Col. Otho Hamilton of Olivestob . . . his sons, Captain John and Lieutenant-Colonel Otho Hamilton 2nd and his grand-son, Sir Ralph Hamilton. Halifax, C.H. Ruggles & Co., 1899. 22 p.

____. Lovett family, N.S. Notes on the Lovett family . . .

Source: U.L.Ms. p. 722.
Ms. Original. 11 p. [n.d.]
Public Archives of Nova Scotia, Halifax, N.S.

____. The Olivestob Hamiltons. N.Y. Privately printed, 1893. 32 p.

____. Rhode Island settlers on the French lands in Nova Scotia in 1760 and 1761 (New York, National Americana Society, c1915). 3 parts in 1.

From: Americana 10: 1-43, Jan. '15; 83-104, Feb. '15; 179-197, Mar. '15.
Sources: part 3, pp. 196-197.
Caption title.

EATON family, N.S. Genealogical chart.

> *Source:* U.L.Ms. p. 366.
> Ms. Transcript. 1 item. [n.d.]
> Public Archives of Nova Scotia, Halifax, N.S.

____. Genealogical charts showing the connection between the Eaton and Stairs families.

> *Source:* U.L.Ms. p. 366.
> Ms. Photocopies. 2 p. [n.d]
> Public Archives of Nova Scotia, Halifax, N.S.

EBY, Allan A. The Eby family as related to the Brubachers.

> *In:* Waterloo Hist. Soc. Report.
> Read at the Brubacher reunion in Kitchener, Sept. 1st, 1923.

EBY, Ezra E. A Biographical history of the Eby family, being a history of their movements in Europe during the reformation and of their early settlement in America; also much other unpublished historical information belonging to the family. Berlin, Ont., Hett & Eby Pr., 1889. 144 p.

____. A Biographical history of Waterloo Township and other townships of the County being a history of the early settlers and their descendants, mostly all of Pennsylvania Dutch origin; also much other unpublished historical information, chiefly of local character. Ontario, 1895. 2 vols.

> Over 200 genealogies.

ECKARDT family, Ont. Family documents, 1834-1902, related to Markham Township, Ont. or Eckardt family.

> *Source:* U.L.Ms. p. 366.
> Ms. Original.
> Archives of Ontario, Toronto, Ont.

EDELIN family, France. Genealogical and biographical notes and abstracts of parish registers relating to the family of Robert and Roland Edelin, 1597-1655, as well as a biographical note on Gilles de Rais (1404-1440).

> *Source:* U.L.Ms. p. 367.
> Ms. Photocopies.
> Public Archives of Canada, Ottawa, Ont.

EDGAR family, Ont. . . . Genealogical data . . . 1849-1910 . . .

> *Source:* U.L.Ms. p. 368.
> Ms. Original.
> Archives of Ontario, Toronto, Ont.

EDIS, Graham. Genealogy for fun or fortune; tracing your family tree. (North Burnaby, B.C.), G.W. and S.M. Edis, 1976. 248 p.

____. Trace your family tree; a do-it-yourself workbook for Canadians. Toronto, McGraw-Hill, Ryerson, 1977. 158 p.

EDWORTHY, Laura (Betzner). The Betzner family in Canada; genealogical and historical records, 1799-1970. [n.p.], (1970?). ii, 39, (17) p.

> Genealogical charts.
> Bibliography: p. 17, (3rd group).

EGMONT BAY, Î.-P.-É. Saint-Jacques, paroisse (catholique). Registres de paroisse, 1821-1921.

> *Source:* C.C.Ms. p. 373.
> Ms. Reproductions photographiques. 4 pouces.
> Archives acadiennes, Moncton, N.-B.

EHLER family, N.S. Page from the Ehler family Bible.

> *Source:* U.L.Ms. p. 373.
> Ms. Transcripts. 1 p. [n.d.]
> Public Archives of Nova Scotia, Halifax, N.S.

EISENLOHR, David-Chester. Joseph Roussin, his ancestor and descendants, Alhambra, Calif. Ann Arbor, University Microfilms Inc., 1964. 82 p.

> Review in: S.G.C.F. Mém. 15: (4) 237-238 oct./déc. '64 and 15: (2) 122-123 avr./juin '65.

ELDER family, N.S. Material concerning descendants of Matthew Elder (1748-1811) of County Donegal, Ireland, who came to Falmouth, Hants County, ca. 1785.

> *Source:* U.L.Ms. p. 373.
> Ms. Transcripts. 4 p. [n.d.]
> Public Archives of Nova Scotia, Halifax, N.S.

ELDON family, Armagh County, Ireland and Ontario. . . . Genealogical notes of the descendants of John Elden (sic) (fl. 1725-1750).

> *Source:* U.L.Ms. p. 374.
> Ms. Microfilm. 1 reel. 1725-1969.
> Public Archives of Canada, Ottawa, Ont.

ELDRIDGE family, Ont. Genealogy.

> *Source:* U.L.Ms. p. 374.
> Ms. Original. 12 p. [n.d.]
> Brome County Historical Society, Knowlton, Que.

ELGIN County, Ont. Clerk of the Peace and Crown Attorney. St. Thomas, Ont. . . . Registers of marriages, 1853-1857.

> *Source:* U.L.Ms. p. 374.
> Ms. Original.
> University of Western Ontario Library, London, Ont.

ÉLIE (frère) c.s.c. Famille Casavant. Montréal, "La Croix", 1914. 75 p.

En tête du titre: Histoire, généalogie, documents, portraits.
Suivi de la "Famille Sicard de Carufel", p. 49-65.

____. La Famille Phaneuf-Farnsworth. Montréal, "La Croix", 1915. 264 p.

En tête du titre: Histoire, généalogie, documents, portraits.

ELLIOT, William, Ont. Marriage licence of William Elliott and Frances House of Ancaster Township, U.C.

Source: U.L.Ms. p. 376.
Ms. Original. 1 p. 1840.
Archives of Ontario, Toronto, Ont.

ELLIOT family, N.S. Chart of the descendants of Dr. Henry Elliott (1790-1860).

Source: U.L.Ms. p. 376.
Ms. Original. 1 p. [n.d.]
Public Archives of Nova Scotia, Halifax, N.S.

ELLIOTT, Bruce. Bell's Corners Cemetery, Richmond Road. Ottawa, Ontario Genealogical Society, Ottawa Branch, 1973. (Publication 73-5).

____. Census of the Township of Hull, L.C., 1851; arranged in alphabetical order. Ottawa, Ontario Genealogical Society, Ottawa Branch, 1973. 64 leaves (Publication 74-1).

____. 1861 Census of Eardley Township, L.C.; alphabetized and with an introduction by Bruce S. Elliott. Ottawa, Ontario Genealogical Society, Ottawa Branch, 1975. xi, 32 leaves. (Publication 75-9).

____. Index to vital statistics appearing in the Ottawa Citizen "Bytown Packet", Sept. 4, 1846-1849. Ottawa, Ontario Genealogical Society, Ottawa Branch, 1973. 6 leaves (Publication 74-2).

ELLIOTT, Bruce and M.E. ELLIOTT, comp. Centre Eardley Cemetery (near Aylmer, Quebec). Ottawa, Ontario Genealogical Society, Ottawa Branch, 1974. 14 p. (Publication 74-15).

ELLIOTT, Henry & Sons, Ont. . . . Role of the Elliott family in (Hampton) County.

Source: U.L.Ms. p. 376.
Ms. Original.
Public Archives of Canada, Ottawa, Ont.

ELLIOTT, John, Ont. Account of Elliott family in Huron County . . .

Source: U.L.Ms. p. 376.
Ms. Original. 1855-1914.
University of Western Ontario Library, London, Ont.

ELLIOTT, M.E., co-comp.
see under:

ELLIOTT, Bruce and M.E. ELLIOTT. Centre Eardley . . .

ELLIOTT family.

In: Miller, T. Colchester Co., N.S. 1873, pp. 9, 11.
Source: N.B.L.

____. Information on Bowes, Brown, Coffin, Elliott and Greene families.

Source: U.L.Ms. p. 376.
Ms. Original.
Public Archives of Nova Scotia, Halifax, N.S.

ELLIS, Alis, Allis, Eales, Ealls, Elias, Elice, Elis, Elles, Ellice, Ellys, Elys, Eyles, Halis, Hallis, Helias, Helles, Hellis, Hellys, Hilles, Holles, Hollis, Hoyls, Iles or Ilys families.

In: Yarmouth, N.S. Geneal., 1896-1902, pp. 23-26, 46, 112, 185.
Source: N.B.L.

ELLIS, Allan Wallace, Ont. Certificate of marriage with Isabella Eadie McDonald, 1852.

Source: U.L.Ms. p. 376.
Ms. Original. 1 p.
Archives of Ontario, Toronto, Ont.

ELLIS family, N.S. Some genealogical information, direct line of Carney family, Yarmouth.

Source: U.L.Ms. p. 377.
Ms. Microfilm. [n.d.]
Public Archives of Nova Scotia, Halifax, N.S.

ELLS family, N.S. Descendants of Joshua Ells of Lebanon, Connecticut.

Source: U.L.Ms. p. 377.
Ms. Original. 1/4 inch.
Public Archives of Nova Scotia, Halifax, N.S.

ELMSLEY family, Ont. Personal family letters of the Elmsley family and the Bradshaw family . . . family tree . . . 1831-1937.

Source: U.L.Ms. p. 378.
Ms. Original.
University of Toronto Library, Toronto, Ont.

ÉLOI-GÉRARD, s.m.
voir sous:

TALBOT, Éloi-Gérard, s.m. . . .

ELSTON, James S. Fortin and Miner (Monast), French Canadian families of Vergennes, Vermont; with notes on Plantier, Gely and Roy families. Winter Park, Fla., 1977? 26 p.

ELWELL family.

> *In:* Yarmouth, N.S., Geneal., 1896-1902, p. 24.
> *Source:* N.B.L.

EMARD, Michel. Inventaire sommaire des sources manuscrites et imprimées concernant Prescott-Russell, Ontario. Présentation par Lucien Brault. Rockland (Ont.), M. Émard, 1976. 172 (1) p.

> Tirage limité à 100 exemplaires numérotés et signés par l'auteur.
> Comprend du texte en anglais.

____. Saint-Jacques d'Embrun, comté de Russell, Ont. (1841-1973). Étude historique et statistique. Rockland, Ont., (l'auteur), 1974. 30 p.

> Polycopié.

EMERY, Alfred David. Album souvenir de la paroisse de l'Immaculée-Conception de Paincourt, Ontario, 1851-1926. [s.l.n.d.] 303 p.

> Précieux à cause de ses nombreux portraits.
> Notice sur la famille Bélanger.

EMERY family.

> *In:* :Lawrence J. Stanstead County, Que., 1874. (See index).
> *Source:* N.B.L.

ÉMILE Falardeau, 1886-1980; un aperçu de sa carrière généalogique.

> *Dans:* Gen-histo. no 3, sept. '80.

EMMET, Thomas Addis. The Emmet family, with some incidents relating to Irish history and a biographical sketch of Prof. John Patten Emmet and other members. New York, (Bradstreet Pr.), 1898. 411 p.

ENSLOW family, N.S. Some genealogical information.

> *Source:* U.L.Ms. p. 380.
> Ms. Transcripts. 14 p. [n.d.]
> Public Archives of Nova Scotia, Halifax, N.S.

ENTREMONT, Clarence J.d'. Bourg and Moulaison families.

> *In:* F.C.A.G.R. 2: (1) 55-60 Spring '69.
> Bourg has become Bourque.
> The Moulaisons of Louisiana are now known as Molaisons.

____. Documents inédits de la famille Mius d'Entremont d'Acadie.

> *Dans:* S.G.C.F. Mém. 19: (3) 143-166 juil./sept. '68; 19: (4) 216-233 oct./déc. '68; 20: (1) 19-45 janv./mars '69; 20: (2) 67-77 avr./juin '69.

____. Du nouveau sur les Melanson.

> *Dans:* Soc. hist. acad. Cahier. 3: (8) 339-352 juil./sept. '70; 3: (9) 363-369 oct./déc. '70.
> Sur les familles Melanson et quelques familles alliées.

____. Enfant métis de Charles d'Aulnay.

> *Dans:* Soc. hist. acad. Cahier. 4: (2) 48-61 juil./sept. '71.
> Le nom de cet enfant que l'on dit être le fils d'Aulnay est connu comme le "Vieux Doney".

____. Genealogy and family history; the children of the Baron de St-Castin.

> *In:* F.C.A.G.R. 3: (1) 9-28 Spring '71.

____. Manoir et les armoiries de la famille Mius-d'Entremont d'Acadie.

> *Dans:* Soc. hist. acad. Cahier. no 6, 19-24 '64.

____. Manor House and the coat-of-arms of the family Mius d'Entremont of Acadia.

> *In:* F.C.A.G.R. 1: (1) 74-81 Spring '68.
> Corrections to the article published in the same periodical: 1: (2) 147 Summer '68.

____. Melanson d'Acadie sont français de père et anglais de mère.

> *Dans:* Soc. hist. acad. Cahier. 4: (10) 416-419 juil./sept. '73.

____. New findings of the Melansons.

> *In:* F.C.A.G.R. 2: (4) 219-239 Winter '69.
> On the following families: Melanson, Wright, Basset, Laverdure and Mallenson of Boston and Maine and Doucet dit La Verdure.
> Variation of the name Melanson: Mellison, Melleson; Mallenson, Mallinson, Mallison, Mellecan.
> Followed by a genealogical chart of the Melansons.

____. Notes sur le "Manoir et les armoiries de la familles Mius d'Entremont d'Acadie", par l'abbé Clarence J. d'Entremont de Fall River, Massachussetts.

> *Source:* C.C.Ms. p. 381.
> Ms. Reproductions photographiques. 6 p. 1964.
> Archives publiques du Canada, Ottawa, Ont.

___. Le Premier acadien naturalisé Américain: Louis Benjamin Petitpas, 1781.

Dans: Soc. hist. acad. Cahiers. 7: (1) 14-19 mars '76.

___. Recensement de Port-Royal, 1678.

Dans: S.G.C.F. Mém. 22: (4) 246 oct./déc. '71.

ENTREMONT, Clarence J. d' et Hector J. HÉBERT. Parkman diary and the Acadian exiles in Massachussetts.

In: F.C.A.G.R. 1: (4) 241-294 Winter '68. Contains some notes on Ebenezer Parkman and his family; and on the LeBlanc, Maisonnet, Robichaud, Melanson and other Acadian families. "Thousands of documents bound in two large portefolios (vols. 23-24) from 1755 to 1769, in the Archives of Massachussetts and other documents compiled in vol. 14 of the Council Records from 1759 to 1761" list a number of families established at the time in different towns of the state of Massachussetts.

ENTREMONT, H. Leander d', N.S. Type-scripts, notes and newspaper clippings concerning the genealogy of Acadian families of Yarmouth, N.S., 1882-1900.

Source: U.L.Ms. p. 381. Ms. Microfilm. 1 reel. Public Archives of Canada, Ottawa, Ont.

ÉPHÉMÉRIDES St-Nazaire, 1902-1977, comté de Dorchester.

Polycopié. 2 cahiers à anneaux. Extraits de baptêmes, mariages et sépultures et autres notes généalogiques intéressantes sur les familles de cette paroisse. Index des éphémérides nazaïriennes de 1902 à 1978. Archives nationales du Québec, Québec, Qué.

ERMATINGER family, Ont., Que. Genealogical and biographical notes.

Source: U.L.Ms. p. 382. Ms. Photocopies. 1 inch. 1766-1966. Public Archives of Canada, Ottawa, Ont.

___. Genealogical material, essays and correspondence relating to the Ermatinger family, 1807-1956.

Source: U.L.Ms. p. 382. Ms. Original. 2 p. Public Archives of Canada, Ottawa, Ont.

ERNESTOWN, Ont. Presbyterian Church. Register of baptisms, 1800-1840, and marriages, 1800-1822, 1831-1836, performed by Rev. Robert McDowall, minister of the United Presbyterian congregations of Ernestown, Fredericksburg and Adolphustown, U.C.

Source: U.L.Ms. p. 382. Ms. Original. ca. 150 p. Queen's University Archives, Kingston, Ont.

ERSKINE family.

In: Yarmouth, N.S., Geneal., 1896-1902, p. 102. *Source:* N.B.L.

ESCHAMBAULT, Antoine d'. L'Ascendance paternelle de Mgr Arthur Beliveau.

Dans: S.G.C.F. Mém. 11: 47 '60.

ESSON family, N.S. Descendants of John Esson, born in Aberdeenshire, Scotland, 1804.

Source: U.L.Ms. p. 383. Ms. Transcripts. 3 p. [n.d.] Public Archives of Nova Scotia, Halifax, N.S.

ESTABROOKS, Florence Cecilia, comp. Genealogy of the Anglo-Dutch Estabrooks family of the Saint-John's River, New Brunswick (rev. 1958). Saint-John, N.B., 1935 (i.e. 1959). 210 p. 4 leaves.

Bibliography: pp. (17-18).

ESTABROOKS, Robert Ernest, N.B. . . . Genealogical material on Estabrook, Lauder, Main, Read, Bulmer families . . . 1771-1961.

Source: U.L.Ms. p. 383. Ms. Photocopies. Mount Allison University, Sackville, N.B.

ESTIMAUVILLE DE BEAUMOUCHEL, famille, Qué. Notes biographiques, fragments de généalogie, présences de noblesse, armoiries, etc., 1759-1778.

Source: C.C.Ms. p. 384. Ms. Originaux. Archives nationales du Québec, Québec, Qué.

ESTOURNET, O. La Famille des Hallé. Paris, Plon-Nourrit, 1905. 172 p.

Table généalogique (plié). Reproductions des "Oeuvres de Daniel, Claude et Noël Hallé". Source des familles Hallé du Canada.

ÉTAT général des habitants du Canada en 1667.

Dans: S.G.C.F. Mém. 18: (1/2) 5-116 janv./avr. '67. Index par Yvette Lamoureux. Préf. de Roland J. Auger. Intr. par Mme Paul Tellier. Notes de renvois par Roland-J. Auger, Raoul Raymond, R.P. Julien Déziel.

L'Index des Recensements de 1667 "simplifiera de beaucoup les recherches des chercheurs de toutes disciplines, car il y a suite logique au Recensement de 1666 publié et indexé dans le Rapport de l'Archiviste de la Prov. de Qué. (1935/36)."

ÉTAT sommaire des Archives nationales du Québec à Montréal.

Dans: Rapp. des Arch. nat. du Qué. 50: 3-30 '72.

ETCHES family, B.C. Historical notes about the family, notably Richard Codman Etches and John Etches and about the Nootka incident, 1789.

Source: U.L.Ms. p.384.
Ms. Photocopies. 17 p. 1742-1954.
City of Vancouver Archives, Vancouver, B.C.

ETEROVICH, Adam S. A Guide and bibliography to research on Yugoslavs in the United States and Canada. San Francisco, [s.n.], 1975. xiii, 187 p.

National Library of Canada, Ottawa, Ont.

EVANS, Oral Richard. The Evans family. Montreal, 1968. 31 p.

Cover title.

EVANS, Patrick M.O. MacLaren Cemetery, Wakefield, Quebec. Ottawa, Ontario Genealogical Society, Ottawa Branch, 1975. 9, 4 leaves. (Publication 75-5).

Cover title.

____. The Wrights; a genealogical study of the first settlers in Canada's national capital region. (Ottawa), National Capital Commission, 1975. 255, 19, 28 p.

ÉVÊQUES Blanchet.

Dans: S.G.C.F. Mém. 17: (3) 188-190 juil./sept. '66.
Avec filiation.

EWART, John Skirving, Ont., Man. Skirving family genealogy, 1774-1926.

Source: U.L.Ms. p. 386.
Ms. Transcripts.
Provincial Archives of Manitoba, Winnipeg, Man.

EXETER, Ont. Trivitt Memorial Church (Anglican). . . . Parish register, 1860-1926 . . .

Source: U.L.Ms. p. 386.
Ms. Microfilm.
University of Western Ontario Library, London, Ont.

EXPLORALIE HAMEL: Connaissez-vous l'histoire de la famille Hamel? Québec, Min. des Affaires culturelles, 1978?

Fiches d'information.

FABIEN, J.H. Catalogue des baptêmes et mariages à Québec depuis 1621 jusqu'à 1640, dont les registres avaient été brûlés le 15 juin 1640 dans l'incendie de la chapelle et maison, et peu après on eut recours aux particuliers pour les renouveler de mémoire. 50 baptêmes, 24 mariages (et liste incomplète des baptêmes 1622-1633). Ottawa, Cercle mutuel d'échange généalogique, [s.d.]. 17 p.

Polycopié.

____. "Documents Fabien"; notes diverses sur les familles canadiennes.

Fichier Doc. MG 25 no 231.
Notes, coupures de journaux, extraits de registres, etc. malheureusement sans ou à peu près sans mention de sources bibliographiques.
Bibliothèque nationale du Canada, Ottawa, Ont.

____. Généalogie "Amyot-Régnier".

Dans: S.G.C.F. Mém. 14: (5) 123-124 mai '63.
"Les Amyot sont aussi descendants du premier ancêtre Pierre Régnier."

____. Index alphabétique des mariages de la paroisse de La Visitation de Gracefield, 1868-1900. Ottawa, 6-4-1962. 87 p.

Copie dactylographiée sur papier oignon.
Tiré à 3 exemplaires.

____. Inventaire des naissances, baptêmes, mariages et sépultures de paroisses, des contrats de mariages des greffes de notaires et de bibliothèques des archives généalogiques, de J.H. Fabien. Ottawa, 1967. 38 p. (No 72).

____. Répertoire alphabétique avec filiations des mariages de la paroisse St-Augustin, comté de Deux-Montagnes, diocèse de St-Jérôme, 1840-1954. Ottawa, 1964. 266 p.

____. Répertoire alphabétique avec filiations des mariages de la paroisse St-Michel-Archange de Napierville, Diocèse de St-Jean, P.Q., 1854-1955. Ottawa, Ont., J.H. Fabien 1966-67. 230 p.

FABRE-SURVEYOR, E. The Bouchette Family. Ottawa, Pr. for the Royal Society of Canada, 1941.

In: Royal Soc. of Canada. Transactions. 3rd ser., sect. 2, 35: 135-146 '41.

Published in commemoration of the 100th anniversary of the death (April 1941) of Joseph Bouchette, provincial land surveyor.

___. La Famille Rolette.

Dans: Bull. rech. hist. 48: 161-169 '42.

___. Joseph Bouchette, ses frères et ses soeurs.

Dans: Bull. rech. hist. 47: 180-182 '41.

___. Le Moyne de Sérigny; sa descendance.

Dans: Bull. rech. hist. 57: 185-194 '51.

Cette famille est maintenant éteinte au Canada.

___. Pierre-Stanislas Bédard (1734-1814) et sa famille.

Dans: Bull. rech. hist. 59: 153-156 '53.

ACTO, Leo R. 300 years; the genealogy of the Facto (Filteau) family. [n.p., n.d.] 170, A70 p.

AIRBANKS family, N.S. Page of a family Bible, published in 1906. Descendants of Rufus Fairbanks who was born in Killingsly, Conn., Oct. 20, 1759.

Source: U.L.Ms. p. 388.
Ms. Original. 1 p.
Public Archives of Nova Scotia, Halifax, N.S.

AIRCHILD, Noah, Ont. . . . Documents of the Fairchild family, including those of Zechariah Fairchild, Abiel Fairchild (both of New Jersey, U.S.A.) and Nathaniel Fairchild of Victoria, Ont. . . .

Source: U.L.Ms. p. 388.
Ms. Original. 1756-1845.
Norfolk County Historical Society, Simcoe, Ont.

AIRCHILD, Timothy Marsh. The name and family of Fairchild . . . with supplement of the Canadian branch of the Fairchild family. [n.p.], (1940?). 219 p.

Bibliography: p. 5.

AIRCHILD, Timothy Marsh and Sarah Ellen (Fairchild) FILTER. . . . The name and family of Fairchild . . . Rev. ed. Iowa City, Ia., Mercer Pr. Co., 1944. 278 p.

Addenda slips inserted.
Bibliography: p. 56.

ALARDEAU, Alain. Les cinq premières générations de la famille Falardeau; généalogie. [s.l.n.d.] [s.p.]

Manuscrit.
Archives nationales du Québec, Québec, Qué.

FALARDEAU, Émile. Les anciennes familles de Longueuil; recueil par ordre alphabétique, 1715-1922. Montréal, Éd. de la Société généalogique canadienne-française, 1965. 342 p. (Publication no 1).

Plus de 60 généalogies dont 41 compètes.
"Hommages à M. Émile Falardeau . . . par le R.P. Julien Déziel, o.f.m."
Liste des noms véritables: p. 9-12.

___. Frères Sanguinet.

Dans: Bull. rech. hist. 33: 215-216 '27.

___. Les pionniers de Longueuil et leurs origines, 1666-1681. Préf. par Aegidius Fauteux. Montréal, Ducharme, 1937. 186 p.

". . . véritable livre d'or de Longueuil . . ." (Préf.)

___. Registres du district de Pontiac.

Dans: S.G.C.F. Mém. 2: 142-145 '47.

FALCONER, John, N.S. Marriage and birth records in family Bible.

Source: U.L.Ms. p. 389.
Ms. Photocopies. 3 p.
Dalhousie University Library, Halifax, N.S.

FALLEY, Margaret Dickson. Irish and Scotch-Irish ancestral research; a guide to the genealogical records, methods and sources in Ireland. Evanston, Ill., (c1962), 2 vols.

Contents: vol. 1: Repositories and records; -2. Biography and family index.
"There are more than 30 000 000 descendants of the Irish and Scotch-Irish who emigrated from Ireland to the American colonies, the United States or Canada."
". . . first complete guide to Irish and Scotch-Irish genealogical research ever published in America and abroad." (Pref.)

FALMOUTH, N.S. . . . Town records of births, marriages and deaths, 1747-1825 . . .

Source: U.L.Ms. p. 389.
Ms. Transcripts.
Public Archives of Canada, Ottawa, Ont.

The FAMILIES of Katherina and Alec Ivan Chuk. [n.p.], (1977?). Pr. in Altona, Man. 49 p.

Cover title.

FAMILLE Aimé Pilon, Verner, Ont.

Dans: Soc. hist. du Nouvel Ontario. Doc. hist. no 9, 1945, p. 42-43.

FAMILLE Alexis Reau; petites notices biographiques et généalogiques. Trois-Rivières, Impr. Le Bien public. 1923. 69 p.

Variantes du nom: Ruau, Ruault, Raoulle, Roux, Riau (région de Trois-Rivières), Rheault.
"Les Doucet de Trois-Rivières", p. 12-17.
"La famille Cormier", p. 24.
"La famille Cyr", p. 39.
"La famille Levasseur", p. 40.
"La famille Comtois", p. 44

FAMILLE Arthur Laflèche.
Dans: Soc. hist. du Nouvel Ontario. Doc. hist. no 9, p. 43-46.

FAMILLE Crevier.
Dans: Bull. rech. hist. 48: 309-314 '42.

FAMILLE d'Ailleboust. Contrat d'acquisition de rentes à Paris, par Louis d'Ailleboust, 1621-1642; contrat de mariage, don mutuel et donation entre vifs avec Marie Barbe Boulogne, 1638-1652; commission le nommant gouverneur de la Nouvelle-France, 1648; . . . certificat de décès, 1660; . . . correspondance, inventaire, estimation, ventes, donations, transactions avec Charles-Joseph d'Ailleboust des Muceaux, neveu du gouverneur concernant son héritage, 1660-1668; legs à l'Hôtel-Dieu de Québec de Mme d'Ailleboust, 1670; son entrée comme pensionnaire; vente de Chs.-Jos. d'Ailleboust à l'Hôtel-Dieu de Québec de sa part des seigneuries de Villemay, d'Argentenay et de Coulonge, 1673-1685.
Source: C.C.Ms. p. 7.
Ms. Originaux. 3 1/2 pouces. 1621-1685.
Archives du Monastère de l'Hôtel-Dieu de Québec, Québec, Qué.

FAMILLE "Degagné" de Corbeil, Ont.
Dans: Soc. hist. du Nouvel Ontario. Doc. hist. no 10, 1946, p. 39-41.

FAMILLE de Michel Racine et de Marie-Louise Pépin.
Dans: Saguenayensia 17: (1) 16 janv./fév. '75.

FAMILLE de monsieur et de madame Omer Laverdière. Québec, Université Laval, 1952. 96 p.
Polycopié sauf la page de titre.
"Le présent travail n'est pas une généalogie proprement dite . . . mais entrepris dans l'unique but de dresser une liste des descendants de M. et Mme Omer Laverdière."
Archives nationales du Québec, Québec, Qué.

La FAMILLE Desnoyers dit Lajeunesse; notes généalogiques sur huit premières générations, 1657-1923. Montréal, Éd. Beauchemin, 1943. 212 p.

La FAMILLE Déziel-Labrèche.
Recension dans Le Soleil, 27 oct. '78.

FAMILLE Fauteux.
Dans: Bull. rech. hist. 62: 163-164 '56.
Généalogie partielle.

FAMILLE Gérin et les noms attribués de "Jarred" et de "Lajoie".
Dans: S.G.C.F. Mém. 15: (4) 241-242 oct./déc. '64.

FAMILLE Gilbert. [s.l.n.d.] 18 p.
Copie dactylographiée.
Généalogie, armoiries, notes diverses.
Archives nationales du Québec, Québec, Qué.

FAMILLE Hamel. [s.l.n.d.] 500 p.
Polycopié.
Index des noms ajouté à la fin du volume.
"On croit que l'auteur est Mgr Thomas Hamel."
Archives nationales du Québec, Québec, Qué.

FAMILLE Laforest.
Dans: Soc. hist. du Nouvel Ontario. Doc. hist. no 5, p. 63.

FAMILLE Leblond de 1661 à 1938 dans la paroisse de Sainte-Famille, Île d'Orléans. [s.l.n.d.] [s.p.]
Copie dactylographiée.
Archives nationales du Québec, Québec, Qué.

FAMILLE Legendre.
Dans: Bull. rech. hist. 48: 60-61 '42.

La FAMILLE Létourneau de Chambly et de Laprairie.
Dans: Bull. rech. hist. 52: 45-47 '52.
Généalogie partielle.
Tableau généalogique de la lignée de l'ex-juge-en-chef de la Province de Québec, l'Honorable Séverin Létourneau (1871-1949).

FAMILLE Marchildon.
Dans: Soc. hist. du Nouvel Ontario. Doc. hist. no 10, 1946, p. 45-46.

FAMILLE Michaud.
Dans: Soc. hist. du Nouvel Ontario. Doc. hist. no 8, p. 59-60.

FAMILLE Napoléon Lemieux de St-Charles, Ontario.
Dans: Soc. hist. du Nouvel Ontario. Doc. hist. no 10, 1946, p. 43-45.

FAMILLE Paradis à St-Gédéon, St-Honoré et "U.S.A.". [s.l.n.d.]
Polycopié.
Archives nationales du Québec, Québec, Qué.

FAMILLE Pierre Lebel.

Dans: Soc. hist. du Nouvel Ontario. Doc. hist.
no 8, p. 58-59.

FAMILLE Tanguay de 1810 à 1912. 8 p.

Polycopié.
"Baptêmes, mariages et sépultures des familles
Tanguay du registre de Notre-Dame de
Québec."
Archives nationales du Québec, Québec, Qué.

FAMILLE Trudel, Inc. Album souvenir depuis
300 ans . . . 1655-1955: La Famille
Trudel(le), Inc. Montréal, [s.n.], 1956. 112 p.

Pages d'annonces intercalées dans le texte.
Titre de couverture.
Supplément à: La Famille Trudel, Inc.
Généalogie de la famille Trudel, Trudelle en
Amérique, 1655-1955.

La FAMILLE Trudel(le) au Canada. Revue,
v. 1, no 1, Montréal.

FAMILLE Turcotte.

Dans: Bull. rech. hist. 48: 42-44 '42.

FAMILLE Turcotte.

Documentation.
Bibliothèque. Société de Généalogie de Québec,
Québec, Qué.

FAMILLE Vassal de Montviel.

Dans: Bull. rech. hist. 54: 333-343, 359-366 '48.
Correspondance familiale.

FAMILLES Allard.

Documentation.
Bibliothèque. Société de Généalogie de Québec,
Québec, Qué.

FAMILLES Asselin.

Documentation.
Bibliothèque. Société de Généalogie de Québec,
Québec, Qué.

FAMILLES Bernier.

Documentation.
Bibliothèque. Société de Généalogie de Québec,
Québec, Qué.

FAMILLES Campagna.

Documentation.
Bibliothèque. Société de Généalogie de Québec,
Québec, Qué.

FAMILLES Chouinard.

Documentation.
Bibliothèque. Société de Généalogie de Québec,
Québec, Qué.

FAMILLES Drouin.

Documentation.
Bibliothèque. Société de Généalogie de Québec,
Québec, Qué.

FAMILLES Dubé.

Documentation.
Bibliothèque. Société de Généalogie de Québec,
Québec, Qué.

FAMILLES Gagné-Bellavance.

Documentation.
Bibliothèque. Société de Généalogie de Québec,
Québec, Qué.

FAMILLES Gauvin.

Documentation.
Bibliothèque. Société de Généalogie de Québec,
Québec, Qué.

FAMILLES Giguère.

Documentation.
Bibliothèque. Société de Généalogie de Québec,
Québec, Qué.

FAMILLES Gingras.

Documentation.
Bibliothèque. Société de Généalogie de Québec,
Québec, Qué.

FAMILLES Gosselin.

Documentation.
Bibliothèque. Société de Généalogie de Québec,
Québec, Qué.

FAMILLES Hamel.

Documentation.
Bibliothèque. Société de Généalogie de Québec,
Québec, Qué.

FAMILLES Kirouac.

Documentation.
Bibliothèque. Société de Généalogie de Québec,
Québec, Qué.

FAMILLES Le Moignan.

Documentation.
Bibliothèque. Société de Généalogie de Québec,
Québec, Qué.

FAMILLES Ouellet-te.

Documentation.
Bibliothèque. Société de Généalogie de Québec,
Québec, Qué.

FAMILLES Paquin.

Documentation.
Bibliothèque. Société de Généalogie de Québec,
Québec, Qué.

FAMILLES Pinard.

> Documentation.
> Bibliothèque. Société de Généalogie de Québec,
> Québec, Qué.

FAMILLES Plamondon.

> Documentation.
> Bibliothèque. Société de Généalogie de Québec,
> Québec, Qué.

FAMILLES Sauvageau.

> Documentation.
> Bibliothèque. Société de Généalogie de Québec,
> Québec, Qué.

FAMILLES Tremblay.

> Documentation.
> Bibliothèque. Société de Généalogie de Québec,
> Québec, Qué.

FAMILLES Turcotte.

> Documentation.
> Bibliothèque. Société de Généalogie de Québec,
> Québec, Qué.

FARIBAULT, famille, Qué. Cahier contenant
de la correspondance, des documents d'état
civil, 1772-1857, des notes généalogiques et
des coupures de presse; cahier de notes
généalogiques, 1772-1937.

> Source: C.C.Ms. p. 390.
> Ms. Copie. 2 pouces.
> Archives nationales du Québec, Québec, Qué.

FARLINGER, Isabella K., Ont. Newspaper
clippings, photographs, maps, pamphlets,
etc. by Miss Farlinger related to the history
of the Farlinger family, Morrisburg, Ont.
. . .

> Source: U.L.Ms. p. 390.
> Ms. Original. 5 inches. 1783-1960.
> Upper Canada Village, Morrisburg, Ont.

FARNSWORTH Family, N.S. Genealogical
notes on the family of Mathias Farnsworth
who was born in Lancaster, England in 1612.

> Source: U.L.Ms. p. 39.
> Ms. Transcripts. 3 p. [n.d.]
> Public Archives of Nova Scotia, Halifax, N.S.

FAUCHER-ASSELIN, Jacqueline. À propos
de la famille Asselin.

> Dans: L'Ancêtre 7: (10) 311-312 juin '81.

FAUTEUX, Aegidius. Les Berthelot de Sainte-
Geneviève.

> Dans: Bull. rech. hist. 41: 222-224 '35.

____. Étienne Le Moyne d'Abancourt.

> Dans: Bull. rech. hist. 37: 147-153 '31.

____. La Famille d'Ailleboust; étude généa-
logique et historique. Montréal, Ducharme,
1917. 196 p.

> ''Cette généalogie . . . a été éditée en bonne
> partie à l'aide de documents inédits, de papiers
> de familles surtout qui appartiennent à la col-
> lection Baby, déposée par l'Université Laval de
> Montréal à la Bibliothèque St-Sulpice . . .''
> (av. pr.)
> Plusieurs erreurs de la 1ère éd. rectifiées.

____. Famille de Ganne (de Falaise).

> Dans: Bull. rech. hist. 31: 271-285, 331-341 '25.

____. Famille Fleury-des Marais.

> Dans: Bull. rech. hist. 33: 301-302 '27.

____. La Famille Jarret.

> Dans: Bull. rech. hist. 30: 253-256, 278-279 '24.

____. Famille Pascaud.

> Dans: Bull. rech. hist. 33: 84-88 '27.

____. Famille Petit de Livilliers.

> Dans: Bull. rech. hist. 34: 478-493 '28.

____. La Famille Renaud du Buisson.

> Dans: Bull. rech. hist. 37: 670-676 '31.

____. François Cazeau.

> Dans: Bull. rech. hist. 22: 157-160 '16.

____. . . . ''Généalogies'', ''Familles d'Acadie''
. . . Histoire de paroisses . . .

> Source: C.C.Ms. p. 393.
> Ms. Originaux. 27 pieds.
> Bibliothèque municipale de Montréal,
> Montréal, Qué.

____. Jean Vincent Philippe de Hautmesnil
et sa descendance.

> Dans: Bull. rech. hist. 38: 199-210 '32.

____. Legardeur de Mutrecy.

> Dans: Bull. rech. hist. 38: 171-173 '32.

____. Les DuPont de l'Acadie.

> Dans: Bull. rech. hist. 46: 225-237, 257-271 '40.

____. Les Gaultier de Varennes et de La
Vérendrye.

> Dans: Bull. rech. hist. 23: 244-249 '17.

____. Les Labarre au Canada.

> Dans: Bull. rech. hist. 37: 468-469 '31. .

____. Les Rouer de Villeray.

> Dans: Bull. rech. hist. 26: 296-299 '20.

____. Pierre André, sieur de Leigne.

> Dans: Bull. rech. hist. 41: 557-563 '35.

____. Les Quatre frères Preissac.

> *Dans:* Bull. rech. hist. 38: 136-148 '32.

FEINGS et Perche-Canada ont honoré la mémoire de Nicolas et Jacques Gaudry qui furent au nombre des pionniers de la Nouvelle-France.

> *Dans:* S.G.C.F. Mém. 18: (3) 123-126 août/sept. '67.
> Tiré du Journal Orne, éd. du 4 avril 1967.

FELLOWES, Robert E. Researching Your Ancestors in New Brunswick. Fredericton, 1979. 315 p.

FENWICK, G.C. The Fenwick family in Nova Scotia.

> From: "Memoranda in connection with Fenwick family", pp. 57-61.

FERGUSON family, N.S. Family tree of the Sinclair-Ferguson-Christie family.

> *Source:* U.L.Ms. p. 396.
> Ms. Microfilm. [n.d]
> Public Archives of Nova Scotia, Halifax, N.S.

FERGUSON family, Ont. . . . Genealogical material and other notes on the Ferguson family, 1777-1926.

> *Source:* U.L.Ms. p. 396.
> Ms. Original. 100 p.
> Archives of Ontario, Toronto, Ont.

FERGUSSON, Joan P.S., comp. Scottish family histories held in Scottish libraries. With an introduction by Sir Thomas Innes of Learney. Lawnmarket, Edinburgh, The Scottish Central Library, 1960. xii, 194 p.

FERLAND, Jean-Baptiste Antoine, ptre. Notes sur les registres de Notre-Dame de Québec. Première livraison. Québec, Impr. Aug. Côté et Cie, 1854. 75 p. in-8°.

> Cette première édition contenait quelques erreurs qui ont été corrigées dans la seconde édition de 1863.
> Titre de couverture.

____. . . . 2e éd. Québec, G. & G.É. Desbarats, 1863. 100 p.

FERNET-BEAUREGARD, Marthe. Famille Chapais.

> *Dans:* S.G.C.F. Mém. 22: (3) 179-186 juil./sept. '71.

FERNET-MARTEL, Florence. Jean Piet ou Piette dit Trempe.

> *Dans:* S.G.C.F. Mém. 22: (2) 67-79 avr./juin '71.

____. Jean Piet dit Trempe et sa descendance; histoire et généalogie. Montréal, 1971. 16 p.

> Tiré à part des Mém. de la S.G.C.F. 22: (3) 179-186 '71.

____. Mon ancêtre Jehan Gervaise.

> *Dans:* Troisième âge, nov. '76.

____. Tricentenaire de Berthier-en-Haut.

> *Dans:* S.G.C.F. Mém. 23: (1) 51-53 janv./mars '72.

FERRIS, William Douglas, B.C. Marriage licence and marriage certificate of William Douglas Ferris, Jr., and Isabella Jane Ken.

> *Source:* U.L.Ms. p. 397.
> Ms. Original. 4 p. 1878.
> Provincial Archives of British Columbia, Victoria, B.C.

FICHIER bibliographique généalogique.

> 15 000 fiches.
> Archives nationales du Québec, Québec, Qué.

FICHIER des contrats de mariages.

> 50 000 fiches couvrant 1760-1920.
> Archives nationales du Québec, Québec, Qué.

FICHIER des lieux ancestraux.

> 1 500 fiches environ sur les noms de communes en France.
> Archives nationales du Québec, Québec, Qué.

FICHIER des mariages du Québec, 1619-1925.

> 1 600 000 fiches (800 000 mariages)
> Surnommé: "Fichier Loiselle".
> Archives nationales du Québec, Québec, Qué.

FICHIER général.

> Dépouillement de biographies parues jusqu'en 1950.
> Archives nationales du Québec, Québec, Qué.

FICHIER Loiselle.
> *voir sous:*
> FICHIER des mariages du Québec . . .

FICHIER onomastique.

> 1 000 fiches environ sur les surnoms et variations de patronymes.
> Archives nationales du Québec, Québec, Qué.

FICHIER secondaire sur différents sujets et notes sur les familles canadiennes.

> Bibliothèque nationale du Canada. Section de Généalogie, Ottawa, Ont.

FIELD family.

> *In:* Lawrence, J. Stanstead County, Que., 1874. (See index.)
> *Source:* N.B.L.

FIELD family, N.S. . . . Genealogical information concerning Robert Field, portrait painter and his family . . .

> *Source:* U.L.Ms. p. 398.
> Ms. Photocopies.
> Public Archives of Nova Scotia, Halifax, N.S.

FIELDING, George William, Ont. Marriage licence, 1874.

> *Source:* U.L.Ms. p. 398.
> Ms. Original. 1 p.
> Hiram Walker Historical Museum, Windsor, Ont.

FIFTY years of progress; chiefly the story of the pioneers of the Watson District from 1900-1910. Ed. by Ben Putnam, G.H. Sproule, V.F. Zoboski, T.J. Gormican. Muenster, Sask., St. Peter's Press, (1910). 112 p.

FILBY, P. William, comp. American and British genealogy and heraldry; a selected list of books. Chicago, American Library Association, 1970. 184 p.

———. . . . 1975. 2d ed.

> Includes Canadian references.
> "The first ed. was published in 1970 with a cut-off in Dec. 1968 . . ."
> This ed. contains over 51 000 entries for both regional and ethnic groups of U.S., . . . Latin America, Canada and Great Britain . . ."
> (front flap)
> Canadian Genealogical section: pp. 261-275.
> Canadian heraldic section: p. 350.

FILE, Herbert. Family tree, listing John Roblin, George Long, et al. [n.d.]

> *Source:* U.L.Ms. p. 399.
> Ms. Original. 1 p.
> Lennox and Addington Historical Society, Napanee, Ont.

FILIATION of the family Lorance, Laurence, Larence, Larance, Lawrence. [n.p., n.d.] [n.p.]

> Mimeographed.
> Noël Lorange from Parc d'Antot, diocese of Rouen, Normandy, France married to Marie Biat.

FILIATION sommaire Famille Brûlé. Québec, 1972. [s.p.]

> Copie dactylographiée.
> Notes diverses.
> Archives nationales du Québec, Québec, Qué.

FILIOLUS (pseud.). Judith Demers (1786-1852), "notes généalogiques". [s.l.n.d.] 317 p.

FILLIS, John, N.S. Genealogical information and family tree of John Fillis.

> *Source:* U.L.Ms. p. 399.
> Ms. Transcripts. 16 p. [n.d.]
> Public Archives of Nova Scotia, Halifax, N.S.

FILLIS family, N.S. Copy of the will of Sarah Fillis, widow of John Fillis, dated 16 Jan., 1793; some genealogical information.

> *Source:* U.L.Ms. p. 399.
> Ms. Transcripts. 6 p. [n.d.]
> Public Archives of Nova Scotia, Halifax, N.S.

FILTEAU, Louis Honoré. Généalogie de la famille Filteau. Ottawa, A. Bureau, 1895. 169 p.

> La première partie . . . est une reproduction, corr. et augm. du travail de Mgr Tanguay, ayant trait à cette famille et qui a paru dans son "Dictionnaire généalogique des familles canadiennes".
> The copy in the Metropolitan Toronto Central Public Library is bound with his "Généalogie de la famille Martineau".

———. Généalogie de la famille Martineau. Ottawa, A. Bureau & Frères, Impr. 1896, vii, 145 p. (8) feuillets de planches.

> "La première division de cet ouvrage est un Dictionnaire généalogique de la famille Martineau".
> Ce dictionnaire est une reproduction, corr. et augm., du travail de Mgr Tanguay, ayant trait à cette famille, et qui a paru dans son "Dictionnaire généalogique des familles canadiennes."
> Tiré à 150 exemplaires.
> Première éd. en 1895.

———. Genealogy of the Normandeau dit Deslauriers family. Ottawa, A. Bureau, 1894. 77 p.

FILTER, Sarah Ellen (Fairchild), co-aut.
see under:

> FAIRCHILD, Timothy Marsh and Sarah Ellen (Fairchild) Filter. The Name and family of Fairchild . . .

FINK family.

> *In:* Yarmouth, N.S., Geneal., 1896-1902, p. 209.
> *Source:* N.B.L.

FIRTH, Edith G. The Town of York, 1793-1815. Toronto, 1962-66, 2 vols.

FISET, Louis. . . . Divers documents sur la famille Fiset.

> *Source:* C.C.Ms. p. 400.
> Ms. Originaux. 22 pouces. 1724-1859.
> Archives nationales du Québec, Québec, Qué.

FISHER, Andrew, N.S. . . . Letters written by the members of the Fisher family . . .; some genealogical information on the Miner family of Kings County and Pictou County . . .

> *Source:* U.L.Ms. p. 400.
> Ms. Original. 1 inch. 1810-1880.
> Public Archives of Nova Scotia, Halifax, N.S.

FISHER family.

> *In:* Miller, T. Colchester County, N.S., 1873, pp. 259, 323-327.
> *Source:* N.B.L.

FISKE family, N.S. Some genealogical information.

> *Source:* U.L.Ms. p. 401.
> Ms. Transcripts. 4 items.
> Public Archives of Nova Scotia, Halifax, N.S.

FITZMARTIN family. Genealogical chart and history of the Fitzmartin family, 1086-1391.

> *Source:* U.L.Ms. p. 401.
> Ms. Photocopies. 15 pages. (1963).
> Public Archives of Canada, Ottawa, Ont.

FLEMING, Rae. Eldon Connections; portraits of a township. [n.p.], (1975). 304 p.

FLEMING, Sandford (Sir), Ont. Papers related mainly to Fleming's personal and business affairs and his family history and genealogy . . .

> *Source:* U.L.Ms. p. 403.
> Ms. Original. 2 1/2 inches. 1840-1934.
> Archives of Ontario, Toronto, Ont.

FLORIMOND (frère). Famille Doré.

> *Dans:* S.G.C.F. Mém. 2: 117-119 '46.

FLUET, Louise. Filiation sommaire des Fluet. Methuen, Mass., juil. 1971. [s.p.]

> Copie dactylographiée.
> Archives nationales du Québec, Québec, Qué.

FLUETT, Louis-Joseph. . . . Genealogical records, 1780-1878.

> *Source:* U.L.Ms. p. 404.
> Ms. Original. 4 inches.
> Hiram Walker Historical Museum, Windsor, Ont.

FOLMAR (Vollmar) family, N.S. Genealogical notes on the Folmar family, descendants of Philip Folmar.

> *Source:* U.L.Ms. p. 405.
> Ms. Transcripts. 3 p. [n.d.]
> Public Archives of Nova Scotia, Halifax, N.S.

FONDS Kipling.

> Fichier. MG 25 no 62.
> Bibliothèque nationale du Canada. Section de Généalogie, Ottawa, Ont.

FONDS St-Eustache.

> Bibliothèque nationale du Canada, Section de Généalogie, Ottawa, Ont.

FONTAINE, Nicole, comp. Baptêmes de Notre-Dame de Grâces (Hull), 1886- .

> *Dans:* L'Outaouais généalogique. 2: (1) 4-5 janv. '80ss.

_____. Sépultures de Notre-Dame-de-Grâces (Hull), 1886 - .

> *Dans:* L'Outaouais généalogique. 2: (1) 10-janv. '80 et ss.

FONTAINE-BUTEAU (A 7-generation chart).

> *In:* F.C.A.G.R. 4: (3) 190-191 Fall '72.

FOOTE family, N.S. Some genealogical information.

> *Source:* U.L.Ms. p. 405.
> Ms. Transcripts. 1 p. [n.d.]
> Public Archives of Nova Scotia, Halifax, N.S.

FORD, Arthur James, B.C. One marriage certificate, 1896.

> *Source:* U.L.Ms. p. 406.
> Ms. Original. 1 p.
> City of Vancouver Archives, Vancouver, B.C.

FORD family, Ont. . . . Obituary clippings . . .

> *Source:* U.L.Ms. p. 406.
> Ms. Original. 4 inches. 1795-1891.
> Archives of Ontario, Toronto, Ont.

FOREST, Albert, co-aut.
voir sous:

> FOREST, Lorenzo. Cinq siècles d'histoire familiale . . .

FOREST, Lorenzo, Vincent DE LÉRINS et Albert FOREST. Cinq siècles d'histoire familiale . . . 1450-1975. Montréal, Grand Séminaire, 1977. 163 p.

> ". . . Histoire de la famille Forest des origine à nos jours et de deux branches de cette famille: la branche québecoise et la branche gaspésienne avec la collab. du P. Vincent de Lérins et Albert Forest."
> Éd. hors-commerce.

FORGET, André. Généalogie de la famille Forget. 3e éd. [s.l.], 1975. [s.p.]

____. Mon ancêtre: Jean-Baptiste Forget (1675-1759).

Dans: L'Ancêtre 4: (5) 165-166 janv. '78.

FORGET, J., co-aut.
voir sous:

HÊTU, Jean C. et J. Forget. Petit guide du généalogiste québécois . . .

FORGET, J. Urgel, ptre. Nicolas Forget dit Duplessis.

Dans: S.G.C.F. Mém. 4: 141-154 '51.

____. Pierre Forget, le centenaire.

Dans: Bull. rech. hist. 53: 304-307 '47.

____. Pour illustrer vos généalogies.

Dans: S.G.C.F. Mém. 3: 3-11 '48.
Suivi d'une bibliographie: p. 6-11.

FORGET, J. Urgel, ptre et Élie J. AUCLAIR, ptre. Histoire de Saint-Jacques d'Embrun, Russell, Ontario. Ottawa, Cie. d'Impr. d'Ottawa, 1910. vii, 658 p.

Sommaire: 1ère ptie: Histoire de la paroisse de St-Jacques d'Embrun; -2. Généalogie des familles pionnières. Supplément: Généalogie Froget dit des Patis.

FORGET, Ulysse. Les Archives de la Nouvelle-Angleterre.

Dans: S.G.C.F. Mém. 6: 3-8 '54.
Travail présenté . . . à l'assemblée mensuelle . . . le 16 sept. 1953 . . . à Montréal.

FORGUES, Michel. Généalogie des familles de l'Île d'Orléans.

Dans: Rapp. Archives publ. du Canada. vol. 2, App. A, 2e ptie, '05. 328 p.
Rév. et complété par René Bureau, G. Robert Tessier et Jean Dumas dans leur "Répertoire des mariages de l'Île d'Orleans".

____. Genealogy of the families of the Island of Orleans.

In: Canada Public Archives Report. 2: 1-360 1905/06.
Summary of documents in the parishes of the Island of Orleans, pp. 329-355.
Rev. and completed by René Bureau, G. Robert Tessier and Jean Dumas in their "Répertoire des mariages de l'Île d'Orléans".

FORSYTH de FRONSAC, Frederic Gregory. Memorial of the family of Forsyth de Fronsac. Boston, S.J. Parkhill & Co., 1903. 76 p.

"Viscount of Fronsac in the Seigneurial Order of Canada": pp. 65-76.

FORT ALBANY, Ont. Anglican Parish of Albany. Registers of baptisms, marriages and burials, 1859-1966.

Source: U.L.Ms. p. 409.
Ms. Microfilm. 50 feet.
Archives of Ontario, Toronto, Ont.

FORT DUQUESNE. Registres des baptêmes et sépultures qui se sont faits au Fort Duquesne pendant les années 1753, 1754, 1755 et 1756. New York, Isle de Manate, La Presse Cramoisy de Jean-Marie Shea, 1859. iv (3) 51 p.

FORT DUQUESNE et FORT DE LA RIVIÈRE-AUX-BOEUFS. Registres de baptêmes, mariages et sépultures de la paroisse de l'Assomption de la Sainte-Vierge, 1753-1756.

Source: C.C.Ms. p. 409.
Ms. Copie. 35 p.
Archives publiques du Canada, Ottawa, Ont.

FORT FRÉDÉRIC. Registres d'état civil, 1741-1758.

Source: C.C.Ms. p. 410.
Ms. Originaux. 1 pouce.
Archives nationales du Québec, Montréal, Qué.

FORT FRONTENAC. Registres de baptêmes, mariages et sépultures, 1747-1752.

Source: C.C.Ms. p. 410.
Ms. Originaux. 1 pouce.
Archives nationales du Québec, Montréal, Qué.

FORT HOPE, Ont. Parish register of the Anglican Church at Fort Hope, District of Patricia, 1895-1899.

Source: U.L.Ms. p. 410.
Ms. Transcripts. 27 p.
Public Archives of Canada, Ottawa, Ont.

FORT LAWRENCE, N.S. Registers of marriages, births and deaths in the town of Cumberland, 1776-1813, and in the Fort Lawrence district, 1766-1891 . . .

Source: U.L.Ms. p. 411.
Ms. Photocopies. Microfilm.
Public Archives of Canada, Ottawa, Ont.

FORT PONTCHARTRAIN, Detroit, Michigan. Registre de l'état civil, 1704-1831.

Source: C.C.Ms. p. 412.
Ms. Microfilm. 1 bobine.
Archives nationales de Québec, Québec, Qué.

FORT PRESQU'ÎLE. Registres d'état civil,
1753.
> *Source:* C.C.Ms. p. 412.
> Ms. Originaux. 1 pouce.
> Archives nationales du Québec, Montréal, Qué.

FORT SAINT-JEAN. Registres d'état civil.
Registres de baptêmes, mariages et
sépultures, 1757-1760.
> *Source:* C.C.Ms. p. 413.
> Ms. Originaux. 1 pouce.
> Archives nationales du Québec, Montréal, Qué.

____. Registres d'état civil. Registres de
baptêmes et sépultures, 1757-1760. Index de
baptêmes, mariages et sépultures, 1750-1760.
> *Source:* C.C.Ms. p. 413.
> Ms. Copie. 22 p.
> Archives publiques du Canada, Ottawa, Ont.

FORT ST-PIERRE ou Fort Beauharnois.
Registres de baptêmes, mariages et
sépultures, 1732-1760.
> *Source:* C.C.Ms. p. 412.
> Ms. Copie. 2 pouces.
> Archives publiques du Canada, Ottawa, Ont.

FORT VANCOUVER (H.B.C. Post). Extracts
from marriage register of Fort Vancouver,
Oregon Territory, containing the record of
marriage of James Douglas and Amelia
Connolly and Benjamin McKenzie and
Catherine Campbell, 1837.
> *Source:* U.L.Ms. p. 414.
> Ms. Original.
> Provincial Archives of British Columbia,
> Vancouver, B.C.

FORTIER, A.E. Répertoire des mariages, St-
Léon, Manitoba, 1879-1977.
> *Dans:* Generations; Journal of the Manitoba
> Genealogical Society 3: (1) Spring '78. 27 p.

FORTIER, Benoit, ptre. Histoire de l'ancêtre
Noël Fortier et de son fils Antoine.
> *Dans:* L'Ancêtre 1: (7) 221-230 mars '75.

FORTIER, Donat, chan. Seigneurie de Beauharnois et la famille Ellice.
> *Dans:* S.G.C.F. Mém. 18: (4) 187-197 oct./déc.
> '67.
> Étude "qui rappellera l'histoire de la seigneurie
> qui a appartenu à Michel Chartier de
> Lotbinière et feront peut-être comprendre par
> les activités de la famille Ellice, ce qu'est le
> Family Compact . . ."

FORTIN, Antonia (Lapointe). Tableau généalogique (8 générations) de Nicolas Audet dit
Lapointe.
> *Dans:* L'Ancêtre 6: (8) 248 avr. '80.

FORTIN, Benjamin et Jean Pierre
GABOURY. Bibliographie analytique de
l'Ontario français. Ottawa, Université
d'Ottawa, 1975. 236 p. (Cahiers du Centre
de recherche en civilisation canadienne-
française, no 9).

FORTIN, Cora. Julien Fortin dit Bellefontaine.
> *Dans:* S.G.C.F. Mém. 26: (4) 218-220 oct./déc.
> '75.

____. Julien Fortin; premier Fortin d'Amérique.
Québec, Société de Généalogie de Québec,
1974. 79 p.
> Sur la couv.: Cahier spécial F.
> Bibliographie: p. 72-76.

FORTIN, Cora.
voir aussi sous:
> HOUDET, Cora (Fortin).

FORTIN, Jacques. La séparation de Vincent
Rodrigue et d'Angélique Giroux.
> *Dans:* L'Ancêtre 2: (6) 283-287 fév. '76.
> Filiation en appendice.

FORTIN, Lionel. Ancêtre Julien Fortin dit
Bellefontaine (1621-1687).
> *Dans:* S.G.C.F. Mém. 25: (3) 155-168
> juil./sept. '74.

____. Louis Guilbault et Geneviève Joly: un
mariage réputé introuvable.
> *Dans:* S.G.C.F. Mém. 24: (2) 78 avr./juin '73.

FORTIN-CARRIER, Jeanne d'Arc. Marie-
Anne Fortin (1666-1702), 7e enfant de Julien
Fortin et Geneviève Gamache, et ses
descendants.
> *Dans:* L'Ancêtre 2: (3) 117-147 nov. '75.

FORTON family.
> *In:* S.G.C.F. Mém. 14: (6) 148 juin '63.

FORTUNE family, Ont. . . . Marriage contract
of James Porteous, 1820 . . .
> *Source:* U.L.Ms. p. 414.
> Ms. Original.
> Public Archives of Canada, Ottawa, Ont.

FOSTER, Annie Harvie (Ross), B.C. . . .
Some accounts of the families of James
Ross, Donald MacDonald, Joseph Story,
James Doak and their descendants. 12 p.

> *Source:* U.L.Ms. p. 415.
> Ms. Original. 1936-1946.
> University of New Brunswick Archives,
> Fredericton, N.B.

FOSTER, Calley Lyons Lucas, Ont. . . .
Family tree, 1815-1843.

> *Source:* U.L.Ms. p. 415.
> Ms. Original. 2 p.
> Queen's University Archives, Kingston, Ont.

_____. . . . Typescripts; sketch of life of Foster
and military service of descendants;
genealogical study of Humphrey's family
. . . (1798-1897).

> *Source:* U.L.Ms. p. 415.
> Ms. Original.
> Archives of Ontario, Toronto, Ont.

FOURNIER, Charles, comp.
voir sous:

> HAMELIN, Julien, s.c., comp. Répertoire des
> mariages du comté de Russell, Ontario . . .

FOURNIER, Marcel. Historique de la région
de Chertsey et du Lac Paré, 1790-1970. 2e
éd., 1973. 187 p.

> Aneien territoire dit "des Algonquins", le
> Canton de Chertsey ne comptait pas encore en
> 1790 dans la géographie de la vallée du St-
> Laurent. Ce n'est qu'en 1792 que le lieutenant-
> gouverneur Clarke fit subdiviser le Canada et
> donna des noms anglais à la région. Le nom de
> Chertsey est inscrit sur une carte en 1803.
> Un remarquable chapitre "Hommes et
> familles" contient les généalogies de huit
> familles: Bourgeois, Miron (Migneron), Morin,
> Perrault, Poudrier, Riopel, Rivest et Tremblay.
> Le chapitre 4 expose l'histoire de la paroisse St-
> Théodore, première église érigée en 1859 et
> bénite en 1869, succède à une chapelle de 1850,
> et réunit quelques 120 familles. Dans les années
> 1946, 1947 et 1964 furent bâties trois dessertes
> fréquentées par des villégiateurs. À cela s'ajou-
> tent l'histoire de la municipalité, la toponymie
> de la région . . . les institutions publiques et
> l'histoire du Lac Paré. (Extr. d'une recension
> dans S.G.C.F. Mém.)

FOURNIER, Michel. Pierre Fournier, un des
ancêtres de ce nom.

> *Dans:* L'Ancêtre 7: (3) 77-78 nov. '80.
> Lignée paternelle: p. 78.

FOURNIER, Ovila. La famille Louis-Joseph
Fournier et Marie-Louise Arès. Île Perrot
nord, Éd. de la Libellule, 1972. 143 p.

> Cette éd. ne constitue pas une 5e éd. car le
> sujet est différent. Les éditions antérieures
> traitent des descendants de la famille Fournier;
> celle-ci concerne ses ascendants.
> Tirage limité à 200 exemplaires.
> Bibliographie: p. 140-141.

FOURNIER, Paul-André. L'Ex-libris et la
généalogie.

> *Dans:* L'Ancêtre 7: (4) 121-123 déc. '80.

_____. Les Fournier de la rue Scott à Québec.

> *Dans:* L'Ancêtre 6: (2) 57-59 oct. '79.

FOURNIER, Robert. Seigneurie de Matane;
une tranche de l'histoire au pays de Matane.
Matane, Impr. de Matane, enr., 1978. 184 p.

> *Sommaire partiel:* Ordre de succession à la
> seigneurie de Matane: p. 75-76; Mathieu
> d'Amours, premier seigneur: chap. 5; Donald
> McKinnon, deuxième seigneur: chap. 6;
> Période Fraser: chap. 7.

FOWLER, Charles. The Fowler Tree. Regina,
1973. 127 p.

FOWLER, Daniel, George L. SMITH. Daniel
Fowler, r.c.a., 1810-1894; genealogy, auto-
biography, source material. Brights Grove,
Ont., G.L. Smith, (1976). 27 leaves.

> Cover title: "Art Matters and Others".

FOX family, N.S. Some genealogical
information.

> *Source:* U.L.Ms. p. 418.
> Ms. Original. 1 p.
> Public Archives of Nova Scotia, Halifax, N.S.

FRADET, Adjutor. Autour de Jean Fradet.

> *Dans:* S.G.C.F. Mém. 4: 43-58 '50.

FRAGASSO, Michel. Michel Lemieux et les
Lemieux de Lévis.

> *Dans:* L'Ancêtre 1: (3) 53-56 nov. '74.

FRANCE. Archives communales, Loches
(Indre-et-Loire). Extrait des registres
paroissiaux de Saint-Ours; inhumation
d'Étienne Charest, seigneur de Pointe-Lévy
(Lauzon), 1783.

> *Source:* C.C.Ms. p. 418.
> Ms. Copie. 1 p.
> Archives publiques du Canada, Ottawa, Ont.

_____. Archives départementales, Ille-et-Villaine
. . . Registres de la paroisse de St-Pierre-du-
Nord à l'Isle St-Jean, 1725-1758 . . .

> *Source:* C.C.Ms. p. 421.
> Ms. Copie.
> Archives publiques du Canada, Ottawa, Ont.

____. Archives départementales, Morbihan.
Généalogie des familles acadiennes établies
dans les paroisses de Bangor, Locmaria,
Sauzon et Palais à Belle-Isle-en-Mer.

Source: C.C.Ms. p. 422.
Ms. Copie. 2 pouces. 1767.
Archives publiques du Canada, Ottawa, Ont.

____. ____. Généalogie des familles des 4
paroisses de Belle-Isle-sur-Mer: Le Palais,
Sauzon, Locmaria et Bangor.

Source: C.C.Ms. p. 422.
Ms. Microfilm. 1 bobine. 1767.
Archives acadiennes, Moncton, N.-B.

____. Archives des Colonies. Série G.-1.
Registres de l'état civil, recensements et
documents divers. Registres de baptêmes,
mariages et sépultures de la Guyane, Louis-
burg, Île Royale, Île Saint-Jean, de la
Louisiane et de Saint-Pierre et Miquelon . . .
1666-1881.

Source: C.C.Ms. p. 426.
Ms. Copie. 9 pieds. Microfilm. 25 bobines.
Archives publiques du Canada, Ottawa, Ont.

____. Bibliothèque. Orléans. Notes généalo-
giques sur les familles Beauharnois,
d'Ailleboust, Bégon, Phelypaux, Jogues et
Picotté.

Source: C.C.Ms. p. 431.
Ms. Copie. 44 p. 1390-1758.
Archives publiques du Canada, Ottawa, Ont.

____. Bibliothèque nationale. Département
des Imprimés. Notes sur les familles Bien-
court, Alougny, Andigné, Duchesneau et
Buade.

Source: C.C.Ms. p. 433.
Ms. Copie. 1538-1859.
Archives publiques du Canada, Ottawa, Ont.

____. ____. Nouvelles acquisitions françaises.
Collection Margry . . . Baptêmes et mariages
d'anciens habitants de la Nouvelle-
Angleterre; extraits des registres paroissiaux
de Montréal, 1692-1722 . . .

Source: C.C.Ms. p. 433.
Ms. Copie.
Archives publiques du Canada, Ottawa, Ont.

FRANÇOIS et Marguerite Gaulin (1650).

Dans: S.G.C.F. Mém. 17: (3) 176-178
juil./sept. '66.

FRANK, Eugene N. Genealogical study of the
Bernardin, Peloquin, Potvin, Taillefer and
allied families.

Library. Société généalogique canadienne-
française, Montréal, Qué.

FRANKLIN family, Ont. Two photocopies of
the Franklin family tree.

Source: U.L.Ms. p. 436.
Ms. Photocopies.
Public Archives of Canada, Ottawa, Ont.

FRASER, Alex W., U.E. Gravestones of Glengarry, Vol. 1: Williamstown. Belleville,
Mika, 1976.

Deals with two pioneer cemeteries in
Williamstown: St. Mary's Roman Catholic
Church Cemetery and St. Andrew's
Presbyterian (now United) Church Cemetery,
also that on the 3rd Conc. of Charlottenburg,
known as Free Church or Grinley's Cemetery.

____. (List of names and addresses of genea-
logical, historical Scottish societies in North
America.) (Lancaster?, Ont.), Glengarry
Genealogical Society, (1976?). 12 p.

Limited ed. (130 copies).

FRASER, Alexander. The Clan Fraser in
Canada; souvenir of the first annual gather-
ing. Toronto, May 5, 1894. Toronto, Mail
Job Pr. Co., 1895. 112 p.

FRASER, Deacon, N.S. Chart of the
descendants of Deacon Fraser.

Source: U.L.Ms. p. 436.
Ms. Photocopies. 1 p. [n.d]
Public Archives of Nova Scotia, Halifax, N.S.

FRASER, Duncan. William Fraser, Sr., U.E.,
and his descendants in Fulton County, New
York and Grenville County, Ontario. Johns-
town, N.Y., 1964. 66 p.

Limited ed. (100 copies).
Includes bibliography.

FRASER, George Mason, comp. The Crinklaw
families in the United States and Canada.
Beloit, Wisc., 1972-75.

Record of the descendants of James Crinklaw,
1777, of Roxborough, Scotland and Robert
Crinklaw, 1791, of Chalton, Northumberland,
England.

FRASER, James, Sr., N.B. and Ont.
Descendants of James Fraser, Sr. in
Moryshire, Scotland.

Source: U.L.Ms. p. 437.
Ms. Original. 1 p. [n.d.]
Public Archives of Nova Scotia, Halifax, N.S.

FRASER, James, N.S. Genealogical chart.

Source: U.L.Ms. p. 437.
Ms. Original. 1 p. [n.d.]
Public Archives of Nova Scotia, Halifax, N.S.

FRASER (Ogg) family, N.S. Copy of a typed genealogy of the Maxwell, Irving and Fraser (Ogg) families of Mount Thom.

Source: U.L.Ms. p. 439.
Ms. Photocopies. 44 p. [n.d.]
Public Archives of Nova Scotia, Halifax, N.S.

FRASER, Simon, B.C. . . . Genealogical material of the Fraser family, Grant family, Culbokie family, etc. . . .

Source: U.L.Ms. p. 438.
Ms. Photocopies.
Provincial Archives of British Columbia, Victoria, B.C.

FRASER, William G., N.S. . . . Genealogy of the Rice family.

Source: U.L.Ms. p. 439.
Ms. Original.
Cape Bretoniana Archives. St. Francis Xavier University, Sydney Campus, Syndey, N.S.

FRASER family, N.S. Genealogical chart of the Frasers of East River.

Source: U.L.Ms. p. 439.
Ms. Original. 1 p. [n.d.]
Public Archives of Nova Scotia, Halifax, N.S.

____. "History of the Fraser of Lovat".

Source: U.L.Ms. p. 439.
Ms. Transcripts. 2 p. [n.d.]
Public Archives of Nova Scotia, Halifax, N.S.

____. Loose-leaf book of typed letters written by Clare Fraser in 1970 for his grandsons about their ancestors Duncan Fraser (1749-1845), John Fraser, elder (1783-1868), Captain John Fraser (1819-1899), and about Neil Curry (1764-1825) and Captain John Curry (1800-1883).

Source: U.L.Ms. p. 439.
Ms. Transcripts. 2 inches. [n.d.]
Public Archives of Nova Scotia, Halifax, N.S.

FRAUSHUER, Mary Near. Our Canadian Nears and early kin, descendants of Carl Naeher, Palatine immigrant to Colonial America, 1710. Akron, Ohio, MFC Pr. Co., 1973. 282 p.

____. List of various gravestone inscriptions from 72 cemeteries in Ontario.

Source: U.L.Ms. p. 440.
Ms. Transcripts. 100 p. 1966.
Public Archives of Canada, Ottawa, Ont.

FRAWLEY, Beatrice Helen (Mme Samuel J. Legris). Famille Frawley.

Dans: Soc. hist. du Nouvel Ontario. Doc. his. no 5, p. 41-46.

FRÉCHETTE-DESAUTELS, famille, Qué. Papiers concernant les familles de J.-Bte Fréchet, Ignace Fréchet et Joseph Desautels de St-Nicolas et de Chambly, reçus, contrats de mariages, inventaires, testaments, quittances.

Source: C.C.Ms. p. 440.
Ms. Originaux. 2 pouces. 1741-1863.
Archives nationales du Québec, Québec, Qué.

FREDERICKSBURG, Ont. Anglican Parish Church. Parish registers of baptisms, 1787-1919; marriages, 1788-1897; burials, 1797-1919.

Source: U.L.Ms. p. 440.
Ms. Original. 7 vols. 1787-1919.
Anglican Church of Canada. Synod of Ontario, Kingston, Ont.

FREDERICKSBURG, Ont. Ebenezer Lutheran Church. Lutheran church record, 1793-1832.

In: Ontario Hist. Soc. Papers and records 6: 136-137 '05.

FREDERICKSBURG, Ont. Evangelical Lutheran Church. Register of births, baptisms, marriages . . . 1791-1850.

Source: U.L.Ms. p. 440.
Ms. Original.
Archives of Ontario, Toronto, Ont.

FREDERICTON, N.B. Christ Church Cathedral (Anglican). Baptisms, 1816-1955; marriages, 1874-1959; burials, 1859-1959 . . .

Source: U.L.Ms. p. 441.
Ms. Microfilm.
Provincial Archives of New Brunswick, Fredericton, N.B.

____. St. Mary's Church (Anglican). Baptisms, 1843-1886; marriages, 1846-1887; burials, 1846-1886.

Source: U.L.Ms. p. 441.
Ms. Microfilm. 20 feet.
Provincial Archives of New Brunswick, Fredericton, N.B.

____. Sainte-Anne de Fredericton, paroisse (catholique). Registres des baptêmes, mariages et sépultures de cette paroisse, 1806-1859, avec un index pour les années 1824 à 1858.

Source: C.C.Ms. p. 441.
Ms. Copie. 2 pouces.
Archives publiques du Canada, Ottawa, Ont.

____. Wilmot United Church. Baptismal and marriage records, 1794-1892.

> *Source:* U.L.Ms. p. 441.
> Ms. Transcripts. 1 1/2 inches.
> New Brunswick Museum, St. John, N.B.

FREDETTE, Jean-Marc. Le Registre de la population du Ministère des Affaires sociales.

> *Dans:* L'Ancêtre 6: (10) 291-298 juin '80.

____. Utilisation du système de l'état civil du Québec en démographie et en santé.

> *Dans:* L'Ancêtre 6: (7) 209-212 mars '80.

FRÉMONT, Donatien. Les Français dans l'ouest canadien. Winnipeg, Éd. de la Liberté, 1959. 162 p.

FRENCH, Frederick John, Ont. Correspondence and other papers of A.N. Buell and family, 1821-1877; histories of individuals and families of the Prescott area by the Grenville Historical Society . . .

> *Source:* U.L.Ms. p. 442.
> Ms. Original.
> Archives of Ontario, Toronto, Ont.

FRENETTE, F.-X. Eugène, chan. Notes historiques sur la paroisse de St-Étienne de la Malbaie (Charlevoix). Chicoutimi, 1952. 94 p.

FRENIÈRE, Maxime O. Évolution du nom Daunet en Amérique du Nord.

> *Dans:* Bull. rech. hist. 39: 509-511 '33.

FRENIÈRE, Murielle (Doyle). État sommaire des archives de la ville de Québec. Québec, Ville de Québec, 1977. ii, 21 feuillets. (Archives de la ville de Québec, Publication no 3).

FRIEZE family, N.S. Short history of the Frieze family origins.

> *Source:* U.L.Ms. p. 444.
> Ms. Transcripts. 1 p. [n.d.]
> Public Archives of Nova Scotia, Halifax, N.S.

FRIZZLE family, N.S. Genealogical information on the Frizzle family.

> *Source:* U.L.Ms. p. 444.
> Ms. Original. 1 p.
> Public Archives of Nova Scotia, Halifax, N.S.

FRONSAC, Frederic Gregory Forsyth, vicomte de. Memorial of the De Forsyths de Fronsac. Boston, Press of Rockwell and Churchill, 1897. 40 p.

FROOST family, N.S. Page from the family Bible.

> *Source:* U.L.Ms. p. 445.
> Ms. Photocopies. 1 p. [n.d.]
> Public Archives of Nova Scotia, Halifax, N.S.

FROST, William Sword, Ont. . . . History of the Frost family, 1844-1945.

> *Source:* U.L.Ms. p. 445.
> Ms. Original.
> Orillia Public Library, Orillia, Ont.

FULLER, J., C.Ss.R. Genealogical notes on Fuller family . . . "Rédigé au Japon, 1er mai 1970". 13 p.

> Mainly on the genealogy of the Corcoran family.
> Badly printed.
> Mimeographed.

FULLERTON, Henry S. Fullerton family, N.S. Notes on the Fullerton family . . .

> *Source:* U.L.Ms. p. 446.
> Ms. Original. 17 p. 1943.
> Public Archives of Nova Scotia, Halifax, N.S.

FULLERTON family, N.S. Family papers, 1836-1870.

> *Source:* U.L.Ms. p. 446.
> Ms. Original. 1/4 inch.
> Public Archives of Nova Scotia, Halifax, N.S.

FUSILIER DE LA CLAIRE, Emma Maria. Gabriel Fusilier de la Claire and allied families, by Emma Maria Fusilier de la Claire Philastre, 1520 Lawrence Street, Eunice, Louisiana 70535. American Heritage Co., Inc., c1968. xxx, 400 p.

> Partial summary: Chap. 2: Roman family; -3: Noel Soileau; -13: Louis Juchereau, marquis de St-Denis. Variations of the name: Fusilier; Fuselier; Fuzelier, Fuzelle, Fuzilier. Gabriel Fusilier de la Claire was commandant for Attakapas and Opelousas from 1765 to 1770 (appointed by King Louis XV). Epaninondas Fusilier came to New France with Iberville . . .
> Most of the families since their beginning in New France live in Louisiana.

GABOURY, Jean, comp. Mariages de la paroisse de St-Zéphirin de Stadacona de Québec, 1896-1979. Montréal, Éd. Bergeron, 1981. 120 p.

> Polycopié.

____. Mariages de l'Hôpital du Sacré-Coeur (paroisse Notre-Dame-du-Sacré-Coeur),

Québec, 1874-1892, et l'Hôtel-Dieu du
Sacré-Coeur-de-Jésus (paroisse du
Sacré-Coeur de Jésus), 1892-1935. [s.l.n.d.]
[s.p.]

Polycopié.
Comprend 89 mariages.

GABOURY, Jean, comp. Mariages: Hôpital
Saint-Michel-Archange (paroisse Saint-
Michel-Archange), 1896-1975.

Dans: L'Ancêtre 4: (2) 43-52 oct. '77.

GAGAN, David Paul. The Denison family of
Toronto, 1792-1925. (Toronto), University of
Toronto Press, (1973). 133 p. (Canadian
biographical studies, 5).

Bibliography: pp. 103-110.

GAGE, Clyde V., ed. The English-Irish early
American and Canadian families.
(Worcester, N.Y., 1965). [v.p.]

GAGETOWN, N.B. Gagetown Methodist and
United Church . . . Baptisms, marriages and
burials, 1859-1916 . . . Grand Lake parish:
baptisms, marriages, burials, 1916-1970;
Gagetown: baptisms, marriages, burials,
1908-1970.

Source: U.L.Ms. p. 447.
Ms. Microfilm.
Provincial Archives of New Brunswick,
Fredericton, N.B.

GAGNÉ, Claude, Paul-J. LUPIEN et L.
Daniel BRUN. La transmission des
hyperlipopro-
téinémies.

Dans: L'Ancêtre. 7: (2) 35-40 oct. '80.

GAGNÉ, Marc. Gilles Vigneault tel qu'on?
(sic) ses ancêtres.

Dans: Soc. hist. acad. Cahier. 5: (1) 21-25
oct./déc. '73.

GAGNON, Ernest. Famille Charles-Édouard
Gagnon; petites notices biographiques et
généalogiques. Québec, Darveau, 1898. 38 p.

Rédaction faite par le fils de l'auteur, Ernest
Gagnon.
Source: Gagnon, P. Essai de bibliographie. . .

GAGNON, Eustache. Famille Gagnon, le
Perche. Québec, Ste-Anne-de-Beaupré. 11 p.

GAGNON, Gemma. Chapleau.

Dans: Soc. hist. du Nouvel Ontario. Doc. hist.
no 4, 39-47.
Chapitre sur les premiers citoyens.

GAGNON, Maurice-X. Branche de Mathurin
Gagnon et historiographie des Gagnon. 1974.

Bibliothèque. Société généalogique canadienne-
française, Montréal, Qué.

GAGNON, Philéas. Essai de bibliographie
canadienne; inventaire d'une bibliothèque
comprenant imprimés, manuscrits, estampes,
etc. relatifs à l'histoire du Canada et des
pays adjacents avec notes bibliographiques.
Québec, (l'auteur), 1895. 2 vols.

Les ouvrages d'aspect généalogique ont été
analysés et indexés dans ce présent ouvrage.

_____. Une vieille famille canadienne; notes sur
une des branches canadiennes de la descendance de Pierre Gagnon ou Gaignon et de
Madeleine Roger, son épouse, de la paroisse
de Tourouvre au Perche, près de Mortagne,
France.

Dans: Bull. rech. hist. 17: 268-286, 298-311,
324-331 '11.
Sur la famille de l'auteur.

GAGNON, famille, Qué. . . . Notes
généalogiques . . .

Source: C.C.Ms. p. 448.
Ms. Originaux.
Archives nationales du Québec, Québec, Qué.

GALLANT, Patrice, ptre. Acadiens de
Miquelon.

Dans: Soc. hist. acad. Cahier. 3: (8) 331-336
juil./sept. '70.
Non-indexé dans cette édition.

_____. Les Acadiens établis aux Îles Saint-Pierre
et Miquelon et autres notes généalogiques
acadiennes.

Source: C.C.Ms. p. 449.
Ms. Originaux. 4 pouces. [s.d.]
Archives acadiennes, Moncton, N.-B.

_____. Alexis Doiron; l'unique ancêtre des
Doiron de l'Île-du-Prince-Édouard après la
dispersion.

Dans: Soc. hist. acad. Cahier. 2: (5) 201-204
avr./juin '67.

_____. Étude sur quelques familles de Belle-Île-
sur-Mer (1765).

Dans: Soc. hist. acad. Cahier no 10, 34 janv.
'66.
Famille 17: Alain LeBlanc; -18: J.Bte Leblanc
et Marguerite Bellemère; -19: Alexis Doiron.

_____. Éxilés acadiens en France.

Dans: Soc. hist. acad. Cahiers. 2: (1) 366-373
juil./sept. '68.
Résumé sur un relevé d'actes de registres
paroissiaux conservés aux Archives départementales de France.
Ce travail est un précieux apport aux
généalogistes acadiens.

GALLANT, Patrice, ptre. Généalogie du Sénateur Philippe Landry, surnommé le "Grand-père des Petits-Ontariens."

Dans: S.G.C.F. Mém. 6: 33-39 '54.

____. Michel Haché-Gallant.

Dans: Soc. hist. acad. Cahier. no 5, 4-9 '64.
Histoire des nombreux descendants des familles Haché et Gallant.

____. Michel Haché dit Gallant.

Dans: S.G.C.F. Mém. 7: 92-100 '56.

____. Michel Haché-Gallant et ses descendants. Rimouski, 1958-70. 2 vols.

Le tome 2 a été publié à Moncton par la Librairie acadienne.
Le tome 2 est une révision et un complément du tome 1 paru en 1958.
Notes bibliographiques au bas des pages.
Une recension sur cet ouvrage a paru dans les Cahiers de la Société historique acadienne.
3: (9) 369 '70.

____. Les Registres de la Gaspésie, 1752-1860. [s.l.], (1968). 507, xliv p.

Polycopié.
Publication no 3 de la Société généalogique canadienne-française, Montréal.
Appendice. Beauceville, Éclaireur, 1961? 47 p.

____. Registre de la Gaspésie, 1752-1860.

Dans: S.G.C.F. Mém. 14: (12) 157-164 déc. '63.

GALLANT, Patrice, ptre et Stephen A. WHITE. Les Acadiens de St-Pierre et Miquelon à La Rochelle, 1767-1768, et 1778-1785. Moncton, N.-B., Centre d'études acadiennes, Université de Moncton, 1977. (76) feuillets.

GALLIENNE, Gérard. Un pied d'ancre (Journal de Placide Vigneau). Québec, 1977. 318 p.

Journal d'un gardien de phare sur la Côte-Nord sur le fleuve du St-Laurent dans la seconde partie du 19e siècle.
Important journal au point de vue généalogique, historique, local, économique durant cette période.

GALLOWAY family, Que. Typed notes containing genealogical and biographical information, 1778-1938.

Source: U.L.Ms. p. 449.
Ms. Transcripts. 5 p.
Public Archives of Canada, Ottawa, Ont.

GAMBLE, David (Sir), 1st bart. Pedigree of the Gambles of Fermanagh. Liverpool, Pr. at the "Daily Post" and "Echo" offices, 1881. 16 numb. 1, 27 p.

Photograph mounted on front fly leaf.
Reprint of family records of the Gambles of Toronto including the families of Mrs. Gamble's sisters and most of their descendants, collected and arranged by John William Gamble. Toronto, Copp, Clark & Co., 1872. 27 p.

GARANT-Lefebvre. (4 générations de la famille Jean Garant).

Archives nationales du Québec, Québec, Qué.

GARD, Anson Albert. Pioneers of the Upper Ottawa and the humors of the Valley; South Hull and Aylmer. Ottawa, Emerson, (1906). (1 vol.) [v.p.]

Includes: "Genealogy of the Valley": p. iv.

GARDINER, H.F. The Hamiltons of Queenston, Kingston and Hamilton.

In: Ontario Hist. Soc. Papers and records 8: 24-33 '07.
Read at the annual meeting of the Society at Niagara-on-the-Lake, June 8th 1905.

GARDNER, Walter Stanley.
see under:
LOWRY, Edna Gardner . . .

GAREAU, (frère), c.s.v. Le Fief Jouette.

Dans: Bull. rech. hist. 58: 5-23 '52.

GAREAU, Georges Robert. Étienne Truteau, maître charpentier marié en 1667 à Adrienne Barbier.

Dans: S.G.C.F. Mém. 27: (4) 195-214 oct./déc. '76.

____. Premières concessions d'habitations à Boucherville en 1673 (contrat Frérot, 4 avril, no 103).

Dans: S.G.C.F. Mém. 23: (2) 92-109 avr./juin '72; 23: (3) 142-162 juil./août '72; 23: (4) 207-233 oct./déc. '72.

____. Les premiers concessionnaires: Étienne Truteau.

Dans: Soc. d'hist. de Longueuil. Cahier. no 3, 1973, p. 25-31.
Incluant un tableau généalogique de Pierre Elliott Trudeau, ancien premier-ministre, à la fin de l'article.

____. Les Premiers concessionnaires: Jacques Viau dit Lespérance.

Dans: Soc. d'hist. de Longueuil. Cahier, no 8, juin '76, p. 21-30.

GAREAU, Georges Robert et Jean BERGERON, comp. Mariages de Lachine: Saints-Anges-de-Lachine, 1676-1970. Montréal, R. et J. Bergeron, 1973. xi, 418 p. (Publication no 13).

Texte polycopié sur trois colonnes.
Bibliographie: p. xi.
Classification par noms des épouses: p. 361-418.

GAREAU, J. Bruno, Qué. Notes manuscrites du frère J.B. Gareau concernant toutes les seigneuries du Québec; 11 cahiers concernant les familles seigneuriales; 6 cahiers sur les seigneuries . . .

Source: C.C.Ms. p. 449.
Ms. Originaux.
Bibliothèque nationale du Québec, Département des manuscrits, Montréal, Qué.

GARIÉPY, Raymond. Les Seigneuries de Beaupré et de l'Île d'Orléans dans leurs débuts. Québec, Société historique de Québec, 1974. 266 p. (Cahiers d'histoire, no 27).

Bibliographies.
"Ce qui fait l'originalité et l'utilité de ce volume, c'est le tableau des "terres de la seigneurie de Beaupré: concessions originales et premiers habitants", depuis le Sault Montmorency jusqu'à la rivière du Gouffre (Baie St-Paul incl.) Il n'y a pratiquement pas de familles canadiennes-françaises qui n'y retrouve un ou plusieurs ancêtres dont les noms et les lieux de domicile couvrent les 23 pages d'un précieux index." (Préf.)

GARNEAU, Alfred. Les Seigneurs de Frontenac.

Dans: Rev. can. 4: 147 1867.

GARNEAU, François-Xavier, Qué. Notes généalogiques, actes de mariages et de sépultures . . . 1809-1866.

Source: C.C.Ms. p. 452.
Ms. Copie. 1 pouce.
Archives nationales du Québec, Québec, Qué.

GARON, Jean et Carroll ST-AMAND. Méthode généalogique.

Dans: Assoc. des Professeurs d'hist. locale de Québec, Inc., Sillery, Qué. Bull. sept. '75, p. 16-27.
Bonne approche sur le sujet mais malheureusement sans notes justificatives, ni sources bibliographiques.

GASPÉ, Jacques de (pseud.) Famille Chouinard; histoire et généalogie. Avant-propos et préf. par H.J.J.B. Chouinard. Québec, Impr. franciscaine missionnaire, 1921. 336 p.

GASPÉSIE, Qué. Registres de l'état civil d'Acadie et de la Gaspésie, 1679-1686, 1751-1757.

Source: C.C.Ms. p. 3.
Ms. Microfilm.
Archives publiques du Canada, Ottawa, Ont.

GAUDET, Placide. Acadien genealogy and notes. Ottawa, 1906.

____. Arbre généalogique de Mgr Édouard Blanc, évêque de St-Jean, N.-B.

Dans: Bull. rech. hist. 18: 357-363 '12.

____. Famille Deveau à la Baie Ste-Marie.

Dans: S.G.C.F. Mém. 6: 210-211 '55.

____. Généalogie de l'Hon. P.-J. Veniot, premier ministre du Nouveau-Brunswick.

Dans: Bull. rech. hist. 29: 118-121 '23.

____. Généalogie des familles acadiennes, avec documents.

Dans: Archives du Canada. Rapport 2: App. A, 3e ptie, 1905. 438 p.

____. Généalogies acadiennes.

Fichier. 102 tiroirs remplis de fiches 3" × 5".
Doc. MG 30-C20.
Classé par ordre alphabétique des noms de familles.
Notes tirées de différents registres paroissiaux et civils d'Acadie.
Bibliothèque nationale du Canada, Section de Généalogie, Ottawa, Ont.

____. Genealogies, parish registers and notes concerning Acadian families, ca. 1600-1900 . . .

Source: U.L.Ms. p. 455.
Ms. Original. 5 feet.
Public Archives of Canada, Ottawa, Ont.

____. Migneault.

Dans: S.G.C.F. Mém. 8: 148 '57.
Notes sur cette famille "compulsée" aux greffes de St-Hyacinthe.

____. Notes généalogiques des familles acadiennes, 10 pieds; . . . microfilm de ses transcriptions de registres paroissiaux

conservés aux A.P.C.: Baie Sainte-Marie, 1799-1801; Cocagne, 1801-1820, Richibouctou, 1800-1824; Saint-Charles de Kent, 1805-1820; Saint-Louis de Kent, 1805-1916.

Source: C.C.Ms. p. 455.
Ms. Originaux. 49 pieds.
Archives acadiennes, Moncton, N.-B.

GAUDET, Placide. Photostat d'une lettre de Placide Gaudet en date du 9 décembre 1902, adressée à M. A.C. Smith, médecin de Tracadie, N.-B. Cette lettre donne des détails généalogiques sur les familles Brideau, Thomas et Landry . . .

Source: C.C.Ms. p. 455.
Ms. Reproductions photographiques. 9 pages.
Archives publiques du Canada, Ottawa, Ont.

GAUDREAU, Adélard-J. Variations dans le nom de famille.

Dans: S.G.C.F. Mém. 4: 135-137 '51.

GAULIN, Elphège. Album souvenir (Gaulin). Ste-Rose, Ville de Laval, 1973. 36 p.

Tableau généalogique: p. iii.

GAUTHIER, Alphonse, c.s.v. Eva Gauthier.

Dans: S.G.C.F. Mém. 10: 48-52 '59.

____. Famille de Georges-René Saveuse de Beaujeu (1810-1865).

Dans: S.G.C.F. Mém. 6: 197-208 '55.

____. Notes relatives à la généalogie et à la Société historique de Rigaud.

Source: C.C.Ms. p. 455.
Ms. Originaux. 3 pieds.
Archives du Collège de Bourget, Rigaud, Qué.

____. Papiers de famille et notes sur la famille Beaujeu.

Source: C.C.Ms. p. 74.
Ms. Originaux. 8 pieds. [s.d.]
Archives du Collège Bourget, Rigaud, Qué.

____. Pierre Gauthier dit Sanguingoira, un tout premier pionnier de Lachine.

Dans: S.G.C.F. Mém. 4: 196-208 '51.

GAUTHIER, Armand. André Farmer et M.-Magdeleine Marié et leur descendance.

Dans: S.G.C.F. Mém. 26:(3) 157-171 juil./sept. '75; 27: (1) 3-22 janv./mars '76; 27: (2) 93-106 avr./juin '76.

____. Ascendance de madame Armand Gauthier née Marie-Ange Farmer. [s.l., s.éd.], (1972). 15 p.

____. Ascendance d'une famille Farmer. 1972.

Polycopié.
Archives nationales du Québec, Québec, Qué.

____. Descendance d'André Farmer; descendance complète de 1773 à 1974. [s.l.], 1975. 10 p.

Manuscrit.
Archives nationales du Québec, Québec, Qué.

____. Germain Gauthier dit St-Germain I (1674-1719).

Dans: S.G.C.F. 30: (1) 3-16 janv./mars '79.

GAUTHIER, Juliette, Ont. . . . Clippings relating to Juliet Gauthier and a manuscript "Juliet Gauthier de La Verendrye," by Lilla M. Kerr.

Source: C.C.Ms. p. 455.
Ms. Original. 1/2 inch. 1928-1949.
Public Archives of Canada, Ottawa, Ont.

GAUTHIER, Louis-Guy. La généalogie; une recherche bibliographique, par Louis-Guy Gauthier; précédée de "Outils généalogiques à la Salle Gagnon de la Bibliothèque de la Ville de Montréal," par Daniel Olivier. 2e éd. Montréal, Association des institutions d'enseignement secondaire, 1980. xix, 150 p.

Index: p. 127-142.
Reliure en spirale.

GAUTHIER, Roger-B. Ancêtre Mathurin Chabot.

Dans: S.G.C.F. Mém. 12: 117-118 '61.

____. Centenaire de Louis Cyr.

Dans: S.G.C.F. Mém. 14: (10) 180-191, oct. '63.

____. Gauthier.

Dans: S.G.C.F. Mém. 7: 237-243 '56.

____. Les "Gauthier" acadiens.

Dans: S.G.C.F. Mém. 6: 333-334 '55.

____. Généalogie de John Smith.

Dans: S.G.C.F. Mém. 4: 166-169 '51.
Suivi des familles alliées: Russell et Forbes.

____. Les Pionnières du nom de Gauthier.

Dans: S.G.C.F. Mém. 26: (1) 46-49 janv./mars '75; 26: (2) 80-82 avr./juin '75.

GAUTHIER, Rosario, co-comp.
voir sous:

BERGERON, Daniel, Lise Brosseau et Rosario Gauthier, comp. Mariages de la paroisse Notre-Dame de Montréal, 1642-1850 . . .

BERGERON, Roger et Jean Bergeron, comp. Répertoire des mariages de la paroisse de La Présentation de Repentigny . . .

_____. Répertoire des mariages de la paroisse de La Visitation du Sault au Récollet . . .

_____. Répertoire des mariages de la paroisse St-Louis de Terrebonne . . .

_____. Répertoire des mariages de la paroisse de St-Martin de l'Île-Jésus . . .

_____. Répertoire des mariages de la paroisse St-Vincent-de-Paul de l'Île-Jésus . . .

_____. Répertoire des mariages des paroisses de Ste-Dorothée . . . et St-Elzéar de Laval . . .

_____. Répertoire des mariages de la paroisse de Ste-Rose sur l'Île-Jésus . . .

RIVEST, Lucien, c.s.v. et Rosario Gauthier, comp. Répertoire des mariages de la paroisse de La Présentation de Repentigny, 1669-1970 . . .

_____. Mariages du comté des Deux-Montagnes . . .

GAUTHIER, Rosario, Jean BERGERON, Daniel BERGERON et Denise S. BERGERON, comp. Mariages de la paroisse de St-Joachim de Pointe-Claire, 1713-1974. Montréal, Éd. Bergeron et Fils, enr., 1976. 187 p. (Publication no 27).

GAUTHIER, Rosario, José C. LIMOGES, comp. Mariages de Sainte-Thérèse de Blainville, 1789-1975. Montréal, Éd. Bergeron, 1977. 319 p. (Publication no 35).

Polycopié.

GAUTHIER, Rosario et Maurice LEGAULT, comp. Mariages de la paroisse Saint-Laurent, Montréal, 1720-1974, relevé par Rosario Gauthier et Maurice Legault. Montréal, Éd. Bergeron, 1976. 330 p. (Publication no 32).

Polycopié.

GAUTHIER, Rosario, Maurice LEGAULT et Pierre VAILLANCOURT, comp. Mariages de la paroisse Ste-Geneviève de Pierrefonds, 1741-1972; de l'Île Bizard, 1843-1972. Montréal, Éd. Bergeron & Fils, 1975. 269 p. (Publication no 19).

Polycopié (sur trois colonnes).
Titre de couv.: Mariages de la paroisse Ste-Geneviève de Pierrefonds, 1741-1972; de l'Île-Bizard, 1843-1972.

GAUVIN, André Albert, ptre. De Lorette à Rimouski, via Rivière-Ouelle; une lignée de migrateurs.

Dans: S.G.C.F. Mém. 3: 200-203 '49.
"Ce travail pourra servir à corriger, préciser et compléter ce qu'on trouve sur les Gauvin dans les volumes suivants: C. Tanguay, _Dictionnaire généalogique;_ A. Michaud, _Généalogies des familles de la Rivière-Ouelle;_ C.A. Carbonneau, _Tableau des mariages . . . de Rimouski.''_
Tableau généalogique de 7 générations.

_____. Jean Gauvin.

Dans: S.G.C.F. Mém. 4: 209-216 '51.

_____. Quelques notes sur les Gauvin.

Dans: S.G.C.F. Mém. 4: 176-178 '51.
Corrections et complément au "Dictionnaire généalogique" du chan. C. Tanguay et au "Tableau généalogique des mariages . . . de Rimouski," par Mgr C.A. Carbonneau.

_____. Recherches généalogiques.

Dans: S.G.C.F. Mém. 4: 129-135 '50.
Causerie donnée au Club Richelieu de Rimouski le 15 mars 1951.

GAUVIN, André Albert, ptre, co-aut.
voir aussi sous:
GAUVIN, Dominique et André Albert Gauvin, ptre. Album-souvenir . . .

GAUVIN, Dominique. Comment se découvre un lien de parenté.

Dans: L'Ancêtre 1: (6) 199 fév. '75.

_____. Histoire d'un Denys qui devient Gauvin.

Dans: L'Ancêtre 4: (2) 40-42 oct. '77.

GAUVIN, Dominique et André Albert GAUVIN, ptre. Album-souvenir. Fêtes du tricentenaire des Gauvin d'Amérique célébrées à l'Ancienne-Lorette et à Québec, les 31 juillet et 1er août 1965. Québec, Association des Gauvin d'Amérique, 1965. 120 p.

GAUVIN, G.E. Notes sur les Gauvin des Maritimes.

Dans: Soc. hist. acad. Cahier. 5: (6) 41-42 oct./déc. '74.

GAUVREAU, C.H. Gauvreau, famille. "Notes pour servir à la généalogie Gauvreau . . ." Québec, 1939.

Source: C.C.Ms. p. 456.
Ms. Originaux. 1 1/2 pouces. 1939-1959.
Archives publiques du Canada, Ottawa, Ont.

GAUVREAU, Robert. Une lignée difficile: Marien.

> *Dans:* S.G.C.F. Mém. 5: 109 '52.
> Famille issue de Joseph Huet dit Duluth et Dulude et Catherine Chiquot.

GAZETEER of Canada; Canadian Board of Geographical Names, vol. 1, 1952- . Ottawa, Queen's Printer.

GÉLINAS, Jean-Paul. Institut généalogique de Portneuf.

> *Dans:* S.G.C.F. Mém. 15: (2) 73-75 avr./juin '64.
> Description de quelques armoiries des comtés de Portneuf, Beauce et environs.

____. Institut généalogique du comté de Portneuf.

> *Dans:* S.G.C.F. Mém. 17: (3) 140-143 juil./sept. '66.

GÉLINAS, Vénant. Au berceau de l'ancêtre des Gélinas.

> *Dans:* Le Nouvelliste, 4 nov. 1976.
> "Annotation par Raymond Gingras à la fin de l'article prouvant que les familles Gélineau venues de France sont devenues Gélinas."

GELLNER, J. The Czechs and the Slovaks in Canada. Toronto, 1968. 268 p.

GEMMILL, John Alexander. The Ogilvies of Montreal with a genealogical account of the descendants of their grandfather, Archibald Ogilvie. Montreal, Gazette Pr. Co., 1904. 5, 1, 3-98 p.

> Prefatory remarks signed J.A.G.

GEMMILL family, Ont. Various documents relating to John Raeside Gemmill (1808-1891) and to his family and descendants . . . 1808-1949.

> *Source:* U.L.Ms. p. 457.
> Ms. Original. 4 inches.
> Public Archives of Canada, Ottawa, Ont.

GENDRON, J. Frédéric. Nicolas Gendron et ses descendants. Montréal, (1955-56). 3 vols.

> Titre de couverture.
> Titre de dos: Les familles Gendron/The Gendron families.
> Texte bilingue/Bilingual text.

GENDRON, Pierre-S., ptre. La Famille de Nicolas Gendron; dictionnaire généalogique. St-Hyacinthe, Séminaire de St-Hyacinthe, 1929. 16, 566 p.

GENDRON, Pierre, co-aut.
voir sous:

> BLANCHETTE, Jean-François et Pierre Gendron. Val-Jalbert et son histoire . . .

GENEALOGICAL chart of the descendants of John Vallentyne and Isabella Thompson Vallentyne, 1832-1932. [n.p.], (193-?). 28 p.

> Cover title.

GENEALOGICAL charts and notes relating to the Porter and allied families, 1840-1973 . . .

> *Source:* U.L.Ms. p. 993.
> Ms. Transcripts. 3 p. Photocopies. 1/2 inch. 1972/73.
> Public Archives of Canada, Ottawa, Ont.

GENEALOGICAL information and chart of the Anderson family.

> *Source:* U.L.Ms. p. 25.
> Public Archives of Canada, Ottawa, Ont.

GENEALOGICAL periodical annual index. Vol. 1, 1962- . Ed. by George E. Russell, Mitchellville, Md.

> ". . . Standard and authoritative topical and author index to genealogical literature appearing in over 150 American, Canadian and British journals." (Introd.)

GENEALOGICAL Society of the Church of Jesus Christ of Latter-Day Saints, Inc. Research papers. Salt Lake City, The Society, 1966- .

> Summary: A: Great Britain, no. 1-52 (1966-73); -B: North America, no. 1-3 (1967-73); -C: Germanic-Slavic no. 1-23 (1967-73); -D: Scandinavia, no. 1-15 (1967-71); -E: Pacific, no. 1-3 (1967-68); -F: General, no. 1-3 (1968-69), no. 2, rev. 1973; -G: Romance Europe, no. 1-2 (1968-69); -H: Central and South America, no. 1-3 (1970-71); -J: Japan, no. 1 (1973).
> Charts and tables are magnificently compiled and produced; maps (some in colour) are perfect in each publication.

GÉNÉALOGIE.

> *Dans:* Histoire . . . au pays de Matane. 9: (1) 36-37 '73.

GÉNÉALOGIE Aucouturier devenue Couturier.

> *Dans:* Cahiers Gen-Histo. no 3, sept. '80.

GÉNÉALOGIE de la famille Bernard (notes diverses).

> Broché.
> Archives nationales du Québec, Québec, Qué.

GÉNÉALOGIE de la famille Brisson dit Blamont.

Dans: Outaouais généalogique. 2: (10) 115 déc. '80.
Tableau de 8 générations.

GÉNÉALOGIE de la famille de Gabriel Bilodeau de Lévis, 1654 à 1912. Ottawa, Ont., publ. et impr. par Arcadius Montminy. [s.d.] [s.p.]

"GÉNÉALOGIE de la famille de Vaudreuil". Livre contenant 55 et lxxiii pages in-folio, de matière imprimée qui paraît avoir été extraite d'un ouvrage plus considérable, probablement de l'ouvrage d'Hozier faisant connaître cette famille depuis le 10e siècle.

Le titre ci-haut est écrit à la plume.
Archives nationales du Québec, Québec, Qué.

GÉNÉALOGIE de la famille du docteur Rodolphe Tanguay.

Dans: Soc. hist. du Nouvel Ontario. Doc. hist. no. 8, p. 60-61.

GÉNÉALOGIE de la famille Jean Cazeau (branche aînée). 3 p.

Copie dactylographiée.
Archives nationales du Québec, Québec, Qué.

GÉNÉALOGIE de la famille Labbé. [s.l.n.d.] [s.p.]

Tableau de 10 générations.
Archives nationales du Québec, Québec, Qué.

GÉNÉALOGIE de la famille Rousseau. 8 générations. 5 p.

Copie dactylographiée.
Archives nationales du Québec, Québec, Qué.

GÉNÉALOGIE de Léopold L'Heureux. Québec, janv. 1977.

Notes diverses.
Tableaux généalogiques.
Archives nationales du Québec, Québec, Qué.

GÉNÉALOGIE de l'Hon. Sénateur le Dr Joseph Raoul Hurtubise.

Dans: Soc. hist. du Nouvel Ontario. Doc. hist. no 10, 1946, p. 42-43.

GÉNÉALOGIE de Louis-Philippe Lizotte, avocat de Rivière-du-Loup. 7 p.

Copie dactylographiée.
Archives nationales du Québec, Québec, Qué.

GÉNÉALOGIE de neuf générations et autres tableaux à la fin du volume sur plusieurs familles Garneau. [s.l.n.d.] [s.p.]

Archives nationales du Québec, Québec, Qué.

GÉNÉALOGIE de Raymond Bernier. Québec, 1971.

Broché.
Archives nationales du Québec, Québec, Qué.

GÉNÉALOGIE de Thodor Göebel; ancêtre de Joseph Keable . . . [s.l.n.d.]

Tableau généalogique plié.
Archives nationales du Québec, Québec, Qué.

GÉNÉALOGIE des ancêtres de Mgr Stéphane Côté.

Dans: Soc. hist. du Nouvel Ontario. Doc. hist. no 5, p. 61.

GÉNÉALOGIE des familles Allen (1776-1976). [s.l.], (1977?). [s.p.]

Copie dactylographiée.
L'ouvrage a pour but de retracer la lignée Allen depuis son arrivée au pays.
En ce qui a trait aux origines en Irlande, les données sont très restreintes.

GÉNÉALOGIE des familles Blanchard et Neveu . . . [s.l.], 1915. 55 p.

Polycopié.
Archives nationales du Québec, Québec, Qué.

GÉNÉALOGIE des familles Charette.

Dans: Soc. hist. du Nouvel Ontario. Doc. hist. no 5, p. 65-67.

GÉNÉALOGIE des familles Lafrance.

Dans: Soc. hist. du Nouvel Ontario. Doc. hist. no 5, p. 61-63.

GÉNÉALOGIE en ligne directe d'Arthur Lemerise ou Lemrise [s.l.], 1974. 2 p.

Polycopié.
English title: Genealogy: Lemrise family.
Archives nationales du Québec, Québec, Qué.

(La) GÉNÉALOGIE et la petite histoire de Pierre Tremblay et descendants en ligne directe à Joseph Ernest Tremblay à sa fille Janine, 1657-1952. [s.p.]

Recueillies par Maria T. Dufour à Bagotville en mai 1936.
Classifié en 1952 par Jeanne H. Duquet (Mme) à Québec.
Archives nationales du Québec, Québec, Qué.

GÉNÉALOGIE: Famille Pierre Tessier, 1660-1974, de La Rochelle, Aunis, France. [p.v.]

Polycopié.
Archives nationales du Québec, Québec, Qué.

GÉNÉALOGIE Lemire (Marsolais, Gonneville, Gaucher, Myre). Ébauche préparée pour le

congrès du 2 juillet 1944 à La Baie-du-Febvre. Baie-du-Febvre, 1944. ca. 280-320 p. 13 × 22 cm.

Présentation par le Frère Bérard.

(GÉNÉALOGIE) Pion dit Lafontaine [s.l.n.d.] [s.p.]

Polycopié.
Dressée à partir des formulaires "des Mormons".
Archives nationales du Québec, Québec, Qué.

GÉNÉALOGIE Robitaille.

Notes diverses et tableaux généalogiques.
Archives nationales du Québec, Québec, Qué.

GENEALOGIES of the Chesley and Ruggles families of Annapolis County, N.S. . . .

Source: U.L.Ms. p. 89.
Ms. Transcripts.
Public Archives of Nova Scotia, Halifax, N.S.

GENEALOGY of the Anderson family and an obituary of John Anderson, Sr. (1767-1857).

Source: U.L.Ms. p. 25.
Ms. Transcripts. 27 p. [n.d.]
Public Archives of Nova Scotia, Halifax, N.S.

GENERAL Francis Mackay (1700-1770), venu en Amérique en 1756, au Canada en 1760; ses déscendants.

Dans: S.G.C.F. Mém. 15: (4) 215-220 oct./déc. '64.

GENEST, Paul. Étude cytogénétique et généalogique.

Dans: S.G.C.F. Mém. 25: (4) 244-245 oct./déc. '74.

GENEST, Rosario. "Faits chronologiques du cadastre".

Dans: Bull. rech. hist. 64: 16-31 '59.

GEOFFROY, J. Hector. Famille Leprohon.

Dans: S.G.C.F. Mém. 24: (3) 170-183 juil./sept. '73; 25: (2) 108-117 avr./juin '74.

____. Nicolas Geoffroy et ses descendants.

Dans: S.G.C.F. Mém. 23: (3) juil./sept. '72; 23: (4) 195-206 oct./déc. '72.

GEOFFROY, Qué. Ces documents racontent l'histoire de quelques familles de Louiseville, de Maskinongé et d'Yamachiche . . .

Source: C.C.Ms. p. 458.
Ms. Originaux. 5 pouces.
Archives de l'Université du Québec, Trois-Rivières, Qué.

GEORGES, o.f.m. Cap. Les Demontigny.

Dans: Bull. rech. hist. 46: 155-156 '40.

____. Recensement et généalogie.

Dans: S.G.C.F. Mém. 2: 12-20 '46.

____. Recensement et généalogie acadienne.

Dans: S.G.C.F. Mém. 2: 76-87 '46.

____. Registres et recensements pour les généalogies acadiennes.

Dans: Soc. hist. acad. Cahier no 5, 24-32 '64.

GERMAN, John C.M., Ont. Correspondence regarding history of German family, 1934-1950; miscellaneous notes on the family, 1899-1938 . . . "History of the German Family", comp. by J.C.M. German, 1939.

Source: U.L.Ms. p. 459.
Ms. Original. 3 inches. 1939-1950.
Archives of Ontario, Toronto, Ont.

GERVAIS, Bernard, c.s.c. René Gervais and His Descendants or The Genealogy of Eugene Francis Gervais and His Brothers and Sisters. Bismarck, N.D., Conrad Pub., 1956. 105 p.

Cover title: "300 years of the Gervais-Roy clan".

GERVAIS, Émile, s.j. Un père défend ses enfants.

Dans: Soc. hist. du Nouvel Ontario. Doc. hist. no 19, p. 42-48.
Tiré de la revue: "Relations", nov. 1941.
Histoire de la naissance des jumelles Dionne et les complications judiciaires que la famille dût souffrir.

GERVAIS-LECLERC (Tableau généalogique en ligne directe de Josephine Gervais jusqu'au premier ancêtre canadien Jehan Gervaise, un pionnier établit (sic) à Montréal en 1653).

Dans: F.C.A.G.R. 4: (3) 177 Fall '72.

GESLIN, Lucien. La Famille Gagnon; le Perche, Québec, Sainte-Anne-de-Beaupé. Montréal, (Impr. St-Joseph), 1962. 28 p.

GIASSON, E. Gérard. Généalogie de la famille Giasson. (Québec?), 1955. 96 p.

Polycopié.
Archives nationales du Québec, Québec, Qué.

GIBSON, Elizabeth
see under:

Mc GILL University. Archives. Dawson family papers . . .

GIESINGER, Paul. History of the Giesinger (Gisinger) Kinship; a chronicle of migration

and colonization across more than seven centuries and four continents. Researched, ed. and pub. by Paul Giesinger. (Calgary), P. Giesinger, c1976. 248 p.

"For private circulation only."
Limited to Giesinger family members.

GIESS, Phillip, B.C. Marriage licence of Phillip Giess and Mary Whittaker.

Source: U.L.Ms. p. 462.
Ms. Original. 2 p. 1884.
Provincial Archives of British Columbia, Victoria, B.C.

GIGUÈRE, Georges Émile, s.j. La date du décès de Robert Giguère est enfin trouvée.

Dans: L'Ancêtre. 7: (6) 185-187 fév. '81.

_____. Robert Giguère, le Tourouvain, 1616-1711.

Dans: S.G.C.F. Mém. 30: (2) 83-108 avr./juin '79.

GILBERT, Geoffrey, comp. and ed. The Ancestry of Ezra Holton of Northfield, Mass., and Soperton, Ont., 1785-1824 . . . Victoria, B.C., Nov. 1953. ii, 158 p.

Genealogical chart (folded).
50 copies printed.
Includes 28 stories by Eva L. Moffatt.
"This volume is no. 6 of a series dealing with the ancestry of the author's New England great-great-grandparents."

_____. The Ancestors of Moses Haskell Gilbert of Vermont and Montreal, 1790-1843 . . . Victoria, B.C., Aug. 1954. ii, 144 p.

Genealogical charts (folded).
Includes 19 stories on maternal lines, by Eva L. Moffatt.
Summary: Part 1: The ancestry of his father Salomon Gilbert; -2. The Ancestry of his mother Thankful Haskell.
50 copies printed.

GILBERT, Geoffrey, co-aut.
see also under:

GILBERTS of New England . . . MOFFAT, Eva L. The Ancestry of William Forbes of Barre, Mass. and Montreal, Que., . . .

GILBERT, George Gordon, co-aut.
see under:

GILBERTS of New England . . .

GILBERT, J. Georges. Ancêtre de Pierre Gilbert, capitaine de navire.

Dans: S.G.C.F. Mém. 9: 25-42 '58.

_____. Les Familles Guilbert en Amérique du Nord. La Sarre, Qué., Bigue et Gilbert, (1949). 146 p.

_____. Gilbert Dupuis dit Gilbert en Nouvelle-Beauce (Canada).

Dans: S.G.C.F. Mém. 11: 32-46 '60.

_____. Programme souvenir du 3e centenaire de l'arrivée de Jean Gilbert au Canada, 6 du mois d'août à Ste-Anne-de-Beaupré, 1646-1946. Georges Gilbert, organisateur. [s.l.,s.n.], (1946?). 64 p.

Titre de couverture.

GILBERT PLAINS, Man. Biographical sketches of pioneers and their families who came to Gilbert Plains from 1883 to 1900.

Source: U.L.Ms. p. 462.
Ms. Microfilm. 80 feet. 1808-1961.
Provincial Archives of Manitoba, Winnipeg, Man.

GILBERTS of New England . . . Victoria, B.C., 1959. xv, 484 p.

Summary: Part 1: Descendants of John Gilbert of Dorchester, comp. by George Gordon Gilbert and Geoffrey Gilbert; -2. Descendants of Matthew Gilbert of New Haven, Humphrey Gilbert of Ipswich and William Gilbert of Boston, from the Gilbert family manuscript genealogy, by Homer W. Brainard and Clarence A. Torrey.
Ed. by Geoffrey Gilbert.

GILISSEN, Léon. Étude généalogique sur la famille Letardif, Le Tardif, Tardif. Québec, [s.d.] [s.p.]

Polycopié.
Archives nationales du Québec, Québec, Qué.

GILKINSON, William, Ont. Genealogical notes on the Gilkinson family and one page of extracts from Robert Gilkinson's diary.

Source: U.L.Ms. p. 462.
Ms. Original. 3 inches. 1831-1839.
University of Western Ontario Library, London, Ont.

GILL, Charles-Ignace. Notes additionnelles à l'histoire de la famille Gill. Montréal, Éd. Senécal, 1889. 30 p.

Faux-titre: "La Famille Gill".
Livre rare.
Dans la majeure partie des bibliothèques consultées, l'ouvrage est relié avec: "Notes historiques sur l'origine de la famille Gill de St-François-du-Lac et St-Thomas de Pierreville et histoire de ma propre famille," par Charles Gill.

____. Notes historiques sur l'origine de la famille Gill de Saint-François-du-Lac et Saint-Thomas de Pierreville et histoire de ma propre famille. Montréal, Éd. Senécal, 1887. 96 p.

> Faux-titre: "La Famille Gill".
> Dix pages manuscrites insérées dans le volume.
> Livre rare.
> Dans la majeure partie des bibliothèques consultées, l'ouvrage est relié avec: "Notes additionnelles à l'histoire de la famille Gill", par le même auteur.

____. Nouvelles notes sur l'histoire de la famille Gill. Montréal, Éd. Senécal, 1892. 19 p.

> Livre rare.
> Dans la majeure partie des bibliothèques consultées, l'ouvrage est relié avec les deux précédents.

GILLANDERS, William Lachlin, B.C. Marriage licence of W.L. Gillanders and Anna Woodward.

> *Source:* U.L.Ms. p. 463.
> Ms. Original. 2 p. 1876.
> Provincial Archives of British Columbia, Victoria, B.C.

GILLEN, Mollie (Woolnough). The Masseys: Founding Family. Toronto, Ryerson Press, c1965. 174 p.

GILLESPIE, Edith. The Gillespie Family. Flint, Mich., 1966. 90-1.

> Mimeographed.
> Connections with the Canadian branch of the Gillespie family.

GILMORE, John, B.C. Marriage licence of John Gilmore and Ellen Elizabeth Hawkins, 1868.

> *Source:* U.L.Ms. p. 464.
> Ms. Original. 1 p.
> Provincial Archives of British Columbia, Victoria, B.C.

GILMORE family, N.S. "The Gillmore saga", 1720-1960, by Sidvin Frank Tucker, Boston, 1960, containing a biography of Rev. George Gillmore (1720-1811) together with a genealogical record of his descendants through his daughters and sons — Rebecca Densmore, Samuel Hamilton, Sara Benet-Cummings, Jane Hunter and Smith and George Terry.

> *Source:* U.L.Ms. p. 464.
> Ms. Transcripts. 3 p. 1720-1960.
> Public Archives of Nova Scotia, Halifax, N.S.

GILPIN, F., N.S. . . . Genealogy of the Gilpin family.

> *Source:* U.L.Ms. p. 464.
> Ms. Original. 3 inches.
> Public Archives of Nova Scotia, Halifax, N.S.

GILPIN family, N.S. Genealogical chart.

> *Source:* U.L.Ms. p. 465.
> Ms. Original. [n.d.]
> Public Archives of Nova Scotia, Halifax, N.S.

____. A Genealogy of the Gilpin family of Kentmore . . .

> *Source:* U.L.Ms. p. 465.
> Ms. Original. 2 inches. 1783-1902.
> Public Archives of Nova Scotia, Halifax, N.S.

GILPPIN family, N.S. Genealogical chart.

> *Source:* U.L.Ms. p. 465.
> Ms. Original. 1 p. [n.d.]
> Public Archives of Nova Scotia, Halifax, N.S.

GILROY, Marion. Loyalists and Land Settlement in Nova Scotia. Pub. by authority of the Board of Trustees of the Public Archives of Nova Scotia, Halifax, King's Printer, 1937. 154 p. (Nova Scotia Public Archives. Publication no. 4).

> Thousands of settlers listed in a regional arrangement, giving acreage, location of land and sometimes status and former residence.

GINGRAS, Gabrielle. MacPherson (seigneuresses). (Île-aux-Grues).

> Polycopié.
> Archives nationales du Québec, Québec, Qué.

____. Répertoire des mariages et baptêmes et sépultures (Dasilva-dit-Portugais). Québec, [s.d.]. 125 (25) p.

> Polycopié.
> Archives nationales du Québec, Québec, Qué.

GINGRAS, Gabrielle, co-comp.
voir aussi sous:

> ROSS, J.O.E., Gabrielle Gingras et B. PONTBRIAND, comp. Mariages du comté de Québec . . .

GINGRAS, Raymond. À travers mes lectures et voyages.

> *Dans:* L'Ancêtre. 1: (3) 63-65 nov. '74.

____. Bibliographie et listes de passagers.

> Manuscrit.
> Archives nationales du Québec, Québec, Qué.

____. Bibliographie sommaire: Globensky . . . Québec, 1972. [s.p.]

Extrait en majeure partie d'une article publié dans les Mém. de la S.G.C.F. 22: (3) 156-161 '66 et du Bull. rech. hist. 38: (12) 705-707 déc. '32.

GINGRAS, Raymond. Bourassa; notes sommaires, biographies, références. (Bibliographie). [p.v.]

Polycopié.
Archives nationales du Québec, Québec, Qué.

_____. Ce que l'on trouve à la Section de Généalogie (ANQ), 1180, rue Berthelot, Québec.

Dans: L'Ancêtre. 1: (7) 213-218 mars '74.
Communication donnée à la réunion du 19 fév. 1975 de la Société de Généalogie de Québec et extraite d'une conférence intitulée "La Section de Généalogie aux ANQ et sa documentation" devant les membres de la Société généalogique canadienne-française à Montréal le 14 nov. 1973, ainsi que devant les membres de la Société généalogique des Cantons de l'Est à Sherbrooke le 12 nov. '74.
Inventaire de la collection: fichiers, fonds généalogiques, etc.

_____. Les Cinq premières générations de l'ancêtre Charles Gingras. Québec, R. Gingras, (1973). 41 feuillets.

Tirage limité à 50 exemplaires.
"Notes et références": f. 30-37.
Comprend un index.

_____. Consultation des vieillards et petite histoire.

Dans: S.G.C.F. Mém. 24: (4) 208-211 oct./déc. '73.

_____. Cyprien Tanguay, généalogiste, 1819-1912; principales dates, ascendance. Québec, Société canadienne de Généalogie, 1971. 11 feuillets.

Polycopié.

_____. . . . 4 p.

Polycopié.
Archives nationales du Québec, Québec, Qué.

_____. De la ville et de la région de Liège à Québec.

Dans: L'Ancêtre. 1: (5) 141 janv. '75.
Liste sommaire des Belges qui se sont mariés au Québec.

_____. La Famille Gingras, notules chronologiques, 1530-1975. (Québec), Association des familles Gingras, 1976. 121 f. (Publication no 1).

Polycopié.

_____. Généalogie en ligne directe de Monsieur Gérard Chartré, 2670, des Forges, Ste-Foy, Qué. Québec, 1970. [p.v.]

Copie dactylographiée.
Notes diverses dans un cahier à anneaux.
Archives nationales du Québec, Québec, Qué.

_____. Généalogie sommaire: notes généalogiques des familles Liret (Lirette); descendance de François Lairet, marié à Québec en 1669. (Québec), 1972. [s.p.]

Notes diverses.
Origine du nom: Hilarest ou Lairet.
Archives nationales du Québec, Québec, Qué.

_____. Généalogies des familles Gingras. (Villieu comté de Lévis, l'auteur), 1959. 54 p.

_____. Histoire locale et généalogie; quelques références et adresses. Québec, 1974. 10 p.

Polycopié.

_____. Les Irlandais s'intéressent à la généalogie.
Dans: L'Ancêtre. 1: (8) 266 avr. '75.

_____. Liste annotée de patronymes d'origine allemande au Québec et notes diverses. Québec, 1975. 133 p.

"La façon d'orthographier les noms de familles n'est pas stricte . . . aussi faut-il vérifier dans certains cas sous différentes graphies, car les renvois aux différentes variante pour un même nom n'ont pas été faits."
"Comprend une liste bibliographique et partiellement biographique des familles allemandes établies au Québec ainsi que quelques noms de familles originaires de la Lorraine, de l'Alsace, provinces françaises limitrophes de l'Allemagne." (Intr.)
Polycopié.
Bibliographie: p. 129-131.

_____. Liste des répertoires de mariages de 1621 à 1973.

Polycopié.
La Section de Généalogie des Archives nationales du Québec à Québec possède un exemplaire de chacun.

_____. Liste d'héraldique. 30 p.

Manuscrit.
Liste la plus complète à nos jours.
Archives nationales du Québec, Québec, Qué.

_____. Livret de famille (à remplir) intitulé: "Généalogie de . . . (8" × 11")." 18 p.

Modèle pour une généalogie personnelle.
Comprend: cartes des anciennes provinces et

départements actuels de France; tableau en ligne directe; volets pour rédiger soi-même des notes biographiques: résidence, métiers, etc.; pages pour notes et photographies.

____. Mariages de Charny (Lévis), 1903-1974. Québec, Association des familles Gingras, 1975. xii, 120 (5) p.

Tirage limité à 100 exemplaires.
Polycopié.
Bibliographie: p. vi.
Distribution restreinte.

____. Mariages de St-Louis de Pintendre (Lévis).

5 années seulement compilées à date (1899-1906).
En préparation.

____. Mariages de St-Rédempteur, 1920-1962. Québec, [s.éd.], 1970. [s.p.]

Polycopié.

____. Les Mariages de Sainte-Hélène de Breakeyville, comté de Lévis, 1909 à 1961. Québec, 1965.

Polycopié.

____. Mariages de Sainte-Jeanne-d'Arc, comté de Lévis, 1927-1962. [s.l.n.éd.], (1965). 24 p.

Polycopié.

____. Mariages de Villeroy, comté de Lotbinière, 1907-1963. [s.l., s.éd., n.d.] 20 p.

Polycopié.

____. Mélanges généalogiques. Cahier no 1. (Québec), R. Gingras, 1975-   .

Polycopié.
Ces cahiers contiennent des notes les plus diverses d'intérêt généalogique: relevés, listes, références bibliographiques, extraits, nouvelles, fragments biographiques, etc. Ces cahiers se veulent un complément aux rares périodiques sur la généalogie québécoise.
Les cahiers no 1 et 5 sont épuisés.

____. Michaud: bibliographie sommaire. Québec, août 1969. 2 p.

Polycopié.
Archives nationales du Québec, Québec, Qué.

____. Msgr. Cyprien Tanguay genealogy.
In: F.C.A.G.R. 3: (4) 215-219 Winter '71.
10 generations.

____. Notes généalogiques sur la famille Auclair. 2 p.

Copie dactylographiée et cartonnée.
Compilation provisoire.
Archives nationales du Québec, Québec, Qué.

____. Notes généalogiques sur les familles Bacon . . . (Québec, 1971). [s.p.]

Notes diverses sur la famille: coupures de journaux, articles de revues, tableaux généalogiques, notes.
Archives nationales du Québec, Québec, Qué.

____. Notes sommaires pour servir au généalogiste des familles Garon. Québec, avr. 1971. [s.p.]

Polycopié.
Archives nationales du Québec, Québec, Qué.

____. Précis du généalogiste amateur. (Préf. de Roland J. Auger . . .). Québec, R. Gingras, 1973. 40 p.

Bibliographie: p. 31-32.
". . . indique les sources à consulter, fournit différents tableaux généalogiques ascendant ou descendant et donne un exemple d'une généalogie bien faite . . ."
Recension complète de cet ouvrage dans:
Augustan Book 6, (Augustan Society, Inc., Michigan), p. 877-878.

____. Quelques Francos au Connecticut . . . Québec, 1976.

Polycopié.
Tiré à 50 exemplaires.
"Notes, références et index des nécrologies parus dans des journaux de 1963-1975."
Une contribution à l'occasion du bicentenaire de la Déclaration de l'Indépendance des É.-U. présentée au Bicentennial Conference on American Genealogy and Family History, 7-14 août 1976, Cleveland, Ohio, É.-U.

____. Recensements de la paroisse Saint-Nicolas, 1825 et 1831. (Québec), 1973. 67 p.

Bibliographie: p. 2.
Polycopié.
Tiré à 50 exemplaires.

____. Répertoire des mariages de Saint-Félix-du-Cap-Rouge, 1862-1962. Québec, Société canadienne de Généalogie, 1964. 52 p. (Contribution no 9).

Polycopié.
Bibliographie: p. 52.

____. Tableau généalogique (titre d'ascendance).

Feuille en couleur 8" × 14" pour une généalogie simplifié en ligne directe.
Place pour les noms, résidences, dates et lieux de mariage. 11 générations.

____. Tableau généalogique semi-circulaire.

"Un document passionnant à établir par vous-même. Vous pouvez y réunir 10 générations de votre ascendance paternelle et maternelle, soit

511 couples, 1022 personnes. Ce tableau est numéroté selon la méthode Stradonitz. Les hommes portent toujours le nombre pair et les femmes le numéro impair . . ." (l'auteur). Format: 24" × 35".

GINGRAS, Raymond. Tableaux généalogiques sommaires. (Québec), 1977. [s.p.]

Sommaire: no 1: Vallière-Martineau, Gingras, p. 1-2, 8; -2. Ascendance du sculpteur Lauréat Vallière, St-Romuald d'Etchemin (Lévis), p. 4; -3. Coupures de presse, p. 5-6; Tableau généalogique de la famille Gingras, à la fin du volume.

————. Une Famille Fournier à Sainte-Croix-de-Lotbinière vers 1819.

Dans: L'Ancêtre. 6: (8) 230 avr. '80.

GINGRAS, Raymond, co-comp.
voir aussi sous:

PONTBRIAND, Benoit et Raymond Gingras, comp. Mariages de St-Nicolas . . .
————. Mariages de St-Sylvestre . . . St-Gilles . . .
————. Mariages du comté de Portneuf.

GINGRAS, Robert Edmond, é.c. Bulletin des familles Gingras, no 1- . Québec.

————. Dictionnaire généalogique des familles Fiset. (Ste-Foy, l'auteur, 1964-74). 2 tomes en 4 vols. (927) p.

Le vol. 1 est aussi le premier de la série du Dictionnaire généalogique des familles Gingras. Dépouillement: v. 1: Dictionnaire généalogique des familles Gingras et Fiset, 1660 à 1960; -2. 1725-1925; -3, t. 2: 1880 à 1940. Le vol. 3, tome 1 n'existe pas. Polycopié. Tirage limité à 75 exemplaires.

————. Dictionnaire généalogique des familles Gingras. (Ste-Foy), 1964-73. 5 vols. (1213) p.

————. Étude sommaire des seigneurs de Rivière-du-Loup.

Dans: L'Ancêtre. 5: (3) 71-79 nov. '78.

————. Mariages de Giffard, Courville, St-Grégoire, Villeneuve (comté de Montmorency.) Québec, R.E. Gingras, (197?). 330 p.

Titre de couverture. Polycopié (sur plusieurs colonnes).

————. Mariages: Notre-Dame-de-l'Espérance de Giffard, 1962-1976. Ste-Foy, R.E. Gingras, 1977. 36 feuillets.

Polycopié. Distribution restreinte.

GINGRAS, Robert Edmont, é.c., comp. Répertoire des mariages de Beaupré (1927-1961) et de Boischatel (1925-1961), comté de Montmorency. (Ste-Marie, comté de Beauce), [s. éd.], 1962. 71 p.

Contribution no 3 de la Société canadienne de Généalogie, Section de Québec. Polycopié sur un seul côté des feuillets.

————. Répertoire des mariages de Saint-Ferréol, comté de Montmorency, 1806-1961. Québec, Société canadienne de Généalogie, Section de Québec, 1964. 128 p. (Contribution no 7).

Polycopié.

————. Répertoire des mariages de Saint-François-Xavier et Saint-Ludger de Rivière-du-Loup, 1905-1965. Québec, Société canadienne de généalogie, Section de Québec, 1966. 194 p. (Contribution no 21).

Polycopié.

————. Repértoire des mariages de Saint-Georges de Cacouna 1813-1966. Rivière-du-Loup, Société d'histoire et de généalogie de Rivière-du-Loup, 1967. 175 p. (Contribution no 2).

Polycopié.

————. Mariages de Saint-Grégoire, Giffard, St-Louis de Courville, St-Thomas de Villeneuve. Québec, (l'auteur).

Polycopié.

————. Répertoire des mariages de Saint-Joachim, comté de Montmorency, 1687-1963. Québec, Société canadienne de Généalogie, 1965. 166 p. (Contribution no 17).

Polycopié.

————. Répertoire des mariages de Saint-Patrice de Rivière-du-Loup, 1813-1966. Rivière-du-Loup, Société d'histoire et de généalogie de Rivière-du-Loup, 1967. 411 p. (Contribution no 1).

————. Tricentenaire des familles Fiset, 1664-1960. (Ville Ste-Marie, 1963). 112 p.

GIPPIN, Stewart. Gippin family, N.S. Genealogical information on the Gippin, Pierce and Pride families.

Source: U.L.Ms. p. 462. Ms. Transcripts. 23 p. [n.d.] Public Archives of Nova Scotia, Halifax, N.S.

GIRARD, Thérèse, co-aut.
voir sous:

BEAUDOIN, Marie-Louise et Thérèse Girard. Généalogie des Lacroix . . .

GIRARD, W. Hidola. Victor De Lamarre: quelques faits.

Dans: Saguenayensia 17: (1) 16-18 janv./fév. '75.

Deux paragraphes sur ses ascendants.

GIROUARD, Désiré. Album de famille Girouard. Ottawa, (1907?). 51 p.

Édition intime.

____. Famille Girouard. (Dorval, 1884). 23 p.

____. Famille Girouard en France.

Dans: Bull. rech. hist. 8: 289-300 '02.

____. La Famille Girouard en France. Lévis, 1902. 15 p.

____. Famille Rastel de Rocheblave.

Dans: Bull. rech. hist. 4: 357-359 1898.

GIROUX, Anna, r.j.m. Toussaint Giroux, 1663-1715.

Dans: S.G.C.F. Mém. 25: (1) 3-27 janv./mars '74.

Biographie de Toussaint Giroux, l'un des premiers censitaires de Robert Giffard à Beauport.

GIROUX, Barthelemy. Louis Bolduc, soldat du régiment de Carignan-Salières.

Dans: S.G.C.F. Mém. 17: (4) 245-254 oct./déc. '66.

En appendice: copie du contrat de mariage de Louis Bolduc et Isabelle Hubert, Ne Le Comte, le 8 août 1668.

GIROUX, Germain. Le Registre paroissial de Beauport.

Dans: L'Ancêtre. 5: (7) 197-202 mars '79.

GIROUX, T.E. Les Mariages à Beauport pour l'année 1818; essai de reconstitution d'actes civils.

Dans: S.G.C.F. Mém. 6: 124-135 '54.

GLADWIN family, N.S. Genealogical information on the Gladwin family, including some information on the Blair, Braden and Logan families.

Source: U.L.Ms. p. 467.
Ms. Original. 10 p.
Public Archives of Nova Scotia, Halifax, N.S.

GLENGARRY County, N.S. Saint Raphael's Catholic Church. Parish register, 1805-1831.

Source: U.L.Ms. p. 469.
Ms. Transcripts. 4 inches.
Public Archives of Canada, Ottawa, Ont.

GLITZ, W. Church genealogy records may identify disease-prone people.

In: Computers & People 26: 24-25 Mar. '77.
Source: B.P.I. Apr. '77.

GLOBENSKY, Yvon. Le Lieutenant colonel Globensky et la bataille de Chateauguay.

Dans: L'Ancêtre 5: (6) 163-169 fév. '79.

____. Quelques notes sur la famille Globensky.

Dans: L'Ancêtre 1: (4) 97-103 déc. '74.

GLOVER, R.S. Bristol and America; a history of the first settlers, 1654-1685. Bristol, 1931.

Referring to Newfoundland settlers.

GODARD family, N.S. . . . Genealogical record of the Godard family in Canada . . .

Source: U.L.Ms. p. 470.
Ms. Original.
Public Archives of Nova Scotia, Halifax, N.S.

GODBOUT, Archange, o.f.m. Ancêtre Bibaut.

Dans: Bull. rech. hist. 45: 182-184 '39.
Écrit sous le pseud. "Berneval".

____. L'Ancien état civil du Cap-de-la-Madeleine.

Dans: S.G.C.F. Mém. 10: 159-178 '59.

____. Anciennes provinces de France avec le nom de leur capitale, avec aussi le nom des départements actuels qu'elles ont formés.

Dans: S.G.C.F. Mém. 4: 65-72 '50.

____. Baillon.

Dans: S.G.C.F. Mém. 1: 37-40 '44.

____. Bergevin-Langevin.

Dans: S.G.C.F. Mém. 1: 120-121 '44.
"Plusieurs familles originaires de l'Anjou délaissèrent peu à peu leur patronyme pour adopter celui de Langevin; les descendants de Jean Bergevin-Langevin au Canada furent de ce nombre . . ." (L'auteur)
Suivi de 3 actes extraits des registres de St-Jacques d'Angers intéressant l'ascendance de Mgr Langevin, de l'Hon. Louis-Hector Langevin et du R.P. J.L. Bergevin, o.m.i.

____. Boulay.

Dans: S.G.C.F. Mém. 1: 34-37 '44.

____. Bourbeau.

Dans: S.G.C.F. Mém. 2: 169-174 '47.

____. Chiasson, Giasson.

Dans: S.G.C.F. Mém. 1: 173-177 '45.

____. Le Coin du chercheur.

Dans: S.G.C.F. Mém. 7: 122-128 '56.
Comprend un tableau généalogique des
"Ascendances de Jean Hébert et de Marguerite
Leprince . . ."

GODBOUT, Archange, o.f.m. Coiteux.

Dans: F.C.A.G.R. 1: (3) 191-196 Fall '68.
Étude sur les deux différentes branches des
familles Coiteux et correction d'une erreur dans
le "Dictionnaire Tanguay". Suivi de la
Généalogie descendante des Coitou-Coiteux par
Roland-J. Auger.

_____. Coppequesne.

Dans: S.G.C.F. Mém. 1: 129-132 '44.
Suivi des tableaux sur les familles alliées:
Tilette, Gaillard, etc.

_____. d'Aillebout.

Dans: S.G.C.F. Mém. 1: 231-240 '45.

_____. Damours.

Dans: S.G.C.F. Mém. 6: 114-123 '54.
Suivi des tableaux généalogiques des familles
alliées: Hennequin, Le Prévost, Lotin,
Aguenin.

_____. Daniel Leblanc.

Dans: S.G.C.F. Mém. 5: 4-9 '52.

_____. Daunet, Daunais.

Dans: S.G.C.F. Mém. 1: 178-184 '45.

_____. De Marle.

Dans: S.G.C.F. Mém. 1: 40-42 '44.

_____. d'Esquincourt.

Dans: S.G.C.F. Mém. 1: 135-137 '44.

_____. Les Deux Bélanger.

Dans: Bull. rech. hist. 44: 147-148 '38.
Écrit sous le pseud.: "Berneval".

_____. Dictionnaire généalogique acadien.

Source: C.C.Ms. p. 470.
Ms. Microfilm. 4 bobines.
Archives acadiennes, Moncton, N.-B.

_____. Émigration rocheloise en Nouvelle-France.
Québec, Centre canadien des recherches
généalogiques, 1971. 276 p.

Une étude généalogique complète de toutes les
familles qui ont quitté la ville de La Rochelle
ou ses environs pour le Canada au 17e et 18e
siècles.
Recension dans: F.C.A.G.R. 3: (4) 227-228
Winter '71, par Roger de La Massonais.
Bibliographie: p. xv-xvi.

_____. Études généalogiques.

Dans: Semaine d'histoire du Canada, 1925,
p. 242-251.
L'auteur décrit en termes clairs la manière de
dresser une généalogie.

_____. Exemplaire annoté du "Dictionnaire de
Cyprien Tanguay".

Manuscrit.
Archives nationales du Québec, Québec, Qué.

_____. Fabas-Galocheau.

Dans: S.G.F. Mém. 11: 55-56 '60.

_____. Famille Chiasson du Québec.

Dans: S.G.C.F. Mém. 7: 252-253 '56.

_____. Famille Chorel d'Orvilliers.

Dans: Bull. rech. hist. 44: 111-112 '38.
Écrit sous le pseud. "Berneval".

_____. Famille Hamel.

Dans: Bull. rech. hist. 39: 698 '33.

_____. Famille Lemay.

Dans: S.G.C.F. Mém. 12: 180-183, 199-205,
225-229, 235-239 '61.
Écrit sous le pseud. "Berdyl".

_____. Famille Rivard.

Dans: Bull. rech. hist. 40: 571-573 '34.
Écrit sous le pseud. "Berneval".

_____. La Famille Souard et ses alliées.

Dans: S.G.C.F. Mém. 3: 217-221 '49.

_____. Familles Coiteux.

Dans: S.G.C.F. Mém. 20: (4) 229-231 oct./déc.
'69.

_____. Les Familles souches de St-Grégoire de
Nicolet.

Dans: S.G.C.F. Mém. 9: 174-191 '58.
Les noms n'ont pas été indexés dans cette
édition.

_____. Familles Vacher-Lacerte.

Dans: S.G.C.F. Mém. 16: (1) 217-218 oct./déc.
'65.

_____. Familles venues de La Rochelle en
Canada.

Dans: Rapport des Archives nationales du
Québec. 48: 115-367 '70.
Travail posthume.
Présentation et notes additionnelles de
Roland-J. Auger.
Manuscript de l'auteur intitulé: "Familles
venues de La Rochelle au Canada" retrouvé
presque complet dans les manuscrits de l'auteur
et publié à l'occasion de son 10e anniversaire de
décès.

____. Foubert et Pelletier.

Dans: S.G.C.F. Mém. 8: 221-228 '57.
Suivi d'un appendice: p. 228.

____. Gabriel Samson.

Dans: S.G.C.F. Mém. 3: 86-93 '48.

____. Gagné.

Dans: S.G.C.F. Mém. 1: 111-115 '44.
Suivi de notes sur les familles alliées: Rouzée,
Le Barbier, Michel.
En appendice: Extraits de baptêmes.

____. Généalogie Cloutier.

Dans: S.G.C.F. Mém. 24: (2) 114-115 avr./juin
'73.

____. Généalogie de la famille Testard de
Montigny. Montréal, Éd. Beauchemin, 1942.
41 p.

Revisé par Aegidius Fauteux.

____. Gilles Trottier.

Dans: S.G.C.F. Mém. 4: 185-190 '51.

____. Hablain, Blin.

Dans: S.G.C.F. Mém. 1: 193-196 '45.

____. Hayot-Ayotte.

In: F.C.A.G.R. 4: (3) 171-176 Fall '72.
"The original manuscript of this article is the
property of the Archives nationales du
Québec." Translated by Mr. G.P. Hebert.
Also published in S.G.C.F. Mém. 8: 113-116
'57.

____. Hayot-Ayotte.

Dans: S.G.C.F. Mém. 8: 113-116 '57.

____. Jacob Marsan, sieur de l'Hommetrou.

Dans: S.G.C.F. Mém. 5: 231-234 '53.

____. Jacques Schenck, Shinck, Chinck,
Chinque.

Dans: S.G.C.F. Mém. 9: 110-112 '58.

____. Jean-Baptiste Boucher dit Barbel et
Catherine Gladus de Boucherville.

Dans: S.G.C.F. Mém. 9: 243-244 '58.

____. Jean-Baptiste Guillot dit Grandmaison.

Dans: S.G.C.F. Mém. 11: 53-55 '60.

____. Jean Dagna et Marguerite Vaillant, 1668.

Dans: S.G.C.F. Mém. 9: 56-58 '58.

____. Jean Daigle dit Lallemand.

Dans: S.G.C.F. Mém. 4: 11-18 '50.
Suivi d'un tableau généalogique de la "Lignée
directe descendante de Irenée Daigle".

____. Jean Doyon et sa famille.

Dans: S.G.C.F. Mém. 5: 203-222 '53.

____. Jean Gaudet.

Dans: S.G.C.F. Mém. 11: 50-53 '60.
Tableaux généalogiques des familles de Pierre
Gaudet, Antoine Benoit, Pétronille Bourgeois,
Jean-Baptiste Landry et Elisabeth Aucoin.

____. Jean Petit et Marie Carette.

Dans: S.G.C.F. Mém. 9: 233-238 '58.

GODBOUT, Archange, o.f.m. Juin-Jouin.

Dans: S.G.C.F. Mém. 15: (4) 234 oct./déc. '64.
Notule généalogique.

____. Lart, Allard, Alary.

Dans: S.G.C.F. Mém. 1: 127-128 '44.

GODBOUT, Archange, o.f.m. Laurent dit
Lortie.

Dans: S.G.C.F. Mém. 14: (4) 86 avr. '63.
Premier ancêtre canadien de cette famille est
Jean Laurent dit Lhorty.

____. Letendre.

Dans: S.G.C.F. Mém. 1: 187-191 '45.
Suivi de l'acte de sépulture de Pierre Letendre,
extrait des registres de Sorel.

____. Les Levasseur à Paris.

Dans: S.G.C.F. Mém. 3: 203-204 '49.
Tableau généalogique.

____. Les Levasseur, maître-menuisiers,
sculpteurs et statuaires. Avec un tableau
généalogique. Montréal, Éd. Fides, 1948.
50 p.

Titre de couverture.

____. Levrault.

Dans: S.G.C.F. Mém. 1: 43-48 '44.
Branche (Levrault) de la Maisonneuve.
Suivi de Aigron de LaMotte, famille de robe de
La Rochelle, alliée aux Levrault de la Maison-
neuve.

____. Malchelosse.

Dans: S.G.C.F. Mém. 1: 213-215 '45.

____. Manouvelli de Reville.

Dans: S.G.C.F. Mém. 1: 191-193 '45.
Famille de Paris, originaire d'Italie qui a une
descendance au Canada par l'alliance de Marie
Geneviève Manouvelli avec Jean Pelletier.

____. Marie Pinet de La Chesnaye.

Dans: S.G.C.F. Mém. 18: (3) 177 juil./sept.
'67.
"Femme de Pierre Masse".

____. Marin Dalleret.

Dans: S.G.C.F. Mém. 9: 106-109 '58.

GODBOUT, Archange, o.f.m. Marsolet.

Dans: S.G.C.F. Mém. 1: 116-120 '44.
Suivi des familles alliées: Le Barbier, Le Villain et Lefebvre.

____. Mathieu Choret.

Dans: S.G.C.F. Mém. 4: 183-185 '51.
Origine des familles Choret, Chauret, Chaurette, Charette.

____. Michel-Taillon.

Dans: S.G.C.F. Mém. 1: 200-201 '45.
Famille Taillon au Canada.

____. Les Morin en Acadie.

Dans: S.G.C.F. Mém. 1: 101-110 '44.

____. Morins of Acadia.

In: F.C.A.G.R. 1: (2) 127-142 Summer '68.
Followed by an article signed, Roland-J. Auger, entitled: "Descending genealogy"; a genealogical chart of the first generations of the family of Pierre Morin of Acadia.

GODBOUT, Archange, o.f.m. Nos ancêtres au 17e siècle; dictionnaire bio-bibliographique des familles canadiennes. Livraisons no 1-5, 1950-60.

Publié dans: Rapport de l'Archiviste de la Prov. de Qué. 1951/52.
Quelques rectifications et suppléments d'information à l'ouvrage dans: S.G.C.F. Mém. 6: 184-186 '54.
Nouv. éd. du premier volume du "Dictionnaire de Cyprien Tanguay."
Comprend les familles pionnières d'avant 1700 qui ont encore aujourd'hui des descendants.

____. Notes généalogiques: notices sur les familles Brisebois, Cauchy dit Lacouture, Dessureault, Giguère, Gautron dit Larochelle, Major, Meunier dit Lapierre, Robert dit Lafontaine.

Dans: S.G.C.F. Mém. 14: (5) 121-122 mai '63.

____. Notes généalogiques: courtes notes sur les familles Bélanger, Bussières, Châteauvert, Desroches, Samson, Taché, Thivierge, Meunier dit Lapierre.

Dans: S.G.C.F. Mém. 14: (11) 216ss nov. '63.

____. Notes généalogiques: courtes notices sur les familles Couture, Major, Perron, Durocher, Duteau de Grandpré, Gauthier.

Dans: S.G.C.F. Mém. 14: (12) 236-237 déc. '63.

____. Notes, références et fiches au sujet de la généalogie des familles canadiennes-françaises.

Source: C.C.Ms. p. 470.
Ms. Originaux. 30 pieds. 17e-19e siècles.
Archives nationales du Québec, Québec, Qué.

____. Notules généalogiques; (courtes notices sur les Racine, les Pratte, les Gratton, les Héon et les Laurent dit Lasonde).

Dans: S.G.C.F. Mém. 14: (2) 35ss fév. '63.

____. Olivier François Nadeau.

Dans: S.C.G.F. Mém. 6: 52 '54.
Corrections et complément à l'article publié dans les Mém. de la S.G.C.F. 4: 85 '52.

____. Origine des Cormier.

Dans: S.G.C.F. Mém. 4: 179-183 '51.

____. Origine des familles canadiennes-françaises; extrait de l'état civil français. 1ère série. Lille, Desclée de Brouwer, 1925. 262 p.

____. Les Ouellet en France.

Dans: S.G.C.F. Mém. 2: 237-238 '47.

____. Paradis.

Dans: S.G.C.F. Mém. 1: 30-33 '44.

____. Parents of Zacharie Cloutier.

In: F.C.A.G.R. 3: (4) 223ss Winter '71.
Genealogy of the Cloutier and Dupont families.

____. Les Passagers du Saint-André; la recrue de 1659. Montréal, Société généalogique canadienne-française, 1964. 163 p. (Publication no 5).

____. Passenger list of the ship Saint-Jehan and the Acadian origins.

In: F.C.A.G.R. 1: (1) 55-73 Spring '68.
The original manuscript is in the Archives nationales du Québec in Quebec.
Interesting notes on Isaac Pesselin de Champagne (Pesseley), of one Lefebvre family, and on the Martin, Trahan and Bugaré (Bidegaré) families.

____. Peloquin dit Crédit.

Dans: S.G.C.F. Mém. 16: (1) 270 janv./mars '65.
Sur François Péloquin, soldat de carrière, arrivé en Nouvelle-France en 1666 avec le dernier régiment de Carignan.

____. Permonté (Montay dit Lafleur, Pierre).

Dans: S.G.C.F. Mém. 9: 54-55 '58.

____. Pierre Blanchet, the Canadian ancestor.

In: F.C.A.G.R. 4: (3) 151-167 Fall '72.
The original manuscript is at the Archives nationales du Quebec, Genealogical Section.

____. Pierre Chenay du Breuil.

Dans: S.G.C.F. Mém. 6: 208-210 '55.
Ancêtre des familles Bourgoin de Lavaltrie.

____. Pierre Perrot.

Dans: S.G.C.F. Mém. 3: 39-45 '48.

____. Pinel.

Dans: S.G.C.F. Mém. 3: 183-191 '49.

____. Les pionniers de la région trifluvienne
(1ère série, 1634 à 1647). Trois-Rivières, Éd.
du Bien public, 1934. 82 p. (Pages trifluviennes, sér. A, no 14).

____. Poisson.

Dans: S.G.C.F. Mém. 8: 213-220 '57.

____. Poulin.

Dans: S.G.C.F. Mém. 15: (4) 231 oct./déc. '64.
Notule généalogique.

____. Le Premier Godbout au Canada.

Dans: Bull. rech. hist. 31: 95-96 '25.

____. Roanès, Royné, Roisnet.

Dans: S.G.C.F. Mém. 6: 51-52 '54.

____. Robert Gagnon.

Dans: S.G.C.F. Mém. 3: 175-182 '49.

____. Les Robineau de Bécancourt.

Dans: S.G.C.F. Mém. 4: 158-165 '51.
Suivi des familles alliées: Marteau, de Luez, de
Maugarny.

____. Le Rôle du Saint-Jean et les origines
acadiennes.

Dans: S.G.C.F. Mém. 1: 19-30 '44.

____. Roulois.

Dans: S.G.C.F. Mém. 4: 169-170 '51.

____. Savard.

Dans: S.G.C.F. Mém. 1: 255-258 '45.

____. Sébastien Brisson.

Dans: S.G.C.F. Mém. 10: 67-69 '59.

____. Simard.

Dans: S.G.C.F. Mém. 1: 246-255 '45.

____. Thomas Lee était-il d'origine anglaise?

Dans: Bull. rech. hist. 33: 352-353, 726-728 '27.
Écrit sous le pseud. "Berneval".

____. Les Trois soeurs Esmard.

Dans: S.G.C.F. Mém. 1: 197-200 '45.
Suivi de leur filiation.

____. Trottier.

Dans: S.G.C.F. Mém. 18: (3) 176
juil./sept. '67.

____. Urbain Tessier dit Lavigne.

Dans: S.G.C.F. Mém. 11: 6-21 '60.
Et dans: F.C.A.G.R. 1: (3) 174-190 Fall '68.

GODERICH, Ont. Maitland Cemetery. Burial
register, 1866-1957.

Source: U.L.Ms. p. 470.
Ms. Microfilm. 1 reel.
University of Western Ontario Library,
London, Ont.

GODIN, Jean. Ancêtre Pierre Godin.

Dans: S.G.C.F. Mém. 17: (1) 11-18 janv./mars
'66.

GODIN, Pierre Albert, comp. Familles de
Saint-Charles-sur-Richelieu (comté de St-
Hyacinthe) de 1741 à 1943 inclus. Comp. par
Pierre Albert Godin d'après les actes des
registres de catholicité de cette paroisse con-
servés au Palais de Justice de St-Hyacinthe.
Classification et transcription par Jean
Rodolphe Borduas. St-Hyacinthe, (l'auteur),
1955. 624 p.

"Pierre Albert Godin, qui est décédé le 7 nov.
1953, n'a pu terminer la compilation des
registres et Jean Rodolphe Borduas a complété
le travail."
Seules les familles de 3 générations et plus ont
été indexées dans la présente édition.

GODREAU, Jean-Yves. Gaudreau - Gautreau -
Goudreau, un beau nom poitevin en Amérique.

Dans: L'Ancêtre. 2: (8) 231-252 avr. '79.

GOERTZEN, Peter. Goertzen. Edmonton, P.
Goertzen, 1976. 176 p.

On the Goertzen family.
Genealogical tables.
Bibliography: p. 176.

GOGUEN, Arcade, c.s.c. La Famille Goguen.
[s.l.n.d.] 46 p.

GOGUEN, Jean Bernard, co-aut.
voir sous:

BELLIVEAU, Hector L., ptre, et Jean Bernard
Goguen. Babineau . . .

GOLDSBOROUGH family, Que. Eleven con-
tracts of sale and marriage in the
Goldsborough family, 1632-1684.

Source: U.L.Ms. p. 472.
Ms. Original. 2 inches.
Archives nationales du Québec, Quebec, Que.

GONNE, Edythe M. and Grace W. WHITE,
comp. The Family tree of Stephen White,

one descendant of William White and Hannah Russell White, compiled by their granddaughters Edythe M. Gonne assisted by Grace W. White. (Detroit, Mich.), 1971. 75 leaves.

GOODFELLOW, Clara, John Clifton KELL, Mary Jane Campbell KELL and J.A.C. KELL. A tribute to our parents: John Clifton Kell, 1857-1917, and Mary Jane Campbell, 1855-1939. Stroud, Ont., C. Goodfellow; Owen Sound, Ont., J.A.C. Kell, 1977. 44 p.

> Source: Computerized data bank of the National Library of Canada, Ottawa, Ont.

(A) GOODLY heritage; the story of the James and Rachel (Jennett) Simpson family who once lived in the township of Innesfil, Simcoe County, Ontario, Canada. Ottawa, Heirs of History, 1974.

GOODWIN family, N.B. Genealogies of the Goodwin Chappell and Carey families, 1734-1971.

> Source: U.L.Ms. p. 473.
> Ms. Photocopies. 83 p. 1971.
> Public Archives of Canada, Ottawa, Ont.

GOPHER historian; junior historical magazine of Minnesota. Vol. 1, no. 1, 1943?- . St. Paul, Minn.

> Published three times during each school year: Fall, Winter, Spring.
> Many articles relating to Canadian genealogy and family histories.

GORDON, Elizabeth G. and George A. Neville. Old Methodist (Shillington) cemetery; a pioneer cemetery of Carleton County and pictorial history. (Ottawa), Ontario Genealogical Society, Ottawa Branch, (1974). 9,7,(2)p. (6) leaves of plates. "Off the 5th line of Goulbourn Township, east half lot 12, conc. V, Goulbourn Twp., map reference 278012." (Publication no. 74-16).

GORDON, Robert S., dir.
see under:
> UNION LIST of manuscripts in Canadian repositories . . .

GORDON family. "The Martells in Nova Scotia", by Alonzo Martell, 1942. Genealogy of the Martell family containing information on the Murrant, Fergusson, Hunton, Dillon, Dickson and other families.

> Source: U.L.Ms. p. 475.
> Ms. Microfilm. 1 reel.
> Public Archives of Nova Scotia, Halifax, N.S.

GORDON family, N.S. Copies of typescript entitled "Extracts from old family papers and memoranda" concerning the Gordon and related families: McDonald family, Sutherland family, Cameron family, McLeod family.

> Source: U.L.Ms. p. 475.
> Ms. Photocopies. 1778-1957.
> Public Archives of Canada, Ottawa, Ont.

____. A Genealogy by R.G. Graves, 1954; . . . A history of the Starr family of New England from Dr. Comfort Starr of Ashford, England who emigrated to Boston in 1635. Papers of the Spencers, a Loyalist family on the Mira River, Cape Breton. A short history of the Martells family. "The Martells in Nova Scotia" . . .

> Source: U.L.Ms. p. 475.
> Ms. Microfilm. 1 reel.
> Public Archives of Nova Scotia, Halifax, N.S.

GORE family, N.S. Descendants of Moses Gore who came from Groton, Connecticut to Cornwallis in 1760.

> Source: U.L.Ms. p. 475.
> Ms. Original. 1 p. [n.d.]
> Public Archives of Nova Scotia, Halifax, N.S.

GORHAM, R.P. Gorham family, Massachussetts and N.S. Notes on the Gorham family, compiled by R.P. Gorham, St. John, N.B. . . . 1759, 1772.

> Source: U.L.Ms. p. 475.
> Ms. Transcripts. Photocopies. 79 p.
> Public Archives of Nova Scotia, Halifax, N.S.

____. Kingston, N.B. . . . Included are: Notes on the "History and genealogy of the Gorham family" from 1639, by R.P. Gorham and "Notes on the Guides and Pionneers", by Jones Howe.

> Source: U.L.Ms. p. 651.
> Ms. Transcripts. 3 inches. 1639-1925.
> New Brunswick Museum, Saint John, N.B.

GORHAM family, Massachussets and N.S. Genealogy of the Gorham family, 1907-1927.

> Source: U.L.Ms. p. 475.
> Ms. Transcripts. 74 p.
> Public Archives of Nova Scotia, Halifax, N.S.

____. Pamphlets on Jabez Gorham of Plymouth, Mass. and his descendants and the Gorham family in Rhode Island . . . Some correspondance about the Genealogy of the family, 1898-1909.

Source: U.L.Ms. p. 475.
Ms. Original. 1 inch.
Public Archives of Nova Scotia, Halifax, N.S.

____. Pamphlets on the Gorham family of Rhode Island; documents, articles, letters on Gorham family . . .

Source: U.L.Ms. p. 475.
Ms. Original. 1 inch. [n.d.]
Public Archives of Nova Scotia, Halifax, N.S.

GORMICAN, T.J., ed.
see under:

FIFTY years of progress . . .

GOSNELL family, N.S. Some genealogical information on the Gosnell family, direct line of the Carney family, Yarmouth.

Source: U.L.Ms. p. 476.
Ms. Microfilm. 1 reel. [n.d.]
Public Archives of Nova Scotia, Halifax, N.S.

GOSSELIN, Amédée Edmond, mgr. À Chicoutimi et au Lac St-Jean à la fin du 18e siècle; notes d'un ancien registre.

Dans: Royal Soc. of Canada. Proceedings and transactions. Ser. 3, 11: (sect. 1) 113-115 '17/18.

____. Jean Joliet et ses enfants.

Dans: Soc. roy. du Canada. Mém. 3e sér. 14: sect. 1, 65-81 '16.

____. Les Petit ou Le Petit.

Dans: Bull. rech. hist. 37: 525-529 '31.

____. Notes sur la famille Coulon de Villiers. Lévis, 1906. 110 p.

Aussi publié dans: Bull. rech. hist. 12: 161-179, 193-218, 225-246, 257-279, 289-308 '06.
Notes bibliographiques au bas des pages.

GOSSELIN, Auguste Honoré. Vie de Mgr de Laval, premier évêque de Québec et apôtre du Canada, 1622-1708. Québec, Impr. Demers, 1890. 2 vols.

Tableau généalogique de la famille de Montmorency-Laval: vol. 2, p. 676-677. (2 feuillets pliés).

GOSSELIN, David, mgr. Dictionnaire généalogique des familles de Charlesbourg depuis la fondation de la paroisse jusqu'à nos jours. Québec, [s.n.], 1906. xli, 591 p.

____. Famille Campeau.

Dans: Bull. rech. hist. 19: 76-88 '13.

____. Figures d'hier et d'aujourd'hui à travers St-Laurent, Île d'Orléans. Québec, Impr. Franciscaine missionnaire, 1919. 3 vols.

Tableaux généalogiques de nombreuses familles de la paroisse.

____. Généalogie de la famille Gosselin. Québec, Marie-Antoine, 1901. 90 p.

____. Tableau généalogique de Guillemette Gosselin.

Dans: Bull. rech. hist. 31: 15-16 '25.

GOSSELIN, Dominique, ptre. Notes sur l'ancêtre Gabriel Touzin.

Dans: L'Ancêtre 7: (10) 309-311 juin '81.

____. Rivière-Ouelle; Notre-Dame de Liesse, 1672-1972.

Dans: S.G.C.F. Mém. 24: (1) 27-31 janv./mars '73.

GOSSELIN, F.-X. Inventaires sommaires des Archives judiciaires conservés au Palais de Justice de Chicoutimi.

Dans: Rapport des Arch. de la Prov. de Qué. 1921/22, p. 381-387.

GOSSELIN, Joseph. Généalogie des familles Pelletier et Pelletier-Roy. Tirée des renseignements fournis à M. Joseph-Antoine Pelletier, par M. l'abbé Joseph Gosselin, feu Rémi Pelletier et Jean Hudon. Québec, Bélisle, 1948. 81 p.

GOSSELIN, Laurent, m.s.c. Généalogie de Joseph Gosselin (1834-1916), époux de Martine Pelletier à partir de Gabriel Gosselin (1621-1697), premier venu au Canada, et descendants de Joseph Gosselin (1834-1916), (fils d'Antoine Gosselin et de Françoise Fortier) et de Martine Pelletier (1841-1914). Warwick, R.I., 1968. [s.p.] Armoiries en couleurs.

Corrections et additions et index des noms à la fin du volume.

GOUDGE family, N.S. Some genealogical information.

Source: U.L.Ms. p. 476.
Ms. Transcripts. 2 p. [n.d.]
Public Archives of Nova Scotia, Halifax, N.S.

GOUDREAU-COMEAU.

In: F.C.A.G.R. 3: (2) 124-125 Summer '71.
Notes on Anne Comeau, widow of Honoré
Gautreau.

GOUIN, Jacques. William Henry Scott et sa
descendance, 1799-1944. Hull, Qué., Soc.
historique de l'ouest du Québec, 1980. 69 p.

GOUIN family, Ont., Que. Genealogy of the
Detroit branch of the Gouin family,
1638-1909.

Source: U.L.Ms. p. 477.
Ms. Photocopies. 27 p.
Public Archives of Canada, Ottawa, Ont.

GOULD, C. Canadians in Britain examine the
roots of the family tree.

In: Saturday Night 59: 25 June 24 '44.
Source: Canadian Periodical Index.

GOULD family, N.S. Some genealogical information.

Source: U.L.Ms. p. 477.
Ms. Transcripts. 8 p.
Public Archives of Nova Scotia, Halifax, N.S.

GOULET, Joseph Napoléon. Audet-Lapointe,
St-Gervais, 1780-1972 incl. St-Gervais, 1973.
49 p.

Polycopié.
Travail compilé en 1973.
L'auteur présente "les baptêmes et mariages de
la famille Audet-Lapointe de la paroisse St-
Gervais de 1780 à 1972 incl." (Préf.)
Classé par ordre alphabétique des noms de
parents.
"À la fin de la brochure, le nécrologe de St-
Gervais, de St-Lazare, St-Nérée, St-Damien et
Buckland des familles Audet dit Lapointe."

_____. Berthier-sur-mer. Nécrologe, 1710-1977.
Annotations marginales, 1839-1928. Relevé et
comp. par J. Napoléon Goulet. Montréal,
Éd. Bergeron et Fils, 1979. N-51, A-39 p.

Travail compilé en nov. 1978.
Polycopié.

_____. Mariages et nécrologe d'Armagh, 1827-
1973, comté de Bellechasse et St-Gabriel de
la Durantaie, 1910-1973. Relevé et comp. par
Joseph Napoléon Goulet. Montréal, Éd.
Bergeron, 1975. 109 p. (S-1) à S-32; 27 p.
(S-1) à (S-9). (Publication no 20).

Polycopié.

_____. Mariages et nécrologe de N.-D.-Auxilia-
trice de Buckland, comté de Bellechasse,
1863-1974. Relevé et comp. par J. Napoléon

Goulet. Montréal, Éd. Bergeron et Fils,
1976. 1 vol. [p.v.] (Publication no 28).

Polycopié sur plusieurs colonnes.

_____. Mariages et nécrologe St-Camille, 1902-
1975, et Ste-Sabine, comté de Bellechasse,
1906-1975. Montréal, Éd. Bergeron, 1977.
114 p. (Publication no 37).

Polycopié.

_____. Mariages et nécrologe de St-Charles de
Bellechasse, 1749-1974. Montréal, Éd.
Bergeron et Fils, 1976. 260 p. (Publication
no 24).

Polycopié sur plusieurs colonnes.

_____. Mariages et nécrologie de St-Damien,
1882-1972, et Honfleur, 1903-1972, comté de
Bellechasse. Relevé et comp. par J. Napoléon
Goulet. Montréal, R. et J. Bergeron, 1974.
118 p.

Polycopié sur trois colonnes.

_____. Mariages et nécrologe de St-Gervais,
comté de Bellechasse, 1780-1973. Relevé et
comp. par J. Napoléon Goulet. Montréal, R.
et J. Bergeron, 1974. 236, 86 p. Répertoires
des mariages. (Publication no 18).

Polycopié sur trois colonnes.

_____. Mariages et nécrologie de St-Lazare,
comté de Bellechasse, 1849-1970. Montréal,
R. et J. Bergeron, 1974. 89, 36 p. (Publication no 14).

Polycopié sur trois colonnes.

_____. Mariages et nécrologie de St-Magloire,
comté de Bellechasse, 1872-1975. Relevé et
comp. par J. Napoléon Goulet. Montréal,
Éd. Bergeron, 1976. 80, 21 p. (1) feuillet de
planches. (Publication no 31).

Polycopié.

_____. Mariages et nécrologe de St-Nérée, comté
de Bellechasse, 1883-1971. Relevé et comp.
par J. Napoléon Goulet. Montréal, R. et J.
Bergeron, 1973. 61, 20 p. (Publication no
12).

Tirage limité à 100 exemplaires.
Polycopié.

_____. Mariages et nécrologie de St-Philémon,
comté de Bellechasse, 1886-1975. Relevé,
compilé: J. Napoléon Goulet. Montréal, Éd.
Bergeron, 1976. 44, 19 p. (1) feuillet de
planches. (Publication no 29).

Polycopié.

____. Mariages et nécrologe de la paroisse St-Raphael, comté de Bellechasse, 1851-1974. Relevé et compilé par Joseph Napoléon Goulet. Montréal, Éd. Bergeron et fils, 1975. 10, 138 (S-1) à S-58; p. (Publication no 22).
Polycopié.

____. Mariages, nécrologe et annotations marginales de Ste-Anne-de-la-Pointe-au-Père (Dioc. de Rimouski), 1882-1976. Relevé et compilé par J. Napoléon Goulet. Montréal, Éd. Bergeron, 1977. 30, 22, 12 p. (Publication no 42).
Polycopié.
"Classification par les femmes": p. 27-30.

____. Nécrologe de St-Anselme, Dorchester, 1830-1976. Relevé et compilé par J. Napoléon Goulet. Montréal, Éd. Bergeron & Fils, 1978. S-63 p. (Publication no 46).
Polycopié.

____. Nécrologe [de] St-François-de-Sales, co. Montmagny, 1740-1974. Relevé et compilé par J.-Napoléon Goulet. Montréal, Éd. Bergeron, 1977. 60 p. (Publication no 39).
Polycopié.

____. Nécrologe de St-Michel, comté de Bellechasse, 1733-1974. Relevé et compilé par J. Napoléon Goulet. Montréal, Éd. Bergeron, 1977. 80 p. (Publication no 40).
Polycopié.

____. Nécrologe de St-Paul, 1868-1974; Notre-Dame-du-Rosaire, 1889-1974; Ste-Euphémie, 1907-1974, comté de Montmagny, Relevé et compilé par Napoléon Goulet. Montréal, Éd. Bergeron et Fils, 1978. N-28(i), N-12(i); N-11p. (Publication no 47).
Polycopié.

____. Nécrologe de St-Pierre du Sud, comté de Montmagny, 1740-1974. Relevé et compilé par J. Napoléon Goulet. Montréal, Éd. Bergeron, 1977. 56 p. (Publication no 38).
Polycopié.

GOULET, Joseph Napoléon, co-comp.
voir aussi sous:
ST-PIERRE, Rosaire et J. Napoléon Goulet, comp. Mariages et nécrologe St-Camille . . .

GOULET, Louis. Some Kent patronymics.
In: Kent. Hist. Soc. Papers and addresses 5: (74)-91 '21.

GOUR, Romain F. Pierre Gour, 1652-1732; Alexis Gour, 1814-1892 et ses descendants. Notes généalogiques. Montréal, Impr. Modèle, 1936. 154 p.

GOURD, Benoit Beaudry-. Bibliographie de l'Abitibi-Témiscamingue. Rouyn, Université du Québec, Dir. des Études universitaires dans l'Ouest québecois (Nord-ouest), 1973.

GOURDE, Madeleine. Généalogie de la famille Gourde, 1744-1975.
Archives nationales du Québec, Québec, Qué.

GOURLAY family, Ont. . . . Genealogical . . . data
Source: U.L.Ms. p. 478.
Ms. Transcripts. 1 inch.
Archives of Ontario, Toronto, Ont.

GOW family, N.S. Some genealogical information.
Source: U.L.Ms. p. 478.
Ms. Transcripts. 2 p. [n.d.]
Public Archives of Nova Scotia, Halifax, N.S.

GOYAU-Goyeau family in Canada.
In: F.C.A.G.R. 4: (3) 191-192 Fall '72.

GOYETTE, Armand. Histoire généalogique et livre de famille des Goyette, 1659-1959. (St-Jean, Qué., Impr. Le Canada-français, 1960). 2 vols. en 3. 24 × 31 cm.
Tableau généalogique: vol. 3.
Texte en anglais et français.

GRAND cahier à anneaux contenant des tableaux généalogiques dressés à la main (polycopié) des familles Armand Gauthier-St-Germain, Pierre Gauthier, Louise Chiquot, Charlotte Quintal, Pierre Huot, Desanges Dubuc, Charlotte Provost, Joseph Quintin, Josette Brunel, Eustache Lambert, Angélique Gerbeau, Josephte Lacoste, Pierre Favreau, M. Anne Senécal, J.B. Savaria, Amable Pilet, Modeste Hayet, Charlotte Hébert, Louis Lussier, M. Louise Pilet, Jacques Borduas, M. Desanges Fugère, Catherine Cadieux, Angélique Mourand, Joseph Gauthier.
Archives nationales du Québec, Québec, Qué.

GRAND FALLS, N.B. Parish Church
(Anglican). Baptisms, 1882-1942; marriages,
1887-1935; burials, 1883-1941.

Source: U.L.Ms. p. 481.
Ms. Microfilm. 15 feet.
Provincial Archives of New Brunswick,
Fredericton, N.B.

GRAND MANAN, N.B. Grand Harbour and
Seal Cove United Baptist Church. Baptisms,
marriages and burials, Grand Harbour,
N.B., 1953-1970; baptisms, marriages and
burials, Seal Cove, N.B., 1953-1970 . . .

Source: U.L.Ms. p. 481.
Ms. Microfilm.
Provincial Archives of New Brunswick,
Fredericton, N.B.

GRAND MANAN, N.B. St. Paul's Church
(Anglican). Baptisms, marriages and burials,
1832-1962 . . .

Source: U.L.Ms. p. 481.
Ms. Microfilm.
Provincial Archives of New Brunswick,
Fredericton, N.B.

GRAND-PRÉ, N.-É. Saint-Charles-des-Mines,
paroisse (catholique). Registres des baptêmes,
1707-1749; des mariages et des sépultures,
1709-1748.

Source: C.C.Ms. p. 481.
Ms. Copie. 6 1/2 pouces.
Archives publiques du Canada, Ottawa, Ont.

____. Registres de paroisse, 1717-1748.

Source: C.C.Ms. p. 481.
Ms. Reproductions photographiques. 6 pouces.
Archives acadiennes, Moncton, N.-B.

GRANDE-ANSE, N.-B. Saint-Simon et Saint-
Jude, paroisse (catholique). Registres de la
paroisse, 1890-1920.

Source: C.C.Ms. p. 481.
Ms. Microfilm. 1 bobine.
Archives acadiennes, Moncton, N.-B.

GRANDE-DIGUE, N.-B. Notre-Dame-de-la-
Visitation, paroisse (catholique). Registre de
baptêmes, mariages et sépultures, 1800-1875.

Source: C.C.Ms. p. 481.
Ms. Copie. 3 pouces. Microfilm. 2 bobines.
Archives publiques du Canada, Ottawa, Ont.

____. Registres de la paroisse, 1800-1899.

Source: C.C.Ms. p. 481.
Ms. Reproductions photographiques. 1 pouce.
Archives acadiennes, Moncton, N.-B.

GRANGER, Lucien, co-comp.
voir sous:
JETTÉ, Irenée et Lucien Granger, comp.
Mariages de l'Acadie.

GRANT family, N.S. Chart of the family of
James and Robert Grant.

Source: U.L.Ms. p. 484.
Ms. Original. 8 p.
Public Archives of Nova Scotia, Halifax, N.S.

GRANVILLE, N.S. . . . Town register of
births, marriages and deaths, 1720-1868.

Source: U.L.Ms. p. 485.
Ms. Transcripts. 93 p.
Public Archives of Canada, Ottawa, Ont.

____. . . . Town register of births, marriages
and deaths, 1720-1881.

Source: U.L.Ms. p. 485.
Ms. Original. 2 inches.
Public Archives of Canada, Ottawa, Ont.

GRANVILLE, N.S. Granville Anglican Church.
. . . Registers of baptisms, 1790-1806,
1829-1918; . . . marriages, 1790-1801,
1814-1879; burials, 1828-1918, of All Saints,
Christ Church and Trinity Church in the
parish of Grenville . . .

Source: U.L.Ms. p. 485.
Ms. Photocopies. 8 inches.
Public Archives of Canada, Ottawa, Ont.

GRAVEL, Albert (mgr). À travers les archives:
St-Joseph de Ham-sud (paroisse centenaire).

Dans: L'Entraide généalogique 2: (1) 18-28
'79/80.

____. Pages d'histoire régionale. Cahier spécial:
les Guilbault dit Grandbois dans les Cantons
de l'Est. Généalogie et histoire. Sherbrooke,
1966. 23 p.

Recension dans: S.G.C.F. Mém. 20: (1) 61
janv./mars '69.

GRAVEL, Lucienne. Les Gravel; correspondance recueillie par Lucienne Gravel.
Montréal, Éd. du Boréal Express, 1979. 329
(5) p.

GRAVEL. Olivar. Histoire de St-Joseph-de-
Sorel et de Tracy, 1875-1975; livre-souvenir à
l'occasion du 100e anniversaire de St-Joseph
de Sorel. [s.l.], Impr. Louiseville, Impr.
Gagné, avr. 1980. 479 p.

"Quelques familles de St-Joseph de Sorel": les
descendants de Léandre Cournoyer: Annexe C:
p. 428-430.

"Les Descendants de Raphael Chevrier":
Annexe J: p. 439-442.
"Les descendants de Désiré Champagne":
Annexe N: p. 450-453.

GRAVEL, Pierre. Hommages à Joseph Massé
Gravel, 1641; le premier de ceux qui nous
ont légué une patrie, une histoire, un devoir
— ses fils reconnaissants. Québec, 1941.
32 p. Portraits en couleur.

Causerie prononcée au poste CHRC les 18 et 25
mai 1941.
Généalogie de la famille Gravel: p. 24.

GRAVELLE, Joseph E., ptre. À la défense du
généalogiste.

Dans: S.G.C.F. Mém. 1: 158-159 '45.

____. Familles de Pontiac d'origine française:
les familles Bertrand, fondatrices de Fort
Coulonge.

Dans: Le Réveil de Pontiac, 10 mai 1962.

GRAVELLE, Maurice. Ancêtres de la famille
Gravelle.

Dans: Soc. hist. du Nouvel Ontario. Doc. hist.
no 5, p. 47-54.

GRAVES, Ross Gordon, N.S. Notes on the
Higgins of Rawdon, Hants County, N.S.,
1786-1905.

Source: U.L.Ms. p. 483.
Ms. Original. 13 p.
Acadia University Archives, Wolfeville, N.S.

GRAY, Henry David . . . Analysis of a family
legend. (New York, 1939). 207-209 p.

Caption title.
Photostat copy of extract from the New York
Genealogical and Biographical Record, July
1939.
Metropolitan Toronto Public Library, Toronto,
Ont.

GRAY, Marilyn (Tone). And Now We Are
Many; history and genealogy of the
Brohman family. (Toronto, Hunter-Rose
Co., c1971). 181 p.

Limited edition of 500 copies.

GRAY, Ruth, Art. LACOMBE and Evelyn
Rustad. Miles to Minburn. [n.p.], 1977.

Source: Computerized data bank of the
National Library of Canada, Ottawa, Ont.

GRAY family, Ont. Genealogical charts of the
"Descendants of George Gray and Barbara
Mann".

Source: U.L.Ms. p. 487.
Ms. Photocopies. 9 p. [n.d.]
Public Archives of Canada, Ottawa, Ont.

GREAT BRITAIN, Army, Quebec. Garrison.
Registers of baptisms, marriages and burials
with index (but the years 1801-1816 inclusive
are missing), 1797-1826.

Source: U.L.Ms. p. 491.
Ms. Transcripts. 7 inches.
Public Archives of Canada, Ottawa, Ont.

GREEN, Ernest. A Little Study in Loyalist
Genealogy: "Thomsons in Perthshire".

In: Ontario Hist. Soc. Papers and records. 27:
392-399 '36.

____. A Little Study in Loyalist Genealogy:
"Thomsons in Perthshire".

In: Ontario History. 31: 114-134 '36.

____. Notes on the Empey (Impey) family of
Stormont.

In: Ontario Hist. Soc. Papers and records. 27:
392-399 '31.

____. Township no. 2, Mount Dorchester,
Stamford.

In: Ontario Hist. Soc. Papers and records 25:
248-338 '29

GREEN, Francis, N.S. Genealogical and biographical anecdotes of the Green family,
1806.

Source: U.L.Ms. p. 520.
Ms. Original. 25 pages. [n.d.]
Public Archives of Nova Scotia, Halifax, N.S.

____. Genealogical and biographical anecdotes,
prepared by Francis Green.

Source: U.L.Ms. p. 520.
Ms. Original. 1/2 inch.
Public Archives of Nova Scotia, Halifax, N.S.

GREEN family, Ont. Genealogical . . .
papers . . .

Source: U.L.Ms. p. 521.
Ms. Original.
University of Western Ontario Library,
London, Ont.

GREENE, Gordon Kay. Daniel Kent Greene,
his life and times, 1858-1921. Drawings by
Herbert B. Harker. (Edmonton, 1960). 151,
157 p.

Genealogical tables and coloured coats-of-arms.
Mimeographed.

GREENHILL, Basil. Westcountry men in Prince Edward's Isle. Toronto, 1967.

Source: BAXTER, A. In Search of Your Roots . . .

GREENSLET, Ferris. The Lowells and their seven worlds . . . Boston, Houghton, Mifflin Co., 1946. xi, 442 p.

GREENWICH and Westfield, N.B. Parish Church (Anglican). Baptisms, 1801-1853; marriages, 1801-1849; burials, 1822-1953.

Source: U.L.Ms. p. 522.
Ms. Microfilm.
Provincial Archives of New Brunswick, Fredericton, N.B.

GREENWOOD, Nellie, comp. Descendants of James and George Wellman in Canada and the United States, 1849-1970. Comp. by Nellie Greenwood and Ruth E. Reaman. (Ottawa, 1970). 39 p.

GREGG family, Ont. . . . Genealogy of the Gregg family.

Source: U.L.Ms. p. 522.
Ms. Microfilm.
Queen's University Archives, Kingston, Ont.

GRÉGOIRE, Jeanne. À la recherche de nos ancêtres; guide du généalogiste. Montréal, [s.n.], 1957. 95 p.

Bibliographie succincte intéressant l'onomastique: p. 94-95.

____. Beauséjour-Bellefontaine, deux noms immortalisés dans l'histoire de l'Acadie.

Dans: S.G.C.F. Mém. 6: 281-312 '55.

____. Le Dict. de Grégoire de Blois; du Val de Loire au Saint-Laurent. Montréal, Éd. Beauchemin, 1962. 94 p.

____. Épisode de la vie amoureuse de Vital Guérin dit Lafontaine, fondateur de la ville de St-Paul, Minnesota, É.-U.

Dans: S.G.C.F. Mém. 5: 234-240 '53.
Tableau généalogique: p. 239-240.

____. Étude sur les familles de Labat et Labatt; leurs origines françaises.

Dans: S.G.C.F. Mém. 20: (2) 80-95 avr./juin '69.

____. La Famille de John Smith.

Dans: S.G.C.F. Mém. 5: 35-36 '52.
Notice complémentaire à l'article de Roger-B. Gauthier paru dans: S.G.C.F. Mém. 4: 166ss '51.

____. Guide du généalogiste: À la recherche de nos ancêtres. Éd. rév., corr. et augm. Montréal, Guérin, 1974. 104 p.

Titre de la 1ère éd., 1957: À la recherche de nos ancêtres: guide du généalogiste.
Bibliographie: p. 97-99.

____. Nicolas Grégoire, pionnier de Laprairie.

Dans: S.G.C.F. Mém. 2: 239-242 '47.

____. L'Oeuvre généalogique de M. Jean-Rodolphe Borduas.

Dans: S.G.C.F. Mém. 6: 11-14 '54.

____. René Grégoire.

Dans: S.G.C.F. Mém. 5: 25-29 '52.

____. La Source et le filon; de l'ancêtre Pierre Paradis à la fondatrice des Petites Soeurs de la Sainte-Famille, Mère Léonie. Montréal, Éd. Beauchemin, 1961. 115 p. (5) feuillets de planches.

Notes bibliographiques au bas des pages.

____. Un seul notaire René Leblanc acadien.

Dans: S.G.C.F. Mém. 26: (2) 114-116 avr./juin '75.

____. Une des familles Giroux du Canada.

Dans: S.G.C.F. Mém. 3: 71-85 '48.

GREGORY, Winifred. American newspapers, 1821-36; a union list of files available in the United States and Canada. N.Y., 1937.

Alphabetical index to the titles arranged by Avis G. Clarke. Oxford, Mass., 1958.
Typescript at Library of Congress.

GRENIER, Aimé, ptre-curé. Charles Garnier (Sieur de Bois-Fontaine), ancêtre des Grenier de Beauport, venu au Canada en 1663, de Tournebu en Normandie. [n.p.], 1951. 184, 102 p.

Titre de la couv.: "Familles Grenier."

____. Dictionnaire généalogique des familles de Saint-Bernard, Dorchester, P.Q. depuis sa fondation le 1 octobre 1844 au 1 janvier 1924, soit: 5 533 baptêmes, 2 301 sépultures, 806 mariages. (Québec?), 1944. 187 p.

". . . Ce dictionnaire généalogique est le complément de 'l'Histoire de St-Bernard de Dorchester, P.Q. . . .' "
Erreurs dans l'ordre alphabétique des noms de familles.

GRENIER, Johanne. Généalogie de la famille Grenier. (Thetford Mines), 1974. 35 p.

Notes dactylographiées.
Archives nationales du Québec, Québec, Qué.

GRENIER, Louis-Philippe. Essai d'histoire sur les familles Larue.

Dans: L'Ancêtre. 7: (4) 99-116 déc. '80; (7) 195-211 mars '81.

____. Notes sur Jean-Baptiste Christophe d'Hastrel (un neuvillois a son nom gravé sur l'Arc de Triomphe à Paris).

Dans: L'Ancêtre. 4: (8) 289 avr. '78.
J.C. d'Hastrel, l'un des Canadiens qui a combattu dans l'armée de Napoléon 1er.

____. Notes sur Jean-Baptiste Christophe d'Hastrel. Additions et révisions.

Dans: L'Ancêtre. 5: (7) 203 mars '79.

GRENIER; notes diverses, cartes géographiques, "tableaux généalogiques", Grenier, Tournebu, Calvados, Normandie jusqu'à Félix Grenier, m. 6 juillet 1963 à Courville à Louise Cadrin.

Polycopié.
Archives nationales du Québec, Québec, Qué.

GRIFFIN, Appleton C. Bibliography of American Historical Societies in the United States and Dominion of Canada. 2nd rev. amended and enlarged. Repr. Detroit, Mich., Gale Research 1966.

Repr. of 1907 which was taken from vol. 2 of 1905: "Annual report of the American Historical Association". (Excellent list).

GRIFFIN, Harold. British Columbia; the people's early story. Vancouver, 1958.

GRIFFIN, Justus Alonzo. Ancestors and descendants of Richard Griffin of Smithville, Ont.; a pioneer family with a brief account of some related Griffin families in Canada. Hamilton, Ont., Griffin & Richmond Co., 1924. 168 p.

____. A Pioneer Family; ancestors and descendants of Richard Griffin of Smithville, Lincoln Co., Ont.

In: Wentworth Hist. Soc. Journal and Transactions. 9: 22-56 '20.
History of 8 generations.

GRIFFITHS, Naomi. The Acadians: Creation of a People. Toronto, 1973.

GRIGNON, Harvey. Les Vieilles familles de St-Eustache: la famille Grignon.

Bibliothèque. Société généalogique canadienne-française, Montréal, Qué.

GRIMARD, Wilfrid. Les Familles Grimard à travers l'Amérique; notes historiques et généalogiques. Trois-Rivières, Éd. du Bien public, 1979.

GRONDIN, Carmen, co-aut.
voir sous:

BEAUVILLIER, Lucie et Carmen Grondin. Église protestante de Trois-Rivières . . .

GRONDINES, Qué. Saint-Charles, paroisse (catholique). Registres de baptêmes, mariages et sépultures, 1755-1780.

Source: C.C.Ms. p. 526.
Ms. Microfilm. 1 bobine.
Archives acadiennes, Moncton, N.-B.

GROU, J.-Elphège, c.s.c. La Famille Grou et Cousineau au Canada, 1671-1909. [s.l.], Arbour et Dupont, 1909. 86 p.

GROVER, Frank H. Antoine Ouilmette; a resident of Chicago, A.D. 1790-1826. The first settler of Evanston and Wilmette (1826-1838) with a brief history of his family and the Ouilmette reservation. Evanston, Historical Society, 1908. 26 p. in-8°.

GRUBBE, Talbot Page. Grubbe family of Edinburgh, Scotland, and Canada, including genealogical data and historical narrative . . .

Source: U.L.Ms. p. 527.
Ms. Microfilm. 10 feet. 1783-1934.
Archives of Ontario, Toronto, Ont.

GUAY, famille, Qué. Actes notariés, papiers judiciaires, engagements et autres documents au sujet de la famille Guay.

Source: C.C.Ms. p. 528.
Ms. Originaux. 1 pouce. 1805-1883.
Archives nationales du Québec, Québec, Qué.

GUÉRIN family, Que. Genealogical chart of the Guérin family of Quebec along with facsimiles of baptism and marriage records of the same.

Source: U.L.Ms. p. 528.
Ms. Transcripts. 6 p. 1954.
Public Archives of Canada, Ottawa, Ont.

GUÉROULT, Grou, Groulx.

Dans: S.G.C.F. Mém. 1: 137-138 '44.
Cet article n'est pas signé, mais le R.P. A.

Godbout o.f.m., directeur de cette revue, en est probablement l'auteur.
Famille protestante établie à Rouen au 15e siècle d'où sont sortis les Groulx canadiens.

GUILLAUME Pépin et Jeanne Méchin.

Dans: F.C.A.G.R. 3: (3) 190-191 Fall '71.

GUILLET, Edward. The Great Migration. Toronto, 1963.

GUILLOT; notes diverses et plusieurs tableaux généalogiques.

Archives nationales du Québec, Québec, Qué.

GUILLOT DIT GRANDMAISON, Jean-Baptiste. Contrat de mariage entre Jean-Baptiste Guillot dit Grandmaison et Marguerite-Josephte Thibodot, Beauséjour, 1752.

Source: C.C.Ms. p. 530.
Ms. Originaux. 2 p. 1752.
Archives publiques du Canada, Ottawa, Ont.

GULLEN, Frederick Cecil, Ont. Family history, including facsimiles of documents, genealogical tables, 2 maps and illustrated materials . . .

Source: U.L.Ms. p. 530.
Ms. Original. 9 inches.
Victoria University Library (Victoria College, University of Toronto), Toronto, Ont.

GUNSOLUS family, B.C. Genealogical study including biographical notes, charts, photos and copies of various documents.

Source: U.L.Ms. p. 530.
Ms. Photocopies. 1 inch. 1972.
Public Archives of Canada, Ottawa, Ont.

GUYON, Louis Pierre Henri. Étude généalogique sur Jean Guyon et ses descendants. Montréal, Mercantile Pr., 1927. 135 p.

GUYON family.

In: F.C.A.G.R. 1: (1) 95-96 Spring '68.
Genealogical chart of Antoine Guyon dit Lemoine and Marguerite Loisel.

HAGUENIER.

Dans: S.G.C.F. Mém. 5: 241-242 '53.
Sources et documents sur la famille Haguenier dit Lafontaine, conservés aux Archives départementales de la Sarthe, fournis par Marc Gaucher.

HAIGHT, Canniff. A Genealogical narrative of the Daniel Haight family, by his grandson, Canniff Haight. Toronto, Rowsell & Hutchison, 1899. 1, 1, 71 p.

Title vignette (coat-of-arms in red).

HALE, Richard W., ed. Guide to photocopied historial materials in the United States and Canada. Ithaca, N.Y. Pub. for the American Historical Association by Cornell University, 1961. xxxiv, 241 p.

HALE family. Calendar (1829-1913) of Hale papers at McCord Museum, McGill University, Montreal. Montreal, McCord Museum, (19??). 75 leaves.

Bishop's University Library, Lennoxville, Que.

———. . . . Genealogical information, 1805-1823.

Source: U.L.Ms. p. 534.
Ms. Original.
University of Toronto Library, Toronto, Ont.

HALEY, Alex. Racines. Trad. de l'anglais par Maud Sissung. Paris, Alta, 1977. 476 p.

Original title: Roots.

HALIBURTON, T. History of Nova Scotia. Halifax, 1829.

Repr. ed., Belleville, Ont., 1973.

HALL, Robert Story, B.C. Marriage licence of Robert Hall and Mary Ann Mauery, 1899.

Source: U.L.Ms. p. 538.
Ms. Original. 2 p.
Provincial Archives of British Columbia, Victoria, B.C.

HALLIDAY, Clarence. The Aucorn Finlaysons in Canada. [s.l., s.n.], (1973). 32 leaves; (8) leaves of plates.

Genealogical tables (partly folded).

HAMEL, Adrien, f.m. Généalogie de la famille Hamel, 1656-1950. Iberville, Qué., Maison provinciale, 1975. 522 p.

———. Généalogie de la famille Hamel, 1656-1950. Iberville, Maison provinciale Frères maristes, 1978. 522 p.

———. Répertoire des mariages d'Iberville, 1823-1965. Relevé et compilé par le Frère Adrien Hamel. Impr. et publ. par F. Dominique Campagna. Cap-de-la-Madeleine, Qué., D. Campagna, (1967). 198 p.

HAMEL, Fred C. Ebenezer Allan in Canada.

In: Ontario Hist. Soc. Papers and records. 36: 83-93 '44.

HAMEL, Laurent, é.c. La Famille Hamel en Canada, 1656-1981 – 325e anniversaire.

Dans: S.G.C.F. Mém. 30: (4) 280-293 oct./déc. '79.

HAMEL, Maria. Un pionnier du VIe rang de
Saint-Élie: Joseph Hamel (1859-1915); ou
Histoire des débuts. Poèmes d'Alfred
DesRochers. (Sherbrooke), Comp. de la
Société généalogique des Cantons de l'Est.
[s.d.] 102 p.

Texte dactylographié.
"La Société . . . présente l'histoire de la famille
Hamel qui s'est implantée dans le 6e rang du
canton d'Orford à la fin du siècle dernier. . ."

HAMEL, Thomas E., co-aut.
voir sous:
FAMILLE Hamel . . .

HAMEL, famille, Ont., Qué. "Tableau généalogique de Joseph Antoine Hamel et de ses
auteurs", 1634-1907.

Source: C.C.Ms. p. 540.
Ms. Originaux. 1 p.
Archives publiques du Canada, Ottawa, Ont.

HAMELIN, Caroline (née Martin). La Généalogie de la famille Savoie (origine acadienne).
. . . Ste-Ursule, Qué., 28 fév. 1912. 63 p.

"Accompagnée de quelques courtes notions sur
la dispersion des Acadiens en 1758 et d'une très
gracieuse lettre du Rév. C.A.O. Savoie, ptre,
chan. et curé de Ste-Ursule, Qué. Ce travail lui
est . . . dédié ainsi qu'à mon cousin, le capitaine C.O. Savoie de Kankakee, Ill. . . ."

____. Mémorial des familles, divisé en trois
parties: Généalogie LeSage avec annexes
Hudon dit Beaulieu et Béland; Généalogie
Martin et Hamelin y compris l'historique de
chaque famille. Préf. de Messire J.F. Béland,
ptre. Introd. de "Colette": Mlle E. Lesage.
Montréal, 1910. 227 p.

Lettre de l'abbé L.M. Hamelin, c.s.v.
Documents et actes authentiques soigneusement
compilés et recensés par Caroline Hamelin.

HAMELIN, Julien, s.c., comp. Casselman,
1957-1973, comté de Russell, Ont.

Source: Mém. de la S.G.C.F.

____. Hawkesbury: St-Alphonse, 1957-73;
St-Jude, 1960-73; Ascension, 1957-73;
St-Dominique, 1964-73.

Toutes ces paroisses sont situées dans le comté
de Prescott, Ontario.
Source: S.G.C.F. Mém.

____. Limoges, 1897-1973, comté de Russell,
Ont.

Source: S.G.C.F. Mém.

____. L'Orignal, 1960-1973 (comté de Prescott,
Ont.).

Source: S.G.C.F. Mém.

____. Plantagenet, 1931-39, 1970-72, (comté de
Prescott, Ont.).

Source: S.G.C.F. Mém.

____. St-Bernadin, 1912-1973 (comté de
Prescott, Ont.).

Source: S.G.C.F. Mém.

____. St-Isidore, 1962-1973 (comté de Prescott,
Ont.).

Source: S.G.C.F. Mém.

____. Répertoire des mariages du comté de
Prescott (Ont.) . . . Relevé par Julien
Hamelin, s.c.; compilé par F. Hubert Houle,
s.c. Ottawa, Centre de Généalogie S.C.,
janv.-juin 1978. 3 vols.

"Treadwell" . . . quelques familles . . .
ajoutées à titre de suppléments: à la fin du
volume. 8 p.
Plusieurs erreurs d'ordre alphabétique surtout
aux vols. 2 et 3.

____. Répertoire des mariages du comté de
Russell, Ont. . . . 1858-1972. Relevé par F.
Julien Hamelin, s.c. Compilation et éditions
par F. Charles Fournier et Hubert Houle,
s.c. Ottawa, Centre de Généalogie S.C., (6
déc. 1978). 470 p.

"Présentation": p. 2-4.

HAMILTON, Charles. Corrections au Dictionnaire généalogique de Mgr C.A. Carbonneau.
Dans: S.G.C.F. Mém. 16: (2) 106 avr./juin '65.

HAMILTON, Daniel Eaton, N.S. Obituary
and vital statistics concerning his family.

Source: U.L.Ms. p. 541.
Ms. Original. 3 p. [n.d.]
Public Archives of Nova Scotia, Halifax, N.S.

HAMILTON, Gavin, B.C. . . . Genealogical
note on the family of Archibald McKinlay
and the wife and son of Peter Skene Ogden,
1853-1909.

Source: U.L.Ms. p. 541.
Ms. Original.
Public Archives of Canada, Ottawa, Ont.

HAMILTON, Peter Stevens (Pierce Stevens),
N.S. Letter to Edmund W. Hamilton. Truro.
Gives some genealogy.

Source: U.L.Ms. p. 543.
Ms. Transcripts. 2 p. 1889.
Public Archives of Nova Scotia, Halifax, N.S.

HAMILTON-HARRIS, N.S. Genealogy of the Harris family; information on the Hamilton family; and some information about the family of R.C.S. Kaulback.

Source: U.L.Ms. p. 544.
Ms. Original. 15 items. 1837-1952.
Public Archives of Nova Scotia, Halifax, N.S.

HAMPTON, N.B. St. Paul's Anglican Church. Baptisms, marriages, burials, 1819-1970 . . .

Source: U.L.Ms. p. 544.
Ms. Microfilm. 25 feet.
Provincial Archives of New Brunswick, Fredericton, N.B.

HAN-CHAUSSÉ.

Dans: S.G.C.F. Mém. 3: 46-49 '48.
Article non signé.

HANDBOOK of American genealogy. Vol. 1, 1932- . Chicago, The Institute of American Genealogy.

Includes: "Who's who in genealogy".
Many items on Canadian genealogy.

HANDFIELD, A. Yvon. Famille Handfield.

Dans: S.G.C.F. Mém. 22: (2) 82-101 avr./juin '71; 22: (3) 173-178 juil./sept. '71.

_____. Informations pour faire des recherches en Angleterre.

Dans: S.G.C.F. Mém. 24: (4) 219-223 oct./déc. '73.

_____. Un autre record: M. Oswald Richer et ses mariages.

Dans: S.G.C.F. Mém. 24: (1) 49-50 janv./mars '73.

HANDLEY family, N.S. Genealogical information copied from the Handley family Bible.

Source: U.L.Ms. p. 544.
Ms. Transcripts. 2 p. [n.d.]
Public Archives of Nova Scotia, Halifax, N.S.

HANDREQUIER, Jean et Joseph GAUCHER. Gaucher, famille. Discours historique contenant l'origine de la maison de Gaucher, de son nom et de ses armes, dressé par Jean Handrequier et Joseph Gaucher.

Source: C.C.Ms. p. 455.
Ms. Copie. 71 p. 1695.
Archives publiques du Canada, Ottawa, Ont.

HANNAY, James. History of New Brunswick. St. John, 1909.

Source: BAXTER, A. In Search of Your Roots . . .

HANSEN, Guy. Biographical sketch of the Archibald family (of N.S.), 1936.

Source: U.L.Ms. p. 33.
Ms. Transcripts. 6 p.
Public Archives of Nova Scotia, Halifax, N.S.

HANSON, Hattie, co-aut.
see under:

DUNGY, Hilda and Hattie Hanson. Planted by the waters . . .

HARDY family, N.S. Some genealogical information.

Source: U.L.Ms. p. 545.
Ms. Original. 3 p. [n.d.]
Public Archives of Nova Scotia, Halifax, N.S.

HARDY, René, Guy TRÉPANIER, Jacques BELLEAU et Jean-Yves VANDAL. La Mauricie et les Bois-Francs; inventaire bibliographique, 1760-1975. Montréal, Éd. Boréal Express, 1977. 389 p. (Collection Mékinac no 2).

HAREVEN, Tamara K. and Randolph LANGENBACH. Amoskeag: life and work in an American factory city. New York, Pantheon Books, (1978).

HARGRAVE family, Ont. . . . Hargrave-Mactavish papers, 1618-1854, relating to the Mactavish family in Scotland and with a few references to James, Joseph and Letitia Mactavish.

Source: U.L.Ms. p. 548.
Ms. Original.
Public Archives of Canada, Ottawa, Ont.

HARPER, J.R., Colonel. 78th Fighting Frasers in Canada; a short history of the old 78th Regiment or Fraser's Highlanders, 1757-1763. Chomedey, City of Laval, Dev.-Sco. Publications Ltd., 1966. xviii, 98 p.

Variations of the name Fraser: Fraise, Freze, Frizel, Freser, Frazer.
"The following family names are related to clan Fraser and are known as septs of the clan: Frissel, Frizell, Macimmey, MacKim, Mackimmie, MacShimes, MacSimon, MacSymon, Sim, Sime, Simson, Simpson, Syme, Symon, Tweedie and McGruer."

HARRINGTON family, N.S. Genealogical information on the Harrington family. Correspondence concerning the Harrington genealogy and the family of Stephen Harrington from King's County.

Source: U.L.Ms. p. 549.
Ms. Original. 4 inches. [n.d.]
Public Archives of Nova Scotia, Halifax, N.S.

HARRINGTON family, N.S. Genealogical material.

Source: U.L.Ms. p. 549.
Ms. Original. 1/2 inch. [n.d.]
Public Archives of Nova Scotia, Halifax, N.S.

HARRINGTON family, N.S., B.C. Letters and genealogical information concerning the Harrington family, from Albert J. Hill, New Westminster, B.C.

Source: U.L.Ms. p. 549.
Ms. Transcripts. 4 p.
Public Archives of Nova Scotia, Halifax, N.S.

HARRIS, E.A., N.S. Genealogy of Lunenburg county families, comp. by Canon Harris.

Source: U.L.Ms. p. 550.
Ms. Original. 3 2/3 feet. [n.d.]
Public Archives of Nova Scotia, Halifax, N.S.

HARRIS, Paul Turner. The Harris Family of Worcestershire, England. (Ottawa, 1971). 327 p.

HARRIS, Reginald Venderbilt, N.S. Genealogical material concerning members of the Harris family and other families connected with it including Rev. V.E. Harris, Beatrice Harris, Griffiths and Claire Harris MacIntosh. . .

Source: U.L.Ms. p. 551.
Ms. Original.
Public Archives of Nova Scotia, Halifax, N.S.

HARRISON family, N.S. Genealogical material collected by W.H. Harrison about Bacon, Black, Crane, Lovell, Prescott and Harrison families. . .

Source: U.L.Ms. p. 552.
Ms. Original. 2 inches.
Public Archives of Nova Scotia, Halifax, N.S.

____. Some genealogical information.

Source: U.L.Ms. p. 552.
Ms. Transcripts. 68 p. [n.d.]
Public Archives of Nova Scotia, Halifax, N.S.

HARROWER, James T., Qué. Papiers de familles Thompson et Harrower.

Source: C.C.Ms. p. 553.
Ms. Originaux. 6 pouces. 1765-1880.
Archives du Séminaire de Québec, Québec, Qué.

HART, Harriet Cunningham. Cunningham family, N.S. "The Cunningham family, Antigonish Harbour" . . .

Source: U.L.Ms. p. 303.
Ms. Transcripts. 12 p. [n.d.]
Public Archives of Nova Scotia, Halifax, N.S.

HART, John Franklin, N.S. History of the Hart family, Cape Breton Branch, 1961 . . .

Source: U.L.Ms. p. 553.
Ms. Original. 2 inches. 1961-63.
Cape Bretoniana Archives. St. Francis Xavier University, Sydney Campus, Sydney, N.S.

____. History of the Hart family, Cape Breton branch. (Margaree Centre, N.S., 1961). 40 leaves.

HART, Margaret Janet (McPhee). Our web of life; some accounts of Dougal McPhee, pioneer to eastern Nova Scotia, his wife, Mary McMillan, and their family. [n.p.], (195?). 17 leaves.

Title caption.

HART family, N.S. Genealogical chart of the descendants of Thomas Hart, including a clipping dealing with the Hart family.

Source: U.L.Ms. p. 554.
Ms. Photocopies. 1 item. [n.d.]
Public Archives of Nova Scotia, Halifax, N.S.

HARTFORD, Ont. Hartford Baptist Congregation. Register of marriages, births and deaths, 1783-1899.

Source: U.L.Ms. p. 554.
Ms. Original. 45 p.
Norfolk County Historical Society, Simcoe, Ont.

HARTSHORNE family, N.S. . . . Some genealogical information.

Source: U.L.Ms. p. 554.
Ms. Original.
Public Archives of Nova Scotia, Halifax, N.S.

HARVEY, C. Mead. The Bates family tree.

In: Missisquoi County Hist. Soc. Annual report. 7: 61-62 '61.

____. Former resident of Farnham's Corner reminiscences.

In: Missisquoi County Hist. Soc. Annual reports. 7: 56-62 '61.

____. The Harvey family tree.

In: Missisquoi County Hist. Soc. Annual reports. 7: 58-59 '61.

____. The Wales Aitkens Bates branches of the Harvey tree.

In: Missisquoi County Hist. Soc. Annual reports. 7: 69-71 '61.

HARVEY, N. A Short History of Newfoundland. London, 1890. 324 p.

HARVEY-BUCHANAN, Arlette. Le Retour aux sources.

> *Dans:* L'Outaouais généalogique. 2: (5) 50-51 mai '80.

HARVUT, Hte. Jacques Cartier: recherches sur sa personne et sa famille. Nantes, 1884. 14 p. in-8°.

HASTREL de Rivedoux, Étienne d' . . . Notes généalogiques concernant la famille, actes d'état civil, preuve de noblesse, mémoires, 1684-1927.

> *Source:* U.L.Ms. p. 556.
> Ms. Reproductions photographiques. 1 pouce.
> Archives nationales du Québec, Québec, Qué.

HATFIELD family, N.S. Some genealogical information.

> *Source:* U.L.Ms. p. 557.
> Ms. Transcripts. 2 p. [n.d.]
> Public Archives of Nova Scotia, Halifax, N.S.

HATT family, N.S. Some genealogical information.

> *Source:* U.L.Ms. p. 557.
> Ms. Photocopies. 2 p. [n.d.]
> Public Archives of Nova Scotia, Halifax, N.S.

HATTIE, R.M. Genealogy in Nova Scotia.

> *In:* Nova Scotia Hist. Soc. Halifax. Collections 30: 184-206 '54.

HAVRE-AUBERT, Qué. Notre-Dame de la Visitation, paroisse (catholique). Registres de la paroisse, 1793-1822.

> *Source:* C.C.Ms. p. 558.
> Ms. Reproductions photographiques. 2 pouces.
> Archives acadiennes, Moncton, N.-B.

HAVRE-BOUCHER, N.-É. Saint-Paul, paroisse (catholique). Registre de la paroisse, 1831-1847.

> *Source:* C.C.Ms. p. 558.
> Ms. Reproductions photographiques. 1 pouce.
> Archives acadiennes, Moncton, N.-B.

HAW, Alden Robinson and Percy Lloyd Climo. The Genealogy of Joseph Haw (1781-1867). St. Catharines?, Ont., 1969. [v.p.]

HAWKES, John. The Story of Saskatchewan and its people. Chicago and Regina, Clarke Pub. Co., 1924. 3 vols.

> Biographical part: vol. 2, pp. 1145-1358 and also vol. 3.

HAWS, George William. The Haws family and their seafaring kin. Dunfermline, Mackie, 1932. 252 p.

HAY, Thomas Alexander Stewart, Ont. Family material, birth and death records, copies of wills . . . concerning Stewart-Hay-Dunlop-Mathias families.

> *Source:* U.L.Ms. p. 559.
> Ms. Original. 20 inches.
> Trent University Archives, Peterborough, Ont.

HAYES family, Ont. Papers of members of the Hay family . . .

> *Source:* U.L.Ms. p. 560.
> Ms. Original. 2 inches. 1742-1882.
> Public Archives of Canada, Ottawa, Ont.

HAYLEY, Martin Georgiana . . . Genealogical chart of the Pilkington family.

> *Source:* U.L.Ms. p. 560.
> Ms. Original.
> Public Archives of Canada, Ottawa, Ont.

HAYMOUR, Jim, co-aut.
see under:

> AWID, Richard. A Salute to the Arab pioneers of Northern Alberta . . .

HAYWARD, George H. 1851 Census, Sunbury County, New Brunswick, Canada. Toronto?, G.H. Hayward, c1974. 136 p.

> *Source:* Canadiana C75-6341-6.

HAZELGROVE, A.R. Name and place index to illustrated historical atlas of the counties of Leeds and Grenville, Ont., by Mika Pub., Belleville, 1973. Kingston, Ont., [n.p.], 1975. vi, 66 p.

> Supplement to: Illustrated historical atlas of the counties of Leeds and Grenville, Canada West, from actual surveys under the direction of H.F. Walling. Ed. by Mika Pub.
> Cover title: Index to the 1973 Leeds & Grenville Atlas.

HEAD family, Ont. Papers of the Head family . . . 1836-1874.

> *Source:* U.L.Ms. p. 562.
> Ms. Original. 1 inch.
> Public Archives of Canada, Ottawa, Ont.

HEALY, W.J. Winnipeg's Early Days. Winnipeg, 1927.

HEATHERINGTON, E.S. Standish Second, 1976. Rev. and updated by E.S. Heatherington. [n.p.], (1976). 43 leaves.

Mimeographed.

"The following records of the Mathew and Robert Standish family and descendants were from information gathered and completed by Mrs. Ethel M.M. Standish, and that of Joseph and those remaining in Ireland, by Standish L. Hunt, and is corrected to the best of their knowledge." (Acknowledgement)

"The updated list of deaths, marriages and births from 1969 has been in response to requests on the Annual Standish Reunion invitation . . ." (p. 2)

"This book has a number registered in your name so that updated information may be sent to you in the years to come as it becomes available".

HÉBERT, Casimir. L'Ancêtre Pierre Filteau.

Dans: S.G.C.F. Mém. 12: 77-79 '61.

____. Le Beau nom de Baudry ou Beaudry. (Montréal, Éd. du Franc-Quartier), 1951. 8 p. (Les beaux noms no 23).

____. Le Beau nom de Beauchemin. (Montréal, Éd. du Franc-Quartier), 1951. 8 p.

____. Le Beau nom de Bégin. (Montréal, Éd. du Franc-Quartier), 1951. 8 p.

____. Le Beau nom de Bradley. (Montréal, Éd. du Franc-Quartier), 1951. 8 p. (Les beaux noms no 24).

____. Le Beau nom de Cloutier. (Montréal, Éd. du Franc-Quartier), 1950. 8 p.

____. Le Beau nom de Dorval. (Montréal, Éd. du Franc-Quartier), 1950. 8 p.

____. Le Beau nom de Drouin. (Montréal, Éd. du Franc-Quartier), 1951. 8 p.

____. Le Beau nom de Dupuis. (Montréal, Éd. du Franc-Quartier), 1949. 8 p.

____. Le Beau nom de Favreau. (Montréal, Éd. du Franc-Quartier), 1950. 8 p.

____. Le Beau nom de Fortier. (Montréal, Éd. du Franc-Quartier), 1950. 8 p.

____. Le Beau nom de Gagnon. (Montréal, Éd. du Franc-Quartier), 1950. 8 p.

____. Le Beau nom de Gareau. (Montréal, Éd. du Franc-Quartier), 1949. 8 p.

____. Le Beau nom de Gilbert. (Montréal, Éd. du Franc-Quartier), 1949. 8 p.

____. Le Beau nom de Hébert. (Montréal, Éd. du Franc-Quartier), 1950. 8 p.

____. Le Beau nom de Lacelain dit Bellefleur. (Montréal, Éd. du Franc-Quartier), 1951. 8 p.

____. Le Beau nom de Laferrière. (Montréal, Éd. du Franc-Quartier), 1950. 8 p.

____. Le Beau nom de Lauzon. (Montréal, Éd. du Franc-Quartier), 1948. 7 p.

____. Le Beau nom de Leboeuf. (Montréal, Éd. du Franc-Quartier), 1949. 8 p.

____. Le Beau nom de Massé. (Montréal, Éd. du Franc-Quartier), 1949. 8 p.

____. Le Beau nom de Mongeau. (Montréal, Éd. du Franc-Quartier), 1949. 8 p.

____. Le Beau nom de Morin. (Montréal, Éd. du Franc-Quartier), 1949. 8 p.

____. Le Beau nom de Pineault. (Montréal, Éd. du Franc-Quartier), 1949. 7 p.

____. Le Beau nom de Plourde. (Montréal, Éd. du Franc-Quartier), 1949. 8 p.

____. Le Beau nom de Robert. (Montréal, Éd. du Franc-Quartier), 1948. 7 p.

____. Le Beau nom de Rouleau. (Montréal, Éd. du Franc-Quartier), 1949. 8 p.

____. Le Beau nom de Tremblay. (Montréal, Éd. du Franc-Quartier), 1950. 8 p.

____. Le Beau nom de Trudel. (Montréal, Éd. du Franc-Quartier), 1950. 8 p.

____. Les Beaux noms. Montréal, Éd. du Franc-Quartier, 1948- .

HÉBERT, Georges. Changements de noms.

Dans: S.G.C.F. Mém. 15: (2) 72 avr./juin '64. Liste de surnoms qui sont devenus des noms de famille tirés de registres de la région de Lotbinière.

HÉBERT, Georges, Éloi-Gérard TALBOT et Benoit PONTBRIAND, comp. Mariages de Ste-Émmélie (1864-1967), St-Édouard (1863-1967) et Notre-Dame d'Issoudun (1903-1967), comté de Lotbinière. Québec, 1968. 190 p. (Publications généalogiques no 54).

Polycopié.

HÉBERT, Hector J., co-aut.

voir sous:

ENTREMONT, Clarence J. d' et Hector J. Hébert. Parkman diary and the Acadian exiles

. . .

HÉBERT, Helena Marie, c.s.j. A Genealogy of the Hébert family of Cap St-Ignace, Province of Quebec, Canada. Junction City, Kan., 1971. 71 p.

_____. Hébert; a genealogy of the Hébert family of Cap St-Ignace, Quebec. Junction City, Kan, St. Xavier Convent, 1971.

HÉBERT, J. Paul, c.s.v. Augustin Hébert dit Jolicoeur, montréalais de la première heure.

Dans: S.G.C.F. Mém. 19: (1) 8-14 janv./mars '68.
"Augustin Hébert avait comme surnom 'Jolycoeur'. Dans les documents, il signe l'un ou l'autre et c'est sous l'un ou l'autre qu'on le désigne. Cependant ce surnom disparaîtra avec lui et ses enfants ne l'utilisent plus."
Augustin Hébert a été longtemps confondu avec Jean Hébert, habitant de Montréal, tué par les Iroquois en 1651.

HÉBERT, Léo-Paul, éd. Le Troisième registre de Tadoussac; Miscellaneorum liber. Transcription par Léo Paul Hébert. Montréal, Presses de l'Université du Québec, 1976. xx, 340 p. (Tekouerimat no 3).

Bibliographie: p. 285-286.

HÉBERT, Louis . . . Notes généalogiques, 1626-1668.

Source: C.C.Ms. p. 563.
Ms. Copie. 38 p.
Archives nationales du Québec, Québec, Qué.

HÉBERT, Pierre-Maurice. Delphine Poulet (1832-1867), "reine d'Héberville".

Dans: S.G.C.F. Mém. 21: (2) 107-120 avr./juin '70.
"Première femme à habiter avec les colons à Hébertville (qu'on appelait à cette époque, 'Chute des Aulnaies' ou encore 'Labarre' au Lac St-Jean). . . ."

_____. La Famille Brisset des Nos de Dreux (Normandie) à Montréal.

Dans: S.G.C.F. Mém. 28: (4) 243-246 oct./déc. '77.

_____. Maurice L. Hébert, m.s.r.c., 1888-1960.

Dans: S.G.C.F. Mém. 23: (2) 110-119 avr./juin '72.

_____. Paroisses acadiennes du Québec.

Dans: Soc. hist. acad. Cahier. 3: (9) 357-361 '70.
Documentation compilée sur les foyers d'acadiens venus s'établir au Québec après la dispersion.

_____. Les Saint-Gelais du Canada (aussi Pradet, Bradet, Laforge).

Dans: S.G.C.F. Mém. 26: (3) 133-144 juil./sept. '75; 26: (4) 195-207 oct./déc. '75.

HÉBERT-LECLERC, Florence. 75e anniversaire d'Issoudun, comté de Lotbinière. Québec, Serv. de l'Éd., 1978. 300 p.

Recension dans Le Soleil, vendredi 27 oct. 1978 à l'intérieur de l'article intitulé "Cinq livres célèbrent nos anciens et nos sources", par Monique Duval.

HECHLER, Henry, N.S. Some genealogical information.

Source: U.L.Ms. p. 563.
Ms. Transcripts. 3 p. [n.d.]
Public Archives of Nova Scotia, Halifax, N.S.

HECK, Earl Leon. The History of the Heck family of America, with special attention given to those families who originated in Indiana, Kentucky, Maryland, Ohio, Pennsylvania and Virginia. Englewood, Ohio, 1959. 50 p.

Mimeographed.

HECTOR (frère), s.c.
voir sous:

LOUIS-FÉLIX (frère), s.c. et Hector (frère), s.c. Généalogie de ma famille Lefebvre dit Boulanger . . .

HENCKEL, Dr., N.S. Descendants of Dr. Henckel, staff surgeon to the Duke of Kent.

Source: U.L.Ms. p. 565.
Ms. Transcripts. 2 p. [n.d.]
Public Archives of Nova Scotia, Halifax, N.S.

HENDERSON'S Directory of Manitoba. Winnipeg, 1880.

HENRI Émile Chevalier, 1828-1879.

Dans: Miroir de l'Histoire. juil. 1971 (no 259), p. 141.
Courte notice sur Henri-Émile Chevalier . . .
"écrivain français venu au Québec. . ."

HENSALL, Ont. St. Paul's Anglican Church. Parish records, 1870-1955.

Source: U.L.Ms. p. 568.
Ms. Microfilm.
University of Western Ontario Library, London, Ont.

HENSEN, Guy. Biographical sketch of the Archibald family (of N.S.), 1936.

Source: U.L.Ms. p. 33.
Ms. Transcripts. 7 p.
Public Archives of Nova Scotia, Halifax, N.S.

HENTHORN, George E. Outline of the Henthorn family. Louiseville, Que., Feb. 1978. 3 p.

Mimeographed.

HERALDRY of France. Armorial of French aristocracy contained in "Dictionnaire de noblesse" by Duchesne.

Source: U.L.Ms. p. 568.
Ms. Transcripts. 1 vol. 1816.
University of Toronto Library, Toronto, Ont.

HERALDRY of Scotland. Armorial of Scottish families, containing descriptions of 18 families and sketches . . .

Source: U.L.Ms. p. 568.
Ms. 18th century.
University of Toronto Library, Toronto, Ont.

HÉROUX, Omer. Les Tremblay, les Simard et leur descendance.

Dans: S.G.C.F. Mém. 15: (3) 186-188 juil./sept. '64.

____. Pour les groupements familiaux.

Dans: S.G.C.F. Mém. 2: 130-131 '47.
Extraits du: Le Devoir du 11 sept. 1946.

HERTEL, R. de. Michel d'Agneau d'Ouville et sa famille.

Dans: Nova Francia 4: 218-229 '29.

HERTEL DE ROUVILLE, Jean-Baptiste Melchior. Généalogie de la famille Hertel tel qu'elle nous a été transmise par l'Hon. Jean-Baptiste-Melchior Hertel de Rouville.

Dans: Nova Francia 5: 156-168 '30.
Cette généalogie, dressée en 1813, a été copié en 1860 par son petit-fils Louis René Hertel LaRoque de Roquebrune.

HERTEL DE ROUVILLE, famille, Qué. Copy of baptismal certificate of François Baptiste Hertel de Rouville, 1642 . . .

Source: U.L.Ms. p. 569.
Ms. Original. 4 p.
McGill University Library, Montreal, Que.

HÊTU, Jean (Mme). Georges Hêtu dit Lafleur.

Dans: Troisième âge [s.d.]
Archives nationales du Québec, Québec, Qué.

HÊTU, Jean C. Les Anciens de Lavaltrie au dix-neuvième siècle.

Dans: S.G.C.F. Mém. 29: (1) 19-37 janv./mars '78; 29: (2) 109-127 avr./juin '78; 29: (3) 201-223 juil./sept. '78; 29: (4) 280-294 oct./déc. '78.

____. Estu (Georges) dit Lafleur, 1665-1747, ancêtre de la famille Hêtu. Montréal, (l'auteur), 1973. 16 p.

____. Georges Estu dit Lafleur, ancêtre de la famille Hêtu.

Dans: S.G.C.F. Mém. 24: (3) 131-143 juil./sept. '73.

____. La Loi du changement de noms au Québec.

Dans: S.G.C.F. Mém. 28: (2) 109-111 avr./juin '77.

____. Pierre Lepage ou la revanche des berceaux.

Dans: S.G.C.F. Mém. 27: (3) 173-177 juil./sept. '76.

HÊTU, Jean C. et J. FORGET. Petit guide du généalogiste québecois.

Dans: Perspectives. 17: (16) 18-22, 19 avr. '75.

HÊTU, Jean C. et Yvon DUPLESSIS. Sépultures de Saint-Antoine de Lavaltrie, 1732-1975. Relevé par Jean Hêtu et Yvon Duplessis. Montréal, Éd. Bergeron, 1976. x, 326 p. (Publication no 33).

Polycopié.

HÊTU DIT LAFLEUR; notes généalogiques et historiques. [s.l.n.d.] [n.p.]

Polycopié.
Archives nationales du Québec, Québec, Qué.

HEUDIER, Shirley (Mrs.). French Canadian in the United States.

In: S.G.C.F. Mém. 15: (4) 229-230 oct./déc. '64.

HICKMAN, William. Chamberlain family, N.S. Account of the Chamberlain family of Nova Scotia, copied from manuscripts . . .

Source: U.L.Ms. p. 233.
Ms. Transcripts. 10 p. [n.d.]
Public Archives of Nova Scotia, Halifax, N.S.

HICKS family.

In: Yarmouth, N.S. Geneal., 1896-1900. (See index.)
Source: N.B.L.

HICKS family, N.S. Papers regarding a marriage settlement of Isabella E. Hicks, 1872 . . . Information on the Hicks family, including John Hicks of Halifax, William F. Hicks of London, Sophia Evelyn Hicks of England, Ralph H.D. Hicks; Lionel Hicks, Argentinian, Ella Esme G. Bennett, London.

Source: U.L.Ms. p. 571.
Ms. Original. 8 inches. 1872-1941.
Public Archives of Nova Scotia, Halifax, N.S.

HIGGINSON, Thomas Boy. Descendants of the Reverend Thomas Higginson. London, Research Pub. Co., 1958. 64 p.

Limited edition of 250 copies.

HILAIRE, Antonio J., co-aut.
voir sous:

MAHONEY, David P., c.f.x. La Famille Guérin dit St-Hilaire . . .

HILCHIE family, N.S. Information about the Hilchie or Hilchey family, descendants of Donald Hilchie.

Source: U.L.Ms. p. 572.
Ms. Photocopies. 2 p. 1770-1960.
Public Archives of Nova Scotia, Halifax, N.S.

HILDA Town and Country Ladies Club. Hilda Golden Heritage. (Hilda, Alta.), 1974. 305 p.

Cover title.

HILL, Charles, N.S. Some genealogical information.

Source: U.L.Ms. p. 573.
Ms. Transcript. 2 p. [n.d.]
Public Archives of Nova Scotia, Halifax, N.S.

HILL, Hammett Pinhey, Ont. . . . Papers of the Christie family, 1807-1877 . . . the Hill family, 1810-1942 . . .

Source: U.L.Ms. p. 573.
Ms. Original.
Public Archives of Canada, Ottawa, Ont.

HILL SPRING Cultural Society. Hill Spring and Its People. Hill Spring, Alta, 1975. 406 p.

Source: Computerized data bank, National Library of Canada, Ottawa, Ont.

HILL-TOUT, James E. The Abbotsford Hill-Touts. (Delta?, B.C.), [s.n.], (1976). 43 p.

Cover title.
Source: Canadiana 1977.

HILLIER Township, Prince Edward County, Ont. Index to register of births, marriages and deaths, 1880-1898.

Source: U.L.Ms. p. 574.
Ms. Photocopies. 29 p.
Public Archives of Canada, Ottawa, Ont.

____. Register of births, deaths and marriages . . . 1880-1897.

Source: U.L.Ms. p. 574.
Ms. Photocopies. 40 p.
Queen's University Archives, Kingston, Ont.

HILTON family, N.S. Some genealogical information.

Source: U.L.Ms. p. 575.
Ms. Photocopies. 10 p. [n.d.]
Public Archives of Nova Scotia, Halifax, N.S.

HILTZ family, N.S. Some genealogical information.

Source: U.L.Ms. p. 575.
Ms. Transcripts. 3 p.
Public Archives of Nova Scotia, Halifax, N.S.

HISTOIRE de la paroisse de Saint-Léandre; un demi siècle de vie paroissiale, 1902-1952. [s.l.], 1952.

Notes généalogiques sur quelques familles pionnières.

HISTOIRE des grandes familles françaises du Canada; ou Aperçu sur le Chevalier Benoist et quelques familles contemporaines. Montréal, 1867. xii, 521 p.

Tableau généalogique plié de deux branches des familles Benoist.
Ce volume contient plusieurs portraits de célébrités canadiennes ainsi que des fac-similés des armes d'un grand nombre d'anciennes familles de ce pays.
Il est difficile de s'orienter parmi les différents exemplaires de cet ouvrage: une édition avec le même titre, la même date, mais 610 p; une autre, sous le titre "Nos gloires nationales", Montréal, 1867 en 2 vols. (v. 1, xv, 365 p.; v.2, 378 p.) Nous sommes en mesure toutefois de dire que ce ne sont pas là les seules variétés qui existent dans les différents exemplaires de cet ouvrage (cf. Philéas Gagnon. Essai de bibliographie canadienne . . . notice no 1682).

HISTOIRE et généalogie d'une paroisse du nord albertain/History and Family Trees of a French Community . . . Falher, Alta., 1973. xiii, 69 p.

HISTORY of Barrie. [n.p.], 1967. 3 leaves

Title caption.

HISTORY of the county of Peterborough, Ontario . . . Toronto, Robinson, 1884. 783 p.

Biographical sketches: pp. 509-783.

HISTORY of the Lindsay family. [n.p., n.d.] 22 leaves.

Title caption.
Metropolitan Toronto Public Library, Toronto, Ont.

HODGINS family, Que. Genealogical table, notes, 1600-1967.

Source: U.L.Ms. p. 578.
Ms. Photocopies. 3 inches.
Public Archives of Canada, Ottawa, Ont.

HODGINS . . . Kindred Forever, compiled by Lester Hodgins. Vancouver, International Centre, Hodgins Family History Society, c1977. xii, 395 p.

Includes bibliographical references and index.

HODGINS, Lester, comp.
see under:

HODGINS . . . Kindred Forever . . .

HODSON family, N.S. Chart of the family of Simeon Rhude Hodgson, 1871-1950.

Source: U.L.Ms. p. 578.
Ms. Original. 1 p. [n.d.]
Public Archives of Nova Scotia, Halifax, N.S.

(Le) HOÉLET, déc. 1968/fév. 1969-   . Beauport, F. Ouellet.

Bulletin de l'Association des familles Ouellet(te).
Parution irrégulière.
Gratuit aux membres.

HOLCOMB family, Ont. Genealogical table . . . 1648-1950.

Source: U.L.Ms. p. 579.
Ms. Original.
Hamilton Public Library, Hamilton, Ont.

HOLDEN, Mary Emily (Roach) Rose . . . The Brant family.

In: Wentworth Hist. Soc. Papers and records. 4: 65-92 '05.

____. A Primitive Civilization as Found in the District of Gore; the Brant family. 3rd ed. (by) Mrs. John Rose Holden. [n.d.], (19--?). 35 p.

HOLLAND family, N.S. Genealogical information from the Holland family Bible.

Source: U.L.Ms. p. 580.
Ms. Transcripts. 4 p. [n.d.]
Public Archives of Nova Scotia, Halifax, N.S.

____. History of the Holland family showing relationships with the Duke of Kent and Madame St-Laurent.

Source: U.L.Ms. p. 580.
Ms. Photocopies. 7 p. 1966.
Public Archives of Canada, Ottawa, Ont.

HOLLIER, Robert. La France des Canadiens; guide pratique du retour aux sources. Montréal, Éd. de l'Homme, (1962). 159 p.

HOLMAN, Winifred Lovering. Descendants of Andrew Everest of York, Maine. (Concord, N.H., Rumford Pr.), 1955. 488 p.

HOLMES, Oliver Wendell. Heredity.

In: S.G.C.F. Mem. 15: (2) 76 avr./juin '64.

HONE, François. Un siècle et demi de documents historiques; la fascinante petite histoire de nos familles Jules Hone - Antoine Gérin-Lajoie. La grande histoire très souvent dramatique de l'agence de voyages. Montréal, 1977.

Bibliographie: p. 3-5.
Sommaire: v.1, chap. 1: Les familles Chargeois et Hone; -2. Les familles Parent et Gérin-Lajoie . . .

HONORÉ (Xavier) Boucher et Clémentine Lambert.

Dans: F.C.A.G.R. 3: (4) 248-249 Winter '71.
Lignée de cette famille Boucher.

HOOD family, N.S. Some genealogical information.

Source: U.L.Ms. p. 581.
Ms. Transcripts. 2 p. [n.d.]
Public Archives of Nova Scotia, Halifax, N.S.

HOOGENHOUCK family, Ont. . . . Genealogy of the Hougenhouck family . . .

Source: U.L.Ms. p. 583.
Ms. Original.
University of Toronto Library, Toronto, Ont.

HOOKER, Henry Lyman. Descendants of James McMichael (1772-1821) and Rosanna De Mott (1785-1856). New York, 1942. 3 p. 1 leaf, 23 numbers.

Edition limited to 60 copies, distributed privately.
Metropolitan Toronto Public Library, Toronto, Ont.

HOOPLE, Elizabeth L. The Hooples of Hoople's Creek. (Toronto), Ryerson Press, (c1967). 177 p.

Includes a bibliography.

HÔPITAL-GÉNERAL, Montréal, Qué. Registres de baptêmes et sépultures, 1694-1841.

Source: C.C.Ms. p. 584.
Ms. Originaux.
Archives nationale du Québec, Québec, Qué.

HÔPITAL-GÉNERAL, Québec, Qué. Registres de baptêmes, mariages et sépultures, 1783-1790.

Source: C.C.Ms. p. 584.
Ms. Microfilm. 1 bobine.
Archives acadiennes, Moncton, N.-B.

HOPKINS, Martin Keith, Rev. Regnier families in North America. Atchison, Kansas, Private Pr., July 1975. 176 p.

Genealogical tables.
"The most common variations of spelling of this name are: Regni, Reignier, Reiner, Rainer, Regnière, Renière, Renier, Regner, Ringery." (Introd.)

HOPKINS-INGLEHART families, Ont. Birth, marriage and death records of the Hopkins, Inglehart and Everitt families . . . 1745-1952.

Source: U.L.Ms. p. 585.
Ms. Photocopies. 21 p.
Public Archives of Canada, Ottawa, Ont.

HORNE, Jacob, N.S. Some genealogical information.

Source: U.L.Ms. p. 586.
Ms. Original. 2 p. [n.d.]
Public Archives of Nova Scotia, Halifax, N.S.

HORNSTEIN, Marbey (Colburn). The D'Amours family in Canada and other pioneer families of New France. Escanaba, Mich., 1970. 349 p.

HORNSTEIN, Marbey (Colburn), co-aut.
see also under:
HORNSTEIN, Walter. The D'Amours Family in Canada . . .

HORNSTEIN, Walter et Guy DESROSIERS. Mathieu Damours de Chauffours, premier seigneur de Matane.

Dans: Histoire . . . au pays de Matane. 9: (1) 38-39 déc. '73.

HORNSTEIN, Walter and Marbey HORNSTEIN. The D'Amours Family in Canada; an historical and genealogical record of the first settlers in the French colonial province of Quebec. Garden City, Mich., 1960. 299 (28) p.

HOROWITZ, David, co-aut.
voir sous:
COLLIER, Peter et David Horowitz. Une dynastie . . .

HORTON, N.S. Town register; births, marriages and deaths, 1751-1895 . . .

Source: U.L.Ms. p. 587.
Ms. Transcripts. 202 p.
Public Archives of Canada, Ottawa, Ont.

____. St. John's Anglican Church. Register of baptisms, 1823-1876 of St. John's Anglican . . . 1823-1876.

Source: U.L.Ms. p. 587.
Ms. Transcripts. 25 p.
Public Archives of Canada, Ottawa, Ont.

HORTON family. Notes from the Horton Bible.

Source: U.L.Ms. p. 587.
Ms. Transcripts. 2 p. [n.d.]
Public Archives of Nova Scotia, Halifax, N.S.

HOTSON, Zella May. The early days of Innerkip district. (Innerkip, 1952). 176 p.

Early settlers and their families: pp. 81-176.

HOUDE, Jean Léon. Louis Houde.

Dans: L'Ancêtre. 6: (8) 235-237 avr. '80.

HOUDET, Cora (Fortin). Compte-rendu de la réunion du 18 déc. 1974; du 15 janv. 1975.

Dans: L'Ancêtre. 1: (6) 168-170, fév. '75.

____. Madame Asselin raconte.

Dans: L'Ancêtre. 2: (2) 57-64 oct. '75.
Madame Achille Asselin d'Amos, Abitibi, raconte une partie de sa vie.

____. Le Premier Fortin d'Amérique: Julien Fortin.

Dans: Cahier spécial "F" de la Société de Généalogie de Québec.

HOUDET, Cora (Fortin).
voir aussi sous:
FORTIN, Cora.

HOUGENHOUCK.
voir sous:
HOOGENHOUCK.

HOULE, Françoise (Caron). Guide des sources d'archives sur le Canada français au Canada. Ottawa, Archives publiques du Canada, 1975. 195 p.

____. Guide to the reports of the Public Archives of Canada, 1872-1972. Ottawa, Public Archives, 1975. 97 p.

HOULE, Hubert A., s.c. Généalogie de Aurèle Allard; branche paternelle. Recherches et compilations par Frère Hubert Houle. Ottawa, 1974. 89 p.

Polycopié.

____. Généalogie de la famille Bélanger. Ottawa, 1975. 148 p.

Tableau généalogique.
Polycopié.
Branche paternelle; branche maternelle; notes historiques; contemporains.

____. Généalogie de la famille Houle-Côté; notes historiques. Recherches et compilation par Hubert A. Houle, s.c. Ottawa, 1974. 4 vols.

____. Généalogie de la famille Verdon et Edwidge Paiement . . . Recherche et publication par Hubert A. Houle, s.c. Ottawa, 1975. 126 p.

Tableau généalogique.

____. Généalogie de Lucien Jutras: nos contemporains, notes historiques. Recherches et compilations, par Hubert A. Houle, s.c. Ottawa, 1975. 2 vols.

Polycopié.
"Le premier volume présente la généalogie complète des ancêtres de Lucien Jutras tant du côté paternel que maternel; le 2e comprenant les contemporains 'arbre généalogique' de Lucien Jutras (tableau plié et les notes historiques à la fin du volume) . . ."
Bibliographie: v.1, feuillet 6.

____. Mariages de la paroisse Saint-Grégoire de Naziance de Buckingham, 1836-1975. Compilé et publié par Hubert A. Houle. Relevé par Julien Hamelin. Vanier, Ont., 1976. 234 p.

Polycopié.

____. Répertoire des mariages de St-Grégoire de Naziance de Buckingham, 1836-1975. Ottawa, Ont., 1978. 240 p.

Polycopié.

____. Mariages du comté de Soulanges. Ottawa, Centre de Généalogie, juil. 1977. [s.p.]

Polycopié.
Compilation de tous les mariages célébrés sur le territoire du comté de Soulanges depuis la fondation de la première paroisse en 1752 jusqu'à nos jours.
Liste des épouses par ordre alphabétique des noms de familles et par municipalité: p. 419-526.
Surnoms et variations des noms de familles dans le comté de Soulanges: p. 5.

____. Répertoire des mariages de Lafontaine, Penetanguishene et Perkinsfield, de la Baie Georgienne (1856-1975). Ottawa, 1978. 227 p.

Polycopié.

____. Répertoire des mariages de St-Charles et Sacré-Coeur d'Ottawa, Centre de Généalogie, 1978. 300 p.

Polycopié.

____. Répertoire des mariages de St-François-de-Sales de Gatineau, 1847-1973. Ottawa, Ont., 1978. 180 p.

Polycopié.

HOULE, Hubert A., s.c., comp.
voir aussi sous:
HAMELIN, Julien, s.c., comp. Répertoire des mariages du comté de Prescott, Ontario . . .
HAMELIN, Julien, s.c., comp. Répertoire des mariages du comté de Russell, Ontario . . .

HOUPERT, Jean. The Houppert Family in America. Édition privée. Sutton, Qué., 1980. p. 131.

Famille venue de Lorraine aux É.-U. au milieu du siècle dernier. Plusieurs Houpert se répandirent dans l'Illinois, le Michigan et le Wisconsin . . .

HOUSE of Longstaffe, 70th year, 1888-1958. [n.p.], (c1958). 12 p.

"Celebration at the Longstaffe farm, Carrying Place, Ontario, Aug. 29th, 30th, 31st and Sept. 1st 1958."
Genealogy of the descendants of Edwin Lottie Longstaffe of Toronto.

HOWE, Jones.
see under:
GORHAM, R.P. Kingston, N.B. . . .

HOWE, Thomas S., Ont. . . . Genealogical notes . . . relating to the Howe and Innis families.

Source: U.L.Ms. p. 591.
Ms. Original. 1884-1935.
Public Archives of Canada, Ottawa, Ont.

HOWE Family, N.S. Some genealogical information.

Source: U.L.Ms. p. 591.
Ms. Original. 1 p. 1752.
Public Archives of Nova Scotia, Halifax, N.S.

HOYT, Edwin P. The Vanderbilts and Their Fortune. Garden City, N.Y., Doubleday & Co., 1962. 434 p.

Vanderbilt family tree on inside cover.
Biography of the entire family.

HOYT family, N.S. Genealogy of the Hoyt and Wiles family.

Source: U.L.Ms. p. 593.
Ms. Original. 1/2 inch. [n.d.]
Public Archives of Nova Scotia, Halifax, N.S.

HUARD, J. Antonio. Famille Huard aux Bois-Francs.

Dans: S.G.C.F. Mém. 16: (2) 107-124 avr./juin '65.
Généalogie partielle de son épouse.

_____. Famille Roberge aux Bois-Francs.

Dans: S.G.C.F. Mém. 17: (1) 38-56 janv./mars '66.

_____. Les Familles Huard et Roberge aux Bois-Francs. Québec, 1966. 46 p.

"Ne s'adresse pas directement aux chercheurs en généalogie, toutefois ces derniers y trouveront certaines particularités . . ." (av.-pr.)

(Les) HUBARD ont fêté le tricentenaire de l'arrivée de leur ancêtre au pays.

Dans: S.G.C.F. Mém. 17: (3) 178 juil./sept. '66.

HUBBARD, Benjamin F. Forests and Clearing; the history of Stanstead County, province of more than five hundred families . . . The whole rev., abridged and pub. with additions and illustrations, by John Lawrence. Montreal, Lovell Pub. Co., 1874. viii, 267 p.

HUBBARD, John, Sask. Stoney Croft; the story of a pioneer.

Source: U.L.Ms. p. 593.
Ms. Microfilm. 119 pages. 1950.
Saskatchewan Archives Board, Regina, Sask.

HUBBARD family, N.B. . . . Genealogical items . . .

Source: U.L.Ms. p. 593.
Ms. Original. 1794-1953.
University of New Brunswick Archives, Fredericton, N.B.

HUBERT, famille, Qué. Mémoire concernant la famille Hubert.

Dans: C.C.Ms. p. 593.
Ms. Copie. 24 pages. [s.d.]
Archives nationales du Québec, Québec, Qué.

HUDON, Jean, co-aut.
voir sous:

GOSSELIN, Joseph. Généalogie des familles Pelletier . . .

HUDSON family, N.S. Genealogical information on the family of James William Hudson, Sr., of Sheet Harbour.

Source: U.L.Ms. p. 594.
Ms. Original. 2 p.
Public Archives of Nova Scotia, Halifax, N.S.

HUET DIT DULUDE, Albert, s.c. Guide généalogique des mariages célébrés dans les comtés de Drummond, Arthabaska et Mégantic, 1817-1860. Arthabaska, [s.éd.], 1953. 213 p.

Polycopié.

HUGHES, Alice. Leeds County cemeteries: Blanchard's, Campbell's, Jelly's, R.C., by the pond. Ottawa, Genealogical Society, Ottawa Branch, 1972. (6) p. (Publication no. 73-14).

HUGHES family, N.S. Notes on the family of William Hughes (1745-1813), naval architect and master shipwright who worked at the Halifax dockyard.

Source: U.L.Ms. p. 596.
Ms. Transcripts. 2 p.
Public Archives of Nova Scotia, Halifax, N.S.

HULL, Que. St. James Anglican Church. Parish register, 1831-1853.

Source: U.L.Ms. p. 597.
Ms. Microfilm. 20 feet. 1831-1917.
Public Archives of Canada, Ottawa, Ont.

HULL d'aujourd'hui, 1875 . . . 1975 . . . (Montréal?), Société des éditions montréalaises, (1975). 216 p.

Recueil de biographies.
En tête du titre: "Cité de Hull".

HUMPHREYS, J.E. Blakeney family, N.B. and N.S. "Some accounts of the Blakeney family and early settlers in Salisbury parish, Westmoreland County, N.B.", information collected by J.E. Humphreys . . .

Source: U.L.Ms. p. 103.
Ms. Transcripts. 33 p. [n.d.]
Public Archives of Nova Scotia, Halifax, N.S.

HUNT, Standish L., co-aut.
see under:

    HEATHERINGTON, E.S. Standish second
. . .

HUNT, W.H., comp. Birthrights; a genea-
logical record of Canadian branches of
Hunt, Scott, Ives and Farewell families
including the lineage of John and Robert
Hunt of Missisquoi County, Que., Joseph
and Joel Hall Ives of Magog Township,
Stanstead County, Que., Gladden Farewell
of Compton Township, Stanstead County,
Que. and allied families. Winnipeg, Man.,
McCullough's Multigraphing and T.W.
Taylor & Co., 1957. [n.p.]

HUNTER, Andrew Frederick. Genealogical
tables and their right uses in history.

    In: Ontario Hist. Soc. Papers and records. 18:
104-110 '20.
Paper read at the Joint meeting of the Ontario
Historical Society and of the Historical Section
of the Ontario Educational Association, held in
Toronto April 15, 1903, under the title: "How
to study our grandfathers".

    ____. A History of Simcoe County. Barrie,
Ont., County Council, 1909. 2 vols. in 1.

    Life of the Pioneers: part 2, with brief sketches
of their lives, especially those pioneers who
took some part in public affairs.

HUNTER, Joseph. Hunter's Pedigrees; a continuation of "Familiae minorum gentium,
diligentia Josephi Hunter". Transcribed and
ed. by J.W. Walker. London, Harlian
Society, 1936. ix (1) 200 p. (Publication
v.88).

HUNTINGDON County, Que. Marriage con-
tracts, Louis Lanctot and Elizabeth Cardinal,
1806, and Louis Albert Lefebvre and Marie
Joseph Prévot, 1810.

    Source: U.L.Ms. p. 600.
Ms. Original. 20 p. 1806-1810.
Brome County Historical Archives, Knowlton,
Que.

HUOT, Lucien, c.s.v. Généalogie Huot-Fiset.
Montréal, Clercs de Saint-Viateur, 1956.
201 p.

    Bibliographie: p. 137-139.

HURTUBISE, J. Raoul. Dr William H.
Hawey.

    Dans: Soc. hist. du Nouvel Ontario. Doc. hist.
no 5, p. 32-35.

HUTCHISON, Bruce. Canadians without
names.

    In: S.G.C.F. Mém. 15: (1) 6-7 janv./mars '64.

HYSON, Philip, N.S. . . . Papers of descendants of Philip Hyson . . .

    Source: U.L.Ms. p. 603.
Ms. Original. 39 p. 1773-1948.
Public Archives of Canada, Ottawa, Ont.

IBBITSON family, N.S., Ont. Some genealogical information.

    Source: U.L.Ms. p. 603.
Ms. Original. 2 p. [n.d.]
Public Archives of Nova Scotia, Halifax, N.S.

IL y a 300 ans, l'ancêtre des familles Labbé
arrivait au Canada.

    Les Labbé du Canada célébraient en 1965 le
tricentenaire de l'arrivée au pays de leur
ancêtre, Pierre Labbé.
Dans: Le Soleil, mai 1965.

ÎLE-JÉSUS, Qué. Saint-François-de-Sales,
paroisse (catholique). Régistres de baptêmes,
mariages et sépultures, 1702-1805.

    Source: C.C.Ms. p. 604.
Ms. Original. 1 pied 6 pouces.
Archives nationales du Québec, Montréal, Qué.

ÎLE-PERROT, Qué. Sainte-Jeanne-de-Chantal,
paroisse (catholique). Régistres de baptêmes,
mariages et sépultures, 1786-1846.

    Source: C.C.Ms. p. 604.
Ms. Originaux. 1 pied.
Archives nationales du Québec, Montréal, Qué.

ÎLES-DE-LA-MADELEINE. [s.l.n.d.] 111 p.

    Manuscrit.
Classé par noms de familles.
Archives nationales du Québec, Québec, Qué.

ÎLES-DE-LA-MADELEINE, Qué. Registres
paroissiaux. Index général des registres
paroissiaux des îles pour les années
1793-1900; registres de Havre-aux-Maisons,
1824-1852.

    Source: C.C.Ms. p. 604.
Ms. Microfilm. 1 bobine.
Archives acadiennes, Moncton, N.-B.

ILLINOIS, missions (catholiques). Registres
des baptêmes, mariages et sépultures de la
mission Notre-Dame-de-l'Immaculée-
Conception-des-Kaskakias, 1695-1799.
Abrégé des actes de baptêmes, 1695-1735;
mariages, 1724-1729; sépultures, 1721-1727,
1764-1834, tirés des registres de cette
mission. Registres des baptêmes, mariages et
sépultures de la mission . . .

Source: C.C.Ms. p. 604.
Ms. Microfilm.
Archives du Canada, Ottawa, Ont.

ILLINOIS, Saint-Joseph, mission (catholique).
Extraits du registre de la mission Saint-
Joseph-des-Illinois, 1720-1722.

Source: C.C.Ms. p. 605.
Ms. Reproductions photographiques. 4 p.
Bibliothèque municipale de Montréal,
Montréal, Qué.

____. Registres de la mission Saint-Joseph-des-
Illinois, renfermant des actes de baptêmes,
mariages et sépultures . . . 1720-1773, 1857.

Source: C.C.Ms. p. 605.
Ms. Reproductions photographiques. 64 p.
Archives nationales du Québec, Québec, Qué.

IMBEAULT, Jean-Claude. Mes racines: Jean-
Claude Imbeault (n. 1943).

Comprend un tableau généalogique de 6
générations de la famille Imbeault et
Lafontaine, 5 générations de la famille Couture
et Roussy.
Bibliothèque. Société de Généalogie de
l'Outaouais, Hull, Qué.

IMMIGRANTS to Louisiana, 1791.

In: F.C.A.G.R. 1: (3) 197-210 Fall '68.
List of passengers who sailed for the
"Compagnie des Indes" en route for Louisiana
from 1st July, 1719.

INDERWICK, Cyril (Mrs.). Papers mainly
relating to the Lees, Wilson and Gemmell
families and members of those families . . .

Source: U.L.Ms. p. 606.
Ms. Original. 2 p. 1829-1904.
Archives of Ontario, Toronto, Ont.

INDEX de recherches généalogiques – ascendance Denis Amyot (1917-   ). Québec, 1970.
[s.p.]

INDEX of Irish Marriages/Inventaire des
mariages irlandais . . .
see under/voir sous:

SAINT PATRICK High School . . .

INDEX onomastique général des greffes des
notaires et des greffes des arpenteurs du
gouvernement de Trois-Rivières sous le
régime français, 1634-1760, selon les occupations et les statuts sociaux.

INDEX onomastique général des greffes des
notaires et des greffes d'arpenteurs du
gouvernement de Trois-Rivières sous le
régime français, 1634-1760, selon les
paroisses ou les seigneurs.

INDIAN Genealogical records, Sask. Records
of births, marriages and deaths of the
members of the Indian Bands at Wolloston
Lake Post; included are members of Lac La
Hache and Brochit Branch.

Source: U.L.Ms. p. 607.
Ms. Photocopies. 423 p. [n.d.]
Saskatchewan Archives Office, Saskatoon, Sask.

INFORMATION concerning descendants of
William Duncanson . . .

Source: U.L.Ms. p. 356.
Ms. Transcripts. 46 p. [n.d.]
Public Archives of Nova Scotia, Halifax, N.S.

INGERSOLL, J.H. The Ancestry of Laura
Ingersoll Secord.

In: Ontario Hist. Soc. Papers and records 23:
360-364 '26.
A paper read before the Welland County
Historical Society.

INGERVELD, George E., Alta. Notes on
prominent Millarville pioneers.

Source: U.L.Ms. p. 608.
Ms. Original. 2 p. 1961.
Glenbow-Alberta Institute, Calgary, Alta.

INKERMAN, N.-B. Saint-Michel, paroisse
(catholique). Registre de la paroisse,
1818-1920.

Source: C.C.Ms. p. 609.
Ms. Microfilm. 1 bobine.
Archives acadiennes, Moncton, N.-B.

INSTITUT généalogique Drouin, Montréal.
Arbre généalogique de Henri et Georges
Duclos.

Manuscrit.
Archives nationales du Québec, Québec, Qué.

____. Dictionnaire national des Canadiens-
français, 1608-1760 . . . Avant-propos par
mgr Irenée Lussier . . . Montréal, L'Institut,
c1958. 3 tomes. (12-1974) p.

La couverture porte en outre: Complément de
l'arbre généalogique de tout Canadien-français.
Sommaire: v.1: Partie généalogique A-K; -2.
. . . L-Z; -3. partie historique, A-Z.

____. Généalogie de Joseph Arthur Labonté.
Montréal, 27 juin 1945. [p.v.]

Manuscrit.
Archives nationales du Québec, Québec, Qué.

INTÉRÊT de la généalogie pour l'historien entre l'histoire et la généalogie au niveau de la méthode.

Dans: Revue historique. 23: (9) 11-14 '68.

INTERMÉDIAIRE des chercheurs et curieux; mensuel de questions et réponses historiques, littéraires, artistiques et sur toutes autres curiosités. 1ère année, 1894- . Paris.

Réponses à des questions de généalogie ayant un lien avec (ou par) des Canadiens.

INVENTAIRE général des sources documentaires sur les Acadiens. Moncton, 1975.

INVENTAIRE sommaire des Archives judiciaires conservé au Palais de Justice de St-Joseph, district de Beauce.

Dans: Rapport de l'archiviste de la prov. de Québec, 1921/22, p. 388-390.

INVENTAIRE sommaire des Archives judiciaires conservées au Palais de Justice de Chicoutimi.

Dans: Rapport de l'archiviste de la Prov. de Québec, 1921/22, p. 381-387.

IRENÉE-MARIE (CARON), f.i.c., co-aut.
voir sous:

ALFRED-MARIE, f.i.c. Familles Lambert . . .

IRVING family, N.S. Copy of typed genealogy of the Maxwell, Irving and Fraser (Ogg) family of Mount Thom.

Source: U.L.Ms. p. 613.
Ms. Photocopies. 44 p. [n.d.]
Public Archives of Nova Scotia, Halifax, N.S.

IVES, Joel H., Ont., Que. . . . Ives family tree, comp. by W.H. Hunt.

Source: U.L.Ms. p. 614.
Ms. Original.
Brome County Historical Society, Knowlton, Que.

JACKSON, Elva Ethel. Cape Breton and the Jackson kith and kin. Windsor, N.S., Lancelot Press, c1971. 264 p.

Bibliography: pp. 247-249.

____. ". . . The Musgrave family", . . . "Granny Ross and her times", "The Pioneer Meloney family."

Source: U.L.Ms. p. 615.
Ms. Photocopies. 54 p. 1956-1966.
Cape Bretoniana Archives. St. Francis Xavier University, Sydney Campus, Sydney, N.S.

JACKSON, James A. Centennial History of Manitoba. Winnipeg, Manitoba Historical Society in association with McClelland & Stewart Ltd., 1971.

Reviewed in: F.C.A.G.R. 3: (4) 238-239 Winter '71.

JACQUART, Joseph. De la généalogie à l'histoire des familles; 40 ans de recherches par acheminements concentriques.

Dans: S.G.C.F. Mém. 14: (5) 115-119 mai '63.

____. Des unions familiales, dites gentilices.
Dans: S.G.C.F. Mém. 12: (4) 221-223 oct./déc. '61.
Au sujet des associations de familles.

____. La Descendance de Charlemagne en Belgique.
Dans: S.G.C.F. Mém. 10: (1/2) 3-4 janv./avr. '59.
Article aussi paru dans Vers l'avenir, quotidien namurois, Belgique, le 29 déc. '52.

____. Du tronc à la ramure: généalogie et paysannerie.
Dans: S.G.C.F. Mém. 12: (4) 213-216 oct./déc. '61.

____. Faites "revivre" l'histoire de votre famille.
Dans: S.G.C.F. Mém. 7: (4) 193-198 oct. '56; 8: (2) 65-71 avr. '57; 8: (3) 129-131 juil. '57.

____. Famille et généalogie.
Dans: S.G.C.F. Mém. 14: (3) 57-61 juil./sept. '63.

____. Généalogie et sociologie.
Dans: S.G.C.F. Mém. 10: (1/2) 5-9 avr. '59.

____. Généalogie et tourisme.
Dans: S.G.C.F. Mém. 10: (3/4) 101-102 juil./oct. '59.

____. Généalogie, hier, aujourd'hui, demain.
Dans: S.G.C.F. Mém. 9: (1) 3-7 janv. '58.

____. La Généalogie moderne: pour une conception élargie des travaux généalogiques.
Dans: S.G.C.F. Mém. 7: (3) 135-137 juil. '56.

____. Généalogie, science humaine par excellence.
Dans: S.G.C.F. Mém. 14: (6) 127-138 juin '63.

JACQUART, Joseph. La Généalogie vivante.

Dans: S.G.C.F. Mém. 6: (5) 194 janv. '55.

____. Les "gens", force du peuple romain, va-t-elle revivre dans la France moderne?

Dans: S.G.C.F. Mém. 5: (4) 200-202 juin '53. Suivi d'une liste d'associations familiales belges: p. 202.

____. "Je descends de Charlemagne, ma femme aussi et vous? Beaucoup ignorent le fait, peu en cherchent la trame."

Dans: S.G.C.F. Mém. 11: (1) 3-5 janv./avr. '60. Extrait de Phare du 21 déc. 1958, p. 8.

____. Pour mieux étoffer l'histoire de nos familles, passons de la généalogie pure à la généalogie appliquée.

Dans: S.G.C.F. Mém. 15: (1) 3-5 janv./mars '64.

____. Pour une généalogie plus humaniste.

Dans: S.G.C.F. Mém. 21: (3) 144 juil./sept. '70.

____. Trame de notre destin.

Dans: S.G.C.F. Mém. 14: (7/9) 151-152 juil./sept. '63.

____. Vous provenez d'une famille-souche mais où plongeaient ses racines?

Dans: S.G.C.F. Mém. 15: (2) 67-69 avr./juin '64.

JACQUES, Madeleine, co-aut.

voir sous:

SAVOIE, Donat et Madeleine Jacques. Problèmes . . .

JACQUES de Noyon and Abigail Stebbins.

In: F.C.A.G.R. 3: (1) 29-47 Spring '47. Genealogies on the Noyons, Stebbins, Alexanders.

JACQUES Dupré, Terrebonne.

In: F.C.A.G.R. 2: (1) 62-63 Spring '69.

JACQUES Goulet.

Dans: S.G.C.F. Mém. 15: (4) 227 oct./déc. '64. Notules généalogiques. Sur l'unique ancêtre des familles Goulet au Canada et des É.-U.

JACQUES Simonet, maître de forges, champenois en Nouvelle-France (1682-1747).

Dans: Cahiers Haut-marnais, no 125, 2e trim. 1976, p. 71-74.

JACQUET RIVER, N.-B. Saint-Gabriel, paroisse (catholique). Registres de la paroisse, 1886-1920.

Source: C.C.Ms. p. 616. Ms. Microfilm. 1 bobine. Archives acadiennes, Moncton, N.-B.

JAMES family, N.S. Pages from the James family Bible.

Source: U.L.Ms. p. 617. Ms. Photocopies. 14 p. [n.d.] Public Archives of Nova Scotia, Halifax, N.S.

JAMESON, Sheilagh S., Alta. Data on Symen Van Wyk and of Galloway House in the Priddis, Alberta area . . .

Source: U.L.Ms. p. 617. Ms. Original. 1958. Glenbow-Alberta Institute, Calgary, Alta.

____. Millar, Malcolm T., Alta. . . . Biography of Millar and family.

Source: U.L.Ms. p. 845. Ms. Original. Glenbow-Alberta Institute, Calgary, Alta.

JANELLE, Joseph Émile. La Famille Delfosse.

Dans: Bull. rech. hist. 46: 360-363 '40.

____. La Famille Janelle; histoire et généalogie. Lettres-préfaces par Elphège J.B. Janelle et J.A. Janelle. Drummondville, La Parole, 1928. 359 p.

JARVIS (Edward Aemilius), Ont. Carbon typescript of the history of the family of William Dummer Powell (1755-1834).

Source: U.L.Ms. p. 618. Ms. Original. 13 leaves. [n.d.] University of Toronto Library, Toronto, Ont.

____. Histories of the Jarvis and Powell families.

Source: U.L.Ms. p. 618. Ms. Transcripts. 39 p. Metropolitan Toronto Central Library, Toronto, Ont.

JARVIS, George Atwater. The Jarvis Family, or the descendants of the first settlers of the name in Massachussetts and Long Island and those recently settled in other parts of the United States and British America, collected and compiled by George A. Jarvis, George Murray Jarvis and William Jarvis Wetmore, assisted by Alfred Harding. Hartford, Lockwood & Brainard Co., 1879. vii, 347 p.

JARVIS, Julia Isabel. The Roe family story; a frivolous collection of facts and fantasy. Toronto, [n.p.], 1979. 47 (2) leaves (9) p.

Mimeographed. Portraits at the end of the volume.

____. Three Centuries of Robinsons; the story of a family. (Don Mills, Ont., T.H. Best Printing, 1967). 198 p.

Genealogical tables.
Canadian section: part 2.

____. . . . Toronto, 1953. ii, 170 p.

JARVIS, Pervy Beaumont, Alta. Papers relating to the Jarvis family, United Empire Loyalists, who were prominent in the North-West Mounted Police.

Source: U.L.Ms. p. 619.
Ms. Transcripts. 27 p. 1874-1953.
Glenbow-Alberta Institute, Calgary, Alta.

JARVIS family. Papers of the Jarvis family and in particular of William Jarvis (1782-1813), 1845, and some members of the Peter family (1789-1824), 1901.

Source: U.L.Ms. p. 619.
Ms. Original. 687 p.
Public Archives of Canada, Ottawa, Ont.

JAY et Nogentel, familles, Qué. Documents divers relatifs aux familles du Jay et de Nogentel.

Source: C.C.Ms. p. 620.
Ms. Originaux. 4 pouces. 1573-1738.
Archives nationales du Québec, Québec, Qué.

JEAN, Georges Lawrence, comp. Généalogie de Georges Jean, 1160, avenue Bélanger, Ottawa.

Dans: La Tribune de Hull 29 juin 1961.

____. Répertoire des mariages de Luskville, St-Dominique d'Eardley, comté de Gatineau, 1886-1963. Québec, Société canadienne de Généalogie, 1964. 26 p. (Publication no 11).

Polycopié.

____. Répertoire des mariages de Sainte-Rose-de-Lima, comté de Papineau, 1890-1963. Québec, Société canadienne de Généalogie, 1965. 48 f. (Contribution no 12).

JEAN, Georges Lawrence et Gérard E. PROVENCHER, comp. Répertoire des mariages de Saint-Pierre-de-Wakefield, comté de Gatineau, 1891-1960. Québec, Société canadienne de Généalogie, 1964. 23 p. (Contribution no 8).

Polycopié.

JEAN, Georges Lawrence, co-comp.
voir aussi sous:

PROVENCHER, Gérard E. et Georges L. Jean, comp. Mariages de l'Outaouais, v.1-2
. . .

PROVENCHER, Gérard E. et Georges L. Jean, comp. Répertoire des mariages de Notre-Dame de la Salette . . .
PROVENCHER, Gérard E. et Georges L. Jean, comp. Répertoire des mariages de Poltimore . . .
PROVENCHER, Gérard E. et Georges L. Jean, comp. Répertoire des mariages du Lac Ste-Marie . . .
PROVENCHER, Gérard E., Georges L. Jean et Rita Séguin, comp. Répertoire des mariages de Ripon . . .
PROVENCHER, Gérard E., Michel Langlois et Georges L. Jean, comp. Mariages de l'Outaouais, v.6 . . .

JEAN, M.-Louis. Franco-Américains du Vermont.

Coupures de presse provenant des journaux du Vermont, É.-U.: Burlington Free Press et Vermont Sunday News, janv. à août '74.
Index des noms de familles et variations de noms.
Archives nationales du Québec, Québec, Qué.

JEAN Aubuchon dit Lespérance.

Dans: F.C.A.G.R. 3: (4) 249-250 Winter '71.

JEAN Moreau et Anne Guillet.

Dans: S.G.C.F. Mém. 15: (4) 228-229 oct./déc. '64.
Notule généalogique.

JEAN Poisson.

Dans: S.G.C.F. Mém. 15: (4) 227-228 oct./déc. '64.
Notule généalogique.

JEFFERSON, H.B., comp. Evans family, N.S. "Some incomplete notes on the general background and genealogical detail of the Evans-Jefferson families of Wales, Yorkshire, Massachussetts and Round Hill, Annapolis County, Nova Scotia" . . . 1958.

Source: U.L.Ms. p. 385.
Ms. Photocopies. 33 p. [n.d.]
Public Archives of Nova Scotia, Halifax, N.S.

JEFFREY, William Arthur. Chartier genealogy . . . 40 p.

Mimeographed.

____. A Jeffrey Genealogy. New Bedford, Mass., 1971. [v.p.]

Typed copy.
A six-generation genealogical chart of the Jeffrey family is added at the end of the volume, sent by Dr. William Jeffrey of New Bedford, Mass.
Tupper genealogy.
Brosseau dit Laverdure genealogy (Brosseau became Brousseau).
Variations of the name Jeffrey: Jafferey, Jaffray, Jafferay, Jeffries, Jeffray.

____. Our Jeffrey Genealogy. New Bedford, Mass. [n.d.] [n.p.] 28 x 14 cm.

Robert Jeffrey (1796-1849) and Elizabeth Tupper (1799-1853) were married Feb. 4, 1818 at St. Andrew's Church (Presbyterian), Quebec City, Que., Canada by Rev. Alexander Sparks.

JEHN, Janet. Acadian Descendants. Covington, Kentucky, c1972. 5, 176 p.

Registered owners of sections in Lafourche parish, Louisiana (T. 15s-R17E) . . . as of 1872 . . .
The result of over 10 years of research on Acadian families who were related to the author.

JÉRÔME, archiviste. Dictionnaire des changements de noms. Paris, Libr. fr., 1957-   (i.e. 1958-   ).

____. Dictionnaire des changements de noms, 1803-1956. Nouv. éd. Paris, Documents et Témoignages, (1964). 236 p.

Indispensable dans l'étude des ancêtres venus de France.

JESSUP family, Ont. Genealogical chart, 1677-1789.

Source: U.L.Ms. p. 622.
Ms. Original. 1 p.
Public Archives of Canada, Ottawa, Ont.

____. . . . Miscellaneous biographical notes on Jessup family, 1773-1915.

Source: U.L.Ms. p. 622.
Ms. Original.
Archives of Ontario, Toronto, Ont.

JETTÉ, Irenée, ptre, comp. Complément à St-Jacques-le-Mineur. Mariages du comté de Laprairie, 1751-1972. (Sillery, Qué, B. Pontbriand, 1974?). 29 p.

Polycopié.

____. Mariages de Contrecoeur (1668-1966), comté de Verchères et St-Roch-de-Richelieu (1859-1966), comté de Richelieu. Québec, 1968. 264 p. (Publications généalogiques no 50).

Polycopié.
Bibliographie: p. 4.

____. Mariages de St-Antoine-sur-Richelieu (1741-1965), comté de Verchères. Québec, B. Pontbriand, 1966. 194 p. (Publications généalogiques no 36).

Polycopié.

____. Mariages de St-Bruno de Montarville (comté de Chambly, 1843-1967) et St-Basile (1870-1967), comté de Chambly; Ste-Julie (1852-1967), St-Amable (1913-1967) et Ste-Théodosie (1880-1968), comté de Verchères. Québec, B. Pontbriand, 1969. 307 p. (Publications généalogiques no 60).

Polycopié.

____. Mariages de St-Joseph de Chambly (1706-1965), comté de Chambly. Québec, B. Pontbriand, 1964. 347 p. (Publications généalogiques no 32).

Polycopié.

____. Mariages de Verchères (1724-1966). Québec, B. Pontbriand, 1967. 288 p. (Publications généalogiques no. 38).

Polycopié.
Bibliographie: p. 2.

JETTÉ, Irenée, ptre et Benoit PONTBRIAND, comp. Mariages de Beloeil (St-Mathieu, 1772-1968), St-Marc (1794-1968) et McMasterville (1930-1967), comté de Verchères. Québec, B. Pontbriand, 1969. 419 p. (Publications généalogiques no 58).

Polycopié.

____. Mariages de Varennes (1693-1968), comté de Verchères. Québec, B. Pontbriand, 1969. 390 p. (Publications généalogiques no 63).

Polycopié.
Bibliographie: p. 4.

____. Mariages du comté de Laprairie, 1751-1972. Compilation: Irenée Jetté et collab. Québec, B. Pontbriand, 1974. 509 p. (Publications généalogiques no 96)

Le répertoire comprend les paroisses suivantes: St-Philippe (paroisse fondée en 1751), St-Constant (1752), Caughnawaga (1753), St-Isidore (1833), St-Jacques (1834), St-Mathieu

(1918), Sacré-Coeur (1921), Delson (1932), Ste-Catherine (1936), Bonsecours (1953), Christ-Roi (1954), St-Alphonse (1957), Candiac (1960) et Brossard (1966).
Polycopié.
Tirage limitée à 100 exemplaires.

____. Mariages de Laprairie, Notre-Dame-de-la-Prairie-de-la-Madeleine, 1670-1968. Québec, B. Pontbriand, 1970, 272 p. (Publications généalogiques no 67).

JETTÉ, Irenée, ptre et collab. Mariages du comté de Saint-Jean, 1828-1950. Sillery, Qué., B. Pontbriand, 1974. 488 p. (Répertoires des mariages. Publication no 97).

Polycopié.
Comprend les paroisses suivantes: Cathédrale (1828), St-Valentin (1830), Henryville (1833), Grande Ligne (1839), St-Bernard (1842), St-Blaise (1887), Île-aux-Noix (1898), Mont-Carmel (1902), Notre-Dame-Auxiliatrice (1906), St-Edmond (1930).
''Le comté de Laprairie'', par Jean-Jacques Lefebvre: p. 3-6.
Bibliographie: p. 8.
Av.-pr. par: Marthe F. Beauregard: p. 4.
Historique par Lionel Fortin: p. 5-7.
Au dos du volume: Comté de St-Jean.
Tirage limité à 100 exemplaires.

JETTÉ, Irenée, ptre et Lucien GRANGER, comp. Mariages de l'Acadie (1785-1966) et St-Luc (1801-1966), comté de St-Jean. Québec, B. Pontbriand, 1970. 238 p. (Publications généalogiques no 65).

Polycopié.

JETTÉ, Irenée, ptre et René JETTÉ, comp. Mariages de Marieville (1801-1968) et Ste-Angèle-de-Monnoir (1865-1968), comté de Rouville. Québec, B. Pontbriand, 1969. 310 p. (Publications généalogiques no 72).
Polycopié.

JETTÉ, Irenée, ptre, co-aut, co-comp.
voir aussi sous:
RAYMOND, Raoul et Irenée Jetté, ptre, comp. Mariages de St-Mathias . . . et Richelieu . . .

JETTÉ, Raymond. Jetté, nos archives de famille, 1627-1945. [s.l.n.d.] [s.p.]
Polycopié.
Sur dix générations de la famille Jetté.
Archives nationales du Québec, Québec, Qué.

JETTÉ, René, comp. Mariages de La Présentation (1806), St-Barnabé (1840), St-Bernard (1908), St-Jude (1822), St-Thomas-d'Aquin

(1891), comté de St-Hyacinthe. Québec, B. Pontbriand, 1969. 24, 281 p. (Publications généalogiques no 73).

Polycopié.
Index non paginé.
Classé par ordre alphabétique.
Abréviations: p. 6.

____. Mariages de Notre-Dame de St-Hyacinthe (Notre-Dame-du-Rosaire), (1777-1969). Québec, B. Pontbriand, 1970. 408 p. (Publications généalogiques no 77).

Polycopié.

____. Mariages du comté de Missisquoi: 1846-1968. Québec, B. Pontbriand, 1973. 540 p. (Publications généalogiques no 85).

Polycopié.
Comprend les paroisses suivantes: Stanbridge (1846), Durham (1850), Bedford (1869), St-Arnaud (1875), St-Ignace (1877), Sweetsburg (1877), Clarenceville (1885), Frelighsburg (1886), Ste-Sabine (1888), Pike River est (1952), Farnham (1952), Cowansville (1968).
Tirage limité à 100 exemplaires.

____. Mariages du comté de St-Hyacinthe, 1806-1967, comprenant les paroisses suivantes: La Présentation (1806), St-Jude (1822), St-Barnabé (1840), St-Thomas d'Aquin (1891), St-Bernard (1908). Québec, B. Pontbriand, 1969. 305 p. (Publications généalogiques no 73).

Polycopié.

JETTÉ, René et Benoit PONTBRIAND, comp. Mariages de St-Charles, 1741-1967; St-Hilaire, 1799-1967; St-Jean-Baptiste, 1797-1967; Otterburn Park, 1960-1967. Québec, B. Pontbriand, 1969. 372 p. (Publications généalogiques no 71).

Polycopié.

____. Mariages de St-Damase (1823-1967), Ste-Madeleine (1876-1967), comté de St-Hyacinthe; et St-Pie-de-Bagot (1830-1967), comté de Bagot. Québec, B. Pontbriand, 1970. 386 p. (Publications généalogiques no 74).

Polycopié.

____. Mariages du comté de Shefford, 1846-1968, comprenant les paroisses suivantes: Milton (1846), Stukely (1846), Roxton Falls (1850), Valcourt (1854), St-Valérien (1854), La Rochelle (1857), Bromont (1859), St-Joachim (1860), Waterloo (1865), Roxton Pond (1873),

Maricourt (1893), Racine (1906), Bethanie (1916) et Lawrenceville (1922). Québec, B. Pontbriand, 1973. 566 p. (Publications généalogiques no 84).

Polycopié.

JETTÉ, René et Gérard E. PROVENCHER, comp. Mariages de St-Césaire (1822-1967), Rougemont (1886-1967), L'Ange-Gardien (1857-1967), Abbotsford (1868-1967), comté de Rouville. Québec, B. Pontbriand, 1969. 412 p. (Publications généalogiques no 70).

Polycopié.

____. Mariages du comté de Rouville, 1822-1967 . . . Québec, B. Pontbriand, 1969. 412 p. (Publications généalogiques no 70).

Polycopié.

JETTÉ, René et Marthe BEAUREGARD, comp. Mariages du comté de Brome: mission des Cantons de l'Est (1831), St-Étienne-Bolton (1851), Sutton (1877), Knowlton (1871), Adamsville (1873), Mansonville (1881), Eastman (1894), St-Benoit du Lac (1914), Brigham (1925), Abercorn (1941). Québec, B. Pontbriand, 1970. 223 p. (Publications généalogiques no 75).

Polycopié.

JETTÉ, René, co-comp.

voir aussi sous:

JETTÉ, Irenée, ptre et René Jetté, comp. Mariages de Marieville . . . et Ste-Angèle . . .
PONTBRIAND, Benoit et René Jetté, comp. Mariages de St-Hyacinthe . . . v.1 et 2 . . .
PONTBRIAND, Benoit et René Jetté, comp. Mariages de St-Simon . . . Ste-Rosalie . . .
PONTBRIAND, Benoit et René Jetté, comp. Mariages du comté de Bagot . . .

JEUNE-LORETTE, Qué. Saint-Ambroise, paroisse (catholique). Registres de baptêmes, mariages et sépultures, 1774-1780.

Source: C.C.Ms. p. 623.
Ms. Microfilm. 1 bobine.
Archives acadiennes, Moncton, N.-B.

JOB, Robert Brown. John Job's family; a story of his ancestors and successors and their business connections with Newfoundland and Liverpool, 1730-1953. 2nd ed. (St. John's, Telegram Press Co., 1954). 144 p.

JOBIN. Contrat de mariage de Jobin-Girard. Paris, 9 oct. 1639.

Dans: S.G.C.F. Mém. 5: 250-252 '53.
Article non signé.

JODOIN, Alexandre. La Famille de Montenach.

Dans: Bull. rech. hist. 6: 365-372 '00.

JODOIN, Alexandre et J.L. VINCENT. Histoire de Longueuil et la famille de Longueuil. Avec gravures et plans. Montréal, Impr. Gerbhaert-Berthiaume, 1889. 681 p.

JOGGINS, N.-É. Saint-Thomas d'Aquin, paroisse (catholique). Registre de la paroisse, 1849-1918.

Source: C.C.Ms. p. 623.
Ms. Reproductions photographiques. 2 pouces.
Archives acadiennes, Moncton, N.-B.

JOHN Bonne and Rose Lisko.

In: F.C.A.G.R. 2: (4) 284-285 Winter '69.
The original name of John Bonne in Minnesota was Bonin.
Genealogical chart of the Bonin family.

JOHNSON, P.M. Canada's Pacific province. Toronto, 1966.

JOHNSON, William, Que. Marriage certificate of William Johnson and Abigail Hasting.

Source: U.L.Ms. p. 625.
Ms. Original. 1 p. 1857.
Brome County Historical Society, Knowlton, Que.

JOHNSON family, N.S. Ancestry and information on the Johnson family of River John, miscellaneous notes on various Nova Scotian families.

Source: U.L.Ms. p. 625.
Ms. Original. 17 items. Transcripts. [n.d.]
Nova Scotia Public Archives, Halifax, N.S.

JOHNSTON, Agnes Ellen. Clarke family, N.S. Notes containing genealogical and biographical information concerning the Clarke family, 1793-1944 . . .

Source: U.L.Ms. p. 255.
Ms. Photocopies. 38 p. [n.d.]
Public Archives of Canada, Ottawa, Ont.

JOHNSTON, Hugh. Ancestry and descendants of Molly Brant.

In: Ontario History. 63: 86-92 '71.

JOHNSTON, Lorna, Myrtle JOHNSTON and W.J. MILLER, comp. The Abandoned Washburn cemetery, lot 2, conc. XIII, rear of Lansdowne Township, Leeds County, Ont. Prescott, Ont., Leeds and Grenville Genealogical Society, 1976. 3 leaves. (Publication no. 76-7).

JOHNSTON, Marion. The Good Old Days (cartoons by James Holman). Wallaceburg, Ont., Standard Press, 1975. 250 p.

Bibliography: pp. 249-250.
Source: Canadiana. C76-4119-9.

JOHNSTON, Myrtle, co-comp.
see under:

JOHNSTON, Lorna, Myrtle Johnston and W.J. Miller, comp. The Abandoned Washburn cemetery . . .

JOHNSTON, William Henry, comp. A brief history of the descendants of the late Eliza England of Mountrath, Queen's County, Ireland. Compiled from reports made by many members of various branches of the England family, by William H. Johnston, 1763-1940. Exeter, Ont., Times-Advocate Press, 1940. (24 p.)

JOHNSTONE, Agnes Ellen.
see under:

JOHNSTON, Agnes Ellen . . .

JOHNSTONE, Caroline (Biscoe), N.S. Genealogical writings concerning the Annandale Johnstones, ancient and modern, 1808-1935.

Source: U.L.Ms. p. 627.
Ms. Photocopies. 38 p.
Cape Bretoniana Archives. St. Francis Xavier University, Sydney Campus, Sydney, N.S.

JOHNSTONE family, N.S. "Annandale Johnstons . . ." This is the family of James W. Johnstone.

Source: U.L.Ms. p. 627.
Ms. Transcripts. 23 p.
Public Archives of Nova Scotia, Halifax, N.S.

____. Genealogical chart, 1677-1909.
Source: U.L.Ms. p. 627.
Ms. Photocopies. 1 p. (1927).
Public Archives of Canada, Ottawa, Ont.

JOLY, Antoni. Mémoires d'un vieillard: Joseph Delamarre.
Dans: Saguenayensia. 1: (1) 20-21 janv./fév. '59; (2) 20-21 mars/avr. '59.

JOLYS, Jean-Marie. Pages de souvenirs et d'histoire: la paroisse de Saint-Pierre-Jolys au Manitoba. Préf. de L.A. Prud'homme. [s.l., s.n.], (1974). 434 p.

La couverture porte en plus: St-Pierre-Jolys, Manitoba, 1872-1972.
La première éd. du tome 1 par J.M.A. Jolys, St-Boniface, 1914.

Bibliographie: p. 382.
Sommaire: tome 1: Pages de souvenirs et d'histoire, par J.-M. Jolys; -2. Pages de souvenirs et d'histoire, par J.H. Côté; Appendice 1: Pionniers et résidents de Saint-Pierre de 1872-1972; Appendice 2: Hommages.
Source: Bibliographie du Québec. 7: (1) 6 déc. '74.

JONASSON, Eric. Canadian genealogical handbook. Winnipeg, Man., Wheatfield Pr., 1976.

____. . . . 2nd ed., 1978.

____. Icelandic Families. Winnipeg, 1974. 435 p.

____. Tracing Your Icelandic Family Tree. Winnipeg, Wheatfield Pr., c1975. iii, 51 leaves.

Includes bibliographies.
Spiral binding.

JONES, H.V. Franklin. A History of the McDougall family, 1770-1948.
Source: U.L.Ms. p. 797.
Ms. Transcripts. 26 p. 1960.
Public Archives of Canada, Ottawa, Ont.

JORE, L. Mes ancêtres acadiens.
Dans: S.G.C.F. Mém. 6: 257-280, 345-369 '55.

JOSEPH, Abraham, Que. Diairies of Abraham Joseph (1834-1877), together with papers recording his career and activities, and the affairs of some of his descendants, including the Hart and Wolff families.
Source: U.L.Ms. p. 632.
Ms. Original. 5 1/2 inches.
Public Archives of Canada, Ottawa, Ont.

JOSEPH Barbeau, un émigré . . . retracé.
Dans: S.G.C.F. Mém. 22: (1) 57 janv./mars '71.

JOSEPH-ESDRAS Auger and Léocadie Florient.
In: F.C.A.G.R. 4: (3) 189-190 Fall '72.
A seven-generation genealogical chart.

JOSEPH Hubert.
Dans: F.C.A.G.R. 3: (1) 61-62 Spring '71.
Réponse à une question sur Joseph LeBer dit Hubert.

JOSEPH Thibault and Marie Derousse.
In: F.C.A.G.R. 3: (4) 244-245 Winter '71.

JOSSEAUME, Michel. Autour de Jacques Cartier.

Dans: S.G.C.F. Mém. 21: (1) 26-46 janv./mars '70.

JOST, Arthur Cranston. Guysborough sketches and essays. Guysborough, N.S., 1950. 1 p. 1, 414 p.

JOST family, N.S. Genealogical information of the Jost family.

Source: U.L.Ms. p. 632.
Transcripts. 3 p.
Public Archives of Nova Scotia, Halifax, N.S.

JOUBERT, Lionel-O. Les Descendants de Pierre-Honoré Joubert.

Dans: S.G.C.F. Mém. 9: 222-232 '58; 10: 53-66 '59.

____. Pierre Honoré Joubert, premier capitaine des milices de Chambly. Auzet, 1730, Chambly (1788).

Dans: S.G.C.F. Mém. 9: 223-232 '58.

JOURNAL de la survivance des familles Paré. vol. 1, no 1, déc. 1953- . Sherbrooke. Annuel.

JOURNAL des Bernier; "La voix des Bernier en Amérique". Vol. 1, no 1, 1960- . Montréal.

Continué par: Le Journal historique des Bernier.

(Le) JOURNAL des Jésuites. Montréal, Éd. J.M. Valois, 1892, et Éd. François-Xavier, Montréal, 1973. 403 p. (Publication Laverdière).

JOURNAL historique des Bernier. Montréal, Société historique des Bernier, vol. 10, no 3, août 1970- . Trimestriel.

Fait suite à: Journal des Bernier.
Comprend aussi du texte en anglais.

JOURNEAU, Martin Napoléon, t.s.s. Autour de la famille Journeaux. Montréal, 2 fév. 1952. [s.p.]

"Noces d'or de M. et Mme Eugène Journault."

____. Autour de la famille Journeaux; documents recueillis par le Rév. Frère Martin Napoléon Journeau. Vue d'ensemble sur la généalogie. La famille Journault au Canada et aux États-Unis. Montréal, 1947 i.e. mars 1948. 32 p.

"Le présent travail fait suite à deux autres qui portent le même titre et qui offrent un coup d'oeil d'ensemble sur toute la famille Journault

et qui comprend deux branches principales: celle de François Journault et celle de Thomas Journault, tous deux originaires de l'Île de Jersey."

JOURNEAU, Martin Napoléon, t.s.s.
voir aussi sous:
MARTIN (frère). Napoléon Journeau.

JOYAL, Eleanor Ruth, co-aut.
see under:
JOYAL, Erwin C. and Eleonor Ruth Joyal. A Tercentenial [sic] history of the Joyal family . . .

JOYAL, Erwin Carlyle and Eleonor Ruth Joyal. A Tercentenial [sic] history of the Joyal family. Bath, N.B., c1960. 3 parts in 2.

JOYCE, André P. La Famille Joyce. Buckingham, 1980. 155 p.

Lignée généalogique avec des extraits de baptêmes, mariages et sépultures.
Polycopié.
Archives nationales du Québec, Québec, Qué.

____ . . . May 2nd, 1978 . . .

"History of two pioneer families, the Joyces of Irish background, and the Zinckies, a family with its roots in Germany . . ." (Introd.)

JUCHEREAU de Saint-Denis, famille, Qué. . . . Notes généalogiques . . . 1740-1820.

Source: C.C.Ms. p. 633.
Ms. Copie. 1/4 pouce.
Archives nationales du Québec, Québec, Qué.

JUCHEREAU dit Duchesnay, famille, Qué. . . . Notes généalogiques.

Source: C.C.Ms. p. 633.
Ms. Originaux.
Archives nationales du Québec, Québec, Qué.

JULIEN, Anne. Généalogie en ligne directe d'Anne Julien. (Québec), 1973. [p.v.]

Polycopié.
Notes diverses.
Variations du nom: Hellot, Elot devenu Julien (Elot dit Julien).
Tableau d'ascendance d'Anne Julien (tableau généalogique plié).
Archives nationales du Québec, Québec, Qué.

JULIEN, Bruno, comp. Répertoire des mariages de St-Joachim de Chateauguay, 1736-1963. (Montréal), Société généalogique canadienne-française, 1965. 212 p. (Publications no 2).

JURGENS, M. Recherches sur Louis Hébert et sa famille.

Dans: S.G.C.F. Mém. 8: 106-112, 135-145 '57;
11: 24-31 '60.
Précédé d'un tableau généalogique des
"Pajot", parents maternels de Louis Hébert.

JURRY, J.E.J. Genealogie van het Geslacht
Jarry; branche de Holland, van 1415-1959.
(Gravenhage, Aug. 1958). 33 p.

Polycopié.
Ouvrage en français et en hollandais.
"Généalogie de la maison Jarry . . . de
Hollande", p. 2-5.

KAMINKOW, Marion J. Genealogies in the
Library of Congress; a bibliography of
family histories of America and Great
Britain. 2nd pr. Baltimore, Magna Carta,
1974.

20 000 entries, including some published in
Europe and elsewhere. Covers every entry in
the family-name index of the local history and
genealogy room of the Library of Congress.
Over 25 000 cross-references. Updates the
printed Library of Congress bibliographies of
1910 and 1919 and the microcard editions of
1954.
Includes hundreds of Canadian references.

____. United States local histories in the
Library of Congress; a bibliography. Baltimore, Magna Carta, 1975. 4 vols.

Compiled from a microfilm copy of the
Library's shelf list for Library of Congress
classification FL-975.
"A Bicentennial book."
Includes biographies and genealogies of Cana-
dian sources.

KAMINOW, J. and M. Kaminow. A List of
emigrants to America, 1718-1759. New York,
1964. 398 p.

Many of those emigrants came to settle with
their families in Canada.

KARNOOUH, C. Établissement de la généalogie des familles actuellement présentées
dans un village lorrain et d'un recensement
complet de la terminologie de parenté.

Dans: Études rurales. no 42, avr. '71, p. 7-51.

KAVALER, Lucy. Les Fabuleux Astor, une
extraordinaire dynastie. Paris, Éd. de
Trévise, (1968). 354 p.

Trad. de: The Astors.

KAVANAGH, Martin. La Vérendrye, his life
and times (with many illustrations and
maps). A biography and a social study of a
folklore figure, soldier, fur trader, explorer.
(Brandon, Man., c1967). xiv, 262 p.

"Genealogical tree showing growth of families
of Pierre Gaultier de Varennes and de La
Verendrye": Appendix I.
"Genealogical tree of Pierre Gaultier de
Varennes de La Verendrye": Appendix IA.
"Genealogical tree of Marie-Anne Dandon-
neau, wife of La Verendrye": Appendix IB.
"Genealogical tree of Christopher de La
Jemmeraye": Appendix II.

KAYE, Vladimir. Early Ukrainian Settlements
in Canada, 1895-1900. Toronto, 1964. 212 p.

KAYE family, N.S. Some genealogical information.

Source: U.L.Ms. p. 636.
Ms. Original. 5 p.
Public Archives of Nova Scotia, Halifax, N.S.

KEAN NELSON, Jeannette A., comp. Our
New France ancestors and us. El Cajon,
Cal., 1977. 72 p.

Summary: Sect. 1: Mayrand, including related
families of Heney, Roy, Couvet, Lupien,
Duguay, Harnois and Prudhomme; -2. Pageau,
including spelling Paggeot, Pageot, Paggot;
also allied families such as Halle (Holey),
Bedard, Jobin, Paradis, Roy, Froget (Forget),
Martin and Norman; -3. Mayrand and Paggot,
including allied families of Harris, Mongrain,
Fleury, Cornwell, Kean, Judy, Hampson,
Nelson, Rothwell and James; -4. Multigenera-
tion pedigree chart of Marie Lois Nelson.

KEATING family, N.S. Genealogies of Keatings
from Wexford, Ireland, 1178-1761, and also
the Keatings of Nova Scotia, 1761-1960.

Source: U.L.Ms. p. 636.
Ms. Photocopies. 3 p.
Cape Bretoniana Archives, St. Francis Xavier
University, Sydney Campus, Sydney, N.S.

KEATOR, Alfred Decker. Three Centuries of
the Keator Family in America. New York,
American Historical Co. Inc., 1955. 351 p.

Addenda and corrections published in
Harrisburg, Pa. in 1961 (at the end of the
book). [v.p.]

KEAYS, Frederick, comp. Genealogy of the
Wright family, 1631 to 1950. Calgary, Alta.,
Feb. 1950. [v.p.]

KEDDY (Kedy, Ketty, Kety) family, N.S. "The
Kedy family of Nova Scotia", compiled by
C.S. Stayner.

Source: U.L.Ms. p. 637.
Ms. Transcripts. 1/2 inch. [n.d.]
Public Archives of Nova Scotia, Halifax, N.S.

KEDDY (Kedy, Ketty, Kety) family, N.S.
Notes on Alexander Ketty, M.L.A., 1758,
and his family.

> Source: U.L.Ms. p. 637.
> Ms. Transcripts. 2 p. [n.d.]
> Public Archives of Nova Scotia, Halifax, N.S.

KEEFER, Robert. Memoirs of the Keefer
family. Norwood, Ont., Norwood Register
Press, 1935. 3 p. 1 (9)-26 (4) p.

> Blank pages for births, marriages and deaths at
> the end of the document.

KEEFER, Marion Christina, Robert F. KIRK
and Audrey L. KIRK. Some references and
sources for the family historian in the
Province of Ontario. Produced by the
Ontario Genealogical Society, Hamilton
Branch, 1974. 18 p.

____. Toronto, 1978.

KEIFFER, Phoebe White Robertson. Immigration into New Brunswick; Charles Robertson
and Mary McPherson Robertson, 1803, and
their descendants; . . . a genealogical record.

> Source: U.L.Ms. p. 1059.
> Ms. Transcripts. 105 p. 1803.
> University of New Brunswick Archives,
> Fredericton, N.B.

KEITH, Gerald, co-comp.
see under:

> AMOS, Malcolm Frederick. Descendants of
> Edmund and Jane (Webb) Price . . .

KEIVER, Margaret Cummer. Jacob's flock,
1732-1975. [n.p.] c1976. (Pr. in Altona,
Man.) ii, 302 p.

> "Part 1 and 2 is a copy of the original Cummer
> memoranda that was published in Cleveland in
> 1911." (p. i).

KELL, J.A.C., co-aut.
see under:

> GOODFELLOW, Clara, John Clifton KELL,
> Mary Jane Campbell and J.A.C. KELL. A
> Tribute to our parents . . .

KELL, John Clifton, co-aut.
see under:

> GOODFELLOW, Clara, John Clifton KELL,
> Mary Jane Campbell and J.A.C. Kell. A
> Tribute to Our Parents . . .

KELLEY, Arthur Reading, canon. The
Archives of the Church of England in the
diocese of Quebec.

> In: Bull. rech. hist. 59: 91-104 '53.

____. Register of acts of baptisms, marriages
and burials performed in the English Church
(the Church of England in Quebec),
1759-1791.

> Source: U.L.Ms. p. 638.
> Ms. Transcripts. 2 inches. 1759-1795.
> Archives nationales du Québec, Québec, Qué.

KELLY, Gerald M. Corollary to the article
"Un enfant métis de Charles d'Aulnay".

> Dans: Soc. hist. acad. Cahiers. 4: (6) 236-242
> juil./sept. '72.
> Notes supplémentaires à l'article ci-haut
> mentionné dans les mêmes Cahiers. 4: (2) 48-61
> juil./sept. '71.

____. Louis Allain in Acadia and New England

> In: Soc. hist. acad. Cahiers. 4: (9) 362-379
> avr./juin '73.

____. Louis Aubert Duforillon in Acadia.

> In: Soc. hist. acad. Cahiers. 44e cahier 5: (4)
> 150-160 juil./sept. '74.

KELLY family, N.S. Genealogical information.

> Source: U.L.Ms. p. 639.
> Ms. Photocopies. 28 p. [n.d.]
> Public Archives of Nova Scotia, Halifax, N.S.

KELVINGTON Historical Society. Tears, toils
and triumphs; story of Kelvington and
district. Kelvington, Sask., 1980. 829 p.

> Family names not indexed in this edition (see
> index).

KEMPTVILLE, Ont. Holy Cross Church
(Catholic). Parish register, 1845-1868.

> Source: U.L.Ms. p. 640.
> Ms. Photocopies. 1 1/2 inches.
> Public Archives of Canada, Ottawa, Ont.

KENNEDY, Patricia. How to trace your
Loyalist ancestors; the use of the Loyalist
sources in the Public Archives of Canada; a
paper. Ottawa, Ontario Genealogical Society,
Ottawa Branch, 1971, 1973. 14 p. (Publication 73-15).

KENNEDY, Patricia, Jean-Marie LEBLANC
et Janine ROY. Guide des sources généalogiques au Canada. Ottawa, Archives
publiques du Canada, Division des
Manuscrits, 1980.

KENNEY, Alice P. The Gansevoorts of
Albany; Dutch patricians in the Upper
Hudson Valley. (Syracuse, N.Y.), Syracuse
University Press, 1969. 322 p.

> Bibliography: pp. 299-309.

KENNY, James F. The Genealogy of Charles Lawrence, Governor of Nova Scotia.

In: Canadian Hist. Assoc. Report of the annual meeting, 1932, pp. 81-86.
Genealogical table of Sir Lawrence's family.

KENT County, Ont. St. Peter's Catholic Church. Parish registers, 1802-1886.

Source: U.L.Ms. p. 643.
Ms. Microfilm. 1 reel.
Hiram Walker Historical Museum, Windsor, Ont.

KENT family, N.S. Genealogical chart with biographical details, 1738-1956, tracing the family of Edward Augustus, Duke of Kent, and Madame Julie St-Laurent.

Source: U.L.Ms. p. 643.
Ms. Photocopies. 3 p. 1961.
Public Archives of Canada, Ottawa, Ont.

____. Information about descendants of Benjamin Kent.

Source: U.L.Ms. p. 643.
Ms. Original. 1 p. 1746-1788.
Public Archives of Nova Scotia, Halifax, N.S.

KEROUAC-HARVEY, Raymond. L'Album; pensées des descendances de Maurice-Louis-Alexandre LeBrice de Kérouac depuis 1730. Ste-Foy, Qué., 1980. 141 p.

KERR, John Blaine Kerr. Biographical Dictionary of Well-Known British Columbians. Vancouver, B.C., 1890. xxx, 326 p.

KERR, Lila.
see under:

GAUTHIER, Juliette, Ont. . . . Clippings relating to Juliet Gauthier . . .

KERR, Wilfred Brenton. From Scotland to Huron; a history of the Kerr family. (Seaforth, Ont., Huron Expositor, 1949). 48 p.

KERSABIAC, Marg.-M. de. Canada, mon cousin.

Dans: S.G.C.F. Mém. 15: (3) 136-137 juil./sept. '64.
Sur la famille Aubert de Gaspé.

KETCHESON Family History Publication Committee. A Genealogical history through eight generations in Canada of the Ketcheson family and descendants. [n.p.], 1958. 72 p.

KEYS, Isaac, Que. Notes on the Keys family.

Source: U.L.Ms. p. 645.
Ms. Original. 1 p. [n.d.]
Brome County Historical Society, Knowlton, Que.

KIBBE, James Allan. The Wood family, Sackville, N.B., being a genealogy of the line from Thomas Wood, of Rowley, Mass., born about 1634, to Josiah Wood of Sackville, N.B., born in 1843. With many facts concerning the collateral lines. Sackville, N.B., Wood, 1904. 43 p.

KIDD, Betty H. Using maps in tracing your family history. Ottawa, Ont., Genealogical Society, 1974. 48 p. (Publication 74-14).

"A well-illustrated and documented work valuable for any person interested in researching their family background."
Bibliography: pp. 39-41.

KIDSON family, N.S. Genealogical notes on the family . . .

Source: U.L.Ms. p. 646.
Ms. Original.
Public Archives of Nova Scotia, Halifax, N.S.

KIDSTON family, N.S. Some genealogical information on the Kidston and Law families.

Source: U.L.Ms. p. 646.
Ms. Original.
Public Archives of Nova Scotia, Halifax, N.S.

KIERZKOWSKI, Alexandre-Édouard, Qué. Documents relatifs . . . à la famille Kierzkowski . . . Notes sur la famille de Saint-Ours, arbres généalogiques.

Source: C.C.Ms. p. 646.
Ms. Originaux. 1 pied. 1823-1958.
Archives publiques du Canada, Ottawa, Ont.

KILLARNEY, Man. Biographical information on the pioneer settlers of Killarney, Man.

Source: U.L.Ms. p. 647.
Ms. Transcripts. 8 inches. 1880-1967.
Provincial Archives of Manitoba, Winnipeg, Man.

KILMAN, Grady W. Bibliographic guide to the genealogy and local history collection of the Bayouland library system.

"Canada": p. 33 (Table of contents).

KILPATRICK-HELWIG, Bette Jeanne. This is my line. [n.p., n.d.] 214 p.

Genealogical tables.
Bibliography: pp. 183-188.
Index: pp. 189-214.

KILROY, Margaret Claire. In the footsteps of the habitant on the south shore of the Detroit River.

In: Ontario Hist. Soc. Papers and records. 7: 36-30 '06.

KING, Amy Edith, B.C. Baptismal certificate, March 7, 1875 (birthdate was Nov. 1, 1874), extracted from register June 29, 1933.

Source: U.L.Ms. p. 647.
Ms. Original. 1 p. 1875.
Provincial Archives of British Columbia, Victoria, B.C.

KING, Hezekiah, N.S. . . . Genealogical information . . .

Source: U.L.Ms. p. 648.
Ms. Microfilm. [n.d.]
Public Archives of Nova Scotia, Halifax, N.S.

KING, William Burgess, N.S. Some genealogical information.

Source: U.L.Ms. p. 648.
Photocopies. 3 p. [n.d.]
Public Archives of Nova Scotia, Halifax, N.S.

KINGS County Historical Society, N.B. Newsletter of Kings County Historical Society . . . Jan. 1962-   .

KINGSCLEAR, N.B. Parish Church (Anglican). Baptisms, 1816-1902.

Source: U.L.Ms. p. 649.
Ms. Microfilm. 15 feet.
Provincial Archives of New Brunswick, Fredericton, N.B.

KINGSTON, N.B. Trinity Anglican Church. Baptisms, marriages and burials, 1816-1970 . . .

Source: U.L.Ms. p. 650.
Ms. Microfilm. 30 feet. 1784-1900.
Provincial Archives of New Brunswick, Fredericton, N.B.

KINGSTON, Ont. St. George's Church. Parish register.

In: Ontario Hist. Soc. Papers and records. 1: 29 1899.

____. Parish registers of Kingston, Upper Canada, 1785-1811, ed. with notes and introd. by A.H. Young . . . for the Kingston Historical Society. Kingston, Ont., The British Whig Pub. Co., 1921. 207 p.

KINGSVILLE Centennial Committee. Historical Division. Kingsville through the years 1783 to 1952. Lakeshore Pub. Co., 1952. 105 p.

Family chronicles: chapter 6, pp. 53-82.

KINLEY, Robert Bruce, N.S. Lists of persons baptized by Rev. R.B. Kinley.

Source: U.L.Ms. p. 652.
Ms. Original. 17 p. 1890-1899.
Acadia University Archives, Wolfville, N.S.

KINNEAR, James. G. Kinnear's Mills; being a story of the settlement of that place and of the life and times of Harriet Wilson and James Kinnear and their descendants. Compiled, written and published by James G. Kinnear. King, Ont., 1971. 175 p.

KINZIE, W.A. Kinzie family history.

In: Waterloo Hist. Soc. Report. 39: 173-182 '41.

KIPLING, Clarence, Alta. Approximately 250 genealogies of the families of Red River settlers, fur traders and employees of the Hudson's Bay Company and the North West Co. Microfilm copy of a scrapbook containing genealogical information on the Brazeau, Brabant, McGillis, Grant and MacDonald families, early settlers in the Canadian west. There is also an index to parish registers of the following churches of the Red River settlement: St. Boniface (Roman Catholic), 1825-1834; St. John's (Anglican), 1820-1882, and St. Andrews's (Anglican), 1835-1884. The index, consisting of 2500 cards, was compiled by Kipling.

Source: U.L.Ms. p. 653.
Ms. Photocopies. 8 inches. Microfilm. 1 reel.
Public Archives of Canada, Ottawa, Ont.

____. Biographical and genealogical notes on Red River settlement families.

Source: U.L.Ms. p. 653.
Ms. Photocopies. 1/2 inch. 1966.
Provincial Archives of Manitoba, Winnipeg, Man.

____. Index cards to the parish registers of churches in the Red River settlement . . .

Source: U.L.Ms. p. 653.
Ms. Transcripts. 2500 index cards.
Public Archives of Canada, Ottawa, Ont.

____. Scrapbook containing information about Brazeau, Brabant, Grant, McGilles and MacDonald families.

Source: U.L.Ms. p. 653.
Ms. Microfilm. 1 reel.
Public Archives of Canada, Ottawa, Ont.

KIPPEN family, Ont. Genealogical chart and notes of the Kippen family covering the period, 1819-1972.

Source: U.L.Ms. p. 653.
Ms. Photocopies. 11 p. 1972.
Public Archives of Canada, Ottawa, Ont.

KIRK, L. Audrey, co-aut.
see under:

KEFFER, Marion Christina, Robert F. Kirk
and Audrey L. Kirk. Some references and
sources . . .

KIRK, Robert F., co-aut.
see under:

KEFFER, Marion Christina, Robert F. Kirk
and Audrey L. Kirk. Some references and
sources . . .

KIRKCONNELL, Watson. Mediaeval mosaic;
a genealogical supplement to "Climbing the
Green Tree". Wolfville, N.S. Kirkconnell,
1976. 32 p.

KIRKENDALE family, Ont. A table of the
descendants to date of Kirkendale (1760-1854)
and Rada Sargent Smith (1780-1845); a
genealogical history of the Kirkendale
family, 1648-1964, with charts by W.A.
Kirkendale.

Source: U.L.Ms. p. 654.
Ms. Original. 21 p. Photocopies. 7 p.
1648-1964.
Public Archives of Canada, Ottawa, Ont.

KIRKPATRICK, Doris. Around the World in
Fitchburg. Ed. by Fitchburg Historical
Society, 1975. 451 p.

On the Fitch family and other French-Canadian
families as those of Boivin, Bourque,
Beauchemin, Forest, Fortier, Marceau, Demers,
Cartier.

KIRKTON Parish, Ont. Anglican Church.
Anglican Church parish registers recording
baptisms, marriages and burials, 1862-1971,
in the Anglican churches of St. Paul's,
Kirkton, Trinity Church, Prospect Hill, St.
Patrick's, Saintsbury and St. Thomas,
Granton, Ont.

Source: U.L.Ms. p. 655.
Ms. Photocopies. 276 p. Microfilm. 1 reel.
Public Archives of Canada, Ottawa, Ont.

KLINE family, N.S. Notes on the family from
1752.

In: U.L.Ms. p. 655.
Ms. Original. 1 p. [n.d.]
Public Archives of Nova Scotia, Halifax, N.S.

KLYMASZ, Robert Bogdan. A Classified
Dictionary of Slavic Surname Changes in
Canada. Winnipeg, Ukrainian Free Academy
of Science, 1961. 64 p.

Presents extensive material on over 2000 Slavic
surname changes.

KNIGHT family, N.B. . . . Family records,
1795-1864 . . .

Source: U.L.Ms. p. 656.
Ms. Original. 2 inches.
New Brunswick Museum, St. John, N.B.

KNOWLES family, N.S. Historical sketch of
the Knowles family.

Source: U.L.Ms. p. 657.
Ms. Transcripts. 3 p. [n.d.]
Public Archives of Nova Scotia, Halifax, N.S.

KNOWLES family, Ont. Register of the places
and dates of births, marriages and deaths of
William Knowles and Charlotte Ward and
their progeny.

Source: U.L.Ms. p. 657.
Ms. Photocopies. 1 p. 1814-1907.
Public Archives of Canada, Ottawa, Ont.

KNOWLTON, William Keene, Que. . . .
Miscellaneous papers consisting of genealogical sheets giving information on births,
marriages and deaths of the various members
of the Knowlton family.

Source: U.L.Ms. p. 657.
Ms. Original. 220 p. 1865-1905.
Brome County Historical Society, Knowlton,
Que.

KNOX, John. Material transcribed from various
repositories in London and in Ireland
relating to the career and genealogy of Knox
. . .

Source: U.L.Ms. p. 658.
Ms. Original. 6 p. Transcripts. 28 p.
Public Archives of Canada, Ottawa, Ont.

KOENIG, Maurice. Famille Koenig en Canada;
un baron allemand allié à deux familles
canadiennes-françaises.

Dans: S.G.C.F. Mém. 16: (1) 269-270
janv./mars '65.

KRUGER, Johann Friedrich Theodor. Copy of
certificate of Kruger's birth May 30, 1829 in
Germany; oath of allegiance subscribed to by
Kruger.

Source: U.L.Ms. p. 659.
Ms. Photocopies. 2 p.
Provincial Archives of British Columbia,
Victoria, B.C.

KUPER, Augustus, Que. . . . Genealogical notes and records extending to 1856.

> Source: U.L.Ms. p. 659.
> Ms. Transcripts. 1 inch. 1816-1856.
> Public Archives of Canada, Ottawa, Ont.

L.H.L. Les Lauzon.

> Relié avec: "Le Panthéon" dans la collection Gagnon à la Bibliothèque municipale de Montréal, Montréal, Qué.

LAAS DE GESTEDE, famille, Qué. Preuve de noblesse, généalogie, mémoire.

> Source: C.C.Ms. p. 659.
> Ms. Originaux. 18 p. 1755-1776.
> Archives nationales du Québec, Québec, Qué.

LABADIE, Louis-Généreux, Qué. Papiers . . . de la famille Labadie, 1776-1855 . . .

> Source: C.C.Ms. p. 660.
> Ms. Originaux.
> Archives publiques du Canada, Ottawa, Ont.

LABBÉ, Claude, co-aut.
voir sous:

> DUGUAY, Luc et Claude Labbé. Honoré Routhier . . .

LABBÉ, Marc, o.f.m. Famille Labbé (corrections).

> Dans: S.G.C.F. Mém. 16: (3) 184 juil./sept. '65.
> Corrections à l'article publ. dans: S.G.C.F. Mém. 16: (2) 75-105 '65.

____. Les Labbé de 1665 à nos jours (descendants de Pierre et de Marguerite Meunier). Préf. de Roland-J. Auger. Pointe-aux-Trembles, Qué., Éd. de l'Echo, 1978. 478 p.

____. Pierre Labbé dit Lacroix.

> Dans: S.G.C.F. Mém. 16: (2) 75-105 avr./juin '65.
> Avec nombreuses pièces justificatives.

LABELLE, Henri. Corrections et additions: Louis-Victor Sicotte (1812-1889) . . . (Mém. de la S.G.C.F. no 135, vol. 29 (1) janv./fév. /mars '78, p. 52).

> Dans: S.G.C.F. Mém. 29: (2) 93 avr./juin '78.

LABELLE, Yvonne. Famille Thuot de ma lignée directe.

> Dans: S.G.C.F. Mém. 24: (3) 183-184 juil./sept. '73.

LABERGE, Anna. La Famille Laberge.

> Dans: S.G.C.F. Mém. 5: 147-154 '53.
> Suivi de "Ascendance directe de Michel Laberge", p. 154.

____. Généalogie de la famille Laberge. Montréal, Éd. privée, 1952. 377 p.

____. Généalogie des familles Boursier-Reid. 2e éd. Montréal, 1959. 372 p.

LABONTÉ, Albert, chan., co-comp.
voir sous:

> ALLARD, Alphonse et Albert Labonté, comp. Répertoire des mariages de la paroisse de St-Grégoire-le-Grand . . .
> CAMPAGNA, Dominique, s.c. Répertoire des mariages de la paroisse de St-Grégoire-le-Grand . . .

LABONTÉ, Alphonse, chan., co-comp.
voir sous:

> CAMPAGNA, Dominique, s.c. Répertoire des mariages de la paroisse de St-Grégoire-le-Grand . . .

LABONTÉ, Youville, p.b. La Famille – Clément dit Labonté – Family. Auburn, Maine. [n.d.] 282 p.

LABRADOR et Saguenay. Poste du Roi. Registres paroissiaux . . . 1686-1848.

> Source: C.C.Ms. p. 661.
> Ms. Originaux.
> Archives de l'Archidiocèse, Québec, Qué.

LABRECQUE, C., chan. L'Ancêtre de mgr M.-Th. Labrecque.

> Dans: Bull. rech. hist. 45: 349-350 '39; 46: 121 '40.

LACERTE, Roger V. Lacerte, de Lowell; Élie Lacerte et ses descendants.

> Dans: S.G.C.F. Mém. 16: (4) 218-223 oct./déc. '65.

LACHANCE, Eudore. Considérations d'un généalogiste.

> Dans: L'Ancêtre. 4: (4) 103-105 déc. '77.

LACHANCE, Marcelle (soeur). Liste des microfilms à la Bibliothèque du Cegep Garneau.

> Dans: L'Ancêtre. 4: (2) 59-60 oct. '77.

LACHAPELLE, E., chan. Martin Boutet (1616-1686), ingénieur, savant et artiste.

> Dans: S.G.C.F. Mém. 15: (3) 170-173 juil./sept. '64.

LACHENAIE, Qué. Saint-Charles, paroisse (catholique). Registres de baptêmes, mariages et sépultures, 1760-1778.

> Dans: C.C.Ms. p. 662.
> Ms. Microfilm. 1 bobine.
> Archives acadiennes, Moncton, N.-B.

LACHINE, Que. St. Andrew's Church (Presbyterian). Parish registers, 1818, 1832-1850.
> Source: U.L.Ms. p. 662.
> Ms. Original. 3 inches.
> Archives nationales du Québec, Montréal, Qué.

LACHINE, Que. St. Stephen's Church
(Anglican). Parish registers, 1835-1850.
> Source: U.L.Ms. p. 662.
> Ms. Original. 3 inches.
> Archives nationales du Québec, Montréal, Qué.

LACHINE, Qué. Saints-Anges-Gardiens,
paroisse (catholique). Registres de baptêmes,
mariages et sépultures, 1676-1850.
> Source: C.C.Ms. p. 662.
> Ms. Originaux. 3 pieds.
> Archives nationales du Québec, Montréal, Qué.

____. Registres de baptêmes, mariages et
sépultures, 1760-1780.
> Source: C.C.Ms. p. 662.
> Ms. Microfilm. 1 bobine. 1760-1780.
> Archives acadiennes, Moncton, N.-B.

LACOMBE, Art., co-aut.
see under:
> GRAY, Ruth, Art. Lacombe and Evelyn
> Rustad. Miles to Minburn . . .

LA CROIX, George W. Ancestors of Marie
Rose Etta Hurtubise. Ottawa, [s.n.], 1976.
103 leaves.
> Text in English and French.
> Bibliography: leaf 103.
> Spiral binding.
> Mimeographed.
> Limited distribution.

LADRIÈRE dit Flamand and Couture families.
In: F.C.A.G.R. 3: (1) 59-60 Spring '71.
A five-generation genealogical chart.

LA DURANTAYE, J.E., de. Généalogie de La
Durantaye, 1400-1800. L'Ange-Gardien,
Qué., 1938. 53 p.
> Copie dactylographiée.
> Archives nationales du Québec, Québec, Qué.

LAFERRIÈRE, Jeannine. Madame Robert
Burns et Mme Florence R. Howey.
Dans: Soc. hist. du Nouvel Ontario. Doc. hist.
no 5, p. 37-40.

LAFLAMME, André, comp. Répertoire des
mariages de la paroisse de St-Jacques-de-
Leeds, Mégantic. [s.l., s.éd.], 1970. 28 p.
> Polycopié.

LAFLAMME, H., c.s.v. Grandes étapes de
l'histoire de l'Armorique devenue la Bretagne
et de la famille Quemeneur dit Laflamme.
Montréal, 1974.
> Notes diverses.
> Portraits originaux en couleur.
> Archives nationales du Québec, Québec, Qué.

LAFLAMME, Marie. Notes historiques sur
Chiniquy.
Dans: L'Ancêtre. 6: (5) 155-156 janv. '80.

LAFONTAINE, Sir Louis Hippolyte. De la
famille des Lauson.
Dans: Société historique de Montréal.
Mémoires. Montréal, 1859, 2e livr., p. 65-96.

LAGACEVILLE, N.-B. Saint-Augustin,
paroisse (catholique). Registres de la
paroisse, 1907-1920.
> Source: C.C.Ms. p. 664.
> Ms. Microfilm. 1 bobine.
> Archives acadiennes, Moncton, N.-B.

LAJEUNESSE, E.J. The Windsor Border
Region. Toronto, 1960.

LAKE ALMA over 50 Club. Settlers of the
Hills. Lake Alma, Sask., Lake Alma over 50
Club, (1975). iv, 287 p.
> Source: Computerized data bank, National
> Library of Canada, Ottawa, Ont.

(LALANCETTE).
Dans: F.C.A.G.R. 1: (4) 320-321 Winter '68.
Tableau généalogique de la lignée de Louis
Lalancette et Pélagie Lemoine, mariés en 1860 à
St-Robert-sur-Richelieu.

LALANDE, Louis. Une Vieille seigneurie,
Boucherville; chroniques, portraits et
souvenirs. Montréal, Cadieux et Dérome,
1890. 406 p.
> Notices sur les familles Boucher et les familles
> alliées.

LALIBERTÉ, Jean-Marie, f.c. Généalogie et
livre de famille des Alexandre dit Laliberté,
1755-1965/The Alexandre dit Laliberté's
Family Book and Genealogy. [s.l., s.éd.],
1966. 300 p.
> Recension dans: S.G.C.F. Mém. 20: (1) 61
> janv./mars '69.

____. Index des greffes des notaires
décédés (1645-1948). Québec,
B. Pontbriand, 1967. 219 p.

LALIBERTÉ, Jean-Marie, f.c. St-Jacques (Cathédrale de Montréal), 1862-1881. Mariages. [s.l.n.d.] [s.p.]

Copie dactylographiée (cahier à anneaux).
Index des noms des femmes.
Archives nationales du Québec, Québec, Qué.

LALIBERTÉ, Jean-Marie, f.c. et Antonio MONGEAU, comp. Mariages de St-Aimé (1836-1966), Ste-Victoire de Sorel (1843-1966), St-Robert (1855-1966), St-Marcel (1855-1966), et St-Louis-de-Bonsecours (1876-1966), comté de Richelieu. Québec, B. Pontbriand, 1968. 450 p. (Publications généalogiques no 56).

____. Mariages de St-François-du-Lac, 1667-1965, comté d'Yamaska. Québec, B. Pontbriand, 1966. 246 p. (Publications généalogiques no 33).

Polycopié.

LALIBERTÉ, Jean-Marie, f.c., Antonio MONGEAU et Benoit PONTBRIAND, comp. Mariages de St-Guillaume d'Upton (1835-1966) et St-David d'Yamaska (1835-1966), comté d'Yamaska. Québec, B. Pontbriand, 1968. 339 p. (Publications généalogiques no 53).

Polycopié.

LALIBERTÉ, Jean-Marie, f.c. et Benoit PONTBRIAND, comp. Mariages de la région de Drummondville, 1850-1967, comprenant les paroisses suivantes: L'Avenir (1850), St-Germain de Grantham (1859), St-Fulgence de Durham (1864), Wickham (1865), St-Eugène de Grantham (1879), St-Nicéphore (1917) et Ste-Jeanne-d'Arc (1922). Québec, B. Pontbriand, 1970. 257 p. (Publications généalogiques no 76).

Polycopié.

____. Mariages de la région de Drummondville, 1863-1968, comprenant les paroisses suivantes: St-Félix de Kingsey (1863), St-Cyrille (1872), Kingsey Falls (1875), Notre-Dame-du-Bon-Conseil (1897), St-Majorique (1900), St-Lucien (1905), St-Charles-Borromée (1950). Québec, B. Pontbriand, 1970. 398 p. (Publications généalogiques no 69).

Polycopié.

LALIBERTÉ, Jean-Marie, f.c., co-comp.
voir aussi sous:

MONGEAU, Antonio et Jean-Marie Laliberté, comp. Mariages de St-Joseph de Sorel . . .

____. Mariages de St-Thomas de Pierreville . . .
PARÉ, Eugène, Jean-Marie Laliberté et Benoit Pontbriand, comp. Mariages de Sherbrooke, cathédrale . . .
PARENTEAU, B., J.M. Laliberté et B. Pontbriand, comp. Mariages du comté d'Yamaska . . .
____. Mariages de St-Zéphirin . . .
PONTBRIAND, Benoit et Jean-Marie Laliberté, comp. Mariages de St-Frédéric-de-Drummondville . . .

LALIBERTÉ, Serge. Arbre généalogique des Laliberté dit Collin.

Bibliothèque. Société généalogique canadienne-française, Montréal, Qué.

LALONDE, Emery. Notes sur la famille, 1868-1925.

Source: C.C.Ms. p. 667.
Ms. Originaux.
Archives du Collège de Bourget à Rigaud, Rigaud, Qué.

LALUMIÈRE, Aimé. Gabriel Benoit dit Laforest, 1636-1686.

Dans: S.G.C.F. Mém. 20: (4) 244-248 oct./déc. '69.

LAMARCHE-MONTAGNE, Françoise. Les Antécédants de Juliane Baril, épouse de Marin Boucher, mariés à St-Langis, Perche, 7 fév. 1611.

Dans: S.G.C.F. Mém. 30: (3) 186-192 juil./sept. '79.

____. Documents concernant Gilles Rageot.

Dans: S.G.C.F. Mém. 30: (4) 277-279 oct./déc. '79.

LAMARCHE-MONTAGNE, Françoise.
voir aussi sous:

MONTAGNE, Pierre (Mme).

LAMB, J. William. Heck family, Ont. Genealogical chart of the family of Paul and Barbara Heck, 1730-1965 . . .

Source: U.L.Ms. p. 563.
Ms. Photocopies. 4 p. ca. 1965
Public Archives of Canada, Ottawa, Ont.

LAMBERT, Alfred-Marie, aut. et co-aut.
voir sous:

ALFRED-MARIE, f.i.c. . . .
LAMBERT, Irenée, Nérée Lambert et Alfred M. Lambert. Familles Lambert . . .
LAMBERT, Nérée, f.i.c. . . .

LAMBERT, Alice. Notes sur la famille Lambert dit Champagne de Bellefeuille.

Dans: L'Ancêtre. 6: (4) 119-122 déc. '79.

LAMBERT, Irenée, Nérée LAMBERT et
Alfred-M. LAMBERT. Familles Lambert.
[s.p.]

Manuscrit.
Nombreux tableaux généalogiques.
Notes sommaires sur les trois frères Antoine,
Eustache et Louis, tous trois descendants de
Pierre Lambert, marié à Québec en 1690, né en
France en 1650 et décédé à St-Antoine-de-Tilly
en 1712.

LAMBERT, Nérée, co-aut.

voir sous:

ALFRED-MARIE, f.i.c. Familles Lambert . . .

LAMBERT, Raymond. À propos de la lecture
des documents anciens.

Dans: L'Entraide généalogique. 4: (1) 14-19
août/sept. '81.

____. Ancêtre Antoine Fortier, 1646-1707.

Dans: S.G.C.F. Mém. 24: (1) 32-40 janv./mars
'73.

____. L'Ancêtre Jean Gobeil et Étienne Gobeil,
un pionnier de La Patrie.

Dans: S.G.C.F. Mém. 26: (3) 173-183
juil./sept. '75.

____. Claude Robillard et son bail avec
l'Hôtel-Dieu de Montréal (1688).

Dans: S.G.C.F. Mém. 21: (1) 48-58 janv./mars
'70.
Bail à ferme fait par les Dames Hospitalières à
Robillard et sa femme pour sept ans.

____. Janson ou Jeanson dit Lapalme. [s.l.],
1973. 8-17 p.

Polycopié.
"Causerie sur la famille Janson ou Jeanson,
dont un représentant M. Jean Marcel Jeanson
est un grand constructeur d'églises, de maisons
religieuses et d'écoles de l'Archidiocèse de Sherbrooke."
Titre de couverture: Biographie, ancêtre Janson
dit Lapalme.

____. Les Mariages de Saint-Roch d'Orford,
1891-1970. (Sherbrooke), Cercle de
l'A.F.E.A.S., [s.d.]. 46 p.

Polycopié.

____. Mariages de Saint-Romain de Winslow,
1865-1970. [s.l., s.éd.], (1971). 54 p.

Polycopié.

____. Notice: L'ancêtre Roy dit Sanschagrin de
la Vienne à Québec, avec une ascendance.
(Québec), 1975. 2 p. 28 × 11 cm.

Copie dactylographiée.
Lignée directe de la famille de Mlle Hélène
Sanschagrin, secrétaire.
Archives nationales du Québec, Québec, Qué.

____. Paroisse St-Jean-de-Brébeuf de Sher-
brooke, 1946-1967. Recueil des baptêmes,
mariages et sépultures compilé à l'occasion
du jubilé d'argent sacerdotal, 1943-1968, de
l'abbé Lucien Blanchard, curé de cette
paroisse depuis 1955. (Sherbrooke), [s.éd.],
(1967). [s.p.]

Polycopié.

____. Personnes nées à La Patrie, Qué. et
mariées aux États-Unis.

Dans: L'Entraide généalogique. 2: (1) 31-35,
1979/80.

____. Pierre Janson dit Lapalme (1661-1743).

Dans: S.G.C.F. Mém. 26: (1) 37-46 janv./mars
'75.

____. Pierre Lambert; un anneau de plus à sa
descendance.

Dans: S.G.C.F. Mém. 17: (4) 239-245 oct./déc.
'66.

LAMBERT, Raymond, co-comp.

voir aussi sous:

DUVAL, Roger et Raymond Lambert, comp.
Complément au Répertoire des mariages du
comté d'Yamaska . . .

LAMÈQUE, N.-B. Saint-Urbain, paroisse
(catholique). Registres de la paroisse,
1841-1883.

Source: C.C.Ms. p. 669.
Ms. Originaux. Reproductions photogra-
phiques. 1 pouce. Microfilm. 2 bobines.
Archives acadiennes, Moncton, N.-B.

LAMER-LAFONTAINE, D. (Mme). Les
Lamer dit Rapidieux au Québec.

Dans: S.G.C.F. Mém. 26: (4) 207-208 oct./déc.
'75.

LAMONDE, Gilles. Guillaume Couture;
l'ancêtre des familles Lamonde. 1975. [s.p.]

Polycopié.
L'auteur avait 15 ans au moment de cette parution.
Tableaux généalogiques de la famille Couture
(diverses notes).

LAMONDE, Yvan. Bibliographie des bibliographies des historiens canadiens-français au
Québec.

Dans: Recherches sociographiques. 12: (2)
1971. 12 p.

LAMONTAGNE, Léandre. Généalogie de la famille Bayeur.

Dans: S.G.C.F. Mém. 5: 59-62 '52.

____. Lamontagne.

Dans: S.G.C.F. Mém. 8: 72-96 '57.
Généalogie trouvée dans les dossiers de l'auteur. Rédigé selon la méthode du Dictionnaire généalogique de Mgr Cyprien Tanguay.

LAMOUREUX, Françoise, Lamoureux, Alta. Partial genealogy of François Lamoureux and Jules Lamoureux families.

Source: U.L.Ms. p. 670.
Ms. Original. 1 p. 1956.
Glenbow-Alberta Institute, Calgary, Alta.

LAMOUREUX, Georgette. Historique de la Société de Généalogie Ottawa-Hull, 1945-1976.

Dans: Par delà le Rideau 1: (2) 4-5 été '81; 2: (1) 5-7 janv./fév. '82.

LAMOUREUX, Yvette. Dossier de la famille Lamoureux.

Dans: S.G.C.F. Mém. 17: (3) 186-187 juil./sept. '66.

____. Louis Lamoureux, 1642-1715; ancêtre canadien, pionnier de Boucherville.

Dans: S.G.C.F. Mém. 19: (1) 58-60 janv./mars '68.

LAMPMAN family. Genealogy of the Lampman family, 1719-1918.

Source: U.L.Ms. p. 670.
Ms. Transcripts. 24 p. 1920.
Public Archives of Canada, Ottawa, Ont.

LANCASTER, N.B. Parish Church (Anglican). Baptisms, 1874-1912; marriages, 1874-1909; burials, 1874-1912.

Source: U.L.Ms. p. 671.
Ms. Microfilm. 15 feet.
Provincial Archives of New Brunswick, Fredericton, N.B.

LANCEY, Edward F. de. Marshall S. Bidwell; a memoir, historical and biographical. N.Y., 1890. 10 p. in-8°.

Reprinted from Genealogical record for Jan. 1890
Bibliothèque municipale de Montréal, Montréal, Qué.

LANCOUR, A.H. A Bibliography of Ships' Passengers Lists. 1538-1825. New York, 1963.

LANCTOT, Gustave, Ont., Qué. . . . "Généalogie de la famille Lanctot, 1653-1918," par Lorenzo Létourneau, 1918 . . . Historical and genealogical notes, 1909-1943 . . .

Source: C.C.Ms. p. 671.
Ms. Original. 2 pouces. Photocopies. 3 pouces.
Archives publiques du Canada, Ottawa, Ont.

LANDREVILLE, G. Corrections et compléments du dictionnaire généalogique Tanguay de J.A. Leboeuf, 1977.

Dans: S.G.C.F. Mém. 29: (2) 144ss avr./juin '78.

LANDRY, Albert, o.f.m. La Famille Landry de Caraquet.

Dans: Rev. d'hist. de la Société historique Nicolas Denys 7: (1) juin '79.

LANDRY, Joseph-Arthur. Généalogie de la famille Landry. [s.l.] Impr. et relié par Pagé-Sangster Pr. Co Ltd., déc. 1961. 40 p.

"Corrections depuis nov. 1963": manuscrites (à la fin du volume).
Première génération: Joseph Landry, marié à Marie-Madeleine Vigneau le 16 fév. 1801.

LANDRY family, N.S. Notes on the Landry family, mainly census returns.

Source: U.L.Ms. p. 673.
Ms. Photocopies. 33 p. [n.d.]
Public Archives of Nova Scotia, Halifax, N.S.

LANE, Abbie (Mrs.), N.S. . . . Some genealogy on the Jacques family . . .

Source: U.L.Ms. p. 673.
Ms. Original.
Public Archives of Nova Scotia, Halifax, N.S.

LANE, Donald G., comp. William Hatch of Bayham Township, Ontario, Canada. With notes on related families: Bowes, Brown, Culp, Dean, High, Johnson, Merritt, Montross, Spice and Travis. London, Ont. (c1972). 82 p.

LANE, Nathan, Ont. Copy of the family record complete to 1903, with annotations by Ethel Lane.

Source: U.L.Ms. p. 673.
Ms. Photocopies. 15 p.
Public Archives of Canada, Ottawa, Ont.

LANEUVILLE, Ena, s.s.s. Généalogie des familles Laneuville et Desjarnais. Montréal, 1938. 147 p.

L'Ancêtre signait: "de Horné dit la Neuville".

L'ANGE-GARDIEN, Qué., paroisse (catholique). Registres des sépultures, 1670-1677 . . .

Source: C.C.Ms. p. 674.
Ms. Originaux.
Archives publiques du Canada, Ottawa, Ont.

_____. Registres de baptêmes, mariages et sépultures, 1777-1780.

Source: C.C.Ms. p. 674.
Ms. Microfilm. 1 bobine.
Archives acadiennes, Moncton, N.-B.

LANGEVIN-LACROIX, Edmond, ptre. La Famille Langevin-Lacroix, 1653-1916. Montréal, Impr. au "Devoir", (1916). 52 p.

LANGFORD, Helen. A History of Mount Vernon; a pioneer Methodist cemetery, Lot 4, conc. III, South of Dundas Street Nellson Township, Halton County, Ontario; road access on lot 5, conc. III. (Burlington, Ont., Burlington Historical Society, 1972). 4, 99 leaves.

LANGILLE, David, N.S. Genealogical chart of the descendants of D. Langille.

Source: U.L.Ms. p. 674.
Ms. Original. [n.d.]
Public Archives of Nova Scotia, Halifax, N.S.

LANGILLE, Leopold, N.S. Genealogical chart of the descendants of L. Langille.

Source: U.L.Ms. p. 674.
Ms. Original. 2 items. [n.d.]
Public Archives of Nova Scotia, Halifax, N.S.

LANGILLE family, N.S. Genealogical chart.

Source: U.L.Ms. p. 674.
Ms. Original. [n.d.]
Public Archives of Nova Scotia, Halifax, N.S.

_____. Genealogical records.

Source: U.L.Ms. p. 674.
Ms. Microfilm. 1 reel. [n.d.]
Public Archives of Nova Scotia, Halifax, N.S.

LANGLAIS, Antonio. Famille L'Anglais à la recherche du premier ancêtre canadien.

Dans: S.G.C.F. Mém. 27: (4) 237-242 oct./déc. '76; 28: (1) 32-43 janv./mars '77.

_____. Papiers de famille.

Source: C.C.Ms. p. 674.
Ms. Originaux. 21 pouces. [s.d.]
Archives du Séminaire de Québec, Québec, Qué.

LANGLAIS, Émile-Alphonse, ptre. Actes notariés, principalement de la région de Kamouraska concernant la généalogie de la famille Langlois.

Source: C.C.Ms. p. 674.
Ms. Originaux. 2 pieds. 1697-1800 env.
Archives de la province dominicaine du Canada, Montréal, Qué.

LANGLOIS, Gabriel, ptre. Louis Langlois et Éléonore Vion.

Dans: S.G.C.F. Mém. 12: 223-224, 258-259 '61.

LANGLOIS, Henri, o.f.m., comp. Dictionnaire généalogique du Madawaska: Répertoire des mariages de la Vallée supérieure de la rivière Saint-Jean du Nouveau-Brunswick. St-Basile, Madawaska, 1971- .

Polycopié.

_____. Répertoire des mariages des paroisses de la Vallée supérieure de la rivière St-Jean au N.-B. Madawaska, N.-B. 6 vols.

Comprend tout le diocèse d'Edmunston ainsi que le comté d'Aroostook, Maine.
"Il s'agit de mariages bien catalogués avec renseignements au sujet de dates, endroit de mariages et nom des parents." (Intr.)

LANGLOIS, Michel. Cherchons nos ancêtres. Sillery, Québec Science et Montréal, Fédération québécoise du loisir scientifique, (c1980). 168 p. (Collection "Faire").

_____. Décès inscrits au registre des malades de l'Hôtel-Dieu de Québec, 1689-1722.

Dans: L'Ancêtre. 1: (5) 142-151 janv. '75; 1: (8) 271-290 avr. '75.

_____. Des moulins et des noms.

Dans: L'Ancêtre. 1: (6) 155-167 fév. '75.
Conférence donnée le 18 déc. 1974 à la Société de Généalogie de Québec.
4e ptie: Famille Déry (avec tableau généalogique).

_____. Deux Julien Allard.

Dans: S.G.C.F. Mém. 25: (1) 32-35 janv./mars '74.
Corrections d'un article dans "Nos ancêtres", v.1, p. 35.

_____. Familles Isabelle.

Dans: L'Ancêtre. 1: (4) 91 déc. '74.

_____. Familles Trudelle.

Dans: L'Ancêtre. 1: (4) 91 déc. '74.

_____. La Généalogie aux Archives nationales.

Dans: L'Ancêtre. 6: (1) 4-16 sept. '79.

LANGLOIS, Michel. Noël Langlois (1606-1684) et ses enfants.

> *Dans:* S.G.C.F. Mém. 26: (2) 83-102 avr./juin '75.

____. Pourquoi des surnoms?

> *Dans:* L'Ancêtre. 6: (7) 213-218 mars '80.

____. Qui sont mes ancêtres? Montréal, Fédération des Loisirs scientifiques, 1978. (Collection "Neurones en loisir").

> Aussi publié en France.

____. Les Recensements sous le régime français.

> *Dans:* L'Ancêtre. 2: (2) 65-75 oct. '75.

____. Répertoire des mariages de Saint-François d'Assise d'Ottawa (Province d'Ontario), 1891-1964. Québec, Société canadienne de Généalogie, 1967. 196 p. (Contribution no 23).

> Polycopié.

____. La venue de nos ancêtres.

> *Dans:* L'Ancêtre. 4: (6) 183-192 fév. '78.
> Sur tout ce qui entoure la venue de nos ancêtres au pays.

____. Le Vieux cimetière à Old Chelsea.

> *Dans:* L'Outaouais généalogique. 2: (1) 6-7 janv. '80.

LANGLOIS, Michel, co-comp.
voir aussi:

> PROVENCHER, Gérard E. et Michel Langlois, comp. Mariages de l'Outaouais, v. 4 . . .
> PROVENCHER, Gérard E., Michel Langlois et Georges L. Jean, comp. Mariages de l'Outaouais, v. 6 . . .

LANGLOIS-TRAVERSY, Paul. Traversy et Travecy.

> *Dans:* S.G.C.F. Mém. 24: (2) 101-103 avr./juin '73.
> Le surnom Traversy pris par un fils de Noël Langlois de Beauport a amené l'auteur à faire des recherches.

LANGTON, Hugh Hornby, Ont. . . . Some papers of John Langton, Hugh Hornby Langton and other members of the family.

> *Source:* U.L.Ms. p. 675.
> Ms. Transcripts. 21 leaves. 1808-1949.
> University of Toronto Library, Toronto, Ont.

LANGTON family, Ont. . . . Genealogical items . . .

> *Source:* U.L.Ms. p. 675.
> Ms. Original. 1833-1849.
> Archives of Ontario, Toronto, Ont.

LANORAIE, Qué. St-Joseph, paroisse (catholique). Registres de baptêmes, mariages et sépultures, 1762.

> *Source:* C.C.Ms. p. 675.
> Ms. Microfilm. 1 bobine.
> Archives acadiennes, Moncton, N.-B.

LAPALICE, Ovide M. Histoire de la seigneurie Massue et de la paroisse de St-Aimé. [s.l.n.d.] 432 p.

> Généalogie de la famille Massue: p. 131-139.

____. Luc Schmid.

> *Dans:* Bull. rech. hist. 30: 213-217 '24.

LAPERRIÈRE: Ouvrard dit Laperrière (Tableau généalogique de dix générations de la famille Laperrière).

> Polycopié.
> Archives nationales du Québec, Québec, Qué.

LAPERRIÈRE, Danielle (Vézina). Essai biographique sur Louis Ouvrard dit Laperrière.

> *Dans:* L'Ancêtre. 7: (3) 81-86 nov. '80.
> Lignée ascendante directe de François V.-Laperrière.

LAPLANTE, Georges-Marie, co-aut.
voir sous:

> LAPLANTE, Léon et Georges-Marie Laplante. Généalogie de la famille Laplante . . .

LAPLANTE, J. Giroux; notes généalogiques classées par ordre alphabétique des femmes A-Z.

> Polycopié.
> Archives nationales du Québec, Québec, Qué.

LAPLANTE, Julienne T., comp. Filiation Lemieux de la première génération à la sixième (septième en partie). Descendance des frères Pierre et Louis Lemieux de St-Michel de Rouen. (Québec), mars 1976. [s.p.]

> Polycopié.
> Notes en majeure partie manuscrites.
> L'index qui suit donne les conjoints(tes) des 7 générations.
> "Les lettres A-Z sont les mariages non-classés à rattacher plus tard."

LAPLANTE, Léon et Georges Marie Laplante. Généalogie de la famille Laplante. [s.l.s.n.], 1953. 140 p.

LAPOINTE, A. Famille Amiot-Villeneuve.

> *Dans:* Bull. rech. hist. 60: 121-135 juil./août/sept. '54.

LAPOINTE, Francis-J.
voir sous:

> AUDET, Francis-J.

LAPOINTE, Joseph Alfred. Descendance sacerdotale de Nicolas Audet-Lapointe.

Dans: S.G.C.F. Mém. 14: (4) 79-83 avr. '63ss.

LAPOINTE, Joseph Alfred et collab. Les Familles de Mégantic et Arthabaska, compilé par Joseph Alfred Lapointe. Collaborateurs: R.P. Dominique Campagna, f.s.c.; R.P. Rosaire Bergeron, c.s.c.; R.P. Antonio Loiselle, o.p.; R.F. Éloi-Gérard, f.m.; l'abbé A.A. de Champlain. Thetford Mines, 1952. 4 tomes.

Copie dactylographiée (carbone) avec nombreuses corrections et notes manuscrites. "Généalogie des comtés de Mégantic (jusqu'en 1900) et Arthabaska (jusqu'en 1860) et de la paroisse de St-Sylvestre . . ." Abréviations utilisées dans ce travail: p. 3-4. Copie aux Archives nationales du Québec, Québec, Qué.

LAPOINTE, Joseph Alfred et Francis J. AUDET, comp. Généalogie: la famille Audet dit Lapointe. Compilation par Francis-J. Audet (1921-1943) et Joseph Alfred Lapointe (1921-1964). Thetford-Mines, chez Joseph Alfred Lapointe, 1964. 4 vols.

Sur les milliers de familles Audet dit Lapointe "desservies" dans toute l'Amérique du Nord. (Intr.) Recension dans: S.G.C.F. Mém. 15: (4) 238-239 oct./déc. '64.

____. Mariages (Mégantic): Inverness, fondation à 1900; Ste-Anastasie (Lyster), fondation à 1900; Ste-Sophie, fondation à 1900; St-Adrien d'Irlande, depuis ses débuts en 1900. [s.l.n.d.] 38, 92, 29 p.

Manuscrit. Archives nationales du Québec, Québec, Qué.

LAPOINTE, Joseph Alfred, co-aut.

voir aussi sous:

AUDET, Francis Joseph et Joseph Alfred Lapointe. La Famille Audet-Lapointe . . . AUDET, Francis Joseph et Joseph Alfred Lapointe. Généalogie de la famille Audet-Lapointe . . .

LAPOINTE, Marc.

voir sous:

TREMBLAY, Marc Adélard et Marc Lapointe. Famille et parenté en Acadie . . .

LAPOINTE-MICHAUD, Marie Blanche. Famille Robin dit Lapointe.

Dans: S.G.C.F. Mém. 19: (3) 183-189 juil./sept. '68.

LA PORTE, A. de. Histoire généalogique des familles nobles du nom de De La Porte avec les maintenues, les preuves de noblesse et les sources. Poitiers, Impr. par Oudin, Frères, pour le compte de l'auteur, 1882. 404 p.

Ouvrage indispensable à l'étude des familles Laporte du Canada.

LA PORTE, Marquis de, Paris, France. Lettre à I.M. Le Mann de Québec au sujet de la branche canadienne de sa famille, 1895.

Source: C.C.Ms. p. 677. Ms. Originaux. 1 p. Bibliothèque municipale de Montréal, Montréal, Qué.

LAPORTE, famille, Qué. Documents concernant la cause des héritiers Laporte, notes généalogiques.

Source: C.C.Ms. p. 677. Ms. Originaux. 25 p. 1874-1877. Archives nationales du Québec, Québec, Qué.

LAPP, Eula (Carscallen). Beware, horse thieves! pirates! witches!

In: Ontario Hist. Soc. Papers and records 50: 165-176 '58.

____. Seven Generations of Carscallens. (Meaford, Ont., 1956). 66 p.

Cover title.

____. To their heirs forever. 2nd ed., rev. ed. Belleville, Ont., Mika Pub. Co., 1977. 396 p.

An account of several Loyalist families from Camden Valley, New York, who settled along the Bay of Quinte following the American Revolution. It traces their history through several generations, from their origins in Lower Palatinate in Germany to the late 1830s in Upper Canada.

LAPRADE, Gilles. Jean Regéasse dit Laprade.

Dans: S.G.C.F. Mém. 27: (2) 81ss avr./juin '76.

LAPRAIRIE, Qué. Église presbytérienne. Registres de la paroisse, 1828, 1838-1842, 1844.

Source: C.C.Ms. p. 677. Ms. Originaux. 3 pouces. Archives nationales du Québec, Montréal, Qué.

____. La Nativité de la Bienheureuse Vierge-Marie, paroisse (catholique). Registres de baptêmes, mariages et sépultures, 1729-1851.

Source: C.C.Ms. p. 677. Ms. Originaux. 5 pieds. 1729-1851. Archives nationales du Québec, Montréal, Qué.

LAPRAIRIE, Qué. La Nativité de la Bien-heureuse Vierge-Marie, paroisse (catholique). Registres de baptêmes, mariages et sépultures, 1760-1851.

Source: C.C.Ms. p. 677.
Ms. Microfilm. 2 bobines.
Archives acadiennes, Moncton, N.-B.

____. Presbyterian Church. . . . Registers of baptisms, marriages and burials, Feb. 15 - Dec. 9, 1839 and Jan. 17, 1842 - Sept. 23, 1843.

Source: U.L.Ms. p. 677.
Ms. Original.
McGill University Library, Montreal, Que.

____. St. Luke's Church (Anglican). Parish registers, 1830-1850.

Source: U.L.Ms. p. 677.
Ms. Original. 6 inches.
Archives nationales du Québec, Montreal, Que.

LAROCHE-MONTPETIT, Marielle. Les Sevestre et la Nouvelle-France; une famille fondatrice oubliée.

Dans: S.G.C.F. Mém. 28: (1) 3-24 janv./mars '77; 28: (2) 113-139 avr./juin '77; 28: (3) 195-214 juil./sept. '77.

LAROCQUE, Alfred, Qué. . . . Papiers de familles . . . notes généalogiques . . . 1773-1966.

Source: C.C.Ms. p. 678.
Ms. Originaux.
Archives publiques du Canada, Ottawa, Ont.

LAROCQUE, Alfred. Larocque, famille, Qué. Tableau généalogique de la famille LaRocque (1624-1929), dressé par Alfred Larocque.

Source: C.C.Ms. p. 678.
Ms. Original. 1 p. 1929.
Archives publiques du Canada, Ottawa, Ont.

LAROCQUE-CARRIÈRE. (8 générations de la famille de Joseph Larocque et d'Henriette Carrière).

Dans: F.C.A.G.R. 4: (3) 181-182 Fall '72.

LA ROQUE DE ROQUEBRUNE, Robert. Études onomastiques; origines des noms canadiens.

Dans: Bull. rech. hist. 56: 33-42, 144-127 '50.

____. La Famille Lauzon-Charny au Canada.

Dans: Nova Francia 6: 35-40 '31.

____. La Noblesse de France.

Dans: Bull. rech. hist. 57: 101-114, 135-163 '51.
Histoire des généalogistes: p. 139-142.

____. Trois familles canadiennes: les Poitiers du Buisson de Pommeroy, les Le Febvre d'Anger de Plainval et les Morin de St-Luc-de-Valcourt.

Dans: Nova Francia. 5: 323-340 '30.

LAROSE, André. Les Registres paroissiaux catholiques au Québec, vue d'ensemble.

Dans: S.G.C.F. Mém. 30: (4) 243-262 oct./déc. '79.
"Une première version de ce texte a été présenté au Colloque international de démographie historique de Cluj (Roumanie) en sept. 1977 . . ."

LAROSE, André, co-aut.
voir aussi sous:
BOUCHARD, Gérard et André Larose. La Règlementation du contenu des actes . . .

LAROUCHE, Jean-Claude. Alexis Lapointe dit "Le Trotteur".

Dans: Saguenayensia 9: (6) 135-139 nov./déc. '67.
Corrections à l'article dans: Saguenayensia 11: (2) 40 mars/avr. '79.

LAROUCHE, Jean-Claude. Alexis Le Trotteur. Montréal, Éd. du Jour, 1971. 297 p.

Généalogie d'Alexis Audet dit Lapointe: p. 27-35.

LAROUCHE, Léonidas, éd. Le Second registre de Tadoussac, 1668-1700; transcription par Léonidas Larouche. Montréal, Presses de l'Université du Québec, 1972. xiv, 214 p.

En tête du titre: Département des sciences humaines de l'Université du Québec à Chicoutimi.
Glossaire: p. 169-173.

LASNIER, Albert. Découvrons nos ancêtres: Ratel.

Dans: Hebdo-Portneuf, lundi 26 sept. 1977, p. 4.

____. Famille Giraud dit Brindamour; une lignée difficile à retracer.

Dans: S.G.C.F. Mém. 25: (1) 27-28 janv./mars '74.

____. Famille Matte, complément aux registres de la Gaspésie.

Dans: S.G.C.F. Mém. 24: (3) 156 juil./sept. '73.

____. Famille Noreau.

Dans: S.G.C.F. Mém. 15: (1) 61 janv./mars '64.

L'ASSOMPTION, Qué., paroisse (catholique). Registres de baptêmes, mariages et sépultures, 1760-1799.

Dans: C.C.Ms. p. 679.
Ms. Microfilm. 2 bobines.
Archives acadiennes, Moncton, N.-B.

LATHAM family, N.B. Record of marriages and births, 1790-1853.

Source: U.L.Ms. p. 679.
Ms. Photocopies. 3 p.
Public Archives of Canada, Ottawa, Ont.

LATHRAP, John, N.B., N.S. Biographical sketch of John Lathrap, including genealogies of the Martell, Holmes, Peters, Sheppard and Stetson families, 1584-1653.

Source: U.L.Ms. p. 679.
Ms. Photocopies. 22 p.
Cape Bretoniana Archives. St. Francis Xavier University, Sydney Campus, Sydney, N.S.

LATIMER, Robert, N.S. Ms. of "Latimer family history", covering 1190-1948.

Source: U.L.Ms. p. 680.
Ms. Original. 49 p. 1970.
Cape Bretoniana Archives. St. Francis Xavier University, Sydney Campus, Sydney, N.S.

LATZER, Beth Good. Myrtleville; a Canadian farm and family, 1837-1967. Southern Illinois University Press, 1976.

Myrtleville is the family farm of the Good family, near Brantford. W.C. Good, a founder of the United Farms of Ontario, was a member of this family.
Available from Burns and MacEachern Ltd., Don Mills, Ont.

LAUGHLIN, Edgerton Ross, comp. Genealogies comp. by E.R. and M.E. Laughlin. [n.p.], 1954-56. 6 parts in 2.

Contents: vol. 1: Genealogy of Wm. Tremble Bird; Edgerton genealogy; Genealogy of Alexander Morton; Genealogy of Roland Wilson, John Cooper, Richard Cook; -2. Davy genealogy; Genealogy of James Laughlen.

LAUGHLIN, Edgerton Ross, co-aut.
see also under:

LAUGHLIN, Mary Elizabeth (Bowyer) and E.R. Laughlin. Genealogy of Alexander Laughlen . . .

LAUGHLIN, Mary Elizabeth (Bowyer) and Edgerton Ross Laughlin, comp. Genealogy of Alexander Laughlen. [n.p.], 1955. [v.p.]

LAUGHLIN, Mary Elizabeth (Bowyer), co-aut.
see also under:

LAUGHLIN, Edgerton Ross, comp. Genealogies . . .

LAUNIÈRE-DUFRESNE, A.M. de. Que vinrent-ils faire à Lac Bouchette en 1890?

Dans: Saguenayensia 16: (3) 63-66 mai/juin '74.

LAURENDEAU, Adrien. Mgr Cyprien Tanguay (1819-1902). Biographical Notes.

In: F.C.A.G.R. 3: (4) 201-214 Winter '71.
Tanguay's bibliography: pp. 210-214.

LAURENDEAU, Wilfrid, o.m.i. Généalogie de mes biens-aimés parents Louis Laurendeau et Vitaline St-Pierre à l'occasion du centenaire de leur naissance, 1849-1959. (Rouyn, Qué., 16 janv. 1959). [s.p.]

Polycopié.
Cinq générations de la famille Laurendeau et notes généalogiques sur les familles alliées.

____. Généalogie des familles Laurendeau, 1680-1960. Rouyn, 1964. 224, 54 f.

Polycopié.
Titre du dos de la couv.: "Les familles Laurendeau."
"Les documents et biographies": Appendice, 54 p.

LAURENT, Jacques.
voir sous:

DAVELUY, Marie-Claire. Jeanne Mance . . . (Éd. 1934 et 1962).

LAURENTIN (frère) s.c. Esquisse généalogique de la famille Zoel Sévigny. 1958. 7 p.

Polycopié.
Origine: Chevigny dit Lafleur.
Archives nationales du Québec, Québec, Qué.

LAURIAULT, famille, Qué. . . . Actes notariés concernant les familles Martineau et Lauriault, 1769-1903 . . .

Source: C.C.Ms. p. 681.
Originaux. 4 pouces.
Archives nationales du Québec, Québec, Qué.

LAURIE family, Sask. . . . Notes on the Laurie family . . .

Source: U.L.Ms. p. 681.
Ms. Transcripts.
Saskatchewan Archives Office, Saskatoon, Sask.

LAURIN, Charles Émile. Généalogie du Dr
Charles-Émile Laurin, dressée par Joseph
Drouin.

> Source: C.C.Ms. p. 682.
> Ms. Copie. 1 1/2 pouces.
> Archives nationales du Québec, Montréal, Qué.

LAUVRIÈRE, Émile. La Tragédie d'un peuple.
Paris, 1924. 212 p.

LAUZON, Louis Joseph, o.m.i. Un pionnier
de Ville-Marie, Gilles Lauzon et sa postérité.
Québec, Action sociale, 1926. 248 p.

LAVAL, Qué. Ste-Rose, paroisse (catholique).
Registres de baptêmes, mariages et sépultures, 1796-1850.

> Sources: C.C.Ms. p. 682.
> Ms. Copie. 1 pied. 4 pouces.
> Archives publiques du Canada, Ottawa, Ont.

LAVALLÉ, L. Les Archives notariales et
l'histoire sociale de la Nouvelle-France.

> Dans: Rev. d'hist. 28: 385-403 déc. '74.
> Bibliographie.

LAVALTRIE, Qué. St-Antoine, paroisse
(catholique). Registres de baptêmes, mariages
et sépultures, 1760-1764.

> Source: C.C.Ms. p. 683.
> Ms. Microfilm. 1 bobine.
> Archives acadiennes, Moncton, N.-B.

LAVENTURE family.

> In: F.C.A.G.R. 2: (1) 63-64 Spring '69.

LAVERDIÈRE, J.W. Laverdière: origine et
variation du nom.

> Dans: Bull. rech. hist. 57: 44-49 '51.
> Huit premières générations des familles
> Cauchon: p. 46-47.

LAVERGNE, Armand. Histoire de la famille
LaVergne. B.C. Payette, comp. Montréal,
Payette Radio, (1965?). 480 p.

> Bishop's University Library, Lennoxville, Qué.

LA VERGNE, Renaud. Histoire de la famille
Lavergne. B.C. Payette, comp. Montréal,
Payette Radio, 1970. xvii, 480 p.

> Titre du dos: La Famille Lavergne.
> "Avis au lecteur" par Jules Martel.

LAVOIE, André, Gaston ST-HILAIRE et
Denise BENOIT-CLICHE. Société d'histoire
des Cantons de l'Est, inventaire des archives,
1927-1977. Sherbrooke, (Société d'histoire
des Cantons de l'Est, 1977). [p.v.]

LAVOIE, Andrée, co-comp.
voir sous:

> ARCHIVES du Séminaire de Sherbrooke.
> Guide des fonds officiels des archives . . .

LAVOIE, Edmond. Jean Baptiste Lavoie; le
pionnier de "La Seigneurie", Manitoba.

> Dans: S.G.C.F. Mém. 24: (3) 161-169
> juil./sept. '73.

LAVOIE, Gérard. Frères et soeurs de René de
La Voye, premier ancêtre canadien des
Lavoie.

> Dans: S.G.C.F. Mém. 31: (2) 99-101 avr./juin
> '80.

LAVOIE, J.A. Généalogie partielle de la
famille Lavoie. Québec, 1922. [s.p.]

LAVOIE, John Milan, comp. From whence we
came; a backward glance for one Lavoie
family branch with genealogical and
historical highlights supplemented by a
tabulation of persons and their marriages for
over three hundred and fifty years.
Milwaukee, Wisc., (1969). v, 213 p.

> Genealogical map (folded).
> Mimeographed.
> The Lavoie genealogy: pp. 21-40.
> Sketches of notable first Canadian settlers who
> are direct ancestors of the present-day branch
> of the Lavoie family.

_____. René de La Voye.

> Dans: F.C.A.G.R. 2: (1) 47-53 Spring '69.

LAVOIE, Joseph A. La Famille Lavoie au
Canada de 1650 à 1921. Préf. de l'Hon.
Thomas Chapais. Québec, 1922. 403 p.

LAVOIE, Paul A., comp.
see under:

> PUBLIC ARCHIVES OF CANADA. Parish
> registers for the Province of Ontario . . .

LAVOIE, Yolande, co-comp.
voir sous:

> CHARBONNEAU, Hubert, Yolande Lavoie et
> Jacques Légaré, comp. Recensements et
> registres paroissiaux du Canada . . .

LAW, Hugh T. La Société généalogique des
Mormons à Salt Lake City, Utah.

> Dans: S.G.C.F. Mém. 24: (4) 218-219 oct./déc.
> '73.

LAWRENCE, Alfred John. The Clan Bain with its ancestral and related Scottish clans. Inverness (Scotland), Highland Pr., 1963. 94 p.

Genealogical tables.
Notes on the Bain and Mackay families of Canada.

LAWRENCE, J. Dixon family.

In: Lawrence, J. Stanstead Co., Que., 1874. (See index.)

____. Stanstead County, Quebec, 1874.

Source: N.B.L.

LAWRENCE family, N.S. Documents relating to the Lawrence family . . . 1747-1760.

Source: U.L.Ms. p. 685.
Ms. Transcripts. 10 p.
Public Archives of Canada, Ottawa, Ont.

____. Two pages from the Lawrence family Bible.

Source: U.L.Ms. p. 685.
Ms. Original. 3 p. [n.d.]
Public Archives of Nova Scotia, Halifax, N.S.

LAWSON family, N.S. Genealogical chart of the Lawson family.

Source: U.L.Ms. p. 686.
Ms. Original. 1 p.
Public Archives of Nova Scotia, Halifax, N.S.

____. Some genealogical information.

Source: U.L.Ms. p. 686.
Ms. Transcripts. 3 p. [n.d.]
Public Archives of Nova Scotia, Halifax, N.S.

LEARNED-JAMES, Eugenia. The Learned Family in America, 1630-1967. Printed in U.S.A., Setco Press Co., Inc., c1967. 406 p.

On the Learned family and related families — mostly families from the U.S.

LEBEL, Charles, p.b. Généalogie des familles Lebel et Pelletier.

Bibliothèque. Société généalogique canadienne-française, Montréal, Qué.

LEBEL, F.R., co-aut.
voir sous:

LEBEL, P.C. et F.R. Lebel. Généalogie . . .

LEBEL, Gérard, C.Ss.R. Ancêtre Damien Bérubé.

Dans: Annales de Ste-Anne de Beaupré, nov. 1976, p. 424-425.
Note: La biographie de l'ancêtre Bérubé a paru dans: "Nos ancêtres au XVIIe siècle", par A. Godbout, p. 250-251.

____. L'Ancêtre des Audet-Lapointe.

Dans: Annales de Ste-Anne de Beaupré. 103: (8) 376-377 sept. '75.

____. L'Ancêtre des Lacasse.

Dans: Annales de Ste-Anne de Beaupré, juin 1977, p. 280-281.

____. L'Ancêtre François Lavergne.

Dans: Annales de Ste-Anne de Beaupré, oct. 1976, p. 376-377.

____. L'Ancêtre J.-Bte Pothier.

Dans: Annales de Ste-Anne de Beaupré, avr. 1976, p. 137.

____. L'Ancêtre Nicolas Veilleux.

Dans: Annales de Ste-Anne de Beaupré, sept. '76.

____. L'Ancêtre Pierre Blais.

Dans: Annales de Ste-Anne de Beaupré, nov. '75, p. 471.

____. L'Ancêtre Pierre Moisan.

Dans: Annales de Ste-Anne de Beaupré, janv. '78, p. 40-42.

____. L'Ancêtre Pierre Rondeau.

Dans: Annales de Ste-Anne de Beaupré, avr. '77, p. 184-186.

____. L'Ancêtre Rioux.

Dans: Annales de Ste-Anne de Beaupré, sept. '77, p. 377-378.

____. L'Ancêtre Pierre Labbé.

Dans: Annales de Ste-Anne de Beaupré, nov. '77, p. 471-472.

____. L'Ancêtre Pierre Perrot.

Dans: Annales de Ste-Anne de Beaupré, mars '78, p. 135-137.

____. Nos ancêtres; biographies d'ancêtres . . . Beaupré, Qué., Sainte-Anne de Beaupré, 1981-82. 3 vols.

____. Nos origines: L'Ancêtre d'Antoine Dionne.

Dans: Annales de Ste-Anne de Beaupré, juil./août '76, p. 279-282.

____. Nos origines: L'Ancêtre François Allard.

Dans: Annales de Ste-Anne de Beaupré 109: (6) 280-282 juin '81.

LEBEL, Gérard, C.Ss.R. Nos origines:
L'Ancêtre Isaac Pasquier dit Lavallée.

> *Dans:* Annales de Ste-Anne de Beaupré, 109:
> (9) 424-426 nov. '81.

LEBEL, P.C. et F.R. LEBEL. Généalogie —
Famille Lebel. Québec, 1980. [s.p.]

> Polycopié.
> Archives nationales du Québec, Québec, Qué.

LEBEL, Wilfrid. Les Lebel de Cacouna; naissances, mariages, familles, décès, de 1813 à
1975. [s.l.n.d.]

> Polycopié.
> Archives nationales du Québec, Québec, Qué.

LEBLANC, Angélina (Bourassa), Jeanne d'Arc
LEBLANC et Cécile LEBLANC. Notes
généalogiques sur une branche des familles
Leblanc-Bourassa, Bouffard, Demers.
Plessisville, A. Bourassa-Leblanc,
J.D. Leblanc, C. Leblanc, 1978. 411 p.

> Titre de dos: Généalogie Leblanc-Bourassa.
> Bibliographie: p. 407-408.

LEBLANC, Cécile, co-aut.
voir sous:

> LEBLANC, Angélina (Bourassa) . . .

LEBLANC, Émery. Les Acadiens. Montréal,
1963.

> *Source:* BAXTER, A. In Search of Your Roots.

LE BLANC, Geneviève et Marie-Ange B.
Plamondon. Obituaire: Lac-aux-Chicots,
Sainte-Thècle, 1870-1975. (Trois-Rivières),
Éd. du Bien public, 1975. [s.p.]

LEBLANC, Henri-P., N.-B. . . . Notes généalogiques.

> *Source:* C.C.Ms. p. 688.
> Ms. Originaux. [s.d.]
> Archives acadiennes, Moncton, N.-B.

LEBLANC, Jean-Marie, co-aut.
voir sous:

> KENNEDY, Patricia, Jean-Marie Leblanc et
> Janine Roy. Guide des sources généalogiques
> au Canada . . .

LEBLANC, Jeanne d'Arc, co-aut.
voir sous:

> LEBLANC, Angélina (Bourassa) . . .

LEBLANC, Marcel. Esquisse villageoise (Saint-
Gabriel de Rimouski). Rimouski, Éd. du
Centenaire, (1974). 352 p.

> "Courte histoire de quelques familles":
> p. 43-94.
> Éd. du centenaire.
> La couverture porte en plus: St-Gabriel a cent
> ans.

———. La Famille Georges Leblanc en France.

> *Dans:* S.G.C.F. Mém. 9: 59-62 '58.
> Tableau généalogique de cinq générations de la
> famille de Georges Leblanc à Chahagnolles,
> Calvados, France, p. 60.

———. Georges Leblanc, premier ancêtre canadien.

> *Dans:* S.G.C.F. Mém. 8: 116-120 '57.

LEBLANC, Ronald, comp.
voir sous:

> BARACHOIS, N.-B. Saint-Henri, paroisse . . .

LEBLANC family, N.S. Genealogical material,
1707-1757.

> *Source:* U.L.Ms. p. 688.
> Ms. Original. 26 p.
> Public Archives of Nova Scotia, Halifax, N.S.

LE BLANT, Robert. Du nouveau sur les La
Tour.

> *Dans:* S.G.C.F. Mém. 11: 21-23 '60.

LEBOEUF, Joseph Arthur. Complément au
Dictionnaire généalogique Tanguay.
Montréal, Société généalogique candienne-
française, 1957-64. 3 sér. en 1 vol. (Publications généalogiques no 2).

> Additions et corrections se rapportant aux
> mariages du 18e siècle.
> Liste des ouvrages consultés au début du
> volume.

LEBOEUF, Léopold et Guy BUSSIÈRE,
comp. Répertoire des mariages de La Sarre
(paroisse St-André), 1917-1971. (La Sarre?),
[s.d.]. 128 p.

> Classé par ordre chronologique avec un index
> des conjoints, p. 79-128.
> Polycopié.

LEBRETON, Paul. Généalogie de la famille
Houdet. Québec, [s.d.]. 62 p.

> Copie dactylographié.
> Sommaire: Généalogie Houdet: p. 1-26;
> Généalogie Sauvage-Houdet, p. 27; Famille
> Prévos de la Brisgaudière-Houdet; Famille
> Despotz-Prévost; . . . de Barny; . . . Huvier;
> Leplaideur; Petit-de-Cardon; Géraldin (Fitz-
> gerald); Sauvage; Courtois-Sauvage; Delahaye-
> Sauvage; Boschier-de-Kerangat.

LECLERC, Paul André, ptre. Nos premiers recensements canadiens.

Dans: S.G.C.F. Mém. 17: (4) 195-199 oct./déc. '66.

____. Tricentenaire du premier grand recensement.

Dans: S.G.C.F. Mém. 17: (4) 195-199 oct./déc. '66.

LE CLÈRE, René A., o.a.a. Antoine Ruzé, marquis d'Effiat (1581-1632), à l'origine de la Compagnie des Cent-Associés.

Dans: S.G.C.F. Mém. 28: (2) 140-144 avr./juin '77.

____. Les Beauharnois, ducs de Leuchtenberg, de l'Europe à l'Amérique du Nord.

Dans: S.G.C.F. Mém. 31: (2) 102-114 avr./juin '80.

____. Famille Leprince d'Acadie; addition en lettre ouverte.

Dans: S.G.C.F. Mém. 25: (1) 29-31 janv./mars '74.
Commentaires de l'article sur "La Famille Leprince", par Vincent Prince (S.G.C.F. Mém. 22: (1) 19-38 janv./mars '71).

____. Jean-François Battellier (1744-1812); feudiste du Marquis de Gaudechart et notable deBailleul sur Thérain, Oise, France. Montréal, Éd. de l'Institut Etumos, 1974. 60 p.

Tableau généalogique.
Bibliographie: p. 7-10.
La couverture porte en plus: 1744-1812.

LECOURS-LAFLAMME, Céline. Lecours de notre histoire avec toute Laflamme de ma plume. [s.l.n.d.] 30 p.

Polycopié.
Archives nationales du Québec, Québec, Qué.

LE COURTOIS, André. Les Le Courtois en Gaspésie et au Québec.

Dans: Revue d'histoire et de traditions populaires de la Gaspésie. 15: (2) 71-90 avr./juin '77.
L'ancêtre vient de la région de Paspébiac, plus précisément de St-Godefroi.
Tableau généalogique de l'auteur: p. 78.
Variations du nom: Courtel, Courtey, Courtray, Courtois, Le Courtois (origine du nom: Courtel)

LEDOUX, Albert H. Abraham Martin, Français ou Écossais?

Dans: S.G.C.F. Mém. 27: (3) 162-164 juil./sept. '76.

LEDUC, Adrienne. Sur les traces d'Antoine Leduc.

Dans: Sélection du Reader's Digest. mars '79, p. 87-91.

LEDUC, Jules-Hébert (Mme). Pierre Leduc.

Dans: S.G.C.F. Mém. 15: (2) 93-99 avr./juin '64.

LEDUC, Olivier (Mme). Jean-Étienne Fournier.

Dans: Soc. hist. du Nouvel Ontario. Doc. hist. no 5, p. 24-31.

LEE, Edward P., Que. . . . Information concerning the Lee family, 1773-1860. The book also contains records of marriages and deaths in Quebec City, L.C., 1766-1801.

Source: U.L.Ms. p. 689.
Ms. Original.
Public Archives of Canada, Ottawa, Ont.

LEEDS: Canton de Leeds, 1802 . . . St-Jacques de Leeds, 1902 . . . (Thetford-Mines, Impr. E. Desmarais, oct. 1977). 2 tomes.

Sommaire: Tome 1: Historique et organismes; -2. Familles.

LEEDS and Grenville Genealogical Society. Four Leeds County cemeteries. 1: Plum Hollow Baptist, Township of Bastard; 2: Jelly's cemetery, Township of Kitley; 3: Rowsome place cemetery, Township of Kitley; 4: Stafford's, rear of Leeds and Lansdowne. Prescott, Ont., Leeds and Grenville Genealogical Society, 1976. 9 p. (Publication no. 76-1).

LEEMING, Ralph. A Register of baptisms and marriages in the Gore and London districts from 1816 to 1827, with introduction by H.H. Robertson.

In: Ontario Hist. Soc. Papers and records. 5: 91-101 '04.
Also in: United Empire Loyalists' Association of Canada, Head of the Lake branch. Transactions. 1903, pp. 1-12.

LEFEBVRE, Fernand. L'Archivistique et la généalogie.

Dans: S.G.C.F. Mém. 8: 3-12 '57.
Conférence prononcée le mercredi 10 oct. 1956 devant les membres de la Société.

____. Recueil de prénoms bizarres.

Dans: Bull. rech. hist. 61: 135-136 '55.
Prénoms extraits de registres de l'état civil de Montréal pour le 19e siècle et le premier quart du 20e.

LEFEBVRE, Jean-Jacques. L'aïeul maternel de Sir Georges-Étienne Cartier: Joseph Paradis (1732-1802), pionnier de St-Antoine-sur-Richelieu.

Dans: S.G.C.F. Mém. 11: 168-170 '60.

_____. Le Capitaine Joseph Hébert de Laprairie et sa famille.

Dans: Bull. rech. hist. 56: 161-168 '50.

_____. Capitaines de milice de Pointe-Claire.

Dans: S.G.C.F. Mém. 19: (2) 98-115 avr./juin '68.

_____. Le Député Pierre St-Julien (1772-1830) et ses alliés.

Dans: Bull. rech. hist. 41: 433-434 '35.

_____. La Descendance de Pierre Boucher (1617-1722), fondateur de Boucherville.

Dans: S.G.C.F. Mém. 5: 69-96 '52.
Généalogie partielle.

_____. Deux siècles après Tanguay. Montréal, Société généalogique canadienne-française, 1968. 21 p.

Conférence donnée aux membres le 4 mai 1968 à l'occasion de son jubilé.

_____. Deux siècles après Tanguay.

Dans: S.G.C.F. Mém. 19: (2) 73-80 avr./juin '68; 19: (3) 131-138 juil./sept. '68.

_____. Une dynastie acadienne de notaires québécois: les Doucet (1804-1917). Québec, La Revue du Notariat, 1956. 21 p.

Aussi publié dans la Revue du notariat, 1956.

_____. La Famille Bourassa de Laprairie, par Philippe Constant. Montréal, 1971. 55 p.

Dans: S.G.C.F. Mém. 12: 155-158 '61.
Inspiré du roman "Jacques et Marie".
Lignée de Napoléon Bourassa.

_____. La Famille Cartier; les ascendants et les proches alliés de Sir Georges-Étienne Cartier, décédé en 1873. Ottawa, La Société royale du Canada, 1965. 97 p.

Tiré à part de: Soc. roy. du Canada. Mém. 4e sér., tome 3, sect. 1, 1965.

_____. La Famille Cherrier.

Dans: S.G.C.F. Mém. 2: 148-164 '47.

_____. La Famille Fleury d'Eschambault de Gorgendière.

Dans: S.G.C.F. Mém. 3: 152-174 '49.

_____. La Famille Lamothe, de Montréal.

Dans: S.G.C.F. Mém. 12: 55-60 '61.

_____. Famille Laurier: Sir Wilfrid Laurier décédé en 1919, et ses proches alliés. Ottawa, Société royale du Canada, 1969.

Tiré à part: Soc. roy. du Canada. Mém. 4e sér., tome 6, sect. 1, 143-158 '68.

_____. La Famille Leduc, de Montréal et de Laprairie.

Dans: S.G.C.F. Mém. 12: 241-258 '61.

_____. Famille Longtin.

Dans: S.G.C.F. Mém. 16: (3) 157-178 juil./sept. '66.

_____. La Famille Longtin, de Laprairie, 1683-1963. Beauceville, Qué., 1965. 178 p.

Dans: S.G.C.F. Mém. juil./sept. '65.

_____. La Famille Malhiot, de Montréal et Verchères.

Dans: S.G.C.F. Mém. 12: 149-154 '61.

_____. La Famille Pagé, de Laprairie, 1763-1967.

Dans: Soc. roy. du Canada. Mém. Ser. IV, tome 14 '76.

_____. La Famille St-Denis, de Laprairie.

Dans: Bull. rech. hist. 57: 19-26 '51.

_____. La Famille Sainte-Marie, de Laprairie.

Dans: Bull. rech. hist. 57: 179-184 '51.

_____. Famille Viger, le maire Jacques Viger (m. 1858), ses parents, ses ascendants, ses alliés.

Dans: S.G.C.F. Mém. 17: (4) 203-237 oct./déc. '66.
Généalogie partielle sommaire.

_____. Les Famille Durocher, de Montréal et de St-Antoine-sur-Richelieu.

Dans: Bull. rech. hist. 65: 67-82 '59.

_____. François Lévêque (1732-1787), membre des Conseils législatif et exécutif.

Dans: Bull. rech. hist. 59: 143-145 '53.

_____. Généalogie de la famille Seers (1763-1963) et des familles alliées: Perrin, Del Vecchio, Laurendeau, Brisset Des Nos. Trois-Rivières, Éd. du Bien public, 1966. 76 p. (Les Cahiers Louis Dantin no 3).

Notes bibliographiques au bas des pages.

_____. Généalogie partielle de la famille Mignault.

Dans: Bull. rech. hist. 52: 147-154 '49.

_____. J.-B. Berthelot et ses descendants.
Dans: Bull. rech. hist. 41: 191-192 '35.

_____. Jean-Baptiste Raymond (1757-1825),
député de Huntingdon (Laprairie),
1800-1808.
Dans: Bull. rech. hist. 58: 59-71 '52.

_____. Jean Moïse Raymond (1787-1843),
premier député de Laprairie (1824-1838),
natif du comté.
Dans: Bull. rech. hist. 60: 109-120 '54.

_____. Les de Couagne (Decoigne).
Dans: S.G.C.F. Mém. 25: (4) 214-227 oct./déc.
'74.

_____. Les Sanguinet de La Salle.
Dans: S.G.C.F. Mém. 2: 24-49 '46.

_____. Lignée canadienne de Sir Charles-
Alphonse P. Pelletier, décédé en 1911, ses
proches dont le juge Louis-Philippe Pelletier,
décédé en 1921, et ses descendants.
Dans: S.G.C.F. Mém. 20: (1) 3-7 janv./mars
'69.

_____. Lignée de Mgr Hermann Brunault et du
Juge A.A. Bruneau.
Dans: S.G.C.F. Mém. 11: 188 '60.

_____. Lignée du poète Louis Fréchette
(m. 1908).
Dans: S.G.C.F. Mém. 19: (1) 26-32 janv./mars
'68.

_____. Un Mariage militaire à Montréal en
février 1785, Saint-Georges Dupré et Curot.
Dans: Bull. rech. hist. 59: 199-203 '53.

_____. Le notaire Joseph-Narcisse Cardinal
(1808-1838), député de Laprairie en 1834,
victime de l'échafaud en 1838.
Dans: Bull. rech. hist. 62: 195-207 '56.

_____. Notes d'identité: le capitaine Pierre Matte
(1774-1831).
Dans: Bull. rech. hist. 57: 165-169 '51.

_____. Quelques capitaines de milice de
Chateauguay.
Dans: S.G.C.F. Mém. 18: (4) 220-233 oct./déc.
'67.

_____. Quelques précisions sur les Sanguinet de
La Salle.
Dans: Bull. rech. hist. 39: 705-707 '33.

_____. Sir Louis-Hippolyte La Fontaine, Bar't,
décédé en 1864, ses ascendants et ses alliances

dans les professions du droit. Ottawa,
Société royale du Canada, 1964. 95 p.
Dans: Soc. roy. du Canada. Mém. 4e sér.,
tome 2, sect. 1, 69-95 '64.

_____. Le Très Hon. Louis S. St-Laurent (1882-
1973), juris-consulte, homme d'état,
innovateur en politique étrangère. Montréal,
1974. 35 p.
Tiré à part: Revue du Barreau du Qué. janv.
1974, p. 103-137.
Tiré à 150 exemplaires.

LEFEBVRE DE LA BARRE, famille . . .
Tableau généalogique.
Source: C.C.Ms. p. 691.
Ms. Originaux.
Archives nationales du Québec, Québec, Qué.

LEFEBVRE DIT ANGERS; filiation et notes
diverses.
En majeure partie des notes manuscrites avec
index des familles Angers.
Archives nationales du Québec, Québec, Qué.

LEFFLER, John, N.S. Baptismal certificate
(in German) of Catherine Elizabeth,
daughter of John Leffler and wife Elizabeth
Barbara, 10 Nov., 1760; copy made by
Gottlob Newmann, schoolmaster and lay-
reader, 1788.
Source: U.L.Ms. p. 691.
Ms. Original. 1 p.
Public Archives of Nova Scotia, Halifax, N.S.

LEFRANÇOIS, Gérard. La Maison des archives
reçoit les généalogistes.
Dans: L'Appel, Hebdo du Québec métropoli-
tain (36e année), (4) 28 mai 1980.

_____. La Petite histoire se balade dans nos
rues: Brophy (avenue).
Dans: L'Appel, Hebdo du Québec métropoli-
tain, 13 sept. '78.
Généalogie du Dr Michael Brophy.

LE FRANÇOIS, Jean-Jacques. Noms, surnoms
et sobriquets.
Dans: S.G.C.F. Mém. 14: (11) 199 nov. '63.
Tiré du Journal "Le Devoir" 19 avril '63.

_____. Raids des Vikings . . . de par le monde.
Dans: S.G.C.F. Mém. 16: (3) 139-148
juil./sept. '65.

_____. 300 ans de L'Ange-Gardien, 1664-1964.
Québec, 1964. 158 p.
Publication du Comité du 3e centenaire de
L'Ange-Gardien.
Recension dans: S.G.C.F. Mém. 15: (4) 239-240
'64.

LE GARDEUR, René de Beauvais (1660-1742), Qué. Copie contemporaine du baptistaire de René Legardeur, né à Québec, le 3 oct. 1660.

Source: C.C.Ms. p. 691.
Ms. Originaux. 3 p.
Archives publiques du Canada, Ottawa, Ont.

LE GARDEUR DE TILLY, famille. . . . Généalogie, notes historiques.

Source: C.C.Ms. p. 691.
Ms. Copie. 1299 p.
Bibliothèque municipale de Montréal, Montréal, Qué.

____. Tableau généalogique, 1709-1892.

Source: C.C.Ms. p. 691.
Ms. Originaux.
Archives nationales du Québec, Québec, Qué.

LÉGARÉ, Jacques, co-aut.
voir sous:

CHARBONNEAU, Hubert et Jacques Légaré. Population of Canada in the censuses . . .
CHARBONNEAU, Hubert et Jacques Légaré. Répertoire des actes de baptêmes, mariages et sépultures et des recensements du Québec ancien . . .
CHARBONNEAU, Hubert, Jacques Légaré, René Durocher, Gilles Paquet et Jean-Pierre Wallot. Historical . . .
CHARBONNEAU, Hubert, Yolande Lavoie et Jacques Légaré. Recensements et registres paroissiaux . . .

LÉGARÉ, Jules, comp. Répertoire des mariages de Ste-Ursule, comté de Maskinongé, 1842 à 1971. Comp. et publ. par Jules Légaré. (Longueuil, 1973). v, 225, Al-6 p.

Historique: Eudore Bellemare.
Polycopié.
Tiré à 50 exemplaires.

LEGAULT, Albert, s.s.s. Maillardville (Colombie-Britannique, 1911-1950).

Relevé d'un état civil.
Archives nationales du Québec, Québec, Qué.

LEGAULT, Maurice, comp. Répertoire des mariages de l'Île-Perrot, comprenant Ste-Jeanne-de-Chantal (1786-1970); Ste-Rose-de-Lima, Brussy (1948-1970); Notre-Dame-de-Lorette, Pincourt (1948-1970); Notre-Dame de la Protection (1954-1970). Relevé et compilé par Maurice Legault. Montréal, R. et J. Bergeron, 1973. 124 p. (Répertoires des mariages. Publication no 8).

Polycopié.
Édition limitée à 100 exemplaires.
Bibliographie: p. iv-v.

LEGAULT, Maurice, co-aut.
voir aussi sous:

GAUTHIER, Rosario et Maurice Legault, comp. Mariages de la paroisse Saint-Laurent
. . .

LEGGETT family, N.S. Some lists of names and notes on various topics kept by a member of the family (one entry is dated 1792).

Source: U.L.Ms. p. 692.
Ms. Original. 19 p. Photocopies. 19 p.
Public Archives of Nova Scotia, Halifax, N.S.

LEGRIS, Samuel J. (Mme).
voir sous:

FRAWLEY, Beatrice Helen.

LEGROS, Hector, ptre, et Arthur JOYAL, o.m.i. Mémoire sur les parents et les jumelles Dionne.

Dans: Soc. hist. du Nouvel Ontario. Doc. hist. no 19, p. 27-41.
Rédigé en 1935.

LEGUERRIER, Victor. Guillaume Leguerrier.

Dans: S.G.C.F. Mém. 26: (1) 3-21 janv./mars '75.

____. Les Leguerrier au Canada. Montréal, V. Leguerrier, 1974. 672 p.

Bibliographie: p. 583.

LE HOUILLIER, Gaston. Généalogie de la famille Walter Lehouillier. [s.l.n.d.] [s.p.]

Notes diverses.
Archives nationales du Québec, Québec, Qué.

LE JEUNE, Louis-Marie, o.m.i. Dictionnaire général de biographies, histoire, littérature, agriculture, commerce, industrie et des arts, sciences, moeurs et coutumes, institutions politiques et religieuses du Canada. Ottawa, Université d'Ottawa, 1931. 2 vols.

LELOND, Sylvia, comp. Genealogy of William Lelond and Margaret T. Fleming. Data submitted by the families concerned. June 1973. 17 p.

Mimeographed.
Archives nationales du Québec, Québec, Qué.

LE LOUTRE, Jean-Louis, ptre . . . Extraits de registres paroissiaux de Saint-Mathieu-de-Morlaix et de St-Léonard-de-Nantes (Acadie) . . .

Source: C.C.Ms. p. 693.
Ms. Reproductions photographiques.
Archives publiques du Canada, Ottawa, Ont.

LEMAY, André, s.s.s. Descendance française des Lemoyne de Longueuil.

Dans: S.G.C.F. Mém. 5: 229-231 '53.

LE MAY, J. Antoine Armand. Album généalogie: Fêtes du tricentenaire des familles Lemay, 1659-1959, du Lac Mégantic, Frontenac, Wolfe, Sherbrooke et Lotbinière, P.Q., berceau des familles Lemay. Québec, 1er mars 1957. 2 vols.

____. Album souvenir, tricentenaire des familles Le May, 1659-1959, célébré au Sanctuaire de Notre-Dame-du-Cap-de-la-Madeleine et bénédiction du monument souvenir à Lotbinière, berceau des familles LeMay, 15 juin 1959. [s.l.], (1959). 144 p.

Polycopié.

____. Généalogie de la famille Boilard. Québec, oct. 1955. [s.p.]

Copie dactylographiée.
Comprend de plus les familles alliées: Bibeau, Bourque, Germain, Gagné dit Bellavance.

____. Généalogie des familles Brouard, 1817-1948. Lauzon, 1948. [s.p.]

Copie dactylographiée.
Bibliographie à la fin du volume.
Archives nationales du Québec, Québec, Qué.

____. Généalogie des familles Kelley, 1792-1961. Québec, 26 sept. 1961. [s.p.]

Polycopié.
Portraits originaux.
Archives nationales du Québec, Québec, Qué.

____. Généalogie des familles Legendre. Québec, 15 sept. 1953. [s.p.]

Copie dactylographiée sur papier oignon.
Archives nationales du Québec, Québec, Qué.

____. Généalogie des familles Lemelin dit Tourangeau, 1600-1954. Québec, mars 1954. [s.p.]

Polycopié.
Archives nationales du Québec, Québec, Qué.

____. Histoire généalogique: Famille de Monsieur et Madame Ovila Lemay, Amesbury, Mass., U.S.A., de 1630 à 1970. Fait à Québec, oct. 1971. [s.p.]

Polycopié.
Archives nationales du Québec, Québec, Qué.

____. Lotbinière, berceau des familles LeMay dont 1954 marque le tricentenaire. Québec, 20 oct. 1954. [s.p.]

Polycopié.
Titre de couverture.
Archives nationales du Québec, Québec, Qué.

____. Mariages de St-Flavien, Lotbinière, 1856-1956. [s.l.n.d.] [s.p.]

Polycopié.
Archives nationales du Québec, Québec, Qué.

____. Origine et histoire des familles Hazen et alliées dédiée à M. et Mme Joseph Hazen, petit-fils du Dr Liboire Hazen (médecin). Québec, 25 mars 1953. [s.p.]

Polycopié.
Archives nationales du Québec, Québec, Qué.

____. Recueil généalogique des familles Croteau, 1653-1958, et ses alliées: Bédard, Dubois, Guimond, Hamel, Labrecque, Lainesse, Leclerc, Lefebvre, Lemay, Martin. Québec, 10 mai 1958. [s.p.]

Polycopié.
Titre de couverture.
Archives nationales du Québec, Québec, Qué.

____. Trésor généalogique: familles diverses des comtés de Lotbinière et aussi des autres comtés environnants. Québec, 10 mai 1956. [s.p.]

Polycopié.
Quelques erreurs dans l'ordre alphabétique des noms.
Additions et corrections manuscrites dans le volume.
Archives nationales du Québec, Québec, Qué.

LEMAY, Léona. Bibliographie de la généalogie dans les comtés de St-Maurice, Maskinongé et Champlain.

Mémoire présenté à l'Université d'Ottawa.

(LEMAY, Stanislas), comp. Les registres paroissiaux de Rimouski, des Trois-Pistoles et de l'Île-Verte, tenus par les Récollets, 1701-1769. Montréal, 1913. 24 p.

En tête du titre: P. Hugolin, o.f.m.

LEMAY-MANSEAU.

In: F.C.A.G.R. 3: (2) 120 Summer '71.
Genealogical chart of Michel Lemay, married to Lucie Manseau.

LEMELIN, Roméo. Registres de l'état des personnes dans la province de Québec.

Dans: Revue de l'Université Laval. 1: (9) 707-715 mai '47; 1: (10) 820-833 juin '47.

LEMIEUX, Lucien. . . . Généalogie de la famille Lemieux.

Source: C.C.Ms. p. 694.
Ms. Originaux.
Archives publiques du Canada, Ottawa, Ont.

_____. "Lemieux Papers".

Fichier/Files. Doc. MG 30-C49. 12 tiroirs/drawers.
"Généalogie des familles Lemieux et ses alliés."
Bibliothèque nationale du Canada/National Library of Canada, Ottawa, Ont.

LEMIEUX, Stella. Jean Petit et Esther Sanseau.

Dans: S.G.C.F. Mém. 5: 252-254 '53.
Origine de Jean Petit.
Suivi de deux actes notariés.

_____. Marenger-Amaringer.

Dans: S.G.C.F. Mém. 12: 184-188 '61.
Ancêtre des familles Amaringher, Marengère, Moranger, Marinier et Rodgers.

_____. Nicolas-Antoine Coulon de Villiers.

Dans: S.G.C.F. Mém. 14: (6) 141 juin '63.

LEMIRE, Gérald. Famille Lemire. Rivière-du-Loup, Qué., mars 1973. [p.v.]

"Documentation de base sur la généalogie et l'histoire de la famille."
Étude sur l'utilité d'un retour aux origines familiales ou ancestrales.
Recherches d'éléments favorisant une collaboration personnelle dans des projets collectifs.

LE MOIGNAN, J. Michel. Généalogie des familles Le Moignan, Île de Jersey, Canada, États-Unis. Préface en anglais par George F. Le Feuvre. Gaspé, Société historique de la Gaspésie, 1972. 172 p. (Publication no 2).

Étude historique et généalogique de toutes les familles Le Moignan du Canada et des É.-U.
Presque toutes les familles LeMoignan de l'Île Jersey (Archipel de la Manche) y figurent.
De nombreux détails historiques sur Jersey, la Gaspésie, la paroisse de Grande-Rivière, etc.
Ce livre n'est pas une simple nomenclature de noms et de dates, mais au contraire, plusieurs explicatives aident à mieux situer les gens dans leur milieu.

_____. Généalogie des familles Le Moignan; a study concerning the Le Moignans in Canada, Jersey Island and the U.S. Gaspé, 1971. 172 p.

LE MOYNE-WHITE, Edith. Le Moyne des Pins genealogies from 1655 to 1930, with historical notes, biographical sketches and particular attention paid to the descent of the families of Benjamin LeMoine and William Henri Le Moine. Privately pr., 1930. 110 p.

Partial Summary: Chap. 3: Le Moyne des Peins; -4. The Seigneurie of Isle aux Grues and the McPherson family.
100 copies printed of the 1st ed.

LENOBLET-DUPLESSIS, Edgard. Alexis Carme Lenoblet Duplessis, notaire à Contrecoeur.

Dans: S.G.C.F. Mém. 31: (4) 243-265 oct./déc. '80.

_____. Familles Audet et Lapointe.

Dans: La Tribune de Hull. 16 mars 1961.

_____. Familles Cadieux.

Dans: La Tribune de Hull. 1 juin 1961.

_____. Généalogie . . .

Dans: Par delà le Rideau. 2: (1) 16 janv./fév. '82.

_____. Généalogie de Edgard Lenoblet du Plessis, 24 Bedford Crescent, Ottawa.

Dans: La Tribune de Hull, 2 août 1961.

_____. Mathurin Villeneuve, 1647-1715; ses origines et ses descendances.

Dans: S.G.C.F. Mém. 20: (3) 184-190 juil./sept. '69.

_____. "Réflexions en marge de la généalogie."

Extrait d'une causerie donnée sous les auspices de la Société d'histoire et de généalogie d'Ottawa à l'Institut canadien-français, Ottawa, le 29 nov. '81.

LENOBLET-DUPLESSIS, Edgard.
voir aussi sous:

AUDET, Zéphirin et Edgard Le Noblet du Plessis. Nicolas Audet dit Lapointe . . .
DUPLESSIS, Edgard (Le Noblet) . . .

LEPAGE, famille, Qué. "Généalogie de la famille Lepage (branche du district de Rimouski)."

Source: C.C.Ms. p. 696.
Ms. Copie. 49 p. [s.d.]
Archives publiques du Canada, Ottawa, Ont.

LÉPINE; notes diverses et tableau généalogiques. [s.p.]

Polycopié.
Archives nationales du Québec, Québec, Qué.

LEPREAU, N.-B. Sainte-Anne's Church (Anglican). Baptisms, marriages and burials, 1861-1970 . . .

Source: U.L.Ms. p. 697.
Ms. Microfilm.
Provincial Archives of New Brunswick,
Fredericton, N.B.

LERIGET DE LA FAYE, Qué. Généalogie . . .
Source: C.C.Ms. p. 697.
Ms. Copie. vers 1700.
Archives nationales du Québec, Québec, Qué.

LE ROSSIGNOL, S.J. Historical notes (local
and general) with special references to the Le
Rossignol family (and its connections) in
Jersey. Privately pr., 1917. 207 p.
Genealogical tables (folded).

LÉRY-MACDONALD, collection . . . Extraits
des registres paroissiaux relatifs à la famille
Chaussegros de Léry, 1697-1762.
Source: C.C.Ms. p. 697.
Ms. Copie.
Archives publiques du Canada, Ottawa, Ont.

LES CÈDRES, Qué., Saint-Joseph, paroisse
(catholique). Registres de baptêmes, mariages
et sépultures, 1760-1780.
Source: C.C.Ms. p. 697.
Ms. Microfilm. 1 bobine.
Archives acadiennes, Moncton, N.-B.

LES ÉBOULEMENTS, Qué., Seigneurie. La
Seigneurie des Éboulements a été la propriété
des familles Tremblay, 1683-1811, et de Sales
Laterrière, 1811-1847; depuis cette date le
domaine seigneurial appartient aux Frères du
Sacré-Coeur. . . . documents conservés . . .
arbre généalogique de la famille de Sales
Laterrière . . .
Source: C.C.Ms. p. 698.
Ms. Originaux.
Maison provinciale des Frères du Sacré-Coeur,
Ste-Foy, Qué.

LES ÉCUREUILS, Qué. Saint-Jean-Baptiste,
paroisse (catholique). Registre de baptêmes,
mariages et sépultures, 1755-1780.
Source: C.C.Ms. p. 698.
Ms. Microfilm. 1 bobine.
Archives acadiennes, Moncton, N.-B.

LES GRAVEL; correspondance recueillie par
Lucienne Gravel. Montréal, Boréal Express,
(1979?). 329 p.

LES LABERGE fêtent leur tricentenaire.
Dans: S.G.C.F. Mém. 14: (10) 191-192 oct. '63.
Tiré de: Le Soleil, lundi 12 août '63.

LES PRICE au Saguenay.
Dans: Saguenayensia 16: (6) 142 nov./déc. '74.

LES ROUX; lignée Simon Roux et Albert
Roux. [s.l.n.d.] 16 p.
Polycopié.
Archives nationales du Québec, Québec, Qué.

LE SIEUR de La Rabelle.
Dans: F.C.A.G.R. 2: (1) 61-62 Spring '69.
La Rabelle est une erreur; il devrait se lire Sieur
de La Rabarre.

LESSARD, Alphonse. Le Berceau de la famille
Lessard.
Dans: Bull. rech. hist. 35: 75-78 '29.

LESSARD, Anna. La Science des souvenirs
chéris.
Dans: Par delà le Rideau 1: (2) 8-10 été '81.

LESSARD, Richard. La Famille Colclough.
Dans: Bull. rech. hist. 34: 447-448 '28.

_____. Pierre de Lessard.
Dans: Bull. rech. hist. 32: 146-148 '26;
34: 597-598 '28.

L'ÉTANG-DU-NORD, Qué. Saint-Pierre,
paroisse (catholique). Registres de la paroisse
de Saint-Pierre-à-l'Étang-du-Nord
aujourd'hui La Vernière, Îles-de-la-
Madeleine, 1845-1875.
Source: C.C.Ms. p. 699.
Ms. Reproductions photographiques. 103 p.
Archives acadiennes, Moncton, N.-B.

LETENDRE, J. Antoine, ptre. Généalogie de
Lucien Dubois, M.P.
Dans: S.G.C.F. Mém. 6: 212-214 '55.

LE TENNEUR, René. Les Normands et les
origines du Canada-français. Préf. de Jean
Chapdelaine. Coutances, OCEP, 1973.
332 p.
Bibliographie: p. 307-314.
Source: Canadiana.

LÉTOURNEAU. [s.p.]
Notes diverses.
Les Létourneau sont originaires de Muron
(Charente-Maritimes).
Archives nationales du Québec, Québec, Qué.

LÉTOURNEAU-QUIRION families.
In: F.C.A.G.R. 1: (2) 158-164 Summer '68.
Tableau généalogique de Joseph Laturno et
Rose Quirion.

LETSON, E.M., N.S. Information on the
Letson family.
In: U.L.Ms. p. 699.
Ms. Original. 1/2 inch. [n.d.]
Public Archives of Nova Scotia, Halifax, N.S.

LETSON family, N.S. Family tree.

In: U.L.Ms. p. 699.
Ms. original. 2 p. [n.d.]
Public Archives of Nova Scotia, Halifax, N.S.

_____. Some genealogical information.

Source: U.L.Ms. p. 699.
Ms. Original. 1/2 inch. [n.d.]
Public Archives of Nova Scotia, Halifax, N.S.

LETT family. Genealogical and historical notes on the Lett and allied families, 1280-1964.

Source: U.L.Ms. p. 699.
Ms. Transcripts. 92 p. 1922-64.
Public Archives of Canada, Ottawa, Ont.

LEVASSEUR, Adrien, comp. Recensement 1851: Saint-André, Kamouraska, P.Q. (Québec?), [s.d.]. 49 p.

Copie dactylographiée.
Index alphabétique des chefs de familles, veufs, veuves et rentiers: p. i-v.

LEVASSEUR, Alfred. Généalogie et histoire de Laurent Levasseur et ses descendants au Canada.

Bibliothèque de la Société généalogique canadienne-française, Montréal, Qué.

_____. Laurent Levasseur, pionnier de la seigneurie de Lauzon (1669-1726) et son fils Pierre, pionnier de la seigneurie de Kamouraska (1702-1738).

Dans: S.G.C.F. Mém. 27: (3) 158-161 juil./sept. '76.

LEVASSEUR et Évanturel. . . . Notes généalogiques sur la famille d'Arthur Évanturel.

Source: C.C.Ms. p. 699.
Ms. Originaux. 3 p.
Archives nationales du Québec, Québec, Qué.

LÉVEILLÉ, Lionel, comp. Bibliographie sommaire de la Côte sud. La Pocatière, Cegep de La Pocatière, 1979.

Polycopié.

LÉVEILLÉ, Marcel. Généalogie des familles Léveillé de Lévis.

Dans: La Tribune de Lévis, vendredi 4 et 11 janv. '57, p. 6.

LEVER, Tresham. The Herberts of Wilton. London, Murray, (c1967). 270 p.

Bibliography: pp. (235)-253.

LÉVESQUE, Ernest. Recherches sur la famille Lévesque de Saint-Maxent (Deux-Sèvres) et ses alliances. Saint-Maxent, Impr. Reversé, 1890. 283 p.

LÉVESQUE, Lucienne (Bélanger), comp. Répertoire des mariages de Notre-Dame-du-Portage, 1857-1966. Rivière-du-Loup, Société d'histoire et de généalogie, 1967. 54 p. (Contribution no 3).

LÉVIS, famille. . . . Notes historiques sur la descendance du maréchal, (Frs. Gaston de Lévis) . . .

Source: C.C.Ms. p. 700.
Ms. Reproductions photographiques. 15 p.
Archives publiques du Canada, Ottawa, Ont.

LÉVIS, Qué. Saint-Joseph-de-la-Pointe-Lévis, paroisse (catholique). Registres de baptêmes, mariages et sépultures 1763-1780.

Source: C.C.Ms. p. 701.
Ms. Microfilm. 1 bobine.
Archives acadiennes, Moncton, N.-B.

LEVREAUX DE LANGY, famille. Rapport sur la généalogie de la famille Levreaux de Langy, par J.V. Montmesnil, copie d'actes notariés et d'extraits paroissiaux.

Source: C.C.Ms. p. 701.
Ms. Originaux. 33 p. 1921.
Archives publiques du Canada, Ottawa, Ont.

LEWIS, Michael Arthur. The Hawkins dynasty; three generations of a Tudor family. London, Allen and Unwin, (1969). 247 p.

L'HEUREUX, René. Simon L'Hérault, 1er ancêtre canadien des familles L'Hérault et L'Heureux.

Dans: S.G.C.F. Mém. 20: (2) 99-101 avr./juin '69.
Texte d'une conférence prononcée devant les membres de la S.G.C.F. le 9 oct. 1968.

LIBBY family. Family record of Ephraim Libby.

Source: U.L.Ms. p. 702.
Ms. Original. 1 p. 1796.
Brome County Historical Society, Knowlton, Que.

LIDDELL, K. This is Alberta. Toronto, 1952.

LIGNÉE de la famille Jean Brisset ou Brissette; les ancêtres et les familles présentés: 1663 à 1948 . . . [s.l.], (1948). 154 p.

"Les ancêtres ont toujours signé Brisset avec un seul 't' . . . Ce n'est qu'en 1870 que s'est généralisé la façon d'écrire Brissette avec deux 'tt' . . ." (p. 6)
Notes sur la famille . . . Messier: p. 129-131.
Notes sur la famille Hébert: p. 131-132.
Notes sur Cath. Primot: p. 132-135.
Notes sur la lignée de la famille Delage dit Lavigueur: p. 145-150.

LIMOGES, José C. et Paul TRAVERSY.
Pierre Amant dit Limoges.

Dans: Troisième âge. 5: (9) 12. [s.d.]
Reproduction des armoiries de la ville de
Bordeaux.

LIMOGES, José C., co-aut.
voir aussi sous:

GAUTHIER, Rosario et José C. Limoges,
comp. Mariages de Sainte-Thérèse de Blainville
. . . (Éd. de 1977).

LINDSAY, famille, Qué. Documents relatifs à
la famille Lindsay.

Source: C.C.Ms. p. 704.
Ms. Originaux. 1 1/2 pouces. 1785-1878.
Bibliothèque municipale de Montréal,
Montréal, Qué.

LIPPENS-GIGUÈRE, Magdeleine. Petite
histoire des familles Lavigne et Lippens
depuis le 17e siècle. Québec, juil. 1977. [s.p.]

Polycopié.
Tiré à 50 exemplaires.

LIST of lands granted by the Crown in the
Province of Québec from 1763 to 31st Dec.
1890. Quebec, Chrs.-Frs. Langlois, Queen's
Pr., 1891. 1927 p.

Compiled under the direction of J.C.
Langelier, deputy minister.

LISTE des sources manuscrites et d'ouvrages
publiés concernant la famille d'Andigné.
Extrait de baptême d'Hector d'Andigné de
Grandfontaine.

Source: C.C.Ms. p. 25.
Ms. Copie. 40 p. 1915-1916.
Archives publiques du Canada, Ottawa, Ont.

LISTE des terrains concédés par la Couronne
dans la province de Québec de 1763 au 31
déc. 1890. Québec, Chrs.-Frs. Langlois,
Impr. de la Reine, 1891. 1927 p.

Compilation sous la dir. de J.C. Langelier,
sous-min.

LITTLE, George E. The Littles of Galloway
and the County of Kent. (Moncton, N.B.,
1956). 153 p.

LITTLE family, N.S. Page from the family
Bible.

Source: U.L.Ms. p. 706.
Ms. Transcript. 1 p.
Public Archives of Nova Scotia, Halifax, N.S.

LITTLE GRAND RAPIDS, Man. Little Grand
Rapids United Church. Baptisms, 1922-1960;
marriages, 1927-1961; deaths, 1927-1961 . . .

Source: U.L.Ms. p. 706.
Ms. Photocopies.
Provincial Archives of Manitoba, Winnipeg,
Man.

LIVERPOOL, N.S. Trinity Church (Anglican).
Parish register . . . 1819-1869.

Source: U.L.Ms. p. 707.
Ms. Transcript. 237 p. 1819-1869.
Public Archives of Canada, Ottawa, Ont.

LIVINGSTONE, E.D. The Abandoned Barber
cemetery; lot 4, Conc. XI, Twp., rear of
Yonge and Escott, Leeds County, Ontario.
(Prescott, Ont.), Leeds and Grenville,
Genealogical Society, 1976. 6 p. (Publication
no. 76-11).

LIVRE-SOUVENIR de la famille Blanchet.
Publié à l'occasion de la célébration du
troisième centenaire de naissance de Pierre
Blanchet. Québec, 1946. 291 p.

Tiré à 50 exemplaires.

LIVRE-SOUVENIR des fêtes du troisième
centenaire des Gagnon, 1640-1940. [s.l.],
1942. 171 p.

Préf. de M. Pierre-Georges Roy.
Présentation par l'Hon. Onésime Gagnon.
Avant-propos: Roland Gagnon.
Variations du nom: Gaignon, Gaignons,
Gaignon, Gaignion, Gangnon, Gaingnons,
Gaignions, Gasgnon, Gueugnon.

LIVRE-SOUVENIR publié à l'occasion du 75e
anniversaire de la fondation de St-Marc-des-
Carrières. St-Marc, 1976. 284 p.

"Les premières familles": chapitre 8.

LLOYD, Percy, co-aut.
voir sous:

CLIMO, F.H.B. and Percy Lloyd. Mabinogi
and Clem . . .

LOCHIEL, Ont. Church of Scotland. Parish
register . . . 1820-1911.

Source: U.L.Ms. p. 709.
Ms. Microfilm. 1 reel.
Public Archives of Canada, Ottawa, Ont.

____. Lochiel Parish church. Register of
marriages, baptisms and funerals, 1820-1911.

Source: U.L.Ms. p. 709.
Ms. Microfilm. 1 reel.
Archives of Ontario, Toronto, Ont.

LOCHWINNOCH, Ont. Presbyterian Church. Parish register, 1877-1919 . . .

Source: U.L.Ms. p. 709.
Ms. Microfilm. 1 reel.
Public Archives of Canada, Ottawa, Ont.

LOCKE family, N.S. Genealogical information.

Source: U.L.Ms. p. 710.
Ms. Transcripts. 3 p. [n.d.]
Public Archives of Nova Scotia, Halifax, N.S.

LOCKHART family, N.S. Information collected by Ruth Lockhart Eisenhauer of Annapolis Royal concerning the family of Miriam Lockhart Lowe, mother of Sir Charles Tupper.

Source: U.L.Ms. p. 710.
Ms. Transcripts. 2 p. [n.d.]
Public Archives of Nova Scotia, Halifax, N.S.

____. Some genealogical information.

Source: U.L.Ms. p. 710.
Ms. Photocopies. 6 p. [n.d.]
Public Archives of Nova Scotia, Halifax, N.S.

LODGE, T.H. Lodge family, Canada, U.S., England. Some genealogical information, compiled by T.H. Lodge, Hollywood, California.

Source: U.L.Ms. p. 710.
Ms. Transcripts. 1 inch. [n.d.]
Public Archives of Nova Scotia, Halifax, N.S.

LODGE COLLECTION, N.S. Genealogies of various Nova Scotian families (particularly those of Cumberland County), compiled by T.H. Lodge . . . including Adams, Allison, Annand, Atkinson, Avery, Baird, Baker, Bancroft, Barnhill, Bent, Bird, Border, Brown, Carter, Chandler, Chipman, Coates, Crane, Denison, De Wolf, Etter, Fox, Fulmer or Fulmore, Higgins, Lumley, McMutt, McPherson, Norris, Morrison, Parlee, Peppard, Prescott, Purdy, Read, Reid family (of Musquodoboit), Smith, Soley, Vance, Weekes, Whidden.

Source: U.L.Ms. p. 710.
Ms. Transcripts. 4 inches. [n.d.]
Public Archives of Nova Scotia, Halifax, N.S.

LOGAN, Harold Amos. The Logans of Amherst. Stouffville, Ont. (196?). 98 p.

LOGAN, William, N.S. Genealogical information from Logan family Bible.

Source: U.L.Ms. p. 711.
Ms. Photocopies. 3 p. [n.d.]
Public Archives of Nova Scotia, Halifax, N.S.

LOGAN family, N.S. Pages from the family Bible.

Source: U.L.Ms. p. 711.
Ms. Transcripts. 2 p. [n.d.]
Public Archives of Nova Scotia, Halifax, N.S.

____. "A short handwritten history of the Logan family . . ."

Source: U.L.Ms. p. 711.
Ms. Original. 9 p.
Public Archives of Nova Scotia, Halifax, N.S.

LOHMANN VILLENA, Guillermo. Les Espinosa; une famille d'hommes d'affaires en Espagne et aux Indes à l'époque de la colonisation. Paris, S.E.V.P.E.N., 1968. 257 p.

Comprend du texte espagnol.

LOISELLE, Antonio, co-aut.
voir sous:

LAPOINTE, Joseph Alfred, comp. Familles de Mégantic . . .

LOISELLE, Pierre Louis Adrien, ptre. Mariages célébrés à Sainte-Brigide d'Iberville, 1843-1954. St-Denis-sur-Richelieu, 1957. 48 p.

Polycopié.

____. Mariages de St-Denis-sur-Richelieu, (comté de Verchères, 1740-1964). Québec, B. Pontbriand, 1965. 237 p.

Polycopié.
Bibliographie: p. 1-2.

LOISIRS St-Édouard. Cours de généalogie; résumé des cours de la 1ère session, sept. à déc. 1976. Montréal, Loisirs St-Édouard, 1976. 132 p.

LOMIER, Eugène. Les Picard au Canada. Préf. du duc de Lévis-Mirepoix. Paris, Société d'histoire du Canada, 1926. 60 p. (Société d'histoire du Canada, Bibliothèque; Sér.: Provinces de France, 1).

____. Les Pionniers de France et la Nouvelle-France; quelques Picard au Canada.

Dans: Nova Francia 1: 76-79, 124-131, 217-229, 273-278 '25/26.

LOMME, Léo, p.m.é. Généalogie: histoires de famille.

Dans: S.G.C.F. Mém. 22: (1) 40-41 janv./mars '71.
Extrait d'un discours présenté au Congrès de Généalogie tenu à Toronto par l'Ontario Genealogical Society les 9 et 10 mai 1969.

LONDON, Canada West. St. Paul's Anglican Church. Parish register of baptisms and marriages, 1829-1846.

Source: U.L.Ms. p. 712.
Ms. Transcripts. 36 p.
Public Archives of Canada, Ottawa, Ont.

LONDON, Ont. Presbyterian Church. Records of marriages performed in London, Ont., 1835-1850, by Rev. William Proudfoot; and of baptisms performed at St. Mary's, Ont. 1848-1850, by Rev. John J.H. Proudfoot, son of Rev. William Proudfoot.

Source: U.L.Ms. p. 713.
Transcripts. 11 p.
Archives of Ontario, Toronto, Ont.

LONDON, Ont. Robinson Memorial United Church. . . . Registers, 1912-1961.

Source: U.L.Ms. p. 714.
Ms. Original. 1 1/2 inches.
University of Western Ontario Library, London, Ont.

LONDON, Ont. St. Paul's Anglican Church. Burial register, 1852-1881.

Source: U.L.Ms. p. 714.
Ms. Microfilm. 1 reel.
University of Western Ontario Library, London, Ont.

LONDON, Ont. United Presbyterian Congregation. Marriage register, 1858-1880.

Source: U.L.Ms. p. 714.
Ms. Original. 2 p.
London and Middlesex Historical Society, London, Ont.

LONDONDERRY, N.S. St. Paul's Anglican Church. Parish register, 1873-1889.

Source: U.L.Ms. p. 714.
Ms. Transcripts. 35 p.
Public Archives of Canada, Ottawa, Ont.

LONGUE-POINTE, Qué. Saint-François-d'Assise, paroisse (catholique). Registres de baptêmes, mariages et sépultures, 1724-1849.

Source: C.C.Ms. p. 717.
Ms. Originaux.
Archives nationales du Québec, Montréal, Qué.

LONGUEUIL, Qué. Saint-Antoine, paroisse (catholique). Registres de baptêmes, mariages et sépultures, 1669-1848.

Source: C.C.Ms. p. 717.
Ms. Originaux. 6 pieds.
Archives nationales du Québec, Montréal, Qué.

____. Registres de baptêmes, mariages et sépultures, 1760-1780.

Source: C.C.Ms. p. 717.
Ms. Microfilm. 1 bobine.
Archives acadiennes, Moncton, Qué.

LORRAIN, Edith. Histoire de Girouxville/ Girouxville History. [n.p.] Girouxville Historical Society, 1976- .

Texte en français et anglais en double colonnes.
Source: Banque de donnée ordinolingue/ Computerized data bank. Bibliothèque nationale du Canada/National Library of Canada, Ottawa, Ont.

LOSIE family. Genealogy and notes concerning the Losie family, 1775-1963, compiled by D'Arcy M. Davidson.

Source: U.L.Ms. p. 718.
Ms. Original. 22 p. [n.d.]
Public Archives of Canada, Ottawa, Ont.

LOSSING, Peter, Ont. . . . Genealogical material concerning the Lossing and Hudson families, 1967-1970.

Source: U.L.Ms. p. 718.
Ms. Photocopies. 74 p.
Metropolitan Toronto Central Library, Toronto, Ont.

LOTBINIÈRE-HARWOOD, famille. . . . Notes et arbres généalogiques de la famille Chartier de Lotbinière, 1764-1876.

Source: U.L.Ms. p. 719.
Ms. Copie. 1/2 pouce.
Archives nationales du Québec, Québec, Qué.

LOTTINVILLE, Armand J. The Lottinville Family. Wash., D.C., 1942. 103 p.

"François Lemaistre-Lamorille and Judith Riguad, colonists from France, founded the Lemaistre family in Canada . . . Their descendants have established several branches whose names vary somewhat from the founder. Besides the name Lemaître-Lamorille, these main branches are known under the names Lemaître de Longée, Lemaistre-Auger and Lemaistre de Lottinville . . ." (Pref.)

LOUIS-FÉLIX (frère), s.c., et Hector (frère), s.c. Généalogie de ma famille Lefebvre dit Boulanger. [s.l.n.d.] p. 70-82.

Polycopié.
Archives nationales du Québec, Québec, Qué.

LOUIS-JOSEPH Ainsse (1746-1822), interprète, marchand et seigneur.

Source: C.C.Ms. p. 8.
Ms. Microfilm. 1 bobine. 1673-1874.
"Ces papiers de famille ont trait à sa carrière comme interprète et commerçant à Michilli-makinac et comme seigneur ainsi qu'aux terres avoisinant Varennes et Ste-Thérèse."
Archives publiques du Canada, Ottawa, Ont.

LOUISBOURG, N.-É. Registres de la paroisse, 1722-1758.
Source: C.C.Ms. p. 720.
Ms. Microfilm. 3 bobines.
Archives acadiennes, Moncton, N.-B.

LOUISEVILLE, Qué. Saint-Antoine, paroisse (catholique). Registres de baptêmes, mariages et sépultures, 1778-1780.
Source: C.C.Ms. p. 720.
Ms. Microfilm. 1 bobine.
Archives acadiennes, Moncton, N.-B.

LOUISIANE. Natchitoches, missions (catholique). Registres de baptêmes, mariages et sépultures, 1729-1792.
Source: C.C.Ms. p. 720.
Ms. Microfilm. 1 bobine.
Archives nationales du Québec, Québec, Qué.

____. ____. Registres d'état civil des paroisses suivantes: St-Gabriel d'Iberville, St-Martin des Atakapas (Martinville), Pointe-Coupée, Saint-Landry des Oupelousas et des Natchitoches.
Source: C.C.Ms. p. 720.
Ms. Copie. 3 1/2 pouces. Reproductions photographiques. 2 pouces. Microfilm. 2 bobines. 1729-1859.
Archives publiques du Canada, Ottawa, Ont.

____. Saint-Charles, paroisse (catholique). Registres d'état civil, 1740-1800.
Source: C.C.Ms. p. 720.
Ms. Microfilm. 12 bobines.
Archives acadiennes, Moncton, N.-B.

____. Saint-Gabriel d'Iberville, paroisse (catholique). Registres de baptêmes et mariages.
Source: C.C.Ms. p. 721.
Ms. Microfilm. 1 bobine.
Archives nationales du Québec, Québec, Qué.

____. Saint-Landry-des-Oupelousas, paroisse (catholique). Registres de baptêmes, mariages et sépultures, 1776-1806.
Source: C.C.Ms. p. 721.
Ms. Microfilm. 1 bobine.
Archives nationales du Québec, Québec, Qué.

____. ____. Registres de la paroisse: baptêmes, 1776-1785; mariages, 1784-1795; sépultures, 1779-1806.
Source: C.C.Ms. p. 721.
Ms. Microfilm. 1 bobine.
Archives acadiennes, Moncton, N.-B.

LOVELACE family, N.S. Some genealogical information.
Source: U.L.Ms. p. 721.
Ms. Photocopies. 7 p. [n.d.]
Public Archives of Nova Scotia, Halifax, N.S.

LOVETT family, N.S. Some genealogical information . . .
Source: U.L.Ms. p. 722.
Ms. Original.
Public Archives of Nova Scotia, Halifax, N.S.

LOW, James W.A. Low; our Scottish carpenters. [s.l.s.n.], (c1976). 130 leaves.
Spiral binding.
Bibliography: leaves 115-123.

LOWER CANADA. Marriage bonds.
Files. Doc. RG 4-B28. 5 drawers.
National Library of Canada. Genealogical Section, Ottawa, Ont.

LOWRY, Edna Gardner and Walter Stanley GARDNER. A Family record of pioneer Scottish families in Lanark County and their descendants. [n.p.], (1961?). 127 (9) p.
Mimeographed.

LUC, Edith, co-comp.
voir sous:
ARCHIVES du Séminaire de Sherbrooke. Guide des fonds . . .

LUKE, Edna, N.S. Cape Breton family trees: Spencer, Martell and Holmes families.
Source: U.L.Ms. p. 726.
Ms. Photocopies. 1 inch. 1972.
Cape Bretoniana Archives. St. Francis Xavier University, Sydney Campus, Sydney, N.S.

LUMLEY, C.C. Records of the Lumleys and sketches of the Willey, Williams and Waters families. St. Thomas, The Municipal World Ltd., 1908. 103 p.
Folded genealogical tables.

LUNENBURG, N.S. Baptist Church. Records, 1809-1870, including registers of births, 1816-1870; marriages, 1819-1856; and burials, 1819-1958.
Source: U.L.Ms. p. 726.
Ms. Transcripts. 58 p.
Public Archives of Canada, Ottawa, Ont.

____. Dutch Reformed Congregation. Registers of baptisms, 1770-1926; marriages, 1770-1855, 1880-1927; burials, 1771-1854, 1880-1927 . . .

Source: U.L.Ms. p. 727.
Ms. Microfilm.
Public Archives of Canada, Ottawa, Ont.

____. Methodist Church. Baptismal and marriage records . . . 1815-1837.

Source: U.L.Ms. p. 727.
Ms. Photocopies. 39 p.
Public Archives of Canada, Ottawa, Ont.

____. St. John's (Anglican) Church. . . . Register, 1852-1869 . . .

Source: U.L.Ms. p. 727.
Ms. Transcripts. 4 inches.
Public Archives of Canada, Ottawa, Ont.

LUPIEN, Paul-J., co-aut.
voir sous:

GAGNÉ, Claude, Paul-J. Lupien et L. Daniel Brun. La Transmission familiale . . .

LUPIEN. (Notes diverses).

Archives nationales du Québec, Québec, Qué.

LUSBY family, N.S. Some genealogical information.

Source: U.L.Ms. p. 727.
Ms. Transcript. 3 p. [n.d.]
Public Archives of Nova Scotia, Halifax, N.S.

LUSSIER, René. François Brière (ancêtre bisaïeul).

Dans: L'Entraide généalogique 2: (1) 29-30 '79/80.

LUTHERAN Church record, 1793-1832.

In: Ontario Historical Society. Papers and records. 6: 136-167 '05.
Baptisms and marriages register of Ebenezer Lutheran Church.

LUXTON, Eleanor, Alta. Interviews with ranching pioneers, mostly of the High River area; biographies of early families.

Source: U.L.Ms. p. 728.
Ms. Original. 5 inches. 1956-1959.
Glenbow-Alberta Institute, Calgary, Alta.

LYMAN, Arthur. Genealogy of the Lyman family in Canada; ancestors and descendants of Elisha Lyman (no. 18) from the end of the 18th century to the present time (1943). Montreal, Beaver Hall Press, 1943. 102 p.

LYONNAIS, A.G., ptre. Généalogie de la famille Lyonnais en Canada, Ottawa, 1901. 98 p. in-8°.

Contient un grand tableau généalogique.

LYONS family, N.S. Descendants of David and Elizabeth Lyons; notes from the diary of Ruth Lyons.

Source: U.L.Ms. p. 729.
Ms. Transcripts. 12 p. [n.d.]
Public Archives of Nova Scotia, Halifax, N.S.

LYTLE, Leonard. Genealogical notes on the Lytle (Little) family, chiefly in Pennsylvania and Michigan, together with genealogical charts prepared by John Pomeroy Lytle (1846-1927).

Source: U.L.Ms. p. 729.
Ms. Microfilm. 1 reel. 1962.
Public Archives of Canada, Ottawa, Ont.

LYTLE (Little) family. Genealogy of the Lytle (Little) family, including charts, biographical and historical notes; Bible records and legal records.

Source: U.L.Ms. p. 729.
Ms. Microfilm. 1 reel. 1746-1962.
Public Archives of Canada, Ottawa, Ont.

MABEE, Oliver R. (Dr.). The ancestry and hardships of Frederick Mabee (Mabille, Maby, Mabie), the United Empire Loyalist who settled in the Long Pointe settlement, Upper Canada, in 1793.

In: Ontario Hist. Soc. Papers and records. 24: 439-442 '27.

MABEE family, Ont. Marriage certificates of Oliver Mabee, Jr., 1836, and his father-in-law Henry Webster, 1820 . . .

Source: U.L.Ms. p. 730.
Ms. Original.
Archives of Ontario, Toronto, Ont.

MAC . . .
voir aussi sous/see also under:
MC . . .

MACAULAY, John, Ont. . . . Robert Macaulay's prayer book with manuscript additions giving births, marriages and deaths of the family . . .

Source: U.L.Ms. p. 731.
Ms. Original.
Queen's University Archives, Kingston, Ont.

MAC AULAY family, N.S. MacAulay family, compiled by Captain D.M. Mackenzie, 1950; MacAulay family of Lewis, enlarged and brought up to date, by Mrs. R.W. Beebe, 1966.

Source: U.L.Ms. p. 731.
Ms. Transcripts. 40 p. [n.d.]
Public Archives of Nova Scotia, Halifax, N.S.

MAC DONALD, Ada, N.S. Genealogies of Pictou County families, including Blaikie, Cameron, Fraser, MacDonald, McKeen, McKenzie, MacLean . . .

Source: U.L.Ms. p. 732.
Ms. Original. 8 inches. [n.d.]
Public Archives of Nova Scotia, Halifax, N.S.

MACDONALD, Archibald Chaussegros de Léry. La Famille Le Febvre de Bellefeuille.

Dans: Rev. can. (nouv. sér.) 4: 168-176, 235-247, 291-302 1884.

____. Les Lambert-Dumont.

Dans: Rev. can. 19: 633, 739 1899.

____. Morel de la Durantaye.

Dans: Bull. rech. hist. 19: 266-275 '13.

____. Notes sur la famille Lambert du Mont. [s.l.], (1883?). 16 p.

MAC DONALD, C. Material on the McDonald family in Scotland, Nova Scotia and Prince Edward Island.

Source: U.L.Ms. p. 793.
Ms. Transcripts. 7 inches. [n.d.]
Public Archives of Nova Scotia, Halifax, N.S.

MAC DONALD, Ewen, N.S. Genealogical chart of his descendants.

Source: U.L.Ms. p. 734.
Ms. Original. 1 item. [n.d.]
Public Archives of Nova Scotia, Halifax, N.S.

MACDONALD, Henlen C., N.S. . . . Genealogy of the MacDonalds of Carolone.

Source: U.L.Ms. p. 734.
Ms. Photocopies. 2 inches. 1895-1970.
Cape Bretoniana Archives. St. Francis Xavier University, Sydney Campus, Sydney, N.S.

MAC DONALD, J.W. History of Antigonish County. Antigonish, N.S., Formac, 1975. 58 p. (1) folded leaf of plates.

First published in 1876.
Source: Canadiana: C75-7202-4.

MAC DONALD, James, N.S. Descendants of James and his wife, the former Miss MacMilan of Dumfries, Scotland, who were married in Pictou County in 1808.

Source: U.L.Ms. p. 735.
Ms. Microfilm. 1 reel. [n.d.]
Public Archives of Nova Scotia, Halifax, N.S.

MAC DONALD, Roderick.
see under:

BEATON, Clarence, N.S. Papers on Leitches Creek . . .

MAC DONALD family. Genealogical chart, 1745-1970.

Source: U.L.Ms. p. 738.
Ms. Photocopies. 1 p. 1970.
Public Archives in Canada, Ottawa, Ont.

____. Typescript history of the clan of Ian Ruady of Knoydart, Inverness, Scotland, 1772-1951; a blueprint of a partial chart.

Source: U.L.Ms. p. 738.
Ms. Transcripts. 15 p. 1950-1952.
Public Archives of Canada, Ottawa, Ont.

MAC DONALD family, N.S. Descendants of Donald MacDonald and Mary Fraser MacLean of Beauley parish of Kilmorack, Invernessshire, Scotland . . .

Source: U.L.Ms. p. 738.
Ms. Original. 1 inch. [n.d.]
Public Archives of Nova Scotia, Halifax, N.S.

____. Genealogical information and clan history concerning the Clanranald, McDonalds, McLellans, and early Highlands emigration, 1770-1853 . . .

Source: U.L.Ms. p. 738.
Ms. Original.
Public Archives of Nova Scotia, Halifax, N.S.

____. Genealogical information on the MacDonald family copied from pages in the Bankes family Bible.

Source: U.L.Ms. p. 738.
Ms. Transcripts. 5 p. [n.d.]
Public Archives of Nova Scotia, Halifax, N.S.

MAC DONALD family, Ont. Genealogical chart of the MacDonalds of Glengarry County, Ont.

Source: U.L.Ms. p. 738.
Ms. Photocopies. 4 p. 1968.
Public Archives of Canada, Ottawa, Ont.

____. Genealogical chart of the MacDonalds of Glengarry County, Ont.

Source: U.L.Ms. p. 738.
Ms. Photocopies. 19 p. 1951-1968.
Public Archives of Canada, Ottawa, Ont.

____. MacDonald family; Imperial family Bible, 1844, with family register in vol. 2, 1814-1886; Collin MacDonald: marriage certificate, 1874 . . .

Source: U.L.Ms. p. 739.
Ms. Original. 6 p. 1814-1886.
Hiram Walker Historical Museum, Windsor, Ont.

MAC DONELL, Alexander, Ont. . . . Biographical information on the MacDonnell family.

Source: U.L.Ms. p. 739.
Ms. Original. 1797-1870.
Archives of Ontario, Toronto, Ont.

MACDONELL, Alexander McLean, Ont. . . . Brief sketch on the Macdonell family.

Source: U.L.Ms. p. 739.
Ms. Transcripts.
Public Archives of Canada, Ottawa, Ont.

MACDONELL family. Genealogy of the Macdonell family, 1204-1950.

Source: U.L.Ms. p. 740.
Ms. Original. 1 p. ca. 1814.
Public Archives of Canada, Ottawa, Ont.

MACDONNELL, William J., N.S. History of Port Hood, Inverness County, including genealogies of the residents.

Source: U.L.Ms. p. 740.
Ms. Photocopies. 50 p. 1883-1949.
Cape Bretoniana Archives. St. Francis Xavier University, Sydney Campus, Sydney, N.S.

MAC DOUGALL, John L. History of Inverness County, Nova Scotia. (Strathlorne, N.S., 1922). 690 p.

MAC DOUGALL family, N.S. Descendants of Donald MacDougall.

Source: U.L.Ms. p. 741.
Ms. Transcripts. 10 p. [n.d.]
Public Archives of Nova Scotia, Halifax, N.S.

MAC EACHERN, Gerard, N.S. MacEachern family tree.

Source: U.L.Ms. p. 741.
Ms. Photocopies. 1 p. 1700-1924.
Cape Bretoniana Archives. St. Francis Xavier University, Sydney Campus, Sydney, N.S.

MACFARLANE, J. Malcolm, N.S. List of marriages in South West Margaree, N.S. . . .

Source: U.L.Ms. p. 742.
Ms. Original.
Cape Bretoniana Archives. St. Francis Xavier University, Sydney Campus, Sydney, N.S.

MAC GREGOR, J.C. A History of Alberta. Edmond, 1972.

MAC INNES, Miles, N.S. . . . Genealogical chart of his descendants.

Source: U.L.Ms. p. 743.
Ms. Transcripts. 4 p.
Public Archives of Nova Scotia, Halifax, N.S.

MAC INNES family, N.S. Genealogical chart of the children and grandchildren of Miles MacInnes of Lower Meagher's Grant, Musquodoboit River.

Source: U.L.Ms. p. 743.
Ms. Photocopies. 1 p. [n.d.]
Public Archives of Nova Scotia, Halifax, N.S.

____. Genealogical chart of the descendants of Malcolm MacInnes.

Source: U.L.Ms. p. 743.
Ms. Transcripts. 2 p. [n.d.]
Public Archives of Nova Scotia, Halifax, N.S.

MAC INNIS, Joseph L., N.S. "History of the Brooch of Lorne", translated into Gaelic by Hector MacDougall; "Creating a New Scotland in Canada", the story of the trials of the Scottish pioneers, by Catherine Mackenzie . . . "Pioneers of Washabukt, N.S.", by D. MacLean . . .

Source: U.L.Ms. p. 743.
Ms. Transcripts. 1 inch. 1927-1937.
Cape Bretoniana Archives. St. Francis Xavier University, Sydney Campus, Sydney, N.S.

MAC INTOSH, Donald, N.S. Some genealogical information, compiled by Sir Joseph Chisholm . . .

Source: U.L.Ms. p. 744.
Ms. Transcripts.
Public Archives of Nova Scotia, Halifax, N.S.

MAC INTOSH, Winton R. MacIntosh family, N.S. "A record of the descendants of Robert and Anne MacIntosh", compiled by Winton R. MacIntosh, 1955.

Source: U.L.Ms. p. 744.
Ms. Transcripts. 18 p. [n.d.]
Public Archives of Nova Scotia, Halifax, N.S.

MAC IVOR, John Munro. The MacIvor clan in Canada. [n.p.], (1922). 53 p.

MACKAY, Elsie. Selkirk's 75th Anniversary. [n.p.], 1957. 80 p.

Short notes on pioneer families.
"The Murdoch McLennan story": pp. 42-43.

MACKENZIE, Alexander. The Macdonalds of Glengarry. Inverness, A. & W. Mackenzie, 1881. 82 p.

MACKENZIE, D.M. MacKenzie family, N.S. Genealogical information.

Source: U.L.Ms. p. 748.
Ms. Original. 11 p. [n.d.]
Public Archives of Nova Scotia, Halifax, N.S.

MACKENZIE family, N.S. History of the Mackenzie family.

Source: U.L.Ms. p. 748.
Ms. Transcripts. 1 1/2 inches. [n.d.]
Public Archives of Nova Scotia, Halifax, N.S.

____. History of the MacKenzie family, transcribed in 1828-1829.

Source: U.L.Ms. p. 748.
Ms. Transcripts.
Public Archives of Nova Scotia, Halifax, N.S.

____. Some genealogical information.

Source: U.L.Ms. p. 748.
Ms. Transcripts. 1 p. [n.d.]
Public Archives of Nova Scotia, Halifax, N.S.

MACKINNON, Michael. Letter of ancestry; emigration to Nova Scotia of Barra MacNeils; Genealogy of Laughlin MacDonald.

Source: U.L.Ms. p. 750.
Ms. Original. 1 inch. 1943-1966.
Cape Bretoniana Archives. St. Francis Xavier University, Sydney Campus, Sydney, N.S.

MAC KINNON family, Ont. Birth and death records of the MacKinnon family of Finch, Ont. . . .

Source: U.L.Ms. p. 750.
Ms. Transcripts.
Public Archives of Canada, Ottawa, Ont.

MAC LAURIN family, Ont. Documents relating to the history of the MacLaurin family, including an immigration list, 1818, . . . part of the marriage register for the Baptist Church, Glengarry County, Ont., and death records.

Source: U.L.Ms. p. 751.
Ms. Photocopies.
Public Archives of Canada, Ottawa, Ont.

____. Marriage, death and cemetery records from Breadalbane Baptist Church, Lochiel Township, Ont., 1810-1970.

Source: U.L.Ms. p. 751.
Ms. Photocopies.
Public Archives of Canada, Ottawa, Ont.

MAC LEAN, Hector, N.S. Ms. of "The MacLeans of Washabuckt".

Source: U.L.Ms. p. 751.
Ms. Original. 1 1/2 inches. 1942-1949.
Cape Bretoniana Archives. St. Francis Xavier University, Sydney Campus, Sydney, N.S.

MACLEAN, Raymond A., co-aut.
see under:

CAMPBELL, D. Beyond the Atlantic Roar
. . .

MAC LEAN, Vincent, N.S. . . . Genealogies and letters on MacNeil, Campbell, Johnson, Ferguson and MacDonald families . . .

Source: U.L.Ms. p. 752.
Ms. Original. [n.d.]
Cape Bretoniana Archives. St. Francis Xavier University, Sydney Campus, Sydney, N.S.

MAC LEOD, Salome. Memories of Beach Point and Cape Bear. (Murray Harbour, P.E.I., 1967). 27 p.

Cover title.

MAC LEOD Pioneers, N.S. History of the "MacLeod Pioneers" who came from Scotland to Cape Breton in the early 18th century, with brief biographical sketches.

Source: U.L.Ms. p. 753.
Ms. Photocopies. 3 p. 1783-1900.
Cape Bretoniana Archives. St. Francis Xavier University, Sydney Campus, Sydney, N.S.

MAC NEIL, James. N.S. . . . Genealogies of the MacKinnon, MacNeil and MacIntyre families of Iona.

Source: U.L.Ms. p. 755.
Ms. Original. 3 p.
Cape Bretoniana Archives. St. Francis Xavier University, Sydney Campus, Sydney, N.S.

____. Genealogy of the MacDonald family of Castle Bay, Cape Breton . . .

Source: U.L.Ms. p. 755.
Ms. Original. 1882-1962.
Cape Bretoniana Archives. St. Francis Xavier University, Sydney Campus, Sydney, N.S.

MAC NEIL, John Allan, N.S. . . . Genealogies of Alexander Ferguson Campbell, Donald "Og" MacNeil and Roderick MacNeil, chief of Barra . . .

Source: U.L.Ms. p. 756.
Ms. Original.
Cape Bretoniana Archives. St. Francis Xavier University, Sydney Campus, Sydney, N.S.

MACQUEEN, Malcolm Alexander. Hebridean pioneers. Winnipeg, Pr. by Henderson Directories, Ltd., 1957. 104 p.

History of emigrants from the Highlands and Western Isles of Scotland who settled in Belfast, P.E.I. in 1803, such as the Macaulays, Jones, Munroes, Martins, Nicholsons, Macqueens, Tweedys, Irvings and others.

____. Skye Pioneers and "The Island". Winnipeg, Stovel Co., Ltd., 1929. 162 p.

MAC RAE, Archibald. History of the Province of Alberta. Calgary, 1912.

Source: Baxter, A. In Search of Your Roots
. . .

MADAWASKA, N.-B. Saint-Basile, paroisse (catholique). Registres de baptêmes, mariages et sépultures, 1792-1850.

Source: C.C.Ms. p. 758.
Ms. Copie. 7 pouces. Microfilm. 2 bobines.
Archives publiques du Canada, Ottawa, Ont.

MAGEAU, Zotique. Trois pionniers revivent.
Dans: Soc. hist. du Nouvel Ontario. Doc. hist. no 12, p. 51-59.

MAGNAN, Hormidas. L'Ancêtre de la famille Magnan.

Dans: Bull. rech. hist. 34: 735-739 '28.

____. Dictionnaire historique et géographique des paroisses, missions et municipalités de la province de Québec. Arthabaska, 1925. 738 p.

____. La Famille Huot.
Dans: Bull. rech. hist. 32: 542-548 '26.

____. La Famille Magnan, établie à Charlesbourg en 1665; quelques notes sur la famille Magnan, établie à Saint-Cuthbert en 1775, puis à Saint-Ursule en 1852 et les familles alliées: Béland, Bruneau, Lemieux, Paquet, Cloutier et Tardivel. Québec, [s.éd.], 1925. 100 p.

____. La Famille Pâquet et les familles alliées; la paroisse de Saint-Nicolas. Québec, Impr. Laflamme, 1918. viii, 334 p. 19 feuillets de planches.

Notes bibliographiques au bas des pages.

____. Généalogie de Calixa Lavallée.
Dans: Bull. rech. hist. 33: 414-416 '27.

____. Monographies paroissiales; esquisses des paroisses de colonisation de la province de Québec. Québec, Département de la colonisation, mines et pêcheries, 1913. 282 p.

____. La Paroisse de St-Nicolas; la famille Paquet et les familles alliées. Québec, Laflamme, 1918. 334 p.

MAHAFFY, R.U. For Surprises, Shake that Family Tree.

In: S.G.C.F. Mém. 16: (3) 137-138 juil./sept. '65.
Article published in: Ottawa Journal, March 19, 1949.

MAHEUX, Arthur, ptre. Onomastique.
Dans: S.G.C.F. Mém. 3: 65-67 '48.

____. Pierre Maheust, sieur des Hazards et ses descendants. Québec, 1955. 33 p.

En tête du titre: Souvenir du tricentenaire (1655-1955).
Feuille corrigée numérotée: p. 4 et 4a, fixée sur la p. 4 originale.

____. Un colon de Nouvelle-France: Pierre Maheust des Hazards.

Dans: S.G.C.F. Mém. 2: 88-107 '46.

MAHONE BAY, N.S. St. James Anglican Church. . . . Parish registers, 1844-1870 . . .

Source: U.L.Ms. p. 760.
Ms. Transcripts. 154 p.
Public Archives of Canada, Ottawa, Ont.

MAHONEY, David P., c.f.x. La Famille Guérin dit St-Hilaire. Milton, Mass., mars, août, déc. 1976. [s.p.]

Copie dactylographiée.
Texte en anglais.
"L'Ascendance d'Antonio J. St-Hilaire, né le 28 janv. 1887 à Victoriaville, P.Q., mort 13 mai 1956, à Beverley, Mass., U.S.A., achevé par son petit-fils Frère David P. Mahoney, c.f.x."

MAHUZIER, Albert. Les Mahuzier au Canada. Paris, Le Livre contemporain, c1958. 219 p. (Bibliothèque des voyages).

Titre réparti sur 2 pages en regard.

MAHUZIER, Albert et Jacqueline MAHUZIER. Les Mahuzier au Canada. Illustrations de Madeleine Fortin. Montréal, Éd. Beauchemin, 1958. 219 p.

MAHUZIER, Jacqueline, co-aut.
voir sous:

MAHUZIER, Albert et Jacqueline Mahuzier. Les Mahuzier au Canada . . .

MAILHOT, Charles-Édouard. Les Bois-Francs. Arthabaska, 1914-25. 4 vols.

Recueil d'écrits, notes, chroniques, documents et généalogies.

MAILLOU family, Ont. Genealogy of Maillou family of Essex County, Ont.

Source: U.L.Ms. p. 761.
Ms. Transcripts. 7 p. 1936.
Public Archives of Canada, Ottawa, Ont.

MAISONNETTE, N.-B. Saint-Théophile, paroisse (catholique). Registre de la paroisse, 1912-1920.

Source: C.C.Ms. p. 761.
Ms. Microfilm. 1 bobine.
Archives acadiennes, Moncton, N.-B.

MAJEU family.

In: F.C.A.G.R. 3: (1) 64 Spring '71.
Genealogical chart.

MAJESTIC-FARRELL Lake Women's Institute. Harvest of memories. (Lethbridge, Alta., Southern Pr. Co., 1968). 367 p.

MAJOR record sources for Acadian genealogical research.

In: Soc. hist. acad. Cahier 3: (9) 373-384 oct./déc. '70.

MALBOUR (Malbroue, Malboeuf) and Ouri (Hourry, Houde, Ouvre) families.

In: F.C.A.G.R. 2: (1) 60 Spring '69.
Notes on Jacques Malboeuf.

MALCHELOSSE, Gérard. Ancêtres de la famille Brodeur.

Dans: Bull. rech. hist. 50: 15-16 '44.

_____. La Famille de Hurel dite Flamand.

Dans: Bull. rech. hist. 57: 71-75 '51.

_____. La Famille Heney.

Dans: Bull. rech. hist. 49: 361-363 '43.

_____. Famille Niort de la Noraye. Montréal, Éd. des Dix, 1938. 30 p.

Tiré à 25 exemplaires.

_____. Généalogie de la famille Malchelosse. Lettre-préface de M. Benjamin Sulte. Montréal, Le pays laurentien, 1918. 31 p.

_____. Généalogie de la famille Mondelet.

Dans: Bull. rech. hist. 51: 51-60 '45.

_____. Généalogie de la famille Otis, branche canadienne. Préf. de Benjamin Sulte. Montréal, Ducharme, 1921. 86 p.

_____. Généalogie de la famille Richard-Lavallée-Larichelière. Montréal, Ducharme, 1928. 43 p.

_____. Généalogie des familles des comtés de Maskinongé et Berthier; bibliographie généalogique, dossier du comité de révision du "Dictionnaire Tanguay".

Source: C.C.Ms. p. 763.
Ms. Originaux. 3 pieds. Entre 1918 et 1969.
Archives nationales du Québec, Québec, Qué.

_____. Généalogie et généalogistes au Canada.

Dans: Cahiers des Dix. 13: 269-298 '48.

_____. Les Blackstone.

Dans: Cahiers des Dix. 3: 213-232 '36.

_____. Mélanges historiques. Montréal, Ducharme, 1918-34. 21 vols.

MALCOLM (McCallum) family, Ont. Genealogy of the family of Duncan Malcolm (McCallum) of Scotland and Upper Canada, 1720-1934.

Source: U.L.Ms. p. 763.
Ms. Photocopies. 1 p. 1934.
Public Archives of Canada, Ottawa, Ont.

MALENFANT, Gérard. Notes généalogiques d'une branche de la familles (sic) Malenfant. Drummondville, nov. 1968. [p.v.]

Archives nationales du Québec, Québec, Qué.

MALHIOT, famille, Qué. Documents concernant la famille de Zéphérin Malhiot.

Source: C.C.Ms. p. 763.
Ms. Originaux. 4 pouces. 1947?
Archives nationales du Québec, Québec, Qué.

MALPÈQUE, Î.-P.-É. Saint-Jean-Baptiste de Malpèque, paroisse (catholique). Registre de baptêmes, mariages et sépultures, 1817-1835 . . .

Source: C.C.Ms. p. 764.
Ms. Microfilm. 1 bobine.
Archives publiques du Canada, Ottawa, Ont.

MANN, Gother and family. Genealogical notes on the Mann family and their relatives . . .

Source: U.L.Ms. p. 771.
Ms. Microfilm. 1 reel.
Public Archives of Canada, Ottawa, Ont.

MANOTICK, Ont. Centennial Committee. Manotick's centennial year souvenir-book, 1859-1959. The Manotick Story (Illus.). A record of the development during the past 100 years of "Manotick" as the Indians named it to describe "Forest covered island in the river", settlement to the present days. Also included are historical reports of each

of Manotick's churches and of the various social and fraternal orders and associations. A complete list of centennial celebrations and events; local histories . . . [n.p.], (1960?). 73 p.

"Pioneer family (short) histories": pp. 28-35; other families in the vicinity: pp. 37-69. Useful for those doing research on family histories in the Ottawa Valley and vicinity.

MANSEAU, Omer-Louis, ptre. Généalogie des familles des Robidas-Manseau et Bernard-Barbeau; accompagnée de quelques notes historiques. Arthabaska, Qué., Impr. d'Arthabaska, 1932. 515 p.

MANVILLE and District Old Timers Association. Trails to Mannville. Mannville, Alta., Mannville and District Old Timers Association, 1975. [v.p.]

MARCEAU, J.-Henri. North-Bay.

Dans: Soc. hist. du Nouvel-Ontario. Doc. hist. no 19, p. 5-15. Premières familles canadiennes-françaises de North-Bay, p. 14.

MARCIL-BRUCHÉSI, Claire. Conte de fée pour un soir de mai.

Dans: Revue d'histoire de la Gaspésie 10: (1) 45-47 '72. Complément de la généalogie de la famille Le Boutillier.

MARCOTTE, Jean, o.f.m. Nicolas and Jacques Marcot.

In: F.C.A.G.R. 2: (1) 31-37 Spring '69.

____. Nicolas et Jacques Marcot; ancêtre des familles Marcotte.

Dans: S.G.C.F. Mém. 20: (3) 174-183 juil./sept. '69; 21: (1) 20-24 janv./mars '70.

MARGAREE, N.-É. Saint-Michel, paroisse (catholique). Registres de la paroisse, 1806-1884.

Dans: C.C.Ms. p. 773. Ms. Reproductions photographiques. 4 pouces. Archives acadiennes, Moncton, N.-B.

MARGRY, P. Familles de la France coloniale: les Rouer de Villeray. Paris, 1851. 32 p.

Exemplaire de M. Margry, avec de nombreuses notes de sa main, écrites dans les marges dans la Collection Gagnon à la Bibliothèque municipale de Montréal, Montréal, Qué.

____. Les Varennes de la Vérendrye.

Dans: Rev. can. 9: 362-384 1872.

MARGUERITE-MARIE, ursuline (Eugénie Lasalle). Histoire de la paroisse de Champlain. Trois-Rivières, 1915. 2 vols.

Historique de la famille d'Étienne Pézard de La Touche.

MARGUERITE Melanson.

In: F.C.A.G.R. 3: (2) 123-124 Summer '71. Biographical and genealogical notes on Marguerite Melanson.

MARIAGES de la paroisse de Sainte-Anne de Bellevue (1703-1973). Relevé en collab. Montréal, Éd. Bergeron & Fils, 1975. 152 p. (Publication no 23).

Polycopié.

MARIAGES de l'Enfant-Jésus de la Pointe-aux-Trembles, 1674-1975. En collab. Montréal, Éd. Bergeron & Fils, 1977. 241 p.

Polycopié.

MARIAGES de St-Antoine, l'Île-aux-Grues, Montmagny, 1831-1973, et de St-Luc, Grosse-Île, Montmagny, 1834-1937. Montréal, Éd. Bergeron & Fils, 1976. 49, 6 p.

Polycopié.

MARIAGES de St-François d'Assise de la Longue-Pointe, 1724-1975. Relevé en collab. Montréal, Éd. Bergeron, 1977. 339, (i.e. 239). (Publication no 41).

Polycopié. Classification par les femmes: p. 207-(239).

MARIE-CUTHBERT, f.c.s.p. Notes généalogiques sur la famille de Soeur Marie-Cuthbert, Fille de la Charité, servante des pauvres, dite Soeur de la Providence de Montréal. Montréal, 1922. 94 p.

MARIE-DE-SAINT-LAURENT-JUSTINIEN, s.s.c. Généalogie: Goulet et Ruel, 1615-1941. Montréal. 383 p.

Ouvrage dactylographié. Ouvrage retrouvé à la collection de M. Albert Turgeon, généalogiste québécois.

MARIE-DU-SACRÉ-COEUR-DE-MARIE, b.p. Une Famille religieuse, celle des Girard.

Dans: S.G.C.F. Mém. 12: 171-172 '61.

MARIE ROLLET's family.

In: F.C.A.G.R. 3: (4) 246 Winter '71. Notes on Pierre de Rollet (Drolet).

MARIER, Claude. Généalogie de Jules Chèvre-fils dit Bélisle et de ses descendants (1852-1975) par Claude Marier, avec la collab. de Lise, Julien, Yves Beauregard, Pierre Bélisle. (Imprimerie) Drummondville, 6 oct. 1977. 43 p.

Polycopié.
Tiré à 40 exemplaires numérotés.

MARION, Séraphin. Pierre Boucher. Québec, Impr. Proulx, 1927. 290 p.

En tête du titre: Un pionnier canadien.
Notes généalogiques sur les famille Boucher et les familles alliées.

MARMETTE, Joseph-Étienne Eugène. Les Machabées de la Nouvelle-France; histoire d'une famille canadienne, 1641-1768. Québec, Léger Brousseau, 1878. 180 p.

____. . . . Nouv. éd. . . . 1882.

MARQUETTE, Joseph, ptre. Généalogie . . .

Source: C.C.Ms. p. 776.
Ms. Reproductions photographiques. 1673-1675.
Bibliothèque municipale de Montréal, Montréal, Qué.

____. Généalogie du Père Marquette. 1 vol.

Source: C.C.Ms. p. 776.
Ms. Reproductions photographiques. 1668-1677.
Archives nationales du Québec, Québec, Qué.

MARQUETTE WEST, Man. Presbyterian Circuit. Church records by Rev. J.S. Stewart, relating mainly to the area of Marquette West in Manitoba, with some records relating to Ontario, the United States and the Northwest.

Source: U.L.Ms. p. 776.
Ms. Original. 1/2 inch. 1876-1884.
Public Archives of Canada, Ottawa, Ont.

MARQUIS, G.E. Trois générations d'éduca-teurs. Québec, 1950. 132 p.

"Cette plaquette a été tirée à 100 exemplaires pour être distribuée aux membres des familles Tanguay et Marquis, originaires de St-Gervais de Bellechasse, P.Q." (Intr.)

MARRIAGE BONDS. Lower Canada.

Fichier/File Doc. RG4 B28. 5 tiroirs/drawers.
Bibliothèque nationale du Canada, Sect. de Généalogie/National Library of Canada, Genealogical Division.

MARRIAGE BONDS. Upper Canada.

Fichier/File Doc. RG5-B9. 20 tiroirs/drawers.
Bibliothèque nationale du Canada, Sect. de Généalogie/National Library of Canada, Genealogical Division.

MARRIAGE Certificate of Michael Arisahes to Helen Karaksentha, 1829.

Source: U.L.Ms. p. 35.
Ms. Original. 1 p.
Lennox and Addington Historical Society, Napanee, Ont.

MARRIAGE licence between George Dyon and Mary Ann Blewett, 1849.

Source: U.L.Ms. p. 362.
Ms. Original. 2 p.
Lennox and Addington Historical Society, Napanee, Ont.

MARRIAGE records of Rev. John Langhorn, of the township of Catarakwee, from Oct. 28, 1787 to Aug. 30, 1791.

In: Ontario Hist. Soc. Papers and records 1: 13-17 1899.
"Extracts from the records of marriages preserved in Kingston."

MARRIAGE records of St. John's Church, Ernest-Town, no. 2.

In: Ontario Hist. Soc. Papers and records 1: 18-29 1899.
From 1791-1813.

MARRIAGE register of Stephen Conger, Justice of Peace, Hallowell (Prince Edward County).

In: Ontario Hist. Soc. Papers and records. 1: 109-112 1899.
From 1803-1823.

MARRIS, Audrey Yvonne. Gentle pioneers; five nineteenth-century Canadians. Don Mills, Ont., Paperjacks, 1973; c1968. xii, 253 p.

Bibliography: pp. 241-249.

MARTEL, Dominique, s.c. Généalogie de M. et Mme André Bélanger (Thérèse Terrien). Revue et complétée par Frère Dominique, Martel s.c. de Granby, comté de Shefford, Qué., Canada en mars 1958. [s.l.], Le Bureau des recherches historiques inc., 1947 (i.e. 1958). 389, xp.

Copie dactylographiée.
". . . toute la compilation de ce travail au point de vue historique est authentiquement inédite . . ." (Notes explicatives, p. 13).
"Le nom Bélanger est d'origine germanique. Il est tiré des racines Berin-gar, le premier signi-fiant 'ours' et le deuxième, 'gar', trait javelot, agueri. C'est ainsi que le nom Bélanger s'écrivait au 8e siècle. Il donne naissance aux noms de familles françaises: Beringer,

Beringier, Béringuier, Béranger, Bézanger, Belenger, Bellinguier, Bellanger, Bellenger, Baranger. Au Canada, le nom s'écrit Bélanger. En anglais, on trouve Barringer, Bellinger." (Notes explicatives: p. 18-20).

____. Martel. [s.l.n.d.] [s.p.]
Polycopié.
Archives nationales du Québec, Québec, Qué.

MARTEL, Florence (Fernet). Honoré Martel.
Dans: S.G.C.F. Mém. 10: 70-76 '59.

MARTEL, Jules. Dictionnaire des familles seigneuriales et des seigneuries du Gouvernement de Trois-Rivières sous le régime français, 1634-1760 (extension jusqu'en 1775). Sherbrooke, Raymond Lambert, 1978? 139 p.
Documents recueillis dans les actes notariés seulement.
Les noms de familles n'ont pas été indexés dans cette édition.

____. Index des actes notariés du régime français à Trois-Rivières, 1634-1760. Trois-Rivières, Université du Québec à Trois-Rivières, 1975. 875 p.

____. Inventaire des greffes des notaires du régime français . . . Trois-Rivières, 1978. 6 vols.

MARTEL, Léo, f.c. (Famille Martel). Drummondville, sept. 1975. 12 vols.

MARTEL, Nicolas (i.e. Jean-Marie, o.p.). Généalogie de la famille Michon. Québec, [s.d.]. 9 p.
Polycopié.

MARTEL, famille, Qué. Papiers au sujet de l'histoire de la famille.
Dans: C.C.Ms. p. 777.
Ms. Reproductions photographiques. 4 pouces. 1717-1781.
Archives nationales du Québec, Québec, Qué.

MARTELL, Alonzo.
see under:
GORDON family. "The Martells in Nova Scotia" . . .

MARTIN (frère) (Napoléon Journeau). Autour de la famille Journeaux. Documents recueillis. Montréal, [s.d.]. [s.p.]
Polycopié.
". . . deuxième édition de la 'Généalogie' ou les 'Arbres généalogiques' de la famille Journault."

____. . . . recueillis.
Montréal, 1935 (i.e. 1938). [p.v.] i, 99p. et plus.
Nombreux portraits originaux au début et à la fin du volume.
"Histoire et généalogie de la famille Journeaux" (branche masculine seulement).

____. . . . recueillis. Arbres généalogiques.
Montréal, mai 1953. 20 p.
"2e éd. de la 'Généalogie' ou les 'Arbres généalogiques de la famille Journault'. "
"Fruit de trente années de travail de l'auteur."
"C'est une généalogie complète et sur laquelle on peut se fier à l'exactitude des données."

MARTIN (frère) (Napoléon Journeau).
voir aussi sous:
JOURNEAU, Martin Napoléon, t.s.s.

MARTIN, Albertus.
Dans: Bull. rech. hist. 40: 693-700 '36.

MARTIN, Ernest. Les Éxilés acadiens en France au XVIIIe siècle et leur établissement au Poitou. Paris, 1936.

____. Pierre du Gua, sieur de Mons.
Dans: Soc. hist. acad. Cahier. 4: (10) 412-415 juil./sept. '73.

____. Retour des Acadiens en Poitou, 1773-1973. Poitiers, Pierre Daynac, 1973. 12 p.

MARTIN, Henri. Villeneuve.
Dans: S.G.C.F. Mém. 4: 111-118 '50.

MARTIN, Roland. Les Premiers seigneurs de Sainte-Anne-de-la-Pocatière. La Pocatière, Société historique de la Côte-du-Sud, 1973. 148 p. (Cahiers d'histoire no 7).
Notes bibliographiques au bas des pages.

MARTIN, Yvon, dir.
voir sous:
BEAUVILLIER, Lucie. Église protestante . . .

MARTINEAU, Marcel, s.j. Généalogie de la famille Martineau-Lormière (branche du district de Montréal) suivie de notes généalogiques et biographiques. Montréal, Impr. du Sacré-Coeur, 1902. 174 p.

MASCARENE family. Papers of the family.
Source: U.L.Ms. p. 779.
Ms. Microfilm. 50 feet. 1687-1839.
Archives acadiennes, Moncton, N.-B.

MASCOUCHE, Qué. Saint-Henri, paroisse (catholique). Registres de baptêmes, mariages et sépultures, 1761-1785.

Source: C.C.Ms. p. 780.
Ms. Microfilm. 1 bobine.
Archives acadiennes, Moncton, N.-B.

MASKINONGÉ, Qué. Saint-Joseph, paroisse (catholique). Registres de baptêmes, mariages et sépultures, 1774-1785.
Source: C.C.Ms. p. 780.
Ms. Microfilm. 1 bobine.
Archives acadiennes, Moncton, N.-B.

MASSÉ, Marcel. Filiation partielle de Pierre Masse.
Dans: L'Ancêtre. 7: (10) 297-307 juin '81.

MASSÉ, Pierre. Destinées acadiennes; la courte vie de Marie Doucet.
Dans: S.G.C.F. Mém. 5: 166-170 '53.

MASSICOTTE, Édouard Zotique. Les Actes des trois premiers tabellions de Montréal, 1648-1657. Ottawa, Soc. roy. du Canada, 1915. 16 p.

____. L'Ancêtre de Sir Évariste Leblanc.
Dans: Bull. rech. hist. 27: 317-318 '21.

____. L'Ancêtre de Sir Wilfrid Laurier (Cottineau de Champlaurier).
Dans: Bull. rech. hist. 26: 53-55 '20.

____. Les Ascendants de Salomon Juneau, fondateur de Milwaukee.
Dans: Bull. rech. hist. 44: 68-70 '38.

____. Branche oubliée de la famille Lionnais.
Dans: Bull. rech. hist. 41: 315-316 '35.

____. Clément Lériger de La Plante et sa famille.
Dans: Bull. rech. hist. 33: 729-734 '27.

____. Congés et permis déposés ou enregistrés à Montréal sous le régime français.
Dans: Rapp. de l'archiviste de la Prov. de Qué. 1921/22, p. 189-225.

____. Cyr de Monmerqué, sieur Dubreuil, ancêtre des Montmarquette.
Dans: Bull. rech. hist. 21: 363-366 '15.

____. Deux Rodier.
Dans: Bull. rech. hist. 44: 120-122 '38.

____. Étienne Le Moyne d'Abancourt.
Dans: Bull. rech. hist. 37: 99-100 '31.

____. F.-X. Beaudry.
Dans: Bull. rech. hist. 45: 143-146 '39.

____. La Famille Baby-Cheneville et les commandants du Fort Niagara.
Dans: Bull. rech. hist. 47: 15-18 '41.

____. Famille Bouat.
Dans: Bull. rech. hist. 38: 699-702 '32.

____. Famille d'Albani (Emma Lajeunesse).
Dans: Bull. rech. hist. 37: 660-669, 713 '31.

____. La Famille de feu Hormidas-Alphonse Le Mieux; esquisse généalogique. Montréal, 1923. 26 p.
Édition intime tirée à 20 exemplaires.
Texte revisé d'une étude parue en 1914 dans le Bull. rech. hist.

____. La Famille de Lorimier. Notes généalogiques et historiques.
Dans: Bull. rech. hist. 21: 10-16, 33-45 '15.

____. La Famille de Michel Bibaud.
Dans: Bull. rech. hist. 45: 100-102 '39.

____. La Famille du chirurgien Landriaux.
Dans: Bull. rech. hist. 43: 46-48 '37.

____. Famille du Dr J.-P. Rottot.
Dans: Bull. rech. hist. 37: 144-146 '31.

____. La Famille du Juge Charles Lewis Guy.
Dans: Bull. rech. hist. 28: 154-157 '32.

____. Famille du Notaire Comparet.
Dans: Bull. rech. hist. 35: 413-415 '29.

____. La Famille du Pasteur Delisle.
Dans: Bull. rech. hist. 46: 105-107 '40.

____. La Famille du poète Quesnel.
Dans: Bull. rech. hist. 23: 339-342 '17.

____. La Famille du Sénateur F.-X.-A. Trudel.
Dans: Bull. rech. hist. 41: 615-623 '35.

____. La Famille Dufrost de la Gemmeraye.
Dans: Bull. rech. hist. 22: 71-76 '16.

____. La Famille Ferquel.
Dans: Bull. rech. hist. 44: 62-64 '38.

____. La Famille Garibaldi.
Dans: Bull. rech. hist. 46: 174-175 '40.

____. Famille Gugy.
Dans: Bull. rech. hist. 23: 312-314 '17.

____. La Famille Jean De Lisle de Cailleterie.
Dans: Bull. rech. hist. 25: 175-186 '19.

____. La Famille Juchereau de Beaumarchais et St-Denis.

Dans: Bull. rech. hist. 36: 528-529 '30.

____. La Famille Massicotte.

Dans: Bull. rech. hist. 36: 241-243 '30.

____. La Famille Massicotte; histoire-généalogie-portraits. Montréal, Impr. pour l'auteur, 1904. 150 p.

____. La Famille Mayrand.

Dans: Bull. rech. hist. 33: 708-711 '27; 37: 89-91 '31.

____. La Famille Michel Bibaud.

Dans: Bull. rech. hist. 45: 100-102 '39.

____. Les Familles Descary, Descarries, Décary et Décarie au Canada, 1650-1909; histoire, généalogie, portraits. Montréal, Impr. pour A. Décary, 1910. 163 p. (i.e. 165 p.)

____. Le Fondateur de la famille Archambault.

Dans: Bull. rech. hist. 20: 316-318 '14.

____. La Généalogie au Canada-français.

Dans: Rev. can. 46: 81, '04.
Aussi paru dans: S.C.G.F. Mém. 1: 11-14 '44.

____. Greysolon, sieur du Luth-Greysolon, sieur de La Tourelle.

Dans: Bull. rech. hist. 33: 139-147 '27.

____. Jacques Viger et sa famille.

Dans: Bull. rech. hist. 21: 148-149 '15; 24: 209, 244 '18.

____. Le Juge Pierre Raimbault et sa famille.

Dans: Bull. rech. hist. 21: 78-81 '15.

____. Le Moyne de Ste-Marie et Le Moyne de Martigny.

Dans: Bull. rech. hist. 23: 125-127, 142 '17.

____. Les Chaboillez; une famille de traitants au 18e et 19e siècles.

Dans: Bull. rech. hist. 28: 184-188, 207-209, 241-242, 274-276, 311-313, 325-332, 355-359 '22.

____. Les de Quinemont au Canada.

Dans: Bull. rech. hist. 29: 356-357 '23.

____. Les Sabrevois, Sabrevois de Sermonville et Sabrevois de Bleury.

Dans: Bull. rech. hist. 31: 7-14, 40-42, 77-84, 104-111, 133-137, 185-187 '25.

____. Notes généalogiques et biographiques sur Edmond Lareau.

Dans: Bull. rech. hist. 29: 69-72 '23.

____. Notes sur la famille de William-Edmond Blumhart.

Dans: Bull. rech. hist. 30: 182-183 '24.

____. Notes sur la famille Tableau.

Dans: Bull. rech. hist. 43: 367-370 '37.

____. Notes sur les familles Freté, Ferté, Forté et Poitiers Dubuisson.

Dans: Bull. rech. hist. 22: 275-277 '16.

____. Paul Théophile Pinsonnault et ses ascendants.

Dans: Bull. rech. hist. 34: 207-220 '28.

____. Le Premier Deccaris au Canada.

Dans: Bull. rech. hist. 24: 83-84 '18.

____. Le Premier Girouard à Montréal.

Dans: Bull. rech. hist. 23: 91-92 '17.

____. Le Rétablissement d'une lignée (Joseph Vital Bertrand).

Dans: Bull. rech. hist. 42: 196-199 '36.

____. Le Sculpteur Levasseur et sa famille.

Dans: Bull. rech. hist. 37: 396-399 '31.

____. Les Seigneurs Dennis et l'Île Perrot.

Dans: Bull. rech. hist. 49: 68-72 '43.

____. Trois grands artistes (les Lavigne).

Dans: Bull. rech. hist. 39: 5-10 '33.

____. Zachary et George Henry Macaulay.

Dans: Bull. rech. hist. 52: 271-276 '46.
Une note supplémentaire dans: Bull. rech. hist. 52: 220-221 '46.

MASSICOTTE, Édouard Zotique et Régis ROY. Armorial du Canada français. Montréal, Éd. Beauchemin, 1915-18. 2 vols.

Réimprimé par la Genealogical Publishing Co. de Baltimore, É.-U. en 1970.

MASSICOTTE, famille, Qué. Tableau généalogique de la famille Massicotte, 1658-1903.

Source: C.C.Ms. p. 781.
Ms. Originaux. 2 p. 1903.
Archives publiques du Canada, Ottawa, Ont.

MASSIGNON, Geneviève. Noms de famille en Acadie.

Dans: Soc. hist. acad. Cahier no 7, p. 59-69, '65.
Étude des principaux noms en Acadie.

MASSIGNON, Geneviève. Trahan d'Acadie.

Dans: Soc. hist. acad. Cahier no 5, p. 10-23
'64.

____. Trahans of Acadia.

In: F.C.A.G.R. 2: (1) 19-31 Spring '69.

MASSON, Henri. Gilles Masson (1630-1716),
"faux seigneur de la Côte et seigneurie de
Saint-Pierre".

Dans: S.G.C.F. Mém. 17: (3) 163-167
juil./sept. '66.

MASSON, Raymond. Généalogie des familles
de Terrebonne depuis le 19 août 1727 au 31
déc. 1872, 1793 et 1794 manquant,
augmentée des actes de Saint-François-de-
Sales (Île-Jésus) depuis le 3 février 1702 au
14 sept. 1805 et de 1847, le 6 mars au 19 déc.
1872; de Saint-Charles de Lachenaie depuis
le 2 août 1726 au 26 déc. 1791; de Sainte-
Rose depuis le 11 déc. 1745 au 23 nov. 1768.
Montréal, Éd. Thérien, 1930-31. 4 vols.

"Exemple de tableau généalogique: Famille
Gariépy et Famille Brière."
Actes incomplets aux registres de Terrebonne:
p. 2393-2422.
Actes incomplets aux registres de St-François-
de-Sales: p. 2423-2459.
Actes incomplets aux registres de St-Charles de
Lachenaie: p. 2460-2467.
"Divers actes pouvant intéresser": p.
2468-2488.

MASTERS, Donald Campbell. The Mountain
family circle; a study in Canadian urban
culture.

Reprinted from: Royal Soc. of Canada. Trans.
3: ser III, Sect. 2, 21-31 June '58.

MATHESON family. Genealogy of the
Matheson family, 1821-1960.

Source: U.L.Ms. p. 782.
Ms. Transcripts. 1 p. 1960.
Public Archives of Canada, Ottawa, Ont.

MATTE. (Notes diverses).

Archives nationales du Québec, Québec, Qué.

MATTHEWS, K. Who was Who in the fishing
industry, 1660-1840. St. John's, 1971.

Biographical notes of Newfoundland's families
in the fishing industry.

MATTHEWS, Wilmot Donald, Ont. Genealogical data on the Matthews, Cotton and
Douglas families . . .

Source: U.L.Ms. p. 784.
Ms. Original. 1826-1924.
Public Archives of Canada, Ottawa, Ont.

MAUGERVILLE, N.B. Parish Church
(Anglican). Baptisms, 1787-1878; marriages,
1787-1803; burials, 1788-1878 . . .

Source: U.L.Ms. p. 784.
Ms. Microfilm. 15 feet. 1787-1878.
Provincial Archives of New Brunswick,
Fredericton, N.B.

MAURAULT, Olivier, p.s.s. The First Register
of Notre-Dame de Montreal.

In: F.C.A.G.R. 3: (3) 139-150 Fall '71.
Extracts from the introduction by Mgr. Olivier
Maurault from his book "Premier registre de
l'Église Notre-Dame de Montréal". Montréal,
Éd. des Dix, 1961, pp. 7-22.

____. Premier registre de l'Église Notre-Dame
de Montréal. Montréal, Éd. des Dix, 1961.
491 p.

Copie photostatée couvrant les années
1642-1668.
Étude sur l'ouvrage dans: Cahiers des Dix.
23: 91-106 '58.

MAURICE, E. Grace, ed.
vour sous/see under:

UNION List of Manuscripts in Canadian
repositories . . ./Catalogue collectif des
manuscrits des archives canadiennes . . .

MAURICE, Ovide D. Jean Arrivé et sa
descendance.

Dans: L'Ancêtre 7: (2) 41-56 oct. '80.

____. Mon ancêtre Maurice Arrivée et sa
descendance.

Dans: L'Ancêtre 6: (4) 99-118 déc. '79.

MAXWELL, Lillian. Outline of the history of
Central New Brunswick. Sackville, 1937.

MAYHEW, H. Carl. History of Canterbury,
Quebec (1970). 70 p.

"Short notes on the pioneer families whose
descendants live in Canterbury": chapter 3.
"More about the pioneer families": chapter 13.

____. History of the descendants of Alfred
Mayhew, Sr., with notes and results of
researches in England. Ayer's Cliff, Que.,
(the author), 1972. 37 leaves.

Mimeographed.

____. History of the Gabriel and George Kerr
families and descendants, with researches on
other Kerrs from Enniskillen, Northern
Ireland. Ayer's Cliff, Que., H.C. Mayhew,
1977. 56 p.

Cover title: The Gabriel and George Kerr
Families and Descendants.

MAYO, Lawrence Shaw. The Winthrop family in America. Boston, Mass., Historical Society, 1948. x, 507 p.

Genealogical table.
Correction slip inserted.
Bibliography.

MAYRAND, Louis Charles, f.i.c. Une lignée de Mayrand.

Dans: L'Ancêtre 6: (7) 195-202 mars '80.
Tableau généalogique en ligne directe (7 générations) de l'auteur: p. 202.

MAYSE, Shirley. Our Caswell relatives. 2nd ed. [n.p.], 1975. 385 p. (12 leaves of plates).

Limited distribution.

MAZABRAUD, Pierre. Jouiniens venus au Canada.

Dans: S.G.C.F. Mém. 17: (3) 168ss juil./sept. '66.

MC . . .

voir aussi sous/see also under:

MAC . . .

MC ALEER, George, comp. A Study in the origin and signification of the surname McAleer and a contribution to McAleer genealogy. Compiled and published by George McAleer. Worcester, Mass., 1909. 103 p.

"The name 'MacLeigh' is derived from the Irish 'Leigh' meaning 'son of a physician'. The name has been modernized to McLeigh, McLea, McLeay, McAlea, etc. . . ." In Lanigan, Ireland, we find MacLiag, anglicized to McLigh. At the time of the Norman invasions of Ireland, we find an archbishop of Armagh named Gilla McLiagh. The name McLea is believed to be the modern form of McLear and McAler. In the graveyard of Lower Langfried in County Tyrone, tombstones are found with the inscriptions: McLear and McAler.

A Norwegian genealogist assures us that the name McAleer is of Norse origin and it is still found in Norway as Lier. This name, if transplanted to Ireland at the time of Danish and Norwegian invasions, would have been changed to the Gaelic form by the addition of the prefix Mac, thus becoming MacLeer and MacAleer.

In England and Scotland it is found in the anglicized form of Leigh, Lea, Lee and Leeson." (Pref.)

MC ALLISTER family, Ont. Genealogical chart of the family of Farqhar McAllister of Dunmaglas of the clan MacGillivray, 1593-1925.

Source: U.L.Ms. p. 786.
Ms. Photocopies. 1 p. 1967.
Public Archives of Canada, Ottawa, Ont.

MC AULAY family, Charlottetown, P.E.I. Various logs of Angus McAulay, the private and business papers of Angus McAulay and Charles Stewart, who married Elizabeth McAulay, widow of Angus.

Source: U.L.Ms. p. 787.
Ms. Photocopies. 1 inch. 1804-1832.
Public Archives of Canada, Ottawa, Ont.

MC CALL, Delbert Thomas. Genealogy and history of the Glover family of Saxon origin, formerly spelled "Golofre" and in the fourteenth century "Glove". Simcoe, Ont, [n.d.]. 10 leaves.

____. Genealogy and history of the Norfold McCall family and associate descendants, 1796-1946. (Simcoe, 1946). 1 p., 1, 215 p.

MC CALL, Robert. Marriage licence of Robert McCall and Laura Minnie Glover.

Source: U.L.Ms. p. 787.
Ms. Original. 2 p. 1898.
Provincial Archives of British Columbia, Victoria, B.C.

MC CALLUM family. Correspondence and papers of Archibald McCallum and John McCallum, including family papers, land and legal papers, accounts, etc.

Source: U.L.Ms. p. 787.
Ms. Original. 4 inches. 1802-1861.
Public Archives of Canada, Ottawa, Ont.

MC CLARY family, London, Ont. Business, legal and family papers.

Source: U.L.Ms. p. 788.
Ms. Original. 6 inches. 1843-1883.
University of Western Ontario Library, London, Ont.

MC COLL, H. Historical sketch of the Highland pioneers of the County of Middlesex.

Source: U.L.Ms. p. 789.
Ms. Photocopies. 1/2 inch. 1904.
Public Archives of Canada, Ottawa, Ont.

MC COMBIE family. Some genealogical information.

Source: U.L.Ms. p. 789.
Ms. Photocopies. 1 p. [n.d.]
Public Archives of Nova Scotia, Halifax, N.S.

MC CONNELL family. Copies made by Dr. Edwin Seaborn of letters written by the McConnell family of Antrim, Ireland, to Jane McConnell (Mrs. William Nettleton) and her sister Isabella, who settled in Western Ontario, 1849-1888; correspondence between Jane McConnell and her first husband Henry Johnson, who preceded her to Canada, 1848-1849.

> *Source:* U.L.Ms. pp. 789-790.
> Ms. Transcript. 127 p. 1848-1888.
> Metropolitan Toronto Central Library, Toronto, Ont.

MC CORMICK, William. Journal describing a business trip to Ireland; includes a biographical sketch of McCormick and background information on the McCormick family.

> *Source:* U.L.Ms. p. 790.
> Ms. Transcripts. 55 p. 1823.
> Public Archives of Canada, Ottawa, Ont.

MC CRANEY, Green and Triller families. Genealogy, anecdotes and reminiscences of members of the McCraney, Green and Triller families.

> *Source:* U.L.Ms. p. 791.
> Ms. Transcripts. 11 p. 1964.
> Public Archives of Canada, Ottawa, Ont.

MC CULLOUGH, Charles Robert. The Lees family, 1834-1934. [n.p.], 1934. 23, 9 leaves.

MC CUTCHEON, Mery T. Scottsmore sketches.

> *In:* Missisquoi County Hist. Soc. Annual Paper 6: 21-31 '60.
> Paper presented Nov. 11, 1959 at the Cowansville Community School.

MC DONALD, C. Material on the McDonald family in Scotland, Nova Scotia, and Prince Edward Island.

> *Source:* U.L.Ms. p. 793.
> Ms. Transcripts. 7 inches. [n.d.]
> Public Archives of Nova Scotia, Halifax, N.S.

MC DONALD, Collin and John. . . . Marriage certificate of John McDonald, 1831 . . .

> *Source:* U.L.Ms. p. 793.
> Ms. Original.
> Archives of Ontario, Toronto, Ont.

MC DONALD, Robert. Marriage licence of Amanda Fraser, 1841 . . .

> *Source:* U.L.Ms. p. 794.
> Ms. Original.
> Lennox and Addington Historical Society, Napanee, Ont.

MC DONALD family. Copies of petitions for land from various members of the MacDonald family.

> *Source:* U.L.Ms. p. 795.
> Ms. Transcripts. 18 items. [n.d.]
> Public Archives of Nova Scotia, Halifax, N.S.

____. Papers relating to the family of John McDonald, William Stone McDonald and Herbert Stone McDonald.

> *Source:* U.L.Ms. p. 795.
> Ms. Original. 2 inches. 1809-1903.
> Public Archives of Canada, Ottawa, Ont.

MC DOUGALL, Jean. That we may remember: pioneers of the North. Cobalt, Highway Books, 1975.

> Pioneers' memories of three clay belt townships in Northeastern Ontario.

MC DOUGALL family. History of the McDougall family, 1770-1869.

> *Source:* U.L.Ms. p. 797.
> Ms. Phtocopies. 25 p. 1960.
> Public Archives of Canada, Ottawa, Ont.

MC DOWALL, Robert. . . . McDowall marriage register.

> *In:* Ontario Hist. Soc. Papers and records. 1: 72-94 1899.
> Reprinted in 1930.

____. A Register of baptisms.

> *In:* Ontario Hist. Soc. Papers and records. 1: 95-108 1899.

MC ENANEY, V.X. The McEnaneys from the Cataract. Cheltenham, Ont., Boston Mills Press, c1976. 81 p. (Credit Valley series no. 13).

> Cover title.

MC EWAN family, Yarmouth County, N.S. Some genealogical information on the McEwan family; direct line of the Carney family.

> *Source:* U.L.Ms. p. 797.
> Ms. Microfilm. [n.d.]
> Public Archives of Nova Scotia, Halifax, N.S.

MC FARLANE, John, Lanark County, U.S., Ont. Diary written on the forepages of the "Gentleman and Citizen's Almanack", Dublin, 1761, describing the Journey of McFarlane and family from Scotland to Upper Canada, 1821 . . .

> *Source:* U.L.Ms. p. 798.
> Ms. Original.
> Metropolitan Toronto Central Library, Toronto, Ont.

MC GIBBON family, N.B. A Letter to David McGibbon giving information on his son, David, who wished to settle in America, and on the rest of the family, 1825 . . .

Source: U.L.Ms. p. 798.
Ms. Original.
Public Archives of Canada, Ottawa, Ont.

MC GILL, Herbert F. Genealogical chart of the McGill family from 1690 to 1949.

Source: U.L.Ms. p. 799.
Ms. Original. 1 p. 1949.
Public Archives of Canada, Ottawa, Ont.

MC GILL, James. Marriage and death certificates of James McGill and his wife, Marie Charlotte Guillimin, 1763-1818.

Source: U.L.Ms. p. 798.
Ms. Transcripts. 3 p.
McGill University Library, Montreal, Que.

MC GILL, John Michael. "Family history of James McGill."

Source: U.L.Ms. p. 799.
Ms. Photocopies. 44 p. [n.d.]
McGill University Library, Montreal, Que.

MC GILL University. Archives. Dawson family papers, accession no. 1854. Montreal, University Archives, McGill University, 1976. 20 leaves.

Limited distribution.

MC GILLIVRAY, George . . . Miscellaneous genealogical and historical material.

Source: U.L.Ms. p. 799.
Ms. Original. [n.d.]
Public Archives of Canada, Ottawa, Ont.

MC GILLIVRAY, Neil John. Papers of the estate of McGillivray of Dunmaglass, which Neil John inherted in 1856, along with some correspondence.

Source: U.L.Ms. p. 799.
Ms. Original. 4 inches. 1853-1894.
Public Archives of Canada, Ottawa, Ont.

MC GILLIVRAY-WATERS, Marjory. Our Loyalist ancestors: kith and kin of Holden Turner. (Darien) Conn., Oct. 1975. 264 p.

MC GINNIS family. Papers of William and Richard Brodhead McGinnis including the following: McGinnis family papers, 1789-1909; Christie papers, 1862-1914; Cleather papers, 1846-1895; Glackmeyer papers, 1867-1868; Thompson papers, 1844-1848; seigneurial papers arranged by seignories.

Source: U.L.Ms. p. 803.
Ms. Original. 16 feet. 1733-1914.
Public Archives of Canada, Ottawa, Ont.

MC GIVERN, James Sabine, Vancouver, B.C. . . . Genealogies of the McNeils of Mabou and Hillsboro and MacDonalds of Red Banks and Broad Cove, N.S.; obituary of Donald "Og" MacEachern, 1894.

Source: U.L.Ms. p. 803.
Ms. Original.
Cape Bretoniana Archives. St. Francis Xavier University, Sydney Campus, Sydney, N.S.

____. Truly Canadian; the story of the descendants of James McGiverin and Elizabeth Pattison, Dunmanway, Ireland. Toronto, 1968. 2 vols.

Source: Metropolitan Toronto Central Library, Reference Dept., Toronto, Ont.

MC GLYNN, Estelle (Arsenault). Généalogie des familles de Détroit.

Dans: S.G.C.F. Mém. 8: 186-190 '57; 9: 247-251 '58.
Index d'un manuscrit généalogique de l'Abbé Christian Denissen (décédé en 1911) précieusement conservé à la Detroit Main Library. Cet ouvrage dactylographié comprend 26 volumes d'environ 400 pages chacun.

MC GLYNN, (Mrs.) James D. Nos Canadiens au Wisconsin.

Dans: S.G.C.F. Mém. 6: 187-189 '54.

MC GRAY family. Descendants of Captain William McGray.

Source: U.L.Ms. p. 803.
Ms. Original. 1 1/4 inches. [n.d.]
Public Archives of Nova Scotia, Halifax, N.S.

MC IVOR, John Munro. The MacIvor clan in Canada. [n.p.], 1922. 53 p.

Cover title.

MC KAY, John, Fort Garry, Man. Biographical data on McKay and his family.

Source: U.L.Ms. p. 806.
Ms. Transcripts. 2 p.
Glenbow-Alberta Institute, Calgary, Alta.

MC KAY family, Pictou County, N.S. and Waipu, New Zealand. Genealogical chart.

Source: U.L.Ms. p. 806.
Ms. Original. [n.d.]
Public Archives of Nova Scotia, Halifax, N.S.

____. Genealogical study of the family of Catherine Christie McKay, 1751-1971.

Source: U.L.Ms. p. 806.
Ms. Photocopies. 46 p.
Public Archives of Canada, Ottawa, Ont.

MC KENZIE, Charles. Correspondence and other documents of or relating to Charles McKenzie, Hector Aenas McKenzie, descendants and other relatives . . .

Source: U.L.Ms. p. 808.
Ms. Original. 1828-1888.
Public Archives of Canada, Ottawa, Ont.

MC KENZIE. Tully. It's time to remember; a hundred years of progress, Tremaine-Hunterville area. (Steinbach, Man., Tremaine Activity Group, c1975). 429 p.

Source: Computerized data bank, National Library of Canada, Ottawa, Ont.
On cover: "1874-1974. Sponsored by Tremaine Activity Group."

MC KENZIE family, Belleisle Bay, N.B. . . . family record of John Mackenzie and his wife Mary Northrup and children . . .

Source: U.L.Ms. p. 808.
Ms. Original. 1772-1827.
New Brunswick Museum, St. John, N.B.

MC KILLICAN family, Ont. Personal correspondence, diaries, newspaper clipping.

Source: U.L.Ms. p. 809.
Ms. Photocopies. 1 1/2 inches. 1802-1857.
Archives of Ontario, Toronto, Ont.

MC LAUGHLIN, Olive and Alice FLOYD. The History of Scone School section [s.l., s.n.], 1975? 133 p.

Source: Computerized data bank, National Library of Canada, Ottawa, Ont.

MC LELLAN family. Letters and papers of the McLelland and MacDonald families concerning settlement . . .

Source: U.L.Ms. p. 812.
Ms. Photocopies. 1830-1841.
Public Archives of Canada, Ottawa, Ont.

MC LENNAN, Farquhar D., Ont. McLennan family papers including diaries, letters, genealogical material. Genealogies of other families of the area and original papers relating to them.

Source: U.L.Ms. p. 812.
Ms. Original. 1 foot. 1818-1944.
Archives of Ontario, Toronto, Ont.

MC LENNAN, Roderick, Toronto, Ont. Correspondence, diaries and papers; personal, 1845-1909; family, 1783-1907 and related papers, 1777-1888.

Source: U.L.Ms. p. 812.
Ms. Original. 1 foot 9 inches.
Metropolitan Toronto Central Library, Toronto, Ont.

MC LENNAN family. Genealogy of the McLennan family of Glengarry, Ont., 1733-1970, including biographical notes on some members.

Source: U.L.Ms. p. 813.
Ms. Photocopies. 14 p. 1970.
Public Archives of Canada, Ottawa, Ont.

____. Genealogy of the McLennan family and associated families.

Source: U.L.Ms. p. 812.
Ms. Photocopies. 14 p. 1965, 1966, 1970.
Public Archives of Canada, Ottawa, Ont.

MC LEOD, Alexander, Niagara, Ont. . . . Notes and documents relating to the Morrison family history.

Source: U.L.Ms. p. 813.
Ms. Photocopies. 1807-1926.
Archives of Ontario, Toronto, Ont.

MC LEOD, Duncan L. The Milan Story. [n.p., n.d] 108 p.

Not indexed in this edition.
Mostly historical and biographical notes of pioneer families.

MC LEOD, Ethel (Mrs.), Alta. Data on the McLeod family and work in Turner Valley oilfields.

Source: U.L.Ms. p. 813.
Ms. Photocopies. 10 p. 1935-1948.
Glenbow-Alberta Institute, Calgary, Alta.

MC LEOD, Norman, N.S. Family papers printed in Vol. 2, no. 1, of Bulletin of Public Archives of Nova Scotia.

Source: U.L.Ms. p. 814.
Ms. Original. 1/4 inch. 1835-1851.
Public Archives of Nova Scotia, Halifax, N.S.

MC LEOD family, Ont., P.E.I., Que. . . . Genealogy of the McLeod family.

Source: U.L.Ms. p. 814.
Ms. Photocopies. 1224-1837.
Public Archives of Nova Scotia, Halifax, N.S.

MC MICKING, Robert Burns, B.C., Ont. . . . Certificate of marriage to Margaret B. Leighton, 1869 . . .

Source: U.L.Ms. p. 815.
Ms. Original.
Provincial Archives of British Columbia, Victoria, B.C.

MC MILLAN, Angus, Ont. Genealogical diaries of Angus McMillan. The diaries record births, marriages, deaths as well as other events of notes for the area of Kenyon Township, in Glengarry County, Ont, and were continued after Angus McMullan's death by his daughter Katie and his two sons Archie and Donald . . .

Source: U.L.Ms. p. 815.
Ms. Original. 4 inches.
Public Archives of Canada, Ottawa, Ont.

MC MILLAN family, Ont. Copies of wills and indenture containing genealogical information on the McMillans and allied families, 1880-1930, together with notes on the McMillan clan in the 13th century.

Source: U.L.Ms. p. 816.
Ms. Photocopies. 36 p.
Public Archives of Canada, Ottawa, Ont.

MC MULLEN, Daniel, Ont. Register of marriages performed by Rev. Daniel McMullen, minister of Wesleyan Methodist Church, Prince Edward County, Ont., 1831-1857; Register of marriages for 1858-1873.

Source: U.L.Ms. p. 816.
Ms. Original. 10 p.
Archives of Ontario, Toronto, Ont.

MC NAB, Peter, N.S. Miscellaneous family papers . . . genealogical material.

Source: U.L.Ms. p. 816.
Ms. Original. 4 inches. 1765-1908.
Public Archives of Canada, Ottawa, Ont.

MC NEIL, James, N.S. . . . Genealogies of the McKinnon, MacNeil and MacIntyre families of Iowa.

Source: U.L.Ms. p. 755.
Ms. Original. 3 p.
Cape Bretoniana Archives. St. Francis Xavier University, Sydney Campus, Sydney, N.S.

MC NICOLL, Gemma Nicole. MacNicol-McNicoll. Montreal, G.N. McNicoll, 1974. 86 p.

Polycopié.

MC QUARRIE, Joseph, Pickering, Ont. . . . Private marriage register (London, Ont.), 1934-1941.

Source: U.L.Ms. p. 818.
Ms. Original.
University of Western Ontario Library, London, Ont.

MC ROBERTS family, B.C. Miscellaneous records concerning the history of the McRoberts family, first settlers on Sea Island in 1861, and a related family, the Buntings of Victoria, 1860-1914.

Source: U.L.Ms. p. 819.
Ms. Original. 2 inches.
City of Vancouver Archives, Vancouver, B.C.

(The) MC WATTERS; an early Canadian family. [n.p.], 1976. 19 p.

Genealogical tables.
Cover title.

MÉDÉRIC, Paul (pseud.). Contemporain du Grand Roi; biographie de Noël Simard dit Lombrette, 1637-1715. Chicoutimi, c1956. 180 p. (Publications de la Société historique du Saguenay, no. 16).

Édition du tricentenaire, 1957.

_____. Le Père d'un peuple: Pierre Tremblay, ancêtre de tous les Tremblay d'Amérique. Chicoutimi, 1957. 226 p. (Publications de la Société historique du Saguenay no. 17).

Édition du tricentenaire, 1957.

MEDICUS (pseud.). Origines probables des familles de Laître ou Lettre.

Dans: Bull. rech. hist. 52: 76-77 '46.

MEILLEUR, Barthe. Inventaire sommaire des archives conservées au Palais de Justice de Trois-Rivières.

Dans: Rapport de l'Archiviste de la Prov. de Qué. 1920/21, p. 328-349.

MELANSON, Maurice F. Antoine Gagnon, prêtre missionnaire et Grand Vicaire en Acadie (1809-1849).

Dans: Soc. hist. acad. Cahiers. 44e cahier, 5: (4) 161-177 juil./sept. '74.

MELFORT, Sask. Board of Trade . . . List of pioneer settlers of the Melfort district.

Source: U.L.Ms. p. 822.
Ms. Microfilm. 1905-1913.
Saskatchewan Archives Board, Regina, Sask.

_____. Vaughan Homemakers Club. History of the Vaughan District, 1884-1949.

Source: U.L.Ms. p. 822.
Ms. Microfilm. 11 feet.
Saskatchewan Archives Board, Regina, Sask.

MELOCHE, ptre, Qué. Notes et documents de la famille.

Source: C.C.Ms. p. 822.
Ms. Originaux. 4 pouces.
Archives du Collège de Bourget, Rigaud, Qué.

MÉMOIRE au ministre de la Justice du Québec concernant l'état civil présenté par "La Société généalogique canadienne-française", "La Société de Généalogie de Québec", "La Société généalogique des Cantons de l'Est", "La Société de Généalogie d'Ottawa-Hull", la "Fédération des Sociétés d'histoire du Québec", les "Chercheurs en génétique médicale", "L'Association des professeurs d'histoire", nov. 1977.

Dans: L'Ancêtre 4: (7) 233-239 mai '79.
Extrait d'un volumineux mémoire présenté au ministre Marc-André Bédard en déc. 1977.

MÉMOIRE de la Société généalogique de Québec au ministre délégué au Haut-Commissariat à la Jeunesse, aux Loisirs, aux Sports concernant "Le Livre vert sur le loisir". Québec, 10 fév. 1978.

Dans: L'Ancêtre 4: (9) 317-324 mai '78.
Constitue le mémoire présenté au ministre Claude Charron le 19 fév. 1978.

MÉMOIRES d'un ancien: Monsieur Gédéon Boivin.

Dans: Saguenayensia 10: (1) 6-7 janv./fév. '68.
"Notes prises par mademoiselle Marie-Berthe Levesque, de St-Gédéon le 21 mars 1935."
Généalogie en ligne directe de la famille de Gédéon Boivin (p. 7).

MÉMOIRES d'un ancien: Monsieur Johnny Boivin.

Dans: Saguenayensia 15: (6) 171-173 nov./déc. '73.
Monsieur Léo Potvin, à l'époque étudiant, a recueilli les souvenirs de M. Boivin.
La première partie raconte l'histoire de sa propre famille.

MÉMOIRES d'un ancien: Monsieur Napoléon Harvey.

Dans: Saguenayensia 15: (2) 56-60 mars/avr. '73.
Notes prises par Léo Potvin de Chambord, alors étudiant au Séminaire de Chicoutimi.

MÉMORIAL de la Petite-Nation. Nos vieilles familles. (St-André-Avellin, Qué.), Éd. de la Petite-Nation, 1980.

Fasc. A, B, C parus en 1980.

MÉMORIAL des familles, divisé en trois parties: Généalogie LeSage avec annexe Hudon dit Beaulieu et Béland; généalogies Martin et Hamelin y compris l'historique de chaque famille. Préf. de Messire J.F. Béland; introd. de "Colette"; Mlle E. Lesage; Lettre de M. l'abbé H.M. Hamelin; documents et actes authentiques soigneusement compilés et réunis par madame Caroline Hamelin, née Martin. [s.l.], 1910. ii, vii, iii, 228 p.

MEMRAMCOOK, N.-B. Saint-Thomas, paroisse (catholique). Registres de la paroisse, 1806-1866.

Source: C.C.Ms. p. 823.
Ms. Reproductions photographiques. 1 pouce.
Archives acadiennes, Moncton, N.-B.

MEMRAMCOOK, N.-B. Saint-Thomas, paroisse (catholique). Registres des baptêmes, 1806-1870; des mariages, 1806-1870; et des sépultures, 1807-1870.

Source: C.C.Ms. p. 823.
Ms. Copie. 102 p. Microfilm. 1 bobine.
Archives publiques du Canada, Ottawa, Ont.

MÉNARD, Léon, c.s.v. Nous dans le passé; l'histoire des colons-pionniers. St-Eustache, Man., (1974). 216 p.

"Quatre générations de la famille Ménard" sur la même terre . . .: p. 83-88.

MÉNARD, Lucien, Qué. Généalogie de Lucien Ménard (13 générations).

Dans: C.C.Ms. p. 823.
Ms. Originaux. 6 pieds. 1600-1935.
Archives nationales du Québec, Québec, Qué.

MÉNARD, Pierre, É.-U., Qué. Papiers sur la vie et les activités de deux générations de colons anglais et français qui ont peuplé la Vallée du Mississippi.

Source: C.C.Ms. p. 823.
Ms. Microfilm. 28 bobines. 1741-1910.
Archives nationales du Québec, Québec, Qué.

MÉNARD-ROBIDOUX, Marguerite. L'Histoire de Marc Antoine Primeau. Ste-Martine, (l'auteur), 1977. 78p.

MENIER, Marie-Antoinette. Archives de France, section outre-mer.

Dans: F.C.A.G.R. 1: (1) 5-15 Spring '68.
Causerie présentée à la Gallier Hall le 18 janv. 1965, à la Louisiana Landmarks Society, New Orleans Section.

MENNONITE genealogies, 1920-1956.

Source: U.L.Ms. p. 825.
Ms. Original. 5 inches.
Mennonite Archives of Ontario, Waterloo, Ont.

MENNONITES, West Reserve, Man. Settlement registers of Mennonite colonies, Southern Manitoba, 1878-1883.

Source: U.L.Ms. p. 825.
Ms. Microfilm. 50 feet.
Provincial Archives of Manitoba, Winnipeg, Man.

MENOUDIE, N.-É. Saint-Denis, paroisse (catholique). Registres de la paroisse, 1849-1918.

Source: C.C.Ms. p. 825.
Ms. Reproductions photograpiques. 2 pouces.
Archives acadiennes, Moncton, N.-B.

MERCIER, Honoré, Qué. . . . Coupures de journaux relatives à la famille Mercier, 1889-1930.

Source: C.C.Ms. p. 826.
Ms. Copie. 4 pouces.
Archives nationales du Québec, Québec, Qué.

MEREDITH, Colborne, Powell, Ont. . . . Jarvis and Meredith families, genealogical notes (1819-1966).

Source: U.L.Ms. p. 826.
Ms. Original.
Public Archives of Canada, Ottawa, Ont.

MÉRIEUX, François. L'Émigration lyonnaise, (1632-1760).

Dans: S.G.C.F. Mém. 9: 205-208 '58.

_____. La Famille Bourduas-Borduas.

Dans: S.G.C.F. Mém. 4: 87-109 '50.
La suite de cet article est publié dans: S.G.C.F. Mém. 7: 217-228 '56.

_____. L'Histoire chronologique de la famille Borduas-Bordua.

Dans: S.G.C.F. Mém. 7: 217-228 '56.
La première partie de cet article a été publié dans: S.G.C.F. Mém. 4: 87-109 '50.
Histoire des familles alliées Ravitta et Vignolles.

MERKLEY family, Ont. . . . Miscellaneous papers of the Merkley family of Morrisburg, . . . (1883-1958).

Source: U.L.Ms. p. 827.
Ms. Original.
Public Archives of Canada, Ottawa, Ont.

MERRICK, William, Ont. . . . Marriage certificate of Thomas Smyth and Lavinia Comstock, witnessed by Sylvia Merrick. Abstract of baptismal record of William Merrick, Jr., son of William Merrick and Sylvia Comstock, 1793.

Source: U.L.Ms. p. 827.
Ms. Photocopies.
Public Archives of Canada, Ottawa, Ont.

MERRILL, Milton Magrath, Alta. Biographies and historical information concerning Mormons and Mormon families in Southern Alberta.

Source: U.L.Ms. p. 827.
Ms. Original. 200 p.
Glenbow-Alberta Institute, Calgary, Alta.

MERRITT family, Ont. . . . Genealogy of the Merritt family.

Source: U.L.Ms. p. 827.
Ms. Original.
Archives of Ontario, Toronto, Ont.

MES RACINES: Juliette Molleur-Chevalier. (Tableau généalogique).

Dans: L'Outaouais généalogique 2: (10) 117 déc. '80.

MES RACINES: Yvon Sabourin. (Tableau généalogique).

Dans: L'Outaouais généalogique 2: (9) 100 nov. '80.

METHODIST Church, London Conference, Ont. Registers of births, baptisms, marriages and deaths: Sparta-Dexter Methodist churches, 1916-1922; Port Stanley Methodist Church, 1922-1926; Grace United Church, St. Thomas, 1926-1932; Parker Street United Church, Sarnia, 1923-1945; Richmond-Corinth charge, which included the United churches in Corinth, Richmond, Fairview, Summer's Corners and North Bayham, 1946-1958; St. Paul's United Church, Aylmer West, 1958 . . .

Source: U.L.Ms. p. 833.
Ms. Original.
Public Archives of Canada, Ottawa, Ont.

METHODIST church. Rideau Circuit, Ont. . . . Microfilm copy of baptisms (1819-1874).

Source: U.L.Ms. p. 836.
Ms. Original.
Public Archives of Canada, Ottawa, Ont.

MEUSE, Joseph R., N.S. Notes on Acadian families.

Source: U.L.Ms. p. 840.
Ms. Original. 3 feet.
Public Archives of Nova Scotia, Halifax, N.S.

MEYER, Mary Keysor. Directory of genealogical societies in the U.S.A. and Canada
with an appended list of independent
genealogical periodicals. (Pasadena,
Maryland, 1978). 80 p.

> Section i: Genealogical societies in Canada:
> pp. 1-3.

MICHAEL, Hope Hargrave, Alta. Ms.
"Ninety years of Alkwater Lake", with particular emphasis on James Hargrave family.

> Source: U.L.Ms. p. 841.
> Ms. Transcripts. 38 p. ca.1950.
> Glenbow-Alberta Institute, Calgary, Alta.

MICHAUD, Adolphe. Généalogie des familles
de la Rivière-Ouelle depuis l'origine de la
paroisse à nos jours. Québec, Chassé, 1908,
705 p.

> "Introduction historique" par l'abbé Alphonse
> Têtu.

MICHAUD, J.A. Corrections au Dictionnaire
Tanguay (vol. 7, p. 332, premier article au
haut de la page à gauche, suivant rédaction).

> Dans: L'Ancêtre 6: (5) 138 janv. '80.

————. Généalogie de J.A. Michaud, époux de
Marie-Rose Beauregard.

> Archives nationales du Québec, Québec, Qué.

MICHAUD, J.D., ptre. La Famille Colclough.

> Dans: Bull. rech. hist. 33: 536-537 '27.

MICHAUD, Laurier Parker Vienno. Family
name of Vienno Michaud.

> In: F.C.A.G.R. 1: (2) 149-150 Summer '68.

MICHAUD, M. Blanche (Lapointe). Robin dit
Lapointe Family.

> In: F.C.A.G.R. 2: (1) 43-46 Spring '69.

MICHEL Caya.

> In: F.C.A.G.R. 2: (4) 285-286 Winter '69.
> Genealogical chart of Francis Moses Caya and
> Lucia Chasset from Wisconsin, i.e. Francois
> Caya and Luce Chassé, married in Baie du
> Febvre in 1804.

MICHIE family, Ont. . . . family papers, 1717-
1935.

> Source: U.L.Ms. p. 841.
> Ms. Original.
> Metropolitan Toronto Central Library,
> Toronto, Ont.

MICHILIMACKINAC. Saint-Ignace, mission
(catholique). Registres des baptêmes,
mariages et sépultures de la mission Saint-
Ignace (église Sainte-Anne), 1695-1799.

> Source: C.C.Ms. p. 841.
> Ms. Copie. 1 Pouce.
> Archives publiques du Canada, Ottawa, Ont.

MIDDLETON family, Ont. History of the
family of James Middleton and Catherine
Robinson in Canada, 1788-1838.

> Source: U.L.Ms. p. 843.
> Ms. Photocopies. 9 p.
> Public Archives of Canada, Ottawa, Ont.

MIGNOTON, Paul. Histoire de la maison
d'Aubusson. Paris, Alph. Picard, éd. 1896.
vii, 374 p.

> Cette famille est maintenant éteinte.

MILITARY register of baptisms for the station
of Fort George, Upper Canada, 1821 to
1827.

> In: Ontario Hist. Soc. Papers and records 15:
> 35-39 '17.
> List found in the register of St. Mark's Church
> in Niagara-on-the-Lake in U.C.

MILKS, Christine, co-aut.
see under:

> SYKES, Pamela. Ripley's abandoned cemetery
> . . .

MILKS, Mona, co-aut.
see under:

> SYKES, Pamela. Ripley's abandoned cemetery
> . . .

MILLAR, John. Marriage licence of John
Millar. 1832.

> Source: U.L.Ms. p. 844.
> Ms. Original. 2 p.
> Lennox and Addington Historical Society,
> Napanee, Ont.

MILLAR, Malcolm T., Alta. . . . Biography
of Millar and family, written by Sheilagh S.
Jameson.

> Source: U.L.Ms. p. 845.
> Ms. Original.
> Glenbow-Alberta Institute, Calgary, Alta.

MILLE Leclerc à Pont-Rouge.

> Dans: S.G.C.F. Mém. 15: (3) 183-184
> juil./sept. '64.
> Tiré du "Le Soleil", Québec, 20 juil. '64.

MILLER; notes diverses incluant un tableau
généalogique "Miller".

> Polycopié.
> Archives nationales du Québec, Québec, Qué.

MILLER, C. and Ann E. LOVETT. Lovett family, N.S. "Genealogy of the Lovett family" . . .

> Source: U.L.Ms. p. 722.
> Ms. Transcripts. 20 p. [n.d.]
> Public Archives of Nova Scotia, Halifax, N.S.

MILLER, Hanson Orlo, Ont. . . . Genealogical notes . . .

> Source: U.L.Ms. p. 845.
> Ms. Original.
> University of Western Ontario Library, London, Ont.

____. Historical and genealogical material . . .

> Source: U.L.Ms. p. 845.
> Ms. Original. 9 inches.
> London Public Library and Art Museum, London, Ont.

MILLER, T., Colchester County, N.S., 1873.

> Source: N.B.L.

MILLER, Thomas. Descendants of David and Samuel Archibald, according to Thomas Miller.

> Source: U.L.Ms. p. 33.
> Ms. Microfilm. 1 reel. [n.d.]
> Public Archives of Nova Scotia, Halifax, N.S.

____. Historical and genealogical record of the first settlers of Colchester County down to the present time, compiled from the most authentic sources . . . Halifax, A.W. Mackinlay, 1873. 400 p.

____. Historical and genealogical record of the first settlers of Colchester County down to the present time. Belleville, Ont., Mika Studio, 1972. 400 p. (Canadiana reprint series no. 34).

> Facsimile edition.
> Originally published in 1873.

MILLER, W.J. The Delta-Soperton Pine Hill cemetery, Leeds County, Ont. (Prescott, Ont.), Leeds and Grenville Genealogical Society, 1976. 12 p. (Publication no. 76-5).

____. The "Gone and Forgotten" people of the United counties of Leeds and Grenville, Ont. (Prescott, Ont.) Leeds and Grenville Genealogical Society, 1976. 5 leaves.

> Source: Computerized data bank, National Library of Canada, Ottawa, Ont.

____. The Old Cemetery at Kincaid's Corners; Township of Yonge and Escott, Leeds County, Ont. (Prescott, Ont.), Leeds and Grenville Genealogical Society, 1976. 2 leaves. (Publication no. 76-8).

> Source: Computerized data bank, National Library of Canada, Ottawa, Ont.

____. The Old Lillie's (or "Chick's") cemetery, Township of Bastard, Leeds County, Ont. (Prescott, Ont.), Leeds and Grenville Genealogical Society, 1976. 3 leaves. (Publication no. 76-6).

> Source: Computerized data bank, National Library of Canada, Ottawa, Ont.

MILLER, W.J. co-comp.
see also under:

> JOHNSON, Lorna, Myrtle Johnson and W.L. Miller, comp. The Abandoned Washburn Cemetery . . .

MILLER, Willis Harry. The Descendants of Henry Martin O'Brien and his wife Lydia Houghton, with sketches of the families of O'Brien, Houghton, Evelyn, Hely and Day. Hudson. Wisc., Star-Observer Pr., 1956. 52 p.

> Source: Metropolitan Toronto Central Library, Toronto, Ont.

MILLER family. Genealogical chart and a brief family history of the Miller family, 1766-1916.

> Source: U.L.Ms. p. 846.
> Ms. Original. 3 p. 1919.
> Public Archives of Canada, Ottawa, Ont.

MILLETTE, Léonce, s.j. Étude sur le nom patronymique Millette.

> Dans: S.G.C.F. Mém. 17: (3) 131-139 juil./sept. '66.

____. Mon ancêtre Paul Hus.

> Dans: S.G.C.F. Mém. 12: 43-49 '61.

____. Surnom des descendants de Paul Hus.

> Dans: S.G.C.F. Mém. 14: (3) 68ss mars '63.
> Variations: Hus dit Paul-Hus, Hus dit Paulhus, Hus dit Paulet, Hus dit Millet, Hus dit Latraverse, Hus dit Cournoyer, Hus dit Lemoine, Hus dit Capistran, Hus dit Beauchemin, Hus dit Corporal, Hus dit Laventure, Hus dit Depain, Hus dit Despins.

MILLIKEN, Alex. T. Milliken family, Man. Copy of a report on the Milliken family reunion at Reston, Man., 5 Aug. 1973 . . .

> Source: U.L.Ms. p. 847.
> Ms. Transcripts. 42 p. 1973.
> Public Archives of Canada, Ottawa, Ont.

MILLS, Edward R.R. The Story of Stony Mountain and district. Winnipeg, de Montfort Pr., c1960. 140 p.

Genealogical history of pioneers.
Honour roll, 1939-1945, for King and country. Members of the village of Stony Mountain who have volunteered for active service with Canada's fighting forces.
Biographical notes: pp. 88-136.

MILLS, Nellie Ireton. All along the River; territorial and pioneer days on the Payette 1963 B.C. Payette. Montreal, Pr. privately for Payette Radio Ltd., 1963. [n.p.]

MILLS, Stanley. The Gage family.

In: Wentworth Hist. Soc. Journal and Trans. 9: 15-21 '20.

____. Genealogical and historical records of the Mills and Gage families, 1776-1926. 150 years. Hamilton, Reid Pr. Ltd., 1926. 101 p.

____. Genealogical record of the Mills family.

In: Wentworth Hist. Soc. Journal and Trans. 9: 9-14 '20.

MILNER, William C. History of Sackville, New Brunswick . . . Sackville, N.B., Tribune Pr. Co., (c1934). 185 p.

Pioneer family histories: pp. 113-185.

MILNER family. Miscellaneous genealogical notes concerning the Milner-Chisholm family, 1254-1968.

Source: U.L.Ms. p. 848.
Ms. Transcripts. 14 p. Photocopies. 32 p.
Public Archives of Canada, Ottawa, Ont.

MILOT, Jacques, co-comp.
voir sous:

DOUCET, René et Jacques Milot, comp. Les mariages . . .

MIMEAULT, Mario. Additions aux mariages de Rimouski de Mgr Carbonneau.

Dans: L'Ancêtre 7: (4) 125-127 déc. '80.

MIMICO, Ont. Christ Church (Anglican). Register of baptisms, marriages and burials, 1827-1860.

Source: U.L.Ms. p. 848.
Ms. Microfilm. 1 reel. 1827-1860.
Archives of Ontario, Toronto, Ont.

MINER, Horace Mitchell. St-Denis; a French-Canadian parish. Chicago, Ill, Univ. of Chicago Pr., (c1939). xix, 283 p.

"The opinion of the parishioner for genealogical research": pp. 67-71.
Bibliography: pp. 275-277.

MINNS, William, N.S. . . . Sketch of the Godfrey family of Halifax, including the Minns family.

Source: U.L.Ms. p. 849.
Ms. Original. 1820-1827.
Public Archives of Nova Scotia, Halifax, N.S.

MIRON D'AUSSY, Robert. Une famille de l'Auxois sous l'ancien régime: les Lestre. (Paris, Payot, 1949). 180 p.

Utile au chercheur canadien sur les familles de Lestre ou Lettre.

MISCOUCHE, Î.-P.É. Saint-Jean-Baptiste, paroisse (catholique). Registres de la paroisse (anciennement Malpèque), 1817-1941.

Source: C.C.Ms. p. 849.
Ms. Reproduction photographique. 3 pouces.
Microfilm. 1 bobine.
Archives acadiennes, Moncton, N.-B.

MISSISQUOI County Historical Society. Annual reports. 1st, 1898- . Missisquoi, Qué.

MISTASSINI, Qué. Saint-Michel, paroisse (catholique). Recensements, notes du frère Albéric Bergeron. 1902.

Source: C.C.Ms. p. 850.
Ms. Originaux. 30 p.
Monastère Notre-Dame de Mistassini, Mistassini, Qué.

MITCHELL, Estelle, s.g.m. Louis et Sara Riel.

Dans: S.G.C.F. Mém. 30: (2) 124-134 avr./juin '79.

MIVILLE, famille. Notes généalogiques et historiques concernant la famille Miville.

Source: C.C.Ms. p. 851.
Ms. Reproductions photographiques. 5 p. 1973.
Archives publiques du Canada, Ottawa, Ont.

MOFFATT, Eva L. The Ancestry of William Forbes of Barre, Mass. and Montreal, Que., 1778-1833. Thirteen "stories". Ed. and correlated by Geoffrey Gilbert. Victoria, B.C., The Author, July 1953. 103 p.

Limited to 50 copies.
Genealogical chart (folded).

MOFFATT, Eva L., co-aut.
see also under:

GILBERT, Geoffrey, comp. and ed. The Ancestry . . .

MOHR, Hilda (Berg). The Great pioneers who cleared and broke the virgin land of Josephburg. Centennial, 1867-1967. (Fort Saskatchewan), [n.d.]. 14,62 p. (14 leaves)

Cover title: Josephburg Heritage.

MOLAISON, Henry-Jean. Moulaison family of Cap de Sable.

In: F.C.A.G.R. 3: (2) 79-82 Summer '71.
Additional notes on the Moulaison family have been published in Vol. 2, pp. 55-60 in the same periodical.
This article partly answers the question of Rev. Clarence J. d'Entremont (1: (4) 235).
Also, an article which relates to the Bourg, Melanson and Doucet families.

MOLYNEUX, Nellie Zada (Rice). Historical, genealogical and biographical information on the Molyneux families. Syracuse, N.Y., C.W. Bardeen Pub., 1904. 370 p.

"Robert Molyneux was the son of a Spanish priest of noble family and a French nun who left the cloister going to Moulin where Robert was born; his mother giving him the name of Robert de Moulin. She then returned to the cloister where by her penance and piety, she became Abbess of the Cloister. She is spoken of by many as Heloïse, with whom Peter Abelard fell in love, to the scandal of the Church, and after the birth of the son Robert, they were privately married. The union did not appease the wrath of the canon and Abelard was expelled from the priesthood and became one of the founders of the Oblates, a society still existing in the Caucasian mountains." (Intr.)

MONCTON, N.-B. Saint-Bernard, paroisse (catholique). Registres de la paroisse, 1873-1902.

Source: C.C.Ms. p. 853.
Ms. Reproductions photographiques. 2 pouces.
Archives acadiennes, Moncton, N.-B.

MONCTON, N.B. St. George's Anglican Church. Baptisms, marriages and burials, 1843-1870 . . .

Source: U.L.Ms. p. 853.
Ms. Microfilm.
Provincial Archives of New Brunswick, Fredericton, N.B.

MONDOU, Louis Alpha. Papiers de famille; généalogie des familles Mondou, Allard et plusieurs familles alliées.

Bibliothèque de la Société généalogique canadienne-française, Montréal, Qué.

MONETTE, Donat. Joseph Guérin.

Dans: Soc. hist. du Nouvel Ontario. Doc. hist. no 31, p. 43-44.

MONGEAU, Antonio, comp. Mariages de Baie-du-Febvre (1715-1966), comté d'Yamaska. Québec, B. Pontbriand, 1967. 253 p. (Publications généalogiques no 49).

Polycopié.
Bibliographie: p. 4.

____. Mariages de St-Pierre-de-Sorel, 1675-1966. (Préf. de Roland-J. Auger). Québec, B. Pontbriand, 1967. 2 vols. (Publications généalogiques no 43).

____. Mariages de St-Pierre-de-Sorel (1866-1966), comté de Richelieu. Québec, B. Pontbriand, 1967. 436 p. (Publications généalogiques no 44).

Polycopié.

MONGEAU, Antonio et B. PARENTEAU, comp. Mariages de St-Michel d'Yamaska (1727-1965). Compilé et publié par B. Pontbriand. Québec, B. Pontbriand, 1966. 281 p. (Publications généalogiques no 34).

Polycopié.

MONGEAU, Antonio et Jean-Marie LALIBERTÉ, comp. Mariages de St-Joseph de Sorel (1875-1965), Ste-Anne-de-Sorel (1876-1965), Notre-Dame-du-Perpétuel-Secours de Sorel (1911-1965) et Christ-Church de Sorel (1784-1965), comté de Richelieu. Québec, B. Pontbriand, 1967. 313 p. (Publications généalogiques no 39-42).

Polycopié.

____. Mariages de St-Thomas de Pierreville (1854-1964), Notre-Dame de Pierreville (1893-1964) et Odanak, catholique et protestante (1839-1963), comté d'Yamaska. Québec, B. Pontbriand, 1967. 4 vols. (Publications généalogiques no 45-48).

Polycopié.

MONGEAU, Antonio, co-comp.
voir aussi sous:

LALIBERTÉ, Jean-Marie et Antonio Mongeau, comp. Mariages de St-Aimé . . .
____. Mariages de St-François-du-Lac . . .
LALIBERTÉ, Jean-Marie, Antonio Mongeau et Benoit Pontbriand, comp. Mariages de St-Guillaume d'Upton . . .

MONGRAIN (frère). Livre d'or sur mes ancêtres avec supplément pour ancêtres de quelques familles trifluviennes, par Étienne de Batiscan (pseud.). Québec, (Impr. Tremblay), 1945. 103 p. (Collection Tricentenaire).

> Sur la couv.: Historique de la descendance "Mongrain".

MONK family, Ont. Papers of various members of the Monk family, 1735-1888; genealogical material concerning the Monk family . . .

> Source: U.L.Ms. p. 854.
> Ms. Original.
> Public Archives of Canada, Ottawa, Ont.

MONMERGUE, famille. Documents concernant la famille: actes de mariage et de sépulture, inventaires de biens, partage de terre, etc. Notes généalogiques, 1679-1830.

> Source: C.C.Ms. p. 854.
> Ms. Originaux. 101 p.
> Archives nationales du Québec, Québec, Qué.

MONTAGNE, Françoise (Lamarche).
voir sous:

> LAMARCHE-MONTAGNE, Françoise.
> MONTAGNE, Pierre (Mme) (Françoise Lamarche).

MONTAGNE, Pierre. Bermen de la Martinière.

> *Dans:* F.C.A.G.R. 2: (3) 180-182 Fall '69.
> Note sur les origines maternelles de Claude Bermen de la Martinière, juge, conseiller général et lieutenant civil au Canada, fils de Me Louys Bermen et Françoise Juchereau.

____. Jacques Gaudry, sieur de la Bourbonnière.

> *Dans:* F.C.A.G.R. 2: (3) 159-177 Fall '69.
> Nombreuses notes sur Charlotte Chevallier, veuve de Jacques Gaudry.
> Tableau généalogique des Pineau, Juchereau, Bermen, et Chevallier.

____. Marie Geneviève Manouely de Reville.

> *Dans:* F.C.A.G.R. 2: (3) 178-180 Fall '69.

____. Parents de Zacharie Cloutier au Perche.

> *Dans:* S.G.C.F. Mém. 24: (2) 106-113 avr./juin '73.

MONTAGNE, Pierre (Mme) (Françoise Lamarche). Claude Bermen de la Martinière.

> *Dans:* S.G.C.F. Mém. 20: (4) 232-233 oct./déc. '69.
> "Notule sur les origines maternelles de Claude Bermen de la Martinière, juge . . ."

____. Deux nouveaux documents sur l'ancêtre canadien Jean Trudel, fils de Jean et Marguerite Noyer.

> *Dans:* S.G.C.F. Mém. 17: (3) 181-186 juil./sept. '66.

____. Dossier Trudel (Trudelle).

> *Dans:* S.G.C.F. Mém. 18: (3) 179 juil./sept. '67.

____. Famille Gaudry.

> *Dans:* S.G.C.F. Mém. 18: (3) 127-147 juil./sept. '67.

____. Familles Le Tavernier et Gagnon, tableau généalogique et nouveaux documents concernant les familles Gagnon, Le Tavernier et Chastel.

> *Dans:* S.G.C.F. Mém. 19: (4) 195-210 oct./déc. '68.

____. Family of Jacques Goulet.

> *In:* F.C.A.G.R. 1: (4) 312-316 Winter '68.
> Notes on Jacques Goulet before he left for Canada. (These correct an error in the Tanguay Dictionary.)

____. François Quémeneur dit La Flamme du pays "breton".

> *Dans:* S.G.C.F. Mém. 28: (3) 225-227 juil./sept. '77.

____. Gagnons, Le Taverniers and Chastels families; new data and unpublished documents.

> *In:* F.C.A.G.R. 1: (4) 295-311 Winter '68.

____. Genealogy and family history; new information on Robert Giffard, promoter of the emigration from Le Perche to New France.

> *In:* F.C.A.G.R. 4: (3) 135-150 Fall '72.

____. Jacques Goulet avant son départ pour le Canada.

> *Dans:* S.G.C.F. Mém. 19: (3) 139-142; 148 juil./sept. '68.

____. Jacques Laporte, premier ancêtre canadien: Qui fut son père? Ce que devinrent ses frères et soeurs selon de nombreux actes notariés. — Pourquoi vint-il en Nouvelle-France?

> *Dans:* S.G.C.F. Mém. 31: (3) 180-195 juil./sept. '80.

____. Jean Guyon avant son départ pour le Canada.

Dans: S.G.C.F. Mém. 19: (1) 3-7 janv./mars '68.
Ancêtre d'une foule de Guyon, mais aussi de Dion, Dionne et en général de très nombreux citoyens de l'Amérique du Nord.

____. Jean Guyon before his departure for Canada.

In: F.C.A.G.R. 1: (1) 17-26 Spring '68.

____. Julienne Baril.

Dans: L'Ancêtre 6: (4) 125 déc. '79.

____. La Ventrouze et les Canadiens.

Dans: S.G.C.F. Mém. 23: (1) 23-33 janv./mars '72.
"Documents notariés sur La Ventrouze, de la fin du 16e siècle à la première partie du 17e siècle, concernant des Canadiens originaires de cette paroisse."

____. Léonarde Foucquet, femme de Zacharie Maheux et sa famille et la famille de Toussaint Giroux.

Dans: S.G.C.F. Mém. 23: (3) 163-169 juil./sept. '72.

____. Madame de La Peltrie et son milieu familial; en marge de l'Abbé Brémond et des fastes canadiens-français.

Dans: S.G.C.F. Mém. 21: (4) 237-246 oct./déc. '70.

____. Marie Geneviève de Manouely de Reville.

Dans: S.G.C.F. Mém. 18: (4) 244-246 oct./déc. '67.
Ancêtre maternelle des Pelletier.

____. Robert Giffard, futur seigneur de Beauport.

Dans: S.G.C.F. Mém. 17: (1) 19-34 janv./mars '66.

____. Tourouvre et les Juchereau; un chapitre de l'émigration percheronne au Canada. Québec, Société canadienne de Généalogie, 1965. 191 p. (Contribution no 13).

Recension sur ce volume dans: S.G.C.F. Mém. 16: (3) 186-187 '65.

MONTAGNE, Pierre (Mme) (Françoise Lamarche).
voir aussi sous/see also under:
LAMARCHE-MONTAGNE, Françoise.

MONTAGU, P. de. Les Familles d'Amours de Serain et d'Amours de Chaufour.

Dans: Bull. rech. hist. 33: 328-331 '27.

MONTARVILLE, Boucher de La Bruère. Les Boucherville à l'étranger.

Dans: Cahiers des Dix. 1: 233-257 '36.

____. Notes sur les Rouer de Villeray.

Dans: Bull. rech. hist. 21: 3-9 '15.

MONT-CARMEL, Î.-P.-É. Notre-Dame-du-Mont-Carmel, paroisse (catholique). Registres de la paroisse, 1844-1913.

Source: C.C.Ms. p. 855.
Ms. Reproductions photographiques. 2 pouces.
Archives acadiennes, Moncton, N.-B.

MONTGOLFIER, Étienne de, mgr. "Les Seigneurs de Montréal", 7 p. Histoire de la famille Montgolfier, 95 p. (transcription manuscrite).

Source: C.C.Ms. p. 856.
Ms. Copie. 102 p.
Archives nationales du Québec, Montréal, Qué.

MONTIZAMBERT family, Que. Genealogical notes on Pierre Boucher and his descendants, 1622-1920 . . . Records of the baptism of Louis Niverville de Montizambert, 1775. . . . Pierre Boucher . . . and his descendants . . .

Source: U.L.Ms. p. 857.
Ms. Original. 30 p. Photocopies. 66 p.
Public Archives of Canada, Ottawa, Ont.

MONTMESNIL, J.V. Index des actes de mariages passés devant les notaires royaux du district de Montréal, 1674-1850. Ottawa, 1943.

Photocopie.
Archives Deschatelets, Université St-Paul, Ottawa, Ont.

MONTRÉAL, Qué. Inscriptions on tombstone in the English burial grounds of Dorchester Street cemetery, 1786-1838.

Source: U.L.Ms. p. 857.
Ms. Original. 6 p.
Public Archives of Canada, Ottawa, Ont.

____. Register of baptisms (Protestant), 1760-1764.

Source: U.L.Ms. p. 857.
Ms. Transcripts. 13 p.
Public Archives of Canada, Ottawa, Ont.

____. Register of the parish of Montreal, 1766-1787, kept by David C. Delisle.

Source: U.L.Ms. p. 857.
Ms. Transcripts. 1 1/2 inches.
Public Archives of Canada, Ottawa, Ont.

MONTREAL, Que. American (Presbyterian)
Church. Parish register, 1832-1850.

Source: U.L.Ms. p. 858.
Ms. Original. 6 inches.
Archives nationales du Québec, Montréal, Qué.

____. Christ Church (Anglican). Registers of
baptisms, marriages and deaths, 1766-1850.

Source: U.L.Ms. p. 858.
Ms. Original. 7 feet.
Archives nationales du Québec, Montréal, Qué.

____. Communautés juives-espagnoles et
portugaises. Registres de paroisse, 1841-1844,
1847-1850.

Source: C.C.Ms. p. 858.
Ms. Originaux. 3 pouces.
Archives nationales du Québec, Montréal, Qué.

____. Crescent (Presbyterian) Church. Parish
registers, 1845-1849.

Source: U.L.Ms. p. 858.
Ms. Original. 3 inches.
Archives nationales du Québec, Montréal, Qué.

____. Église baptiste. Registre des baptêmes,
mariages et sépultures de la première église
baptiste de Montréal.

Source: C.C.Ms. p. 858.
Ms. Originaux. 6 pouces.
Archives nationales du Québec, Montréal, Qué.

____. Église évangélique (congrégationaliste).
Registre de paroisse, 1845-1850.

Source: C.C.Ms. p. 858.
Ms. Originaux. 3 pouces.
Archives nationales du Québec, Montréal, Qué.

____. Erskine Presbyterian Church. Parish
Register, 1833-1850.

Source: U.L.Ms. p. 858.
Ms. Original. 3 inches.
Archives nationales du Québec, Montréal, Qué.

____. Garrison. Register of the Montreal
Garrison, 1862-1869, kept by Rev. W.
Anderson and Rev. Joshua Fraser.

Source: U.L.Ms. p. 857.
Ms. Original. 1 1/2 inches.
Public Archives of Canada, Ottawa, Ont.

____. Montreal Garrison (Anglican). Register
of baptisms, marriages and deaths,
1760-1764, 1814-1850.

Source: U.L.Ms. p. 858.
Ms. Original. 1 foot.
Archives nationales du Québec, Montreal, Qué.

____. Messiah Unitarian Church. Parish
registers 1845-1850.

Source: U.L.Ms. p. 858.
Ms. Original. 3 inches.
Archives nationales du Québec, Montréal, Qué.

____. Methodist Church, (East-End, Lagau-
chetière Street). Parish Registers, 1846-1850.

Source: U.L.Ms. p. 858.
Ms. Original. 3 inches.
Archives nationales du Québec, Montréal, Qué.

____. Mountain Methodist Church. Parish
registers, 1843-1850.

Source: U.L.Ms. p. 858.
Ms. Original. 3 inches.
Archives nationales du Québec, Montréal, Qué.

____. New Connexion Methodist Church.
Parish registers, 1839-1845.

Source: U.L.Ms. p. 858.
Ms. Original. 3 inches.
Archives nationales du Québec, Montréal, Qué.

____. Notre-Dame, paroisse (catholique).
Premier registre de l'Église Notre-Dame de
Montréal. Montréal, Cahiers des Dix, 1961.
491 p.

Copie photostatée couvrant les années
1642-1668.

____. Registres des baptêmes, mariages et
sépultures de la paroisse Notre-Dame,
1642-1728 (1723-1726 manquent). Doubles de
ces actes avec quelques variantes dans l'orthographe, 1680-1693 . . . Index des
baptêmes, 1647-1699; mariages, 1647-1700 et
sépultures, 1643-1699 . . .

Source: C.C.Ms. p. 858.
Ms. Copie. 3 pieds 4 pouces.
Archives publiques du Canada, Ottawa, Ont.

____. Registres de baptêmes, mariages et
sépultures, 1643-1850.

Source: C.C.Ms. p. 859.
Ms. Originaux. 27 pieds.
Archives nationales du Québec, Montréal, Qué.

____. Notre-Dame, paroisse (catholique).
Registres de baptêmes, mariages et
sépultures, 1760-1785.

Source: C.C.Ms. p. 859.
Ms. Microfilm. 2 bobines.
Archives acadiennes, Moncton, N.-B.

____. St. Gabriel (Presbyterian) Church. Parish register, 1779-1850.

Source: U.L.Ms. p. 859.
Ms. Original. 3 feet.
Archives nationales du Québec, Montréal, Qué.

____. St. George's (Anglican) Church. Parish register, 1843-1850.

Source: U.L.Ms. p. 859.
Ms. Original. 3 inches.
Archives nationales du Québec, Montréal, Qué.

____. St. James (Methodist) Church. Parish register, 1818-1821, 1828-1829, 1831-1850.

Source: U.L.Ms. p. 859.
Ms. Original. 1 foot.
Archives nationales du Québec, Montréal, Qué.

____. St-Jean, paroisse (presbytérienne). Registre de la paroisse, 1841-1845, 1849.

Source: C.C.Ms. p. 859.
Ms. Originaux. 3 pouces.
Archives nationales du Québec, Montréal, Qué.

____. St. Paul's (Presbyterian) Church. Parish registers, 1830-1831, 1833, 1850.

Source: U.L.Ms. p. 859.
Ms. Original. 6 inches.
Archives nationales du Québec, Montréal, Qué.

____. St. Stephen's (Anglican) Church. Parish register, 1844-1850.

Source: U.L.Ms. p. 860.
Ms. Original. 3 inches.
Archives nationales du Québec, Montréal, Qué.

____. Second Congregational Church. Parish registers, 1843-1850.

Source: U.L.Ms. p. 860.
Ms. Original. 6 inches.
Archives nationales du Québec, Montréal, Qué.

____. United Free (Congregationalist) Church. Parish registers, 1836-1837.

Source: U.L.Ms. p. 860.
Ms. Original. 3 inches.
Archives nationales du Québec, Montréal, Qué.

____. Zion Congregationalist Church. Parish registers, 1834-1850.

Source: U.L.Ms. p. 860.
Ms. Original. 6 inches.
Archives nationales du Québec, Montréal, Qué.

MONTY, Ernest L. Addenda to article on Jacques de Noyon.

In: F.C.A.G.R. 3: (2) 117-118 Summer '71.
Continuation of an article published in same periodical vol. 3, pp. 29-47.

____. Claude et Jean Trépanier.

Dans: S.G.C.F. Mém. 30: (4) 271-273 oct./déc. '79.

____. Deux frères Hins.

Dans: S.G.C.F. Mém. 18: (3) 149-157 juil./sept. '67.

____. François Gaucher.

Dans: S.G.C.F. Mém. 18: (3) 157-158 juil./sept. '67.

____. François Truteau.

Dans: S.G.C.F. Mém. 29: (3) 163-168 juil./sept. '78.
Cet article complète et corrige un peu les données de M. Robert Gareau sur François Truteau, fils d'Étienne et d'Adrienne Barbier (S.G.C.F. Mém. 27: p. 213).

____. Jacques de Noyon et Abigail Stebbins.

Dans: S.G.C.F. Mém. 21: (3) 145-165 juil./sept. '70.

____. Louis Juchereau de Saint-Denis.

Dans: S.G.C.F. Mém. 28: (2) 83-108 avr./juin '77; 28: (3) 163-191 juil./sept. '77; 28: (4) 285-303, oct./déc. '77; 29: (1) 11-18 janv./mars '78.

____. Le Major Clément Gosselin.

Dans: S.G.C.F. Mém. 3: 18-38 '48.

____. Major Clément Gosselin.

In: F.C.A.G.R. 1: (1) 27-44 Spring '68.
Article translated with revisions and additions from another article published in S.G.C.F. Mém. 3: 18-38 '48.
In appendix, notes on: a) Germain Dionne; b) Doctor Joseph Lafarge; c) Louis Gosselin; d) François Monty; e) Moses Hazen.

____. Origins of the Hains (Hins) families of Canada.

In: F.C.A.G.R. (1) 45-62 Spring '68.
Notes on the family of Jonathan Haynes and Sarah Moulton (pp. 49-50); the family of William Moulton and Margaret Page (pp. 50-51); the Pagé family (pp. 51-52).

____. Pierre Lesieur et sa famille.

Dans: S.G.C.F. Mém. 25: (2) 64-94 avr./juin '74; 25: (3) 131-154 juil./sept. '74; 25: (4) 195-209 oct./déc. '74.
3 pages de bibliographies.

MOORE, Charles E. (Mrs.). Pioneer days with the Moore family. (Printed by the Dundalk Herald, 1960). [n.p.]

MOORE, Jean and Louise MOORE, N.S. . . .
Genealogy of the Musgrave family, by Elva
E. Jackson . . .

Source: U.L.Ms. p. 861.
Ms. Original. 1787-1837.
Cape Bretoniana Archives. St. Francis Xavier
University, Sydney Campus, Sydney, N.S.

MOORE, Louise, co-aut.
see under:

MOORE, Jean and Louise Moore . . .

MOORHOUSE, Eric Gelling. The Moorhouses
of Bear Creek, Bathurst and Brockville.
Kingston, Ont., Jackson Press, c1962. 411 p.

Includes a bibliography.

MOORHOUSE family, Ont. . . . Genealogy of
the Moorhouse family.

Source: U.L.Ms. p. 864.
Ms. Transcripts.
Metropolitan Toronto Central Library,
Toronto, Ont.

MOOSE FACTORY, Ont. Anglican and
Methodist missions . . . Registry of baptisms, marriages and deaths, burials in the
mission and at the Church of St. Thomas the
Apostle, 1780-1906 . . .

Source: U.L.Ms. p. 864.
Ms. Microfilm.
Archives of Ontario, Toronto, Ont.

____. Saint Thomas (Anglican) Church. A
Record of marriages in the James Bay
District.

Source: U.L.Ms. p. 864.
Ms. Original. 26 p. 1874-1908.
University of Western Ontario Library,
London, Ont.

MORAND-POUPARD. Quatre générations de
la famille Morand et cinq de la famille
Poupart (Poupard).

Dans: F.C.A.G.R. 4: (3) 184-185 Fall '72.

MORAVIAN Indians, Ont. Indian marriage
records, 1858-1901.

Source: U.L.Ms. p. 865.
Ms. Transcripts. 14 p.
Archives of Ontario, Toronto, Ont.

MORAVIANTOWN, Ont. Moravian Church.
Record of baptisms, 1800-1912.

Source: U.L.Ms. p. 865.
Ms. Transcripts. 50 pages.
Archives of Ontario, Toronto, Ont.

MORDEN family. Genealogical information
about the Mordens and a chart of the Crouse
family showing the Ackerman, Fairbairn,
McLeod and Morden connections.

Source: U.L.Ms. p. 865.
Ms. Transcript. 16 p.
Public Archives of Canada, Ottawa, Ont.

MOREAU, Stanislas Albert. Histoire de
l'Acadie, province de Québec. Montréal,
1908. 162 p.

"Ancêtre des familles Roy": p. 123-137.
Courte généalogie de la famille Brault: p. 161.

____. Histoire de Saint-Luc. Montréal, 1901.
107 p.

Ancêtres de la famille Moreau: p. 79-101.

MORGAN, Eleanor Wickware, co-aut.
see under:

CODERRE, David G. and Eleanor Wickware
Morgan. Index of personal names . . .

MORGAN, H.R., ed. Parish register of Brockville and vicinity, 1814-1830.

In: Ontario Hist. Soc. Papers and records. 38:
77-108 '46.

MORICE, Adrien Gabriel, o.m.i. Dictionnaire
historique des Canadiens métis français de
l'Ouest. Québec, Garneau (et al.), 1908.
2 vols.

____. The Macdonell Family in Canada. 59 p.

Reprinted from: Can. hist. rev. Sept. and Dec.
'29.

MORIN, A. Cléophas, ptre. Histoire de Saint-
Honoré, comté de Témiscouata, 1873-1973.
(Richelieu, Qué., Impr. N.-D., 1973). 228 p.
16 feuillets de planches.

Bibliographie: p. 225-226.

MORIN, Antonio, co-comp.
voir sous:

CAMPAGNA, Dominique, s.c. et Antonio
Morin, comp.
Répertoire des mariages de Ste-Monique de
Nicolet . . .

MORIN, Augustin Norbert, Ont. . . .
Genealogical notes, 1829-1867.

Source: U.L.Ms. p. 866.
Ms. Photocopies. 19 p.
Public Archives of Canada, Ottawa, Ont.

MORIN, Hermann. Généalogie de la famille
Noël Morin et Hélène Des Portes, 1632.
Sherbrooke, 1969. 62 feuillets.

Sommaire: 1ère partie: Résumé des cinq premières générations; -2e. Généalogie complète de la sixième à la dixième génération.
Texte polycopié sur un seul côté des feuillets.

MORIN, Jacques Yvan. La Généalogie, source de l'avenir.

Dans: S.G.C.F. Mém. 29: (4) 243-251 oct./déc. '78.

MORIN, Victor. Les Ramezay et leur château.

Dans: Cahiers des Dix. 3: 9-72 '38.

____. Les Ramezay et leur château. Montréal, Éd. des Dix, 1939. 72 p.

Texte de la préface en anglais.

____. Les Ramezay et leur château. Éd. du 250e anniversaire de la construction du Château de Ramezay. With an English version, entitled: De Ramezay family and Chateau, by John D. King. Montréal, Société d'archéologie et de numismatique de Montréal, 1955. 125 p.

____. La Science du blason.

Dans: Cahiers des Dix. 22: 9-41 '57.

MORISSEAU, Henri, o.m.i. Cherrier.

Article tiré du journal "Le Droit" ([s.d.], p. 10), sous le titre: "La Société généalogique à Ottawa a tenu son assemblée à l'Université; causerie présentée par le R.P. Henri Morisseau, o.m.i."

____. La Famille Mouet de Moras et les familles alliées.

Dans: S.G.C.F. Mém. 3: 225-232 '49.
Ascendance de la famille Langlade.

MORLET, Marie-Thérèse. Les Noms de personnes sur le territoire de l'ancienne Gault du VIe au XIIe siècle. Paris, Centre national de recherche scientifique, 1968- .

Sommaire: v. 1: Les noms issus du germanique continental et les créations gallo-germaniques; -2. Les noms latins ou transmis par le latin. Bibliographies.
Ouvrage scientifique indispensable à la recherche des noms d'ancêtres canadiens ou étude d'onomastique au Canada.

MORLEY, William, co-aut.
voir sous:

BEAULIEU, André et William Morley. La Province de Québec . . .

MORMON Church, Alta. Printed genealogical forms of Mormon families.

Source: U.L.Ms. p. 868.
Ms. Original. 32 p. [n.d.]
Glenbow-Alberta Institute, Calgary, Alta.

MORRIS family. . . . Genealogical research together with several maps, photographs and genealogical charts.

Source: U.L.Ms. p. 870.
Ms. Photocopies. 1/2 inch. 1972.
Public Archives of Canada, Ottawa, Ont.

MORRISBURG, Ont. St. Lawrence (Lutheran) Church. Parish registers of St. Lawrence Lutheran Church and its predecessors: St. John's, Riverside and St. Paul's.

Source: U.L.Ms. p. 870.
Ms. Microfilm. 1 reel. 1854-1877.
Public Archives of Canada, Ottawa, Ont.

MORRISH, Ray Sells, Ont. . . . Genealogical papers on the following families: Sells, Misener, Sharon, Fick, Ashborough, Morrish and Eberle of Ontario, with American descendants.

Source: U.L.Ms. p. 870.
Ms. Original. 1920-1956.
University of Western Ontario Library, London, Ont.

MORRISON, Archie, N.S. . . . Genealogies of a few Loch Lomond families.

Source: U.L.Ms. p. 870.
Ms. Photocopies. 1/2 inch. 1965.
Cape Bretoniana Archives. St. Francis Xavier University, Sydney Campus, Sydney, N.S.

MORRISON, Flora, Ont. . . . Corrigan family . . . local . . . genealogical information.

Source: U.L.Ms. p. 870.
Ms. Original.
Trent University Archives, Peterborough, Ont.

MORRISON, Leonard Allison. The History of the Morison or Morrison family with most of the "Traditions of the Morrisons" (clan MacGillemhuire), hereditary judges of Lewis, by Capt. F.W.L. Thomas, of Scotland, and a record of the descendants of the hereditary judges to 1880. A complete history of the Morison settlers of Londonderry, N.H. (1719) and their descendants, with genealogical sketches; also, of the Brentwood, Nottingham, and Sanborton, N.H. Morisons, and branches of the Morisons who settled in Delaware, Pennsylvania, Virginia and Nova Scotia, and descendants of the Morisons of Preston Grange, Scotland, and other families. Boston, Mass., A. William & Co., 1880. 468 p.

Very rare book.

MORSE, William Inglish. Local History of
Paradise, Annapolis County, Nova Scotia
(1684-1936). Supplement to Chronicle,
no. 225 . . . Boston, N. Sawyer & Sons,
Inc., 1937, 7 p., 1, 65 p.

> 350 copies have been printed.
> "Church records": pp. 15-21.
> "Local gravestones of Paradise, Annapolis
> County, N.S.": pp. 23-43.
> Bibliography: 7th preliminary leaf.

MORTON, W.L. The Birth of a Province,
Altona, Man., 1965.

____. Manitoba; a history. Toronto, 1957.

MOSES, James (Mrs.). Guillaume Pépin et le
cheminement d'une lignée de ses descendants.

> *Dans:* S.G.C.F. Mém. 23: (3) 185-186 juil./sept.
> '72.

MOTT, Stella. Sesquicentennial souvenir of
North Norwich and Norwich, 1810-1960. Ed.
by Stella Mott, (assisted by the) Central
Committee, Lavern Irving, chairman, (and
others); George Lowe, official photographer;
Artists: Audrey Haight and Joyce Kinsey.
(Norwich? Ont., 1960?). 128 p. 15 × 24 cm.

> Cover title: North Norwich and Norwich,
> 1810-1960.
> *Source:* Canadiana.

MOTTIN and St. Cin families.

> *In:* F.C.A.G.R. 3: (1) 62-63 Spring '71.
> Notes on the Mottin, St-Cin (Sincennes) and
> Dejarlais families.

MOUNT PLEASANT Cemetery, Inc., Ont.
Register of burials, 1874-1901 . . .

> *Source:* U.L.Ms. p. 875.
> Ms. Original. 5 inches.
> University of Western Ontario Library,
> London, Ont.

MOUNTAIN VIEW Cemetery, B.C. Burial
register giving plot locations, names of the
deceased and other statistics.

> *Source:* U.L.Ms. p. 874.
> Ms. Original. 112 p. 1887-1907.
> City of Vancouver Archives, Vancouver, B.C.

MOXLEY family. Transcript notes containing
genealogical and biographical information
concerning the Moxley family. Compiled in
1970 by Mr. George P. DeKay.

> *Source:* U.L.Ms. p. 875.
> Ms. Transcripts. 96 p. 1798-1898.
> Public Archives of Canada, Ottawa, Ont.

MUNGER, Denys. Histoire millénaire des
familles Mauger, Major, Munger.

> *Dans:* Société de Généalogie de Québec. Cahier
> spécial C, 2e ptie.

MUNNICK, Harriet D. (Mrs.). Pierre
Pariseau, an Oregon pioneer.

> *In:* F.C.A.G.R. 1: (2) 142-145 Summer '68.

MUNNICK, Harriet D., co-aut.
see also under:

> DE LORES, Mikell, W. Warner and (Mrs.)
> Harriet Munnick. Catholic church records . . .

MURASCHI, Thelma Ferryall. Ferriol-Ferryall
(1735-1976); a family history in America.
Alexander Ferriol and his descendants, a
record of 200 years of the Ferriol, Ferrial,
Feryall, Ferryall family in U.S. and Canada.
Albany, N.Y., 1976. x, 47 p.

MURNEY, Myrna.
see under:

> BREAKENRIDGE, Mary (Warren) . . .
> History . . .

MURRAY, Alexander. . . . Genealogical
records . . .

> *Source:* U.L.Ms. p. 879.
> Ms. Transcripts. 29 p.
> Public Archives of Canada, Ottawa, Ont.

MURRAY, Andrew M. "Recollections of three
generations in three provinces."

> *Source:* U.L.Ms. p. 879.
> Ms. Microfilm.
> Saskatchewan Archives Board, Regina, Sask.

MURRAY family. Genealogy of the "Inchure"
Murrays, 1725-1971.

> *Source:* U.L.Ms. p. 880.
> Ms. Photocopies. 21 p. 1971.
> Public Archives of Canada, Ottawa, Ont.

MYRAND, Ernest. La Famille Myrand.

> *Dans:* Bull. rech. hist. 10: 75-85 '04.

____. Madame d'Ailleboust et le dictionnaire
généalogique.

> *Dans:* Bull. rech. hist. 5: 43-51 1899.

MYSTERY of Catherine Pelletier.

> *In:* F.C.A.G.R. 4: (3) 187 Fall '72.
> Marriage of François Cloutier and Catherine
> Pelletier and her parents.

NADEAU. (Notes diverses).

> Archives nationales du Québec, Québec, Qué.

NADEAU, Bernard E. The Myricks of Westminster. 239 p.

History and genealogy of the descendants of Gardner Myrick of Westminster, Ontario (d. 1812), whose ancestor, William Myrick I, settled in Plymouth Colony, Mass., in 1636.

NADEAU, Gabriel. Adrien Duchesne, chirurgien-juré en 1638.

Dans: S.G.C.F. Mém. 8: 146-147 '57.

____. L'Ancêtre des Garon.

Dans: S.G.C.F. Mém. 6: 178-180 '54.

____. L'Apport germanique dans la formation du Canada-français.

Dans: S.G.C.F. Mém. 1: 274-280 '45; 2: 58-62 '46.

____. L'Hérédité en fonction de la généalogie.

Dans: S.G.C.F. Mém. 1: 81-95 '44.

____. Jean Orillat.

Dans: Bull. rech. hist. 41: 644-684 '35.

NADON, Léon Aurèle, comp. Répertoire des mariages de Notre-Dame-de-Lourdes, Vanier (Eastview), Ontario, 1887-1971; et de la base militaire de Finter (Rockcliffe), Ontario, 1950-1954; (et d') Orléans (St-Joseph), Ontario, 1860-1972. (Québec), Société de généalogie de Québec, 1974. iv, 237 p. (Contribution no 32).

Erreur dans la pagination: p. iv numérotée iiii.
Comprend index.
Polycopié.

____. Répertoire des mariages de Saint-Jean-Baptiste d'Ottawa, (Ontario) (1872-1969). Québec, Société canadienne de généalogie, 1970. vi, 270 p. (Contribution no 28).

Polycopié.

NANTEL (maréchal). La Famille Nantel.

Dans: Bull. rech. hist. 40: 369-375 '34.

NANTEL, famille. Notes généalogiques et historiques concernant la famille Nantel, 1602-1950.

Source: C.C.Ms. p. 882.
Ms. Reproductions photographiques. 48 p. [s.d.]
Archives publiques du Canada, Ottawa, Ont.

NAPOLÉON-Abraham Boisvert and Marie Joyal.

In: F.C.A.G.R. 3: (4) 245 Winter '71.
Direct line of Napoléon Boisvert.

NASH CREEK, N.-B. Saint-Joseph, paroisse (catholique). Registres de la paroisse (index, 1867-1952).

Source: C.C.Ms. p. 884.
Ms. Microfilm. 1 bobine.
Archives acadiennes, Moncton, N.-B.

NAU, famille. Notes généalogiques et biographiques sur la famille de 1550 à 1894.

Source: C.C.Ms. p. 885.
Ms. Reproductions photographiques. 26 p.
Archives nationales du Québec, Québec, Qué.

NAYLOR, R.K. Genealogy of the Armstrong family of Clarendon, Que., 1530-1967, with biographical notes on several members, 1967. An address written by Venerable R.K. Naylor on the history of the Township of Clarendon, Quebec is also included, 1965.

Source: U.L.Ms. p. 37.
Ms. Photocopy. 1 inch.
Public Archives of Canada, Ottawa, Ont.

NEGUAC, N.-B. Saint-Bernard, paroisse (catholique). Registre de la paroisse, 1796-1920.

Source: C.C.Ms. p. 887.
Ms. Originaux. 1/2 pouce.
Archives acadiennes, Moncton, N.-B.

____. Registres des baptêmes, 1796-1848; mariages, 1736-1848; sépultures, 1796-1846.

Source: C.C.Ms. p. 887.
Ms. Copie. 102 p.
Archives publiques du Canada, Ottawa, Ont.

NEIFORTH family. Pages from Neiforth family Bible (in German).

Source: U.L.Ms. p. 887.
Ms. Photocopies. 4 p. [n.d.]
Public Archives of Nova Scotia, Halifax, N.S.

NELSON, David, Ont. . . . References to the Fife family.

Source: U.L.Ms. p. 888.
Ms. Transcripts. 48 p.
Public Archives of Canada, Ottawa, Ont.

NELSON, John W., comp. "John Tays and Jane Ellis — their ancestors and descendants", compiled by John W. Nelson, Shubenacadie, 1898, and ed. by Rev. K.B. Wainwright, 1961.

Source: U.L.Ms. p. 1202.
Ms. Transcripts. 47 p. [n.d.]
Public Archives of Nova Scotia, Halifax, N.S.

NEVILLE, George A., and Evelyn PURVIS-EARLE, comp. An index to names and historical references appearing in "Leeds and Lovely"; a book written by Evelyn Purvis-Earle and published in 1951 by Ryerson Press. Ottawa, Ontario Genealogical Society, Ottawa Branch, 1974. 8 leaves. (Contribution no. 74-5).

NEVILLE, George A. and Irish M. NEVILLE, comp. Prospect United church cemetery: a pioneer Methodist cemetery and church of Lanark county, west half lot 25, conc. 4, Beckwith Township, map reference 226 941; recorded and double-checked May 25, 1975. Ottawa, Ontario Genealogical Society, Ottawa Branch, 1976. 9, 13 p. (Contribution no. 76-5).

_____. St. Andrew's Presbyterian church cemetery, Richmond, Ontario. Recorded Aug. 18, 1974, double-checked Oct. 5, 1974. Ottawa, Ontario Genealogical Society, Ottawa Branch, (1975). 10 (14) p. (1) leaf of plates. (Publication no. 75-1).

_____. St. John's Anglican cemetery; lot 10 on the south side of Strachan St., Richmond, Ontario, map reference 349 052; recorded Oct. 6, 1974, double-checked Nov. 2, 1974, updated Aug. 10, 1975. Ottawa, Ontario Genealogical Society, Ottawa Branch, 1976. 18 (32) p. (Publication no. 76-4).

NEVILLE, George A., co-aut.
see also under:

CONNERS, Ibra L. and George A. Neville, comp. Denny cemetery . . .

NEVILLE, Irish M., co-comp.
see under:

NEVILLE, George A. and Irish Neville, comp. Prospect United Church cemetery . . .
_____. St. Andrew's Presbyterian Church cemetery . . .
_____. St. John's Anglican Cemetery . . .

NEWBERRY Library, Chicago. Genealogical Index. Boston, Hall, 1960. 4 vols. (3915) p.

Includes hundreds of Canadian references. Commonly known as the Wall index, these volumes contain more than 500 000 surnames, culled from books on genealogy in the Newberry Library. Although original cards are often difficult to read because of faintness of writing, the work is a basic tool for genealogists.
The Newberry Library conducts no research for correspondents; neither can it answer questions pertaining to the Index. Since locale is provided, it is one of the most useful genealogical references.
Additions discontinued about 1918.

NEWCASTLE, N.B. Parish Church (Anglican). List of baptisms.
Source: U.L.Ms. p. 888.
Ms. Microfilm. 10 feet. 1903.
Provincial Archives of New Brunswick, Fredericton, N.B.

NEWCASTLE, N.B. St. Andrew's Church (Anglican). Baptisms, marriages and burials, 1843-1970 . . .
Source: U.L.Ms. p. 898.
Ms. Microfilm. 40 feet. 1843-1970.
Provincial Archives of New Brunswick, Fredericton, N.B.

NEWCASTLE, N.B. St. James and St. John United Church. St James Presbyterian Church: baptisms, 1831-1926; marriages 1830-1927; deaths, 1891-1927 . . . St. John's Methodist Church: baptisms, 1882-1948; marriages, 1884-1948; burials, 1893-1942;. . . St. James' and St. John's United Church: baptisms, 1943-1961; marriages, 1949-1958; burials, 1950-1960 . . .
Source: U.L.Ms. p. 898.
Ms. Microfilm. 500 feet (total length).
Provincial Archives of New Brunswick, Fredericton, N.B.

NEWFOUNDLAND Historical Society, Nfld. Genealogical notes . . . and historical notes on the Pittman family.
Source: U.L.Ms. p. 903.
Ms. Original.
Centre for Newfoundland Studies. Memorial University of Newfoundland, St. John's, Nfld.

NEWMAN, Peter Charles. La Dynastie des Bronfman. Trad. de l'angl. par Claire Dupond. Montréal, Éd. de l'Homme, c1979. 469 p.

Titre original: Bronfman Dynasty: the Rothschilds of the new world.

NEW MARYLAND, N.B. Parish Church (Anglican). Baptisms, 1836-1883; marriages, 1867-1882; burials, 1860-1881.
Source: U.L.Ms. p. 904.
Ms. Microfilm. 20 feet.
Provincial Archives of New Brunswick, Fredericton, N.B.

NEWPORT, N.S. . . . Newport Township register of births, deaths and marriages, 1752-1858 . . .

Source: U.L.Ms. p. 904.
Ms. Original. 3 inches.
Public Archives of Canada, Ottawa, Ont.

NEW YORK Public Library. Dictionary catalog of the local history and genealogy division, the Research Libraries of the New York Public Library. Boston, G.K. Hall, 1974. 18 vols.

295 000 cards representing 113 000 volumes. Much unpublished material. Thousands of analytics and entries for periodical articles. Definitive but expensive. Much on heraldry also included.
Includes hundreds of Canadian references.

NIAGARA. St. Mark's Church. Military register of baptisms for the station of Fort George, Upper Canada, 1821 to 1827.

In: Ontario Hist. Soc. Papers and records. 15: 35-39 '17.

NIAGARA Historical Society, Ont. . . . Papers of individuals and families, 1791-1867 . . .

Source: U.L.Ms. p. 906.
Ms. Microfilm.
Archives of Ontario, Toronto, Ont.

NICHOLS, Elizabeth L., comp. Harvey family, N.S. Pedigree chart for the Harvey (Harvie) family.

Source: U.L.Ms. p. 555.
Ms. Original. 1 item. [n.d.]
Public Archives of Nova Scotia, Halifax, N.S.

NICHOLSON, Marian Leila (Massey). The Massey family, 1591-1961. Saskatoon, Sask., 1961. 24 p.

Genealogical tables (partly folded).
Cover title.
Includes bibliography.

NICOLET, Qué. Saint-Jean-Baptiste, paroisse (catholique). Registres de baptêmes, mariages et sépultures, 1760-1800.

Source: C.C.Ms. p. 908.
Ms. Microfilm. 1 bobine.
Archives acadiennes, Moncton, N.-B.

NISH, Cameron. Centre de recherche en histoire économique du Canada-français (CHE).

Dans: S.G.C.F. Mém. 17: (4) 200-202 oct./déc. '66, et F.C.A.G.R. 1: (3) 171-173 Fall '68.

NOMINAL "Q".

Fichier/File.
Bibliothèque nationale du Canada, Section de généalogie/National Library of Canada, Genealogical Division, Ottawa, Ont.

NORFOLK County, Ont. Banns, marriages . . . 1672-1958 . . .

Source: U.L.Ms. p. 910.
Ms. Original.
Norfolk County Historical Society, Brantford, Ont.

NORMAN, William E. Norman genealogy; ancestors and descendants of George Norman I and Martha Melhuish Norman of Somerset, England, with descendants and collateral families of America. Norfolk, Va., Norman, c1976. ix, 2, 276 p.

NORMAND, Lionel, ptre. Généalogies et notes historiques: Lac-des-Écorces. (Lac-des-Écorces), 1975. vi, 336 p.

____. Notre-Dame-du-Laus, comté de Papineau, (1874-1922). [s.l.n.d.]

Source: Bibliothèque de la Société généalogique canadienne-française, Montréal, Qué.

NORMAND, Suzanne. Les Livres de raison procurent une annale privée de l'histoire: Eloquent message du passé.

Dans: S.G.C.F. Mém. 6: 241-242 '55.
Extrait de "La Presse", 17 fév. 1955, p. 55.

NORMAND, famille, Qué. Divers papiers relatifs à la famille Normand.

Source: C.C.Ms. p. 911.
Ms. Originaux. 10 pages. 1820, 1826.
Archives publiques du Canada, Ottawa, Ont.

NORMANDEAU, Léa, comp. et trad. Vieux cimetières de Bytown (Sandy Hill).

Dans: L'Outaouais généalogique. 3: (3) 33 mars '81; 3: (4) 50-51 avr. '81; 3: (6) 74-76 juin '81.
Extraits des minutes de la Ville d'Ottawa, 1911.

NORTH TORONTO, Ont. . . . Births, deaths, and marriages records, 1896-1912 . . .

Source: U.L.Ms. p. 914.
Ms. Original.
City of Toronto Archives, Toronto, Ont.

NOS ancêtres: Jean de Lalonde.

Dans: Troisième âge 3: (11) 6, 1er juin '74.

NOS familles: Boulet. [s.l.n.d.] 56 p.

Polycopié.
"Les Boulet" canadiens descendent tous de

Robert Boulay arrivé au pays en 1662 avec sa femme Françoise Garnier et leur fillette Jacqueline.
À l'usage privé.

NOTE de voyage de Rameau en Acadie, 1860.

Dans: Soc. hist. acad. Cahier. 4: (1) 32-41 avr./juin '71; 4: (7) 303-306 oct./déc. '72; 4: (8) 343-345 janv./mars '73.
"Premier registre de Tracadie, daté de 1811. C'était d'alors sous un M. Pichard. Auparavant c'étaient des missionnaires." (Intr.)
Histoire de la famille Girouard.
Aussi une histoire de Ste-Anne d'Ecl., Brook et Pubnico.

NOTES and chart of genealogical, biographical and historical information concerning the Anderson, McKay, McRorie, Wrathall and Stobie families in Ontario and Scotland, 1764-1968.

Source: U.L.Ms. p. 376.
Ms.
Public Archives of Canada, Ottawa, Ont.

NOTES généalogiques Méthot. Québec, 1973. [s.p.]

Polycopié.
Archives nationales du Québec, Québec, Qué.

NOTES généalogiques sur la famille Guibord. Ottawa, A. Bureau & Frères, impr., 1904. 34, 32 p. a-h.

Sur 7 générations.

NOTES généalogiques sur la famille Hamel (1656-1956). Montréal, 8 déc. 1956. 102 p.

Aussi sur la famille Drolet: p. 97-99.
(8 générations).

NOTES généalogiques sur la famille de Mère Marie-Julien, Supérieure générale des Filles de la Charité, Servantes des Pauvres (généalogie des familles Tremblay et Robert). Montréal, Providence, Maison-Mère, 1915. 79 p. 4 feuillets de planches.

NOTES on some families of the Eastern Shore, particularly the Ship Harbour Area; extracts from census records and church records of Halifax and Ship Harbour . . . Some families mentioned in notes are: Elisan, Ells, Gerrard, Hartling, Henderson, Johnson, Hilchie, Hill, Twining, Siteman, Palmer, O'Bryan, Robson, Shellnut and Webber.

Source: U.L.Ms. p. 377.
Ms. Original. 11 feet.
Public Archives of Nova Scotia, Halifax, N.S.

NOTES on the genealogy of the Adams family

Source: U.L.Ms. p. 5.
Ms. Original. 3 feet 6 inches.
McGill University, Montreal, Que.

NOTES sommaires sur la famille Crousset de Matane, originaire de Bristol, Angleterre. 1971. [s.p.]

Notes diverses.
Archives Nationales du Québec, Québec, Qué.

NOTES sur deux contrats acadiens.

Dans: S.G.C.F. Mém. 7: 55-57 '56.
Cet article permet de relever avec l'aide d'autres documents le nom des enfants de la famille de: René Aucoin, marié à Madeleine Bourg; de Michel Bourg, marié à Marie Cormier; et de Pierre Cormier, marié à Marie Cyr.
Comprend "le Quartier généalogique" de la famille de Michel Bourg.

NOTES sur les familles Maher, Magher, Meagher, Mulroney, Aylward, Blaker, Carroll, Walsh de Ste-Catherine et St-Raymond de Québec. 1978. [s.p.]

Polycopié.
Archives nationales du Québec, Québec, Qué.

NOTRE terre amande: noces d'or d'Alice et Alphonse Bonenfant, 7 juin 1975; album familial (sous la dir. de Roland Bonenfant). St-Narcisse, Qué., Éd. de la Catalogne, (1977). 371 p. (Collection: Le Galendor, no 1).

Tirage limité à 75 exemplaires.
Polycopié.

NOURSE, Hugh C. Records of Nourse and Boyd descendants, based on the family and connections of Alfred T. Nourse. Data collected and ed. by Hugh C. Nourse. Montreal, [n.d.]. 43 p.

Mimeographed.
"Where only a family name, without given names, is listed in the index, more than two of that family are to be found in the table or history referred to . . ." (Index) ". . . but not enough to be indexed in this bibliography . . ." (Ed).

NOUVELLE. Comité du centenaire. Généalogie de nos familles. Nouvelle, 1969. 78 p.

Titre de la couverture.
Comprend du texte anglais.

NOUVELLE-FRANCE, Colons. Contrat de mariage entre Thomas Douaire de Bondy et Marguerite de Chavigny, 1656, portant la signature de plusieurs personnages de la colonie . . .

Source: C.C.Ms. p. 919.
Ms. Originaux. 11 p.
Archives publiques du Canada, Ottawa, Ont.

NOUVELLE-FRANCE et Détroit, Qué. . . . Extraits de la paroisse Sainte-Anne de Détroit . . .

Source: C.C.Ms. p. 919.
Ms. Copie.
Archives publiques du Canada, Ottawa, Ont.

NOYELLE, famille de, Qué. . . . Notes généalogiques.

Source: C.C.Ms. p. 928.
Ms. Reproductions photographiques. 11 p. [s.d.]
Archives nationales du Québec, Québec, Qué.

OBLATS de Marie-Immaculée, Edmonton, Alta. . . . Registres de baptêmes . . . 1842-1955.

Source: C.C.Ms. p. 930.
Ms. Microfilm. 14 600 pieds.
Archives Deschatelets (Oblats de Marie-Immaculée), Ottawa, Ont.

O'BREADY, Maurice. Notes sur la famille Bready ou O'Bready. Notices biographiques, tableaux généalogiques. Sherbrooke, 1967. 125 p. (Détail des tableaux, [s.p.])

Famille d'origine irlandaise.
Variations du nom: Bready, O'Bready, McBrady, O'Grady.

O'BRIEN, Dennis . . . London, Ont. . . . Marriage certificate of Dennis O'Brien to Jane Shotwell, July 1834.

Source: U.L.Ms. p. 930.
Ms. Original.
University of Western Ontario Library, London, Ont.

O'BRIEN, Donough, Hon. History of the O'Briens from Brian Boroimhe, A.D. 1000 to A.D. 1945. London, New York, Toronto, Sydney, B.T. Batsford, (1949, i.e. 1957). 302 p.

Genealogical tables (folded).
Useful information on the history of the origins of the Canadian branch of the O'Brien family.

O'BRIEN (O'Brian) family, Hants County, N.S. . . . Some genealogical information; a brief note on William Cottnam Tonge, on the Sentell family and the Maxner family . . .; Records of the marriages, births and burials of the inhabitants of Windsor, 1799, covering the period 1738-1818 . . .

Source: U.L.Ms. p. 931.
Ms. Original. 4 inches. 1760-1930.
Public Archives of Nova Scotia, Halifax, N.S.

O'BRIEN family, Windsor, N.S. Some genealogical information about the family of James O'Brien, 1859-1932 . . .

Source: U.L.Ms. p. 931.
Ms. Original. 8 inches.
Public Archives of Nova Scotia, Halifax, N.S.

O'CONNOR, Harvey. The Astors, N.Y., Knopf, 1941. vii, 488, xvi p.

O'DAY, Reginald. Les O'Hara à Gaspé.

Dans: Rev. d'hist. de la Gaspésie.
10: (1) 31-35 '72.

O'GALLAGHER, Marianna, s.c.h. Inventaire des archives irlandaises.

Dans: L'Ancêtre 7: (10) 308-309 juin '81.

____. Irlandais à Québec au XIXe siècle: leur apport à l'identification de notre patrie.

Dans: L'Ancêtre 1: (8) 267-270 avr. '75.
Extrait de la conférence donnée le 19 mars 1975 devant les membres de la Société généalogique de Québec.
Notes sur les familles Horan, Cannon, O'Callagan, Quigley et Tweed.

OGILVIE family, Kings County, N.S. Miscel-laneous notes on the Ogilvie family.

Source: U.L.Ms. p. 934.
Ms. Original. 13 p. [n.d.]
Public Archives of Nova Scotia, Halifax, N.S.

(The) OGILVIES of Montreal, with a genealogical account of the descendants of their grandfather, Archibald Ogilvie. With portraits and views. Montreal, Pr. for Private Circulation by the Gazette Pr. Co., 1904. 98 p.

The Scottish name of Ogilvy or Ogilvie is supposed to be of Celtic origin.
"O'gille buidhe" means "descendants of the yellow-haired boy".

OKE family, Nfld. Family tree, 1350-1970.

Source: U.L.Ms. p. 935.
Ms. Original. 3 p. ca. 1970.
Provincial Archives of Newfoundland, St. John's, Nfld.

OLCOTT James. Marriage certificate of James Olcott to Sophia Ann Slicer.

> *Source:* U.L.Ms. p. 935.
> Ms. Original. 1 p. 1870.
> Lennox and Addington Historical Society, Napanee, Ont.

OLIVIER, Daniel. Outils généalogiques à la Salle Gagnon de la Bibliothèque de la ville de Montréal . . .

> *voir sous:*
> GAUTHIER, Louis-Guy. La Généalogie . . .

OLIVIER, Ernest. Généalogie des Olivier, dit Lavictoire. 1929. 71 p.

> Polycopié.
> Archives nationales du Québec, Québec, Qué.

OLIVIER, Reginald L. Your ancient Canadian family ties. Logan, Utah, Everton Pub. Co., c1972. 364 p.

OLIVIER, Réjean. Notes biographiques sur la famille Baillargé . . .

> *Source:* C.C.Ms. p. 936.
> Ms. Originaux. 4 pouces.
> Bibliothèque nationale du Québec, Montréal, Qué.

OLIVIER Le Tardif.

> *Dans:* Médaillons d'ancêtres, par Julien Déziel, p. 156-161.

OLIVIER Martin and Flavie Lemieux.

> *In:* F.C.A.G.R. 4: (3) 182-183 Fall '72.
> Three generations of this family.

ONSLOW, N.S. Town register of births, marriages and deaths, 1761-1896.

> *Source:* U.L.Ms. p. 937.
> Ms. Transcripts. 88 p.
> Public Archives of Canada, Ottawa, Ont.

ONSLOW Township, N.S. Records of births, marriages and deaths, 1761-1855.

> *Source:* U.L.Ms. p. 938.
> Ms. Original. 1 1/2 inches.
> Public Archives of Nova Scotia, Halifax, N.S.

ONTARIO Cemetery records. Transcriptions from gravestones in various localities of Ontario.

> *Source:* U.L.Ms. p. 942.
> Ms. Transcripts. 2 feet. [n.d.]
> Archives of Ontario, Toronto, Ont.

ONTARIO GENEALOGICAL SOCIETY. Library cross-index catalogue to holdings acquired prior to February 1977. Housed by the North York Public Library, 35 Fairview Mall Park, Willowdale, Ontario (North of Sheppard Ave at Woodbine). Limited edition. Toronto, Ontario Genealogical Society (1977). 208 p.

> Running title: O.G.S. Library catalogue to 1976 — Ontario Genealogical Society.
> Title on spine: O.G.S. Library index.
> Limited edition of 110 copies.

____. Ottawa Branch. Directory of family names; updated supplement to March 31st, 1974, with list of family names, 1974, and numerical membership list. Ottawa, Ontario Genealogical Society, Ottawa Branch. 1974. (26) 21 p. (Publication no. 74-4).

____. Library holdings. Ottawa, Ontario Genealogical Society, Ottawa Branch, (1974) (23) p. (Publication no. 74-7).

ONTARIO HISTORICAL SOCIETY. Papers and records. Vol. 1, 1899-   . Toronto, The Society.

> Numerous articles on genealogy and history of Ontario families are partially indexed in this edition.

ONTARIO History. Quarterly journal of the Onario Historical Society, v. 1, 1908- . Toronto.

> Articles on genealogy indexed up to Dec. 1978.

ONTARIO TOMBSTONES. Inscriptions on tombstones recorded in fourteen cemeteries of the Province of Ontario.

> *Source:* U.L.Ms. p. 943.
> Ms. Photocopies. 1/2 inch. 1784-1971.
> Public Archives of Canada, Ottawa, Ont.

ONTARIO'S Heritage; a guide to archival resources. Vol. 1. (Peterborough Region). Cheltenham, Ont., 1978.

O'REILLY, Peter, B.C. Papers of O'Reilly and Members of his family . . .

> *Source:* U.L.Ms. p. 944.
> Ms. Original. 5 feet 6 inches. 1860-1915.
> Provincial Archives of British Columbia, Victoria, B.C.

ORIGINE des Brideau et des Thomas de Tracadie, N.-B.

> *Dans:* Soc. hist. acad. Cahier. 2: (10) 377-378 juil./sept. '68.
> "Lettre de Placide Gaudet au Dr A.C. Smith de Tracadie, N.-B."

ORIGINE étymologique du nom Prou (Proulx).

> *Dans:* S.G.C.F. Mém. 21: (2) 103 avr./juin '70.
> Extrait d'une lettre signée P. Pégon, s.j.
> Communication de M. Armand Proulx, ptre.

ORMSBY, Margaret A. British Columbia;
a history. Toronto, 1958.

OSBORNE, Alexander Campbell. Old Penetanguishene; sketches of its pioneer, naval
and military days.

> *In:* Simcoe County Pioneer and Historical
> Society, Pioneer Papers, 1912-17, no. 5-6.

____. Pioneer sketches and family
reminiscences.

> *In:* Ontario Hist. Soc. Papers and records 21:
> 213-226 '24.

OSNABRUCK and Lunenburg, Ont.
Presbyterian Church register. Registers of
baptisms and deaths of the Free Presbyterian
Church of Osnabruck, 1849-1909; and marriage registers for the Congregation of the
Canada Presbyterian Church of Lunenburg
and Osnabruck, 1860-1900.

> *Source:* U.L.Ms. p. 947.
> Ms. Photocopies. 2 inches.
> Public Archives of Canada, Ottawa, Ont.

OSS, Esther (Taillon). Louis Michel et Marie-
Madeleine Cochon, ancêtres des familles
Michel et Taillon. Québec, Société de
généalogie de Québec, 1977. 128 p. (Cahier
spécial "G").

> Polycopié.
> Bibliographie: p. 122-125.

OSTRANDER, Manly and Charles G.
CROUSE.
Memorial to Captain Bradshaw. Comp.:
Manley (!) Ostrander (and) Charles G.
Crouse. (Oshawa, C.G. Crouse, 1942).
31 (4) p.

> Title caption.
> Bibliography: p. 31.

OTIS, William Augustus. A Genealogical and
historical memoir of the Otis family in
America. Compiled and arranged from
various sources, by William A. Otis.
Chicago, (Schulkins), 1924. 698, 28 p.

> Cover title: The Otis Family in America.

OTTAWA, Ont. Archives. Monumental
inscriptions in the Billings' Burial Ground at
Park Hill. Ottawa, Ontario Genealogical
Society, Ottawa Branch, 1976? (7) leaves.
(Publication no. 76-8).

OTTAWA, Ont. Christ Church (Anglican).
Register of banns, 1837-1858; marriage
register, 1858-1876 . . .

> *Source:* U.L.Ms. p. 947.
> Ms. Microfilm.
> Public Archives of Canada, Ottawa, Ont.

OTTAWA, Ont. St. Andrew's Church
(Presbyterian). Parish registers recording
baptisms, 1829-1943; marriages, 1830-1964;
and burials, 1836-1929 . . .

> *Source:* U.L.Ms. p. 948.
> Ms. Microfilm. 2 reels.
> Public Archives of Canada, Ottawa, Ont.

OUABACHE (Wabash). St-François-Xavier,
paroisse (catholique). Registres des baptêmes,
mariages et sépultures de St-François dit
Vincennes, Qué.

> *Source:* C.C.Ms. p. 950.
> Ms. Microfilm. 1 bobine. 1749-1786.
> Archives nationales du Québec, Québec, Qué.
> Archives publiques du Canada, Ottawa, Ont.

OUELLET, Fernand. Le Destin de Julie
Bruneau-Papineau.

> *Dans:* Bull. rech. hist. 63: 7-31 '57; 64: 37-63
> '58.

OUELLET, Joseph Eugène. Aux descendants
de René Ouellet.

> *Dans:* S.G.C.F. Mém. 15: (3) 188-189
> juil./sept. '64.

____. Répertoire des mariages de
Saint-Onésime, (comté de Kamouraska),
(1865-1965). Québec, Société canadienne de
généalogie, 1966. 26 p. (Contribution no 19).

> Polycopié.

OUELLET, Joseph-Eugène (Mme).
voir sous:

> ROBERGE, Claude, dir. Répertoire des
> mariages de St-Charles de Limoilou . . .
> ____. Répertoire des mariages du Cap-de-la-
> Madeleine (Ste-Marie-Madeleine) . . .

OUELLET, Léopold. Preston de Sillery.

> Note tirée de: Debrett's Illustrated Peerage,
> 1929. p. 427-428.

OUELLET, Marie Cécile. Paroisse de St-
Joseph de l'Anse-au-Griffon; répertoire des
mariages, 1879-1975. Rivière-au-Renard,
1976. 43 p.

> Polycopié.
> Classé par noms de familles.

____. Répertoire des mariages; paroisse St-
Alban de Cap-des-Rosiers, 1872-1976.
Rivière-aux-Renards, 1977.

Polycopié.

Classé par noms de familles.

OUELLET, Marie-Cécile. Répertoire des mariages: Paroisse St-Martin de Rivière-au-Renard, 1855-1976. (Rivière-au-Renard, 1976?) 120 p.

Polycopié.

OUIMET, Raymond. L'Ancêtre Pierre Miville dit le Suisse, 1602-1669. [s.l.], sept. 1977. 57 p.

". . . fruit de cinq ans de recherches . . . La première partie de ce livre relate les activités de Pierre Miville et sa famille à partir de documents authentiques . . .; la deuxième partie contient la généalogie d'une branche des familles Mainville à partir de 1602 à nos jours. Quant à la troisième partie elle contient la généalogie de plusieurs familles alliées aux Mainville . . ." (Intr.).

Aussi les Allard, Chaput, Germain, Grondin, Lalande dit Latreille, Lebuis dit Lavergne, Madore et Ouimet.

_____. Généalogie en ligne directe de Toussain devenu Turgeon et enfin Ouimet. Hull, Qué. [s.d., s.p.]

Bibliothèque nationale du Québec, Québec, Qué.

_____. Généalogie sommaire de la famille Ouimet. (Québec), [s.d.]. 32 p.

Polycopié.

"Jean Toussaint est le premier ancêtre des familles Ouimet."

"Pierre Turgeon de la 4e génération, baptisé du nom de Toussaint, n'utilisera presque jamais ce nom. Il prit celui de Turgeon et ce, à partir du jour de son mariage."

David Turgeon dit Ouimet (à la 7e génération), né à Mattawa, Ont., le 14 nov. 1896, fut adopté à la mort de sa mère par son oncle Léon Ouimet, époux de Virginie Taillefer. David épouse Aurore Bigras le 4 juin 1918 à St-Joseph d'Orléans, Ont.

_____. Ouimet, Turgeon ou Toussaint.

Dans: S.G.C.F. Mém. 27: (3) 178 juil./sept. '76.

_____. Pierre Miville, notes nouvelles sur son origine.

Dans: S.G.C.F. Mém. 25: (3) 183-184 juil./sept. '74.

"Pierre Miville arriva en Nouvelle-France vers 1649. Il mourut le 14 octobre 1669 et fut in-humé à Québec le lendemain."(*voir aussi:* S.G.C.F. Mém. 24: (2) 99-100 '73.)

_____. Pierre Miville vers 1602-1669.

Dans: S.G.C.F. Mém. 24: (2) 99-100 avr./juin '73.

_____. St-Alphonse-de-Liguori de Chapeau (Île-aux-Allumettes), 1846-1900.

Source: Bibliothèque de la Société généalogique canadienne-française, Montréal, Qué.

Répertoire de mariages.

OUIMET, Raymond et collaborateurs. Mariages du comté de Pontiac, 1836-1973. Montréal, Éd. Bergeron, 1976. 617 p. (Publication no 26).

Polycopié.

OWEN, J.B. (Mrs. Phyllis Vincent) and Sherman Young (Mrs. Norman Whitcomb). John Holden of St. Armand, Que. and Franklin, Vt.; the family and descendants. Peace River, Alta. and Abercorn, Que., Jan. 1976. 27, 7 p.

Mimeographed.

OWEN, John, N.S. Diary while at Lunenburg containing some genealogical information on the Owen family.

Source: U.L.Ms. p. 950.

Ms. Original. 1/2 inch. 1822-1824.

Public Archives of Nova Scotia, Halifax, N.S.

PACKHAM, Murray A. Packham family; history and genealogy of the Packham, Stephenson, Burkholder, Van Dusen, Rutten-burgh, Carpenter and Coon families . . .

Source: U.L.Ms. p. 952.

Ms. Original. 25 p. 1946.

Public Archives of Canada, Ottawa, Ont.

PACKHAM family. Genealogy of Packham and allied families.

Source: U.L.Ms. p. 952.

Ms. Transcripts.

Public Archives of Canada, Ottawa, Ont.

PAGÉ, Cécile (Vel). Généalogie de la famille Jean-Baptiste Vel dit Sansoucy. Montréal, 1970. 191 feuillets.

_____. Notes généalogiques des descendants de Michel Petit et Lucie Huet-Dulude. Montréal, C. Vel-Pagé, 1976. 338 feuillets.

Polycopié.

Éd. hors-commerce (distribution restreinte).

PAGEOT, Théophile, ptre. Guide généalogique des mariages célébrés à l'Ancienne-Lorette, 1695-1885. [s.l., s.éd.], 1946. 217 feuillets.

Texte polycopié sur un seul côté des feuillets.

____. Pageot-Pageau.

Dans: S.G.C.F. Mém. 12: 80-86 '61.

PALMER ROAD, P.E.I. Immaculate
Conception Church (Catholic). Parish
registers, 1878-1890 . . .

Source: U.L.Ms. p. 954.
Ms. Photocopies.
Archives acadiennes de Moncton, Moncton,
N.-B.

PANABAKER, D.N. Panabaker family
history.

In: Waterloo Hist. Soc. Report. 25: 254-260
'37.

PANET-LARUE, L.B. Guillimin, famille,
Qué. Tableau généalogique de la famille
Guillimin, 1711.

Source: C.C.Ms. p. 529.
Ms. Originaux. 1 p. 1915.
Archives publiques du Canada, Ottawa, Ont.

PAPINEAU, D.B. La Famille Papineau.

Dans: Bull. rech. hist. 39: 331-346, 390-413,
483-494 '33.

____. Francis Mackay et ses descendants.

Dans: S.G.C.F. Mém. 15: (2) 100-119 avr./juin
'64.
Copie d'actes de registres en appendice.

PAQUET, Claude, o.m.i. Notes diverses sur la
famille Paquet(te). [s.l.n.d.] [s.p.]

Archives nationales du Québec, Québec, Qué.

PAQUET, Gilles, co-aut.
voir sous:

CHARBONNEAU, Hubert, Jacques Légaré,
René Durocher, Gilles Paquet et Jean-Pierre
Wallot. Historical . . .

PAQUET, J. (Loranger) Mme. Robert Rivard,
sieur de Loranger.

Dans: S.G.C.F. Mém. 10: 116-128 '59.
Conférence prononcée à Montréal lors de la
16e assemblée annuelle le mercredi, 10 juin '59.

PAQUETVILLE, N.-B. Saint-Augustin,
paroisse (catholique). Registre de la paroisse,
1874-1930.

Source: C.C.Ms. p. 956.
Ms. Copie. 2 pouces. Microfilm. 1 bobine.
Archives acadiennes, Moncton, N.-B.

PAQUIN, Harold (Mrs). Our Heritage, Bélisle-
Mondor-Paquin. Somerset, Wisc., [n.d.].
[n.p.]

PAQUIN, Olivier J. La Famille Dumontier
depuis 1600 jusqu'à nos jours. Montréal,
Paquin, 1908. 463 p.

____. La Famille Rémillard.

Dans: Sa "Famille Dumontier", p. 396-463.

PAQUIN, Pasteur, aut.
voir sous:

PAQUIN, Victor, s.c.

PAQUIN, Victor, s.c. Petite histoire des
familles Paquin en Amérique, 1672-1976, par
Pasteur Paquin. St-Romuald, Éd. Etchemin
et Ancienne-Lorette, Éd. Services
généalogiques Paquin, 1976. 241 p.

PARADIS, Alexandre. Kamouraska (1674-
1948) . . . Québec, 1948. 395 p.

"Cet ouvrage est enrichi de 19 appendices et de
64 gravures."
"Jean Dionne et ses descendants": p. 47-49.
"La Seigneurie et les Taché": p. 151-164.
Les appendices III-IX contiennent des textes de
contrats de mariages, donations, et inventaires
de quelques pionniers.

PARADIS, D., ptre. "Familles de Maria" et
leur généalogie. Maria, 27 déc. 1967. 283 p.

____. "Familles de Maria" et leur généalogie.
Supplément. Maria, 1967. [s.p.]

Ce livre apporte au livre des "Familles de
Maria et leur généalogie" des notes historiques
additionnelles, complète la généalogie des
familles et corrige les erreurs qui se sont glissées
dans le premier volume.

PARADIS, Hazel. History of the Paradis
family — east to west. Fort Saskatchewan,
Alta., 1978.

PARÉ, Alcide et Eugène PARÉ, éd.
Généalogie des familles Paré. Victoriaville,
Qué. Survivance des familles Paré, 1969.
331 p.

PARÉ, Eugène, Jean-Marie LALIBERTÉ et
Benoit PONTBRIAND, comp. Mariages de
Sherbrooke, Cathédrale St-Michel
(1834-1950). Québec, B. Pontbriand, 1968.
425 p. (Publications généalogiques no 57).

Polycopié.

PARÉ, Eugène, co-aut.
voir aussi sous:

PARÉ, Alcide et Eugène Paré, éd. Généalogie
. . .

PARÉ, Victorin et Raymond TANGUAY.
Généalogie des familles des comtés de
Charlevoix et Saguenay.

Réédition améliorée et complétée du travail du
Frère Éloi-Gérard Talbot.
Vol. 1, lettre A et B déjà paru.

PARENT. Compilation par parents. 4 vols.

Manuscrit.
Liste des conjoints avec dates et lieux de
mariages sans références bibliographiques
exactes ni le nom des parents des conjoints.
Archives nationales du Québec, Québec, Qué.

PARENT, A., C.Ss.R. Parent: Notre Pierre et
sa campagne. 48 p.

Polycopié.

PARENT, Alphonse-M., C.Ss.R. Pierre Panet
de Beauport, 1626-1698.

Dans: S.G.C.F. Mém. 23: (1) 3-20 janv./mars
'72; 23: (2) 67-87 avr./juin '72.

PARENT, P.E. Genealogical history of the
Fitzpatrick-Connolly, Peters and Lacroix
families; ancestors of P.E. Parent. Ottawa,
1931. 21 p.

Genealogical charts.
Mimeographed.

____. Histoire généalogique des familles
Parent, Grenier, Fournier dit Préfontaine et
Lamarre ou De Lamarre, ancêtres de P.E.
Parent. Ottawa, 1931. [s.p.]

PARENT, Roger D. Clément Lérigé de La
Plante et sa descendance; généalogie d'une
famille canadienne. Montréal, 1942. 28 p.

____. Clément Lérigé, sieur de la Plante,
officier des troupes de la marine, ancêtre des
familles Lériger, Dériger, de La Plante,
Laplante et Laplante-Courville; son origine
et sa famille en France. Montréal, 1942.
15 p.

PARENT, S.G. À la recherche des noms de
famille.

Dans: S.G.C.F. Mém. 3: 145-151 '49.

PARENTEAU, Bernard, Jean-Marie
LALIBERTÉ et Benoit PONTBRIAND,
comp. Mariages de St-Zéphirin (1846), St-
Pie-de-Guire (1874), La Visitation (1898), St-
Bonaventure (1866), St-Elphège (1886), St-
Joachim (1901), comté de Yamaska. Québec,
B. Pontbriand, 1969. 241 p. (Publication
no 66).

Polycopié.

____. Mariages du comté d'Yamaska (1846-
1964) . . .

Polycopié.
Même que le précédent.

PARENTEAU, Bernard, co-aut.
voir aussi sous:

MONGEAU, Antonio et Bernard Parenteau,
comp. Mariages de St-Michel d'Yamaska . . .

PARENTEAU, Gilles. Généalogie de la famille
Parenteau. Trois-Rivières, 1967. 20 p.

Copie dactylographiée (avec ajoutes et corrections manuscrites).
Sources: p. 2.
"Ce bref historique ne veut que préciser les
principales étapes de la vie de Pierre Parenteau
. . ." (av.-pr.)
Archives nationales du Québec, Québec, Qué.

PARENTS of Moses Foss.

In: F.C.A.G.R. 3: (4) 247-248 Winter '71.
Foss is a name of German origin which may be
written in the following ways: Fosse, Faust,
Phosse, Asfosse, Iforce and Fausse.
Genealogy of the Fausse, Faust and Foss
families.

PARISÉ, Robert. Famille Clarke.

Dans: Saguenayensia 14: (2) mars/avr. '72.
Notes supplémentaire dans la même revue, 14:
(3) 59 mai/juin '72.

PARIZEAU, Gérard. La Chronique des Fabre.
Montréal, Éd. Fides, c1978. 352 p.

Notes partiellement bibliographiques au bas des
pages.

____. Les Dessaules, seigneurs de Saint-
Hyacinthe; chronique maskoutaine du XIXe
siècle. Montréal, Éd. Fides, 1976. 159 (12) p.

Comprend des pages d'illustrations hors-texte.

____. Joies et deuils d'une famille bourgeoise,
1867-1961. Trois-Rivières, Éd. du Bien
public, 1973. 356 p. (8) p. de planches.

Sommaires: 1: Notre père et nous; -2. Nos
enfants et nous.

PARKER, Donald Dean. Our family history.
[n.p.], 1952. [v.p.]

____. The Parker family history. [n.p.], 1952.
[v.p.]

PARKER, James. Glossary of terms used in
heraldry. Rutland, Vt., Charles E. Tuttle
Co., 1971. 659 p.

1 017 heraldic drawings in 8 colours.
Review in: F.C.A.G.R. 3: (4) 234-235 Winter
'71.

PARKER, Theodore.
see under:
SMITH, Elsie R. Genealogical . . .

PARROT, Paul. Généalogie et démographie: la liaison des documents civils.

Dans: S.G.C.F. Mém. 16: (2) 259-264 janv./mars '65.

____. Histoire et généalogie de la famille Parrot. (Sillery, Qué., 1972). 92 p.

Polycopié.

PARSONS, George (Mrs.). The Doughertys of Bury, Quebec. Bury, Que., Spring 1975. 17 p.

No title page.
"The early Canadian history of the family begins in 1831, when William Dougherty and his wife, Elizabeth, came from Ireland to Canada and settled in Inverness, Que."
(Introd.)

PART of the Baker-Gilmour family history.

In: Missisquoi County Hist. Soc. Annual reports 7: 111-114 '61.

PASCAL, chan. Histoire de la Maison royale de Lusignan. Paris, Léon Vanier, libr.-éd., 1896. 200 p.

PATCH, Nicolas. Notes on the Patch ancestry.

Source: U.L.Ms. p. 962.
Ms. Original. 9 p. 1597-1890.
Brome County Historical Society, Knowlton, Que.

PATENAUDE, (Mme) Jeanne. Le Capitaine Charles Koenig et sa famille.

Dans: S.G.C.F. Mém. 11: 48-49 '60.

____. Les Gagnon.

Dans: S.G.C.F. Mém. 12: 210-212 '61.
"Dans le cadre du congrès France-Canada, a été évoqué à Tounouvre, le départ des Gagnon pour la Nouvelle-France."
Extrait du journal hebdomadaire: "Le Perche libre" du 25 mai 1961.

PATERSON, Ruth. Cranberry Portage; frontier life at the crossroads of the North, by Ruth and Jack Paterson. Vancouver, J.J. Douglas, 1974. 171 p. (8) leaves of plates.

Source: Canadiana.

PATTERSON, Donald F. and Harry P. PATTERSON. The Pattersons of Kings County, Nova Scotia. [s.l., s.n.], 1977. 182 p.

Based on the work of Harry P. Patterson.
Includes index.
Source: Computerized data bank, National Library of Canada, Ottawa, Ont.

PATTERSON, Harry P., co-aut.
see under:
PATTERSON, Donald F. . . .

PAYETTE, B.C. Histoire de la famille Lavergne. Montreal, Payette Radio (1970). 489 p.

PÉAN, famille. Notes généalogiques et dessins d'armoiries au sujet des familles Vassan, Villedame, Menou, Bragelonne, Thiballier, Miray, Phélippeaux, Pasquier, Roybon, Sabrevoye.

Source: C.C.Ms. p. 966.
Ms. Copie. 96 p. 1529-1926.
Archives nationales du Québec, Québec, Qué.

PEDIGREE of the family of Meredith. [n.p., n.d.] 10 p.

"Notes on the Meredith family of London, Ontario": p. 8.

PEEL, Bruce Braden, comp. A Bibliography of the Prairie provinces to 1953. Pub. in co-operation with the Saskatchewan Golden Jubilee Committee and the University of Saskatchewan, by University of Toronto Press, (c1956). xix, 680 p.

Bibliography of . . . "books and pamphlets relating to the Prairie provinces" with a biographical, historical and genealogical section.

PELCHAT, Napoléon Alyre. Généalogie des Pelchat . . . Scott Jonction, Qué., 1971. 3 vols.

Lettre manuscrite insérée dans le volume.
Index des conjoints par ordre alphabétique.
Tirage limité à 90 exemplaires.
Polycopié.
Sommaire: v. 1: Branche de François (no 1-232); -2. Branche de René (no 1-251) avec la Gaspésie (G1-G22); -3. Branche de René (no 252-565) sans la Gaspésie; -4. Index.

PELHAM, Ont. Society of Friends (Hicksite).
. . . Record of births, marriages and deaths,
1790-1856 . . .

Source: U.L.Ms. p. 968.
Ms. Original.
University of Western Ontario Library,
London, Ont.

PELHAM, Ont. Society of Friends (Orthodox). . . . Monthly meeting marriage
register, 1897-1908.

Source: U.L.Ms. p. 968.
Ms. Original.
University of Western Ontario Library,
London, Ont.

PELLERIN, Jacqueline (Duquette) et Jean-
Pierre PELLERIN, comp. Mariages St-Jean
Berchmans, 1908-1975, Montréal. Relevé et
compilé par Jacqueline Duquette-Pellerin et
Jean-Pierre Pellerin. Montréal, Éd.
Bergeron, 1977. 352 p. (Publication no 36).

Polycopié.

PELLERIN, Jean-Pierre, co-comp.
voir sous:

PELLERIN, Jacqueline (Duquette) . . .

PELLERIN, Yvon. Les grandes familles
québecoises: pour connaître son ancêtre . . .
voici comment.

Dans: Journal de Québec, 4 oct. '76. p. 4.
Recension sur le: "Répertoire des mariages de
N.-D. de Québec (1621-1900), par Benoit Pont-
briand.

PELLETIER, Burroughs. Voyer ou Voyer
d'Argenson.

Dans: Bull. rech. hist. 61: 169-172 '55.

———. . . . .

In: F.C.A.G.R. 3: (1) 48-50 Spring '71.

PELLETIER, Edmond, ptre. Album historique
et paroissial de Notre-Dame-du-Portage,
1723-1940. Québec, Impr. Paroissiale enr.,
1942. 367 p.

25 tableaux généalogiques des familles
centenaires de l'endroit et 6 familles alliées:
chap. XV.

PELLETIER, Louis-J. Inventaire sommaire
des Archives conservées au Palais de Justice
de la Rivière-du-Loup (en Bas), District de
Kamouraska.

Dans: Rapp. Arch. de la Prov. de Qué.
1920/21, p. 321-327.

———. Jean Grondin, ancêtre maternel de l'abbé
Arthur Lizotte, aumônier du Couvent St-
François-Xavier, Rivière-du-Loup. Rivière-
du-Loup, Qué., 1934. 6 p.

Généalogie dactylographiée.
Archives nationales du Québec, Québec, Qué.

PELLETIER, Louis-Joseph. Généalogie de
Louis Joseph Arsène René Pelletier. Ste-Foy,
Qué, [s.d.]. [s.p.]

Copie dactylographiée (carbone).
Archives nationales du Québec, Québec, Qué.

PELLETIER, Maurice. Guillaume Pelletier
(1598-1657) et son fils.

Dans: S.G.C.F. Mém. 26: (4) 221-246 oct./déc.
'75.

PELLETIER, Rémi, co-aut.
voir sous:

GOSSELIN, Joseph. Généalogie des familles
Pelletier . . .

PELLETIER-LABELLE, Georgette.
L'Imbroglio des Charles Labelle, descendants
de Guillaume, premier ancêtre canadien.

Dans: S.G.C.F. Mém. 28: (4) 274-282 oct./déc.
77.

PEMBROKE, C.W. Wesleyan Methodist
Circuit. Circuit book registering baptisms
. . . 1841-1854?

Source: U.L.Ms. p. 970.
Ms. Photocopies.
Public Archives of Canada, Ottawa, Ont.

PENETANGUISHENE, Ont. St. James'
Church. Records of baptisms, confirmations,
marriages and burials . . . 1835-1877.

Source: U.L.Ms. p. 970.
Ms. Original. 1 inch.
Archives of Ontario, Toronto, Ont.

PENGILLY, Richard. The Pedigree of the
Angus family . . . with additions made by
Henry Wilkinson and others.

Source: U.L.Ms. p. 29.
Ms. Photocopies. 6 p. [n.d.]
Public Archives of Canada, Ottawa, Ont.

PENNANT, Sask. Riverside Rural Municipality, no. 168 . . . Cemetery register,
1912-1951.

Source: U.L.Ms. p. 970.
Ms. Microfilm.
Saskatchewan Archives Office, Saskatoon,
Sask.

PENNFIELD, N.B. Christ Church (Anglican). Comprises records of Christ Church, St. Mark's and St. George's Anglican churches, Pennfield parish, Charlotte County, N.B.: baptisms, marriages and burials, 1822-1969 . . .

> Source: U.L.Ms. p. 970.
> Ms. Microfilm.
> Provincial Archives of New Brunswick, Fredericton, N.B.

PENNOCK, John D. Correspondence between John D. Pennock and James T. Pennock concerning their family genealogy.

> Source: U.L.Ms. p. 970.
> Ms. Photocopies. 5 p. 1899.
> Public Archives of Canada, Ottawa, Ont.

PENNOYER, Jesse, Que. . . . Papers relating to the Hyatt family.

> Source: U.L.Ms. p. 970.
> Ms. Transcripts.
> Public Archives of Canada, Ottawa, Ont.

PENTLAND, George Ernest. Pentland; an account of the descendants of Alexander Pentland and Elizabeth Wilson who were married at Carrington, Scotland about 1540. [n.p.], 1948. vii, 99 p.

> Genealogical tables.

PERCY, John, Ont. Marriage certificate of John Percy to Eleanor Spencer, 1848 . . .

> Source: U.L.Ms. p. 972.
> Ms. Original.
> Lennox and Addington Historical Society, Napanee, Ont.

PERRAULT, Claude. Fief de Branssat et le couvent d'Hochelaga, Montréal.

> Dans: S.G.C.F. Mém. 23: (4) 234-247 oct./déc. '72.

____. Les Mariages de Marie Pontonnier.

> Dans: S.G.C.F. Mém. 1: 270-274 '45.

PERRAULT, J. Alfred. Notes sur Nicolas Perrot.

> Dans: Bull. rech. hist. 49: 145-149 '43.

PERREAULT, Robert, comp. Mariages Perreault, 1647-1900, de la Province de Québec, Canada, 1976. 1ère éd. Relevé et compilé par Robert Perreault. Reprographie: René Prince, Impr. Inc., Sherbrooke, 1976. 214 p.

> "Surnoms des familles Perreault": p. 3.
> "Variations orthographiques du nom Perreault": p. 4.

PERRY, George, Ont. Marriage license of Elizabeth Martin.

> Source: U.L.Ms. p. 973.
> Ms. Original.
> Lennox and Addington Historical Society, Napanee, Ont.

PERRY, Hattie (Allen). Descendants of William Allen, immigrant from England, settled in Portsmouth, R.I., 21 Aug. 1623. (Family of Dartmouth, N.S.).

> Source: U.L.Ms. p. 11.
> Ms.
> Nova Scotia Public Archives, Halifax, N.S.

PERRY, Myrtle, co-comp.
see under:

> AMOS, Malcolm Frederick. Descendants . . .

PERTH, C.W. St. Andrew's Presbyterian Church. Indexed register of baptisms and marriages, 1817-1857, of the first Presbyterian Congregation, founded by Rev. William Bell.

> Source: U.L.Ms. p. 974.
> Ms. Photocopies. 2 inches.
> Public Archives of Canada, Ottawa, Ont.

PERTH, Ont. St. Andrew's Presbyterian Church. Register of baptisms, 1830-1881; marriages, 1831-1887; and burials, 1848-1881 . . .

> Source: U.L.Ms. p. 974.
> Ms. Microfilm. 25 feet.
> Public Archives of Canada, Ottawa, Ont.

PERTH, Ont. St. Paul's United Church. Parish registers of St. Paul's United and its Methodist and Presbyterian predecessors: Perth Free Church (Presbyterian) Congregation, Knox Presbyterian Church of Perth, Calvin. Presbyterian Church of Bathurst, Perth Wesleyan Methodist Church and Ashbury Methodist Church.

> Source: U.L.Ms. p. 974.
> Ms. Microfilm. 1 reel. 1858-1968.
> Public Archives of Canada, Ottawa, Ont.

PERTH, U.C. Military Settlement. Register of located settlers, 1816-1822, and a return of individuals located by the Military Settling Dept. (1820) for the Perth Military Settlement.

> Source: U.L.Ms. p. 974.
> Ms. Original. 2 inches.
> Public Archives of Canada, Ottawa, Ont.

PERTWEE, Margaret. Joseph Perthuis, dernier procureur du Roi de France en Canada.

Dans: S.G.C.F. Mém. 31: (3) 212-215 juil./sept. '80.

PETER Arno and Kate Latell.

In: F.C.A.G.R. 3: (4) 251-252 Winter '71.
The real name of the Arnaud family would be Renaud.
Pierre Renaud with Catherine Petel's genealogy.

PETERBOROUGH County, Ont. Register of marriages performed in Peterborough County, by Rev. Percy S. Warren and Rev. Vincent Clementi . . .

Source: U.L.Ms. p. 975.
Ms. Photocopies. 6 p. 1859-1873.
Public Archives of Canada, Ottawa, Ont.

PETERBOROUGH, Ont. St. Paul's Presbyterian Church. Marriage register, 1834-1851.

Source: U.L.Ms. p. 975.
Ms. Photocopies. 60 p.
Public Archives of Canada, Ottawa, Ont.

PETERSEN, Mark E. Memorandum on the basis for the Mormon belief in the baptism of living, for the dead and the reasons for genealogical research arising out of it.

Source: U.L.Ms. p. 976.
Ms. Original. 7 p. ca.1935.
Public Archives of Canada, Ottawa, Ont.

PETERSON family, N.S. Notes on the Peterson family.

Source: U.L.Ms. p. 976.
Ms. Photocopies. 9 p. [n.d.]
Public Archives of Nova Scotia, Halifax, N.S.

PETHICK, Derek. British Columbia recalled, 1741-1871. Saanich, B.C., 1974.

PETIT DE LEVILLIERS, famille, Qué. Pièces originales provenant du cabinet d'Hozier au sujet de la généalogie de la famille; notes biographiques et généalogiques de Pierre-G. Roy.

Dans: C.C.Ms. p. 976.
Ms. Originaux. 52 p. Entre 1605 et 1749.
Archives nationales du Québec, Québec, Qué.

PETIT-ROCHER, N.-B. Saint-Polycarpe, paroisse (catholique). Registres de paroisse, 1824-1864.

Source: C.C.Ms. p. 977.
Ms. Originaux. Reproductions photographiques. 2 pouces. Microfilm. 2 bobines.
Archives acadiennes, Moncton, N.-B.

PETITE-Nation, Qué. Notre-Dame de Bonsecours, paroisse (catholique). Registres des baptêmes, mariages et sépultures de N.-D. de Bonsecours (Montebello), 1830-1849. Index des mariages de cette paroisse, 1830-1849. Registres des baptêmes, mariages et sépultures de N.-D. de Bon Secours (Montebello) et des Cantons de Buckingham et de Grenville, 1836-1851. Index des mariages, 1836-1850.

Source: C.C.Ms. p. 976.
Ms. Copie. 8 pouces.
Archives publiques du Canada, Ottawa, Ont.

PETTIPAS family, Acadia, N.S. Notes on the Pettipas family.

Source: U.L.Ms. p. 977.
Ms. Photocopies. 11 p. [n.d.]
Public Archives of Nova Scotia, Halifax, N.S.

PHANEUF, Joseph Stanislas Zéphirin. La Famille Phaneuf-Farnsworth. Montréal, "La Croix", 1915. 264 p.

Supplément en anglais: The Farnsworths and the Phaneufs, selected from the "Farnsworth Memorial", p. 219-238.
En tête du titre: Histoire, généalogie, documents.

PHANEUF, Marielle. L'Ancêtre Jean Roudier dit Saintonge.

Dans: Annales de Ste-Anne-de-Beaupré. oct. '77, p. 424-426.

PHILIPPON, Louis. Horace Philippon, 1900-1956.

Dans: L'Ancêtre 2: (3) 149-151, 153-160 nov. '75.

PHILLIPS, Adora. A History of Bishopville, Kings County, Nova Scotia, 1710-1974. [s.l., s.n.], 1974. 32 p.

Source: Computerized data bank, National Library of Canada, Ottawa, Ont.

PHILLIPS, Edward Horace. Family records. Saskatoon, 1939-44. 4 nos. in 1.

Contents: (No. 1): The Descendants of Edward Phillips and Mary Bailey; -2. The Descendants of William Sharrard; -3. The Descendants of Asher Willson and Susanna Stotts; -4. The Descendants of Thomas Hubbard.
Blueprint.
In portfolio.

PHILLIPS family. Baptismal and burial records of the family of Rev. Thomas Phillips, Dewsall, Herefordshire, England.

Source: U.L.Ms. p. 979.
Ms. Photocopies. 2 p. 1838-1888.
Public Archives of Canada, Ottawa, Ont.

PICHÉ, Odessa, comp. Municipalités, paroisses, cantons, etc. de la province de Quebec de 1896 à 1924. Québec, Min. de la Colonisation, des mines et des pêcheries, 1924. 498 p.

PICHETTE, Robert. Héraldique et généalogie.

Dans: S.G.C.F. Mém. 27: (3) 143-157 juil./sept. '76.

____. L'Ordre de Saint-Jean-de-Latran et le sieur Wallon; la première décoration pontificale au Canada.

Dans: S.G.C.F. Mém. 26: (2) 103-113 avr./juin '75.

PICKERING, Ont. Society of Friends (Hicksite). . . . Monthly marriage register, 1844-1881 . . .

Source: U.L.Ms. p. 981.
Ms. Original.
University of Western Ontario Library, London, Ont.

PICKERING, Ont. Society of Friends (Orthodox). . . . Monthly meetings, marriages and removals, 1845-1874.

Source: U.L.Ms. p. 981.
Ms. Original.
University of Western Ontario Library, London, Ont.

PICKET family, N.B. Papers related to David Picket and his descendants . . .

Source: U.L.Ms. p. 981.
Ms. Original. 1/2 inch. 1785-1909.
New Brunswick Museum, St. John, N.B.

PICOTÉ de Belestre, famille, Qué . . . Notes généalogiques, 1720-1928.

Source: C.C.Ms. p. 981.
Ms. Reproductions photographiques. 13 p.
Archives nationales du Québec, Québec, Qué.

PICTON, Ont. Methodist Church. Register of baptisms and marriages, Minister: Rev. William Care, 1817, 1826, 1832.

Source: U.L.Ms. p. 981.
Ms. Transcripts. 39 p. 1810-1837.
Archives of Ontario, Toronto, Ont.

PICTURESQUE Cardston and environments; a history of colonization and progressive Southern Alberta. Cardston, N.W.T., MacLeod, 1900. 116 p.

Notes on the Card family.

PIERRE Beaudin and Rosalie Bourdon.

In: F.C.A.G.R. 2: (3) 189-190 Fall '71.
Genealogical table with direct lines.

PIERRE de Laon, chevalier du Roi St-Louis et sa descendance au pays laonnais. Laon, Impr. du Journal de l'Aisne, 1891. 27 p.

Pierre de Laon, chevalier et chambellan de St-Louis, fils de Pierre Chambli (ou Chambly), apparenté à la famille de Chambly venue au Canada.

PIERRE Thibodeau and Marie Vermette.

In: F.C.A.G.R. 4: (3) 168-170 Fall '72.
Contents: Pierre Thibodeau's parents; Marie Josephte Vermette's parents.

PIERS, Harry. De Wolfe family, N.S. Some information about the De Wolfe family may be found in the notes entitled: "Genealogical accounts of the Harrington family", prepared by Harry Piers in 1909.

Source: U.L.Ms. p. 333.
Ms. Original. [n.d.]
Public Archives of Nova Scotia, Halifax, N.S.

____. Genealogical notes and informtion on Robert Field . . .

Source: U.L.Ms. p. 983.
Ms. Original. 1 1/2 feet. [n.d.]
Public Archives of Nova Scotia, Halifax, N.S.

____. Harrington family, N.S. "Genealogical account of the Harrington family", by Harry Piers.

Source: U.L.Ms. p. 549.
Ms. Original. 1 1/2 inches.
Public Archives of Nova Scotia, Halifax, N.S.

____. Ms. of the history and genealogy of the Piers family; photos and newspaper clippings of the Fairbanks family, memoranda of the history and genealogy of the Harrington family, 1909, collected by Harry Piers . . . Notes on various Nova Scotian families (Ms. file).

Source: U.L.Ms. p. 983.
Ms. Original.
Public Archives of Nova Scotia, Halifax, N.S.

PIERSOL, Mary Cameron (Blackadar). The Records of the Van Every family, United

Empire Loyalists: New York State, 1653-1784; Canada, 1784-1947. Toronto, Can., T.H. Best Pr. Co., Ltd., 1947. 4 p., 1, 131 p.

Genealogical tables.

PILON, Robert Louis. Genealogy and family history of the Thomas Bernard Pilon family. Dearborn, Mich., 1979.

"The Descendants of Antoine Pilon in Canada" (Table of Contents).

PINE, Leslie Gilbert. They came with the Conqueror; a study of the modern descendants of the Normans. 1954.

Metropolitan Toronto Central Library, Toronto, Ont.

PINFOLD, Hildred G. A Willson memorandum [s.l., s.n.], 1974. 275 (72) leaves.

Genealogical tables.
Includes bibliographies.

PINGUET de Vaucour, famille, Qué. . . . Notes généalogiques.

Source: C.C.Ms. p. 984.
Ms. Copie. 44 p. 1706-1934.
Archives nationales du Québec, Québec, Qué.

PINHEY family, Ont. . . . Genealogical material relating to the Pinhey family of Totness, Devonshire, England and March Township, Ont.

Source: U.L.Ms. p. 984.
Ms. Photocopies. 24 p. 1819-1954.
Public Archives of Canada, Ottawa, Ont.

PINSENT, Robert J., Nfld. . . . Family tree of Pinsent-Williams family.

Source: U.L.Ms. p. 984.
Ms. Photocopies. 1 p. 1775-1893.
Provincial Archives of Newfoundland, St. John's, Nfld.

PINSONNEAULT, Russell. Généalogie de Jean-François Pinsono dit Lafleur jusqu'à Russell Pinsonneault.

Bibliothèque de la Société généalogique canadienne-française, Montréal, Qué.

PIONEER life on the Bay of Quinte . . . Toronto, Ralph and Clark, (1904). vi, 1005 p.

". . . including genealogies of old families and biographical sketches of representative citizens . . ."
Reprinted Belleville, Ont., Mika Silk Screening, 1972, with a new introduction by William Morley.

The index contains about 300 names.
The New index . . . also some corrections by Jane Ann Clubb nee Bowerman. Beverley Hills, Cal., 1952. A-B-56 leaves.

PIONEER life on the Bay of Quinte . . . Repr. . . . 1972. (Canadiana reprint series no. 20).

Originally published in 1904.
Index [n.p.], 1971. 1 vol. [n.p.]

PIONEER memories; an historical account of Courval and districts since 1908. (Ed. by Joseph Henri Tremblay). [s.l., s.n.], 1974. iv, 132 p.

PIONEER Society of Edwardsburgh Township, Grenville County, Ont. Records of baptisms of the Presbyterian Church, Prescott, U.C., 1823-1863 . . .

Source: U.L.Ms. p. 985.
Ms. Transcripts.
Archives of Ontario, Toronto, Ont.

PIONEERS and early citizens of Manitoba. Winnipeg, 1971.

PIONEERS and prominent people of Manitoba. Winnipeg, 1925.

PLAMONDON, Benoit. Énigme généalogique.

Dans: L'Ancêtre 1: (7) 219 mars '75.

PLAMONDON, Marie-Ange B., co-aut.
voir sous:

LEBLANC, Geneviève et Marie-Ange B. Plamondon. Obituaire . . .

PLANTE, Clément, comp. Mariages de la paroisse de St-Justin, Co. Maskinongé (1858-1971). Montréal, Éd. Bergeron & Fils, enr., 1975. xvii, 86 p. (Publication no 21).

Polycopié.

_____. Répertoire des mariages de la paroisse de St-Justin, comté de Maskinongé, 1858-1900. [s.l.n.d.] [s.p.]

Sortie d'ordinateur.
Tiré à 8 exemplaires.
Classé par ordre chronologique, par ordre alphabétique des noms d'homme, par ordre alphabétique des noms de femmes.
"La paroisse de St-Justin fut détachée de la paroisse St-Joseph de Maskinongé en 1858. Pour les mariages antérieurs à cette date, il faut consulter le 'Répertoire des mariages de Maskinongé.' "

_____. Notes historiques sur la famille Brouillard. [s.l.], sept. 1975. [s.p.]

Polycopié.

____. Recensement de 1851: 394: St-Joseph de Maskinongé 1ère partie. D'après Microfilm C-1140 et C-1141 des Archives publiques du Canada. Relevé par Clément Plante. (Québec?), juin 1974. 339 p.

Bibliographie sommaire: p. 2.
Polycopié.

____. Recensement de 1861: St-Justin, comté de Maskinongé d'après Microfilm C-1294 des Archives publiques du Canada. (Québec), nov. 1974. 352 p.

Bibliographie sommaire: p. 2.
Polycopié.

____. Seigneurie de Carufel. Maskinongé, Société d'Histoire de l'Ormière, 1981. 48 p.

Brochure.

PLANTE, Paul A. Généalogie: Jean Plante, 1621-1706; Françoise Boucher, 1636-1711: Québec, 1 septembre 1650. [s.l.], janv. 21, 1970. [s.p.]

Polycopié.
18 pages d'index au début du premier volume.

____. Généalogie Famille Plante. (Sept-Îles?), 15 oct. 1972. 2 vols.

3e compilation.
Index au début du 2e volume.
Polycopié.

____. Inventaire des registres d'état civil, archives judiciaires, Palais de Justice, District de Mingan. Sept-Îles, [s.d.] [s.p.]

Polycopié.
Archives nationales du Québec, Québec, Qué.

____. Plante: généalogies incomplètes. Sept-Îles, 28 mai 1974. 2 vols.

Polycopié.
Archives nationales du Québec, Québec, Qué.

PLESSIS, Edgard-L. du. Appel des ancêtres.

Dans: S.G.C.F. Mém. 14: (7/9) 156-157 juil./sept. '63.

PLINGUET, Vincent et S. LAPORTE. Histoire de l'Île Dupas et de l'Île St-Ignace. Joliette, S. Laporte, 1974. 146 p.

____. Nos archives paroissiales.

Dans: Bull. rech. hist. 4: 252 1899.

PLUMMER, John O. Canadian pioneers; "History of the Plummer family". (Toronto), Privately published, (1958). 35 p.

POINT EDWARD, Ont. St. Paul's Anglican Church. Parish registers, 1870-1970 . . .

Source: U.L.Ms. p. 989.
Ms. Microfilm.
University of Western Ontario Library, London, Ont.

POINTE-AUX-TREMBLES, Qué. L'Enfant-Jésus, paroisse (catholique). Registres de baptêmes, mariages et sépultures, 1674-1849.

Source: C.C.Ms. p. 987.
Ms. Originaux. 4 pieds 6 pouces.
Archives nationales du Québec, Montréal, Qué.

____. . . . 1760-1780.

Source: C.C.Ms. p. 987.
Ms. Microfilm. 1 bobine.
Archives acadiennes, Moncton, N.-B.

POINTE-AUX-TREMBLES, Qué. Saint-François, paroisse (catholique). Registres de baptêmes, mariages et sépultures, 1755-1780.

Source: C.C.Ms. p. 988.
Ms. Microfilm. 1 bobine.
Archives acadiennes, Moncton, N.-B.

POINTE-CLAIRE, Qué. Saint-Joachim, paroisse (catholique). Registres de baptêmes, mariages et sépultures, 1760-1780.

Source: C.C.Ms. p. 988.
Ms. Microfilm. 1 bobine.
Archives acadiennes, Moncton, N.-B.

____. . . . −1713-1849.

Source: C.C.Ms. p. 988.
Ms. Originaux. 4 pieds.
Archives nationales du Québec, Montréal, Qué.

POINTE-DU-LAC, Qué. La Visitation, paroisse (catholique). Registres de baptêmes, mariages et sépultures, 1787-1790.

Source: C.C.Ms. p. 988.
Ms. Microfilm. 1 bobine.
Archives acadiennes, Moncton, N.-B.

POINTE-FORTUNE, Qué. Saint-François-Xavier, paroisse (méthodiste). Registres de paroisse, 1848-1849.

Source: C.C.Ms. p. 988.
Ms. Originaux. 3 pouces.
Archives nationales du Québec, Montréal, Qué.

POINTE-SAPIN, N.-B. Saint-Joseph, paroisse (catholique). Registres de la paroisse, 1813-1886.

Source: C.C.Ms. p. 988.
Ms. Reproductions photographiques. 1 pouce.
Archives acadiennes, Moncton, N.-B.

POINTE-SAPIN, N.-B. Registres des baptêmes, 1821-1869; des mariages, 1821-1869; et des sépultures, 1822, 1837-1855.

Source: C.C.Ms. p. 988.
Ms. Copie. 42 p.
Archives publiques du Canada, Ottawa, Ont.

POINTE-VERTE, N.-B. Saint-Vincent-de-Paul, paroisse (catholique). Registres de la paroisse, 1899-1920.

Source: C.C.Ms. p. 988.
Ms. Microfilm. 1 bobine.
Archives acadiennes, Moncton, N.-B.

POINTS d'histoire: étude sur la famille Baril. Montréal, Impr. Moderne, [s.d.]. 43 p.

Branches collatérales de la famille Baril: chap. 8.

POIRIER, Armand, s.c. Souvenir d'enfance: mon père Clovis Poirier, 1868-1941.

Dans: L'Ancêtre 1: (8) 255-264 avr. '75.

POIRIER, Pascal. Origines des Acadiens.

Dans: Rev. can. 11: 850-876, 927-954 1874.

POIRIER, Roland, Qué. Notes et documents relatifs à la généalogie de la famille.

Source: C.C.Ms. p. 989.
Ms. Copie. 4 pouces. [s.d.]
Archives nationales du Québec, Québec, Qué.

POISSANT, J.C. Généalogie de la famille Poissant depuis son origine au Canada jusqu'à nos jours, 1684-1909. Montréal, Cie d'Impr. Moderne, 1909. 307 p.

"Esquisse biographique de Jacques Poissant dit La Saline, fondateur de la branche canadienne, 1661-1734": p. 11-55.

POKEMOUCHE, N.-B. L'Immaculée-Conception, paroisse (catholique). Registres de la paroisse, 1843-1920.

Source: C.C.Ms. p. 989.
Ms. Microfilm. 1 bobine.
Archives acadiennes, Moncton, N.-B.

POLLARD family. Genealogy and notes on the Pollard family of Devon, 1166-1966.

Source: U.L.Ms. p. 989.
Ms. Photocopies. 55 p. 1971.
Archives acadiennes, Moncton, N.-B.

POMERLAU, Andréa. Généalogie ascendante et descendante de Guillaume Pomerlau, 1650-1950. Montréal, Libr. St-Viateur, 1950. 180 p.

POMERLEAU-LETOURNEAU. (Tableau de 9 générations en ligne directe de la famille Pomerleau).

Dans: F.C.A.G.R. 4: (3) 180 Fall '72.

POMQUET, N.-É. Sainte-Croix, paroisse (catholique). Registre de paroisse, 1820-1884.

Source: C.C.Ms. p. 990.
Ms. Reproductions photographiques. 1 pouce.
Archives acadiennes, Moncton, N.-B.

PONOKA book. Published as a tribute to the pioneers who opened up the district and to commemorate the town's 50th anniversary. (Ponoka, Sask., Ponoka Herald, 1954?). 93 p.

Short notes on few pioneer families which provide clues for further research.

PONTBRIAND, Benoit, comp. Mariages de Beauport (1673-1966), comté de Québec. Québec, B. Pontbriand, 1967. 388 p. (Publications généalogiques no 52).

Polycopié.

_____. Mariages de Boucherville (1668-1900), comté de Chambly. Québec, B. Pontbriand, 1964. 262 p. (Publications généalogiques no 23).

Polycopié.

_____. Mariages de Charlesbourg (St-Charles) (1679-1970). Québec, B. Pontbriand, 1972. xi, 224 p. (Répertoires de mariages. Publication no 100).

Polycopié.
Bibliographie sommaire: p. x-xi.

_____. Mariages de Deschaillons (1744), Fortierville (1882), Parisville (1900), (Comté de Lotbinière) (1744-1950). Préf. de Roland-J. Auger. Sillery, Qué., B. Pontbriand, 1976. 121 p. (Répertoires de mariages. Publication no 24).

Polycopié sur plusieurs colonnes.

_____. Les Mariages de l'Ange-Gardien (comté de Montmorency), 1664-1964. Sillery, Qué., B. Pontbriand, 1964. 146 p.

Polycopié.
Bibliographie: p. 4.

_____. Mariages de la ville de Granby, comté de Shefford: Notre-Dame (1844-1970); St-Alphonse (1875-1967); Ste-Famille (1929-1970); St-Eugène (1941-1969); St-Benoit, St-Joseph de l' Assomption

(1948-1968); Immaculée-Conception (1955-1968); Ste-Trinité (1958-1968); St-Luc (1960-1968); St-Patrick (1963-1968). Québec, B. Pontbriand, 1972. 2 vols. (495 p.). (Répertoire des mariages. Publications nos 82-83).

Polycopié.

_____. Mariages de la ville de Lévis (1852-1950); Notre-Dame (1852); Bienville (1896); Ste-Jeanne-d'Arc (1920). Sillery, Qué., B. Pontbriand, 1975. 260 p. (Publication no 92).

Polycopié sur plusieurs colonnes.

_____. Mariages de St-Antoine de Tilly (1702-1900), comté de Lotbinière. Québec, B. Pontbriand, 1965. 196 p. (Publications généalogiques no 25).

Polycopié.

_____. Mariages de Sainte-Catherine, (comté Portneuf). Québec, B. Pontbriand (1962). 79 p. (Publication no 16).

Polycopié.

_____. Mariages de Sainte-Croix, comté de Lotbinière, 1727-1965. Sillery, Qué., B. Pontbriand, 1965. 194 p. (Publication no 26).

Polycopié.
Bibliographie: p. 4.

_____. Mariages de Tingwick (St-Patrice), Comté d'Arthabaska (1856-1963). Québec, B. Pontbriand, 1963. 79 p. (Répertoires de mariages. Publication no 31).

Polycopié.

_____. Mariages du comté de Lotbinière, comprenant les paroisses de: Deschaillons (1744-1950), Fortierville, Parisville, Villeroy, Ste-Françoise et Joly. Québec, B. Pontbriand, 1962. 136 p. (Publications généalogiques no. 24).

_____. Mariages du comté de Napierville: Napierville (1823-1970); St-Rémi (1831-1969); St-Édouard (1833-1969); Sherrington (1853-1966); St-Michel (1854-1969). Québec, B. Pontbriand, 1973. 451 p. (Répertoires de mariages. Publication no 95).

Polycopié.
Édition tirée à 100 exemplaires.
Historique du comté de Napierville suivi d'une bibliographie.
Liste des mariages revalidées en appendice.

_____. Mariages du comté de Portneuf (1881-1950). Préf. de Roland-J. Auger. Sillery, Qué., B. Pontbriand, 1975. 523 p. (Répertoires des mariages. Publication no 94).

Polycopié sur plusieurs colonnes.
Références bibliographiques manuscrites: p. 3-5.
Comté de Portneuf, par Roland-J. Auger, fév. 1975: p. 2.
Bibliographie sommaire, par Raymond Gingras: p. 4-6.
"Le Comté de Portneuf": p. 7.

_____ Répertoire des mariages de Cap-Santé, comté de Portneuf. Québec, B. Pontbriand, 1965. 223 p. (Publications généalogiques no 10).

Polycopié.

_____. Répertoire des mariages de Deschaillons (1744-1900), comté de Lotbinière. Québec, B. Pontbriand, 1962. 136 p. (Publications généalogiques no 24).

_____. Répertoire des mariages de Grondines (1680-1900), comté de Portneuf. Québec, B. Pontbriand, 1961. 122 p. (Publications généalogiques no 12).

Polycopié.

_____. Répertoire des mariages de l'Hôpital général de Québec (paroisse Notre-Dame-des-Anges) (1693-1961). Québec, Société canadienne de Généalogie, 1962. 35 p. (Contribution no 2).

Texte polycopié sur deux colonnes.

_____. Répertoire des mariages de Les Écureuils (1742-1900), comté de Portneuf. Québec, B. Pontbriand, 1962. 60 p. (Publications généalogiques no 15).

Polycopié.

_____. Répertoire des mariages de Neuville (1679-1900), comté de Portneuf. Québec, B. Pontbriand, 1962. 216 p. (Publications généalogiques no 11).

Polycopié.

_____. Répertoire des mariages de Notre-Dame de Québec (1608-1908). Québec, B. Pontbriand, 1962-63. 6 vols. (Publications généalogiques nos 1-6).

Polycopié.
Sommaire: v.-1. (1608-1700), 169 p.;
-2. (1700-1750), 247 p.; -3. (1750-1800), 303 p.;
-4. (1800-1825), 285 p.; -5. (1825-1850), 506 p.;
-6. (1850-1908), 513 p.

PONTBRIAND, Benoit, comp. Répertoire des mariages de Pont-Rouge, comté de Portneuf (1869-1900). Sillery, (L'Auteur) (1965). 48 p. (Publication généalogique no 21).

Polycopié.

____. Répertoire des mariages de Portneuf (1861-1900). Sillery, Qué., B. Pontbriand (1965). 52 p. (Publications généalogiques no 20).

Polycopié.

____. Répertoire des mariages de St-Alban (1856-1900), comté de Portneuf. Québec, B. Pontbriand, 1962. 63 p. (Publications généalogiques no 19).

Polycopié.

____. Répertoire des mariages de St-Augustin (1691-1900), comté de Portneuf. Québec, (l'Auteur), 1962, 122 p. (Publications généalogiques no 13).

Polycopié.

____. Répertoire des mariages de St-Basile (1847-1900), comté de Portneuf. Québec, (l'Auteur), 1962. 76 feuillets. (Publications généalogiques no 18).

Polycopié.

____. Répertoire des mariages de St-Raymond (1844-1900), comté de Portneuf. Québec, B. Pontbriand, 1962. 116 p. (Publications généalogiques no 17).

Polycopié.

____. Répertoire des mariages de St-Ubald (1871-1900), comté de Portneuf. Québec, B. Pontbriand, 1962. 24 feuillets. (Publications généalogiques no 22).

Polycopié.

PONTBRIAND, Benoit et Antonio MONGEAU, comp. Mariages de St-Roch-de-Québec, 1829-1900. Préfaces de Roland-J. Auger. Québec, B. Pontbriand, 1965-1969. 3 vols. (Publications généalogiques nos 7-9).

Polycopié.
Sommaire: v. 1: (1829-1850), Éd. rev., 1969, 205 p.; -2. (1851-1875), 316 p.; -3. (1876-1900), 246 p.

PONTBRIAND, Benoit et Jean-Marie LALIBERTÉ, comp. Mariages de St-Frédéric-de-Drummondville (1815-1965), comté de Drummond. Québec, B. Pontbriand, 1965. 370 p. (Publications généalogiques no 30).

Polycopié.

PONTBRIAND, Benoit et Raymond GINGRAS, comp. Les mariages de St-Nicolas, (comté de Lévis) (1694-1964). Sillery, Qué., B. Pontbriand, 1964. 220 p.

Polycopié.
Bibliographie: p. 3.

____. Mariages de St-Sylvestre (1829-1970), St-Gilles (1843-1968), Ste-Agathe (1857-1970), St-Patrice de Beaurivage (1860-1970) et St-Narcisse (1873-1970), comté de Lotbinière. Compilation de Benoit Pontbriand et Raymond Gingras. Québec, B. Pontbriand, 1972. 243 p. (Publications généalogiques no 93).

Polycopié.
Bibliographie: p. 5.

PONTBRIAND, Benoit et René JETTÉ, comp. Mariages de St-Hugues (1827-1968), St-Théodore (1842-1968), Ste-Hélène (1854-1968), Upton (St-Ephrem) (1856-1968), Acton Vale (1859-1968), Ste-Christine (1886-1968), St-Nazaire (1890-1968), comté de Bagot. Québec, B. Pontbriand, 1972. 375 p. (Publications généalogiques no 81).

Polycopié.

____. Mariages de St-Hyacinthe, (1853-1968). . . . Québec, B. Pontbriand, 1971. 553 p. (Publications généalogiques nos 78-79).

Polycopié.
Vol. 1 et 2 comprennent les paroisses suivantes: Cathédrale (1853), St-Joseph (1916), Christ-Roi (1927), La Providence (1937), St-Sacrement (1947), Sacré-Coeur (1946) et l'Assomption (1950).
Bibliographie: p. 4 (v. 1).

____. Mariages de St-Simon, 1833; Ste-Rosalie, 1834; St-Dominique, 1837; St-Liboire, 1859. Québec, B. Pontbriand, 1971. 264 p. (Publications généalogiques no 80).

Polycopié.
Éd. limitée à 100 exemplaires numérotés et signés par B. Pontbriand.

____. Mariages du comté de Bagot . . . St-Hugues . . .
voir sous:

. . . Mariages de St-Hugues, (1827-1968) . . .

_____. Mariages du comté de Bagot . . . St-Simon . . .

voir sous:

. . . Mariages de St-Simon, 1833 . . .

PONTBRIAND, Benoit, co-comp.

voir aussi sous:

BUREAU, René, Benoit Pontbriand et G. Robert Tessier. Répertoire des mariages de Notre-Dame de Foy . . .
HÉBERT, Georges, Éloi-Gérard Talbot et Benoit Pontbriand. Mariages de Ste-Émélie . . .
JETTÉ, Irenée et Benoit Pontbriand. Mariages de Beloeil . . . Mariages de Laprairie . . . Mariages de Varennes . . .
JETTÉ, René et Benoit Pontbriand, comp. Mariages de St-Charles-sur-Richelieu . . .
_____. Mariages de St-Damase . . .
_____. Mariages de St-Hyacinthe: Cathédrale . . .
LALIBERTÉ, Jean-Marie, Antonio Mongeau et Benoit Pontbriand, comp. Mariages de St-Guillaume d'Upton . . .
PARÉ, Eugène, Jean-Marie Laliberté et Benoit Pontbriand, comp. Mariages de Sherbrooke . . .
PARENTEAU, Bernard, Jean-Marie Laliberté et Benoit Pontbriand, comp. Mariages de St-Zéphirin . . .
_____. Mariages du comté d'Yamaska . . .
PROULX, Rosaire et Benoit Pontbriand, comp. Mariages de Deschambault . . .
ROSS, J.O.E., Gabrielle Gingras et B. Pontbriand, comp. Mariages du comté de Québec . . .
ST-HILAIRE, Guy, Éloi-Gérard Talbot et Benoit Pontbriand, comp. Mariages de St-Jean-Chrysostome . . .
TALBOT, Éloi-Gérard, s.m. et Benoit Pontbriand, comp. Mariages de St-Appollinaire . . .
_____. Mariages de St-Lambert . . .
_____. Mariages de Saint-Louis de Lotbinière . . .

POOL, Minnie Alice (Lewis). Odell genealogy, United States and Canada (1635-1935); ten generations in America in direct line. Monroe, Wisc., E.A. Odell, 1935 (i.e. 1936). 123 p.

POPLAR RIVER, Man. Poplar River United Church. Church register: baptisms, 1904-1958; marriages, 1905-1962; deaths, 1905-1961 . . .

Source: U.L. Ms. p. 991.
Ms. Photocopies. 1 inch. 1904-1962.
Provincial Archives of Manitoba, Winnipeg, Man.

PORLIER, François-Pascal. Cahier manuscrit contenant des notes généalogiques de sa famille . . .

Source: C.C.Ms. p. 991.
Ms. Originaux. 330 p. ca. 1865.
Archives de l'Archévêché de Montréal, Montréal, Qué.

PORTAGE La Prairie, Man. Methodist Church. Registers of baptisms, 1890-1944; marriages, 1884-1941; burials, 1884-1938.

Source: U.L.Ms. p. 992.
Ms. Microfilm. 50 feet.
Provincial Archives of Manitoba, Winnipeg, Man.

PORTAGE La Prairie, Man., Presbyterian Church. Church records, 1884-1943.

Source: U.L.Ms. p. 992.
Ms. Microfilm. 1 reel.
Provincial Archives of Manitoba, Winnipeg, Man.

PORTAGE La Prairie, Man. St. Mary's Anglican Church. Registers of baptisms, marriages and burials, 1855-1883.

Source: U.L.Ms. p. 992.
Ms. Microfilm. 30 feet.
Provincial Archives of Manitoba, Winnipeg, Man.

PORT ELGIN, Ont. Evangelical United Brethren. Evangelical United Brethren . . . marriages, 1868-1956; . . . baptisms, 1930-1967 . . .

Source: U.L.Ms. p. 992.
Ms. Microfilm. 4 reels.
University of Western Ontario Library, London, Ont.

PORT ELGIN, Ont. Knox Presbyterian Church. . . . Marriages, 1896-1932; baptisms, 1896-1938 . . .

Source: U.L.Ms. p. 992.
Ms. Microfilm.
University of Western Ontario Library, London, Ont.

_____. . . . marriages, 1896-1932; baptisms, 1896-1938 (from 1925 as United Church of Canada). . . . Methodist . . . marriages, 1896-1925 . . .

Source: U.L.Ms. p. 992.
Ms. Microfilm.
University of Western Ontario Library, London, Ont.

PORTER, Israel Walker . . . List of families and calls, 1887-1912; marriages, 1900-1912; funerals, 1900-1905; baptisms, 1887-1910.

Source: U.L.Ms. p. 993.
Ms. Original. 5/8 inch.
Acadia University Archives, Wolfville, N.S.

PORT HILL, P.E.I. Anglican Parish of Port Hill. Parish registers, 1842-1943.

Source: U.L.Ms. p. 993
Ms. Microfilm. 70 feet.
Public Archives of Prince Edward Island, Charlottetown, P.E.I.

PORT-ROYAL, N.-É. Saint-Jean-Baptiste du Port-Royal, paroisse (catholique). Registres de la paroisse, 1702-1755.

Source: C.C.Ms. p. 994.
Ms. Microfilm. 2 bobines.
Archives acadiennes, Moncton, N.-B.

POSSET, H., o.m.i. Antoine Lenoir. Fort Simpson, N.W.T., 1973. [s.p.]

"Liste de tous les descendants d'Antoine Lenoir . . . À noter le grand nombre d'Indiens (aujourd'hui enregistrés) et qui portent des noms français même dans les régions aussi lointaines que les Territoires du Nord-Ouest . . ." (l'auteur)

POTHIER, Bernard. Acadiens à l'Île Royale, (1713-1734).

Dans: Soc. hist. acad. Cahier. 3:(3) 96-111 avr./juin '69.
Liste des noms d'immigrants acadiens avec date et lieu de naissance, lieu de résidence, date et nom du conjoint, occupations, décès ou départ de l'Île Royale.

POTHIER. (Notes généalogiques et historiques. [s.l.n.d.] [s.p.]

Archives nationales du Québec, Québec, Qué.

POTTON Township, C.E. Register of baptisms, marriages and deaths, 1837-1848.

Source: U.L.Ms. p. 995.
Ms. Original. 60 pages.
Brome County Historical Society, Knowlton, Que.

POTTS, Ida M. Burgess family, N.S. Sketch of family names of the Hants County branch, descendants of Thomas and Dorothy Burgess of Sandwich in the Plymouth Colony, 1637. Comp. by Ida M. Potts, St. George, Utah.

Source: U.L.Ms. p. 153.
Ms. Transcripts. 24 p. [n.d.]
Public Archives of Nova Scotia, Halifax, N.S.

POTVIN, Damase. Baie-des-Hahas; histoire, descriptions, légendes et anecdotes, paroisses, vieilles familles, gens et choses de la région. Baie-de-Hahas, Éd. de la Chambre de Commerce, 1957. 427 p.

POULIN, Joseph-Philippe. Essai historique sur la famille Poulain-Poulin (intercontinentale). Québec, 1967. 116 p.

"Variations du nom de famille Poulain": p. 3.

____. Premiers colons du début de la colonie jusqu'en 1900. Montréal, 1960.

____. Les Trois-souches Poulin au Canada, 1639-1966. Québec, 1968. 314 p.

". . . cette généalogie, qui couvre une période de 325 ans, contient des milliers de mariages de personnes nées Poulin depuis 1639 à 1966." (l'auteur).

____. Troisième centenaire de la famille Poulin au Canada, 1639-1939. Québec, 1939. 253 p.

POULIN, Lucien, ptre. Couillard-Després; une famille de Ste-Marguerite de Tingwick, Compton, Qué. [s.l.], 1974. 8 feuillets.

Essai à compléter.
Archives nationales du Québec, Québec, Qué.

____. Une famille Paradis à St-Gédéon, St-Honoré et aux É.-U. [s.l.n.d.] 10 p.

Polycopié.

____. Une Famille Poulin en Beauce: lignée de l'auteur. Woburn, Qué., 1974. 18 p.

Polycopié.
Archives nationales du Québec, Québec, Qué.

____. Une lignée des Turcotte de Ste-Marguerite de Tingwick, Compton, Qué., 1974. 1 p. 36 cm.

Polycopié.
Archives nationales du Québec, Québec, Qué.

POULIOT, Conrad. Charles Pouliot, 1628-1699; sa famille, sa postérité. [s.l.n.d.] xii feuillets.

Préf. de Léon Pouliot, s.j.
Polycopié.
Archives nationales du Québec, Québec, Qué.

____. Famille Pouliot.

Dans: S.G.C.F. Mém. 14: (1) 14-15 janv. '63.

POULIOT, Joseph Camille. L'Île d'Orléans. Québec, 1927. 176 p.

En tête du titre: Glanures historiques et familiales. Tableaux généalogiques de la famille de l'auteur (Pouliot) et celle de son épouse (Blais).

POULIOT, Lorenzo. Répertoire des mariages des Pouliot de la 9e génération: les descendants de Charles; les descendants de Jean. Québec, 1978. 39 p. (Cahier généalogique Pouliot no 1).

Polycopié.

POULL, Georges. Château et les seigneurs de Bourlémont, 1ère partie: Les Sires de Bourlémont, (1149-1412). Voges, Rupt-sur-Moselle. 200 p.

Histoire politique et familiale de ces importants personnages de la chevalerie, suivie de l'étude détaillée de leurs possession et d'un catalogue de leurs actes.

POWELL, R. Janet. Silas Smith, U.E.L., and his descendants. Compiled from history collected by Miss Gertrude Smith and other descendants. [n.p.] (1959). 74 p.

POWELL, Viola M. . . . History of the family of William Dummer Powell.

Source: U.L.Ms. p. 996.
Ms. Copy.
Archives of Ontario, Toronto, Ont.

POWELL, William Dummer. . . . Personal family papers of William Dummer Powell and of his son-in-law Samuel Peter Jarvis and of his descendants . . .

Source: U.L.Ms. p. 996.
Ms. Original.
Archives of Ontario, Toronto, Ont.

POWELL family, Richibucto, N.B. Papers of William Dummer and Powell and his descendants . . . Records of births, deaths and marriages, 1718-1875 . . . Much of the material is concerned with the Wynard and Hurd families' connections with the Powells.

Source: U.L.Ms. p. 996.
Ms. Original.
Public Archives of Canada, Ottawa, Ont.

POWER, Charles Gavan . . . Scrap book containing newspaper clippings, photographs and documents relating to Power and his family; memoranda and memorabilia.

Source: U.L.Ms. p. 996.
Ms. Original.
Public Archives of Canada, Ottawa, Ont.

PREGALDIN, A.-J. et Roland-J. AUGER. Dunégant-Lunégant dit Beaurosier.

Dans: S.G.C.F. Mém. 14: (5) 120 mai '63.

PREMIER recensement de la Nouvelle-France; état général des habitants du Canada en 1666.

Dans: Rapp. Arch. de la Prov. de Qué. 1935/36, p. 1-154.

(La) PREMIÈRE "généalogie" canadienne.

Dans: Bull. rech. hist. 52: 62 '46.

PREMIÈRES familles de Landry en Acadie.

Dans: Soc. hist. acad. Cahiers. 4: (7) 271-273 oct./déc. '72.
Tableaux généalogiques des familles Belliveau, Granger, Brun et Dupuis.

(Les) PREMIERS concessionnaires de Sainte-Famille, Île d'Orléans.

Dans: Bull. rech. hist. 55:111-118 '49.

(Les) PRÉNOMS: comment les choisir? leurs significations. Montréal, Presses Sélect, (1974). 223 p. (Poche Sélect no 14).

Titre de la couverture: Comment choisir les prénoms: leurs significations.

____. (Éd. originale). Paris, Montréal, Éd. Sambel, 1968. (Rome, Arti Grafiche Vechioni et Guadagno). 189 p. (Guides Select no 3).

PRÉVOST, Jacques. Globensky au Canada-français.

Dans: S.G.C.F. Mém. 17: (3) 156-161 juil/sept. '66.

PRÉVOST, Robert. Chénier, l'opiniâtre. Montréal, [s.d.]. 32 p. (Collection illustrée: "Les Anciens").

"Les ascendants": p. 2.

PRICE, Elizabeth (Bailey), Alta. Interviews relating to southern Alberta pioneers . . .

Source: U.L.Ms. p. 1006.
Ms. Original.
Glenbow-Alberta Institute, Calgary, Alta.

PRIMITIVE Methodist Church in Canada. London Circuit. . . . Baptismal register, 1861-1879; marriage register, 1858-1883.

Source: U.L.Ms. p. 1007.
Ms. Original.
University of Western Ontario Library, London, Ont.

PRINCE, Philippe. Le nom Prince; une expérience personnelle dans l'origine des noms.

Dans: S.G.C.F. Mém. 29: (3) 224-227
juil./sept. '78.
''Ce qui suit est un extrait d'une étude fait par
un généalogiste de St-Boniface, Manitoba, qui
doit être publiée in extenso dans la revue
'Generations', éditée par la Société de
l'endroit.'' (Éd. de l'été, 1978, vol. 3, no 2).
Traduction par Jeanne Grégoire.

PRINCE, Vincent. Famille Prince.

Dans: S.G.C.F. Mém. 22: (1) 19-38 janv./mars.
'71.

PRINCE EDWARD ISLAND. Committee
appointed to solicit subscriptions in aid of
the patriotic fund. Contributions to the
patriotic fund, collected in the towns and settlements of P.E.I. (Report of the meeting of
the Charlottetown local committee). Charlottetown, Queen's Pr., 1855. 41 p.

____. Colonial Secretary . . . Marriage licences
. . . 1784-1873.

Source: U.L.Ms. p. 1009.
Ms. Original.
Public Archives of Prince Edward Island,
Charlottetown, P.E.I.

____. Provincial Secretary . . . marriage bonds
and licences, 1873-1900.

Source: U.L.Ms. p. 1011.
Ms. Original.
Prince Edward Island Archives, Charlottetown,
P.E.I.

PRINCE WILLIAM and Queensbury, N.B.
Anglican churches. Baptisms, 1823-1948;
marriages, 1826-1957; burials, 1848-1960.

Source: U.L.Ms. p. 1011.
Ms. Microfilm. 30 feet.
Provincial Archives of New Brunswick,
Fredericton, N.B.

PROCTOR, Charles L. 200 years of Hudgins,
1776-1976. [n.p.], c1976. (Picton, Ont., Picton Gazette Pub. Co., 1971). 299 p.

Genealogical tables.
Includes index.
Source: Canadiana.

1655-1955. PROGRAMME-souvenir du 3e
centenaire de l'arrivée en Amérique du sieur
Paul de Rainville. Beauport, 4 sept. 1955.
47 p.

PROGRAMME-souvenir du 250e anniversaire
de l'établissement de Guillaume Bouly à la
Baie St-Paul. [s.p.]

Polycopié.
Archives nationales du Québec, Québec, Qué.

PROGRAMME-souvenir: Ralliement des
Juneau (1654-1963) le 31 juillet 1960, Sanctuaire de Notre Dame du Cap-de-la-
Madeleine et paroisse de Champlain, comté
de Champlain, P.Q. [s.l.n.d., s.p.]

''Souche de St-Augustin'' et ''Souche de
Champlain'' (les Juneau dits Latulippe).

PROUDFOOT, John James Aitchison . . .
Record of baptisms performed by Rev. John
J.A. Proudfoot, Presbyterian minister in the
St. Mary's district. Index prepared by Leslie
R. Gray.

Source: U.L.Ms. p. 1013.
Ms. Original. 307 p.
London Public Library and Museum, London,
Ont.

PROUDFOOT, William . . . marriages and
baptisms performed by Proudfoot, 1833-1848
. . .

Source: U.L.Ms. p. 1013.
Ms. Microfilm.
Archives of Ontario, Toronto, Ont.

PROULX, Armand, ptre. Généalogie des
familles Proulx de la Côte du Sud, Québec-
Rimouski (1666-1976), Ste-Anne-de-la-
Pocatière, 1978- .

vol. 1: Les descendants de Jean Prou et Jac-
quette Fournier de Montmagny.

____. Mariages de Notre-Dame de Bonsecours,
L'Islet-sur-Mer, 1679-1973; et L'Isletville,
1962-1972. Relevé et compilé par Armand
Proulx. Montréal, Éd. Bergeron, 1977. vii,
182, 11 p.

Réimpression de l'éd. de 1974 publiée par A.
Proulx, La Pocatière, Qué.
Polycopié.
Comprend des index.

____. Mariages de Notre-Dame de Bonsecours,
L'Islet-sur-Mer, 1679-1973; L'Isletville,
1962-1972. La Pocatière, A. Proulx, 1974.
vi, 182, 11 p.

Polycopié.

____. Mariages de Rivière-Ouelle, 1672-1972.
Montréal, Éd. Bergeron, 1977. xi, 494 (6)
70 p.

Polycopié.

____. Mariages de St-Cyrille de l'Islet, 1865-1976; mariages et sépultures de St-Eugène-de-L'Islet, 1868-1976. Montréal, Éd. Bergeron, 1977. 108, 114 p. p. S-1 à S-25.

Polycopié.

____. Mariages de Saint-François-de-Sales, Rivière-du-Sud, Montmagny, 1749-1973. Relevé et compilé par Armand Proulx. Montréal, Éd. Bergeron, 1976. ii, 270 p. (1) feuillet de planches.

Polycopié.
Au verso de la page de titre: "Réimpression du volume publié . . . sous le nom: 'Répertoire des mariages de Saint-François-de-Sales, Rivière-du-Sud, Montmagny, 1749-1973.' "
Comprend un index.
Édition originale, 1974, publ. sous le titre: "Saint-François-de-Sales, Rivière-du-Sud, Montmagny: mariages, 1749-1973."

____. Mariages de Saint-Pascal de Kamouraska, 1827-1977: 150e anniversaire. Relevé et compilé par Armand Proulx. Montréal, Éd. Bergeron, 1977. 332 p.

Polycopié.

____. Mariages de Saint-Roch des Aulnaies, 1734-1976. Relevé et compilé par Armand Proulx. Montréal, Ed. Bergeron, 1977. 353 p.

"Ce répertoire est une réimpression du volume publié par l'abbé Armand Proulx sous le nom: 'Répertoire des mariages de Saint-Roch-des-Aulnets, 1734-1972'." (page prélim.)
Polycopié.
Comprend un index.

____. Mariages de Saint-Thomas de la Pointe-à-la-Caille, Montmagny, 1678-1973. La Pocatière, A. Proulx, 1974. iv, 306 p.

Polycopié.

____. Mariages du Cap Saint-Ignace, 1679-1973, Montmagny. La Pocatière, A. Proulx, 1974. ii, 254 p.

Polycopié.
Titre de la couverture: "Mariages de Cap-Saint-Ignace, 1669-1973."
Comprend un index.

____. Mariages de Saint-Antoine, l'Île-aux-Grues, 1831-1973 (Montmagny) et de St-Luc, Grosse-Île, 1834-1937 (Montmagny). Relevé et compilé par Armand Proulx. Montréal, Éd. Bergeron, 1976. 49, 6 p.

Polycopié.
Comprend des index.
Tirage limité à 75 exemplaires.

____. Répertoire des mariages de Berthier-sur-Mer ou Berthier-en-Bas, 1720-1973, Montmagny. La Pocatière, (l'auteur), 1974. iv, 196 p. 1 feuillet de planche.

Polycopié.
Comprend un index.

____. . . . Montréal, Éd. Bergeron, 1976. iv, 196 p. Réimpression de l'éd. de 1974.

Polycopié.

____. Répertoire des mariages de Mont-Carmel (Notre-Dame), 1867-1969. La Pocatière, Qué. [s.l.], (1971). 116 p.

Polycopié.

____. Répertoire des mariages de Notre-Dame-du-Rosaire, 1889-1971; de Sainte-Euphémie, 1907-1971, comté de Montmagny. La Pocatière, (l'auteur), (1973). 60, 45 p.

Polycopié.

____. Répertoire des mariages de Rivière-Ouelle, 1900-1970. La Pocatière, Qué., (l'auteur), 1970. 70 p.

Polycopié.
". . . supplément du volume de l'Abbé A. Michaud . . . Généalogie des familles de la Rivière-Ouelle."

____. Répertoire des mariages de Rivière-Ouelle, 1672-1972. Troisième centenaire. La Pocatière, Qué., (l'auteur), 1972. 494, 72 p.

Polycopié.

____. Répertoire des mariages de Saint-Adalbert, 1890-1971; de Saint-Marcel, 1894-1971. La Pocatière, (l'auteur), (1973). 40, 44 p.

Polycopié.

____. Répertoire des mariages de Saint-Alexandre, 1850-1969. La Pocatière, Qué., (l'auteur), 1971. 170 p.

Polycopié.

____. Répertoire des mariages de Saint-André de Kamouraska, 1791-1968. La Pocatière, Qué., (l'auteur), 1970. 181 p.

Polycopié.
Papillon d'errata inséré.

PROULX, Armand, ptre, comp. Répertoire
des mariages de Saint-Antonin, comté de
Rivière-du-Loup, 1856-1970. La Pocatière,
Qué., (l'auteur), (1971). 98 p.

Polycopié.

____. Répertoire des mariages de Saint-Aubert
de l'Islet, 1858-1972. La Pocatière, Qué.,
(l'auteur), (1972). 114 p.

Polycopié.

____. Répertoire des mariages de Saint-Bruno,
1893-1969. La Pocatière, Qué., (l'auteur),
(1971). 65 p.

Polycopié.

____. Répertoire des mariages de Saint-Clément
de Tourville, 1919-1971, comté de l'Islet. La
Pocatière, Qué., (l'auteur), (1973). vi, 52 p.

Polycopié.

____. Répertoire des mariages de Saint-Cyrille
de l'Islet, 1865-1972. La Pocatière, Qué.,
(l'auteur), (1973). 108 p.

Polycopié.

____. Répertoire des mariages de Saint-Damase
de l'Islet, 1899-1971. La Pocatière, Qué.,
(l'auteur), (1972). 65 p.

Polycopié.

____. Répertoire des mariages de Saint-Denis-
de-la-Boutellerie, 1841-1970. La Pocatière,
Qué., (l'auteur), (1970). 79 p.

Titre de la couverture.
Polycopié.

____. Répertoire des mariages de Saint-
Eleuthère, 1874-1967; de Saint-Athanase,
1922-1967; de Marie-Médiatrice (Estcourt);
de Saint-David (Sully). La Pocatière, Qué.,
(l'auteur), (1970). 87, 20, 30, 27 p.

Polycopié.
Papillon d'errata inséré.

____. Répertoire des mariages de Saint-Eugène
de L'Islet, 1868-1972 (2e éd.); de l'Isletville
(St-Omer), 1962-1972. La Pocatière, Qué.,
(l'auteur), (1973). 110, 12 p.

Titre de la 2e partie: "Répertoire des mariages
de la desserte de l'Isletville (St-Omer),
1962-1972."
Le "Répertoire des mariages de Saint-Eugène
de l'Islet, 1868-1972," a déjà été publié en
1967.
Polycopié.

____. Répertoire des mariages de Saint-Jean-
Port-Joli, 1767-1973. La Pocatière, Qué.,
(l'auteur), (1973). ii, 410 p.

Polycopié.
Titre de la couverture: "Mariages de Saint-
Jean-Port-Joli, 1779-1973".

____. Répertoire des mariages de Saint-Just-de-
Bretenière, 1916-1971; de Sainte-Lucie-de-
Beauregard, 1916-1971, comté de Mont-
magny; du Lac Frontière, 1921-1971; de
Saint-Fabien-de-Panet, 1904-1971. La
Pocatière, Qué., (l'auteur), (1973). 42, 30,
19, 67 p.

Polycopié.

____. Répertoire des mariages de St-Louis-de-
Kamouraska, 1709-1967. La Pocatière, Qué.,
(l'auteur), (1968). iii, 399 p.

Polycopié.

____. Répertoire des mariages de Saint-Onésime
(1865-1970). La Pocatière, Qué., (l'auteur),
(1971). iii, 62 feuillets.

Polycopié sur un seul côté des feuillets.

____. Répertoire des mariages de Saint-
Pacôme, 1852-1969, (et) de Saint-Gabriel
(Lalemant), 1938-1969. La Pocatière, Qué.,
(l'auteur), (1971). 167, 35 p.

Polycopié.

____. Répertoire des mariages de Saint-
Pamphile, 1880-1972; de Saint-Omer,
1838-1972, comté de l'Islet. La Pocatière,
Qué., (l'auteur), (1973). 154 (2) 17 p.

Polycopié.

____. Répertoire des mariages de Saint-Pascal,
1829-1969. La Pocatière, Qué., (l'auteur),
(1971). 320 p.

Polycopié.

____. Répertoire des mariages de Saint-Paul de
Montmigny (Montmagny), 1868-1972. La
Pocatière, Qué., (l'auteur), (1973). 116 p.

Polycopié.

____. Répertoire des mariages de Saint-Roch-
des-Aulnaies, 1734-1972. La Pocatière, Qué.,
(l'auteur), 1973. ii, 36, vi, 354 p. (Répertoires des mariages. Publication 104).

Polycopié.
"Les pages 52 à 61 sont doublées": p. ii.

____. Répertoire des mariages de Sainte-Anne-de-la-Pocatière, 1715-1972. 3e centenaire de la concession du fief de Ste-Anne-de-la-Pocatière, 29 octobre 1672. Festivités du 29 octobre 1972 au 29 octobre 1973. La Pocatière, Qué., (l'auteur), (1972). 2 vols.

Polycopié.

____. Répertoire des mariages de Sainte-Apolline, 1902-1971, comté de Montmagny. La Pocatière, Qué., (l'auteur), (1973). 55 p.

Polycopié.

____. Répertoire des mariages de Sainte-Hélène, 1850-1969; de Saint-Joseph, 1922-1969; de Saint-Germain, 1893-1969. La Pocatière, Qué., (l'auteur), (1971). 125, 27, 33 p.

Polycopié.

____. Répertoire des mariages de Sainte-Louise de l'Islet, 1849-1971. La Pocatière, Qué., (l'auteur), (1972). 110 p.

Polycopié.

____. Répertoire des mariages de Sainte-Perpétue, 1869-1972; de Sainte-Félicité, 1945-1971, comté de l'Islet. La Pocatière, Qué., (l'auteur), (1973). 131 (2) iv, 16 p.

Polycopié.

____. Répertoires des mariages de Saint-Philippe-de-Néri, 1870-1970; de Saint-Denis-de-la-Bouteillerie, 1841-1970; de Rivière-Ouelle, 1900-1970. La Pocatière, Qué., (l'auteur), (1970). 62, 79, 70 p.

Polycopié.
"Répertoire des mariages de Rivière-Ouelle, 1900-1970. Supplément au volume généalogique de l'abbé Michaud . . ." (L'Aut.)

____. Saint-Mathieu, Montmagny, 1948-1973: baptêmes, mariages et sépultures. La Pocatière, Qué., (l'auteur), 1974. vi, 202 p. (i.e. 194)*.

Polycopié.
*Erreur dans la pagination: p. 62-70 manquent, p. 175-176 insérée entre p. 178-179.

____. Saint-Pierre-du-Sud, Montmagny, 1742-1973. La Pocatière, Qué., (l'auteur), 1974. ii, 149 p.

Polycopié.
Comprend un index.

PROULX, François, i.c. Les Familles Proulx au Canada . . . 27 sept. 1969. 8 p.

Polycopié.
Publié à l'occasion des noces d'argent de M. et Mme Alphonse Proulx.

PROULX, Gilberte. Une des premières familles pionnières canadiennes-françaises de Sudbury.

Dans: Soc. hist. du Nouvel-Ontario. Doc. hist. no 5, p. 12-17.
Historique de la famille Boulay.

PROULX, Rosaire et Benoit PONTBRIAND, comp. Mariages de Deschambault (1713-1900), comté de Portneuf. Québec, B. Pontbriand, 1962. 213 p. (Publications généalogiques no 14).

Polycopié.

PROVENCHER, Gérard-E. Auriez-vous des renseignements sur la famille Grand'Maître?

Dans: La Tribune de Hull, 19 janv. '61.

____. Baptêmes de Notre-Dame de Québec, 1621-1700.

Dans: L'Ancêtre.

____. Coin du généalogiste, sous la dir. de J. Gérard Provencher, président de la Société de Généalogie d'Ottawa-Hull: no 1, 17 nov. 1960-no 56, 30 août 1961.

Publié dans Le Progrès de Hull, Hull, Qué., plus tard devenu la Tribune de Hull.

____. Corrections aux répertoires: Contribution no 25: Mariages de l'Ancienne-Lorette, par G.E. Provencher; Contribution no 26: Mariages de Ste-Cécile de Masham, par G.E. Provencher; Mariages de Lorettevile et Village des Hurons, par G.E. Provencher (Publication B. Pontbriand, no 68); Mariages St-Nicolas, par B. Pontbriand et R. Gingras, 1964.

Dans: L'Ancêtre 2: (2) 86 oct. '75.

____. Famille Anctil ou Antille.

Dans: La Tribune de Hull, 27 avr. '61.

____. Famille Benoit dit Vaillancourt.

Dans: La Tribune de Hull, 8 juin '61.

____. Famille Bisson ou Buisson.

Dans: La Tribune de Hull, 20 avr. '61.

____. Famille Ménard dit Lafontaine.

Dans: La Tribune de Hull, 6 avr. '61.

PROVENCHER, Gérard-E. Famille Roy.

Dans: La Tribune de Hull, 9 fév. '61.

____. Famille Sauvageau.

Dans: La Tribune de Hull, 23 fév. '61.

____. Famille Sylvestre.

Dans: La Tribune de Hull, 18 mai '61.

____. Famille Turgeon.

Dans: La Tribune de Hull, 9 août '61.

____. Famille Vaillancourt.

Dans: La Tribune de Hull, 4 mai '61.

____. Familles Defayette (aussi Lafayette et Faille).

Dans: La Tribune de Hull, 25 mai '61.

____. Généalogie d'Alexis Caron, M.P., 193, boul. Gamelin, Hull.

Dans: La Tribune de Hull, 22 juin '61.

____. Généalogie de Gérard de Guire, 333, avenue Patricia, Ottawa.

Dans: La Tribune de Hull, 23 août '61.

____. Généalogie de Jacques Presseau dit Fabien, 56, 1st Avenue, Ottawa.

Dans: La Tribune de Hull, 12 janv. '61.

____. Généalogie de Jean-Paul Picard, 87, rue Raymond, Hull.

Dans: La Tribune de Hull, 13 juil. '61.

____. Généalogie de Maurice Morisset, 437, rue Georges, Gatineau.

Dans: La Tribune de Hull, 19 juil. '61.

____. Généalogie de Rémi Verrette, 1290, rue Wellington, Ottawa.

Dans: La Tribune de Hull, 30 août '61.

____. Généalogie de Rodolphe Labelle, 12 b, rue Viger, Hull.

Dans: La Tribune de Hull, 15 juin '61.

____. Mariages de la région Hull-Ottawa.

Dans: S.G.C.F. Mém. 14: (11) 215 nov. '63. Liste des répertoires.

____. Mariages de Loretteville (St-Ambroise-de-la-Jeune-Lorette), (1761-1969), et Village des Hurons (Notre-Dame-de-Lorette), (1904-1969). Québec, B. Pontbriand, 1970. 282 p. (Publications généalogiques, 68).

Polycopié.

____. Mariages de l'Outaouais, vol. 3: Hull, Notre-Dame (1886-1913). Québec, B. Pontbriand, 1972. 174 p. (Publications généalogiques, 88).

Polycopié.

____. Mariages de l'Outaouais, vol. 5: L'Orignal, (1836-1882); Curran, (1839-1961); Clarence-Creek, (1855-1945); Orléans, (1859-1867); Rockland, (1887-1906), (Ontario). Québec, B. Pontbriand, 1972. 197 p. (Publications généalogiques, 90).

Polycopié.

____. Modéle d'un arbre généalogique avec renseignements sur les familles Thériault et Séguin.

Dans: La Tribune de Hull, 26 janv. '61.

____. Registres de Notre-Dame-de-Québec, 1621-1700: baptêmes et sépultures.

Dans: L'Ancêtre 1: (2) oct. '74 et suivantes.

____. Répertoire des mariages de l'Ancienne-Lorette (Paroisse de l'Annonciation), (1695-1966). Québec, Société de Généalogie de Québec, 1968. iv, 294 p. (Contribution no 25).

Polycopié.

____. Répertoire des mariages de Sainte-Cécile-de-Masham, (comté de Gatineau). Québec, Société canadienne de Généalogie, 1969. 87 p. (Contribution no 26).

Polycopié.

PROVENCHER, Gérard et Georges L. JEAN, comp. Mariages de l'Outaouais, vol. 1-3: Montebello (1815); St-André-Avellin (1851); Papineauville (1853); Angers (1864); Thurso (1864); Perkins (1883); Masson (1887); St-Sixte (1891); Val-des-Bois (1891). Québec, B. Pontbriand, 1971. 223 p. (Publications généalogiques no 86-87).

Polycopié.

____. Répertoire des mariages de Notre-Dame-de-la-Salette, comté de Papineau, 1883-1960. Québec, Société canadienne de Généalogie, 1963. 43 p. (Contribution no 6).

Polycopié.

____. Répertoire des mariages de Poltimore, comté de Papineau, 1891-1963. Québec, Société canadienne de Généalogie, 1965. 48 p. (Contribution no 15).

Polycopié.

____. Répertoire des mariages du Lac Ste-Marie, comté de Gatineau, 1881-1963. Québec, Société canadienne de Généalogie, 1965. 35 p. (Contribution no 14).

Polycopié.

PROVENCHER, Gérard-E., Georges-L. JEAN et Rita SÉGUIN, comp. Répertoire des mariages de Ripon (comté de Papineau), (1864-1965) . . . Québec, Société canadienne de Généalogie, 1965. 67 p. (Contribution no 18).

Polycopié.

PROVENCHER, Gérard-E. et Michel LANGLOIS, comp. Mariages de l'Outaouais, vol. 4: Ottawa, Notre-Dame (1829-1880); Ottawa, Ste-Anne (1873-1900), Ottawa, Notre-Dame-du-Bon-Conseil (1889-1907). Québec, B. Pontbriand, 1972. 273 p. (Publications généalogiques no 89).

Polycopié.

PROVENCHER, Gérard E., Michel LANGLOIS et Georges-L. JEAN, comp. Mariages de l'Outaouais, vol. 6: Buckingham (1836-1850); Pointe-Gatineau (1847-1887); Aylmer (1841-1904); St-Émile-de-Suffolk (1899-1959); Notre-Dame-de-la-Paix (1902-1931); Plaisance (1901-1956); Cheneville (1873-1973); Duhamel (1888-1955). Québec, B. Pontbriand, 1975. 226 p. (Publications généalogiques no 91).

Polycopié.

PROVENCHER, Gérard-E., co-comp.
voir aussi sous:

JEAN, Georges-L. et Gérard-E. Provencher, comp. Répertoire des mariages de St-Pierre-de-Wakefield . . .
JETTÉ, René et Gérard Provencher, comp. Mariages de St-Césaire . . .
____. Mariages du comté de Rouville . . .

PROVENCHER, Jean-Paul. Sébastien Provencher et sa descendance (2e, 3e, 4e génération). Arthabaska, Qué., L'Auteur, 1956. 259 p.

Polycopié.
Comprend des références bibliographiques.

PROVOST, Honorius. Sainte-Marie de la Nouvelle-Beauce. . . . Québec, Éd. de la Nouvelle-Beauce, 1970. 2 vols.

"Les familles Taschereau": chap. 2.
"Les familles alliées": chap. 12.
Bibliographie: p. 769-770.

PROWSE, D.W. A History of Newfoundland. St. John's, 1971.

PRUDHOMME, Jacqueline. Louis Prudhomme, pionnier de Montréal et sa descendance canadienne.

Dans: S.G.C.F. Mém. 31: (1) 42-56 janv./mars '80.

PRUDHOMME, L.A. La Famille Goulet.

Dans: Soc. roy. du Can. Mém. 3e sér. 29: sect. 1 23-41 '35.

____. Louis Riel et sa descendance.

Dans: Bull. rech. hist. 38: 393 '32.

PRUNEAU-GAUTHIER, Gaétan. Elizabeth-Ursule De Nevers (1658-1703); notre première aïeule Gauthier canadienne.

Dans: S.G.C.F. Mém. 24: (3) 170 juil./sept. '73.

____. La Famille Pruneau.

Dans: S.G.C.F. Mém 27: (1) 45-48 janv./mars '76.

PUBLIC ARCHIVES of Canada. Parish registers for the province of Ontario, compiled by John E. Coderre, Paul A. Lavoie. Ottawa, Ontario Genealogical Society, Ottawa Branch, 1974. 8 leaves. (Publication 74-3).

Cover title.
"List of parish registers held at the Public Archives of Canada, Ottawa." leaf (4).

PUBLICOVER family, N.S. Some genealogical information.

Source: U.L.Ms. p. 1015.
Ms. Photocopies. 15 p. [n.d.]
Public Archives of Nova Scotia, Halifax, N.S.

PUNCH, Terrence. Genealogical research in Nova Scotia. Halifax, 1978.

PUNCH, Terrence, comp.
see also under:
COCHRAN, James, N.S. Family Tree . . .

PURDY, Gilbert . . . Accounts and genealogical notes written by members of the Purdy family, 1779-1944.

Source: U.L.Ms. p. 1016.
Ms. Original.
Public Archives of Canada, Ottawa, Ont.

PURDY, Jonathan Frederic . . . Family record of Jonathan Purdy and Ann McGregor.

Source: U.L.Ms. p. 1016.
Ms. Original. 2 pages. 1763-1871.
Mount Allison University, Sackville, N.B.

PURKIS, Isaac . . . Lower Canada and Upper Canada. Record of baptisms, marriages and burials performed by Isaac Purkis; also marriage licences signed by Purkis.

> Source: U.L.Ms. p. 1016.
> Ms. Original. 4 inches. 1823-1852.
> Archives of Ontario, Toronto, Ont.

PURKIS, Leslie S. The Fire Kindlers: the story of the Purkis family. Hamilton, David-Lisson Ltd., 1939. 55 p.

PURSER family, Ont. Genealogical chart of Matthew Purser family in Canada.

> Source: U.L.Ms. p. 1016.
> Ms. Transcript. 1 p. 1820-1970.
> Public Archives of Canada, Ottawa, Ont.

PUTNAM, Ben, ed.
see under:

> FIFTY years of progress . . .

PUTNAM family, New England. Annotated newspaper clipping from the Truro News relating to Putnam family of Hants and Colchester counties, N.S.

> Source: U.L.Ms. p. 1016.
> Ms. Photocopies. 10 p. 1965
> Public Archives of Canada, Ottawa, Ont.

____. Genealogy.

> Source: U.L.Ms. p. 1016.
> Ms. Original. 5 inches.
> Public Archives of Nova Scotia, Halifax, N.S.

____. Two volumes of Putnam family history; documents concerning the Putnam, Upham and O'Brien families; genealogical chart.

> Source: U.L.Ms. p. 1016.
> Ms. Transcript. 1 foot 4 inches. [n.d.]
> Public Archives of Nova Scotia, Halifax, N.S.

PUYMÈGE, Maurice Léo d'Armagnac del Cer, comte de. Les vieux noms de France; les vieux noms de la France de l'ouest et les familles d'origine française au delà des mers. Avant-propos du comte Robert d'Harcourt. Paris, "À La Vieille France", (1954). 760 p.

QUÉBEC (Bas-Canada) . . . Recensements pour le Bas-Canada, le Canada-Est et la province de Québec pour les années 1825, 1831, 1842, 1851, 1861, 1871.

> Source: C.C.Ms. p. 1030.
> Ms. Microfilm. 205 bobines.
> Archives du Canada, Ottawa, Ont.

QUÉBEC (Prov.). Archives. Rapport de l'archiviste . . . 1er, 1920/21- . Québec, Impr. du Roi, 1920-   .

Parution annuelle.
Sources d'informations et de documents inédits.
Nombreux fac-similés, extraits d'état civil et autres documents notariés.
Bibliographie de généalogies et histoires de familles, par Antoine Roy: 21: 95-332.
Nos ancêtres au XVIIe siècle, par R.P. Archange Godbout, o.f.m.
De la tenue des registres de l'état civil dans la province de Québec, suivi des règles et techniques relatives à ces registres ainsi que des règles générales et particulières . . . 38/39: '39; 57/58-58/59: '59.
Entré aussi par erreur dans cette édition sous: Archives nationales du Québec . . .

____. Archives judiciaires. Inventaires . . . conservés aux Archives judiciaires de Québec, par Pierre-Georges Roy. Beauceville, L'Éclaireur, 1917- .

> Chacun des ouvrages analysés séparémment sous: ROY, Pierre-Georges . . .

____. Archives nationales du Québec. Inventaire des greffes des notaires du régime français. Index des volumes 1 à 8. Québec, Ministère des Affaires culturelles, 1974. 280 p.

____. Archives nationales.
voir aussi sous:

> ARCHIVES NATIONALES du Québec . . .
> QUÉBEC (Prov.) Archives . . .

____. Département des terres de la Couronne. Descriptions des cantons arpentés dans le Bas-Canada en 1861 et 1862; accompagnées des extraits des rapports des arpenteurs. Québec, Hunter, Rose & Lemieux, 1863. 46 p.

____. District judiciaire de Montréal. Contrats de mariages. Index alphabétique des contrats de mariages contenant les noms des contractants, la date des actes et le nom des notaires qui les ont rédigés.

> Sous: C.C.Ms. p. 1019.
> Ms. Copie. 1 pied 2 pouces. 1650-1839.
> Archives publiques du Canada, Ottawa, Ont.

____. Ministère de la Justice. Direction des Systèmes de Gestion. Service de la Documentation. Répertoire des changements de noms patronymiques, 1867-1975. Québec, 1975. 157 p.

"La 2e éd. couvre la période 1867-1975."
"Cette publication demeure toujours en
distribution restreinte, c'est-à-dire généralement
à l'intention des officiers du ministère."

____. Ministère des Affaires culturelles. État
sommaire des Archives nationales à
Montréal. Québec, 1973. 29 p.

____. ____. Table des matières des rapports
des Archives du Québec, 1920-1964. Québec,
Impr. de la Reine, 1965.

____. Ministère des Terres et Forêts. Régions
du Bas du Fleuve, de la Matapédia et de la
Gaspésie; descriptions des cantons arpentés,
explorations et arpentages des rivières.
(Québec), 1908. 171 p.

____. ____. Service de l'arpentage. Description
des cantons arpentés et des territoires de la
province de Québec. Québec.

> Première édition publiée en 1889 avec mise à
> jour.

QUÉBEC, Qué. . . . Certificats de baptêmes,
mariages et sépultures, 1665-1805 . . .

> Source: C.C.Ms. p. 1026.
> Ms. Originaux.
> Archives publiques du Canada, Ottawa, Ont.

____. Holy Trinity (Anglican) Church. Parish
register, 1768-1800.

> Source: U.L.Ms. p. 1028.
> Ms. Transcript. 4 inches.
> Public Archives of Canada, Ottawa, Ont.

____. Notre-Dame, paroisse (catholique).
Registres de baptêmes, mariages et
sépultures, 1755-1790.

> Source: C.C.Ms. p. 1028.
> Ms. Microfilm. 5 bobines.
> Archives acadiennes, Moncton, N.-B.

____. Paroisses (catholiques). Registres des
baptêmes, mariages et sépultures de la
paroisse Notre-Dame . . . 1621-1737 . . .

> Source: C.C.Ms. p. 1028.
> Ms. Copie (aussi disponible sur microfilm).
> Archives publiques du Canada, Ottawa, Ont.

____. St. Andrew's (Presbyterian) Church.
Parish registers, index, 1770-1829.

> Source: U.L.Ms. p. 1029.
> Ms. Transcripts. 4 inches. (Also available on
> microfilm).
> Public Archives of Canada, Ottawa, Ont.

QUÉBEC (Rég. mil.). Recensement du
gouvernement de Québec, 1762. Ce recensement donne le nom des maîtres de maison, le
nombre de femmes, d'enfants et de domestiques mâles et femelles dans chaque maison,
le cheptel et le nombre d'arpents de terre.

> Source: C.C.Ms. p. 1031.
> Ms. Copie. 1 pouce.
> Archives publiques du Canada, Ottawa, Ont.

____. . . . 1760. Recensement de la population
du gouvernement de Trois-Rivières, donnant
le nom des maîtres de maison, le nombre de
femmes, d'enfants et de domestiques mâles
et femelles dans chacune des maisons, ainsi
que le nombre d'armes rendues.

> Source: C.C.Ms. p. 1031.
> Ms. Copie. 1/2 pouce.
> Archives publiques du Canada, Ottawa, Ont.

QUÉBEC (Ville). Comité du "Livre-souvenir"
des fêtes jubilaires. Les Fêtes du troisième
centenaire de Québec, 1608-1908. Québec,
Typ. Laflamme et Proulx, 1911. 630 p.

> Écrit par Camille Roy.
> "Liste des familles de la province de Québec
> dont les descendants occupent (en 1908) la terre
> ancestrale depuis deux cents ans ou plus":
> p. (517)-611.

____. Hôtel-Dieu, Québec, Qué. Registres de
baptêmes, mariages et sépultures, 1757-1790.

> Source: C.C.Ms. p. 588.
> Ms. Microfilm. 1 bobine.
> Archives acadiennes, Moncton, N.-B.

QUEENSBURY Parish, N.B. . . . Census of
the Parish of Queensbury, York County,
1851.

> Source: U.L.Ms. p. 1032.
> Ms. Original. 53 p.
> Public Archives of Canada, Ottawa, Ont.

QUELQUES alliances de la famille
Mius-d'Entremont avant la déportation.

> Dans: Soc. hist. acad. Cahier. 3: (1) 50
> oct./déc. '68.

QUESNEL, Albani. Quesnel.

> Dans: S.G.C.F. Mém. 8: 149-162, 232-243 '57.
> "Oeuvre posthume à la mémoire d'Albani
> Quesnel, préparé par son fils Yves, pour une
> conférence donnée à Montréal le 14 mai 1952
> . . ."

QUESNEL, Albani et Yves QUESNEL.
Seigneurie de Rigaud sous le régime
seigneurial.

> Dans: S.G.C.F. Mém. 16: (1) 298-307
> janv./mars '65.

QUESNEL, Anne-Marie (Loignon). Généalogie d'une branche de la famille Brasseur.

Dans: S.G.C.F. Mém. 5: 97-104 '52.

QUESNEL, Yves. Pierre Maufay (Maufette) et Marie Duval, mariés en 1654, Québec; une branche de leurs descendants.

Dans: S.G.C.F. Mém. 18: (3) 169-171 juil./sept. '67.

____. Sébastien Cholet et M.-Anne Herd; curieuses variations du nom Herd.

Dans: S.G.C.F. Mém. 19: (2) 94-97 avr./juin '68.

QUESNEL, Yves, co-aut.
voir aussi sous:
QUESNEL, Albani . . .

QUINTON, Emerson Walter . . . Manuscripts, notes and transcription on Grey County, Ont. and on family genealogy.

Source: U.L.Ms. p. 1033.
Ms. Original. 12 feet. Transcripts. 6 vols.
University of Western Ontario Library, London, Ont.

QUINTON, John . . . Narrative history of the Quinton family concerning mainly Hugh Quinton, 1763-1792.

Source: U.L.Ms. p. 1033.
Ms. Original. 1 inch.
Public Archives of Canada, Ottawa, Ont.

QUYON, Que. St. John the Evangelist (Anglican) Church. Parish registers of the St. John the Evangelist Church (successor to Onslow Mission) and St. Luke's Church, Quyon, 1857-1909. Entries have been indexed annually throughout most of the registers.

Source: U.L.Ms. p. 1034.
Ms. Microfilm. 1 reel.
Public Archives of Canada, Ottawa, Ont.

____. United Church (Wesleyan Methodist Circuit). Parish register of Onslow mission and Quyon circuit of the Wesleyan Methodist church, 1859-1923.

Source: U.L.Ms. p. 1034.
Ms. Microfilm. 1 reel.
Public Archives of Canada, Ottawa, Ont.

RABCEWICZ ZUBROSKI, Ludwik Kos. Alexandre Edouard. Kierckowski, patriote polonais réfugié au Canada (1816-1870).

Dans: Bull. rech. hist. 60: 175-180 '54.

RACINE, Denis. Filiation Bidon ou Jobidon. Québec, 1971. 3 p.

Polycopié.
Page de couverture.

____. Filiation partielle de Héon. (Québec), [s.d.]. 16 p.

Polycopié.
"A contrôler, il y a des errreurs; les Héon ne descendent pas des Duon." (Remarque)

____. Filiation partielle de Jobin. (Québec, 1971). [s.p.]

Polycopié
Précédé de diverses notes ajoutées par Raymond Gingras.
Archives nationales du Québec, Québec, Qué.

____. Filiation sommaire des Pinard. (Québec), [s.d.]. 15 p.

Polycopié.
Archives nationales du Québec, Québec, Qué.

____. Filiation partielle des Thomassin. (Québec?), [s.d.] [s.p.].

Polycopié.
Archives nationales du Québec, Québec, Qué.

____. Généalogie de ma famille. Québec, [s.d.]. 70 p.

Polycopié.
Archives nationales du Québec, Québec, Qué.

____. Jean-Baptiste Racine dit Noyer (1721-1788), excommunié de St-Michel.

Dans: L'Ancêtre 6: (5) 139-141 janv. '80.

____. Jean Thomassin et sa descendance.

Dans: L'Ancêtre 2: (2) 77-91 oct. '75.
Filiation partielle des descendants de Jean Thomassin: p. 81-89.

____. Recensement de la Côte de Beaupré en 1825.

Dans: L'Ancêtre 4: (1) 21-25 sept. '77.

RACINE, Denis, co-comp.
voir aussi sous:
RACINE, Lucien . . .

RACINE, Lucien et Denis RACINE, comp. Dictionnaire généalogique de la famille Racine en Amérique. Québec, 1979-   .

RADCLIFFE, Stephen Edward . . . Radcliffe family history (Adelaide Township, Middlessex County, Ont.) . . . This history describes events from 1688 to 1910 approximately.

Source: U.L.Ms. p. 1034.
Ms. Original. 1/2 inch.
University of Western Ontario Library, London, Ont.

RADCLIFFE family, Ont. Family history . . .

Source: U.L.Ms. p. 1034.
Ms. Original. 2 inches. Photocopies. 27 p.
1837-1841, 1919.
Archives of Ontario, Toronto, Ont.

RAFFEIX, Pierre. Zouaviana F.-X. Lefebvre.

Dans: Bull. rech. hist. 52: 186-190 '46.

RAINVILLE, Jacques. Album-souvenir du tricentenaire de Berthier, 1672-1972. Préf. par Benoit Denis . . . Berthierville, Commission du Tricentenaire, 1973. 96 p.

Comprend un index.

RAINVILLE, Paul. Paul de Rainville et sa descendance (1619-1686).

Dans: S.G.C.F. Mém. 23: (1) 56-58 janv./mars '72.

RAINVILLE, Simon Pierre. (Tableau généalogique de la famille) Rainville. 9 p.

Copie manuscrite.
Archives nationales du Québec, Québec, Qué.

RAINVILLE, famille. Documentation généalogique et héraldique sur la famille Rainville . . . 1962.

Source: C.C.Ms. p. 1036.
Ms. Reproductions photographiques. 2 p.
Archives publiques du Canada, Ottawa, Ont.

RAIZENNE, Guillelmine, s.g.c. Notes généalogiques sur la famille Raizenne. (Ottawa, 1917). 88 p.

RANGER, Marcelle. Marin Heurtebise de la recrue de 1653.

Dans: S.G.C.F. Mém. 30: (1) 18-32 janv./mars '79.

RANKIN, Duncan Joseph. A History of the county of Antigonish, Nova Scotia, by the Rev. D.J. Rankin. Toronto, Macmillan Co. of Canada, 1929. xi, 390 p.

"Genealogies": p. 78-375.

RAPOPORT, Joseph, transl.
see under:

CARMOLY, Eliakin. The Rapoport family . . .

RATTLE, Thomas W. The Rattle families (including those with the surname Ratel, Rattel and Ratelle).. Genealogy and history of interest to every living descendant and their posterity. Toronto, c1968. 153 p.

Genealogical tables.

RAWDON, N.S. St. Paul's (Anglican) Church . . . Register of baptisms, 1793-1880; marriages, 1814-1889, and burials, 1815-1920. The register contains entries of the Parish of St. James, N.S.; Newport, N.S.; Douglas, N.S. . . .

Source: U.L.Ms. p. 1038.
Ms. Transcripts. 200 p. 1793-1920.
Public Archives of Canada, Ottawa, Ont.

RAWLINGS, Gwen. The Pioneers of Inverness Township, Quebec, 1800-1978. (Cheltenham, Ont.), Boston Mills Press, c1979. xi, 142 p.

". . . Part 2: Genealogies of Belasher Range families, p. 47-48; Aldrich family, chap. 4: Davison genealogy, chap. 5: Henderson Genealogy, chap. 6: Hogg genealogy, chap. 7: Little genealogy, chap. 8: Marshall genealogy, chapt. 9 . . ."

RAWLYK, George. Nova Scotia and Massachussetts, 1630-1784. Montreal, 1973.

RAYMOND, Raoul. Ce que l'on trouve dans les greffes de notaires.

Dans: S.G.C.F. Mém. 8: 126-128 '57.
Cours donné par l'auteur le 11 janv. 1956 lors de la 125e assemblée plénière.

_____. Comment identifier le lieu d'origine d'un ancêtre.

Dans: S.G.C.F. Mém. 8: 183-185 '57.
Cours donné le 14 nov. 1956 lors de la 133e assemblée plénière.

_____. Confirmés du Fort Saint-Louis (Chambly) 1668, 1669, 1681.

Dans: S.G.C.F. Mém. 16: (1) 282-297 janv./mars '65.

_____. Devault-Jolicoeur.

Dans: S.G.C.F. Mém. 15: (4) 232 oct./déc. '64.
Notule généalogique.

_____. Encore Jean Monty.

Dans: S.G.C.F. Mém. 2: 112-114 '46.
Courte notice.

_____. La Famille La Rocque.

Dans: S.G.C.F. Mém. 14: (7/9) 158-164 juil./sept. '63.
D'après les notes de M. Alfred LaRocque.

_____. Famille Lussier.

Dans: S.G.C.F. Mém. 22: (2) 112-113 avr./juin '71.

RAYMOND, Raoul. Famille Ostiguy dit Domingue.

Dans: S.G.C.F. Mém. 21: (1) 3-7 janv./mars '70.

____. Galarneau.

Dans: S.G.C.F. Mém. 15: (4) 232 oct./déc. '64. Notule généalogique.

____. Généalogie descendante en ligne directe de la famille Dufour.

Dans: S.G.C.F. Mém. 21: (4) 251 oct./déc. '70.

____. Guillaume Labelle.

Dans: S.G.C.F. Mém. 14: (3) 67 mars '63. D'origine normande, ancêtre de cette famille.

____. Hôpital général de Montréal; régistres de l'entrée des pauvres, 1691-1741.

Dans: S.G.C.F. Mém. 20: (4) 238-242 oct./déc. '69.
"Les Frères Charon ont tenu un registre de l'entrée et de la sortie des pauvres admis à l'Hôpital de 1691 à 1741.
"Une copie de l'original est conservée aux Archives Judiciaires de Montréal. Ce document est placé au début du premier registre de l'Hôpital Général de Montréal."

____. Inventaires publiés des registres de l'état civil par district judiciaire avec indications du chef-lieu où ils sont conservés.

Dans: S.G.C.F. Mém. 9: 64 '58.

____. Jean Bertrand dit Toulouse.

Dans: S.G.C.F. Mém. 7: 171-180 '56.

____. Jean Mourier dit le Père Véron.

Dans: S.G.C.F. Mém. 10: 16-26 '59. L'auteur ajoute quelques notes sur la famille Minaud.

____. Julien Piédalu dit Prairie (1681-1739); un épisode peu connu de sa vie en Nouvelle-France.

Dans: S.G.C.F. Mém. 20: (4) 227-228 oct./déc. '69.

____. Notules généalogiques.

Dans: S.G.C.F. Mém. 14: (3) 61-62 mars '63. Pierre Charron dit Ducharme, premier ancêtre canadien de cette famille.
Hiérosme Longtin, ancêtre canadien de cette famille serait d'origine Languedoc.

____. Notules généalogiques.

Dans: S.G.C.F. Mém. 15: (1) 45-48 janv./mars '64.

Notules sur les familles suivantes: Hudon dit Beaulieu, Cossette, Cousineau, Dandoneau dit Lajeuness, Harnois, Brosseau, Nantel, L'Heureux, Rochon, Dubuc, Deshaies dit St-Cyr, Gauthier dit Landreville.

____. Pierre Geoffrion (1644-1704).

Dans: S.G.C.F. Mém. 19: (2) 89-93 avr./juin '68.

____. Provost.

Dans: S.G.C.F. Mém. 16: (3) 183 juil./sept. '65.

____. Relevé sommaire des paroisses fondées avant 1800 avec inventaire des registres de l'état civil conservés à la cure et au chef-lieu des districts judiciaires.

Dans: S.G.C.F. Mém. 9: 129-151 '58.

____. Sanche.

Dans: S.G.C.F. Mém. 18: (3) 178-179 juil./sept. '67.
Sanche, ancêtre marié dans le comté de l'Assomption sous Le Change. D'origine espagnole.
Variations du nom: Chance, Chanse, Lachance, Le Shange; Le Sanche; Espagnol et Sanche.

____. Vézina.

Dans: S.G.C.F. Mém. 16: (3) 184 juil./sept. '65.

RAYMOND, Raoul et Irenée JETTÉ, comp. Mariages de St-Mathias (1739-1968), et Richelieu (1868-1968), comté de Rouville. Québec, B. Pontbriand, 1968. 262 p. (Publications généalogiques, 59).

Polycopié.

RAYMOND, William Odber, ed. Winslow papers, A.D. 1776-1826. Pr. under the auspices of the New Brunswick Historical Society . . . St. John, N.B., The Sun Pr., 1901. 9 p. of plates.

Genealogical notes on the Winslow family in the "Introductory": pp. 5-11.

RAYNOLDS, Bernice. The Freligh family.

In: Missisquoi County Hist. Soc. Annual reports 6: 39-40 '60.

REAMAN, Ruth E., co-aut.
see under:

GREENWOOD, Nellie. Descendants of James . . .

RECENSEMENT de Québec de 1744.

Dans: Rapp. Arch. de la Prov. de Qué. 1939/40, p. 1-154.

RECENSEMENT des Gouvernements de Montréal et de Trois-Rivières pour 1765.

Dans: Rapp. Arch. de la prov. de Qué. 1936/37, p. 1-121.

RECENSEMENT des habitants de la ville et gouvernement des Trois-Rivières tel qu'il a été pris au mois de septembre mil sept cent soixante (avec addition jusqu'au mois de mars 1762).

Dans: Rapp. Arch. de la prov. de Qué. 1946/47, p. 3-53.

RECENSEMENT du gouvernement de Québec en 1762.

Dans: Rapp. Arch. de la prov. de Qué. 1925/26, p. 1-143.

RECENSEMENT nominatif des Français de Cap-Sable, Port Razoir et La Hève; recensement nominatif des Indiens en Acadie, Port-Royal, Cap-Sable, La Hève, les Mines, Cap-Breton, Chignectou, Pentagouët, Rivière St-Jean et autres lieux.

Source: C.C.Ms. p. 3.
Ms. Copie. 31 pages.
Archives publiques du Canada, Ottawa, Ont.

(A) RECORD of marriages solemnized by William Smart, Minister of the Presbyterian Congregation in Brockville, Elizabethtown, Upper Canada (from 1812 to 1841).

In: Ontario Hist. Soc. Papers and records 5: 187-236 '04.
Including baptisms from 1812-1814: p. 236.

RECORDS of the Court of Pleas of Upper Canada, 1789-1794.

Source: Baxter, A. In Search of Your Roots.

RECORDS of the lives of Ellen Free Pickton and Featherstone Lake Osler. (Oxford, Oxford University Press, 1915). 257 p.

Genealogical tables.
Printed for private circulation.

REDFORD, Robert. Redford family; notes on the Redford family history prepared in 1905 by Robert Redford.

Source: U.L.Ms. p. 1043.
Ms. Photocopies. 14 p.
Public Archives of Canada, Ottawa, Ont.

REDNER, D.K. It happened in Prince Edward County: the Picton Gazette. Belleville, Ont., Mika Pub. Co., 1976. 726 p.

Most of the articles were published (in the Picton Gazette) between 1951 and 1954 . . .: p. 7.
Not indexed in this edition.

REED, T.A. The Scaddings; a pioneer family in York.

In: Ontario Hist. Soc. Papers and records. 36: 6-20 '44.
With portraits.

REESOR family reunion. Genealogy committee. The Reesor family in Canada; genealogical and historical records, 1804-1950. [n.p.], (1950). 160 p.

REEVES, Chs.-L. Les Familles Rives . . . et Reeves en Nouvelle-France.

Dans: L'Ancêtre 5: 93-97 nov. '78.

REFERENCES to the Archers of Trelaske in Devon and Cornwall, 1958.

In: Notes and queries 27: (part 10) Apr. '58.
Source: U.L.Ms. p. 32.
Ms. Photocopies. 3 p.
Public Archives of Canada, Ottawa, Ont.

REGISTER of baptisms, marriages and deaths at St. Thomas, Upper Canada, commencing with the establishment of the mission in July 1824.

In: Ontario Hist. Soc. Papers and records 9: 127-196 '10.

(A) REGISTER of baptisms and marriages in the Gore and London districts by the Rev. Ralph Leeming, from 1816 to 1827.

In: Ontario Hist. Soc. Papers and records 5: 91-100 '04.
With introduction by H.H. Robertson.

(A) REGISTER of baptisms by the Rev. Robt. McDowall, Minister of the United Congregation of Ernestown, Fredericksburg and Adolphustown.

In: Ontario Hist. Soc. Papers and records 1: 95-109 1899.
Arranged by townships from 1798 to 1820.

(A) REGISTER of baptisms for the township of Fredericksburg ("being the 3rd township of Catarawkwee, which is now called Kingston in the Province of Quebec").

In: Ontario Hist. Soc. Papers and records 1: 30-59 1899.
Baptisms for 1787-1813.

(The) REGISTER of St. Paul's Church at Fort Erie, 1836-1844.

In: Ontario Hist. Soc. Papers and records 27: 77-92, 192A-192D '31.
Introduction by E.A. Cruikshank.

REGISTRES d'état civil. Certificats de baptêmes, mariages et sépultures pour les familles suivantes: Moss, Champoux de St-Pair, Wooley (Ladur), Fréchette, Holland, Grammo, Battaste, Conierar, Narbon.

Source: C.C.Ms. p. 1044.
Ms. Copie. 29 p. 1820-1899.
Archives publiques du Canada, Ottawa, Ont.

(Les) REGISTRES pariossiaux sur microfilm.

Dans: Le Devoir 13 sept. '77.
"La Société généalogique de l'Eglise de Jésus-Christ des Saints des Derniers Jours entreprend sur microfilm les vieux registres de l'Église catholique du Québec . . .''

REID, John Ramsay (Mrs.) . . . Almonte, Ont. . . . Personal diaries of Mrs. John Ramsay Reid relating to family affairs and events, friends, daily weather reports, and a few genealogical entries.

Source: U.L.Ms. p. 1045.
Ms. Microfilm. 2 reels. 1936-1964.
Public Archives of Canada, Ottawa, Ont.

REID, William . . . Notes and copies of documents made while preparing: "Data on the United Empire Loyalists". Included are: articles, land petitions, genealogical data, militia lists, obituary notices, burial records.

Source: U.L.Ms. p. 1045.
Ms. Original. 4 inches.
Archives of Ontario, Toronto, Ont.

REID, William D. Johan Jost Kerkimer, United Empire Loyalist, and his family.

In: Ontario Hist. Soc. Papers and records 31: 215-227 '36.

_____. The Loyalists in Ontario. The sons and daughters of the American Loyalists of Upper Canada. Lambertville, N.J., Hunterdon House, 1973. 418 p.

"Essentially what Mr. Reid did was to extract from the Orders-in-Council thousands of references to the land grants made to the sons and daughters of the Loyalists and arrange them systematically under the name of the Loyalist parents." (Introd.)
Additional information consists of birth and death dates, baptismal records, and similar information obtained from Fiat and Warrant books, the Heir and Devise File, the "Township Papers", etc., all at the Ontario Archives.
Alphabetical by Loyalist parent with stray name index.
Not indexed in this edition.

REIVE, W.G. . . . Niagara Peninsula, Ont. . . . Transcribed genealogical data taken from cemeteries in the Niagara Peninsula, genealogical and biographical notes on the families of the same area.

Source: U.L.Ms. p. 1046.
Ms. Original. 6 inches. Microfilm. 2 reels.
Archives of Ontario, Toronto, Ont.

RELATIONS des Jésuites. Montréal, Éd. Côté, 1858. 3 vols.

Éd. Twaites Cleveland Burrows, 1896-1901. 73 vols.
Éd. Wilton. 40 vols.
Éd. du Jour, Montréal. 6 vols.

REMPEL, D.D. Family chronicle. Saskatoon, 1973.

On the Mennonite migration.

RENOUL, F.A. La Famille Héry.

Dans: Revue de souvenir vendéen, juin '76 (no 115). p. 19-30.

REPENTIGNY, Qué. La Purification, paroisse (catholique). Registres de baptêmes, mariages et sépultures, 1769-1785.

Source: C.C.Ms. p. 1047.
Ms. Microfilm. 1 bobine.
Archives acadiennes, Moncton, N.-B.

RÉPERTOIRE des archives de Notre-Dame de Québec. (Québec), 19- . 160 feuillets.

Polycopié.
Contenu: Sér. 1: Registres de baptêmes, mariages et sépultures; -2. Cahiers manuscrits, cotés, MS 1-99; -3. Série de cartons; -4. Cartes, plans, dessins.

RÉPERTOIRE des mariages de la paroisse de St-Sauveur de Québec, 18671971. Compilé sous la direction de Claude Roberge. (Québec), Société de Généalogie de Québec, 1976. viii, 677 p. (Contribution no 34).

Polycopié.
Bibliographie: p. vii.
Titre de couverture.
Comprend un index.

RÉPERTOIRE des mariages de la paroisse de St-Théodore de Chertsey, comté de Montcalm, Qué. (1858-1972). Préparé par: Pascal Crépeau, Lili Lévesque, Émile Perreault, France Perreault, Gaétane Rivest, Lise Robichaud, François Tremblay, Marcel Fournier. Chertsey, 1973. 108 p.

RÉPERTOIRE géographique du Québec.
voir sous:

RÉPERTOIRE toponymique du Québec . . .

RÉPERTOIRE toponymique du Québec.
Québec, Comission de Toponymie, 1978.
Mise à jour dans la Gazette officielle du
Québec: Ptie 2, no 31A, 2 août '80; 32A,
8 août 81; 51A, 18 déc. '82.
Publié en 1969 sous: Répertoire géographique
du Québec.

REPP, Isobel and Margaret Scott. Bowtell
tales . . . to 1976; stories in word and pic-
ture. [n.p.], Bowtell Community Association,
1976. 160 p.

RESTAURAND, famille. Notes généalogiques
. . .
Source: C.C.Ms. p. 1047.
Ms. Originaux. 7 p. Copie, 1639-1769.
Archives nationales du Québec, Québec, Qué.

REVAI, Elisabeth. L'Ascendance de François
Charon du Saint-Laurent à la Loire.
Dans: S.G.C.F. Mém. 28: (3) 215-224
juil./sept. '77.

REV. John Langhorn's Register of St. Paul's
Church, Fredericksburg. Marriage register
from 1788-1812.
In: Ontario Hist. Soc. Papers and records. 1:
64-70 1899.

____. . . . Register of burials of the township
of Fredericksburg.
In: Ontario Hist. Soc. Papers and records.
1: 59-63 1899.

REV. Robert McDowall's marriage register
from 1800-1836.
In: Ontario Hist. Soc. Papers and records 1:
70-94 1899.
These registers are kept in the vaults at Queen's
University at Kingston.

REVIEW of historical publications relating to
Canada, ed. by George M. Wrong and
others. Vols. 1-22, 1897-1912, 1917/18.
Toronto, Briggs and University of Toronto
Pr. 22 vols.
Superseded by Canadian Historical Review.
Title Heading: "University of Toronto
Studies." (Section on genealogy).

(La) REVUE "Le Clerc"; organe de l'Association des familles Leclerc, no 1, 1964- . Montréal?

REVUE d'histoire du comté de Shefford,
vol. 1, no 1, 1980- . Granby.

REX (pseud.). Février dit Lacroix.
Dans: Bull. rech. hist. 47: 54-55 '41.

RHÉAU, famille. Tableau généalogique de la
famille du Capitaine Alexis Rhéau,
1636-1829, par Soeur Marguerite-Marie.
Source: C.C.Ms. p. 1048.
Ms. Reproductions photographiques. 3 p. [s.d.]
Archives publiques du Canada, Ottawa, Ont.

RHÉAUME, Joseph Gustave, o.f.m. Cap.
Descendance de René II Réaume (Marie
Guyon), fils de l'ancêtre René Réaume I
(Marie Chevreau). Les huit premières généra-
tions par le Frère Joseph (Gustave)
Rhéaume, o.f.m. Cap. 3 vols.
Copie dactylographiée.
Archives nationales du Québec, Québec, Qué.

____. Généalogie "Rhéaume". (Montréal),
[s.d.]. 2 vols.
Cahiers à anneaux.
Archives nationales du Québec, Québec, Qué.

RICHAN, Sarah (Hopkins). The Book of
Richan; being the compilation of all
available and obtainable records of the ancient and historic Richan family from A.D.
938 to present A.D. 1936; approximately
1,000 years. Barrington and Yarmouth, N.S.,
1936. 39 p.

RICHARD, François. Les Richard et
d'autres/The Richards and others. [s.l.n.d.],
[p.v.]
Tableaux généalogiques/genealogical charts.

RICHARD, Louis. Famille Bruguier.
Manuscrit.
Bibliothèque. Société généalogique canadienne-
française, Montréal, Qué.

____. La Famille Loedel.
Dans: Bull. rech. hist. 56: 78-89 '50.

____. Famille Masson.
Dans: S.G.C.F. Mém. 14: (1) 3-10 janv. '63;
14: (2) 37-45 fév. '63; 14: (10) 177-182 oct. '63;
15: (1) 9-16 janv./mars '64.
Copie d'actes de registres en appendice.
Le manuscrit se trouve à la Bibliothèque de la
Société généalogique canadienne-française,
Montréal, Qué.

____. La Famille Quenneville. [s.p.]
Polycopié.

RICHARD, Louis. Notices généalogiques et biographiques de quelques familles canadiennes et acadiennes.

Coupures de journaux sur des familles Bourbeau, Champoux, Cormier, Deshaies, Désilets, Dubois, Guillou, Guillet, Lepage (Rimouski), Levasseur, Massé, Provencher, Richard, et notes manuscrites.
Archives nationales du Québec, Québec, Qué.

____. Les Richard d'Acadie.

Dans: S.G.C.F. Mém. 6: 25-32 '54.

____. Samuel Kipp (1753-1803) et ses descendants; une étude biographique et généalogique. Ottawa, Ont., 1950. 251 p.

Polycopié.
Pièces justificatives: p. 205-238.
Bibliographie: p. 239-251.
Famille Kip (sic): chap. 1.
Famille Knapp: chap. 5.
Famille Hatfield: chap. 6.
Descendants de Samuel Kipp: chap. 7.
Théophile Bruguière: chap. 9.

RICHARD, Pierre, famille. Ouvrage manuscrit de Joseph Albert Richard intitulé: "Pierre Richard et ses descendants"; souvenir de famille et anecdotes. Montréal, 1908. (Cet ouvrage est accompagné de dessins exécutés par l'auteur.)

La Bibliothèque nationale du Québec à Québec possède les brouillons du manuscrit.
Source: C.C.Ms. p. 1049.
Ms. Originaux. 205 p.
Programme de recherches en démographie historique, Université de Montréal, Montréal, Qué.

RICHARDSON, William. History of Columbus village, 1835 to 1931. Columbus, Ont., East Whitby Centennial Committee, (1973?). 21 leaves.

Cover title.
Reprinted from Oshawa Daily Times, Nov. 27, 1931.

RICHIBOUCTOU, N.B. Parish Church (Anglican). Baptisms, 1815-1955; marriages, 1825-1956; burials, 1825-1956.

Source: U.L.Ms. p. 1050.
Ms. Microfilm. 50 feet.
Provincial Archives of New Brunswick, Fredericton, N.B.

____. St-Antoine, paroisse (catholique). Registres de la paroisse, 1800-1869.

Source: C.C.Ms. p. 1050.
Ms. Reproductions photographiques. 5 pouces.
Microfilm. 1 bobine.
Archives acadiennes, Moncton, N.-B.

____. ____. Registres des baptêmes, 1796-1870; mariages, 1800-1870; et sépultures, 1796-1870. Registres de baptêmes, mariages et sépultures, 1800-1824 . . .

Source: C.C.Ms. p. 1050.
Ms. Copie. 4 pouces.
Archives publiques du Canada, Ottawa, Ont.

RICHMOND, Ont. St. Philip's (Roman Catholic) Church. Parish registers of St. Philip's Roman Catholic Church, Richmond, Ont., 1836-1869; and of St. Clare's, Dwyer Hill, 1891-1969 . . .

Source: U.L.Ms. p. 1050.
Ms. Microfilm. 1 reel.
Public Archives of Canada, Ottawa, Ont.

RICKER, M.B. Alberta. Toronto, 1949.

RIDGE, A.D. Desrivières family, Que. Genealogy of the Desrivières family, prepared by the McGill University Archivist, A.D. Ridge, July 1966.

Source: U.L.Ms. p. 330.
Ms. Photocopies. 8 leaves. 1732-1948.
McGill University Library, Montreal, Que.

RIDOUT, J. Grant. Ridout family tree, with additions to 1916.

Source: U.L.Ms. p. 1052.
Ms. Original. 1 sheet.
University of Toronto Library, Toronto, Ont.

RIEDER, Milton P. and Norma Gaudet Rieder. The Acadians in France, 1762-1776. Compiled and edited by Milton P. Rieder and Norma Gaudet Rieder. Metairie, La., 1967- .

Source: Fichier topographique de la Bibliothèque nationale du Québec, Montréal, Qué.

____. Beaubassin, 1712-1748. Acadian church records. Vol. 2. Métairie, La., (M.P. Rieder), 1976. vi, 153 leaves.

____. The Crew and passenger registration lists of the seven Acadian expeditions of 1785; a listing by family groups of the refugee Acadians who migrated from France to Spanish Louisiana in 1785. Metaire, La., 1965. vii, 103 leaves.

RIEDER, Norma (Gaudet) ed.
see under:
RIEDER, Milton P. . . .

RIGAUD, Qué. Sainte-Madeleine, paroisse (cath.). Registres de baptêmes, mariages et sépultures . . . Index des mariages, 1802-1850.
Source: C.C.Ms. p. 1053.
Ms. Copie. 1 pied 6 pouces.
Archives publiques du Canada, Ottawa, Ont.

RIGAUD DE VAUDREUIL, famille.
Généalogie de la famille Rigaud de Vaudreuil, extraite de la généalogie imprimée en 1776 et faites à partir des titres originaux par M. d'Hozier.
Source: C.C.Ms. p. 1053.
Ms. Originaux. 37 p. 1820.
Bibliothèque municipale de Montréal, Qué.

RIKERT, Carroll. Genealogy of the family of Zachariah Reichert who settled in Grantham Township, Lincoln County, ca. 1815.
Source: U.L.Ms. p. 1053.
Ms. Transcripts. 66 p.
Metropolitan Toronto Central Library, Toronto, Ont.

RIOPEL, Pierre-Alain, comp. (Tableau généalogique, 10 générations).
Dans: L'Ancêtre 8: (4) 139 déc. '81.

RIOU, Grégoire, ptre. Complément au Tableau généalogique du diocèse de Rimouski par Mgr Carbonneau.
Polycopié.
Archives nationales du Québec, Québec, Qué.

____. La Généalogie dans les prônes de St-Fabien de Rimouski.
Dans: L'Ancêtre 6: (7) 203-207 mars '80.

____. Genealogy of Mrs. Ida LeMay Farmer and history of the families Rouleau, Le May, Farmer . . . [n.p., n.d.] 60 p.

____. 663 mariages: Miville-Mainville-Minville: Deschesnes. 17 p.
Copie brouillon.
Plusieurs mariages à compléter.
Archives nationales du Québec, Québec, Qué.

RIOU, Grégoire, ptre, co-aut.
voir aussi sous:
BELZILE-BOULANGER, Elise . . .

RIOUX, Marcel. Blason et langues populaires.
Dans: S.G.C.F. Mém. 1: 160-164 '45.

RIPLEY, Annie . . . B.C. . . . Correspondence and documents relating to family history and genealogy of the Ripley family, Broadview, Sask.
Source: U.L.Ms. p. 1054.
Ms. Original. 1 inch. 1919-1970.
Saskatchewan Archives Board, Regina, Sask.

RISTEEN, Frank B. Children of Sir John Johnson and Lady Mary (Polly) Johnson (married in New York, June 30, 1773).
In: Ontario History 63: 93-102 '71.

RISTIGOUCHE, Qué. Sainte-Anne, paroisse (catholique). Registres de baptêmes, mariages et sépultures de Ste-Anne de Ristigouche et d'autres missions environnantes dont certaines de l'Acadie, 1759-1795. Le volume des transcriptions contient un index des baptêmes, mariages et sépultures.
Source: C.C.Ms. p. 1054.
Ms. Copie. 1 pouce. Reproductions photographiques. 1 pouce.
Archives publiques du Canada, Ottawa, Ont.

____. Registres de la paroisse, 1759-1795, 1842-1870.
Source: C.C.Ms. p. 1054.
Ms. Copie. 1 pouce. Reproductions photographiques. 3 pouces.
Archives acadiennes, Moncton, N.-B.

RITCHIE family, Ont. Character certificates, receipts and record of baptisms relating to the family of Daniel Ritchie.
Source: U.L.Ms. p. 1054.
Ms. Original. 7 p. 1820-1854.
Public Archives of Canada, Ottawa, Ont.

RIVARD, John T., comp. The Genealogy of the Delphis Simeon Dubois family. Comp. by John T. Rivard from sources in Canada and U.S.A., beginning 1936. Little Falls, Minn., July 1971. 30 p.
Mimeographed.

RIVERIN, famille. Notes sur la famille, contrat de marriage . . .
Souce: C.C.Ms. p. 1055.
Ms. Copie. 20 pages. Reproductions photographiques. 1696-1772.
Archives nationales du Québec, Québec, Qué.

RIVERTON, Man. Lutheran Church. Riverton, Man. registers of baptisms, marriages and deaths, 1902-1950 .. .

Source: U.L.Ms. p. 1055.
Ms. Original. 6 inches.
Provincial Archives of Manitoba, Winnipeg, Man.

RIVEST, Lucien, c.s.v., comp. Généalogie de Orphyle Préfontaine (voir Tableau A) et de Marie-Anne Boisselle (voir Tableau B), mariés à Saint-Antoine-sur-Richelieu le 21 oct. 1925. [s.l.n.d.] 87 p.

Polycopié.

_____. Hommes importants de Lavaltrie.

Dans: S.G.C.F. Mém. 14: (1) 11-12 janv. '63.
Notules généalogiques sur: Jean-Baptiste Hêtu, Thomas Jacquet dit Deslauriers, Barthelémy Joliet, Alexandre Lacombe, Victor Laporte, Pierre La Salle dit Tollunin, Pierre Léonard dit Mondor, Jean-Baptiste Marcotte, Pierre-Paul Margane, Étienne Miquel, Noël Proveault, Joseph Robillard, Jean-Baptiste Roy.

_____. Hommes importants de Lavaltrie.

Dans: S.G.C.F. Mém. 14: (5) 123 mai '63.
Notules généalogiques sur Louis St-Germain, Charles Auguste Tarieu de Lanaudière et Pierre Tarrieu-Taillan de Lanaudière.

_____. Mariages de la paroisse de St-Ignace-du-Lac (Maskinongé) du début jusqu'à la disparition de la paroisse lors de l'inondation de Shawinigan en 1930. 13 p.

Polycopié.
Titre de couverture.
Suivis des baptêmes et sépultures des Français de Trois-Rivières du début (1634) jusqu'à 1641 pour les baptêmes et jusqu'à 1654 pour les sépultures.

_____. Mariages de l'Éphiphanie (1857 au 1er juin 1960), (pro manu scripto). Montréal, (l'auteur), 1960. ii, 80 p.

Polycopié.

_____. Mariages de Saint-Roch de l'Achigan, janvier 1787 à juillet 1959 (pro manu scripto). Montréal, (l'auteur), 1959. ii, 143 p.

Polycopié.

_____. Mariages des protestants du greffe de Joliette du début des paroisses à 1964 inclusivement. [s.l.], 1965. 70 p.

Polycopié.

_____. Mariages du comté d'Argenteuil (du début des paroisses à 1960 inclusivement). Montréal, (l'auteur), 1972. 3 vols.

Polycopié.

_____. Mariages du comté de Berthier du début des paroisses à 1960 inclusivement. Montréal 1966. 4 vols.

Polycopié.
Environ 25 000 mariages.
Liste des surnoms utilisés dans l'ouvrage: p. 4-7.

_____. Mariages du comté de Gatineau (du début des paroisses à 1964 inclusivement). Montréal, 1971. 4 vols.

Polycopié.
Tiré à 5 exemplaires seulement.
Classé par ordre alphabétique des noms de familles.

_____. Mariages du comté de Joliette du début des paroisses à 1960 inclusivement. Montréal, 1969. 4 vols.

Polycopié.
25 000 mariages.
"Liste des surnoms (utilisés dans le présent ouvrage)": p. 4-6.

_____. Mariages du comté de Labelle (du début des paroisses à 1960 inclusivement). Montréal, 1971. 3 vols.

Polycopié.
"Généalogie des Turpin": v. 3, p. 772.
Liste des surnoms contenus dans le comté de Labelle: v. 3, p. 802-806.

_____. Mariages du comté de l'Assomption du début des paroisses à 1960 inclusivement. Montréal, 1962. 3 vols.

Polycopié.
21 200 mariages.
Liste des surnoms utilisés dans le présent ouvrage: p. i-v.
Plusieurs erreurs dans le classement alphabétique.

_____. Mariages du comté de Montcalm (du début des paroisses à 1960 inclusivement). Montréal, 1964. 2 vols.

Polycopié.
Liste des surnoms utilisés dans le présent ouvrage: p. 4-6.

_____. Mariages du comté de Terrebonne (du début des paroisses à 1960 inclusivement). Montréal, 1972.. 10 vols.

Polycopié.
Classé par ordre alphabétique des noms des époux sous la forme la plus courante.
Erreur de pagination au vol. 9: p. 1570, 2572, 2578, 2571, 2574 (p. 2573 manque).
Liste des surnoms . . . (à la fin du vol. 10).

____. Registres des paroisses catholiques conservés au Palais de Justice de Montréal. Montréal, 1960. 14 feuillets.

Polycopié.

____. Repentigny. Complément aux registres de la paroisse et aux originaux conservés à l'évêché de Montréal. Outremont, 1961. 9 p.

Polycopié.

____. Répertoire des mariages, Île Dupas: La Visitation-de-l'Île-Dupas, 1704-1960 inclusivement, et Île Saint-Ignace, Saint-Ignace de Loyola, 1895-1960. Cap-Rouge, D. Campagna, 1972. 120 p.

Polycopié.
Titre de couverture.

____. Répertoire des mariages du comté des Deux-Montagnes du début de la colonie jusqu'à 1960; répertoire des mariages des comtés et des paroisses suivantes: comté de l'Assomption, 1724-1960; St-Jacques, comté de Montcalm, 1775-1960; St-Sulpice, 1706-1960; Lachenaie, 1681-1960; St-Gérard-Majella, 1905-1960; St-Joachim de la Plaine, 1919-1960. L'ensemble comprend plus de 15,000 fiches.

Dans: C.C.Ms. p. 1055.
Ms. Copie. 9 pieds 3 pouces.
Archives nationales du Québec, Québec, Qué.

RIVEST, Lucien et Rosario GAUTHIER, comp. Mariages du comté de Deux-Montagnes du début des paroisses à 1960 inclusivement. Montréal, 1970. 4 vols.

Polycopié.
Liste des surnoms: p. 4-6.

____. Répertoire des mariages de la paroisse de La Présentation de Repentigny, 1669-1970. Relevé par Lucien Rivest et Rosario Gauthier. Compilé et publié par Roger et Jean Bergeron. Montréal, R. et J. Bergeron, 1972. 137 p.

Polycopié.

RIVEST, Lucien, c.s.v., co-comp.
voir aussi sous:

BERGERON, Roger, comp. Répertoire des mariages de la paroisse de Repentigny . . .

RIVET-ST-GERMAIN.

Dans: F.C.A.G.R. 3: (2) 121-122 Summer '71.
Tableau généalogique en ligne directe.
"Tanguay et Drouin ont commis une erreur

dans le nom du père Joseph Rivet marié à Madeleine St-Germain le 28 juil. 1777 à St-Louis, Mo. L'origine du registre de l'Église corrige cette erreur.''

RIVIÈRE-DES-PRAIRIES, Qué. St-Joseph, paroisse (catholique). Registres des baptêmes, mariages et sépultures, 1687-1849.

Source: C.C.Ms. p. 1055.
Ms. Originaux. 3 pieds.
Archives nationales du Québec, Montréal, Qué.

____. . . . 1760-1780.

Source: C.C.Ms. p. 1055.
Ms. Microfilm. 1 bobine.
Archives acadiennes, Moncton, N.-B.

RIZZOLI, Honoré. Louis David Bastien et sa descendance.

Dans: S.G.C.F. Mém. 26: (1) 36 janv./mars '75.

____. Vieilles photographies à conserver.

Dans: S.G.C.F. Mém. 24: (4) 211-213 oct./déc. '73.

ROBERGE, Claude, comp. Répertoire des mariages de Saint-Charles de Limoilou (Québec), 1896-1971. Comp. sous la dir. de Claude Roberge avec la participation de Mme Jos.-E. Ouellet. (Québec), Société canadienne de Généalogie, 1973. (4) 226 p. (Contribution no 29).

Polycopié.
Bibliographie: p. 4.

____. Répertoire des mariages de St-Philippe (Trois-Rivières), 1909-1971. Québec, Société de Généalogie de Québec, 1973. 199 p. (Publication no 31).

Polycopié.

ROBERGE, Claude et Mme Joseph-Eugène OUELLET, comp. Répertoire des mariages du Cap-de-la-Madeleine (Ste-Marie-Madeleine), (1673-1971). Comp. sous la dir. de Claude Roberge avec la participation de madame Jos. E. Ouellet. Québec, Société canadienne de généalogie, 1973. (6) 217 p. (Contribution no 30).

Polycopié.
Bibliographie: p. 5.

ROBERGE, Claude, comp.
voir aussi sous:

RÉPERTOIRE des mariages de la paroisse St-Sauveur . . .

ROBERGE, J.A. Guy, comp. Famille Kaeble, Kebel, Keable, Gôbel, etc. Québec, 1970.

"Généalogie du Capt. Joseph Thomas Kaeble, V.C. M.M."

"Vérité sur l'épellation du nom . . . (pièces justificatives à la fin du vol.) cinq pièces d'attestation."

Variations: Kebel, Gôbel, Keble, Goespel, Kaible, Kabble, Kaeble, Keable.

ROBERT, Adolphe. Louis Robert et ses descendants: laboureurs — voyageurs — soldats. Étude généalogique. Manchester, (l'auteur), 1943. 84 p.

ROBERT, Jean. Benoni: nom de famille.

Dans: S.G.C.F. Mém. 14: (6) 140 juin '63.

____. Chartier dit Robert.

Dans: S.G.C.F. Mém. 14: (7/9) 164-167 juil./sept. '63.

____. Étienne Pasquier et Françoise Barbary; une curieuse histoire de fiançailles rompues.

Dans: S.G.C.F. Mém. 31: (3) 178-179 juil./sept. '80.

____. Guillaume Chartier, sa famille et ses descendants. Montréal, Association de famille Chartier, 1963. 485 p.

"Chartier et Robert".

Recension dans: S.G.C.F. Mém. 15: (4) 236 '64.

____. Marans et les Goguet.

Dans: S.G.C.F. Mém. 17: (1) 9-10 juil./sept. '66.

____. René Chartier (1623-1689).

Dans: S.G.C.F. Mém. 30: (4) 293-296 oct./déc. '79.

ROBERT, Paul. Au fil des ans et des mots: les semailles. Paris, Éd. Robert Laffont, 1979. 363 p.

Tableaux généalogiques.

Extr. de la Table des matières: ". . . Les Robert . . . p. 15, 16, 29, 30; Les Gouin . . . p. 16, 17, 26, 32; Les Phélipot de St-Pierre-et-Miquelon: leurs origines acadiennes . . . p. 19; Nos ancêtres acadiens, p. 21; . . . Mes ancêtres O'Neill d'Acadie, p. 23 . . ."

ROBERT-EDMOND, é.c.

voir sous:

GINGRAS, Robert-Edmond, é.c.

ROBERT GIFFARD, seigneur colonisateur au tribunal de l'histoire, ou La raison de fêter le troisième centenaire de Beauport, 1634-1934. Québec, Action Sociale, 1934. 111 p.

Comprend un index.

Bibliographie: p. (9).

ROBERTS, Theodore Goodridge . . . Manuscripts, correspondence and photographs, plus Roberts family memorabilia.

Source: U.L.Ms. p. 1057.

Ms. Original. 20 inches. 1852-1952.

University of New Brunswick Archives, Fredericton, N.B.

ROBERTS family. Genealogical notes on the Roberts family, 1800-1911.

Source: U.L.Ms. p. 1057.

Ms. Transcripts. 3 p.

Public Archives of Canada, Ottawa, Ont.

ROBERTSON family, N.B. "The Scottish immigration into New Brunswick; Charles Robertson and Mary McPherson Robertson, 1803, and their descendants", compiled by Phoebe White Robertson Keiffer. A genealogical record.

Source: U.L.Ms. p. 1059.

Ms. Transcripts. 105 p. 1803.

University of New Brunswick Archives, Fredericton, N.B.

ROBERTSON family, N.S. Some genealogical information on the Robertson, Richan, Allan, Stalker families . . .

Source: U.L.Ms. p. 1059.

Ms. Microfilm.

Public Archives of Nova Scotia, Halifax, N.S.

ROBERTVILLE, N.-B. Sainte-Thérèse, paroisse (catholique). Registre de la paroisse, 1885-1920.

Source: C.C.Ms. p. 1060.

Ms. Microfilm. 1 bobine.

Archives acadiennes, Moncton, N.-B.

ROBEY, William. Extract from the parish register of Victoria, B.C., 1858, of the marriage of William Robey and Mary Anne Herbert.

Source: U.L.Ms. p. 1060.

Ms. Original. 2 p. 1856, 1858.

Provincial Archives of British Columbia, Victoria, B.C.

ROBICHAUD, Donat, mgr. Le Grand Chipagan; histoire de Chipagan. Beresford, N.-B., 1976. 453 p.

____. Les Robichaud; histoire et généalogie. Bathurst, N.-B., (1967). 264 p.

ROBICHAUX, Albert J. Acadian marriages in France; Département of Ille-et-Villaine, 1759-1776. (The author), 1976.

ROBINSON, Margaret Elaine. A biographical sketch of Julia Buchanan together with notes on the Buchanan and Coburn families.

Source: U.L.Ms. p. 261.
Ms. Photocopies. 13 p. 1972.
Public Archives of Canada, Ottawa, Ont.

ROBINSON family, . . . N.B. . . . A genealogical chart of the family of Christopher Robinson . . . .

Source: U.L.Ms. p. 1063.
Ms. Transcripts.
New Brunswick Museum, St. John, N.B.

ROBITAILLE, Alphéda. Catalogue des ouvrages de la salle de référence. Bibliothèque, Archives nationales du Québec. 78 p.

Polycopié.

ROBITAILLE, Georges, ptre. Les origines d'une famille joliettaine.

Dans: Bull. rech. hist. 48: 65-75 '42.
Historique de la famille Robitaille.
Travail présenté à la Société historique de Joliette, le 21 nov. 1941, sous la présidence du Juge-en-chef de la province de Québec, Sir Mathias Tellier.

ROCHELEAU, Corinne. Notes sur la famille Rocheleau.

Dans: Bull. rech. hist. 36: 272-273 '30.

____. Notes sur les Stebbins.

Dans: Bull. rech. hist. 36: 366-369 '30.
Aussi appelés: Stebbenns, Stebenne, Steban.

ROCHESTER family. Revised genealogy of the Rochester and allied families, 1697-1960.

Source: U.L.Ms. p. 1066.
Ms. Photocopies. 40 p. 1962.
Public Archives of Canada, Ottawa, Ont.

ROCKWOOD-WOODLANDS Historical Society. Rockwood Echoes: 90 years of progress, 1870-1960. A history of the men and women who pioneered the Rockwood municipality. Steinbach, Man., Derksen Pr., c1960. 375 p.

Biographies of pioneer families: Chap. 6, pp. 65-84.
Other biographical notes: pp. 323-348.

RODGERS family . . . Ont. Family correspondence of members of Rodgers family, descendants of Colonel James Rodgers, 1785-1903, and Peters family, descendants of John Peters, 1784-1838 . . . .

Source: U.L.Ms. p. 1068.
Ms. Original.
Archives of Ontario, Toronto, Ont.

ROEBUCK, Arthur Wentworth. The Macklems of Chippawa. Don Mills, Ont., T.H. Best Pr. Co., 1969. xvii, 158 p.

____. The Roebuck Story; being an account of the lives of the descendants of John Roebuck of Yorkshire, England, 1550. Twelve generations who have lived in England, Scotland, India, Canada and the United States. Don Mills, Ont., T.H. Best Pr. Co., 1963. 165 p.

Genealogical tables.

ROGER, René. Descendants de Joseph Fournier de Hull, P. Qué.

Feuilles détachées.
"Autres descendants de Fournier".
Archives nationales du Québec, Québec, Qué.

____. Descendants de Joseph Roger de St-Appollinaire, comté Lotbinière, Qué. [s.l.n.d.]

Feuilles détachées non-datées.
"Ancêtres d'Arthémise Chaîné, épouse de Ferdinand Roger, branche maternelle."
"Ancêtres de Zénaïde Paquet, 2e épouse de Ferdinand Roger."
"Autres descendants de Roger."
Archives nationales du Québec, Québec, Qué.

____. Généalogie de René Roger. Hull, Qué, 1972. [p.v.]

Tableaux généalogiques.

____. Généalogie et archives familiales des "Roger" de Hull. Hull, Qué., 1972.

Copie dactylographiée.
Archives nationales du Québec, Québec, Qué.

____. Mes racines: René Roger (8) et Julienne Potvin.

Dans: L';Outaouais généalogique 3: (2) 24 fév. '81.

____. Les Registres de St-François-de-Sales (Pointe Gatineau).

Dans: L'Outaouais généalogique 3: (6) 71-73 juin '81.
Commentaire sur le registre.

ROGERSVILLE, N.-B. Saint-François-de-Sales, paroisse (catholique). Registres de la paroisse, 1877-1887.

Source: C.C.Ms. p. 1068.
Ms. Reproductions photographiques. 1 pouce.
Archives acadiennes, Moncton, N.-B.

RONDEAU, Luc. Mon ancêtre Thomas
Rondeau.

Dans: L'Ancêtre 6: (5) 147-150 janv. '80.

RONDEAU, Oliva, C.Ss.R. Généalogie —
Rondeau. Sherbrooke, Qué., 6 janv. 1963.
8 p.

Polycopié.
"Cette généalogie est celle de (l'auteur)
rédemptoriste. Elle remonte en ligne directe la
branche paternelle jusqu'au premier Rondeau
venu de France pour s'établir au Canada. Ce
travail a pu être réalisé grâce à la généalogie
d'un cousin éloigné, M. Félix Rondeau . . ."
(note prélim.)

RONEY family. Genealogical chart.

Source: U.L.Ms. p. 1069.
Ms. Photocopies. 1 page. 1790-1964.
Public Archives of Canada, Ottawa, Ont.

ROSEBRUGH, Harold. The Rosebrugh Family
Story; also spelled Rosbrugh, Rosebrough,
Rosborough, Rossborough, Rosebrook, etc.
Galt, Galt Pr., 1965. 168 p.

ROSEBUSH, Waldo Emerson. The Rosier-
Rosebush Family, with allied families:
Burdick-Hubbard, Peckham, Sheldon,
Perkins, Richmond, Finkle and others. Ap-
pleton, Wisc., Badger, 1954. 183 p.

Bibliography: pp. 30-49.

ROSEWARNE, Winnifred and Robert
ROSEWARNE. The family history of Henry
Grindell and his descendants, 1832-1956.
Ottawa, 1957. vii, 65 p.

Five genealogical tables at end of volume.

ROSEWARNE, Winnifred Marguerite
(Grindell). The History of John Hemstreet of
Trafalgar Township, Ontario, Canada and
his descendants, 1822-1962. Ottawa, 1963.
146 p.

ROSS, Daniel Keith. The Pioneers and
Churches . . . The pioneeers and families of
Big Brook and West Branch, E.R. and sur-
rounding sections, including Lorne,
Glengarry, Elgin, Centerdale, Hopewell,
Marshdale, Foxbrook. (New Glasgow, N.S.,
Pr. by Hector Pub. Co. Ltd., 1954?). 239 p.

ROSS, Henry. The Briggs family.

In: Missisquoi County Hist. Soc. Annual
reports. 3: 65-66 '08.

____. The Hart family.

In: Missisquoi County Hist. Soc. Annual
reports. 3: 67-68 '08.

____. The Sawyer family.

In: Missisquoi County Hist. Soc. Annual
reports. 3: 66-67 '08.

____. The Wightman or Weightman family.

In: Missisquoi County Hist. Soc. Annual
reports. 3: 68-69 '08.

ROSS, J. Eddy. Filiation Guérin dit Saint-
Hilaire au Québec, 1704-1975. Québec, 1976.
32 p.

"Généalogie de la famille de Guillaume Guérin
(dit St-Hilaire)": p. 1-32.

____. Mariages de Notre-Dame de la Garde
(Cap-Blanc), Québec, 1877-1977. Québec,
1978. 69 p.

____. Mariages de la paroisse Notre-Dame de
la Paix, Québec, 1941-1977. Québec, 1977.
[s.p.]

____. Mariages de la paroisse St-Vincent,
Ste-Foy, Qué., 1964-1970. [s.l.n.d., s.p.]

ROSS, J.O.E., Gabrielle GINGRAS et Benoit
PONTBRIAND, comp. Mariages du comté
de Québec comprenant les paroisses
suivantes: Valcartier (1832-1965); Ste-
Brigitte de Laval et Lac Beauport
(1834-1967); Stoneham (1851-1966); Notre-
Dame des Laurentides (1905-1967);
Tewkesbury (1922-1966); St-Émile
(1925-1966); et Lac St-Charles (1946-1966).
Québec, B. Pontbriand, 1969. 274 p.
(Publications généalogiques no 64).

Polycopié.

ROSS, John Robert. The Great Clan Ross;
with Highland notes and genealogies of the
cadet branches in Scotland and the New
World; by John Robert Ross in collaboration
with Charles Campbell Ross and A.C. Gordon Ross. Lindsay, Ont., J. Deyell, c1968.
xvi, 197 p.

Genealogical tables.

ROSS family. . . . Family tree of the Ross
family of Durness, Scotland.

Source: U.L.Ms. p. 1072.
Ms. Photocopies.
Cape Bretoniana Archives, St. Francis Xavier University, Sydney Campus, Sydney, N.S.

ROSSER, Frederick Thomas. London Township pioneers, including a few families from adjoining areas. Belleville, Ont., Mika Pub. Co., 1975. 237 p.

Includes bibliographical references and index.
Source: Canadiana, June '75.

ROSSIGNOL, Arthur, comp. Répertoire des mariages de St-Quentin et St-Martin, 1919-1970. Saint-Quentin, N.-B., 1970.

Polycopié.

ROTHESAY, N.B. St. Paul's Anglican Church. Baptisms, marriages and burials, (inclusive dates) 1870-1969 . . .

Source: U.L.Ms. p. 1074.
Ms. Microfilm. 50 feet.
Provincial Archives of New Brunswick, Fredericton, N.B.

ROUILLARD, Eugène. Noms géographiques empruntés aux langues sauvages. Québec, 1906. 149 p.

ROUILLARD, Joseph A. Famille Rouillard au Canada.

Dans: S.G.C.F. Mém. 14: (5) 109-113 mai '63.

ROULEAU and Giguère families.

In: F.C.A.G.R. 2: (4) 284 Winter '69.
Genealogical chart of Antoine Rouleau and Marie Giguère, married in St. Cuthbert in 1819.

ROUSSEAU.

In: F.C.A.G.R. 3: (1) 63-64 Spring '71.
Genealogical chart.

ROUSSEAU, Jacques. Sommes-nous parents avec tous nos ancêtres?

Dans: S.G.C.F. Mém. 5: 66-67 '52.
Recension de la réédition d'un volume intitulé: "L'Hérédité et l'homme".

ROUTH family. Published genealogical chart, compiled by Charles Henry Felix Routh, Thomas Alfred Routh and Armand Jules McC. Routh in 1909.

Source: U.L.Ms. p. 1075.
Ms. Photocopies. 1 p. 1066-1909.
Public Archives of Canada, Ottawa, Ont.

ROUTHIER, Bernard, Gabriel, comp.
voir sous:

LEEDS: Canton, 1802 . . .

ROUTIER, René, ptre. La Famille Routier dispersée en Amérique du Nord depuis trois cents ans. Notes généalogiques collectionnnées par l'abbé René Routier. 1ère éd., 1947. 29 p.

Manuscrit.
Copie corrigée à la main.
En tête du titre: "Dieppe-Québec-N.-D. de Ste-Foy."
Archives nationales du Québec, Québec, Qué.

ROUTIER, René, ptre.
voir aussi sous:

ROUTIER, famille. Notes généalogiques . . .

ROUTIER, Simone, co-aut.
voir sous:

ROUTIER, famille. Notes généalogiques . . .

ROUTIER, famille. Notes généalogiques collectionnées par l'abbé René Routier et par Simone Routier.

Dans: C.C.Ms. p. 1075.
Ms. Originaux. 44 p. 1937-1945.
Archives publiques du Canada, Ottawa, Ont.

ROWE, Sophia (Anderson). Anderson record from 1699 to 1896.

In: Ontario Hist. Soc. Papers and records, 1905, pp. 109-135.
Anderson families with portraits.

ROWE family. Published notes, genealogical charts . . . concerning the Rowe family.

Source: U.L.Ms. p. 1076.
Ms. Photocopies. 1/4 inch. 1962, 1970.
Public Archives of Canada, Ottawa, Ont.

ROY, Alphonse. Monographie de la famille de Clément Roy dit Lauzier originaire de Ste-Anne-de-la-Pocatière et de la paroisse de St-Arsène, centre de la lignée de Clément Roy, avec statistiques religieuses et professionnelles. Manchester, N.H., L'Avenir national, 1926. 170 p.

ROY, Anastase. Maniwaki et la vallée de la Gatineau. Préf. par Georges Bouchard. Ottawa, Impr. "Le Droit", 1933. 259 p.

Sommaire: 1ère ptie: Maniwaki et ses débuts; -2: Paroisses de la vallée de Gatineau; -3. Appendices: Origine des Roy-Desjardins, Lauzier et Lauzon; Notes biographiques sur l'auteur; Île Roy; St-Fabien de Rimouski; St-Fabien-sur-Mer.

ROY, Antoine. Bibliographie de généalogies et histoires de familles.

Publié dans: Québec (Prov.) Archives. Rapport. 21: 95-332 '40/41.
Aussi publié séparément.

____. Bibliographie des monographies et histoires de paroisses.

Dans: Rapport de l'arch. de la prov. de Qué. 1937/38, p. 254-364.

ROY, Camille.
voir sous:
QUÉBEC (Ville). Comité . . .

ROY, Christian. Histoire de l'Assomption. Éd. par la Commission des Fêtes du 250e anniversaire. L'Assomption, 1967. 540 p.

ROY, Janine, co-aut.
voir sous:
KENNEDY, Patricia . . .

ROY, Joseph-Edmond. La Famille Lefebvre de La Barre.

Dans: Bull. rech. hist. 2: 82-87 1896.

____. Guillaume Couture, premier colon de la Pointe-Lévy (Lauzon). Lévis, Mercier & Cie, 1884. 162 p.

____. Histoire de la seigneurie de Lauzon. Lévis, Mercier, 1897-1904. 5 vols.

Descendance de plusieurs familles, par exemple celles des Lauzon, Duplessis, Couture, Bissot, Lambert, Charest, et al.
Généalogie de la famille Lauzon. Vol. 1, pièce C, Appendice: p. xix-xxxiii.
Notes généalogiques données d'après le Recensement de 1681 sur 49 autres familles.

____. Nicolas Le Roy et ses descendants; notes pour servir à l'histoire de la famille LeRoy. Québec, Impr. générale A. Côté, 1897. xii, 254 p.

Édition intime.

____. Notes sur la famille de Mines.

Dans: Soc. roy. du Canada. Mém. 3: 43-44 (sect. 2) 1897.
Reproduit dans: Bull. rech. hist. 37: 375-377 '31.

____. Notice historique sur la famille de René de la Voye (Canada). Lévis, Impr. de l'auteur, 1899. 198 p.

Ouvrage tiré à 100 exemplaires.

ROY, Léon. À travers l'histoire de Beaumont. Lévis, 1943, 309 p.

Notes sur la famille Couillard et ses familles alliées.
"Laïques inhumés dans l'église de Beaumont": p. 301-307.

____. Antoine et Jean Dionne dit Sansoucy et leurs enfants.

Dans: Bull. rech. hist. 55: 53-62, 67-79 '49.

____. Le Cinquième ancêtre des Langlois de Rimouski.

Dans: Bull. rech. hist. 44: 246-248 '38.

____. De la tenure des registres de l'état civil dans la province de Québec suivi des règles et techniques relatives aux registres de l'état civil. Québec, 1959. 160 p.

Comprends des références bibliographiques.

____. Dictionnaire généalogique; système pratique de consultation rapide.

Dans: S.G.C.F. Mém. 1: 169-172 '45.
Aussi paru dans: Bull. rech. hist. 51: 194-198 '45.
"Communication à l'ACFAS, le 9 oct. 1944".

____. Dix générations dans la même paroisse.

Dans: Bull. rech. hist. 44: 283-286 '38.
Sur la famille Langlois.

____. Douze Jean Langlois.

Dans: Bull. rech. hist. 44: 156-160 '38.

____. La Famille Michel dit Taillon.

Dans: Bull. rech. hist. 52: 373-379 '46.

____. La Famille Pain dit Langlois.

Dans: S.G.C.F. Mém. 2: 178-180 '47.

____. La Famille Saucier.

Dans: Bull. rech. hist. 52: 304-312 '46.

____. Guillaume Lemieux.

Dans: S.G.C.F. Mém. 2: 49-57 '46.

____. Gillaume Lizot et Anne Pelletier.

Dans: Bull. rech. hist. 52: 233-238 '46.

____. Jacques Langlois et Marie-Thérèse Lessard.

Dans: Bull. rech. hist. 50: 119-126 '44.

____. Jean Leclerc dit Francoeur.

Dans: Bull. rech. hist. 52: 277-278 '46.

____. Jean Soucy dit Lavigne.

Dans: Bull. rech. hist. 52: 143-145 '49.

____. Les (Le) Meneux dit Chateauneuf.

Dans: Bull. rech. hist. 53: 149-158, 187-192 '47.

____. Louis Lemieux, 1652-1694.

Dans: S.G.C.F. Mém. 2: 107-109 '46.

____. Mariages Paré (du Palais de Justice de Québec), 1877-1955. (Québec). [s.p.]

Copie dactylographiée (carbone).
Archives nationales du Québec, Québec, Qué.

____. Nadeau.

Dans: S.G.C.F. Mém. 15: (3) 165-168 juil./sept. '64.

____. 9e souche de Langlois et Langlais.

Dans: S.G.C.F. Mém. 24: (2) 115-116 avr./juin '73.

____. Nicolas Huot dit St-Laurent (1629-1693).

Dans: Bull. rech. hist. 53: 341-350, 356-363 '47.

____. Nos familles Jean.

Dans: Bull. rech. hist. 55: 211-226 '49.

____. Nos familles Langlois et Langlais.

Dans: Bull. rech. hist. 53: 50-56, 88-95 '47.

____. Nos plus anciennes familles Normand et Normand dit La Brière.

Dans: Bull. rech. hist. 57: 9-16 '51.

____. Notre plus ancienne famille Morisset.

Dans: Bull. rech. hist. 57: 123-134, 207-216 '51.

____. Pierre Desportes et sa descendance.

Dans: S.G.C.F. Mém. 2: 165-168 '47.

____. Pierre Joncas dit Lapierre.

Dans: Bull. rech. hist. 52: 209-213 '45.

____. La Plus ancienne famille Langlais.

Dans: S.G.C.F. Mém. 1: 205-213 '45.

____. Practical and genealogical card-index of marriages, births and deaths at the Quebec Court House.

In: Bull. rech. hist. 51: 77-89 '45.

____. Le Premier ancêtre de nos familles Michaud.

Dans: Bull. rech. hist. 53: 277-285, 301-303 '47.

____. Registres et archives de paroisses.

Dans: S.G.C.F. Mém. 7: 8-12 '56.
Cette étude est le premier sujet du thème général, "Les Archives en regard de la généalogie", du troisième congrès généalogique de la Société généalogique canadienne-française, tenu à Montréal les 29 et 30 oct. 1955.

____. Sole origin of the Lemieux family; Pierre-Louis Lemieux and Marie Lugan.

In: F.C.A.G.R. 2: (1) 38-42 Spring '69.

____. La Terre de Noël Langlois à Beauport.

Dans: Bull. rech. hist. 54: 240-254, 269-286, 295-300 '48.

____. Les Terres de la Grande Anse, des Aulnaies et du Port-Joly. Lévis, 1951. 304 p.

Notices généalogiques sur les familles pionnières de l'endroit.

____. Terres de l'Île d'Orléans: les terres de St-François, les terres de St-Laurent.

Dans: Arch. nat. du Qué. Rapport. 51: 116-237 '73.
Inventaire des terres de l'Île d'Orléans. Nombreux renseignements sur les familles de l'Île.

____. Une seule souche de Gauvin.

Dans: Bull. rech. hist. 53: 314-319 '47.

____. Une seule souche de Lemieux: Pierre Louis Lemieux et Marie Lugan.

Dans: S.G.C.F. Mém. 1: 241-245 '45.

ROY, Pierre-Georges. À propos des Le Marchand de Lignery ou Ligneris.

Dans: Bull. rech. hist. 39: 300-303 '43.

____. À travers l'histoire de Beaumont. Lévis, 1943. 309 p.

Notes sur la famille Couillard et ses familles alliées.
Les pionniers de Beaumont: p. 43-56.
"Laïques inhumés dans l'église de Beaumont": p. 301-307.

____. Abraham Martin dit l'Écossais et ses descendants.

Dans: Bull. rech. hist. 22: 568-570 '28.

____. Aveu et dénombrements des Messieurs de St-Sulpice. Québec, Beauceville, L'Éclaireur, 1943. 1 vol.

Fait partie des "Inventaires . . . conservés aux Archives Judiciaires de Québec" publiés par P.-G. Roy à partir de 1917.

____. Le Baron Edmond-Victor von Koenig.

Dans: Bull. rech. hist. 23: 316-318 '17.

____. Charles Bégin et Luce Paradis de Lauzon, parents du Cardinal Bégin.

Extrait de: Profils lévisiens. Lévis, 1948. p. 119-124.

____. Charles Denys de Vitré, conseiller au Conseil Souverain.

Dans: Bull. rech. hist. 24: 224-242 '18.

ROY, Pierre-Georges. Charles Joseph Amyot Vincelotte.

Dans: Bull. rech. hist. 25: 306-315 '19.

____. Charles Legardeur de Tilly, Conseiller au Conseil Souverain.

Dans: Bull. rech. hist. 28: 65-74 '22.

____. La Descendance de Coulon de Jumonville.

Dans: 34: 658-660 '28.

____. Les Descendants de Jean-Eustache Lanouillier de Boisclerc.

Dans: Bull. rech. hist. 27: 346-347 '21.

____. Les Descendants du Lieutenant Richard Howard Horsley.

Dans: 45: 122-124 '39.

____. Les Deux Leverrier.

Dans: Bull. rech. hist. 23: 3-13 '17.

____. La Famille Adhémar de Lantagnac. Lévis, 1908.

Tiré à 100 exemplaires.
Reproduit dans: Bull. rech. hist. 14: 343-350, 365-374 '08.

____. Famille Amyot. Lévis, 1942. 317, 23 p.

Copie dactylographiée sur papier oignon.
Index des principaux noms cités dans l'ouvrage (dernières 23 pages).
Description de la "Ville de Chartres en France, lieu d'origine de Philippe Amyot": p. 1-6.

____. La Famille Amyot de Vincelotte. Lévis, (l'auteur), 1946. 31 p.

Paru dans: Bull. rech. hist. 52: 107-126, 135-143 '46.

____. La Famille André de Leigne. Lévis, 1935. 29 p.

Reproduit dans: Bull. rech. hist. 31: 385-408 '35.
Appendice: Procès André de Leigne-Baudoin (1741), p. 10-29.

____. La Famille Antrobus.

Dans: Bull. rech. hist. 41: 506-508 '35.

____. La Famille Aubert de Gaspé. Lévis, (Cie J.E. Mercier), 1907. 199 p.

Tiré à 150 exemplaires.
"À propos des 'Anciens Canadiens', par l'abbé Camille Roy": p. 180-189.
Index des principaux noms cités dans l'ouvrage: p. 191-199.

____. La Famille Aubrennan ou Aubry.

Dans: Bull. rech. hist. 40: 641-644 '34.

____. La Famille Bailly de Messein. Lévis, 1917. 47 p.

Tiré à 100 exemplaires.
Paru dans: Bull. rech. hist. 23: 193-206, 225-239, 257-274 '17.

____. La Famille Barthe.

Dans: Bull. rech. hist. 41: 705-707 '35.

____. La Famille Bazire.

Dans: Bull. rech. hist. 42: 65-72 '36.

____. La Famille Bécard de Grandville. Lévis, 1914. 16 p.

Reproduit dans: Bull. rech. hist. 22: 97-110 '16.
Sur le Sieur Bécard de Granville et sa famille.

____. La Famille Bell.

Dans: Bull. rech. hist. 42: 129-131 '36.

____. La Famille Berthelot d'Artigny. Lévis, 1935. 38 p.

Reproduit dans: Bull. rech. hist. 41: 1-38 '35.

____. La Famille Boisseau. Lévis, 1907. 28 p.

Tiré à 100 exemplaires.

____. Famille Bréhaut.

Dans: Bull. rech. hist. 45: 146-150 '39.

____. La Famille Brewer.

Dans: Bull. rech. hist. 45: 90-91 '39.

____. La Famille Céloron de Blainville. Lévis, 1909. 60 p.

Reproduit dans: Bull. rech. hist. 15: 302-314, 329-350, 360-381 '09.

____. La Famille Chaffers.

Dans: Bull. rech. hist. 44: 161-163 '38.

____. La Famille Charly Saint-Ange. Lévis, (l'auteur), 1945. 23 p.

Appendice: The Sieurs de St. Ange, by Walter B. Douglas: p. 16-23.

____. La Famille Chaussegros de Léry. Lévis, 1934. 40 p.

Dans: Bull. rech. hist. 40: 577-614 '34.

____. Famille Chinic.

Dans: Bull. rech. hist. 45: 207-210 '39; 48: 244-249 '42.

____. La Famille Chorel d'Orvilliers de St-Romain.

Dans: Bull. rech. hist. 44: 33-38 '38.

____. La Famille Coffin.

Dans: Bull. rech. hist. 40: 229-232 '34.

____. La Famille Cook.

Dans: Bull. rech. hist. 42: 193-195 '36.

____. La Famille Courault de La Coste.

Dans: Bull. rech. hist. 45: 366-368 '39.

____. La Famille Dazemard de Lusignan.
Lévis, 1931. 31 p.

____. La Famille d'Estimauville de
Beaumouchel. Lévis, 1903. 80 p.

____. La Famille d'Irumberry de Salaberry.
Lévis, (Laflamme), 1905. 200 p.

Tiré à 100 exemplaires.

____. La Famille de Berey des Essarts. Lévis,
1944. 56 p.

____. La Famille de Chavigny de la
Chevrotière. Lévis, (L'Action sociale), 1916.
166 p.

Tiré à 200 exemplaires.

____. La Famille de Galliffet. Lévis, 1917.
28 p.

____. La Famille de Jean Amyot.

Dans: Bull. rech. hist. 25: 225-234 '19.

____. La famille de La Porte de Louvigny.
Lévis, 1939. 47 p.

Reproduit dans: Bull. rech. hist. 45: 289-309,
321-345 '39.

____. Famille de Louis Fréchette.

Dans: Bull. rech. hist. 50: 129-134 '44.

____. La Famille de Martel de Brouage.

Dans: Bull. rech. hist. 40: 513-549 '34.

____. La Famille de Ramezay. Lévis, 1910.
54 p.

Tiré à 100 exemplaires.
Reproduit dans: Bull. rech. hist. 16: 342-347,
375-382 '10; 17: 16-22, 33-47, 67-74, 103-110
'11.

____. La Famille de Rigaud de Vaudreuil.
Lévis, 1938. 216 p.

Tiré à 400 exemplaires.
Comprend des notices bibliographiques et un
index.

____. La Famille de Saint-Vincent de Narcy.
Lévis, (l'auteur), 1946. 30 p.

Paru dans: Bull. rech. hist. 52: 35-56, 67-72
'46.

____. La Famille des Bergères de Rigauville.
Lévis, 1912. 26 p.

Tiré à 100 exemplaires.

____. La Famille des Champs de Boishébert.
Lévis, 1906. 40 p.

Tiré à 100 exemplaires. Reproduit dans: Bull.
rech. hist. 12: 65-77, 97-113 '06.

____. La Famille du légiste François-Joseph
Cugnet au Canada.

Dans: Bull. rech. hist. 21: 236-238 '15.

____. La Famille Dufros de Lajemmerais.
Lévis, 1937. 26 p.

Aussi paru dans: Bull. rech. hist. 43: 289-298,
321-334 '37.

____. La Famille DuGué de Boisbriand. Lévis,
1918. 31 p.

Reproduit dans: Bull. rech. hist. 24: 161-173,
193-209 '18.

____. La Famille Dumas.

Dans: Bull. rech. hist. 45: 161-164 '39.

____. La Famille Dupont de Neuville. Lévis,
1934. 22 p.

Reproduit dans: Bull. rech. hist. 40: 3-19 '34.

____. La Famille Fargues.

Dans: Bull. rech. hist. 44: 129-132 '38.

____. La Famille Faribault. Lévis, 1913. 47 p.

Paru dans: Bull. rech. hist. 19: 33-49, 63-75,
97-112 '13.
Appendice: Le peintre Théophile Hamel:
p. 45-47.

____. La Famille Fitzback.

Dans: Bull. rech. hist. 44: 344-345 '38.

____. La Famille Fornel ou Fournel.

Dans: Bull. rech. hist. 41: 125-128 '35.

____. La Famille Foucault. Lévis, 1915. 13 p.

Reproduit dans: Bull. rech. hist. 21: 369-379
'15.

____. La Famille Frémont. Lévis, 1902. 84 p.

Tiré à 100 exemplaires.

____. La Famille Gaillard de St-Laurent. Lévis,
1935. 22 p.

Aussi reproduit dans: Bull. rech. hist. 41:
193-212 '35.

____. La Famille Gaultier de Comporté. Lévis,
1934. 34 p.

Reproduit dans: Bull. rech. hist. 40: 321-352
'34.

____. La Famille Glackemeyer. Lévis, 1916.
p. 5-15.

Tiré de: Bull. rech. hist. 22: 195-205 '16.

ROY, Pierre-Georges. La Famille Globensky.
Dans: Bull. rech. hist. 38: 705-707 '32.

____. La Famille Godefroy de Tonnancour.
Lévis, (Laflamme), 1904. 128 p.

Tiré à 100 exemplaires.

____. La Famille Guillemin. Lévis, 1917. 35 p.
Paru aussi dans: Bull. rech. hist. 23: 97-116,
129-142 '17.

____. La Famille Haché. Lévis, 1935. 32 p.
Paru aussi dans: Bull. rech. hist. 4: 577-606
'35.

____. La Famille Hale.
Dans: Bull. rech. hist. 38: 750-751 '32.

____. La Famille Hazeur. Lévis, 1935. 31 p.
Aussi paru dans: Bull. rech. hist. 41: 321-349
'35.

____. La Famille Hiché. Lévis, 1935. 32 p.
Aussi paru dans: Bull. rech. hist. 41: 321-349
'35.

____. La Famille Jarret de Verchères. Lévis,
1908. 44 p.
Reproduit aussi dans: Bull. rech. hist. 14:
209-217, 240-254, 271-285, 299-303 '08.

____. La Famille Jekimbert ou Kimber.
Dans: Bull. rech. hist. 21: 201-205 '15.

____. La Famille Jones.
Dans: Bull. rech. hist. 45: 84-86 '39.

____. La Famille Juchereau Duchesnay. Lévis,
1903. 8, xxiv, 9-456 p.
Tiré à 150 exemplaires.

____. La Famille Just.
Dans: Bull. rech. hist. 40: 615-616 '34.

____. La Famille Labat de Sivrac.
Dans: Bull. rech. hist. 44: 274-275 '38.

____. La Famille Lagueux.
Dans: Bull. rech. hist. 38: 577-579 '32.

____. La Famille Lajus.
Dans: Bull. rech. hist. 40: 243-247 '34.

____. La Famille Lanoullier. Lévis, 1935. 48 p.
Reproduit aussi dans: Bull. rech. hist. 41:
513-556 '35.

____. La Famille Larue.
Dans: Bull. rech. hist. 45: 65-71 '39.

____. La Famille Le Compte Dupré. Lévis,
(l'auteur), 1941. 208 p.

____. La Famille Lefebvre Duplessis Faber.
Lévis, 1937. 25 p.
Reproduit aussi dans: Bull. rech. hist. 43:
225-239, 257-266 '37.

____. La Famille Legardeur de Repentigny.
Dans: Bull. rech. hist. 53: 165-176, 195-216,
227-247 '47.

____. La Famille Le Gardeur de Tilly.
Dans: Bull. rech. hist. 53: 99-123, 133-146 '47.

____. La Famille Legendre.
Dans: Bull. rech. hist. 52: 215-216 '46.

____. La Famille Margane de Lavaltrie. Lévis,
1917. 40 p.
Aussi reproduit dans: Bull. rech. hist. 23:
33-53, 65-80 '17.

____. La Famille Mariauchau d'Esgly. Lévis,
1908. 13 p.
Tiré à 200 exemplaires.

____. La Famille Marsolet de St-Aignan. Lévis,
1934. 29 p.
Reproduit aussi dans: Bull. rech. hist. 40:
385-409 '34.

____. La Famille Martel de Brouage. Lévis,
1934, 39 p.
Paru aussi dans: Bull. rech. hist. 40: 513-549
'34.

____. La Famille Martel de Magesse. Lévis,
1934. 27 p.
Paru aussi dans: Bull. rech. hist. 40: 705-709
'34.

____. La Famille Martin de Lino. Lévis, 1935.
39 p.
Aussi reproduit dans: Bull. rech. hist. 41:
257-293 '35.

____. La Famille Mure.
Dans: Bull. rech. hist. 41: 63-64 '35.

____. La Famille Panet. Lévis, (Laflamme),
1906. 212 p.
Tiré à 150 exemplaires.

____. La Famille Péar(n) de Livaudière.
Dans: Bull. rech. hist. 49: 22-23 '43.
La postérité des Péan ne s'est pas perpétuée ni
en Canada ni en France.

____. La Famille Perthuis. Lévis, 1935. 31 p.
Aussi paru dans: Bull. rech. hist. 41: 449-477
'35.

____. La Famille Pinguet de Vaucour. Lévis, P.-G. Roy, 1934. 39 p.

____. La Famille Planté.

Dans: Bull. rech. hist. 40: 193-196 '34.

____. La Famille Regnard-Duplessis.

Dans: Bull. rech. hist. 21: 280-283 '15.

____. La Famille Renaud d'Avène des Méloizes. Lévis, 1907. 50 p.

Tiré à 100 exemplaires.
Aussi reproduit dans: Bull. rech. hist. 13: 161-181, 193-209 '07.

____. La Famille Rocbert et La Morandière. Lévis, 1905. 88 p.

Tiré à 100 exemplaires.

____. La Famille Rouer de Villeray. Lévis, (1920). 84 p.

Tiré à 100 exemplaires.
Aussi reproduit dans: Bull. rech. hist. 26: 33-52, 65-77, 97-117, 129-145, 161-176 '20.

____. La Famille Sevestre.

Dans: Bull. rech. hist. 40: 630-637 '34.

____. La Famille Soumande. Lévis, (l'auteur), 1945. 15 p.

Aussi paru dans: Bull. rech. hist. 51: 157-169, 263-275 '45.
Extraits de l'état civil relatifs aux Soumande.

____. La Famille Soupiran. Lévis, 1935. 36 p.

Aussi reproduit dans: Bull. rech. hist. 41: 129-160 '35.

____. La Famille Taché. (Québec, Laflamme), 1904. 200 p.

Tiré à 200 exemplaires.
Histoire de la famille Taché et ses familles alliées jusque vers les années 1900.

____. La Famille Tarieu de Lanaudière. Lévis, 1922. 230 p.

"Grande famille, grande race, grand nom, par Mgr Dupanloup": p. 3-4.
"Madeleine de Verchères, par J. Edmond Roy": p. 175-203.
Notes partiellement bibliographiques au bas des pages.

____. La Famille Taschereau. Lévis, 1901. 199 p.

Tiré à 200 exemplaires.

____. La Famille Viennay-Pachot. Lévis, 1915. 9 p.

Aussi reproduit dans: Bull. rech. hist. 21: 236-242 '15.

____. La Famille Wilkie.

Dans: Bull. rech. hist. 42: 58-60 '36.

____. François de Gallifet, gouverneur de Trois-Rivières.

Dans: Bull. rech. hist. 23: 289-302, 321-332 '17.

____. Le Frère André; la famille Bessette.

Dans: Bull. rech. hist. 53: 67-86 '47.

____. Hommes et choses du fort Saint-Frédéric. Montréal, Éd. des Dix, 1946. 351 p.

Notes bibliographiques au bas des pages.

____. Index des jugements et délibérations du Conseil Souverain de 1663 à 1716. Beauceville, L'Éclaireur, 1940. 1 vol.

Fait partie de la série des "Inventaires . . . conservés aux Archives judiciaires de Québec", publiés par P.-G. Roy à partir de 1917.

____. Inventaire des contrats de mariages du régime français conservés aux Archives Judiciaires de Québec, 1937-38. Beauceville, L'Éclaireur, 1941. 6 vols.

____. Inventaire des concessions en fiefs et seigneuries conservés aux Archives Judiciaires de Québec. Beauceville, L'Éclaireur, 1927/29. 6 vols.

____. Inventaire des greffes des notaires du régime français conservés aux Archives Judiciaires de Québec. Beauceville (et) Québec, 1943- .

____. Inventaire des insinuations de la prévôté de Québec conservés aux Archives Judiciaires de Québec. Beauceville, L'Éclaireur, 1936/39. 3 vols.

____. Inventaire des insinuations du Conseil Souverain de la Nouvelle-France conservés aux Archives Judiciaires de Québec. Beauceville, L'Éclaireur, 1921. 1 vol.

____. Inventaire des jugements et délibérations du Conseil Supérieur de la Nouvelle-France de 1717 à 1760 conservés aux Archives Judiciaires de Québec. Beauceville, L'Éclaireur, 1932-35. 7 vols.

____. Inventaire des ordonnances des Intendants de la Nouvelle-France conservés aux Archives Judiciaires du Québec. Beauceville, L'Éclaireur, 1919. 4 vols.

____. Inventaire des papiers de Léry conservés aux Archives Judiciaires de Québec. Beauceville, L'Éclaireur, 1939-40. 3 vols.

ROY, Pierre-Georges. Inventaire des pièces sur la Côte du Labrador conservés aux Archives Judiciaires de Québec. Beauceville, L'Éclaireur, 1940-42. 2 vols.

____. Inventaire des procès-verbaux des Grands-Voyers conservés aux Archives Judiciaires de Québec. Beauceville, L'Éclaireur, 1923-32. 6 vols.

____. Inventaire des registres de l'état civil conservés aux Archives Judiciaires de Québec. Beauceville, L'Éclaireur, 1921. 1 vol.

____. Inventaire d'une collection de pièces notariales conservées aux Archives Judiciaires de Québec. Beauceville, L'Éclaireur, 1917. 2 vol.

____. Inventaires, testaments, donations du régime français conservés aux Archives Judiciaires de Québec. Beauceville, L'Éclaireur, 1941. 3 vols.

____. Jacques-Alexis de Fleury Deschambault.
Dans: Bull. rech. hist. 37: 705-713 '31.

____. Jacques Bizard, major de Montréal et sa famille.
Dans: Bull. rech. hist. 22: 291-303 '16.

____. James Cuthbert de Berthier et sa famille; notes généalogiques et biographiques.
Dans: Soc. roy. du Canada. 3e sér. 29: (sect. 1) 127-151 '35.

____. Le Nommé Deschenaux.
Dans: Bull. rech. hist. 55: 163-167 '49.
Il s'agit de Joseph Brassard Deschenaux.

____. Les Besserer de la Province de Québec.
Dans: Bull. rech. hist. 23: 30-31 '17.

____. Les Blanchet.
Dans: Bull. rech. hist. 38: 735-740 '32.

____. Les Letellier de St-Just.
Dans: Bull. rech. hist. 23: 255-256 '17.

____. Les Price.
Dans: Bull. rech. hist. 38: 747-749 '32.

____. Les Sept frères Bédard.
Dans: Bull. rech. hist. 44: 65-67 '38.

____. Lettres de noblesse, généalogies, érections de comtés conservées aux Archives Judiciaires de Québec. Beauceville, L'Éclaireur, 1920. 2 vol.

____. Louis Boulduc ou Bolduc.
Dans: Bull. rech. hist. 22: 65-70 '16.

____. Louis Gaspard Le Gardeur de Repentigny.
Dans: Bull. rech. hist. 34: 513-519 '28.

____. Louis Juchereau de Saint-Denys.
Dans: Bull. rech. hist. 36: 193-202 '30; 38: 407-416 '32.

____. Mathieu Amyot-Villeneuve.
Dans: Bull. rech. hist. 25: 321-331 '19.

____. Mathieu Damours de Chauffours.
Dans: Bull. rech. hist. 32: 385-392 '26.

____. Mathieu Damours de Freneuse.
Dans: Bull. rech. hist. 32: 577-582 '26.

____. Nicolas Daneau de Muy et ses enfants.
Dans: Cahiers des Dix 18: 157-170 '53.

____. La Noblesse des Coulon de Villiers.
Dans: Bull. rech. hist. 34: 577-579 '28.

____. Notes d'identité: les Amyot.
Dans: Bull. rech. hist. 56: 275-277 '50.

____. . . . Notes généalogiques sur différentes familles . . .
Source: C.C.Ms. p. 1077.
Ms. Originaux.
Archives publiques du Canada, Ottawa, Ont.

____. Notes sur Denis Riverin.
Dans: Bull. rech. hist. 34: 65-76, 129-139, 193-206 '28.

____. Notes sur Joseph Louis Céloron de Blainville.
Dans: Bull. rech. hist. 33: 600-606, 676-678 '27.

____. Notes sur la famille Chabot.
Dans: Bull. rech. hist. 38: 1-5 '32.

____. Olivier Morel de La Durantaye, capitaine au Régiment de Carignan.
Dans: Bull. rech. hist. 28: 97-107, 129-136 '22.

____. Ordonnances, commissions, etc. des gouverneurs et Intendants de la Nouvelle-France, 1639-1706, conservées aux Archives Judiciaires de Québec. Beauceville, L'Éclaireur, 1924. 2 vol.

____. Papier terrier de la Compagnie des Indes occidentales conservé aux Archives Judiciaires de Québec. Beauceville, L'Éclaireur, 1931. 1 vol.

____. Père de trente-deux enfants!

Dans: Bull. rech. hist. 49: 244-250 '43.
Une erreur que l'auteur corrige sur la famille
Fleury de la Gorgendière.

____. Le Premier Crémazie au Canada.

Dans: Bull. rech. hist. 29: 184-185 '23.

____. Le Premier Dorion au Canada.

Dans: Bull. rech. hist. 29: 184-185 '23.

____. Le Premier East canadien.

Dans: Bull. rech. hist. 32: 351-352 '26.

____. Le Premier Hallay ou Hallé canadien.

Dans: Bull. rech. hist. 32: 540-541 '26.

____. Profils lévisiens. Lévis, 1948. 2 vols.

Histoire des principaux citoyens de Lévis, suivi
quelques fois de notes ou tableaux généalogiques.

____. Quatre générations de Romain.

Dans: Bull. rech. hist. 34: 552-555 '28.

____. Les Rageot de Saint-Luc et de Beaurivage.

Dans: Bull. rech. hist. 22: 323-333 '16.

____. Raymond-Blaise de Bergères.

Dans: Bull. rech. hist. 22: 227-235, 259-271,
281 '16.

____. René Ovide Hertel de Rouville, ses
descendants.

Dans: Bull. rech. hist. 21: 53-54 '15.

____. René Robineau de Portneuf et ses
enfants.

Dans: Cahiers des Dix 16: 171-193 '51; 17:
209-232 '52.

____. . . . renseignements biographiques et
généalogiques.

Source: C.C.Ms.
Ms. Originaux. 1 pied. 1 pouce. ca. 1715-1723.
Archives publiques du Canada, Ottawa, Ont.

____. Robert Caron et sa famille. Lévis, 1937.
24 p.

Tiré à 200 exemplaires.

____. Robert Giffard a-t-il laissé des descen-
dants de son nom?

Dans: Bull. rech. hist. 22: 89-94 '16.

____. Le Sieur de Vincennes, fondateur de
l'Indiana et sa famille. Québec, Charrier et
Dugal, 1919. 365 p.

____. Sieur de Vincennes identified. (Translated
by Mrs. Charles W. Moores). Indianapolis,
Pauley, (1920?). 130 p. (Indiana Historical
Society. Publications, vol. 7, no. 1).

Généalogie de la famille Bissot de Vincennes:
p. 11-21.
Traduction de: "Le Sieur de Vincennes, fondateur de l'Indiana et sa famille," publié en 1919.
Bibliographie: p. 127-130.

____. Sieur Guillaume Estèbe.

Dans: Bull. rech. hist. 52: 197-207 '46.

ROY, Pierre-Georges, comp.
voir aussi sous:

BOISSEAU, Nicolas Gaspard. Mémoires . . .

ROY, Raymond, co-aut.
voir sous:

CHARBONNEAU, Hubert et Raymond Roy.
Généalogie . . .

ROY, Régis. Les Cuthbert.

Dans: Bull. rech. hist. 40: 627-629 '34.

____. Les Drouet de Richardville.

Dans: Bull. rech. hist. 36: 593-597 '31.

____. Les Intendants de la Nouvelle-France;
notes sur leurs familles avec portraits et
armoiries.

Dans: Royal Soc. of Canada. Proceedings and
transactions. Ser. 2, 9: sect. 1, 65-107 '03.

____. James Cuthbert de Berthier et sa famille;
notes généalogiques et biographiques.

Dans: Soc. roy. du Canada. Mémoires. 3e sér.
29: sect. 1, 127-151 '35.

____. Joseph Le Moyne, sieur de Sérigny et sa
descendance.

Dans: Bull. rech. hist. 31: 121-124 '25.

____. Les Du Plessis.

Dans: Bull. rech. hist. 26: 150-151 '20.

ROYLE, E.C. Famille de Les Derniers.

Dans: Bull. rech. hist. 59: 162-166 '53.

ROYLE, E.C.
see also under:

DELESDERNIERS family, N.S. . . .

RUBINCAM, Milton. Genealogical research
methods and sources. Ed. by Milton
Rubincam. Associate ed.: Jean Stephenson.
Committee on Publications: Arthur Adams
(and others). Washington, D.C., American
Society of Genealogists, 1960. 456 p.

Canadian section.

RUBINCAM, Milton. Genealogy; a selected bibliography. Prepared for the Institute of Genealogy, Samford University, Ala. Birmingham, Ala. Banner Pr., 1967.

Part 3, Chapter XI. Canada: pp. 261-288. (Table of Contents).

____. The Old United Empire Loyalist List. Toronto, 1885.

Reprinted in 1969.

RUDDERHAM, Gordon . . . ms. of the births, marriages and deaths of Rudderham family, 1799-1958.

Source: U.L.Ms. p. 1079.
Ms. Photocopies.
Cape Bretoniana Archives. St. Francis Xavier University, Sydney Campus, Sydney, N.S.

RUSHEN, Percy C. The Genealogist's legal dictionary. Walton-on-Thames, Chas. A. Bernau, 1909. 104 p. (Genealogist's Pocket Library, vol. 6).

RUSTAD, Evelyn, co-aut.
see under:

GRAY, Ruth, Art. Lacombe and Evelyn Rustad. Miles to Minburn . . .

RUSTICO, Î.-P.-É. Saint-Augustin-de-Rustico, paroisse (catholique). Registres de paroisse.

Source: C.C.Ms. p. 1082.
Ms. Reproduction photographique. 4 pouces. [s.d.]
Archives acadiennes, Moncton, N.-B.

____. Registres paroissiaux, 1812-1824 . . .

Source: C.C.Ms. p. 1082.
Ms. Copie. 93 p. Reproductions photographiques. 76 p.
Archives publiques du Canada, Ottawa, Ont.

RYAN, Carol Ward. Hebert history; ancestors and descendants of Laurent Hebert, ca. 1800, P.Q. to 1851, Clinton Co., N.Y. (original ancestor Augustin Hebert), and also François d'Amours de Courberon (Colburn), 1791, P.Q. to 1862, De Pere, Wisc. Green Bay, Wisc., (the author), 1978.

RYERSON, Adolphus Egerton . . . Ont. . . . Genealogical notes relating to Rev. Adolphus Egerton Ryerson, D.D. (1803-1882), his father, Colonel Joseph Ryerson (1761-1854), his son, Charles (1848-1909), and two of his three grandsons, Rev. George (b. 1876) and Joseph (1887-1916) Ryerson.

Source: U.L.Ms. p. 1084.
Ms. Microfilm. 50 feet. 1783-1946.
Public Archives of Canada, Ottawa, Ont.

SAANICH, B.C. St. Stephen's Anglican Church. Register of marriages, 1863-1880.

Source: U.L.Ms. p. 1084.
Ms. Transcript. 33 p.
Provincial Archives of British Columbia, Victoria, B.C.

SABINE, Lorenzo. An Address before the New England Historical Genealogical Society in the House of Representatives of Massachusetts, Sept. 13th 1859. The 100th anniversary of the death of Major General James Wolfe. Boston, 1859. 100 p. in-8°.

SABOURIN, Yvon, comp. Sépultures de St-Jean-Baptiste de l'Orignal (Ont.)

Publié par tranches.
Dans: L'Outaouais généalogique 1980/81.

SABREVOIS DE BLEURY, famille . . . notes biographiques et généalogiques depuis le XIVe siècle . . .

Source: C.C.Ms. p. 1085.
Ms. Copie. 2 pouces. 1387-1927.
Archives nationales du Québec, Québec, Qué.

SACKVILLE, N.B. Sackville United Church . . . Baptisms, marriages and burials, 1839-1961 . . .

Source: U.L.Ms. p. 1085.
Ms. Microfilm.
Provincial Archives of New Brunswick, Fredericton, N.B.

SACKVILLE Township, N.B. Township Council . . . a partial record of births and deaths, 1748-1822 . . .

Source: U.L.Ms. p. 1086.
Ms. Original.
Public Archives of Canada, Ottawa, Ont. (and transcripts). Mount Allison University, Sackville, N.B.

SADLER, Clarence William. Kilbourne quest; Litchfield to Lambeth. St. Thomas, Ont., C.W. Sadler, 1973. 23 leaves.

Caption title.
Part of text copied from "Aaron Kilbourne's accounts" in "the History and antiquities of the name and family of Kilbourn", pp. 175-184, New Haven, 1856, by Payne Kenyon Kilbourne.

SADLIER-BROWN, Nowell . . . miscellaneous items relating to the Yould and Regan families of Nova Scota . . .

Source: U.L.Ms. p. 1086.
Ms. Original.
Public Archives of Canada, Ottawa, Ont.

SAFFOY, Gaston. Bibliographie généalogique, héraldique et nobiliaire de la France des origines à nos jours: imprimés et manuscrits. Préf. de Michel Fleury. Paris, 1968- . 2 volumes parus.

> Particulièrement utile aux généalogistes qui font des recherches sur leurs ancêtres en France.

SAGUENAYENSIA: Revue de la Société historique du Saguenay. Vol. 1, no 1, janv./fév. 1959- . Chicoutimi.

> Index 1959-66 publié dans la revue 9: (1) 3-29 janv./fév. '67.
> Les articles à contenu généalogique ont été indexés dans cette édition.

SAINDON, Laurent. La Famille Saindon, état actuel des recherches. (janv. 1978). 9 p.

> Copie dactylographiée.
> Archives nationales du Québec, Québec, Qué.

SAINT-ALEXIS-DE-MATAPÉDIA, Qué., paroisse (catholique). Registres de la paroisse, 1871-1892.

> *Source:* C.C.Ms. p. 1087.
> Ms. Reproductions photographiques. 329 p.
> Archives acadiennes, Moncton, N.-B.

ST-AMAND, Carroll, co-aut.
voir sous:
> GARON, Jean, Carroll St-Amand. Méthode
> . . .

ST-ANDRÉ D'ARGENTEUIL, Qué., paroisse (catholique). Registre de paroisse de baptêmes, mariages et sépultures . . . 1833-1850 . . . Index des mariages, 1833-1901.

> *Source:* C.C.Ms. p. 1087.
> Ms. Copie. 8 pouces.
> Archives publiques du Canada, Ottawa, Ont.

ST. ANDREW'S, N.B. All Saints' Anglican Church. Baptisms, marriages and burials, 1787-1961 . . .

> *Source:* U.L.Ms. p. 1087.
> Ms. Microfilm.
> Provincial Archives of New Brunswick, Fredericton, N.B.

ST. ANDREW'S WEST, Stormon County, Ont. St. Andrew's Catholic Church. . . . Registry of births, marriages, deaths, confirmations, 1837-1861.

> *Source:* U.L.Ms. p. 1088.
> Ms. Microfilm. 1 reel.
> Archives of Ontario, Toronto, Ont.

ST-ANSELME, N.-B., paroisse (catholique). Registre de la paroisse, 1832-1865.

> *Source:* C.C.Ms. p. 1088.
> Ms. Reproductions photographiques. 1 pouce.
> Archives acadiennes, Moncton, N.-B.

____. Registres des baptêmes, 1832-1870; mariages, 1832-1833, 1848-1870; sépultures, 1833, 1853-1870.

> *Source:* C.C.Ms. p. 1088.
> Ms. Copie. 1 pouce. 1 Microfilm. 1 bobine.
> Archives publiques du Canada, Ottawa, Ont.

ST-ANTOINE-DE-TILLY, Qué., paroisse (catholique). Registres de baptêmes, mariages et sépultures, 1755-1780.

> *Source:* C.C.Ms. p. 1088.
> Ms. Microfilm. 1 bobine.
> Archives acadiennes, Moncton, N.-B.

ST-BASILE, N.-B., paroisse (catholique). Registres de St-Basile et Sainte-Anne de Fredericton, 1806-1824.

> *Source:* C.C.Ms. p. 1089.
> Ms. Microfilm. 1 bobine.
> Archives acadiennes, Moncton, N.-B.

ST-BENOIT, Qué., paroisse (catholique). Registres de baptêmes, mariages et sépultures, 1799-1850; index des mariages, 1800-1850.

> *Source:* C.C.Ms. p. 1089.
> Ms. Copie. 2 pieds 2 pouces.
> Archives publiques du Canada, Ottawa, Ont.

ST-BRUNO-DE-MONTARVILLE, Qué., paroisse (catholique). Registres de baptêmes, mariages et sépultures, 1843.

> *Source:* C.C.Ms. p. 1089.
> Ms. Originaux. 3 pouces.
> Archives nationales du Québec, Montréal, Qué.

ST-CHARLES, N.-B. St-Charles de l'Ardoine, paroisse (catholique). Registres de baptêmes, 1800-1870; mariages, 1801-1870; sépultures, 1800-1870. Registres de baptêmes, mariages et sépultures, 1805-1821.

> *Source:* C.C.Ms. p. 1089.
> Ms. Copie. 1 1/2 pouces. Microfilm. 1 bobine.
> Archives publiques du Canada, Ottawa, Ont.

ST-CHARLES-DE-KENT, N.-B. St-Charles-Borromée, paroisse (catholique). Registres de la paroisse, 1800-1850.

> *Source:* C.C.Ms. p. 1089.
> Ms. Reproductions photographiques. 4 pouces.
> Archives acadiennes, Moncton, N.-B.

ST. CLEMENT'S Rural Municipality, Man.
St. Peter's Anglican Church. Baptism
registers, 1839-1877; marriage registers,
1851-1890; burial register, 1839-1885.

> *Source:* U.L.Ms. p. 1089.
> Ms. Microfilm. 31 feet.
> Provincial Archives of Manitoba, Winnipeg,
> Man.

ST-CONSTANT, Qué., paroisse (catholique).
Registres de baptêmes, mariages et
sépultures, 1760-1790.

> *Source:* C.C.Ms. p. 1089.
> Ms. Microfilm. 1 bobine.
> Archives acadiennes, Moncton, N.-B.

ST-DENIS, Joseph, ptre. Notes généalogiques
sur les familles Denis et St-Denis, 1692-189?
. . .

> *Source:* C.C.Ms. p. 1090.
> Ms. Originaux.
> Archives nationales du Québec, Montréal, Qué.

SAINT-DENIS, Qué. . . . Extraits de registres
paroissiaux: famille J.-B. Athanase Joubert,
1787-1796 . . .

> *Source:* C.C.Ms. p. 1090.
> Ms. Originaux.
> Archives publiques du Canada, Ottawa, Ont.

SAINT-ÉTIENNE-DE-LA-TOUR, famille.
Notes généalogiques . . .

> *Source:* C.C.Ms. p. 1092.
> Ms. Copie.
> Archives nationales du Québec, Québec, Qué.

SAINT-EUSTACHE, Man. Catholic Church.
Registers of baptisms, marriages and burials
at Baie-St-Paul, 1874-1882 and St. Eustache.

> *Source:* U.L.Ms. p. 1092.
> Ms. Microfilm. 25 feet.
> Provincial Archives of Manitoba, Winnipeg,
> Man.

ST-EUSTACHE, Qué. Registres paroissiaux.

> Fichier. MG 8, G 29, vols. 1-6, 13-17.
> Bibliothèque nationale du Canada, Section de
> généalogie, Ottawa, Ont.

ST-EUSTACHE-DE-LA-RIVIÈRE-DU-
CHÊNE, Qué., paroisse (catholique).
Registres de baptêmes, mariages et
sépultures, 1769-1850.

> *Source:* C.C.Ms. p. 1092.
> Ms. Copie. 2 pieds. 10 pouces.
> Archives publiques du Canada, Ottawa, Ont.

SAINT-FRANÇOIS DE L'ÎLE D'ORLÉANS,
Qué., paroisse (catholique). Registres de
baptêmes, mariages et sépultures, 1755-1780.

> *Source:* C.C.Ms. p. 1092.
> Ms. Microfilm. 1 bobine.
> Archives acadiennes, Moncton, N.-B.

SAINT-FRANÇOIS-DE-SALES, Qué., paroisse
(catholique). Registres de baptêmes, mariages
et sépultures, 1760-1780.

> *Source:* C.C.Ms. p. 1092.
> Ms. Microfilm. 1 bobine.
> Archives acadiennes, Moncton, N.-B.

SAINT-FRANÇOIS-DU-LAC, Qué., paroisse
(catholique). Registres des baptêmes,
mariages et sépultures de . . . et des endroits
environnants (dont Rivière-du-Loup ou
Louiseville, 1688-1793), 1687-1763 et
quelques extraits, 1808-1836. Index des
mariages de St-François-du-Lac, 1687-1763.

> *Source:* C.C.Ms. p. 1092.
> Ms. Copie. 5 pouces.
> Archives publiques du Canada, Ottawa, Ont.

ST-FRANÇOIS-XAVIER, Man. Catholic
Church. Registers of baptisms, marriages
and burials, 1834-1900.

> *Source:* U.L.Ms. p. 1093.
> Ms. Microfilm. 170 feet.
> Provincial Archives of Manitoba, Winnipeg,
> Man.

ST-HILAIRE, Guy, Éloi-Gérard TALBOT et
Benoit PONTBRIAND, comp. Mariages de
St-Jean-Chrysostome (1830-1966), et St-
Romuald d'Etchemin (1854-1966), comté de
Lévis. Québec, B. Pontbriand, 1968. 363 p.
(Publications généalogiques, 51).

ST-HILAIRE, Guy, co-aut.
voir aussi sous:

> TALBOT, Éloi-Gérard et Guy St-Hilaire,
> comp. Mariages de Lauzon . . .

ST-IGNACE-DE-KENT, N.-B., paroisse
(catholique). Registres de paroisse,
1887-1934.

> *Source:* C.C.Ms. p. 1094.
> Ms. Reproductions photographiques. 384 p.
> Archives acadiennes, Moncton, N.-B.

ST-ISIDORE, N.-B., paroisse (catholique).
Registres de la paroisse, 1876-1920.

> *Source:* C.C.Ms. p. 1094.
> Ms. Microfilm. 1 bobine.
> Archives acadiennes, Moncton, N.-B.

ST-ISIDORE, Qué., paroisse (catholique).
Registres de baptêmes, mariages et
sépultures, 1833-1849.

Source: C.C.Ms. p. 1094.
Ms. Microfilm. 1 bobine.
Archives nationales du Québec, Montréal, Qué.

ST-JACQUES-DE-L'ACHIGAN, Qué.,
paroisse (catholique). Registres de baptêmes,
mariages et sépultures, 1777-1810.
Source: C.C.Ms. p. 1094.
Ms. Microfilm. 1 bobine.
Archives acadiennes, Moncton, N.-B.

ST-JACQUES-LE-MINEUR, Qué., paroisse
(catholique). Registres de baptêmes, mariages
et sépultures, 1840-1849.
Source: C.C.Ms. p. 1094.
Ms. Originaux. 3 pouces.
Archives nationales du Québec, Montréal, Qué.

SAINT-JEAN-BAPTISTE DE QUÉBEC.
Album publié à l'occasion du 50e anniversaire de l'érection canonique de la paroisse et
du jubilé d'or de Mgr J.E. Laberge. Québec,
Action Catholique, (c1936). [s.p.]
"Arbre généalogique des famille Laberge, par
un ami": p. 98ss.

ST-JEAN-DE-L'ÎLE-D'ORLÉANS, Qué.,
paroisse (catholique). Registres de baptêmes,
mariages et sépultures, 1755-1780.
Source: C.C.Ms. p. 1094.
Ms. Microfilm. 1 bobine.
Archives acadiennes, Moncton, N.-B.

SAINT-JEAN-DESCHAILLONS, Qué. St-
Jean-Baptiste, paroisse (catholique).
Registres de baptêmes, mariages et
sépultures, 1755-1780.
Source: C.C.Ms. p. 1094.
Ms. Microfilm. 1 bobine.
Archives acadiennes, Moncton, N.-B.

SAINT-JEAN-L'EVANGÉLISTE, (Soeur).
Notes généalogiques sur la famille Raizenne.
(Ottawa, 1917). 80 p.

ST-JOACHIM, Qué., paroisse (catholique).
Registres de baptêmes, mariages et
sépultures, 1755-1780.
Source: C.C.Ms. p. 1094.
Ms. Microfilm. 1 bobine.
Archives acadiennes, Moncton, N.-B.

ST. JOHN County, N.B. Census. Census of
St. Martin's Eastern district, N.B., 1851.
Source: U.L.Ms. p. 1096.
Ms. Microfilm. 39 p.
Public Archives of Canada, Ottawa, Ont.

____. Parish of Lancaster . . . twenty-four
marriage licences, 1852-1857 . . .
Source: U.L.Ms. p. 1096.
Ms. Original.
New Brunswick Museum, Saint John, N.B.

ST. JOHN, N.B. St. John Anglican Stone
Church. Baptisms, marriages and burials,
1852-1970; confirmations, 1757-1970.
Source: U.L.Ms. p. 1096.
Ms. Microfilm. 30 feet.
Provincial Archives of New Brunswick,
Fredericton, N.B.

____. Trinity Anglican Church. Baptisms,
marriages and burials, (inclusive dates)
1836-1857 . . .
Source: U.L.Ms. p. 1096.
Ms. Microfilm. 70 feet.
Provincial Archives of New Brunswick,
Fredericton, N.B.

____. . . . record of baptisms, 1835-1842.
Source: U.L.Ms. p. 1096.
Ms. Transcripts.
New Brunswick Museum, Saint John, N.B.

SAINT JOHN'S, Nfld. . . . Census by name of
inhabitants of the St. John's district.
Source: U.L.Ms. p. 1097.
Ms. Original. 40 p. 1/4 inch. 1794-1795.
Public Library Services, St John's, Nfld.

____. St John's Cathedral (Anglican). Parish
registers of the (Anglican) missionary district
and Cathedral parish of St. John's, Nfld.,
consisting of the missionary's registers of
baptisms, marriages and burials, 1752-1792;
the district register of baptisms, 1786-1792,
1849; the district register of marriages,
1784-1790, and the district register of baptisms and burials, 1795-1803.
Source: U.L.Ms. p. 1097.
Ms. Microfilm. 25 feet.
Public Archives of Canada, Ottawa, Ont.

____. Congregational Church . . . registers of
marriages, 1802-1817, 1834-1844; baptisms,
1780-1815, and burials, 1837-1838 . . .
Source: U.L.Ms. p. 1097.
Ms. Microfilm.
Public Archives of Canada, Ottawa, Ont.

SAINT-JOSEPH-DE-CHAMBLY, Qué.,
paroisse (catholique). Registres de baptêmes,
mariages et sépultures, 1760-1790.
Source: C.C.Ms. p. 1098.
Ms. Microfilm. 2 bobines.
Archives acadiennes, Moncton, N.-B.

ST-LAURENT, Jacqueline. Généalogie de la famille Lepage. Montréal, 1964. 281 p.

SAINT-LAURENT, Qué., paroisse (catholique). Registres de baptêmes, mariages et sépultures, 1720-1850.

> Source: C.C.Ms. p. 1098.
> Ms. Originaux. 4 pouces.
> Archives nationales du Québec, Montréal, Qué.

SAINT-LAURENT-DE-L'ÎLE-D'ORLÉANS, Qué., paroisse (catholique). Registres de baptêmes, mariages et sépultures, 1755-1780.

> Source: C.C.Ms. p. 1098.
> Ms. Microfilm. 1 bobine.
> Archives acadiennes, Moncton, N.-B.

ST-LOUIS-DE-KENT, N.-B. St-Louis-de-France, paroisse (catholique). Registre de la paroisse, 1800-1900.

> Source: C.C.Ms. p. 1099.
> Ms. Reproductions photographiques. 3 pouces.
> Archives acadiennes, Moncton, N.-B.

_____. Registres des baptêmes, 1800-1870; mariages et sépultures, 1802-1870; registres de baptêmes, mariages et sépultures, 1805-1816.

> Source: C.C.Ms. p. 1099.
> Ms. Copie. 1 1/2 pouces.
> Archives publiques du Canada, Ottawa, Ont.

ST-LOUIS-DE-LOTBINIÈRE, Qué., paroisse (catholique). Registres de baptêmes, mariages et sépultures, 1755-1780.

> Source: C.C.Ms. p. 1099.
> Ms. Microfilm. 1 bobine.
> Archives acadiennes, Moncton, N.-B.

SAINT-MARC-DE-COURNOYER, Qué., paroisse (catholique). Registres de baptêmes, mariages et sépultures, 1794-1849.

> Source: C.C.Ms. p. 1099.
> Ms. Originaux. 1 pied 6 pouces.
> Archives nationales du Québec, Montréal, Qué.

SAINT-MARTIN, Qué., paroisse (catholique). Registres de baptêmes, mariages et sépultures, 1774-1849.

> Dans: C.C.Ms. p. 1099.
> Ms. Originaux. 3 pieds.
> Archives nationales du Québec, Montréal, Qué.

ST. MARTIN'S, N.B. Parish Church (Anglican). Baptisms, 1876-1927; marriages, 1877-1929; burials, 1976, 1930.

> Source: U.L.Ms. p. 1099.
> Ms. Microfilm. 15 feet.
> Provincial Archives of New Brunswick, Fredericton, N.B.

ST-MAURICE, Rivière-au-Renard, Gaspésie. [s.l.n.d.] 13 p.

> "Liste des paroissiens décédés et inhumés dans le cimetière paroissial de 1916 à 1953. Leurs restes ont été exhumés en sept. 1971 et inhumés dans une fosse commune dans le cimetìere actuel."
> Classé par ordre chronologique de l'enregistrement.
> Archives nationales du Québec, Québec, Qué.

SAINT-MICHEL-DE-VAUDREUIL, Qué., paroisse (catholique). Registres de baptêmes, mariages et sépultures, 1773-1850.

> Source: C.C.Ms. p. 1100.
> Ms. Originaux. 3 pieds.
> Archives nationales du Québec, Montréal, Qué.

ST-NICOLAS-DE-LÉVIS, Qué., paroisse (catholique). Registres des baptêmes, mariages et sépultures, 1755-1780.

> Source: C.C.Ms. p. 1100.
> Ms. Microfilm. 1 bobine.
> Archives acadiennes, Moncton, N.-B.

SAINT-OURS, famille . . . notes généalogiques . . . 1641-1885 . . .

> Source: C.C.Ms. p. 1100.
> Ms. Originaux.
> Public Archives of Canada, Ottawa, Ont.

SAINT-OURS et Pélissier Duplan, familles. Papiers de familles Saint-Ours de L'Echaillon (Deschaillons) et Pélissier Du Plan de France . . .

> Source: C.C.Ms. p. 1100.
> Ms. Originaux. 82 p. 1664-1881.
> Archives nationales du Québec, Québec, Qué.

SAINT PATRICK'S High School Graduates, Quebec. An Index of Irish marriages; an extract from the registers of Notre-Dame de Quebec including English and Scottish marriages for 1760-1900/Inventaire des mariages irlandais dans les registres de Notre-Dame de Québec incluant ceux des Anglais et de (sic) Écossais de 1760 à 1900. Québec, Qué., Summer/été 1973. 4 vols.

> Classified alphabetically by order of family names/Classifié par ordre alphabétique des noms de familles.
> Polycopié/Mimeographed.

SAINT-PAUL-DE-KENT, N.-B. St-Paul, paroisse (catholique). Registres de la paroisse, 1883-1912.

Source: C.C.Ms. p. 1100.
Ms. Reproductions photographiques. 1 pouce.
Archives acadiennes, Moncton, N.-B.

ST-PHILIPPE-DE-LAPRAIRIE, Qué.,
paroisse (catholique). Registres de baptêmes,
mariages et sépultures, 1752-1848.

Source: C.C.Ms. p. 1100.
Ms. Originaux. 4 pouces.
Archives nationales du Québec, Montréal, Qué.

ST-PIERRE, Napoléon. Généalogie de la
famille Pierre-Huber (sic) St-Pierre. Québec,
1970. [s.p.]

Comprend: "Notes généalogiques sur une des
familles St-Pierre du Québec. Québec, 5 nov.
1970."
Fait partie de la famille Gros dit St-Pierre et
Legros dit St-Pierre.

ST-PIERRE, P.A., chan. Caouette.

Dans: S.G.C.F. Mém. 4: 40-42 '50.

____. Gendreau.

Dans: S.G.C.F. Mém. 2: 175-178 '47.

____. Maingot-Dumaine.

Dans: S.G.C.F. Mém. 4: 174-175 '51.

____. Taché.

Dans: S.G.C.F. Mém. 4: 172-174 '51.

ST-PIERRE, Rosaire, comp. Mariages et
nécrologe de Beaumont, 1692-1974. Relevés
et compilés par Rosaire St-Pierre. Québec,
Société de Généalogie de Québec, 1975.
285 p. (Contribution no 33).

Titre de couv.: Répertoire des mariages et
nécrologie de Beaumont (St-Étienne),
1692-1974.
Bibliographie: p. 280-283.
Polycopié.

ST-PIERRE, Rosaire et Napoléon GOULET,
comp. Mariages et nécrologe St-Camille,
1902-1975, et Ste-Sabine, co. Bellechasse,
1906-1975 . . . Montréal, Éd. Bergeron,
1977. 1 vol. [p.v.] (Publication no 37).

Polycopié.

ST-PIERRE-DE-L'ÎLE-D'ORLÉANS, Qué.,
paroisse (catholique). Registres de baptêmes,
mariages et sépultures, 1755-1780.

Source: C.C.Ms. p. 1101.
Ms. Microfilm. 1 bobine.
Archives acadiennes, Moncton, N.-B.

SAINT-PIERRE-LES-BECQUETS, Qué.,
paroisse (catholique). Registres de baptêmes,
mariages et sépultures, 1760-1780.

Source: C.C.Ms. p. 1101.
Ms. Microfilm. 1 bobine.
Archives acadiennes, Moncton, N.-B.

ST-POLYCARPE, Qué., paroisse (catholique).
Registres de baptêmes, mariages et
sépultures, 1819-1848.

Source: C.C.Ms. p. 1101.
Ms. Originaux. 1 pied.
Archives nationales du Québec, Montréal, Qué.

SAINT-RAPHAEL DE L'ÎLE BIZARD, Qué.,
paroisse (catholique). Registres de baptêmes,
mariages et sépultures, 1844-1849.

Source: C.C.Ms. p. 1101.
Ms. Originaux. 3 pouces.
Archives nationales du Québec, Montréal, Qué.

ST. RAPHAEL, Glengarry County, Ont.
Catholic Church. Transcript of Church
register kept by Father John MacDonald,
1832-1866.

Source: U.L.Ms. p. 1101.
Ms. Microfilm. 40 feet.
Archives of Ontario, Toronto, Ont.

SAINT-RÉGIS, Qué. St-Jean-François, mission
(catholique). Registres des baptêmes,
mariages et sépultures de cette mission
iroquoise.

Source: C.C.Ms. p. 1101.
Ms. Copie. 2 pouces.
Archives publiques du Canada, Ottawa, Ont.

SAINT-ROCH-DE-L'ACHIGAN, Qué.,
paroisse (catholique). Registres de baptêmes,
mariages et sépultures, 1787-1810.

Source: C.C.Ms. p. 1101.
Ms. Microfilm. 1 bobine.
Archives acadiennes, Moncton, N.-B.

SAINT-ROCH-DES-AULNAIES, Qué.,
paroisse (catholique). Registres de baptêmes,
mariages et sépultures, 1734-1764 et
1711-1781, avec index.

Source: C.C.Ms. p. 1101.
Ms. Reproductions photographiques. 4 pouces.
Archives nationales du Québec, Québec, Qué.

SAINT-SERVAN, France. Registres paroissiaux. Manuscrit intitulé: "Recherches faites
dans les archives de la Ville de St-Servan (Ille
et Vilaine) au sujet des Acadiens déportés en
France vers la fin du 16e siècle et autres
documents divers."

Source: C.C.Ms. p. 1101.
Ms. Reproductions photographiques. 112 p.
Archives acadiennes, Moncton, N.-B.

ST. STEPHEN, N.B. Christ Church
(Anglican). . . . covering the parishes of St.
Stephen, St. David and St. James. Materials
include baptisms, marriages and burials for
the years 1812-1854 . . .

> Source: U.L.Ms. p. 1101.
> Ms. Microfilm.
> Provincial Archives of New Brunswick,
> Fredericton, N.B.

ST. STEPHEN, N.B. Trinity Anglican Church
. . . baptisms, marriages and burials,
1870-1915.

> Source: U.L.Ms. p. 1101.
> Ms. Microfilm. 25 feet.
> Provincial Archives of New Brunswick,
> Fredericton, N.B.

SAINT-SULPICE, Qué., paroisse (catholique).
Registres de baptêmes, mariages et
sépultures, 1760-1790.

> Source: C.C.Ms. p. 1101.
> Ms. Microfilm. 1 bobine.
> Archives acadiennes, Moncton, N.-B.

ST. THOMAS, Ont. Trintiy Anglican Church.
Marriage register, 1896-1911.

> Source: U.L.Ms. p. 1102.
> Ms. Original. 200 p.
> University of Western Ontario Library,
> London, Ont.

ST. THOMAS, Que. Anglican Church. Parish
registers, 1842-1850.

> Source: U.L.Ms. p. 1102.
> Ms. Original. 3 inches.
> Archives nationales du Québec, Montréal, Qué.

SAINT-VINCENT-DE-PAUL-DE-L'ÎLE-
JÉSUS, Qué., paroisse (catholique).
Registres de baptêmes, mariages et
sépultures, 1743-1848.

> Source: C.C.Ms. p. 1102.
> Ms. Originaux. 3 pieds.
> Archives nationales du Québec, Montréal, Qué.

_____. Registres de baptêmes, mariages et
sépultures, 1760-1780.

> Source: C.C.Ms. p. 1102.
> Ms. Microfilm. 1 bobine.
> Archives acadiennes, Moncton, N.-B.

SAINTE-ANNE D'ARGYLE et Saint-Pierre
d'Argyle, familles. Documents concernant les
familles de Sainte-Anne d'Argyle (Pubnico-
est, N.-É.) et Saint-Pierre d'Argyle (Pubnico-
ouest, N.-É.).

> Source: C.C.Ms. p. 1102.
> Ms. Microfilm. 1 bobine.
> Archives acadiennes, Moncton, N.-B.

SAINTE-ANNE-DE-BEAUPRÉ, Qué.,
paroisse (catholique). Registres de baptêmes,
mariages et sépultures, 1757-1780.

> Source: C.C.Ms. p. 1090.
> Ms. Microfilm. 1 bobine.
> Archives acadiennes, Moncton, N.-B.

_____. Registres . . . 1652-1702, 1708-1719 . . .

> Source: C.C.Ms. p. 1090.
> Ms. Originaux. 26 p.
> Archives publiques du Canada, Ottawa, Ont.

SAINTE-ANNE-DE-BELLEVUE, Qué.,
paroisse (catholique). Registres de baptêmes,
mariages et sépultures, 1760-1780.

> Source: C.C.Ms. p. 1090.
> Ms. Microfilm. 1 bobine.
> Archives acadiennes, Moncton, N.-B.

SAINTE-ANNE DE KINGSCLEAR, N.-B.,
paroisse (catholique). Registre de la paroisse
de l'Abbé Bailly, 1767-1768, 1806-1824 (avec
St-Basile) et 1826-1859 . . .

> Source: C.C.Ms. p. 1090.
> Ms. Copie. Microfilm. 12 pieds. 1767-1859.
> Archives acadiennes, Moncton, N.-B.

SAINTE-ANNE-DE-LA-PÉRADE, Qué.,
paroisse (catholique). Registres de baptêmes,
mariages et sépultures, 1774-1790.

> Source: C.C.Ms. p. 1090.
> Ms. Microfilm. 1 bobine.
> Archives acadiennes, Moncton, N.-B.

SAINTE-ANNE-DES-PLAINES, Qué.,
paroisse (catholique). Registres des baptêmes,
mariages et sépultures de cette paroisse,
1788-1850. Index des baptêmes, 1788-1799,
des mariages, 1788-1945, et des sépultures,
1788-1799.

> Source: C.C.Ms. p. 1090.
> Ms. Copie. 1 pied 6 pouces.
> Archives publiques du Canada, Ottawa, Ont.

SAINTE-ANNE-DU-BOUT-DE-L'ÎLE,
paroisse (catholique). Registres de baptêmes,
mariages et sépultures, 1703-1849.

> Source: C.C.Ms. p. 1090.
> Ms. Originaux. 3 pieds.
> Archives nationales du Québec, Montréal, Qué.

SAINTE-ANNE-DU-FORT-DE-CHARTRES,
1721-1765. Abrégé des registres de cette
paroisse, 1743-1765. Registres de baptêmes,
mariages et sépultures de la mission St-

Joseph de la Prairie-du-Rocher, 1761-1799. Registres des baptêmes, mariages et sépultures de la mission de La Visitation-de-Saint-Philippe-des-Arkansas, 1744, 1761-1765.

Source: C.C.Ms. p. 605.
Ms. Copie. 5 pouces.
Archives publiques du Canada, Ottawa, Ont.

SAINTE-ANNE-DU-RUISSEAU, N.-É., paroisse (catholique). Registres de la paroisse, 1799-1841.

Source: C.C.Ms. p. 1091.
Ms. Reproductions photographiques. 2 pouces.
Archives acadiennes, Moncton, N.-B.

_____. Registres des familles de la paroisse . . . et de St-Pierre d'Argyle (Pubnico-ouest) par l'abbé Sigogne, 1816-1824.

Source: C.C.Ms. p. 1091.
Ms. Microfilm. 8 pieds.
Archives acadiennes, Moncton, N.-B.

SAINTE-CROIX DE LOTBINIÈRE, Qué., paroisse (catholique). Registres de baptêmes, mariages et sépultures, 1755-1780.

Source: C.C.Ms. p. 1091.
Ms. Microfilm. 1 bobine.
Archives acadiennes, Moncton, N.-B.

SAINTE-FAMILLE-DE-L'ÎLE-D'ORLÉANS, Qué., paroisse (catholique). Registres de baptêmes, mariages et sépultures, 1755-1780.

Source: C.C.Ms. p. 1091.
Ms. Microfilm. 1 bobine.
Archives acadiennes, Moncton, N.-B.

STE-FOY, Qué. Notre-Dame-de-Foy, paroisse (cath.). Registres de baptêmes, mariages et sépultures, 1755-1780.

Source: C.C.Ms. p. 1091.
Ms. Microfilm. 1 bobine.
Archives acadiennes, Moncton, N.-B.

SAINTE-GENEVIÈVE, Qué., paroisse (catholique). Registres de baptêmes, mariages et sépultures, 1760-1780.

Source: C.C.Ms. p. 1091.
Ms. Microfilm. 1 bobine.
Archives acadiennes, Moncton, N.-B.

SAINTE-GENEVIÈVE-DE-BATISCAN, paroisse (catholique). Registres de baptêmes, mariages et sépultures, 1760-1780.

Source: C.C.Ms. p. 1091.
Ms. Microfilm. 1 bobine.
Archives acadiennes, Moncton, N.-B.

SAINTE-MARIE-DE-KENT, N.-B. Notre-Dame-du-Mont-Carmel, paroisse (catholique). Registres de la paroisse, 1869-1890.

Source: C.C.Ms. p. 1091.
Ms. Reproductions photographiques. 1 pouce.
Archives acadiennes, Moncton, N.-B.

SAINTE-MARTHE, Qué., paroisse (catholique). Registres de baptêmes, mariages et sépultures, 1844-1849.

Source: C.C.Ms. p. 1091.
Ms. Originaux. 3 pouces.
Archives nationales du Québec, Montréal, Qué.

SAINTE-ROSE-DE-LIMA, Qué., paroisse (catholique). Registres de baptêmes, mariages et sépultures, 1745-1848.

Source: C.C.Ms. p. 1092.
Ms. Originaux. 3 pieds.
Archives nationales du Québec, Montréal, Qué.

SAINTE-SCHOLASTIQUE, Qué., paroisse (catholique). Registres de baptêmes, mariages et sépultures, 1825-1851; index des mariages, 1825-1851.

Source: C.C.Ms. p. 1092.
Ms. Copie. 1 pied 2 pouces.
Archives publiques du Canada, Ottawa, Ont.

SAINTONGE, Jacques. Dossier des familles Denevers dit Brentigny et Boisvert. Québec, 1976. [s.p.]

Polycopié.
Mise à jour au 8 oct. 1976.

_____. Histoires ancestrales. Compilation et index de Jacques Saintonge. Déc. 1977. [s.p.]

Polycopié.
Extraits de la Revue de Sainte-Anne-de-Beaupré.
Archives nationales du Québec, Québec, Qué.

_____. Jean Béland et quelques descendants. Québec, déc. 1977. [s.p.]

Tableau généalogique.
"De Jean Béland à Georges Langlois, Jean Gaboury, Doreen Béland et Henri-Séverin Béland."
L'ancêtre est Jean Besland de St-Éloi, paroisse de Rouen, marié à veuve Geneviève Gaudin le 18 juillet 1677, à Québec.

_____. Jean Côté et quelques descendants de Jean à Jean-Hugues Côté. Québec, 30 sept. 1977. 142 p.

"Une des plus nombreuses familles après celle des Tremblay au Canada . . ."

SAINTONGE, Jacques. Les Bisson ou Buisson de Saint-Cosme. Québec, 21 nov. 1977. 82 p.

Polycopié.
Table généalogique.
Bibliographie: p. 82.
"De Gervais à Gaston Bisson, Gilles Fournier, Estelle Beaumier, Louis-Adélard Buisson, Hedwidge Buisson et Jean Gaboury." (page de titre).

_____. Les Denevers dit Boisvert d'Étienne de Nevers à Olivine Boisvert. Québec, 28 juin 1977. [s.p.]

Polycopié.
"Constitue un dossier sur les familles Nevers de Brantigny, Boisvert et Desaulniers . . ."
Bibliographie: p. 41.

_____. Les Rivard et les familles dérivées: Lavigne, Lacoursière, La Glanderie, Dufresne, Loranger, Bellefeuille, Lanouette, Maisonville, Feuilleverte, Préville, Montendre, etc. de Nicolas Rivard à Louise Rivard-Plouffe, Jacques Saintonge, Estelle Beaumier-Saintonge, Marie-Claire Beaudreault-Beaumier, de Robert Rivard à Jacques Saintonge. Québec, 25 janv. 1978. 2 vols.

Polycopié.
Archives nationales du Québec, Québec, Qué.

_____. La Longévité, l'affaire des Houde.
Dans: Le Nouvelliste, samedi 2 déc. 1978.

_____. Marin Boucher et ses descendants (de Marin à France Boucher). Avril 1977. 67 p.

Polycopié.
"Cette recherche contient un bref tour d'horizon sur le Perche, province d'origine de Marin Boucher. Elle relate le départ et l'arrivée en Nouvelle-France de ce pionnier . . ." (Prés.)

_____. Nicolas Langlois, pionnier de la Pointe-aux-Trembles de Québec, de Nicolas à Georges Langlois. Québec, 7 nov. 1977. [p.v.]

Polycopié.
Archives nationales du Québec, Québec, Qué.

_____. Pierre Commeau et ses descendants en Mauricie (de Pierre à Hélène et Thaïs Comeau). Montréal, mai 1977. 81 p.

Polycopié.
"Ce recueil n'est pas l'histoire de la famille Comeau. Il peut servir de point de départ à un travail plus complet . . ." (p.i).

_____. Pierre Lepelé dit Lahaie, pionnier des Trois-Rivières et de Batiscan.

Dans: Le Nouvelliste, samedi 9 déc. 1978, p. 23.

_____. Pierre Petit dit Milhomme, de Pierre Petit à Jean-Paul Milhomme. Québec, 18 oct. 1977. 42 p.

Polycopié.
Cet ouvrage se "concentre surtout sur un seul Petit: Petit dit Milhomme, un pionnier de la paroisse de l'Ange-Gardien et sur quelques-uns de ses descendants . . . Il ne tient compte que de la matière publiée. Aucune recherche n'a été faite dans les manuscrits . . ." (Préf.)
Archives nationales du Québec, Québec, Qué.

_____. Robert Caron et ses descendants, de Robert à Marthe Caron, Raymond Caron, Estelle Beaumier et Jacques Saintonge. Québec, 15 fév. 1978. 306 p.

Polycopié.
Archives nationales du Québec, Québec, Qué.

_____. Siméon Leroy dit Audy et quelques descendants de Siméon à Yvan Roy. Québec, 22 sept. 1977. 35 p.

Polycopié.
Archives nationales du Québec, Québec, Qué.

_____. Zacharie Cloutier et quelques descendants de Zacharie à Léo et Donat Cloutier. Québec, 15 juil. 1977. 142 p.

Polycopié.
"Les pages qui suivent constituent davantage un dossier ou un recueil de divers documents sur Z. Cloutier et quelques-uns de ses descendants bien plus qu'une biographie de l'ancêtre venu du Perche . . ." (Remarque).

SALABERRY, Thérèse de. Regards sur la famille d'Irumberry de Salaberry: ses origines lointaines, sa branche canadienne. Paris, (Éd. de l'Orante), 1953. 175 p.

Livre rare.
Bibliographie: p. 174.

SALABERRY, famille de . . . actes de baptêmes, mariages et sépultures, 1788-1839 . . .

Source: C.C.Ms. p. 1102.
Ms. Copie. 2 pouces.
Archives publiques du Canada, Ottawa, Ont.

_____. . . . Extraits des registres de mariages, baptêmes et sépultures, 1745-1863. Arbre et notes généalogiques . . .

Source: C.C.Ms. p. 1102.
Ms. Copie.
Bibliothèque municipale de Montréal,
Montréal, Qué.

SALISBURY, Edward G. De Wolf family,
N.S. "Genealogy of the De Wolf family with
pedigree charts . . . also the Nova Scotia
family of De Wolf, with appendix by James
R. de Wolf, M.D.", compiled by Edward G.
and Evelyn Salisbury.

Source: U.L.Ms. p. 333.
Ms. Microfilm. 1 reel. [n.d.]
Public Archives of Nova Scotia, Halifax, N.S.

SALOMON, le mage. Les Prénoms: comment
les choisir? Leurs significations. Montréal,
Presses Sélect, 1976. 223 p. (Poche Sélect,
118).

Éd. originale: Paris, Montréal, Éd. Sambel,
1968.

SANDERS, Charles Richard. The Strachey
family, 1588-1932; their writings and literary
associations. N.Y., Greenwood Press, 1968.
337 p.

Reprint 1953.
Bibliographies.

SANDS, George Edgar. The North American
descendants of William Cowie. 1st ed.
(Detroit, Mich., P.J. Uridge Pr. Co., 1948?).
v. 145 (1) p.

Only 200 copies printed.

SANDWELL, Bernard K. The Molson family.
With a foreword by Lt.-Col. Herbert
Molson. Montreal, Privately published, 1933.
(270) p.

Rare book.

SANDWICH, U.C. St. John's Anglican
Church. Parish register, 1802-1827.

Source: U.L.Ms. p. 1105.
Ms. Photocopies. 2 inches.
Public Archives of Canada, Ottawa, Ont.

SANDWICH (Windsor), C.W. St. John's
Anglican Church . . . register of marriages,
christenings, burials, 1802-1827 . . .

Source: U.L.Ms. p. 1105.
Ms. Transcripts. 33 p.
Hiram Walker Historical Museum, Windsor,
Ont.

SARRASIN, Gabriel, o.m.i. Le Dictionnaire
des familles de Saint-Didace, 1820-1968.
(Cap-de-la-Madeleine, Ateliers Désilets,
1968). 360 p.

SASKATCHEWAN Jubilee histories.
Vols. 1-20, 1905-55. [n.p.]

A great number of family histories.

SAULT-AU-RÉCOLLET, Qué. La Visitation,
paroisse (catholique). Registres de baptêmes,
mariages et sépultures, 1736-1848.

Source: C.C.Ms. p. 1118.
Ms. Originaux. 3 pieds.
Archives nationales du Québec, Montréal, Qué.

———. . . . 1736-1850.

Source: C.C.Ms. p. 1118.
Ms. Copie. 1 pied 4 pouces.
Archives publiques du Canada, Ottawa, Ont.

———. . . . 1760-1780.

Source: C.C.Ms. p. 1118.
Ms. Microfilm. 1 bobine.
Archives acadiennes, Moncton, N.-B.

SAUVAGEAU, Émile. Mes racines: Émile
Sauvageau, n. 23-02-1910 à Hull, m.
29-05-1943 à Hull à Fleurette Laframboise.

Dans: L'Outaouais généalogique 3: (6) 77 juin
'81.

SAUVAGEAU, Jean. Claude Sauvageau
(1643 à . . .).

Dans: S.G.C.F. Mém. 29: (1) 38-47 janv./mars
'78.

SAUVAGEAU, Jean-Guy, ptre. Dictionnaire
généalogique des familles "Sauvageau" au
Canada et aux États-Unis, 1669-1969. Grondines, Qué., Éd. de l'Aurore au Crépuscule,
23 juillet 1977. 325 p.

Polycopié. 1ère éd.
Comprend un index.

SAUVAGEAU, Jean-Marc. Claude Sauvageau.

Dans: Troisième âge: juin 1978, p. 6.

———. (Claude Sauvageau). 17 p.

Polycopié.

———. Troisième centenaire de la famille
Sauvageau au Canada, 1669-1969. Nouv. im-
pression. Montréal, 1969, d.1. 1970. 17, 1
feuillets. 3 planches.

Copie polycopiée sur un seul côté des feuillets.
Sources consultées: f. 17.

SAVARY, Alfred William . . . A Genealogical
and biographical record of the Savery family
(Savory, Savary) and Severy family (Severit,
Savery, Savory, Savary), descendants of
early immigrants to New England and Phila-
delphia, with an introductory article on the
origin and history of the names. Boston,
Collins Pr., 1893. xx, 266 p.

"A detailed sketch of the life and labors of William Savery, minister of the Gospels in the Society of Friends . . ." and his descendants. Supplement . . . comprising families omitted . . . Boston, Fort Hill Pr., 1905. 58 p.

SAVARY, Alfred William, ed.
see also under:

CALNEK, William Arthur. History of the county of Annapolis . . . (1897 and 1913 editions).

SAVIGNAC, Ernest, comp. . . . Pierre Savignac et ses descendants jusqu'au 31 décembre 1948. [s.l.], 1949. 159 p.

SAVOIE, Donat et Madeleine JACQUES. Problèmes posés par le nombre restreint de patronymes dans le traitement au moyen de l'ordinateur. Exemple de Pont-Rouge (Île-du-Prince-Édouard).

Dans: Recherches sociographiques 13: (1) 139-147 janv. '72.

SAVOIE, Gabriel, co-comp.
voir sous:

LEEDS: Canton 1802 . . .

SAXE, William. Excerpts from "Sax genealogy", by Helen S. Drury, relative to William Saxe and his family, particularly Rev. Peter Telesphore Saxe of the Missisquoi Bay Area.

Source: U.L.Ms. p. 1121.
Ms. Transcripts. 5 p.
Public Archives of Canada, Ottawa, Ont.

SCALLEN, Pierre. Famille Scallen: notes diverses.

Polycopié.
Variations du nom: O'Scanlan, O'Scannelle, Scallen, Scully, O'Scanlon.

SCHREIBER family. Genealogy of the Schreiber family, showing Bingham-Collingwood-Parker pedigree, 1750-1960, and the Schreiber pedigree, 1680-1958.

Source: U.L.Ms. p. 1123.
Ms. Transcripts. 1 inch. Photocopies. 1 inch.
Public Archives of Canada, Ottawa, Ont.

_____. "The Schreiber Pedigree", a history of the Schreiber family, by Howard Gibbon Schreiber, 1960. The most prominent member of the family was Sir Collingwood Schreiber (1831-1918), Chief Engineer, Canadian Pacific Railway, and later Chief Engineer of the Dept. of Railways and Canals.

Source: U.L.Ms. p. 1123.
Ms. Photocopies. 214 p.
York University Archives, Downsview, Ont.

SCHULER History Committee. Saga of Schuler stalwarts. Joyce Wiedeman, ed.; Gladys Knodel, assistant ed. (Schuler, Alta., Schuler History Committee, 1973?). iv, 236 p.

Cover title.
"One of the projects of the Schuler Community Association": p. i.

SCOTLAND Record Office. Source list of manuscripts relating to the United States of America and Canada in private archives preserved in the Scottish Record Office. London, The Society, 1970.

SCOTT, H.A. ptre. Migneron, Magneron, Myrand, Mayrand, etc.

Dans: Bull. rech. hist. 10: 107-111 '04.

SCOTT, William Louis. A(merican) U(nited) E(mpire) loyalist family.

In: Ontario Hist. Soc. Papers and records 32: 140-170 '37.
Article on the McDonell family.

_____. . . . an article on the Heron family . . .

Source: U.L.Ms. p. 1127.
Ms. Original. [n.d.]
Public Archives of Canada, Ottawa, Ont.

_____. The Macdonells of Leek, Collachie and Aberchalder. [n.p.], (1935?). 12 p.

Title from original cover.
Reprinted from the Report of the Canadian Catholic Historical Association for 1934-35.

_____. U.E. Loyalist family.

In: Ontario Hist. Soc. Papers and records 32: 140-170 '37.

SCOTT family. Scott family tree.

Source: U.L.Ms. p. 1127.
Ms. Original. 18 p. [n.d.]
Brome County Historical Society, Knowlton, Que.

SCOUDOUC, N.-B. Saint-Jacques, paroisse (catholique). Registres de la paroisse, 1850-1914.

Source: C.C.Ms. p. 1127.
Ms. Reproductions photographiques. 2 pouces.
Archives acadiennes, Moncton, N.-B.

_____. Registres des baptêmes, 1850-1870; mariages, 1852-1870; et sépultures, 1855-1870.

Source: C.C.Ms. p. 1127.
Ms. Copie. 1 pouce.
Archives publiques du Canada, Ottawa, Ont.

SCRIVENER, Leslie. Re-united family finds old roots.

In: The Citizen, Ottawa, Wednesday, Sept. 6, '78.
History and Genealogy of the Langill families of Cantley.
Portraits: one of John Cyrus Langill, at 90 years of age.

(Le) SECOND registre de Tadoussac, 1668-1700. Transcription par Léonidas Larouche. Préf. de Victor Tremblay. Montréal, Presses de l'Université du Québec, 1972. xiv, 214 p. (Tekouerimat, 1).

En tête du titre: "Département des sciences humaines de l'Université du Québec à Chicoutimi".
Comprend des index.

SEALOCK, Richard B. and P.A. SEELY. Bibliography of place-name literature: United States and Canada. 2nd ed. Chicago, American Library Association, 1967.

SEARY, E.R. Family names of the Island of Newfoundland. St. John's, Nfld., Memorial Univ. of Newfoundland, 1978. 541 p.

SEELY, P.A., co-aut.
see under:

SEALOCK, Richard B. . . .

SÉGUIN, Rita, co-comp.
voir sous:

PROVENCHER, Gérard E., Georges L. Jean et Rita Séguin, comp. Répertoire des mariages . . . Ripon . . .

SÉGUIN, Robert Lionel. L'Ancêtre canadien de la famille Strasbourg.

Dans: S.G.C.F. Mém. 4: 154-157 '51.

_____. L'Apport germanique dans le peuplement de Vaudreuil et Soulanges.

Dans: Bull. rech. hist. 63: 42-58 '57.
Notes généalogiques.

_____. Les Descendants de François Séguin dans la Presqu'île.

Dans: S.G.C.F. Mém. 2: 219-236 '47.

_____. La Famille Delesderniers.

Dans: Bull. rech. hist. 58: 127 '52.

_____. François Séguin, le pionnier canadien (1644-1704).

Dans: S.G.C.F. Mém. 5: 19-24 '52.

_____. Histoire de la paroisse St-Charles. St-Charles, Ont., (comté de Nipissing), 1945. 490 p.

Généalogies des familles de l'endroit: p. 139-490. (Plusieurs erreurs dans l'ordre alphabétique des noms de familles).

_____. Les Deux Jean-Baptiste Séguin.

Dans: S.G.C.F. Mém. 2: 109-112 '46.

_____. Les Origines d'une famille canadienne-française.

Dans: S.G.C.F. Mém. 3: 192-193 '49.
François Séguin, ancêtre canadien de la famille de ce nom.

SEIGNEURIE de Matane.

Dans: Le Soleil, vendredi 27 oct. '78.
Recension sur ce volume signé Monique Duval.

SEINEKE, Katherine Wagner. Three "canadiennes" and the men they married; an intimate look at some 18th century French colonials of the Mississippi Valley.

In: F.C.A.G.R. 2: (2) 71-119 Summer '69.
On: Marguerite Messier de St-Michel, Louise-Marguerite de La Valtrie and Celeste Thérèse Nepveu.

SELBY family . . . brief history of the family.

Source: U.L.Ms. p. 1129.
Ms. Transcripts.
Archives of Ontario, Toronto, Ont.

SENASAC, Arthur Thomas . . . Genealogy: Napoléon Senesac (sic) family . . . San Francisco, Cal., July 1, 1968. 28 p.

Mimeographed.

SÉRÉ, J. Traité de généalogie. Paris. Marchal et Godde, 1911. 86 p. 36 tableaux.

SERRÉ, Lucien. L'Ancêtre des Dorval (Claude Bouchard dit Dorval).

Dans: Bull. rech. hist. 33: 291-294 '27.

_____. L'Ancêtre des Kirouac.

Dans: Bull. rech. hist. 34: 266-271 '28.

_____. L'Ancêtre des Lessard.

Dans: Bull. rech. hist. 33: 549-553 '27; 34: 714-715 '28.

_____. L'Ancêtre des Plante (Jean Plante d'Aunis).

Dans: Bull. rech. hist. 33: 750-752 '27.

_____. L'Ancêtre des Sauvageau.

Dans: Bull. rech. hist. 34: 20-25 '28.

SERRÉ, Lucien. L'Ancêtre des Vézina.

Dans: Bull. rech. hist. 33: 339-342 '27.

_____. L'Ancêtre Jacques Nicolas Leprince.
Dans: Bull rech. his. 35: 398-409 '29.

_____. L'Ancêtre Jean Huard.
Dans: Bull. rech. hist. 35: 268-275 '29.

_____. L'Ancêtre Mathurin Gagnon.
Dans: Bull. rech. hist. 34: 177-183 '28.

_____. La Plus ancienne souche des Leblond.

Dans: Bull. rech. hist. 33: 688-691 '27.

_____. La Plus ancienne souche des Lemieux.
Dans: Bull. rech. hist. 34: 112-116 '28.

SHALLOW, Florence. Chalut-Shallow descendants of U.S.A. and Canada. Vint., Sycamore Pr., 1975.

SHANDRO family, Alta. Genealogical chart.
Source: U.L.Ms. p. 1134.
Ms. Original. 1 p. 1859-1965.
Public Archives of Canada, Ottawa, Ont.

SHANTZ, Frederick family history.
In: Waterloo Hist. Soc. Report. 18: 208-212 '30.

SHARRARD family. Notes and charts containing information about descendants of William Sharrard.
Source: U.L.Ms. p. 1135.
Ms. Photocopies. 10 p. 1939.
Public Archives of Canada, Ottawa, Ont.

SHAW, John . . . Some genealogical information on the Shaw family.
Source: U.L.Ms. p. 1136.
Ms. Photocopies. 3 p. 1842.
Public Archives of Canada, Ottawa, Ont.

SHAW, Robert John and Sherry D. LIVINGSTONE. The Shaws. (Toronto?), R.J. Shaw, 1972- .
Cover title.
Spiral binding.
Limited to family members and libraries.

SHAW family, Alta. History of the Midnapore Woollen Mill, Midnapore, Alta. and data concerning the Shaw family, the founders of the mill.
Source: U.L.Ms. p. 843.
Ms. Photocopies. 4 p. 1966.
Public Archives of Canada, Ottawa, Ont.

SHAWVILLE, Que. United Church. Parish registers of the Baptist, Presbyterian and Methodist predecessors of Shawville United Church in Litchfield, Clarendon and Portage-du-Fort . . .
Source: U.L.Ms. p. 1137.
Ms. Microfilm. 2 reels.
Public Archives of Canada, Ottawa, Ont.

SHEA, William Albert. History of the Sheas and birth of a township. [n.p.], (1966). 88 p.

SHEARMAN, A. Jean. Twisted threads (history of the Shearman family and other related families). Montréal, 1979.

SHEDIAC, N.-B. Saint-Joseph, paroisse (catholique). Registres de la paroisse, 1863-1908.
Source: C.C.Ms. p. 1137.
Ms. Reproductions photographiques. 3 pouces.
Archives acadiennes, Moncton, N.-B.

_____. St. Martin's Anglican Church . . . register of baptisms at . . . Richibucto, N.B., 1833-1835 . . .
Source: U.L.Ms. p. 1137.
Ms. Photocopies.
Public Archives of Canada, Ottawa, Ont.

_____. _____. Parish register, 1822-1835 . . .
Source: U.L.Ms. p. 1137.
Ms. Photocopies.
Public Archives of Canada, Ottawa, Ont.

_____. Saint-Martin-in-the-Woods and St. Andrew Anglican church. Baptisms, 1825-1944; marriages, 1825-1874; burials, 1830-1898 . . .
Source: U.L.Ms. p. 1137.
Ms. Microfilm.
Provincial Archives of New Brunswick, Fredericton, N.B.

SHEFFIELD, N.B. Record of births, marriages and deaths in Sheffield, N.B., 1750-1894.
Source: U.L.Ms. p. 1137.
Ms. Transcripts. 34 p.
Public Archives of Canada, Ottawa, Ont.

SHELBURNE, N.S. Christ Church (Anglican) . . . Parish register, 1783-1869 . . .
Source: U.L.Ms. p. 1138.
Ms. Transcripts and microfilm.
Public Archives of Canada, Ottawa, Ont.

SHEMOGUE, N.-B. Saint-Thimothée-de-Shemogue, paroisse (catholique). Registres de baptêmes, 1813-1899; mariages, 1818-1899; et sépultures, 1813-1899.

Source: C.C.Ms. p. 1138.
Ms. Copie. 4 pouces.
Archives publiques du Canada, Ottawa, Ont.

SHERBROOKE. Université. Département
d'histoire. Bibliographie d'histoire des Cantons de l'Est . . . Sherbrooke, 1975- .

SHERMAN, Annie Isabel. History, the
families of Sherman-MacIver; with stories of
people and places in the Eastern Townships.
(Sherbrooke?), 1971. 74 p.

Copy no. 1, p. 74 is signed by the author.
Bibliography: p. 3.

SHERWOOD, Joseph F. Genealogical chart
of the Sherwood family.

Source: U.L.Ms. p. 1040.
Ms. Original. 13 p. 1969.
Public Archives of Canada, Ottawa, Ont.

SHERWOOD, Roland. Pictou Pioneers;
history of the first hundred years in the
history of Pictou town. Windsor, N.S.,
Lancelot Press, 1973. 117 p.

SHERWOOD, Samuel. . . . entries of Sherwood family genealogy.

Source: U.L.Ms. p. 1040.
Ms. Transcripts.
Public Archives of Canada, Ottawa, Ont.

SHERWOOD family, Ont. Genealogical
chart of the Sherwood family, 1797-1968 . . .
see under:

SHERWOOD, Joseph F. Genealogical chart
. . .

SHIPPEGAN, N.-B. Saint-Jérôme, paroisse
(catholique). Registre de la paroisse,
1824-1920.

Source: C.C.Ms. p. 1141.
Ms. Reproductions photographiques. 1 pouce.
Microfilm. 1 bobine.
Archives acadiennes, Moncton, N.-B.

SHUNFELT, Harry B. Nicholas Austin the
Quaker and the Township of Bolton . . .
Reflections, recollections, romance, Eastern
Townships history. Knowlton, Que., Pub. by
and for the benefit of the Brome County
Historical Society, 1971. ix, 230 p.

Life and history of Nicholas Austin called the
"Quaker", who settled on the "promontory
that forms the eastern shore of Austin Bay of
Lake Memphremagog which he named
"Gibraltar Point . . ." (Prologue).

SICARD, Roger. Histoire d'une famille de
Languedoc. (Cinq cents ans d'histoire
familiale; les Sicard au diocèse de Saint-
Pons). (Paris, 1962). 305 p.

SIFTON, Clifford, Sir . . . genealogical
records, 1903-1957.

Source: U.L.Ms. p. 1144.
Ms. Original.
Public Archives of Canada, Ottawa, Ont.

____. The Sifton family record; information
that has been collected from miscellaneous
sources, pertaining to the family of Charles
and Rebecca Sifton, who came from County
Tipperary, Ireland to London Township,
Middlesex County, Upper Canada in 1819,
and their descendants and espouses.
Toronto, 1956. 136 p.

SIGISMOND, E. (frère). Coquier, Coquillier.
Dans: S.G.C.F. Mém. 1: 202-204 '45.

____. Famille Chouinard; histoire et généalogie
par Jacques de Gaspé (pseud.). Avant-propos
et préface par H.-J.-J.-B. Chouinard.
Québec, Impr. Franciscaine missionnaire,
1921. 336 p.

SIGNAY, Joseph, arch. Recensement de la
ville de Québec en 1818. Présentation par
l'abbé H. Provost. Québec, Société historique de Québec, 1976. xi, 323 p.

Reproduction en fac-similé du manuscrit
autographe.

SIGOGNE, Jean-Mande and Leonard H.
Smith. St. Mary's Bay, 1818-1829; catalogue
of families. St. Mary's Bay Roman Catholic
Parish, Clare, Digby County, Nova Scotia.
Clearwater, Fla., L.H. Smith, c1975. xix,
152 p.

SILVERTHORN family, Ont. Historical and
genealogical information about Joseph
Silverthorn, his descendants and the
Romaine branch of the family . . .

Source: U.L.Ms. p. 1145.
Ms. Original. 6 inches. 1787-1950.
Archives of Ontario, Toronto, Ont.

SIMARD. Notes et références. [p.v.]

Polycopié.
Archives nationales du Québec, Québec, Qué.

SIMONDS family, N.B. Personal and business
papers of Nancy Simonds, Honourable

Charles Simonds, Gilbert Simonds and Richard Simonds, descendants of James Simonds, first New England settler at Portland Point.

Source: U.L.Ms. p. 1147.
Ms. Original. 3 1/4 inches. 1818-1864.
New Brunswick Museum, St. John, N.B.

SIMONEAU, Harpin, Fradette and Roy families.

In: F.C.A.G.R. 1: (1) 94-95 Spring '68.
Genealogical chart of Pierre Simoneau and Lucie Harpin and related families.

SIMPSON, George (Sir) . . . Extracts from the marriage register of St. Mary's, Bromley, St. Leonard, Middlesex, recording the marriage of George Simpson and Frances Ramsay Simpson, 1830 . . .

Source: U.L.Ms. p. 1147.
Ms. Photocopies. 2 p.
Public Archives of Canada, Ottawa, Ont.

SIMPSON, Harold H. Cavendish; its history, its people, the development of a community from wilderness to world recognition with a broad outreach to major landmarks in the Prince Edward Island story. Amherst, N.S., H.H. Simpson and Associates, 1973, 1974 printing. 261 p.

Genealogical charts.
"The founders of Cavendish, 1790: William and Janet Winchester Simpson, John and Margaret Simpson McNeill, William and Helen Simpson Clark and some of the families related by marriage, who came to the island of St. John between 1769 and 1780 or soon thereafter".
Chart names include: Bagnall, Dockendorff, Gordon, Hyde, Johnstone, Millar, Montgomery, MacEwen, Owen, Ramsay, Taylor, Woodside and others.

SIMPSON, William . . . Genealogical data . . . 1805-1962.

Source: U.L.Ms. p. 1148.
Ms. Original.
Archives of Ontario, Toronto, Ont.

SIMSON family, Vancouver, B.C. Early documents relating to Bryden families . . .

Source: U.L.Ms. p. 1148.
Ms. Original.
University of British Columbia Library, Vancouver, B.C.

SIROIS, Napoléon Joseph Théodule, ptre. Monographie de St-Ignace depuis 1672 à 1903. Lévis, Revue du Notariat, 1903. 119 p.

Origine des familles Guimond et Fortin.

SLOAN, E.D. Fergusson family, N.S. Genealogical chart of the Fergusson family in Canada . . .

Source: U.L.Ms. p. 396.
Ms. Original. 1 p.
Public Archives of Nova Scotia, Halifax, N.S.

SMALL, Fern and Ken(neth) Collins, comp. Horne Cemetery and Point Alexandria United Church cemetery, Wolfe Island, Ont., map. reference 898875 . . . Ottawa, Ontario Genealogical Society, Ottawa Branch, 1975. 25 p. (Publication no. 75-7).

Cover title: Horne Cemetery and Point Alexandria United Church Cemetery, concessions VIII and IX lots 10, map reference 898875.
Includes index.

____. Trinity Church Anglican Cemetery, concession VI, lot 3, Wolfe Island, Ontario, map reference 846938, recorded November 1973, researches August 1975 . . . Ottawa, Ontario Genealogical Society, Ottawa Branch, 1975. 26 p. (Publication no. 75-10).

SMART, Grant. Family tree of the descendants of Robert Smart and Margaret Crawford, together with a short account of the life of James Smart, 1819-1906. Brockville, Ont., (the author), 1977. 33 p.

SMART, William (Rev.) comp. Brockville. First Presbyterian church. An Early baptismal register, Brockville. With introduction and notes by Mr. H.R. Morgan.

In: Ontario Hist. Soc. Papers and records 25: 367-384 '29.

____. A Record of marriages solemnized by William Smart, minister of the Presbyterian Congregation, Brockville, Elizabethtown, Upper Canada.

In: Ontario Hist. Soc. Papers and records 5: 187-236 '04.

SMILEY, B.G. Some genealogical information, comp. by Mrs. B.G. Smiley. Beaverbank, 1968.

Source: U.L.Ms. p. 468.
Ms. Photocopies. 17 p. [n.d.]
Public Archives of Nova Scotia, Halifax, N.S.

SMITH, Ann, Ont. Letter from her aunt Ann McDonell. Toronto, giving genealogical data of Smith family, 1838.

Source: U.L.Ms. p. 1153.
Ms. Photocopies.
Archives of Ontario, Toronto, Ont.

SMITH, Donald A. At the forks of the Grand; 20 historical essays on Paris, Ontario, by Donald A. Smith, with one by John Pickell and illustrations by Robert Nichol. [n.p., n.d.] 302 p.

"Life of Hiram Capron, the founder and his family."

SMITH, Elsie R. Genealogical and biographical notes of Joe Davis Parker of Hatley, Quebec and his descendants; showing his earlier ancestry in the United States and Canada from Deacon Thomas Parker, Reading, Mass., 1635 to 1953. (Lennoxville, Que., 1953). 60 p.

"An addenda to the Parker genealogy, compiled by the Rev. Theodore Parker; AD 1636-1893."
"Dr. Parker" (includes two sections from the earlier volume).

SMITH, George L. Index to 1861 Census of Lambton County. Wyoming, Ont., Lambton County Library, 1974.

Limited edition.

SMITH, George L., co-aut.
see also under:

FOWLER, Daniel and George L. Smith. Daniel Fowler . . .

SMITH, Gertrude F. A Brief history of the Wardell family from 1754 to 1910. Toronto, Jackson, Moss & Co., Printers, 1910. 5, 1, 15-104 p.

Genealogical table.

SMITH, Henry Robert (Sir) . . . Ont. . . . genealogical data of the Smith family . . .

Source: U.L.Ms. p. 1156.
Ms. Microfilm.
Archives of Ontario, Toronto, Ont.

SMITH, Kenneth Harold . . . Ont. . . . Files of Armstrong, McCormick, McDormand and Shaw families . . .

Source: U.L.Ms. p. 1157.
Ms. Original.
Archives of Ontario, Toronto, Ont.

____. . . . Files . . . of McCormick . . .
see under:

SMITH, Kenneth Harold . . . Files of Armstrong . . .

____. . . . Files . . . of . . . McDormand . . .
see under:

SMITH, Kenneth Harold . . . Files of Armstrong . . .

____. . . . Files of . . . Shaw. . . .
see under:

SMITH, Kenneth Harold . . . Files of . . . Armstrong . . .

____. . . . Genealogy of Smith family, descendant of Jacob Smith (Schmidt, d. 1790) of Glanford and Saltfleet Township, Ont. . . .

Source: U.L.Ms. p. 1157.
Ms. Original.
Archives of Ontario, Toronto, Ont.

SMITH, Leonard H., co-aut.
see under:

SIGOGNE, Jean-Mande and Leonard H. Smith. St. Mary's Bay . . .

SMITH, Sydney . . . Ont. . . . miscellaneous information on the history of the Smith family . . .

Source: U.L.Ms. p. 1158.
Ms. Transcripts. 31 p. 1839-1864.
Trent University Archives, Peterborough, Ont.

SMITH, William . . . Que. . . . papers concerning the genealogy and estate of William Smith, 1848-1870 (Chief Justice of Quebec).

Source: U.L.Ms. p. 1159.
Ms. Photocopies.
Public Archives of Canada, Ottawa, Ont.

SMITH family, Ont. Genealogical notes relating to the Smith family and related families.

In: U.L.Ms. p. 1160.
Ms. Photocopies. 28 p. 1735-1895.
Public Archives of Canada, Ottawa, Ont.

SNIDER Genealogical and Historical Research Group. Henry Snider; his ancestors and descendants. Researched and written by the Snider Genealogical and Historical Research Group. Ed. by Ann Crawford, [n.p.], 1976. ix, 309 p.

SNYDER, Jane (Auger). Auger-Daigneau genealogy from early records in France, Canada, New England and elsewhere to 1972 in the United States and Canada. Collected and compiled (1968-1973) by Jane Auger-Snyder, assisted by Mary Auger Royal and others. Newman, Georgia, Published privately, 1974. viii, 88 p.

> Genealogical tables.
> Mimeographed.
> "A genealogy: the ancestors and descendants of François Benoni Auger (son of Frs. Auger and Louise Rosalie Blanchette . . .) and Françoise Dagneau Auger (later Charron), daughter of André Daigneau and Françoise Girouard) . . .
> Genealogical charts of the following families: Auger, Robert, Gaudin, Phaneuf, Charpentier, Blais, Bau, Blanchet, Ronneau, Jalbert (Gilbert), Hobertin (Aubertin), Charlebois, Danny (Dany), Chagnon, Fontaine, Daigneault, Picard des Trois-maisons, Greffard, Mourier (Morier), Masson, Métivier dit Groinier, Pépin dit Lachance, Villemaire dit Réal, Galarneau, Catudal dit St-Jean, Chaunier (Choinière) dit Sabourin, Benoit, Gipoulin dit Lafleur, Lussier.

SOCIÉTÉ canadienne de généalogie, Hull, Qué. Publications.
voir:

> INDEX des périodiques et Index des sociétés.

SOCIÉTÉ d'histoire de Beloeil-Mont-St-Hilaire. Cahiers, no 1, 1980-.

> Quelques articles d'aspect généalogique.

SOCIÉTÉ d'histoire et de généalogie d'Ottawa. Inventaire des archives.

> *Dans:* Par delà le Rideau 1: (1) 14 '81; 1: (2) 12 '81.

____. (Programme) 35e anniversaire, 1945-1980.

SOCIÉTÉ d'histoire et de généalogie d'Ottawa.
voir aussi:

> INDEX des périodiques et Index des Sociétés.

SOCIÉTÉ d'histoire régionale de Lévis, 1978- . Lévis.

> Comprend des articles d'aspect généalogique.

SOCIÉTÉ de généalogie d'Ottawa-Hull.
voir:

> INDEX des Périodiques et Index des Sociétés.

SOCIÉTÉ de généalogie de Québec. Cahier spécial . . . Cahier A., 1969- . Québec.
voir:

> INDEX des Périodiques et Index des Sociétés.

____. Compte rendu de réunions.

> 20 nov. '74 dans: L'Ancêtre 1: (4) 95 déc. '74.
> 19 fév. '75 dans: L'Ancêtre 1: (7) 220 mars '75.
> 19 mars '75 dans: L'Ancêtre 1: (8) 265 avr. '75.

____. Contributions no 1, 1962- . Ste-Marie, comté de Beauce, et Québec, La Société.

> Chaque contribution a été analysée séparément.

SOCIÉTÉ généalogique canadienne-française, Montréal. Code d'éthique du généalogiste.

> *Dans:* S.G.C.F. Mém. 28: (2) 111-112 avr./juin '77.

____. Mémoires, vol. 1, no 1, janv. 1944- .
voir:

> INDEX des Périodiques.

____. La Société généalogique canadienne-française; son histoire, son travail; son but. Beauceville, L'Éclaireur, 1953. 9 p.

SOCIÉTÉ généalogique canadienne-française, Montréal.
voir aussi:

> INDEX des Sociétés.

SOCIÉTÉ généalogique des Cantons de l'Est. Les Mariages de Saint-Élie d'Orford, 1887-1969. Compilation de la Société . . . pour le Cercle de L'AFEAS. (Sherbrooke, mai 1970). 41 p.

> Polycopié.

____. Les Mariages de Saint-Roch d'Orford, 1891-1970. Compilation de la Société . . . pour le Cercle de l'AFEAS. (Sherbrooke), [s.d.]. 46 p.

> Polycopié.

____. Répertoire des mariages catholiques, comté de Stanstead, dans les Cantons de l'Est. 19 paroisses du début à 1950 incl. Impr. et publ. par F. Dominique Campagna, s.c. Québec, 1950. 509 p.

> Polycopié.

____. Répertoire des mariages (catholiques) du comté de Sherbrooke du début à 1970 inclusivement. Impr. et publ. par Dominique Campagna, s.c. Cap-Rouge, 1974. 3 vols.

Polycopié.

"Ce répertoire comprend tous les mariages catholiques de toutes les paroisses du comté de Sherbrooke depuis le début (1834) . . ." (p. 3).

"Les mariages célébrés au Camp militaire ont été déposés à la paroisse Ste-Jeanne d'Arc".

"Les premiers mariages célébrés à la chapelle de l'Université de Sherbrooke ont été déposés en la paroisse St-Esprit".

"Les premiers mariages (catholiques) civils ont débuté en 1971. Il ne s'en trouve donc aucun dans ce répertoire".

_____. Répertoire des mariages catholiques du comté de Wolfe dans les Cantons de l'Est: 19 paroisses plus une mission du début à 1950 inclusivement. Impr. et publ. par Fr. Dominique Campagna. Cap-Rouge, 1971. 544 p.

Polycopié.
Nombreuses erreurs dans l'ordre alphabétique des noms propres.
Endroits répertoriés: Bishopton, Disraeli, Fontainebleau, Garthby, Ham, St-Adolphe, St-Adrien, St-Camille, St-Fortunat, St-Gérard (Wolfe), Sts-Martyrs-Canadiens, Ste-Praxède, Stenson, Stratford, Weedon, Wolfestown et Wotton.

_____. Répertoire des mariages du comté d'Arthabaska de 1840 à 1925 et comprenant les 17 paroisses suivantes: St-Louis de Blandford et mission (1840), Princeville (1848), Arthabaska (1851), St-Norbert (1855), Tingwick (1856), St-Valère de Bulstrode (1860), St-Médard de Warwick (1860), Ste-Hélène de Chester (1860), St-Paul de Chester (1861), Ste-Victoire de Victoriaville (1863), Ste-Clothilde de Horton (1870), Ste-Elisabeth de Warwick (1872), St-Albert de Warwick (1877), St-Rémi de Tingwick (1881), Daveluyville (1888), St-Rosaire (1893) et Ste-Séraphine (1904). Cap-Rouge, chez D. Campagna, 1975. 2 vols.

Polycopié.
Compilé et imprimé par Dominique Campagna, s.c.

_____. Répertoire des mariages de Compton dans les Cantons de l'Est. Impr. et publ. par Fr. Campagna. Cap-Rouge, 1971. 348 p.

Polycopié.
19 paroisses du début à 1950 incl.: Bonneterre, Bury, Chartierville, Compton, Cookshire, East Angus, East Hereford, Island Brook, Johnville, La Patrie, Martinville, Paquetteville, Sawyerville, Scotstown, Ste-Edwidge, St-Isidore, St-Malo, Ste-Marguerite de Tingwick, Waterville.

_____. Répertoire des mariages du comté de Frontenac (moitié sud-ouest du diocèse de Sherbrooke). Impr. et publ. par F. Dominique Campagna. Cap-Rouge, Qué., 1971. 415 p.

Polycopié.
10 paroisses du début à 1950 incl.
Quelques erreurs dans l'ordre alphabétique des noms.

_____. Répertoire des mariages du comté de Richmond dans les Cantons de l'Est: 15 paroisses du début à 1950 incl. Impr. et publ. par Dominique Campagna. Cap-Rouge, Qué., mai 1970. 558 p.

Quelques erreurs dans l'ordre alphabétique des noms.

SOCIÉTÉ généalogique des Cantons de l'Est. *voir aussi:*

INDEX dex périodiques et Index des sociétés.

SOCIÉTÉ historique de la Vallée de la Chateauguay. *voir:*

CHATEAUGUAY Valley Historical Society.

SOCIÉTÉ historique de St-Denys. Index des mariages de Bathurst. Ste-Famille, 1789-1920. [s.l.n.d.] 132 p.

Polycopié.

_____. Index des mariages de Inkernean, 1819-1920. [s.l.n.d.] 30 p.

Polycopié.

_____. Index des mariages de Lamèque, 1849-1919. [s.l.n.d.] 65 p.

Polycopié.

_____. Index des mariages de Néguac, 1807-1920. [s.l.n.d.] 121 p.

Polycopié.

_____. Index des mariages de Paquetteville, 1879-1919. [s.l.n.d.] 46 p.

Polycopié.

_____. Index des mariages de Petit-Rocher, 1824-1920. [s.l.n.d.] 227 p.

Polycopié.

_____. Index des mariages de Pokemouche, 1843-1920. [s.l.n.d.] 51 p.

Polycopié.

_____. Index des mariages de St-Isidore (N.-B.), 1879-1920. [s.l.n.d.] 39 p.

Polycopié.

SOCIÉTÉ historique de St-Denys. Index des mariages de Shippegan, 1824-1920. [s.l.n.d.] 75 p.

Polycopié.

____. Index des mariages de Tracadie, 1800-1900. [s.l.n.d.] 115 p.

Polycopié.

SOCIÉTÉ historique de Ste-Thérèse de Blainville. Cahiers; histoire de Ste-Thérèse. Joliette, L'Étoile du Nord, 1940. 359 p.

"Figures térésiennes": p. 271-337.

SOCIÉTÉ historique du Nouvel-Ontario. Documents historiques, no 1, 1942- . Sudbury, Collège du Sacré-Coeur.

Les numéros d'aspect généalogique ont été analysés dans cet ouvrage.

SOCIÉTÉ historique du Nouvel-Ontario. Section généalogique. Ancêtres de Mgr Stéphane Côté; Généalogie des familles Lafrance; Famille Laforest; Ancêtres des familles "Côté"; Généalogie des familles Charette.

Dans: Documents historiques no 5, p. 61-67.

____. Chelmsford, Coniston, Chapleau.

Dans: Documents historiques no. 4.

____. Famille Aimé Pilon, Verner, Ont.; Famille Arthur Laflèche.

Dans: Documents historiques no 9, p. 42-46.

____. Famille "Degagné" de Corbeil, Ontario; Généalogie de l'Honorable Sénateur, le Dr. Joseph-Raoul Hurtubise; Famille Napoléon Lemieux de St-Charles d'Ontario; Famille Marchildon.

Dans: Documents historiques no 10, p. 39-46.

____. Famille Laberge; Famille Pierre Lebel; Famille Michaud; Généalogie de la famille du docteur Rodolphe Tanguay.

Dans: Documents historiques no 8, p. 57-61.

____. Familles pionnières: leur odyssée, leur enracinement.

Dans: Documents historiques no 5.

____. Histoire de Sturgeon Falls.

Dans: Documents historiques no 12.

____. Noëlville; un cinquantenaire, 1905-1955.

Dans: Documents historiques no 31.

____. Pour un cinquantenaire; monographies: Bonsfield, 1886; Astorville, 1902; Corbeil, 1920.

Dans: Documents historiques no 23.

____. St-Ignace et Welland.

Dans: Documents historiques no 10.

____. Verner et Lafontaine.

Dans: Documents historiques no 8.

SOCIÉTÉ historique du Saguenay. Guide sommaire des archives de la Société historique du Saguenay. Publ. par la Société et Perspective-Jeunesse, 1973. 582 p.

SOCIÉTÉ historique du Témiskaming. Publications. Rouyn, 19??- .

(Le) SOLDAT cordonnier: Robert.

Dans: "Lustrucru" (Société d'histoire des Îles Percées). Boucherville, no 2, automne 1975, p. 12-15.

SOREL, Qué. . . . notes généalogiques . . . 1707-1881 . . .

Source: C.C.Ms. p. 1165.
Ms. Originaux.
Archives publiques du Canada, Ottawa, Ont.

SOREL, Que. Christ Anglican Church. Photocopies of parish registers, 1784-1796.

Source: U.L.Ms. p. 1166.
Ms. Photocopies. 25 p.
Public Archives of Canada, Ottawa, Ont.

SORMANY, Pierre. À la recherche de nos ancêtres.

Dans: Québec Science 12: (6) 38-42 fév. '74.

SOULANGES, Qué. Côte Saint-Georges, église presbytérienne. Registre de la paroisse, 1847-1850.

Source: C.C.Ms. p. 1166.
Ms. Originaux. 3 pouces.
Archives nationales du Québec, Montréal, Qué.

____. Parish registers, 1862-1871 . . .

Source: U.L.Ms. p. 1166.
Ms. Microfilm. 1 reel.
Public Archives of Canada, Ottawa, Ont.

SOULANGES, Qué. Saint-Joseph, paroisse (catholique). Registres de baptêmes, mariages et sépultures, 1752-1845.

Source: C.C.Ms. p. 1166.
Ms. Originaux. 3 pieds.
Archives nationales du Québec, Montréal, Qué.

SOURIS, Edward R., Ont. . . . genealogy of Souris family.

> *Source:* U.L.Ms. p. 1166.
> Ms. Original.
> Saskatchewan Archives Board, Regina, Sask.

SOURIS FAMILY. Material which records a search for information concerning the name Souris.

> *Source:* U.L.Ms. p. 1166.
> Ms. Photocopies. 22 p. 1929-1971.
> Public Archives of Canada, Ottawa, Ont.

SOUTHAM, Wilson Mills . . . Ont. Genealogical correspondence of Herbert Southam, together with a genealogy of the Southam family and a copy of "William Southam, 1843-1932". (Montreal, 1932).

> *Source:* U.L.Ms. p. 1167.
> Ms. Original. 4 inches. 1924-1946.
> Public Archives of Canada, Ottawa, Ont.

SOUTHERN Alberta Pioneers and Old Timers Association, Alta. Biographical forms completed by members of the Society with particular emphasis on year of arrival in the west of the first family member, location, etc. Includes biographies from Calgary, Fort Macleod, Lethbridge, Medicine Hat, Pincher Creek, Red Deer, Strathmore and Cardston, Alta.

> *Source:* U.L.Ms. p. 1167.
> Ms. Original. 1 foot 8 inches. 1957.
> Glenbow-Alberta Institute, Calgary, Alta.

SOUVENIRS beaucerons et la famille Bolduc. [s.l.], (1938). 103 p.

> Livre rare.

SOVEREIGN Heraldry, a Division of Sovereign Seat Cover Mfg. Ltd. Cornwall, Ont. Family Coat of Arms.

SPARROW family, Ont., Alta. Genealogical notes concerning the Sparrow family of Calgary, Alta., 1785-1967.

> *Source:* U.L.Ms. p. 1169.
> Ms. Transcripts. 2 inches. 1966-67.
> Public Archives of Canada, Ottawa, Ont.

SPICER, E. and J. MEDD. Searching for your ancestors.

> *In:* Ontario Library Review 45: 133-136 May '61.

SPRAGUE family. History and genealogy of the Sprague and Wood family, 1623-1886, including a genealogical chart of the family . . .

> *Source:* U.L.Ms. p. 1171.
> Ms. Transcripts. 19 p. 1623-1886.
> Public Archives of Canada, Ottawa, Ont.

SPRAKER, Hazel Atterbury, comp. The Boone family; a genealogical history of the descendants of George and Mary Boone who came to America in 1717. Containing many unpublished bits of early Kentucky history. Baltimore, Genealogical Pub. Co., Inc., 1974. 707 p.

> Also a biographical sketch of Daniel Boone, the pioneer, by one of his descendants. Other families related to Canadians: Bryan, Burris, Tribble, Callaway, Davis-Watts, Douglas, Edward, Foulke, Gentry, Grubb, Harris, Lincoln, McClure, Morgan, Smith, Crump, Scholl.

SPRIGGS, George Trimnell. Genealogy of the Spriggs and other families connected therewith. Lachute, Que., Pr. by Giles Pub. House, Ltd., 1949. 48 p.

> Corrections and additions, 1949 to 1951 inserted.

SPRINGER family, Ont. . . . Genealogical records . . . 1908-1967 . . .

> *Source:* U.L.Ms. p. 1171.
> Ms. Original.
> Public Archives of Canada, Ottawa, Ont.

SPROULE, G.H., ed.
see under:

> FIFTY years of progress . . .

STAIRS, William James. Family history, Stairs, Morrows . . . Halifax, MacAlpine Pub., 1906. 264 p.

STANIER family. Correspondence of various members of the Stanier family and Captain Mitchell Pierce of Connington, N.W.T., concerning the family's emigration to Canada and their subsequent life in this country.

> *Source:* U.L.Ms. p. 1173.
> Ms. Original. 2 inches. 1885-1953.
> Public Archives of Canada, Ottawa, Ont.

STANLEY, G.F.G. The Birth of Western Canada. Rev. ed., Toronto, 1960.

STAPLES, Thomas Christopher, comp. The Thomas Staples family. (Cobourg, Ont., Staples, 1966). 100 p.

STAPLETON, A., co-aut.
see under:

> BROCK, A. Maude (Cawthers) . . . Brock family records . . .

STARK, Mark Young . . . Ont. Correspondence of the Stark family, 1723-1819.

> Source: U.L.Ms. p. 1174.
> Ms. Original.
> United Church of Canada, Central Archives, Toronto, Ont.

STAYNER, C.S., comp. Beamish family, Halifax, N.S. Genealogical notes on the Beamish family.

> Source: U.L.Ms. p. 71.
> Ms. Transcripts. 2 p. [n.d.]
> Public Archives of Nova Scotia, Halifax, N.S.

____. Descendants of Ebenezer Allen (1738-1816), Dartmouth N.S.

> Source: U.L.Ms. p. 17.
> Ms. Transcripts. 18 p. 1950.
> Public Archives of Nova Scotia, Halifax, N.S.

____. Etter family, N.S. Etter families of Nova Scotia and New Brunswick, descendants of Peter Etter (1715-1794), who was born in Switzerland, emigrated in 1737, a Boston Loyalist. Some information on the Balck, Hosterman and Silver families . . .

> Source: U.L.Ms. p. 384.
> Ms. Transcript. 25 p. [n.d.]
> Public Archives of Nova Scotia, Halifax, N.S.

____. "The Kedy family of Nova Scotia".

> Source: U.L.Ms. p. 637.
> Ms. Transcripts. 1/2 inch. [n.d.]
> Public Archives of Nova Scotia, Halifax, N.S.

STEPHEN, James A., Ont. "The Proton pioneers, 1853-1910". History of Proton Township, Ontario.

> Source: U.L.Ms. p. 1177.
> Ms. Photocopies. 78 p. 1966.
> Metropolitan Toronto Central Library, Toronto, Ont.

STEPHENSON, Jean, associate ed.
see under:

> AMERICAN Society of Genealogists. Genealogical . . .

STEVENS, George H. Glover family, B.C. Genealogical study of the Glover family and related families, 1860-1966 . . .

> Source: U.L.Ms. p. 469.
> Ms. Photocopies. 9 p. 1966.
> Public Archives of Canada, Ottawa, Ont.

STEVENS, John Grier. The Descendants of John Grier, with history of the allied families of Mager, Wuxtable, Geddes, Gamble, Alleyne, Clarke, Woodbridge, Dudley, Keers, McKinny, Scheid, Lee, Mockridge, Jellett, Wilson, Owen, Fuller. Baltimore, Maryland, 1964. xv, 296 p.

> Mostly American genealogies but also includes interesting information on Lower Canada, New Brunswick and Nova Scotia families. Bibliography by family: pp. 257-267.

STEWARDSON family, Ont. Genealogical notes on the Stewardson family, 1655-1966, comp. by Dr. M.R. Warren of Fort William, Ont.

> Source: U.L.Ms. p. 1179.
> Ms. Transcripts. 37 p. 1963-66.
> Public Archives of Canada, Ottawa, Ont.

STEWART, Charles Gray, Que. Marriage contract with Eleanor McLean.

> Source: U.L.Ms. p. 1179.
> Ms. Original. 12 p. 1801.
> McGill University Library, Montreal, Que.

STEWART, James S. . . . Marriage certificates and notes concerning the ministry of White Mud Union Church in Manitoba, 1879-1888.

> Source: U.L.Ms. p. 1180.
> Ms. Original.
> Public Archives of Canada, Ottawa, Ont.

STILLWELL, Frederick. Family backgrounds and descendants of Reuben and Mary Stillwell. Bakersfield, Ca., (1862). 44 leaves.

STIRLING, Earl of. Genealogy and notes concerning Alexander, Earl of Stirling; Aboyne, Marquess of Huntley; Gordon, Earl of Aberdeen; Stewart, Earl of Bute; Mackenzie, Earl of Seaforth and Baron of Kintail; and Sutherland, Earl of Sutherland.

> Source: U.L.Ms. p. 1182.
> Ms. Original. 15 p. ca. 1756, 1854.
> Public Archives of Canada, Ottawa, Ont.

STONE family, Ont. Tombstone inscriptions related to the Stone family, together with genealogical notes.

> Source: U.L.Ms. p. 1183.
> Ms. Original. 7 p. [n.d.]
> Public Archives of Canada, Ottawa, Ont.

STONG, Daniel Alexander. The Stong genealogy of Canada and United States (1800-1958). (Toronto?, 1958). 79 p.

STORY, D.A. The de Lanceys; a romance of a great family with notes on those allied families who remained loyal to the British crown during the Revolutionary War. [n.p.], (the author), (c1931). vi, 1, 1, 180 p.

STORY of Étienne Aubin (Migneault).

In: Soc. hist. acad. Cahier. 4: (10) 420-424 juil./sept. '73; 5: (1) 36-40 oct./déc. '74; 5: (2) 88-93 janv./mars '75.

STRATHDEE family, Ont. Family history, 1745-1961.

Source: U.L.Ms. p. 1186.
Ms. Photocopies. 19 p.
Public Archives of Canada, Ottawa, Ont.

STRATHROY, Ont. St. Mary's Anglican Church. Parish registers listing baptisms, 1833-1847, confirmations, 1838-1924, marriages, 1833-1944, and burials, 1833-1971.

Source: U.L.Ms. p. 1186.
Ms. Microfilm. 30 feet.
Public Archives of Canada, Ottawa, Ont.

STRICKLAND family, Ont. Copy of Strickland family scrapbook containing genealogical and biographical notes . . .

Source: U.L.Ms. p. 1187.
Ms. Photocopies. 1/2 inch. 1368-1925.
Public Archives of Canada, Ottawa, Ont.

STRUM family, N.S. Genealogical information . . . 1752-1858.

Source: U.L.Ms. p. 1188.
Ms. Original. 8 inches.
Public Archives of Nova Scotia, Halifax, N.S.

STUART, Elizabeth S. and Ibra L. CONNORS, comp. Sheldon cemetery; lot 5, concession 10, Township of Bastard, Leeds County, Ontario . . . Ottawa, Ontario Genealogical Society, Ottawa Branch, 1976. 2, 15 p. (Publication no. 76-3).

SULLIVAN, John H. Généalogie de la famille O'Sullivan. Montréal, 1979. [s.p.]

Notes dactylographiées sur Owen O'Sullivan et ses descendants.

SULTE, Benjamin. Les Ancêtres de Ludger Duvernay.

Dans: Rev. can. 54/55 349 '08.

____. Famille de Varennes.

Dans: Rev. can. 54/55: 349 '08.

____. La Famille Hart.

Dans: Rev. can. 7: 426 1870.

____. Les Généalogies.

Dans: Saguenayensia 10: (4) 99-100 juil./août '68.

____. Histoire de Saint-François-du-Lac. Montréal, Impr. de l'Étendard, 1886. 120 p.

Famille Crevier: p. 11-18.
Baptêmes, mariages et sépultures tirés des registres pouvant être utiles aux études sur les familles de cette région.

____. Histoire des Canadiens-français, 1608-1880; origine, histoire, religion, guerres, découvertes, colonisation, coutumes, vie domestique, sociale et politique, développement, avenir. Montréal, Wilson & Cie, 1882-84. 8 vols. en 4.

État général des habitants du Canada en 1666; noms et surnoms, âges, etc. 4: 52-63.
Recensement de 1667: 4: 64-78.
Recensement nominal de l'Acadie envoyé en 1671 par M. de Grandfontaine. 4: 150-154.
Recensement de 1681: 5: 53-88.
Recensement fait par Monsieur de Meulles, intendant de la Nouvelle-France, de tous les peuples de Beaubassin, rivière Saint-Jean, Port-Royal, Îles Percées et autres côtes de l'Acadie, 1686. 6: 6-9.

____. . . . Réimpr. Montréal, Éd. Elysée, 1977. 8 vols.

Éd. en fac-sim.; réimpression de l'éd. de 1882-84.

____. La Vérenderie avant ses voyages au Nord-ouest.

Dans: Bull. rech. hist. 21: 97-111 '15.

____. Les Gaultier de Varennes.

Dans: Rev. can. 10: 781-789, 849-856, 935-950 1873.

____. Les Paulus.

Dans: Bull. rech. hist. 22: 308-309 '16.

____. Les Saint-Michel.

Dans: Bull. rech. hist. 20: 292-295 '14.

____. Lettres historiques de la Mère Marie de l'Incarnation sur le Canada. Québec, Action sociale, 1927. 147 p.

____. La Noblesse au Canada avant 1760.

Dans: Royal Soc. of Canada. Proceedings and transactions. Ser. 3, 8: (sect.1) 1031-1035 '15.

____. Sicard de Carufel.

Dans: Bull. rech. hist. 20: 105-107 '14.

SULTE, Benjamin, co-aut.
voir aussi sous:

CARON, Napoléon, ptre. Histoire de . . .
Yamachiche . . .

SUPPLÉMENT à l'histoire de l'Île Bizard. Publ. sous l'égide de la Bibliothèque et du Conseil municipal de l'Île Bizard, 1976.

Familles Wilson, Brunet, Cardinal, Boileau, Claude, Ladouceur, Pudrette dit Lavigne, Martin, Paquin, Proulx, Sauvé dit Laplante, Joly, Brayer dit St-Pierre, Théoret, Dutour, Senécal, Labrosse dit Raymond.

SURETTE, Stephen G. Establishment of the Surette family at Tusket Wedge (Wedgeport), Nova Scotia.

Dans: Soc. hist. acad. Cahier 4: (8) 240-342 janv./mars '73.

SURNAME index. Richmond, B.C., British Columbia Genealogical Society.

SURVEYOR, Édouard Fabre.

voir sous:

FABRE-SURVEYOR, Édouard.

SURVIVANCE des familles Paré. Journal. Vol. 1-10, déc. 1953-1964. Victoriaville. 10 vols.

Publié aussi en anglais sous le titre: "Pary family Association".
Comprend du texte anglais. Les deux premiers numéros ont été traduits en anglais et publiés séparément; les nos 3-4 sont en anglais et en français.
Le titre varie: déc. 1953, La Survivance des Familles Paré; 1955, Journal de la Survivance des Familles Paré. Paré Families Association Bulletin; 1956, Hommages respectueux de la Survivance des familles Paré à Son Excellence Mgr Marius Paré . . . Cordial greetings from the Paré Family Association to His Excellency Most Rev. Marius Paré . . . Publié à Sherbrooke, déc. 1953.

SUSSEX, N.B. St. Paul's United Church. Presbyterian baptisms, marriages and burials, 1857-1926; Methodist baptisms, marriages and burials, 1861-1926; United baptisms, marriages and burials, 1926-1970 . . .

Source: U.L.Ms. p. 1191.
Ms. Microfilm. 30 feet.
Provincial Archives of New Brunswick, Fredericton, N.B.

SUSSEX, N.B. Trinity Anglican Church . . . genealogical memoranda (1817-1953), baptisms, marriages and burials . . .

Source: U.L.Ms. p. 1191.
Ms. Microfilm.
Provincial Archives of New Brunswick, Fredericton, N.B.

SUSSEX AND NORTON, N.B. Parish church (Anglican). Baptisms, 1817-1844; marriages, 1817-1956; burials, 1817-1928.

Source: U.L.Ms. p. 1191.
Ms. Microfilm. 15 feet.
Provincial Archives of New Brunswick, Fredericton, N.B.

SUTHERLAND family . . . genealogy of Roderick Ross Sutherland.

Source: U.L.Ms. p. 1192.
Ms. Photocopies.
Provincial Archives of Manitoba, Winnipeg, Man.

SWITZER, E.E. The Switzers of the Bay of Quinte.

In: Ontario Hist. Soc. Papers and records. 6: 95-96 '05.

SYDNEY, N.S. St. George's Anglican Church. Parish register . . .

Source: U.L.Ms. p. 1196.
Ms. Photocopies.
Public Archives of Canada, Ottawa, Ont.

____. Records of baptisms, marriages and deaths, 1785-1833; including records of the entire Cape Breton Island to 1817 . . .

Source: U.L.Ms. p. 1196.
Ms. Transcripts. 200 p.
Cape Bretoniana Archives, St. Francis Xavier University, Sydney Campus, Sydney, N.S.

SYKES, Pamela, Mona MILKS and Christine MILKS. Ripley abandoned cemetery; lot 9, concession II, S. Crosby Twp, Leeds County, map reference 048387. Ottawa, Ontario Genealogical Society, Ottawa Branch, 1975. 14 leaves. (Publication no. 75-8).

Cover title.

SYLVESTRE, François. Généalogie de Ferdinand Gagnon. Seattle, c1943.

Le volume 1 est à la Bibliothèque nationale du Canada, Ottawa, Ont.

TABLEAU généalogique de Gaston Germain marié à Viviane Tremblay le 31 oct. 1964 à Québec.

1 feuillet dactylographié.
Archives nationales du Québec, Québec, Qué.

TABLEAU généalogique de Roger Blais, fils d'Eugène Blais et Alouysia Mercier de Québec.

Polycopié.
Archives nationales du Québec, Québec, Qué.

TABLEAU généalogique de Zoé Lafontaine (Lady Laurier).

Dans: L'Outaouais généalogique 2: (10) 116 déc. '80.

TABLEAU généalogique des Cyr.

Dans: Cahier Gen-Histo no 2, mars '80.

TABLEAU généalogique et généalogie de la famille Vézina, de Puyravault, Charente Maritime, Aunis.

Archives nationales du Québec, Québec, Qué.

TABLEAU généalogique: famille Brière; onze générations de Jacques-Omer Brière, fils de Rosaire et M. Paule Bernadette Sabourin. 2 p.

Polycopié.

Archives nationales du Québec, Québec, Qué.

TABLEAU généalogique L'Heureux. 7 p.

Copie dactylographiée.

Archives nationales du Québec, Québec, Qué.

TACHEREAU: branche aînée de la famille Taschereau en Canada. (Ottawa, 1896). 33 p. in-8°.

"Cette généalogie faite avec beaucoup de soin est l'oeuvre de l'Hon. Henri Elzéar Taschereau."

Collection Gagnon. Bibliothèque municipale de Montréal, Montréal, Qué.

TALBOT, Éloi-Gérard, s.m., comp. Généalogie: Charlevoix-Saguenay. Château-Richer, Qué., vol. 1, 1976- .

____. Généalogie des familles originaires des comtés de Montmagny, L'Islet, Bellechasse. Château-Richer, (1970-78). 16 vols.

Annexe: "Monographie abrégée des paroisses de Bellechasse, Montmagny, L'Islet, suivant les renseignements pris dans le dictionnaire des paroisses, missions et municipalités, de Hormidas Magnan, publié en 1925 . . .": 16: 233-240.

Comparaisons ethnographiques: 16: 241-242. Addenda (comprenant les corrections et additions aux 16 volumes): fin du vol. 16, p. 243-297 et 2 cartes géographiques.

____. Inventaire des contrats de mariages au greffe de Charlevoix; accompagné de documents précieux se rapportant à l'histoire de Charlevoix et du Saguenay, par Éloi-Gérard, s.m. La Malbaie, Société historique du Saguenay, 1943. 373 p. (Publications de la Société historique du Saguenay no 8).

____. Mariages de St-Henri-de-Lauzon, (1775-1968); St-Louis-de-Pintendre, 1899-1968, comté de Lévis. Québec, B. Pontbriand, 1969. 339 p. (Publication généalogique, 62).

____. Recueil de généalogies des comtés de Beauce, Dorchester, Frontenac, 1625-1946. Beauceville, P.Q., Collège du Sacré-Coeur, (1948-55). 11 vols.

____. Recueil de généalogies des comtés de Charlevoix et Saguenay depuis l'origine jusqu'à 1939. La Malbaie, (s. éd.), 1941. 593 p. (Publication de la Société historique du Saguenay, 5).

Tableaux généalogiques de Louis Philippe Dufour et de Caroline Cimon à la fin du vol. Errata publiées dans: Talbot, É.-G. Inventaire des contrats de mariages au greffe de Charlevoix: p. 317-373.

TALBOT, Éloi-Gérard, s.m. et Benoit PONTBRIAND, comp. Mariages de St-Apollinaire (1856-1967); St-Flavien (1856-1967); St-Agapit (1867-1967); et Dosquet (1912-1967), comté de Lotbinière. Québec, B. Pontbriand, 1968. 293 p. (Publications généalogiques, 55).

Polycopié.

____. Mariages de St-Lambert (1854-1967); St-Étienne (1861-1967); et St-David (1877-1967); comté de Lévis. Québec, B. Pontbriand, 1968. 243 p. (Publications généalogiques, 61)

Polycopié.

____. Mariages de St-Louis-de-Lotbinière (1692-1965), comté de Lotbinière. Québec, B. Pontbriand, 1966. 194 p. (Publications généalogiques, 27).

Polycopié.

TALBOT, Éloi-Gérard, s.m. et Guy ST-HILAIRE, comp. Mariages de Lauzon (St-Joseph-de-la-Pointe-Lévy) (1679-1965). Québec, B. Pontbriand, 1966. 433 p. (Publications généalogiques, 37).

Polycopié.

TALBOT, Éloi-Gérard, s.m., Roland-J. AUGER et frère ANDRÉ, s.c., comp. Docteur Jacques Labrie; un historien oublié (1784-1831).

Dans: S.G.C.F. Mém. 14: (6) 133-139 juin '63.

TALBOT, Éloi-Gérard, s.m., co-comp. *voir aussi sous:*

HÉBERT, Georges, Éloi-Gérard Talbot et Benoit Pontbriand, comp. Mariages de Ste-Emmélie . . .
LAPOINTE, Joseph-Alfred, comp. Familles de Mégantic et Arthabaska . . .

ST-HILAIRE, Guy, Éloi-Gérard Talbot et Benoit Pontbriand, comp. Mariages de St-Jean-Chrysostome . . .

TAMING a wilderness; a history of Ashern and district. Ashern, Man., Ashern Historical Society, 1976. vi, 455 p.

TANGHE, Raymond, comp. Bibliography of Canadian bibliographies/ Bibliographie de bibliographies canadiennes. Publ. in cooperation with the Bibliographical Society of Canada by the University of Toronto Press/ Publ. en collab. avec la Société bibliographique du Canada par la University of Toronto Press. Toronto, 1960.

English/French.
Title page in English and French.
Suppléments: 1960 et 1961 pub. en 1962.
With a "Biographical and genealogical section"/Avec une "Section biographique et généalogique".

TANGUAY, Cyprien, mgr. À travers les registres; notes recueillies par l'abbé Cyprien Tanguay. Montréal, 1886. viii, 276 p. in-8°.

Portrait de l'auteur et figures.
Très intéressantes notes recueillies par l'auteur dans les registres des vieilles paroisses canadiennes, tout en faisant ses recherches pour la publication de son "Dictionnaire généalogique".
D'abord imprimé par la Librairie St-Joseph (Cadieux & Derome) en 1886, cet ouvrage fut réimprimé en 1978 par les Éditions Élysée de Montréal.

____. Dictionnaire généalogique des familles canadiennes depuis la fondation jusqu'à nos jours. Montréal, Éd. Senécal, 1871-1890. 7 vols.

Premier ouvrage de base de généalogie des familles canadiennes de 1608 à 1760.
Les volumes 2 à 7 reprennent l'ordre alphabétique des noms.
Deux tableaux généalogiques dont celui de la famille Taché dans le premier volume.

____. . . . Réimpression: Baltimore, Genealogical Pub. Co., 1967.

____. . . . Réimpression: New York, AMS Press, 1969.

____. . . . Réimpression: Montréal, Éditions Élysée, 1975.

____. Étude sur une famille canadienne: famille de Catalogne.

Dans: Soc. roy. du Canada. Mém. 2: sect. 1, 7-14 1884.

____. Familles canadiennes.

Dans: Royal Soc. of Canada. Proceedings and transactions 1: sect. 1, 39-46 1882/83.

____. Notes personnelles . . . , son dictionnaire généalogique . . .

Source: C.C.Ms. p. 1198.
Ms. Originaux. 21 pouces. 1846-1900.
Archives du Séminaire de Québec, Québec, Qué.

____. Registres de l'état des personnes. Conférence. Ottawa, Impr. du "Foyer domestique", 1878. 19 p. in-16.

Présenté à la Convention littéraire de l'Institut canadien-français d'Ottawa, jeudi, 25 oct. 1877.

TANGUAY, Raymond, co-aut.
voir sous:

PARÉ, Victorin et Raymond Tanguay. Généalogie . . .

TARDIF, Émile, o.m.i. Genealogical chart of three Iroquois families that migrated from Montreal to Alberta ca. 1780. The descendants developed a rare blood deficiency.

Source: U.L.Ms. p. 1199.
Ms. Original. 3 p. 1960.
Glenbow-Alberta Institute, Calgary, Alta.

TARDIF, Henri-P. Olivier Le Tardif, supplément biographique.

Dans: L'Ancêtre 4: (8) 255-284 avr. '78.

____. Propos autour de la catholicité de mes ancêtres Tardif.

Dans: L'Ancêtre 6: (2) 35-50 oct. '79.

TARDIF, Henri-P. et J.F. TARDIF. Guillaume Le Tardif, 1656-1730, la deuxième génération.

Dans: L'Ancêtre 5: (4) 105-118 déc. '78.
"Cet article concerne principalement Guillaume Le Tardif, pionnier bien connu, contemporain et bras droit de Champlain et premier ancêtre des familles Tardif au Canada".

TARDIF, J.F., co-aut.
voir sous:

TARDIF, Henri-P. et J.F. Tardif. Guillaume . . .

TASCHEREAU: branche aînée de la famille Taschereau en Canada. (Ottawa, 1896). 33 p. in-8°.

Collection Gagnon, Bibliothèque municipale de Montréal, Montréal, Qué.

TASCHEREAU, famille . . . notes généalogiques . . .

Source: C.C.Ms. p. 1199.
Ms. Originaux.
Archives nationales du Québec, Québec, Qué.

———. . . . .

Source: C.C.Ms. p. 1199.
Ms. Originaux.
Archives publiques du Canada, Ottawa, Ont.

TASSÉ, Joseph. Les Canadiens de l'Ouest. Montréal, Impr. canadienne, 1878. 2 vols.

Dictionnaire de biographies.

TATRO, Eugene R. Descending genealogy.

In: F.C.A.G.R. 2: (3) 184-192 Fall '69.
Descending genealogy of Louis Tétreau and Nathalie Landreau, married in Three Rivers June 9, 1663.

TAYLOR, Ernest Manly. History of Brome County from the date of grants of lands therein to the present time. With records of some early families. Montreal, Lovell, 1908-37. 2 vols.

Published under the auspices of the Brome County Historical Society.
Numerous genealogical sketches.

TAYLOR, Eva Mills (Lee). Andrew Mills and his descendants with genealogies of related families. Bethesda, Md. (Pr. by the Shenandoah Pub. House, Inc., 1944). v, 150 p.

Bibliographical footnotes.

TAYLOR, Hugh. New Brunswick history: a checklist of secondary sources. Fredericton, 1975.

TEECE, Wendy. Land records and maps for genealogists in British Columbia.

In: Association of Canadian Map Libraries/Association des carthothèques canadiennes. Bulletin no 19, sept. '76.

TENNANT, Robert Dawson, comp. Genealogy of the Tennant family; a record of kinship with Thomas Tennant (1755-1821) and his wife Ann Hill (1764-1840), natives of County of Carlow, Ireland, who emigrated in 1820 to the Ottawa Valley in eastern Ontario, Canada. (North Bay, Ont., 1963). 1 vol. (loose-leaf).

Includes bibliography.

TEPPER, Michael. New World immigrants. Baltimore, 1979. 2 vols.

TERREBONNE, Qué. St-Louis, paroisse (catholique). Registres des baptêmes, mariages et sépultures avec index, 1725-1732.

Source: C.C.Ms. p. 1204.
Ms. Copie. 32 p.
Archives publiques du Canada, Ottawa, Ont.

TESSIER, Albert, mgr. Jean Crête et la Mauricie. Trois-Rivières, Éd. du Bien Public, 1956. 126 p. (Histoire régionale, v. 20).

TESSIER, G.-Robert. Hameaux, écarts ou lieux dits.

Dans: L'Ancêtre 6: (2) 51-53 oct. '79.

———. Les Tessier originaires de Sorel.

Dans: L'Ancêtre 4: (7) 213-233 mai '78.

———. Rappel de la méthode Sosa-Stradonitz.

Dans: L'Ancêtre 6: (9) 279-280 mai '80.

———. Répertoire des mariages de Saint-Casimir, comté de Portneuf (1847-1900). Québec, Société de Généalogie, 1962. 95 p. (Contribution no 1).

TESSIER, G.-Robert, co-comp.
voir aussi sous:

BUREAU, René, Jean Dumas et G.-Robert Tessier. Répertoire des mariages de l'Île d'Orléans . . .
BUREAU, René et G.-Robert Tessier, comp. Répertoire des mariages de Notre-Dame de Foy . . . (éd. 1963).
BUREAU, René, Benoit Pontbriand et G.-Robert Tessier, comp. Répertoire . . . de Notre-Dame de Foy . . . (éd. 1975).

TESSIER, Michel. Mon ancêtre: Mathurin Tessier.

Dans: L'Ancêtre 1: (9) 295-299 mai '75.

TESTARD DE MONTIGNY, famille. Notes biographiques ou généalogiques et copies de documents au sujet de la famille . . .

Source: C.C.Ms. p. 1204.
Ms. Copie. 1 pouce.
Archives publiques du Canada, Ottawa, Ont.

TÊTU, Henri, mgr. Histoire des familles Têtu, Bonenfant, Dionne et Perrault. Québec, Dussault & Proulx, 1898. 636 p.

THARP, Louise (Hall). The Peabody sisters of Salem. Boston, Little, Brown, 1950. 372 p.

Bibliography: pp. 357-358.

_____. Three saints and a sinner: Julia Ward Howe, Louisa, Annie and Sam Ward. Toronto, Little Brown, (c1956). 406 p.

Bibliography: pp. 373-374.

THÉBERGE. [s.l.n.d.] 6 vol. (A-Z).

Polycopié.
Archives nationales du Québec, Québec, Qué.

THÉBERGE, Guy. Saint-Éleuthère de Pohéné-gamook, 1814-1974. Pohénégamook, Comité du centenaire Saint-Éleuthère, 1974. xxiii, 225 p.

Bibliographies.
Source: Bibliographie du Québec 8: (5) 8 mai '75.

THÉRIAULT, Nancy. Généalogie des mes ancêtres. 23 p. 28 × 36 cm.

Notes manuscrites.
Travail présenté à Monsieur Vincent Dumont, cours d'histoire — géographie, École secondaire Notre-Dame, le 4 nov. 1976.
Archives nationales du Québec, Québec, Qué.

THÉRIAULT, Yvette (née Séguin dit Jeannot). Les Séguin dit Jeannot de Ripon.

Dans: L'Outaouais généalogique 2: (6) 66-68 juin '80.

THIBAUDEAU-HONE, Solange.
voir sous:
THIBODEAU-HONE, Solange.

THIBODEAU, Fernand-D. Recensements de Terreneuve et Plaisance.

Dans: S.G.C.F. Mém. 10: 179-188 '59; 11: 69-85 '60.

THIBODEAU-HONE, Solange. Histoire de la famille Thibaudeau, écrite par Solange Thibaudeau Hone, descendante en ligne directe, en huit générations du premier Pierre Thibaudeau venue de France en 1654. Montréal, 15 mars 1971. 27 p.

Polycopie.

_____. Pierre Thibaudeau (1631-1704).

Dans: S.G.C.F. Mém. 27: (4) 215-229 oct./déc. '76.

THIVIERGE-CASAULT, Ulric. Tricentenaire Thivierge.

Dans: S.G.C.F. Mém. 14: (10) 186-187 oct. '63.

THOMAS (frère). Notices généalogiques sur la famille Guibord. Ottawa, Bureau, 1904. 34 p.

THOMAS, C. History of the counties of Argenteuil, Que. and Prescott, Ont., from the earliest settlement to the present. Montreal, Lovell & Sons, 1896. viii, 665 p.

Biographical information mostly drawn from personal reminiscences.
No name index. Once indexed, this book could be a great source of information on the pioneers of these two counties.

THOMAS, Cyrus. Histoire de Shefford. Tr. de l'angl. par l'abbé Ovila Fournier. Île Perrot Nord, Éd. de la Libellule, 1973. 95 p.

Titre original: *History of Shefford*. Montreal, Lovell Pr., 1877.

THOMAS, E. Notice généalogique sur la famille Taffanel de La Jonquière.

Dans: Bull. rech. hist. 35: 416-430 '29.

THOMPSON, Albert Edward, Man. The Story of Chief Pegius and his descendants (Saulteaux Indians and St. Peter's Reserve in Manitoba).

Source: U.L.Ms. p. 1207.
Ms. Transcripts. 18 p. 1958.
Saskatchewan Archives Board, Regina, Sask.

THOMPSON, famille . . . généalogie de la famille . . . 1759-1952.

Source: C.C.Ms. p. 1208.
Ms. Originaux. 3 pieds 9 pouces. Microfilm. 1 bobine.
Archives nationales du Québec, Québec, Qué.

THROOP, Herbert David. Throop genealogy, with special reference to the Throops of Grenville County, Ontario, Canada. Ottawa, 1931. 33 p.

Source: Metropolitan Toronto Central Library, Toronto, Ont.

THUNDER BAY, Ont. St. John the Evangelist and St. Ansgarius (Lutheran) Church. Parish registers for St. John the Evangelist (Anglican) Church, Thunder Bay, 1872-1926, and the parish register of St. Ansgarius (Lutheran) Church, Port Arthur, 1906-1912.

Source: U.L.Ms. p. 1212.
Ms. Microfilm. 2 reels.
Public Archives of Canada, Ottawa, Ont.

TIGNISH, Î.-P.-É. St-Simon et St-Jude, paroisse (catholique). Registres des paroisses, 1832-1869.

Source: C.C.Ms. p. 1213.
Ms. Reproductions photographiques. 3 pouces.
Archives acadiennes, Moncton, N.-B.

____. St. Simon and St. Jude (Catholic)
Church. Marriage register, 1844-1869.

Source: U.L.Ms. p. 1213.
Ms. Microfilm. 25 feet.
Public Archives of Canada, Ottawa, Ont.

TIMOTHY, Hamilton Baird. The Galts: a
Canadian odyssey; John Galt, 1779-1839.
Toronto, McClelland and Stewart Ltd.,
1977. 175 p.

Includes index and bibliographies.

TITRE d'ascendance de Paul Vanasse et Barbe
Monsel, de St-Maclou, Rouen, Normandie.

Photocopie — "authentifiée par François
Beaudin, Conservateur des Archives nationales
du Québec, Québec, à Québec le 28 déc.
1978."
Tableau de la descendance de Fernand Bastien,
marié à Cap-de-la-Madeleine le 20 déc. à Diane
Brunelle.

TIVY, Louis. Your loving Anna; letters from
the Ontario frontier. (Toronto), University
of Toronto Press, (1972). 120 p.

TOMSHACK, Richard. Ancestor charts of the
families of Gagné, Cartier, Ducharme,
Aubin and many others.

TORONTO, Ont. United Church of Canada.
Marriage register kept by Rev. R.T.D. Simpson, 1923-1956.

Source: U.L.Ms. p. 1221.
Ms. Photocopies. 77 p.
Public Archives of Canada, Ottawa, Ont.

TORREY, Clarence A., co-aut.
see under:
GILBERTS of New England . . .

TOUGAS, Rémi. Guillaume Tougard (Tougas)
(1674-1708).

Dans: S.G.C.F. Mém. 25: (3) 168-169
juil./sept. '74.

____. Marie Brazeau et ses traces (1715-1716);
une affaire d'honneur et l'affaire des pendus.
Dans: S.G.C.F. Mém. 29: (1) 3-10 janv./mars
'78.

____. Le Premier Tougard en Nouvelle-France.
Montréal, Éd. St-Lambert, 1979. 295 p.

TRACADIE, N.-B. St-Jean-Baptiste et St-
Joseph, paroisses (cath.) Registres des
paroisses, 1798-1919.

Source: C.C.Ms. p. 1225.
Ms. Microfilm. 3 bobines.
Archives acadiennes, Moncton, N.B.

____. St-Pierre, paroisse (catholique). Registre
de la paroisse, 1811-1858.

Source: C.C.Ms. p. 1225.
Ms. Reproductions photographiques. 1 pouce.
Archives acadiennes, Moncton, N.-B.

TRAHAN, Conrad W. A Trahan history and
genealogy.

Source: S.G.C.F. Mém.

TRAHAN family. Genealogy of the Trahan
family, 1610-1967.

Source: U.L.Ms. p. 1226.
Ms. Transcripts. 5 p.
Public Archives of Canada, Ottawa, Ont.

TRAILS to Mannville. Compiled by the Manville and District Old Timers Association.
Mannville, Alta., 1975- .

Cover title.

TRAVERSY, Léo. Paroisse de Saint-Damase,
comté de St-Hyacinthe. St-Hyacinthe, [s.d.].
xiv, 888 p.

Chapitre 20: "Les familles".

TRAVERSY, Paul. Barthelemy Vinet dit
Larente.

Dans: L'Ancêtre 6: (8) 241-242 avr. '80.
Sans source bibliographique.

____. Crevier. Sept. 1976. 2 p.

Polycopié.
Archives nationales du Québec, Québec, Qué.

____. Jean Arcouet dit Lajeunesse.

Dans: Troisième âge 4: (6) 5 janv. '75.

____. Jean Guèvremont (1666-1737) et sa
descendance.

Dans: S.G.C.F. Mém. 27: (3) 166-172
juil./sept. '76.

____. Paul Bertrand dit St-Arnau.

Dans: L'Ancêtre 6: (2) 55-56 oct. '79.

____. Pierre Parenteau.

Dans: Troisième âge, mars '75, p.5.

____. René Ouellet . . .

Dans: Troisième âge, juin/juil. '75.

TRAVERSY, Paul, co-aut.
voir aussi sous:
LIMOGES, José et Paul Traversy. Pierre Amant . . .

TREMBLAY, Denis. Notre généalogie collective.
Dans: L'Entraide généalogique 3: (2) 72-78 mars '81.
Résumé d'une conférence donnée le 12 mai 1980 devant les membres de la Société.

TREMBLAY, Georges. Monographie de Tadoussac, 1535 à 1922. Chicoutimi, Typ. Syndicat des imprimeurs du Saguenay, (1922?). 65 p.

TREMBLAY, Gérard. Six générations en photos.
Dans: Annales de Ste-Anne de Beaupré, déc. '77, p. 489-490.

TREMBLAY, Jean-Paul, ptre. Contemporain du Grand Roi; biographie de Noël Simard dit Lombrette (1637-1715), par Paul Médéric (pseud). Éd. du tricentenaire. (Chicoutimi), Société historique du Saguenay, 1957. 180 p. (Publications de la Société historique du Saguenay, 16).

_____. Le Père d'un peuple, Pierre Tremblay, ancêtre de tous les Tremblay d'Amérique, par Paul Médéric (pseud.). Chicoutimi, Société historique du Saguenay, 1957. 226 p. (Publication de la Société historique du Saguenay, 17).
Édition du tricentenaire.
Sources bibliographiques au bas des pages.

_____. La Tremblaye millénaire, par Paul Médéric (pseud.). Québec, Libr. Garneau, 1975. 2 vols.
Notes (part. bibliogr.) au bas des pages.

TREMBLAY, Joseph Henri, éd.
voir sous:
PIONEER Memories . . .

TREMBLAY, Marc Adélard et Marc LAPOINTE. Famille et parenté en Acadie. Ottawa, Musée national de l'Homme, 1971. xxii, 160 p. (Publication d'ethnologie, 3).
Recension dans: Société hist. acad. 4: (10) 419 '73.

TREMBLAY, Nérée. Monographie de la paroisse de St-Hilarion. Québec, Charrier et Dugal, 1948. 257 p.

Sommaire partiel: Chap. 2: Les De Foy, propriétaires des lots concédés aux Tremblay; . . . Chap. 16: Connaître ses aïeuls et ses aïeux; faire aimer sa patrie: moyen de connaître ses ancêtres; ancêtres des familles de St-Hilarion. L'ouvrage n'a pas été indexé, les notes généalogiques étant trop générales.

_____. Kirke à Tadoussac.
Dans: Saguenayensia 13: (2) 31-33 mars/avr. '71.

_____. Mémoire (sic) d'un vieillard: Sixte Bouchard.
Dans: Saguenayensia 2: (2) 37-39 mars/avr. '60.

_____. Mémoires d'anciens: Monsieur et Madame Elzéar Bouchard.
Dans: Saguenayensia 12: (1) 17-18 janv./fév. '70.

_____. Mémoires d'anciens: Monsieur et Madame Napoléon Leclerc.
Dans: Saguenayensia 10: (4) 101-104 juil./août '68.
"Victory Tremblay profitait le 28 mars 1935 d'une entrevue avec Monsieur et Madame Napoléon Leclerc de Rivière-du-Moulin pour recueillir quelques-uns de leurs souvenirs."

_____. Mémoires d'un ancien: Joseph Milliard.
Dans: Saguenayensia 4: (3) 56-68 mai/juin '62.

_____. Mémoires d'un ancien: Joseph Tremblay "Boise".
Dans: Saguenayensia 12: (2) 39-40 mars/avr. '70.
"Deux brèves entrevues avec M. Tremblay les 26 et 28 mai 1935 qui permirent de recueillir plusieurs détails qui ne manquent pas d'intérêt."

_____. Mémoires d'un ancien: Monsieur Antoine Bolduc.
Dans: Saguenayensia 9: (6) 141-142 nov./déc. '67.

_____. Mémoires d'un ancien: Monsieur Donat Lessard.
Dans: Saguenayensia 14: (6) 177-181 nov./déc. '72.

_____. Mémoires d'un ancien: Monsieur François Girard de Chambord.
Dans: Saguenayensia 17: (3/4) 58-62 mai/août '75.

_____. Mémoires d'un ancien: Monsieur Gédéon Boivin.
Dans: Saguenayensia 10: (1) 6-7 janv./fév. '68.

____. Mémoires d'un ancien: Monsieur Hippolyte Lessard.

Dans: Saguenayensia 11: (2) 34-39 mars/avr. '69.

____. Mémoires d'un ancien: Monsieur Jean-Baptiste Pelletier.

Dans: Saguenayensia 13: (1) 20-21 janv./fév. '71.

____. Mémoires d'un ancien: Monsieur Johnny Côté.

Dans: Saguenayensia 11: (3) 73-75 mai/juin '69.
Notes généalogiques sur sa famille.

____. Mémoires d'un ancien: Monsieur Napoléon Harvey.

Dans: Saguenayensia 15: (2) 56-60 mars/avr. '73.

____. Mémoires d'un ancien: Monsieur Simon Boudreault.

Dans: Saguenayensia 12: (6) 140-141 nov./déc. '70.

____. Mémoires d'un ancien: Monsieur Thérence Potvin.

Dans: Saguenayensia 8: (2) 87-91 juil./août '66.

____. Mémoires d'un ancien: Monsieur Timothée Harvey.

Dans: Saguenayensia 10: (2) 36-37 avr./mai '68.

____. Mémoires d'un ancien: Monsieur William Tremblay.

Dans: Saguenayensia 8: (6) 135-137 nov./déc. '66.

____. Mémoires d'un ancien: Narcisse Bisson.

Dans: Saguenayensia 6: (4) 56-58 mai/juin '64.

____. Mémoires d'un ancien: Phydime Lavoie.

Dans: Saguenayensia 6: (4) 87-90 juil./août '64.
Mention des habitants d'Alma en 1874.

____. Mémoires d'un ancien: Pierre Desbiens.

Dans: Saguenayensia 4: (6) 125-128 nov./déc. '62.

____. Mémoires d'un ancien: Thomas Lessard.

Dans: Saguenayensia 12: (3) 68-72 mai/juin '70.

____. Mémoires d'un ancien: Xavier Paradis.

Dans: Saguenayensia 18: (2) 40-41 mars/avr. '76.

____. Mémoires d'un vieillard: Alex. Gagnon.

Dans: Saguenayensia 4: (1) 18-19 janv./fév. '62.

____. Mémoires d'un vieillard: Alphonse Parent.

Dans: Saguenayensia 3: (1) 42-44 mars/avr. '61.

____. Mémoires d'un vieillard: Auguste Gagné "de Bagotville".

Dans: Saguenayensia 2: (6) 157-163 nov./déc. '60.

____. Mémoires d'un vieillard: Basile Villeneuve.

Dans: Saguenayensia 1: (5) 116-117 sept./oct. '59.

____. Mémoires d'un vieillard: Charles Bérubé.

Dans: Saguenayensia 1: (4) 92-93 juil./août '59.

____. Mémoires d'un vieillard: Cléophe Girard.

Dans: Saguenayensia 3: (2) 79-81 mai/juin-juil./août '61.

____. Mémoires d'un vieillard: Edmond Girard.

Dans: Saguenayensia 2: (5) 122-123 sept./oct. '60.

____. Mémoires d'un vieillard: Ignace Lajoie.

Dans: Saguenayensia 1: (6) 132-133 nov./déc. '59.

____. Mémoires d'un vieillard: Maxime Tremblay ("Picote").

Dans: Saguenayensia 2: (1) 10-11 janv./fév. '60.

____. Mémoires d'un vieillard: Thomas Coulombe.

Dans: Saguenayensia 2: (3) 62-66 mai/juin '60.

____. Mémoires d'un vieillard: Ulysse Duchesne.

Dans: Saguenayensia 2: (4) 93-95 juil./août '60.

____. Mémoires d'une ancienne: Madame Élie Boudreault.

Dans: Saguenayensia 14: (3) 73-78 mai/juin '72.

____. Mémoires d'une ancienne: Madame Eugène Laflamme.

Dans: Saguenayensia 6: (2) 31-34 mars/avr. '64.

TREMBLAY, Victor, mgr. Mémoires d'une ancienne: Madame François Tremblay.

Dans: Saguenayensia 15: (1) 22 janv./fév. '73.

____. Mémoires d'une ancienne: Madame Françoise Tremblay "Bouleau".

Dans: Saguenayensia 10: (5) 121-124 sept./août '68; 10: (6) 148-152 nov./déc. '68; 11: (1) 8-12 janv./fév. '69.

____. Mémoires d'une ancienne: Madame Johnny Simard (Eugénie Pedneault).

Dans: Saguenayensia 18: (1) 19-23 janv./fév. '76.

____. Mémoires d'une ancienne: Madame Joseph Donaldson.

Dans: Saguenayensia 14: (2) 30-36 mars/avr. '72.

____. Mémoires d'une ancienne: Mademoiselle Émélie Tremblay.

Dans: Saguenayensia 13: (2) 44-50 mars/avr. '71; 13: (4) 108-110 juil./août '71; 13: (5) 138-140 sept./oct. '71; 14: (1) 17-21 janv./fév. '72.

____. Le poste de Métabetchouan. Chicoutimi, Qué., Éd. Science moderne, c1974. 200 p. (Publications de la Société historique du Saguenay no 34).

Comprend des références bibliographiques.

____. Première famille fixée à la Pointe-Bleue.

Dans: Saguenayensia 12: (6) 148 nov./déc. '70. Quelques notes sur les frères Gill.

____. Un cinquantenaire: J.H. Brassard.

Dans: Saguenayensia 17: (3/4) 53-54 mai/août '75.

____. Une famille Bucknell: René Bucknell.

Dans: Saguenayensia 1: (1) 15-17 janv./fév. '59.

TREMBLAY, famille. Arbre généalogique de la famille Tremblay, dressé pour J.A. Alphonse Tremblay.

Source: C.C.Ms. p. 1227.
Ms. Reproductions photographiques. 1 p. ca. 1970.
Archives publiques du Canada, Ottawa, Ont.

TRÉPANIER: notes diverses.

Polycopié.
Archives nationales du Québec, Québec, Qué.

TRÉPANIER, François et Normand TRÉPANIER. Histoire et généalogie de la grande famille Trépanier, accompagnée d'un Tableau généalogique synoptique dépliant de quelque 33 pieds de longueur. Chicoutimi, (les auteurs), 1980. 375 p.

TRÉPANIER, Guy, co-aut.
voir sous:
HARDY, René, Guy Trépanier . . . La Mauricie . . .

TRÉPANIER, Léon, o.b.e. Des Gaboury dans l'histoire. [s.l.], 1950. [s.p.]

"La Société historique de l'Alabama met à jour l'étonnante carrière d'un enfant de St-Jean-Baptiste de Rouville, premier à exploiter le tram à l'électricité sur le continent . . ." (Intr.). "Un digne descendant de cette famille, le lieutenant-colonel Arthur Gaboury." (3 dern. pages).

TRÉPANIER, Léon . . . Qué. . . . généalogie . . .

Source: C.C.Ms. p. 1228.
Ms. Originaux.
Programme de recherches en démographie historique, Université de Montréal, Montréal, Qué.

TRÉPANIER-MASSICOTTE, Janine. Chez-nous en Nouvelle-France, 1608-1787; origine des familles; arrivée des ancêtres; début de la colonie et de la région; fondation de Saint-Stanislas. (Trois-Rivières), Éd. du Bien Public, 1978. 149 p.

"Nos courageux ancêtres dans les seigneuries de la Nouvelle-France": chap. 2.
"Nos familles: les pionniers de St-Stanislas établis avant 1787": chap. 8.

TRINITY, Nfld. St. Paul's Anglican Church. Register of baptisms, 1753-1867; marriages, 1757-1867; burials, 1757-1867.

Source: U.L.Ms. p. 1128.
Ms. Microfilm. 1 reel.
Public Archives of Canada, Ottawa, Ont.

TRINITY, Que. Anglican church. Parish registers, 1840-1850.

Source: U.L.Ms. p. 1228.
Ms. Original. 6 inches.
Archives nationales du Québec, Montréal, Qué.

TROIS-RIVIÈRES, Qué. Registres des baptêmes, 1635-1763; mariages, 1654-1677, 1699-1763; sépultures, 1634-1763, de la paroisse de l'Immaculée-Conception, avec

index. Registres des baptêmes, mariages et sépultures de l'église paroissiale protestante de la ville de Trois-Rivières et de la Garnison, 1768-1792, avec index.

Source: C.C.Ms. p. 1229.
Ms. Copie. 1 pied. Microfilm.
Archives publiques du Canada, Ottawa, Ont.

____. Régime militaire . . . "Recensement des habitants de la ville et Gouvernement des Trois-Rivières, 1760."

Source: C.C.Ms. p. 1229.
Ms. Reproductions photographiques. 235 p.
Archives publiques du Canada, Ottawa, Ont.

TROTTIER, Aimé. Amélie de Boucherville fut-elle vraiment une descendante de Saint-Louis?

Dans: S.G.C.F. Mém. 21: (3) 165 juil./sept. '70.

____. Ancêtres de Mathieu et d'Elisabeth d'Amours.

Dans: S.G.C.F. Mém. 22: (1) 45-56 janv./mars '71.

____. Les Familles Leprince et Hérault; quelques corrections.

Dans: S.G.C.F. Mém. 30: (3) 225-226 juil./août '79.

____. Julienne Dumont, "fille du Roy"; simples conjectures sur son origine.

Dans: S.G.C.F. Mém. 24: (2) 104-105 avr./juin '73.

TRUDEL, Elzéar, o.f.m.
voir sous:

TRUDEL, Paul-Eugène, o.f.m.

TRUDEL, Hubert. Comment former une association de famille.

Dans: S.G.C.F. Mém. 10: (1) 11-15 '59.

TRUDEL, Jean. La Famille Woolsey. Ottawa, Galerie nationale du Canada, 1976. (Publication no 7).

TRUDEL, Marcel. Chiniquy (Trois-Rivières), Éd. du Bien Public, 1955. 339 p.

"Notes généalogiques sur la famille de Chiniquy": (Appendice p. 311-315).
On a raconté que les Chinic, autrefois des Chiniquy, avaient modifié leur nom après l'apostasie du prédicateur, mais c'est Martin II, fils de Martin Chennequy, né d'un second mariage, qui commença à signer "Martin Chenn Equy". C'est son fils qui adopta en 1795 "Martin Chinic" et c'est la signature qu'il gardera invariablement. Charles Chiniquy, l'apostat, naîtra en 1809.

TRUDEL, Paul-Eugène, o.f.m. Comment j'ai fait mes recherches généalogiques.

Dans: S.G.C.F. Mém. 8: 208-210 '57.

____. Généalogie de la famille Trudel(le). Montréal, La Famille Trudel(le) Inc., 1955 (i.e. 1956). (Non paginé, 1 vol. de 2 pouces).

Texte en partie sur deux colonnes.
Comprend un index.
Notes (part. bibliogr.) au bas des pages.
Nomenclature de plus de 17 000 descendants de l'ancêtre Trudel.
Oeuvre colossale et travail historique de grande envergure.

____. Les Religieuses Trudel dans la Congrégation de Notre-Dame, par Paul-Eugène Trudel. (Montréal?), Comité Trudel, 1945. xiv, 399 (12) p.

Comprend des pages d'illustrations hors-texte.
Notes (part. bibliogr.) au bas des pages.

TRUDEL, famille. Fonds généalogiques . . . 1900-1960.

Source: C.C.Ms. p. 1230.
Ms. Originaux. 32 pieds 6 pouces.
Archives nationales du Québec, Québec, Qué.

TRUDELLE, Pierre. Abitibi d'autrefois, d'hier et d'aujourd'hui. Amos, Qué., (l'auteur), 1937. 394 p.

Appendice 2: Recensement général des colons établis en Abitibi au 30 juin 1914.

TRUDELLE, T(héophile) A(lfred). Le Premier Trudelle en Canada et ses descendants. Québec, Brosseau & Desrochers, 1911. 158 p.

En tête du titre: 1645.
Titre au dos de la couverture: "La Famille Trudelle en Canada".

TRUEMAN, Howard. The Chignecto Isthmus and its first settlers. Belleville, Ont. Mika Pub. Co., 1975. 278 p.

Reprint of the 1902 ed., publ. by W. Briggs, Toronto.
Includes an index.
Introd. by W.F. Ganong: pp. (v)-vii.
Genealogical notes on the Trueman family and families connected by marriage with the second generation of the Trueman family.
History of the first settlers of the Cumberland area.

TUCKER, Sidvin Frank . . . genealogy of Rev. George Gillmore.

Source: U.L.Ms. p. 1231.
Ms. Original. 1 1/2 inches. 1960.
Public Archives of Nova Scotia, Halifax, N.S.

TUCKER, Sidvin Frank. A Partial list of the descendants of the Rev. George Gillmore, A.M., Loyalist of Horton and Windsor, Nova Scotia. Boston, pr. by Harry C. Gillmore, 1918. 2 p. 1, 20 numb. leaves, 3 leaves.

Original cover title: The Gillmore family.
Sources of information: leaves (22-23).

TUCKER, William Bowman. The Camden colony; or the seed of righteous. A story of the United Empire Loyalists, with genealogical tables . . . Montreal, Lovell, 1908. xvi, 216 p.

The 2nd ed. under the title: *The Romance of the Palatine Millers* . . . a tale of Palatine Irish-Americans and United Empire Loyalists''. 1929.

____. The Romance of the Palatine Millers; a tale of Palatine Irish-Americans and United Empire Loyalists. 2nd ed. of the ''Camden Colony'', rev. and enl. Montreal, pub. by the Author, 1929. 369 p.

Genealogical part: pp. 203-408.
Genealogical tables of the Shibley family: pp. 339-348.

TUPIGNY, Jacques Pierre Meurgey, baron de. Les Lériget: Lériget de la Faye, Lériget de la Plante, Lériget de la Ménardie, Lériget de Château-Gaillard et de Clauroze (Angoumois, Dauphiné, Île-de-France, Poitou, Canada, Bahamas, États-Unis d'Amérique). Chartres, 1964. 180 p.

TUPPER, Charles (Sir). . . . genealogy of the Tupper family.

Source: U.L.Ms. p. 1223.
Ms. Original. 1/2 inch (3 p).
Provincial Archives of Manitoba, Winnipeg, Man.

TUPPER, Ferdinand Brock. . . . Genealogical notes . . . relating to Sir Isaac Brock and the Tupper family.

Source: U.L.Ms. p. 1233.
Ms. Original. 140 p. 1869.
Metropolitan Toronto Central Library Archives, Toronto, Ont.

TURCOTTE, Gentil. Jean Turcot, l'ancêtre des Turcot et Turcotte.

Dans: S.G.C.F. Mém. 24: (4) 228-247 oct./déc. '73.

TURCOTTE, Gustave. Jacob Marsac et ses descendants.

Dans: Bull. rech. hist. 36: 87-90 '30.

TURGEON, Charles Marie Joseph. Un ministre canadien en Mortagne. Réception de l'Hon. Turgeon, ministre des Terres et Forêts de la province de Québec par la Société percheronne d'histoire et d'archéologie. Bellême, Levayer, 1905. 41 p.

''L'émigration des Turgeon au XVIIe siècle et l'histoire des libertés canadiennes''; discours prononcé par Charles Turgeon, p. 15-41.

TURGEON, J. Albert. Mariages de la paroisse de St-Michel de Bellechasse (1693-1974). Québec, Éd. Bergeron et Fils, 1975. 288 p. (Publication no 25).

TURK, Marion G. The Quiet Adventurers in Canada. Harlo, Detroit (c1979).

Genealogical notes on the pioneers coming from the Jersey and Guernsey Islands.
Surname index: p. 551 to end of vol.

TURNBULL, John Fulton. History of the Turnbull family of Digby, Nova Scotia. Agincourt, Book Society of Canada (c1960). 18 (29) p.

Genealogical charts (partly folded).
Blank folded genealogical chart laid in.
Bibliography: 1 p. at end of vol.

TURNER, Daniel. Orser; a genealogy of the descendants of Aert Willemszen. [s.l.s.n.], 1975. 609 p.

Source: Computerized data bank, National Library of Canada, Ottawa, Ont.

TYRRELL, Henry Grattan. Scrapbook, typed biographies of the Tyrell family . . .

Source: U.L.Ms. p. 1236.
Ms. Original.
University of Toronto Library, Toronto, Ont.

TYRELL, Joseph Burr . . . genealogical papers . . .

Source: U.L.Ms. p. 1236.
Ms. Original.
University of Toronto Library, Toronto, Ont.

UNE lignée Fraser.

Notes manuscrites.
Sans indication de sources bibliographiques.
Archives nationales du Québec, Québec, Qué.

UNIACKE family. Genealogical tree of descendants of Bernard D. Uniacke, living in Cork, Ireland in 1305, and family coat of arms.

Source: U.L.Ms. p. 1238.
Ms. Original. 1/4 inch. Microfilm. 1 reel. [n.d.]
Public Archives of Nova Scotia, Halifax, N.S.

UNION list of manuscripts in Canadian repositories. Rev. (1975) ed./Catalogue collectif des manuscrits des Archives canadiennes. Éd. rev. (1975). Ottawa, Public Archives/Archives publiques, 1977. 2 vols.

UNION list of serials in libraries of the United States and Canada. Ed. by Edna B. Titus. 3rd ed. New York, Wilson, 1965. 5 vols.

Mostly referred to as "Gregory" because the editor of the 1st and 2nd eds. was Winifred Gregory.

UNITED Empire Loyalists' Association of Canada. Hamilton Branch. Family trees of members showing alphabetical lists of ancestors and descendants . . .

Source: U.L.Ms. p. 1257.
Ms. Microfilm. 2 reels. 1931-1955.
Hamilton Public Library, Hamilton, Ont.

UNITED Empire Loyalists' Association of Ontario. Transactions. Vol. 1, March 10th, 1898- . Toronto, Hunter, Rose.

Historical and genealogical sketches of United Empire Loyalists.

UNITED Empire Loyalists Centennial Committee, Toronto, Ont. The Old United Empire Loyalists list. Baltimore, Md., Genealogical Pub. Co., 1976. 334 p.

UNIVERSITÉ de Sherbrooke. Guide de fonds et collections d'archives conservés dans le comté fédéral de Sherbrooke. Sherbrooke, Université de Sherbrooke, 1978. 158 p.

Polycopié.
Collaborateurs: Jean-Guy Richer, dir.; Sylvie Bourque, recherchiste; Jacinthe Chénard, dactylographe; Yves Dion, rédacteur-adjoint; Monique Choquette-Abel, recherchiste; Marie Chantal-Leblanc, recherchiste.
Ce projet a été parrainé par l'Association des Archivistes du Québec et subventionné par Création Emploi-Canada.

UPPER CANARD, N.S., Cornwallis First United Baptist Church. . . . Records of marriages, 1816-1877.

Source: U.L.Ms. p. 1268.
Ms. Original.
Acadia University Archives, Wolfville, N.S.

UPTON family. History of the Upton family, 1811-1971.

Source: U.L.Ms. p. 1268.
Ms. Photocopies. 31 p. 1971.
Public Archives of Canada, Ottawa, Ont.

VACHON, A. Comment retracer les armoiries des familles canadiennes-françaises.

Dans: L'Ancêtre 6: (3) 67-72 nov. '79.

VACHON, Daniel, co-comp.
voir sous:
LEEDS: Canton 1802 . . .

VACHON, Roméo. Le Bonheur de vivre, par un industriel. (Québec, Ateliers de l'Institut St-Jean-Bosco, 1950). 102 p.

VAILLANCOURT, Émile. La Conquête du Canada par les Normands; biographie de la première génération normande du Canada. Préf. d'Aegidius Fauteux. 2e éd., rev. et annotée par Archange Godbout. Paris, E. Dumont; Montréal, G. Ducharme, 1933. 252 (9) p.

Notes bibliographiques au bas des pages.

____. L'Origine du nom Vaillancourt.
Dans: Bull. rech. hist. 27: 116-118 '21.

VAILLANCOURT, Marie. Les Enfants d'Antoine Sabourin et Louise Chevrier.

Dans: Mémorial de la Petite-Nation; nos vieilles familles. Fasc. B, p. 20-21.

____. Enfants de Arsène Hébert et Azilda Bourassa.

Dans: Mémorial de la Petite-Nation; nos vieilles familles. Fasc. A, p. 15-16.

____. Enfants de Paul Dinel et Émilie Louis-seize.

Dans: Mémorial de la Petite-Nation; nos vieilles familles. Fasc. A, p. 19-21.

____. Enfants de Pierre Bisson et d'Adélaide Desnoyers.

Dans: Mémorial de la Petite-Nation; nos vieilles familles. Fasc. A, p. 9-10.

____. Enfants de Pierre Bisson et d'Angèle Legris.

Dans: Mémorial de la Petite-Nation; nos vieilles familles. Fasc. A, p. 10-12.

____. Enfants de Timothée Bisson et Sarah Alexander.

Dans: Mémorial de la Petite-Nation; nos vieilles familles. Fasc. A, p. 7.

____. Famille des Bisson de Saint-Émile de Suffolk.

Dans: Mémorial de la Petite-Nation; nos vieilles familles. Fasc. A, p. 2-5.

VAILLANCOURT, Marie. Famille des Dinel de Chénéville.

Dans: Mémorial de la Petite-Nation; nos vieilles familles. Fasc. A, p. 18-19.

____. Famille des Hébert de Montebello.

Dans: Mémorial de la Petite-Nation; nos vieilles familles. Fasc. A, p. 12-15.

____. Familles de Saint-André-Avellin.

Dans: Mémorial de la Petite-Nation; nos vieilles familles. Fasc. A, p. 9.

____. Généalogie des Bisson.

Dans: Mémorial de la Petite-Nation; nos vieilles familles. Fasc. A, p. 7-8.

____. Généalogie des Bourassa.

Dans: Mémorial de la Petite-Nation; nos vieilles familles. Fasc. A, p. 16-18.

____. Généalogie des Dinel.

Dans: Mémorial de la Petite-Nation; nos vieilles familles. Fasc. A, p. 22.

____. Généalogie des Hébert.

Dans: Mémorial de la Petite-Nation; nos vieilles familles. Fasc. A, p. 16.

____. Généalogie des Louisseize.

Dans: Mémorial de la Petite-Nation; nos vieilles familles. Fasc. A, p. 22.

____. Généalogie des Sabourin.

Dans: Mémorial de la Petite-Nation; nos vieilles familles. Fasc. B, p. 21-23.

____. Les Sabourin de Ripon.

Dans: Mémorial de la Petite-Nation; nos vieilles familles. Fasc. B, p. 19-20.

VAILLANCOURT, Pierre, co-aut.
voir sous:
GAUTHIER, Rosario, Maurice Legault et Pierre . . .

VAL D'AMOUR, N.-B. Notre-Dame-du-Sacré-Coeur, paroisse (catholique). Registres de la paroisse, 1902-1920.

Source: C.C.Ms. p. 1270.
Ms. Microfilm. 1 bobine.
Archives acadiennes, Moncton, N.-B.

VALADE, Pierre. Notes généalogiques sur une lignée Valade. 1941. 20 p.

Polycopié.
Archives nationales du Québec, Québec, Qué.

VALLIÈRES, Paul. Généalogie de la famille Hamel. Québec, 15 juin 1967. 675 p.

Sur papier oignon.
Archives nationales du Québec, Québec, Qué.

VALOIS, P. Raymond, c.s.v.
voir sous:
VALOIS, Raymond, c.s.v.

VALOIS, Raymond, c.s.v. Arthur-Édouard Valois (1844-1915), un avocat canadien qui se fait Américain et un peu Français.

Dans: S.G.C.F. Mém. 20: (3) 131-141 juil./sept. '69.

____. Beaumont et Lesieur; deux noms, mais un seul pistolet.

Dans: S.G.C.F. Mém. 29: (3) 199-200 juil./sept. '78.

____. Francois Dumesnil (1734-1800) et sa descendance. Vaudreuil, 1975. 37, 6 p.

Polycopié.
"En hommage à 'ma mère en ce cent-dixième anniversaire de sa naissance'." (Dédicace).

____. Généalogie des familles Valois. Vaudreuil, nov. 1973. [p.v.]

Ancêtre: "Jacques Valois qui vint au pays comme soldat, à l'âge de 19 ans et qui, après avoir guerroyé comme tous les colons de son temps, épouse successivement à Champlain, Mlle Jeanne Couillard (1694) et Mlle Marguerite Carpentier (1706) puis s'établit définitivement à l'Île Dupas . . ." (Dédicace).

____. Geneviève Aubuchon, Joseph Chevalier et Joseph Chancelier; deux cas de troisième mariage.

Dans: S.G.C.F. Mém. 24: (2) 98 avr./juin '73.

____. Histoire d'un Valois centenaire.

Dans: S.G.C.F. Mém. 28: (1) 53-56 janv./mars '77.

____. Madame Duncan-Cameron-McDonell.

Dans: S.G.C.F. Mém. 21: (1) 8-19 janv./mars '70.

____. Quelques rectifications concernant les Valois.

Dans: S.G.C.F. Mém. 27: (1) 22 janv./mars '76.

VALOIS, Richard. L'Ancêtre des Valois en Amérique.

Dans: S.G.C.F. Mém. 10: 108-115 '59.

VALOIS, famille, Qué. . . . (notes d'information) concernant la famille Caisse . . . 1749-1857 . . .

Source: C.C.Ms. p. 1270.
Ms. Originaux.
Archives publiques du Canada, Ottawa, Ont.

____. Papiers de famille, 1706-1905 . . .
Source: C.C.Ms. p. 1270.
Ms. Originaux.
Archives publiques du Canada, Ottawa, Ont.

VALYNSEELE, Joseph. Les Say et leurs
alliances; l'étonnante histoire d'une famille
cévénole. Préf. par André Chamson. Paris,
1971. 392 p.
Recension dans: F.C.A.G.R. 3: (4) 230-231
Winter '71.

VAN BLARCOM family. Revised edition of
the genealogy of the Van Blarcom family of
Nova Scotia, 1776-1969, and some notes con-
cerning the Van Blaricom family in Ontario.
Source: U.L.Ms. p. 1271.
Ms. Photocopies. 20 p. 1970.
Public Archives of Canada, Ottawa, Ont.

VAN CORTLANDT, Edward. Family history
and a biography of Dr. Edward Van Cort-
landt who practised medicine for 43 years.
Source: U.L.Ms. p. 1271.
Ms. Transcripts. 33 p. 1973.
Public Archives of Canada, Ottawa, Ont.

VANDAL, Jean-Yves, co-aut.
voir sous:
HARDY, René, Guy Trépanier . . . La
Mauricie . . .

VAN KOUGHNET, (Lady) Jane Charlotte
Elisabeth (Alexander). The Von Gochnats.
(London), Private Press by Hatchard, 1910.
vii, 114 p.
Extracts from Lieutenant Van Koughnet's diary
during the Nile expedition, 1884-1885:
pp. 17-96.

VAN NAME, Elmer Garfield, comp. Pierre
Cresson, the Huguenot of Staten Island,
Pennsylvania and New Jersey progeny (in-
cluding De La Plaine and Desmarest lines).
Woodbury, N.J., 1968. 125 p.
Genealogical notes on the Desmarest family,
resident of New Brunswick.

VANSITTART, Jane. Lifelines: the Stacey
letters, 1836-1858. Ed. by Jane Vansittart.
London, Peter Davies, 1976. x, 180 p.
"The Stacey family" (genealogical chart): p. x.

VAN SITTART family. Genealogical notes and
charts of the Vansittart family, 1312-1916.
Source: U.L.Ms. p. 1275.
Ms. Original. 20 p. 1835-1870.
Public Archives of Canada, Ottawa, Ont.

VAN VLIET, Traver. Diary, with genealogical
notes on the Van Vliet family (of Quebec),
1863-1890.
Source: U.L.Ms. p. 1275.
Ms. Microfilm. 1 reel.
Public Archives of Canada, Ottawa, Ont.

VARENNES, Kathleen (Mennie-) de.
voir sous:
DE VARENNES, Kathleen (Mennie-).

VARENNES, Qué. Sainte-Anne, paroisse
(catholique). Registres de baptêmes, mariages
Source: C.C.Ms. p. 1276.
Ms. Originaux. 6 pieds.
Archives nationales du Québec, Montréal, Qué.

____. ____. Registres de baptêmes, mariages et
sépultures, 1760-1780.
Source: C.C.Ms. p. 1278.
Ms. Microfilm. 2 bobines.
Archives publiques du Canada, Ottawa, Ont.

VASSAL DE MONTVIEL, famille . . . notes
généalogiques . . . 1635-1928.
Source: C.C.Ms. p. 1276.
Ms. Originaux. 90 p.
Archives nationales du Québec, Québec, Qué.

VAUDREUIL, Philippe de Rigaud de, famille.
. . . généalogie . . . 1600-1936.
Source: C.C.Ms. p. 1276.
Ms. Reproductions photographiques. 2 pouces.
Archives nationales du Québec, Québec, Qué.

VAUDREUIL, Qué. Hudson Heights
(Anglican) Church. Parish registers,
1841-1850.
Source: U.L.Ms. p. 1276.
Ms. Original. 6 inches.
Archives nationales du Québec, Montréal, Qué.

____. Saint-Michel, paroisse (catholique).
Registres de baptêmes, mariages et
sépultures, 1783-1835.
Source: C.C.Ms. p. 1276.
Ms. Copie. 1 pied. 6 pouces.
Archives publiques du Canada, Ottawa, Ont.

VAUGHAN, E. Bacon, comp. The History of
the Denis de Laronde family, fifteenth to
twentieth century. (Windsor, Ont.), 1949.
2 p., 1, 43 p.

VAUGHAN family. Genealogy and historical
notes relating to the Vaughan family of
Ireland, 1060-1934.

Source: U.L.Ms. p. 1277.
Ms. Transcripts. 36 p. 1937.
Public Archives of Canada, Ottawa, Ont.

VAVASSEUR, Joseph, ptre. L'Émigré Julien Fortin (1621-1687); sa famille au Vairais et en Canada. Le Mans, Impr. M. Vilaire, [s.d]. 52 p.

VEILLETTE, Daniel, co-comp.
voir sous:
BÉLAND, Nicole V., Daniel Veillette . . .

VEILLETTE, Gaétan. Archives du presbytère de Sainte-Thècle, 1889 à 1949. Sainte-Thècle, [s.d.]. 158 f.

Texte polycopié sur un seul côté des feuillets.

VEL-PAGÉ, Cécile. Généalogie de la famille Jean-Baptiste Vel dit Sansoucy. Montréal, 1970. 191 p.

Titre de couverture.

_____. Olivier Pagé, 1861-1949; ascendants et descendants. Montréal, sept. 1978. 106 p.

VERCHÈRES, Qué. Saint-Antoine, paroisse (catholique). Registres de baptêmes, mariages et sépultures, 1750-1849.

Source: C.C.Ms. p. 1278.
Ms. Originaux. 3 pieds.
Archives nationales du Québec, Montréal, Qué.

_____. _____. . . . 1760-1780.

Source: C.C.Ms. p. 1278.
Ms. Microfilm. 1 bobine.
Archives acadiennes, Moncton, N.-B.

_____. St-François-Xavier, paroisse (catholique). Registres de baptêmes, mariages et sépultures, 1723-1846.

Source: C.C.Ms. p. 1278.
Ms. Originaux. 4 pieds.
Archives nationales du Québec, Montréal, Qué.

_____. _____. . . . 1760-1780.

Source: C.C.Ms. p. 1278.
Ms. Microfilm. 1 bobine.
Archives acadiennes, Moncton, N.-B.

VERGE-BIGUÉ, D. (Mme). Éveil à la généalogie.

Dans: S.G.C.F. Mém. 17: (1) 3-9 janv./mars '66.

VERMETTE-LUC, Marie. Les Cent ans au pays de la famille Luc. [s.l.], 14 juillet 1977. 103 p.

Tableau généalogique.
Les Luc sont originaires de Belgique arrivés au Québec en 1872.

VERREAU, famille. Généalogie de la famille Barthélemy Verreau dit Le Bourguignon (1632-1700) et de Marthe Quitel (1632-1722).

Source: C.C.Ms. p. 1278.
Ms. Copie. 29 p. 1970.
Archives publiques du Canada, Ottawa, Ont.

VERREAULT, J.E. Lorenzo, comp. Répertoire des mariages de Château-Richer, (comté de Montmorency) (1661-1963). Québec, Société canadienne de Généalogie, 1964. 181 p. (Contribution no 10).

Polycopié.

VERRET, Madeleine. Bibliographie de Joseph-Edmond Roy, suivie d'une notice biographique. Préf. par Gérard Martin. Québec, 1947. 29 p.

Cet ouvrage a été dactylographié en 4 exemplaires.
Ouvrages généalogiques mentionnés.
Copie aux Archives nationales du Québec, Québec, Qué.

VERVILLE, J. Claude. Notes sur Pierre Bourbeau dit Lacourse.

Dans: L'Ancêtre 5: (3) 83-85 nov. '78.

VERVILLE, René. Connaissez-vous bien le lieu d'origine de votre ancêtre?

Dans: L'Entraide généalogique 2: (1) 11-14 '79/80.

VÉZINA, C.E. Famille d'Amours de Couberon.

Dans: S.G.C.F. Mém. 17: (1) 35-37 janv./mars '66.
"Ascendance française, canadienne et américaine de Marbey Julia Elisabeth d'Amours de Couberon (Colburn) (Mémoires de Walter Hornstein, de Garden, Michigan)."

VEZINA ET PERRON. Inventaire sommaire des Archives judiciaires conservées au Palais de Justice de St-Joseph, district de Beauce.

Dans: Rapp. de l'Arch. de la Prov. de Qué. 1921/22, p. 388-390.

(Le) VICOMTE C. de Léry, lieutenant-général de l'empire français, ingénieur en chef de la Grande Armée et sa famille. Montréal, Senécal, 1867. 299 p.

"À cause de son tirage restreint, cet ouvrage se trouvait au début chez M. Eusèbe Senécal à Montréal, pour consultation."
155 familles affiliées aux de Léry étudiées plus ou moins longuement dans cet ouvrage.

VICTORIA, B.C. Belmont Avenue Methodist Church. Marriage register, 1912-1918.

> *Source:* U.L.Ms. p. 1280.
> Ms. Original. 1/2 inch.
> Provincial Archives of British Columbia, Victoria, B.C.

____. Census. Census taken by the city of Victoria in 1891, listing heads of families, their occupations and the number of members of each family.

> *Source:* U.L.Ms. p. 1280.
> Ms. Transcripts. 1 inch. 1891.
> Public Archives of Canada, Ottawa, Ont.

____. Christ Church Anglican Cathedral. . . . registers of baptisms, marriages and deaths of Christ Church Cathedral, 1849-1889 . . .

> *Source:* U.L.Ms. p. 1280.
> Ms. Transcripts. 3 inches.
> Provincial Archives of British Columbia, Victoria, B.C.

____. Church of Our Lord. List of burials . . . 1876-1912 . . .

> *Source:* U.L.Ms. p. 1280.
> Ms. Transcripts. 14 p.
> Provincial Archives of British Columbia, Victoria, B.C.

____. First Presbyterian Church. List of marriages solemnized, 1865.

> *Source:* U.L.Ms. p. 1281.
> Ms. Transcripts. 2 p.
> Provincial Archives of British Columbia, Victoria, B.C.

VICTORIA, N.B. St. Jude's Parish Church (Anglican). Baptisms, 1918-1928; marriages, 1918-1948; burials, 1918-1960.

> *Source:* U.L.Ms. p. 1282.
> Ms. Microfilm. 15 feet.
> Provincial Archives of New Brunswick, Fredericton, N.B.

VIEILLES familles de Beauport: Les Bélanger.

> Extrait de: "Reflet de mon milieu", avr. '78, 1 page.

VIEN, Rossel. Histoire de Roberval, coeur du Lac St-Jean. Éd. du centenaire. Montréal, 1955. 369 p. (Société historique du Saguenay. Publication no 15).

VIEUX papiers.

> *Dans:* S.G.C.F. Mém. 5: 3 '52.
> Extrait d'un article paru dans "Le Monde illustré", 10 déc. 1887.

VILLE, Winston de. Canadiens et Français à la Louisiane en 1700.

> *Dans:* S.G.C.F. Mém. 15: (1) 50-52 janv./mars '64.

VILLENEUVE, J.O. Des Villeneuve anglicisés.

> *Dans:* S.G.C.F. Mém. 18: (3) 168 juil./sept. '67.
> Origine d'une famille Newton en réalité, famille Villeneuve.

VILLERAY, Rouer de, famille. Notes biographiques et généalogiques sur la famille . . . (1692-1904).

> *Source:* C.C.Ms. p. 1285.
> Ms. Copie. 99 p.
> Archives nationales du Québec, Québec, Qué.

VINCENS, Simone. Pierre Couc, colon de la Nouvelle-France au dix-septième siècle.

> *Dans:* S.G.C.F. Mém. 30: (1) 33-45 janv./mars '79.

VINCENT, J.L., co-aut.
voir:

> JODOIN, Alexandre et J.L. Vincent. Histoire de Longueuil . . .

VINCENT, Sheridan E., comp. and arr. Vincent family records. . . . Compiled and arranged by Sheridan E. Vincent, P.O. Box 7523, Rochester, N.Y. . . . and Canadian records, compiled by Phyllis E. (Vincent) Owen (Mrs. John B. Owen), P.O. Box 1948, Peace River, Alberta, Canada . . . 1977. 68 p. (1st volume).

> The first volume compiles many census records from the U.S. and Canada for the Vincent family (censuses prior to 1850).

VINCENT-DE-LÉRINS, (Père).
voir:

> FOREST, Lorenzo. Cinq siècles d'histoire . . .

VIVIEN, Jean et Catherine GATEAU.

> *Dans:* F.C.A.G.R. 3: (2) 125-127 Summer '71.
> Notes complémentaires retrouvées dans "Émigration rochelaise en Nouvelle-France" par le R.P. A. Godbout, o.f.m.

VLACH, Milada, co-aut.
voir:

> BIBLIOTHÈQUE nationale du Québec. Laurentiana . . .

VOISPREUX, Sacquespée de, famille . . . notes généalogiques, 1548-1725.

Source: C.C.Ms. p. 1286.
Ms. Copie. 18 p.
Archives nationales du Québec, Québec, Qué.

VOORHIES, Jacqueline K., comp. Some late 18th century Louisianian Census Records of the colony, 1758-1796. Lafayette, University of Southwestern Louisiana, 1973. 613 p.

WADDELL, Doris. Humphries; a Canadian family and its Irish background. Belleville, Ont., 1974. vi, 141 p.

Genealogical tables.
Bibliography.

WADDINGTON, Alfred . . . genealogy of the Waddington family . . . 1703-1872.

Source: U.L.Ms. p. 1287.
Ms. Microfilm. 1 reel.
Public Archives of Canada, Ottawa, Ont.

WAGNER, Anthony Richard. English ancestry. (Toronto), Oxford University Press, 1961. 176 p.

WALKER, Frank A. Cole family, N.S. Genealogy of the descendants of James Cole of Plymouth, England, some of whom moved to New Brunswick; compiled by Frank A. Walker, Manchester, England.

Source: U.L.Ms. p. 267.
Ms. Photocopies. 19 p. 1971.
Public Archives of Nova Scotia, Halifax, N.S.

WALLACE, W. Stewart. Macmillan dictionary of Canadian biography. London, Macmillan; N.Y., St. Martin's, 1963. 822 p.

____. Notes on the family of Malcolm Fraser of Murray Bay.

In: Bull. rech. hist. 39: 267-271, 349-350 '33.

WALLBRIDGE family, Ont. . . . genealogical sketch of the family (1824-1896).

Source: U.L.Ms. p. 1292.
Ms. Microfilm.
Public Archives of Canada, Ottawa, Ont.

WALLOT, Jean-Pierre, co-aut.
voir sous:

CHARBONNEAU, Hubert, Jacques Légaré . . . Historical . . .

WALTON, Jesse M., comp. The Loyalist Quaker settlement, Pennfield, N.B., 1783. (Aurora, 1941). [v.p.]

This volume was compiled by descendants of the Waltons of Pennfield, New Brunswick for their own annals and in an effort to trace the lines of genealogy (leaf 1).
Mimeographed.

WARDWELL family. Genealogy of the family of Tryphena Wardwell, 1634-1829.

Source: U.L.Ms. p. 1295.
Ms. Photocopies. 1 p. 1934.
Public Archives of Canada, Ottawa, Ont.

WARNER, Howard Willard, comp. A Review of kinship . . . to commemorate the centennial anniversary of the arrival in Canada of the Samuel Warner branch of the lineage, village of Baconthorpe, County of Norfolk, England . . . (Ottawa?, 1943). 20 p.

Genealogical table.
Cover title: "The Genealogy of the Warner family".

WARNER, W., co-aut.
see under:

DE LORES, Mikell, W. Warner . . . Catholic church . . .

WARREN, M.R., comp. Genealogical notes on the Stewardson family, 1655-1966. (Lakehead, Ont., 1963-1966).

Source: U.L.Ms. p. 1179.
Ms. Transcripts. 37 p.
Public Archives of Canada, Ottawa, Ont.

WATERLOO County deaths: as recorded in 1870-304, 1871-363, 1872-426, total 1,093. Ed. by Eldon D. Weber from records in Waterloo County Archives, Kitchener, Ont., Waterloo-Wellington Branch of the Ontario Genealogical Society, 1973. 15(3) p.

WATERLOO Historical Society, Ontario. Annual volume, vol. 1, 1912-   . Waterloo, Ont.

WATERMAN, Henry Arthur. . . . genealogical information . . . 1780-1913 . . .

Source: U.L.Ms. p. 1297.
Ms. Original.
Public Archives of Nova Scotia, Halifax, N.S.

WATERS, James F. The Court of missing heirs. N.Y., Modern Age Books, (c1941). 281 p.

Alphabetical list of unclaimed estates: pp. 153-281.

WATERS, Marjory McGillivray. Our Loyalist ancestors; kith and kin of Holden Turner. [s.l., s.n.], c1973. 264 p.

Incudes index.

WATSON, Estelle Osborn (Clark). Loyalist Clarks, Badgleys and allied families . . . (Rutland, Vt., Tuttle Pub. Co., 1954). xi, 327 p.

Genealogical tables and coats of arms.
Includes descendants living in Canada.
Contents: part 1: Ancestors and descendants of
Matthias and Rachel (Abbott) Badgley;
-2. Robért and Isabel (Ketchum) Clark(e), U.E.
Loyalists, and their descendants.
Bibliography: pp. 279-284.

WAYWELL, Thomas William and Mahala M.
WAYWELL. Genealogy exchange.
(Toronto), Ont., Church of Jesus Christ of
Latter Day Saints, no. 1, Sept. 1946- .

WEBER, Eldon D.
see under:
WATERLOO County deaths . . .

WEIDER, Ben. Louis Cyr, l'homme le plus
fort du monde. Montréal, VLB, 1976, (Saint-
Justin, Impr. Gagné). 173 p. (16) p. de
planches.

WEIS, Robert Lewis. Descendants of William
Haliburton and Lusanna (Otis) of Nova
Scotia. Providence, R.I., 1967. 25 leaves.

WELCH, Edwin. The Registration of births,
marriages and deaths in England and Wales.
(Ottawa), Ontario Genealogical Society,
Ottawa Branch, (1976). 18 p. (Publication
76-1).

Includes bibliographical references.

WELDON, William S. The Family of Weldon
in Canada, 1732-1952, including their lineage
to the first progenitor in England in 1606
A.D. (Altona, Man., Friesen), 1953.

"This genealogy of 220 years is an achievement
possible with very few families and should be a
monument of pride for the future
generations."

WELFORD, N.B. Parish Church (Anglican).
Baptisms, 1848-1955; marriages, 1848-1955;
burials, 1884-1955.

Source: U.L.Ms. p. 1303.
Ms. Microfilm. 15 feet.
Provincial Archives of New Brunswick,
Fredericton, N.B.

WEMPLE, William Barent, comp. Genealogy
of the Wemp family of Amherst Island, province of Ontario, Canada. New York, 1912.
14 p.

Title from original cover.

WEST ADELAIDE Township, Ont. Presbyterian Church. Registry of baptisms of . . .
1854-1908.

Source: U.L.Ms. p. 5.
Ms. Transcripts. 342 p.
Metropolitan Toronto Central Library,
Toronto, Ont.

WEST GWILLIMBURY Township, Ont.
Anglican churches. Baptisms, confirmations,
marriages and burials of Christ Church,
Middleton; St. Paul's Church, Coulson;
Trinity Church, Bradford . . . 1848-1929.

Source: U.L.Ms. p. 1308.
Ms. Microfilm. 30 feet.
Archives of Ontario, Toronto, Ont.

WEST LAKE, Ont. Society of Friends
(Conservative). Register of births and deaths,
1829-1866; register of marriages, 1829-1866
. . .

Source: U.L.Ms. p. 1309.
Ms. Original.
University of Western Ontario Library,
London, Ont.

_____. . . . (Orthodox). . . . monthly meeting
marriage registry, 1855-1880 . . .

Source: U.L.Ms. p. 1309.
Ms. Original.
University of Western Ontario Library,
London, Ont.

WESTMORLAND County, N.B. Marriage
certificates. 102 items. 1788-1811.

Source: U.L.Ms. p. 1310.
Ms. Original. 2 inches.
New Brunswick Museum, St. John, N.B.

_____. Register of marriages. Indexed register of
marriages, 1790-1835.

Source: U.L.Ms. p. 1310.
Ms. Microfilm. 40 feet.
Public Archives of Canada, Ottawa, Ont.

WHIDDEN, David Graham. Genealogical
record of the Antigonish Whiddens and a
brief historical outline of the province of
Nova Scotia and of the county and town of
Antigonish. Wolfeville, Nova Scotia, 1930.
24 p.

Typewritten additions inserted throughout text.
Amended by the author, Sept. 1933.

_____. The History of the Town of Antigonish.
Antigonish, The Casket, 1934. 209 p.

WHIDDEN, Helen H. Douglas family, N.S.
Notes on the Douglas family . . .

Source: U.L.Ms. p. 346.
Ms. Photocopies. 12 p.
Public Archives of Nova Scotia, Halifax, N.S.

WHITE, Donald. Dictionary of Scottish emigrants.

>*In:* S.G.C.F. Mém. 16: (1) 264-267 janv./mars '65.
>Explanation on the Dictionary of Scottish Emigrants in preparation.

WHITE, Edith (Le Moyne). Le Moyne des Pins: genealogies from 1665 to 1930, with historical notes, biographical sketches and with particular attention paid to the descent of the families of Benjamin Le Moine and William Henri Le Moine. [n.p.], 1930. 110 p.

WHITE, Grace W., co-aut.
see under:

>GONNE, Edythe M. and Grace W. White. Family tree . . .

WHITE, James Edward. A Genealogical history of the descendants of Peter White of New Jersey from 1670; and of William White and Deborah Tilton, his wife, Loyalists. St. John, N.B., Barnes & Co., 1906. xxi, 92 p.

WHITE, Stephen A. Coste and Leblanc families.

>*In:* F.C.A.G.R. 3: (3) 180-187 Fall '71.
>Answer to question no. 7 (vol. 1, p. 93).

____. The Lavache family. Arichat. Cape Breton.

>*In:* Nova Scotia Hist. Quarterly 7: (1) 69-85 Mar. '77.
>The Lavache family is Acadian in origin and although deported to France from its home in P.E.I. and almost all exterminated by a series of deaths in exile, it managed to re-establish itself in Nova Scotia in 1774.
>The enclosed genealogy follows the subsequent history of the Cape Breton branch of the family which remained at or near Arichat for four generations and indicates the pattern of that branch's transplantation in the U.S.

WHITE, Stephen A., co-aut.
see also under:

>GALLANT, Patrice, ptre, et Stephen A. White. Les Acadiens de St-Pierre et Miquelon . . .

WHITESIDE, Donald. The Family of Richard and Jane (Cody) Whiteside of Canada. (Rev. ed.) Edmonton, 1970. 56 p.

____. Whiteside(s) names . . . from selected sources. Ottawa, 1971. 5 vols.

>Cover title.
>Contents: In Ireland, ca. 1625-1959. Additions to Whiteside(s) names in Ireland, ca. 1625-1959; in England, Scotland and other European or African or Asian countries, ca. 1230-1959; in Canada, Australia and other countries . . . (except the United States) ca. 1772-1959. Index.

WHITESIDE, Richard V. The Surrey pioneers. Vancouver, 1974. x, 197 p.

>Limited free distribution.

WHITFIELD, George F. Notes on the family of George F. Whitfield.

>*Source:* U.L.Ms. p. 1315.
>Ms. Original. 2 p. [n.d.]
>Brome County Historical Society, Knowlton, Que.

WHITMAN, Bertha Yerex. Giles family . . .

>*Source:* U.L.Ms. p. 462.
>Ms. Photocopies.
>Public Archives of Canada, Ottawa, Ont.

____. Genealogy of the Giles family of Canada and U.S.

>*Source:* U.L.Ms. p. 462.
>Ms. Photocopies. 3 p. 1842-1971.
>Public Archives of Canada, Ottawa, Ont.

WHYTE, Donald. Dictionary of Scottish emigrants to the U.S.A. Edinburgh, 1972.

>Must be consulted for Canadian research on Scottish families.

WIDDESS, Robert Webster. "Widdess-Widdis Photobiography; a brief sketch of the Widdess-Widdis family", 1955 . . .

>*Source:* U.L.Ms. p. 1318.
>Microfilm. 20 feet.
>Saskatchewan Archives Board, Regina, Sask.

WIDDESS-WIDDIS family. Manuscript entitled "A Brief sketch of the Widdess-Widdis family, covering roughly a period of 150 years in Canada and the U.S." It includes pictures of many of the members of the family and references to the McAllister, Payne, Robinson, White, Morrow, Comden and Carcadden families.

>*Source:* U.L.Ms. p. 1318.
>Ms. Microfilm. 20 feet. 1800-1956.
>Public Archives of Canada, Ottawa, Ont.

____. Typewritten photobiography of approximately 150 years of the family in North America (1802-1952).

Source: U.L.Ms. p. 1318.
Ms. Microfilm. 18 feet.
Saskatchewan Archives Office, Saskatoon, Sask.

WIDDISS, Robert Webster. Genealogy of the Widdess-Widdis family on microfilm with a mimeographed introduction.

Source: U.L.Ms. p. 1318.
Ms. Original. 25 p. Microfilm. 1 reel.
Glenbow-Alberta Institute, Calgary, Alta.

WIDEMAN, Norman E. and Enoch MARTIN. The Wideman family in Canada and United States; a genealogical record, 1803-1955. [n.p.], (1955). 319 p.

WIGHTMAN, Thomas. Blueprint of the Wightman genealogy from 1750 to 1924.

Source: U.L.Ms. p. 1318.
Ms. Original. 1 p.
Brome County Historical Society, Knowlton, Que.

WIGLE, Hamilton, ed. History of the Wigle family and their descendants, the Rev. Hamilton Wigle, ed.; Dr. Grant Wigle, author of genealogical tables; E.J. Wigle, advisory; illustrations by J.S. Wigle. [n.p.], c1931. 248 p.

WILES, Ralph W., comp. Hoyt family, N.S. "Genealogy of Hoyt and Wiles familes", descendants of Simon Hoyt who emigrated from Dorchester, England in 1628 to Stamford, Connecticut and of Frederick Weil of Weilbon, Germany.

Source: U.L.Ms. p. 593.
Ms. Original. 1/2 inch. 1955.
Public Archives of Nova Scotia, Halifax, N.S.

WILHELMY, Jean Pierre. Les Wilhelmy au Québec, 1776-1978. Édition de famille. Montréal, 1978. 255 p.

Famille d'origine allemande arrivée à Québec en 1776.

WILKINSON, Ann Cochrane (Boyd). Lions in the way; a discursive history of the Oslers. Toronto, Macmillan, 1956. xii, 274 p.

Genealogical tables.

WILLIAMS, Merton Y. Genealogy . . .

Source: U.L.Ms. p. 1322.
Ms. Original. 44 p. 1963.
Public Archives of Canada, Ottawa, Ont.

WILLIAMSTOWN, C.W. St. Andrew's Presbyterian Church. Register of baptisms and marriages performed by the Rev. John Bethune . . . 1779-1817.

Source: U.L.Ms. p. 1323.
Ms. Photocopies. 1 1/2 inches.
Public Archives of Canada, Ottawa, Ont.

____. . . . Registers of baptisms, marriages, funerals, 1779-1913 . . .

Source: U.L.Ms. p. 1324.
Ms. Original. 1/2 inch.
Archives of Ontario, Toronto, Ont.

WILLOUGHBY, Miranda Goodrie. The Search for a family history; how a search was conducted for ancestors in the early Northwest. Riverside, R.I., Farwill, 1971. iv, 81 p.

Bibliography: pp. 67-68.

WILLSON family . . . Family records, 1730-1956.

Source: U.L.Ms. 1325.
Ms. Original.
University of Western Ontario Library, London, Ont.

____. Family register of births and deaths kept by Levi Willson from family records, 1608-1927.

Source: U.L.Ms. p. 1325.
Ms. Photocopies. 25 p.
Public Archives of Canada, Ottawa, Ont.

WILMOT, R. Family tree.

In: Atlantic Advocate 50: 89-92 Feb. '60.

WILMOT, N.S. Trinity Anglican Church . . . registers of the parishes of Wilmot, Aylesford and Bridgetown, N.S., 1789-1909.

Source: U.L.Ms. p. 1325.
Ms. Photocopies.
Public Archives of Canada, Ottawa, Ont.

WILMOT Township, N.S. . . . register of births, marriages and deaths, 1749-1894 . . .

Source: U.L.Ms. p. 1325.
Ms. Original. 2 inches.
Public Archives of Canada, Ottawa, Ont.

WILSON, Edward Francis . . . family history, 1866-1908.

Source: U.L.Ms. p. 1326.
Ms. Microfilm. 20 feet.
Archives of Ontario, Toronto, Ont.

WILSON, Ethel, comp. The Family tree of Charles Pichet and Olive Forcier. [n.p., n.d.] 10 p.

On the odd cover: "Genealogy of Roy Wilson".
Mimeographed.

WILSON, J.E., comp. De Wolf family, N.S. "Genealogy of the De Wolf, Wilson and Young families", comp. by J.E. Wilson, Oct. 1895; copied for H.E. Wilson, April 1930.

Source: U.L.Ms. p. 333.
Ms. Transcripts. 18 p. 1650-1895.
Public Archives of Nova Scotia, Halifax, N.S.

____. Genealogies of Dewolf, Wilson and Young families . . .

Source: U.L.Ms. p. 1327.
Ms. Original. 1/8 inch.
Public Archives of Nova Scotia, Halifax, N.S.

WILSON, Pearl. Irish John Willson and family, Loyalists.

In: Ontario Hist. Soc. Papers and records 31: 228-242 '36.

WILSON family . . . genealogical information about many of the families of Hope Township. Included are notes on the Wilson family history and their pioneer activities . . . 1841-1892, 1966 . . .

Source: U.L.Ms. p. 1328.
Ms. Microfilm. 1 reel.
Archives of Ontario, Toronto, Ont.

WINNIPEG, Man. Kidonan Presbyterian Church. Registers of baptisms, 1851-1916; marriages, 1851-1916; burials, 1852-1932.

Source: U.L.Ms. p. 1331.
Ms. Microfilm. 60 feet.
Provincial Archives of Manitoba, Winnipeg, Man.

____. Little Britain Presbyterian Church. Register of baptisms, marriages, deaths and burials, 1884-1938 . . .

Source: U.L.Ms. p. 1331.
Ms. Microfilm. 90 feet.
Provincial Archives of Manitoba, Winnipeg, Man.

____. St. Andrew's Anglican Church. Baptism register, 1845-1872; marriage register, 1835-1907; burial register, 1870-1884.

Source: U.L.Ms. p. 1331.
Ms. Microfilm. 25 feet.
Provincial Archives of Manitoba, Winnipeg, Man.

____. St. John's Anglican Church. Baptism register, 1813-1879; marriage register, 1820-1854; burial register, 1821-1875.

Source: U.L.Ms. p. 1331.
Ms. Microfilm. 60 feet.
Provincial Archives of Manitoba, Winnipeg, Man.

____. ____. Burial Register, 1821-1875; marriage register, 1854-1882.

Source: U.L.Ms. p. 1331.
Ms. Microfilm. 11 reels.
Provincial Archives of Manitoba, Winnipeg, Man.

____. St. Paul's Anglican Church. Baptism register, 1850-1881; marriage register, 1853-1892; burial register, 1850-1903.

Source: U.L.Ms. p. 1331.
Ms. Microfilm. 18 feet.
Provincial Archives of Manitoba, Winnipeg, Man.

WOLSELEY, Sask. St. Anne's Roman Catholic Church. Registers of baptisms, marriages and deaths, 1883-1905.

Source: U.L.Ms. p. 1335.
Ms. Microfilm. 10 feet.
Saskatchewan Archives Board, Regina, Sask.

WOLVERTON, Solon . . . papers relating to . . . the Wolverton family, 1832-1937.

Source: U.L.Ms. p. 1340.
Ms. Original.
University of Western Ontario Library, London, Ont.

WOMEN'S INSTITUTE (CANADA). Corinth Women's Institute. Tweedsmuir history of Corinth and North Bayham. (Corinth, Ont., Corinth Women's Institute, 1972). 204 p.

Genealogical tables.
Cover title.

____. Delisle Women's Institute. Book Committee. Through the years: Delisle, Donavon, Gledhow & O'Malley, Laura, Swanson. (Delisle, Sask., Delisle Women's Institute, 1973?). ii, 318 p.

____. North Lone Pine Women's Institute. Didsbury, Alta. Bucking poles and butter churns; history of Lone Pine and district. Didsbury, Alta., North Lone Pine Women's Institute, 1972. 432 p.

____. Wheatsheaf Women's Institute, Kirriemuir, Alta. History Committee. Pioneer heritage of Kirriemuir, Altario and Compeer. (Kirriemuir, Alta., History Committee, Wheatsheaf Women's Institute, 1973?). 112 p.

Cover title.

WOOD, William Robertson. Past years of Pickering sketches of the history of the community. Toronto, Briggs, 1901. 316 p.

"Pickering people"; biographical sketches: chapter 25, pp. 214-316.

WOODLEY, E.C. La Famille Joseph et Les Annales de Québec; un siècle et demi d'histoire. Traduit de l'anglais par Gaudry Delisle. Québec, 1946. 80 p.

Titre anglais: "The House of Joseph in the Life of Quebec; the record of a century and a half".

____. The House of Joseph in the life of Quebec; the record of a century and a half. Quebec, 1946. 79 p.

French ed.: "La Famille Joseph et les Annales de Québec; un siècle et demi d'histoire."

WOOD MOUNTAIN HISTORICAL SOCIETY, Sask. They came to Wood Mountain. (Wood Mountain Historical Society), 1967? 270 p.

Cover title.

WOODRUFF, Norris Counsell. A Woodruff genealogy; twelve generations from the Colony of Connecticut in New England and the Province of Upper Canada, 1636-1959. (Hamilton?, Ont., 1959). 101 p.

Genealogical tables.
Bibliography: pp. 69-71.

WOODSTOCK, N.B. Anglican Parish of Woodstock (Northhampton Prince William, Queensborough). Baptisms, 1812-1970; marriages, 1816-1969; burials, 1816-1970.

Source: U.L.Ms. p. 1339.
Ms. Microfilm. 75 feet.
Provincial Archives of New Brunswick. Fredericton, N.B.

WORLD Conference of Records and Genealogical Seminar, Salt Lake City, Utah, U.S.A., 5-8 August 1969. A Series of papers presented. Salt Lake City, 1969-70.

The greatest gathering of authorities on genealogy and heraldry, with some 300 lectures on all aspects of the field. The papers were printed and published in series.
Area F. Romance language countries . . .
Canada . . .
Area I. . . . b) Records in Canada . . .

WORTHY family, P.E.I. . . . notes on the family.

Source: U.L.Ms. p. 1341.
Ms. Photocopies.
Public Archives of Canada, Ottawa, Ont.

WRIGHT, Esther Isabell (Clark). Alexander Clark, Loyalist; a contribution to the history of New Brunswick. (Kentville, N.S., Kentville Pub. Co., Ltd., 1940). 81 p.

____. The Loyalists of New Brunswick. Fredericton, Privately printed, 1955. 365 p.

The Appendix contains a list of "the names of heads of families or single men of 18 years of age and upwards, their former home, their service during the Revolution, their first grants, their subsequent grants and/or place of residence".

____. Samphire greens; the story of the Steeves. [n.p.], (1961). 94 (15) p.

On the descendants of Heinrich Stief who came from Pennsylvania to the Petitcodiac River, N.B., in 1766.

____. The Steeves descendants. Wolfeville, N.S., (1965). 923 p.

List of descendants of Heinrich Stief who settled near the Petitcodiac River in 1766.

WRIGHT, J. Saskatchewan. Toronto, 1955.

WRIGHT, Walter F. McCabe family chart. 1954. 11 p.

____. Swift family chart. Oct. 1952. 31, 12 p.

Mimeographed.
In memory of Robert Swift Wright, great-grandson of Robertson Swift . . . Oct. 21, 1952.
Additions and corrections.
Supplement, Mar. 1954 (12 leaves) and McCabe family chart (11 leaves) inserted at end.

WRIGHTVILLE, Qué. St. Joseph, paroisse (catholique). Index des mariages . . . 1913-1929.

Source: C.C.Ms. p. 1343.
Ms. Originaux. 12 p. 1931.
Archives publiques du Canada, Ottawa, Ont.

WRITINGS on American history, 1903- .
Washington, D.C., American Historical
Association, 1905- .

> A bibliography of books and articles on U.S.
> and Canadian history. Good on local history
> and family history and genealogy until 1940.

WRONG, George McKinnon. A Canadian
manor and its seigneurs; the story of a hundred years, 1761-1861 . . . Toronto, Macmillan Co., 1908. xiv, 295 p.

> An account of Murray Bay, Que. and the
> Nairne family, based on family manuscripts.
> The Journal of Malcolm Fraser, first seigneur
> of Mount Murray, Malbaie: pp. 249-271.

WYNDHAM, Alfred. Brief history of Wyndham and Petworth families of Sussex.

> *Source:* U.L.Ms. p. 1345.
> Ms. Transcripts. 1 p. 1558-1857.
> Glenbow-Alberta Institute, Calgary, Alta.

YAHEMECH, I. and P. HORTON. How to
start a family tree.

> *In:* Chatelaine 46: 17-18 July '73.
> Chart.
> Bibliography.

YAMACHICHE, Qué. Sainte-Anne, paroisse
(catholique). Registres de baptêmes, mariages
et sépultures, 1760-1799.

> *Source:* C.C.Ms. p. 1345.
> Ms. Microfilm. 1/2 bobine.
> Archives acadiennes, Moncton, N.-B.

YELLE, Marcel J.P. Mariages de La Nativité
de la Bienheureuse-Vierge-Marie de Cornwall, Ontario, 1887 à 1969. Ottawa, 1971.
519 p.

> Polycopié.

YEREX family. Genealogy of the Yerex family
of Canada and the United States, compiled
by Bertha Yerex Whitman.

> *Source:* U.L.Ms. p. 1346.
> Ms. Photocopies. 3 p. 1971.
> Public Archives of Canada, Ottawa, Ont.

YONGE STREET. Society of Friends (Hicksite). Registry of births and deaths,
1803-1860 . . . record of marriage certificates, 1804-1840 . . .

> *Source:* U.L.Ms. p. 1346.
> Ms. Original.
> University of Western Ontario Library,
> London, Ont.

YORK COUNTY, U.C. Society of Friends
(Quakers). Records of Quaker families settling on Yonge Street . . .

> *Source:* U.L.Ms. p. 1247.
> Ms. Transcripts. 102 p.
> Archives of Ontario, Toronto, Ont.

_____. . . . register of births and deaths (Hick-
site register).

> *Source:* U.L.Ms. p. 1347.
> Ms. Transcripts.
> Archives of Ontario, Toronto, Ont.

YORK-SUNBURY Historical Society, N.B.
. . . genealogical papers, 1780-1965.

> *Source:* U.L.Ms. p. 1347.
> Ms. Original.
> Provincial Archives of New Brunswick,
> Fredericton, N.B.

YOUNG, Archibald Hope. The Bethunes.

> *In:* Ontario Hist. Soc. Papers and records 27:
> 553-574 '31.

_____. The Rev. John Stuart and his family; a
genealogical study. Kingston, Ont., Whig
Press, 1920. 64 p.

YOUNG, Archibald Hope, comp.
see also under:

> KINGSTON, Ontario. St. George's Church
> . . .

YOUNG, C.R. The Youngs came to East
Lake.

> *Source:* U.L.Ms. p. 1349.
> Ms. Original.
> Archives of Ontario, Toronto, Ont.

YOUNG, Henry . . . genealogical notes . . .
also a typescript copy of the family history
. . .

> *Source:* U.L.Ms. p. 1349.
> Ms. Original. 4 inches. 1780-1900.
> Archives of Ontario, Toronto, Ont.

YOUNG, Sherman (Mrs. Norma Whitcomb),
co-aut.
see under:

> OWEN, J.B. . . . John Holden . . .

ZAVITZ family . . . Zavitz family genealogy
. . . 1876-1941 . . .

> *Source:* U.L.Ms. p. 1352.
> Ms. Transcripts. 197 p.
> Metropolitan Toronto Central Library,
> Toronto, Ont.

ZÉPHIRIN Paquet, sa famille, sa vie, son
oeuvre; essai de monographie familiale.
Québec, 1927. vi, 376 p.

"Sur la famille Hamel": p. 287-374.
Variation du nom: Pasquier devenu Pasquet et
Paquet.
En tête du titre: Essai de monographie
familiale.
Notes (part. bibliogr.) au bas des pages.

ZOBOSKI, V.F., ed.
see under:

FIFTY years of progress . . .

Index of
Parishes

Index des
Paroisses

Registers of baptisms, marriages and burials compiled and available in Canadian libraries and public archives.

Registres des baptêmes, mariages et sépultures répertoriés et disponibles dans les bibliothèques et archives publiques canadiennes.

ABBOTSFORD, QUÉ. *voir:* SAINT-PAUL D'ABBOTSFORD, QUÉ.

ABERCORN, QUÉ. SAINT-SIMON, PAROISSE (CATH.)

Jetté, René et Marthe Beauregard, comp. Mariages du comté de Brome . . .

ABERDEEN, N.B. ANGLICAN CHURCH.

Aberdeen and Bright, N.B. Parish Church (Anglican). Baptisms (1929-1934).
Mss. Microfilm. 15 feet.
New Brunswick Provincial Archives, Fredericton, N.B.

ACADIE, N.-B. MISSIONS.

Ristigouche, Qué. Sainte-Anne, paroisse (cath.) Registres des baptêmes, mariages et sépultures de Sainte-Anne-de-Ristigouche et autres missions environnantes, dont certaines d'Acadie, 1759-1795 . . .
Mss. Copie. 1 pouce. Reproductions photographiques. 1 pouce.
Archives publiques du Canada, Ottawa, Ont.

ACADIE, N.-B. PAROISSES (CATH.)

Acadie. Registres de l'état civil d'Acadie et de la Gaspésie, 1679-1686, 1751-1757.
Mss. Microfilm. Copie. 142 p.
Archives publiques du Canada, Ottawa, Ont.

Comeau, Roger. Relevé des registres paroissiaux et de l'état civil relatifs aux Acadiens, disponibles aux Archives publiques du Canada.
Dans: S.G.C.F. Mém. 7: 185-188 '56.

Gaudet, Placide. Genealogies, parish registers and notes concerning Acadian families, ca. 1600-1900 . . .
Mss. Original. 5 feet.
Public Archives of Canada, Ottawa, Ont.

ACADIE, N.-B. SAINT-LÉONARD-DE-NANTES, PAROISSE (CATH.)

Le Loutre, Jean-Louis, ptre. . . . Extraits de registres paroissiaux de Saint-Mathieu-de-Morlaix et de Saint-Léonard-de-Nantes (Acadie).
Mss. Reproductions photographiques.
Archives publiques du Canada, Ottawa, Ont.

ACADIE, N.-B. SAINT-MATHIEU-DE-MORLAIX, PAROISSE (CATH.)

Le Loutre, Jean-Louis, ptre. . . . Extraits de registres paroissiaux de Saint-Mathieu-de-Morlaix et de Saint-Léonard-de-Nantes (Acadie).
Mss. Reproductions photographiques.
Archives publiques du Canada, Ottawa, Ont.

ACADIEVILLE, N.-B. IMMACULÉE-CONCEPTION, PAROISSE (CATH.)

Acadieville, N.-B. Registres paroissiaux. Registres de la paroisse (catholiques) de l'Immaculée-Conception, Acadieville, Nouveau-Brunswick.
Mss. Reproductions photographiques. 344 p. 1877-1910.
Archives acadiennes, Moncton, N.-B.

ACTON VALE, QUÉ. SAINT-ANDRÉ, PAROISSE (CATH.)

Pontbriand, Benoit et René Jetté, comp. Mariages de St-Hugues . . .

ADAMSVILLE, QUÉ. SAINT-VINCENT-FERRIER, PAROISSE (CATH.)

Jetté, René et Marthe Beauregard, comp. Mariages du comté de Brome . . .

ADDINGTON, ONT. (COUNTY). PARISH CHURCH.

McDowall, Robert . . . A register of baptisms. *In:* Ontario Hist. Soc. Papers and records. 1: 95-108 1899.

ADELAIDE, ONT. (TOWNSHIP). PRESBYTERIAN CHURCH.

Adelaide Township, Ont. Presbyterian Church. Registry of baptisms of West Adelaide Township, Ontario, 1854-1908.
Ms. Transcripts. 342 p.
Metropolitan Toronto Central Library, Toronto, Ont.

ADOLPHUSTOWN, ONT. UNITED CHURCH.

A register of baptisms by the Rev. Robt. McDowall, Minister of the United Congregation of Earnestown, Fredericksburgh and Adolphustown.
In: Ontario Hist. Soc. Papers and records. 1: 95-108, 1899.
Arranged by townships from 1798 to 1820.

ALBERTON, P.E.I. ALBERTON ANGLICAN CHURCH.

Alberton, P.E.I. Alberton Anglican church. Parish registers, 1859-1943.
Ms. Microfilm. 60 feet.
Public Archives of Prince Edward Island, Charlottetown, P.E.I.

ALLUMETTES (ISLANDS), QUE. WESLEYAN METHODIST CHURCH.

Allumettes (Islands), Que. Wesleyan Church (Methodist). Register of baptisms, marriages and burials in the Wesleyan Methodist Circuit on Allumette Island and adjacent parts of the counties of Pontiac and Ottawa, 1858-1887.

Ms. Microfilm. 1 reel.
Public Archives of Canada, Ottawa, Ont.

ALMONTE, ONT. SAINT ANDREW'S PRESBYTERIAN CHURCH.

Almonte, Ont., United Church. Marriage
registers of St. Andrew's (Presbyterian) Church
of Ramsay Township, 1898-1926, and Ashton
Presbyterian Church, 1896-1911 . . .
Ms. Microfilm. 1 reel.
Public Archives of Canada, Ottawa, Ont.

ALMONTE, ONT. UNITED CHURCH.

Almonte, Ontario. United Church. Parish
register of Almonte United Church and its
Presbyterian and Methodist predecessors in
Ramsay Township, Appleton and Carleton
Place, 1833-1962.
Ms. Microfilm. 1 reel.
Public Archives of Canada, Ottawa, Ont.

ALNICK, ONT. (TOWNSHIP). PARISH CHURCHES.

Alnick Township, Ont. Registers of marriages
in Alnick Township, Northumberland County.
Ms. Original. 11 p. 1858-1882.
Public Archives of Canada, Ottawa, Ont.

ANCASTER, ONT. PARISH CHURCH.

Ancaster parish records, 1830-1838.
In: Ontario Hist. Soc. Papers and records.
5: 102-177 '04.

Dundas, Ont. Certificates of marriages per-
formed by licenses by Andrew Bell at Dundas,
Ancaster and West Flamboro, 1848-1852 . . .
Ms. Original. 107 p.
Public Archives of Canada, Ottawa, Ont.

Leeming, Ralph . . . A Register of baptisms
and marriages in the Gore and London districts
from 1816 to 1827, with introduction by
H.H. Robertson.
In: Ontario Hist. Soc. Papers and records.
5: 91-101 '04.
Also in: United Empire Loyalists' Association, Head of the Lake Branch. Transactions. 1903, pp. 1-12.

ANCIENNE-LORETTE, QUÉ. NOTRE-DAME DE L'ANNONCIATION, PAROISSE (CATH.)

Ancienne-Lorette, Qué. Notre-Dame, paroisse
(cath.) Registres de baptêmes, mariages et
sépultures, 1765-1776.
Ms. Microfilm. 1 bobine.
Archives acadiennes, Moncton, N.-B.

Pageot, Théophile, ptre. Guide généalogique
des mariages célébrés à l'Ancienne-Lorette:
1695-1885 . . .

Provencher, Gérard E. Répertoire des mariages
de l'Ancienne-Lorette (Paroisse de l'Annonciation), 1695-1916 . . .
Provencher, Gérard E. Corrections aux répertoires . . .
Dans: L'Ancêtre 2: (2) 86 oct. '75.

ANDOVER, N.B. TRINITY ANGLICAN CHURCH.

Andover, N.B. Trinity Anglican Church. Bap-
tisms, marriages and burials, 1845-1970 . . .
Ms. Microfilm. 60 feet.
Provincial Archives of New Brunswick,
Fredericton, N.B.

ANGERS, QUÉ. L'ANGE-GARDIEN, PAROISSE (CATH.)

Provencher, Gérard E. et Georges L. Jean,
comp. Mariages de l'Outaouais, vol. 1-2 . . .

ANNAPOLIS, N.S. PARISH CHURCHES.

Annapolis, N.S. . . . Registers of baptisms and
marriages, 1813, 1824-1865.
Mss. Photocopies.
Public Archives of Canada, Ottawa, Ont.

Annapolis, N.S. Town register of births,
marriages and deaths, 1747, 1774-1874, 1884.
Mss. Photocopies. 3 inches.
Public Archives of Canada, Ottawa, Ont.

Annapolis Royal, N.S. . . . Register of
baptisms, marriages and burials, 1702-1728.
Mss. Original.
Public Archives of Nova Scotia, Halifax,
N.S.

ANNAPOLIS, N.S. SAINT LUKE'S ANGLICAN CHURCH.

Annapolis, N.S. Saint Luke's (Anglican)
Church. . . . Register for 1782-1888, including
marriages at Clements, Granville and
Dalhousie, 1806, 1813, 1817, 1834.
Mss. Transcripts. 2 inches.
Public Archives of Canada, Ottawa, Ont.

ANSE-AU-GRIFFON, QUÉ. SAINT-JOSEPH, PAROISSE (CATH.)

Ouellet, Marie Cécile. Paroisse St-Joseph de
l'Anse-au-Griffon; répertoire des mariages,
1879-1975 . . .

ARGENTEUIL, QUÉ. (COMTÉ). PAROISSES (CATH.)

Rivest, Lucien, c.s.v., comp. Mariages du
comté d'Argenteuil (du début des paroisses à
1960 incl.) . . .

ARICHAT, N.-É. L'ASSOMPTION, PAROISSE (CATH.)

Arichat, N.-É. L'Assomption, paroisse (cath.)
Registre de la paroisse, 1839-1891.
Mss. Reproductions photographiques.
Archives acadiennes, Moncton, N.-B.

ARICHAT, N.S. NOTRE DAME, PARISH (CATH.)

Arichat, Cape Breton, Notre Dame Catholic Church. Partial register of baptisms, weddings and deaths of Notre Dame parish, Arichat, Isle Madame, Government of Cape Breton, Province of Quebec, 1811.
Mss. Photocopies. 1811.
Cape Bretoniana Archives, St. Francis Xavier University, Sydney Campus, Sydney, N.S.

ARICHAT, N.S. SAINT JOHN'S ANGLICAN CHURCH.

Arichat, N.S. St. John's (Anglican) Church. Register of marriages, 1828-1884.
Mss. Photocopies. 1 inch.
Cape Bretoniana Archives. St. Francis Xavier University, Sydney Campus, Sydney, N.S.

ARMAGH, QUÉ. SAINT-CAJETAN, PAROISSE (CATH.)

Goulet, Joseph Napoléon, comp. Mariages et nécrologe de Armagh, 1827-1973 et St-Gabriel de la Durantaie, 1910-1973 . . .

AROOSTOOK, N.-B., PAROISSES (CATH.)

Langlois, Henri, o.f.m. Répertoire des mariages des paroisses de la Vallée supérieure de la Rivière Saint-Jean au Nouveau-Brunswick . . .

ARTHABASKA, QUÉ. (COMTÉ). PAROISSES (CATH.)

Société généalogique des Cantons de l'Est. Répertoire des mariages du comté d'Arthabaska . . .
Vol. 1-2: 1840-1925; supplément: 1926-1970 incl.

ARTHABASKA, QUÉ. SAINT-CHRISTOPHE, PAROISSE (CATH.)

Société généalogique des Cantons de l'Est. Répertoire des mariages du comté d'Arthabaska . . .
Vol. 1-2: 1840-1925; supplément: 1926-1970 incl.

ASBESTOS, QUÉ. PAROISSES (CATH.)

Société généalogique des Cantons de l'Est. Répertoire des mariages du comté de Richmond . . . (15 paroisses du début à 1950 incl.) . . .

ASCOT, QUÉ. SAINT-STANISLAS, PAROISSE (CATH.)

Société généalogique des Cantons de l'Est. Répertoire des mariages (catholiques) du comté de Sherbrooke du début à 1970 incl. . . .

ASHTON, ONT. PRESBYTERIAN CHURCH.

Almonte, Ont., United Church. Marriage registers of St. Andrew's (Presbyterian) Church of Ramsay Township, 1898-1926 and Ashton Presbyterian Church, 1896-1911.
Mss. Microfilm. 1 reel. 1889-1962.
Public Archives of Canada, Ottawa, Ont.

ASSOMPTION, QUÉ. *voir:* L'ASSOMPTION, QUÉ.

ATHOLVILLE, N.-B. NOTRE-DAME DE LOURDES, PAROISSE (CATH.)

Atholville, N.-B., Notre-Dame de Lourdes, paroisse (catholique). Registre de la paroisse, 1890-1920.
Mss. Microfilm. 1 bobine.
Archives acadiennes, Moncton, N.-B.

AYERSVILLE, QUÉ., PAROISSE (CATH.)

Rivest, Lucien, c.s.v., comp. Mariages du comté d'Argenteuil (du début des paroisses à 1960 incl.) . . .

AYLESFORD, N.S. SAINT MARY'S ANGLICAN CHURCH.

Aylesford, N.S. St. Mary's (Anglican) Church records. Parish of St. Mary's Anglican. Register of baptisms including the dates of births, 1792-1861.
Mss. Transcripts. 53 p.
Public Archives of Canada, Ottawa, Ont.

AYLESFORD, N.S. TRINITY ANGLICAN CHURCH.

Wilmot, N.S., Trinity (Anglican) Church . . . registers of the parishes of Wilmot, Aylesford and Bridgetown, N.S., 1789-1909.
Mss. Photocopies.
Public Archives of Canada, Ottawa, Ont.

AYLMER, ONT. SAINT PAUL'S UNITED CHURCH.

Methodist Church, London Conference, Ont. Registers of births, baptisms, marriages and deaths . . .
Mss. Original.
Public Archives of Canada, Ottawa, Ont.

AYLMER, QUÉ. MISSIONS (CATH.)

Aylmer et Gatineau, Qué., paroisse (catholique). Registre de baptêmes, mariages et sépultures des missions du comté de Wright, 1841-1852 . . .

Mss. Copie. 4 pouces.
Archives publiques du Canada, Ottawa, Ont.

Beauregard, Marthe (Faribault). Baptêmes,
mariages et sépultures de la mission d'Aylmer,
1841-1851 . . .

AYLMER, QUÉ. SAINT MARK THE EVANGELIST CATHOLIC CHURCH.

Rivest, Lucien, c.s.v, comp. Mariages du comté
de Gatineau (du début des paroisses à 1964 incl.) . . .

AYLMER, QUÉ. SAINT-PAUL, MISSION (CATH.)

Aylmer et Gatineau, Qué., paroisse
(catholique). Registre de baptêmes, mariages et
sépultures des missions du comté de Wright,
1841-1852 . . .
Mss. Copie. 4 pouces.
Archives publiques du Canada, Ottawa, Ont.

AYLMER, QUÉ. SAINT-PAUL, PAROISSE (CATH.)

Provencher, Gérard E., Michel Langlois et
Georges L. Jean, comp. Mariages de
l'Outaouais, v. 6 . . .

Rivest, Lucien, c.s.v., comp. Mariages du
comté de Gatineau (du début des paroisses à
1964 incl.) . . .

BADDECK, N.S. SAINT JOHN'S ANGLICAN CHURCH.

Baddeck, N.S. St. John's (Anglican) Church.
Register of births, marriages and deaths of the
mission extending from Baddeck to Bay St.
Lawrence.
Mss. Photocopies. 11 p. 1877-1880.
Cape Bretoniana Archives, St. Francis Xavier
University, Sydney Campus, Sydney, N.S.

BAGOT, QUÉ. (COMTÉ) PAROISSES.

Pontbriand, Benoit et René Jetté, comp.
Mariages de St-Hugues . . .
Pontbriand, Benoit et René Jetté, comp.
Mariages du comté de Bagot (1833-1968) . . .

BAGOTVILLE, QUÉ. SAINT-ALPHONSE, PAROISSE (CATH.)

Bélanger, Léonidas. Mariages de la région:
Saint-Alphonse de Bagotville, 1858-1870.
Dans: Saguenayensia 4: (3) 59-62 mai/juin
'62; 4: (4) 83-86 juil./août '62; 4: (5) 107-108
sept./oct. '62; corrections à la fin du texte,
p. 108.

BAIE-DES-VENTS, N.-B. SAINT-LAURENT DE LA BAIE-DES-VENTS, PAROISSE (CATH.)

Baie-des-Vents, N.-B., Saint-Laurent-de-la-
Baie-des-Vents, paroisse (catholique). Registres
des baptêmes, mariages et sépultures,
1801-1870.
Mss. Copie. 60 p.
Archives publiques du Canada, Ottawa, Ont.

BAIE-DES-VENTS, N.-B. SAINTE-ANNE, PAROISSE (CATH.)

Baie-des-Vents, N.-B., Sainte-Anne, paroisse
(catholique). Registres de la paroisse Saint-
Anne-à-la-Baie-des-Vents, aujourd'hui Baie
Sainte-Anne.
Mss. Reproductions photographiques. 1
pouce. 1801-1900.
Archives acadiennes, Moncton, N.-B.

BAIE-DU-FEBVRE, QUÉ. SAINT-ANTOINE-DE-PADOUE, PAROISSE (CATH.)

Mongeau, Antonio, comp. Mariages de Baie-
du-Febvre, (1715-1966) . . .

BAIE SAINTE-MARIE, N.-B., PAROISSE (CATH.)

Gaudet, Placide. Notes généalogiques des
familles acadiennes . . .
Mss. Originaux. 49 pieds.
Archives acadiennes, Moncton, N.-B.

BALMORAL, N.-B. SAINT-BENOIT, PAROISSE (CATH.)

Balmoral, N.-B. Saint-Benoit, paroisse (catho-
lique). Registres de la paroisse, 1896-1920.
Mss. Microfilm. 1 bobine.
Archives acadiennes, Moncton, N.-B.

BARACHOIS, N.-B. SAINT-HENRI, PAROISSE (CATH.)

Barachois, N.-B., Saint-Henri, paroisse (cath.)
Registres de la paroisse, 1812-1916.
Mss. Microfilm. 1 bobine.
Archives acadiennes, Moncton, N.-B.

Barachois, N.-B. Saint-Henri, paroisse (cath.)
Registres des baptêmes, mariages et sépultures
pour Barachois, Didiche, Naboiyagan et
Sacré-Coeur de Haute-Aboujagane, 1812-1870.
Un index du registre de Barachois, 1812-1838,
préparé par Ronald Leblanc, a été placé à la
suite des documents.
Mss. Copie. 280 p.
Archives publiques du Canada, Ottawa, Ont.

BARNSTON, QUÉ. SAINT-LUC, PAROISSE (CATH.)

Société généalogique des Cantons de l'Est. Répertoire des mariages catholiques, comté de Stanstead dans les Cantons de l'Est . . . (19 paroisses du début à 1950 incl.) . . .

BAS-CANADA. REGISTRES.

Marriage bonds. Lower Canada.
Fichier. Doc. RG4-B28. 5 tiroirs.
Bibliothèque nationale du Canada. Section de généalogie, Ottawa, Ont.

BAS-CARAQUET, N.-B. SAINT-PAUL, PAROISSE (CATH.)

Bas-Caraquet, N.-B. Saint-Paul, paroisse (cath.) Registres de la paroisse, 1898-1920.
Mss. Microfilm.
Archives acadiennes, Moncton, N.-B.

BASTARD, ONT. (TOWNSHIP). CEMETERIES.

Conners, Ibra L. and George A. Neville. The Denny cemetery near Philipsville, Ontario, Lot 18, conc. 6, Bastard Township, Leeds County, map reference 088 441 . . .

BASTARD, ONT. (TOWNSHIP). CEMETERIES . . .

Miller, W.J. The Old Lillie's (or "Chick's") cemetery. Township of Bastard, Leeds County, Ontario . . .

Stuart, Elizabeth S. and Ibra L. Connors. Sheldon cemetery: lot 5, conc. 10, Township of Bastard, Leeds County, Ontario . . .

BATHURST, N.-B. SACRÉ-COEUR, CATHÉDRALE (CATH.)

Bathurst, N.-B., Sacré-Coeur, cathédrale (cath.) Registres de la paroisse, 1894-1920.
Mss. Microfilm. 2 bobines.
Archives acadiennes, Moncton, N.-B.

BATHURST, N.B. SAINT GEORGE'S ANGLICAN CHURCH.

Bathurst, N.B. St. George's (Anglican) Church. Baptisms, marriages and burials, 1864-1970.
Mss. Microfilm. 50 feet.
Provincial Archives of New Brunswick, Fredericton, N.B.

BATHURST, N.-B. SAINTE-FAMILLE, PAROISSE (CATH.)

Bathurst, N.-B., Sainte-Famille, paroisse (cath.) Registre de la paroisse, 1798-1920.
Mss. Microfilm. 3 bobines. Reproduction. 1 pouce.
Archives acadiennes, Moncton, N.-B.

Société historique de St-Denys. Index des mariages de Bathurst. Sainte-Famille, 1789-1920 . . .

BATHURST, ONT. CALVIN PRESBYTERIAN CHURCH.

Perth, Ont. St. Paul's United Church. Parish registers of St. Paul's United Church and its Methodist and Presbyterian predecessors . . .
Mss. Microfilm. 1 reel. 1858-1968.
Public Archives of Canada, Ottawa, Ont.

BATISCAN, QUÉ. SAINT-FRANÇOIS-XAVIER, PAROISSE (CATH.)

Batiscan, Qué., Saint-François-Xavier, paroisse (cath.) Registres des baptêmes, mariages et sépultures, 1756-1785.
Mss. Microfilm. 1 bobine.
Archives acadiennes, Moncton, N.-B.

Campagna, Dominique, s.c. Répertoire des mariages de Bastiscan, (comté de Champlain), 1682-1900 . . .

BAY OF QUINTE, ONT. CEMETERY.

Burleigh, H.C. Loyalist graves in the Bay of Quinte region . . .

BEAUBASSIN, N.-É. REGISTRES PAROISSIAUX.

Beaubassin, N.-É. Registres paroissiaux, 1712-1748 et 1679-1686.
Mss. Microfilm. 1 bobine.
Archives acadiennes, Moncton, N.-B.

BEAUBASSIN, N.S. PARISH RECORDS.

Rieder, Milton P. and Norma Gaudet-Rieder. Beaubassin, 1712-1748. Acadian church records . . .

BEAUCE, QUÉ. (COMTÉ). PAROISSES (CATH.)

Talbot, Éloi-Gérard, s.m. Recueil de généalogies des comtés de Beauce, Dorchester, Frontenac, 1625-1946 . . .

BEAUHARNOIS, QUÉ. SAINT-CLÉMENT, PAROISSE (CATH.)

Beauharnois, Qué., St-Clément, paroisse (cath.) Registres des baptêmes, mariages et sépultures de la paroisse Saint-Clément, 1819-1850. Index alphabétique du registre du Fort Beauharnois, 1730-1766, et index des mariages, 1819-1850.
Mss. Copie. 1 pied. Microfilm. 2 bobines.
Archives publiques du Canada, Ottawa, Ont.

Charette, Jean Benoit, comp. Répertoire des mariages de Saint-Clément de Beauharnois, 1818-1968 . . .

BEAUMONT, QUÉ. SAINT-ÉTIENNE, PAROISSE (CATH.)

Chassé, J., ptre. Volume contenant: Catalogue et noms des âmes des paroisses Saint-Étienne de Beaumont et Saint-Michel de La Durantaye depuis 1719 à 1735 . . .
>   Mss. Originaux. 2 p.
>   Bibliothèque municipale de Montréal, Montréal, Qué.

Roy, Pierre-Georges. À travers l'histoire de Beaumont . . .

St-Pierre, Rosaire. Mariages et nécrologe de Beaumont, 1692-1974 . . .

BEAUPORT, QUÉ. NATIVITÉ DE NOTRE-DAME, PAROISSE (CATH.)

Beauport, Qué., Notre-Dame, paroisse (cath.) Registres des baptêmes, mariages et sépultures, 1755-1780.
>   Mss. Microfilm. 1 bobine.
>   Archives acadiennes, Moncton, N.-B.

Giroux, T.E. Les mariages à Beauport pour l'année 1818; essai de reconstitution d'actes civils.
>   *Dans:* S.G.C.F. Mém. 6: 124-135 '54.

Pontbriand, Benoit, comp. Mariages de Beauport (1673-1966) . . .

BEAUPRÉ, QUÉ. NOTRE-DAME-DU-SAINT-ROSAIRE, PAROISSE (CATH.)

Gingras, Robert-Edmond, é.c. Répertoire des mariages de Beaupré, 1927-1961 . . .

BÉCANCOUR, QUÉ. LA NATIVITÉ-DE-LA-VIERGE, PAROISSE (CATH.)

Bécancour, Qué., Nativité-de-la-Vierge, paroisse (cath.) Baptêmes acadiens de Bécancour et de St-Grégoire, années 1759 à 1809.
>   *Dans:* S.G.C.F. Mém. 19: (4) 234-250 oct./déc. '68; 20: (1) 8-18 janv./mars '69.

Bécancour, Qué., La Nativité, paroisse (cath.) Registres de baptêmes, mariages et sépultures, 1757-1800.
>   Mss. Microfilm. 1 bobine.
>   Archives acadiennes, Moncton, N.-B.

Campagna, Dominique, s.c., comp. Répertoire des mariages de la paroisse de Bécancour (La Nativité-de-la-Vierge) . . .

BEDFORD, QUÉ. SAINT-DAMIEN, PAROISSE (CATH.)

Jetté,, René, comp. Mariages du comté de Missisquoi: 1846-1968 . . .

BELFAST, P.E.I. SAINT JOHN'S PRESBYTERIAN CHURCH.

Belfast, P.E.I. St. John's (Presbyterian) Church. Baptismal records of St. John's Presbyterian Church.
>   Mss. Photocopies. 1823-1849.
>   Public Archives of Canada, Ottawa, Ont.

BELLADUNE, N.-B. SAINT-JEAN-L'ÉVANGÉLISTE, PAROISSE (CATH.)

Belladune, N.-B. Saint-Jean-L'Évangéliste, paroisse (cath.) Registres de la paroisse, 1836-1920.
>   Mss. Copie. 2 pouces.
>   Archives acadiennes, Moncton, N.-B.

BELLECHASSE, QUÉ. (COMTÉ). PAROISSES.

Talbot, Éloi-Gérard, s.m. Généalogies des familles originaires des comtés de Montmagny, L'Islet, Bellechasse . . .

BELLERIVE, QUÉ. SAINT-JUDE, PAROISSE (CATH.)

Rivest, Lucien, c.s.v., comp. Mariages du comté de Labelle (du début des paroisses à 1960 incl.) . . .

BELL'S CORNER, ONT. CEMETERY.

Elliott, Bruce. Bell's Corners Cemetery, Richmond Road . . .

BELOEIL, QUÉ. SAINT-MATHIEU, PAROISSE (CATH.)

Beloeil, Qué., Saint-Mathieu, paroisse (cath.) Registres de baptêmes, mariages et sépultures, 1772-1847.
>   Mss. Originaux. 2 pieds.
>   Archives nationales du Québec, Montréal, Qué.

Jetté, Irenée et Benoit Pontbriand, comp. Mariages de Beloeil (St-Mathieu), (1772-1968); St-Marc (1794-1968); McMasterville (1930-1967) . . .

BERTHIER, QUÉ. (COMTÉ). PAROISSES.

Rivest, Lucien, c.s.v. comp. Mariages du comté de Berthier du début des paroisses à 1960 incl. . . .

BERTHIER, QUÉ. SAINTE-GENEVIÈVE, PAROISSE (CATH.)

Rivest, Lucien, c.s.v. comp. Répertoire des mariages de Bethier-en-haut: Sainte-Geneviève, (1727-1960) . . .

BERTHIER-SUR-MER, QUÉ. NOTRE-DAME-DE-L'ASSOMPTION, PAROISSE (CATH.)

Goulet, J. Napoléon, comp. Berthier-sur-Mer: Nécrologe, 1710-1977; annotations marginales, 1839-1928 . . .

Proulx, Armand, comp. Répertoire des mariages de Berthier-sur-Mer ou Berthier-en-Bas, 1720-1973 . . .

Proulx, Armand, comp. Répertoire des mariages de Berthier-sur-Mer ou Berthier-en-Bas, 1720-1973 . . . (Éd. 1976) . . .

Talbot, Éloi-Gérard, s.m. Généalogies des familles originaires des comtés de Montmagny, L'Islet, Bellechasse . . .

BERTHIERVILLE, QUÉ. SAINTE-GENEVIÈVE, PAROISSE (CATH.)

Berthierville, Qué, Sainte-Geneviève, paroisse (cath.) Registres de baptêmes, mariages et sépultures, 1760-1780.
Mss. Microfilm. 1 bobine.
Archives acadiennes, Moncton, N.-B.

Rivest, Lucien, c.s.v., comp. Mariages du comté de Berthier du début des paroisses à 1960 incl. . . .

BÉTHANIE, QUÉ. TRÈS-SAINT-ENFANT-DE-JÉSUS, PAROISSE (CATH.)

Jetté, René et Benoit Pontbriand, comp. Mariages du comté de Shefford, (1846-1968) . . .

BIC, QUÉ. SAINTE-CÉCILE, PAROISSE (CATH.)

Chénard, Hélène, comp. Livre des mariages de la paroisse du Bic (Rimouski) (1850-1976) . . .

BIENVILLE, QUÉ. SAINT-ANTOINE, PAROISSE (CATH.)

Pontbriand, Benoit, comp. Mariages de la ville de Lévis (1852-1950); Notre-Dame (1852); Bienville (1896); Ste-Jeanne-d'Arc (1920) . . .

BISHOPTON, QUÉ. SAINT-CLÉMENT, PAROISSE (CATH.)

Société généalogique des Cantons de l'Est. Répertoire des mariages catholiques du comté de Wolfe . . . (19 paroisses plus une mission du début à 1950 incl.) . . .

BLANDFORD, QUÉ. SAINT-LOUIS, PAROISSE (CATH.)

Société généalogique des Cantons de l'Est. Répertoire des mariages du comté d'Arthabaska . . .
Vols. 1-2: 1840-1925; supplément: 1926-1970 incl.

BLOOMFIELD, Î.-P.-É. SAINT-ANTOINE, PAROISSE (CATH.)

Bloomfield, Î.-P-É., Saint-Antoine, paroisse (cath.) Registre de la paroisse Saint-Antoine à Bloomfield, Î.-P.-É., ancienne Cascumpèque.
Mss. Reproduction photographique. 1 pouce. 1839-1868.
Archives acadiennes, Moncton, N.-B.

Cascumpèque, Î.-P.-É., Saint-Antoine de Cascumpèque, paroisse (cath.) Registre de baptêmes, mariages et sépultures, 1839-1868.
Mss. Microfilm. 1 bobine.
Archives publiques du Canada, Ottawa, Ont.

BLUE SEA, QUÉ. SAINT-FÉLIX, PAROISSE (CATH.)

Rivest, Lucien, c.s.v., comp. Mariages du comté de Gatineau (du début des paroisses à 1964 incl.) . . .

BOIS-DES-FILION, QUÉ., PAROISSE (CATH.)

Rivest, Lucien, c.s.v., comp. Mariages du comté de Terrebonne (du début des paroisses à 1960 incl.) . . .

BOIS-FRANCS, QUÉ. SAINT-BONIFACE, PAROISSE (CATH.)

Rivest, Lucien, c.s.v., comp. Mariages du comté de Gatineau (du début des paroisses à 1964 incl.) . . .

BOLTON, QUÉ. SAINT-ÉTIENNE. *voir:* SAINT-ÉTIENNE-DE-BOLTON, QUÉ.

BOND HEAD, ONT. PRESBYTERIAN CHURCH.

Bond Head, Ont. Presbyterian Church . . .
Register of baptisms, 1822-1940 . . .
Mss. Microfilm.
Archives of Ontario, Toronto, Ont.

BONTERRE, QUÉ. SAINT-MATHIAS, PAROISSE (CATH.)

Société généalogique des Cantons de l'Est. Répertoire des mariages du comté de Compton dans les Cantons de l'Est . . . (19 paroisses du début à 1950 incl.) . . .

BONSECOURS, QUÉ. NOTRE-DAME-DU-BONSECOURS, PAROISSE (CATH.)

Jetté, Irenée et collab., comp. Mariages du comté de Laprairie, 1751-1972 . . .

BOTSFORD, N.-B. *voir:* CAP-TOURMENTIN, N.-B.

BOUCHERVILLE, QUÉ. SAINTE-FAMILLE, PAROISSE (CATH.)

Boucherville, Qué., Sainte-Famille, paroisse (cath.) Registres de baptêmes, mariages et sépultures, 1668-1849.

Mss. Originaux. 5 pieds 9 pouces.
Archives nationales du Québec, Montréal, Qué.

Boucherville, Qué., Sainte-Famille, paroisse (cath.) Registres des baptêmes, mariages et sépultures de la paroisse Sainte-Famille-de-Boucherville, 1669-1790 . . . extraits de mariages, 1677-1739.
Mss. Copie. 8 p.
Archives nationales du Québec, Québec, Qué.

Boucherville, Qué., Sainte-Famille, paroisse (cath.) Registres de baptêmes, mariages et sépultures, 1760-1780.
Mss. Microfilm. 1 bobine.
Archives acadiennes, Moncton, N.-B.

Pontbriand, Benoit, comp. Mariages de Boucherville (1668-1900) . . .

BOUCHETTE, QUÉ. SAINT-GABRIEL, PAROISSE (CATH.)

Rivest, Lucien, c.s.v., comp. Mariages du comté de Gatineau (du début des paroisses à 1964 incl.) . . .

BOUCTOUCHE, N.B. ANGLICAN CHURCH.

Shediac, N.B. St. Martin's Anglican Church . . . Register of baptisms, 1833-1835 . . .
Mss. Photocopies.
Public Archives of Canada, Ottawa, Ont.

BOUCTOUCHE, N.-B. SAINT-JEAN-BAPTISTE, PAROISSE (CATH.)

Bouctouche, N.-B., Saint-Jean-Baptiste, paroisse (cath.) Registre de paroisse, 1800-1863.
Mss. Reproductions photographiques.
5 pouces.
Archives acadiennes, Moncton, N.-B.

BOURGET, ONT. SACRÉ-COEUR-DE-JÉSUS, PAROISSE (CATH.)

Hamelin, Julien, s.c. et Hubert Houle, s.c., comp. Répertoire des mariages du comté de Russell (Ontario) . . . 1858-1972 . . .

BRADFORD, ONT. TRINITY ANGLICAN CHURCH.

West Gwillimbury Township, Ont., Anglican churches. Baptisms, confirmations, marriages and burials of . . . Trinity Church of Bradford . . . 1848-1929.
Mss. Microfilm.
Archives of Ontario, Toronto, Ont.

BREAKEYVILLE, QUÉ. SAINTE-HÉLÈNE, PAROISSE (CATH.)

Gingras, Raymond, comp. Les mariages de Sainte-Hélène de Breakeyville, comté de Lévis (1909-1961) . . .

BRÉBEUF, QUÉ. SAINT-JEAN-DE-BRÉBEUF, PAROISSE (CATH.)

Rivest, Lucien, c.s.v. comp. Mariages du comté de Terrebonne (du début des paroisses à 1960 incl.) . . .

BREIDUVIK-HNAUSA, MAN. LUTHERAN CHURCH.

Riverton, Man., Lutheran Church. Riverton, Man., registers of baptisms, marriages and deaths, 1902-1950 . . .; Breiduvik-Hnausa, Man., registers of baptisms, marriages and deaths, 1901-1956 . . .; Heela, Man., register of baptisms, marriages and deaths, 1901-1952.
Mss. Original. 6 inches. 1876-1967.
Provincial Archives of Manitoba, Winnipeg, Man.

BRIDGETOWN, N.S. ANGLICAN CHURCH.

Wilmot, N.S. Trinity (Anglican) Church . . . registers of the parishes of Wilmot, Aylesford and Bridgetown, N.S., 1789-1909.
Mss. Photocopies.
Public Archives of Canada, Ottawa, Ont.

BRIGHAM, QUÉ. SAINTE-MARIE-MÉDIATRICE, PAROISSE (CATH.)

Jetté, René et Marthe Beauregard, comp. Mariages du comté de Brome . . .

BRIGHT, N.B. ANGLICAN CHURCH.

Aberdeen and Bright, N.B. Parish Church (Anglican). Baptisms, 1929-1934.
Mss. Microfilm. 15 feet.
New Brunswick Provincial Archives, Fredericton, N.B.

Douglas and Bright, N.B. Parish Church (Anglican). Baptisms, 1845-1928; marriages, 1843-1891; burials, 1856-1893.
Mss. Microfilm. 20 feet.
Provincial Archives of New Brunswick, Fredericton, N.B.

BRISTOL, QUE. ANGLICAN CHURCH.

Clarendon, Que. Anglican Church. Extracts of births, baptisms and marriages, 1823-1839; of individuals in Clarendon, taken from the registers of St. James' Anglican Church, Hull . . .
Mss. Microfilm. 2 reels.
Public Archives of Canada, Ottawa, Ont.

BROCHIT BRANCH, SASK. MISSIONS.

Indian Genealogical Records, Sask. Records of births, marriages and deaths of the members of the Indian bands at Wollaston Lake Post; included are members of the Lac La Hache and Brochit Branch.

Mss. Photocopies. 423 p. [n.d.]
Saskatchewan Archives Office, Saskatoon, Sask.

BROCKVILLE, ONT. FIRST PRESBY-TERIAN CHURCH.

Brockville, Ont. First Presbyterian Church. Register of baptisms, 1812-1814, and marriages, 1812-1827, performed by Rev. William Smart . . .

Mss. Original. 2 inches. 1812-1927.
Queen's University Archives, Kingston, Ont.
Brockville, Ont. First Presbyterian Church. Transcripts of register of marriages performed by Rev. William Smart.
Mss. Transcripts. 148 p. 1812-1830.
Queen's University Archives, Kingston, Ont.
Smart, William, comp. Brockville. First Presbyterian Church; a record of marriages solemnized by William Smart, minister of the Presbyterian Congregation, Brockville, Elizabethtown, Upper Canada.
In: Ont. Hist. Soc. Papers and Records. 5: 187-236 '04.
Smart, William, comp. Brockville. First Presbyterian Church: an early baptismal register, Brockville. With introduction and notes by Mr. H.R. Morgan.
In: Ont. Hist. Soc. Papers and records. 25: 367-384 '29.

BROCKVILLE, ONT. PARISH CHURCHES.

Morgan, H.R., ed. Parish registers of Brock-ville and vicinity, 1814-1830.
In: Ont. Hist. Soc. Papers and records 38: 77-108 '46.

BROME, QUÉ. (COMTÉ). PAROISSES (CATH.)

Jetté, René et Marthe Beauregard, comp. Mariages du comté de Brome . . .

BROMONT, QUÉ. SAINT-FRANÇOIS-XAVIER, PAROISSE (CATH.)

Jetté, René et Benoit Pontbriand, comp. Mariages du comté de Shefford (1846-1968) . . .

BROMPTON, QUÉ. SAINT-PRAXÈDE, PAROISSE (CATH.)

Société généalogique des Cantons de l'Est. Répertoire des mariages du comté de Richmond . . . (15 paroisses du début à 1950 incl.) . . .

BROSSARD, QUÉ. LA RÉSURRECTION, PAROISSE (CATH.)

Jetté, Irenée, comp. Mariages du comté de Laprairie, 1751-1972 . . .

BROWNSBURG, QUÉ. SAINT-LOUIS-DE-FRANCE, PAROISSE (CATH.)

Rivest, Lucien, c.s.v., comp. Mariages du comté d'Argenteuil (du début des paroisses à 1960 incl.) . . .

BRUSSY, QUÉ. SAINTE-ROSE-DE-LIMA, PAROISSE (CATH.)

Legault, Maurice, comp. Répertoire des mariages de l'Île Perrot . . .

BUCHY, SASK. REGISTERS.

Buchy, Sask. Victory Rural Municipality, no. 266. Assessment and tax rolls; registers of births, deaths and marriages, 1917-1950.
Mss. Original. 20 feet.
Saskatchewan Archives Offices, Saskatoon, Sask.

BUCKINGHAM, QUÉ. SAINT-GRÉGOIRE-DE-NAZIANCE, PAROISSE (CATH.)

Houle, Hubert A., s.c., comp. Répertoire des mariages de St-Grégoire-de-Naziance de Buckingham (1836-1975). . . .
Provencher, Gérard E., Michel Langlois et Georges L. Jean, comp. Mariages de l'Outaouais, v. 6 . . .

BUCKINGHAM, QUE. SAINT STEPHEN'S ANGLICAN CEMETERY.

Belisle, Ruth. St. Stephen's Anglican cemetery, Papineau County, Buckingham, Quebec . . .

BUCKLAND, QUÉ. NOTRE-DAME-AUXILIATRICE, PAROISSE (CATH.)

Goulet, J. Napoléon, comp. Mariages et nécrologe de Notre-Dame-Auxiliatrice de Buckland, comté de Bellechasse, 1863-1974 . . .

BURGOYNE, ONT. BURGOYNE CEMETERY.

Burgoyne Cemetery Company, Burgoyne, Ont. Cemetery records, 1877-1945.
Mss. Microfilm. 1 reel. 1877-1945.
University of Western Ontario Library, London, Ont.

BURLINGTON, ONT. MOUNT VERNON (METHODIST) CEMETERY.

Langford, Helen. A History of Mount Vernon: a pioneer Methodist cemetery: Lot 4, Conc. III, South of Dundas Street, Nellson Township, Halton County, Ontario: road access on lot 5, Conc. III . . .

BURNT, N.-B. SAINTE-ANNE, PAROISSE (CATH.)

Burnt, N.B., Sainte-Anne, paroisse (cath.)
Registre de paroisse, 1891-1920.
Microfilm. 1 bobine.
Archives acadiennes, Moncton, N.-B.

BURY, QUÉ. SAINT-RAPHAËL, PAROISSE (CATH.)

Société généalogique des Cantons de l'Est.
Répertoire des mariages du comté de Compton
dans les Cantons de l'Est . . . (19 paroisses du
début à 1950 incl.) . . .

BUXTON, ONT. ST. ANDREW'S UNITED CHURCH.

Buxton, Ont. St. Andrew's United Church . . .
Baptisms, 1859-1926; marriages, 1857-1895.
Mss. Microfilm. 1 reel.
University of Western Ontario Library,
London, Ont.

BYTOWN, SAINT-JACQUES, MISSIONS.

Aylmer et Gatineau, Qué., paroisse (cath.)
Registres de baptêmes, mariages et sépultures
des missions du comté de Wright, 1841-1852
. . .
Mss. Copie. 4 pouces.
Archives publiques du Canada, Ottawa, Ont.

BYTOWN (SANDY HILL). CIMETIÈRES.

Normandeau, Léa, comp. et trad. Vieux
cimetières de Bytown (Sandy Hill).
Dans: L'Outaouais généalogique. 3: (3) 33
mars '81; 3: (4) 50-51 avr. '81; 3: (6) 74-76
juin '81.

BYTOWN. *voir aussi:* OTTAWA, ONT. *et* OUTAOUAIS.

CACOUNA, QUÉ. SAINT-GEORGES, PAROISSE (CATH.)

Gingras, Robert-Edmond, é.c. Répertoire des
mariages de Saint-Georges de Cacouna,
1813-1966 . . .

CALEDONIA, ONT.

Dundas, Ont. Certificates of civil marriages
performed by licenses by Andrew Bell at
Dundas, Ancaster and West Flamboro,
1848-1852 and at L'Orignal, 1854-1856. Ten additional certificates of marriages solemnized by
Mr. Bell at L'Orignal and Hawkesbury and in
the Township of West Hawkesbury, Lochiel
and Caledonia.
Mss. Original. 107 p.
Public Archives of Canada, Ottawa, Ont.

CALUMET, QUÉ. SAINT-LUDGER, PAROISSE (CATH.)

Rivest, Lucien, c.s.v., comp. Mariages du
comté d'Argenteuil (du début des paroisses à
1960 incl.) . . .

CAMBRIDGE, N.B. ANGLICAN CHURCH.

Cambridge and Waterloo, N.B. Parish church
(Anglican). Baptisms, marriages and burials,
1823-1916.
Mss. Microfilm. 10 feet.
Provincial Archives of New Brunswick,
Fredericton, N.B.

Cambridge, N.B. Parish Church (Anglican).
Baptisms, 1833-1950; marriages, 1885-1957;
burials, 1883-1957.
Mss. Microfilm. 15 feet.
Provincial Archives of New Brunswick,
Fredericton, N.B.

CANADA. PARISH REGISTERS.

Canada. Public Archives. Checklist of parish
registers, comp. by Marielle Campeau . . .

CANADA. REGISTRES DE PAROISSES.

Canada. Archives publiques. Répertoire des
registres paroissiaux, comp. par Marielle
Campeau . . .

CANDIAC, QUÉ. SAINT-MARC-DE-CANDIAC, PAROISSE (CATH.)

Jetté, Irenée, comp. Mariages du comté de
Laprairie, 1751-1972 . . .

CANNING, N.B. ANGLICAN CHURCH.

Canning and Chipman, N.B. Parish Church
(Anglican). Baptisms, 1846-1883, 1846-1913;
marriages, 1858-1864, 1885-1913; burials,
1846-1853, 1846-1914.
Mss. Microfilm. 20 feet.
Provincial Archives of New Brunswick,
Fredericton, N.B.

CANTLEY, QUÉ. SAINTE-ELISABETH, PAROISSE (CATH.)

Rivest, Lucien, c.s.v., comp. Mariages du
comté de Gatineau (du début des paroisses à
1964 incl.) . . .

CANTONS DE L'EST, QUÉ. MISSIONS.

Jetté, René et Marthe Beauregard, comp.
Mariages du comté de Brome . . .

CAP-BLANC, QUÉ. NOTRE-DAME-DE-LA-GARDE, PAROISSE (CATH.) *voir:* QUÉBEC, QUÉ. NOTRE-DAME-DE-LA-GARDE, PAROISSE (CATH.)

CAP-CHAT, QUÉ. PAROISSES (CATH.)

Carbonneau, Charles Alphonse, mgr. Tableau
généalogique des mariages célébrés dans les

paroisses du diocèse de Rimouski situées dans les comtés de Rimouski, Matane, Matapédia et Témiscouata et dans celles de Sainte-Anne-des-Monts et du Cap-Chat dans le comté de Gaspé . . .

CAP-DE-LA-MADELEINE, QUÉ. SAINTE-MARIE-MADELEINE, PAROISSE (CATH.)

Campagna, Dominique, s.c., comp. Répertoire des mariages du Cap-de-la-Madeleine (paroisse Ste-Madeleine), 1673-1920 . . .

Godbout, Archange, o.f.m. L'ancien état civil du Cap-de-la-Madeleine.
Dans: S.G.C.F. Mém. 10: 159-178 '59.

Roberge, Claude, comp. Répertoire des mariages du Cap-de-la-Madeleine (Ste-Marie-Madeleine), 1673-1971 . . .

CAP-DES-ROSIERS, QUÉ. SAINT-ALBAN, PAROISSE (CATH.)

Ouellet, Marie Cécile. Répertoire des mariages: paroisse St-Alban de Cap-des-Rosiers, 1872-1976 . . .

CAP-PELÉ, N.-B. SAINTE-THÉRÈSE, PAROISSE (CATH.)

Cap-Pelé, N.-B., Sainte-Thérèse, paroisse (cath.) Registre de la paroisse, 1813-1938.
Mss. Microfilm. 2 bobines.
Archives acadiennes, Moncton, N.-B.

CAP-ROUGE, QUÉ. SAINT-FÉLIX, PAROISSE (CATH.)

Bureau, René, Benoit Pontbriand et G. Robert Tessier, comp. Répertoire des mariages de Notre-Dame-de-Foy (1699); St-Colomb de Sillery (1855); St. Michael's Chapel (1860); St-Félix de Cap-Rouge (1862); St-Charles-Garnier (1944) . . .

Gingras, Raymond, comp. Répertoire des mariages de Saint-Félix de Cap-Rouge, comté de Québec, 1862-1962. . . .

CAP ST-IGNACE, QUÉ. SAINT-IGNACE, PAROISSE (CATH.)

Proulx, Armand, comp. Mariages de Cap St-Ignace, 1669-1973 . . .

CAP-SANTÉ, QUÉ. SAINTE-FAMILLE, PAROISSE (CATH.)

Cap-Santé, Qué. Sainte-Famille, paroisse (cath.) Registres de baptêmes, mariages et sépultures, 1775-1780.
Mss. Microfilm. 1 bobine.
Archives acadiennes, Moncton, N.-B.

Pontbriand, Benoit, comp. Répertoire des mariages de Cap-Santé, comté de Portneuf . . .

Pontbriand, Benoit, comp. Mariages du comté de Portneuf (1881-1950) . . .

CAP-TOURMENTIN, N.-B. SAINT-BARTHELEMY, PAROISSE (CATH.)

Cap-Tourmentin, N.-B., Saint-Barthelemy, paroisse (cath.) Registres de baptêmes, mariages et sépultures, 1839-1853.
Mss. Copie. 16 p.
Archives publiques du Canada, Ottawa, Ont.

Cap-Tourmentin (ou Botsford) N.-B., Saint-Barthelemy, paroisse (cath.) Registres de paroisse, 1840-1853.
Mss. Originaux. 14 p.
Archives acadiennes, Moncton, N.-B.

CAPE BRETON ISLAND, N.S. ANGLICAN CHURCH.

Sydney, N.S. St. George's (Anglican) Church. Records of baptisms, marriages and deaths, 1785-1833; including records of the entire Cape Breton Island to 1817 . . .
Mss. Transcripts. 200 p.
Cape Bretoniana Archives. St. Francis Xavier University, Sydney Campus, Sydney, N.S.

CAPE BRETON ISLAND, N.S. CATHOLIC CHURCHES.

Arichat, Cape Breton, Notre Dame Catholic Church. Partial register of baptisms, weddings and deaths of Notre Dame parish, Arichat, Isle Madame, Government of Cape Breton, Province of Quebec, 1811.
Mss. Photocopies. 1811.
Cape Bretoniana Archives. St. Francis Xavier University, Sydney Campus, Sydney, N.S.

CAPELTON, QUÉ. PRÉCIEUX-SANG, PAROISSE (CATH.)

Société généalogique des Cantons de l'Est. Répertoire des mariages (catholiques) du comté de Sherbrooke du début à 1970 incl. . . .

CARAQUET, N.-B. SAINT-PIERRE, PAROISSE (CATH.)

Caraquet, N.-B., Saint-Pierre, paroisse (cath.) Registres de baptêmes, mariages et sépultures de l'Acadie communément appelés ''Registres de Caraquet'' et se rapportant à divers endroits du Nouveau-Brunswick, de la Nouvelle-Écosse et du Québec, 1768-1799.
Mss. Copie. 1 pouce.
Archives publiques du Canada, Ottawa, Ont.

Caraquet, N.B., Saint Pierre (Catholic) Church. Baptisms, marriages and burials, 1768-1920.

Mss. Microfilm. 130 feet.
Provincial Archives of New Brunswick, Fredericton, N.B.

Caraquet, N.-B., Saint-Pierre, paroisse (cath.) Registre de la paroisse, 1768-1920.
Mss. Copie. 3 pouces.
Archives acadiennes, Moncton, N.-B.

CARLETON PLACE, ONT. SAINT ANDREW'S UNITED CHURCH.

Carleton Place, Ont. St. Andrew's United Church . . . Register of marriages, 1834-1855.
Mss. Microfilm.
Archives of Ontario, Toronto, Ont.

CARLETON PLACE, ONT. ZION MEMORIAL UNITED CHURCH.

Carleton Place, Ont. Zion Memorial United Church. Parish registers of Zion Memorial United Church, and its Presbyterian and Methodist predecessors.
Mss. Microfilm. 1 reel. 1878-1933.
Public Archives of Canada, Ottawa, Ont.

CARP, ONT. UNITED CHURCH OF CANADA.

Carp, Ont. United Church of Canada. . . . Registers of marriages, baptisms and burials . . . 1858?-1929?
Mss. Microfilm.
Public Archives of Canada, Ottawa, Ont.

CASCUMPEQUE, Î.-P.-É. voir: BLOOM-FIELD, Î.-P.-É.

CASSELMAN, ONT. SAINTE-EUPHÉMIE, PAROISSE (CATH.)

Hamelin, Julien, s.c., comp. Répertoire des mariages du comté de Russell (Ontario) . . . 1858-1972 . . .

CATARAQUI, ONT. REGISTERS.

Catarakwee, Ont. Marriage records of Rev. John Langhorn (of the township of Catarakwee, from October 28, 1787 to August 30, 1791).
In: Ont. Hist. Soc. Papers and records 1: 13-17 1899.

CAUGHNAWAGA, QUÉ. SAINT-FRANÇOIS-XAVIER, PAROISSE (CATH.)

Caughnawaga, Qué., Saint-François-Xavier, paroisse (cath.) Registres de baptêmes, mariages et sépultures, 1716-1730, 1753-1849.
Mss. Originaux. 1 pied, 6 pouces.
Archives nationales du Québec, Montréal, Qué.

Jetté, Irenée et co-aut. Mariages du comté de Laprairie, 1751-1972 . . .

CENTRALIA, ONT. UNITED CHURCH OF CANADA.

Centralia, Ont. United Church of Canada . . . Registers, 1876-1940 (Methodist Church until 1925).
Mss. Microfilm.
University of Western Ontario Library, London, Ont.

CHAMBLY, QUÉ. FORT SAINT-LOUIS, MISSION (CATH.)

Raymond, Raoul. Confirmés du Fort Saint-Louis (Chambly), 1667, 1668, 1681.
Dans: S.G.C.F. Mém. 16: (1) 282-297 janv./mars '65.

CHAMBLY, QUÉ. SAINT-JOSEPH, PAROISSE (CATH.)

Chambly, Qué., Saint-Joseph-de-Chambly, paroisse (cath.) Registres de baptêmes, mariages et sépultures, 1706-1848.
Mss. Originaux. 6 pieds.
Archives nationales du Québec, Montréal, Qué.

Jetté, Irenée, comp. Mariages de St-Joseph de Chambly (1706-1965) . . .

Saint-Joseph-de-Chambly, Qué., paroisse (cath.) Registres de baptêmes, mariages et sépultures, 1760-1790.
Mss. Microfilm. 2 bobines.
Archives acadiennes, Moncton, N.-B.

CHAMPLAIN, QUÉ. (COMTÉ). PAROISSES (CATH.)

Campagna, Dominique, s.c., comp. Répertoire des mariages de Saint-Stanislas-de-Champlain, ou Saint-Stanislas-de-la-Rivière-des-Envies, 1787-1966 . . .

CHAMPLAIN, QUÉ. NOTRE-DAME-DE-LA VISITATION, PAROISSE (CATH.)

Campagna, Dominique, s.c., comp. Répertoire des mariages de la paroisse de Champlain (comté de Champlain), 1680-1915 . . .

Champlain, Qué., La Visitation, paroisse (cath.) Registres de baptêmes, mariages et sépultures, 1760-1780.
Mss. Microfilm. 1 bobine.
Archives acadiennes, Moncton, N.-B.

CHAMPS ELYSÉES, N.-B. PAROISSE.

Brun, Régis. Brin d'histoire de Menoudie, Nappan et Maccan.
Dans: Soc. hist. acad. Cahier. 2: (3) 90-136 oct. '66.

CHARLEMAGNE, QUÉ. SAINT-SIMON ET SAINT-JUDE, PAROISSE (CATH.)

Rivest, Lucien, c.s.v., comp. Mariages du comté de l'Assomption du début des paroisses à 1960 incl. . . .

CHARLESBOURG, QUÉ. SAINT-CHARLES-BORROMÉE, PAROISSE (CATH.)

Charlesbourg, Qué., Saint-Charles-Borromée, paroisse (cath.) Registres de baptêmes, mariages et sépultures, 1679-1970.
> Mss. Microfilm. 1 bobine.
> Archives acadiennes, Moncton, N.-B.

Charlesbourg, Qué., Saint-Charles-Borromée, paroisse (cath.) Registres de baptêmes, mariages et sépultures, 1757-1780.
> Mss. Microfilm. 1 bobine.
> Archives acadiennes, Moncton, N.-B.

Pontbriand, Benoit, comp. Mariages de Charlesbourg (St-Charles), 1679-1970 . . .

CHARLEVOIX, QUÉ. (COMTÉ). PAROISSES.

Talbot, Éloi-Gérard, s.m. Recueil de généalogies des comtés de Charlevoix et Saguenay . . .

CHARLO, N.-B. SAINT-FRANÇOIS-XAVIER, PAROISSE (CATH.)

Charlo, N.-B., Saint-François-Xavier, paroisse (cath.) Registre de paroisse, 1853-1920.
> Mss. Microfilm. 1 bobine.
> Archives acadiennes, Moncton, N.-B.

CHARLOTTENBURG, ONT. GRINLEY'S CEMETERY.

Fraser, Alex. W. Gravestone of Glengarry, Volume I: Williamstown . . .

CHARNY, QUÉ. NOTRE-DAME-DU-PERPÉTUEL-SECOURS, PAROISSE (CATH.)

Gingras, Raymond, comp. Mariages de Charny (Lévis), 1903-1974 . . .

CHARTIERVILLE, QUÉ. SAINT-JEAN-BAPTISTE, PAROISSE (CATH.)

Société généalogique des Cantons de l'Est. Répertoire des mariages du comté de Compton dans les Cantons de l'Est . . . (19 paroisses du début à 1950 incl.) . . .

CHÂTEAUGUAY, QUÉ. SAINT-JOACHIM, PAROISSE (CATH.)

Châteauguay, Qué., paroisse (cath.) Registres des baptêmes, mariages et sépultures de la paroisse de St-Joachim (mission du Sault Saint-Louis), 1727-1849. Index des baptêmes, des mariages et des sépultures de Châteauguay, 1751-1762.
> Mss. Copie. 1 pied 9 pouces.
> Archives publiques du Canada, Ottawa, Ont.

CHÂTEAU-RICHER, QUÉ. LA VISITA-TION-DE-NOTRE-DAME, PAROISSE (CATH.)

Château-Richer, Qué., La Visitation-de-Notre-Dame, paroisse (cath.) Registres de baptêmes, 1661-1702; mariages, 1661-1701; sépultures, 1661-1702 . . .
> Mss. Originaux. 18 p.
> Archives publiques du Canada, Ottawa, Ont.

Château-Richer, Qué., La Visitation-de-Notre-Dame, paroisse (cath.) Registres de baptêmes, mariages et sépultures, 1755-1780.
> Mss. Microfilm. 1 bobine.
> Archives acadiennes, Moncton, N.-B.

Dessaint de St-Pierre, Georges (Mme). Répertoire des mariages de Château-Richer, 1661-1977 . . .

Verreault, J.-E. Lorenzo, comp. Répertoire des mariages de Château-Richer, comté de Montmorency, 1661-1963 . . .

CHATHAM, N.B. ST. PAUL'S ANGLICAN CHURCH.

Chatham, N.B. Parish Church (Anglican). Baptisms, 1822-1838; marriages, 1838-1884; burials, 1833-1932.
> Mss. Microfilm. 15 feet.
> Provincial Archives of New Brunswick, Fredericton, N.B.

Chatham, U.C., Ont. St. Paul's (Anglican) Church. Register, 1829-1841.
> Mss. Microfilm. 7 feet.
> Hiram Walker Historical Museum, Windsor, Ont.

CHELSEA, QUÉ. SAINT-ÉTIENNE. MISSIONS.

Aylmer et Gatineau, Qué., paroisse (cath.) Registres de baptêmes, mariages et sépultures des missions du comté de Wright, 1841-1852 . . .
> Mss. Copie. 4 pouces.
> Archives publiques du Canada, Ottawa, Ont.

CHENEVILLE, QUÉ. SAINT-FÉLIX-DE-VALOIS, PAROISSE (CATH.)

Provencher, Gérard E., Michel Langlois et Georges L. Jean, comp. Mariages de l'Outaouais, v. 6 . . .

CHERTSEY, QUÉ. SAINT-THÉODORE, PAROISSE (CATH.)

Rivest, Lucien, c.s.v., comp. Mariages du comté de Montcalm (du début des paroisses à 1960 incl.) . . .

CHESTER, N.S. REGISTERS.

Chester, N.S. Records kept by the town consisting of the "publishments" of births, deaths, marriages, 1762-1818, 1842.
Mss. Transcripts. 94 p.
Public Archives of Canada, Ottawa, Ont.

CHESTER, N.S. ST. STEPHEN'S ANGLICAN CHURCH.

Chester, N.S. St. Stephen's (Anglican) Church. Records of baptisms, 1762-1841.
Mss. Transcripts. 106 p.
Public Archives of Canada, Ottawa, Ont.

CHÉTICAMP, N.-É. SAINT-PIERRE, PAROISSE (CATH.)

Chéticamp, N.-É., Saint-Pierre, paroisse (cath.) Registres de la paroisse, 1811-1875.
Mss. Reproductions photographiques. 3 pouces.
Archives acadiennes, Moncton, N.-B.

CHEZZETCOOKE, N.-É. SAINT-ANSELME, PAROISSE (CATH.)

Chezzetcooke, N.-É., Saint-Anselme, paroisse (cath.) Registres de la paroisse, 1785-1845.
Mss. Reproductions photographiques. 1 pouce.
Archives acadiennes, Moncton, N.-B.

CHICOUTIMI, QUÉ. PAROISSE PRESBY-TÉRIENNE.

Côté, L.-G.-A. Église presbytérienne française de Chicoutimi (1874-1876).
Dans: Saguenayensia 15: (1) 19-20 janv./fév. '73.

CHICOUTIMI, QUÉ. PAROISSE (CATH.)

Gosselin, Amédée Edmond. À Chicoutimi et au Lac St-Jean à la fin du 18e siècle; notes d'un ancien registre.
Dans: Soc. roy. du Canada. Comptes-rendus. 11: sér. 3, sect. 1, 113-135 '17/18.

CHICOUTIMI, QUÉ. SAINT-FRANÇOIS-XAVIER. CATHÉDRALE (CATH.)

Bélanger, Léonidas, comp. Mariages de la région: Saint-François-Xavier de Chicoutimi (La Cathédrale).
Dans: Saguenayensia 1: (2) 11-14 mars/av. '59; 1: (3) 59-62 mai/juin '59; 1: (4) 109-112 sept./oct. '59; 1: (5) 135-138 nov./déc. '59; 2: (1) 13-16 janv./fév. '60; 2: (2) 41-44 mars/av. '60; 2: (3) 69-72 mai/juin '60; 2: (4)

97-100 juil./août '60; 15: (5) 143-146 sept./oct. '73; 15: (6) 167-170 nov./déc. '73; 16: (5) 111-114 janv./fév. '74; Index des mariages, 1845-1870, dans le supplément de sept. '60.

CHICOUTIMI, QUÉ. SAINTE-ANNE, PAROISSE (CATH.)

Bélanger, Léonidas. Les mariages de la région: Paroisse de Sainte-Anne de Chicoutimi, 1860-1870.
Dans: Saguenayensia 5: (2) 37-38 '63; 5: (3) 59-62 '63; Corrections: 8: (3) 59-61 mai/juin '66.

CHIPMAN, N.B. ANGLICAN CHURCH.

Canning and Chipman, N.B. Parish church (Anglican). Baptisms, 1846-1883, 1846-1913; marriages, 1858-1864, 1885-1913; burials, 1846-1853, 1846-1914.
Mss. Microfilm. 20 feet.
Provincial Archives of New Brunswick, Fredericton, N.B.

CHIPPAWA, ONT. PARISH CHURCHES.

Carnochan, Janet, ed. Early churches in the Niagara Peninsula, Stamford and Chippawa, with marriage records of Thomas Cummings and extracts from the Cummings' papers.
In: Ont. Hist. Soc. Papers and records 8: 149-225 '07.

CHRIST-ROI, QUÉ. PAROISSE (CATH.)

Jetté, Irenée, comp. Mariages du comté de Laprairie, 1751-1972 . . .

CHURCH POINT, N.-É. SAINTE-MARIE, PAROISSE (CATH.)

Church Point, N.-É., Sainte-Marie, paroisse (cath.) Registre de baptêmes, mariages et sépultures, 1799-1801 . . .
Mss. Copie.
Archives publiques du Canada, Ottawa, Ont.

CHURCHILL, MAN. MISSIONS.

Anglican Church of Canada, Keewatin Diocese. Vital statistics records of various missions including: Churchill, Fort Alexander, Fort Severn, Islington, Lac Seul, Osnaburgh and York Factory.
Mss. Microfilm. 2 reels. 1846-1956.
Archives of Ontario, Toronto, Ont.

CHUTE-À-BLONDEAU, ONT. SAINT-JOACHIM, PAROISSE (CATH.)

Hamelin, Julien, s.c. et Hubert A. Houle, s.c., comp. Répertoire des mariages du comté de Prescott (Ontario) . . .

CHUTE-ST-PHILIPPE, QUÉ. SAINT-PHILIPPE, PAROISSE (CATH.)

Rivest, Lucien, c.s.v., comp. Mariages du comté de Labelle (du début des paroisses à 1960 incl.) . . .

CLARE, N.S. ST. MARY'S CATHOLIC CHURCH.

Sigogne, Jean-Mande et Leonard H. Smith. St. Mary's Bay Roman Catholic Parish, Clare, Digby County, Nova Scotia . . .

CLARENCE CREEK, ONT. SAINT-FÉLICITÉ, PAROISSE (CATH.)

Hamelin, Julien, s.c., comp. Répertoire des mariages du comté de Russell (Ontario) . . . 1858-1972 . . .

Provencher, Gérard E., comp. Mariages de l'Outaouais, v. 5 . . .

CLARENCEVILLE, QUÉ. SAINT-JACQUES-LE-MAJEUR, PAROISSE (CATH.)

Jetté, René, comp. Mariages du comté de Missisquoi: 1846-1968 . . .

CLARENDON, QUE. ANGLICAN MISSIONS.

Clarendon, Que. Anglican Church. Extracts of births, baptisms and marriages, 1823-1839, of individuals in Clarendon, taken from the registers of St. James' Anglican Church, Hull . . .
Mss. Microfilm. 2 reels.
Public Archives of Canada, Ottawa, Ont.

Clarendon, Que. Anglican Mission. Parish register, 1846-1873.
Ms. Microfilm. 2 reels.
Public Archives of Canada, Ottawa, Ont.

CLARENDON, QUE. UNITED CHURCH.

Shawville, Que. United Church. Parish registers of the Baptist, Presbyterian and Methodist predecessors of Shawville United Church in Litchfield, Clarendon and Portage-du-Fort.
Ms. Microfilm. 2 reels.
Public Archives of Canada, Ottawa, Ont.

CLEMENTS, N.S. REGISTERS.

Clements, N.S. . . . Parish register, 1841-1911 . . .
Ms. Transcripts.
Public Archives of Canada, Ottawa, Ont.

CLEMENTS, N.S. ST. LUKE'S ANGLICAN CHURCH.

Annapolis, N.S. St. Luke's Church (Anglican) . . . register, 1782-1888, including marriages at Clements, Granville and Dalhousie, 1806, 1813, 1817, 1834.

Ms. Transcripts. 2 inches.
Public Archives of Canada, Ottawa, Ont.

COATICOOK, QUÉ. SAINT-EDMOND, PAROISSE (CATH.)

Société généalogique des Cantons de l'Est. Répertoire des mariages catholiques, comté de Stanstead dans les Cantons de l'Est . . . (19 paroisses du début à 1950 incl.) . . .

COATICOOK, QUÉ. SAINT-JEAN-BAPTISTE, PAROISSE (CATH.)

Société généalogique des Cantons de l'Est. Répertoire des mariages catholiques, comté de Stanstead dans les Cantons de l'Est . . . (19 paroisses du début à 1950 incl.) . . .

COATICOOK, QUÉ. SAINT-MARC, PAROISSE (CATH.)

Société généalogique des Cantons de l'Est. Répertoire des mariages catholiques, comté de Stanstead dans les Cantons de l'Est . . . (19 paroisses du début à 1950 incl.) . . .

COCAGNE, N.-B. SAINT-PIERRE, PAROISSE (CATH.)

Cocagne, N.-B., Saint-Pierre, paroisse (cath.) Registres de la paroisse, 1800-1863.
Mss. Reproductions photographiques.
1 pouce. Microfilm. 1 bobine.
Archives acadiennes, Moncton, N.-B.

Cocagne, N.-B., Saint-Pierre, paroisse (cath.) Registres des baptêmes, 1801-1870; mariages, 1801-1824, 1866-1870, et sépultures, 1801-1870.
Mss. Copie. 325 p.
Archives publiques du Canada, Ottawa, Ont.

Gaudet, Placide. Notes généalogiques des familles acadiennes . . .
Mss. Originaux. 49 pieds.
Archives acadiennes, Moncton, N.-B.

COLDSTREAM, N.S. REGISTERS.

Blackwood, Robert, N.S. Marriages performed by Rev. Mr. Blackwood, 1833-1834, at Coldstream and Shubenacadie, N.S.
Mss. Original. 1/2 inch.
Public Archives of Nova Scotia, Halifax, N.S.

COMPTON, QUÉ. (COMTÉ). PAROISSES (CATH.)

Société généalogique des Cantons de l'Est. Répertoire des mariages du comté de Compton dans les Cantons de l'Est . . . (19 paroisses du début à 1950 incl.) . . .

COMPTON, QUÉ. SAINT-THOMAS-D'AQUIN, PAROISSE (CATH.)

Société généalogique des Cantons de l'Est. Répertoire des mariages du comté de Compton dans les Cantons de l'Est . . . (19 paroisses du début à 1950 incl.) . . .

CONTRECOEUR, QUÉ. SAINTE-TRINITÉ, PAROISSE (CATH.)

Contrecoeur, Qué., Sainte-Trinité, paroisse (cath.) Registres de baptêmes, mariages et sépultures, 1668-1849.
Mss. Originaux. 4 pieds.
Archives nationales du Québec, Montréal, Qué.

Contrecoeur, Qué., Sainte-Trinité, paroisse (cath.) Registres de baptêmes, mariages et sépultures, 1760-1780.
Mss. Microfilm. 1 bobine.
Archives acadiennes, Moncton, N.-B.

Jetté, Irenée, comp. Mariages de Contrecoeur, 1668-1966, (et de) St-Roch-sur-Richelieu, 1859-1966 . . .

COOKSHIRE, QUÉ. SAINT-CAMILLE, PAROISSE (CATH.)

Société généalogique des Cantons de l'Est. Répertoire des mariages du comté de Compton dans les Cantons de l'Est . . . (19 paroisses du début à 1950 incl.) . . .

CORINTH, ONT. UNITED CHURCH.

Methodist Church, London Conference, Ont. Registers of births, baptisms, marriages and deaths . . .
Mss. Original.
Public Archives of Canada, Ottawa, Ont.

CORNWALL, ONT. LA-NATIVITÉ-DE-LA-BIENHEUREUSE-VIERGE-MARIE, PAROISSE (CATH.)

Yelle, Marcel J.P. Mariages de La-Nativité-de-la-Bienheureuse-Vierge-Marie de Cornwall, Ont., 1887 à 1969 . . .

CORNWALL, ONT. ST. JOHN'S PRESBY-TERIAN CHURCH.

Cornwall, Ont. St. John's Presbyterian Church. Register of marriages, births and funerals, 1833-1891 . . .
Mss. Original.
Archives of Ontario, Toronto, Ont.

CORNWALLIS, N.S. BAPTIST CHURCH.

Cornwallis, N.S. Baptist Church. Register of marriages, 1801-1822.
Mss. Transcripts. 8 p.
Public Archives of Canada, Ottawa, Ont.

CORNWALLIS, N.S. METHODIST CHURCH.

Cornwallis, N.S. Methodist Church. Register of baptisms, 1814-1827.
Mss. Transcripts. 13 p.
Public Archives of Canada, Ottawa, Ont.

CORNWALLIS, N.S. SAINT JOHN'S ANGLICAN CHURCH.

Cornwallis, N.S., St. John's Anglican Church. Parish register, 1783-1920.
Mss. Transcripts. 1 1/2 inches.
Public Archives of Canada, Ottawa, Ont.

CORNWALLIS, N.S. TOWNSHIP.

Cornwallis Township, N.S. . . . Records of births, marriages and deaths, 1720-1885 . . .
Mss. Transcripts.
Public Archives of Canada, Ottawa, Ont.

CÔTE SAINTE-CATHERINE, QUÉ. SAINTE-CATHERINE, PAROISSE (CATH.)

Jetté, Irenée, comp. Mariages du comté de Laprairie, 1751-1972 . . .

CÔTEAU-DU-LAC, QUÉ. SAINT IGNACE'S ANGLICAN CHURCH.

Côteau-du-Lac, Qué. St. Ignace Church (Anglican). Parish register, 1829-1850.
Mss. Original. 3 inches.
Archives nationales du Québec, Montréal, Qué.

CÔTEAU-DU-LAC, QUÉ. SAINT-IGNACE, PAROISSE (CATH.)

Côteau-du-Lac, Qué., Saint-Ignace, paroisse (cath.) Registres de baptêmes, mariages et sépultures, 1833-1845.
Mss. Originaux. 7 pouces.
Archives nationales du Québec, Montréal, Qué.

Houle, Hubert A., s.c., comp. Mariages du comté de Soulanges . . . (depuis la fondation de la première paroisse en 1752 jusqu'à nos jours) . . .

CÔTEAU-LANDING, QUÉ. SAINTE-MARIE-DU-ROSAIRE, PAROISSE (CATH.)

Houle, Hubert A., s.c., comp. Mariages du comté de Soulanges . . . (depuis la fondation de la première paroisse en 1752 jusqu'à nos jours) . . .

CÔTEAU-STATION, QUÉ. SAINT-MÉDARD, PAROISSE (CATH.)

Houle, Hubert A., s.c., comp. Mariages du comté de Soulanges . . . (depuis la fondation de la première paroisse en 1752 jusqu'à nos jours) . . .

COULSON, ONT. SAINT PAUL'S ANGLICAN CHURCH.

West Gwillimbury Township, Ont. Anglican churches. . . . Baptisms, confirmations, marriages and burials of . . . St. Paul's Church, Coulson . . . 1848-1929 . . .
Mss. Microfilm.
Archives of Ontario, Toronto, Ont.

COURVILLE, QUÉ. SAINT-LOUIS, PAROISSE (CATH.)

Gingras, Robert-Edmond, comp. Mariages de Giffard, Courville, St-Grégoire, Villeneuve, comté de Montmorency . . .

COWANSVILLE, QUÉ. SAINT-LÉON, PAROISSE (CATH.)

Jetté, René, comp. Mariages du comté de Missisquoi, 1846-1968 . . .

COWANSVILLE, QUÉ. SAINTE-THÉRÈSE, PAROISSE (CATH.)

Jetté, René, comp. Mariages du comté de Missisquoi, 1846-1968 . . .

COWICHAN DISTRICT, B.C. SAINT PETER'S ANGLICAN CHURCH.

Cowichan District, B.C. St. Peter's Anglican Church. Register of baptisms, marriages and burials, 1866-1885.
Mss. Photocopies. 1/4 inch.
Provincial Archives of British Columbia, Victoria, B.C.

CRABTREE MILLS, QUÉ. SACRÉ-COEUR, PAROISSE (CATH.)

Rivest, Lucien, c.s.v., comp. Mariages du comté de Joliette (du début des paroisses à 1960 incl.) . . .

CUMBERLAND, N.S. (COUNTY).

Cumberland County, N.S. Register of marriages, births and deaths in the districts of Franklin Manor, Elysian Fields, Maccan and Nappan, 1746-1847.
Mss. Photocopies. 31 p.
Public Archives of Canada, Ottawa, Ont.

CURRAN, ONT. SAINT-LUC, PAROISSE (CATH.)

Hamelin, Julien, s.c. et Hubert A. Houle, s.c., comp. Répertoire des mariages du comté de Prescott . . . Ontario . . .

Provencher, Gérard E., comp. Mariages de l'Outaouais, v. 5 . . .

DALHOUSIE, N.B. REGISTERS.

Annapolis, N.S. St. Luke's Church (Anglican) . . . register, 1782-1888, including marriages at Clements, Granville and Dalhousie, 1806, 1813, 1817, 1834.

Mss. Transcripts. 2 inches.
Public Archives of Canada, Ottawa, Ont.

DALHOUSIE, N.B. SAINT-JEAN-BAPTISTE, PAROISSE (CATH.)

Dalhousie, N.-B., Saint-Jean-Baptiste, paroisse (cath.) Registres de la paroisse, 1843-1920.
Mss. Microfilm. 1 bobine.
Archives acadiennes, Moncton, N.-B.

DANVILLE, QUÉ. SAINTE-ANNE, PAROISSE (CATH.)

Société généalogique des Cantons de l'Est. Répertoire des mariages du comté de Richmond . . . (15 paroisses du début à 1950 incl.) . . .

DAVELUYVILLE, QUÉ. SAINTE-ANNE-DU-SAULT, PAROISSE (CATH.)

Société généalogique des Cantons de l'Est. Répertoire des mariages du comté d'Arthabaska . . .
Vol. 1-2: 1840-1925; supplément: 1926-1970 incl.

DAWSON, YUKON. SAINTE-MARIE, PAROISSE (CATH.)

Beauregard, Marthe, comp. Baptêmes, mariages, sépultures de Sainte-Marie de Dawson City, Yukon, 1898-1956 . . .

Dawson, Yukon, St. Mary's (Roman Catholic) Church. Parish register of births, marriages and deaths, 1898-1956.
Mss. Microfilm. 70 feet.
Archives nationales du Québec, Québec, Qué.

DEAUVILLE, QUÉ. NOTRE-DAME-DE-LIESSE, PAROISSE (CATH.)

Société généalogique des Cantons de l'Est. Répertoire des mariages (catholiques) du comté de Sherbrooke (du début à 1970 incl.) . . .

DELAWARE, ONT. ANGLICAN CHURCH.

Delaware, Ont. Anglican Church. Register of baptisms, communicants, and marriages kept by Rev. Richard Flood, minister . . . 1834-1847.
Mss. Photocopies.
Archives of Ontario, Toronto, Ont.

DELSON, QUÉ. SAINTE-THÉRÈSE-DE-L'ENFANT-JÉSUS, PAROISSE (CATH.)

Jetté, Irenée, comp. Mariages du comté de Laprairie, 1751-1972 . . .

DESCHAILLONS, QUÉ. voir: SAINT-JEAN-DESCHAILLONS, QUÉ.

DESCHAMBAULT, QUÉ. SAINT-JOSEPH, PAROISSE (CATH.)

Deschambault, Qué., Saint-Joseph, paroisse (cath.) Registres de baptêmes, mariages et sépultures, 1760-1780.
    Mss. Microfilm. 1 bobine.
    Archives acadiennes, Moncton, N.-B.

Pontbriand, Benoit, comp. Mariages du comté de Portneuf (1881-1950) . . .

Proulx, Rosaire et Benoit Pontbriand, comp. Mariages de Deschambault (1713-1900), comté de Portneuf . . .

DECHÊNES, QUÉ. SAINT-MÉDARD, PAROISSE (CATH.)

Rivest, Lucien, c.s.v., comp. Mariages du comté de Gatineau (du début des paroisses à 1964 incl.) . . .

DESCOUSSE, N.-É. SAINT-HYACINTHE, PAROISSE (CATH.)

Descousse, N.-É., Saint-Hyacinthe, paroisse (cath.) Registre de paroisse, 1830-1859.
    Mss. Reproductions photographiques. 1 pouce.
    Archives acadiennes, Moncton, N.-B.

DEUX-MONTAGNES, QUÉ. (COMTÉ). PAROISSES (CATH.)

Rivest, Lucien, c.s.v. et Rosario Gauthier, comp. Mariages du comté des Deux-Montagnes du début des paroisses à 1960 incl. . . .

DEUX-MONTAGNES, QUÉ. (VILLE). HOLY FAMILY, PAROISSE (CATH.)

Rivest, Lucien, c.s.v. et Rosario Gauthier, comp. Mariages du comté des Deux-Montagnes du début des paroisses à 1960 incl. . . .

DIDICHE, N.-B. PAROISSE (CATH.)

Barachois, N.-B., Saint-Henri, paroisse (cath.) Registres des baptêmes, mariages et sépultures pour Barachois, Didiche, Naboiyagan et Sacré-Coeur de Haute-Aboujagane, 1812-1870. Un index du registre de Barachois, 1812-1838, préparé par Ronald Leblanc a été placé à la suite des documents.
    Mss. Copie. 280 p.
    Archives publiques du Canada, Ottawa, Ont.

DIGBY, N.S. TRINITY ANGLICAN CHURCH.

Digby, N.S. Trinity (Anglican) Church. Parish register, 1786-1845.
    Mss. Transcripts. 1 1/2 inches.
    Pubic Archives of Canada, Ottawa, Ont.

DISRAELI, QUÉ. SAINTE-LUCE, PAROISSE (CATH.)

Société généalogique des Cantons de l'Est. Répertoire des mariages catholiques du comté de Wolfe . . . (19 paroisses plus une mission du début à 1950 incl.) . . .

DIXVILLE, QUÉ. SAINT-MATHIEU, PAROISSE (CATH.)

Société généalogique des Cantons de l'Est. Répertoire des mariages catholiques, comté de Stanstead dans les Cantons de l'Est . . . (19 paroisses du début à 1950 incl.) . . .

DONNACONA, QUÉ. SAINTE-AGNÈS, PAROISSE (CATH.)

Pontbriand, Benoit, comp. Mariages du comté de Portneuf (1881-1950).

DORCHESTER, QUÉ. (COMTÉ). PAROISSES (CATH.)

Talbot, Éloi-Gérard, s.m. Recueil de généalogies des comtés de Beauce, Dorchester, Frontenac, 1625-1946 . . .

DOSQUET, QUÉ. SAINT-OCTAVE, PAROISSE (CATH.)

Talbot, Éloi-Gérard, s.m. et Benoit Pontbriand, comp. Mariages de St-Appolinaire (1856-1967), St-Flavien (1856-1967), St-Agapit (1867-1967) et Dosquet (1912-1967) . . .

DOUGLAS, N.B. SAINT PAUL'S ANGLICAN CHURCH.

Douglas and Bright, N.B. Parish Church (Anglican). Baptisms, 1845-1928; marriages, 1843-1891; burials, 1856-1893.
    Mss. Microfilm. 20 feet.
    Provincial Archives of New Brunswick, Fredericton, N.B.

Rawdon, N.S. St. Paul's (Anglican) Church . . . register of baptisms, 1793-1880; marriages, 1814-1889, and burials, 1815-1920 . . .
    Mss. Transcripts. 200 p. 1793-1920.
    Public Archives of Canada, Ottawa, Ont.

DRUMMONDVILLE, ONT. SAINT GEORGE'S ANGLICAN CHURCH.

Drummondville West, Ont. St. George's (Anglican) Church. Register of baptisms during tenure of Rev. Frederick William Miller.
    Mss. Transcripts. 9 p. 1822-1844.
    Archives of Ontario, Toronto, Ont.

DRUMMONDVILLE, QUÉ. (RÉGION). PAROISSES.

Laliberté, Jean-Marie et Benoit Pontbriand, comp. Mariages de la région de Drummondville (1850-1967) . . .

Laliberté, Jean-Marie et Benoit Pontbriand, comp. Mariages de la région de Drummondville (1863-1968) . . .

DRUMMONDVILLE, QUÉ. SAINT-FRÉDÉRIC, PAROISSE (CATH.)

Drummondville, Qué. . . . Extraits des registres de la paroisse Saint-Frédéric; mariages de Joseph Boisvert et Mathilde Côté, 1847; baptême de Joseph-Pierre-Denis, fils de Pierre Barnabé et d'Émilie Lémérise, 1864; inhumation de celle-ci, 1875 . . .
   Mss. Originaux. 1818-1873.
   Archives publiques du Canada, Ottawa, Ont.

Pontbriand, Benoit et Jean-Marie Laliberté, comp. Mariages de St-Frédéric-de-Drummondville (1815-1965), comté de Drummond . . .

DUHAMEL, QUÉ. NOTRE-DAME-DU-MONT-CARMEL, PAROISSE (CATH.)

Provencher, Gérard E., Michel Langlois et Georges L. Jean, comp. Mariages de l'Outaouais, v. 6 . . .

DUNDAS, ONT. REGISTERS.

Dundas, Ont. Certificates of marriages performed by licenses by Andrew Bell at Dundas, Ancaster and West Flamboro, 1848-1852, and at L'Orignal, 1854-1856. Ten additional certificates of marriages solemnized by Mr. Bell at L'Orignal and Hawkesbury and in the township of West Hawkesbury, Lochiel and Caledonia.
   Mss. Original. 107 p.
   Public Archives of Canada, Ottawa, Ont.

DUNDEE, N.-B. SAINT-JEAN-MARIE-VIANNEY, PAROISSE (CATH.)

Dundee, N.-B., Saint-Jean-Marie-Vianney, paroisse (cath.) Registres de la paroisse, 1907-1920.
   Mss. Microfilm. 1 bobine.
   Archives acadiennes, Moncton, N.-B.

DUNHAM, QUE. SAINTE-CROIX, PAROISSE (CATH.)

Jetté, René, comp. Mariages du comté de Missisquoi: 1846-1968 . . .

DUPAS (ÎLE) QUÉ. voir: ÎLE-DU-PAS, QUÉ. LA VISITATION, PAROISSE (CATH.)

DURHAM, QUÉ. voir: L'AVENIR, QUÉ.

DUTCH VALLEY, N.B. ANGLICAN CHURCH.

Dutch Valley and Hammond, N.B. Parish church (Anglican). Baptisms, 1873-1883; marriages, 1875-1884; burials, 1873-1884.

Mss. Microfilm. 15 feet.
University of Toronto Library, Toronto, Ont.

DWYER HILL, ONT. SAINT CLARE'S CATHOLIC CHURCH.

Richmond, Ont. St. Philip's (Roman Catholic) Church. Parish registers of St. Philip's Roman Catholic Church, Richmond, Ont., 1836-1869; and of St. Clare's Dwyer Hill, 1891-1969 . . .
   Mss. Microfilm. 1 reel. 1836-1969.
   Public Archives of Canada, Ottawa, Ont.

EARDLEY, QUE. CEMETERY.

Elliott, Bruce and M.E. Elliott. Centre Eardley cemetery (near Aylmer, Quebec) . . .

EARDLEY, QUÉ. MISSIONS.

Aylmer et Gatineau, Qué., paroisse (cath.) Registres de baptêmes, mariages et sépultures des missions du comté de Wright, 1841-1852
. . .
   Mss. Copie. 4 pouces.
   Archives publiques du Canada, Ottawa, Ont.

EARDLEY, QUÉ. SAINT-DOMINIQUE, PAROISSE (CATH.) voir aussi: LUSKVILLE, QUÉ. SAINT-DOMINIQUE D'EARDLEY, PAROISSE (CATH.)

EAST ANGUS, QUÉ. NOTRE-DAME-DE-LA-GARDE, PAROISSE (CATH.)

Société généalogique des Cantons de l'Est. Répertoire des mariages du comté de Compton dans les Cantons de l'Est . . . (19 paroisses du début à 1950 incl.) . . .

EAST ANGUS, QUÉ. SAINT-LOUIS-DE-FRANCE, PAROISSE (CATH.)

Société généalogique des Cantons de l'Est. Répertoire des mariages du comté de Compton dans les Cantons de l'Est . . . (19 paroisses du début à 1950 incl.) . . .

EAST HEREFORD, QUÉ. SAINT-HENRI, PAROISSE (CATH.)

Société généalogique des Cantons de l'Est. Répertoire des mariages du comté de Compton dans les Cantons de l'Est . . . (19 paroisses du début à 1950 incl.) . . .

EASTMAN, QUÉ. SAINT-ÉDOUARD, PAROISSE (CATH.)

Jetté, René et Marthe Beauregard, comp. Mariages du comté de Brome . . .

EDMONTON, ALTA. (DIOCESE). ANGLICAN CHURCH.

Anglican Church of Canada, Diocese of Edmonton, Edmonton, Alta. . . . Registers of baptisms, confirmations, marriages and burials
. . .

Mss. Original. 18 feet.
Public Archives of Alberta, Edmonton, Alta.

EDMONTON, ALTA. REGISTRES.

Oblats de Marie-Immaculée, Edmonton, Alta.
. . . Registres de baptêmes . . .
Mss. Microfilm. 14,600 pieds. 1842-1955.
Archives Deschatelets (O.M.I.), Ottawa, Ont.

EDMUNSTON, N.-B. (DIOCÈSE). PAROISSES (CATH.)

Langlois, Henri, o.f.m., comp. Répertoire des
mariages des paroisses de la vallée supérieure de
la rivière Saint-Jean au Nouveau-Brunswick . . .

EDWARDSBURG, ONT. ANGLICAN CHURCH.

Anglican Church, Williamsburg, Matilda and
Edwardsburg Township, Ont. Registers and
other records of the United Missions of
Williamsburg, Matilda and Edwardsburg town-
ships.
Mss. Microfilm. 75 feet. 1790-1886.
Public Archives of Canada, Ottawa, Ont.

EDWARDSBURG, ONT. UNITED MISSIONS.

Anglican Church, Williamsburg, Matilda and
Edwardsburg Township, Ont. Registers and
other records of the United Missions of
Williamsburg, Matilda and Edwardsburg town-
ships.
Mss. Microfilm. 75 feet. 1790-1886.
Public Archives of Canada, Ottawa, Ont.

EGMONT BAY, Î.-P.-É. SAINT-JACQUES, PAROISSE (CATH.)

Egmont Bay, Î.-P.-É. Saint-Jacques, paroisse
(cath.) Registres de paroisse, 1821-1921.
Mss. Reproductions photographiques.
4 pouces.
Archives acadiennes, Moncton, N.-B.

ELIZABETHTOWN, UPPER CANADA.
voir: BROCKVILLE, ONT.

ELYSIAN FIELDS, N.S. REGISTERS.

Cumberland County, N.S. Registers of births,
marriages and deaths for Franklin Manor,
Elysian Fields, Maccan and Nappan, 1757-1817
and 1832-1837.
Mss. Photocopies. 1757-1837.
Archives acadiennes, Moncton, N.-B.

EMBRUN, ONT. SAINT-JACQUES, PAROISSE (CATH.)

Hamelin, Julien, s.c., comp. Répertoire des
mariages du comté de Russell, Ontario . . .
1858-1972.

ERNESTOWN, ONT. REGISTERS.

Earnestown, Ont. Parish church. A register of
baptisms by the Rev. Robert McDowall,
minister of the United Congregation of
Earnestown, Fredericksburgh and Adolphustown.
In: Ont. Hist. Soc. Papers and records
1: 95-108 1899.

ERNESTOWN, ONT. SAINT JOHN'S CHURCH.

Marriage records of St. John's Church, Ernest-
Town, no 2.
In: Ont. Hist. Soc. Papers and records
1: 18-29 1899.

ERNESTOWN, ONT. UNITED PRESBY-TERIAN CHURCH.

Ernestown, Ont. Presbyterian Church. Register
of baptisms, 1800-1840, and marriages,
1800-1822, 1831-1836 performed by Rev.
Robert McDowall, minister of the United
Presbyterian Congregations of Ernestown,
Fredericksburg, and Adolphustown, U.C.
Mss. Original. ca. 150 p.
Queen's University Archives, Kingston, Ont.

ESTCOURT, QUÉ. MARIE-MÉDIATRICE, PAROISSE (CATH.)

Proulx, Armand, comp. Répertoire des
mariages de Saint-Eleuthère, 1874-1967, de
Saint-Athanase, 1922-1967, de Marie-Médiatrice
(Estcourt), de St-David (Sully) . . .

EXETER, ONT. TRIVITT MEMORIAL ANGLICAN CHURCH.

Exeter, Ont. Trivitt Memorial (Anglican)
Church . . . Parish register, 1860-1926 . . .
Mss. Microfilm.
University of Western Ontario Library,
London, Ont.

FAIRVIEW, ONT. UNITED CHURCH.

Methodist Church, London Conference, Ont.
Registers of births, baptisms, marriages and
deaths . . .
Mss. Original.
Public Archives of Canada, Ottawa, Ont.

FALMOUTH, N.S. REGISTERS.

Falmouth, N.S. . . . Town records of births,
marriages and deaths, 1747-1825.
Mss. Transcripts.
Public Archives of Canada, Ottawa, Ont.

FARM POINT, QUÉ. SAINT-CLÉMENT, PAROISSE (CATH.)

Rivest, Lucien, c.s.v., comp. Mariages du
comté de Gatineau (du début des paroisses à
1964 incl.) . . .

FARNHAM, QUÉ. SAINT-FABIEN,
PAROISSE (CATH.)

Jetté, René, comp. Mariages du comté de
Missisquoi, 1846-1968 . . .

FARNHAM, QUÉ. SAINT-ROMUALD,
PAROISSE (CATH.)

Jetté, René, comp. Mariages du comté de
Missisquoi, 1846-1968 . . .

FARRELLTON, QUÉ. SAINT-CAMILLE,
PAROISSE (CATH.)

Rivest, Lucien, c.s.v., comp. Mariages du
comté de Gatineau (du début des paroisses à
1964 incl.) . . .

FERME-NEUVE, QUÉ. NOTRE-DAME-DU-
ST-SACREMENT, PAROISSE (CATH.)

Rivest, Lucien, c.s.v., comp. Mariages du
comté de Labelle (du début des paroisses à
1960 incl.) . . .

FITCKBY, QUÉ. SAINT-EPHREM,
PAROISSE (CATH.)

Société généalogique des Cantons de l'Est.
Répertoire des mariages catholiques, comté de
Stanstead dans les Cantons de l'Est . . . (19
paroisses du début à 1950 incl.) . . .

FONTAINEBLEAU, QUÉ. SAINT-
RAYMOND-DE-PENNEFORT, PAROISSE
(CATH.)

Société généalogique des Cantons de l'Est.
Répertoire des mariages catholiques du comté
de Wolfe . . . (19 paroisses plus une mission du
début à 1950 incl.) . . .

FORT ALBANY, ONT. ANGLICAN
CHURCH.

Fort Albany, Ont. Anglican Parish of Albany.
Registers of baptisms, marriages and burials,
1859-1966.
Mss. Microfilm. 50 feet.
Archives of Ontario, Toronto, Ont.

FORT ALEXANDER, MAN. MISSIONS.

Anglican Church of Canada, Keewatin Diocese.
Vital statistics records of various missions
including Churchill, Fort Alexander, Fort
Severn, Islington, Lac Seul, Osnaburgh and
York Factory.
Mss. Microfilm. 2 reels. 1846-1956.
Archives of Ontario, Toronto, Ont.

FORT BEAUHARNOIS. REGISTRES.

Fort St-Pierre ou Fort Beauharnois. Registres
de baptêmes, mariages et sépultures, 1732-1760.
Mss. Copie. 2 pouces.
Archives publiques du Canada, Ottawa, Ont.

FORT DE LA RIVIÈRE-AUX-BOEUFS.
L'ASSOMPTION-DE-LA-VIERGE,
PAROISSE (CATH.)

Fort Duquesne et Fort de la Rivière-aux-
Boeufs. Registres des baptêmes, mariages et
sépultures de la paroisse de l'Assomption-de-la-
Vierge, 1753-1756.
Mss. Copie. 35 p.
Archives publiques du Canada, Ottawa, Ont.

FORT DUQUESNE. L'ASSOMPTION-DE-
LA-VIERGE, PAROISSE (CATH.)

Fort Duquesne et Fort de la Rivière-aux-
Boeufs. Registres des baptêmes, mariages et
sépultures de la paroisse de l'Assomption-de-la-
Vierge, 1753-1756.
Mss. Copie. 35 p.
Archives publiques du Canada, Ottawa, Ont.

Fort Duquesne. Registres paroissiaux. Registres
des baptêmes et sépultures qui se sont faits au
Fort Duquesne pendant les années 1753, 1754,
1755 et 1756. . . .

FORT ERIE, ONT. SAINT PAUL'S
CHURCH.

The Register of St. Paul's Church at Fort Erie,
1836-1844:
In: Ont. Hist. Soc. Papers and Records
27: 77-92, 192A-192D '31.
Introduction by E.A. Cruikshank.

FORT FRÉDÉRIC. MISSIONS.

Fort Frédéric. Registres d'état civil. Registres
d'état civil, 1741-1748.
Mss. Originaux. 1 pouce.
Archives nationales du Québec, Montréal,
Qué.

FORT FRONTENAC. MISSIONS.

Fort Frontenac. Registres de l'état civil.
Registres de baptêmes, mariages et sépultures,
1747-1752.
Mss. Originaux. 1 pouce.
Archives nationales du Québec, Montréal,
Qué.

FORT GEORGE, ONT. MILITARY
REGISTERS.

Military register of baptisms for the station of
Fort George, Upper Canada, 1821 to 1827.
In: Ont. Hist. Soc. Papers and Records.
15: 35-39 '17.
List found in the register of St. Mark's
Church, Niagara-on-the-Lake, Ont.

FORT HOPE, ONT. SAINT JAMES'
ANGLICAN CHURCH.

Fort Hope, Ont. Parish register of the Anglican
Church at Fort Hope, District of Patricia,
1895-1899.

Mss. Transcripts. 27 p.
Public Archives of Canada, Ottawa, Ont.

FORT PONTCHARTRAIN. MISSIONS.

Fort Pontchartrain, Detroit, Michigan.
Registres de l'état civil, 1704-1831.
Mss. Microfilm. 1 bobine.
Archives nationales du Québec,
Montréal, Qué.

FORT PRESQU'ÎLE. MISSIONS.

Fort Presqu'île. Registres d'état civil. Registres
d'état civil, 1753.
Mss. Originaux. 1 pouce.
Archives nationales du Québec, Montréal,
Qué.

FORT SAINT-JEAN. MISSIONS.

Fort Saint-Jean. Registres d'état civil. Registres
de baptêmes, mariages et sépultures, 1757-1760.
Mss. Originaux. 1 pouce.
Archives nationales du Québec, Montréal,
Qué.

Fort Saint-Jean. Registres d'état civil. Registres
de baptêmes, mariages et sépultures, 1757-1760.
Index de baptêmes, mariages et sépultures,
1757-1760.
Mss. Copie. 22 p.
Archives publiques du Canada, Ottawa, Ont.

FORT SAINT-LOUIS (CHAMBLY), QUE. MISSIONS. voir: CHAMBLY, QUÉ. FORT SAINT-LOUIS, MISSIONS.

FORT SAINT-PIERRE. MISSIONS.

Fort St-Pierre ou Fort Beauharnois. Registres
des baptêmes, mariages et sépultures,
1732-1760.
Ms. Copie. 2 pouces
Archives publiques du Canada, Ottawa, Ont.

FORT SEVERN, MAN. REGISTERS.

Anglican Church of Canada, Keewatin Diocese.
Vital statistics records of various missions
including: Churchill, Fort Alexander, Fort
Severn, Islington, Lac Seul, Osnaburgh and
York Factory.
Mss. Microfilm. 2 reels. 1846-1956.
Archives of Ontario, Toronto, Ont.

FORT VANCOUVER, B.C. CATHOLIC CHURCH.

de Lores, Mikell, W. Warner and (Mrs.)
Harriet D. Munnick. Catholic Church records
of the Pacific North West: Vancouver records,
v. 1 and 2 . . .

FORTIERVILLE, QUÉ. SAINTE-PHILOMÈNE, PAROISSE (CATH.)

Pontbriand, Benoit, comp. Mariages du comté
de Lotbinière comprenant les paroisses de
Deschaillons (1744-1950), Fortierville,
Parisville, Villeroy, Sainte-Françoise et Joly
. . .

FOURNIER, ONT. SAINT-BERNARD, PAROISSE (CATH.)

Hamelin, Julien, s.c. et Hubert A. Houle, s.c.,
comp. Répertoire des mariages du comté de
Prescott (Ontario) . . .

FRANKLIN DISTRICT, N.S. REGISTERS.

Cumberland County, N.S. Register of
marriages, births, and deaths in the Districts of
Franklin Manor, Elysian Fields, Maccan and
Nappan, 1746-1847.
Mss. Photocopies. 31 p.
Public Archives of Canada, Ottawa, Ont.

FRANKLIN MANOR, N.-B. REGISTRES.

Brun, Régis. Brin d'histoire de Menoudie,
Nappan et Maccan.
Dans: Soc. hist. acad. Cahier. 2: (3) 90-136
oct. '66.

Cumberland County, N.S. Registers of births,
marriages and deaths for Franklin Manor,
Elysian Fields, Maccan and Nappan, 1757-1817
and 1832-1837.
Mss. Photocopies. 1757-1837.
Archives acadiennes, Moncton, N.B.

FREDERICKSBURG, ONT. EBENEZER LUTHERAN CHURCH.

Lutheran Church records, 1793-1832; baptisms
and marriages records of Ebenezer Lutheran
Church.
In: Ont. Hist. Soc. Papers and records.
6: 136-167 '05.

FREDERICKSBURG, ONT. EVANGELICAL LUTHERAN CHURCH.

Fredericksburg, Ont. Evangelical Lutheran
Church. Register of births, baptisms, marriages
. . . 1791-1850 . . .
Mss. Original.
Archives of Ontario, Toronto, Ont.

FREDERICKSBURG, ONT. SAINT PAUL'S CHURCH.

A Register of baptisms for the Township of
Fredericksburg ("being the 3rd township of
Catarawkwee, which is now called Kingston in
the province of Quebec").
In: Ont. Hist. Soc. Papers and Records.
1: 30-59, 1899.
Baptisms for 1787-1813.

Rev. John Langhorn's register of St. Paul's
Church, Frederickburg. A register of burials of
the Township of Fredericksburg.

In: Ont. Hist. Soc. Papers and records.
1: 59-63 1899.

Rev. John Langhorn's register of St. Paul's
Church, Fredericksburg. Marriage register from
1788-1812.
  In: Ont. Hist. Soc. Papers and records
  1: 64-70 1899.

FREDERICKSBURG, ONT. UNITED CHURCH.

A Register of baptisms by the Rev. Robt.
McDowall, minister of the United Congregation
of Earnestown, Fredericksburgh and Adolphustown.
  In: Ont. Hist. Soc. Papers and Records.
  1: 95-108 1899.

FREDERICKSBURG, ONT. *voir aussi/see also:* KINGSTON, ONT.

FREDERICTON, N.B. CHRIST ANGLICAN CHURCH (CATHEDRAL).

Fredericton, N.B. Christ Church Cathedral
(Anglican). Baptisms, 1816-1955; marriages,
1874-1959; burials, 1859-1959 . . .
  Mss. Microfilm.
  Provincial Archives of New Brunswick,
  Fredericton, N.B.

FREDERICTON, N.B. SAINT MARY'S ANGLICAN CHURCH.

Fredericton, N.B. St. Mary's (Anglican)
Church. Baptisms, 1843-1886; marriages,
1846-1887; burials, 1846-1886.
  Mss. Microfilm. 20 feet.
  Provincial Archives of New Brunswick,
  Fredericton, N.B.

FREDERICTON, N.-B. SAINTE-ANNE, PAROISSE (CATH.)

St-Basile, N.-B., paroisse (cath.) Registres de
St-Basile et Sainte-Anne de Fredericton,
1806-1824.
  Mss. Microfilm. 1 bobine. 1791-1824.
  Archives acadiennes, Moncton, N.-B.

Fredericton, N.-B., Sainte-Anne de Fredericton, paroisse (cath.) Registres de baptêmes,
mariages et sépultures de cette paroisse,
1806-1859, avec un index pour les années 1824
à 1858.
  Mss. Copie. 2 pouces.
  Archives publiques du Canada, Ottawa, Ont.

FREDERICTON, N.B. WILMOT UNITED CHURCH.

Fredericton, N.B. Wilmot (United) Church.
Baptismal and marriage records, 1794-1892.
  Mss. Transcripts. 1 1/2 inches.
  New Brunswick Museum, Saint-John, N.B.

FRELIGHSBURG, QUÉ. SAINT-FRANÇOIS-D'ASSISE, PAROISSE (CATH.)

Jetté, René, comp. Mariages du comté de
Missisquoi: 1846-1968 . . .

FRONTENAC, QUÉ. (COMTÉ). PAROISSES (CATH.)

Société généalogique des Cantons de l'Est.
Répertoire des mariages du comté de Frontenac
(moitié sud-ouest du diocèse de Sherbrooke)
. . . (10 paroisses du début à 1950 incl.) . . .

Talbot, Éloi-Gérard, s.m. Recueil de
généalogies des comtés de Beauce, Dorchester
et Frontenac, 1625-1946 . . .

GAGETOWN, N.B. METHODIST AND UNITED CHURCH.

Gagetown, N.B. Gagetown Methodist and
United Church . . . Baptisms, marriages and
burials, 1859-1916 . . . Grand Lake Paris,
baptisms, marriages, burials, 1916-1970;
Gagetown baptisms, marriages, burials,
1908-1970.
  Mss. Microfilm.
  Provincial Archives of New Brunswick,
  Fredericton, N.B.

GARTHBY, QUÉ. SAINT-CHARLES-BORROMÉE, PAROISSE (CATH.)

Société généalogique des Cantons de l'Est.
Répertoire des mariages catholiques du comté
de Wolfe . . . (19 paroisses plus une mission du
début à 1950 incl.) . . .

GASPÉSIE, QUÉ. PAROISSES.

Gallant, Patrice, comp. Les Registres de la
Gaspésie (1752-1850) . . .
  Publié en 1961 et aussi à 100 exemplaires en
  1968.

Registres de l'état civil d'Acadie et de la
Gaspésie, 1679-1686, 1751-1757.
  Mss. Microfilm.
  Archives publiques du Canada, Ottawa, Ont.

GATINEAU, QUÉ. (COMTÉ). PAROISSES.

Rivest, Lucien, c.s.v., comp. Mariages du
comté de Gatineau (du début des paroisses à
1964 incl.) . . .

GATINEAU, QUÉ. MISSIONS.

Aylmer et Gatineau, Qué., paroisses (cath.)
Registres de baptêmes, mariages et sépultures
des missions du comté de Wright, 1841-1852
. . .
  Mss. Copie. 4 pouces.
  Archives publiques du Canada, Ottawa, Ont.

GATINEAU, QUÉ. SAINT-ALOYSIUS, PAROISSE (CATH.)

Rivest, Lucien, c.s.v., comp. Mariages du comté de Gatineau (du début des paroisses à 1964 incl.) . . .

GATINEAU, QUÉ. SAINT-FRANÇOIS-DE-SALES, MISSION.

Aylmer et Gatineau, Qué., paroisses (cath.) Registres de baptêmes, mariages et sépultures des missions du comté de Wright, 1841-1852 . . .

Mss. Copie. 4 pouces.
Archives publiques du Canada, Ottawa, Ont.

GATINEAU, QUÉ. SAINT-FRANÇOIS-DE-SALES, PAROISSE (CATH.)

Houle, Hubert A., s.c., comp. Répertoire des mariages de St-François-de-Sales de Gatineau, 1847-1973 . . .

GATINEAU, QUÉ. SAINT-RENÉ-GOUPIL, PAROISSE (CATH.)

Rivest, Lucien, c.s.v., comp. Mariages du comté de Gatineau (du début des paroisses à 1964 incl.) . . .

GATINEAU, QUÉ. SAINTE-MARIA-GORETTI, PAROISSE (CATH.)

Rivest, Lucien, c.s.v, comp. Mariages du comté de Gatineau (du début des paroisses à 1964 incl.) . . .

GATINEAU, QUÉ. SAINTE-THÉRÈSE-DE-L'ENFANT-JÉSUS, PAROISSE (CATH.)

Rivest, Lucien, c.s.v., comp. Mariages du comté de Gatineau (du début des paroisses à 1964 incl.) . . .

GENTILLY, QUÉ. SAINT-ÉDOUARD, PAROISSE (CATH.)

Campagna, Dominique, s.c., comp. Répertoire des mariages de la paroisse Saint-Édouard de Gentilly, comté et diocèse de Nicolet, 1784-1915 . . .

Campagna, Dominique, s.c., comp. Répertoire des mariages de la paroisse de Gentilly, 1784-1914. 2e éd. . . .

GIFFARD, QUÉ. NOTRE-DAME-DE-L'ESPÉRANCE, PAROISSE (CATH.)

Gingras, Robert-Edmond, s.c., comp. Mariages de Giffard, Courville, St-Grégoire, Villeneuve . . .

Gingras, Robert-Edmond, s.c., comp. Mariages: Notre-Dame-de-l'Espérance de Giffard, 1962-1976 . . .

GLENGARRY, ONT. (COUNTY). ST. RAPHAEL'S CATHOLIC CHURCH.

Glengarry County, U.C., Saint Raphael's (Catholic) Church. Parish register, 1805-1831.
Mss. Transcripts. 4 inches.
Public Archives of Canada, Ottawa, Ont.

GODERICH, ONT. MAITLAND CEMETERY.

Goderich, Ont. Maitland Cemetery. Burial register, 1866-1957.
Mss. Microfilm. 1 reel.
University of Western Ontario Library, London, Ont.

GORE, ONT. (DISTRICT). PARISH CHURCHES.

Leeming, Ralph. A register of baptisms and marriages in the Gore and London districts from 1816 to 1827, with introduction by H.H. Robertson.
In: Ont. Hist. Soc. Papers and records. 5: 91-101 '04.
Also in: United Empire Loyalists' Association of Canada. Head of the Lake Branch. Trans. 1903, pp. 1-12.

GOULBOURN, ONT. (TOWNSHIP). OLD METHODIST (SHILLINGTON) CEMETERY.

Gordon, Elizabeth M. and George A. Neville. Old Methodist (Shillington) cemetery: a pioneer cemetery of Carleton County and pictorial history . . .

GRACE, ONT. UNITED CHURCH.

Methodist Church, London Conference, Ont. Registers of births, baptisms, marriages and deaths . . .
Mss. Original.
Public Archives of Canada, Ottawa, Ont.

GRACEFIELD, QUÉ. LA VISITATION. MISSIONS.

Aylmer et Gatineau, Qué., paroisse (cath.) Registres de baptêmes, mariages et sépultures des missions du comté de Wright, 1841-1852 . . .

Mss. Copie. 4 pouces.
Archives publiques du Canada, Ottawa, Ont.

GRACEFIELD, QUÉ. LA VISITATION, PAROISSE (CATH.)

de Varennes, Kathleen (Mennie-), comp. Répertoire des mariages de Gracefield, comté de Gatineau, 1868-1960 . . .

Fabien, J.H., comp. Index alphabétique des mariages de la paroisse de La Visitation de Gracefield (1868-1900) . . .

Copie dactylographiée sur papier oignon. Tiré à 3 exemplaires.

Rivest, Lucien, c.s.v., comp. Mariages du comté de Gatineau (du début des paroisses à 1964 incl.) . . .

GRANBY, QUÉ. (VILLE). PAROISSES (CATH.)

Pontbriand, Benoit, comp. Mariages de la ville de Granby (1844-1968), comté de Shefford . . .

GRAND CALUMET, QUÉ. SAINTE-ANNE. MISSIONS.

Aylmer et Gatineau, Qué., paroisse (cath.) Registres de baptêmes, mariages et sépultures des missions du comté de Wright, 1841-1852 . . .

Mss. Copie. 4 pouces.
Archives publiques du Canada, Ottawa, Ont.

GRAND FALLS, N.B. ANGLICAN CHURCH.

Grand Falls, N.B. Parish Church (Anglican). Baptisms, 1882-1942; marriages, 1887-1935; burials, 1883-1941.
Mss. Microfilm. 15 feet.
Provincial Archives of New Brunswick, Fredericton, N.B.

GRAND HARBOUR, N.B. UNITED BAPTIST CHURCH.

Grand Manan, N.B. Grand Harbour and Seal Cove United Baptist Church. Baptisms, marriages and burials, Grand Harbour, N.B., 1953-1970; baptisms, marriages and burials, Seal Cove, N.B., 1953-1970 . . .
Mss. Microfilm.
Provincial Archives of New Brunswick, Fredericton, N.B.

GRAND LAKE, N.B. REGISTERS.

Gagetown, N.B. Gagetown Methodist and United Church. . . . Baptisms, marriages and burials, 1859-1916 . . . Grand Lake Parish, baptisms, marriages, burials, 1916-1970; Gagetown baptisms, marriages, burials, 1908-1970.
Mss. Microfilm.
Provincial Archives of New Brunswick, Fredericton, N.B.

GRAND MANAN, N.B. SAINT PAUL'S ANGLICAN CHURCH.

Grand Manan, N.B. St. Paul's Church (Anglican). Baptisms, marriages and burials, 1832-1962 . . .
Mss. Microfilm.
Provincial Archives of New Brunswick, Fredericton, N.B.

GRAND MANAN, N.B. UNITED BAPTIST CHURCH.

Grand Manan, N.B. Grand Harbour and Seal Cove United Baptist Church. Baptisms, marriages and burials, Grand Harbour, N.B., 1953-1970; baptisms, marriages and burials, Seal Cove, N.B., 1953-1970 . . .
Mss. Microfilm.
Provincial Archives of New Brunswick, Fredericton, N.B.

GRAND-PRÉ, N.-É. SAINT-CHARLES-DES-MINES, PAROISSE (CATH.)

Grand-Pré, N.-É., Saint-Charles-des-Mines, paroisse (cath.) Registres des baptêmes, 1707-1749; des mariages et des sépultures, 1709-1748.
Mss. Copie. 6 1/2 pouces.
Archives publiques du Canada, Ottawa, Ont.

Grand-Pré, N.-É., Saint-Charles-des-Mines, paroisse (cath.) Registres de paroisse, 1717-1748.
Mss. Reproductions photographiques. 6 pouces.
Archives acadiennes, Moncton, N.-B.

GRAND-REMOUS, QUÉ. SAINT-JEAN-MARIE-VIANNEY, PAROISSE (CATH.)

Rivest, Lucien, c.s.v., comp. Mariages du comté de Gatineau (du début des paroisses à 1964 incl.) . . .

GRANDE-BAIE, QUÉ. SAINT-ALEXIS DE LA GRANDE-BAIE, PAROISSE (CATH.) voir: PORT-ALFRED, QUÉ. SAINT-ALEXIS DE LA GRANDE-BAIE, PAROISSE (CATH.)

GRANDE-DIGUE, N.-B. NOTRE-DAME-DE-LA-VISITATION, PAROISSE (CATH.)

Grande-Digue, N.-B., Notre-Dame-de-la-Visitation, paroisse (cath.) Registres de baptêmes, mariages et sépultures, 1800-1875.
Mss. Copie. 3 pouces. Microfilm. 2 bobines.
Archives publiques du Canada, Ottawa, Ont.

Grande-Digue, N.-B., Notre-Dame-de-la-Visitation, paroisse (cath.) Registres de la paroisse, 1800-1899.
Mss. Reproductions photographiques. 1 pouce.
Archives acadiennes, Moncton, N.-B.

GRANDE-LIGNE, QUÉ. DESSERTE (CATH.)

Jetté, Irenée et co-aut., comp. Mariages du comté de Saint-Jean, 1828-1950 . . .

GRANDE-LIGNE DE L'ACADIE, QUÉ. SAINT-BLAISE, PAROISSE (CATH.)

Jetté, Irenée et co-aut. Mariages du comté de Saint-Jean, 1828-1950 . . .

GRANTON, ONT. SAINT THOMAS ANGLICAN CHURCH.

Kirkton Parish, Ont. Anglican Church. Anglican Church parish registers recording baptisms, marriages and burials, 1862-1971 in the Anglican churches of St. Paul's, Kirkton, Trinity Church, Prospect Hill, St. Patrick's, Saintsbury, and St. Thomas, Granton, Ont.
Mss. Photocopies. 276 p. Microfilm. 1 reel, 1862-1971.
Public Archives of Canada, Ottawa, Ont.

GRANVILLE, N.S. REGISTERS.

Annapolis, N.S. St. Luke's Church (Anglican) . . . register, 1782-1888, including marriages at Clements, Granville and Dalhousie, 1806, 1813, 1817, 1834.
Mss. Transcripts. 2 inches.
Public Archives of Canada, Ottawa, Ont.

Granville, N.S. . . . Town register of births, marriages and deaths, 1720-1868.
Mss. Transcripts. 93 p.
Public Archives of Canada, Ottawa, Ont.

Granville, N.S. Town register of births, marriages, deaths . . . 1720-1881.
Mss. Original. 2 inches.
Public Archives of Canada, Ottawa, Ont.

GRANVILLE, N.S. GRANVILLE ANGLICAN CHURCH.

Granville, N.S. Granville (Anglican) Church . . . Registers of baptisms, 1790-1806, 1829-1918 . . . marriages, 1790-1801, 1814-1879; burials, 1828-1918 of All Saints, Christ Church and Trinity Church in the parish of Granville . . .
Mss. Photocopies. 8 inches.
Public Archives of Canada, Ottawa, Ont.

GREENLAY, QUÉ. SAINT-GRÉGOIRE, PAROISSE (CATH.)

Société généalogique des Cantons de l'Est. Répertoire des mariages du comté de Richmond . . . (15 paroisses du début à 1950 incl.) . . .

GREENWICH, N.B. ANGLICAN CHURCH.

Greenwich and Westfield, N.B. Parish Church (Anglican). Baptisms, 1801-1853; marriages, 1801-1849; burials, 1822-1953.

Mss. Microfilm.
Provincial Archives of New Brunswick, Fredericton, N.B.

GRENVILLE, ONT. (COUNTY). REGISTERS.

Morgan, H.R., ed. Parish register of Brockville and vicinity, 1814-1830.
In: Ont. Hist. Soc. Papers and records 38: 77-108 '46.

GRENVILLE, ONT. (COUNTY). PRESBYTERIAN CHURCH.

Pioneer Society of Edwardsburgh Township, Grenville County, Ont. Records of baptisms of the Presbyterian church, Prescott, U.C., 1823-1863 . . .
Mss. Transcripts.
Archives of Ontario, Toronto, Ont.

GRENVILLE, QUÉ. NOTRE-DAME-DES-SEPT-DOULEURS, PAROISSE (CATH.)

Rivest, Lucien, c.s.v., comp. Mariages du comté d'Argenteuil (du début des paroisses à 1960 incl.) . . .

GRIMSBY, ONT. (COUNTY). PARISH CHURCH.

Carnochan, Janet, comp. Early records of St. Mark's and St. Andrew's churches, Niagara.
In: Ont. Hist. Soc. Papers and records 3: 7-85 '01.

GRONDINES, QUÉ. SAINT-CHARLES, PAROISSES (CATH.)

Pontbriand, Benoit, comp. Répertoire des mariages de Grondines, 1680-1900 . . .

Pontbriand, Benoit, comp. Mariages du comté de Portneuf, 1881-1950 . . .

Grondines, Qué., Saint-Charles, paroisse (cath.) Registres des baptêmes, mariages et sépultures, 1755-1780.
Mss. Microfilm. 1 bobine.
Archives acadiennes, Moncton, N.B.

GROSSE-ÎLE, QUÉ. SAINT-LUC, PAROISSE (CATH.)

Proulx, Armand, comp. Répertoire des mariages de l'Île-aux-Grues, St-Antoine, 1831-1973, Montmagny et de Grosse-Île, St-Luc, 1834-1937, Montmagny . . . Éd. 1974 . . .

Proulx, Armand, comp. Mariages de St-Antoine, L'Île-aux-Grues, Montmagny, 1831-1973 et de St-Luc, Grosse-Île, Montmagny, 1834-1937 . . . Éd. 1976 . . .

GUENETTE, QUÉ. SAINT-PIERRE, DESSERTE (CATH.)

Rivest, Lucien, c.s.v., comp. Mariages du comté de Labelle (du début des paroisses à 1960 incl.) . . .

GUYANE, REGISTRES.

France. Archives des Colonies. Série G-1 . . .
Mss. Copie. 9 pieds. Microfilm. 25 bobines.
Archives publiques du Canada, Ottawa, Ont.

HALLOWELL, ONT. REGISTERS.

Marriage register of Stephen Conger, Justice of the Peace, Hallowell (Prince Edward County).
In: Ont. Hist. Soc. Papers and records. 1: 109-112 1899.

HAM NORD, QUÉ. SAINT-AGNES, PAROISSE (CATH.)

Société généalogique des Cantons de l'Est. Répertoire des mariages catholiques du comté de Wolfe . . . (19 paroisses plus une mission du début à 1950 incl.) . . .

HAM SUD, QUÉ. SAINT-JOSEPH, PAROISSE (CATH.)

Gravel, A., mgr. À travers les archives: St-Joseph de Ham-sud (paroisse centenaire).
Dans: L'Entraide généalogique 2: (1) 18-28 '79/80.

Société généalogique des Cantons de l'Est. Répertoire des mariages catholiques du comté de Wolfe . . . (19 paroisses plus une mission à 1950 incl.) . . .

HAMMOND, N.B. ANGLICAN CHURCH.

Dutch Valley and Hammond, N.B. Parish church (Anglican). Baptisms, 1873-1883; marriages, 1875-1884; burials, 1873-1884.
Mss. Microfilm. 15 feet.
University of Toronto Library, Toronto, Ontario.

HAMMOND, ONT. SAINT-MATHIEU, PAROISSE (CATH.)

Hamelin, Julien, s.c., comp. Répertoire des mariages du comté de Russell (Ontario) . . . 1858-1972 . . .

HAMPTON, N.B. SAINT PAUL'S ANGLICAN CHURCH.

Hampton, N.B. St. Paul's (Anglican) Church. Baptisms, marriages, burials, 1819-1970 . . .
Mss. Microfilm. 25 feet.
Provincial Archives of New Brunswick, Fredericton, N.B.

HARRINGTON, QUÉ. *voir:* SAINT-MICHEL-WENTWORTH, QUÉ.

HARTFORD, ONT. HARTFORD BAPTIST CONGREGATION.

Hartford, Ont. Hartford Baptist Congregation. Register of marriages, births and deaths, 1783-1899.
Mss. Original. 45 p.
Norfolk County Historical Society, Simcoe, Ont.

HAUTE-ABOUJAGANE, N.-B. SACRÉ-COEUR, PAROISSE (CATH.)

Barachois, N.-B., Saint-Henri, paroisse (cath.) Registres des baptêmes, mariages et sépultures pour Barachois, Didiche, Naboiyagan et Sacré-Coeur de Haute-Aboujagane, 1812-1870. Un index du registre de Barachois, 1812-1838, préparé par Ronald Leblanc, a été placé à la suite des documents.
Mss. Copie. 280 p.
Archives publiques du Canada, Ottawa, Ont.

HAVRE-AUBERT, QUÉ. NOTRE-DAME-DE-LA-VISITATION, PAROISSE (CATH.)

Havre-Aubert, Qué., Notre-Dame-de-la-Visitation, paroisse (cath.) Registres de la paroisse, 1793-1822.
Mss. Reproductions photographiques. 2 pouces.
Archives acadiennes, Moncton, N.-B.

HAVRE-AUX-MAISONS, QUÉ. REGISTRES.

Îles-de-la-Madeleine, Qué. Registres paroissiaux. Index général des registres paroissiaux des îles pour les années 1793-1900; registres de Havre-aux-Maisons, 1824-1852.
Mss. Microfilm. 1 bobine.
Archives acadiennes, Moncton, N.-B.

HAVRE-BOUCHER, N.-É., SAINT-PAUL, PAROISSE (CATH.)

Havre-Boucher, N.-É., Saint-Paul, paroisse (cath.) Registres de la paroisse, 1831-1847.
Mss. Reproductions photographiques. 1 pouce.
Archives acadiennes, Moncton, N.-B.

HAWKESBURY, ONT. PAROISSES (CATH.)

Hamelin, Julien, s.c. et Hubert A. Houle, s.c., comp. Répertoire des mariages du comté de Prescott (Ontario) . . .
Comprend les paroisses suivantes: Ascension; Saint-Alphonse-de-Liguori; Saint-Dominique; Saint-Jude.

HAWKESBURY, ONT. REGISTERS.

Dundas, Ont. Certificates of marriages performed by licenses by Andrew Bell at Dundas, Ancaster and West Flamboro, 1848-1852, and

at L'Orignal, 1854-1856. Ten additional certificates of marriages solemnized by Mr. Bell at L'Orignal and Hawkesbury and in the township of West Hawkesbury, Lochiel and Caledonia.
Mss. Original. 107 p.
Public Archives of Canada, Ottawa, Ont.

HÉBERTVILLE, QUÉ. NOTRE-DAME-DE-L'ASSOMPTION, PAROISSE (CATH.)

Bélanger, Léonidas, comp. Les mariages de la région: Notre-Dame d'Hébertville, 1852-1911.
Dans: Saguenayensia 5: (4) 83-84 '63; 5: (5/6) 119-122 '63; 6: (1) 11-14 '64; 6: (2) 35-38 '64; 6: (3) 59-62 '64; 6: (4) 83-86 '64; 6: (5) 107-110 '64; 7: (1) 11-14 '65; 7: (3) 59-62 '65; 7: (4) 83-86 '65; 7: (5) 107-110 '65; 7: (6) 131-134 '65; 8: (1) 11-14 '66; corrections aux mariages parus, 8: (3) 59-61 '66.

HEELA, MAN. LUTHERAN CHURCH.

Riverton, Man., Lutheran Church. Riverton, Man., registers of baptisms, marriages and deaths, 1902-1950 . . . Breiduvik-Hnausa, Man., registers of baptisms, marriages and deaths, 1901-1956 . . .; Heela, Man., register of baptisms, marriages and deaths, 1901-1952.
Mss. Original. 6 inches. 1876-1967.
Provincial Archives of Manitoba, Winnipeg, Man.

HENRYVILLE, QUÉ. SAINT-GEORGES DE HENRYVILLE, PAROISSE (CATH.)

Jetté, Irenée, comp. Mariages du comté de Saint-Jean, 1828-1950 . . .

HENSALL, ONT. SAINT PAUL'S ANGLICAN CHURCH.

Hensall, Ont. St. Paul's (Anglican) Church. Parish records, 1870-1955.
Mss. Microfilm.
University of Western Ontario Library, London, Ont.

HILLIER TOWNSHIP, ONT.

Hillier Township, Prince Edward County, Ont. Index to register of births, marriages and deaths, 1880-1898.
Mss. Photocopies. 29 p.
Public Archives of Canada, Ottawa, Ont.

Hillier Township, Prince Edward County, Ont. Register of births, deaths, and marriages . . . 1880-1897.
Mss. Photocopies. 40 p.
Queen's University Archives, Kingston, Ont.

HONFLEUR, QUÉ. NOTRE-DAME-DU-BON-CONSEIL, PAROISSE (CATH.)

Goulet, J. Napoléon, comp. Mariages et nécrologie de St-Damien, 1882-1972 et Honfleur, 1903-1972 . . .

HORNE, ONT. CEMETERY.

Small, Fern and Ken Collins. Horne Cemetery and Point Alexandria United Church Cemetery, Wolfe Island, Ontario, Map reference 898875
. . .

HORTON, N.S.

Horton, N.S. Town register, births, marriages and deaths, 1751-1895 . . .
Mss. Transcripts. 202 p.
Public Archives of Canada, Ottawa, Ont.

HORTON, N.S. SAINT JOHN'S ANGLICAN CHURCH.

Horton, N.S. St. John's (Anglican) Church. Register of baptisms, 1823-1876 of St. John's Anglican Church . . .
Mss. Transcripts. 25 p.
Public Archives of Canada, Ottawa, Ont.

HUBERDEAU, QUÉ. NOTRE-DAME-DE-LA-MERCI, PAROISSE (CATH.)

Rivest, Lucien, c.s.v., comp. Mariages du comté d'Argenteuil (du début des paroisses à 1960 incl.) . . .

HULL, QUÉ. MISSIONS.

Aylmer et Gatineau, Qué., paroisse (cath.) Registres de baptêmes, mariages et sépultures des missions du comté de Wright, 1841-1852
. . .
Mss. Copie. 4 pouces.
Archives publiques du Canada, Ottawa, Ont.

HULL, QUÉ. NOTRE-DAME, PAROISSE (CATH.)

Provencher, Gérard E., comp. Mariages de l'Outaouais, (v.3) comprenant la paroisse Notre-Dame de Hull (1886-1913) . . .

HULL, QUÉ. NOTRE-DAME-DE-GRÂCES, PAROISSE (CATH.)

Fontaine, Nicole, comp. Baptêmes de Notre-Dame-de-Grâces, Hull, 1886- .
Dans: L'Outaouais généalogique 2: (1) 4-5 janv. '80- .

HULL, QUE. SAINT JAMES' ANGLICAN CHURCH.

Clarendon, Que. Anglican Church. Extracts of births, baptisms and marriages, 1823-1839, of individuals in Clarendon, taken from the registers of St. James' Anglican Church, Hull
. . .
Mss. Microfilm. 2 reels.
Public Archives of Canada, Ottawa, Ont.

Hull, Que. St. James' (Anglican) Church. Parish register, 1831-1917 . . .
Mss. Microfilm. 20 feet. 1831-1917.
Public Archives of Canada, Ottawa, Ont.

IBERVILLE, QUÉ. SAINTE-BRIGIDE,
PAROISSE (CATH.)

Hamel, Adrien, comp. Répertoire des mariages
de Iberville, 1823-1965 . . .

Loiselle, Pierre, comp. Mariages célébrés à
Sainte-Brigide d'Iberville, 1843-1954 . . .

ÎLE-AUX-GRUES, QUÉ. SAINT-ANTOINE,
PAROISSE (CATH.)

Proulx, Armand, comp. Répertoire des
mariages de l'Île-aux-Grues, St-Antoine,
1831-1973, Montmagny et de Grosse-Île, St-
Luc, 1834-1937, Montmagny . . . (Éd. 1974)
. . .

Proulx, Armand, comp. Mariages de St-
Antoine, l'Île-aux-Grues, Montmagny,
1831-1973 et de St-Luc, Grosse-Île, Montmagny, 1834-1937 . . . (Éd. 1976) . . .

ÎLE-AUX-NOIX, QUÉ. SAINT-PAUL,
PAROISSE (CATH.)

Jetté, Irenée, comp. Mariages du comté de
Saint-Jean, 1828-1950 . . .

ÎLE-BIZARD, QUÉ. SAINT-RAPHAËL,
PAROISSE (CATH.)

Gauthier, Rosario, Maurice Legault et Pierre
Vaillancourt, comp. Mariages de la paroisse
Ste-Geneviève de Pierrefonds, 1741-1972; de
l'Île-Bizard, 1843-1972 . . .

Saint-Raphaël de l'Île-Bizard, Qué., paroisse
(cath.) Registres des baptêmes, mariages et
sépultures, 1844-1849.
Mss. Originaux. 3 pouces.
Archives nationales du Québec, Montréal,
Qué.

ÎLE D'ORLÉANS, QUÉ. PAROISSES
(CATH.)

Bureau, René, Jean Dumas et G. Robert
Tessier. Répertoires des mariages de l'Île
d'Orléans, comté de Montmorency, 1666-1966
. . .

Un index a été dressé par J. Napoléon
Goulet pour les paroisses Ste-Famille
(1666-1963), St-Pierre (1679-1963), et St-Jean
(1679-1963), et déposé aux Archives nationales du Québec, Québec, Qué.

ÎLE D'ORLÉANS, QUÉ. SAINT-FRANÇOIS,
PAROISSE (CATH.)

Saint-François de l'Île d'Orléans, Qué.,
paroisse (cath.) Registres de baptêmes, mariages
et sépultures, 1755-1780.
Mss. Microfilm. 1 bobine.
Archives acadiennes, Moncton, N.-B.

ÎLE D'ORLÉANS, QUÉ. SAINT-JEAN,
PAROISSE (CATH.)

St-Jean de l'Île d'Orléans, Qué., paroisse
(cath.) Registres de baptêmes, mariages et
sépultures, 1755-1780.
Mss. Microfilm. 1 bobine.
Archives acadiennes, Moncton, N.-B.

ÎLE D'ORLÉANS, QUÉ. SAINT-LAURENT,
PAROISSE (CATH.)

St-Laurent de l'Île d'Orléans, Qué., paroisse
(cath.) Registres de baptêmes, mariages et
sépultures, 1755-1780.
Mss. Microfilm. 1 bobine.
Archives acadiennes, Moncton, N.-B.

ÎLE D'ORLÉANS, QUÉ. SAINT-PIERRE,
PAROISSE (CATH.)

St-Pierre de l'Île d'Orléans, Qué., paroisse
(cath.) Registres de baptêmes, mariages et
sépultures, 1755-1780.
Mss. Microfilm. 1 bobine.
Archives acadiennes, Moncton, N.-B.

ÎLE D'ORLÉANS, QUÉ., SAINTE-
FAMILLE, PAROISSE (CATH.)

Sainte-Famille de l'Île d'Orléans, paroisse
(cath.) Registres de baptêmes, mariages et
sépultures, 1755-1780.
Mss. Microfilm. 1 bobine.
Archives acadiennes, Moncton, N.-B.

ÎLE DUPAS, QUÉ. LA VISITATION,
PAROISSE (CATH.)

Rivest, Lucien, c.s.v., comp. Mariages du
comté de Berthier du début des paroisses à
1960 incl. . . .

Rivest, Lucien, c.s.v., comp. Répertoire des
mariages de l'Île Dupas: La Visitation-de-l'Île-
Dupas, 1704-1960 inclusivement et Île Saint-
Ignace, Saint-Ignace de Loyola, 1895-1960 . . .

ÎLE-JÉSUS, QUÉ., SAINT-FRANÇOIS-DE-
SALES, PAROISSE (CATH.) voir: SAINT-
FRANÇOIS-DE-SALES, QUÉ., PAROISSE
(CATH.)

ÎLE-JÉSUS, QUÉ., SAINT-MARTIN,
PAROISSE (CATH.) voir: SAINT-
MARTIN, QUÉ., PAROISSE (CATH.)

ÎLE-JÉSUS, QUÉ., SAINT-VINCENT-DE-
PAUL, PAROISSE (CATH.) voir: SAINT-
VINCENT-DE-PAUL, QUÉ., PAROISSE
(CATH.)

ÎLE-PERROT, QUÉ. SAINTE-JEANNE-DE-
CHANTAL, PAROISSE (CATH.)

Île-Perrot, Qué., Sainte-Jeanne-de-Chantal,
paroisse (cath.) Registres des baptêmes,
mariages et sépultures, 1786-1846.

Mss. Originaux. 1 pied.
Archives nationales du Québec, Montréal, Qué.

Legault, Maurice, comp. Répertoire des mariages de l'Île-Perrot . . .

ÎLE ROYALE, REGISTRES.

France. Archives des Colonies. Série G-1. . . .
Mss. Copie. 9 pieds. Microfilm. 25 bobines.
Archives publiques du Canada, Ottawa, Ont.

ÎLE-SAINT-IGNACE, QUÉ. SAINT-IGNACE-DE-LOYOLA, PAROISSE (CATH.)

Rivest, Lucien, c.s.v., comp. Mariages du comté de Berthier du début des paroisses à 1960 incl. . . .

Rivest, Lucien, c.s.v., comp. Répertoire des mariages de l'Île-Dupas: La Visitation-de-l'Île-Dupas, 1704-1960 inclusivement, et l'Île-St-Ignace, Saint-Ignace-de-Loyola, 1895-1960 . . .

ÎLE SAINT-JEAN. REGISTRES.

France. Archives des Colonies. Série G-1 . . .
Mss. Copie. 9 pieds. Microfilm. 25 bobines.
Archives publiques du Canada, Ottawa, Ont.

ÎLE VERTE, QUÉ., PAROISSE (CATH.)

Lemay, Stanislas, comp. Registres paroissiaux de Rimouski, des Trois-Pistoles et de l'Île Verte, tenus par les Récollets (1701-1769) . . .

ÎLES-DE-LA-MADELEINE, QUÉ. REGISTRES.

Îles-de-la-Madeleine, Qué. Registres paroissiaux. Index général des registres paroissiaux des îles pour les années 1793-1900; registres de Havre-aux-Maisons, 1824-1852.
Mss. Microfilm. 1 bobine.
Archives acadiennes, Moncton, N.-B.

ÎLES-DES-ALLUMETTES, QUÉ. WESLEYAN CHURCH. see: ALLUMETTES (ISLANDS), QUÉ. WESLEYAN CHURCH.

ILLINOIS, SAINT-JOSEPH DES ILLINOIS, MISSIONS.

Illinois, Missions (cath.) Registres des baptêmes, mariages et sépultures de la mission Notre-Dame-de-l'Immaculée-Conception-des-Kaskakias, 1695-1799 . . .
Mss. Microfilm.
Archives publiques du Canada, Ottawa, Ont.

Illinois. Saint-Joseph, Missions (cath.) Extraits du registres de la mission Saint-Joseph-des-Illinois, 1720-1722.

Mss. Reproductions photographiques. 4 p.
Bibliothèque municipale de Montréal, Montréal, Qué.

Illinois. Saint-Joseph, Missions (cath.) Registres de la mission Saint-Joseph-des-Illinois, renfermant des actes de baptêmes, mariages et sépultures . . . 1720-1773, 1857.
Mss. Reproductions photographiques. 64 p.
Archives nationales du Québec, Québec, Qué.

IMMACULÉE-CONCEPTION-DES-KASKAKIAS, MISSIONS.

Illinois. Missions (cath.) Registres des baptêmes, mariages et sépultures de la mission Notre-Dame-de-l'Immaculée-Conception-des-Kaskakias, 1695-1799 . . .
Mss. Microfilm.
Archives publiques du Canada, Ottawa, Ont.

INKERMAN, N.-B. SAINT-MICHEL, PAROISSE (CATH.)

Inkerman, N.-B., Saint-Michel, paroisse (cath.) Registres de la paroisse, 1818-1920.
Mss. Microfilm. 1 bobine.
Archives acadiennes, Moncton, N.-B.

Société historique de St-Denys. Index des mariages de Inkerman, 1819-1920 . . .

INVERNESS, QUÉ. SAINT-ATHANASE, PAROISSE (CATH.)

Lapointe, J.A. Mariages (Mégantic): Inverness, fondation à 1900; Ste-Anastasie (Lyster), fondation à 1900; Ste-Sophie, fondation à 1900; St-Adrien d'Irlande, depuis ses débuts à 1900 . . .
Mss.
Archives nationales du Québec, Qué.

ISLAND BROOK, QUÉ., PAROISSE.

Société généalogique des Cantons de l'Est. Répertoire des mariages du comté de Compton dans les Cantons de l'Est . . . (19 paroisses du début à 1950 incl.) . . .

ISLE MADAME, N.S. CATHOLIC PARISH.

Arichat, Cape Breton, Notre Dame Catholic Church. Partial register, baptisms, weddings and deaths of Notre Dame Parish, Arichat, Isle Madame, Government of Cape Breton, Province of Quebec, 1811.
Mss. Photocopies. 1811.
Cape Bretoniana Archives. St. Francis Xavier University. Sydney Campus, Sydney, N.S.

ISLINGTON, MAN. MISSIONS.

Anglican Church of Canada, Keewatin Diocese. Vital statistics records of various missions, including Churchill, Fort Alexander, Fort Severn, Islington, Lac Seul, Osnaburgh and York Factory.

Mss. 2 reels. 1846-1956.
Archives of Ontario, Toronto, Ont.

ISSOUDUN, QUÉ. NOTRE-DAME-DU-SACRÉ-COEUR, PAROISSE (CATH.)

Hébert, Georges, Éloi-Gérard Talbot et Benoit Pontbriand, comp. Mariages de Ste-Émmélie (1864-1967), St-Édouard (1863-1967), et Notre-Dame d'Issoudun (1903-1967) . . .

JACQUET RIVER, N.-B. SAINT-GABRIEL, PAROISSE (CATH.)

Jacquet River, N.-B., Saint-Gabriel, paroisse (cath.) Registres de la paroisse, 1886-1920.
Mss. Microfilm. 1 bobine.
Archives acadiennes, Moncton, N.-B.

JEUNE-LORETTE, QUÉ. SAINT-AMBROISE, PAROISSE (CATH.)

Jeune-Lorette, Qué., Saint-Ambroise, paroisse (cath.) Registres de baptêmes, mariages et sépultures, 1774-1780.
Mss. Microfilm. 1 bobine.
Archives acadiennes, Moncton, N.-B.

Provencher, Gérard E., comp. Mariages de Loretteville (St-Ambroise-de-la-Jeune-Lorette), 1761-1969, et Village des Hurons (Notre-Dame-de-Lorette), 1904-1969 . . .

JOGGINGS, N.-É. SAINT-THOMAS-D'AQUIN, PAROISSE (CATH.)

Joggins, N.-É., Saint-Thomas-d'Aquin, paroisse (cath.) Registre de la paroisse, 1849-1918.
Mss. Reproductions photographiques.
2 pouces.
Archives acadiennes, Moncton, N.-B.

JOHNVILLE, QUÉ. NOTRE-DAME-DE-LA-PAIX, PAROISSE (CATH.)

Société généalogique des Cantons de l'Est. Répertoire des mariages du comté de Compton dans les Cantons de l'Est . . . (19 paroisses du début à 1950 incl.) . . .

JOLIETTE, QUÉ. (COMTÉ). PAROISSES (CATH.)

Rivest, Lucien, c.s.v., comp. Mariages du comté de Joliette (du début des paroisses à 1960 incl.) . . .

JOLIETTE, QUÉ. (COMTÉ). PAROISSES PROTESTANTES.

Rivest, Lucien, c.s.v., comp. Mariages des protestants du greffe de Joliette du début des paroisses à 1964 incl. . . .

JOLIETTE, QUÉ. (VILLE). PAROISSES (CATH.)

Rivest, Lucien, c.s.v., comp. Mariages du comté de Joliette (du début des paroisses à 1960 incl.) . . .

JOLY, QUÉ. SAINT-JANVIER, PAROISSE (CATH.)

Gingras, Raymond. Joly (Lotbinière) des débuts à 1960 . . .
Sur fiches. Sans index.
Chez l'auteur.

Pontbriand, Benoit, comp. Mariages du comté de Lotbinière comprenant les paroisses de Deschaillons (1744-1950), Fortierville, Parisville, Villeroy, Ste-Françoise et Joly . . .

KAMOURASKA, QUÉ. SAINT-ANDRÉ, PAROISSE (CATH.)

Proulx, Armand, ptre. comp. Répertoire des mariages de St-André de Kamouraska, 1791-1968 . . .

KAMOURASKA, QUÉ. SAINT-JOSEPH, PAROISSE (CATH.)

Proulx, Armand, ptre, comp. Répertoire des mariages de Sainte-Hélène, 1850-1969; de Saint-Joseph, 1922-1969; de Saint-Germain, 1893-1969 . . .

KAMOURASKA, QUÉ. SAINT-LOUIS, PAROISSE (CATH.)

Proulx, Armand, ptre, comp. Répertoire des mariages de St-Louis de Kamouraska, 1709-1967 . . .

KARS, ONT. ELMVIEW CEMETERY.

Curtis, P.B. and others. Elmview Cemetery, Kars, Ont., North Gower Township, Lot 24, Conc. 1 . . .

KATEVALE, QUÉ. SAINTE-CATHERINE, PAROISSE (CATH.)

Société généalogique des Cantons de l'Est. Répertoire des mariages catholiques, comté de Stanstead dans les Cantons de l'Est . . . (19 paroisses du début à 1950 incl.) . . .

KEEWATIN, DIOCESE. PARISH CHURCHES.

Anglican Church of Canada. Keewatin Diocese. Vital statistics records of various missions including: Churchill, Fort Alexander, Fort Severn, Islington, Lac Seul, Osnaburgh and York Factory.
Mss. Microfilm. 2 reels. 1846-1956.
Archives of Ontario, Toronto, Ont.

KEMPTVILLE, ONT. HOLY CROSS
CATHOLIC CHURCH.

Kemptville, Ont. Holy Cross (Catholic)
Church. Parish register, 1845-1868.
Mss. Photocopies. 1 1/2 inches.
Public Archives of Canada, Ottawa, Ont.

KIAMIKA, QUÉ. SAINT-GÉRARD,
PAROISSE (CATH.)

Rivest, Lucien, c.s.v., comp. Mariages du
comté de Labelle (du début des paroisses à
1960 incl.) . . .

KILMAR, QUÉ. DESSERTE (CATH.)

Rivest, Lucien, c.s.v., comp. Mariages du
comté d'Argenteuil (du début des paroisses à
1960 incl.) . . .

KINCAID'S CORNER, ONT. CEMETERY.

Miller, W.J. The Old Cemetery at Kincaid's
Corner, Twp. of Yonge (rear of Yonge and
Escott) Leeds County, Ontario . . .

KINGSBURY, QUÉ. PAROISSE.

Société généalogique des Cantons de l'Est.
Répertoire des mariages du comté de Richmond
. . . (15 paroisses du début à 1950 incl.) . . .

KINGSCLEAR, N.B. ANGLICAN CHURCH.

Kingsclear, N.B. Parish Church (Anglican).
Baptisms, 1816-1902.
Mss. Microfilm. 15 feet.
Provincial Archives of New Brunswick,
Fredericton, N.B.

KINGSCLEAR, N.B. SAINTE-ANNE,
PAROISSE (CATH.)

Sainte-Anne de Kingsclear, N.-B., paroisse
(cath.) Registre de la paroisse de l'abbé Bailly,
1767-1768, 1806-1824 (avec St-Basile) et
1826-1859. (Cette paroisse est aussi connue sous
le nom de Sainte-Anne-de-Ekoupag et Sainte-
Anne-de-Fredericton) . . .

KINGSCROFT, QUÉ. SAINT-WILFRID,
PAROISSE (CATH.)

Société généalogique des Cantons de l'Est.
Répertoire des mariages catholiques, comté de
Stanstead dans les Cantons de l'Est . . . (19
paroisses du début à 1950 incl.) . . .

KINGSEY FALLS, QUÉ. SAINT-AIMÉ,
PAROISSE (CATH.)

Laliberté, Jean-Marie et Benoit Pontbriand,
comp. Mariages de la région de Drummondville, 1863-1968 . . .

KINGSTON, N.B. TRINITY ANGLICAN
CHURCH.

Kingston, N.B. Trinity (Anglican) Church.
Baptisms, marriages and burials, 1816-1970.

Mss. Microfilm. 30 feet. 1784-1900.
Provincial Archives of New Brunswick,
Fredericton, N.B.

KINGSTON, ONT. SAINT GEORGE'S
ANGLICAN CHURCH.

Kingston, Ontario. St. George's Church. Parish
register . . .
In: Ontario Hist. Soc. Papers and records 1:
29 1899.
Young, A.H., ed. Kingston, Ont. St. George's
Church. The Parish register of Kingston, Upper
Canada, 1785-1811 . . .

KIRKTON, ONT. SAINT PAUL'S
ANGLICAN CHURCH.

Kirkton Parish, Ont. Anglican Church.
Anglican Church parish registers recording
baptisms, marriages and burials, 1862-1971, in
the Anglican churches of St. Paul's, Kirkton,
Trinity Church, Prospect Hill, St. Patrick's,
Saintsbury, and St. Thomas, Granton, Ont.
Mss. Photocopies. 276 p. Microfilm. 1 reel.
1862-1971.
Public Archives of Canada, Ottawa, Ont.

KNOWLTON, QUÉ. SAINT-EDOUARD,
PAROISSE (CATH.)

Jetté, René et Marthe Beauregard, comp.
Mariages du comté de Brome . . .

LA BAIE (COMTÉ DE NICOLET). voir:
BAIE-DU-FEBVRE, QUÉ. SAINT-
ANTOINE-DE-PADOUE, PAROISSE
(CATH.)

LABELLE, QUÉ. (COMTÉ). PAROISSES.

Rivest, Lucien, c.s.v., comp. Mariages du
comté de Labelle (du début des paroisses à
1960 incl.) . . .

LABELLE, QUÉ. LA NATIVITÉ, PAROISSE
(CATH.)

Rivest, Lucien, c.s.v., comp. Mariages du
comté de Labelle (du début des paroisses à
1960 incl.) . . .

LAC-AU-SABLE, QUÉ. SAINT-RÉMI,
PAROISSE (CATH.)

Pontbriand, Benoit, comp. Mariages du comté
de Portneuf (1881-1950) . . .

LAC-AUX-CHICOTS, QUÉ. SAINTE-
THÈCLE, PAROISSE (CATH.)

Leblanc, Geneviève et Marie Ange B. Plamondon. Obituaire: Lac-aux-Chicots, Sainte-Thècle,
1870-1975 . . .

LAC BEAUPORT, QUÉ. SAINT-DUNSTAN, PAROISSE (CATH.)

Ross, J.O.E., Gabrielle Gingras et Benoit Pontbriand, comp. Mariages du comté de Québec . . .

LAC CARRÉ, QUÉ., SAINTE-JEANNE-D'ARC, PAROISSE (CATH.)

Rivest, Lucien, c.s.v., comp. Mariages du comté de Terrebonne (du début des paroisses à 1960 incl.) . . .

LAC CASTOR, QUÉ. DESSERTE.

Rivest, Lucien, c.s.v., comp. Mariages du comté de Labelle (du début des paroisses à 1960 incl.) . . .

LAC-DES-ÉCORCES, QUÉ. SAINT-FRANÇOIS-RÉGIS, PAROISSE (CATH.)

Rivest, Lucien, c.s.v., comp. Mariages du comté de Labelle (du début des paroisses à 1960 incl.) . . .

LAC-DES-ÎLES, QUÉ. SAINT-AIMÉ, PAROISSE (CATH.)

Rivest, Lucien, c.s.v., comp. Mariages du comté de Labelle (du début des paroisses à 1960 incl.) . . .

LAC-DES-SEIZE-ÎLES, QUÉ. NOTRE-DAME-DE-LA-SAGESSE, PAROISSE (CATH.)

Rivest, Lucien, c.s.v., comp. Mariages du comté d'Argenteuil (du début des paroisses à 1960 incl.) . . .

LAC-DU-CERF, QUÉ. NOTRE-DAME-DE-LOURDES, PAROISSE (CATH.)

Rivest, Lucien, c.s.v., comp. Mariages du comté de Labelle (du début des paroisses à 1960 incl.) . . .

LAC ÉDOUARD, QUÉ. NOTRE-DAME-DU-BON-CONSEIL, PAROISSE (CATH.)

Pontbriand, Benoit, comp. Mariages du comté de Portneuf (1881-1950) . . .

LAC FRONTIÈRE, QUÉ. SAINT-LÉONIDAS, PAROISSE (CATH.)

Proulx, Armand, ptre, comp. Répertoire des mariages de Saint-Just-de-Bretenière, 1916-1971, de Sainte-Lucie-de Beauregard, 1916-1971, comté de Montmagny, du Lac Frontière, 1921-1971, de Saint-Fabien-de-Panet, 1904-1971 . . .

LAC LABELLE, QUÉ. NOTRE-DAME, DESSERTE (CATH.)

Rivest, Lucien, c.s.v., comp. Mariages du comté de Labelle (du début des paroisses à 1960 incl.) . . .

LAC LA HACHE, SASK. MISSIONS.

Indian Genealogical Records, Sask. Records of births, marriages and deaths of the members of the Indian bands at Wollaston Lake Post; included are members of Lac La Hache and Brochit Branch.
Mss. Photocopies. 423 p. [n.d.]
Saskatchewan Archives Office, Saskatoon, Sask.

LAC MÉGANTIC, QUÉ. NOTRE-DAME-DE-FATIMA, PAROISSE (CATH.)

Société généalogique des Cantons de l'Est. Répertoire des mariages du comté de Frontenac (moitié sud-ouest du diocèse de Sherbrooke) . . . (10 paroisses du début à 1950 incl.) . . .

LAC MÉGANTIC, QUÉ. SAINTE-AGNÈS, PAROISSE (CATH.)

Société généalogique des Cantons de l'Est. Répertoire des mariages du comté de Frontenac (moitié sud-ouest du diocèse de Sherbrooke) . . . (10 paroisses du début à 1950 incl.) . . .

LAC SAINT-CHARLES, QUÉ. SAINTE-FRANÇOISE-CABRINI, PAROISSE (CATH.)

Ross, J.O.E., Gabrielle Gingras et Benoit Pontbriand, comp. Mariages du comté de Québec . . .

LAC SAINT-FRANÇOIS, QUÉ. MARIE-MÉDIATRICE. MISSION (CATH.)

Société généalogique des Cantons de l'Est. Répertoire des mariages catholiques du comté de Wolfe . . . (19 paroisses plus une mission du début à 1950 incl.) . . .

LAC SAINT-JEAN, QUÉ. PAROISSES (CATH.)

Gosselin, Amédée Edmond. À Chicoutimi et au Lac St-Jean à la fin du 18e siècle; notes tirées d'un ancien registre.
Dans: Roy. Soc. of Canada. Proceedings and transactions. 1917/18, pp. 113-135.

LAC SAINT-PAUL, QUÉ. SAINT-PAUL, PAROISSE (CATH.)

Rivest, Lucien, c.s.v., comp. Mariages du comté de Labelle (du début des paroisses à 1960 incl.) . . .

LAC SAINTE-MARIE, QUÉ. MISSIONS.

Aylmer et Gatineau, Qué., paroisses (cath.)
Registres de baptêmes, mariages et sépultures
des missions du comté de Wright, 1841-1852
. . .
> Mss. Copie. 4 pouces.
> Archives publiques du Canada, Ottawa, Ont.

LAC SAINTE-MARIE, QUÉ. PAROISSE (CATH.)

Provencher, Gérard E. et Georges L. Jean,
comp. Répertoire des mariages du Lac Ste-
Marie, comté de Gatineau, 1881-1963 . . .

Rivest, Lucien, c.s.v., comp. Mariages du
comté de Gatineau (du début des paroisses à
1964 incl.) . . .

LAC SAGUAY, QUÉ. SAINT-HUGUES, PAROISSE (CATH.)

Rivest, Lucien, c.s.v., comp. Mariages du
comté de Labelle (du début des paroisses à
1960 incl.) . . .

LAC SEUL, MAN. MISSIONS.

Anglican Church of Canada, Keewatin Diocese.
Vital statistics records of various missions in-
cluding: Church, Fort Alexander, Fort Severn,
Islington, Lac Seul, Osnaburgh and York
Factory.
> Mss. Microfilm. 2 reels. 1846-1956.
> Archives of Ontario, Toronto, Ont.

L'ACADIE, QUÉ. SAINTE-MARGUERITE-DE-BLAIRFINDIE, PAROISSE (CATH.)

Jetté, Irenée et Lucien Granger, comp.
Mariages de l'Acadie (1785-1966), et St-Luc
(1801-1966), comté de Saint-Jean . . .

LACHENAIE, QUÉ. SAINT-CHARLES, PAROISSE (CATH.)

Lachenaie, Qué., Saint-Charles, paroisse (cath.)
Registres des baptêmes, mariages et sépultures,
1760-1778.
> Mss. Microfilm. 1 bobine.
> Archives acadiennes, Moncton, N.-B.

Rivest, Lucien, c.s.v., comp. Mariages du
comté de l'Assomption du début des paroisses
à 1960 incl. . . .

Rivest, Lucien, c.s.v., comp. Répertoire des
mariages du comté des Deux-Montagnes du
début de la colonie jusqu'à 1960 . . .
> Mss. Copie. 9 pieds. 3 pouces. 1600-1960.
> Archives nationales du Québec, Québec,
> Qué.

LACHINE, QUE. SAINT ANDREW'S PRESBYTERIAN CHURCH.

Lachine, Que. St. Andrew's (Presbyterian)
Church. Parish registers, 1818, 1832-1850.

> Mss. Original. 3 inches.
> Archives nationales du Québec, Montréal,
> Qué.

LACHINE, QUE. SAINT STEPHEN'S ANGLICAN CHURCH.

Lachine, Que. St. Stephen's (Anglican) Church.
Parish registers, 1835-1850.
> Mss. Original. 3 inches.
> Archives nationales du Québec, Montréal,
> Qué.

LACHINE, QUÉ. SAINTS-ANGES-GARDIENS, PAROISSE (CATH.)

Gareau, Georges Robert et Jean Bergeron,
comp. Mariages de Lachine: Saint-Anges de
Lachine, 1676-1970 . . .

Lachine, Qué., Saints-Anges-Gardiens, paroisse
(cath.) Registres des baptêmes, mariages et
sépultures, 1760-1780.
> Mss. Microfilm. 1 bobine. 1760-1780.
> Archives acadiennes, Moncton, N.-B.

Lachine, Qué., Saints-Anges-Gardiens, paroisse
(cath.) Registres des baptêmes, mariages et
sépultures, 1676-1850.
> Mss. Originaux. 3 pieds.
> Archives nationales du Québec, Montréal,
> Qué.

LACHUTE, QUÉ. SAINT-JULIEN, PAROISSE (CATH.)

Rivest, Lucien, c.s.v., comp. Mariages du
comté d'Argenteuil (du début des paroisses à
1960 incl.) . . .

LACHUTE, QUÉ. SAINTE-ANASTASIE, PAROISSE (CATH.)

Rivest, Lucien, c.s.v., comp. Mariages du
comté d'Argenteuil (du début des paroisses à
1960 incl.) . . .

LACOLLE, QUÉ. NOTRE-DAME-DU-MONT-CARMEL, PAROISSE (CATH.)

Jetté, Irenée et co-aut., comp. Mariages du
comté de Saint-Jean, 1828-1950 . . .

LACOLLE, QUÉ. SAINT-BERNARD, PAROISSE (CATH.)

Jetté, Irenée et co-aut., comp. Mariages du
comté de Saint-Jean, 1828-1950 . . .

LA CONCEPTION, QUÉ. IMMACULÉE-CONCEPTION, PAROISSE (CATH.)

Rivest, Lucien, c.s.v., comp. Mariages du
comté de Labelle (du début des paroisses à
1960 incl.) . . .

LA DURANTAYE, QUÉ. SAINT-GABRIEL, PAROISSE (CATH.)

Goulet, Joseph Napoléon, comp. Mariages et nécrologe d'Armagh, 1827-1973, comté de Bellechasse et St-Gabriel de la Durantaie, 1910-1973 . . .

LA DURANTAYE, QUÉ. SAINT-MICHEL, PAROISSE (CATH.) *voir:* SAINT-MICHEL DE BELLECHASSE, QUÉ. SAINT-MICHEL, PAROISSE (CATH.)

LAFONTAINE, ONT. SAINTE-CROIX, PAROISSE (CATH.)

Houle, Hubert A., s.c. comp. Répertoire des mariages de Lafontaine, Penetanguishene et Perkinsfield, de la baie Georgienne (1856-1975) . . .

LAGACÉVILLE, N.-B. SAINT-AUGUSTIN, PAROISSE (CATH.)

Lagacéville, N.-B., Saint-Augustin, paroisse (cath.) Registres de la paroisse, 1907-1920.
Mss. Microfilm. 1 bobine.
Archives acadiennes, Moncton, N.-B.

LA MACAZA, QUÉ. NOTRE-DAME-DU-DIVIN-PASTEUR, PAROISSE (CATH.)

Rivest, Lucien, c.s.v., comp. Mariages du comté de Labelle (du début des paroisses à 1960 incl.) . . .

LAMÈQUE, N.-B. NOTRE-DAME-DES-FLOTS, PAROISSE (CATH.)

Société historique de St-Denys. Index des mariages de Lamèque, 1849-1919 . . .

LAMÈQUE, N.-B. SAINT-URBAIN, PAROISSE (CATH.)

Lamèque, N.-B., Saint-Urbain, paroisse (cath.) Registres de la paroisse, 1841-1883.
Mss. Originaux. Reproductions photographiques. 1 pouce. Microfilm. 2 bobines.
Archives acadiennes, Moncton, N.-B.

LA MINERVE, QUÉ. SAINTE-MARIE, PAROISSE (CATH.)

Rivest, Lucien, c.s.v., comp. Mariages du comté de Labelle (du début des paroisses à 1960 incl.) . . .

LANCASTER, N.B. ANGLICAN CHURCH.

Lancaster, N.B. Parish Church (Anglican). Baptisms, 1874-1912; marriages, 1874-1909; burials, 1874-1912.
Mss. Microfilm. 15 feet.
Provincial Archives of New Brunswick, Fredericton, N.B.

St. John County, N.B. Parish of Lancaster . . . twenty-four marriage licences, 1852-1857 . . .
Mss. Original.
New Brunswick Museum, St. John, N.B.

L'ANGE-GARDIEN, QUÉ. (COMTÉ DE MONTMORENCY). PAROISSE (CATH.)

L'Ange-Gardien, Qué., paroisse (cath.) Registres des baptêmes, mariages et sépultures, 1777-1780.
Mss. Microfilm. 1 bobine.
Archives acadiennes, Moncton, N.-B.
L'Ange-Gardien, Qué., paroisse (cath.) Registres des sépultures, 1670-1677 . . .
Mss. Originaux.
Archives publiques du Canada, Ottawa, Ont.
Pontbriand, Benoit, comp. Mariages de L'Ange-Gardien (1664-1964) . . .

L'ANGE-GARDIEN, QUÉ. (COMTÉ DE ROUVILLE). PAROISSE (CATH.)

Jetté, René et Gérard E. Provencher, comp. Mariages de St-Césaire, 1822-1967; Rougement, 1886-1967; L'Ange-Gardien, 1857-1967; St-Paul d'Abbotsford, 1868-1967 . . .

L'ANNONCIATION , QUÉ., PAROISSE (CATH.)

Rivest, Lucien, c.s.v., comp. Mariages du comté de Labelle (du début des paroisses à 1960 incl.) . . .

LANORAIE, QUÉ. SAINT-JOSEPH, PAROISSE (CATH.)

Lanoraie, Qué., St-Joseph, paroisse (cath.) Registres des baptêmes, mariages et sépultures, 1762.
Mss. Microfilm. 1 bobine.
Archives acadiennes, Moncton, N.-B.

Rivest, Lucien, c.s.v., comp. Mariages du comté de Berthier de début des paroisses à 1960 incl. . . .

LANTIER, QUÉ. SAINTE-MARIA-GORETTI, PAROISSE (CATH.)

Rivest, Lucien, c.s.v., comp. Mariages du comté de Terrebonne (du début des paroisses à 1960 incl.) . . .

LA PATRIE, QUÉ. SAINT-PIERRE, PAROISSE (CATH.)

Lambert, Raymond. Personnes nées à La Patrie, Qué. et mariées aux États-Unis.
Dans: L'Entraide généalogique 2: (1) 31-35 '79/80.

Société généalogique des Cantons de l'Est. Répertoire des mariages du comté de Compton dans les Cantons de l'Est . . . (19 paroisses du début à 1950 incl.) . . .

LA POCATIÈRE, QUÉ. SAINTE-ANNE, PAROISSE (CATH.)

Ouellet, Joseph Eugène, comp. Répertoire des mariages de Sainte-Anne-de-la-Pocatière, comté de Kamouraska, 1715-1965 . . .

LAPRAIRIE, QUÉ. (COMTÉ). PAROISSES.

Jetté, Irenée, comp. Mariages du comté de Laprairie, 1751-1972 . . .

LAPRAIRIE, QUÉ. CHRIST-ROI, PAROISSE (CATH.)

Jetté, Irenée, comp. Mariages du comté de Laprairie, 1751-1972 . . .

LAPRAIRIE, QUÉ. LA NATIVITÉ-DE-LA-BIENHEUREUSE-VIERGE-MARIE, PAROISSE (CATH.)

Jetté, Irenée et Benoit Pontbriand, comp. Mariages de Laprairie (Nativité-de-la-B.V.), 1670-1968 . . .

Laprairie, Qué., La Nativité, paroisse (cath.) Registres des baptêmes, mariages et sépultures, 1729-1851.
> Mss. Originaux. 5 pieds. 1729-1851.
> Archives nationales du Québec, Montréal, Qué.

Laprairie, Qué., La Nativité-de-la-Bien-heureuse-Vierge-Marie, paroisse (cath.) Registres des baptêmes, mariages et sépultures, 1760-1851.
> Mss. Microfilm. 2 bobines.
> Archives acadiennes, Moncton, N.-B.

LAPRAIRIE, QUÉ. PAROISSE PRESBYTÉRIENNE.

Laprairie, Qué. Église presbytérienne. Registres de la paroisse, 1828, 1838-1842, 1844.
> Mss. Originaux. 3 pouces.
> Archives nationales du Québec, Montréal, Qué.

LAPRAIRIE, QUE. PRESBYTERIAN CHURCH.

Laprairie, L.C.. Presbyterian Church . . . Registers of baptisms, marriages and burials, 15 Feb. - 9 Dec., 1839 and 17 Jan., 1842 - 23 Sept., 1843.
> Mss. Original.
> McGill University Library, Montreal, Que.

LAPRAIRIE, QUÉ. SAINT-JACQUES-LE-MINEUR, PAROISSE (CATH.)

Jetté, Irenée, comp. Complément à St-Jacques-le-Mineur: mariages du comté de Laprairie, 1751-1972 . . .

LAPRAIRIE, QUE. SAINT LUKE'S ANGLICAN CHURCH.

Laprairie, Ont. St. Luke's (Anglican) Church. Parish registers, 1830-1850.
> Mss. Original. 6 inches.
> Archives nationales du Québec, Montréal, Qué.

LAPRAIRIE, QUÉ. SAINT-PHILIPPE, PAROISSE (CATH.)

St-Philippe-de-Laprairie, Qué., paroisse (cath.) Registres des baptêmes, mariages et sépultures, 1752-1848.
> Mss. Originaux. 4 pouces.
> Archives nationales du Québec, Montréal, Qué.

LA PRÉSENTATION, QUÉ. PAROISSE (CATH.)

Borduas, Jean Rodolphe, comp. Livre généalogique de toutes les familles qui ont habité la paroisse de La Présentation depuis sa fondation en 1806 jusqu'à et non compris l'année 1950 . . .

Jetté, René, comp. Mariages du comté de St-Hyacinthe (1806-1967) . . .

LA ROCHELLE, QUÉ. PAROISSE (CATH.)

Jetté, René et Benoit Pontbriand, comp. Mariages du comté de Shefford (1846-1968) . . .

LA SARRE, QUÉ. SAINT-ANDRÉ, PAROISSE (CATH.)

Leboeuf, Léopold et Guy Bussière, comp. Répertoire des mariages de La Sarre (paroisse St-André), 1917-1971 . . .

L'ASCENSION, QUÉ. PAROISSE (CATH.)

Rivest, Lucien, c.s.v., comp. Mariages du comté de Labelle (du début des paroisses à 1960 incl.) . . .

L'ASSOMPTION, QUÉ. PAROISSE (CATH.)

Detroit, Michigan, paroisses (cath.) Registres des baptêmes, mariages et sépultures du fort de Pontchartrain, 1703-1800 . . .
> Mss. Originaux. 11 p. Copie. 11 pouces. 1703-1800, 1730.
> Archives publiques du Canada, Ottawa, Ont.

L'Assomption, Qué., paroisses (cath.) Registres des baptêmes, mariages et sépultures, 1760-1799.
> Mss. Microfilm. 2 bobines.
> Archives acadiennes, Moncton, N. B.

Rivest, Lucien, c.s.v., comp. Mariages du comté de l'Assomption (du début des paroisses à 1960 incl.) . . .

L'ASSOMPTION, QUÉ. (COMTÉ). PAROISSES (CATH.)

Rivest, Lucien, c.s.v., comp. Répertoire des mariages du comté des Deux-Montagnes, du début de la colonie jusqu'à 1960 . . .
> Mss. Copie. 9 pieds 3 pouces. 1600-1960. Archives nationales du Québec, Québec, Qué.

LATERRIÈRE, QUÉ. NOTRE-DAME, PAROISSE (CATH.)

Bélanger, Léonidas, comp. Les mariages de la région: mariages de Notre-Dame de Laterrière, 1855-1870.
> *Dans:* Saguenayensia 4: (5) 108-110 sept./oct. '62; 4: (6) 131-134 nov./déc. '62; 5: (1) 35-36 janv./fév. '63.

LAUZON, QUÉ. SAINT-JOSEPH-DE-LA-POINTE-DE-LÉVY, PAROISSE (CATH.)

Talbot, Éloi-Gérard et Guy St-Hilaire, comp. Mariages de Lauzon (St-Joseph-de-la-Pointe-de-Lévy), 1679-1965 . . .

LAVAL, QUÉ. SAINTE-ROSE, PAROISSE (CATH.)

Laval, Qué., Ste-Rose, paroisse (cath.) Registres des baptêmes, mariages et sépultures, 1796-1850.
> Mss. Copie. 1 pied 4 pouces. Archives publiques du Canada, Ottawa, Ont.

LAVALTRIE, QUÉ. SAINT-ANTOINE, PAROISSE (CATH.)

Campagna, Dominique, comp. Répertoire des mariages de Lavaltrie (Saint-Antoine de Laval-trie, comté de Berthier), 1716-1960 . . .

Hêtu, Jean C. et Yvon Duplessis, comp. Sépultures de Sainte-Antoine de Lavaltrie, 1732-1975 . . .

Rivest, Lucien, c.s.v., comp. Mariages du comté de Berthier du début des paroisses à 1960 incl. . . .

L'AVENIR, QUÉ. SAINT-PIERRE, PAROISSE (CATH.)

Laliberté, Jean-Marie et Benoit Pontbriand, comp. Mariages de la région de Drummondville (1850-1967) . . .

LA VERNIÈRE, QUÉ. SAINT-PIERRE, PAROISSE (CATH.)

L'Étang-du-Nord, Qué. Saint-Pierre, paroisse (cath.) Registres de la paroisse de Saint-Pierre-à-l'Étang du Nord, aujourd'hui La Vernière, Îles-de-la-Madeleine, 1845-1875.
> Mss. Reproductions photographiques. 103 p. Archives acadiennes, Moncton, N.-B.

LA VISITATION, QUÉ. LA VISITATION-DE-LA-BIENHEUREUSE-VIERGE-MARIE, PAROISSE (CATH.)

Parenteau, B., J.M. Laliberté et B. Pont-briand, comp. Mariages du comté d'Yamaska, 1846-1964 . . .

LAWRENCEVILLE, QUÉ. SAINT-LAURENT, PAROISSE (CATH.)

Jetté, René et Benoit Pontbriand, comp. Mariages du comté de Shefford (1846-1968) . . .

LEFAIVRE, ONT. SAINT-THOMAS, PAROISSE (CATH.)

Hamelin, Julien, s.c. et Hubert A. Houle, s.c., comp. Répertoire des mariages du comté de Prescott (Ontario) . . .

LEMIEUX, ONT. SAINT-JOSEPH, PAROISSE (CATH.)

Hamelin, Julien, s.c. et Hubert A. Houle, s.c., comp. Répertoire des mariages du comté de Prescott (Ontario) . . .

LENNOXVILLE, QUÉ. SAINT-ANTOINE, PAROISSE (CATH.)

Société généalogique des Cantons de l'Est. Répertoire des mariages (catholique) du comté de Sherbrooke (du début à 1970 incl.) . . .

L'ÉPIPHANIE, QUÉ., PAROISSE (CATH.)

Rivest, Lucien, c.s.v., comp. Mariages de l'Épiphanie (1857-1er juin 1960) . . .

Rivest, Lucien, c.s.v., comp. Mariages du comté de l'Assomption du début des paroisses à 1960 incl. . . .

LEPREAU, N.B. SAINT ANNE'S ANGLICAN CHURCH.

Lepreau, N.B. Saint Anne's (Anglican) Church. Baptisms, marriages and burials, 1861-1970 . . .
> Mss. Microfilm. Provincial Archives of New Brunswick, Fredericton, N.B.

LESAGE, QUÉ. SAINT-FRANÇOIS-XAVIER, PAROISSE (CATH.)

Rivest, Lucien, c.s.v., comp. Mariages du comté de Terrebonne (du début des paroisses à 1960 incl.) . . .

LES CÈDRES, QUÉ. SAINT-JOSEPH-DE-SOULANGES, PAROISSE (CATH.)

Houle, Hubert A., s.c., comp. Mariages du comté de Soulanges . . . (depuis la fondation de la première paroisse en 1752 jusqu'à nos jours) . . .

Les Cèdres, Qué., Saint-Joseph, paroisse
(cath.) Registres des baptêmes, mariages et
sépultures, 1760-1780.
> Mss. Microfilm. 1 bobine.
> Archives acadiennes, Moncton, N.-B.

LES ÉCUREUILS, QUÉ. SAINT-JEAN-BAPTISTE, PAROISSE (CATH.)

Les Écureuils, Qué., Saint-Jean-Baptiste,
paroisse (cath.) Registres de baptêmes, mariages
et sépultures, 1755-1780.
> Mss. Microfilm. 1 bobine.
> Archives acadiennes, Moncton, N.-B.

Pontbriand, Benoit, comp. Mariages du comté
de Portneuf (1881-1950) . . .

Pontbriand, Benoit, comp. Répertoire des
mariages de Les Écureuils (1742-1900) . . .

LES MINES, QUÉ. SAINT-ÉLOI, PAROISSE (CATH.)

Pontbriand, Benoit, comp. Mariages du comté
de Portneuf (1881-1950) . . .

L'ÉTANG-DU-NORD, QUÉ. SAINT-PIERRE, PAROISSE (CATH.) voir: LA VERNIÈRE, QUÉ. SAINT-PIERRE, PAROISSE (CATH.)

LÉVIS, QUÉ. (COMTÉ). PAROISSES (CATH.)

Talbot, Éloi-Gérard et Benoit Pontbriand,
comp. Mariages de St-Jean-Chrysostome
(1830-1966) et St-Romuald d'Etchemin
(1854-1966) . . .

LÉVIS, QUÉ. NOTRE-DAME, PAROISSE (CATH.)

Pontbriand, Benoit, comp. Mariages de la ville
de Lévis (1852-1950), Notre-Dame (1852), Bienville (1896), Ste-Jeanne d'Arc (1920) . . .

Tessier, G. Robert et René Bureau, comp.
Notre-Dame de Lévis (1851-1900) . . .

LÉVIS, QUÉ. SAINT-JOSEPH-DE-LA-POINTE-LÉVIS, PAROISSE (CATH.)

Lévis, Qué., Saint-Joseph-de-la-Pointe-Lévis,
paroisse (cath.) Registres de baptêmes, mariages
et sépultures, 1763-1780.
> Mss. Microfilm. 1 bobine.
> Archives acadiennes, Moncton, N.-B.

LÉVIS, QUÉ. SAINTE-JEANNE-D'ARC, PAROISSE (CATH.)

Pontbriand, Benoit, comp. Mariages de la ville
de Lévis (1852-1950), Notre-Dame (1852), Bienville (1896), Sainte-Jeanne d'Arc (1920) . . .

LIMBOUR, QUÉ. SAINT-ALEXANDRE, PAROISSE (CATH.)

Rivest, Lucien, c.s.v., comp. Mariages du
comté de Gatineau (du début des paroisses à
1964 incl.) . . .

LIMOGES, ONT. SAINT-VIATEUR, PAROISSE (CATH.)

Hamelin, Julien, s.c., comp. Répertoire des
mariages du comté de Russell (Ontario) . . .
1858-1972 . . .

LINGWICK, QUÉ. SAINTE-MARGUERITE, PAROISSE, (CATH.)

Société généalogique des Cantons de l'Est.
Répertoire des mariages du comté de Compton
dans les Cantons de l'Est . . . (19 paroisses du
début à 1950 incl.) . . .

L'ISLET, QUÉ. (COMTÉ). PAROISSES.

Talbot, Éloi-Gérard, s.m. Généalogie des
familles originaires des comtés de Montmagny,
L'Islet, Bellechasse . . .

L'ISLET, QUÉ. SAINT-CYRILLE-DE-LESSARD, PAROISSE (CATH.) voir: SAINT-CYRILLE-DE-LESSARD, QUÉ., PAROISSE (CATH.)

L'ISLET-SUR-MER, QUÉ. NOTRE-DAME-DE-BONSECOURS, PAROISSE (CATH.)

Proulx, Armand, comp. Mariages de Notre-
Dame de Bonsecours, L'Islet-sur-Mer,
1679-1973, et L'Isletville, 1962-1972 . . .

L'ISLETVILLE, QUÉ. SAINT-OMER, PAROISSE (CATH.)

Proulx, Armand, comp. Mariages de Notre-
Dame de Bonsecours, L'Islet-sur-Mer,
1679-1973, et L'Isletville, 1962-1972 . . . (Éd.
1974).

Proulx, Armand, comp. Mariages de Notre-
Dame de Bonsecours, L'Islet-sur-Mer,
1679-1973, et L'Isletville, 1962-1972 . . . (Éd.
1977).

Proulx, Armand, comp. Répertoire des
mariages de St-Eugène de L'Islet, 1868-1972, 2e
éd.; de L'Isletville (St-Omer), 1962-1972 . . .
(Publié en 1967).

LITCHFIELD, QUE. ANGLICAN CHURCH.

Clarendon, Que. Anglican Church. Extracts of
births, baptisms and marriages, 1823-1839, of
individuals in Clarendon, taken from the
registers of St. James' Anglican Church, Hull
. . .
> Mss. Microfilm. 2 reels.
> Public Archives of Canada, Ottawa, Ont.

LITCHFIELD, QUE. UNITED CHURCH.

Shawville, Que. United Church. Parish registers of the Baptist, Presbyterian and Methodist predecessors of Shawville United Church in Litchfield, Clarendon and Portage-du-Fort . . .
Mss. Microfilm. 2 reels.
Public Archives of Canada, Ottawa, Ont.

LITTLE GRAND RAPIDS, MAN. LITTLE GRAND RAPIDS UNITED CHURCH.

Little Grand Rapids, Man. Little Grand Rapids United Church. . . . Baptisms, 1922-1960; marriages, 1927-1961; deaths, 1927-1961 . . .
Mss. Photocopies.
Provincial Archives of Manitoba, Winnipeg, Man.

LIVERPOOL, N.S. TRINITY ANGLICAN CHURCH.

Liverpool, N.S. Trinity (Anglican) Church. Parish register . . . 1819-1869.
Mss. Transcripts. 237 p. 1819-1869.
Public Archives of Canada, Ottawa, Ont.

LONDON, ONT. PRESBYTERIAN CHURCH.

Proudfood, William (1788-1851) . . . Marriages and baptisms performed by Rev. Proudfoot, 1833-1848 . . .
Mss. Microfilm.
Archives of Ontario, Toronto, Ont.

Proudfoot, John James Aitchison (1821-1903). Record of baptisms performed by Reverend John J.A. Proudfoot, Presbyterian minister in the St. Mary's district. Index prepared by Leslie R. Gray.
Mss. Original. 307 p. 1848-1850.
London Public Library and Museum, London, Ont.

LONDON, ONT. ROBINSON MEMORIAL UNITED CHURCH.

London, Ont. Robinson Memorial United Church. . . . Registers, 1912-1961.
Mss. 1 1/2 inches.
University of Western Ontario Library, London, Ont.

LONDON, ONT. SAINT MARY'S PRESBYTERIAN CHURCH.

London, Ont. Presbyterian Church. Records of marriages performed in London, Ont., 1835-1850, by Rev. William Proudfoot; and of baptisms performed at St. Mary's, Ont., 1848-1850, by Rev. William Proudfoot.
Mss. Transcripts. 11 p.
Archives of Ontario, Toronto, Ont.

LONDON, ONT. SAINT PAUL'S ANGLICAN CHURCH.

London, C.W. St. Paul's (Anglican) Church. Parish register of baptisms and marriages, 1829-1846.
Mss. Transcripts. 36 p.
Public Archives of Canada, Ottawa, Ont.

London, Ont. St. Paul's (Anglican) Church. Burial register, 1852-1881.
Mss. Microfilm. 1 reel.
University of Western Ontario Library, London, Ont.

LONDON, ONT. UNITED PRESBYTERIAN CONGREGATION.

London, Ont. United Presbyterian Congregation. Marriage register, 1858-1880.
Mss. Original. 2 p.
London and Middlesex Historical Society, London, Ont.

LONDONDERRY, N.S. SAINT PAUL'S ANGLICAN CHURCH.

Londonderry, N.S. St. Paul's (Anglican) Church. Parish register, 1873-1889.
Mss. Transcripts. 35 p.
Public Archives of Canada, Ottawa, Ont.

LONGUE-POINTE, QUÉ. SAINT-FRANÇOIS-D'ASSISE, PAROISSE (CATH.)

Longue-Pointe, Qué. Saint-François-d'Assise, paroisse (cath.) Registres de baptêmes, mariages et sépultures, 1724-1849.
Mss. Originaux. 3 pieds.
Archives nationales du Québec, Montréal, Qué.

Mariages de St-François d'Assise de la Longue-Pointe, 1724-1975 . . .

LONGUEUIL, QUÉ. SAINT-ANTOINE, PAROISSE (CATH.)

Longueuil, Qué. Saint-Antoine, paroisse (cath.) Registres de baptêmes, mariages et sépultures, 1669-1848.
Mss. Originaux. 6 pieds.
Archives nationales du Québec, Montréal, Qué.

Longueuil, Qué. Saint-Antoine, paroisse (cath.) Registres de baptêmes, mariages et sépultures, 1760-1780.
Mss. Microfilm. 1 bobine.
Archives acadiennes, Moncton, N.B.

LORETTEVILLE, QUÉ. SAINT-AMBROISE, PAROISSE (CATH.)

Provencher, Gérard E. Corrections aux répertoires . . .
Dans: L'Ancêtre 2: (2) 86 oct. '75.

Provencher, Gérard E., comp. Mariages de Loretteville (St-Ambroise de la Jeune-Lorette), 1761-1969, et Village des Hurons (Notre-Dame de Lorette), 1904-1969 . . .

L'ORIGNAL, ONT. REGISTERS.

Dundas, Ont. Certificates of marriages performed by licenses by Andrew Bell at Dundas, Ancaster and West Flamboro, 1848-1852, and at L'Orignal, 1854-1856. Ten additional certificates of marriages solemnized by Mr. Bell at L'Orignal and Hawkesbury and in the township of West Hawkesbury, Lochiel and Caledonia.
Mss. Original. 107 p.
Public Archives of Canada, Ottawa, Ont.

L'ORIGNAL, ONT. SAINT-JEAN-BAPTISTE, PAROISSE (CATH.)

Hamelin, Julien, s.c. et Hubert A. Houle, s.c., comp. Répertoire des mariages du comté de Prescott, (Ontario) . . .

Provencher, Gérard E., comp. Mariages de l'Outaouais, vol. 5 . . .

LOTBINIÈRE, QUÉ. (COMTÉ). PAROISSES (CATH.)

Pontbriand, Benoit, comp. Mariages du comté de Lotbinière comprenant les paroisses de Deschaillons, (1744-1950), Fortierville, Parisville, Villeroy, Ste-Françoise et Joly . . .

LOTBINIÈRE, QUÉ. SAINT-LOUIS-DE-LOTBINIÈRE, PAROISSE (CATH.)

Saint-Louis de Lotbinière, Qué., paroisse (cath.) Registres de baptêmes, mariages et sépultures, 1755-1780.
Mss. Microfilm. 1 bobine.
Archives acadiennes, Moncton, N.-B.

Talbot, Éloi-Gérard, s.m. et Benoit Pontbriand, comp. Mariages de Lotbinière, St-Louis de Lotbinière, 1692-1965 . . .

LOUISBOURG, N.-É. SAINT-JOSEPH, MISSIONS.

France. Archives des Colonies. Série G-1 . . .
Mss. Copie. 9 pieds. Microfilm. 25 bobines.
Archives publiques du Canada, Ottawa, Ont.

Louisbourg, N.-É. Registres paroissiaux. Registres de la paroisse, 1722-1758.
Mss. Microfilm. 3 bobines.
Archives acadiennes, Moncton, N.-B.

LOUISEVILLE, QUÉ. SAINT-ANTOINE-DE-PADOUE, PAROISSE (CATH.)

Campagna, Dominique, s.c., comp. Répertoire des mariages de la paroisse Saint-Antoine-de-la-Rivière-du-Loup, ou Louiseville . . .

Louiseville, Qué. Saint-Antoine, paroisse (cath.) Registres de baptêmes, mariages et sépultures, 1778-1780.

Mss. Microfilm. 1 bobine.
Archives acadiennes, Moncton, N.-B.

Saint-François-du-Lac, Qué., paroisse (cath.)
Registres des baptêmes, mariages et sépultures de St-François-du-Lac et des endroits environnants (dont Rivière-du-Loup ou Louiseville, 1688-1693), 1687-1763, et quelques extraits, 1808-1836. Index des mariages de St-François-du-Lac, 1687-1763.
Mss. Copie. 5 pouces.
Archives publiques du Canada, Ottawa, Ont.

LOUISIANE, NATCHITOCHES, PAROISSE (CATH.)

Louisiane. Natchitoches, paroisse (cath).
Registres de baptêmes, mariages et sépultures, 1729-1792.
Mss. Microfilm. 1 bobine.
Archives nationales du Québec, Québec, Qué.

Louisiane, paroisses (cath). Registres d'état civil des paroisses suivantes: Saint-Gabriel d'Iberville, St-Martin des Atakapas (Martinville), Pointe-Coupée, Saint-Landry des Oupelousas et des Natchitoches.
Mss. Copie. 3 1/2 pouces. Reproductions photographiques. 2 pouces. Microfilm. 2 bobines. 1729-1859.
Archives publiques du Canada, Ottawa, Ont.

LOUISIANE, POINTE-COUPÉE, PAROISSE (CATH.)

Louisiane, paroisses (cath). Registres d'état civil des paroisses suivantes: Saint-Gabriel d'Iberville, St-Martin des Atakapas (Martinville), Pointe-Coupée, Saint-Landry des Oupelousas et des Natchitoches.
Mss. Copie. 3 1/2 pouces. Reproductions photographiques. 2 pouces. Microfilm. 2 bobines. 1729-1859.
Archives publiques du Canada, Ottawa, Ont.

LOUISIANE, REGISTRES.

France. Archives des Colonies. Série G-1. Registres de l'état civil, recensement et documents divers. Registres des baptêmes, mariages et sépultures de la Guyane, Louisbourg, Île Royale, l'Île Saint-Jean, la Louisiane, et de Saint-Pierre-et-Miquelon . . . 1666-1881 . . .
Mss. Copie. 9 pieds. Microfilm. 25 bobines.
Archives publiques du Canada, Ottawa, Ont.

LOUISIANE, ST-CHARLES, PAROISSE (CATH.)

Louisiane. St-Charles, paroisse (cath). Registres d'état civil, 1740-1800.
Mss. Microfilm. 12 bobines.
Archives acadiennes, Moncton, N.-B.

LOUISIANE, ST-GABRIEL D'IBERVILLE, PAROISSE (CATH.)

Louisiane, paroisses (cath). Registres d'état civil des paroisses suivantes: Saint-Gabriel d'Iberville, St-Martin des Atakapas (Martinville), Pointe-Coupée, Saint-Landry des Oupelousas et des Natchitoches.
    Mss. Copie. 3 1/2 pouces. Reproductions photographiques. 2 pouces. Microfilm. 2 bobines. 1729-1859.

Louisiane, Saint-Gabriel d'Iberville, paroisse (cath). Registres de baptêmes et mariages.
    Mss. Microfilm. 1 bobine.
    Archives nationales du Québec, Québec, Qué.

LOUISIANE, SAINT-LANDRY DES OUPE-LOUSAS, PAROISSE (CATH.)

Louisiane, paroisses (cath.) Registres d'état civil des paroisses suivantes: Saint-Gabriel d'Iberville, St-Martin des Atakapas (Martinville), Pointe-Coupée, Saint-Landry des Oupelousas et des Natchitoches.
    Mss. Copie. 3 1/2 pouces. Reproductions photographiques. 2 pouces. Microfilm. 2 bobines. 1729-1859.

Louisiane. Saint-Landry-des-Oupelousas, paroisse (cath). Registres de baptêmes, mariages et sépultures, 1776-1806.
    Mss. Microfilm. 1 bobine.
    Archives nationales du Québec, Québec, Qué.

Louisiane. Saint-Landry-des-Oupelousas, paroisse (cath). Registres de la paroisse: baptêmes, 1776-1785; mariages, 1784-1795; sépultures, 1779-1806.
    Mss. Microfilm. 1 bobine.
    Archives acadiennes, Moncton, N.-B.

LOUISIANE, SAINT-MARTIN DES ATAKAPAS, PAROISSE (CATH.)

Louisiane, paroisses (cath). Registres d'état civil des paroisses suivantes: Saint-Gabriel d'Iberville, St-Martin des Atakapas (Martinville), Pointe Coupée, Saint-Landry des Oupelousas et des Natchitoches.
    Mss. Copie. 3 1/2 pouces. Reproductions photographiques. 2 pouces. Microfilm. 2 bobines. 1729-1859.

LOWER CANADA. MARRIAGE BONDS.

Marriage Bonds. Lower Canada.
    Files. Doc. RG 4-B28. 5 drawers.
    National Library of Canada. Genealogical Section, Ottawa, Ont.

LUNENBURG, N.S. BAPTIST CHURCH.

Lunenburg, N.S. Baptist Church. Records, 1809-1870, including the registration of births, 1816-1870; marriages, 1819-1856; and burials, 1819-1958.

Mss. Transcripts. 58 p.
    Public Archives of Canada, Ottawa, Ont.

Lunenburg, N.S. Baptist Church. . . . Registration of births, 1816-1970; marriages, 1819-1856; and burials, 1819-1958.
    Mss. Transcripts. 58 p.
    Public Archives of Canada, Ottawa, Ont.

LUNENBURG, N.S. DUTCH REFORMED CONGREGATION.

Lunenburg, N.S. Dutch Reformed Congregation. Registers of baptisms, 1770-1926; marriages, 1770-1855, 1880-1927; burials, 1771-1854, 1880-1927 . . .
    Mss. Microfilm.
    Public Archives of Canada, Ottawa, Ont.

LUNENBURG, N.S. METHODIST CHURCH.

Baptismal and marriage records . . .
    Mss. Photocopies. 39 p. 1815-1837.
    Public Archives of Canada, Ottawa, Ont.

LUNENBURG, N.S. PRESBYTERIAN CHURCH.

Osnabruck and Lunenburg, Ont. Presbyterian church registers. Registers of baptisms and deaths of the Free Presbyterian Church of Osnabruck, 1849-1909, and marriage registers for the Congregation of the Canada Presbyterian Church of Lunenburg and Osnabruck, 1860-1900.
    Ms. Photocopies. 2 inches.
    Public Archives of Canada, Ottawa, Ont.

LUNENBURG, N.S. SAINT JOHN'S ANGLICAN CHURCH.

Lunenburg, N.S. St. John's (Anglican) Church . . . Register, 1852-1869.
    Ms. Transcripts. 4 inches.
    Public Archives of Canada, Ottawa, Ont.

LUSKVILLE, QUE. SAINT-DOMINIQUE D'EARDLEY, PAROISSE (CATH.)

Jean, Georges L., comp. Répertoire des mariages de Luskville, St-Dominique d'Eardley, comté de Gatineau, 1886-1963 . . .

Rivest, Lucien, c.s.v., comp. Mariages du comté de Gatineau (du début des paroisses à 1964 incl.) . . .

LUSKVILLE, QUÉ. voir aussi sous: EARDLEY, QUÉ.

LYSTER, QUÉ. SAINTE-ANASTASIE, PAROISSE (CATH.)

Lapointe, J.A., comp. Mariages (Mégantic): Inverness, fondation à 1900; Ste-Anastasie (Lyster), fondation à 1900; Ste-Sophie, fondation à 1900; St-Adrien d'Irlande, depuis ses débuts à 1900 . . .

Ms.
Archives nationales du Québec, Québec,
Qué.

MACCAN, N.-B., PAROISSE (CATH.)

Brun, Régis. Brin d'histoire de Menoudie, Nappan, et Maccan.
Dans: Soc. hist. acad. Cahier. 2: (3) 90-136
oct. '66.

MACCAN, N.B. REGISTERS.

Cumberland County, N.S. Registers of births,
marriages and deaths for Franklin Manor, Ely-
sian Fields, Maccan and Nappan, 1757-1817
and 1832-1837.
Mss. Photocopies. 1757-1837.
Archives acadiennes, Moncton, N.-B.
Cumberland County, N.S. Register of mar-
riages, births and deaths in the Districts of
Franklin Manor, Elysian Fields, Maccan and
Nappan, 1746-1847.
Mss. Photocopies. 31 p.
Public Archives of Canada, Ottawa, Ont.

MADAWASKA, N.-B. SAINT-BASILE, PAROISSE (CATH.) *voir:* SAINT-BASILE, N.-B., PAROISSE (CATH.)

MAGOG, QUÉ. SAINT-JEAN-BOSCO, PAROISSE (CATH.)

Société généalogique des Cantons de l'Est.
Répertoire des mariages catholiques, comté de
Stanstead dans les Cantons de l'Est . . . (19
paroisses du début à 1950 incl.) . . .

MAGOG, QUÉ. SAINT-PATRICE, PAROISSE (CATH.)

Société généalogique des Cantons de l'Est.
Répertoire des mariages catholiques, comté de
Stanstead dans les Cantons de l'Est . . . (19
paroisses du début à 1950 incl.) . . .

MAGOG, QUÉ. SAINTE-MARGUERITE-MARIE, PAROISSE (CATH.)

Société généalogique des Cantons de l'Est.
Répertoire des mariages catholiques, comté de
Stanstead dans les Cantons de l'Est . . . (19
paroisses du début à 1950 incl.) . . .

MAHONE BAY, N.S. SAINT JAMES' ANGLICAN CHURCH.

Mahone Bay, N.S. St. James' (Anglican)
Church . . . Parish registers, 1844-1870 . . .
Mss. Transcripts. 154 p.
Public Archives of Canada, Ottawa, Ont.

MAILLARDVILLE, C.-B. PAROISSES (CATH.)

Legault, Albert, s.s.s. Maillardville (Colombie-
Britannique), 1911-1950 . . .
Archives nationales du Québec, Québec,
Qué.

MAISONNETTE, N.-B. SAINT-THÉOPHILE, PAROISSE (CATH.)

Maisonnette, N.-B. Saint-Théophile, paroisse
(cath.) Registre de la paroisse, 1912-1920.
Mss. Microfilm. 1 bobine.
Archives acadiennes, Moncton, N.-B.

MALPÈQUE, Î.-P.-É. *voir sous:* MISCOUCHE, Î.-P.-É.

MANIWAKI, QUÉ. CHRIST-ROI, PAROISSE (CATH.)

Rivest, Lucien, c.s.v., comp. Mariages du
comté de Gatineau (du début des paroisses à
1964 incl.) . . .

MANIWAKI, QUÉ. L'ASSOMPTION, PAROISSE (CATH.)

Rivest, Lucien, c.s.v., comp. Mariages du
comté de Gatineau (du début des paroisses à
1964 incl.) . . .

MANIWAKI, QUÉ. NOTRE-DAME-DU-ROSAIRE, PAROISSE (CATH.)

Rivest, Lucien, c.s.v., comp. Mariages du
comté de Gatineau (du début des paroisses à
1964 incl.) . . .

MANIWAKI, QUÉ. SAINT-PATRICE, PAROISSE (CATH.)

Rivest, Lucien, c.s.v., comp. Mariages du
comté de Gatineau (du début des paroisses à
1964 incl.) . . .

MANOR, N.S. REGISTERS.

Cumberland County, N.S. Register of mar-
riages, births, and deaths in the Districts of
Franklin Manor, Elysian Fields, Maccan and
Nappan, 1746-1847.
Mss. Photocopies. 31 p.
Public Archives of Canada, Ottawa, Ont.

MANSONVILLE, QUÉ. SAINT-CAJETAN, PAROISSE (CATH.)

Jetté, René et Marthe Beauregard, comp.
Mariages du comté de Brome . . .

MARGAREE, N.-É. SAINT-MICHEL, PAROISSE (CATH.)

Margaree, N.-É., Saint-Michel, paroisse (cath.)
Registres de la paroisse, 1806-1884.
Mss. Reproductions photographiques. 4
pouces. 1806-1884.
Archives acadiennes, Moncton, N.-B.

MARGAREE, N.S. REGISTERS.

Macfarlane, J. Malcolm, N.S. List of marriages in South West Margaree, N.S. . . .
Mss. Original.
Cape Bretoniana Archives. St. Francis Xavier University, Sydney Campus, Sydney, N.S.

MARICOURT, QUÉ., PAROISSE (CATH.)

Jetté, René et Benoit Pontbriand, comp. Mariages du comté de Shefford, 1848-1968 . . .

MARIEVILLE, QUÉ. SAINT-NOM-DE-MARIE, PAROISSE (CATH.)

Jetté, Irenée et René Jetté, comp. Mariages de Marieville, 1801-1968, et Ste-Angèle-de-Monnoir, 1865-1968 . . .

MARQUETTE, MAN. PRESBYTERIAN CIRCUIT.

Marquette West, Man. Presbyterian Circuit. Church records, 1876-1884, kept by Rev. J.S. Stewart pertaining mainly to the area of Marquette West in Manitoba, with some records pertaining to Ontario, the United States and the North West.
Mss. Original. 1/2 inch. 1876-1884.
Public Archives of Canada, Ottawa, Ont.

MARTINDALE, QUÉ. SAINT-MARTIN, PAROISSE (CATH.)

Rivest, Lucien, c.s.v., comp. Mariages du comté de Gatineau (du début des paroisses à 1964 incl.) . . .

MARTINVILLE, LOUISIANE. SAINT-MARTIN DES ATAKAPAS, PAROISSE (CATH.)

Louisiane, paroisses (cath.) Registres d'état civil des paroisses suivantes: Saint-Gabriel d'Iberville, St-Martin des Atakapas (Martinville), Pointe Coupée, Saint-Landry des Oupelousas et des Natchitoches.
Mss. Copie. 3 1/2 pouces. Reproductions photographiques. 2 pouces. Microfilm. 2 bobines, 1729-1859.
Archives publiques du Canada, Ottawa, Ont.

MARTINVILLE, QUÉ. SAINT-MARTIN, PAROISSE (CATH.)

Société généalogique des Cantons de l'Est. Répertoire des mariages du comté de Compton dans les Cantons de l'Est . . . (19 paroisses du début à 1950 incl.) . . .

MASBORO, QUÉ. SAINT-RENÉ-GOUPIL, PAROISSE (CATH.)

Société généalogique des Cantons de l'Est. Répertoire des mariages du comté de Frontenac (moitié sud-ouest du diocèse de Sherbrooke) . . . (10 paroisses du début à 1950 incl.) . . .

MASCOUCHE, QUÉ. SAINT-HENRI, PAROISSE (CATH.)

Mascouche, Qué. Saint-Henri, paroisse (cath.) Registres de baptêmes, mariages et sépultures, 1761-1785.
Mss. Microfilm. 1 bobine.
Archives acadiennes, Moncton, N.-B.

Rivest, Lucien, c.s.v., comp. Mariages du comté de l'Assomption du début des paroisses à 1960 incl. . . .

MASHAM, QUÉ. SAINTE-CÉCILE, PAROISSE (CATH.) voir: SAINTE-CÉCILE-DE-MASHAM, QUÉ, PAROISSE (CATH.)

MASKINONGÉ, QUÉ. SAINT-JOSEPH, PAROISSE (CATH.)

Campagna, Dominique, s.c., comp. Répertoire des mariages de Maskinongé, comté de Maskinongé, 1728-1966 . . .

Maskinongé, Qué. Saint-Joseph, paroisse (cath.) Registres de baptêmes, mariages et sépultures, 1774-1785.
Mss. Microfilm. 1 bobine.
Archives acadiennes, Moncton, N.-B.

MASSON, QUÉ. NOTRE-DAME-DES-NEIGES, PAROISSE (CATH.)

Provencher, Gérard E. et Georges L. Jean, comp. Mariages de l'Outaouais, vol. 1-2 . . .

MATANE, QUÉ. (COMTÉ). PAROISSES (CATH.)

Carbonneau, Charles Alphonse, comp. Tableau généalogique des mariages célébrés dans les paroisses du diocèse de Rimouski . . .

MATAPÉDIA, QUÉ. (COMTÉ). PAROISSES (CATH.)

Carbonneau, Charles-Alphonse, comp. Tableau généalogique des mariages célébrés dans les paroisses du diocèse de Rimouski . . .

MATAPÉDIA, QUÉ. SAINT-VIANNEY, PAROISSE (CATH.)

Bérubé, Léo, ptre., comp. Saint-Vianney de Matapédia: un demi-siècle de vie paroissiale, 1922-1972 . . .

MATILDA, ONT. ANGLICAN CHURCH.

Anglican Church: Williamsburg, Matilda and Edwardsburg Townships, Ont. Registers and other records of the United Mission of Williamsburg, Matilda and Edwardsburg Townships.
Mss. Microfilm. 75 feet. 1790-1886.
Public Archives of Canada, Ottawa, Ont.

MATILDA, ONT. UNITED CHURCH MISSIONS.

Anglican Church: Williamsburg, Matilda and Edwardsburg Townships, Ont. Registers and other records of the United Mission of Williamsburg, Matilda and Edwardsburg Townships.
Mss. Microfilm. 75 feet. 1790-1886.
Public Archives of Canada, Ottawa, Ont.

MAUGERVILLE, N.B. ANGLICAN CHURCH.

Maugerville, N.B. Parish Church (Anglican). Baptisms, 1787-1803; burials, 1788-1878 . . .
Mss. Microfilm. 15 feet. 1787-1878.
Provincial Archives of New Brunswick, Fredericton, N.B.

MCMASTERVILLE, QUÉ. SACRÉ-COEUR, PAROISSE (CATH.)

Jetté, Irenée et Benoit Pontbriand, comp. Mariages de Beloeil (St-Mathieu), 1772-1968; St-Marc, 1794-1968; et McMasterville, 1930-1967 . . .

MEMRAMCOOK, N.-B. SAINT-THOMAS, PAROISSE (CATH.)

Memramcook, N.-B. Saint-Thomas, paroisse (cath.) Registres de la paroisse, 1806-1866.
Mss. Reproductions photographiques.
1 pouce.
Archives acadiennes, Moncton, N.-B.

Memramcook, N.-B. Saint-Thomas, paroisse (cath.) Registres des baptêmes, 1806-1870; des mariages, 1806-1870; et des sépultures, 1807-1870.
Mss. Copie. 102 p. Microfilm. 1 bobine.
Archives publiques du Canada, Ottawa, Ont.

MENOUDIE, N.-É. SAINT-DENIS, PAROISSE (CATH.)

Brun, Régis. Brin d'histoire de Menoudi, Nappan et Maccan.
Dans: Soc. hist. acad. Cahier. 2: (3) 90-136 oct. '66.

Menoudie, N.-É. Saint-Denis, paroisse (cath.) Registre de la paroisse, 1849-1918.
Mss. Reproductions photographiques.
2 pouces.
Archives acadiennes, Moncton, N.-B.

MESSINES, QUÉ. SAINT-RAPHAEL, PAROISSE (CATH.)

Rivest, Lucien, c.s.v., comp. Mariages du comté de Gatineau (du début des paroisses à 1964 incl.) . . .

METABETCHOUAN, QUÉ. SAINT-JÉRÔME, PAROISSE (CATH.)

Bélanger, Léonidas, comp. Les mariages de la région: St-Jérôme, 1869-   . . .
Dans: Saguenayensia 10: (5) 125-128 '68; 10: (6) 153-156 '68; 11: (1) 13-16 '69; 11: (2) 41-44 '69; 11: (3) 69-72 '69; 11: (4) 97-100 '69; 11: (5) 125-128 '69; 11: (6) 151-154 '69; 12: (1) 13-16 '70; 12: (2) 41-44 '70; corrections: 12: (2) 43-44 '70.

MICHILIMACKINAC, SAINT-IGNACE, MISSION (CATH.)

Michilimackinac. Saint-Ignace, mission (cath.) Registres des baptêmes, mariages et sépultures de la mission Saint-Ignace (église Sainte-Anne), 1695-1799.
Mss. Copie. 1 pouce.
Archives publiques du Canada, Ottawa, Ont.

MIDDLETON, ONT. CHRIST ANGLICAN CHURCH.

West Gwillimbury Township, Ont. Anglican Churches. Baptisms, confirmations, marriages and burials of Christ Church, Middleton, 1848-1929.
Mss. Microfilm.
Archives of Ontario, Toronto, Ont.

MILAN, QUÉ. SAINT-AMBROISE, PAROISSE (CATH.)

Société généalogique des Cantons de l'Est. Répertoire des mariages du comté de Frontenac (moitié sud-ouest du diocèse de Sherbrooke) . . . (10 paroisses du début à 1950 incl.) . . .

MILTON, QUÉ. SAINTE-CÉCILE, PAROISSE (CATH.)

Jetté, René et Benoit Pontbriand, comp. Mariages du comté de Shefford, 1846-1968 . . .

MIMICO, ONT. CHRIST ANGLICAN CHURCH.

Mimico, Ont. Christ Church (Anglican). Register of baptisms, marriages and burials, 1827-1860.
Mss. Microfilm. 1 reel. 1827-1860.
Archives of Ontario, Toronto, Ont.

MIRABEL, QUÉ. SAINT-BENOIT, PAROISSE (CATH.)

Rivest, Lucien, c.s.v. et Rosario Gauthier, comp. Mariages du comté des Deux-Montagnes du début des paroisses à 1960 incl. . . .

MIRABEL, QUÉ. SAINT-CANUT, PAROISSE (CATH.)

Rivest, Lucien, c.s.v. et Rosario Gauthier, comp. Mariages du comté des Deux-Montagnes du début des paroisses à 1960 incl. . . .

MIRABEL, QUÉ. SAINT-HERMAS, PAROISSES (CATH.)

Rivest, Lucien, c.s.v. et Rosario Gauthier, comp. Mariages du comté des Deux-Montagnes du début des paroisses à 1960 incl. . . .

St-Benoit, Qué., paroisse (cath.) Registres de baptêmes, mariages et sépultures, 1799-1850; index des mariages, 1800-1850.
Mss. Copie. 2 pieds. 2 pouces. 1799-1850.
Archives publiques du Canada, Ottawa, Ont.

MIRABEL, QUÉ. SAINTE-MONIQUE, PAROISSE (CATH.)

Rivest, Lucien, c.s.v. et Rosario Gauthier, comp. Mariages du comté des Deux-Montagnes du début des paroisses à 1960 incl. . . .

MIRABEL, QUÉ. SAINTE-SCHOLASTIQUE, PAROISSE (CATH.)

Rivest, Lucien, c.s.v. et Rosario Gauthier, comp. Mariages du comté des Deux-Montagnes du début des paroisses à 1960 incl. . . .

Sainte-Scholastique, Qué., paroisse (cath.) Registres de baptêmes, mariages et sépultures, 1825-1851.
Mss. Copie. 1 pied 2 pouces.
Archives publiques du Canada, Ottawa, Ont.

MISCOUCHE, Î.-P.-É. SAINT-JEAN-BAPTISTE DE MALPÈQUE, PAROISSE (CATH.)

Malpèque, Î.-P.-É. Saint-Jean-Baptiste de Malpèque, paroisse (cath.) Registre de baptêmes, mariages et sépultures, 1817-1835 . . .
Mss. Microfilm. 1 bobine.
Archives publiques du Canada, Ottawa, Ont.

Miscouche, Î.-P.-É. Saint-Jean-Baptiste, paroisse (cath.) Registres de la paroisse (anciennement Malpèque), 1817-1941.
Mss. Reproduction photographique. 3 pouces. Microfilm. 1 bobine.
Archives acadiennes, Moncton, N.-B.

MISSISQUOI, QUÉ. (COMTÉ). PAROISSES.

Jetté, René, comp. Mariages du comté de Missisquoi: 1846-1968 . . .

MONCTON, N.-B. SAINT-BERNARD, PAROISSE (CATH.)

Moncton, N.-B. Saint-Bernard, paroisse (cath.) Registres de la paroisse, 1873-1902.
Mss. Reproductions photographiques. 2 pouces.
Archives acadiennes, Moncton, N.-B.

MONCTON, N.-B. SAINT GEORGE'S ANGLICAN CHURCH.

Moncton, N.B. St. George's (Anglican) Church. Baptisms marriages and burials, 1843-1870 . . .
Mss. Microfilm.
Provincial Archives of New Brunswick, Fredericton, N.B.

MONTAUBAN, QUÉ. NOTRE-DAME-DES-ANGES, PAROISSE (CATH.)

Pontbriand, Benoit, comp. Mariages du comté de Portneuf, 1881-1950 . . .

MONTCALM, QUÉ. (COMTÉ). PAROISSES (CATH.)

Rivest, Lucien, c.s.v., comp. Mariages du comté de Montcalm (du début des paroisses à 1960 incl.) . . .

MONT-CARMEL, Î.-P.-É. NOTRE-DAME-DU-MONT-CARMEL, PAROISSE (CATH.)

Mont-Carmel, Î.-P.-É. Notre-Dame-du-Mont-Carmel, paroisse (cath.) Registres de la paroisse, 1844-1913.
Mss. Reproductions photographiques. 2 pouces.
Archives acadiennes, Moncton, N.-B.

MONT-CARMEL, QUÉ., (COMTÉ KAMOURASKA). NOTRE-DAME-DU-MONT-CARMEL, PAROISSE (CATH.)

Proulx, Armand, comp. Répertoire des mariages de Mont-Carmel (Notre-Dame), 1867-1969 . . .

MONT-CARMEL, QUÉ. (COMTÉ SAINT-JEAN). PAROISSE (CATH.) voir: LACOLLE, QUÉ. NOTRE-DAME-DU-MONT-CARMEL, PAROISSE (CATH.)

MONTCERF, QUÉ. SAINTE-PHILOMÈNE, PAROISSE (CATH.)

Rivest, Lucien, c.s.v., comp. Mariages du comté de Gatineau (du début des paroisses à 1964 incl.) . . .

MONTEBELLO, QUÉ. NOTRE-DAME-DU-BONSECOURS, PAROISSE (CATH.)

Petite-Nation, Qué. Notre-Dame-de-Bonsecours, paroisse (cath.) Registres des baptêmes, mariages et sépultures de Notre-Dame de Bonsecours (Montebello), 1830-1849. Index des mariages de cette paroisse, 1830-1849; Registres des baptêmes, mariages et sépultures de Notre-Dame-de-Bon-Secours (Montebello) et des Cantons de Buckham et de Grenville, 1836-1851; Index des mariages, 1836-1850.

Mss. Copie. 8 pouces. 1830-1851.
Archives publiques du Canada, Ottawa, Ont.

Provencher, Gérard E. et Georges L. Jean,
comp. Mariages de l'Outaouais, vol. 1-2 . . .

MONTFORT, QUÉ. NOTRE-DAME-DES-NATIONS, PAROISSE (CATH.)

Rivest, Lucien, c.s.v., comp. Mariages du
comté d'Argenteuil (du début des paroisses à
1960 incl.) . . .

MONT-LAURIER, QUÉ. COEUR-IMMACULÉE-DE-MARIE, PAROISSE (CATH.)

Rivest, Lucien, c.s.v., comp. Mariages du
comté de Labelle (du début des paroisses à
1960 incl.) . . .

MONT-LAURIER, QUÉ. GREFFES DES MARIAGES PROTESTANTS.

Rivest, Lucien, c.s.v., comp. Mariages du
comté de Gatineau (du début des paroisses à
1964 incl.) . . .

MONT-LAURIER, QUÉ. NOTRE-DAME (CATHÉDRALE).

Rivest, Lucien, c.s.v., comp. Mariages du
comté de Labelle (du début des paroisses à
1960 incl.) . . .

MONTMAGNY, QUÉ. (COMTÉ). PAROISSES (CATH.)

Talbot, Éloi-Gérard, s.m. Généalogie des
familles originaires des comtés de Montmagny,
L'Islet, Bellechasse . . .

MONTMAGNY, QUÉ. SAINT-FRANÇOIS-DE-SALES, PAROISSE (CATH.)

Proulx, Armand, ptre., comp. Saint-François-
de-Sales, Rivière-du-Sud, Montmagny:
mariages, 1749-1973 . . .

MONTMAGNY, QUÉ. SAINT-MATHIEU, PAROISSE (CATH.)

Proulx, Armand, ptre, comp. Saint-Mathieu,
Montmagny, 1948-1973: baptêmes, mariages et
sépultures . . .

MONTMAGNY, QUÉ. SAINT-THOMAS, PAROISSE (CATH.)

Proulx, Armand, ptre, comp. Mariages de St-
Thomas de Montmagny, 1678-1973 . . .

MONTREAL, QUE. AMERICAN PRESBY-TERIAN CHURCH.

Montreal, Que. American Presbyterian Church.
Parish register, 1832-1850.
Mss. Original. 6 inches.
Archives nationales du Québec, Montréal,
Qué.

MONTREAL, QUE. CEMETERIES.

Montreal, Que. Inscriptions on tombstones in
the English burial grounds of Dorchester Street
Cemetery, 1786-1838.
Mss. Original. 6 p.
Public Archives of Canada, Ottawa, Ont.

MONTREAL, QUE. CHRIST CHURCH (ANGLICAN).

Montreal, Que. Christ Church (Anglican).
Registers of baptisms, marriages and deaths,
1766-1850.
Mss. Original. 7 feet.
Archives nationales du Québec, Montréal,
Qué.

MONTRÉAL, QUÉ. COMMUNAUTÉS JUIVES-ESPAGNOLES ET PORTUGAISES.

Montréal, Qué. Communautés juives-
espagnoles et portugaises. Registres de paroisse,
1841-1844, 1847-1850.
Mss. Originaux. 3 pouces.
Archives nationales du Québec, Montréal,
Qué.

MONTREAL, QUE. CRESCENT PRESBYTERIAN CHURCH.

Montreal, Que. Crescent (Presbyterian)
Church. Parish registers, 1845-1849.
Mss. Original. 3 inches.
Archives nationales du Québec, Montréal,
Qué.

MONTRÉAL, QUÉ. ÉGLISE BAPTISTE.

Montréal, Qué. Église baptiste. Registres des
baptêmes, mariages et sépultures de la première
église baptiste de Montréal.
Mss. Originaux. 6 pouces.
Archives nationales du Québec, Montréal,
Qué.

MONTRÉAL, QUÉ. ÉGLISE ÉVANGÉLIQUE (CONGRÉGA-TIONALISTE).

Montréal, Qué. Église évangélique (congréga-
tionaliste). Registres de paroisse, 1845-1850.
Mss. Originaux. 3 pouces.
Archives nationales du Québec, Montréal,
Qué.

MONTREAL, QUE. ERSKINE PRESBYTERIAN CHURCH.

Montreal, Que. Erskine (Presbyterian) Church.
Parish register, 1833-1850.
Mss. Original. 3 inches.
Archives nationales du Québec, Montréal,
Qué.

MONTREAL, QUE. GARRISON.

Montreal, Que. Garrison. Register of the Montreal Garrison, 1862-1869, kept by Rev. W. Anderson and Rev. Joshua Fraser.
Mss. Original. 1 1/2 inches.
Public Archives of Canada, Ottawa, Ont.

Montreal, Que. Montreal Garrison (Anglican). Register of baptisms, marriages and deaths, 1760-1764, 1814-1850.
Mss. Original. 1 foot.
Archives nationales du Québec, Montréal, Qué.

MONTRÉAL, QUÉ. HÔPITAL-GÉNÉRAL.

Hôpital-Général, Montréal, Qué. Registres de baptêmes et sépultures, 1694-1841.
Mss. Originaux.
Archives nationales du Québec, Québec, Qué.

Raymond, Raoul, comp. Hôpital-Général de Montréal, registres de l'entrée des pauvres, 1691-1741.
Dans: S.G.C.F. Mém. 20: (4) 238-242 oct./déc. '69.

MONTREAL, QUE. MESSIAH UNITARIAN CHURCH.

Montreal, Que. Messiah (Unitarian) Church. Parish registers, 1845-1850.
Mss. Original. 3 inches.
Archives nationales du Québec, Montréal, Qué.

MONTREAL, QUE. METHODIST CHURCH, (LAGAUCHETIÈRE STREET) (east end).

Montreal, Que. Methodist Church, Lagauchetière Street (east end). Parish registers, 1846-1850.
Mss. Original. 3 inches.
Archives nationales du Québec, Montréal, Qué.

MONTREAL, QUE. MOUNTAIN METHODIST CHURCH.

Montreal, Que. Mountain (Methodist) Church. Parish registers, 1843-1850.
Mss. Original. 3 inches.
Archives nationales du Québec, Montréal, Qué.

MONTRÉAL, QUÉ. NOTRE-DAME, PAROISSE (CATH.)

Bergeron, Daniel, Lise Brosseau et Rosario Gauthier, comp. Mariages de la paroisse Notre-Dame-de-Montréal, 1642-1850 . . .

Delisle, D.C., comp. Copy of the Register of the parish of Montreal, commencing the 5th October, 1766, ending the 5th September, 1787.
In: Canada. Public Archives. Report. 1885/1886, p. lxxx-xciv.

Maurault, Olivier, p.s.s. The First register of Notre-Dame de Montréal.
In: F.C.A.G.R. 3: (3) 139-150 Fall '71.

Maurault, Olivier, p.s.s. Premier registre de l'église Notre-Dame de Montréal . . .

Maurault, Olivier, p.s.s. Le Premier registre de l'état civil de Montréal.
Dans: Cahiers des Dix 23: 91-106 '58.
Étude sur l'ouvrage "Premier registre de l'église Notre-Dame de Montréal" publié en 1961.

Montreal, Que. Register of the parish of Montreal, 1766-1787, kept by David C. Delisle.
Mss. Transcripts. 1 1/2 inches.
Public Archives of Canada, Ottawa, Ont.

Montréal, Qué. Notre-Dame, paroisse (cath.) Registres des baptêmes, mariages et sépultures de la paroisse Notre-Dame, 1642-1728 (1723-1726 manquent). Doubles de ces actes avec quelques variantes dans l'orthographe, 1680-1693 . . . Index des baptêmes, 1648-1699, mariages, 1647-1700, et sépultures, 1643-1699, de la paroisse Notre-Dame . . .
Mss. Copie. 3 pieds 4 pouces.
Archives publiques du Canada, Ottawa, Ont.

Montréal, Qué. Notre-Dame, paroisse (cath.) Registres de baptêmes, mariages et sépultures, 1643-1850.
Mss. Originaux. 27 pieds.
Archives nationales du Québec, Montréal, Qué.

Montréal, Qué. Notre-Dame, paroisse (cath.) Registres de baptêmes, mariages et sépultures, 1760-1785.
Mss. Microfilm. 2 bobines.
Archives acadiennes, Moncton, N.-B.

MONTREAL, QUE. PROTESTANT CHURCHES.

Montreal, Que. Register of baptisms (Protestant). 1760-1764.
Mss. Transcripts. 13 p.
Public Archives of Canada, Ottawa, Ont.

MONTRÉAL, QUÉ. REGISTRES.

Rivest, Lucien, c.s.v., comp. Registres des paroisses catholiques conservés au Palais de Justice de Montréal . . .

MONTREAL, QUE. SAINT GABRIEL'S PRESBYTERIAN CHURCH.

Montreal, Que. St. Gabriel's (Presbyterian) Church. Parish register, 1779-1850.

Mss. Original. 3 feet.
Archives nationales du Québec, Montréal,
Qué.

MONTREAL, QUE. SAINT GEORGE'S ANGLICAN CHURCH.

Montreal, Que. St. George's (Anglican)
Church. Parish register, 1843-1850.
Mss. Original. 3 inches.
Archives nationales du Québec, Montréal,
Qué.

MONTRÉAL, QUÉ. SAINT-JACQUES, CATHÉDRALE (CATH.)

Laliberté, Jean-Marie, comp. St-Jacques
(Cathédrale de Montréal), 1862-1881.
(Mariages) . . .
Copie dactylographiée (cahier à anneaux).
Archives nationales du Québec, Québec,
Qué.

MONTREAL, QUE. SAINT JAMES' METHODIST CHURCH.

Montreal, Que. St. James' (Methodist) church.
Parish register, 1818-1821, 1828-1829,
1831-1850.
Mss. Original. 1 foot.
Archives nationales du Québec, Montréal,
Qué.

MONTRÉAL, QUÉ. SAINT-JEAN, PAROISSE (PRESBYTÉRIENNE).

Montréal, Qué. St-Jean, paroisse
(presbyterienne). Registres de la paroisse,
1841-1845, 1849.
Mss. Originaux. 3 pouces.
Archives nationales du Québec, Montréal,
Qué.

MONTRÉAL, QUÉ. SAINT-JEAN-BERCHMANS, PAROISSE (CATH.)

Pellerin, Jacqueline (Duquette) et Jean-Pierre
Pellerin, comp. Mariages St-Jean-Berchmans,
1908-1975 . . .

MONTRÉAL, QUÉ. SAINT-LAURENT, PAROISSE (CATH.)

Gauthier, Rosario, Maurice Legault, comp.
Mariages de la paroisse Saint-Laurent,
Montréal, 1720-1974 . . .

MONTREAL, QUE. SAINT PAUL'S PRESBYTERIAN CHURCH.

Montreal, Que. St. Paul's (Presbyterian)
Church. Parish registers, 1830-1831, 1833,
1850.
Mss. Original. 6 inches.
Archives nationales du Québec, Montréal,
Qué.

MONTREAL, QUE. SAINT STEPHEN'S ANGLICAN CHURCH.

Montreal, Que. St. Stephen's (Anglican)
Church. Parish register, 1844-1850.
Mss. Original. 3 inches.
Archives nationales du Québec, Montréal,
Qué.

MONTREAL, QUE. SECOND CONGREGATIONAL CHURCH.

Montreal, Que. Second Congregational
Church. Parish registers, 1843-1850.
Mss. Original. 6 inches.
Archives nationales du Québec, Montréal,
Qué.

MONTREAL, QUE. UNITED FREE CONGREGATIONALIST CHURCH.

Montreal, Que. United Free (Congregationalist)
Church. Parish registers, 1836-1837.
Mss. Original. 3 inches.
Archives nationales du Québec, Montréal,
Qué.

MONTRÉAL, QUÉ. VISITATION-DE-LA-BIENHEUREUSE-VIERGE-MARIE, PAROISSE (CATH.)

Bergeron, Roger, comp. Répertoire des
mariages de la paroisse de la Visitation-du-
Sault-au-Récollet, 1736-1970 . . .

MONTREAL, QUE. ZION CONGREGATIONALIST CHURCH.

Montreal, Que. Zion (Congregationalist)
Church. Parish registers, 1834-1850.
Mss. Original. 6 inches.
Archives nationales du Québec, Montréal,
Qué.

MONT-ROLLAND, QUÉ. SAINT-JOSEPH, PAROISSE (CATH.)

Rivest, Lucien, c.s.v., comp. Mariages du
comté de Terrebonne (du début des paroisses à
1960 incl.) . . .

MONT-SAINT-GABRIEL, QUÉ. SAINT-MICHEL, PAROISSE (CATH.)

Rivest, Lucien, c.s.v., comp. Mariages du
comté de Labelle (du début des paroisses à
1960 incl.) . . .

MONT-TREMBLANT, QUÉ. SACRÉ-COEUR-DE-JÉSUS, PAROISSE (CATH.)

Rivest, Lucien, c.s.v., comp. Mariages du
comté de Terrebonne (du début des paroisses à
1960 incl.) . . .

MOOSE FACTORY, ONT. ANGLICAN AND METHODIST MISSIONS.

Moose Factory, Ont. Anglican and Methodist Missions. . . . Registry of baptisms, marriages and deaths, burials in the mission and at the church of St. Thomas the Apostle, 1780-1906 . . .

Mss. Microfilm.
Archives of Ontario, Toronto, Ont.

MOOSE FACTORY, ONT. SAINT THOMAS THE APOSTLE'S ANGLICAN CHURCH.

Moose Factory, Ont. Saint Thomas (Anglican) Church. Record of marriages in James Bay District.

Mss. Original. 26 p. 1874-1908.
University of Western Ontario Library, London, Ont.

Moose Factory, Ont. Anglican and Methodist Mission. . . . Registry of baptisms, marriages and deaths, burials in the mission and at the church of St. Thomas the Apostle, 1780-1906 . . .

Mss. Microfilm.
Archives of Ontario, Toronto, Ont.

MORAVIAN INDIANS, ONT.

Moravian Indians, Ont. Indian marriage records, 1858-1901.
Mss. Transcripts. 14 p.
Archives of Ontario, Toronto, Ont.

MORAVIANTOWN, ONT. MORIAVIAN CHURCH.

Moraviantown, Ont. Moravian Church. Record of baptisms, 1800-1912.
Mss. Transcripts. 50 p.
Archives of Ontario, Toronto, Ont.

MORIN HEIGHTS, QUÉ. SAINT-EUGÈNE, PAROISSE (CATH.)

Rivest, Lucien, c.s.v., comp. Mariages du comté d'Argenteuil (du début des paroisses à 1960 incl.) . . .

MORRISBURG, ONT. ST. LAWRENCE LUTHERAN CHURCH.

Morrisburg, Ont. St. Lawrence (Lutheran) Church. Parish registers of St. Lawrence Lutheran Church and its predecessors, St. John's, Riverside, and St. Paul's, Morrisburg.
Mss. Microfilm. 1 reel. 1854-1877.
Public Archives of Canada, Ottawa, Ont.

MOUNT PLEASANT CEMETERY, ONT.

Mount Pleasant Cemetery, Inc., Ont. Register of burials, 1874-1901 . . .
Mss. Original. 5 inches.
University of Western Ontario Library, London, Ont.

MOUNTAIN VIEW, B.C. CEMETERY.

Mountain View Cemetery, B.C. Burial register giving plot locations, names of the deceased and other statistics.
Mss. Original. 112 p. 1887-1907.
City of Vancouver Archives, Vancouver, B.C.

NABOIYAGAN, N.-B. SACRÉ-COEUR, PAROISSE (CATH.)

Barachois, N.-B. Saint-Henri, paroisse (cath.) Registres des baptêmes, mariages et sépultures pour Barachois, Didiche, Naboiyagan, et Sacré-Coeur de Haute-Aboujagane, 1812-1870. Un index du registre de Barachois, 1812-1838, préparé par Ronald Leblanc, a été placé à la suite des documents.
Mss. Copie. 280 p.
Archives publiques du Canada, Ottawa, Ont.

NANTES, QUÉ. NOTRE-DAME-DU-BON-CONSEIL, PAROISSE (CATH.)

Société généalogique des Cantons de l'Est. Répertoire des mariages du comté de Frontenac (moitié sud-ouest du diocèse de Sherbrooke) . . .

NAPIERVILLE, QUÉ. (COMTÉ). PAROISSES (CATH.)

Pontbriand, Benoit, comp. Mariages du comté de Napierville . . .

NAPIERVILLE, QUÉ. SAINT-CYPRIEN, PAROISSE (CATH.)

Pontbriand, Benoit, comp. Mariages du comté de Napierville . . .

NAPIERVILLE, QUÉ. SAINT-MICHEL-ARCHANGE, PAROISSE (CATH.)

Fabien, J.H., comp. Répertoire alphabétique avec filiations des mariages de la paroisse St-Michel-Archange de Napierville, Diocèse de St-Jean, P.Q., 1854-1955 . . .

NAPPAN, N.S. CHURCH.

Cumberland County, N.S. Registers of Births, Marriages and Deaths for Franklin Manor, Elysian Fields, Maccan and Nappan, 1757-1817 and 1832-1837.
Mss. Photocopies. 1757-1837.
Archives acadiennes, Moncton, N.B.

NASH CREEK, N.-B. SAINT-JOSEPH, PAROISSE (CATH.)

Nash Creek, N.-B. Saint-Joseph, paroisse (cath.) Registres de la paroisse (Index, 1867-1952).
Mss. Microfilm. 1 bobine. 1867-1920.
Archives acadiennes, Moncton, N.-B.

NÉGUAC, N.-B. SAINT-BERNARD, PAROISSE (CATH.)

Néguac, N.-B. Saint-Bernard, paroisse (cath.) Registre de la paroisse, 1796-1920.
Mss. Originaux. 1/2 pouce.
Archives acadiennes, Moncton, N.-B.

Néguac, N.-B. Saint-Bernard, paroisse (cath.) Registre des baptêmes, 1796-1848; mariages, 1736-1848; sépultures, 1796-1846.
Mss. Copie. 102 p.
Archives publiques du Canada, Ottawa, Ont.

Société historique de St-Denys. Index des mariages de Néguac, 1807-1920 . . .

NEUVILLE, QUÉ. SAINT-FRANÇOIS-DE-SALES, PAROISSE (CATH.)

Pontbriand, Benoit, comp. Mariages du comté de Portneuf, 1881-1950 . . .

Pontbriand, Benoit, comp. Répertoire des mariages de Neuville, 1679-1900 . . .

NEWARD, ONT (TOWNSHIP). PRESBYTERIAN CONGREGATION.

Carnochan, Janet, comp. Early records of St. Mark's and St. Andrew's Churches, Niagara.
In: Ontario Hist. Soc. Papers and Records. 3: 7-85 '01.

NEW MARYLAND, N.B. ANGLICAN CHURCH.

New Maryland, N.B. Parish church (Anglican). Baptisms, 1836-1883; marriages, 1867-1882; burials, 1860-1881.
Mss. Microfilm. 20 feet.
Provincial Archives of New Brunswick, Fredericton, N.B.

NEWCASTLE, N.B. SAINT ANDREW'S ANGLICAN CHURCH.

Newcastle, N.B. St. Andrew's (Anglican) Church. Baptisms, marriages and burials, 1843-1970 . . .
Mss. Microfilm. 40 feet. 1843-1970.
Provincial Archives of New Brunswick, Fredericton, N.B.

Newcastle, N.B. Parish Church (Anglican). List of baptisms.
Mss. Microfilm. 10 feet. 1903.
Provincial Archives of New Brunswick, Fredericton, N.B.

NEWCASTLE, N.B. SAINT JAMES' AND SAINT JOHN'S UNITED CHURCH.

Newcastle, N.B. St. James' and St. John's United Church. St. James Presbyterian Church: baptisms, 1831-1926; marriages, 1830-1927; deaths, 1891-1927 . . .; St. James' and St. John's United Church: baptisms, 1943-1961; marriages, 1949-1958, burials, 1950-1960 . . .

Mss. Microfilm. 500 feet in total.
Provincial Archives of New Brunswick, Fredericton, N.B.

NEWPORT, N.S. SAINT PAUL'S ANGLICAN CHURCH.

Rawdon, N.S. St. Paul's (Anglican) Church. . . . Register of baptisms, 1793-1880; marriages, 1814-1889; and burials, 1815-1920. The register contains entries of the Parish of St. James, N.S.; Newport, N.S.; Douglas, N.S.
Mss. Transcripts. 200 p. 1793-1920.
Public Archives of Canada, Ottawa, Ont.

NEWPORT, N.S. (TOWNSHIP).

Newport, N.S. . . . Newport Township register of births, deaths and marriages, 1752-1858 . . .
Mss. Original. 3 inches.
Public Archives of Canada, Ottawa, Ont.

NIAGARA, ONT. CHURCHES.

Carnochan, Janet, ed. Early churches in the Niagara Peninsula, Stamford and Chippewa, with marriage records of Thomas Cummings and extracts of papers from the Cummings papers.
In: Ontario Hist. Soc. Papers and records. 8: 149-225 '07.

NIAGARA, ONT. DRUMMOND HILL CEMETERY.

Drummond Hill Cemetery, Niagara, Ont. Records of burials, 1845-1898 . . .
Mss. Microfilm. 1 reel.
Archives of Ontario, Toronto, Ont.

NIAGARA, ONT. SAINT ANDREW'S CHURCH.

Carnochan, Janet, comp. Early records of St. Mark's and St. Andrew's Churches, Niagara.
In: Ontario Hist. Soc. Papers and records. 3: 7-85 '01.

NIAGARA, ONT. SAINT MARK'S CHURCH.

Carnochan, Janet, comp. Early records of St. Mark's and St. Andrew's Churches, Niagara.
In: Ontario Hist. Soc. Papers and records. 3: 7-85 '01.

Niagara. St. Mark's Church. Military register of baptisms for the station of Fort George, Upper Canada, 1821 to 1827.
In: Ontario Hist. Soc. Papers and records. 15: 35-39 '17.

NICOLET, QUÉ. SAINT-JEAN-BAPTISTE, PAROISSE (CATH.)

Allard, Alphonse, chan., comp. Mariages de
St-Jean-Baptiste de Nicolet, 1719-1960 . . .

Nicolet, Qué. Saint-Jean-Baptiste, paroisse
(cath.)Registres de baptêmes, mariages et
sépultures, 1760-1800.
Mss. Microfilm. 1 bobine.
Archives acadiennes, Moncton, N.-B.

NICOLET, QUÉ. SAINTE-MONIQUE, PAROISSE (CATH.)

Campagna, Dominique, s.c., comp. Répertoire
des mariages de Sainte-Monique de Nicolet,
1844 à 1965 . . .

NOMININGUE, QUÉ. SAINT-IGNACE, PAROISSE (CATH.)

Rivest, Lucien, c.s.v., comp. Mariages du
comté de Labelle (du début des paroisses à
1960 incl.) . . .

NORTH BAYHAM, ONT. UNITED CHURCH.

Methodist Church, London Conference, Ont.
Registers of births, baptisms, marriages and
deaths . . .
Mss. Original.
Public Archives of Canada, Ottawa, Ont.

NORTH GOWER, ONT. (TOWNSHIP). ELMVIEW CEMETERY.

Curtis, R.B. Elmview Cemetery, Kars, Ontario,
North Gower Township, Lot 24, Conc. 1 . . .

NORTH HATLEY, QUÉ. SAINT ELIZABETH, PAROISSE (CATH.)

Société généalogique des Cantons de l'Est.
Répertoire des mariages catholiques, comté
Stanstead dans les Cantons de l'Est . . . (19
paroisses du début à 1950 incl.) . . .

NORTON, N.B. ANGLICAN CHURCH.

Sussex and Norton, N.B. Parish Church
(Anglican). Baptisms, 1817-1844; marriages,
1817-1956; burials, 1817-1928.
Mss. Microfilm. 15 feet.
Provincial Archives of New Brunswick,
Fredericton, N.B.

NOTRE-DAME-AUXILIATRICE, QUÉ., PAROISSE (CATH.)

Jetté, Irenée, comp. Mariages du comté de
Saint-Jean, 1828-1950 . . .

NOTRE-DAME-DE-HAM, QUÉ. NOTRE-DAME-DE-LOURDES, PAROISSE (CATH.)

Société généalogique des Cantons de l'Est.
Répertoire des mariages catholiques du comté
de Wolfe . . . (19 paroisses et une mission du
début à 1950 incl.) . . .

NOTRE-DAME-DE-LA-MERCI, QUÉ., PAROISSE (CATH.)

Rivest, Lucien, c.s.v., comp. Mariages du
comté de Montcalm (du début des paroisses à
1960 incl.) . . .

NOTRE-DAME-DE-LA-PAIX, QUÉ., PAROISSE (CATH.)

Provencher, Gérard, E., Michel Langlois et
Georges L. Jean, comp. Mariages de
l'Outaouais, vol. 6 . . .

NOTRE-DAME-DE-LA-PROTECTION, QUÉ., PAROISSE (CATH.)

Legault, Maurice, comp. Répertoire des
mariages de l'Île Perrot, comprenant Ste-
Jeanne-de-Chantal (1786-1970); Ste-Rose-de-
Lima, Brussy (1948-1970); Notre-Dame-de-
Lorette, Pincourt (1948-1970); Notre-Dame-de-
la-Protection (1954-1970) . . .

NOTRE-DAME-DE-LA-SALETTE, QUÉ., PAROISSE (CATH.)

Provencher, Gérard E. et Georges L. Jean,
comp. Répertoire des mariages de Notre-Dame-
de-la-Salette, comté de Papineau, 1883-1960
. . .

NOTRE-DAME-DE-LOURDES, QUÉ., PAROISSE (CATH.)

Rivest, Lucien, c.s.v., comp. Mariages du
comté de Joliette (du début des paroisses à
1960 incl.) . . .

NOTRE-DAME-DE-PIERREVILLE, QUÉ., PAROISSE (CATH.)

Mongeau, Antonio et Jean-Marie Laliberté,
comp. Mariages de St-Thomas-de-Pierreville
(1854-1964); Notre-Dame-de-Pierreville,
(1893-1964); et Odanak, catholique et protestante (1839-1963) . . .

NOTRE-DAME-DE-PONTMAIN, QUÉ., PAROISSE (CATH.)

Rivest, Lucien, c.s.v., comp. Mariages du
comté de Labelle (du début des paroisses à
1960 incl.) . . .

NOTRE-DAME-DES-BOIS, QUÉ., PAROISSE (CATH.)

Société généalogique des Cantons de l'Est. Répertoire des mariages du comté de Frontenac (moitié sud-ouest du diocèse de Sherbrooke) . . . (10 paroisses du début à 1950 incl.) . . .

NOTRE-DAME-DES-LAURENTIDES, QUÉ., PAROISSE (CATH.)

Ross, J.O.E., Gabrielle Gingras et B. Pontbriand, comp. Mariages du comté de Québec . . .

NOTRE-DAME-DU-BON-CONSEIL, QUÉ., PAROISSE (CATH.)

Laliberté, Jean-Marie et Benoit Pontbriand, comp. Mariages de la région de Drummondville, 1863-1968 . . .

NOTRE-DAME-DU-PORTAGE, QUÉ., PAROISSE (CATH.)

Lévesque, Lucien (Bélanger), comp. Répertoire des mariages de Notre-Dame-du-Portage, 1857-1966 . . .

NOTRE-DAME-DU-ROSAIRE, QUÉ. (COMTÉ MONTMAGNY). PAROISSE (CATH.)

Goulet, Napoléon, comp. Nécrologe de St-Paul, 1868-1974; Notre-Dame-du-Rosaire, 1889-1974; Ste-Euphémie, 1907-1974 . . .

Proulx, Armand, comp. Répertoire des mariages de Notre-Dame du Rosaire, 1889-1971; de Ste-Euphémie, 1907-1971 . . .

ODANAK, QUÉ., PAROISSE (CATH.)

Mongeau, Antonio et Jean-Marie Laliberté, comp. Mariages de St-Thomas de Pierreville (1854-1964); Notre-Dame de Pierreville (1893-1964); et Odanak, catholique et protestante (1839-1963), comté d'Yamaska . . .

ODANAK, QUÉ., PAROISSE PROTESTANTE.

Mongeau, Antonio et Jean-Marie Laliberté, comp. Mariages de St-Thomas de Pierreville (1854-1964); Notre-Dame de Pierreville (1893-1964); et Odanak, catholiques et protestantes (1839-1963), comté d'Yamaska . . .

OKA, QUÉ. NOTRE-DAME-DE-L'ANNONCIATION, PAROISSE (CATH.)

Rivest, Lucien, c.s.v. et Rosario Gauthier, comp. Mariages du comté des Deux-Montagnes du début des paroisses à 1960 incl. . . .

OLD CHELSEA, QUÉ. CIMETIÈRE.

Langlois, Michel. Le vieux cimetière à Old Chelsea.
Dans: Outaouais généalogique 2: (1) 6-7 janv. '80.

OLD CHELSEA, QUÉ. SAINT-STEPHEN, PAROISSE (CATH.)

Charette, Jean-Benoit, s.c., comp. Répertoire des mariages de Old Chelsea-St-Stephen, 1845-1964, comté de Gatineau, diocèse de Hull . . .

Rivest, Lucien, c.s.v., comp. Mariages du comté de Gatineau (du début des paroisses à 1964 incl.) . . .

OMERVILLE, QUÉ. SAINT-JUDE, PAROISSE (CATH.)

Société généalogique des Cantons de l'Est. Répertoire des mariages catholiques, comté de Stanstead dans les Cantons de l'Est . . . (19 paroisses du début à 1950 incl.) . . .

ONSLOW, N.S. RECORDS.

Onslow, N.S. Town register of births, marriages and deaths, 1761-1896.
Ms. Transcripts. 88 p.
Public Archives of Canada, Ottawa, Ont.

Onslow Township, N.S. Records of births, marriages and deaths, 1761-1855.
Ms. Original. 1 1/2 inches.
Public Archives of Nova Scotia, Halifax, N.S.

ONSLOW, QUE. ANGLICAN CHURCH.

Clarendon, Que. Anglican Church. Extracts of births, baptisms and marriages, 1823-1839, of individuals in Clarendon taken from the registers of St. James' Anglican Church, Hull . . .
Ms. Microfilm. 2 reels.
Public Archives of Canada, Ottawa, Ont.

ONSLOW, QUE. MISSIONS.

Quyon, Que. United Church (Wesleyan Methodist Circuit). Parish register of Onslow Mission and Quyon Circuit of the Wesleyan Methodist church, 1859-1923.
Ms. Microfilm. 1 reel.
Public Archives of Canada, Ottawa, Ont.

ONTARIO. CEMETERIES.

Frausher, Mary Near. List of various gravestone inscriptions from seventy-two cemeteries in Ontario.
Ms. Transcripts. 100 p. 1966.
Public Archives of Canada, Ottawa, Ont.

Ontario Cemetery Records. Transcriptions from gravestones in various localities in Ontario.
Ms. Transcripts. 2 feet. [n.d.]
Archives of Ontario, Toronto, Ont.

Ontario. Tombstones. Inscriptions on tombstones recorded in fourteen cemeteries of the province of Ontario.
Ms. Photocopies. 1/2 inch. 1784-1971.
Public Archives of Canada, Ottawa, Ont.

ONTARIO. KENT COUNTY. SAINT PETER'S CHURCH.

Kent County, Ont. St. Peter's (Catholic) Church. Parish registers, 1802-1886.
Ms. Microfilm. 1 reel.
Hiram Walker Historical Museum, Windsor, Ont.

ONTARIO. KING TOWNSHIP. REGISTERS.

Adams, James. . . . King Township, Ont. Presbyterian clergyman. Register of marriages . . . 1859-1879.
Ms. Original. 20 p.
Archives of Ontario, Toronto, Ont.

ONTARIO. LEEDS COUNTY. CEMETERY.

Hughes, Alice. Leeds County cemeteries: Blanchard's, Campbell's, Jelly's R.C. by the Pond . . .

ONTARIO. LEEDS COUNTY. REGISTERS.

Morgan, H.R., ed. Parish register of Brockville and vicinity, 1814-1830.
In: Ontario Hist. Soc. Papers and records 38: 77-108 '46.

ONTARIO. LEEDS AND GRENVILLE (COUNTIES). CEMETERIES.

Leeds and Grenville Genealogical Society. Four Leeds County cemeteries: 1- Plum Hallow Baptist, Twp. of Bastard; 2- Jelly's Cemetery in Twp of Kitley; 3- Rowsome Place Cemetery, Twp. of Kitley; 4- Stafford's, rear of Leeds and Lansdowne . . .

Livingstone, E.D. The Abandoned Barber Cemetery: lot 4, Conc. XI, Twp., rear of Yonge and Escot, Leeds County, Ontario . . .

ONTARIO. LEEDS AND GRENVILLE (COUNTIES). REGISTERS.

Miller, W.J. The "Gone and forgotten" people of the united counties of Leeds and Grenville, Ont. . . .

ONTARIO. LEEDS AND LANSDOWNE (COUNTIES). CEMETERIES.

Johnston, Lorna, Myrtle Johnston and W.J. Miller. Abandoned Washburn Cemetery: lot 2, Conc. XIII, rear of Lansdowne Township, Leeds County, Ont.

Miller, W.J. The Delta-Soperton Pine Hill Cemetery, Leeds County, Ont. . . .

ONTARIO. LENNOX (COUNTY). REGISTERS.

McDowall, Robert. A Register of baptisms.
In: Ontario Hist. Soc. Papers and records. 1: 95-108 1899.

ONTARIO. LENNOX AND ADDINGTON (COUNTIES). REGISTERS.

McDowall, Robert. McDowall marriage register.
In: Ontario Hist. Soc. Papers and records. 1: 72-94 1899.

ONTARIO. LOBO (TOWNSHIP). REGISTERS.

Carmichael, Hugh, Ont. . . . List of baptisms in Lobo Township, 1829. . . . Records of family births, marriages and deaths, 1824-1870.
Ms. Original.
University of Western Ontario Library, London, Ont.

ONTARIO. LOCHIEL (TOWNSHIP). CHURCH OF SCOTLAND.

Lochiel, Ont. Church of Scotland. Parish register . . . 1820-1911.
Ms. Microfilm. 1 reel.
Public Archives of Canada, Ottawa, Ont.

ONTARIO. LOCHIEL (TOWNSHIP). REGISTERS.

Dundas, Ont. Certificates of marriages performed by licenses by Andrew Bell at Dundas, Ancaster and West Flamboro, 1848-1852, and at l'Orignal, 1854-1856 . . .
Ms. Original. 107 p.
Public Archives of Canada, Ottawa, Ont.

Lochiel, Ont. Lochiel Parish Church. Register of baptisms, marriages and funerals, 1820-1911.
Ms. Microfilm. 1 reel.
Archives of Ontario, Toronto, Ont.

ONTARIO. LOCHWINNOCH. PRESBY- TERIAN CHURCH.

Lochwinnoch, Ont. Presbyterian Church. Parish register, 1877-1919 . . .
Ms. Microfilm. 1 reel.
Public Archives of Canada, Ottawa, Ont.

ONTARIO. LONDON (DISTRICT). REGISTERS.

Leeming, Ralph. A register of baptisms and marriages in the Gore and London districts from 1816 to 1827 with introduction by H.H. Robertson.
In: Ontario Hist. Soc. Papers and records. 5: 91-101 '04.
Also in: United Empire Loyalists' Association. Head of the Lake Branch. Transactions, 1903, pp. 1-12.

ONTARIO. NORFOLK (COUNTY). REGISTERS.

Norfolk County, Ont. Banns, marriages . . . 1672-1958.
> Ms. Original.
> Norfolk County Historical Society, Brantford, Ont.

ONTARIO. REGISTERS.

Public Archives of Canada. Parish registers for the province of Ontario, compiled by John E. Coderre, Paul A. Lavoie . . .

ONTARIO. WEST ADELAIDE (TOWNSHIP). PRESBYTERIAN CHURCH.

West Adelaide Township, Ont. Presbyterian Church. Registry of baptisms of West Adelaide Township, Ontario, 1854-1908.
> Ms. Transcripts. 342 p.
> Metropolitan Toronto Central Library, Ont.

ONTARIO. WEST GWILLIMBURY (TOWNSHIP) ANGLICAN CHURCHES.

West Gwillimbury Township, Ont. Anglican churches. Baptisms, confirmations, marriages and burials of Christ Church, Middleton; St. Paul's Church, Coulson; Trinity Church, Bradford . . . 1848-1929.
> Ms. Microfilm. 300 feet.
> Archives of Ontario, Toronto, Ont.

ONTARIO. YORK (COUNTY). REGISTERS.

York County, U.C. Society of Friends (Quakers). . . . Register of births and deaths (Hicksite register).
> Ms. Transcripts.
> Archives of Ontario, Toronto, Ont.

ORLÉANS, ONT. SAINT-JOSEPH, PAROISSE (CATH.)

Provencher, Gérard E., comp. Mariages de l'Outaouais, vol. 5 . . .

OSNABRUCK, ONT. FREE PRESBYTERIAN CHURCH.

Osnabruck and Lunenburg, Ont. Presbyterian Church registers. Register of baptisms and deaths of the Free Presbyterian Church of Osnabruck, 1849-1909, and marriage register for the Congregation of the Canada Presbyterian Church of Lunenburg and Osnabruck, 1860-1900.
> Ms. Photocopies. 2 inches.
> Public Archives of Canada, Ottawa, Ont.

OSNABURGH, MAN. MISSIONS.

Anglican Church of Canada. Keewatin Diocese. Vital statistics records of various missions including Churchill, Fort Alexander, Fort Severn, Islington, Lac Seul, Osnaburgh and York Factory.
> Ms. Microfilm. 2 reels, 1846-1956.
> Archives of Ontario, Toronto, Ont.

OTTAWA, ONT. CHRIST ANGLICAN CHURCH.

Ottawa, Ont. Christ Church (Anglican). Register of banns, 1837-1858; marriage register, 1858-1876 . . .
> Ms. Microfilm.
> Public Archives of Canada, Ottawa, Ont.

OTTAWA, ONT. NOTRE-DAME, CATHÉDRALE (CATH.)

Provencher, Gérard E. et Michel Langlois, comp. Mariages de l'Outaouais, vol. 4 . . .

OTTAWA, ONT. NOTRE-DAME-DU-BON-CONSEIL, PAROISSE (CATH.)

Provencher, Gérard E. et Michel Langlois, comp. Mariages de l'Outaouais, vol. 4 . . .

OTTAWA, ONT. SACRÉ-COEUR, PAROISSE (CATH.)

Houle, Hubert A., s.c., comp. Répertoire des mariages de St-Charles et Sacré-Coeur d'Ottawa, 1889-1975 . . .

OTTAWA, ONT. SAINT ANDREW'S PRESBYTERIAN CHURCH.

Ottawa, Ont. St. Andrew's (Presbyterian) Church. Parish registers recording baptisms, 1829-1943; marriages, 1830-1964; burials, 1836-1929 . . .
> Mss. Microfilm. 2 reels.
> Public Archives of Canada, Ottawa, Ont.

OTTAWA, ONT. SAINT-CHARLES, PAROISSE (CATH.)

Houle, Hubert A., s.c., comp. Répertoire des mariages de St-Charles et Sacré-Coeur d'Ottawa (1889-1975) . . .

OTTAWA, ONT. SAINT-FRANÇOIS-D'ASSISE, PAROISSE (CATH.)

Langlois, Michel, o.f.m., comp. Répertoire des mariages de Saint-François d'Assise d'Ottawa, province d'Ontario, 1891-1964 . . .

OTTAWA, ONT. SAINT-JEAN-BAPTISTE, PAROISSE (CATH.)

Nadon, Léon A., comp. Répertoire des mariages de St-Jean-Baptiste d'Ottawa, Ontario, 1872-1969 . . .

OTTAWA, ONT. SAINTE-ANNE, PAROISSE (CATH.)

Provencher, Gérard E. et Michel Langlois, comp. Mariages de l'Outaouais, vol. 4 . . .

OTTAWA, ONT. PAROISSES. *voir aussi sous:* BYTOWN, ONT. . . . *et* OUTAOUAIS, PAROISSES.

OTTERBURN PARK, QUÉ. NOTRE-DAME-DU-BON-CONSEIL, PAROISSE (CATH.)

Jetté, René et Benoit Pontbriand, comp. Mariages de Saint-Charles sur Richelieu (1741-1967); Saint-Hilaire (1799-1967); Saint-Jean-Baptiste de Rouville (1797-1967); et Otterburn Park (1960-1967) . . .

OUABACHE, QUÉ. *voir:* WABASH, QUÉ.

OUTAOUAIS. PAROISSES.

Provencher, Gérard E., Michel Langlois et Georges L. Jean, comp. Mariages de l'Outaouais, vol. 1/2-6 . . .

OUTAOUAIS. PAROISSES. *voir aussi sous:* BYTOWN . . . *et* OTTAWA, ONT . . .

PALMER ROAD, P.E.I. IMMACULATE CONCEPTION CATHOLIC CHURCH.

Palmer Road, P.E.I. Immaculate Conception Church (Catholic). Parish registers, 1878-1890 . . .
Mss. Photocopies.
Archives acadiennes, Moncton, N.B.

PAPINEAUVILLE, QUÉ. SAINTE-ANGÉLIQUE, PAROISSE (CATH.)

Provencher, Gérard E. et Georges L. Jean, comp. Mariages de l'Outaouais, vol. 1-2 . . .

PAQUETVILLE, N.-B. SAINT-AUGUSTIN, PAROISSE (CATH.)

Paquetville, N.-B. Saint-Augustin, paroisse (cath.) Registre de la paroisse, 1874-1930.
Mss. Copie. 2 pouces. Microfilm. 1 bobine.
Archives acadiennes, Moncton, N.-B.
Société historique de St-Denys. Index des mariages de Paquetville, 1879-1919 . . .

PAQUETTEVILLE, QUÉ. SAINT-VÉNANT, PAROISSE (CATH.)

Société généalogique des Cantons de l'Est. Répertoire des mariages du comté de Compton dans les Cantons de l'Est . . . (19 paroisses du début à 1950 incl.) . . .

PARISVILLE, QUÉ. SAINT-JACQUES, PAROISSE (CATH.)

Pontbriand, Benoit, comp. Mariages du comté de Lotbinière comprenant les paroisses de Deschaillons (1744-1950), Fortierville, Parisville, Villeroy, Ste-Françoise et Joly . . .

PELHAM, ONT. SOCIETY OF FRIENDS (HICKSITE).

Pelham, Ont. Society of Friends (Hicksite). . . . Record of births, marriages and deaths, 1790-1856 . . .
Mss. Original.
University of Western Ontario Library, London, Ont.

PELHAM, ONT. SOCIETY OF FRIENDS (ORTHODOX).

Pelham, Ont. Society of Friends (Orthodox). . . . Monthly meeting marriage register, 1897-1908 . . .
Mss. Original.
University of Western Ontario Library, London, Ont.

PEMBROKE, ONT. WESLEYAN METHODIST CIRCUIT.

Pembroke, C.W. Wesleyan Methodist Circuit. Circuit book registering baptisms . . .
Mss. Photocopies. 1841-1854?
Public Archives of Canada, Ottawa, Ont.

PENDLETON, ONT. OUR LADY OF DIVINE LOVE, PAROISSE (CATH.)

Hamelin, Julien, s.c. et Hubert A. Houle, s.c., comp. Répertoire des mariages du comté de Prescott, Ontario . . .

PENETANGUISHENE, ONT. SAINT ANN, CATHOLIC PARISH.

Houle, Hubert A., s.c., comp. Répertoire des mariages de Lafontaine, Penetanguishene et Perkinsfield de la Baie Georgienne (1856-1975) . . .

PENETANGUISHENE, ONT. SAINT JAMES' CHURCH.

Penetanguishene, Ont. St. James' Church. Records of baptisms, confirmations, marriages and burials . . . 1835-1877.
Mss. Original. 1 inch.
Archives of Ontario, Toronto, Ont.

PENNANT, SASK. RIVERSIDE RURAL MUNICIPALITY. REGISTER.

Pennant, Sask., Riverside Rural Municipality, no. 168. . . . Cemetery register, 1912-1951.
Mss. Microfilm.
Saskatchewan Archives Office, Saskatoon, Sask.

PENNFIELD, N.B. CHRIST'S ANGLICAN CHURCH.

Pennfield, N.B. Christ Church (Anglican). Comprises records of Christ Church, St. Mark's and St. George's Anglican Churches . . . 1822-1969 . . .
Mss. Microfilm.
Provincial Archives of New Brunswick, Fredericton, N.B.

PENNFIELD, N.B. ST. GEORGE'S ANGLICAN CHURCH.

Pennfield, N.B. Christ Church (Anglican). Comprises records of Christ Church, St. Mark's and St. George's Anglican Churches . . . 1822-1969 . . .
Mss. Microfilm.
Provincial Archives of New Brunswick, Fredericton, N.B.

PENNFIELD, N.B. ST. MARK'S ANGLICAN CHURCH.

Pennfield, N.B. Christ Church (Anglican). Comprises records of Christ Church, St. Mark's and St. George's Anglican Churches . . . 1822-1969 . . .
Mss. Microfilm.
Provincial Archives of New Brunswick, Fredericton, N.B.

PERKINS, QUÉ. SAINT-ANTOINE-DE-PADOUE, PAROISSE (CATH.)

Provencher, Gérard E. et Georges L. Jean, comp. Mariages de l'Outaouais, vol. 1-2 . . .

PERKINSFIELD, ONT. SAINT PATRICK, CATHOLIC PARISH.

Houle, Hubert A., s.c., comp. Répertoire des mariages de Lafontaine, Penetanguishene et Perkinsfield de la Baie Georgienne (1856-1975) . . .

PERTH, ONT. ASHBURY METHODIST CHURCH.

Perth, Ont. St. Paul's (United) Church. Parish registers of St. Paul's United Church and its Methodist and Presbyterian predecessors: . . . Ashbury Methodist Church.
Mss. Microfilm. 1 reel.
Public Archives of Canada, Ottawa, Ont.

PERTH, ONT. KNOX PRESBYTERIAN CHURCH.

Perth, Ont. St. Paul's (United) Church. Parish registers and its Methodist and Presbyterian predecessors: . . . Knox Presbyterian Church of Perth . . .
Mss. Microfilm. 1 reel.
Public Archives of Canada, Ottawa, Ont.

PERTH, ONT. MILITARY SETTLEMENT.

Perth, U.C. Military Settlement. Register of located settlers, 1816-1822, and a return of individuals located by the Military Settling Department, 1820, for the Perth Military Settlement.
Mss. Original. 2 inches.
Public Archives of Canada, Ottawa, Ont.

PERTH, ONT. PERTH FREE PRESBYTERIAN CHURCH.

Perth, Ont. St. Paul's (United) Church. Parish registers of St. Paul's United Church and its Methodist and Presbyterian predecessors: Perth Free Church (Presbyterian) Congregation . . .
Mss. Microfilm. 1 reel.
Public Archives of Canada, Ottawa, Ont.

PERTH, ONT. SAINT ANDREW'S PRESBYTERIAN CHURCH.

Perth, C.W. St. Andrew's (Presbyterian) Church. Indexed register of baptisms and marriages, 1817-1857, of the First Presbyterian Congregation founded by Rev. William Bell.
Mss. Photocopies. 2 inches.
Public Archives of Canada, Ottawa, Ont.

Perth, Ont. St. Andrew's (Presbyterian) Church. Register of baptisms, 1830-1881; marriages, 1831-1887; burials, 1848-1881 . . .
Mss. Microfilm. 25 feet.
Public Archives of Canada, Ottawa, Ont.

PERTH, ONT. SAINT PAUL'S UNITED CHURCH.

Perth, Ont. St. Paul's (United) Church. Parish registers of St. Paul's United Church and its Methodist and Presbyterian predecessors: . . .
Mss. Microfilm. 1 reel.
Public Archives of Canada, Ottawa, Ont.

PERTH, ONT. WESLEYAN METHODIST CHURCH.

Perth, Ont. St. Paul's (United) Church. Parish registers of St. Paul's United Church and its Methodist and Presbyterian predecessors: . . . Perth Wesleyan Methodist Church . . .
Mss. Microfilm. 1 reel.
Public Archives of Canada, Ottawa, Ont.

PETERBOROUGH, ONT. (COUNTY). REGISTERS.

Peterborough County, Ont. Register of marriages performed in Peterborough County, by Rev. Percy S. Warren and Rev. Vincent Clementi . . .
Mss. Photocopies. 6 p. 1859-1873.
Public Archives of Canada, Ottawa, Ont.

PETERBOROUGH, ONT. SAINT PAUL'S PRESBYTERIAN CHURCH.

Peterborough, Ont. St. Paul's (Presbyterian) Church. Marriage register, 1834-1851.
Mss. Photocopies. 60 p.
Public Archives of Canada, Ottawa, Ont.

PETIT-ROCHER, N.-B. SAINT-POLYCARPE, PAROISSE (CATH.)

Petit-Rocher, N.-B. Saint-Polycarpe, paroisse (cath.) Registre de paroisse, 1824-1864.
Mss. Originaux. Reproductions photographiques. 2 pouces. Microfilm. 2 bobines.
Archives acadiennes, Moncton, N.-B.

Société historique de St-Denys. Index des mariages de Petit-Rocher, 1824-1920 . . .

PETITE-CADIE. *voir:* BÉCANCOUR.

PHILIPSBURG, QUÉ. SAINT-PHILIPPE, PAROISSE (CATH.)

Jetté, René, comp. Mariages du comté de Missisquoi: 1846-1968 . . .

PHILIPSVILLE, ONT. DENNY CEMETERY.

Conners, Ibra L. and George A. Neville, comp. The Denny cemetery near Philipsville, Ont.: lot 18, Conc. 6, Bastard Township, Leeds County, map reference 088441 . . .

PICKERING, ONT. SOCIETY OF FRIENDS (HICKSITE).

Pickering, Ont. Society of Friends (Hicksite). . . . Monthly marriage register, 1844-1881 . . .
Mss. Original.
University of Western Ontario Library, London, Ont.

PICKERING, ONT. SOCIETY OF FRIENDS (ORTHODOX).

Pickering, Ont. Society of Friends (Orthodox). . . . Monthly meetings, marriages and removals, 1845-1874 . . .
Mss. Original.
University of Western Ontario Library, London, Ont.

PICTON, ONT. METHODIST CHURCH.

Picton, Ont. Methodist Church. Register of baptisms and marriages; minister: Rev. William Care, 1817, 1826, 1832.
Mss. Transcripts. 39 p.
Archives of Ontario, Toronto, Ont.

PIERREVILLE, QUÉ. PAROISSES (CATH.)

Mongeau, Antonio et Jean-Marie Laliberté, comp. Mariages de Pierreville: St-Thomas de Pierreville (1854-1964); Notre-Dame de Pierreville (1893-1964); et Odanak, catholique et protestante (1839-1963) . . .

PIKE RIVER, QUÉ. SAINT-PIERRE-DE-VERONE, PAROISSE (CATH.)

Jetté, René, comp. Mariages du comté de Missisquoi: 1846-1968 . . .

PINCOURT, QUÉ. NOTRE-DAME-DE-LORETTE, PAROISSE (CATH.)

Legault, Maurice, comp. Répertoire des mariages de l'Île Perrot . . .

PINTENDRE, QUÉ. SAINT-LOUIS, PAROISSE (CATH.)

Gingras, Raymond, comp. Pintendre (Lévis) . . .

En préparation: 5 années seulement, durant la période, 1899-1906.
Mss.
Chez l'auteur.

Talbot, Éloi-Gérard, comp. Mariages de St-Henri-de-Lauzon (1775-1968); St-Louis-de-Pintendre (1899-1968) . . .

PIOPOLIS, QUÉ. SAINT-ZÉNON, PAROISSE (CATH.)

Société généalogique des Cantons de l'Est. Répertoire des mariages du comté de Frontenac (moitié sud-ouest du diocèse de Sherbrooke) . . . (10 paroisses du début à 1950) . . .

PLAISANCE, QUÉ. COEUR-TRÈS-PUR-DE-MARIE, PAROISSE (CATH.)

Provencher, Gérard E., Michel Langlois et Georges L. Jean, comp. Mariages de l'Outaouais, vol. 6 . . .

PLANTAGENET, ONT. SAINT-PAUL, PAROISSE (CATH.)

Hamelin, Julien, s.c. et Hubert A. Houle, s.c., comp. Répertoire des mariages du comté de Prescott, Ontario . . .

POINT CHINOOK, B.C. STELLA MARIS. MISSIONS.

de Lores, Mikell, W. Warner and (Mrs.) Harriet D. Munnick. Catholic Church records of the Pacific North West: Vancouver records, vols. 1 and 2 . . .

POINT EDWARD, ONT. SAINT PAUL'S ANGLICAN CHURCH.

Point Edward, Ont. St. Paul's (Anglican) Church. Parish registers, 1870-1970 . . .
Mss. Microfilm.
University of Western Ontario Library, London, Ont.

POINTE-À-LA-CAILLE, QUÉ. SAINT-THOMAS, PAROISSE (CATH.)

Proulx, Armand, comp. Mariages de Saint-Thomas-de-la-Pointe-à-la-Caille, Montmagny: mariages, 1678-1973 . . .

POINTE-AU-PÈRE, QUÉ. SAINTE-ANNE, PAROISSE (CATH.)

Goulet, J. Napoléon, comp. Mariages, nécrologe et annotations marginales de Ste-Anne-de-la-Pointe-au-Père (diocèse de Rimouski), 1882-1976 . . .

POINTE-AUX-CHÊNES, QUÉ. DESSERTE (CATH.)

Rivest, Lucien, c.s.v., comp. Mariages du comté d'Argenteuil (du début des paroisses à 1960 incl.) . . .

POINTE-AUX-TREMBLES, QUÉ. L'ENFANT-JÉSUS, PAROISSE (CATH.)

Mariages de l'Enfant-Jésus-de-la-Pointe-aux-Trembles, 1674-1975 . . .

Pointe-aux-Trembles, Qué. L'Enfant-Jésus, paroisse (cath.) Registres de baptêmes, mariages et sépultures, 1674-1849.
> Mss. Originaux. 4 pieds 6 pouces.
> Archives nationales du Québec, Montréal, Qué.

POINTE-AUX-TREMBLES, QUÉ. L'ENFANT-JÉSUS, PAROISSE (CATH.)

Pointe-aux-Trembles, Qué. L'Enfant-Jésus, paroisse (cath.) Registres de baptêmes, mariages et sépultures, 1760-1780.
> Mss. Microfilm. 1 bobine.
> Archives acadiennes, Moncton, N.-B.

POINTE-AUX-TREMBLES, QUÉ. SAINT-FRANÇOIS, PAROISSE (CATH.)

Pointe-aux-Trembles, Qué., Saint-François, paroisse (cath.) Registres de baptêmes, mariages et sépultures, 1755-1780.
> Mss. Microfilm. 1 bobine.
> Archives acadiennes, Moncton, N.-B.

POINTE-BLEUE, QUÉ. SAINT-CHARLES-BORROMÉE, PAROISSE (CATH.)

Bélanger, Léonidas, comp. Mariages de la région: Saint-Charles-Borromée de Pointe-Bleue.
> *Dans:* Saguenayensia 12: (6) 145-148 nov./déc. '70 et suivantes.

POINTE-CALUMET, QUÉ. MARIE-MÉDIATRICE, PAROISSE (CATH.)

Rivest, Lucien, c.s.v. et Rosario Gauthier, comp. Mariages du comté des Deux-Montagnes du début des paroisses à 1960 incl. . . .

POINTE-CLAIRE, QUÉ. SAINT-JOACHIM, PAROISSE (CATH.)

Gauthier, Rosario, Jean Bergeron, Daniel Bergeron et Denise S. Bergeron, comp. Mariages de la paroisse de St-Joachim de Pointe-Claire, 1713-1974 . . .

Pointe-Claire, Qué. St-Joachim, paroisse (cath.) Registres de baptêmes, mariages et sépultures, 1713-1849.
> Mss. Originaux. 4 pieds.
> Archives nationales du Québec, Montréal, Qué.

Pointe-Claire, Qué. St-Joachim, paroisse (cath.) Registres de baptêmes, mariages et sépultures, 1760-1780.
> Mss. Microfilm. 1 bobine.
> Archives acadiennes, Moncton, N.-B.

POINTE-COMFORT, QUÉ. NOTRE-DAME-DU-PERPÉTUEL-SECOURS, PAROISSE (CATH.)

Rivest, Lucien, c.s.v., comp. Mariages du comté de Gatineau (du début des paroisses à 1964 incl.) . . .

POINTE-COUPÉE, LOUISIANE, PAROISSE (CATH.)

Louisiane, paroisse (cath.) Registres d'état civil des paroisses suivantes: Saint-Gabriel d'Iberville, St-Martin des Atakapas (Martinville), Pointe-Coupée, Saint-Landry des Oupelousas et des Natchitoches.
> Mss. Copie. 3 1/2 pouces. Reproductions photographiques. 2 pouces. Microfilm. 2 bobines. 1729-1859.
> Archives publiques du Canada, Ottawa, Ont.

POINTE-DES-CASCADES, QUÉ. SAINT-PIERRE-DES-CASCADES, PAROISSE (CATH.)

Houle, Hubert A., s.c., comp. Mariages du comté de Soulanges . . . (depuis la fondation de la première paroisse en 1752 jusqu'à nos jours) . . .

POINTE-DU-LAC, QUÉ. LA VISITATION, PAROISSE (CATH.)

Campagna, Dominique, s.c., comp. Répertoire des mariages de Pointe-du-Lac, diocèse de Trois-Rivières, La Visitation-de-la Pointe-du-Lac, 1744-1966 . . .

Pointe-du-Lac, Qué. La Visitation, paroisse (cath.) Registres de baptêmes, mariages et sépultures, 1787-1790.
> Mss. Microfilm. 1 bobine.
> Archives acadiennes, Moncton, N.-B.

POINTE-FORTUNE, QUÉ. SAINT-FRANÇOIS-XAVIER, PAROISSE (MÉTHODISTE).

Pointe-Fortune, Qué. Saint-François-Xavier, paroisse méthodiste. Registres de paroisse, 1848-1849.
Mss. Originaux. 3 pouces.
Archives nationales du Québec, Montréal, Qué.

POINTE-GATINEAU, QUÉ. SAINT-FRANÇOIS-DE-SALES, PAROISSE (CATH.)

Provencher, Gérard E., Michel Langlois et Georges L. Jean, comp. Mariages de l'Outaouais, vol. 6 . . .

Roger, René. Les Registres de St-François-de-Sales (Pointe-Gatineau).
Commentaires sur le registre.
Dans: L'Outaouais généalogique 3: (6) 71-73 juin '81.

POINTE-SAPIN, N.-B. SAINT-JOSEPH, PAROISSE (CATH.)

Pointe-Sapin, N.-B. Saint-Joseph, paroisse (cath.) Registres de la paroisse, 1813-1886.
Mss. Reproductions photographiques. 1 pouce.
Archives acadiennes, Moncton, N.-B.

Pointe-Sapin, N.-B. Saint-Joseph, paroisse (cath.) Registres des baptêmes, 1821-1869; des mariages, 1821-1869; et des sépultures, 1822, 1837-1855.
Mss. Copie. 42 p.
Archives publiques du Canada, Ottawa, Ont.

POINTE-VERTE, N.-B. SAINT-VINCENT-DE-PAUL, PAROISSE (CATH.)

Pointe-Verte, N.-B. Saint-Vincent-de-Paul, paroisse (cath.) Registres de la paroisse, 1899-1920.
Mss. Microfilm. 1 bobine.
Archives acadiennes, Moncton, N.-B.

POKEMOUCHE, N.-B. IMMACULÉE-CONCEPTION, PAROISSE (CATH.)

Pokemouche, N.-B. L'Immaculée-Conception, paroisse (cath.) Registres de la paroisse, 1843-1920.
Mss. Microfilm. 1 bobine.
Archives acadiennes, Moncton, N.-B.

Société historique de St-Denys. Index des mariages de Pokemouche, 1843-1920 . . .

POLTIMORE, QUÉ. SAINT-LOUIS-DE-FRANCE, PAROISSE (CATH.)

Provencher, Gérard E. et Georges L. Jean, comp. Répertoire des mariages de Poltimore, comté de Papineau, 1891-1963 . . .

POMQUET, N.-É. SAINTE-CROIX, PAROISSE (CATH.)

Pomquet, N.-É. Sainte-Croix, paroisse (cath.) Registres de paroisse, 1820-1884.
Mss. Reproductions photographiques. 1 pouce.
Archives acadiennes, Moncton, N.-B.

PONTCHARTRAIN (FORT). MISSIONS.

Detroit, Michigan, paroisses (cath.) Registres des baptêmes, mariages et sépultures du fort de Pontchartrain, 1703-1800 . . .
Mss. Originaux.
Archives publiques du Canada, Ottawa, Ont.

PONTIAC, QUÉ. (COMTÉ). PAROISSES (CATH.)

Ouimet, Raymond et collab. Mariages du comté de Pontiac, 1836-1973 . . .

PONTIAC, QUÉ. (DISTRICT). PAROISSES.

Falardeau, Émile. Registres du district de Pontiac.
Dans: S.G.C.F. Mém. 2: 142-145 '47.

PONT-ROUGE, QUÉ. SAINTE-JEANNE, PAROISSE (CATH.)

Pontbriand, Benoit, comp. Mariages de comté de Portneuf (1881-1950) . . .

Pontbriand, Benoit, comp. Répertoire des mariages de Pont-Rouge, comté de Portneuf, (1869-1900) . . .

POPLAR RIVER, MAN. POPLAR RIVER UNITED CHURCH.

Poplar River, Man. Poplar River United Church. Church register: baptisms, 1904-1958; marriages, 1905-1962; deaths, 1905-1961 . . .
Mss. Photocopies. 1 inch.
Provincial Archives of Manitoba, Winnipeg, Man.

PORT-ALFRED, QUÉ. SAINT-ALEXIS-DE-LA-GRANDE-BAIE, PAROISSE (CATH.)

Bélanger, Léonidas, comp. Les mariages de la région: Paroisse Saint-Alexis de Grande-Baie, 1842-1870.
Dans: Saguenayensia 2: (5) 125-128 sept./oct. '60; 2: (6) 151-154 nov./déc. '60; 3: (1) 11-14 janv./fév. '61; 3: (2) 35-38 mars/avr. '61; 3: (5) 107-110 sept./oct. '61; 3: (6) 131-134 nov./déc. '61; 4: (2) 35-38 mars/avr. '62; corrections 4: 59 mai/juin '62.

PORT ARTHUR, ONT. *voir:* THUNDER BAY, ONT.

PORT ELGIN, ONT. EVANGELICAL UNITED BRETHREN.

Port Elgin, Ont. Evangelical United Brethren. . . . marriages, 1868-1956; . . . baptisms, 1930-1967; . . . Knox Presbyterian Church . . . marriages, 1896-1938 (from 1925 as United Church of Canada); . . . Methodist . . . marriages, 1896-1925 . . .
>   Ms. Microfilm. 4 reels. 1868-1971.
>   University of Western Ontario Library, London, Ont.

PORT HILL, P.E.I. PORT HILL ANGLICAN CHURCH.

Port Hill, P.E.I. Anglican Parish of Port Hill. Parish registers, 1842-1943.
>   Ms. Microfilm. 70 feet.
>   Public Archives of Prince Edward Island, Charlottetown, P.E.I.

PORT-ROYAL, N.-É. SAINT-JEAN-BAPTISTE-DU-PORT-ROYAL, PAROISSE (CATH.)

Port-Royal, N.-É. Saint-Jean-Baptiste-du-Port-Royal, paroisse (cath.) Registres de la paroisse, 1702-1755.
>   Ms. Microfilm. 2 bobines.
>   Archives acadiennes, Moncton, N.-B.

PORT STANLEY, ONT. METHODIST CHURCH.

Methodist Church, London Conference, Ont. Registers of births, baptisms, marriages and deaths: . . . Port Stanley Methodist Church, 1922-1926 . . .
>   Ms. Original.
>   Public Archives of Canada, Ottawa, Ont.

PORTAGE-DU-FORT, QUE. UNITED CHURCH.

Shawville, Que. United Church. Parish registers of the Baptist, Presbyterian and Methodist predecessors of Shawville United Church in Litchfield, Clarendon and Portage-du-Fort . . .
>   Ms. Microfilm. 2 reels.
>   Public Archives of Canada, Ottawa, Ont.

PORTAGE LA PRAIRIE, MAN. METHODIST CHURCH.

Portage La Prairie, Man. Methodist Church. Registers of baptisms, 1890-1944; marriages, 1884-1941; burials 1884-1938.
>   Ms. Microfilm. 50 feet. 1884-1944.
>   Provincial Archives of Manitoba, Winnipeg, Man.

PORTAGE LA PRAIRIE, MAN. PRESBYTERIAN CHURCH.

Portage La Prairie, Man. Presbyterian Church. Church records, 1884-1943.
>   Ms. Microfilm. 1 reel.
>   Provincial Archives of Manitoba, Winnipeg, Man.

PORTAGE LA PRAIRIE, MAN. SAINT MARY'S ANGLICAN CHURCH.

Portage La Prairie, Man. St. Mary's (Anglican) Church. Registers of baptisms, marriages and burials, 1855-1883.
>   Ms. Microfilm. 30 feet.
>   Provincial Archives of Manitoba, Winnipeg, Man.

PORTNEUF, QUÉ. (COMTÉ). PAROISSES.

Pontbriand, Benoit, comp. Mariages du comté de Portneuf (1881-1950) . . .

PORTNEUF, QUÉ. NOTRE-DAME, PAROISSE (CATH.)

Pontbriand, Benoit, comp. Mariages du comté de Portneuf (1881-1950) . . .

Pontbriand, Benoit, comp. Répertoire des mariages de Portneuf (1861-1900) . . .

POTTON, ONT. (TOWNSHIP). REGISTERS.

Potton township, C.E. Register of baptisms, marriages and deaths, 1837-1848.
>   Mss. Original. 60 p.
>   Brome County Historical Society, Knowlton, Que.

PRESCOTT, ONT. (COMTÉ). PAROISSES.

Émard, Michel. Inventaire sommaire des sources manuscrites imprimées et des études concernant Prescott-Russell, Ont.

Hamelin, Julien, s.c. et Hubert A. Houle, s.c., comp. Répertoire des mariages du comté de Prescott, Ontario . .

PRESCOTT, ONT. PRESBYTERIAN CHURCH.

Pioneer Society of Edwardsburgh Township, Grenville County, Ont. Records of baptisms of the Presbyterian Church, Prescott, U.C., 1823-1863.
>   Mss. Transcripts.
>   Archives of Ontario, Toronto, Ont.

PRESCOTT, ONT. SAINTE-ANNE, PAROISSE (CATH.)

Hamelin, Julien, s.c. et Hubert A. Houle, s.c., comp. Répertoire des mariages du comté de Prescott, Ontario . . .

PRINCE EDWARD ISLAND. COLONIAL SECRETARY. REGISTERS.

Prince Edward Island. Colonial Secretary. . . .
Marriage licences . . . 1784-1873.
Mss. Original.
Public Archives of Prince Edward Island,
Charlottetown, P.E.I.

PRINCE EDWARD ISLAND. PROVINCIAL SECRETARY. REGISTERS.

Prince Edward Island. Provincial Secretary . . .
marriage bonds and licences, 1873-1900 . . .
Mss. Original.
Public Archives of Prince Edward Island,
Charlottetown, P.E.I.

PRINCE WILLIAM AND QUEENSBURY, N.B. ANGLICAN CHURCH.

Prince William and Queensbury, N.B. Parish
churches (Anglican). Baptisms, 1823-1948;
marriages, 1826-1957; burials, 1848-1960.
Mss. Microfilm. 30 feet. 1823-1960.
Provincial Archives of New Brunswick,
Fredericton, N.B.

PRINCEVILLE, QUÉ. SAINT-EUSÈBE, PAROISSE (CATH.)

Société généalogique des Cantons de l'Est.
Répertoire des mariages du comté d'Arthabaska
. . .
Vol. 1-2: 1840-1925; supplément: 1926-1970
incl.

PRINCEVILLE, QUÉ. SAINT-THOMAS, PAROISSE (CATH.)

Bergeron, Wilfrid, comp. Mariages de
Princeville (1848-1973), comté d'Arthabaska
. . .

PROSPECT, ONT. PROSPECT UNITED CHURCH. CEMETERY.

Neville, George H. and Iris M. Neville, comp.
Prospect United Church Cemetery; a pioneer
Methodist cemetery and church of Lanark
county; west half lot 25, conc. 4, Beckwith
Township, map reference 226941 . . .

PROSPECT HILL, ONT. TRINITY ANGLICAN CHURCH.

Kirkton Parish, Ont. Anglican Church.
Anglican Church parish registers recording bap-
tisms, marriages and burials, 1862-1971, in the
Anglican churches of St. Paul's, Kirkton,
Trinity Church, Prospect Hill, St. Patrick's,
Aintsbury and St. Thomas, Grafton, Ont.
Mss. Photocopies. 276 p. Microfilm. 1 reel.
Public Archives of Canada, Ottawa, Ont.

PUBNICO, N.-É. SAINT-PIERRE-D'ARGYLE, PAROISSE (CATH.)

Sainte-Anne-du-Ruisseau, N.-É., paroisse
(cath.) Registres des familles de la paroisse
Sainte-Anne-du-Ruisseau et de St-Pierre
d'Argyle (Pubnico-ouest) par l'abbé Sigogne,
1816-1824.
Mss. Microfilm. 8 pieds.
Archives acadiennes, Moncton, N.-B.

QUEBEC, QUE. CHURCH OF ENGLAND.

Kelley, Arthur Reading, Canon. The Archives
of the Church of England in the diocese of
Quebec.
In: Bull. rech. hist. 59: 91-104 '53.

Kelley, Arthur Reading, Canon. Register of
acts of baptisms, marriages and burials per-
formed in the English church; the "Church of
England in Quebec", 1759-1791.
Mss. Transcripts. 2 inches. 1759-1795.
Archives nationales du Québec, Québec,
Qué.

QUEBEC. QUE. GREAT BRITAIN ARMY. GARRISON.

Great Britain Army, Quebec Garrison.
Registers of baptisms, marriages and burials
with index (but with the years, 1801-1816 in-
clusive, missing), 1797-1826.
Mss. Transcripts. 7 inches.
Public Archives of Canada, Ottawa, Ont.

QUEBEC, QUE. HOLY TRINITY ANGLICAN CHURCH.

Quebec, Que. Holy Trinity (Anglican) Church.
Parish register, 1768-1800.
Mss. Transcripts. 4 inches. 1768-1800.
Public Archives of Canada, Ottawa, Ont.

QUÉBEC, QUÉ. HÔPITAL DU SACRÉ-COEUR.

Gaboury, Jean, comp. Mariages de l'Hôpital
du Sacré-Coeur (paroisse N.-D. du
Sacré-Coeur), Québec, 1874-1892, et l'Hôtel-
Dieu du Sacré-Coeur-de-Jésus (paroisse du
Sacré-Coeur-de-Jésus), 1892-1935 . . .

QUÉBEC, QUÉ. HÔPITAL-GÉNÉRAL DE QUÉBEC. REGISTRES.

Hôpital-Général, Québec, Qué. Registres de
baptêmes, mariages et sépultures, 1783-1790.
Mss. Microfilm. 1 bobine.
Archives acadiennes, Moncton, N.-B.

Pontbriand, Benoit, comp. Répertoire des
mariages de l'Hôpital-Général de Québec,
paroisse Notre-Dame-des-Anges, 1693-1961 . . .

QUÉBEC, QUÉ. HÔPITAL SAINT-MICHEL-ARCHANGE. SAINT-MICHEL-ARCHANGE, PAROISSE (CATH.)

Gaboury, Jean, comp. Mariages: Hôpital Saint-Michel-Archange, paroisse Saint-Michel-Archange, 1896-1975.
> *Dans:* L'Ancêtre 4: (2) 43-52 oct. '77.

QUÉBEC, QUÉ. HÔTEL-DIEU DE QUÉBEC.

Auger, Roland-J. Notules nécrologiques de l'Hôtel-Dieu de Québec.
> *Dans:* S.G.C.F. Mém. 4: 226-231 '51.

Auger, Roland-J. Registres des malades de l'Hôtel-Dieu de Québec.
> *Dans:* S.G.C.F. Mém. 5: 105-109 '52.

Auger, Roland-J. Registre mortuaire de l'Hôtel-Dieu de Québec.
> *Dans:* S.G.C.F. Mém. 6: 215-238 '55.

Hôtel-Dieu, Québec, Qué. Registres de baptêmes, mariages et sépultures, 1757-1790.
> Mss. Microfilm. 1 bobine.
> Archives acadiennes, Moncton, N.-B.

Langlois, Michel, comp. Décès inscrits au registre des malades de l'Hôtel-Dieu de Québec (1689-1722).
> *Dans:* L'Ancêtre 1: (5) 142-151 janv. '75 et suivantes.

QUÉBEC, QUÉ. HÔTEL-DIEU-DU-SACRÉ-COEUR-DE-JÉSUS.

Gaboury, Jean, comp. Mariages de l'Hôpital-du-Sacré-Coeur (paroisse Notre-Dame-du-Sacré-Coeur), Québec, 1874-1892, et l'Hôtel-Dieu du Sacré-Coeur-de-Jésus (paroisse du Sacré-Coeur-de-Jésus), 1892-1935 . . .

QUÉBEC, QUÉ. NOTRE-DAME-DE-LA-GARDE, PAROISSE (CATH.)

Ross, J. Eddy. Mariages de Notre-Dame-de-la-Garde (Cap Blanc), Québec, 1877-1977 . . .

QUÉBEC, QUÉ. NOTRE-DAME-DE-LA-PAIX, PAROISSE (CATH.)

Ross, J. Eddy. Mariages de la paroisse Notre-Dame-de-la-Paix, Québec, 1941-1977 . . .

QUÉBEC, QUÉ. NOTRE-DAME-DE-QUÉBEC, PAROISSE (CATH.)

Fabien, J.H. Catalogue des baptêmes et mariages à Québec depuis 1621 jusqu'à 1640, dont les registres avaient été brûlés le 15 juin 1640 dans l'incendie de la chapelle et maison, et peu après on eut recours aux particuliers pour les renouveler de mémoire. 50 baptêmes, 24 mariages (et liste incomplète des baptêmes, 1622-1633) . . .

Ferland, Jean-Baptiste Antoine. Notes sur les registres de Notre-Dame de Québec. 1ère livraison . . . 1854.

Ferland, Jean-Baptiste Antoine. Notes sur les registres de Notre-Dame de Québec, publiées par la dir. du "Foyer canadien" . . . 1863 . . .

Pontbriand, Benoit, comp. Répertoire de Notre-Dame de Québec (1618-1908) . . .

Provencher, Gérard E. Registres de Notre-Dame de Québec, 1621-1700: baptêmes et sépultures.
> *Dans:* L'Ancêtre 1: (2) oct. '74 et suivantes.

Québec, Qué., paroisses (cath.) Registres des baptêmes, mariages et sépultures de la paroisse Notre-Dame, 1721-1737 . . .
> Mss. Copie. (Aussi disponible sur microfilm).
> Archives publiques du Canada, Ottawa, Ont.

Québec, Qué. Notre-Dame, paroisse (cath.) Registres de baptêmes, mariages et sépultures, 1755-1790.
> Mss. Microfilm. 5 bobines.
> Archives acadiennes, Moncton, N.-B.

Saint Patrick's High School Graduates, Quebec. An Index of Irish marriages; an extract from the registers of Notre-Dame de Québec, including English and Scottish marriages for the years 1760-1900; Inventaire des mariages irlandais dans les registres de Notre-Dame de Québec incluant ceux des Anglais et de (sic) Écossais de 1760 à 1900 . . .

QUÉBEC, QUÉ. NOTRE-DAME-DES-ANGES, PAROISSE (CATH.)

Pontbriand, Benoit, comp. Répertoire des mariages de l'Hôpital-Général de Québec, paroisse Notre-Dame-des-Anges, 1693-1961 . . .

QUÉBEC, QUÉ. NOTRE-DAME-DU-SACRÉ-COEUR, HÔPITAL DU SACRÉ-COEUR.

Gaboury, Jean, comp. Mariages: Hôpital du Sacré-Coeur (paroisse Notre-Dame-du-Sacré-Coeur), 1874-1892; Hôtel-Dieu-du-Sacré-Coeur-de-Jésus (paroisse du Sacré-Coeur de Jésus), 1892-1935 . . .

QUÉBEC, QUÉ. SACRÉ-COEUR-DE-JÉSUS (HÔTEL-DIEU).

Gaboury, Jean, comp. Mariages: Hôpital du Sacré-Coeur (paroisse Notre-Dame-du-Sacré-Coeur), 1874-1892; Hôtel-Dieu-du-Sacré-Coeur-de-Jésus (paroisse du Sacré-Coeur-de-Jésus), 1892-1935 . . .

QUEBEC, QUE. SAINT ANDREW'S PRESBYTERIAN CHURCH.

Quebec, Que. St. Andrew's (Presbyterian) Church. Parish registers with index, 1770-1829.
> Mss. Transcripts. 4 inches. 1770-1829. (Also available on microfilm).
> Public Archives of Canada, Ottawa, Ont.

QUÉBEC, QUÉ. SAINT-CHARLES-DE-LIMOILOU, PAROISSE (CATH.)

Roberge, Claude, dir., et Mme Jos. E. Ouellet. Répertoire des mariages de St-Charles de Limoilou, Québec, 1896-1971 . . .

QUEBEC, QUE. SAINT PATRICK'S CATHOLIC CHURCH.

Saint Patrick's High School Graduates, Quebec. An Index of Irish marriages; an extract from the registers of Notre-Dame de Québec, including English and Scottish marriages for the years 1760-1900; Inventaire des mariages irlandais dans les registres de Notre-Dame de Québec incluant ceux des Anglais et de (sic) Écossais de 1760 à 1900 . . .

QUÉBEC, QUÉ. SAINT-ROCH, PAROISSE (CATH).

Pontbriand, Benoit, comp. Mariages de St-Roch de Québec . . . 1829-1900 . . .

QUÉBEC, QUÉ. SAINT-SAUVEUR, PAROISSE (CATH.)

Roberge, Claude, comp. Répertoire des mariages de la paroisse St-Sauveur de Québec, 1867-1971 . . .

QUÉBEC, QUÉ. REGISTRES.

Auger, Roland-J. Registres des abjurations, 1662-1757.
Dans: S.G.C.F. Mém. 5: 243-246 '53.

Charbonneau, Hubert et Jacques Légaré, dir. Répertoire des actes de baptêmes, mariages, sépultures et des recensements du Québec ancien . . .

Lachance, Marcelle (Soeur). Liste des microfilms à la Bibliothèque du Cégep Garneau.
Dans: L'Ancêtre 4: (2) 59-60 oct. '77.

Québec, Qué. . . . Certificats de baptêmes, mariages et sépultures, 1665-1805 . . .
Mss. Originaux.
Archives publiques du Canada, Ottawa, Ont.

QUÉBEC (PROV.). REGISTRES.

Fichier Loiselle.
Archives Nationales du Québec, Québec, Qué.

Raymond, Raoul. Inventaires publiés des registres de l'état civil, par district judiciaire avec indications du chef-lieu où ils sont conservés.
Dans: S.G.C.F. Mém. 9: 64 '58.

Raymond, Raoul. Relevé sommaire des paroisses fondées avant 1800 avec inventaire des registres de l'état civil conservés à la cure et au chef-lieu des districts judiciaires.
Dans: S.G.C.F. Mém. 9: 129-151 '58.

Rivest, Lucien, c.s.v. Registres de paroisses catholiques conservés au Palais de Justice de Montréal . . .

QUEENSBURY, N.B. CHURCH.

Queensbury Parish, N.B. Census of the Parish of Queensbury, York County, 1851.
Mss. Original. 53 p. 1851.
Public Archives of Canada, Ottawa, Ont.

QUYON, QUE. SAINT JOHN THE EVANGELIST ANGLICAN CHURCH.

Quyon, Que. St. John the Evangelist (Anglican) Church. Parish registers of the St. John the Evangelist Church . . .
Mss. Microfilm. 1 reel.
Public Archives of Canada, Ottawa, Ont.

QUYON, QUE. SAINT LUKE'S ANGLICAN CHURCH.

Quyon, Que. St. John the Evangelist (Anglican) Church . . . St. Luke's Church, Quyon, 1857-1909 . . .
Mss. Microfilm. 1 reel.
Public Archives of Canada, Ottawa, Ont.

QUYON, QUE. UNITED CHURCH (WESLEYAN METHODIST CIRCUIT).

Quyon, Que. United Church (Wesleyan Methodist Circuit). Parish registers of Onslow Mission and Quyon Circuit of the Wesleyan Methodist Church, 1859-1923.
Mss. Microfilm. 1 reel.
Public Archives of Canada, Ottawa, Ont.

RACINE, QUÉ. SAINT-THÉOPHILE, PAROISSE (CATH.)

Jetté, René et Benoit Pontbriand, comp. Mariages du comté de Shefford, 1846-1968 . . .

RAMSAY, ONT. (TOWNSHIP). SAINT ANDREW'S PRESBYTERIAN CHURCH.

Almonte, Ont. United Church. Marriage registers of St. Andrew's (Presbyterian) Church of Ramsay Township, 1898-1926, and Ashton Presbyterian Church, 1896-1911 . . .
Mss. Microfilm. 1 reel. 1889-1962.
Public Archives of Canada, Ottawa, Ont.

RAWDON, N.S. SAINT JAMES' ANGLICAN CHURCH.

Rawdon, N.S. St. Paul's (Anglican) Church.
. . . Register of baptisms, 1793-1880; marriages, 1814-1889 and burials 1815-1920. The register contains entries of the parish of St. James, N.S.; Newport, N.S.; Douglas, N.S. . . .
Mss. Transcripts. 200 p. 1793-1920.
Public Archives of Canada, Ottawa, Ont.

RAWDON, N.S. SAINT PAUL'S ANGLICAN CHURCH.

Rawdon, N.S. St. Paul's (Anglican) Church.
. . . Register of baptisms, 1793-1880; marriages, 1814-1889; and burials, 1815-1920. The register contains entries of the parish of St. James, N.S.; Newport, N.S.; Douglas, N.S. . . .
Mss. Transcripts. 200 p. 1793-1920.
Public Archives of Canada, Ottawa, Ont.

RAWDON, QUÉ. MARIE-REINE-DU-MONDE, PAROISSE (CATH.)

Rivest, Lucien, c.s.v., comp. Mariages du comté de Montcalm (du début des paroisses à 1960 incl.) . . .

RAWDON, QUÉ. SAINT-PATRICE, PAROISSE (CATH.)

Rivest, Lucien, c.s.v., comp. Mariages du comté de Montcalm (du début des paroisses à 1960 incl.) . . .

RED RIVER, SASK. MISSIONS.

de Lores, Mikell, W. Warner and (Mrs.) Harriet D. Munnick. Catholic church records of the Pacific North West: Vancouver records, vols. 1 and 2 . . .

RED RIVER SETTLEMENT, MAN. CHURCHES.

Kipling, Clarence. . . . Index card to the parish registers of churches in the Red River Settlement; St. Boniface Roman Catholic Church, 1825-1834; St. John's Anglican Church, 1820-1882; and St. Andrew's Anglican Church, 1835-1884.
Mss. Transcripts. 2 500 index cards.
Public Archives of Canada, Ottawa, Ont.

REPENTIGNY, QUÉ. LA PRÉSENTATION, PAROISSE (CATH.)

Bergeron, Roger et Jean Bergeron, comp. Répertoire des mariages de la paroisse de la Présentation de Repentigny, 1669-1970 . . .

Rivest, Lucien, c.s.v., comp. Mariages du comté de l'Assomption (du début des paroisses à 1960 incl.) . . .

Rivest, Lucien, c.s.v., comp. Repentigny. Complément aux registres de la paroisse et aux originaux conservés à l'évêché de Montréal . . .

REPENTIGNY, QUÉ. LA PURIFICATION, PAROISSE (CATH.)

Repentigny, Qué. La Purification, paroisse (cath.) Registres de baptêmes, mariages et sépultures, 1769-1785.
Mss. Microfilm. 1 bobine.
Archives acadiennes, Moncton, N.-B.

REPENTIGNY, QUÉ. NOTRE-DAME-DES-CHAMPS, PAROISSE (CATH.)

Rivest, Lucien, c.s.v., comp. Mariages du comté de l'Assomption du début des paroisses à 1960 incl. . . .

RICHELIEU, QUÉ. NOTRE-DAME-DU-BON-SECOURS, PAROISSE (CATH.)

Raymond, Raoul et Irenée Jetté, comp. Mariages de St-Mathias (1739-1968) et Richelieu (1868-1968) . . .

RICHIBOUCTOU, N.B. ANGLICAN CHURCH.

Richibouctou, N.B. Parish church (Anglican). Baptisms, 1815-1955; marriages, 1825-1956; burials, 1825-1956.
Mss. Microfilm. 50 feet.
Provincial Archives of New Brunswick, Fredericton, N.B.

Shediac, N.B. St. Martin's (Anglican) Church . . . Register of baptisms at . . . Richibouctou, N.B., 1833-1835 . . .
Mss. Photocopies.
Public Archives of Canada, Ottawa, Ont.

RICHIBOUCTOU, N.-B. SAINT-ANTOINE, PAROISSE (CATH.)

Gaudet, Placide. Notes généalogiques des familles acadiennes . . .
Mss. Originaux. 49 pieds.
Archives acadiennes, Moncton, N.-B.

Richibouctou, N.-B. St-Antoine, paroisse (cath.) Registres de la paroisse, 1800-1869.
Mss. Reproductions photographiques. 5 pouces. Microfilm. 1 bobine.
Archives acadiennes, Moncton, N.-B.

Richibouctou, N.-B. St-Antoine, paroisse (cath.) Registres des baptêmes, 1796-1870, mariages, 1800-1870, et sépultures, 1796-1870. Registres de baptêmes, mariages et sépultures, 1800-1824 . . .
Mss. Copie. 4 pouces.
Archives publiques du Canada, Ottawa, Ont.

RICHMOND, ONT. SAINT ANDREW'S PRESBYTERIAN CHURCH. CEMETERY.

Neville, George A. and Iris M. Neville, comp. St. Andrew's Presbyterian Church cemetery, Richmond, Ont. Recorded Aug. 18, 1974, double checked Oct. 5, 1974 . . .

RICHMOND, ONT. SAINT JOHN'S ANGLICAN CHURCH. CEMETERY.

Neville, George A. and Iris M. Neville, comp. St. John's Anglican Cemetery: Lot 10 on the South side of Strachan St., Richmond, Ont., map reference 249052 . . .

RICHMOND, ONT. SAINT PAUL'S UNITED CHURCH CEMETERY.

Armstrong, Edna and others. St. Paul's United Church Cemetery (the old Methodist cemetery), Richmond, Ont.: part lots 1 and 2 (King Park), Richmond Village, part lot 26 N 1/2, Conc. III, Goulburn Twp. . . .

RICHMOND, ONT. SAINT PAUL'S UNITED CHURCH, REGISTERS.

Methodist Church, London Conference, Ont. Registers of births, baptisms, marriages and deaths . . .
    Mss. Original.
    Public Archives of Canada, Ottawa, Ont.

RICHMOND, ONT. SAINT PHILIP'S ROMAN CATHOLIC CHURCH.

Richmond, Ont. St. Philip's (Roman Catholic) church. Parish registers of St. Philip's Roman Catholic Church, Richmond, Ont., 1836-1869; and of St. Clare's, Dwyer Hill, 1891-1969 . . .
    Mss. Microfilm. 1 reel.
    Public Archives of Canada, Ottawa, Ont.

RICHMOND, QUÉ. (COMTÉ). PAROISSES.

Société généalogique des Cantons de l'Est. Répertoire des mariages du comté de Richmond . . . (15 paroisses du début à 1950 incl.) . . .

RICHMOND HILL, ONT. PRESBYTERIAN CHURCH.

Clark, A.J. Rev. William Jenkins of Richmond Hill and his records . . . 1819-1843 . . .
    In: Ontario Hist. Soc. Papers and records 27: 15-76 '31.

RIDEAU CIRCUIT, ONT. METHODIST CHURCH.

Methodist Church, Rideau Circuit, Ont. . . . Microfilm copy of baptisms, 1819-1874.
    Mss. Microfilm.
    Public Archives of Canada, Ottawa, Ont.

RIGAUD, QUÉ. SAINTE-MADELEINE, PAROISSE (CATH.)

Charette, Jean-Benoit, s.c., comp. Sainte-Madeleine de Rigaud, 1802-1972 . . .

Rigaud, Qué. Sainte-Madeleine, paroisse (cath.) Registres de baptêmes, mariages et sépultures . . . Index des mariages, 1802-1850 . . .
    Mss. Copie. 1 pied 6 pouces.
    Archives publiques du Canada, Ottawa, Ont.

RIMOUSKI, QUÉ. (COMTÉ). PAROISSES (CATH.)

Carbonneau, Charles Alphonse. Tableau généalogique des mariages célébrés dans les paroisses du diocèse de Rimouski . . .

RIMOUSKI, QUÉ. (DIOCÈSE). PAROISSES (CATH.)

Carbonneau, Charles Alphonse. Tableau généalogique des mariages célébrés dans les paroisses du diocèse de Rimouski . . .

Mimeault, Mario. Additions aux mariages de Rimouski de Mgr Carbonneau.
    Dans: L'Ancêtre 7: (4) 125-127 déc. '80.

RIMOUSKI, QUÉ. SAINT-FABIEN, PAROISSE (CATH.)

Riou, Grégoire. Généalogie dans les prônes de St-Fabien de Rimouski.
    Dans: L'Ancêtre 6: (7) 203-297 mars '80.

RIPLEY, ONT. RIPLEY CEMETERY.

Sykes, Pamela, Mona Milks and Christine Milks, comp. Ripley abandoned cemetery: lot 9, Conc. II, S. Crosby Twp., Leeds County, map reference 048387 . . .

RIPON, QUÉ. SAINT-CASIMIR, PAROISSE (CATH.)

Provencher, Gérard E., Georges L. Jean et Rita Séguin, comp. Répertoire des mariages de Ripon (comté de Papineau), 1864-1965 . . .

RISTIGOUCHE, QUÉ. SAINTE-ANNE, PAROISSE (CATH.)

Ristigouche, Qué. Sainte-Anne, paroisse (cath.) Registres de la paroisse, 1759-1795, 1842-1870.
    Mss. Copie. 1 pouce. Reproductions photographiques. 3 pouces.
    Archives acadiennes, Moncton, N.-B.

Ristigouche, Qué., Sainte-Anne, paroisse (cath.) Registres de baptêmes, mariages et sépultures de Ste-Anne de Ristigouche et d'autres missions environnantes dont certaines de l'Acadie, 1759-1795 . . .
    Mss. Copie. 1 pouce. Reproductions photographiques. 1 pouce.
    Archives publiques du Canada, Ottawa, Ont.

RIVERTON, MAN. LUTHERAN CHURCH.

Riverton, Man., Lutheran Church. Riverton, Man. Registers of baptisms, marriages and deaths, 1902-1950 . . .
    Mss. Original.
    Provincial Archives of Manitoba, Winnipeg, Man.

RIVIÈRE-À-GAGNON, QUÉ. NOTRE-DAME-DE-FATIMA, PAROISSE (CATH.)

Rivest, Lucien, c.s.v., comp. Mariages du comté de Terrebonne (du début des paroisses à 1960 incl.) . . .

RIVIÈRE-À-LA-PÊCHE, QUÉ. SAINTE-CÉCILE. MISSIONS.

Aylmer et Gatineau, Qué., paroisse (cath.) Registres des baptêmes, mariages et sépultures des missions du comté de Wright, 1841-1852 . . .

Mss. Copie. 4 pouces.
Archives publiques du Canada, Ottawa, Ont.

RIVIÈRE-À-PIERRE, QUÉ. SAINT-BERNARDIN, PAROISSE (CATH.)

Pontbriand, Benoit, comp. Mariages du comté de Portneuf (1881-1950) . . .

RIVIÈRE-AU-RENARD, QUÉ. SAINT-MARTIN, PAROISSE (CATH.)

Ouellet, Marie Cécile, comp. Répertoire des mariages: paroisse St-Martin de Rivière-au-Renard, 1855-1976 . . .
Archives nationales du Québec, Québec, Qué.

St-Maurice, Rivière-au-Renard, Gaspésie . . .
Archives nationales du Québec, Québec, Qué.

RIVIÈRE-BEAUDETTE, QUÉ. SAINTE-CLAIRE-D'ASSISE, PAROISSE (CATH.)

Houle, Hubert A., s.c., comp. Mariages du comté de Soulanges . . . (depuis la fondation de la première paroisse en 1752 jusqu'à nos jours) . . .

RIVIÈRE-DES-PRAIRIES, QUÉ. SAINT-JOSEPH, PAROISSE. (CATH.)

Bergeron, Roger et Jean Bergeron, comp. Répertoire des mariages de la paroisse Saint-Joseph de la Rivière-des-Prairies (1687-1970) . . .

Rivière-des-Prairies, Qué. Saint-Joseph, paroisse (cath.) Registres de baptêmes, mariages et sépultures, 1760-1780.
Mss. Microfilm. 1 bobine.
Archives acadiennes, Moncton, N.-B.

Rivière-des-Prairies, Qué. St-Joseph, paroisse (cath.) Registres de baptêmes, mariages et sépultures, 1687-1849.
Mss. Originaux. 3 pieds.
Archives nationales du Québec, Montréal, Qué.

RIVIÈRE-DU-LOUP, QUÉ. SAINT-FRANÇOIS-XAVIER, PAROISSE (CATH.)

Gingras, Robert-Edmond, é.c., comp. Répertoire des mariages de Saint-François-Xavier et de St-Ludger de Rivière-du-Loup, 1905-1965 . . .

RIVIÈRE-DU-LOUP, QUÉ. SAINT-LUDGER, PAROISSE (CATH.)

Gingras, Robert-Edmond, é.c., comp. Répertoire des mariages de Saint-François-Xavier et Saint-Ludger de Rivière-du-Loup, 1905-1965 . . .

RIVIÈRE-DU-LOUP, QUÉ. SAINT-PATRICE, PAROISSE (CATH.)

Gingras, Robert Edmond, é.c., comp. Répertoire des mariages de Saint-Patrice de Rivière-du-Loup, 1813-1966 . . .

RIVIÈRE-DU-LOUP (EN HAUT), QUÉ. *voir*: LOUISEVILLE, QUÉ.

RIVIÈRE-DU-SUD, QUÉ. SAINT-FRANÇOIS-DE-SALES, PAROISSE (CATH.)

Proulx, Armand, comp. Mariages de Saint-François-de-Sales, Rivière-du-sud, comté de Montmagny, 1749-1973 . . .

RIVIÈRE-OUELLE, QUÉ. NOTRE-DAME-DE-LIESSE, PAROISSE (CATH.)

Proulx, Armand, ptre, comp. Répertoire des mariages de Rivière-Ouelle, 1900-1970 . . .

Proulx, Armand, ptre, comp. Répertoire des mariages de Rivière-Ouelle, 1672-1972; troisième centenaire . . .

Proulx, Armand, ptre, comp. Répertoire des mariages de Saint-Philippe-de-Néri, 1870-1970; de Saint-Denis-de-la-Bouteillerie, 1841-1970; de Rivière-Ouelle, 1900-1970 . . .

ROBERTVILLE, N.-B. SAINTE-THÉRÈSE, PAROISSE (CATH.)

Robertville, N.-B. Sainte-Thérèse, paroisse (cath.) Registre de la paroisse, 1885-1920.
Mss. Microfilm. 1 bobine.
Archives acadiennes, Moncton, N.-B.

ROBERVAL, QUÉ. NOTRE-DAME, PAROISSE (CATH.)

Bélanger, Léonidas, comp. Les mariages de la région: Notre-Dame du Lac St-Jean (Roberval), 1860-1911.

Dans: Saguenayensia 8: (3) 62 '66; 8: (4)
83-86 '66; 8: (5) 107-110, '66; 8: (6) 131-134
'66; 9: (2) 43-46 '67; 9: (3) 59-62 '67; 9: (4)
83-86 '67; 9: (5) 107-110 '67; 9: (6) 131-134
'67; corrections aux mariages parus: 8: (3)
59-61 '66.

ROCK FOREST, QUÉ. SAINT-ROCH D'ORFORD, PAROISSE (CATH.)

Société généalogique des Cantons de l'Est.
Mariages de Saint-Roch d'Orford, 1891-1970
. . .

Société généalogique des Cantons de l'Est.
Répertoire des mariages (cath.) du comté de
Sherbrooke du début à 1970 incl. . . .

ROCK ISLAND, QUÉ. NOTRE-DAME-DE-LA-MERCI, PAROISSE (CATH.)

Société généalogique des Cantons de l'Est.
Répertoire des mariages catholiques, comté de
Stanstead, dans les Cantons de l'Est . . . (19
paroisses du début à 1950 incl.) . . .

ROCKLAND, ONT. SAINTE-TRINITÉ, PAROISSE (CATH.)

Hamelin, Julien, s.c., comp. Répertoire des
mariages du comté de Russell, Ontario . . .
1858-1972 . . .

Provencher, Gérard E., comp. Mariages du
l'Outaouais, vol. 5 . . .

ROGERSVILLE, N.-B. SAINT-FRANÇOIS-DE-SALES, PAROISSE (CATH.)

Rogersville, N.-B. Saint-François-de-Sales,
paroisse (cath.) Registres de la paroisse,
1877-1887.
Mss. Reproductions photographiques.
1 pouce.
Archives acadiennes, Moncton, N.-B.

ROSEMÈRE, QUÉ. SAINTE-FRANÇOISE-CABRINI, PAROISSE (CATH.)

Rivest, Lucien, c.s.v., comp. Mariages du
comté de Terrebonne (du début des paroisses à
1960 incl.) . . .

ROTHESAY, N.B. SAINT PAUL'S ANGLICAN CHURCH.

Rothesay, N.B. Saint Paul's Anglican Church.
Baptisms, marriages and burials (inclusive
dates), 1870-1969 . . .
Mss. Microfilm. 50 feet.
Provincial Archives of New Brunswick,
Fredericton, N.B.

ROUGEMONT, QUÉ. SAINT-MICHEL, PAROISSE (CATH.)

Jetté, René et Gérard Provencher, comp.
Mariages de St-Césaire, 1822-1967; Rougemont,
1886-1967; L'Ange-Gardien, 1857-1967;
Abbotsford, 1868-1967, comté de Rouville . . .

ROUVILLE, QUÉ, (COMTÉ). PAROISSES (CATH.)

Jetté, René et Gérard E. Provencher, comp.
Mariages du comté de Rouville (1822-1967) . . .

ROXTON FALLS, QUÉ. SAINT-JEAN-BAPTISTE, PAROISSE (CATH.)

Jetté, René et Benoit Pontbriand, comp.
Mariages du comté de Shefford (1846-1968)
. . .

ROXTON POND, QUÉ. SAINTE-PRUDENTIENNE, PAROISSE (CATH.)

Jetté, René et Benoit Pontbriand, comp.
Mariages du comté de Shefford (1846-1968)
. . .

RUPERT'S LAND, SASK. (DIOCESE). ANGLICAN CHURCH.

Anglican Church of Canada. Diocese of
Rupert's Land. Registers of baptisms and
marriages.
Mss. Microfilm. 1 reel. 1813-1890.
Saskatchewan Archives Board, Regina, Sask.

RUSSELL, ONT. (COMTÉ). PAROISSES.

Émard, Michel. Inventaire sommaire des
sources manuscrites imprimées et des études
concernant Prescott-Russell, Ont. . . .
Hamelin, Julien, s.c., comp. Répertoire des
mariages du comté de Russell (Ontario) . . .
1858-1972 . . .

RUSSELL, ONT. NOTRE-DAME-DE-LA-MÉDAILLE-MIRACULEUSE, PAROISSE (CATH.)

Hamelin, Julien, s.c., comp. Répertoire des
mariages du comté de Russell (Ontario) . . .
1858-1972 . . .

RUSTICO, Î.-P.-É. SAINT-AUGUSTIN-DE-RUSTICO, PAROISSE, (CATH.)

Rustico, Î.-P.-É. Saint-Augustin-de-Rustico,
paroisse (cath.) Registres de paroisse.
Mss. Reproduction photographique.
4 pouces. [s.d.]
Archives acadiennes, Moncton, N.-B.
Rustico, Î.-P.-É. Saint-Augustin-de-Rustico,
paroisse (cath.) Registres paroissiaux, 1812-1824
. . .
Mss. Copie. 93 p. Reproductions photo-
graphiques, 76 p.
Archives publiques du Canada, Ottawa, Ont.

SAANICH, B.C, SAINT STEPHEN'S ANGLICAN CHURCH.

Saanich, B.C. St. Stephen's Anglican Church.
Register of marriages, 1863-1880.
Mss. Transcript. 33 p.
Provincial Archives of British Columbia,
Victoria, B.C.

SACKVILLE, N.B. SACKVILLE UNITED CHURCH.

Sackville, N.B. Sackville United Church. Baptisms, marriages and burials, 1839-1961 . . .
Mss. Microfilm.
Provincial Archives of New Brunswick, Fredericton, N.B.

SACKVILLE, N.B (TOWNSHIP). REGISTERS.

Sackville Township, N.B. Township Council . . . a partial record of births and deaths, 1748-1822 . . .
Mss. Original.
Public Archives of Canada, Ottawa, Ont.

Sackville Township, N.B. Township Council . . . a partial record of births and deaths, 1748-1822 . . .
Mss. Transcripts.
Mount Allison University, Sackville, N.B.

SACRÉ-COEUR, QUÉ., PAROISSE (CATH.)

Jetté, Irenée et autres, comp. Mariages du comté de Laprairie, 1751-1972 . . .

SAGUENAY, QUÉ. (COMTÉ). PAROISSES.

Talbot, Éloi-Gérard, s.m. Recueil de généalogies des comtés de Charlevoix et Saguenay . . .

SAGUENAY, QUÉ. POSTE DU ROI. REGISTRES.

Labrador et Saguenay. Poste du Roi. Registres paroissiaux . . . 1686-1848 . . .
Mss. Originaux.
Archives de l'Archidiocèse, Québec, Qué.

SAINT-ADALBERT, QUÉ., PAROISSE (CATH.)

Proulx, Armand, ptre, comp. Répertoire des mariages de St-Adalbert, 1890-1971; de St-Marcel, 1894-1971 . . .

SAINT-ADOLPHE, QUÉ., PAROISSE (CATH.)

Société généalogique des Cantons de l'Est. Répertoire des mariages catholiques du comté de Wolfe . . . (19 paroisses plus une mission du début à 1950 incl.) . . .

SAINT-ADOLPHE-D'HOWARD, QUÉ., PAROISSE (CATH.)

Rivest, Lucien, c.s.v., comp. Mariages du comté d'Argenteuil (du début des paroisses à 1960 incl.) . . .

SAINT-ADRIEN, QUÉ. (COMTÉ DE MÉGANTIC), PAROISSE (CATH.)

Lapointe, J.A., comp. Mariages (Mégantic): Inverness, fondation à 1900; Ste-Anastasie (Lyster), fondation à 1900; Ste-Sophie, fondation à 1900; St-Adrien d'Irlande depuis ses débuts à 1900 . . .

SAINT-ADRIEN, QUÉ. (COMTÉ DE WOLFE), PAROISSE (CATH.)

Société généalogique des Cantons de l'Est. Répertoire des mariages catholiques du comté de Wolfe . . . (19 paroisses plus une mission du début à 1950 incl.) . . .

SAINT-AGAPIT, QUÉ., PAROISSE (CATH.)

Talbot, Éloi-Gérard et Benoit Pontbriand, comp. Mariages de St-Appolinaire (1856-1967), St-Flavien (1856-1967), St-Agapit (1867-1967), et Dosquet (1912-1967) . . .

SAINT-AGRICOLE, QUÉ., PAROISSE (CATH.)

Rivest, Lucien, c.s.v., comp. Mariages du comté de Terrebonne (du début des paroisses à 1960 incl.) . . .

SAINT-AIMÉ, QUÉ., PAROISSE (CATH.)

Laliberté, Jean-Marie et Antonio Mongeau, comp. Mariages de St-Aimé (1836-1966), Ste-Victoire de Sorel (1843-1966), St-Robert (1855-1966), St-Marcel (1855-1966) et St-Louis-de-Bonsecours (1876-1966) . . .

SAINT-ALBAN, QUÉ., PAROISSE (CATH.)

Pontbriand, Benoit, comp. Mariages du comté de Portneuf (1881-1950) . . .

Pontbriand, Benoit, comp. Répertoire des mariages de St-Alban (1856-1900), comté de Portneuf . . .

SAINT-ALBERT, ONT., PAROISSE (CATH.)

Hamelin, Julien, s.c., comp. Répertoire des mariages du comté de Russell (Ontario) . . . 1858-1972 . . .

SAINT-ALEXANDRE, QUÉ., PAROISSE (CATH.)

Proulx, Armand, ptre, comp. Répertoire des mariages de Saint-Alexandre, 1850-1969 . . .

SAINT-ALEXIS, QUÉ., PAROISSE (CATH.)

Rivest, Lucien, c.s.v., comp. Mariages du comté de Montcalm (du début des paroisses à 1960 incl.) . . .

SAINT-ALEXIS-DE-LA-GRANDE-BAIE. *voir:* PORT-ALFRED, QUÉ. SAINT-ALEXIS-DE-LA-GRANDE-BAIE.

SAINT-ALEXIS-DE-MATAPÉDIA, QUÉ., PAROISSE (CATH.)

Saint-Alexis-de-Matapédia, Qué., paroisse
(cath.) Registres de la paroisse, 1871-1892.
Mss. Reproductions photographiques. 329 p.
Archives acadiennes, Moncton, N.-B.

SAINT-ALEXIS-DES-MONTS, QUÉ., PAROISSE (CATH.)

Doucet, René et Jacques Milot, comp.
Mariages de St-Alexis des Monts, comté de
Maskinongé, 1872-1976 . . .

SAINT-ALPHONSE, QUÉ., PAROISSE (CATH.)

Rivest, Lucien, c.s.v., comp. Mariages du
comté de Joliette du début des paroisses à 1960
incl. . . .

SAINT-ALPHONSE-DE-LIGUORI, QUÉ., PAROISSE (CATH.)

Jetté, Irenée, comp. Mariages du comté de
Laprairie, 1751-1972 . . .

SAINT-AMABLE, QUÉ., PAROISSE (CATH.)

Jetté, Irenée, comp. Mariages de St-Bruno de
Montarville (1843-1967) et St-Basile
(1870-1967), comté de Chambly; Ste-Julie
(1852-1967), St-Amable (1913-1967) et
Ste-Théodosie (1880-1968), comté de Verchères
. . .

SAINT-AMBROISE, QUÉ., PAROISSE (CATH.)

Rivest, Lucien, c.s.v., comp. Mariages du
comté de Joliette (du début des paroisses à
1960 incl.) . . .

SAINT-ANDRÉ-D'ARGENTEUIL, QUÉ., PAROISSE (CATH.)

Rivest, Lucien, c.s.v., comp. Mariages du
comté d'Argenteuil (du début des paroisses à
1960 incl.) . . .

Saint-André d'Argenteuil, Qué., paroisse
(cath.) Registre de paroisse de baptêmes,
mariages et sépultures de St-André d'Argenteuil
(église catholique), 1833-1850 . . . Index des
mariages, 1833-1901.
Mss. Copie. 8 pouces.
Archives publiques du Canada, Ottawa, Ont.

SAINT-ANDRÉ-D'AVELLIN, QUÉ., PAROISSE (CATH.)

Provencher, Gérard E. et Georges L. Jean,
comp. Mariages de l'Outaouais, vol. 1-2 . . .

SAINT-ANDRÉ DE KAMOURASKA, QUÉ., PAROISSE (CATH.)

Proulx, Armand, ptre, comp. Répertoire des
mariages de St-André de Kamouraska,
1791-1968 . . .

SAINT ANDREW, ONT. CATHOLIC CHURCH.

Saint Andrew's West, Stormont County, Ont.,
St. Andrew's Catholic Church. . . . Registry of
births, marriages, deaths, confirmations,
1837-1861.
Mss. Microfilm. 1 reel.
Archives of Ontario, Toronto, Ont.

SAINT ANDREW'S, N.B. ALL SAINTS' ANGLICAN CHURCH.

Saint Andrew's, N.B. All Saints' Anglican
Church. Baptism, marriages and burials,
1787-1961 . . .
Mss. Microfilm.
Provincial Archives of New Brunswick,
Fredericton, N.B.

SAINT-ANICET, QUÉ., PAROISSE (CATH.)

Charette, Jean-Benoit, é.c., comp. Répertoire
des mariages de Ste-Agnès de Dundee,
1861-1967; St-Stanislas-Kotska, 1847-1967; St-
Anicet, 1818-1966 . . .

SAINT-ANSELME, N.-B., PAROISSE (CATH.)

Saint-Anselme, N.-B., paroisse (cath.) Registres
de baptêmes, 1832-1870; mariages, 1832-1833,
1848-1870 et sépultures, 1833, 1853-1870.
Mss. Copie. 1 pouce. Microfilm. 1 bobine.
Archives publiques du Canada, Ottawa, Ont.

Saint-Anselme, N.-B., paroisse (cath.) Registre
de la paroisse, 1832-1865.
Mss. Reproductions photographiques.
1 pouce.
Archives acadiennes, Moncton, N.-B.

SAINT-ANSELME, QUÉ., PAROISSE (CATH.)

Goulet, J. Napoléon, comp. Nécrologe de St-
Anselme, Dorchester, 1830-1976 . . .

SAINT-ANTOINE DE RIVIÈRE-DU-LOUP, PAROISSE (CATH.) voir: LOUISEVILLE, QUÉ. SAINT-ANTOINE-DE-PADOUE, PAROISSE (CATH.)

SAINT-ANTOINE-DE-TILLY, QUÉ., PAROISSE (CATH.)

Pontbriand, Benoit, comp. Mariages de St-
Antoine-de-Tilly (1702-1900), comté de
Lotbinière . . .

St-Antoine de Tilly, Qué., paroisse (cath.)
Registres de baptêmes, mariages et sépultures,
1755-1780.
>   Mss. Microfilm. 1 bobine.
>   Archives acadiennes, Moncton, N.-B.

SAINT-ANTOINE DES LAURENTIDES, QUÉ., PAROISSE (CATH.)

Rivest, Lucien, c.s.v., comp. Mariages du
comté de Terrebonne (du début des paroisses à
1960 incl.) . . .

SAINT-ANTOINE-SUR-RICHELIEU, QUÉ., PAROISSE (CATH.)

Jetté, Irenée, comp. Mariages de Saint-
Antoine-sur-Richelieu (1741-1965), comté de
Verchères . . .

SAINT-ANTONIN, QUÉ., PAROISSE (CATH.)

Proulx, Armand, ptre, comp. Répertoire des
mariages de St-Antonin, comté de Rivière-du-
Loup, 1856-1970 . . .

SAINT-APOLLINAIRE, QUÉ., PAROISSE (CATH.)

Talbot, Éloi-Gérard, s.m. et Benoit Pontbriand, comp. Mariages de St-Appolinaire
(1856-1967), St-Flavien (1856-1967), St-Agapit
(1867-1967), et Dosquet (1912-1967) . . .

SAINT-ARMAND, QUÉ. NOTRE-DAME-DE-LOURDES, PAROISSE (CATH.)

Jetté, René, comp. Mariages du comté de
Missisquoi: 1846-1968 . . .

SAINT-ATHANASE, QUÉ., PAROISSE (CATH.)

Proulx, Armand, ptre., comp. Répertoire des
mariages de St-Eleuthère, 1874-1967; St-
Athanase, 1922-1967; de Marie-Médiatrice
(Estcourt), de St-David (Sully) . . .

SAINT-AUBERT, QUÉ., PAROISSE (CATH.)

Proulx, Armand, ptre, comp. Répertoire des
mariages de Saint-Aubert de l'Islet, 1858-1972
. . .

SAINT-AUGUSTIN, QUÉ. (COMTÉ DES DEUX-MONTAGNES), PAROISSE (CATH.)

Fabien, J.H., comp. Répertoire alphabétique
avec filiations des mariages de la paroisse Saint-
Augustin, comté des Deux-Montagnes, diocèse
de St-Jérôme, 1840-1954 . . .

SAINT-AUGUSTIN, QUÉ. (COMTÉ DES DEUX-MONTAGNES), PAROISSE (CATH.) voir aussi: MIRABEL, QUÉ. SAINT-AUGUSTIN, PAROISSE (CATH.)

SAINT-AUGUSTIN, QUÉ. (COMTÉ DE PORTNEUF), PAROISSE (CATH.)

Pontbriand, Benoit, comp. Mariages du comté
de Portneuf (1881-1950) . . .

Pontbriand, Benoit, comp. Répertoire des
mariages de St-Augustin (1691-1900), comté de
Portneuf . . .

Saint-Augustin-de-Portneuf, Qué., paroisse
(cath.) Registres de baptêmes, mariages et
sépultures, 1755-1790.
>   Mss. Microfilm. 1 bobine.
>   Archives acadiennes, Moncton, N.-B.

SAINT-BARNABÉ, QUÉ., PAROISSE (CATH.)

Jetté, René, comp. Mariages du comté de St-
Hyacinthe (1806-1967) . . .

SAINT-BARTHÉLEMY, QUÉ., PAROISSE (CATH.)

Rivest, Lucien, c.s.v., comp. Mariages du
comté de Berthier du début des paroisses à
1960 incl. . . .

SAINT-BASILE, N.-B., PAROISSE (CATH.)

Langlois, Henri, o.f.m., comp. Répertoire des
mariages des paroisses de la vallée supérieure de
la Rivière Saint-Jean au Nouveau-Brunswick
. . .

Madawaska, N.-B. Saint-Basile, paroisse (cath.)
Registre de baptêmes, mariages et sépultures,
1792-1850.
>   Mss. Copie. 7 pouces. Microfilm. 2 bobines.
>   Archives publiques du Canada, Ottawa, Ont.

Saint-Basile, N.-B., paroisse (cath.) Registres de
Saint-Basile et Sainte-Anne de Fredericton,
1806-1824.
>   Mss. Microfilm. 1 bobine. 1791-1824.
>   Archives acadiennes, Moncton, N.-B.

SAINT-BASILE, QUÉ., PAROISSE (CATH.)

Pontbriand, Benoit, comp. Mariages du comté
de Portneuf (1881-1950) . . .

Pontbriand, Benoit, comp. Répertoire des
mariages de St-Basile, 1847-1900, comté de
Porneuf . . .

SAINT-BASILE-LE-GRAND, QUÉ., PAROISSE (CATH.)

Jetté, Irenée, comp. Mariages de St-Bruno de
Montarville (1843-1967) et St-Basile
(1870-1967), comté de Chambly; Ste-Julie
(1852-1967), St-Amable (1913-1967) et
Ste-Théodosie (1880-1968), comté de Verchères
. . .

SAINT-BENOIT, QUÉ., PAROISSE (CATH.) voir: MIRABEL, QUÉ. SAINT-BENOIT, PAROISSE (CATH.)

SAINT-BENOIT-DU-LAC, QUÉ., PAROISSE (CATH.)

Jetté, René et Marthe Beauregard, comp. Mariages du comté de Brome . . .

SAINT-BERNARD, QUÉ., PAROISSE (CATH.)

Jetté, René, comp. Mariages du comté de St-Hyacinthe (1802-1967) . . .

SAINT-BERNARD-DU-LAC, QUÉ. SAINT-BERNARD, PAROISSE (CATH.)

Jetté, Irenée, comp. Mariages du comté de Saint-Jean, 1828-1950 . . .

SAINT-BERNARDIN, ONT., PAROISSE (CATH.)

Hamelin, Julien, s.c. et Hubert A. Houle, s.c., comp. Répertoire des mariages du comté de Prescott (Ontario) . . .

SAINT-BLAISE, QUÉ., PAROISSE (CATH.)

Jetté, Irenée, comp. Mariages du comté de Saint-Jean, 1828-1950 . . .

SAINT-BONAVENTURE, QUÉ., PAROISSE (CATH.)

Parenteau, B., J.-M. Laliberté et B. Pontbriand, comp. Mariages du comté d'Yamaska (1846-1964) . . .

SAINT BONIFACE, MAN. SAINT ANDREW'S ANGLICAN CHURCH.

Kipling, Clarence. . . . Index card to the parish registers of churches in the Red River Settlement; St. Boniface Roman Catholic Church, 1825-1834; St. John's Anglican Church, 1820-1882; and St. Andrew's Anglican Church, 1835-1884.
Mss. Transcripts. 2 500 index cards.
Public Archives of Canada, Ottawa, Ont.

SAINT BONIFACE, MAN. SAINT JOHN'S ANGLICAN CHURCH.

Kipling, Clarence. . . . Index card to the parish registers of churches in the Red River Settlement; St. Boniface Roman Catholic Church, 1825-1834; St. John's Anglican Church, 1820-1882; and St. Andrew's Anglican Church, 1835-1884.
Mss. Transcripts. 2 500 index cards.
Public Archives of Canada, Ottawa, Ont.

SAINT-BRUNO, QUÉ. (COMTÉ DE KAMOURASKA), PAROISSE (CATH.)

Proulx, Armand, comp. Répertoire des mariages de Saint-Bruno, 1893-1969 . . .

SAINT-BRUNO DE MONTARVILLE, QUÉ. (COMTÉ DE CHAMBLY), PAROISSE (CATH.)

Jetté, Irenée, comp. Mariages de St-Bruno de Montarville (1843-1967) et St-Basile (1870-1967), comté de Chambly; Ste-Julie (1852-1967), St-Amable (1913-1967) et Ste-Théodosie (1880-1968), comté de Verchères . .

St-Bruno-de-Montarville, Qué., paroisse (cath.)
Registre de baptêmes, mariages et sépultures, 1843.
Mss. Originaux. 3 pouces.
Archives nationales du Québec, Montréal, Qué.

SAINT-CALIXTE, QUÉ., PAROISSE (CATH.)

Rivest, Lucien, c.s.v., comp. Mariages du comté de Montcalm (du début des paroisses à 1960 incl.) . . .

SAINT-CAMILLE, QUÉ. (COMTÉ DE BELLECHASSE), PAROISSE (CATH.)

Saint-Pierre, Rosaire et Napoléon Goulet, comp. Mariages et nécrologe Saint-Camille, 1902-1975 . . .

SAINT-CAMILLE, QUÉ. (COMTÉ DE WOLFE), PAROISSE (CATH.)

Société généalogique des Cantons de l'Est. Répertoire des mariages catholiques du comté de Wolfe . . . (19 paroisses plus une mission du début à 1950 incl.) . . .

SAINT-CANUT, QUÉ. *voir:* MIRABEL, QUÉ., SAINT-CANUT, PAROISSE (CATH.)

SAINT-CASIMIR, QUÉ., PAROISSE (CATH.)

Pontbriand, Benoit, comp. Mariages du comté de Portneuf (1881-1950) . . .

Tessier, G. Robert, comp. Répertoire des mariages de St-Casimir, comté de Portneuf, 1847-1900 . . .

SAINT-CÉLESTIN, QUÉ., PAROISSE (CATH.)

Bergeron, Wilfrid, chan., comp. Mariages de la paroisse Saint-Célestin, comté de Nicolet, 1851 à 1964 . . .

SAINT-CÉSAIRE, QUÉ., PAROISSE (CATH.)

Jetté, René et Gérard Provencher, comp. Mariages de St-Césaire, 1822-1967; Rougemont, 1886-1967; L'Ange-Gardien, 1857-1967; Abbotsford, 1868-1967, comté de Rouville . . .

SAINT-CHARLES, QUÉ. (COMTÉ DE BELLECHASSE), PAROISSE (CATH.)

Goulet, Napoléon, comp. Mariages et nécrologe de St-Charles de Bellechasse (1749-1974) . . .

SAINT-CHARLES-BORROMÉE, QUÉ., PAROISSE (CATH.)

Laliberté, Jean-Marie et Benoit Pontbriand, comp. Mariages de la région de Drummondville (1863-1968) . . .

SAINT-CHARLES-DE-KENT, N.-B. SAINT-CHARLES-BORROMÉE, PAROISSE (CATH.)

Gaudet, Placide. Notes généalogiques des familles acadiennes . . .
Mss. Originaux. 49 pieds.
Archives acadiennes, Moncton, N.-B.
Saint-Charles de Kent, N.-B. Saint-Charles-Borromée, paroisse (cath.) Registres de la paroisse, 1800-1850.
Mss. Reproductions photograpiques.
4 pouces.
Archives acadiennes, Moncton, N.-B.

SAINT-CHARLES-DE-L'ARDOISE, N.-B., PAROISSE (CATH.)

Saint-Charles, N.-B. Saint-Charles de l'Ardoise, paroisse (cath.) Registres des baptêmes, 1800-1870; mariages 1801-1870; sépultures, 1800-1870. Registres de baptêmes, mariages et sépultures, 1805-1821.
Mss. Copie. 1 1/2 pouces. Microfilm.
1 bobine.
Archives publiques du Canada, Ottawa, Ont.

SAINT-CHARLES-SUR-RICHELIEU, QUÉ., PAROISSE (CATH.)

Godin, Pierre Albert, comp. Familles de Saint-Charles-sur-Richelieu, comté de St-Hyacinthe, de 1741 à 1943 incl. . . .

Jetté, René et Benoit Pontbriand, comp. Mariages de St-Charles-sur-Richelieu (1741-1967); St-Hilaire (1799-1967); St-Jean-Baptiste (1797-1967); Otterburn Park (1960-1967) . . .

SAINT-CLAUDE, QUÉ., PAROISSE (CATH.)

Société généalogique des Cantons de l'Est. Répertoire des mariages du comté de Richmond . . . (15 paroisses du début à 1950 incl.) . . .

SAINT CLEMENT, MAN. SAINT PETER'S ANGLICAN CHURCH.

Saint Clement's Rural Municipality, Man. Saint Peter's Anglican Church. Baptism registers, 1839-1877; marriage registers, 1851-1890; burial registers, 1839-1885.

Mss. Microfilm. 31 feet.
Provincial Archives of Manitoba, Winnipeg, Man.

SAINT-CLÉMENT DE TOURVILLE, QUÉ., PAROISSE (CATH.)

Proulx, Armand, ptre, comp. Répertoire des mariages de Saint-Clément de Tourville, 1919-1971, comté de l'Islet . . .

SAINT-CLÉOPHAS, QUÉ., PAROISSE (CATH.)

Rivest, Lucien, c.s.v., comp. Mariages du comté de Joliette du début des paroisses à 1960 incl. . . .

SAINT-CLET, QUÉ., PAROISSE (CATH.)

Houle, Hubert A., s.c., comp. Mariages du comté de Soulanges . . . (depuis la fondation de la première paroisse en 1752 jusqu'à nos jours) . . .

SAINT-COLOMBAN, QUÉ., PAROISSE (CATH.)

Rivest, Lucien, c.s.v. et Rosario Gauthier, comp. Mariages du comté des Deux-Montagnes (du début des paroisses à 1960 incl.) . . .

SAINT-CÔME, QUÉ., PAROISSE (CATH.)

Rivest, Lucien, c.s.v., comp. Mariages du comté de Joliette (du début des paroisses à 1960 incl.) . . .

SAINT-CONSTANT, QUÉ., PAROISSE (CATH.)

Jetté, Irenée, comp. Mariages du comté de Laprairie, 1751-1922 . . .

Saint-Constant, Qué., paroisse (cath.) Registres de baptêmes, mariages et sépultures, 1760-1790.
Mss. Microfilm. 1 bobine.
Archives acadiennes, Moncton, N.-B.

SAINT-CUTHBERT. QUÉ., PAROISSE (CATH.)

Rivest, Lucien, c.s.v., comp. Mariages du comté de Berthier (du début des paroisses à 1960 incl.) . . .

SAINT-CYRILLE, QUÉ., PAROISSE (CATH.)

Laliberté, Jean-Marie et Benoit Pontbriand, comp. Mariages de la région de Drummondville (1863-1968) . . .

SAINT-CYRILLE-DE-LESSARD, QUÉ., PAROISSE (CATH.)

Proulx, Armand, ptre, comp. Répertoire des mariages de St-Cyrille de l'Islet, 1865-1972 . . .

Proulx, Armand, ptre, comp. Mariages de St-Cyrille de l'Islet, 1865-1976; mariages et sépultures de St-Eugène de l'Islet, 1868-1976 . . .

SAINT-CYRILLE DE L'ISLET, QUÉ. *voir:* SAINT-CYRILLE-DE-LESSARD, QUÉ.

SAINT-DAMASE, QUÉ., PAROISSE (CATH.)

Jetté, René et Benoit Pontbriand, comp. Mariages de St-Damase (1823-1967) . . .

SAINT-DAMASE DE L'ISLET, QUÉ., PAROISSE (CATH.)

Proulx, Armand, ptre, comp. Répertoire des mariages de Saint-Damase de l'Islet, 1899-1971 . . .

SAINT-DAMIEN, QUÉ. (COMTÉ DE BELLECHASSE), PAROISSE (CATH.)

Goulet, J.-Napoléon, comp. Mariages et nécrologie de St-Damien, 1882-1972 . . .

SAINT-DAMIEN, QUÉ. (COMTÉ DE BERTHIER), PAROISSE (CATH.)

Rivest, Lucien, c.s.v., comp. Mariages du comté de Berthier du début des paroisses à 1960 incl. . . .

SAINT-DAVID, QUÉ., PAROISSE (CATH.)

Talbot, Éloi-Gérard, s.m. et Benoit Pontbriand, comp. Mariages de St-Lambert (1854-1967), St-Étienne (1861-1967), et St-David (1877-1967), comté de Lévis . . .

SAINT-DAVID D'YAMASKA, QUÉ., PAROISSE (CATH.)

Laliberté, Jean-Marie, Antonio Mongeau et Benoit Pontbriand, comp. Mariages de St-Guillaume d'Upton (1835-1966) et St-David d'Yamaska (1835-1966), comté d'Yamaska . . .

SAINT-DENIS DE BROMPTON, QUÉ., PAROISSE (CATH.)

Société généalogique des Cantons de l'Est. Répertoire des mariages du comté de Richmond . . . (15 paroisses du début à 1950 incl.) . . .

SAINT-DENIS DE LA BOUTEILLERIE, QUÉ., PAROISSE (CATH.)

Proulx, Armand, ptre, comp. Répertoire des mariages de Saint-Denis de la Bouteillerie, 1841-1970 . . .

Proulx, Armand, ptre, comp. Répertoire des mariages de Saint-Philippe de Néri, 1870-1970; de Saint-Denis-de-la-Bouteillerie, 1841-1970; de Rivière-Ouelle, 1900-1970 . . .

SAINT-DENIS-SUR-RICHELIEU, QUÉ., PAROISSE (CATH.)

Loiselle, Pierre, ptre, comp. Mariages de Saint-Denis sur Richelieu, comté de Verchères, 1740-1964 . . .

SAINT-DOMINIQUE, QUÉ., PAROISSE (CATH.)

Pontbriand, Benoit et René Jetté, comp. Mariages de St-Simon, 1833; Ste-Rosalie, 1834; St-Dominique, 1837; St-Liboire, 1859 . . .

Pontbriand, Benoit et René Jetté, comp. Mariages du comté de Bagot (1833-1968), comprenant les paroisses suivantes: St-Simon (1833), Ste-Rosalie (1834), St-Dominique (1837) et St-Liboire (1859) . . .

SAINT-DONAT, QUÉ., PAROISSE (CATH.)

Rivest, Lucien, c.s.v., comp. Mariages du comté de Montcalm (du début des paroisses à 1960 incl.) . . .

SAINT-EDMOND, QUÉ. (COMTÉ DE BERTHIER), PAROISSE (CATH.)

Rivest, Lucien, c.s.v., comp. Mariages du comté de Berthier (du début des paroisses à 1960 incl.) . . .

SAINT-EDMOND, QUÉ. (COMTÉ DE SAINT-JEAN), PAROISSE (CATH.)

Jetté, Irenée, ptre, comp. Mariages du comté de Saint-Jean, 1828-1950 . . .

SAINT-ÉDOUARD, QUÉ. (COMTÉ DE LOTBINIÈRE), PAROISSE (CATH.)

Hébert, Georges, Éloi-Gérard Talbot, s.m. et Benoit Pontbriand, comp. Mariages de Ste-Émmélie (1864-1967), St-Édouard (1863-1967) et Notre-Dame d'Issoudun (1903-1967), comté de Lotbinière . . .

SAINT-ÉDOUARD, QUÉ. (COMTÉ DE NAPIERVILLE), PAROISSE (CATH.)

Pontbriand, Benoit, comp. Mariages du comté de Napierville . . .

SAINT-ÉLEUTHÈRE, QUÉ., PAROISSE (CATH.)

Proulx, Armand, ptre, comp. Répertoire des mariages de St-Éleuthère, 1874-1967 . . .

Théberge, Guy, comp. Saint-Éleuthère de Pohénégamook, 1814-1974 . . .

SAINT-ÉLIE D'ORFORD, QUÉ., PAROISSE (CATH.)

Société généalogique des Cantons de l'Est. Répertoire des mariages (catholique) du comté de Sherbrooke du début à 1970 incl. . . .

SAINT-ELPHÈGE, QUÉ., PAROISSE (CATH.)

Parenteau, B., J.-M. Laliberté et B. Pontbriand, comp. Mariages du comté d'Yamaska (1846-1964) . . .

SAINT-ÉMILE, QUÉ. (COMTÉ DE MONTCALM), PAROISSE (CATH.)

Rivest, Lucien, c.s.v., comp. Mariages du comté de Montcalm (du début des paroisses à 1960 incl.) . . .

SAINT-ÉMILE, QUÉ. (COMTÉ DE QUÉBEC), PAROISSE (CATH.)

Ross, J.O.E., Gabrielle Gingras et B. Pontbriand, comp. Mariages du comté de Québec . . .

SAINT-ESPRIT, QUÉ. PAROISSE (CATH.)

Rivest, Lucien, c.s.v., comp. Mariages du comté de Montcalm (du début des paroisses à 1960 incl.) . . .

SAINT-ÉTIENNE, QUÉ. (COMTÉ DE LÉVIS), PAROISSE (CATH.)

Talbot, Éloi-Gérard, s.m. et Benoit Pontbriand, comp. Mariages de St-Lambert (1854-1967), St-Étienne (1861-1967) et St-David (1877-1967), comté de Lévis . . .

SAINT-ÉTIENNE-DE-BOLTON, QUÉ., PAROISSE (CATH.)

Jetté, René et Marthe Beauregard, comp. Mariages du comté de Brome . . .

SAINT-EUGÈNE, ONT., PAROISSE (CATH.)

Hamelin, Julien, s.c. et Hubert A. Houle, s.c., comp. Répertoire des mariages du comté de Prescott (Ontario) . . .

SAINT-EUGÈNE-DE-GRANTHAM, QUÉ., PAROISSE (CATH.)

Laliberté, Jean-Marie et Benoit Pontbriand, comp. Mariages de la région de Drummondville (1850-1967) . . .

SAINT-EUGÈNE-DE-L'ISLET, QUÉ., PAROISSE (CATH.)

Proulx, Armand, ptre, comp. Répertoire des mariages de St-Eugène de l'Islet, 1868-1972 . . . 2e éd. . . .

Proulx, Armand, ptre, comp. Mariages de St-Cyrille de l'Islet, 1865-1976; mariages et sépultures de St-Eugène-de-l'Islet, 1868-1976 . . .

SAINT-EUSTACHE, MAN., CATHOLIC CHURCH.

Saint Eustache, Man., Saint Eustache (Catholic) Church. Registers of baptisms, marriages and burials at Baie St. Paul, 1874-1882, and St. Eustache.
> Mss. Microfilm. 25 feet.
> Provincial Archives of Manitoba, Winnipeg, Man.

SAINT-EUSTACHE, QUÉ., PAROISSE (CATH.)

Rivest, Lucien, c.s.v. et Rosario Gauthier, comp. Mariages du comté des Deux-Montagnes du début des paroisses à 1960 incl. . . .

Saint-Eustache, Qué. Registres paroissiaux. Fichier. MG 8, G29, vol. 1-6, 13-17. Bibliothèque nationale du Canada. Section de généalogie, Ottawa, Ont.

SAINT-EUSTACHE-DE-LA-RIVIÈRE-DU-CHÊNE, QUÉ., PAROISSE (CATH.)

Saint-Eustache-de-la-Rivière-du-Chêne, Qué., paroisse (cath.) Registres de baptêmes, mariages et sépultures, 1769-1850.
> Mss. Copie. 2 pieds 10 pouces.
> Archives publiques du Canada, Ottawa, Ont.

SAINT-EUSTACHE-SUR-LE-LAC, QUÉ., PAROISSE (CATH.)

Rivest, Lucien, c.s.v. et Rosario Gauthier, comp. Mariages du comté des Deux-Montagnes du début des paroisses à 1960 incl. . . .

SAINT-FABIEN-DE-PANET, QUÉ., PAROISSE (CATH.)

Proulx, Armand, ptre., comp. Répertoire des mariages de St-Just-de-Bretenière, 1916-1971; de Ste-Lucie-de-Beauregard, 1916-1971, comté de Montmagny; du Lac Frontière, 1921-1971; de St-Fabien-de-Panet, 1904-1971 . . .

SAINT-FAUSTIN, QUÉ., PAROISSE (CATH.)

Rivest, Lucien, c.s.v., comp. Mariages du comté de Terrebonne (du début des paroisses à 1960 incl.) . . .

SAINT-FÉLIX-DE-CAP-ROUGE, QUÉ. *voir:* CAP-ROUGE, QUÉ. SAINT-FÉLIX PAROISSE (CATH.)

SAINT-FÉLIX-DE-KINGSEY, QUÉ., PAROISSE (CATH.)

Laliberté, Jean-Marie et Benoit Pontbriand, comp. Mariages de la région de Drummondville (1863-1968) . . .

SAINT-FÉLIX DE VALOIS, QUÉ., PAROISSE (CATH.)

Champagne, Jean-Paul, comp. Historique de la paroisse de St-Félix de Valois (1840-1950) . . .
Mariages: p. 23-42; Nécrologie: p. 43-74.

Rivest, Lucien, c.s.v., comp. Mariages du comté de Joliette (du début des paroisses à 1960 incl.) . . .

SAINT-FÉRRÉOL, QUÉ., PAROISSE (CATH.)

Gingras, Robert-Edmond, é.c., comp. Répertoire des mariages de St-Férréol, comté de Montmorency, 1806-1961 . . .

SAINT-FLAVIEN, QUÉ., PAROISSE (CATH.)

LeMay, J.A., comp. Mariages de St-Flavien, Lotbinière 1856-1956 . . .

Talbot, Éloi-Gérard, s.m. et Benoit Pontbriand, comp. Mariages de St-Appolinaire (1856-1967), St-Flavien (1856-1967), St-Agapit (1867-1967) et Dosquet (1912-1967), comté de Lotbinière . . .

SAINT-FORTUNAT, QUÉ., PAROISSE (CATH.)

Société généalogique des Cantons de l'Est. Répertoire des mariages catholiques du comté de Wolfe . . . (19 paroisses plus une mission du début à 1950 incl.) . . .

SAINT-FRANÇOIS-DE-SALES, QUÉ., PAROISSE (CATH.)

Bergeron, Roger et Jean Bergeron, comp. Répertoire des mariages de la paroisse de Saint-François-de-Sales sur l'Île-Jésus, 1702-1968 . . .
Île-Jésus, Qué., Saint-François-de-Sales, paroisse (cath.) Registres de baptêmes, mariages et sépultures, 1702-1805.
Mss. Originaux. 1 pied 6 pouces.
Archives nationales du Québec, Montréal, Qué.
Saint-François-de-Sales, Qué., paroisse (cath.) Registres de baptêmes, mariages et sépultures, 1760-1780.
Mss. Microfilm. 1 bobine.
Archives acadiennes, Moncton, N.-B.

SAINT-FRANÇOIS-DE-SALES-DE-LA-RIVIÈRE-DU-SUD, QUÉ., PAROISSE (CATH.)

Goulet, J. Napoléon, comp. Nécrologe de St-François-de-Sales-de-la-Rivière-du-Sud, comté de Montmagny, 1740-1974 . . .

Proulx, Armand, ptre, comp. Saint-François-de-Sales, Rivière-du-Sud, Montmagny: mariages, 1749-1973 . . .

SAINT-FRANÇOIS-DU-LAC, QUÉ., PAROISSE (CATH.)

Laliberté, Jean-Marie et Antonio Mongeau, comp. Mariages de St-François-du-Lac (1667-1965), comté d'Yamaska . . .

St-François-du-Lac, Qué., paroisse (cath.) Registres de baptêmes, mariages et sépultures de St-François-du-Lac et des endroits environnants (dont Rivière-du-Loup ou Louiseville, 1688-1693, 1687-1763) et quelques extraits, 1808-1836. Index des mariages de St-François-du-Lac, 1687-1763.
Mss. Copie. 5 pouces.
Archives publiques du Canada, Ottawa, Ont.

SAINT-FRANÇOIS-XAVIER, MAN., CATHOLIC CHURCH.

Saint-François-Xavier, Man., St-François-Xavier (Catholic) Church. Registers of baptisms, marriages and burials, 1834-1900.
Mss. Microfilm. 170 feet.
Provincial Archives of Manitoba, Winnipeg, Man.

SAINT-FRANÇOIS-XAVIER DE BROMPTON, QUÉ., PAROISSE (CATH.)

Société généalogique des Cantons de l'Est. Répertoire des mariages du comté de Richmond . . . (15 paroisses du début à 1950 incl.) . . .

SAINT-FULGENCE-DE-DURHAM, QUÉ., PAROISSE (CATH.)

Laliberté, Jean-Marie et Benoit Pontbriand, comp. Mariages de la région de Drummondville (1850-1967) . . .

SAINT-GABRIEL-DE-BRANDON, QUÉ., PAROISSE (CATH.)

Rivest, Lucien, c.s.v., comp. Mariages du comté de Berthier (du début des paroisses à 1960 incl.) . . .

SAINT-GABRIEL-LALEMANT, QUÉ., PAROISSE (CATH.)

Proulx, Armand, ptre, comp. Répertoire des mariages de St-Pacôme, 1852-1969 et St-Gabriel-Lalemant, 1938-1969 . . .

SAINT-GEORGES D'AUBERT-GALLION, QUÉ. (COMTÉ DE BEAUCE), PAROISSE (CATH.)

Adjutor (frère). Extraits des mariages célébrés dans la paroisse de St-Georges d'Aubert-Gallion, comté de Beauce, depuis 1841 à 1920 avec tables, 1841 à 1882 . . .
> Copie dactylographiée avec une section manuscrite.
> Archives nationales du Québec, Québec, Qué.

SAINT-GEORGES DE WINDSOR, QUÉ., PAROISSE (CATH.)

Société généalogique des Cantons de l'Est. Répertoire des mariages du comté de Richmond . . . (15 paroisses du début à 1950 incl.) . . .

SAINT-GÉRARD, QUÉ., PAROISSE (CATH.)

Société généalogique des Cantons de l'Est. Répertoire des mariages catholiques du comté de Wolfe . . . (19 paroisses plus une mission du début à 1950 incl.) . . .

SAINT-GÉRARD-MAJELLA, QUÉ. (COMTÉ DE NICOLET), PAROISSE (CATH.)

Duval, Roger, Raymond Lambert, comp. Complément au Répertoire des mariages du comté d'Yamaska, St-Gérard-Majella, diocèse de Nicolet, 1906-1976, avec notes marginales . . .

SAINT-GÉRARD-MAJELLA, QUÉ. (COMTÉ DES DEUX-MONTAGNES), PAROISSE (CATH.)

Rivest, Lucien, c.s.v., comp. Répertoire des mariages du comté des Deux-Montagnes du début de la colonie jusqu'à 1960 . . .
> Mss. Copie. 9 pieds 3 pouces.
> Archives nationales du Québec, Québec, Qué.

SAINT-GERMAIN, QUÉ., PAROISSE (CATH.)

Proulx, Armand, ptre, comp. Répertoire des mariages de Ste-Hélène, 1850-1969; de St-Joseph, 1922-1969; de St-Germain, 1893-1969 . . .

SAINT-GERMAIN-DE-GRANTHAM, QUÉ., PAROISSE (CATH.)

Laliberté, Jean-Marie et Benoit Pontbriand, comp. Mariages de la région de Drummondville (1850-1967) . . .

SAINT-GERVAIS, QUÉ., PAROISSE, (CATH.)

Goulet, J. Napoléon, comp. Mariages et nécrologe de St-Gervais (comté de Bellechasse), (1780-1973) . . .

SAINT-GILBERT, QUÉ., PAROISSE (CATH.)

Pontbriand, Benoit, comp. Mariages du comté de Portneuf (1881-1950) . . .

SAINT-GILLES, QUÉ. (COMTÉ DE LOTBINIÈRE), PAROISSE (CATH.)

Pontbriand, Benoit et Raymond Gingras, comp. Mariages de St-Sylvestre (1829-1970), St-Gilles (1843-1968), Ste-Agathe (1857-1970), St-Patrice de Beaurivage (1860-1970), St-Narcisse (1873-1970), comté de Lotbinière . . .

SAINT-GRÉGOIRE, QUÉ. (COMTÉ DE NICOLET), PAROISSE (CATH.)

Allard, Alphonse, chan. et Albert Labonté, comp. Répertoire des mariages de la paroisse de St-Grégoire-Le-Grand, comté de Nicolet . . . 1803-1946 . . . (Éd. de 1964) . . .

Allard, Alphonse, chan. et Albert Labonté, comp. Répertoire des mariages de la paroisse Saint-Grégoire, comté de Nicolet, 1803-1946 . . . 2e éd. . . . 1973 . . .

Baptêmes acadiens de Bécancour et de St-Grégoire, années 1759 à 1809.
> *Dans:* S.G.C.F. Mém. 19: (4) 234-250 oct./déc. '68; 20: (1) 8-18 janv./mars '69.

SAINT-GRÉGOIRE, QUÉ. (COMTÉ DE MONTMORENCY), PAROISSE (CATH.)

Gingras, Robert-Edmond, é.c., comp. Mariages de Giffard, Courville, St-Grégoire, Villeneuve, comté de Montmorency . . .

SAINT-GUILLAUME D'UPTON, QUÉ., PAROISSE (CATH.)

Laliberté, Jean-Marie, Antonio Mongeau et Benoit Pontbriand, comp. Mariages de St-Guillaume d'Upton (1835-1966) . . .

SAINT-HENRI-DE-LAUZON, QUÉ., PAROISSE (CATH.)

Talbot, Éloi-Gérard, s.m., comp. Mariages de St-Henri-de-Lauzon (1775-1968) . . .

SAINT-HERMAS, QUÉ., PAROISSE (CATH.) *voir:* MIRABEL, QUÉ. SAINT-HERMAS, PAROISSE (CATH.)

SAINT-HERMÉNÉGILDE, QUÉ., PAROISSE (CATH.)

Société généalogique des Cantons de l'Est. Répertoire des mariages catholiques, comté Stanstead dans les Cantons de l'Est . . . (19 paroisses du début à 1950 incl.) . . .

SAINT-HILAIRE, QUÉ., PAROISSE (CATH.)

Jetté, René et Benoit Pontbriand, comp. Mariages de St-Charles, 1741-1967; St-Hilaire, 1799-1967; St-Jean Baptiste, 1797-1967; Otterburn Park, 1960-1967 . . .

SAINT-HILARION, QUÉ., PAROISSE (CATH.)

Tremblay, Nérée. Monographie de la paroisse de St-Hilarion . . .

SAINT-HIPPOLYTE, QUÉ., PAROISSE (CATH.)

Rivest, Lucien, c.s.v., comp. Mariages du comté de Terrebonne (du début des paroisses à 1960 incl.) . . .

SAINT-HUGUES, QUÉ., PAROISSE (CATH.)

Pontbriand, Benoit et René Jetté, comp. Mariages de St-Hugues (1827-1948) . . .

SAINT-HYACINTHE, QUÉ. (COMTÉ). PAROISSES (CATH.)

Jetté, René, comp. Mariages du comté de St-Hyacinthe (1806-1967) . . .

SAINT-HYACINTHE, QUÉ. CHRIST-ROI, PAROISSE (CATH.)

Pontbriand, Benoit et René Jetté, comp. Mariages de St-Hyacinthe (1853-1968), vols. 1 et 2 . . .

ST-HYACINTHE, QUÉ. L'ASSOMPTION DE NOTRE-DAME, PAROISSE (CATH.)

Pontbriand, Benoit et René Jetté, comp. Mariages de St-Hyacinthe (1853-1968), vols. 1 et 2 . . .

SAINT-HYACINTHE, QUÉ. LA PROVIDENCE, PAROISSE (CATH.)

Pontbriand, Benoit et René Jetté, comp. Mariages de St-Hyacinthe (1853-1968), vols. 1 et 2 . . .

SAINT-HYACINTHE, QUÉ. NOTRE-DAME-DU-ROSAIRE, PAROISSE (CATH.)

Jetté, René, comp. Mariages de Notre-Dame de St-Hyacinthe (Notre-Dame-du-Rosaire), 1777-1969 . . .

SAINT-HYACINTHE, QUÉ., NOTRE-DAME-DU-ST-SACREMENT, PAROISSE (CATH.)

Pontbriand, Benoit et René Jetté, comp. Mariages de St-Hyacinthe (1853-1968), vols. 1 et 2 . . .

SAINT-HYACINTHE, QUÉ. SACRÉ-COEUR-DE-JÉSUS, PAROISSE (CATH.)

Pontbriand, Benoit et René Jetté, comp. Mariages de St-Hyacinthe (1853-1968), vols. 1 et 2 . . .

SAINT-HYACINTHE, QUÉ. SAINT-HYACINTHE-LE-CONFESSEUR, CATHÉDRALE (CATH.)

Pontbriand, Benoit et René Jetté, comp. Mariages de St-Hyacinthe (1853-1968), vols. 1 et 2 . . .

SAINT-HYACINTHE, QUÉ. SAINT-JOSEPH, PAROISSE (CATH.)

Pontbriand, Benoit et René Jetté, comp. Mariages de St-Hyacinthe (1853-1968), vols. 1 et 2 . . .

SAINT-IGNACE-DE-KENT, N.-B., PAROISSE (CATH.)

St-Ignace-de-Kent, N.-B., paroisse (cath.) Registres de paroisse, 1887-1934.
Mss. Reproductions photographiques. 384 p.
Archives acadiennes, Moncton, N.-B.

SAINT-IGNACE-DE-STANBRIDGE, QUÉ., PAROISSE (CATH.)

Jetté, René, comp. Mariages du comté de Missisquoi: 1846-1968 . . .

SAINT-IGNACE-DU-LAC (MASKINONGÉ), QUÉ., PAROISSE (CATH.)

Rivest, Lucien, c.s.v., comp. Mariages de la paroisse de St-Ignace-du-Lac (Maskinongé) du début jusqu'à la disparition de la paroisse lors de l'inondation de Shawinigan en 1930, suivis des baptêmes et sépultures des Français de Trois-Rivières du début (1634) jusqu'à 1641 pour les baptêmes et jusqu'à 1654 pour les sépultures . . .

SAINT-ISIDORE, N.-B., PAROISSE (CATH.)

Saint-Isidore, N.-B., paroisse (cath.) Registres de la paroisse, 1876-1920.
Mss. Microfilm. 1 bobine.
Archives acadiennes, Moncton, N.-B.
Société historique de St-Denys. Index des mariages de St-Isidore, N.-B., 1879-1920 . . .

SAINT-ISIDORE, ONT., PAROISSE (CATH.)

Hamelin, Julien, s.c. et Hubert A. Houle, s.c., comp. Répertoire des mariages du comté de Prescott (Ontario) . . .

SAINT-ISIDORE, QUÉ. (COMTÉ DE COMPTON), PAROISSE (CATH.)

Société généalogique des Cantons de l'Est. Répertoire des mariages du comté de Compton dans les Cantons de l'Est . . . (19 paroisses du début à 1950 incl.) . . .

SAINT-ISIDORE, QUÉ. (COMTÉ DE LAPRAIRIE), PAROISSE (CATH.)

Jetté, Irenée, comp. Mariages du comté de Laprairie, 1751-1972 . . .

Saint-Isidore, Qué., paroisse (cath.) Registres de baptêmes, mariages et sépultures, 1833-1849.
Mss. Microfilm. 1 bobine.
Archives nationales du Québec, Montréal, Qué.

SAINT-JACQUES, QUÉ. (COMTÉ DE LAPRAIRIE). SAINT-JACQUES-LE-MINEUR, PAROISSE (CATH.)

Jetté, Irenée, comp. Mariages du comté de Laprairie, 1751-1972 . . .

Saint-Jacques-le-Mineur, Qué., paroisse (cath.) Registres de baptêmes, mariages et sépultures, 1840-1849.
Mss. Originaux. 3 pouces.
Archives nationales du Québec, Montréal, Qué.

SAINT-JACQUES, QUÉ. (COMTÉ DE MONTCALM), PAROISSE (CATH.)

Rivest, Lucien, c.s.v., comp. Mariages du comté de Montcalm (du début des paroisses à 1960 incl.) . . .

Rivest, Lucien, c.s.v., comp. Répertoire des mariages du comté des Deux-Montagnes du début de la colonie jusqu'à 1960 . . .
Mss. Copie. 9 pieds 3 pouces.
Archives nationales du Québec, Québec, Qué.

Saint-Jacques-de-l'Achigan, Qué., paroisse (cath.) Registres de baptêmes, mariages et sépultures, 1777-1810.
Mss. Microfilm. 1 bobine.
Archives acadiennes, Moncton, N.-B.

SAINT-JACQUES-DE-L'ACHIGAN, QUÉ., PAROISSE (CATH.) voir: SAINT-JACQUES, QUÉ. (COMTÉ DE MONT-CALM), PAROISSE (CATH.)

SAINT-JACQUES-DE-LEEDS, QUÉ. (COMTÉ DE MÉGANTIC), PAROISSE (CATH.)

Laflamme, André, comp. Répertoire des mariages de la paroisse de St-Jacques-de-Leeds, Mégantic . . .

SAINT-JANVIER, QUÉ., PAROISSE (CATH.)

Rivest, Lucien, c.s.v., comp. Mariages du comté de Terrebonne (du début des paroisses à 1960 incl.) . . .

SAINT-JEAN, N.-B. PAROISSES (CATH.)

Langlois, Henri, o.f.m., comp. Répertoire des mariages des paroisses de la vallée supérieure de la rivière Saint-Jean au Nouveau-Brunswick . . .

SAINT-JEAN, QUÉ. (COMTÉ). PAROISSES (CATH.)

Jetté, Irenée, comp. Mariages du comté de Saint-Jean, 1828-1950 . . .

SAINT-JEAN, QUÉ. NOTRE-DAME-AUXILIATRICE, PAROISSE (CATH.)

Jetté, Irenée, comp. Mariages du comté de Saint-Jean, 1828-1950 . . .

SAINT-JEAN, QUÉ. SAINT-EDMOND, PAROISSE (CATH.)

Jetté, Irenée, comp. Mariages du comté de Saint-Jean, 1828-1950 . . .

SAINT-JEAN, QUÉ. SAINT-JEAN-L'ÉVANGÉLISTE, CATHÉDRALE (CATH.)

Jetté, Irenée, comp. Mariages du comté de Saint-Jean, 1828-1950 . . .

SAINT-JEAN-BAPTISTE-DE-ROUVILLE, QUÉ., PAROISSE (CATH.)

Jetté, René et Benoit Pontbriand, comp. Mariages de Saint-Charles sur Richelieu (1741-1967), Saint-Jean-Baptiste de Rouville (1797-1967) et Otterburn Park (1960-1967) . . .

SAINT-JEAN-CHRYSOSTOME, QUÉ., PAROISSE (CATH.)

St-Hilaire, Guy, Éloi-Gérard Talbot, s.m. et Benoit Pontbriand, comp. Mariages de St-Jean-Chrysostome (1830-1966) et St-Romuald d'Etchemin (1854-1966) . . .

SAINT-JEAN-DE-MATHA, QUÉ., PAROISSE (CATH.)

Rivest, Lucien, c.s.v., comp. Mariages du comté de Joliette (du début des paroisses à 1960 incl.) . . .

SAINT-JEAN-DESCHAILLONS, QUÉ. SAINT-JEAN-BAPTISTE, PAROISSE (CATH.)

Pontbriand, Benoit, comp. Mariages du comté de Lotbinière comprenant les paroisses de Deschaillons (1744-1950), Fortierville, Parisville, Villeroy, Ste-Françoise et Joly . . .

Saint-Jean-Deschaillons, Qué. Saint-Jean-Baptiste, paroisse (cath.) Registres de baptêmes, mariages et sépultures, 1755-1780.
Mss. Microfilm. 1 bobine.
Archives acadiennes, Moncton, N.-B.

SAINT-JEAN-PORT-JOLY, QUÉ., PAROISSE (CATH.)

Proulx, Armand, ptre, comp. Répertoire des mariages de Saint-Jean-Port-Joli, 1767-1973
. . .

SAINT-JEAN-SUR-LE-LAC, QUÉ. SAINT-JEAN-L'ÉVANGÉLISTE, PAROISSE (CATH.)

Rivest, Lucien, c.s.v., comp. Mariages du comté de Labelle (du début des paroisses à 1960 incl.) . . .

SAINT-JÉRÔME, QUÉ. (COMTÉ DE SAGUENAY), PAROISSE (CATH.)

Bélanger, Léonidas, comp. Les mariages de la région de Saint-Jérôme.
Dans: Saguenayensia 10: (5) 125-128 sept./oct. '68; 11: (3) 69-72 mai/juin '69; 11: (4) 97-100 juil./août '69; 11: (5) 125-128 sept./oct. '69; 11: (6) 151-154 nov./déc. '69; 12: (1) 13-16 janv./fév. '70; 12: (2) 41-43 mars/avr. '70; corrections 12: (2) 43-44 mars/avr. '70.

SAINT-JÉRÔME, QUÉ. (COMTÉ DE TERREBONNE). CATHÉDRALE (CATH.)

Rivest, Lucien, c.s.v., comp. Mariages du comté de Terrebonne (du début des paroisses à 1960 incl.) . . .

SAINT-JÉRÔME, QUÉ., (COMTÉ DE TERREBONNE). COMTÉ, PAROISSES (CATH.)

Rivest, Lucien, c.s.v., comp. Mariages du comté de Terrebonne (du début des paroisses à 1960 incl.) . . .

SAINT-JOACHIM, QUÉ., PAROISSE (CATH.)

Saint-Joachim, Qué., paroisse (cath.) Registres de baptêmes, mariages et sépultures, 1755-1780.
Mss. Microfilm. 1 bobine.
Archives acadiennes, Moncton, N.-B.

SAINT-JOACHIM, QUÉ. (COMTÉ DE MONTMORENCY), PAROISSE (CATH.)

Gingras, Robert-Edmond, é.c., comp. Répertoire des mariages de St-Joachim, comté de Montmorency, 1687-1963 . . .

SAINT-JOACHIM, QUÉ. (COMTÉ DE SHEFFORD), PAROISSE (CATH.)

Jetté, René et Benoit Pontbriand, comp. Mariages du comté de Shefford (1846-1968)
. . .

SAINT-JOACHIM DE CHÂTEAUGUAY, QUÉ., PAROISSE (CATH.)

Julien, Bruno, comp. Répertoire des mariages de St-Joachim de Châteauguay, comté de Châteauguay, 1736 à 1963 . . .

SAINT-JOACHIM DE COURVAL, QUÉ., PAROISSE (CATH.)

Parenteau, B., J.-M. Laliberté et B. Pontbriand, comp. Mariages du comté d'Yamaska (1846-1964) . . .

SAINT-JOACHIM-DE-LA-PLAINE, QUÉ., PAROISSE (CATH.)

Rivest, Lucien, c.s.v., comp. Mariages du comté de l'Assomption du début des paroisses à 1960 incl. . . .

Rivest, Lucien, c.s.v., comp. Répertoire des mariages du comté des Deux-Montagnes du début de la colonie jusqu'à 1960 . . .
Mss. Copie. 9 pieds 3 pouces.
Archives nationales du Québec, Québec, Qué.

SAINT JOHN, N.B. SAINT JOHN'S ANGLICAN STONE CHURCH.

Saint-John, N.B. Saint John's Anglican Stone Church. Baptisms, marriages and burials, 1852-1970; confirmations, 1757-1970.
Mss. Microfilm. 30 feet.
Provincial Archives of New Brunswick, Fredericton, N.B.

SAINT JOHN, N.B. TRINITY ANGLICAN CHURCH.

Saint John, N.B. Trinity Anglican Church. Baptisms, marriages and burials (inclusive dates), 1836-1857 . . .
Mss. Microfilm. 70 feet.
Provincial Archives of New Brunswick, Fredericton, N.B.

Saint John, N.B. Trinity Anglican Church . . . Record of baptisms, 1835-1842 . . .
Mss. Transcripts.
New Brunswick Museum, Saint John, N.B.

SAINT JOHN'S, NFLD. CONGREGATIONAL CHURCH.

Saint John's, Nfld. Congregational Church. . . . Registers of marriages, 1802-1817, 1834-1844; baptisms, 1780-1815; and burials, 1837-1838 . . .
Mss. Microfilm.
Public Archives of Canada, Ottawa, Ont.

SAINT JOHN'S, NFLD. SAINT JOHN'S ANGLICAN CATHEDRAL.

Saint John's, Nfld. Saint John's Cathedral (Anglican). Parish registers of the (Anglican) missionary district and cathedral parish of St. John's Nfld., consisting of the missionary's registers of baptisms, marriages and burials, 1752-1792; the district register of baptisms, 1786-1792, 1849; the district register of marriages, 1784-1790; and the disrict register of baptisms and burials, 1795-1803.
    Mss. Microfilm. 25 feet.
    Public Archives of Canada, Ottawa, Ont.

SAINT-JOSEPH-DE-LA-POINTE-DE-LÉVY, QUÉ., PAROISSE (CATH.)

Talbot, Éloi-Gérard, s.m. et Guy St-Hilaire, comp. Mariages de Lauzon (St-Joseph-de-la-Pointe-de-Lévy) (1679-1965) . . .

SAINT-JOSEPH-DE-LA-PRAIRIE-DU-ROCHER. MISSIONS (CATH.)

Sainte-Anne-du-Fort-de-Chartres, 1721-1765. Abrégé des registres de cette paroisse, 1743-1765. Registres des baptêmes, mariages et sépultures de la mission de St-Joseph-de-la-Prairie-du-Rocher, 1761-1799. Registres des baptêmes, mariages et sépultures de La Visitation de St-Philippe-des-Arkansas, 1744, 1761-1765.
    Mss. Copie. 5 pouces.
    Archives publiques du Canada, Ottawa, Ont.

SAINT-JOSEPH-DE-SOULANGES, QUÉ., PAROISSE (CATH.)

Charette, Jean-Benoit, comp. Répertoire des mariages de Saint-Joseph-de-Soulange, "Les Cèdres" . . .

SAINT-JOSEPH-SUR-LE-LAC, QUÉ. SAINT-JOSEPH, PAROISSE (CATH.)

Rivest, Lucien, c.s.v. et Rosario Gauthier, comp. Mariages du comté des Deux-Montagnes du début des paroisses à 1960 incl. . . .

SAINT-JOVITE, QUÉ., PAROISSE (CATH.)

Rivest, Lucien, c.s.v., comp. Mariages du comté de Terrebonne (du début des paroisses à 1960 incl.) . . .

SAINT-JUDE, QUÉ., PAROISSE (CATH.)

Delorme, Napoléon, mgr., comp. Résumé des registres des baptêmes, mariages et sépultures de la paroisse de Saint-Jude, au diocèse de St-Hyacinthe, pour les années 1822 à 1900 . . .
Jetté, René, comp. Mariages du comté de St-Hyacinthe (1806-1967) . . .

SAINT-JUST-DE-BRETENIÈRE, QUÉ., PAROISSE (CATH.)

Proulx, Armand, ptre, comp. Répertoire des mariages de Saint-Just-de-Bretenière, 1916-1971 . . .

SAINT-JUSTIN, QUÉ., PAROISSE (CATH.)

Plante, Clément, comp. Mariages de la paroisse de St-Justin, comté de Maskinongé (1858-1971) . . .

SAINT-LAMBERT, QUÉ., PAROISSE (CATH.)

Talbot, Éloi-Gérard et Benoit Pontbriand, comp. Mariages de St-Lambert (1854-1967) . . .

SAINT-LAURENT, QUÉ. (ÎLE DE MONTRÉAL). SAINT-LAURENT, PAROISSE (CATH.)

Gauthier, Rosario, Maurice Legault, comp. Mariages de la paroisse Saint-Laurent . . .
Saint-Laurent, Qué., paroisse (cath.) Registres de baptêmes, mariages et sépultures, 1720-1850.
    Mss. Originaux. 4 pouces.
    Archives nationales du Québec, Montréal, Qué.

SAINT-LAZARE, QUÉ., PAROISSE (CATH.)

Goulet, J. Napoléon, comp. Mariages et nécrologe de Saint-Lazare, comté de Bellechasse, 1849-1970 . . .

SAINT-LÉON, MAN., PAROISSE (CATH.)

Fortier, A.E., comp. Répertoire des mariages, St-Léon, Manitoba, 1879-1977.
    Dans: Generations: Journal of the Man. Geneal. Soc. 3: (1) 1-27 Spring '78.

SAINT-LÉON-LE-GRAND, QUÉ., PAROISSE (CATH.)

Campagna, Dominique, s.c., comp. Répertoire des mariages de St-Léon-le-Grand (comté de Maskinongé), 1802-1963 . . .

SAINT-LÉONARD, QUÉ., PAROISSE (CATH.)

Pontbriand, Benoit, comp. Mariages du comté de Portneuf, 1881-1950 . . .

SAINT-LIBOIRE, QUÉ., PAROISSE (CATH.)

Pontbriand, Benoit et René Jetté, comp. Mariages du comté de Bagot (1833-1968) . . .

SAINT-LIGUORI, QUÉ., PAROISSE (CATH.)

Rivest, Lucien, c.s.v., comp. Mariages du comté de Montcalm (du début des paroisses à 1960 incl.) . . .

SAINT-LIGUORI-DES-ALLUMETTES, QUÉ. MISSIONS.

Aylmer et Gatineau, Qué., paroisses (cath.)
Registres des baptêmes, mariages et sépultures
des missions du comté de Wright, 1841-1852
. . .
> Mss. Copie. 4 pouces.
> Archives publiques du Canada, Ottawa, Ont.

SAINT-LIN, QUÉ., PAROISSE (CATH.)

Rivest, Lucien, c.s.v., comp. Mariages du
comté de l'Assomption du début des paroisses
à 1960 incl. . . .

SAINT-LOUIS-DE-BONSECOURS, QUÉ., PAROISSE (CATH.)

Laliberté, Jean-Marie et Antonio Mongeau,
comp. Mariages de St-Aimé (1836-1966), Ste-
Victoire de Sorel (1843-1966), St-Robert
(1855-1966), St-Marcel (1855-1966) et St-Louis-
de-Bonsecours (1876-1966) . . .

SAINT-LOUIS-DE-GONZAGUE, QUÉ., PAROISSE (CATH.)

Charette, Jean-Benoit, comp. Répertoire des
mariages des paroisses Saint-Timothée,
1823-1971, et Saint-Louis-de-Gonzague,
1847-1971 . . .

SAINT-LOUIS-DE-KAMOURASKA, QUÉ., PAROISSE (CATH.)

Proulx, Armand, ptre, comp. Répertoire des
mariages de Saint-Louis-de-Kamouraska
(1709-1967) . . .

SAINT-LOUIS-DE-KENT, N.B. SAINT-LOUIS-DE-FRANCE, PAROISSE (CATH.)

Gaudet, Placide. Notes généalogiques des
familles acadiennes . . .
> Mss. 49 pieds.
> Archives acadiennes, Moncton, N.-B.

Saint-Louis-de-Kent, N.-B. Saint-Louis-de-
France, paroisse (cath.) Registres des baptêmes,
1800-1870; mariages et sépultures, 1802-1870;
registres de baptêmes, mariages et sépultures,
1805-1816.
> Mss. Copie. 1 1/2 pouces.
> Archives publiques du Canada, Ottawa, Ont.

Saint-Louis-de-Kent, N.-B. Saint-Louis-de-
France, paroisse (cath.) Registre de la paroisse,
1800-1900.
> Mss. Reproductions photographiques.
> 3 pouces.
> Archives acadiennes, Moncton, N.-B.

SAINT-LOUIS-DE-LOTBINIÈRE, QUÉ., PAROISSE (CATH.) voir: LOTBINIÈRE, QUÉ. SAINT-LOUIS, PAROISSE (CATH.)

SAINT-LOUIS-DE-PINTENDRE, QUÉ. voir: PINTENDRE, QUÉ. SAINT-LOUIS, PAROISSE (CATH.)

SAINT-LOUIS-DE-TERREBONNE, QUÉ., PAROISSE (CATH.)

Gauthier, Rosario, comp. Répertoire des
mariages de la paroisse de St-Louis de Terrebonne, 1727-1965 . . .

SAINT-LUC, QUÉ., PAROISSE (CATH.)

Jetté, Irenée et Lucien Granger, comp.
Mariages de L'Acadie (1785-1966) et St-Luc
(1801-1966), comté de St-Jean . . .

SAINT-LUC-DE-VINCENNES, QUÉ., PAROISSE (CATH.)

Campagna, Dominique, s.c., comp. Répertoire
des mariages de la paroisse St-Luc-de-
Vincennes, 1863-1964 . . .

SAINT-LUCIEN, QUÉ. (COMTÉ DE NICOLET), PAROISSE (CATH.)

Laliberté, Jean-Marie et Benoit Pontbriand,
comp. Mariages de la région de Drummondville
(1863-1968) . . .

SAINT-LUCIEN, QUÉ. (COMTÉ DE TERREBONNE), PAROISSE (CATH.)

Rivest, Lucien, c.s.v., comp. Mariages du
comté de Terrebonne (du début des paroisses à
1960 incl.) . . .

SAINT-MAGLOIRE, QUÉ. (COMTÉ DE BELLECHASSE), PAROISSE (CATH.)

Goulet, J. Napoléon, comp. Mariages et
nécrologie de Saint-Magloire, comté de Bellechasse, 1872-1975 . . .

SAINT-MAJORIQUE, QUÉ., PAROISSE (CATH.)

Laliberté, Jean-Marie et Benoit Pontbriand,
comp. Mariages de la région de Drummondville
(1863-1968) . . .

SAINT-MALO, QUÉ., PAROISSE (CATH.)

Société généalogique des Cantons de l'Est.
Répertoire des mariages du comté de Compton
dans les Cantons de l'Est . . . (19 paroisses du
début à 1950 incl.) . . .

SAINT-MARC, QUÉ. (COMTÉ DE VER-CHÈRES), PAROISSE (CATH.)

Jetté, Irenée et Benoit Pontbriand, comp.
Mariages de Beloeil (St-Mathieu), 1772-1968;
St-Marc (1794-1968) et McMasterville
(1930-1967), comté de Verchères . . .

SAINT-MARC-DE-COURNOYER, QUÉ., PAROISSE (CATH.)

Saint-Marc-de-Cournoyer, Qué., paroisse (cath.) Registres de baptêmes, mariages et sépultures, 1794-1849.
Mss. Originaux. 1 pied 6 pouces.
Archives nationales du Québec, Montréal, Qué.

SAINT-MARC-DES-CARRIÈRES, QUÉ., PAROISSE (CATH.)

Pontbriand, Benoit, comp. Mariages du comté de Portneuf (1881-1950) . . .

SAINT-MARCEL, QUÉ. (COMTÉ DE L'ISLET), PAROISSE (CATH.)

Proulx, Armand, ptre, comp. Répertoire des mariages de St-Adalbert, 1890-1971, et St-Marcel, 1894-1971 . . .

SAINT-MARCEL, QUÉ. (COMTÉ DE RICHELIEU), PAROISSE (CATH.)

Laliberté, Jean-Marie et Antonio Mongeau, comp. Mariages de St-Aimé (1836-1966), Ste-Victoire de Sorel (1843-1966), St-Robert (1855-1966), St-Marcel (1855-1966) et St-Louis-de-Bonsecours (1876-1966), comté de Richelieu . . .

SAINT MARTIN, N.B. SAINT MARTIN'S ANGLICAN CHURCH.

Saint Martin's, N.B. Parish Church (Anglican). Baptisms, 1876-1927; marriages, 1877-1929; burials, 1876, 1930.
Mss. Microfilm. 15 feet.
Provincial Archives of New Brunswick, Fredericton, N.B.

SAINT-MARTIN, N.-B. PAROISSE (CATH.)

Rossignol, Arthur, comp. Répertoire des mariages de St-Quentin et St-Martin, 1910-1970 . . .

SAINT-MARTIN, QUÉ., PAROISSE (CATH.)

Bergeron, Roger et Jean Bergeron, comp. Répertoire des mariages de la paroisse de St-Martin de l'Île-Jésus . . .

Saint-Martin, Qué., paroisse (cath.) Registres de baptêmes, mariages et sépultures, 1774-1849.
Mss. Originaux. 3 pieds.
Archives nationales du Québec, Montréal, Qué.

SAINT MARY'S BAY, N.S. SAINT MARY'S CATHOLIC CHURCH.

Sigogne, Jean-Mande and Leonard H. Smith. St. Mary's Bay Roman Catholic Parish, Clare, Digby County, Nova Scotia . . .

SAINT-MATHIAS, QUÉ., PAROISSE (CATH.)

Raymond, Raoul et Irenée Jetté, comp. Mariages de St-Mathias (1739-1968) . . .

SAINT-MATHIEU, QUÉ., PAROISSE (CATH.)

Jetté, Irenée, comp. Mariages du comté de Laprairie, 1751-1922 . . .

SAINT-MAURICE, QUÉ., PAROISSE (CATH.)

Daneau, Gaston, comp. Répertoire des mariages: paroisse St-Maurice, comté de Champlain, 1844-1973 . . .

SAINT-MICHEL, QUÉ. (COMTÉ DE NAPIERVILLE), PAROISSE (CATH.)

Pontbriand, Benoit, comp. Mariages du comté de Napierville . . .

SAINT-MICHEL DE BELLECHASSE, QUÉ. SAINT-MICHEL, PAROISSE (CATH.)

Chassé, J., ptre. Volume contenant: Catalogue et noms des âmes des paroisses Saint-Étienne de Beaumont et St-Michel de la Durantaye depuis 1719 à 1735 . . .
Mss. Originaux. 2 p.
Bibliothèque municipale de Montréal, Montréal, Qué.

Goulet, Joseph Napoléon, comp. Nécrologe de St-Michel, comté de Bellechasse, 1733-1974 . . .

Turgeon, J. Albert, comp. Mariages de la paroisse de St-Michel de Bellechasse, (1693-1974) . . .

SAINT-MICHEL-DES-SAINTS, QUÉ., PAROISSE (CATH.)

Rivest, Lucien, c.s.v., comp. Mariages du comté de Berthier du début des paroisses à 1960 incl. . . .

SAINT-MICHEL-WENTWORTH, QUÉ., PAROISSE (CATH.)

Rivest, Lucien, c.s.v., comp. Mariages du comté d'Argenteuil (du début des paroisses à 1960 incl.) . . .

SAINT-NARCISSE, QUÉ. (COMTÉ DE CHAMPLAIN), PAROISSE (CATH.)

Campagna, Dominique, s.c., comp. Répertoire des mariages de Saint-Narcisse de Champlain, 1854-1967 . . .

SAINT-NARCISSE, QUÉ. (COMTÉ DE LOTBINIÈRE), PAROISSE (CATH.)

Pontbriand, Benoit et Raymond Gingras, comp. Mariages de St-Sylvestre (1829-1970), St-Gilles (1843-1968), Ste-Agathe (1857-1970), St-Patrice de Beaurivage (1860-1970), et St-Narcisse (1873-1970), comté de Lotbinière . . .

SAINT-NAZAIRE, QUÉ. (COMTÉ DE BAGOT), PAROISSE (CATH.)

Pontbriand, Benoit et René Jetté, comp. Mariages de St-Hugues (1827-1948), St-Théodore (1842-1968), Ste-Hélène (1854-1968), Upton (St-Ephrem) (1856-1968), Acton Vale (1859-1968), Ste-Christine (1886-1968), St-Nazaire (1890-1968), comté de Bagot . . .

SAINT-NAZAIRE, QUÉ. (COMTÉ DE DORCHESTER), PAROISSE (CATH.)

Ephémérides St-Nazaire, 1902-1977, comté de Dorchester.
Polycopié.
Archives nationales du Québec, Québec, Qué.

SAINT-NÉRÉE, QUÉ., PAROISSE (CATH.)

Goulet, Joseph Napoléon, comp. Mariages et nécrologe de St-Nérée, comté de Bellechasse, 1883-1971 . . .

SAINT-NICÉPHORE, QUÉ., PAROISSE (CATH.)

Laliberté, Jean-Marie et Benoit Pontbriand, comp. Mariages de la région de Drummondville (1850-1967) . . .

SAINT-NICOLAS, QUÉ., PAROISSE (CATH.)

Magnan, Hormisdas. La Famille Paquet et les familles alliées; la paroisse de Saint-Nicolas . . .

Pontbriand, Benoit et Raymond Gingras, comp. Mariages de St-Nicolas (1694-1964), comté de Lotbinière . . .

Provencher, Gérard E. Corrections aux répertoires. . .
Dans: L'Ancêtre 2: (2) 86 oct. '75.

Saint-Nicolas-de-Lévis, Qué., paroisse (cath.) Registres de baptêmes, mariages et sépultures, 1755-1780.
Mss. Microfilm. 1 bobine.
Archives acadiennes, Moncton, N.-B.

SAINT-NORBERT, QUÉ. (COMTÉ D'ARTHABASKA), PAROISSE (CATH.)

Société généalogique des Cantons de l'Est. Répertoire des mariages du comté d'Arthabaska . . .
Vol. 1-2: 1840-1925; supplément: 1926-1970 incl.

SAINT-NORBERT, QUÉ. (COMTÉ DE BERTHIER), PAROISSE (CATH.)

Rivest, Lucien, c.s.v., comp. Mariages du comté de Berthier du début des paroisses à 1960 incl. . . .

SAINT-OMER, QUÉ., PAROISSE (CATH.)

Proulx, Armand, ptre, comp. Répertoire des mariages de Saint-Pamphile, 1880-1972, de St-Omer, 1938-1972, comté de l'Islet . . .

SAINT-ONÉSIME, QUÉ. (COMTÉ DE KAMOURASKA), PAROISSE (CATH.)

Ouellet, Joseph Eugène, comp. Répertoire des mariages de Saint-Onésime (comté de Kamouraska), 1865-1965 . . .

Proulx, Armand, ptre, comp. Répertoire des mariages de St-Onésime, 1865-1970 . . .

SAINT-OURS, QUÉ. IMMACULÉE-CONCEPTION, PAROISSE (CATH.)

Binette, Gérard et Yvette Binette, comp. Mariages de St-Ours (Immaculée-Conception), 1750-1975 . . .

Delorme, Napoléon, mgr., comp. Mariages de Saint-Ours . . .

SAINT-OURS, QUÉ. MISSIONS.

Delorme, Napoléon, mgr., comp. Mariages de Saint-Ours . . .

SAINT-PACÔME, QUÉ., PAROISSE (CATH.)

Proulx, Armand, ptre, comp. Répertoire des mariages de Saint-Pacôme, 1852-1969 . . .

SAINT-PAMPHILE, QUÉ., PAROISSE (CATH.)

Proulx, Armand, ptre, comp. Répertoire des mariages de Saint-Pamphile, 1880-1972 . . .

SAINT-PASCAL-BAYLON, ONT., PAROISSE (CATH.)

Hamelin, Julien, s.c., comp. Répertoire des mariages du comté de Russell (Ontario) . . . 1858-1972 . . .

SAINT-PASCAL-DE-KAMOURASKA, QUÉ., PAROISSE (CATH.)

Proulx, Armand, ptre, comp. Répertoire des mariages de St-Pascal, 1829-1969 . . .

Proulx, Armand, ptre, comp. Mariages de St-Pascal de Kamouraska, 1827-1977: 150e anniversaire . . .

SAINT-PATRICE-DE-BEAURIVAGE, QUÉ. (COMTÉ DE LOTBINIÈRE), PAROISSE (CATH.)

Pontbriand, Benoit et Raymond Gingras, comp. Mariages de St-Sylvestre (1829-1970), St-Gilles (1843-1968), Ste-Agathe (1857-1970), St-Patrice de Beaurivage (1860-1970) et St-Narcisse (1873-1970) . . .

SAINT-PAUL, QUÉ. (COMTÉ DE JOLIETTE), PAROISSE (CATH.)

Rivest, Lucien, c.s.v., comp. Mariages du comté de Joliette du début des paroisses à 1960 incl. . . .

SAINT-PAUL, QUÉ. (COMTÉ DE MONT-MAGNY), PAROISSE (CATH.)

Goulet, Napoléon, comp. Nécrologe de St-Paul, 1868-1974; Notre-Dame-du-Rosaire, 1889-1974; Ste-Euphémie, 1907-1974, comté de Montmagny . . .

SAINT-PAUL D'ABBOTSFORD, QUÉ., PAROISSE (CATH.)

Jetté, René et Gérard E. Provencher, comp. Mariages de St-Césaire, 1822-1967; Rougemont, 1886-1967; L'Ange-Gardien, 1857-1967; Abbotsford, 1868-1967 . . .

SAINT-PAUL DE CHESTER, QUÉ., PAROISSE (CATH.)

Campagna, Dominique, s.c., comp. Répertoire des mariages de Saint-Paul de Chester (comté d'Arthabaska), 1860-1970 . . .

Société généalogique des Cantons de l'Est. Répertoire des mariages du comté d'Arthabaska . . .

    Vols. 1-2: 1840-1925; supplément: 1926-1970 incl.

SAINT-PAUL-DE-KENT, N.-B., SAINT-PAUL, PAROISSE (CATH.)

Saint-Paul-de-Kent, N.-B. Saint-Paul, paroisse (cath.) Registres de la paroisse, 1883-1912.
Mss. Reproductions photographiques.
1 pouce.
Archives acadiennes, Moncton, N.-B.

SAINT-PAUL-DE-MONTMINY, QUÉ., PAROISSE (CATH.)

Proulx, Armand, ptre, comp. Répertoire des mariages de Saint-Paul de Montminy, Montmagny, 1868-1972 . . .

SAINT-PAUL-L'ERMITE, QUÉ., PAROISSE (CATH.)

Rivest, Lucien, c.s.v., comp. Mariages du comté de l'Assomption (du début des paroisses à 1960 incl.) . . .

SAINT-PHILÉMON, QUÉ. (COMTÉ DE BELLECHASSE), PAROISSE (CATH.)

Goulet, J. Napoléon, comp. Mariages et nécrologie de St-Philémon, comté de Bellechasse, 1886-1975 . . .

SAINT-PHILIPPE, QUÉ., PAROISSE (CATH.)

Jetté, Irenée, comp. Mariages du comté de Laprairie, 1751-1972 . . .

SAINT-PHILIPPE D'ARGENTEUIL, QUÉ., PAROISSE (CATH.)

Rivest, Lucien, c.s.v., comp. Mariages du comté d'Argenteuil (du début des paroisses à 1960 incl.) . . .

SAINT-PHILIPPE-DE-NÉRI, QUÉ., PAROISSE (CATH.)

Proulx, Armand, ptre, comp. Répertoire des mariages de Saint-Philippe-de-Néri, 1870-1970 . . .

SAINT-PIE-DE-BAGOT, QUÉ., PAROISSE (CATH.)

Delorme, Napoléon, mgr. Résumé des registres des baptêmes, mariages et sépultures de la paroisse de Saint-Pie au diocèse de Saint-Hyacinthe pour les années 1830-1900 . . .

Jetté, René et Benoit Pontbriand, comp. Mariages de St-Damase (1827-1967), Ste-Madeleine (1876-1967), comté de St-Hyacinthe; et St-Pie-de-Bagot (1830-1967), comté de Bagot . . .

SAINT-PIE-DE-GUIRE, QUÉ., PAROISSE (CATH.)

Parenteau, B., J.-M. Laliberté et B. Pontbriand, comp. Mariages du comté d'Yamaska (1846-1964) . . .

SAINT-PIERRE-DE-DURHAM, QUÉ., PAROISSE (CATH.) voir: L'AVENIR, QUÉ. SAINT-PIERRE, PAROISSE (CATH.)

SAINT-PIERRE-DE-WAKEFIELD, QUÉ., PAROISSE (CATH.) voir: WAKEFIELD, QUÉ. SAINT-PIERRE, PAROISSE (CATH.)

SAINT-PIERRE-DU-SUD, QUÉ., PAROISSE (CATH.)

Goulet, Joseph Napoléon, comp. Nécrologe de St-Pierre-du-Sud, comté de Montmagny, 1740-1974 . . .

Proulx, Armand, ptre, comp. Saint-Pierre-du-Sud, Montmagny, 1742-1973 . . .

SAINT-PIERRE ET MIQUELON. REGISTRES.

France. Archives des Colonies. Sér. G-1. . . .
Mss. Copie. 9 pieds. Microfilm. 25 bobines.
Archives publiques du Canada, Ottawa, Ont.

SAINT-PIERRE-LES-BECQUETS, QUÉ., PAROISSE (CATH.)

Campagna, Dominique, s.c., comp. Répertoire des mariages de la paroisse Saint-Pierre-les-Becquets, comté du diocèse de Nicolet, 1734-1915 . . .

Saint-Pierre-les-Becquets, Qué., paroisse (cath.) Registres de baptêmes, mariages et sépultures, 1760-1780.
Mss. Microfilm. 1 bobine.
Archives acadiennes, Moncton, N.-B.

SAINT-PLACIDE, QUÉ., PAROISSE (CATH.)

Rivest, Lucien, c.s.v. et Rosario Gauthier, comp. Mariages du comté des Deux-Montagnes du début des paroisses à 1960 incl. . . .

SAINT-POLYCARPE, QUÉ., PAROISSE (CATH.)

Houle, Hubert A., s.c., comp. Mariages du comté de Soulanges . . . (depuis la fondation de la première paroisse en 1752 jusqu'à nos jours) . . .

Saint-Polycarpe, Qué., paroisse (cath.) Registres de baptêmes, mariages et sépultures, 1819-1848.
Mss. Originaux. 1 pied.
Archives nationales du Québec, Montréal, Qué.

SAINT-PRAXÈDE, QUÉ., PAROISSE (CATH.)

Société généalogique des Cantons de l'Est. Répertoire des mariages catholiques du comté de Wolfe . . . (19 paroisses plus une mission du début à 1950 incl.) . . .

SAINT-PRIME, QUÉ., PAROISSE (CATH.)

Bélanger, Léonidas, comp. Les mariages de la région: mariages de St-Prime, 1872- .
Dans: Saguenayensia 14: (2) 41-44; 14: (3) 69-72; 14: (4) 97-100; 14: (6) 173-176 '72; 15: (1) 17-18 '73; corrections: 15: (1) 18 '73.

SAINT-PROSPER, QUÉ., PAROISSE (CATH.)

Campagna, Dominique, s.c., comp. Répertoire des mariages de Saint-Prosper, comté de Champlain, 1850-1950 . . .

SAINT-QUENTIN, N.-B., PAROISSE (CATH.)

Rossignol, Arthur, comp. Répertoire des mariages de St-Quentin et St-Martin, 1910-1970 . . .

SAINT RAPHAEL, ONT. (GLENGARRY COUNTY). CATHOLIC CHURCH.

Saint Raphael, Glengarry County, Ont. Catholic Church. Transcript of church register kept by Father John MacDonald, 1832-1866.
Mss. Microfilm. 40 feet.
Archives of Ontario, Toronto, Ont.

SAINT-RAPHAËL, QUÉ., PAROISSE (CATH.)

Goulet, Joseph Napoléon, comp. Mariages et nécrologe de la paroisse St-Raphaël, comté de Bellechasse, 1851-1974 . . .

SAINT-RAYMOND, QUÉ., PAROISSE (CATH.)

Pontbriand, Benoit, comp. Mariages du comté de Portneuf (1881-1950) . . .

Pontbriand, Benoit, comp. Répertoire des mariages de St-Raymond (1844-1900), comté de Portneuf . . .

SAINT-RÉDEMPTEUR, QUÉ., PAROISSE (CATH.)

Gingras, Raymond, comp. Mariages de St-Rédempteur, 1920-1962 . . .

SAINT-RÉGIS, QUÉ. SAINT-JEAN-FRANÇOIS, MISSION.

Saint-Régis, Qué. Saint-Jean-François, mission (cath.) Registres de baptêmes, mariages et sépultures de cette mission iroquoise.
Mss. Copie. 2 pouces.
Archives publiques du Canada, Ottawa, Ont.

SAINT-RÉMI, QUÉ., PAROISSE (CATH.)

Pontbriand, Benoit, comp. Mariages du comté de Napierville . . .

SAINT-ROBERT, QUÉ., PAROISSE (CATH.)

Cournoyer, Georges Henri, ptre, comp. Relevé des actes de catholicité (baptêmes, mariages et sépultures) de la paroisse Saint-Robert, comté de Richelieu, 1855-1897 . . .
S'arrête en réalité à 1889.

Cournoyer, Georges Henri, ptre, comp. Relevé des actes de catholicité (baptêmes, mariages et sépultures) de la paroisse de Saint-Robert, comté de Richelieu, 1898-1972 . . .

SAINT-ROBERT, QUÉ., PAROISSE (CATH.)

Laliberté, Jean-Marie et Antonio Mongeau, comp. Mariages de St-Aimé (1836-1966), Ste-Victoire de Sorel (1843-1966), St-Robert (1855-1966) . . .

SAINT-ROCH-DE-L'ACHIGAN, QUÉ., PAROISSE (CATH.)

Rivest, Lucien, c.s.v., comp. Mariages du comté de l'Assomption du début des paroisses à 1960 incl. . . .

Saint-Roch-de-l'Achigan, Qué., paroisse (cath.) Registres de baptêmes, mariages et sépultures, 1787-1810.
Mss. Microfilm. 1 bobine.
Archives acadiennes, Moncton, N.-B.

SAINT-ROCH-DES-AULNAIES, QUÉ., PAROISSE (CATH.)

Proulx, Armand, ptre, comp. Mariages de Saint-Roch-des-Aulnaies, 1734-1976 . . .

Saint-Roch-des-Aulnaies, Qué., paroisse (cath.) Registres de baptêmes, mariages et sépultures, 1734-1764 et 1771-1781, avec index.
Mss. Reproductions photographiques. 4 pouces.
Archives nationales du Québec, Québec, Qué.

SAINT-ROCH D'ORFORD, QUÉ., PAROISSE (CATH.)

Lambert, Raymond. Les mariages de Saint-Roch d'Orford, 1891-1970 . . .

SAINT-ROCH-SUR-RICHELIEU, QUÉ., SAINT-ROCH, PAROISSE (CATH.)

Cournoyer, Georges Henri, ptre, comp. Relevé des actes de catholicité (baptêmes, mariages et sépultures) de la paroisse de Saint-Roch-sur-Richelieu, comté de Richelieu, 1859-1973 . . .
Jetté, Irenée, comp. Mariages de Contrecoeur, 1668-1966, et de Saint-Roch-sur-Richelieu, 1859-1966 . . .

SAINT-ROMAIN, QUÉ., PAROISSE (CATH.) . . .

Société généalogique des Cantons de l'Est. Répertoire des mariages du comté de Frontenac (moitié sud-ouest du diocèse de Sherbrooke) . . . (10 paroisses du début à 1950 incl.) . . .

SAINT-ROMAIN-DE-WINSLOW, QUÉ. SAINT-ROMAIN, PAROISSE (CATH.)

Lambert, Raymond, comp. Mariages de Saint-Romain de Winslow, 1865-1970 . . .

SAINT-ROMUALD D'ETCHEMIN, QUÉ., PAROISSE (CATH.)

St-Hilaire, Guy, Éloi-Gérard Talbot, s.m. et Benoit Pontbriand, comp. Mariages de St-Jean-Chrysostome (1830-1966) et St-Romuald d'Etchemin (1854-1966), comté de Lévis . . .

SAINT-ROSAIRE, QUÉ., PAROISSE (CATH.)

Société généalogique des Cantons de l'Est. Répertoire des mariages du comté d'Arthabaska . . .
Vol. 1-2: 1840-1925; supplément: 1926-1970 incl.

SAINT-SAUVEUR, QUÉ., PAROISSE (CATH.)

Rivest, Lucien, c.s.v., comp. Mariages du comté de Terrebonne (du début des paroisses à 1960 incl.) . . .

SAINT-SIMON, QUÉ., PAROISSE (CATH.)

Pontbriand, Benoit, comp. Mariages de St-Simon, 1833; Ste-Rosalie, 1834; St-Dominique, 1837; St-Liboire, 1859 . . .

SAINT-SIXTE, QUÉ., PAROISSE (CATH.)

Provencher, Gérard E. et Georges L. Jean, comp. Mariages de l'Outaouais, vol. 1-2 . . .

SAINT-STANISLAS, QUÉ., PAROISSE (CATH.)

Campagna, Dominique, s.c., comp. Répertoire des mariages Saint-Stanislas de Champlain, ou Saint-Stanislas-de-la-Rivière-des-Envies, 1787-1966 . . .

Trépanier-Massicotte, Janine. Chez-nous en Nouvelle-France, 1608-1787 . . .

SAINT-STANISLAS-DE-KOTSKA, QUÉ., PAROISSE (CATH.)

Charette, Jean-Benoit, é.c., comp. Répertoire des mariages de Ste-Agnès de Dundee, 1861-1967; St-Stanislas-de-Kotska, 1847-1967; St-Anicet, 1818-1966 . . .

SAINT-STANISLAS-DE-LA-RIVIÈRE-DES-ENVIES, QUÉ., PAROISSE (CATH.) voir: SAINT-STANISLAS, QUÉ., PAROISSE (CATH.)

SAINT STEPHEN, N.B. CHRIST ANGLICAN CHURCH.

St. Stephen, N.B. Christ Church (Anglican). . . . covering the parishes of St. Stephen, St. David and St. James. Materials include baptisms, marriages and burials, 1812-1854 . . .
Mss. Microfilm.
Provincial Archives of New Brunswick, Fredericton, N.B.

SAINT STEPHEN, N.B. TRINITY ANGLICAN CHURCH.

St. Stephen, N.B. Trinity Anglican Church.
. . . Baptisms, marriages and burials,
1870-1915.
Mss. Microfilm. 25 feet.
Provincial Archives of New Brunswick,
Fredericton, N.B.

SAINT-SULPICE, QUÉ., PAROISSE (CATH.)

Rivest, Lucien, c.s.v., comp. Mariages du
comté de l'Assomption du début des paroisses
à 1960 incl. . . .

Rivest, Lucien, c.s.v., comp. Répertoire des
mariages du comté des Deux-Montagnes du
début de la colonie jusqu'à 1960. . .
Mss. Copie. 9 pieds 3 pouces.
Archives nationales du Québec, Québec,
Qué.

Saint-Sulpice, Qué., paroisse (cath.) Registres
de baptêmes, mariages et sépultures, 1760-1790.
Mss. Microfilm. 1 bobine.
Archives acadiennes, Moncton, N.-B.

SAINT-SYLVÈRE, QUÉ., PAROISSE (CATH.)

Dubois, Louis-Marie, comp. Répertoire des
mariages de St-Sylvère (comté Nicolet),
1888-1975 . . .

SAINT-SYLVESTRE, QUÉ. (COMTÉ DE LOTBINIÈRE), PAROISSE (CATH.)

Pontbriand, Benoit et Raymond Gingras,
comp. Mariages de St-Sylvestre (1829-1970), St-
Gilles (1843-1968), Ste-Agathe (1857-1970), St-
Patrice de Beaurivage (1860-1970), et St-
Narcisse (1873-1970), comté de Lotbinière . . .

SAINT-TÉLESPHORE, QUÉ., PAROISSE (CATH.)

Houle, Hubert A., s.c., comp. Mariages du
comté de Soulanges . . . (depuis la fondation
de la première paroisse en 1752 jusqu'à nos
jours) . . .

SAINT-THÉODORE D'ACTON, QUÉ., PAROISSE (CATH.)

Pontbriand, Benoit et René Jetté, comp.
Mariages de St-Hugues, 1827-1948;
St-Théodore (1842-1968) . . .

SAINT-THÉODORE-DE-CHERTSEY, QUÉ., PAROISSE (CATH.)

Crépeau, Pascal, Lili Lévesque, Émile Per-
reault, France Perreault, Gaétane Rivest, Lise
Robichaud, François Tremblay et Marcel Four-
nier. Répertoire des mariages de la paroisse de
St-Théodore de Chertsey, comté de Montcalm,
Qué. (1858-1972). . .

SAINT THOMAS, ONT. REGISTERS.

Elgin County, Ont. Clerk of the Peace and
Crown Attorney, St. Thomas, Ont. . . .
Registers of marriages, 1853-1857 . . .
Mss. Original.
University of Western Ontario Library, Lon-
don, Ont.

Register of baptisms, marriages and deaths at
St. Thomas, Upper Canada, commencing with
the establishment of the mission in July 1824.
In: Ontario Hist. Soc. Papers and records 9:
127-196 '10.

SAINT THOMAS, ONT. GRACE UNITED CHURCH.

Methodist Church, London Conference, Ont.
Registers of births, baptisms, marriages and
deaths . . .
Mss. Original.
Public Archives of Canada, Ottawa, Ont.

SAINT THOMAS, ONT. TRINITY ANGLICAN CHURCH.

Saint Thomas, Ont., Trinity (Anglican)
Church. Marriage register, 1896-1911.
Mss. Original. 200 p.
University of Western Ontario Library, Lon-
don, Ont.

SAINT THOMAS, QUE., ANGLICAN CHURCH.

Saint Thomas, Que. Anglican church. Parish
registers, 1842-1850.
Mss. Original. 3 inches.
Archives nationales du Québec, Montreal,
Que.

SAINT-THOMAS, QUÉ. (COMTÉ DE JOLIETTE), PAROISSE (CATH.)

Rivest, Lucien, c.s.v., comp. Mariages du
comté de Joliette du début des paroisses à 1960
incl. . . .

SAINT-THOMAS-D'AQUIN, QUÉ., PAROISSE (CATH.)

Jetté, René, comp. Mariages du comté de St-
Hyacinthe (1806-1967) . . .

SAINT-THOMAS-DE-LA-POINTE-À-LA-CAILLE, QUÉ., PAROISSE (CATH.)

Proulx, Armand, ptre, comp. Mariages de
Saint-Thomas-de-la-Pointe-à-la-Caille, Montmagny: mariages, 1678-1973 . . .

SAINT-THOMAS DE PIERREVILLE, QUÉ. (COMTÉ D'YAMASKA), PAROISSE (CATH.)

Mongeau, Antonio et Jean-Marie Laliberté,
comp. Mariages de St-Thomas de Pierreville
(1854-1964) . . .

SAINT-THURIBE, QUÉ., PAROISSE (CATH.)

Pontbriand, Benoit, comp. Mariages du comté de Portneuf (1881-1950) . . .

SAINT-TIMOTHÉE, QUÉ., PAROISSE (CATH.)

Charette, Jean-Benoit, comp. Répertoire des mariages des paroisses Saint-Timothée, 1823-1971, et Saint-Louis de Gonzague, 1847-1971 . . .

SAINT-TITE, QUÉ. (COMTÉ DE CHAMPLAIN), PAROISSE (CATH.)

Campagna, Dominique, s.c., comp. Répertoire des mariages de la paroisse Saint-Tite de Champlain, 1859-1959 . . .

SAINT-TITE-DES-CAPS, QUÉ. (COMTÉ DE MONTMORENCY), PAROISSE (CATH.)

Gingras, Robert-Edmond, é.c., comp. Répertoire des mariages de Saint-Tite-des-Caps, comté de Montmorency, 1867-1961 . . .

SAINT-UBALD, QUÉ., PAROISSE (CATH.)

Pontbriand, Benoit, comp. Mariages du comté de Portneuf (1881-1950) . . .

Pontbriand, Benoit, comp. Répertoire des mariages de St-Ubald (1871-1900), comté de Portneuf . . .

SAINT-VALENTIN, QUÉ., PAROISSE (CATH.)

Jetté, Irenée, comp. Mariages du comté de Saint-Jean, 1828-1950 . . .

SAINT-VALÈRE D'ARTHABASKA, QUÉ., PAROISSE (CATH.)

Campagna, Dominique, s.c., comp. Les mariages de la paroisse St-Valère d'Arthabaska, 1860-1960 . . .

SAINT-VALÈRE-DE-BUSTRODE, QUÉ., PAROISSE (CATH).

Société généalogique des Cantons de l'Est. Répertoire des mariages du comté d'Arthabaska . . .

Vol. 1-2: 1840-1925; supplément: 1926-1970 incl.

SAINT-VALÉRIEN, QUÉ., PAROISSE (CATH.)

Jetté, René et Benoit Pontbriand, comp. Mariages du comté de Shefford (1846-1968) . . .

SAINT-VIANNEY-DE-MATAPÉDIA, QUÉ., PAROISSE (CATH.)

Bérubé, Léo, comp. Saint-Vianney de Matapédia . . .

SAINT-VIATEUR, QUÉ., PAROISSE (CATH.)

Rivest, Lucien, c.s.v., comp. Mariages du comté de Berthier du début des paroisses à 1960 incl. . . .

SAINT-VINCENT-DE-PAUL, QUÉ., PAROISSE (CATH.)

Bergeron, Roger et Jean Bergeron, comp. Répertoire des mariages de la paroisse St-Vincent-de-Paul sur l'Île-Jésus (1743-1970) . . .

Saint-Vincent-de-Paul de l'Île-Jésus, Qué., paroisse (cath.) Registres de baptêmes, mariages et sépultures, 1743-1848.
Mss. Originaux. 3 pieds.
Archives nationales du Québec, Montréal, Qué.

Saint-Vincent-de-Paul de l'Île-Jésus, Qué., paroisse (cath.) Registres de baptêmes, mariages et sépultures, 1760-1780.
Mss. Microfilm. 1 bobine.
Archives acadiennes, Moncton, N.-B.

SAINT-ZÉNON, PAROISSE (CATH.)

Rivest, Lucien, c.s.v., comp. Mariages du comté de Berthier du début des paroisses à 1960 incl. . . .

SAINT-ZÉPHIRIN-DE-COURVAL, QUÉ., PAROISSE (CATH.)

Parenteau, B., J.-M. Laliberté et B. Pontbriand, comp. Mariages du comté d'Yamaska . . .

SAINT-ZOTIQUE, QUÉ., PAROISSE (CATH.)

Houle, Hubert A., s.c., comp. Mariages du comté de Soulanges . . . (depuis la fondation de la première paroisse en 1752 jusqu'à nos jours) . . .

SAINTE-ADÈLE, QUÉ., PAROISSE (CATH.)

Rivest, Lucien, c.s.v., comp. Mariages du comté de Terrebonne (du début des paroisses à 1960 incl.) . . .

SAINTE-AGATHE, QUÉ. (COMTÉ DE LOTBINIÈRE), PAROISSE (CATH.)

Pontbriand, Benoit et Raymond Gingras, comp. Mariages de St-Sylvestre (1829-1970); St-Gilles (1843-1968); Ste-Agathe (1857-1970) . . .

SAINTE-AGATHE, QUÉ. (COMTÉ DE TERREBONNE), PAROISSE (CATH.)

Rivest, Lucien, c.s.v., comp. Mariages du comté de Terrebonne (du début des paroisses à 1960 incl.) . . .

SAINTE-AGNÈS-DE-DUNDEE, QUÉ., PAROISSE (CATH.)

Charette, Jean-Benoit, é.c., comp. Répertoire des mariages de Ste-Agnès-de-Dundee (1861-1967) . . .

SAINTE-ANGÈLE-DE-LAVAL, QUÉ., PAROISSE (CATH.)

Campagna, Dominique, s.c., comp. Répertoire des mariages de Ste-Angèle-de-Laval, comté de Nicolet, 1870-1960 . . .

SAINTE-ANGÈLE-DE-MONNOIR, QUÉ., PAROISSE (CATH.)

Jetté, Irenée et René Jetté, comp. Mariages de Marieville (1801-1968), et Ste-Angèle-de-Monnoir (1865-1968), comté de Rouville . . .

SAINTE-ANNE-DE-BEAUPRÉ, QUÉ., PAROISSE (CATH.)

Gingras, Robert-Edmond, é.c., comp. Répertoire des mariages de Sainte-Anne-de-Beaupré (comté de Montmorency), (1657-1965) . . .

Sainte-Anne-de-Beaupré, Qué., paroisse (cath.) Registres de baptêmes, mariages et sépultures, 1652-1702, 1709-1719 . . .
> Mss. Originaux. 26 p.
> Archives publiques du Canada, Ottawa, Ont.

Sainte-Anne-de-Beaupré, Qué., paroisse (cath.) Registres de baptêmes, mariages et sépultures, 1757-1780 . . .
> Mss. Microfilm. 1 bobine.
> Archives acadiennes, Moncton, N.-B.

SAINTE-ANNE-DE-BELLEVUE, QUÉ., PAROISSE (CATH.)

Mariages de la paroisse de Sainte-Anne de Bellevue (1703-1973) . . .

Sainte-Anne-de-Bellevue, Qué., paroisse (cath.) Registres de baptêmes, mariages et sépultures, 1760-1780.
> Mss. Microfilm. 1 bobine.
> Archives acadiennes, Moncton, N.-B.

SAINTE-ANNE-DE-EKOUPAG, N.-B., PAROISSE (CATH.) *voir:* KINGSCLEAR, N.-B. SAINTE-ANNE, PAROISSE (CATH.)

SAINTE-ANNE-DE-FREDERICTON, N.-B., PAROISSE (CATH.) *voir:* KINGSCLEAR, N.-B. SAINTE-ANNE, PAROISSE (CATH.)

SAINTE-ANNE-DE-LA-PÉRADE, QUÉ., PAROISSE (CATH.)

Campagna, Dominique, s.c., comp. Répertoire des mariages de la paroisse Sainte-Anne-de-la-Pérade, comté de Champlain, 1684 à 1900 . . . (Éd. 1962) . . .

Campagna, Dominique, s.c., comp. Répertoire des mariages de la paroisse de Sainte-Anne-de-la-Pérade, 1684-1900 . . . (Éd. 1973) . . .

Sainte-Anne-de-la-Pérade, Qué., paroisse (cath.) Registres de baptêmes, mariages et sépultures, 1774-1790 . . .
> Mss. Microfilm. 1 bobine.
> Archives acadiennes, Moncton, N.-B.

SAINTE-ANNE-DE-LA-POCATIÈRE, QUÉ., PAROISSE (CATH.)

Ouellet, Joseph Eugène, comp. Répertoire des mariages de Sainte-Anne-de-la-Pocatière, comté de Kamouraska (1715-1965) . . .

Proulx, Armand, ptre, comp. Répertoire des mariages de Sainte-Anne-de-la-Pocatière, 1715-1972. 3e centenaire de la concession du fief de Sainte-Anne-de-la-Pocatière, 29 oct. 1672 . . .

SAINTE-ANNE-DES-LACS, QUÉ., PAROISSE (CATH.)

Rivest, Lucien, c.s.v., comp. Mariages du comté de Terrebonne (du début des paroisses à 1960 incl.) . . .

SAINTE-ANNE-DES-MONTS, QUÉ., PAROISSE (CATH.)

Carbonneau, Charles Alphonse, mgr., comp. Tableau généalogique des mariages célébrés dans les paroisses du diocèse de Rimouski . . .

SAINTE-ANNE-DES-PLAINES, QUÉ., PAROISSE (CATH.)

Rivest, Lucien, c.s.v., comp. Mariages du comté de Terrebonne (du début des paroisses à 1960 incl.) . . .

Sainte-Anne-des-Plaines, Qué., paroisse (cath.) Registres des baptêmes, mariages et sépultures de cette paroisse, 1788-1850. Index des baptêmes, 1788-1799; des mariages, 1788-1945; et des sépultures, 1788-1799.
> Mss. Copie. 1 pied 6 pouces.
> Archives publiques du Canada, Ottawa, Ont.

SAINTE-ANNE-DU-BOUT-DE-L'ÎLE, QUÉ., PAROISSE (CATH.)

Sainte-Anne-du-Bout-de-l'Île, paroisse (cath.) Registres de baptêmes, mariages et sépultures, 1703-1849.
> Mss. Originaux. 3 pieds.
> Archives nationales du Québec, Montréal, Qué.

SAINTE-ANNE-DU-FORT-DE-CHARTRES. MISSIONS.

Sainte-Anne-du-Fort-de-Chartres, 1721-1765. Abrégé des registres de cette paroisse, 1743-1765. Registres des baptêmes, mariages et sépultures de la mission St-Joseph-de-la-Prairie-du-Rocher, 1761-1799. Registres des baptêmes, mariages et sépultures de la mission de la Visitation-de-Saint-Philippe-des-Arkansas, 1744, 1761-1765.
  Mss. Copie. 5 pouces.
  Archives publiques du Canada, Ottawa, Ont.

SAINTE-ANNE-DU-LAC, QUÉ., PAROISSE (CATH.)

Rivest, Lucien, c.s.v., comp. Mariages du comté de Labelle (du début des paroisses à 1960 incl.) . . .

SAINTE-ANNE-DU-RUISSEAU, N.-É., PAROISSE (CATH.)

Sainte-Anne-du-Ruisseau, N.-É., paroisse (cath.) Registres de la paroisse, 1799-1841.
  Mss. Reproductions photographiques. 2 pouces.
  Archives acadiennes, Moncton, N.-B.

Sainte-Anne-du-Ruisseau, N.-É., paroisse (cath.) Registres des familles de la paroisse Sainte-Anne-du-Ruisseau et de St-Pierre-d'Argyle (Pubnico-ouest) par l'abbé Sigogne, 1816-1824.
  Mss. Microfilm. 8 pieds.
  Archives acadiennes, Moncton, N.-B.

SAINTE-APPOLINE-DE-PATTON, QUÉ., SAINTE-ANNE, PAROISSE (CATH.)

Proulx, Armand, ptre, comp. Répertoire des mariages de Sainte-Appoline, 1902-1971, comté de Montmagny . . .

SAINTE-BÉATRIX, QUÉ., PAROISSE (CATH.)

Rivest, Lucien, c.s.v., comp. Mariages du comté de Joliette (du début des paroisses à 1960 incl.) . . .

SAINTE-BRIGITTE-DE-LAVAL, QUÉ., PAROISSE (CATH.)

Ross, J.O.E., Gabrielle Gingras et B. Pontbriand, comp. Mariages du comté de Québec. . .

SAINTE-CATHERINE, QUÉ. (COMTÉ DE LAPRAIRIE), PAROISSE (CATH.)

Jetté, Irenée, comp. Mariages du comté de Laprairie, 1751-1972 . . .

SAINTE-CATHERINE, QUÉ. (COMTÉ DE PORTNEUF), PAROISSE (CATH.)

Pontbriand, Benoit, comp. Mariages de Ste-Catherine (1822-1900), comté de Portneuf . . .

Pontbriand, Benoit, comp. Mariages du comté de Portneuf (1881-1950) . . .

SAINTE-CÉCILE, QUÉ. (COMTÉ DE FRONTENAC), PAROISSE (CATH.)

Société généalogique des Cantons de l'Est. Répertoire des mariages du comté de Frontenac (moitié sud-ouest du diocèse de Sherbrooke) . . . (10 paroisses du début à 1950 incl.) . . .

SAINTE-CÉCILE-DE-MASHAM, QUÉ. (COMTÉ DE GATINEAU), PAROISSE (CATH.)

Provencher, Gérard E. Corrections aux répertoires. . .
  Dans: L'Ancêtre 2: (2) 86 oct. '75.

Provencher, Gérard E., comp. Répertoire des mariages de Sainte-Cécile-de-Masham (comté de Gatineau) . . .

Rivest, Lucien, c.s.v., comp. Mariages du comté de Gatineau (du début des paroisses à 1964 incl.) . . .

SAINTE-CHRISTINE, QUÉ. (COMTÉ DE BAGOT), PAROISSE (CATH.)

Pontbriand, Benoit et René Jetté, comp. Mariages de St-Hugues (1827-1948), St-Théodore (1842-1968), Ste-Hélène (1854-1968), Upton (St-Ephrem) (1856-1968); Acton Vale (1859-1968), Ste-Christine (1886-1968), St-Nazaire (1890-1968), comté de Bagot . . .

SAINTE-CHRISTINE, QUÉ. (COMTÉ DE PORTNEUF), PAROISSE (CATH.)

Pontbriand, Benoit, comp. Mariages du comté de Portneuf (1881-1950) . . .

SAINTE-CROIX, QUÉ. (COMTÉ DE LOTBINIÈRE), PAROISSE (CATH.)

Pontbriand, Benoit, comp. Mariages de Ste-Croix (1727-1965) . . .

Sainte-Croix-de-Lotbinière, Qué., paroisse (cath.) Registres de baptêmes, mariages et sépultures, 1755-1780.
  Mss. Microfilm. 1 bobine.
  Archives acadiennes, Moncton, N.-B.

SAINTE-DOROTHÉE, QUÉ., PAROISSE (CATH.)

Bergeron, Roger et Jean Bergeron, comp. Répertoire des mariages des paroisses de Sainte-Dorothée (1869-1970) . . .

SAINTE-EDWIDGE, QUÉ., PAROISSE (CATH.)

Société généalogique des Cantons de l'Est. Répertoire des mariages du comté de Compton dans les Cantons de l'Est . . . (19 paroisses du début à 1950 incl.) . . .

SAINTE-ÉLISABETH, QUÉ., PAROISSE (CATH.)

Rivest, Lucien, c.s.v., comp. Mariages du comté de Joliette (du début des paroisses à 1960 incl.) . . .

SAINTE-ÉMMÉLIE, QUÉ. (COMTÉ DE JOLIETTE), PAROISSE (CATH.)

Rivest, Lucien, c.s.v., comp. Mariages du comté de Joliette (du début des paroisses à 1960 incl.) . . .

SAINTE-ÉMMÉLIE, QUÉ. (COMTÉ DE LOTBINIÈRE) PAROISSE (CATH.)

Hébert, Georges, Éloi-Gérard Talbot, s.m. et Benoit Pontbriand, comp. Mariages de Ste-Émmélie, 1864-1967, St-Édouard, 1863-1967, et Notre-Dame d'Issoudun, 1903-1967, comté de Lotbinière . . .

SAINTE-EUPHÉMIE, QUÉ., PAROISSE (CATH.)

Goulet, Napoléon, comp. Nécrologe de St-Paul, 1868-1974, Notre-Dame-du-Rosaire, 1889-1974, Ste-Euphémie, 1907-1974, comté de Montmagny . . .

Proulx, Armand, ptre, comp. Répertoire des mariages de Notre-Dame-du-Rosaire, 1889-1971, de Sainte-Euphémie, 1907-1971, comté de Montmagny . . .

SAINTE-FAMILLE D'AUMOND, QUÉ., PAROISSE (CATH.)

Rivest, Lucien, c.s.v., comp. Mariages du comté de Gatineau (du début des paroisses à 1964 incl.) . . .

SAINTE-FÉLICITÉ, QUÉ., PAROISSE (CATH.)

Proulx, Armand, ptre, comp. Répertoire des mariages de Sainte-Perpétue (1869-1972), de Sainte-Félicité, 1945-1971, comté de l'Islet . . .

SAINTE-FOY, QUÉ. NOTRE-DAME-DE-FOY, PAROISSE (CATH.)

Bureau, René, Benoit Pontbriand et G. Robert Tessier, comp. Répertoire des mariages de Notre-Dame-de-Foy (1699); St-Colomb de Sillery (1855); St. Michael's Chapel (1860); St-Félix de Cap-Rouge (1862); St-Charles-Garnier (1944) . . .

Bureau, René et Robert-G. Tessier, comp. Répertoire des mariages de Notre-Dame-de-Foy, 1699-1900 . . .

Sainte-Foy, Qué. Notre-Dame-de-Foy, paroisse (cath.) Registres de baptêmes, mariages et sépultures, 1755-1780.
  Mss. Microfilm. 1 bobine.
  Archives acadiennes, Moncton, N.-B.

SAINTE-FOY, QUÉ. SAINT-VINCENT, PAROISSE (CATH.)

Ross, J. Eddy, comp. Mariages de la paroisse St-Vincent, Ste-Foy, Qué., 1964-1970 . . .

SAINTE-FRANÇOISE-ROMAINE, QUÉ., PAROISSE (CATH.)

Pontbriand, Benoit, comp. Mariages du comté de Lotbinière . . .

SAINTE-GENEVIÈVE, QUÉ., PAROISSE (CATH.)

Sainte-Geneviève, Qué., paroisse (cath.) Registres de baptêmes, mariages et sépultures, 1760-1780.
  Mss. Microfilm. 1 bobine.
  Archives acadiennes, Moncton, N.-B.

SAINTE-GENEVIÈVE DE BATISCAN, QUÉ., PAROISSE (CATH.)

Campagna, Dominique, s.c., comp. Répertoire des mariages de Sainte-Geneviève de Batiscan, comté de Champlain, 1727-1900 . . .

Sainte-Geneviève-de-Batiscan, Qué., paroisse (cath.) Registres de baptêmes, mariages et sépultures, 1760-1780.
  Mss. Microfilm. 1 bobine.
  Archives acadiennes, Moncton, N.-B.

SAINTE-GENEVIÈVE DE PIERREFONDS, QUÉ., PAROISSE (CATH.)

Gauthier, Rosario, Maurice Legault et Pierre Vaillancourt, comp. Mariages de la paroisse Sainte-Geneviève de Pierrefonds, 1741-1972 . . .

SAINTE-GERTRUDE, QUÉ., PAROISSE (CATH.)

Campagna, Dominique, s.c., comp. Répertoire des mariages de Sainte-Gertrude, comté de Nicolet, 1849-1920 . . .

SAINTE-HÉLÈNE, QUÉ. (COMTÉ DE BAGOT), PAROISSE (CATH.)

Pontbriand, Benoit et René Jetté, comp. Mariages de St-Hugues (1827-1948), St-Théodore (1842-1968), Ste-Hélène (1854-1968), Upton (St-Ephrem) (1856-1968), Acton Vale (1859-1968), Ste-Christine (1886-1968), St-Nazaire (1890-1968), comté de Bagot . . .

SAINTE-HÉLÈNE, QUÉ. (COMTÉ DE KAMOURASKA), PAROISSE (CATH.)

Proulx, Armand, ptre, comp. Répertoire des mariages de Sainte-Hélène, 1850-1969; de Saint-Joseph, 1922-1969; de St-Germain, 1893-1969
. . .

SAINTE-HÉLÈNE-DE-CHESTER, QUÉ., PAROISSE (CATH.)

Société généalogique des Cantons de l'Est. Répertoire des mariages du comté d'Arthabaska
. . .

Vols. 1-2: 1840-1925; supplément: 1926-1970 incl.

SAINTE-JEANNE D'ARC, QUÉ. (COMTÉ DE DRUMMOND), PAROISSE (CATH.)

Laliberté, Jean-Marie et Benoit Pontbriand, comp. Mariages de la région de Drummondville (1850-1967) . . .

SAINTE-JEANNE D'ARC, QUÉ. (COMTÉ DE LÉVIS), PAROISSE (CATH.)

Gingras, Raymond, comp. Mariages de Sainte-Jeanne-d'Arc, comté de Lévis, 1927-1962 . . .

SAINTE-JEANNE-DE-CHANTAL, QUÉ., PAROISSE (CATH.)

Legault, Maurice, comp. Répertoire des mariages de l'Île-Perrot, comprenant Ste-Jeanne-de-Chantal (1786-1970) . . .

SAINTE-JULIE, QUÉ., PAROISSE (CATH.)

Jetté, Irenée, comp. Mariages de Saint-Bruno de Montarville (1843-1967), et St-Basile (1870-1967) . . . Ste-Julie (1852-1967) . . .

SAINTE-JULIENNE, QUÉ., PAROISSE (CATH.)

Rivest, Lucien, c.s.v., comp. Mariages du comté de Montcalm (du début des paroisses à 1960 incl.) . . .

SAINTE-LOUISE-DE-L'ISLET, QUÉ., PAROISSE (CATH.)

Proulx, Armand, ptre, comp. Répertoire des mariages de Sainte-Louise de l'Islet, 1849-1971
. . .

SAINTE-LUCIE, QUÉ., PAROISSE (CATH.)

Rivest, Lucien, c.s.v., comp. Mariages du comté de Terrebonne (du début des paroisses à 1960 incl.) . . .

SAINTE-LUCIE-DE-BEAUREGARD, QUÉ., PAROISSE (CATH.)

Proulx, Armand, ptre, comp. Répertoire des mariages de Saint-Just-de-Bretenière, 1916-1971, de Sainte-Lucie-de-Beauregard, 1916-1971, comté de Montmagny; du Lac Frontière, 1921-1971; de St-Fabien-de-Panet 1904-1971 . . .

SAINTE-MADELEINE, QUÉ., PAROISSE (CATH.)

Jetté, René et Benoit Pontbriand, comp. Mariages de St-Damase (1823-1967), Ste-Madeleine (1876-1967), comté de St-Hyacinthe; St-Pie-de-Bagot (1830-1967), comté de Bagot
. . .

SAINTE-MARCELLE, QUÉ., PAROISSE (CATH.)

Rivest, Lucien, c.s.v., comp. Mariages du comté de Terrebonne (du début des paroisses à 1960 incl.) . . .

SAINTE-MARCELLINE, QUÉ., PAROISSE (CATH.)

Rivest, Lucien, c.s.v., comp. Mariages du comté de Joliette (du début des paroisses à 1960 incl.) . . .

SAINTE-MARGUERITE, QUÉ., PAROISSE (CATH.)

Rivest, Lucien, c.s.v., comp. Mariages du comté de Terrebonne (du début des paroisses à 1960 incl.) . . .

SAINTE-MARIE-DE-KENT, N.-B. NOTRE-DAME-DU-MONT-CARMEL, PAROISSE (CATH.)

Sainte-Marie-de-Kent, N.-B. Notre-Dame-du-Mont-Carmel, paroisse (cath.) Registres de la paroisse, 1869-1890.
Mss. Reproductions photographiques.
1 pouce.
Archives acadiennes, Moncton, N.-B.

SAINTE-MARIE-MADELEINE, QUÉ. (COMTÉ DE CHAMPLAIN), PAROISSE (CATH.)

Campagna, Dominique, s.c., comp. Répertoire des mariages de la paroisse Sainte-Marie-Madeleine (Cap-de-la-Madeleine), comté de Champlain, 1673-1920 . . .

Roberge, Claude, comp. Répertoire des mariages de Sainte-Marie-Madeleine (Cap-de-la-Madeleine), 1673-1971 . . .

SAINTE-MARIE-SALOMÉE, QUÉ., PAROISSE (CATH.)

Rivest, Lucien, c.s.v., comp. Mariages du comté de Montcalm (du début des paroisses à 1960 incl.) . . .

SAINTE-MARTHE, QUÉ., PAROISSE (CATH.)

Sainte-Marthe, Qué., paroisse (cath.) Registres de baptêmes, mariages et sépultures, 1844-1849. Mss. Originaux. 3 pouces.
Archives nationales du Québec, Montréal, Qué.

SAINTE-MARTHE-SUR-LE-LAC, QUÉ. SAINTE-MARTHE, PAROISSE (CATH.)

Rivest, Lucien, c.s.v., et Rosario Gauthier, comp. Mariages du comté des Deux-Montagnes du début des paroisses à 1960 incl. . . .

SAINTE-MARTINE, QUÉ., PAROISSE (CATH.)

Boulianne, Henriette (Laberge), comp. Répertoire des mariages de la paroisse Sainte-Martine, Co. Châteauguay, 1823-1972 . . .

SAINTE-MONIQUE, QUÉ. (COMTÉ DES DEUX-MONTAGNES), PAROISSE (CATH.) *voir:* MIRABEL, QUÉ. SAINTE-MONIQUE, PAROISSE (CATH.)

SAINTE-MONIQUE, QUÉ. (COMTÉ DE NICOLET), PAROISSE (CATH.)

Campagna, Dominique, s.c., comp. Répertoire des mariages de Sainte-Monique de Nicolet, 1844-1965 . . .

SAINTE-PAULE, QUÉ., PAROISSE (CATH.)

Rivest, Lucien, c.s.v., comp. Mariages du comté de Terrebonne (du début des paroisses à 1960 incl.)

SAINTE-PERPÉTUE, QUÉ., PAROISSE (CATH.)

Proulx, Armand, ptre, comp. Répertoire des mariages de Sainte-Perpétue, 1869-1972 . . .

SAINTE-ROSALIE, QUÉ., PAROISSE (CATH.)

Pontbriand, Benoit et René Jetté, comp. Mariages du comté de Bagot (1833-1968) . . .

SAINTE-ROSE (ÎLE-JÉSUS), QUÉ., PAROISSE (CATH.)

Bergeron, Roger et Jean Bergeron, comp. Répertoire des mariages de la paroisse de Sainte-Rose-sur-l'Île-Jésus . . .

SAINTE-ROSE-DE-LIMA, QUÉ., PAROISSE (CATH.)

Jean, Georges L., comp. Répertoire des mariages de Sainte-Rose-de-Lima, comté de Papineau, 1890-1963 . . .

Sainte-Rose-de-Lima, Qué., paroisse (cath.) Registres de baptêmes, mariages et sépultures, 1745-1848.
Mss. Originaux. 3 pieds.
Archives nationales du Québec, Montréal, Qué.

SAINTE-ROSE-DE-LIMA-DE-BRUSSY, QUÉ. SAINTE-ROSE-DE-LIMA, PAROISSE (CATH.)

Legault, Maurice, comp. Répertoire des mariages de l'Île Perrot. . .

SAINTE-SABINE, QUÉ. (COMTÉ DE BELLECHASSE), PAROISSE (CATH.)

St-Pierre, Rosaire et Napoléon Goulet, comp. Mariages et nécrologe: St-Camille, 1902-1975, et Ste-Sabine, comté de Bellechasse, 1906-1975 . . .

SAINTE-SABINE, QUÉ. (COMTÉ DE MISSISQUOI), PAROISSE (CATH.)

Jetté, René, comp. Mariages du comté de Missisquoi: 1846-1968 . . .

SAINTE-SCHOLASTIQUE, QUÉ. PAROISSE (CATH.) *voir:* MIRABEL, QUÉ., SAINTE-SCHOLASTIQUE, PAROISSE (CATH.)

SAINTE-SCHOLASTIQUE-DE-HORTON, QUÉ., PAROISSE (CATH.)

Société généalogique des Cantons de l'Est. Répertoire des mariages du comté d'Arthabaska . . .
Vols. 1-2: 1840-1925; supplément: 1926-1970 incl.

SAINTE-SÉRAPHINE, QUÉ., PAROISSE (CATH.)

Société généalogique des Cantons de l'Est. Répertoire des mariages du comté d'Arthabaska . . .
Vol. 1-2: 1840-1925; supplément: 1926-1970 incl.

SAINTE-SOPHIE, QUÉ. (COMTÉ MÉGANTIC), PAROISSE (CATH.)

Lapointe, J.A., comp. Mariages (Mégantic): Inverness, fondation à 1900; Ste-Anastasie (Lyster), fondation à 1900; Ste-Sophie, fondation à 1900; St-Adrien d'Irlande, depuis ses débuts à 1900 . . .
Mss.
Archives nationales du Québec, Québec, Qué.

SAINTE-SOPHIE, QUÉ. (COMTÉ DE TERREBONNE), PAROISSE (CATH.)

Rivest, Lucien, c.s.v., comp. Mariages du comté de Terrebonne (du début des paroisses à 1960 incl.) . . .

SAINTE-THÈCLE, QUÉ., PAROISSE (CATH.)

Béland, Nicole V., Daniel Veillette et autres. Répertoire des mariages de Sainte-Thècle, 1880 à 1973 . . .

Leblanc, Geneviève et M. Ange B. Plamondon, comp. Obituaire: Lac-aux-Chicots, Sainte-Thècle, 1870-1975 . . .

SAINTE-THÉODOSIE, QUÉ., PAROISSE (CATH.)

Jetté, Irenée, comp. Mariages de St-Bruno de Montarville (1843-1967) et St-Basile (1870-1967), comté de Chambly; Ste-Julie (1852-1967), St-Amable (1913-1967) et Ste-Théodosie (1880-1968), comté de Verchères . . .

SAINTE-THÉRÈSE, QUÉ. IMMACULÉE-DE-MARIE, PAROISSE (CATH.)

Rivest, Lucien, c.s.v., comp. Mariages du comté de Terrebonne (du début des paroisses à 1960 incl.) . . .

SAINTE-THÉRÈSE, QUÉ. NOTRE-DAME-DE-L'ASSOMPTION, PAROISSE (CATH.)

Rivest, Lucien, c.s.v., comp. Mariages du comté de Terrebonne (du début des paroisses à 1960 incl.) . . .

SAINTE-THÉRÈSE, QUÉ. SACRÉ-COEUR, PAROISSE (CATH.)

Gauthier, Rosario et José C. Limoges, comp. Mariages de Sainte-Thérèse de Blainville, 1789-1975 . . .

Rivest, Lucien, c.s.v., comp. Mariages du comté de Terrebonne (du début des paroisses à 1960 incl.) . . .

SAINTE-THÉRÈSE DE BLAINVILLE, QUÉ. voir: SAINTE-THÉRÈSE, QUÉ.

SAINTE-URSULE, QUÉ. (COMTÉ DE MASKINONGÉ), PAROISSE (CATH.)

Légaré, Jules, comp. Répertoire des mariages de Sainte-Ursule, Cté de Maskinongé, 1842-1971 . . .

SAINTE-VÉRONIQUE, QUÉ., PAROISSE (CATH.)

Rivest, Lucien, c.s.v., comp. Mariages du comté de Labelle (du début des paroisses à 1960 incl.) . . .

SAINTE-VICTOIRE, QUÉ., PAROISSE (CATH.)

Cournoyer, Georges Henri, ptre, comp. Relevé des actes de catholicité (baptêmes, mariages et sépultures), paroisse de Sainte-Victoire, comté de Richelieu, 1843-1897 . . .

Cournoyer, Georges Henri, ptre, comp. Relevé des actes de catholicité (baptêmes, mariages et sépultures), paroisse de Sainte-Victoire, comté de Richelieu, 1897-1973 . . .

Laliberté, Jean-Marie et Antonio Mongeau, comp. Mariages de St-Aimé (1836-1966), Ste-Victoire de Sorel (1843-1966), St-Robert (1855-1966), St-Marcel (1855-1966) et St-Louis de Bonsecours (1876-1966), comté de Richelieu . . .

SAINTS-MARTYRS-CANADIENS, QUÉ., PAROISSE (CATH.)

Société généalogique des Cantons de l'Est. Répertoire des mariages catholiques du comté de Wolfe . . . (19 paroisses plus une mission du début à 1950 incl.) . . .

SAINTSBURY, ONT. SAINT PATRICK'S ANGLICAN CHURCH.

Kirkton Parish, Ont. Anglican Church. Anglican Church parish registers recording baptisms, marriages and burials, 1862-1971, in the Anglican churches of St. Paul's Kirkton, Trinity Church, Prospect Hill, St. Patrick's in Saintsbury and St. Thomas in Grafton, Ont.
    Mss. Photocopies. 276 p. Microfilm. 1 reel. Public Archives of Canada, Ottawa, Ont.

SALABERRY, QUÉ. PAROISSES (CATH.)

Charette, Jean-Benoit, comp. Répertoire des mariages de Valleyfield (Salaberry), 1855-1970, des dix paroisses de Salaberry de Valleyfield . . .

SANDWICH, ONT. ASSUMPTION CHURCH.

Cleary, Francis, comp. Baptisms (1761-1786), marriages (1782-1786) and deaths (1768-1786) recorded in the parish registers of Assumption, Sandwich.
    In: Ontario Hist. Soc. Papers and records. 7:31-97 '06.

SANDWICH, ONT. REGISTERS.

Kilroy, Margaret Claire. In the footsteps of the habitant on the south shore of the Detroit River.
    In: Ontario Hist. Soc. Papers and records. 7: 26-30 '06.

SANDWICH, ONT. SAINT JOHN'S ANGLICAN CHURCH.

Sandwich, Upper Canada. Saint John's (Anglican) Church. Parish register, 1802-1827.
Mss. Photocopies. 2 inches.
Public Archives of Canada, Ottawa, Ont.

Sandwich (Windsor), Canada West. St. John's Anglican Church. . . . Register of marriages, christenings, burials, 1802-1827 . . .
Mss. Transcripts. 33 p.
Hiram Walker Historical Museum, Windsor, Ont.

SARNIA, ONT. PARKER STREET UNITED CHURCH.

Methodist Church, London Conference, Ont.
Registers of births, baptisms, marriages and deaths. . .

SASKATOON, SASK. (DIOCESE). ANGLICAN CHURCH OF CANADA.

Anglican Church of Canada, Diocese of Saskatoon . . . Parochial registers of baptisms, confirmations, marriages, burials . . .
Mss. Original.
Saskatchewan Archives Offices, Saskatoon, Sask.

SAULT-AU-RÉCOLLET, QUÉ. LA VISITATION, PAROISSE (CATH.)

Bergeron, Roger et Jean Bergeron, comp. Répertoire des mariages de la paroisse de La Visitation du Sault-au-Récollet, 1736-1970 . . .

Sault-au-Récollet, Qué. La Visitation, paroisse (cath.) Registres de baptêmes, mariages et sépultures, 1736-1848.
Mss. Originaux. 3 pieds.
Archives nationales du Québec, Montréal, Qué.

Sault-au-Récollet, Qué. La Visitation, paroisse (cath.) Registres de baptêmes, mariages et sépultures, 1736-1850.
Mss. Copie. 1 pied 4 pouces.
Archives publiques du Canada, Ottawa, Ont.

Sault-au-Récollet, Qué. La Visitation, paroisse (cath.) Registres de baptêmes, mariages et sépultures, 1760-1780.
Mss. Microfilm. 1 bobine.
Archives acadiennes, Moncton, N.-B.

SAULT SAINT-LOUIS, QUÉ. MISSIONS.

Châteauguay, Qué., paroisse (cath.) Registres des baptêmes, mariages et sépultures de la paroisse de St-Joachim (mission du Sault Saint-Louis), 1727-1849. Index des baptêmes, mariages et sépultures de Châteauguay, 1751-1762.
Mss. Copie. 1 pied 9 pouces.
Archives publiques du Canada, Ottawa, Ont.

SAWYERVILLE, QUÉ. NOTRE-DAME-DU-SAINT-ROSAIRE, PAROISSE (CATH.)

Société généalogique des Cantons de l'Est. Répertoire des mariages du comté de Compton dans les Cantons de l'Est . . . (19 paroisses du début à 1950 incl.) . . .

SCOTSTOWN, QUÉ. SAINT-PAUL, PAROISSE (CATH.)

Société généalogique des Cantons de l'Est. Répertoire des mariages du comté de Compton dans les Cantons de l'Est . . . (19 paroisses du début à 1950 incl.) . . .

SCOUDOUC, N.-B. SAINT-JACQUES, PAROISSE (CATH.)

Scoudouc, N.-B. Saint-Jacques, paroisse (cath.) Registres des baptêmes, 1850-1870; mariages, 1852-1870; et sépultures, 1855-1870.
Mss. Copie. 1 pouce.
Archives publiques du Canada, Ottawa, Ont.

Scoudouc, N.-B. Saint-Jacques, paroisse (cath.) Registres de la paroisse, 1850-1914.
Mss. Reproductions photographiques. 2 pouces.
Archives acadiennes, Moncton, N.-B.

SEAL COVE, N.B. UNITED BAPTIST CHURCH.

Grand Manan, N.B. Grand Harbour and Seal Cove United Baptist Church. Baptisms, marriages and burials, Grand Harbour, N.B., 1953-1970; baptisms, marriages and burials, Seal Cove, N.B., 1953-1970 . . .
Mss. Microfilm.
Provincial Archives of New Brunswick, Fredericton, N.B.

SHAWVILLE, QUE. UNITED CHURCH.

Shawville, Que. United Church. Parish registers of the Baptist, Presbyterian and Methodist predecessors of Shawville United Church, in Litchfield, Clarendon and Portage-du-Fort . . .
Mss. Microfilm. 2 reels.
Public Archives of Canada, Ottawa, Ont.

SHEDIAC, N.B. SAINT ANDREW'S ANGLICAN CHURCH.

Shediac, N.B. Saint Martin-in-the-Woods and Saint Andrew's Anglican Church. Baptisms, 1825-1944; marriages, 1825-1874; burials, 1830-1898 . . .
Mss. Microfilm.
Provincial Archives of New Brunswick, Fredericton, N.B.

SHEDIAC, N.-B. SAINT-JOSEPH, PAROISSE (CATH.)

Shediac, N.-B. Saint-Joseph, paroisse (cath.)
Registres de la paroisse, 1863-1908.
> Mss. Reproductions photographiques.
> 3 pouces.
> Archives acadiennes, Moncton, N.-B.

SHEDIAC, N.B. SAINT MARTIN'S ANGLICAN CHURCH.

Shediac, N.B. St. Martin's Anglican Church.
. . . Parish registers, 1822-1835 . . .
> Mss. Photocopies.
> Public Archives of Canada, Ottawa, Ont.

SHEDIAC, N.B. SAINT MARTIN-IN-THE-WOODS, ANGLICAN CHURCH.

Shediac, N.B. St. Martin-in-the-Woods and St. Andrew's Anglican Church. Baptisms, 1825-1944; marriages, 1825-1874; burials, 1830-1898 . . .
> Mss. Microfilm.
> Provincial Archives of New Brunswick, Fredericton, N.B.

SHEFFIELD, N.B REGISTERS.

Burpee, David, N.B. Sheffield Town record book: marriages, births and deaths . . . 1766-1835.
> Mss. Original.
> New Brunswick Museum, Saint John, N.B.

Sheffield, N.B. Record of births, marriages and deaths in Sheffield, N.B., 1750-1894.
> Mss. Transcripts. 34 p.
> Public Archives of Canada, Ottawa, Ont.

SHEFFORD, QUÉ. (COMTÉ). PAROISSE (CATH.)

Jetté, René et Benoit Pontbriand, comp.
Mariages du comté de Shefford (1846-1968)
. . .

SHELBURNE, N.S. CHRIST ANGLICAN CHURCH.

Shelburne, N.S. Christ Church (Anglican). . . .
Parish register, 1783-1869 . . .
> Mss. Transcripts and microfilm.
> Public Archives of Canada, Ottawa, Ont.

SHEMOGUE, N.-B. SAINT-THIMOTHÉE-DE-SHEMOGUE, PAROISSE (CATH.)

Shemogue, N.-B. Saint-Thimothée-de-Shemogue, paroisse (cath.) Registres des baptêmes, 1813-1899; mariages 1818-1899; sépultures, 1813-1899.
> Mss. Copie. 4 pouces.
> Archives publiques du Canada, Ottawa, Ont.

SHERBROOKE, QUÉ. (COMTÉ). PAROISSES (CATH.)

Société généalogique des Cantons de l'Est.
Répertoire des mariages catholiques du comté de Sherbrooke du début à 1970 incl. . . .

SHERBROOKE, QUÉ. CAMP MILITAIRE (CHAPELLE).

Société généalogique des Cantons de l'Est.
Répertoire des mariages catholiques du comté de Sherbrooke du début à 1970 incl. . . .

SHERBROOKE, QUÉ., CHRIST-ROI, PAROISSE (CATH.)

Société généalogique des Cantons de l'Est.
Répertoire des mariages catholiques du comté de Sherbrooke du début à 1970 incl. . . .

SHERBROOKE, QUÉ. COEUR-IMMACULÉ-DE-MARIE, PAROISSE (CATH.)

Société généalogique des Cantons de l'Est.
Répertoire des mariages catholiques du comté de Sherbrooke du début à 1970 incl. . . .

SHERBROOKE, QUÉ. IMMACULÉE-CONCEPTION DE LA BIENHEUREUSE-VIERGE-MARIE, PAROISSE (CATH.)

Société généalogique des Cantons de l'Est.
Répertoire des mariages catholiques du comté de Sherbrooke du début à 1970 incl. . . .

SHERBROOKE, QUÉ. MARIE-MÉDIATRICE, PAROISSE (CATH.)

Société généalogique des Cantons de l'Est.
Répertoire des mariages catholiques du comté de Sherbrooke du début à 1970 incl. . . .

SHERBROOKE, QUÉ. MARIE-REINE-DU-MONDE, PAROISSE (CATH.)

Société généalogique des Cantons de l'Est.
Répertoire des mariages catholiques du comté de Sherbrooke du début à 1970 incl. . . .

SHERBROOKE, QUÉ. NOTRE-DAME-DE-LA-PROTECTION, PAROISSE (CATH.)

Société généalogique des Cantons de l'Est.
Répertoire des mariages catholiques du comté de Sherbrooke du début à 1970 incl. . . .

SHERBROOKE, QUÉ. NOTRE-DAME-DE-L'ASSOMPTION, PAROISSE (CATH.)

Société généalogique des Cantons de l'Est.
Répertoire des mariages catholiques du comté de Sherbrooke du début à 1970 incl. . . .

SHERBROOKE, QUÉ. NOTRE-DAME-DU-PERPÉTUEL-SECOURS, PAROISSE (CATH.)

Société généalogique des Cantons de l'Est. Répertoire des mariages catholiques du comté de Sherbrooke du début à 1970 incl. . . .

SHERBROOKE, QUÉ. NOTRE-DAME-DU-TRÈS-SAINT-ROSAIRE, PAROISSE (CATH.)

Société généalogique des Cantons de l'Est. Répertoire des mariages catholiques du comté de Sherbrooke du début à 1970 incl. . . .

SHERBROOKE, QUÉ. SAINT-BONIFACE, PAROISSE (CATH.)

Société généalogique des Cantons de l'Est. Répertoire des mariages catholiques du comté de Sherbrooke du début à 1970 incl. . . .

SHERBROOKE, QUÉ. SAINT-CHARLES-GARNIER, PAROISSE (CATH.)

Société généalogique des Cantons de l'Est. Répertoire des mariages catholiques du comté de Sherbrooke du début à 1970 incl. . . .

SHERBROOKE, QUÉ. SAINT-COLOMBAN, PAROISSE (CATH.)

Société généalogique des Cantons de l'Est. Répertoire des mariages catholiques du comté de Sherbrooke du début à 1970 incl. . . .

SHERBROOKE, QUÉ. SAINT-ESPRIT, PAROISSE (CATH.)

Société généalogique des Cantons de l'Est. Répertoire des mariages catholiques du comté de Sherbrooke du début à 1970 incl. . . .

SHERBROOKE, QUÉ. SAINT-JEAN-BAPTISTE, PAROISSE (CATH.)

Société généalogique des Cantons de l'Est. Répertoire des mariages catholiques du comté de Sherbrooke du début à 1970 incl. . . .

SHERBROOKE, QUÉ. SAINT-JEAN-DE-BRÉBEUF, PAROISSE (CATH.)

Lambert, Raymond, comp. Paroisse Saint-Jean-de-Brébeuf de Sherbrooke, 1946-1967. . .

Société généalogique des Cantons de l'Est. Répertoire des mariages catholiques du comté de Sherbrooke du début à 1970 incl. . . .

SHERBROOKE, QUÉ. SAINT-JOSEPH, PAROISSE (CATH.)

Société généalogique des Cantons de l'Est. Répertoire des mariages catholiques du comté de Sherbrooke du début à 1970 incl. . . .

SHERBROOKE, QUÉ. SAINT-MICHEL, CATHÉDRALE (CATH.)

Paré, Eugène, Jean-Marie Laliberté et Benoit Pontbriand, comp. Mariages de Sherbrooke, cathédrale St-Michel (1834-1950) . . .

Société généalogique des Cantons de l'Est. Répertoire des mariages du comté de Sherbrooke du début à 1970 incl. . . .

SHERBROOKE, QUÉ. SAINT-PATRICK, PAROISSE (CATH.)

Société généalogique des Cantons de l'Est. Répertoire des mariages catholiques du comté de Sherbrooke du début à 1970 incl. . . .

SHERBROOKE, QUÉ. SAINTE-FAMILLE, PAROISSE (CATH.)

Société généalogique des Cantons de l'Est. Répertoire des mariages catholiques du comté de Sherbrooke du début à 1970 incl. . . .

SHERBROOKE, QUÉ. SAINTE-JEANNE-D'ARC, PAROISSE (CATH.)

Société généalogique des Cantons de l'Est. Répertoire des mariages catholiques du comté de Sherbrooke du début à 1970 incl. . . .

SHERBROOKE, QUÉ. SAINTE-THÉRÈSE-D'AVILA, PAROISSE (CATH.)

Société généalogique des Cantons de l'Est. Répertoire des mariages catholiques du comté de Sherbrooke du début à 1970 incl. . . .

SHERBROOKE, QUÉ. TRÈS-SAINT-SACREMENT, PAROISSE (CATH.)

Société généalogique des Cantons de l'Est. Répertoire des mariages catholiques du comté de Sherbrooke du début à 1970 incl. . . .

SHERBROOKE, QUÉ. UNIVERSITÉ. CHAPELLE.

Société généalogique des Cantons de l'Est. Répertoire des mariages catholiques du comté de Sherbrooke du début à 1970 incl. . . .

SHERRINGTON, QUÉ. SAINT-PATRICE, PAROISSE (CATH.)

Pontbriand, Benoit, comp. Mariages du comté de Napierville . . .

SHIPPEGAN, N.-B. SAINT-JÉRÔME, PAROISSE (CATH.)

Shippegan, N.-B. Saint-Jérôme, paroisse (cath.) Registre de la paroisse, 1824-1920.
    Mss. Reproductions photographiques.
    1 pouce. Microfilm. 1 bobine.
    Archives acadiennes, Moncton, N.-B.

Société historique de St-Denys. Index des mariages de Shippégan, 1824-1920 . . .

SHUBENACADIE, N.S. REGISTERS.

Blackwood, Robert, N.S. Marriages performed by Rev. M. Blackwood, 1833-1834, at Coldstream and Shubenacadie, N.W.
Mss. Original. 1/2 inch.
Public Archives of Nova Scotia, Halifax, N.S.

SILLERY, QUÉ. SAINT-CHARLES-GARNIER, PAROISSE (CATH.)

Bureau, René, Benoit Pontbriand et Robert G. Tessier, comp. Mariages de Notre-Dame-de-Foy (1699-1950); St-Colomb de Sillery (1855-1950); St. Michael's Chapel (1860-1950); St-Félix de Cap-Rouge (1862-1950); St-Charles-Garnier (1944-1950) . . .

SILLERY, QUÉ. SAINT-COLOMBAN, PAROISSE (CATH.)

Bureau, René, Benoit Pontbriand et G. Robert Tessier, comp. Mariages de Notre-Dame-de-Foy (1699-1950); St-Colomb de Sillery (1855-1950); St. Michael's Chapel (1860-1950); St-Félix de Cap-Rouge (1862-1950); St-Charles-Garnier (1944-1950) . . .

SILLERY, QUÉ. SAINT MICHAEL'S CATHOLIC CHAPEL.

Bureau, René, Benoit Pontbriand et G. Robert Tessier, comp. Mariages de Notre-Dame-de-Foy (1699-1950); St-Colomb de Sillery (1855-1950); St. Michael's Chapel (1860-1950); St-Félix de Cap-Rouge (1862-1950); St-Charles-Garnier (1944-1950) . . .

SOREL, QUE. CHRIST ANGLICAN CHURCH.

Sorel, Que. Christ Anglican Church. Photocopies of parish registers, 1784-1796.
Mss. Photocopies. 25 p.
Public Archives of Canada, Ottawa, Ont.

SOREL, QUÉ. CHRIST CHURCH (CATH.)

Cournoyer, Georges Henri, ptre, comp. Relevé des actes de catholicité (baptêmes, mariages et sépultures) de la paroisse de Christ Church, Sorel, comté de Richelieu, 1784-1973 . . .

Mongeau, Antonio et Jean-Marie Laliberté, comp. Mariages de Saint-Joseph de Sorel (1875-1965), Ste-Anne de Sorel (1876-1965), Notre-Dame-du-Perpétuel-Secours de Sorel (1911-1965) et Christ Church de Sorel (1784-1965), comté de Richelieu . . .

SOREL, QUÉ. NOTRE-DAME, PAROISSE (CATH.)

Cournoyer, Georges Henri, ptre, comp. Relevé des actes de catholicité (baptêmes, mariages et sépultures) de la paroisse de Notre-Dame de Sorel, comté de Richelieu, 1911-1939 . . .

Cournoyer, Georges Henri, ptre, comp. Relevé des actes de catholicité (baptêmes, mariages et sépultures) de la paroisse de Notre-Dame de Sorel, comté de Richelieu, 1940-1973 . . .

SOREL, QUÉ. NOTRE-DAME-DU-PERPÉTUEL-SECOURS, PAROISSE (CATH.)

Mongeau, Antonio et Jean-Marie Laliberté, comp. Mariages de St-Joseph de Sorel (1875-1965), Ste-Anne de Sorel (1876-1965), Notre-Dame-du-Perpétuel-Secours de Sorel (1911-1965) et Christ Church de Sorel (1784-1965), comté de Richelieu . . .

SOREL, QUÉ. SAINT-JOSEPH, PAROISSE (CATH.)

Cournoyer, Georges Henri, ptre, comp. Relevé des actes de catholicité (baptêmes, mariages et sépultures) de la paroisse de Saint-Joseph de Sorel, comté de Richelieu, 1881-1941 . . .

Cournoyer, Georges Henri, ptre, comp. Relevé des actes de catholicité (baptêmes, mariages et sépultures) de la paroisse de Saint-Joseph de Sorel, comté de Richelieu, 1942-1973 . . .

Mongeau, Antonio et Jean-Marie Laliberté, comp. Mariages de St-Joseph de Sorel, 1875-1965 . . .

SOREL, QUÉ. SAINT-MAXIME, PAROISSE (CATH.)

Cournoyer, Georges Henri, ptre, comp. Relevé des actes de catholicité (baptêmes, mariages et sépultures) de la paroisse de Saint-Maxime, Sorel, comté de Richelieu, 1946-1973 . . .

SOREL, QUÉ. SAINT-PIERRE, PAROISSE (CATH.)

Mongeau, Antonio, comp. Mariages de St-Pierre de Sorel (1866-1966), comté de Richelieu . . .

SOREL, QUÉ. SAINTE-ANNE, PAROISSE (CATH.)

Mongeau, Antonio et Jean-Marie Laliberté, comp. Mariages de St-Joseph de Sorel (1857-1965), Ste-Anne de Sorel (1876-1965) . . .

SOREL, QUÉ. SAINTE-VICTOIRE, PAROISSE (CATH.)

Laliberté, Jean-Marie et Antonio Mongeau, comp. Mariages de St-Aimé (1836-1966), Ste-Victoire de Sorel (1843-1966) . . .

SOULANGES, QUÉ. (COMTÉ). PAROISSES (CATH.)

Houle, Hubert A., s.c., comp. Mariages du comté de Soulanges . . . (depuis la fondation de la première paroisse en 1752 jusqu'à nos jours) . . .

SOULANGES, QUÉ. CÔTE-SAINT-GEORGES, ÉGLISE PRESBYTÉRIENNE.

Soulanges, Qué. Côte Saint-Georges, église presbytérienne. Registre de la paroisse, 1847-1850.
Mss. Originaux. 3 pouces.
Archives nationales du Québec, Montréal, Qué.

Soulanges, Que. Côte Saint George Presbyterian Church. Parish registers, 1862-1871 . . .
Mss. Microfilm. 1 reel.
Public Archives of Canada, Ottawa, Ont.

SOULANGES, QUÉ. SAINT-JOSEPH, PAROISSE (CATH.)

Soulanges, Qué. Saint-Joseph, paroisse (cath.) Registres de baptêmes, mariages et sépultures, 1752-1845.
Mss. Originaux. 3 pieds.
Archives nationales du Québec, Montréal, Qué.

SOUTH CROSBY, ONT. CEMETERY.

Sykes, Pamela. Ripley abandoned cemetery: lot 9, Conc. II, S. Crosby Twp., Leeds County, map reference 048387 . . .

SPARTA-DEXTER, ONT. METHODIST CHURCH.

Methodist Church, London Conference, Ont. Registers of births, baptisms, marriages and deaths. . .
Mss. Original.
Public Archives of Canada, Ottawa, Ont.

SPRINGHILL (NANTES), QUÉ. NOTRE-DAME-DU-BON-CONSEIL, PAROISSE (CATH.)

Société généalogique des Cantons de l'Est. Répertoire des mariages du comté de Frontenac (moitié sud-ouest du diocèse de Sherbrooke) . . . (10 paroisses du début à 1950 incl.) . . .

STADACONA, QUÉ. SAINT-ZÉPHIRIN, PAROISSE (CATH.)

Gaboury, Jean, comp. Mariages de la paroisse de Saint-Zéphirin de Stadacona de Québec, 1869-1979 . . .

STAMFORD, ONT. REGISTERS.

Carnochan, Janet. Early churches in the Niagara Peninsula, Stamford and Chippawa with marriage records of Thomas Cummings and extracts from the Cummings' papers.
In: Ontario Hist. Soc. Papers and records. 8: 149-225 '07.

STANBRIDGE, QUÉ. NOTRE-DAME-DES-ANGES, PAROISSE (CATH.)

Jetté, René, comp. Mariages du comté de Missisquoi: 1846-1968 . . .

STANDBRIDGE, QUÉ. SAINTE-JEANNE-D'ARC, PAROISSE (CATH.)

Jetté, René, comp. Mariages du comté de Missisquoi: 1846-1968 . . .

STANHOPE, QUÉ. SAINTE-SUZANNE, PAROISSE (CATH.)

Société généalogique des Cantons de l'Est. Répertoire des mariages catholiques, comté de Stanstead dans les Cantons de l'Est . . . (19 paroisses du début à 1950 incl.) . . .

STANSTEAD, QUÉ. (COMTÉ). PAROISSES (CATH.)

Société généalogique des Cantons de l'Est. Répertoire des mariages catholiques, comté de Stanstead dans les Cantons de l'Est . . . (19 paroisses du début à 1950 incl.) . . .

STANSTEAD, QUÉ. SACRÉ-COEUR, PAROISSE (CATH.)

Société généalogique des Cantons de l'Est. Répertoire des mariages catholiques, comté de Stanstead dans les Cantons de l'Est . . . (19 paroisses du début à 1950 incl.) . . .

STENSON, QUÉ. SAINT-JACQUES-LE-MAJEUR, PAROISSE (CATH.)

Société généalogique des Cantons de l'Est. Répertoire des mariages catholiques du comté de Wolfe . . . (19 paroisses plus une mission du début à 1950 incl.) . . .

STONEHAM, QUÉ. SAINT-EDMOND, PAROISSE (CATH.)

Ross, J.O.E., Gabrielle Gingras et B. Pontbriand, comp. Mariages du comté de Québec. . .

STORMONT, ONT. CEMETERIES.

Fraser, Alex W. Gravestones of Glengarry . . .

STORNOWAY, QUÉ. SAINT-ALPHONSE, PAROISSE (CATH.)

Société généalogique des Cantons de l'Est. Répertoire des mariages du comté de Frontenac (moitié sud-ouest du diocèse de Sherbrooke) . . . (10 paroisses du début à 1950 incl.) . . .

STRATFORD, ONT. AVONDALE CEMETERY.

Avondale Cemetery, Stratford, Ont. Records of burials, 1871-1924.
Mss. Microfilm. 50 feet.
Archives of Ontario, Toronto, Ont.

STRATFORD, QUÉ. SAINT-GABRIEL, PAROISSE (CATH.)

Société généalogique des Cantons de l'Est. Répertoire des mariages catholiques du comté de Wolfe . . . (19 paroisses plus une mission du début à 1950 incl.) . . .

STRATHROY, ONT. SAINT MARY'S ANGLICAN CHURCH.

Strathroy, Ont. Saint Mary's Anglican Church. Parish registers listing baptisms, 1833-1847; confirmations 1838-1924; marriages, 1833-1944; and burials, 1833-1971.
Mss. Microfilm. 30 feet.
Public Archives of Canada, Ottawa, Ont.

STUKELY, QUÉ. NOTRE-DAME-DU-CARMEL, PAROISSE (CATH.)

Jetté, René et Benoit Pontbriand, comp. Mariages du comté de Shefford, (1846-1968) . . .

SUFFOLK, QUÉ. SAINT-ÉMILE, PAROISSE (CATH.)

Provencher, Gérard E., Michel Langlois et Georges L. Jean, comp. Mariages de l'Outaouais, vol. 6 . . .

SULLY, QUÉ. SAINT-DAVID, PAROISSE (CATH.)

Proulx, Armand, ptre, comp. Répertoire des mariages de St-Éleuthère, 1874-1967; de St-Athanase, 1922-1967; de Marie-Médiatrice (Estcourt); de St-David (Sully) . . .

SUMMER'S CORNERS, ONT. UNITED CHURCH.

Methodist Church, London Conference, Ont. Registers of births, baptisms, marriages and deaths. . .
Mss. Original.
Public Archives of Canada, Ottawa, Ont.

SUSSEX, N.B. ANGLICAN CHURCH.

Sussex and Norton, N.B. Parish Church (Anglican). Baptisms, 1817-1844; marriages, 1817-1956; burials, 1817-1928.
Mss. Microfilm. 15 feet.
Provincial Archives of New Brunswick, Fredericton, N.B.

SUSSEX, N.B. METHODIST CHURCH.

Sussex, N.B. St. Paul's United Church. Presbyterian baptisms, marriages and burials, 1857-1926; Methodist baptisms, marriages and burials, 1861-1926; United baptisms, marriages and burials, 1926-1970 . . .
Mss. Microfilm. 30 feet.
Provincial Archives of New Brunswick, Fredericton, N.B.

SUSSEX, N.B. PRESBYTERIAN CHURCH.

Sussex, N.B. St. Paul's United Church. Presbyterian baptisms, marriages and burials, 1857-1926; Methodist baptisms, marriages and burials, 1861-1926; United baptisms, marriages and burials, 1926-1970 . . .
Mss. Microfilm. 30 feet.
Provincial Archives of New Brunswick, Fredericton, N.B.

SUSSEX, N.B. SAINT PAUL'S UNITED CHURCH.

Sussex, N.B. St. Paul's United Church. Presbyterian baptisms, marriages and burials, 1857-1926; Methodist baptisms, marriages and burials, 1861-1926; United baptisms, marriages and burials, 1926-1970 . . .
Mss. Microfilm. 30 feet.
Provincial Archives of New Brunswick, Fredericton, N.B.

SUSSEX, N.B. TRINITY ANGLICAN CHURCH.

Sussex, N.B. Trinity Anglican Church. . . . Genealogical memoranda, 1817-1953 (baptisms, marriages and burials) . . .
Mss. Microfilm.
Provincial Archives of New Brunswick, Fredericton, N.B.

SUTTON, QUÉ. SAINT-ANDRÉ, PAROISSE (CATH.)

Jetté, René et Marthe Beauregard, comp. Mariages du comté de Brome . . .

SWEETSBURG, QUÉ. SAINTE-ROSE-DE-LIMA, PAROISSE (CATH.)

Jetté, René, comp. Mariages du comté de Missisquoi: 1846-1968 . . .

SYDNEY, N.S. SAINT GEORGE'S ANGLICAN CHURCH.

Sydney, N.S. St. George's (Anglican) Church. Parish register . . .
Mss. Photocopies.
Public Archives of Canada, Ottawa, Ont.

Sydney, N.S. St. George's (Anglican) Church. Records of baptisms, marriages and deaths, 1785-1833, including records of the entire Cape Breton Island to 1817 . . .
Mss. Transcripts. 200 p.
Cape Bretoniana Archives. St. Francis Xavier University, Sydney Campus, Sydney, N.S.

TADOUSSAC, QUÉ. SAINTE-CROIX, MISSIONS (CATH.)

Hébert, Léo-Paul, éd. Troisième registre de Tadoussac . . .

Larouche, Léonidas, éd. Le second registre de Tadoussac, 1668-1700 . . .

Maurault, Olivier, éd. Premier registre de Tadoussac . . .

TÉMISCOUATA, QUÉ. (COMTÉ). PAROISSES (CATH.)

Carbonneau, Charles Alphonse, mgr. Tableau généalogique des mariages célébrés dans les paroisses du diocèse de Rimouski . . .

TEMPLETON, QUÉ. SAINT-FRANÇOIS, MISSIONS (CATH.)

Aylmer et Gatineau, Qué., paroisse (cath.) Registres de baptêmes, mariages et sépultures des missions du comté de Wright, 1841-1852. . .
Mss. Copie. 4 pouces.
Archives publiques du Canada, Ottawa, Ont.

TERREBONNE, QUÉ. (COMTÉ). PAROISSES.

Rivest, Lucien, c.s.v., comp. Mariages du comté de Terrebonne (du début des paroisses à 1960 incl.) . . .

TERREBONNE, QUÉ. SAINT-JEAN-BAPTISTE, PAROISSE (CATH.)

Rivest, Lucien, c.s.v., comp. Mariages du comté de Terrebonne (du début des paroisses à 1960 incl.). . .

TERREBONNE, QUÉ. SAINT-LOUIS, PAROISSE (CATH.)

Bergeron, Roger et Jean Bergeron, comp. Répertoire des mariages de la paroisse de St-Louis de Terrebonne (1727-1965). . .

Rivest, Lucien, c.s.v., comp. Mariages du comté de Terrebonne (du début des paroisses à 1960 incl.) . . .

Terrebonne, Qué. St-Louis, paroisse (cath.) Registres de baptêmes, mariages et sépultures, avec index, 1725-1732.
Mss. Copie. 32 p.
Archives publiques du Canada, Ottawa, Ont.

TERREBONNE HEIGHTS, QUÉ. OUR LADY OF HOLY ROSARY CATHOLIC CHURCH.

Rivest, Lucien, c.s.v., comp. Mariages du comté de l'Assomption du début des paroisses à 1960 incl. . . .

TEWKESBURY, QUÉ., PAROISSE (CATH.)

Ross, J.O.E., Gabrielle Gingras et B. Pontbriand, comp. Mariages du comté de Québec. . .

THOUSAND ISLANDS, ONT. CEMETERIES.

Small, Fern and Ken Collins. Horne Cemetery and Point Alexandria United Church cemetery, Wolfe Island, Ontario, map reference 898875 . . .

Small, Fern and Ken Collins. Trinity Church Anglican Cemetery, Conc. VI, lot 3, Wolfe Island, Ont., map reference 846938 . . .

THUNDER BAY, ONT. SAINT JOHN THE EVANGELIST ANGLICAN CHURCH.

Thunder Bay, Ont. St. John the Evangelist Anglican Church and St. Ansgarius (Lutheran) Church. Parish registers . . . 1872-1926 . . .
Mss. Microfilm. 2 reels.
Public Archives of Canada, Ottawa, Ont.

THURSO, QUÉ. SAINT-JEAN-L'ÉVANGÉLISTE, PAROISSE (CATH.)

Provencher, Gérard E. et Georges L. Jean, comp. Mariages de l'Outaouais, vol. 1-2 . . .

TIGNISH, Î.-P.-É. SAINT-JUDE, PAROISSE (CATH.)

Tignish, Î.-P.-É. Saint-Simon et Saint-Jude, paroisses (cath.) Registres des paroisses, 1832-1869.
Mss. Reproductions photographiques. 3 pouces.
Archives acadiennes, Moncton, N.-B.

Tignish, P.E.I. Saint Simon and Saint Jude (Catholic) Church. Marriage register, 1844-1869.
Mss. Microfilm. 25 feet.
Public Archives of Canada, Ottawa, Ont.

TIGNISH, Î.-P.-É. SAINT-SIMON, PAROISSE (CATH.)

Tignish, Î.-P.-É. Saint-Simon et Saint-Jude, paroisses (cath.) Registres des paroisses, 1832-1869.
Mss. Reproductions photographiques. 3 pouces.
Archives acadiennes, Moncton, N.-B.

Tignish, P.E.I. Saint Simon and Saint Jude (Catholic) Church. Marriage register, 1844-1869.
Mss. Microfilm. 25 feet.
Public Archives of Canada, Ottawa, Ont.

TINGWICK, QUÉ. SAINT-PATRICE, PAROISSE (CATH.)

Pontbriand, Benoit, comp. Répertoire des mariages de Saint-Patrice de Tingwick, 1856-1963, comté d'Arthabaska . . .

TINGWICK, QUÉ. SAINT-RÉMI, PAROISSE (CATH.)

Société généalogique des Cantons de l'Est. Répertoire des mariages du comté d'Arthabaska
. . .
Vols. 1-2: 1840-1925; supplément: 1926-1970 incl.

TORONTO, ONT. REGISTERS.

North Toronto, Ont. . . . Births, deaths and marriages records, 1896-1912 . . .
Mss. Original.
City of Toronto Archives, Toronto, Ont.

TORONTO, ONT. SOCIETY OF FRIENDS (HICKSITE).

Yonge Street, Society of Friends (Hicksite). Registry of births and deaths, 1803-1860, . . . Record of marriage certificates, 1804-1840 . . .
Mss. Original.
University of Western Ontario Library, London, Ont.

TORONTO, ONT. UNITED CHURCH OF CANADA.

Toronto, Ont. United Church of Canada. Marriage register kept by Rev. R.T.D. Simpson, 1923-1956.
Mss. Photocopies. 77 p.
Public Archives of Canada, Ottawa, Ont.

TRACADIE, N.-B. SAINT-JEAN-BAPTISTE, PAROISSE (CATH.)

Tracadie, N.-B. Saint-Jean-Baptiste et Saint-Joseph, paroisses (cath.) Registres des paroisses, 1798-1919.
Mss. Microfilm. 3 bobines.
Archives acadiennes, Moncton, N.-B.

TRACADIE, N.-É. SAINT-JOSEPH, PAROISSE (CATH.)

Tracadie, N.-É. St-Jean-Baptiste et St-Joseph, paroisses (cath.) Registres des paroisses, 1798-1919.
Mss. Microfilm. 3 bobines.
Archives acadiennes, Moncton, N.-B.

TRACADIE, N.S. SAINT PETER'S CATHOLIC CHURCH.

Note de voyage de Rameau en Acadie 1860. *Dans:* Soc. hist. acad. Cahiers. 4: (1) 32-41 avr./juin '71; 4: (7) 303-307 oct./déc. '72; 4: (8) 343-345 janv./mars '73.

Société historique de St-Denys. Index des mariages de Tracadie, 1800-1900 . . .

Tracadie, N.-É. Saint-Pierre, paroisse (cath.) Registre de la paroisse, 1811-1858.
Mss. Reproductions photographiques.
1 pouce.
Archives acadiennes, Moncton, N.-B.

TRACY, QUÉ. L'ENFANT-JÉSUS, PAROISSE (CATH.)

Cournoyer, Georges Henri, ptre, comp. Relevé des actes de catholicité (baptêmes, mariages et sépultures), paroisse de l'Enfant-Jésus de Tracy, comté de Richelieu, 1950-1973 . . .

TRACY, QUÉ. MARIE-AUXILIATRICE, PAROISSE (CATH.)

Cournoyer, Georges Henri, ptre, comp. Relevé des actes de catholicité (baptêmes, mariages et sépultures), paroisse de Marie-Auxiliatrice, Tracy, comté de Richelieu, 1946-1972 . . .

TRACY, QUÉ. SAINT-JEAN-BOSCO, PAROISSE (CATH.)

Cournoyer, Georges Henri, ptre, comp. Relevé des actes de catholicité (baptêmes, mariages et sépultures), paroisse de Saint-Jean-Bosco, Tracy, comté de Richelieu, 1954-1973 . . .

TREADWELL, ONT. SAINT LEO THE GREAT CATHOLIC CHURCH.

Hamelin, Julien, s.c., comp. Répertoire des mariages du comté de Prescott, (Ontario). . .

TRINITY, NFLD. SAINT PAUL'S ANGLICAN CHURCH.

Hamelin, Julien, s.c., comp. Répertoire des mariages du comté de Prescott (Ontario) . . .

Trinity, Nfld., St. Paul's Anglican Church. Register of baptisms, 1753-1867; marriages 1757-1867; burials, 1757-1867.
Mss. Microfilm. 1 reel.
Public Archives of Canada, Ottawa, Ont.

TRINITY, QUE. ANGLICAN CHURCH.

Trinity, Que. Anglican Church. Parish registers, 1840-1850.
Mss. Original. 6 inches.
Archives nationales du Québec, Montréal, Qué.

TROIS-PISTOLES, QUÉ. NOTRE-DAME-DES-NEIGES, PAROISSE (CATH.)

Lemay, Stanislas, comp. Registres paroissiaux de Rimouski, des Trois-Pistoles et de l'Île-Verte, tenus par les Récollets (1701-1769). . .

TROIS-RIVIÈRES, QUÉ. GARNISON.

Trois-Rivières, Qué. Registres des baptêmes, 1635-1763. . .
Mss. Copie. 1 pied. Microfilm.
Archives publiques du Canada, Ottawa, Ont.

TROIS-RIVIÈRES, QUÉ. IMMACULÉE-CONCEPTION, PAROISSE (CATH.)

Trois-Rivières, Qué. Registres des baptêmes, 1635-1763; mariages, 1654-1677, 1699-1763; sépultures, 1634-1763, de la paroisse de l'Immaculée-Conception, avec index. Registres des baptêmes, mariages et sépultures de l'église paroissiale protestante de la ville de Trois-Rivières et de la Garnison, 1768-1792, avec index.
Mss. Copie. 1 pied. Microfilm.
Archives publiques du Canada, Ottawa, Ont.

TROIS-RIVIÈRES, QUÉ. L'ASSOMPTION. CATHÉDRALE (CATH.)

Campagna, Dominique, s.c., comp. Répertoire des mariages de Trois-Rivières, 1654-1900 . . .
Rivest, Lucien, c.s.v., comp. Mariages de la paroisse de Saint-Ignace-du-Lac (Maskinongé), du début jusqu'à la disparition de la paroisse lors de l'inondation par la Shawinigan en 1930, suivis des baptêmes et sépultures des Français (copies intégrales des actes complets) de Trois-Rivières du début (1634) jusqu'à 1641 pour les baptêmes et jusqu'à 1654 pour les sépultures . . .

TROIS-RIVIÈRES, QUÉ. PAROISSE PROTESTANTE.

Beauvillier, Lucie et Carmen Grondin, comp. Église protestante de Trois-Rivières: 1767-1875 (batêmes); 1768-1875 (mariages); 1768-1875 (sépultures).
Sous la direction d'Yvon Martin.
Trois-Rivières, Qué. Registres de baptêmes, 1635-1763 . . .
Mss. Copie. 1 pied. Microfilm.
Archives publiques du Canada, Ottawa, Ont.

TROIS-RIVIÈRES, QUÉ. SAINT-PHILIPPE, PAROISSE (CATH.)

Roberge, Claude, comp. Répertoire des mariages de Trois-Rivières, Saint-Philippe, 1909-1971 . . .

TROIS-RIVIÈRES, QUÉ. SAINT-STANISLAS, PAROISSE (CATH.)

Trépanier-Massicotte, Janine. Chez-nous en Nouvelle-France, 1608-1787 . . .

UPPER CANADA. REGISTERS.

Marriage bonds. Upper Canada.
Files. Doc. RG 5-B9. 20 drawers.
National Library of Canada, Genealogical Section, Ottawa, Ont.

UPPER CANARD, N.S. CORNWALLIS FIRST UNITED BAPTIST CHURCH.

Upper Canard, N.S. Cornwallis First United Baptist Church. . . . Records of marriages, 1816-1877 . . .
Mss. Original.
Acadia University Archives, Wolfville, N.S.

UPTON, QUÉ. SAINT-ÉPHREM, PAROISSE (CATH.)

Pontbriand, Benoit et René Jetté, comp. Mariages de St-Hugues (1827-1948), St-Théodore (1842-1968), Ste-Hélène (1854-1968), Upton (St-Éphrem) (1856-1968), Acton Vale (1859-1968), Ste-Christine (1886-1968), St-Nazaire (1890-1968), comté de Bagot . . .

VAL BARRETTE, QUÉ. SAINT-JOSEPH, PAROISSE (CATH.)

Rivest, Lucien, c.s.v., comp. Mariages du comté de Labelle (du début des paroisses à 1960 incl.) . . .

VALCARTIER, QUÉ. SAINT-GABRIEL, PAROISSE (CATH.)

Ross, J.O.E., Gabrielle Gingras et B. Pontbriand, comp. Mariages du comté de Québec . . .

VALCOURT, QUÉ. SAINT-JOSEPH, PAROISSE (CATH.)

Jetté, René et Benoit Pontbriand, comp. Mariages du comté de Shefford (1846-1968) . . .

VAL D'AMOUR, N.-B. NOTRE-DAME-DU-SACRÉ-COEUR, PAROISSE (CATH.)

Val d'Amour, N.-B. Notre-Dame-du-Sacré-Coeur, paroisse (cath.) Registres de la paroisse, 1902-1920.
Mss. Microfilm. 1 bobine.
Archives acadiennes, Moncton, N.-B.

VAL DAVID, QUÉ. SAINT-JEAN-BAPTISTE, PAROISSE (CATH.)

Rivest, Lucien, c.s.v., comp. Mariages du comté de Terrebonne (du début des paroisses à 1960 incl.) . . .

VAL-DES-BOIS, QUÉ. NOTRE-DAME-DE-LA-GARDE, PAROISSE (CATH.)

Provencher, Gérard E. et Georges L. Jean, comp. Mariages de l'Outaouais, vol. 1-2 . . .

VAL-LIMOGES, QUÉ. SAINT-JOACHIM, PAROISSE (CATH.)

Rivest, Lucien, c.s.v., comp. Mariages du comté de Labelle (du début des paroisses à 1960 incl.) . . .

VAL MORIN, QUÉ. SAINT-NORBERT, PAROISSE (CATH.)

Rivest, Lucien, c.s.v., comp. Mariages du comté de Terrebonne (du début des paroisses à 1960 incl.) . . .

VAL RACINE, QUÉ. SAINT-LÉON, PAROISSE (CATH.)

Société généalogique des Cantons de l'Est. Répertoire des mariages du comté de Frontenac (moitié sud-ouest du diocèse de Sherbrooke) . . . (10 paroisses du début à 1950 incl.) . . .

VALLEYFIELD, QUÉ. IMMACULÉE-CONCEPTION, PAROISSE (CATH.)

Charette, Jean Benoit, comp. Répertoire des mariages de Valleyfield (Salaberry), 1855-1970 . . .

VALLEYFIELD, QUÉ. SACRÉ-COEUR-DE-JÉSUS, PAROISSE (CATH.)

Charette, Jean Benoit, comp. Répertoire des mariages de Valleyfield (Salaberry), 1855-1970 . . .

VALLEYFIELD, QUÉ. SAINT-AUGUSTIN, PAROISSE (CATH.)

Charette, Jean Benoit, comp. Répertoire des mariages de Valleyfield (Salaberry), 1855-1970 . . .

VALLEYFIELD, QUÉ. SAINT-ESPRIT, PAROISSE (CATH.)

Charette, Jean Benoit, comp. Répertoire des mariages de Valleyfield (Salaberry), 1855-1970 . . .

VALLEYFIELD, QUÉ. SAINT-EUGÈNE, PAROISSE (CATH.)

Charette, Jean Benoit, comp. Répertoire des mariages de Valleyfield (Salaberry), 1855-1970 . . .

VALLEYFIELD, QUÉ. SAINT-JOSEPH-ARTISAN, PAROISSE (CATH.)

Charette, Jean Benoit, comp. Répertoire des mariages de Valleyfield (Salaberry), 1855-1970 . . .

VALLEYFIELD, QUÉ. SAINT-PIE-X, PAROISSE (CATH.)

Charette, Jean Benoit, comp. Répertoire des mariages de Valleyfield (Salaberry), 1855-1970 . . .

VALLEYFIELD, QUÉ. SAINTE-CÉCILE, PAROISSE (CATH.)

Charette, Jean Benoit, comp. Répertoire des mariages de Valleyfield (Salaberry), 1855-1970 . . .

VALLEYFIELD, QUÉ. SAINTE-GENEVIÈVE, PAROISSE (CATH.)

Charette, Jean Benoit, comp. Répertoire des mariages de Valleyfield (Salaberry), 1855-1970

VANCOUVER, B.C. CATHOLIC CHURCH.

de Lores, Mikel, W. Warner and (Mrs.) Harriet D. Munnick. Catholic Church records of the Pacific North West: Vancouver records, vols. 1 and 2 . . .

VANCOUVER, B.C. STELLA MARIS, MISSIONS.

de Lores, Mikel, W. Warner and (Mrs.) Harriet D. Munnick. Catholic Church records of the Pacific North West: Vancouver records, vols. 1 and 2 . . .

VANKLEEK HILL, ONT. SAINT-GRÉGOIRE-DE-NAZIANCE, PAROISSE (CATH.)

Hamelin, Julien, s.c. et Hubert A. Houle, s.c., comp. Répertoire des mariages du comté de Prescott (Ontario) . . .

VARENNES, QUÉ. SAINTE-ANNE, PAROISSE (CATH.)

Jetté, Irenée et Benoit Pontbriand, comp. Mariages de Varennes (1693-1968), comté de Verchères . . .

Varennes, Qué. Sainte-Anne, paroisse (cath.) Registres des baptêmes, mariages et sépultures, 1693-1850.
Mss. Originaux. 6 pieds.
Archives nationales du Québec, Montréal, Qué.

Varennes, Qué. Sainte-Anne, paroisse (cath.) Registres de baptêmes, mariages et sépultures, 1760-1780.
Mss. Microfilm. 2 bobines.
Archives publiques du Canada, Ottawa, Ont.

VAUCLUSE, QUÉ. SAINT-GÉRARD-MAJELLA, PAROISSE (CATH.)

Rivest, Lucien, c.s.v., comp. Mariages du comté de l'Assomption du début des paroisses à 1960 incl. . . .

VAUDREUIL, QUÉ. HUDSON HEIGHTS ANGLICAN CHURCH.

Vaudreuil, Qué. Hudson Heights (Anglican) Church. Parish registers, 1841-1850.

Mss. Original. 6 inches.
Archives nationales du Québec, Montréal, Qué.

VAUDREUIL, QUÉ. SAINT-MICHEL, PAROISSE (CATH.)

Charette, Jean Benoit, comp. Répertoire des mariages de Saint-Michel de Vaudreuil, 1773-1972 . . .

Saint-Michel-de-Vaudreuil, Qué., paroisse (cath.) Registres de baptêmes, mariages et sépultures, 1773-1850.
Mss. Originaux. 3 pieds.
Archives nationales du Québec, Montréal, Qué.

Vaudreuil, Qué. Saint-Michel, paroisse (cath.) Registres de baptêmes, mariages et sépultures, 1783-1835.
Mss. Copie. 1 pied 6 pouces.
Archives publiques du Canada, Ottawa, Ont.

VENISE-EN-QUÉBEC, QUÉ. SAINTS-MARTYRS-CANADIENS, PAROISSE (CATH.)

Jetté, René, comp. Mariages du comté de Missisquoi: 1846-1968 . . .

VENOSTA, QUE. OUR LADY OF SORROWS CATHOLIC CHURCH.

Rivest, Lucien, c.s.v., comp. Mariages du comté de Gatineau (du début des paroisses à 1964 incl.) . . .

VERCHÈRES, QUÉ. SAINT-ANTOINE, PAROISSE (CATH.)

Verchères, Qué. Saint-Antoine, paroisse (cath.) Registres de baptêmes, mariages et sépultures, 1750-1849.
Mss. Originaux. 3 pieds.
Archives nationales du Québec, Montréal, Qué.

Verchères, Qué. Saint-Antoine, paroisse (cath.) Registres de baptêmes, mariages et sépultures, 1760-1780.
Mss. Microfilm. 1 bobine.
Archives acadiennes, Moncton, N.-B.

VERCHÈRES, QUÉ. SAINT-FRANÇOIS-XAVIER, PAROISSE (CATH.)

Jetté, Irenée, comp. Mariages de Verchères (1724-1966), comté de Verchères . . .

Verchères, Qué. Saint-François-Xavier, paroisse (cath.) Registres de baptêmes, mariages et sépultures, 1723-1846.
Mss. Originaux. 4 pieds.
Archives nationales du Québec, Montréal, Qué.

Verchères, Qué. Saint-François-Xavier, paroisse (cath.) Registres de baptêmes, mariages et sépultures, 1760-1780.
Mss. Microfilm. 1 bobine.
Archives acadiennes, Moncton, N.-B.

VICTORIA, B.C. BELMONT AVENUE METHODIST CHURCH.

Victoria, B.C. Belmont Avenue Methodist Church. Marriage register, 1912-1918.
Mss. Original. 1/2 inch.
Provincial Archives of British Columbia, Victoria, B.C.

VICTORIA, B.C. CHRIST ANGLICAN CHURCH (CATHEDRAL).

Victoria, B.C. Christ Church (Anglican) Cathedral. . . . Registers of baptisms, marriages and deaths at Christ Church Cathedral, 1849-1889 . . .
Mss. Transcripts. 3 inches.
Provincial Archives of British Columbia, Victoria, B.C.

VICTORIA, B.C. CHURCH OF OUR LORD REFORMED EPISCOPAL CHURCH.

Victoria, B.C. Church of Our Lord. List of burials . . . 1876-1912 . . .
Mss. Transcripts. 14 p.
Provincial Archives of British Columbia, Victoria, B.C.

VICTORIA, B.C. FIRST PRESBYTERIAN CHURCH.

Victoria, B.C. First Presbyterian Church. List of marriages solemnized, 1865.
Mss. Transcripts. 2 p.
Provincial Archives of British Columbia, Victoria, B.C.

VICTORIA, N.B. SAINT JUDE'S ANGLICAN CHURCH.

Victoria, N.B. Saint-Jude's Parish Church (Anglican). Baptisms, 1918-1928; marriages, 1918-1948; burials, 1918-1960.
Mss. Microfilm. 15 feet.
Provincial Archives of New Brunswick, Fredericton, N.B.

VICTORIAVILLE, QUÉ. SAINTE-VICTOIRE, PAROISSE (CATH.)

Société généalogique des Cantons de l'Est. Répertoire des mariages du comté d'Arthabaska . . .

Vols. 1-2: 1840-1925; supplément: 1926-1970 incl.

VILLAGE HURON, QUÉ. NOTRE-DAME-DE-LORETTE, PAROISSE (CATH.)

Provencher, Gérard E., comp. Mariages de Loretteville (St-Ambroise-de-la-Jeune-Lorette), 1761-1969; de Village des Hurons (Notre-Dame-de-Lorette), 1904-1969 . . .

VILLENEUVE, QUÉ. SAINT-THOMAS, PAROISSE (CATH.)

Gingras, Robert-Edmond, comp. Mariages de Giffard, Courville, Saint-Grégoire, Villeneuve, comté de Montmorency . . .

VILLEROY, QUÉ. SAINT-PHILÉAS, PAROISSE (CATH.)

Gingras, Raymond, comp. Mariages de Villeroy, comté de Lotbinière, 1907-1963 . . .

Pontbriand, Benoit, comp. Mariages du comté de Lotbinière comprenant les paroisses de Deschaillons (1744-1950), Fortierville, Paris-ville, Villeroy, Ste-Françoise et Joly . . .

VILLERS, QUÉ. SAINTE-GERTRUDE, PAROISSE (CATH.)

Campagna, Dominique, s.c., comp. Répertoire des mariages de Sainte-Gertrude, comté Nicolet, 1849-1920 . . .

VIMONT, QUÉ. SAINT-ELZÉAR-DE-LAVAL, PAROISSE (CATH.)

Bergeron, Roger et Jean Bergeron, comp. Répertoire des mariages des paroisses de Sainte-Dorothée (1869-1970), et Saint-Elzéar de Laval (1900-1970) . . .

VISITATION-DE-SAINT-PHILIPPE-DES-ARKANSAS. MISSIONS.

Sainte-Anne-du-Fort-de-Chartres, 1721-1765. Abrégé des registres de cette paroisse, 1743-1765. Registres des baptêmes, mariages et sépultures de la mission St-Joseph-de-la-Prairie-du-Rocher, 1761-1799; registres des baptêmes, mariages et sépultures de la mission de la Visitation-de-St-Philippe-des-Arkansas, 1744, 1761-1765.
Mss. Copie. 5 pouces.
Archives publiques du Canada, Ottawa, Ont.

WABASH, QUÉ. SAINT-FRANÇOIS-XAVIER, PAROISSE (CATH.)

Ouabache (Wabash). Saint-François-Xavier, paroisse (cath.) Registres des baptêmes, mariages et sépultures de St-François-Xavier dit Vincennes, Qué.
Mss. Microfilm. 1 bobine. 1749-1786.
Archives nationales du Québec, Québec, Qué.
Aussi: Archives publiques du Canada, Ottawa, Ont.

WAKEFIELD, QUÉ. MACLAREN CEMETERY.

Evans, Patrick M.O. MacLaren Cemetery, Wakefield, Que . . .

WAKEFIELD, QUÉ. SAINT-JOSEPH. MISSIONS.

Aylmer et Gatineau, Qué., paroisses (cath.) Registres des baptêmes, mariages et sépultures des missions du comté de Wright, 1841-1852 . . .
Mss. Copie. 4 pouces.
Archives publiques du Canada, Ottawa, Ont.

WAKEFIELD, QUÉ. SAINT-PIERRE, PAROISSE (CATH.)

Jean, Georges L. et Gérard E. Provencher, comp. Répertoire des mariages de St-Pierre de Wakefield, comté de Gatineau, 1891-1960 . . .

Rivest, Lucien, c.s.v., comp. Mariages du comté de Gatineau (du début des paroisses à 1964 incl.) . . .

WARWICK, QUÉ. SAINT-ALBERT, PAROISSE (CATH.)

Société généalogique des Cantons de l'Est. Répertoire des mariages du comté d'Arthabaska . . .
Vols. 1-2: 1840-1925; supplément: 1926-1970 incl.

WARWICK, QUÉ. SAINT-MÉDARD, PAROISSE (CATH.)

Société généalogique des Cantons de l'Est. Répertoire des mariages du comté d'Arthabaska . . .
Vols. 1-2: 1840-1925; supplément: 1926-1970 incl.

WATERLOO, N.B. REGISTERS.

Cambridge and Waterloo, N.B. Parish Church (Anglican). Baptisms, marriages and burials, 1823-1916.
Mss. Microfilm. 10 feet.
Provincial Archives of New Brunswick, Fredericton, N.B.

Weber, Eldon D. Waterloo County deaths: as recorded in 1870-304, 1871-363, 1872-426; Total: 1,093 . . .

WATERLOO, QUÉ. SAINT-BERNARDIN, PAROISSE (CATH.)

Jetté, René et Benoit Pontbriand, comp. Mariages du comté de Shefford (1846-1968) . . .

WATERVILLE, QUÉ. L'ASSOMPTION DE LA VIERGE-MARIE, PAROISSE (CATH.)

Société généalogique des Cantons de l'Est. Répertoire des mariages du comté de Compton dans les Cantons de l'Est . . . (19 paroisses du début à 1950 incl.) . . .

WEEDON, QUÉ. SAINT-JANVIER, PAROISSE (CATH.)

Société généalogique des Cantons de l'Est. Répertoire des mariages catholiques du comté de Wolfe . . . (19 paroisses plus une mission du début à 1950 incl.) . . .

WEIR, QUÉ. NOTRE-DAME-DE-LA-MERCI. DESSERTE (CATH.)

Rivest, Lucien, c.s.v., comp. Mariages du comté d'Argenteuil (du début des paroisses à 1960 incl.) . . .

WELFORD, N.B. ANGLICAN CHURCH.

Welford, N.B. Parish Church (Anglican). Baptisms, 1848-1955; marriages, 1848-1955; burials, 1884-1955.
Mss. Microfilm. 15 feet.
Provincial Archives of New Brunswick, Fredericton, N.B.

WENDOVER, ONT. SAINT-BENOIT-LABRE, PAROISSE (CATH.)

Hamelin, Julien, s.c. et Hubert A. Houle, s.c., comp. Répertoire des mariages du comté de Prescott, Ontario . . .

WENTWORTH, QUÉ. SAINT-MICHEL, PAROISSE (CATH.)

Rivest, Lucien, c.s.v., comp. Mariages du comté d'Argenteuil (du début des paroisses à 1960 incl.) . . .

WEST FLAMBORO, ONT. REGISTERS.

Dundas, Ont. Certificates of marriages performed by licences by Andrew Bell at Dundas, Ancaster and West Flamboro, 1848-1852, and at l'Orignal, 1854-1856 . . .
Mss. Original. 107 p.
Public Archives of Canada, Ottawa, Ont.

WESTFIELD, N.B. ANGLICAN CHURCH.

Greenwich and Westfield, N.B. Parish Church (Anglican). Baptisms, 1801-1853; marriages, 1801-1849; burials, 1822-1953.
Mss. Microfilm.
Provincial Archives of New Brunswick, Fredericton, N.B.

WEST LAKE, ONT. SOCIETY OF FRIENDS (CONSERVATIVE).

West Lake, Ont. Society of Friends (Conservative). Register of births and deaths, 1829-1866; register of marriages, 1829-1866 . . .

Mss. Original.
University of Western Ontario Library, London, Ont.

WEST LAKE, ONT. SOCIETY OF FRIENDS (ORTHODOX).

West Lake, Ont. Society of Friends (Orthodox). . . . Monthly meeting marriage registry, 1855-1880 . . .
Mss. Original.
University of Western Ontario Library, London, Ont.

WESTMORLAND COUNTY, N.B. REGISTERS.

Westmorland County, N.B. Marriage certificates. One hundred and two items, 1788-1811.
Mss. Original. 2 inches.
New Brunswick Museum, St. John, N.B.

Westmorland County, N.B. Register of marriages. Indexed register of marriages, 1790-1835.
Mss. Microfilm. 40 feet.
Public Archives of Canada, Ottawa, Ont.

WHITE MUD, MAN. UNION CHURCH.

Stewart, James S. . . . Marriage certificates and notes concerning the ministry of White Mud Union Church in Manitoba, 1879-1888.
Mss. Original.
Public Archives of Canada, Ottawa, Ont.

WICKHAM, QUÉ. SAINT-JEAN, PAROISSE (CATH.)

Laliberté, Jean-Marie et Benoit Pontbriand, comp. Mariages de la région de Drummondville (1850-1967) . . .

WILLIAMSBURG, ONT. ANGLICAN CHURCH.

Anglican Church: Williamsburg, Matilda and Edwardsburg Townships, Ont. Registers and other records of the United Mission of Williamsburg, Matilda and Edwardsburg Townships.
Mss. Microfilm. 75 feet. 1790-1886.
Public Archives of Canada, Ottawa, Ont.

WILLIAMSBURG, ONT. UNITED MISSIONS.

Anglican Church: Williamsburg, Matilda and Edwardsburg Townships, Ont. Registers and other records of the United Mission of Williamsburg, Matilda and Edwardsburg townships.
Mss. Microfilm. 75 feet. 1790-1886.
Public Archives of Canada, Ottawa, Ont.

WILLIAMSTOWN, ONT. SAINT ANDREW'S PRESBYTERIAN CHURCH.

Williamstown, Canada West. St. Andrew's Presbyterian Church. Register of baptisms and marriages performed by the Rev. John Bethune . . . 1779-1817.
> Mss. Photocopies. 1 1/2 inches.
> Public Archives of Canada, Ottawa, Ont.

Williamstown, Ont. St. Andrew's Presbyterian Church. Register of baptisms, marriages, funerals, 1779-1913 . . .
> Mss. Original. 1/2 inch.
> Archives of Ontario, Toronto, Ont.

WILLIAMSTOWN, ONT. SAINT ANDREW'S PRESBYTERIAN CHURCH. CEMETERY.

Fraser, Alex W. Gravestones of Glengarry, vol. 1: Williamstown . . .

WILLIAMSTOWN, ONT. SAINT MARY'S ROMAN CATHOLIC CHURCH. CEMETERY.

Fraser, Alex W. Gravestones of Glengarry, vol. 1: Williamstown . . .

WILMOT, N.S. (TOWNSHIP).

Wilmot Township, N.S. . . . Register of births, marriages and deaths, 1749-1894 . . .
> Mss. Original. 2 inches.
> Public Archives of Canada, Ottawa, Ont.

WILMOT, N.S. TRINITY ANGLICAN CHURCH.

Wilmot, N.S. Trinity (Anglican) Church. . . . Registers of the parishes of Wilmot, Aylesford and Bridgetown, N.S., 1789-1909.
> Mss. Photocopies.
> Public Archives of Canada, Ottawa, Ont.

WINDSOR, N.S. REGISTERS.

O'Brien (O'Brian) family, Hants County, N.S. . . . Records of the marriages, births and burials of the inhabitants of Windsor, 1799, covering the period, 1738-1818.
> Mss. Original. 4 inches. 1760-1930.
> Public Archives of Nova Scotia, Halifax, N.S.

WINDSOR, QUÉ. SAINT-GABRIEL-LALEMANT, PAROISSE (CATH.)

Cournoyer, Georges Henri, ptre, comp. Relevé des actes de catholicité (baptêmes, mariages et sépultures), paroisse de Saint-Gabriel-Lalemant, comté de Richelieu, 1950-1973 . . .

WINDSOR, QUÉ. SAINT-ZACHARIE, PAROISSE (CATH.)

Société généalogique des Cantons de l'Est. Répertoire des mariages du comté de Richmond . . . (15 paroisses du début à 1950 incl.) . . .

WINNIPEG, MAN. KILDONAN PRESBYTERIAN CHURCH.

Winnipeg, Man. Kildonan Presbyterian Church. Registers of baptisms, 1851-1916; marriages, 1851-1916; burials, 1852-1932.
> Mss. Microfilm. 60 feet.
> Provincial Archives of Manitoba, Winnipeg, Man.

WINNIPEG, MAN. LITTLE BRITAIN PRESBYTERIAN CHURCH.

Winnipeg, Man. Little Britain Presbyterian Church. Register of baptisms, marriages, deaths and burials, 1884-1938 . . .
> Mss. Microfilm. 90 feet.
> Provincial Archives of Manitoba, Winnipeg, Man.

WINNIPEG, MAN. SAINT ANDREW'S ANGLICAN CHURCH.

Winnipeg, Man. Saint Andrew's Anglican Church. Baptism register, 1845-1872; marriage register, 1835-1907; burial register, 1870-1884.
> Mss. Microfilm. 25 feet.
> Provincial Archives of Manitoba, Winnipeg, Man.

WINNIPEG, MAN. SAINT JOHN'S ANGLICAN CHURCH.

Winnipeg, Man. Saint John's (Anglican) Church. Baptism register, 1813-1879; marriage register, 1820-1854; burial register, 1821-1875.
> Mss. Microfilm. 60 feet.
> Provincial Archives of Manitoba, Winnipeg, Man.

Winnipeg, Man. Saint John's (Anglican) Cathedral. Burial register, 1821-1875; marriage register, 1854-1882 . . .
> Mss. Microfilm. 11 reels.
> Provincial Archives of Manitoba, Winnipeg, Man.

WINNIPEG, MAN. SAINT PAUL'S ANGLICAN CHURCH.

Winnipeg, Man. Saint Paul's Anglican Church. Baptism register, 1850-1881; marriage register, 1853-1892; burial register, 1850-1903.
> Mss. Microfilm. 18 feet.
> Provincial Archives of Manitoba, Winnipeg, Man.

WOLFE, QUÉ. (COMTÉ). PAROISSES.

Société généalogique des Cantons de l'Est. Répertoire des mariages (catholique) du comté de Wolfe . . . (19 paroisses plus une mission du début à 1950 incl.) . . .

WOLFE ISLAND (THOUSAND ISLANDS), ONT. CHURCH CEMETERY.

Small, Fern and Ken Collins, comp. Horne Cemetery and Point Alexandria United Church Cemetery, Wolfe Island, Ontario, map reference, 898875 . . .

WOLFE ISLAND (THOUSAND ISLANDS), ONT. TRINITY ANGLICAN CHURCH. CEMETERY.

Small, Fern and Ken Collins, comp. Trinity Church Anglican Cemetery: Conc. VI lot 3, Wolfe Island, Ontario, map reference 846938 . . .

WOLFESTOWN, QUÉ. SAINT-JULIEN, PAROISSE (CATH.)

Société généalogique des Cantons de l'Est. Répertoire des mariages catholiques du comté de Wolfe . . . (19 paroisses plus une mission du début à 1950 incl.) . . .

WOLLASTON LAKE POST, SASK. MISSIONS.

Indian Genealogical records, Sask. Records of births, marriages and deaths of the members of the Indian Bands at Wollaston Lake Post; included are members of Lac La Hache and Brochit Branch.
> Mss. Photocopies. 423 p. [n.d.]
> Saskatchewan Archives Office, Saskatoon, Sask.

WOLSELEY, SASK. SAINT ANNE'S CATHOLIC CHURCH.

Wolseley, Sask. Saint Anne Roman Catholic Church. Registers of baptisms, marriages and deaths, 1883-1905.
> Mss. Microfilm. 10 feet.
> Saskatchewan Archives Board, Regina, Sask.

WOODSTOCK, N.B. ANGLICAN CHURCH.

Woodstock, N.B. Anglican Parish of Woodstock (Northampton, Prince William, Queensborough). Baptisms, 1812-1970; marriages, 1816-1969; burials, 1816-1970.
> Mss. Microfilm. 75 feet.
> Provincial Archives of New Brunswick, Fredericton, N.B.

WOTTON, QUÉ. SAINT-HIPPOLYTE, PAROISSE (CATH.)

Société généalogique des Cantons de l'Est. Répertoire des mariages catholiques du comté de Wolfe . . . (19 paroisses plus une mission du début à 1950 incl.) . . .

WRIGHT, QUÉ. (COMTÉ). MISSIONS.

Aylmer et Gatineau, Qué., paroisse (cath.) Registres de baptêmes, mariages et sépultures des missions du comté de Wright, 1841-1852 . . .
> Ms. Copie. 4 pouces.
> Archives publiques du Canada, Ottawa, Ont.

WRIGHTVILLE, QUÉ. SAINT-JOSEPH, PAROISSE (CATH.)

Wrightville, Qué. Saint-Joseph, paroisse (cath.) Index des mariages de Wrightville, 1913-1929.
> Mss. Originaux. 12 p. 1931.
> Archives publiques du Canada, Ottawa, Ont.

YAMACHICHE, QUÉ. SAINTE-ANNE, PAROISSE (CATH.)

Campagna, Dominique, s.c., comp. Répertoire des mariages de Yamachiche (Sainte-Anne), 1725-1960 . . .

Yamachiche, Qué. Sainte-Anne, paroisse (cath.) Registres de baptêmes, mariages et sépultures, 1760-1799.
> Mss. Microfilm. 1/2 bobine.
> Archives acadiennes, Moncton, N.-B.

YAMASKA, QUÉ. (COMTÉ). PAROISSES (CATH.)

Parenteau, B., J.-M. Laliberté et B. Pontbriand, comp. Mariages du comté d'Yamaska (1846-1964) . . .

YAMASKA, QUÉ. SAINT-MICHEL, PAROISSE (CATH.)

Mongeau, Antonio et B. Parenteau, comp. Mariages de Saint-Michel d'Yamaska (1727-1965) . . .

YORK FACTORY (KEEWATIN DIOCESE). REGISTERS.

Anglican Church of Canada. Keewatin Diocese. Vital statistics records of various missions including Churchill, Fort Alexander, Fort Severn, Islington, Lac Seul, Osnaburgh and York Factory.
> Mss. Microfilm. 2 reels. 1846-1956.
> Archives of Ontario, Toronto, Ont.

Index par
Sujets

Subject
Index

BIBLIOGRAPHIES ET AUTRES SOURCES BIBLIOGRAPHIQUES/BIBLIOGRAPHIES AND OTHER BIBLIOGRAPHIC SOURCES

ARNAUD, Étienne. Répertoire de généalogies françaises imprimées . . .
"Plus de 150,000 références généalogiques répertoriées . . . concernant environ 50,000 familles."
Ouvrages canadiens mentionnés.

ATLANTIC PROVINCES CHECKLIST. Vol. 1, Jan./Dec. 1957-   . . . .
". . . Guide to current information in books, pamphlets, government publications, magazine articles and documentary films relating to the four Atlantic provinces: New Brunswick, Newfoundland, Nova Scotia, Prince Edward Island . . . ."

AUGER, Roland-J. Les Sources manuscrites en généalogie.
Dans: S.G.C.F. Mém. 8: 121-123 '57.

BABOYANT, Marie. Matériaux généalogiques: Bibliothèque municipale de Montréal — Salle Gagnon.
Dans: S.G.C.F. Mém. 24: (4) 224-227 oct./déc. '73.

BEAULIEU, André et William MORLEY. La Province de Québec: histoires locales et régionales canadiennes des origines à 1950 . . .

BESTERMAN, Theodore. World Bibliography of Bibliographies . . .
A Canadian section included.

BIBLIOTHÈQUE NATIONALE DU QUÉBEC. Bibliograpie de bibliographies québécoises . . .
____. Bibliographie du Québec, 1821-1967 . . .
Ouvrages de généalogie et d'histoire mentionnés.
____. Le Livre québécois, 1764-1975 . . .

BROWN, Mary J. Handy index to the holdings of the Genealogical Society of Utah . . .
Canadian references included.

CANADA. ARCHIVES PUBLIQUES. Guide de sources généalogiques au Canada . . .
"Les sources dont il est question dans la présente brochure sont celles que consulte le plus souvent le généalogiste." (Intr.)

CENTRE DES ARCHIVES DE L'ABITIBI-TÉMISCAMINGUE. Guide des collections et des fonds du Centre des Archives de l'Abitibi-Témiscamingue . . .
Compilé par Louise Audet, avec la collab. de Yves Dionne.

COMMISSION SCOLAIRE RÉGIONALE HONORÉ-MERCIER. SERVICE DES MOYENS D'ENSEIGNEMENT. Bibliographie du Haut-Richelieu . . .

CÔTÉ, André. Sources de l'histoire du Saguenay-Lac St-Jean . . .

CUMULATIVE MAGAZINE SUBJECT INDEX, 1907-1949 . . .
Collection of 43 annual volumes of *Faxon's Annual Magazine Subject Index* — a guide to material published in 356 American, Canadian and English magazines . . .

DAIGLE, Irenée. Index général des archives de la Société généalogique canadienne-française . . .

DECHÊNE, Louise. Concise inventory of the "Cabinet des titres" (Collection of Title Deeds) of the "Bibliothèque nationale" (National Library) of Paris pertaining to Canadian families.
In: F.C.A.G.R. 2: (2) 121-132 Summer '69.

DE VARENNES, Kathleen (Mennie-). Bibliographie annotée d'ouvrages généalogiques à la Bibliothèque du Parlement/Annotated bibliography of genealogical works in the Library of Parliament . . .
____. Bibliographie annotée d'ouvrages généalogiques à travers le Canada des débuts à nos jours (Rapport d'étape).
Dans: L'Ancêtre 2: (9) 253-256 avr. '79.
____. Sources généalogiques/Genealogical materials: Canadiana, 1951-60 . . .

DICTIONARY Catalog of the Local History and Genealogy Division of the NEW YORK PUBLIC LIBRARY . . .
Includes Canadian references.

DODDRIDGE, Françoise. Inventaire de notre bibliothèque.
Dans: L'Ancêtre 4: (5) 157-163 janv. '78.
Relevé des ouvrages dans la bibliothèque de la Société de Généalogie de Québec, Québec, Qué.

ÉMARD, Michel. Inventaire sommaire des sources manuscrites et imprimées concernant Prescott-Russell, Ontario . . .

FABIEN, J.H. Inventaire des naissances, baptêmes, mariages, sépultures de paroisses; des contrats de mariages; des greffes de notaires et de bibliothèques; des archives généalogiques . . .

FICHIER BIBLIOGRAPHIQUE GÉNÉALOGIQUE.
15 000 fiches.
Archives nationales du Québec, Québec, Qué.

FILBY, William, comp. American and British genealogy and heraldry; a selected list of books . . . (1970 ed.).
Including Canadian references.

FILBY, William, comp. American and British genealogy and heraldry; a selected list of books . . . (2nd ed., 1975).

Includes Canadian references.

FONDS KIPLING.

Fichier/Files MG 25 #62.

Bibliothèque nationale du Canada, Section de Généalogie/National Library of Canada, Genealogical Division.

FONDS ST-EUSTACHE.

Bibliothèque nationale du Canada, Section de Généalogie/National Library of Canada, Genealogical Division.

FORGET, Ulysse. Les Archives de la Nouvelle-Angleterre.

Dans: S.G.C.F. Mém. 6: (1) 3-8 janv. '54.

FORTIN, Benjamin et Jean-Pierre GABOURY. Bibliographie analytique de l'Ontario français . . .

GAGNON, Philéas. Essai de bibliographie canadienne; inventaire d'une bibliothèque comprenant imprimés, manuscrits, estampes, etc., relatif à l'histoire du Canada et des pays adjacents . . .

Les ouvrages d'aspect généalogique ont été analysés et indexés dans la présente bibliographie.

GAUTHIER, Louis-Guy. La Généalogie; une recherche bibliographique . . . précédée de "Outils généalogiques à la Salle Gagnon de la Bibliothèque de la ville de Montréal", par Daniel OLIVIER . . .

GENEALOGICAL PERIODICAL ANNUAL INDEX. Vols. 1-8, 1962-69. . . .

". . . a standard and authoritative topical and author index to genealogical literature appearing in over 150 American, Canadian and British journals . . ."

GENEALOGICAL SOCIETY OF THE CHURCH OF JESUS CHRIST OF LATTER-DAY SAINTS, INC. Research papers . . .

GINGRAS, Raymond. Ce que l'on trouve à la Section de Généalogie (A(rchives) N(ationales du) Q(uébec) . . .).

Dans: L'Ancêtre 1: (7) 213-218 mars '75.

_____. Histoire locale et généalogie; quelques références et adresses . . .

GOURD, Benoit Beaudry-. Bibliographie de l'Abitibi-Témiscamingue . . .

GREGORY, Winifred. American newspapers, 1821-36; a union list of files available in the United States and Canada . . .

GRIFFIN, Appleton C. Bibliography of American historical societies (the United States and Dominion of Canada). 2d ed., rev. and enl. . . . 1966 . . .

Reprint of 1907 which was taken from vol. 2 of 1905 Annual Report of the American Historical Association.

Excellent list up to 1905.

HALE, Richard W., ed. Guide to photocopied historical materials in the United States and Canada . . .

INVENTAIRE général des sources documentaires sur les Acadiens . . . 1975 . . .

KAMINKOW, Marion J. Genealogies in the Library of Congress; a bibliography of family histories of America and Great Britain . . .

KEFFER, Marion Christina, Robert F. KIRK and Audrey L. KIRK. Some references and sources for the family historian in the Province of Ontario . . .

1974 and 1978 editions.

KENNEDY, Patricia, Jean-Marie LEBLANC et Janine ROY. Guide des sources généalogiques au Canada . . .

KILMAN, Grady W. Bibliographic guide to the genealogy and local history collection of the Bayouland library system . . .

"Canada": p. 33 (Table of Contents).

LAMONDE, Yvan. Bibliographie des bibliographies des historiens canadiens-français au Québec.

Dans: Recherches sociographiques 12: (2) 1971. 12 p.

LAVOIE, André, Gaston ST-HILAIRE et Denise BENOIT-CLICHE. Société d'histoire des Cantons de l'Est (1927-1977), inventaire des archives . . .

LEMAY, Léona. Bibliographie de la généalogie dans les comtés de St-Maurice, Maskinongé et Champlain . . .

LÉVEILLÉ, Lionel, comp. Bibliographie sommaire de la Côte-Sud . . .

MAJOR record sources for Acadian genealogical research.

In: Soc. hist. acad. Cahier 3: (9) 373-384 oct./déc. '70.

MALCHELOSSE, Gérard. Généalogie des familles des comtés de Maskinongé et Berthier; bibliographie généalogique, dossier du comité de révision du *Dictionnaire Tanguay.*

Mss. Originaux. 3 pieds (entre 1918 et 1919). Archives nationales du Québec, Québec, Qué.

_____. Généalogie et généalogistes au Canada. *Dans:* Cahiers des Dix 13: 269-298 '48.

NEWBERRY LIBRARY, Chicago. Genealogical Index . . .

Includes Canadian references.

Commonly known as the Wall index. These

volumes contain more than 500 000 surnames, culled from books on genealogy in the Newberry Library . . .
Partially indexed in this edition.

NEW YORK PUBLIC LIBRARY. Dictionary Catalog of the Local History and Genealogy Division, the Research Libraries of the NEW YORK PUBLIC LIBRARY . . .
Includes Canadian references.
295 000 cards representing 113 000 volumes . . .

OLIVIER, Daniel. Outils généalogiques à la salle Gagnon de la Bibliothèque de la ville de Montréal . . .
Dans: GAUTHIER, Louis Guy. La généalogie; une recherche bibliographique . . .

ONTARIO GENEALOGICAL SOCIETY. Library cross-index catalogue to holdings acquired prior to Feb. 1977 . . .

PRINCE EDWARD ISLAND. COMMITTEE APPOINTED TO SOLICIT SUBSCRIPTIONS IN AID OF THE PATRIOTIC FUND. Contributions to the patriotic fund collected in the several towns and settlements of Prince Edward Island . . .

ROBITAILLE, Alphéda. Catalogue des ouvrages de la salle de référence, Bibliothèque, Archives nationales du Québec . . .

ROY, Antoine. Bibliographie de généalogies et histoires de familles.
Dans: Rapport de l'archiviste de la Prov. de Qué. 21: 95-332 '40/41.

____. Bibliographie des monographies et histoires de paroisses.
Dans: Rapport de l'archiviste de la Prov. de Qué. 1937/38, p. 254-364.

RUBINCAM, Milton. Genealogy; a selected bibliography . . .
"Part 3, Chap. XI: Canada": pp. 261-288 (Table of Contents).

SHERBROOKE. UNIVERSITÉ, DÉPARTEMENT D'HISTOIRE. Bibliographie d'histoire des Cantons de l'Est . . .

SOCIÉTÉ D'HISTOIRE ET DE GÉNÉALOGIE D'OTTAWA-HULL. Inventaire des archives . . .
Dans: Par-delà le Rideau 1: (1) 14 printemps '81; 1: (2) 12 été '81.

SOCIÉTÉ HISTORIQUE DU SAGUENAY. Guide sommaire des archives de la Société historique du Saguenay . . .

WRITINGS ON AMERICAN HISTORY, 1903- . . .
A bibliography of books and articles on American and Canadian history . . .
Index, 1902-1940 . . .

BIOGRAPHIES

ADAM, Graeme M. Prominent men of Canada . . .

APPLETON'S CYCLOPEDIA OF AMERICAN BIOGRAPHY. Ed. by J.G. Wilson and J. Fiske . . .
Lists of deaths in vols. 1-6; includes names of native and naturalized citizens of the United States, from the time of earliest settlement; eminent citizens of Canada, Mexico and other countries of North and South America.

AUDET, Francis-Joseph. Index biographique. Fichier/Files MG 30-D1. 3 tiroirs/drawers. Bibliothèque nationale du Canada, Section de généalogie/National Library of Canada, Genealogical Division.

DICTIONNAIRE biographique du Canada/DICTIONARY of Canadian Biography . . .

DUMAS, Silvio. Répertoire biographique des filles du Roi.
Dans: Cahiers d'histoire no 24, 149-382 '72.

FICHIER général à la section de généalogie, Archives nationales du Québec.
Dépouillement de biographies parues jusqu'en 1950.

KERR, John Blaine Kerr. Biographical dictionary of well-known British Columbians . . .

LE JEUNE, Louis-Marie, o.m.i. Dictionnaire général . . .

WALLACE, W. Stewart. Macmillan Dictionary of Canadian Biography . . .

DICTIONNAIRES/DICTIONARIES

AUSTIN, John Osborne. The Genealogical Dictionary of Rhode Island . . .
A large number of families came from Canada.

CARBONNEAU, Charles Alphonse. Tableau généalogique des mariages célébrés dans les paroisses du diocèse de Rimouski . . .
"Corrections au Dictionnaire . . . Carbonneau . . ." *dans:* S.G.C.F. Mém. 5:171-175 '53.
Les noms ont été indexés dans cette édition.

DIONNE, Narcisse Eutrope. Les Canadiens-français . . .

GODBOUT, Archange, o.f.m. Dictionnaire généalogique acadien.
Ms. Microfilm. 4 bobines.
Archives acadiennes, Moncton, N.-B.

____. Exemple annoté du *Dictionnaire de Cyprien Tanguay.* Archives nationales du Québec, Québec, Qué.

____. Nos ancêtres au 17e siècle . . .
Les noms ont été indexés dans cette édition.

GOSSELIN, David, mgr. Dictionnaire généalogique de Charlesbourg . . .

Les noms ont été indexés dans cette édition.

INSTITUT GÉNÉALOGIQUE DROUIN. Dictionnaire national des Canadiens-français (1608-1760) . . .

LEBOEUF, J. Arthur. Complément au Dictionnaire généalogique Tanguay . . .

LE JEUNE, Louis-Marie, o.m.i. Dictionnaire général . . .

MORICE, Adrien Gabriel, o.m.i. Dictionnaire historique des Canadiens métis français de l'Ouest . . .

TANGUAY, Cyprien, mgr. Dictionnaire généalogique . . .

Les noms ont été indexés dans cette édition.

TEPPER, Michael. New world immigrants . . .

WHYTE, D. Dictionary of Scottish emigrants to the U.S.A.

Should be consulted when conducting research on Scottish families in Canada.

DISCOURS, ESSAIS, CONFÉRENCES/ ADDRESSES, ESSAYS, LECTURES

ANDRÉ (frère). Généalogie et la petite histoire au service de la cause nationale.
Dans: S.G.C.F. Mém. 7: (3) 138-141 juil. '56.

AU sujet de l'ancêtre.
Dans: Saguenayensia 18: (3) 87-89 mai/août '76.

AUBIN-TELLIER, Marguerite. Du document administratif à l'histoire familiale.
Dans: S.G.C.F. Mém. 22: (1) 56-57 janv./mars '71.

AUGER, Roland-J. Genealogy through marriage records.
In: F.C.A.G.R. 21: (1) 5-6 Spring '69.

____. Genealogy in French Canada.
In: F.C.A.G.R. 1: (1) 1-2 Spring '68.

____. Les Sources manuscrites en généalogie.
Dans: S.G.C.F. Mém. 8: 121-123 '57.

____. World conference on records.
In: F.C.A.G.R. 1: (4) 223-236 Winter '68.

AYLSWORTH family reunion, Bath, Ontario. 10th Aug. 1929 . . .

BEAUCHEMIN, Jeanne. La Généalogie et l'année internationale de l'enfant.
Dans: L'Entraide généalogique 2: (1) 15-17 '79/80.

BÉLANGER, Léonidas. La Généalogie.
Dans: Saguenayensia. 5: (1) 19 '63.

BONNAULT, Claude de. Les Suisses au Canada.
Dans: Bull. rech. hist. 61: 51-70 '55.

BORDUAS, Jean Rodolphe. Comment dresser la liste de ses ancêtres.
Dans: S.G.C.F. Mém. 9: (1) 7-12 janv. '58.

____. Comparaison entre les méthodes de faire un tableau généalogique ascendant.
Dans: S.G.C.F. Mém. 9: (2) 72-75 avr. '58. Quatre modèles de tableaux généalogiques, p. 73-74.

____. La Généalogie, science inutile?
Dans: S.G.C.F. Mém. 9: (2) 65-72 avr. '58.

____. La Recherche de nos origines françaises.
Dans: S.G.C.F. Mém. 4: (4) 193-195 avr. '51.

BRETON, Guy. Paléographie.
Dans: L'Entraide généalogique 3: (2) 70-71 mars '81.

CAMPAGNA, Dominique, s.c. Les Familles Campagna au Canada.
Dans: L'Ancêtre 4: (6) 197-199 fév. '78.

CHARBONNEAU, Hubert et Raymond ROY. Généalogie, démographie et registres paroissiaux.
Dans: S.G.C.F. Mém. 27: (1) 23-36 janv./mars '76.

CHARTRAND, Robert. Généalogie dans l'Outaouais.
Dans: L'Outaouais généalogique 1: (2) 17 fév. '79.

CHRONIQUE généalogique.
Dans: S.G.C.F. Mém. 1: (1) 49-60 janv. '44.

CORMIER, Clément, c.s.c. Études généalogiques.
Dans: Soc. hist. acad. Cahiers. No 1, p. 139-145, '61.

DÉFINITION de la généalogie et intérêt pour cette science; développement des études généalogiques au Québec. Conseil sur la façon de dresser sa propre généalogie, services mis à la disposition du public dans ce domaine par les Archives nationales du Québec.
Dans: Culture vivante 18: 25ss '70.

DIGGING for roots of your family tree.
In: Business Week, Feb. 21, 1977, pp. 87-88.

DUMAS, Évariste. La Généalogie: science et profession.
Dans: S.G.C.F. Mém. 6: (3) 106-113 juil. '54.

DUMAS, Silvio. Filles du Roi en Nouvelle-France.
Dans: Cahiers d'histoire no 24, p. 382, '72.

DUVAL, Monique. Le généalogiste ne doit plus se limiter à la généalogie pure mais se tourner plutôt vers les applications pratiques.
Dans: Le Soleil, mardi 12 oct. '71.

____. Important ouvrage sur les terres de l'Île d'Orléans.
Dans: Le Soleil, mercredi, 28 nov. '78.

____. Les Cloutier d'Amérique se réuniront en association.
Dans: Le Soleil, mercredi, 17 janv. '79.

____. Une association à l'échelle de l'Amérique: les Tremblay ont maintenant le deuxième tome de leur "Bible".
Dans: Le Soleil, mercredi, 28 nov. '78.

FOURNIER, Paul-André. L'Ex-libris et la généalogie.
Dans: L'Ancêtre 7: (4) 121-123 déc. '80.

FRÉDETTE, Jean-Marc. Le Registre de la population du Ministère des Affaires sociales.
Dans: L'Ancêtre 6: (1) 291-298 juin '80.

____. Utilisation du système de l'état civil du Québec en démographie et en santé.
Dans: L'Ancêtre 6: (7) 209-212 mars '80.

GÉNÉALOGIE.
Dans: Histoire . . . au pays de Matane. 9: (1) 36-37 déc. '73.

GENEST, Paul. Étude cytogénétique et généalogique.
Dans: S.G.C.F. Mém. 25: (4) 244-245 oct./déc. '74.

GENEST, Rosario. "Faits chronologiques du cadastre".
Dans: Bull. rech. hist. 64: 16-31 '59.

GEORGES, o.f.m. Cap. Recensement et généalogie.
Dans: S.G.C.F. Mém. 2: (1) 12-20 janv. '46.

____. Cap. Recensement et généalogie acadienne.
Dans: S.G.C.F. Mém. 2: (2) 76-87 juin '46.

____. Cap. Registres et recensements pour les généalogies acadiennes.
Dans: Soc. hist. acad. Cahiers. no 5, p. 24-32, '64.

GINGRAS, Raymond. À travers mes lectures et voyages.
Dans: L'Ancêtre 1: (3) 63-65 nov. '74.

____. Consultation des vieillards et petite histoire.
Dans: S.G.C.F. Mém. 24: (4) 208-211 oct./déc. '73.

____. Mélanges généalogiques . . .

____. Quelques Francos au Connecticut . . . Polycopié.
Tiré à 50 exemplaires.

GIROUX, Germain. Le Registre paroissial de Beauport.
Dans: L'Ancêtre 5: (7) 197-202 mars '79.

GOULD, C. Canadians in Britain examine the roots of their family tree.
In: Saturday Night. 59: 25 June 24, '44.

GRAVELLE, Joseph E., ptre. À la défense du généalogiste.
Dans: S.G.C.F. Mém. 1: (3) 158-159 janv. '45.

HATTIE, R.M. Genealogy in Nova Scotia.
In: Nova Scotia Historical Society. Collections. 30: 184-206 '54.

HÉROUX, Omer. Pour les groupements familiaux.
Dans: S.G.C.F. Mém. 2: 130-131 '47.

HUNTER, Andrew Frederick. Genealogical tables and their right uses in history.
In: Ontario Hist. Soc. Papers and Records 18: 104-110 '20.

INTÉRÊT de la généalogie pour l'historien entre l'histoire et la généalogie au niveau de la méthode.
Dans: Rev. hist. 23: (9) 11-14 '68.

JACQUART, Joseph. De la généalogie à l'histoire des familles; 40 ans de recherches par acheminement concentrique.
Dans: S.G.C.F. Mém. 14: (5) 115-119 mai '63.

____. Des unions familiales, dites gentilices.
Dans: S.G.C.F. Mém. 18: (4) 221-223 oct/déc. '61.

____. Du tronc à la ramure: généalogie et paysannerie.
Dans: S.G.C.F. Mém. 12: (4) 213-216 oct./déc. '61.

____. Faites "revivre" l'histoire de votre famille.
Dans: S.G.C.F. Mém. 7: (4) 193-198 oct. '56; 8: (2) 65-71 avr. '57; 8: (3) 129-131 juil. '57.

____. Famille et généalogie.
Dans: S.G.C.F. Mém. 14: (3) 57-61 '63.

____. Généalogie et sociologie.
Dans: S.G.C.F. Mém. 10: (1/2) 5-9 janv./avr. '59.

____. Généalogie et tourisme.
Dans: S.G.C.F. Mém. 10: (3/4) 101-102 juil./oct. '59.

____. Généalogie, hier, aujourd'hui, demain.
Dans: S.G.C.F. Mém. 9: (1) 3-7 janv. '58.

____. Généalogie, science humaine par excellence.
Dans: S.G.C.F. Mém. 14: (6) 127-128 juin '63.

____. La Généalogie vivante.
Dans: S.G.C.F. Mém. 6: (5) 194 janv. '55.

JACQUART, Joseph. Les "gens", force du peuple romain, va-t-elle revivre dans la France moderne?
Dans: S.G.C.F. Mém. 5: 200-202 '53.
Suivi d'une liste "d'associations familiales belges": p. 202.

____. "Je descends de Charlemagne, ma femme aussi et vous? Beaucoup ignorent le fait, peu en cherchent la trame."
Dans: S.G.C.F. Mém. 11: (1) 3-5 janv./avr. '60.

____. Pour mieux étoffer l'histoire de nos familles, passons de la généalogie pure à la généalogie appliquée.
Dans: S.G.C.F. Mém. 15: (1) 3-5 '64.

____. Trame de notre destin.
Dans: S.G.C.F. Mém. 14 (7/9) 151-152 juil./sept. '63.

LAMBERT, Raymond. À propos de la lecture des documents anciens.
Dans: L'Entraide généalogique 4: (1) 14-19 août/sept./oct. '81.

LANGLOIS, Michel. Généalogie aux Archives nationales.
Dans: L'Ancêtre 6: (1) 4-16 sept. '79.

____. La venue des ancêtres.
Dans: L'Ancêtre 4: (6) 183-192 fév. '78.

LAPP, Eula (Carscallen). Beware, horse thieves! pirates! witches!
In: Ontario Hist. Soc. Papers and records 50: (165-176) '58.

LAURENDEAU, Adrien. Msgr. Cyprien Tanguay (1819-1902). Biographical notes.
In: F.C.A.G.R. 3: (4) 201-214 Winter '71.

LEFEBVRE, Fernand. L'Archivistique et la généalogie.
Dans: S.G.C.F. Mém. 8: (1) 3-12 janv. '57.

LEFEBVRE, Jean-Jacques. Deux siècles après Tanguay.
Dans: S.G.C.F. Mém. 19: (2) 73-80 avr./ juin. '68; 19: (3) 131-138 juil./sept. '68.

LE FRANÇOIS, Jean-Jacques. Raids des Vikings . . . de par le monde.
Dans: S.G.C.F. Mém. 16: (3) 139-148 juil./sept. '65.

LENOBLET DU PLESSIS, Edgard. Généalogie.
Dans: Par delà le Rideau 2: (1) 16 janv./fév. '82.

____. "Réflexions en marge de la généalogie". "Extraits d'une causerie donnée sous les auspices de la Société d'histoire et de généalogie d'Ottawa à l'Institut canadien-français, Ottawa, le 29 nov. '81."

LESSARD, Anna. La Science des souvenirs chéris.
Dans: Par delà le Rideau 1: (2) 8-10 été '81.

MAHAFFY, R.U. For surprises, shake that family tree.
In: S.G.C.F. Mém. 16: (3) 137-139 juil./sept. '65.

MALCHELOSSE, Gérard. Généalogie et généalogistes au Canada.
Dans: Cahiers des Dix 13: 269-298 '48.

MASSICOTTE, Édouard Zotique. La Généalogie au Canada-français.
Dans: Rev. can. 46: 81 '04.
Aussi paru dans: S.G.C.F. Mém. 1: (1) 11-14 janv. '44.

MORIN, Jacques-Yvan. La Généalogie, source de l'avenir.
Dans: S.G.C.F. Mém. 29: (4) 243-251 oct./déc. '78.

NADEAU, Gabriel. L'Hérédité en fonction de la généalogie.
Dans: S.G.C.F. Mém. 1: (2) 81-95 juin '44.

O'GALLAGHER, Marianna, s.c.h. Inventaire des archives irlandaises.
Dans: L'Ancêtre 7: (10) 308-309 juin '81.

PARROT, Paul. Généalogie et démographie; la liaison des documents civils.
Dans: S.G.C.F. Mém. 16: (2) 259-264 janv./mars '65.

PLESSIS, Edgar-L., du. Appel des ancêtres.
Dans: S.G.C.F. Mém. 14: (7/9) 156-157 juil./sept. '63.

REGISTRES paroissiaux sur microfilm.
Dans: Le Devoir, 13 sept. '77.

RIZZOLI, Honoré. Vieilles photographies à conserver.
Dans: S.G.C.F. Mém. 24: (4) 211-213 oct./déc. '73.

ROUSSEAU, Jacques. Sommes-nous parents avec tous nos ancêtres?
Dans: S.G.C.F. Mém. 5: (2) 66-67 juin '52.
Recension de la réédition du volume intitulé: "L'Hérédité et l'homme".

SAVOIE, Donat et Madeleine JACQUES. Problèmes posés par le nombre restreint de patronymes dans le traitement des généalogies au moyen de l'ordinateur. Exemple de Pont-Rouge (Île du P.-É.).
Dans: Recherches sociographiques 13: (1) 139-147 janv./avr. '72.

SOCIÉTÉ GÉNÉALOGIQUE CANA-DIENNE-FRANÇAISE, Montréal. Code d'éthique du généalogiste.
Dans: S.G.C.F. Mém. 28: (2) 111-112 avr./ juin '77.

SORMANY, Pierre. À la recherche de nos ancêtres.
Dans: Québec Science 12: (6) 38-42 fév. '74.

SPICER, E. and J. MEDD. Searching for your ancestors.
> *In:* Ont. Lib. Rev. 45: 133-136 May '61.

SULTE, Benjamin. Les Généalogies.
> *Dans:* Saguenayensia 10: (4) 99-100 juil./ août '68.

TREMBLAY, Denis. Notre généalogie collective.
> *Dans:* L'Entraide généalogique 3: (2) 72-78 mars '81.

TRUDEL, Hubert. Comment former une association de famille.
> *Dans:* S.G.C.F. Mém. 10: (1/2) 11-15 janv./ avr. '59.

VERVILLE, René. Connaissez-vous bien le lieu d'origine de votre ancêtre?
> *Dans:* L'Entraide généalogique 2: (1) 11-14 '79/80.

VIEUX PAPIERS.
> *Dans:* S.G.C.F. Mém. 5: 3 '52.
> Extrait d'un article paru dans: "Le Monde illustré", 10 déc. 1887.

WILMOT, R. Family tree.
> *In:* Atlantic Advocate 50: 89-92 Feb. '60.

WORLD Conference on Records and Genealogical Seminar, Salt Lake City, Utah, U.S.A., 5-8 August 1969 . . .
> A series of papers presented.
> "Area F: Romance language countries: France, Switzerland, Canada . . ."
> "Area I: . . . (b) Records in Canada, American States, Indians, Church in Canada . . ."

ENSEIGNEMENT/TEACHING

COURS de généalogie: résumé des cours de la 1ère session . . .

COURS de généalogie: résumé des cours de la 2e session . . .

COURS de généalogie. Nouv. éd. . . .

DE VARENNES, Kathleen (Mennie-). À la recherche des sources généalogiques . . .

GÉNÉALOGIES/GENEALOGIES

Note: Ouvrages non-indexés dans cette édition à moins d'une mention/Works not indexed in this edition unless mentioned.

ACADIE/ACADIA

ARSENAULT, Adrien. Acadiens aux Trois-Rivières; les origines acadiennes de Moncton.
> *Dans:* Soc. hist. acad. Cahier. 1: 18-27 '61.

ARSENAULT, Bona. Histoire et généalogie des Acadiens . . . 2 vol.
> Noms de familles indexés dans cette édition.

____. Histoire et généalogie des Acadiens . . . 6 vol.

CALNEK, William Arthur. History of the County of Annapolis, including Old Port Royal and Acadia . . .

DAIGLE, Auguste-E., N.-B. Notes généalogiques des familles acadiennes; essai d'index des notes de Placide Gaudet et cahiers de transcription de registres paroissiaux.
> Ms. Originaux. 12 p. [s.d.]
> Archives acadiennes, Moncton, N.-B.

DOUGHTY, Arthur. The Acadian Exiles . . .

ENTREMONT, Clarence J. d'. Typescripts, notes and newspaper clippings concerning the genealogy of Acadian families of Yarmouth, N.S., 1882-1900.
> Mss. Microfilm. 1 reel.
> Public Archives of Canada, Ottawa, Ont.

FAUTEUX, Aegidius, Qué. . . . Généalogies: "Families d'Acadie" . . . Histoire de paroisses . . .
> Mss. Originaux. 27 pieds.
> Bibliothèque municipale de Montréal, Montréal, Qué.

FRANCE. ARCHIVES DÉPARTE-MENTALES, MORBIHAN. Généalogie des familles acadiennes établies dans les paroisses de Bangor, Locmaria, Sauzon et Palais-à-Belle-Isle-en-Mer.
> Mss. Copie. 2 pouces. 1767.
> Archives publiques du Canada, Ottawa, Ont.

____. Généalogie des familles des quatre paroisses de Belle-Isle-sur-Mer: Le Palais, Sauzon, Locmaria et Bangor.
> Mss. Microfilm. 1 bobine. 1767.
> Archives acadiennes, Moncton, N.B.

GALLANT, Patrice. Les Acadiens de St-Pierre et Miquelon à La Rochelle, 1767-1768 et 1778-1785 . . .

____. Acadiens établis aux Îles St-Pierre et Miquelon et autres notes généalogiques acadiennes.
> Mss. Originaux. 4 pouces. [s.d.]
> Archives acadiennes, Moncton, N.-B.

____. Exilés acadiens en France.
> *Dans:* Soc. hist. acad. Cahier 2: (10) 366-373 juil./sept. '68.

GAUDET, Placide. Acadian genealogy and notes . . .

____. Généalogie des familles acadiennes avec documents . . .
> *Dans:* Rapport des Archives canadiennes, 1905, vol. 2, App. A, 3e ptie. 438 p.

____. Généalogies acadiennes.
> Fichier/Files. Doc. MG 30-C20. 102 tiroirs/drawers.
> Bibliothèque nationale du Canada, Section de généalogie/National Library of Canada, Genealogical Division.

GAUDET, Placide. Genealogies, parish registers and notes concerning Acadian families, ca. 1600-1900 . . .
>   Mss. Original. 5 feet.
>   Public Archives of Canada, Ottawa, Ont.

_____. Notes généalogiques des familles acadiennes . . .
>   Mss. Originaux. 49 pieds.
>   Archives acadiennes, Moncton, N.-B.

GODBOUT, Archange, o.f.m. Dictionnaire généalogique acadien.
>   Mss. Microfilm. 4 bobines.
>   Archives acadiennes, Moncton, N.-B.

HÉBERT, Pierre-Maurice, o.f.m. Cap. Paroisses acadiennes du Québec.
>   *Dans:* Soc. hist. acad. Cahier 3: (9) 357-361 oct./déc. '70; 3: (10) 408-415 janv./mars '71; 4: (2) 68-82 juil./sept. '71; 4: (7) 274-286 oct./déc. '72; 4: (10) 425-439 juil./sept. '73.

JEHN, Janet. Acadian descendants . . .
>   Indexé dans cette édition/Indexed in this edition.

MAJOR record sources for Acadian genealogical research.
>   *In:* Soc. hist. acad. Cahier 3: (9) 373-384 oct./déc. '70.

MARTIN, Ernest. Retour des Acadiens en Poitou en 1773-1973 . . .

MEUSE, Joseph R., N.S. Notes on Acadian families.
>   Mss. Original. 3 feet.
>   Public Archives of Nova Scotia, Halifax, N.S.

POIRIER, Pascal. Origines des Acadiens.
>   *Dans:* Rev. can. 11: 850-876, 927-954 1874.

RIEDER, Milton P. and Norma GAUDET-RIEDER. Acadians in France . . .

ROBICHAUX, Albert J. Acadian marriages in France . . .

SAINT-SERVAN, FRANCE. REGISTRES PAROISSIAUX. Manuscrit intitulé: "Recherches faites dans les archives de la Ville de St-Servan (Ille et Vilaine) au sujet des Acadiens déportés en France vers la fin du 16e siècle et autres documents divers".
>   Mss. Reproductions photographiques. 112 p.
>   Archives acadiennes, Moncton, N.-B.

SHERWOOD, Roland. Pictou pioneers; history of the first hundred years in the history of Pictou town . . .

TREMBLAY, Marc Adélard et Marc LAPOINTE. Famille et parenté en Acadie . . .

CANADA

CARON, Ivanhoe. The Catholic missions in Canada, 1721; a profile for genealogy and microhistory . . .

FABIEN, J.H. "Documents Fabien", notes diverses sur les familles canadiennes.
>   Fichier/Files. Doc. MG 25 #231.
>   Bibliothèque nationale du Canada, Section de généalogie/National Library of Canada, Genealogical Division.

FICHIER NOMINAL "Q".
>   Bibliothèque nationale du Canada, Section de généalogie/National Library of Canada, Genealogical Division.

FICHIER secondaire sur différents sujets et notes sur les familles canadiennes.
>   Bibliothèque nationale du Canada, Section de généalogie/National Library of Canada, Genealogical Division.

GODBOUT, Archange, o.f.m. Notes, références et fiches au sujet de la généalogie des familles canadiennes-françaises.
>   Mss. Originaux. 30 pieds. 18e-19e siècles.
>   Archives nationales du Québec, Québec, Qué.

_____. Origine des familles canadiennes-françaises . . .

_____. Passagers du Saint-André; la recrue de 1659 . . .

LEMIEUX, L. "Lemieux Papers".
>   Files/Fichier. Doc. MG 30-C49. 12 drawers/tiroirs.
>   Bibliothèque nationale du Canada, Section de généalogie/National Library of Canada, Genealogical Division.

NORMAN, William E. Norman Genealogy; ancestors and descendants . . .

VAILLANCOURT, Émile. La Conquête du Canada par les Normands; biographie de la première génération normande du Canada . . .

ALBERTA

AWID, Richard and Jim HAYMOUR. A Salute to the Arab pioneers of Northern Alberta . . .

BLUE, John. Alberta: past and present, historical and biographical . . .
>   Indexed in this edition.

DOUGLAS, Helen Frances. Golden kernels of Granum; the story of the early settlers of Granum . . .

HILDA TOWN AND COUNTRY LADIES CLUB. Hilda's golden heritage . . .

INGEVELD, George, Alta. Notes on prominent Millarville pioneers.
>   Mss. Original. 2 p. 1961.
>   Glenbow-Alberta Institute, Calgary, Alta.

LUXTON, Eleanor, Alta. Interviews with ranching pioneers, mostly of the High River Area; biography of early families.
> Mss. Original. 5 inches. 1956-1959.
> Glenbow-Alberta Institute, Calgary, Alta.

MAJESTIC-FARRELL LAKE WOMEN'S INSTITUTE. Harvest of memories . . .

MERRILL, Milton Magrath, Alta. Biographies and historical information concerning Mormons and Mormon families in Southern Alberta.
> Mss. Original. 200 p.
> Glenbow-Alberta Institute, Calgary, Alta.

MOHR, Hilda (Berg). Great pioneers who cleared and broke the virgin land of Joseph-burg . . .

PRICE, Elizabeth Bailey, Alta. Interviews relating to southern Alberta pioneers . . .
> Mss. Original.
> Glenbow-Alberta Institute, Calgary, Alta.

SCHULER HISTORY COMMITTEE. Saga of Schuler stalwarts . . .

SOUTHERN ALBERTA PIONEERS AND OLD TIMERS ASSOCIATION, Alta. Biographical forms completed by members of the Society with particular emphasis on year of arrival in the west of the first family member, location, etc. Includes biographies from Calgary, Fort Macleod, Lethbridge, Medicine Hat, Pincher Creek, Red Deer, Strathmore and Cardston, Alta.
> Mss. Original. 1 foot 8 inches. 1957.
> Glenbow-Alberta Institute, Calgary, Alta.

TARDIF, Émile, o.m.i. Genealogical chart of three Iroquois families that migrated from Montreal to Alberta, ca. 1780 . . .
> Mss. Original. 3 p. 1960.
> Glenbow-Alberta Institute, Calgary, Alta.

TRAILS to Mannville . . .

WOMEN'S INSTITUTE (CANADA). NORTH LORNE PINE WOMEN'S INSTITUTE, DIDSBURY, ALTA. Bucking poles and butter churns: history of Lorne Pine and district . . .

WOMEN'S INSTITUTE (CANADA). WHEATSHEAF WOMEN'S INSTITUTE, KIRRIEMUIR, ALTA. HISTORY COMMITTEE. Pioneer heritage of Kirriemuir, Altario and Compeer . . .

COLOMBIE-BRITANNIQUE/ BRITISH COLUMBIA

GRIFFIN, Harold. British Columbia; the people's early story . . .

KERR, John Blaine Kerr. Biographical dictionary of well-known British Columbians . . .

MENNONITE GENEALOGIES, 1920-1956.
> Mss. Original. 5 inches.
> Mennonite Archives of Ontario, Waterloo, Ont.

WHITESIDE, Richard V. The Surrey Pioneers . . .

ÎLE-DU-PRINCE-ÉDOUARD/ PRINCE EDWARD ISLAND

BLANCHARD, Joseph Henri. The Acadians of Prince Edward Island, 1720-1864 . . .

____. Acadiens de l'Île-du-Prince-Édouard . . .

GREENHILL, Basil. Westcountry Men in Prince Edward's Isle . . .

MAC LEOD, Salomé. Memories of Beach Point and Cape Bear . . .

MACQUEEN, Malcolm Alexander. Hebridian pioneers . . .

PRINCE EDWARD ISLAND. COMMITTEE APPOINTED TO SOLICIT SUBSCRIPTIONS IN AID OF THE PATRIOTIC FUND. Contributions to the patriotic fund, collected in the several towns and settlements of Prince Edward Island . . .

MANITOBA

KILLARNEY, Man. Biographical information on the pioneer settlers of Killarney, Man.
> Mss. Transcripts. 8 inches. 1880-1967.
> Provincial Archives of Manitoba, Winnipeg, Man.

KIPLING, Clarence, Alta. Biographical and genealogical notes on Red River Settlement families.
> Mss. Photocopies. 1/2 inch. 1966.
> Provincial Archives of Manitoba, Winnipeg, Man.

MAJESTIC-FARRELL LAKE WOMEN'S INSTITUTE. Harvest of memories . . .

MENNONITES, WEST RESERVES, MAN. Settlement registers of Mennonite colonies, Southern Manitoba, 1878-1883.
> Mss. Microfilm. 50 feet.
> Provincial Archives of Manitoba, Winnipeg, Man.

PIONEERS and early citizens of Manitoba . . .

PIONEERS and prominent people of Manitoba . . .

NOUVEAU-BRUNSWICK/ NEW BRUNSWICK

TRUEMAN, Howard. Chignecto Isthmus and its first settlers . . .

WALTON, Jesse M., comp. Loyalist Quaker settlement . . .

WRIGHT, Esther C. The Loyalists of New Brunswick . . .

YORK-SUNBURY HISTORICAL SOCIETY, N.B. . . . genealogical papers, 1780-1965.
>   Mss. Original.
>   Provincial Archives of New Brunswick, Fredericton, N.B.

NOUVELLE-ÉCOSSE/NOVA SCOTIA

BURGESS, May, N.S. Deeds, letters, etc. concerning families and lands in Hants County, N.S. (chiefly Maitland, N.S. and Shubenacadie, N.S.) of the Frieze, Corwe, Rines, Ritchie, Roy and Smith families.
>   Mss. Original. 3 inches. 1819-1874.
>   Public Archives of Nova Scotia, Halifax, N.S.

CROWELL, Edwin. History of Barrington Township and vicinity, Shelburne County, Nova Scotia, 1604-1870, with biographical and genealogical appendix . . .

DUNCANSON, John V. Falmouth, a New England township in Nova Scotia, 1765-1965 . . .

DUNN, Charles. Highland settler . . .

EATON, Arthur Wentworth Hamilton. Rhode Island settlers on the French lands in Nova Scotia in 1760 and 1761 . . .

ENTREMONT, Clarence J. d'. Typescripts, notes and newspaper clippings concerning the genealogy of Acadian families of Yarmouth, N.S., 1882-1900.
>   Mss. Microfilm. 1 reel.
>   Public Archives of Canada, Ottawa, Ont.

GILROY, Marion. Loyalists and land settlement in Nova Scotia . . .

GLOVER, R.S. Bristol and America; a history of the first settlers, 1654-1685 . . .

HARRIS, E.A., N.S. Genealogy of Lunenburg County families . . .
>   Mss. Original. 3 2/3 feet. [n.d.]
>   Public Archives of Nova Scotia, Halifax, N.S.

MAC DONNELL, William J., N.S. History of Port Hood, Inverness County, including genealogies of the residents.
>   Mss. Photocopies. 50 p. 1883-1949.
>   Cape Bretoniana Archives. St. Francis Xavier Univ., Sydney Campus, Sydney, N.S.

MAC DOUGALL, John L. History of Inverness County, Nova Scotia . . .

MAC INNIS, Joseph L., N.S. "History of the Brooch of Lorne" translated into Gaelic by Hector MacDougall; "Creating a New Scotland in Canada: the story of the trials of the Scottish pioneers", by Catherine Mackenzie; . . . "Pioneers of Washbukt, N.S.", by Alexander D. MacLean.
>   Mss. Transcript. 1 inch. 1927-1937.
>   Cape Bretoniana Archives. St. Francis Xavier Univ., Sydney Campus, Sydney, N.S.

MILLER, Thomas. Historical and genealogical record of the first settlers of Colchester County . . .

MORSE, William Inglis. Local history of Paradise, Annapolis County, N.S. (1684-1936) . . .

RANKIN, Duncan Joseph. History of the county of Antigonish, Nova Scotia . . .

ROSS, Daniel Keith. Pioneers and churches . . . the pioneers and families of Big Brook and West Branch, E.R. and surrounding sections including Lorne, Glengarry, Elgin, Centerdale, Hopewell, Marshdale, Foxbrook . . .

SAINTE-ANNE d'Argyle et Saint-Pierre d'Argyle, familles. Documents concernant les familles de Sainte-Anne d'Argyle (Pubnico-est, N.-É.) et Saint-Pierre d'Argyle (Pubnico-ouest, N.-É.) . . .
>   Mss. Microfilm. 1 bobine.
>   Archives acadiennes, Moncton, N.-B.

WHIDDEN, David Graham. History of the town of Antigonish . . .

ONTARIO

BEERS, J.E. Commemorative biographical record of the County of Essex, Ont., containing biographical sketches of prominent and representatives citizens and many of the early settled families . . .
>   1904 ed., 874 p.; 1905 ed., 676 p.; 1906 ed., 840 p.; 1907 ed., 673 p.

BREWSTER, Winfield. Pine Bush genealogy . . .

BULL, William Perkins, Ont. . . . Families of Peel County; Brampton file . . . family trees . . .
>   Mss. Original. 1820-1945.
>   Archives of Ontario, Toronto, Ont.

_____. Genealogical and general history of Peel County to 1938.
>   Mss. Transcripts. 36 feet. [n.d.]
>   United Church of Canada. Central Archives, Toronto, Ont.

CANIFF, William. History of the Province of Ontario . . . including biographies of prominent first settlers and the census of 1871 . . .

CHADWICK, Edward Marion. Ontarian families . . .
> Family names indexed in this edition.

ELLIOTT, Bruce. Index to vital statistics appearing in the "Ottawa Citizen" . . .

GREEN, Ernest. Township no. 2, Mount Dorchester, Stamford.
> *In:* Ontario Hist. Soc. Papers and records 25: 248-338 '29.
> Family notes, Appendix I, pp. 276-330.

HUNTER, Andrew Frederick. A History of Simcoe County . . .

KEFFER, Marion Christena, Robert F. KIRK and Audrey L. KIRK. Some references and sources for the family historian in the Province of Ontario . . .

LEEDS AND GRENVILLE GENEALOGICAL SOCIETY. Queries and quandaries . . .

MC COLL, H. Historical sketch of the Highland pioneers of the County of Middlesex.
> Mss. Photocopies. 1/2 inch. 1904.
> Public Archives of Canada, Ottawa, Ont.

MENNONITE genealogies, 1920-1956.
> Mss. Original. 5 inches.
> Mennonite Archives of Ontario, Waterloo, Ont.

PIONEER life on the Bay of Quinte, . . .

QUINTON, Emerson Walter. Manuscripts, notes and transcriptions on Grey County, Ont. and on family genealogy.
> Mss. Original. 12 feet. Transcripts. 6 vols. ca. 1889-1960.
> University of Western Ontario Library, London, Ont.

REIVE, W.G. . . . Transcribed genealogical data taken from cemeteries in the Niagara Peninsula, genealogical and biographical notes on the families of the same area.
> Mss. Original. 6 inches. Microfilm. 2 reels.
> Archives of Ontario, Toronto, Ont.

ROSSER, Frederick Thomas. London Township pioneers, including a few families from adjoining areas . . .

STEPHEN, James A. . . . "Proton pioneers, 1853-1910"; history of Proton Township, Ont.
> Mss. Photocopies. 78 p. 1966.
> Metropolitan Toronto Central Library, Toronto, Ont.

WATERLOO County deaths: as recorded in 1870 — 304, 1871 — 363, 1872 — 426; Total = 1093 . . .

WILSON family. . . . Genealogical information about many of the families of Hope Township. Included are notes on the Wilson family history and their pioneer activities . . . 1841-1892, 1966 . . .

Mss. Microfilm. 1 reel.
Archives of Ontario, Toronto, Ont.

WOMEN'S INSTITUTE (CANADA). CORINTH WOMEN'S INSTITUTE. Tweedsmuir history of Corinth and North Bayham . . .

QUÉBEC/QUEBEC

BEAUMONT, Charles. Généalogie des familles de la Beauce, P.Q.
> *Dans:* 5-6 Édouard VII. Documents de la session no 18, 1906, partie 9.
> Les noms de familles sont indexés dans cette édition.

____. Généalogie des familles de la Côte de Beaupré . . .
> Les noms de familles sont indexés dans cette édition.

CARBONNEAU, Charles Alphonse. Tableau généalogique des mariages célébrés dans les paroisses du diocèse de Rimouski . . .
> Les noms de familles sont indexés dans cette édition.

FORGUES, Michel. Généalogie des familles de l'Île d'Orléans . . .
> *Dans:* Rapport de l'archiviste de la prov. de Qué. 1905, vol. 2, App. A, 2e ptie. 328 p.

GINGRAS, Raymond. De la ville et de la région de Liège à Québec.
> *Dans:* L'Ancêtre 1: (5) 141 janv. '75.

____. Quelques Francos au Connecticut; notes, références et index des nécrologies parues dans des journaux de 1963 à 1975 . . .

GODBOUT, Archange, o.f.m. Émigration rochelaise en Nouvelle-France . . .

____. Nos ancêtres au XVIIe siècle . . .
> Les noms de familles sont indexés dans cette édition.

____. Pionniers de la région trifluvienne . . .

GRENIER, Aimé. Dictionnaire généalogique des familles de St-Bernard, Dorchester, P.Q. . . .
> Les noms de familles ont été indexés dans cette édition.

LAPOINTE, Joseph Alfred, comp. Familles des comtés de Mégantic et Arthabaska . . .
> Généalogies des comtés de Mégantic (jusqu'en 1900) et Arthabaska (jusqu'en 1860) . . .
> Les noms de familles ont été indexés dans cette édition.

MALCHELOSSE, Gérard, Qué. Généalogie des familles des comtés de Maskinongé et Berthier; bibliographie généalogique, dossier du comité de révision du Dictionnaire Tanguay.
> Mss. Originaux. 3 pieds (entre 1918 et 1969).
> Archives nationales du Québec, Québec, Qué.

PAGEOT, Théophile. Guide généalogique des mariages célébrés à l'Ancienne-Lorette, 1695-1885 . . .

POTVIN, Damase. Baie des Hahas, histoire, description, légendes et anecdotes, paroisses, vieilles familles, gens et choses de la région . . .

QUÉBEC (VILLE). COMITÉ DU "LIVRE-SOUVENIR" DES FÊTES JUBILAIRES. Fêtes du troisième centenaire de Québec, 1608-1908 . . .
> Liste des familles de la province de Québec dont les descendants occupent (en 1908) la terre ancestrale depuis deux cents ans ou plus, p. 517-611.

RIOUX, G. Complément au tableau généalogique du diocèse de Rimouski de Mgr Carbonneau . . .

SOREL, QUÉ. . . . Notes généalogiques . . . 1707-1881 . . .
> Mss. Originaux.
> Archives publiques du Canada, Ottawa, Ont.

TALBOT, Éloi-Gérard, s.m. Généalogie: Charlevoix-Saguenay . . .

_____. Généalogie des familles originaires des comtés de Montmagny, L'Islet, Bellechasse . . .
> Les noms de familles ont été indexés dans cette édition.

_____. Recueil de généalogies des comtés de Beauce, Dorchester, Frontenac . . .
> Les noms de familles ont été indexés dans cette édition.

_____. Recueil de généalogies des comtés de Charlevoix et Saguenay . . .
> Les noms de familles ont été indexés dans cette édition.

TRUDELLE, Pierre. Abitibi d'autrefois, d'hier et d'aujourd'hui . . .
> Appendice 2: Recensement général des colons établis dans l'Abitibi au 30 juin 1914.

SASKATCHEWAN

FOWLER, Charles. The Fowler tree . . .

KELVINGTON HISTORICAL SOCIETY. Tears, Toils and Triumph; the story of Kelvington and district . . .

MAJESTIC-FARRELL LAKE WOMEN'S INSTITUTE. Harvest of memories . . .

MELFORT, SASK. BOARD OF TRADE. List of pioneer settlers of the Melfort district.
> Mss. Microfilm. 1905-1913.
> Saskatchewan Archives Board, Regina, Sask.

MELFORT, SASK. VAUGHAN HOME-MAKERS CLUB. History of the Vaughan District, 1884-1949.
> Mss. Microfilm. 11 feet.
> Saskatchewan Archives Board, Regina, Sask.

PIONEER memories; an historical account of Courval and districts since 1908 . . .

WOMEN'S INSTITUTE (CANADA). DELISLE WOMEN'S INSTITUTE. BOOK COMMITTEE. Through the years . . .

WOOD MOUNTAIN HISTORICAL SOCIETY. They came to Wood Mountain . . .

TERRE-NEUVE/NEWFOUNDLAND

BELL, Winthrop. Foreign Protestants and the settlement of Nova Scotia . . .

GLOVER, R.S. Bristol and America; a history of the first settlers, 1654-1685 . . .

HÉRALDIQUE/HERALDRY

ALLSTROM, C.M. Dictionary of royal lineage of Europe and other countries from the earliest period to the present date . . .

ANDIGNÉ, Marie-Antoinette d'. Généalogie de la maison d'Andigné . . .
> Illustré de 383 blasons et contenant l'index complet des alliances depuis 1200 . . .

ARMOIRIES de Saint-Maxime-de-Scott, comté de Dorchester.
> *Dans:* S.G.C.F. Mém. 14: (10) 176 oct. '63.

ARMORY and lineages of Canada . . .
> Includes blazons and illustrations of many armorials and insignias of knighthood . . .

COLLÈGE D'ARMES DE LA NOBLESSE . . . Certificats et armoiries de diverses familles.
> Mss. Originaux. 1914-1937.
> Archives publiques du Canada, Ottawa, Ont.

GINGRAS, Raymond. Liste d'héraldique.
> Mss. Liste la plus complète à nos jours.
> Archives nationales du Québec, Québec, Qué.

HERALDRY OF FRANCE. Armorial of French aristocracy contained in "Dictionnaire de noblesse" by Duchesne.
> Mss. Transcripts. 1 vol. 1876.
> University of Toronto Library, Toronto, Ont.

HERALDRY OF SCOTLAND. Armorial of Scottish families containing descriptions of 18 family sketches . . .
> Mss. 18th century.
> University of Toronto Library, Toronto, Ont.

MASSICOTTE, Édouard Zotique et Régis ROY. Armorial du Canada français . . .

MORIN, Victor. La Science du blason.
> *Dans:* Cahiers des Dix 22: 9-41 '57.

PARKER, James. Glossary of terms used in heraldry . . .

PICHETTE, Robert. Héraldique et généalogie.
Dans: S.G.C.F. Mém. 27: (3) 143-157
juil./sept. '76.

RIOUX, Marcel. Blason et langues populaires.
Dans: S.G.C.F. Mém. 1: 160-164 '45.

SAFFOY, Gaston. Bibliographie généalogique,
héraldique et nobiliaire de la France des
origines à nos jours; imprimés et manuscrits
. . .

SOVEREIGN HERALDRY, a Division of
Sovereign Seat Cover Mfg., Ltd. Family coats-
of-arms.

SULTE, Benjamin. La Noblesse au Canada en
1760.
Dans: Roy. Soc. of Canada. Proc. and
Trans. 1914, pp. 1031-1035.

VACHON, A. Comment retracer les armoiries
des familles canadiennes-françaises.
Dans: L'Ancêtre 6: (3) 67-72 nov. '79.

HÉRÉDITÉ/HEREDITY

DROUIN, Roger-A. Généalogie et génétique.
Dans: Par delà le Rideau 1: (1) 5-6 printemps
'81.

GAGNÉ, Claude, Paul-J. LUPIEN et L.
Daniel BRUN. La Transmission familiale des
hyperlipoprotéinémies.
Dans: L'Ancêtre 7: (2) 35-40 oct. '80.

GENEST, Paul. Étude cytogénétique et
généalogique.
Dans: S.G.C.F. Mém. 25: (4) 244-245
oct./déc. '74.

GLITZ, W. Church genealogy records may
identify disease-prone people.
In: Computers and People 26: 24-25 March
'77.

HOLMES, Oliver Wendell. Heredity.
In: S.G.C.F. Mém. 15: (2) 76 avr./juin '64.

JACQUART, Joseph. Trame de notre destin.
Dans: S.G.C.F. Mém. 14: (7/9) 151-152
juil./sept. '63.

TARDIF, Émile, o.m.i. Genealogical chart of
three Iroquois families that migrated from
Montreal to Alberta, ca. 1780. The descendants
developed a rare blood deficiency.
Mss. Original. 3 p. 1960.
Glenbow-Alberta Institute, Calgary, Alta.

MANUELS, GUIDES, ETC./
HANDBOOKS, GUIDES, ETC.

AUGER, Roland-J. Comment retracer ses
ancêtres au Québec et en Acadie jusqu'au lieu
d'origine en France.
Dans: S.G.C.F. Mém. 21: (2) 67-84 avr./juin
'70.

AUGER, Roland-J. Comment retracer ses
ancêtres au Québec jusqu'au lieu d'origine en
France.
Dans: S.G.C.F. Mém. 21: (2) 67-84 avr./juin
'70.

____. Généalogie au Québec.
Dans: Culture vivante 18 août '70, p. 25-31.

____. Genealogy through marriage records.
In: F.C.A.G.R. 2: (1) 5-6 Spring '69.

____. Tracing ancestors through the Province
of Quebec and Acadia to their place of origin
in France.
In: F.C.A.G.R. 2: (4) 259-278 Winter '69.

BAKER, Eunice Ruiter. Searching for your
ancestors in Canada . . .

BAXTER, Angus. In search of your roots; a
guide for Canadians seeking their ancestors . . .

CANADA. ARCHIVES PUBLIQUES. À la
piste de nos ancêtres au Canada . . .

CANADA. PUBLIC ARCHIVES. Tracing
your ancestors in Canada . . .

CODERRE, John Edward. Searching in the
Public Archives . . .

DURYE, Pierre. La Généalogie . . .
Chap. IV: Sources étrangères: Canada:
p. 122 (Table des matières).

EDIS, Graham. Trace your family tree; a do-it-
yourself workbook for Canadians . . .

FALLEY, Margaret Dickson. Irish and Scotch-
Irish ancestral research . . .
"There are more than 30,000,000 descendants of the Irish and Scotch-Irish who
emigrated from Ireland to the American colonies, the United States or Canada."

FELLOWES, Robert E. Researching your
ancestors in New Brunswick . . .

FILBY, P. William. American and British
genealogy and heraldry . . .
With Canadian references.

GINGRAS, Raymond. Précis du généalogiste
amateur . . .

GRÉGOIRE, Jeanne. Guide du généalogiste
. . .

HATTIE, R.M. Genealogy in Nova Scotia.
In: Nova Scotia Hist. Soc. Collections 30:
184-206 '54.

HÊTU, J. et J. FORGET. Petit guide du
généalogiste québécois . . .
Dans: Le Soleil. Perspectives 17: (16) 18-22,
19 avril '75.

HOLLIER, Robert. La France des Canadiens;
guide pratique du retour aux sources . . .

JONASSON, Eric. Canadian Genealogical
Handbook; a comprehensive guide to finding
your ancestors in Canada . . .

KENNEDY, Patricia, Jean-Marie LEBLANC et Janine ROY. Guide des sources généalogiques au Canada . . .

KIDD, Betty H. May. Using maps in tracing your family history . . .

LANGLOIS, Michel. Cherchons nos ancêtres . . .

————. Qui sont mes ancêtres . . .

OLIVIER, Reginald L. Your ancient Canadian family ties . . .

PUNCH, Terrence. Genealogical research in Nova Scotia . . .

RUBINCAM, Milton. Genealogical research methods and sources . . .
With Canadian references.

MÉTHODOLOGIE/METHODOLOGY

AUGER, Roland-J. Stradonitz method.
In: F.C.A.G.R. 1: (2) 97-100 Summer '68.

BEAUREGARD, Marthe F. Méthode pour classifier les histoires de familles.
Dans: S.G.C.F. Mém. 24: (4) 207-208 oct./déc. '73.

BORDUAS, Jean Rodolphe. Comment dresser une liste de ses ancêtres.
Dans: S.G.C.F. Mém. 9: (1) 7-12 janv./mars '58.

————. Comparaison entre les méthodes de faire un tableau généalogique ascendant.
Dans: S.G.C.F. Mém. 9: (1) 72-75 '58.
Quatre modèles de tableaux généalogiques, p. 73-74.

BUREAU, René. Méthode de classement de documents généalogiques.
Dans: L'Ancêtre 1: (5) 129-140 janv. '75.

CHRONIQUE généalogique.
Dans: S.G.C.F. Mém. 1: (1) 49-60 '44.

DÉFINITION de la généalogie et intérêt pour cette science. Développement des études généalogiques au Québec. Conseils sur la façon de dresser sa propre généalogie, services mis à la disposition du public dans ce domaine par les Archives nationales du Québec.
Dans: Culture vivante 18: 25ss '70.

DIGGING for roots of your family tree.
In: Business Week Feb 21, '77, pp. 87-88.

DURYE, Pierre. Généalogie . . .

EDIS, Graham. Trace your family tree; a do-it-yourself workbook for Canadian . . .

FALLEY, Margaret Dickson. Irish and Scotch-Irish ancestral research; a guide to the genealogical records, methods and sources in Ireland . . .

"There are more than 30,000,000 descendants of the Irish and Scotch-Irish who emigrated from Ireland to American colonies, the United States or Canada."

FORGET, J. Urgel, ptre. Pour illustrer vos généalogies.
Dans: S.G.C.F. Mém. 3: (1) 3-11 janv. '48.

GARON, Jean et Carroll ST-AMAND. Méthode généalogique.
Dans: Assoc. des professeurs d'histoire locale du Québec, Inc. Bull. p. 16-17, sept. '75.

GINGRAS, Raymond. Consultation des vieillards et petite histoire.
Dans: S.G.C.F. Mém. 24: (4) 208-211 oct./déc. '73.

————. Précis du généalogiste amateur . . .

GODBOUT, Archange, o.f.m. Études généalogiques.
Dans: Semaine d'histoire du Canada, 1925, p. 242-251.
L'auteur décrit en termes clairs la manière de dresser une généalogie.

GRÉGOIRE, Jeanne. À la recherche de nos ancêtres; guide du généalogiste . . .

————. Guide du généalogiste; à la recherche de nos ancêtres . . . Éd. rév., corr. et augm. . . .

HANDFIELD, A. Yvon. Informations pour faire des recherches en Angleterre.
Dans: S.G.C.F. Mém. 24: (4) 219-223 oct./déc. '73.

INTÉRÊT de la généalogie pour l'historien entre l'histoire et la généalogie au niveau de la méthode.
Dans: Rev. hist. 23: (9) 11-14 '68.

JACQUART, Joseph. De la généalogie à l'histoire des familles; 40 ans de recherches par acheminements concentriques.
Dans: S.G.C.F. Mém. 14: (5) 115-119 mai '63.

————. Du tronc à la ramure: généalogie et paysannerie.
Dans: S.G.C.F. Mém. 12: 213-216 '61.

————. Faites "revivre" l'histoire de votre famille.
Dans: S.G.C.F. Mém. 7: 193-198 '56; 8: 65-71, 129-131 '57.

————. La généalogie moderne: pour une conception élargie des travaux généalogiques.
Dans: S.G.C.F. Mém. 7: 135-137 '56.

————. Pour mieux étoffer l'histoire de nos familles, passons de la généalogie pure à la généalogie appliquée.
Dans: S.G.C.F. Mém. 15: (1) 3-5 '64.

————. Pour une généalogie plus humaniste.
Dans: S.G.C.F. Mém. 21: (3) 144 juil./sept. '70.

KIDD, Betty H. Using maps in tracing your family history . . .

MORMON CHURCH, Alta. Printed genealogical forms of Mormon families.
> Mss. Original. 32 p. [n.d.]
> Glenbow-Alberta Institute, Calgary, Alta.

RAYMOND, Raoul. Comment identifier le lieu d'origine d'un ancêtre.
> *Dans:* S.G.C.F. Mém. 8: (3) 183-185 juil. '57.

RIZZOLI, Honoré. Vieilles photographies à conserver.
> *Dans:* S.G.C.F. Mém. 24: (4) 211-213 oct./déc. '73.

RUBINCAM, Milton. Genealogical research, methods and sources . . .

TESSIER, G.-Robert. Rappel de la méthode Sosa-Stradonitz
> *Dans:* L'Ancêtre 6: (9) 279-280 mai '80.

TRUDEL, Paul-Eugène, o.f.m. Comment j'ai fait mes recherches généalogiques.
> *Dans:* S.G.C.F. Mém. 8: 208-210 '57.

YAHEMECH, I. and P. HORTON. How to start a family tree.
> *In:* Chatelaine 46: 17-18 July '73.

NOBLESSE/NOBILITY

AUBIN-TELLIER, Marguerite. Usage ancien des titres et particules.
> *Dans:* S.G.C.F. Mém. 21: (4) 209-211 janv./mars '70.

AUGER, Roland-J. Letters of nobility.
> *In:* F.C.A.G.R. 2: (4) 209-211 Winter '69.

COUILLARD-DESPRÉS, Azarie, ptre. La Noblesse de France et du Canada . . .

LA ROQUE DE ROQUEBRUNE, Robert. La Noblesse de France.
> *Dans:* Bull. rech. hist. 57: 101-114, 135-163 '51.

ROY, Pierre-Georges. Lettres de noblesse, généalogies, érections de comtés et baronnies insinuées par le Conseil de la Nouvelle-France . . .

NOMS DE LIEUX/PLACE NAMES

ARMSTRONG, George H. Origin and meaning of place names in Canada . . .

BOUCHETTE, Joseph. Description topographique de la Province du Bas-Canada . . .

____. Topographical Dictionary . . .

BULLINGER'S postal and shippers' guide for the United States and Canada . . .
> Especially good for finding small places.

CANADA. COMMISSAIRE SOUS L'ACTE SEIGNEURIAL DE 1854. Cadastres abrégés des seigneuries appartenant à la Couronne déposés aux greffes de Québec chez le Receveur et au Bureau des Terres de la Couronne . . .

CANADA. DÉPARTEMENT DES TERRES DE LA COURONNE. Descriptions des cantons arpentés dans le Bas-Canada en 1861-1862 . . .

DESCHAMPS, Clément E. Liste des municipalités dans la province de Québec . . ./List of municipalities of the Province of Quebec . . .

FICHIER des lieux ancestraux . . .
> 15 000 fiches environ de noms de communes de France.
> Archives nationales du Québec, Québec, Qué.

GODBOUT, Archange, o.f.m. Anciennes provinces de France avec le nom de leur capitale, avec aussi le nom des départements actuels qu'elles ont formés.
> *Dans:* S.G.C.F. Mém. 4: (2) 65-72 juin '50.

LIST of lands granted by the Crown in the province of Quebec from 1763 to 31st Dec. 1890 . . .
> Compilation under the dir. of J.C. Langelier, Deputy Minister.

LISTE des terrains concédés par la Couronne dans la province de Québec de 1763 au 31 déc. 1890 . . .
> Compilation sous la dir. de J.C. Langelier, sous-ministre.

MAGNAN, Hormidas. Dictionnaire historique et géographique des paroisses, missions et municipalités de la province de Québec . . .

PICHÉ, Odessa, comp. Municipalités, paroisses, cantons, etc., de la province de Québec de 1896-1924 . . .

QUÉBEC (PROV.). MINISTÈRE DES TERRES ET FORÊTS. Régions du Bas du Fleuve, de la Matapédia et de la Gaspésie; descriptions des cantons arpentés, exploration et arpentages des rivières . . .

____. Description des cantons arpentés et des territoires de la province de Québec.
> 1ère édition en 1889, avec mises à jour.

RÉPERTOIRE géographique du Québec . . .

SEALOCK, Richard B. and P.A. SEELY. Bibliography of place-name literature: United States and Canada . . .

TESSIER, G.-Robert. Hameaux, écarts ou lieux-dits.
> *Dans:* L'Ancêtre 6: (2) 51-53 oct. '79.

TURCOTTE, J. Cadastre abrégé . . .

ONOMASTIQUE/ONOMASTIC

ALLARD, Jeanne (Grisé). 1 500 prénoms et leur signification . . .

AUBIN-TELLIER, Marguerite. Usage ancien des titres et particules.
>   *Dans:* S.G.C.F. Mém. 21: (4) 209-211 janv./mars '70.

BERGERON, Adrien. Patronymes acadiens du Québec.
>   *Dans:* S.G.C.F. Mém. 22: (2) 104-105 avr./juin '71; 22: (3) 155-156 juil./sept. '71.

BLANCHE, Claude-Pierre. Dictionnaire et armorial des noms de famille de France . . .

BURKE, Evelyn. L'Histoire du comté d'Ottawa . . .
>   *Dans:* L'Outaouais généalogique 2: (6) 62-64 juin '80; 2: (7) 80 sept. '80.

CLICHE, Robert. Noms et surnoms de la Beauce.
>   *Dans:* S.G.C.F. Mém. 24: (4) 198-207 oct./déc. '73.

CURCIO, Michèle. Nouvelle clef des prénoms . . .

DÉFINITION des prénoms . . .

DIONNE, Narcisse-Eutrope. Les Canadiens-français . . .

FICHIER onomastique . . .
>   1 000 fiches environ des surnoms et variantes de patronymes.
>   Archives nationales du Québec, Québec, Qué.

GAZETEER of Canada; Canadian Board of Geographical Names . . . Vol. 1, 1952-   .

GINGRAS, Raymond. Liste annotée de patronymes d'origine allemande au Québec et notes diverses . . .

GOULET, Louis. Some Kent patronymics.
>   *In:* Kent Hist. Soc. Papers and addresses 5: 74-91 '21.

GRÉGOIRE, Jeanne. À la recherche de nos ancêtres; guide du généalogiste . . .

HÉBERT, Casimir. Les Beaux noms . . .
>   Chaque volume a été indexé dans cette édition.

HÉBERT, Georges. Changements de noms.
>   *Dans:* S.G.C.F. Mém. 15: (2) 72 avr./juin '64.
>   Liste de surnoms qui sont devenus des noms de famille.

HÊTU, Jean. La loi du changement de nom au Québec.
>   *Dans:* S.G.C.F. Mém. 28: (2) 109-111 avr./juin '77.

HUTCHISON, Bruce. Canadians without names.
>   *In:* S.G.C.F. Mém. 15: (1) 6-7 janv./mars '64.

INDEX onomastique général des greffes de notaires et des greffes d'arpenteur du gouvernement de Trois-Rivières sous le régime français, 1634-1760, selon les paroisses ou les seigneuries.

JACQUART, Joseph. Vous provenez d'une famille-souche, mais où plongeaient ses racines?
>   *Dans:* S.G.C.F. Mém. 15: (2) 67-69 avr./juin '64.

JÉRÔME, archiviste. Dictionnaire des changements de noms . . . (Éd. 1957).

_____. Dictionnaire des changements de noms, 1803-1956 . . . Nouv. éd. (1964) . . .

KLYMASZ, Robert Bogdan. A Classified dictionary of Slavic surname changes in Canada . . .

LANGLOIS, Michel. Pourquoi des surnoms.
>   *Dans:* L'Ancêtre 6: (7) 213-218 mars '80.

LA ROQUE DE ROQUEBRUNE, Robert. Études onomastiques; origine des noms canadiens.
>   *Dans:* Bull. rech. hist. 56: 33-42, 114-127 '50.

LEFEBVRE, Fernand. Recueil de prénoms bizarres.
>   *Dans:* Bull. rech. hist. 61: 135-136 '55.

LE FRANCOIS, Jean-Jacques. Noms, surnoms et sobriquets.
>   *Dans:* S.G.C.F. Mém. 14: (11) 199 nov. '63.

MAHEUX, Arthur, ptre. Onomastique.
>   *Dans:* S.G.C.F. Mém. 3: (2) 65-67 juin '48.

MASSIGNON, Geneviève. Noms de famille en Acadie.
>   *Dans:* Soc. hist. acad. Cahier no 7, p. 5-9, '65.

MILLETTE, Léonce, s.j. Étude sur le nom patronymique Millette.
>   *Dans:* S.G.C.F. Mém. 17: (3) 131-139 juil./sept. '66.

MORLET, Marie Thérèse. Noms de personnes sur le territoire de l'ancienne Gaule, du VIe au XIIe siècle . . .

ONTARIO GENEALOGICAL SOCIETY. OTTAWA BRANCH. Directory of family names . . .

PARENT, S.G. À la recherche des noms de famille.
>   *Dans:* S.G.C.F. Mém. 3: (3) 145-151 janv. '49.

PRÉNOMS: comment les choisir, leur signification . . . (Éd. 1968) . . .

PRÉNOMS: comment les choisir? leurs significations . . . (Éd. 1974) . . .

PUYMÈGE, Maurice Léo d'Armagnac del Cer, comte de. Vieux noms de la France de l'ouest et les familles d'origine française au-delà des mers . . .

QUÉBEC (PROV.). MINISTÈRE DE LA JUSTICE. DIRECTION DES SYSTÈMES DE GESTION. SERVICE DE LA DOCUMENTA-TION. Répertoire des changements de noms patronymiques, 1867-1975 . . .

SALOMON, le mage. Les Prénoms: comment les choisir? Leurs significations . . . (Éd. 1976) . . .

SAVOIE, Donat et Madeleine JACQUES. Problèmes posés par le nombre restreint de patronymes dans le traitement au moyen de l'ordinateur. Exemple de Pont-Rouge (Île-du-Prince-Édouard).
   Dans: Recherches sociographiques 13: (1) 139-147 janv. '72.

SEARY, E.R. Family names of the Island of Newfoundland . . .

SURNAME INDEX. . . . (Richmond, B.C., British Columbia Genealogical Society) . . .

VERGÉ-BIGUÉ, D. (Mme). Éveil à la généalogie.
   Dans: S.G.C.F. Mém. 17: (1) 3-9 janv./mars '66.

OUVRAGES GÉNÉRAUX/ GENERAL WORKS

Note: Ouvrages non-indexés dans cette édition à moins d'une mention/Works not indexed in this edition unless mentioned.

ACADIE/ACADIA

BERNARD, Antoine. Histoire de la survivance acadienne . . .

BLANCHARD, Henri. Histoire des Acadiens de l'Île-du-Prince-Édouard . . .

DOUGHTY, Arthur. The Canadian exiles . . .

GRIFFITHS, Naomi. The Acadians: creation of a people . . .

LAUVRIÈRE, Émile. La Tragédie d'un peuple . . .

LEBLANC, Émery. Les Acadiens . . .

MARTIN, Ernest. Les Exilés acadiens en France au XVIIIe siècle et leur établissement au Poitou . . .

RIEDER, Milton. The Acadians in France, 1762-1776 . . .

_____. The Crew and Passenger Lists of seven Acadian expeditions of 1785 . . .
   "Migration from France to Louisiana".

CANADA

AUGER, Roland-J. La Grande recrue de 1653 . . .

BRYCE, G. The Scotsmen in Western Canada . . .

CAMPBELL, W. The Scotsmen in Eastern Canada . . .

CANADA. ARCHIVES PUBLIQUES. Rapport, 1872- .

FICHIER secondaire sur différents sujets et notes sur les familles canadiennes . . .
   Bibliothèque nationale du Canada, Section de généalogie/National Library of Canada, Genealogical Division.

GELLNER, J. The Czechs and the Slovaks in Canada . . .

GODBOUT, Archange, o.f.m. Familles venues de La Rochelle en Canada . . .
   Les noms de familles ont été indexés dans cette édition.

_____. Passenger list of the Ship Saint-Jehan and the Acadian origins.
   In: F.C.A.G.R. 1: (1) 55-73 Spring '68.

_____. Les Passagers du Saint-André; la recrue de 1659 . . .

GREEN, Francis, N.S. Genealogical and biographical anecdotes . . .
   Mss. 1/2 inch.
   Public Archives of Nova Scotia, Halifax, N.S.

GUILLET, Edward. The Great Migration . . .

HENDERSON'S Directory of Manitoba . . .

JONASSON, Eric. Icelandic Families . . .

KAMINOW, J. and M. KAMINOW. A List of Emigrants to America, 1718-1759 . . .

KAY, Vladimir. Early Ukranian Settlements in Canada, 1895-1900 . . .

LANCOUR, A.H. A Bibliography of Ships' Passenger Lists, 1538-1825 . . .

PETERSON, Mark E. Memorandum on the basis for the Mormon belief in the baptisms of the living for the dead and the reasons for genealogical research arising out of it.
   Mss. Original. 7 p. ca. 1935.
   Public Archives of Canada, Ottawa, Ont.

STANLEY, G.F.G. The Birth of Western Canada . . .

WAYWELL, Thomas William and Mahala M. WAYWELL. Genealogy exchange . . .

ALBERTA

LIDDELL, K. This is Alberta . . .

MAC GREGOR, J.C. A History of Alberta . . .

MAC RAE, Archibald. History of the Province of Alberta . . .

RICKER, M.B. Alberta . . .

COLOMBIE-BRITANNIQUE/ BRITISH COLUMBIA

BANCROFT, Hubert. History of British Columbia . . .

BEGG, A. History of British Columbia . . .

GRIFFIN, Harold. British Columbia; the people's early story . . .

JOHNSON, P.M. Canada's Pacific Province . . .

ORMSBY, Margaret A. British Columbia; a history . . .

PETHICK, Dereck. British Columbia Recalled, 1741-1871 . . .

ÎLE-DU-PRINCE-ÉDOUARD/PRINCE EDWARD ISLAND

CALLBECK, Lorne. The Cradle of Confederation . . .

CAMPBELL, Duncan. History of Prince Edward Island . . .

CLARK, Andrew. Three Centuries and the Island . . .

GREENHILL, Basil. Westcountrymen in Prince Edward's Isle . . .

PUNCH, Terrence. Genealogical Research in Nova Scotia . . .

RAWLYK, George. Nova Scotia and Massachussetts, 1630-1784 . . .

MANITOBA

BRYCE, George. A History of Manitoba . . .

HEALY, W.J. Winnipeg's Early Days . . .

JACKSON, J.A. The Centennial History of Manitoba . .

MORTON, W.L. The Birth of a Province . . .

——. Manitoba; a history . . .

NOUVEAU-BRUNSWICK/ NEW BRUNSWICK

FELLOWES, Robert E. Researching your Ancestors in New Brunswick . . .

HANNAY, James. History of New Brunswick . . .

MAXWELL, Lilian. Outline of the History of Central New Brunswick . . .

TAYLOR, Hugh. New Brunswick History . . .

WRIGHT, Esther. The Loyalists of New Brunswick . . .

NOUVELLE-ÉCOSSE/NOVA SCOTIA

BELL, Winthrop. The Foreign Protestants and the Settlement of Nova Scotia . . .

DUNN, Charles. Highland Settler . . .

GILROY, Marion. Loyalists and Land Settlement in Nova Scotia . . .

HALIBURTON, T. History of Nova Scotia . . .

ONTARIO

FIRTH, Edith G. The Town of York, 1793-1815 . . .

GARD, Anson Albert. Pioneers of the Upper Ottawa and the Humors of the Valley; South Hull and Aylmer . . .

Includes: "Genealogy of the Valley", p. iv.

HUNTER, Andrew Frederick. A History of Simcoe County . . .

Contents: Part 1: Its public affairs; -2. The pioneers.

LAJEUNESSE, E.J. The Windsor Border region.

REID, William D. The Loyalists in Ontario . . .

RUBINCAM, M. The Old United Empire Loyalist List . . .

QUÉBEC/QUEBEC

AUBERT DE GASPÉ, Philippe. Anciens canadiens . . .

AUBERT DE GASPÉ, Philippe. Mémoires . . .

CHAMPLAIN, Samuel de. Oeuvres de Champlain . . .

DIONNE, Narcisse Eutrope. Les Canadiens-français . . .

GAUTHIER, Alphonse, ptre. Notes relatives à la généalogie et à la Société historique de Rigaud.

Mss. Originaux. 3 pieds.

Archives du Collège de Bourget, Rigaud, Qué.

HUBBARD, Benjamin Frederick. Stanstead County . . .

LE JOURNAL des Jésuites . . .

MALCHELOSSE, Gérard. Mélanges historiques . . .

MASSICOTTE, Édouard Zotique. Congés et permis déposés ou enregistrés à Montréal sous le régime français.

Dans: Rapport de l'Archiviste de la Prov. de Qué. 1921/22, p. 189-225.

POULIN, J.P. Premiers colons du début de la colonie jusqu'en 1700 . . .

QUÉBEC (PROV.). ARCHIVES. Rapport de l'archiviste . . . 1, 1920/21-.

QUÉBEC (PROV.). MINISTÈRE DES AFFAIRES CULTURELLES. Tables des matières des rapports des Archives du Québec, 1920-1964 . . .

RELATIONS des Jésuites . . .
    Éd. Côté, Montréal, 1858. 3 vols.
    Éd. Twaites, Cleveland Burrows, 1896-1901. 73 vols.
    Éd. Wilton. 40 vols.
    Éd. du Jour, Montréal. 6 vols.

SULTE, Benjamin. Histoire des Canadiens-français . . .

____. Lettres historiques de la Mère Marie de l'Incarnation sur le Canada . . .

SASKATCHEWAN

BLACK, N.F. History of Saskatchewan . . .

HAWKES, John. The Story of Saskatchewan and Its People . . .

KELVINGTON HISTORICAL SOCIETY. Tears, Toils and Triumphs; the story of Kelvington and district . . .

REMPEL, D.D. Family chronicle . . .
    Mennonite migration.

WRIGHT, J. Saskatchewan . . .

TERRE-NEUVE/NEWFOUNDLAND

DEVINE, P.K. Notable Events in the History of Newfoundland . . .

GLOVER, R.S. Bristol and America; a history of the first settlers, 1654-1685 . . .

HARVEY, N. A Short History of Newfoundland . . .

MATTHEWS, K. Who was Who in the Fishing Industry, 1660-1840 . . .

PROWSE, D.W. A History of Newfoundland . . .

OUVRAGES RELATIFS À L'ÉTAT CIVIL/WORKS RELATING TO CIVIL STATUS.

Note: Voir aussi l'Index des paroisses dans cette édition/See also the Index of Parishes in this publication.

AUGER, Roland-J. Genealogy through marriage records.
    In: F.C.A.G.R. 21: (1) 5-6 Spring '69.

BAXTER, Angus. In Search of Your Roots . . .

BINSFIELD, Edmund L. Church Archives in the United States and Canada; a bibliography, 1958, and supplement . . .
    In: American Archivist 21: 311-332 '58.

BOUCHARD, Gérard et André LAROSE. La réglementation du contenu des actes de baptêmes, mariages et sépultures au Québec des origines à nos jours.
    Dans: Rev. d'hist. de l'Amérique fr. 30: (1) 67-84 '76.

CHARBONNEAU, Hubert et Jacques LÉGARÉ. Le Répertoire des actes de baptêmes, mariages, sépultures et des recensements du Québec ancien . . .

COUNTY marriage registers of Ontario, 1858-1969 . . . Vol. 1, (Peel County), Agincourt, Ont., 1978.

DE GRACE, Éloi. Registres paroissiaux.
    Dans: Soc. hist. acad. Cahier 3: (3) 119-122 avr./juin '69.

DE LA TENUE des registres de l'état civil dans la province de Québec suivi des règles et techniques relatives aux registres de l'état civil.
    Dans: Rapport de l'Archiviste de la prov. de Qué. 1957/1958 et 1958/59, p. 187-333.

FICHIER des contrats de mariages.
    50 000 fiches, couvrant la période de 1760-1920.
    Archives nationales du Québec, Québec, Qué.

FICHIER des mariages du Québec, 1619-1925.
    Surnommé: "Fichier Loiselle".
    1 600 000 fiches (800 000 mariages).
    Archives nationales du Québec, Québec, Qué.

FRÉDETTE, Jean-Marc. Le Registre de la population du ministère des Affaires sociales.
    Dans: L'Ancêtre 6: (10) 291-298 juin '80.

GIROUX, Germain. Le registre paroissial de Beauport.
    Dans: L'Ancêtre 5: (7) 197-202 mars '79.

LAROSE, André. Les Registres paroissiaux catholiques au Québec; vue d'ensemble.
    Dans: S.G.C.F. 30: (4) 243-262 oct./déc. '79.

LEMELIN, Roméo. Registres de l'état des personnes dans la province de Québec.
    Dans: Rev. de l'Univ. Laval. 1: (9) 707-715 mai '47; 1: (10) 820-833 juin '47.

MONTMESNIL, J.V. Index des actes de mariages passés devant les notaires royaux du district de Montréal, 1674-1850 . . .

PLINQUET, Vincent. Nos archives paroissiales.
    Dans: Bull. rech. hist. 4: 252 1899.

QUÉBEC (PROV.). DISTRICT JUDICIAIRE DE MONTRÉAL. CONTRATS DE MARIAGES. Index alphabétique des contrats de mariages contenant les noms des contractants, la date des actes et le nom des notaires qui les ont rédigés.
    Mss. Copie. 1 pied 2 pouces. 1650-1839.
    Archives publiques du Canada, Ottawa, Ont.

ROY, Pierre-Georges. Inventaire des contrats de mariages du régime français conservés aux Archives judiciaires de la province de Québec. . . . 6 vols. . . .

_____. Inventaire des registres de l'état civil conservés aux Archives judiciaires de Québec . . .

_____. Inventaire des testaments, donations et inventaires du régime français conservés aux Archives judiciaires de Québec . .

OUVRAGES RELATIFS AUX ACTES NOTARIÉS/WORKS RELATING TO NOTARIAL RECORDS

ARCHIVES NATIONALES DU QUÉBEC. Inventaire des greffes des notaires du régime français . . .

FORGET, Ulysse. Les Archives de la Nouvelle-Angleterre.
Dans: S.G.C.F. Mém. 6: (1) 3-8 janv. '54.

INDEX onomastique général des greffes des notaires et des greffes des arpenteurs du gouvernement de Trois-Rivières sous le régime français, 1634-1760, selon les occupations et les statuts sociaux.

INDEX onomastique général des greffes de notaires et des greffes d'arpenteurs du gouvernement de Trois-Rivières sous le régime français, 1634-1760, selon les paroisses ou les seigneurs.

LALIBERTÉ, J.M. Index des greffes des notaires décédés (1645-1948) . . .

LAVALLÉE, L. Les Archives notariales et l'histoire sociale de la Nouvelle-France.
Dans: Rev. d'hist. 28: 385-403 déc. '74.

MARTEL, Jules. Index des actes notariés du régime français à Trois-Rivières, 1634-1760 . . .

MASSICOTTE, Édouard Zotique. Les Actes des trois premiers tabellions de Montréal, 1648-1657 . . .

RAYMOND, Raoul. Ce que l'on trouve dans les greffes de notaires.
Dans: S.G.C.F. Mém. 8: 126-128 '57.

ROY, Pierre Georges. Inventaires des contrats de mariages du régime français conservés aux Archives judiciaires de Québec . . .

_____. Inventaire des testaments, donations et inventaires du régime français conservés aux Archives judiciaires de Québec . . .

TALBOT, Éloi-Gérard, s.m. Inventaire des contrats de mariages aux greffes de Charlevoix accompagné de documents précieux se rapportant à l'histoire de Charlevoix et du Saguenay . . .

OUVRAGES RELATIFS AUX ARCHIVES/ WORKS RELATING TO ARCHIVES

ARCHIVES NATIONALES DU QUÉBEC. État général des Archives publiques et privées . . .

AUBRY, Serge. Guide sommaire des Archives du Séminaire de Sherbrooke . . .

AUGER, Roland-J. Inventory of a collection.
In: F.C.A.G.R. 2: (2) 65-67 Summer '69.

BAXTER, Angus. In Search of Your Roots . . .

DIRECTORY of Canadian records and manuscripts repositories . . .

ÉTAT sommaire des Archives nationales du Québec à Montréal.
Dans: Rapport des Archives nationales du Québec 50: 3-30 '72.

GOSSELIN, F.-X. Inventaires sommaires des Archives judiciaires conservées au Palais de Justice de Chicoutimi.
Dans: Rapport de l'Archiviste de la Prov. de Qué. 1921/22, p. 381-387.

HOULE, Françoise (Caron). Guide des sources d'archives sur le Canada français au Canada . . .

_____. Guide to the reports of the Public Archives of Canada, 1872-1972 . . .

INVENTAIRE sommaire des Archives judiciaires conservées au Palais de Justice de Chicoutimi.
Dans: Rapp. de l'archiviste de la prov. de Québec. 1921/22, p. 381-387.

INVENTAIRE sommaire des Archives judiciaires conservées au Palais de Justice de St-Joseph, district de Beauce.
Dans: Rapp. de l'archiviste de la Prov. de Québec, 1921/22, p. 388-390.

MEILLEUR, Barthe. Inventaire sommaire des Archives conservées au Palais de Justice de Trois-Rivières.
Dans: Rapp. de l'Archiviste de la prov. de Québec, 1920/21, p. 328-349.

ONTARIO'S Heritage; a guide to archival resources. Vol. 1 (Peterborough Region) . . .

PELLETIER, Louis-J. Inventaire sommaire des Archives conservées au Palais de Justice de la Rivière-du-Loup (en Bas), District de Kamouraska.
Dans: Rapp. de l'archiviste de la prov. de Qué. 1920/21, p. 321-327.

QUÉBEC (PROV.). MINISTÈRE DES AFFAIRES CULTURELLES. État sommaire des Archives nationales à Montréal . . .

RECORDS of the Court of Pleas of Upper Canada, 1789-1794 . . .

ROY, Pierre-Georges. Aveu et dénombrement des Messieurs de St-Sulpice . . .

____. Index des jugements et délibérations du Conseil souverain de 1663 à 1716 . . .

____. Inventaire des contrats de mariages du régime français . . .

____. Inventaire des concessions en fiefs et seigneuries . . .

____. Inventaires des greffes de notaires du régime français . . .

____. Inventaire des insinuations de la Prévôté de Québec . . .

____. Inventaire des insinuations du Conseil souverain de la Nouvelle-France . . .

____. Inventaire des jugements et délibérations du Conseil Supérieur de la Nouvelle-France de 1717 à 1760 . . .

____. Inventaire des ordonnances des Intendants . . .

____. Inventaire des papiers de Léry . . .

____. Inventaire des pièces sur la Côte du Labrador . . .

____. Inventaire des procès-verbaux des Grand Voyers . . .

____. Inventaire des registres de l'état civil . . .

____. Inventaire d'une collection de pièces notariales . . .

____. Inventaires, testaments, donations, inventaires du régime français . . .

____. Inventaires des ordonnances des intendants de la Nouvelle-France . . .

____. Lettres de noblesse, généalogies, érections de comtés . . .

____. Ordonnances, commissions, etc. des gouverneurs et intendants de la Nouvelle France, 1639-1706 . . .

____. Papier terrier de la Compagnie des Indes Occidentales . . .

SCOTLAND. RECORD OFFICE. Source list of manuscripts relating to the United States of America and Canada in private archives preserved in the Scottish Record Office . . .

UNION List of Manuscripts in Canadian Repositories. Rev. (1975) ed./Catalogue collectif des manuscrits des Archives canadiennes. Éd. rév. (1975) . . .

VÉZINA et PERRON. Inventaire sommaire des Archives judiciaires conservées au Palais de Justice de St-Joseph, district de Beauce . . .

RECENSEMENTS/CENSUSES

ACADIE. RECENSEMENTS. Recensement de l'Acadie, 1708; Recensement de Bonaventure pour l'année 1774; Recensement de Bonaventure, 1777; Recensements de Paspébiac, Percé, Carleton, Mal-Bay, Île de Bonaventure, Gaspé et du Cap, 1777.

Mss. Copie. 44 p. 1708.
Archives nationales du Québec, Québec, Qué.

AUBIN-TELLIER, Marguerite. Index du recensement de 1667.
Dans: S.G.C.F. Mém. 18: janv./avr. '67.

AUGER, Roland-J. Recensements et la généalogie.
Dans: S.G.C.F. Mém. 8: 180-182 '57.

BAS-CANADA. Recensement du Bas-Canada en 1825.
Mss. Microfilm. 2 bobines.
Archives du Séminaire de Québec, Qué.

BAXTER, Angus. In search of Your Roots . . .
Aspects on census of Canada and its provinces given in detail.

BRETON, André, comp. Recensement de 1851, 21: St-Michel de Bellechasse, d'après le microfilm C-1114 des Archives publiques du Canada . . .
Polycopié.

____. Les Recensements du XXe siècle.
Dans: L'Ancêtre 2: (4) 175-182 déc. '75.

CANADA. PUBLIC ARCHIVES. Checklist of parish registers/Répertoire des registres paroissiaux . . .

CANIFF, William. History of the Province of Ontario, including biographies of prominent first settlers and the Census of 1871 . . .

CHARBONNEAU, Hubert et Jacques LÉGARÉ. Population of Canada in the censuses of 1666 and 1667.

____. Le Répertoire des actes de baptêmes, mariages, sépultures et des recensements du Québec ancien . . .

CHARBONNEAU, Hubert, Yolande LAVOIE et Jacques LÉGARÉ. Recensements et registres paroissiaux du Canada durant la période 1665-1668.
Dans: Population 25: 97-124 '70.

DÉNOMBREMENTS de Québec faits en 1792, 1795, 1798 et 1805 par le Curé Joseph Octave Plessis.
Dans: Rapp. de l'archiviste de la prov. de Qué. 1948/49, p. 3-250.

DUMOUCHEL, Madeleine. Hull . . . 1861 (Recensement).
Dans: L'Outaouais généalogique 2: (1) 9 janv. '80 et suivants.

ENTREMONT, Clarence J. d'. Recensement de Port-Royal, 1678.
> *Dans:* S.G.C.F. Mém. 22: (4) 226-246 oct./déc. '71.

ÉTAT général des habitants du Canada en 1667.
> *Dans:* S.G.C.F. Mém. 18: (1/2) 5-116 janv./avr. '67.

GEORGES, o.f.m. Cap. Recensement et généalogie.
> *Dans:* S.G.C.F. Mém. 2: (1) 12-20 janv. '46.

_____. Cap. Recensement et généalogie acadienne.
> *Dans:* S.G.C.F. Mém. 2: (2) 76-87 juin '46.

_____. Cap. Registres et recensements pour les généalogies acadiennes.
> *Dans:* Soc. hist. acad. Cahier no 5, p. 24-32 '64.

GINGRAS, Raymond. Recensements de la paroisse de St-Nicolas, 1825 à 1831 . . .
> Polycopié.
> Tirage limité à 50 exemplaires.

HAYWARD, George H. 1851 Census, Sunbury County, New Brunswick, Canada . . .

LANGLOIS, Michel. Les Recensements sous le régime français.
> *Dans:* L'Ancêtre 2: (2) 65-75 oct. '75.

LECLERC, Paul-André, ptre. Nos premiers recensements canadiens.
> *Dans:* S.G.C.F. Mém. 17: (4) 195-199 oct./déc. '66.

_____. Tricentenaire du premier grand recensement.
> *Dans:* S.G.C.F. Mém. 17: (4) 195-199 oct./déc. '66.

LEVASSEUR, Adrien, comp. Recensement 1851: Saint-André de Kamouraska, P.Q. . . . .
> Copie dactylographiée.
> Archives nationales du Québec, Québec, Qué.

MISTASSINI, QUÉ. SAINT-MICHEL, paroisse (cath.). Recensement, notes du frère Albéric Bergeron, 1902.
> Mss. Originaux. 30 p.
> Monastère Notre-Dame de Mistassini, Mistassini, Qué.

PLANTE, Clément. Recensement de 1851: 394: St-Joseph de Maskinongé, 1ère partie, d'après Microfilms C-1140 et C-1141 des Archives publiques du Canada . . .
> Polycopié.

PLANTE, Clément, comp. Recensement de 1861: St-Justin, comté de Maskinongé, d'après Microfilm C-1294 des Archives publiques du Canada . . .
> Polycopié.

PREMIER recensement de la Nouvelle-France; état général des habitants du Canada en 1666.
> *Dans:* Rapp. de l'archiviste de la prov. de Qué. 1935/36, p. 1-154.

QUÉBEC (BAS-CANADA). RECENSEMENTS. Recensements pour le Bas-Canada, le Canada-Est et la province de Québec pour les années 1825, 1831, 1842-1871.
> Mss. Microfilm. 205 bobines. 1825-1871.
> Archives publiques du Canada, Ottawa, Ont.

QUÉBEC (Reg. mil.). Recensement du gouvernement de Québec, 1762.
> Mss. Copie. 1 pouce. 1762.
> Archives publiques du Canada, Ottawa, Ont.

QUÉBEC (Reg. mil.). RECENSEMENT DU GOUVERNEMENT DE TROIS-RIVIÈRES, 1760. Recensement de la population du gouvernement de Trois-Rivières, donnant le nom des maîtres de maison, le nombre de femmes, d'enfants et de domestiques mâles et femelles dans chacune des maisons ainsi que le nombre d'armes rendues.
> Mss. Copie. 1/2 pouce. 1760.
> Archives publiques du Canada, Ottawa, Ont.

RACINE, Denis, comp. Recensement de la Côte de Beaupré en 1825.
> *Dans:* L'Ancêtre 4: (1) 21-25 sept. '77.

RECENSEMENT de Québec de 1744.
> *Dans:* Rapp. de l'archiviste de la prov. de Québec. 1939/40, p. 1-154.

RECENSEMENT des gouvernements de Montréal et de Trois-Rivières pour 1765.
> *Dans:* Rapport de l'archiviste de la prov. de Québec. 1936/37, p. 1-121.

RECENSEMENT des habitants de la ville et gouvernement de Trois-Rivières tel qu'il a été pris au mois de septembre mil sept cent soixante (avec addition jusqu'au mois de mars 1762).
> *Dans:* Rapp. de l'archiviste de la Prov. de Québec. 1946/47, p. 3-53.

RECENSEMENT du gouvernement de Québec en 1762.
> *Dans:* Rapport de l'archiviste de la prov. de Québec. 1925/26, p. 1-143.

RECENSEMENT nominatif des Français de Cap-Sable, Port Razoir et La Hève; recensement nominatif des Indiens en Acadie: Port-Royal, Cap-Sable, La Hève, les Mines, Cap-Breton, Chignectou, Pentagouët, rivière St-Jean et autres lieux.
> Mss. Copie. 31 p.
> Archives publiques du Canada, Ottawa, Ont.

ST. JOHN County, N.B. Census. Census of St. Martin's eastern district, N.B., 1851.
> Mss. Microfilm. 39 p.
> Public Archives of Canada, Ottawa, Ont.

SAINT JOHN'S, Nfld. Census. Census by name of inhabitants of St. John's district, 1794-1795.
>   Mss. Original. 40 p. 1/4 inch.
>   Provincial Reference Library, Newfoundland Public Library Services, St. John's, Nfld.

SULTE, Benjamin. Histoire des Canadiens-français, 1608-1880 . . .

THIDODEAU, Fernand-D. Recensements de Terreneuve et Plaisance.
>   *Dans:* S.G.C.F. Mém. 10: 179-188 '59; 11: 69-85 '60.

TROIS-RIVIÈRES, Qué. Régime militaire . . . "Recensement des habitants de la ville et Gouvernement des Trois-Rivières, 1760."
>   Mss. Reproductions photographiques. 235 p.
>   Archives publiques du Canada, Ottawa, Ont.

VICTORIA, B.C. Census. Census taken by the city of Victoria in 1891, listing heads of families, their occupations and the number of members in each family.
>   Mss. Transcripts. 1 inch. 1891.
>   Public Archives of Canada, Ottawa, Ont.

VOORHIES, Jacqueline, comp. Some late 18th century Louisianian census records of the colony, 1758-1796 . . .

SEIGNEURIES ET RÉGIME SEIGNEURIAL/MANORS AND SEIGNEURIAL SYSTEM

ALLAIRE, Violette. Notre système seigneurial.
>   *Dans:* S.G.C.F. Mém. 14: (11) 200-201 nov. '63.

CANADA. COMMISSAIRES SOUS L'ACTE SEIGNEURIAL DE 1854. Cadastres abrégés des seigneuries appartenant à la Couronne, déposés aux Greffes de Québec, chez le Receveur et au Bureau des Terres de la Couronne . . .

GAREAU, J. Bruno. . . . Notes manuscrites du frère J.B. Gareau concernant toutes les seigneuries du Québec; 11 cahiers concernant les familles seigneuriales; 6 cahiers sur les seigneuries . . .
>   Mss. Originaux.
>   Bibliothèque nationale du Québec, Département des manuscrits, Montréal, Qué.

GARIÉPY, Raymond. Les Seigneuries de Beaupré et de l'Île d'Orléans dans leurs débuts . . .

MARTEL, Jules. Dictionnaire des familles seigneuriales et des seigneuries du Gouvernement de Trois-Rivières sous le régime français, 1634-1760 (extension jusqu'en 1775) . . .

QUESNEL, Albani et Yves QUESNEL. Seigneuries de Rigaud sous le régime seigneurial.
>   *Dans:* S.G.C.F. Mém. 16: 298-307 janv./mars '65.

ROY, Pierre-Georges. Inventaire des concessions en fief et seigneurie, fois et hommages et aveux et dénombrement conservés aux archives de la province de Québec . . .

TABLEAUX GÉNÉALOGIQUES, FORMULAIRES, ETC./GENEALOGICAL CHARTS, TABLES, ETC.

BAXTER, Angus. In Search of Your Roots . . .

BORDUAS, Jean Rodolphe. Comment dresser la liste de ses ancêtres.
>   *Dans:* S.G.C.F. Mém. 9: (1) 7-12 '58.

____. Comparaison entre les méthodes de faire un tableau généalogique ascendant.
>   *Dans:* S.G.C.F. Mém. 9: (2) 72-75 avr. '58.
>   Quatre modèles de tableaux généalogiques, p. 73-74.

DIGGING for roots of your family tree.
>   *In:* Business Week Feb. 21, '77, pp. 87-88.

DURYE, Pierre. La Généalogie . . .

EDIS, Graham. Trace your family tree; a do-it-yourself workbook for Canadians . . .

GINGRAS, Raymond. Livret de famille (à remplir) intitulé "Généalogie de . . . 8" x 11"." 18 p.

____. Précis du généalogiste . .

____. Tableau généalogique (titre d'ascendance). Feuille en couleur, 8" x 14", pour une généalogie simplifiée en ligne directe . . .

____. Tableau généalogique semi-circulaire . . . pouvant réunir dix générations d'une ascendance paternelle et maternelle, soit 511 couples, 1 022 personnes . . .

GRÉGOIRE, Jeanne. À la recherche de nos ancêtres; guide du généalogiste . . .

____. Guide du généalogiste; à la recherche de nos ancêtres . . . Éd. rév., corr. et augm. . . . .

HUNTER, Andrew Frederick. Genealogical tables and their right uses in history . . .
>   *In:* Ontario Hist. Soc. 18: 104-110 '20.

LANGLOIS, Michel. Cherchons nos ancêtres . . .

MAHAFFY, R.U. For suprises, shake that family tree.
>   *In:* S.G.C.F. Mém. 16: (3) 137-138 juil./sept. '65.

MORMON CHURCH, Alta. Printed
genealogical forms of Mormon families.
  Mss. Original. 32 p. [n.d.]
  Glenbow-Alberta Institute, Calgary, Alta.

RUBINCAM, Milton, Genealogical research,
methods and sources . . .

TESSIER, G.-Robert. Rappel de la méthode
Sosa-Stradonitz.
  Dans: L'Ancêtre 6: (9) 279-280 mai '80.

WILMOT, R. Family tree.
  In: Atlantic Advocate. 50: 89-92 Féb. '60.

YAHEMECH, I. and P. HORTON. How to
start a family tree.
  In: Chatelaine 46: 17-18 July '73.

List of
Periodicals

Liste des
Périodiques

OUVRAGES GÉNÉRAUX/GENERAL WORKS

Baxter, Angus. In Search of Your Roots; a guide for Canadians seeking their ancestors. Toronto, Macmillan, 1978. 293 p.

Bibliographie du Québec. . . . Québec, Bibliothèque nationale du Québec.

Canadiana. 1951-   . Ottawa, Bibliothèque nationale du Canada/National Library of Canada.

Gregory, Winnifred. American Newspapers, 1821-36; a union list of files available in United States and Canada. New York, 1937.
> Cover title: "Union list of Newspapers". Brigham (no. 8) covers, 1690-1820.

> Alphabetical index to the titles. Arranged by Avis G. Clarke. Oxford, Mass., 1958. Typescript at Library of Congress.

Jonasson, Eric. The Canadian Genealogical Handbook. Winnipeg, Wheatfield Press, 1978. 352 p.

Ulrich's International Periodical Directory. Ann Arbor, Bowker Co. 2 vols.

Union List of Serials in Libraries of the United States and Canada. Ed. by Edna B. Titus. 3rd ed. New York, Wilson, 1965. 5 vols.

TITRES INDIVIDUELS/INDIVIDUAL TITLES

L'Ancêtre; bulletin de la Société de Généalogie de Québec. Vol. 1, no 1, sept. 1974-   . Québec.
> Les articles ont été analysés et indexés dans cette bibliographie.

Archives. Vol. 1, janv./juin 1969-   . Québec, Association des archivistes du Québec.

Archives en tête; bulletin d'information. Vol. 1, no 1, avr. 1978-   . Québec, Ministère des Affaires culturelles, Direction générale des Archives nationales.
> Les articles relatifs à la généalogie ont été indexés.

Association des familles Chouinard de l'Amérique du Nord. Bulletin. No 1, 1978-   .

Association des familles Gagné et Bellavance en Amérique. Bulletin. No 1, 1er juin 1951-   . Québec.

Asticou. No 1, 24 juin 1968-   . Hull. Société historique de l'ouest du Québec.
> Adresse: La Société, Musée de l'Outaouais, C.P. 7, Hull, Qué. J8Y 1R7.

Augustan; an international journal of history, genealogy and heraldry. Vol. 1, 1957-   . Torrance, Cal.

Includes Canadian references.
Address: Augusta Society, Inc., 1510 Cravens Ave., Torrance, California, U.S.A. 90501.

Blackwell Newsletter. No 1, 1979-   . Hensall, Ont.
Address: John D. Blackwell, ed. & pub., R.R.2, Hensall, Ont. N0M 1X0.

British Columbia Genealogical Society. Newsletter. No. 1, 1975- .

British Columbia Genealogist (British Columbia Genealogical Society). Vol. 1, 1971- .

Bruce County Historical Notes. 1959-1962. Tiverton, Ont.
Continued by: Bruce Historical Notes.

Bulletin de la famille Paquin, publ. par le Frère Pasteur Paquin (Association des familles Paquin, Québec). Vol. 1, no 1, 1975-   .

Bulletin des familles Gingras (Association des familles Gingras, Québec).
2 numéros seulement ont paru en 1960.

Bulletin des recherches historiques. Vol. 1, janv. 1895-1968. Lévis.
La première livraison porte comme titre (sur la couverture): "Bulletin des recherches historiques. Archéologie, biographie, bibliographie, numismatique".
Organe de la Société des études historiques.
Éd. 1895-1948: Pierre-Georges Roy; 1949-68: Antoine Roy, son fils.
Table des matières des dix premiers volumes, 1895-1905: vol. 10, p. 353-423.
Index publié par Pierre-Georges Roy chez l'Éclaireur de Beauceville en 1925/26.
4 vols.
Les articles les plus importants d'aspect généalogique ont été dépouillés et indexés dans cette bibliographie.

Cahiers des Dix. No 1, 1935-   . Montréal.
Les articles d'aspect généalogique ont été indexés dans cette bibliographie.

Cahiers généalogiques Pouliot. no 1, 1978-   . Québec, Lorenzo Pouliot, 990, rue Cardinal-Rouleau, Québec, Qué., G1S 3L2.

Cahiers gen-histo. no 1, 1980- . Montréal, Groupe d'Études Gen-histo.

Canadian County Connections. Vol. 1, 1978- .
Address: Canadian County Genealogical Society, Box 866, El Reno, Okla. U.S.A.
Formerly: Canadian County Genealogical Society. Newsletter (1976-1977).

Canadian Genealogist, vol. 1, 1979-   . Agincourt, Ont.
Address: Generation Press, 172 King Henry's Blvd. Agincourt, Ont. M1T 2V6.

Canadian Historical Review. Vol. 1, no. 1, 1920-   . Toronto, University of Toronto Press.
New series of the Review of historical publications relating to Canada, 1897-1919.

(Le) Chaînon (Société franco-ontarienne d'histoire et de généalogie). Vol. 1, no 1, avril 1983-   . Ottawa.

Châteauguay Valley Historical Society/Société historique de la Vallée de la Châteauguay. Annual Journal/Journal annuel. Vol. 1, 1968-   . Huntingdon.

Clan Donald Bulletin. Vol. 1, ?-   .
Address: Clan Donald Association of Nova Scotia, c/o St. Francis Xavier University, Antigonish, N.S.

Clan Suibhne Association News. no. 1, 1977-   .
Address: St. Suibhne Trust, The Commandery, 72 Water St., Pictou, N.S. B0K 1H0.

Connections (Quebec Family History Society). Vol. 1, Sept. 1978-   . Pointe-Claire, Que.

Cousins et cousines. Vol. 1, 1977-   . St. Louis, Minn.
Address: Northwest Territory French and Canadian Institute, Box 26372, St. Louis Park, Minnesota, U.S.A. 55426.

(La) Drouinerie; organe officiel de la Société historique des Drouin d'Amérique. No 1, 1979-   .

(L') Entraide généalogique (Société généalogique des Cantons de l'Est). Vol. 1, no. 1, 1978/79-   . Sherbrooke.

(L') Estuaire généalogique (Société généalogique de l'Est du Québec). Vol. 1, no. 1, 1980-   . Rimouski.

Eva Brook Donly Museum News. No. 1, ?- .
Address: Norfolk Historical Society, 109 Norfolk St., Simcoe, Ont. N3Y 2W3.

Families (Ontario Genealogical Society). Vol. 1, 1962-   . Toronto.
Supersedes: Bulletin of the Ontario Genealogical Society.

(La) Famille Trudel(le) au Canada. Revue. Vol.1 , no 1, 1968-   . Montréal.

French Canadian and Acadian Genealogical Review. 1968-83. Quebec.
Ed. by Late Roland J. Auger from the Centre canadien de recherches généalogiques; published at L'Éclaireur Ltée in Beauceville, Que.
English/French.
Les articles ont été indexés dans cette bibliographie/The articles have been indexed in this bibliography.

Generations (Genealogical Society of Manitoba). Vol. 1, 1975- .

Héritage; revue officielle de la Société de généalogie de la Mauricie et des Bois-Francs. no 1, 1979- .

Heritage Seekers (Genealogical Society — Grande Prairie and District, Branch Box 1257, Grande Prairie, Alta.). Vol. 1, 1978- .

(Le) Hoelet; organe de l'Association des familles Ouellet(te) du Québec, inc. Vol. 1, 1968- . La Pocatière.

Impartial (journal). June 22, 1895 — June 1915. Tignish, P.E.I.
     Includes many Acadian genealogies.

Journal de la Survivance des familles Paré. Vol. 1, no 1, 1953-   . Sherbrooke.

Journal historique des Bernier (Société des Bernier d'Amérique, inc.). Vol. 1, no 1, 1960- .
     Remplace: Journal des Bernier.

Leeds and Grenville Genealogical Society. List of publications . . . 19--? North Augusta.

Leeds and Grenville Genealogical Society. News 'n' views. 1st (issue), 1974-   . North Augusta, Ont.
     Continues: Its Newsletter (1st-15th Apr. 1974-Oct. 1975).

Missisquoi County Historical Society. Annual reports. 1st (report), 1898- .

Mois généalogique (Société généalogique canadienne-française). Vol. 1-13, 1948-60. Montréal.

Mot à mot (Commission nationale de généalogie, Association Québec/France). no 1, 1979- . Québec.

Neuve-France (Commission nationale de généalogie, Association Québec/France). Vol. 1, 1979- . Québec.

Nos sources (Société de généalogie de Lanaudière). Vol. 1, 1982-   . Joliette.

Nova Scotia Historical Society. Collections.
     Incomplete collection consulted at the Laval University Library in Quebec City and indexed in this bibliography.

Ontarian Genealogist and Family Historian, no. 1, July 1898- no. 12, April 1901. Toronto, Rolph, Smith & Co.
     Continues: Ontarian Families by E.M. Chadwick.
     No more published.
     28 genealogies of families of mainly English and Scottish descent have been indexed in this bibliography.

Ontario Genealogical Society. Bulletin. Vol. 1, 1962-   .
     Continued by: Families.

____. Newsleaf. No. 1, 1971- . Toronto.

____. Kingston Branch. List of publications. no. 1, 19--?- . Kingston.

____. Ottawa Branch. Branch news. no. 1, 19--?- . Ottawa.

____. List of publications. Ottawa, 1974-   . Ottawa.

____. Waterloo-Wellington Branch. Branch notes, 1973- . Kitchener, Ont.

Ontario Historical Society. Papers and records. Vol. 1, 1899- . Toronto.
     Numerous articles on genealogy and family histories of Ontario.
     Partially indexed.

Ontario History (Ontario Historical Society). Vol. 1, 1908- . Toronto.
     Articles on genealogy indexed up to Dec. 1978.

(L') Outaouais généalogique (Société de généalogie de l'Outaouais). Vol. 1, 1978-   . Hull, Qué.
     Les articles ont été indexés dans cette bibliographie.

Par-delà le Rideau (Société d'histoire et de généalogie d'Ottawa). Vol. 1, no 1, printemps 1981-   . Ottawa.
     Les articles ont été indexés dans cette bibliographie.

(Le) Patrimoine express (Fédération des sociétés d'histoire du Québec). Vol. 1, 1979-   . Montréal.

Racines. Vol. 1, 1979-   . Montréal, Éd. Trans-Mot, inc.

Relatively speaking (Alberta Genealogical Society). Vol. 1, 1972-   .

Revue d'histoire de l'Amérique française. Vol. 1, juin 1947-   . Montréal, Institut d'Histoire de l'Amérique française.
     Comprend des comptes rendus et des bibliographies.
     Texte en français et en anglais.
     Index: vol. 1-10, 1947-57 (publ. comme v.10, no 4); vol. 11-20, 1957-67.
     Les articles d'aspect généalogique ont été indexés dans cette bibliographie.

(La) Revue "Le Clerc" (Association des familles Leclerc). No 1, 1964-   .

Royal Nova Scotia Historical Society. Newsletter. no. 1, 1972-   . Halifax.

Saguenayensia (Société historique du Saguenay). Vol. 1, no 1, janv./fév. 1959-   . Chicoutimi.

Index de 1959 à 1966 paru dans v.9 (1)
janv./fév. '67.
Les articles d'aspect généalogique ont été
indexés dans cette édition.

Saskatchewan Genealogical Society. Bulletin.
No. 1, 1970-   . Regina.

Saskatchewan History. Vol. 1, ?-   . Regina.
Incomplete collection consulted at University
Laval Library in Quebec City and indexed in
this edition.

Société de généalogie d'Ottawa-Hull. Cahiers.
Vol. 1, no 1, mai 1962 — no 2, fév. 1963.
Les articles ont été indexés dans cette édition.

Société de généalogie de Québec. Cahier
spécial. 1969-   . Québec.
Ces cahiers ont été indexés dans cette
bibliographie.

____. Contributions. No 1, 1962-   . Québec.
Chacun des volumes a été analysé dans cette
bibliographie mais non indexé.

Société généalogique canadienne-française.
Mémoires. Vol. 1, no 1, janv. 1944-   . Montréal.
Tous les articles à quelques exceptions près
ont été dépouillés et indexés dans cette
bibliographie.

Société historique acadienne. Cahiers. No 1,
1961-   . Moncton, N.-B.
Les articles d'aspect généalogique ont été
analysés et indexés dans cette bibliographie.

Société historique de Ste-Thérèse de Blainville.
Cahiers historiques. no 1, 1972- .
Les noms de familles ont été indexés dans
cette bibliographie.

Société historique du Nouvel-Ontario.
Documents historiques. no 1-63, 1942-68. Sudbury, Ont.
Les articles d'aspect généalogique ont été
analysés et indexés dans cette bibliographie.

Surname register (Alberta Genealogical
Society). Vol. 1, 1975-   . Edmonton.

Troisième âge, journal mensuel. 1973-   .
Monsieur Paul Traversy, depuis 1973, a
accepté de fournir des textes sur la
généalogie, de courtes monographies
d'ancêtres ou autres sujets se rapportant à
l'histoire de nos familles.
Partiellement indexé dans cette bibliographie.

United Empire Loyalists' Association of
Ontario. Transactions. Vol. 1, March 10th,
1898-   . Toronto, Hunter, Rose.
Historical and genealogical sketches of
United Empire Loyalists.
A few articles are indexed in this
bibliography.

Up the Gatineau (Historical Society of the
Gatineau). no. 1, 1974-   . Old Chelsea, Que.

Upper Canada Genealogical Society. Annual
Report. 1st, 1949/50-   . Ottawa.

____. Quarterly report. Vol. 1, March 10, 1951.
Ottawa. (Discontinued).

Waterloo Historical Society. Bulletin. Vol. 1,
?-   .
Incomplete collection consulted at Laval
University Library in Quebec City and
indexed in this bibliography.

Western Ontario Historical Notes; issued
quarterly by the Lawson Memorial Library,
University of Western Ontario, for the promo-
tion of local historical research and writing.
London, Ont., vols. 1-16, 1942 - Mar.
1956/Sept. 1957.

York Pioneer. Vol. 1, ?-   .
Incomplete collection consulted at Laval
University Library in Quebec City and
indexed in this bibliography.

HÉRALDIQUE/HERALDRY

Heraldry in Canada/Héraldique au Canada.
vol. 1, 1966-   . Ottawa.

Liste des
Sociétés généalogiques au Canada

List of
Genealogical Societies in Canada

Note: Je remercie sincèrement monsieur Raymond Gingras, généalogiste, Archives nationales du Québec à Québec, pour sa collaboration dans l'établissement de cette liste.

I wish to express my sincere thanks to Mr. Raymond Gingras, genealogist at the Archives nationales du Québec in Quebec City, for his assistance in compiling this list.

OUVRAGES GÉNÉRAUX/GENERAL WORKS

DAIGNEAU, Marie-Jeanne, comp. Adresses des sociétés, cercles et centres généalogiques en France.
Dans: L'Ancêtre 7: (4) 118-120 déc. '80.

DIRECTORY of historical societies and agencies in the United States and Canada . . . Nashville, Tenn., American Association of State and Local History, 1956- .
"Historical societies and agencies in Canada": pp. 349-374, '78 (11th ed.). Published biennially. Gives names, addresses and pertinent information about organizations connected with history.

FRASER, Alex W. List of names and addresses of genealogical, historical, Scottish societies in North America. Lancaster, Ont., Glengarry Genealogical Society, (1976?). 12 p.

GRIFFIN, Appleton C. Bibliography of American historical societies (the United States and Dominion of Canada). Detroit, Mich., Gale Research, 1966.
Reprint of 1907 ed. which was taken from vol. 2 of 1905 ed. of *Annual Report of the American Historical Association.*
Excellent list up to 1905.

LISTE des sociétés de généalogie du Québec, du Canada, des États-Unis et de France.
Dans: L'Ancêtre 3: (10) 426-427 juin '77.

MEYER, Mary Keysor. Directory of genealogical societies in the U.S.A. and Canada with an appended list of independent genealogical periodicals. Pasadena, 1978. 80 p.
Section I: Genealogical societies in Canada: pp. 1-3.

PAR PROVINCES/BY PROVINCES

Alberta

Alberta Families Historical Society
Box 30270 — Station B
Calgary, Alberta   T2M 4P1

Alberta Genealogical Society
Box 3151 — Station A
Edmonton, Alberta   T5J 2G7

Genealogical Society
Grande Prairie and District
Branch Box 1257
Grande Prairie, Alberta   T8V 4Z1

Colombie-Britannique/British Columbia

British Columbia Genealogical Society
Box 94371
Richmond, B.C.   V6Y 2A8

Île-du-Prince-Édouard/Prince Edward Island

Prince Edward Island Genealogical Society
Box 922
Charlottetown, P.E.I.   C1A 2L9

Manitoba

Manitoba Genealogical Society
Box 2066
Winnipeg, Man. R3C 3R4

Nouveau-Brunswick/New Brunswick

New Brunswick Genealogical Society
Box 3235 — Station B
Fredericton, N.B. E3A 2W0

Nouvelle-Écosse/Nova Scotia

Royal Nova Scotia Historical Society
Genealogical Committee
Box 895
Armdale Post Office
Halifax, N.S. B3L 4K5

Ontario

Glengarry Genealogical Society
Eastern District
Box 460
Lancaster, Ont. K0C 1N0

Leeds and Grenville Genealogical Society
R.R. #4
North Augusta, Ont. K0G 1RO

Ontario Genealogical Society
Box 66 — Station Q
Toronto, Ont. M4T 2L7

O.G.S./Halton-Peel Branch
Box 373
Oakville, Ont. L6V 5A9

O.G.S./Hamilton Branch
Box 90
Hamilton, Ont. L8N 3P6

O.G.S./Kingston Branch
Box 1394
Kingston, Ont. K7L 5C6

O.G.S./London Branch
c/o Mrs. Joyce Scott
8 Applewood Lane
London, Ont. N6J 3P8

O.G.S./Ottawa Branch
P.O. Box 8346
Ottawa, Ont. K1G 3H2

O.G.S./Waterloo-Wellington Branch
P.O. Box 603
Kitchener, Ont. N2G 4A2

Simcoe County Historical Society
Genealogical Division
Box 144
Barrie, Ont. L4M 4S9

Société d'histoire et de généalogie d'Ottawa
52, rue Queen, Pièce 34
Ottawa, Ont. K1P 5C5

Société franco-ontarienne d'histoire et de
généalogie
C.P. 720 — Succ. B
Ottawa, Ont. K1P 5P8

S.F.O.H.G./Régionale La Huronie
Centre d'activités françaises
C.P. 1270
Penetanguishene, Ont. L0K 1P0

S.F.O.H.G./Régionale du Niagara
23 Erin Crescent
Welland, Ont L3C 6B8

S.F.O.H.G./Régionale Ottawa-Carleton
C.P. 62 — Succ. B.
Ottawa, Ont. K1P 6C3

S.F.O.H.G./Régionale Sudbury-Laurentienne
1183, rue Diane
Sudbury, Ont. P3A 4H4

S.F.O.H.G./Régionale Windsor-Essex
13605, chemin St. Gregory
St. Clair Beach
Windsor, Ont. N8N 3E4

Québec

Commission nationale de généalogie
Association Québec-France
Maison Fornel
9, Place Royale
Québec, Qué. G1K 4G2

Conseil de généalogie
Fédération des sociétés d'histoire du Québec
1195 ouest, rue Sherbrooke
Montréal, Qué. H3A 1H9

Fédération des familles-souches québécoises
C.P. 6700
Sillery, Qué. G1T 2W2

Historical Society of the Gatineau
Old Chelsea, Que. J0X 2N0

Institut d'histoire et de recherche sur
l'Outaouais
C.P. 1875 — Succ. B
Hull, Qué. J8X 3Z1

Institut généalogique du comté de Portneuf
Notre-Dame-des-Anges, Cté Portneuf, Qué.

Quebec Family History Society
Box 1026
Pointe-Claire, Que. H9S 4H9

Société de généalogie de la Mauricie et des
Bois-Francs
C.P. 901
Trois-Rivières, Qué. G9A 5K2

Société de généalogie de Lanaudière
C.P. 221
Joliette, Qué. J6E 3Z2

Société de généalogie de l'Outaouais
C.P. 2025 — Succ. B
Hull, Qué. J8X 3Z2

Société de généalogie de Québec
C.P. 2234
Québec, Qué. G1K 7N3
    Bibliothèque réservée aux membres:
    Cité universitaire
    Ste-Foy, Qué. G1K 7P4

Société généalogique canadienne-française
C.P. 335
Place d'Armes
Montréal, Qué. H2Y 3H1
    Bibliothèque réservée aux membres:
    3300, boul. Rosemont
    Montréal, Qué. H1X 1K2

Société généalogique de l'Est du Québec
C.P. 253
Rimouski, Qué. G5L 7C1

Société généalogique des Cantons de l'Est
C.P. 635
Sherbrooke, Qué. J1H 5K5

Société généalogique du Saguenay
C.P. 64
Chicoutimi, Qué. G7H 5C8

Société généalogique et historique de Trois-Pistoles
C.P. 1478
Trois-Pistoles, Qué. G0L 4K0

Saskatchewan

Saskatchewan Genealogical Society
Box 1894
Regina, Sask. S4P 0A0

Terre-Neuve/Newfoundland

Maritime History Group
Memorial University of Newfoundland
St. John's, Nfld. A1C 5S7

ASSOCIATIONS DE FAMILLES/FAMILY GROUP ASSOCIATIONS

Note: Il existe aussi plus d'une centaine d'associations de familles à travers le Canada qui sont plus ou moins actives.

There are more than a hundred family group associations in Canada which are fairly active.

HÉRALDIQUE/HERALDRY

Heraldry Society of Canada
125 Lakeway Drive
Ottawa, Ont. K1L 5A9